Grundlagen des Strafrechts

nebst Umriß einer Rechts- und Sozialphilosophie.

Von

WILHELM SAUER

ord. Professor an der Universität in Königsberg.

Mit zwei Tafeln.

Berlin und Leipzig 1921.

Vereinigung wissenschaftlicher Verleger

Walter de Gruyter & Co.

vormals G. J. Göschen'sche Verlagshandlung — J. Guttentag, Verlagsbuchhandlung — Georg Reimer — Karl J. Trübner — Veit & Comp.

„Und was in schwankender Erscheinung schwebt,
Befestiget mit dauernden Gedanken."

(Faust, Prolog im Himmel.)

Inhaltsverzeichnis.

Erster Teil.

Der Geist des Strafrechts.

Zweiter Teil.

Das System des Strafrechts.

Erster Abschnitt.

Die Strafe.

A.

Seite

B.

C.

D.

Zweiter Abschnitt.

Die beiden Strafvoraussetzungen.

Erstes Kapitel.

Das Unrecht.

B.

Zweites Kapitel.

Die Schuld.

Dritter Teil.

Jenseits des Systems.

Beilagen.

Erster Teil.

Der Geist des Strafrechts.

§ 1. Der Eros der Wissenschaft.[1])

I. Die Zeit der Gesetzesautokratie ist dahin. Man beugt sich nicht mehr einem Befehl allein um deswillen, weil er Befehl ist. Nur der sachlich begründete Befehl verdient Befolgung. Er selbst muß sich dem großen Ganzen einordnen. Denn nur was dem Ganzen dient, was das Ganze fördert, was mit dem Ziel und dem Sinn des Ganzen übereinstimmt, nur das ist gerechtfertigt. Die Einstellung auf das Ganze, auf die Harmonie mit dem All — jene Schau von erhöhtem Standort ist die Sehnsucht auch der echten Wissenschaft, der Eros jeder echten in Hochglut schaffenden und gestaltenden Forschung.

Die Zeit der Gesetzesautokratie ist dahin. Und mit ihr die des Positivismus, der noch hier und da aufflackernd um die alte Machtstellung ringt. Diese so wissenschaftlich anmutende Lehre ist nichts weiter als ein Übrigbleibsel oder ein Erbe des Historismus, jener Richtung, die ihren großartigsten Ausdruck in Hegels System der Philosophie gefunden hat, nach dem alles Wirkliche vernünftig ist, nach dem alles Bestehende gerechtfertigt werden kann, so daß die Verführung zu einem erstarrenden Konservatismus oder selbst zu einem blind ergebenen Fatalismus auftreten konnte ohne oder gar gegen den Willen jenes Systems. Diese Folgeerscheinung, der Positivismus, mußte ganz besonders in der Rechtswissenschaft auf fruchtbaren Boden fallen. Ja er hat sich dort in der neueren Zeit, bei der hohen Flut der Gesetze, förmlich eingenistet, und man neigt dazu, die Rechtswissenschaft zu einer Nur-Gesetzeswissenschaft zu verkapseln. Sind aber schon die Gesetze zu Beginn ihrer Wirksamkeit regelmäßig veraltet — wie ja in gewissem Sinne jede „herr-

---

[1]) Über den Begriff einer Grundlegung handelt desselben Autors paralleles Werk: Grundlagen des Prozeßrechts 1919, § 1.

schende Meinung" veraltet ist (weil sie die Masse zu spät begreift), wie jede Mode nicht mehr modern ist —, so muß auch eine positivistisch orientierte Rechtswissenschaft ein lebensmüdes Antlitz tragen. Wie verjüngend wirkte dagegen doch die ältere Richtung des Historismus, die das Recht dem Wechsel der Zeiten fortwährend anzupassen suchte und trotz oder vielmehr wegen der starken Betonung des Gewohnheitsrechts es weniger beim Alten ließ, als das Alte fortwährend ergänzte und umbildete, sobald sich neue Anschauungen zu gesetzesähnlichen Regeln verdichtet hatten. Aber wie der Rechtsstaat von dem Kulturstaat abgelöst, wie die bloß schützende Aufgabe des Staates zu einer allgemein kulturfördernden erweitert wurde, so wuchs die Lust zur Gesetzesmacherei; kaum eine Kultureinrichtung gibt es, die nicht gesetzlich geordnet, damit aber zugleich eingezwängt ist, und der Kulturstaat ist — Fort- und zugleich Rückschritt! — nahe daran, zum alten Polizeistaat zurückzukehren, den doch jener Rechtsstaat und sein Nachfolger der Kulturstaat überwunden zu haben vermeinten. Eben deswegen ist die Auffassung der Rechtswissenschaft als Nur-Gesetzeswissenschaft so überaus gefährlich und — kulturfeindlich, kulturfeindlich gerade im modernen Kulturstaat! Ist alle Kultur Gegenstand der staatlichen Regelung geworden, so glaubt man auch wirklich die **Kultur** geregelt zu haben; aber man ahnt nicht die Weite der Distanz zwischen Sollen und Sein, zwischen Aufgabe und Tat. Was geregelt ist, möchte man eine zweite Kultur nennen; diese ist aber eine entstellte, von der wahren weit — ach so weit! — verschiedene Kultur. Freilich ist die Losung „Kulturstaat" bestechend; man vergißt dabei nur leider über den Kultur**staat** den **Kultur**staat! Der Staat und die Gesetze verschleiern die Kultur, je mehr sie sich dieser zu nahen bemüht sind. Wer nur die moderne Gesetzeswissenschaft beachtet, der wird ihren eigenen Intentionen nicht gerecht. Diese will ihrem eigenen Sinne nach mehr sein, als sie sich den Anschein gibt, als sie selbst (äußerlich) ist. Ihre Einseitigkeit widerspricht ihrem eigensten Wesen. Diese Einsicht, der man sich nicht verschließen sollte, erweist sich als außerordentlich fruchtbar; die Gesetzeswissenschaft strebt über sich selbst hinaus; sie selbst wird zur Aufgabe; ihr Sein wird zum Sollen.

Nach welchem Ziele geht denn nun aber dieses eigentümliche Streben, was ersehnt dieser Eros? Vor allem hüte man sich, den festen Boden unter den Füßen zu verlieren. Ohne gesicherte wissenschaftliche Fundierung gibt es keinen Halt, und mit gutem Grunde wird von den positivistisch gerichteten Juristen das Gerede über Kultur mit Mißtrauen betrachtet. Als Werke exakter Wissenschaft gelten, um nur zwei Höhepunkte des Positivismus zu nennen, Windscheids Pandekten und Bindings Normen; innerlich ebenso geschlossen wie nach außen verschlossen atmen sie jenen formalistischen Geist, dessen Überwindung das dringende Gebot neuzeitlichen Denkens ist. Wo bietet sich aber der wissenschaftliche Stützpunkt, um dem Positivismus beizukommen? Die Literatur kennt drei Wege, die über den engherzigen Gesetzesformalismus hinausführen ins Freie, zwei gewissermaßen nach der Seite, ein dritter nach der Höhe. Es lag so außerordentlich nahe, Hilfe bei zwei nebengeordneten Wissenschaften zu suchen, die sich besonderer Modernität erfreuen: der Naturwissenschaft und der Soziologie. Die erstere bestach durch ihr rücksichtloses Streben nach Wahrheit und Gewißheit, durch ihre beispiellosen Erfolge in den letzten Jahrzehnten, ihren nachhaltigen Einfluß auf Leben und Denken; die letztere mußte namentlich durch ihre Frage nach dem Zweckmäßigen und Nützlichen innerhalb der menschlichen Gemeinschaft und durch ihr Streben nach praktischen Werten anziehend wirken. Indessen beide Gebiete sind in ihrem Wesen von der Rechtswissenschaft durchaus verschieden und können deren Gegenstand höchstens von einer anderen Seite beleuchten, die Wissenschaft aber niemals selbst methodisch oder sachlich befruchten oder gar vertiefen. Deshalb muß jegliche Einmischung der Biologen, Lombrosos und seines Anhangs, ebenso entschieden zurückgewiesen werden wie die Übergriffe der Soziologen, nicht nur der Radikalen Ferrischer, sondern auch der Gemäßigten v. Lisztscher Richtung; Verbrechen und Strafe lassen sich in ihrer juristischen Eigenart von diesen Seiten her nimmer ergründen. Die v. Lisztsche Einführung eines wesensfremden, nämlich aus der Soziologie entlehnten Elements ist noch, wie sie denn auch auf Feuerbachs Präventionslehre zurückzuleiten ist, als ein Ausfluß der Romantik zu betrachten, deren Kennzeichen es von jeher war, über das eigene Wesen in irgendeiner Weise hinauszugehen, sei es ins Überirdische und Phantastische, sei es in ein anderes Gebiet, während die Klassik sich auf ihr eigenes Reich bescheidet, um das Wesen desto eindringlicher und abgeklärter zu erfassen.

Wie steht es aber mit dem dritten Weg? Er sucht die logische oder erkenntnistheoretische Unterlage zu gewinnen, indem er, sei es unter dem Zeichen Kants oder Hegels oder eines anderen Fachphilosophen, zu den reinsten Begriffen aufsteigt, ohne die auch die juristischen nicht denkbar sind. Dieses Klarlegen der allgemeingültigen logischen Voraussetzungen, unter denen man von den Erscheinungen des Rechtslebens einzig und allein sprechen kann, ist geeignet, das tiefste wissenschaftliche Bedürfnis zu befriedigen; denn es gewährt die stolze Genugtuung, den Ewigkeitsgehalt der Lebensgestaltungen erkannt zu haben; und auch die Strafrechtswissenschaft ist nicht schlecht beraten, wenn sie sich der Leitung eines unserer großen Denker anvertraut, wie sie denn unter der Orientierung auf den Neukantianismus oder Neuhegelianismus ein modernes Gewand anlegen würde. Aber es ist in der Tat nur ein Gewand. Ihr innerer Kern bliebe streng juristisch. — Das wäre zwar zweifellos gegenüber der biologischen und der soziologischen Richtung ein Vorzug insofern, als die juristische Eigenart des Strafrechts gewahrt wäre; jedoch würde dieses Innere von jenen ewigen, aber deshalb unirdischen Grundlinien unberührt gelassen. Jene hochabstrakten Begriffe schweben viel zu weltenfern in den Wolken, als daß sie unmittelbaren Einfluß auf die Erscheinungen des Lebens gewinnen könnten. Und daher ist — wiederum im Gegensatz zu der soziologischen, unmittelbar auf die Nützlichkeit eingestellten Richtung — die praktische Ausbeute wenn überhaupt vorhanden so nur gering. Es klingt paradox: die erkenntnistheoretische Grundlage ist nur äußerer Natur und bietet keine innerliche Stütze, sie steht ohne Beziehung zum Wesen, ist nur eine äußere Hülle. Sie, die Erkenntnistheorie, die oberste aller Wissenschaften, sie, deren hehrer Beruf die reinste Wahrheit zu lehren ist, sie, zu der eine jede Einzelwissenschaft die innerste Tendenz besitzt, um es ihr gleichzutun an Unverbrüchlichkeit und Gewißheit der Erkenntnis — in ihrer Gestaltung zu einer Grundlage erweist sie sich hier als leerer Schein.

Diese Betrachtungen zeigen bereits den richtigen und fruchtbaren Weg. Das ist zugleich die Problemstellung: der Weg muß sowohl richtig wie fruchtbar sein. Und die Lösung des Problems liegt nahe genug; sie besteht in einer Kombination. Die erkenntnistheoretische Methode ist mit der soziologischen zu verbinden: die erstere lehrt das theoretisch Richtige, die letztere das praktisch Nützliche. Nun ist freilich nicht die eine mit der anderen in der Weise zu vereinigen, daß beide unabhängig voneinander befolgt würden; dadurch würde die eine nicht fruchtbarer, die andere nicht richtiger werden, und schwerlich würde sich ein stilreines Gebäude errichten lassen. Vielmehr hat eine innere Verknüpfung in der Art stattzufinden, daß die Soziologie als Erkenntnistheorie konzipiert wird: den Gedanken, den die strafrechtliche Soziologie empirisch durchzuführen suchte, muß der Kriminalist als erkenntnistheoretisches Leitmotiv einfangen und festhalten, ohne ihn jemals wieder loszulassen; von ihm muß das System des Strafrechts förmlich durchsetzt werden; alle Grundbegriffe und Probleme haben diesen Sternenblick zu erheben in die reine Lehre der Wissenschaft. Der Nutzen für die menschliche Gemeinschaft — das ist das praktisch Richtige und das theoretisch Fruchtbare (um durch diese Verwechslung der Gegensatzpaare zugleich die innige Durchdringung äußerlich kenntlich zu machen). Die Einstellung der strafrechtlichen Erscheinungen in das menschliche Gemeinschaftsleben, die unmittelbare Zurückzuführung der Strafrechtsbegriffe auf ihren Zweck und Sinn für die Gemeinschaft — das ist die zu lösende Aufgabe, die somit nicht mehr formal-logischer, sondern material-erkenntniskritischer Natur ist. Die Soziologie wird mithin aus einer Nachbarwissenschaft zur methodischen Grundlage, soll sie dem Strafrecht der richtige Weg sein, und umgekehrt wird die Erkenntnistheorie aus ihrer hohen Abstraktheit durch Aufnahme materialer Elemente um eine Stufe herabgesetzt, soll sie dem Strafrecht ein fruchtbarer Weg sein. Selbstverständlich beides nur für die vorliegenden Zwecke. Denn an der Stellung der Soziologie als empirischer Wissenschaft soll gewiß ebensowenig gerührt werden wie an derjenigen der Erkenntnistheorie als zentralster Wissenschaft (vgl. § 3). Aber wie die letztere nach unten zu verlängern ist, bis sie sich mit dem Kern des Strafrechts berührt — was wie wir sahen der formalen Erkenntnistheorie, der reinen Theoretik ermangelt —, ebenso ist die Soziologie nach oben hin zu verschieben, sie ist formaler zu gestalten, um den materialen Kern dem Strafrecht zu belassen, ohne ihm ein fremdartiges Wesen aufzuzwängen.

Damit ist die Signatur dieses Werkes angedeutet: die Einstellung auf das Ganze. Wie der Menschen Wollen und Handeln auf die menschliche Gemeinschaft zu beziehen und nach ihr zu richten ist, so ist die einzelwissenschaftliche Erkenntnis an dem System der Wissenschaften unter dem obersten Leitstern der Erkenntniskritik zu orientieren und zu kontrollieren.[1]) Der Blick auf das Ganze verbürgt allein jene Harmonie mit dem All, ohne die alles Wissen nur trügerisch ist. Was nützt eine logisch einwandfrei erworbene Erkenntnis, wenn sie mit einer anderen ebenso korrekt gewonnenen im Widerspruche steht! Nur die Einstellung auf das Ganze vermag derartige, einer echten Wissenschaftlichkeit schlechterdings unerträgliche Widersprüche nicht anders wie die Kollisionen der Notstandslehre auszugleichen und zu vermeiden. Daher gilt es zu erkennen, „wie alles sich zum Ganzen webt, eins in dem andern wirkt und lebt".

Das gesamtsystematische Denken bis zum Erklimmen der reinen Lehren der Erkenntnistheorie sichert Fruchtbarkeit zugleich und Richtigkeit. Das Gesamtsystem aber ist das große gewaltige Gebäude, das nach ewigen Gesetzen aufgeführt wird. Und hier herrscht Gesetzesautokratie; sie ist von anderer Art wie die der staatlichen Gesetze. Sie betrifft das systematische Denken, die Gesetze, deren Erkenntnis sich die Platon, Descartes, Leibniz, Kant, Fichte, Hegel zum Ziel gesetzt haben. Diese sind die Autokraten, vor denen sich auch die Einzelwissenschaften zu beugen haben. Doch nein! Auch sie waren Menschen; ihr Blick war geblendet. Und so mag denn die Metaphysik, erst die volle Harmonie des Weltalls gleichsam mit einem machtvollen Schlußakkorde beschließend, ihre Stimme mit Donnerklang erheben, um in hochheiligem künstlerischen Empfinden ahnen zu lassen das Walten der göttlichen Weltordnung, den Schöpfer der ewigen Gesetze.

II. Die Grundformel eines jeden Strafrechts, gewissermaßen das Urmotiv, ist: Unrecht + Schuld = Strafe.

Die Strafe ist das spezifische Merkmal des Strafrechts, ist das Charakteristikum, durch das es sich von allen anderen Teildisziplinen der Rechtswissenschaft deutlich erkennbar abhebt, und daher muß im System zu allererst die Strafe bestimmt, sie zuerst muß

[1]) Deswegen verbietet sich die in Juristenkreisen beliebte, die eigene Darstellung ständig begleitende Auseinandersetzung mit der Literatur. Wir haben ein Problem nicht als einzelnes zu lösen, sondern als Teil des Ganzen.

in ihrem Wesen erkannt und von verwandten Erscheinungen abgegrenzt werden. Die unmittelbar zweite Frage ist aber die nach den logischen Voraussetzungen der Strafe; jede Wissenschaft fragt nach den Voraussetzungen einer Erscheinung, um diese letztere selbst endgültig systematisch festzulegen. Allgemeingültige Voraussetzungen der Strafe gibt es aber nur zwei: Unrecht und Schuld. Unrecht (Rechtswidrigkeit) ist die objektive, Schuld die subjektive Voraussetzung; die erste gehört zugleich anderen juristischen, ja zugleich anderen (normativ) soziologischen Gebieten, die zweite zugleich der Individualethik an; aber durch die Verbindung beider Voraussetzungen miteinander und durch die Folge dieser Verbindung (die Strafe) wird das Strafrecht erst zu einem wissenschaftlichen Gebiete eigener Art gestaltet, durch die Verbindung wird das Strafrecht erst als solches systematisch konstituiert. Deswegen ist jener an die Spitze gestellte Satz die Grundformel eines jeden Strafrechts.

Und er ist es noch in einem weiteren Sinne. Alle positivgesetzlichen Voraussetzungen der Strafe müssen sich auf jene beiden allgemeingültigen zurückführen lassen, auf die Rechtswidrigkeit und die Schuld. Das gilt von sämtlichen Strafvoraussetzungen, sämtlichen gesetzlichen Tatbeständen, sämtlichen Strafausschließungsgründen. Kein positivgesetzliches Straferfordernis oder Strafhindernis darf allein im System umherirren, ein jedes muß auf die beiden allgemeingültigen Voraussetzungen zurückgeführt und damit selbst im System fest verankert werden; gelingt diese harmonische Einlassung nicht, so ist nur halbe Arbeit getan, es fehlt an der Grundlegung, entweder ist der Rückweg von den konkreten Merkmalen zu den allgemeingültigen Voraussetzungen nicht gefunden, oder die letzteren selbst sind nicht klar aufgedeckt. Daher ist es eine Hauptaufgabe dieses Werkes, eine solche grundlegende Arbeit zu vollziehen; es gilt nachzuweisen, daß die beiden allgemeingültigen Strafvoraussetzungen mit ihrer spezifischen Rechtsfolge einen Gedanken bedeuten, mit dem ein jedes positivgesetzliche Strafrecht zu rechnen hat, so daß jedes Weniger ungenügend für eine sachliche Begründung des Strafrechts, jedes Mehr ein zufälliges und daher entbehrliches Erzeugnis des Gesetzgebers ist. Es gilt das geistige Band zu erkennen, das alle positivgesetzliche Einzelheiten umschlingt und miteinander verknüpft. Es gilt den systematischen

Bau des Strafrechts in einem derartigen Maße von logischer Geschlossenheit, in einem derartigen Grade von Stileinheit und Harmonie — wie mit gotischen Strebepfeilern — aufzuführen, daß die Wegnahme auch nur eines Stützpunktes das gesamte Bauwerk in das Wanken bringen würde; alle Teile, ohne jegliche Ausnahme, haben sich gegenseitig zu bedingen und zu durchdringen in logischem Zwange und damit in ästhetischer Harmonie. Darum sind Strafe, Unrecht, Schuld die drei Grundbegriffe des Strafrechts, und unser zweiter Teil, das System, hat diese Trias zum Richtmaß zu nehmen. Die Trias gewährt den beherrschenden Blick über alle nur irgend möglichen, nur irgend denkbaren Sonderprobleme des Strafrechts.

Wie drei mächtige Berghäupter, in das wechselnde Getriebe der Menschen hinabschauend, unberührt von dem Blühen und Welken der Fluren, von dem Werden und Vergehen der menschlichen Stätten, gen Himmel ragen wie für die Ewigkeit, allen Stürmen zum Trotz, ebenso hebt sich die Trias des Strafrechts aus dem Wechsel aller nur denkbaren Strafgesetze heraus, sie alle werden von drei ehernen Oberbegriffen überragt, zu denen jeder Gesetzgeber in irgendeiner Weise Stellung nehmen muß. Zu jenen oberen Regionen emporzudringen, nicht in kühnem gefahrvollen Sprunge, sondern in bedachtsamem methodischen Aufstieg, das ist erst wissenschaftliche Arbeit. Die Wissenschaft ist auf Erkenntnis gerichtet, und zwar in letzter Hinsicht auf Erkenntnis des Bleibenden und Unvergänglichen, des Sinnes und Wertes des Wechselvollen und Vorübergehenden — eine Aufgabe, der sich auch die Rechtswissenschaft schließlich nicht wird entziehen dürfen, will sie grundlegend verfahren, will sie ihren Schwestern ebenbürtig sein und exakte, ihre Probleme zu Ende denkende Arbeit verrichten. Daher hat sie, über das meisthin gestellte Ziel der Gesetzesauslegung hinausgehend, zunächst das unmittelbar weiter oben ansetzende ins Auge zu fassen: den Gesetzgeber bei seinem Schaffen zu verstehen, ihn anzuregen und anzuleiten zu künftigen und besseren Gesetzen. Man vergegenwärtige sich doch nur, wie Gesetze tatsächlich zustande kommen. In unserer gesetzgebungsfrohen Zeit werden sie meist nur von wenigen, ein größeres oder geringeres Geschick entwickelnden Personen, nicht selten sogar nur von einem einzigen Beamten des Ministeriums entworfen und in den gesetzgebenden Körperschaften und Ausschüssen eingehend meist nur nach der politischen Seite durchberaten. Selbst wenn die allgemeinsten und grundsätzlichsten Streitfragen, wie dies im Strafrecht kaum anders denkbar ist, nicht ausdrücklich der Wissenschaft überlassen sind, wird man es der letzteren nicht verargen, daß sie den Weg des Gesetzgebers noch einmal geht, daß sie auch ihrerseits zu denselben Fragen Stellung nimmt. Zu dieser Kritik des Gesetzes kommt aber noch ein zweites Ziel, und dieses bleibt den Einwirkungen des Gesetzgebers gänzlich entzogen. Es ist jene oben gestellte, echt wissenschaftliche Frage nach dem Wesen und Wert, dem Sinn und Zweck einer rechtlichen Erscheinung, eine Frage, die als eine allgemeingültige gestellt und die nur in einer allgemeingültigen Weise zu lösen ist. Und hierbei treffen wir wieder auf die drei strafrechtlichen Grundbegriffe Unrecht, Schuld, Strafe, bei deren systematischer Festlegung das Problem der Allgemeingültigkeit besonders achtsam zu behandeln sein wird. Von diesem allgemeingültigen Wesen ist aber auszugehen als von dem logischen Prius; denn nach ihm richten sich (meist nur unbewußt) alle, die sich mit strafrechtlichen Fragen beschäftigen; ohne die Grundbegriffe ist nicht nur die Lösung jener Fragen, sondern sind schon die Fragen selbst gar nicht möglich; sie liegen auf der logischen Linie, die ihren Ausgang von den Grundbegriffen nimmt und die ohne diesen Ausgangspunkt eben gar nicht gezogen werden könnte: die Einzelprobleme würden nicht entstehen, wenn nicht ein derartiges Grundproblem bestünde.

Und so richtet sich dieses, die Grundlagen des Strafrechts darstellende Werk an kein empirisches Publikum, etwa an ein solches, das eine Einführung in ein bestimmtes Strafgesetzbuch, in das neue deutsche oder ein anderes, wünscht. Das Werk ist als ein zeitloses gedacht und zieht die Strafgesetze nur als Beispiele, nur als Erläuterungen herbei, kaum anders wie fremde Lehrmeinungen. Es will darstellen, was jeder Strafgesetzgeber, jeder Strafrichter, jeder Staatsanwalt, jeder Verteidiger, Winkelkonsulent, Angeklagter, Zeuge, vor allen Dingen jeder wissenschaftliche Forscher, was sie alle, die sich mit einer strafrechtlichen Einzelfrage beschäftigen, notwendigerweise als deren Voraussetzung mitdenken oder zum mindesten unbewußt mitempfinden. Das Thema läßt sich daher auch so variieren: es gilt nach einheitlichen systematischen Gesichtspunkten zu ordnen die möglichen Gedanken über das Strafrecht, über das Strafbare und Strafwürdige. Es gilt nicht etwa, die empirischen Gedanken zu sammeln und klassifikatorisch zu ordnen, in Schubladen einzuregistrieren, in Schachteln einzupacken. Es gilt vielmehr das systematische Gefüge zu entwerfen, in der ein jeder nur denkbare Gedanke über ein Strafrecht, ohne jegliche Rücksicht auf sein praktisches Vorkommen, seinen logischen Platz finden muß. Ohne ein solches geistiges Fächerwerk wird der Forscher oder sonst sich mit dem Strafrecht ernsthaft Beschäftigende niemals über die Stoffülle Herr werden, niemals zur endgültigen Klarheit und zum vollen Gesamtüberblick vordringen, vor allem niemals Wesen und Wert, Sinn und Bedeutung des Ganzen begreifen.

Aber der Eros strebt von der Empirie über den allgemeingültigen strafrechtlichen Grundgedanken hinaus noch höher hinauf. Denn gerade der Sinn und der Wert des Strafrechts, um deren Erkenntnis es der Wissenschaft recht eigentlich zu tun ist, läßt sich aus der bloßen Formel von den Strafvoraussetzungen und der Straffolge gewiß noch nicht ersehen. Hier eröffnet sich dem Blick nunmehr ein neues, unermeßliches, undurchdrungenes Land, reich an Wundern und nicht gehobenen Schätzen, zu deren kostbarsten die Idee der Gerechtigkeit gehört. Sie ist es, die der Rechtsordnung erst Sinn und Wert verleiht und von der auch die Grundformel des Strafrechts erst ihre Lebenskraft empfängt. Daß auf schuldhaftes Unrecht Strafe folgt, erklärt sich nicht aus der Erfüllung eines logischen Formalismus, sondern aus einer Forderung der Gerechtigkeit, daß ein jeder gemäß seinem Handeln und seiner Gesinnung von einer über ihm stehenden Ordnung behandelt werde; diese Äquivalenz macht das Wesen der Gerechtigkeit aus, die Gerechtigkeit ist die Behandlung eines Menschen nach seinem Werte, die Gerechtigkeit ist die Übereinstimmung eines untergeordneten Wertes mit einem übergeordneten. Die Gerechtigkeit wird beschrieben von den obersten, allgemeingültigen Zielen der Gemeinschaft, sie besteht in der harmonischen Einordnung des Einzelwollens in das Gemeinschaftswollen. Die Idee der Gerechtigkeit ist der Richtpunkt, nach der sich alle besonderen Rechtsvorschriften zu richten haben; auf der logischen Linie dorthin muß eine jede Gesetzesbestimmung liegen, soll sie sachlich gerechtfertigt sein. Ein freilich in seiner ganzen Fülle unerreichbares Ideal; aber ein solches, dem als einem leuchtenden Leitstern durch die irdische Nacht ein jeder Gesetzgeber nachzustreben die hochheilige Aufgabe hat.

Und diese obersten Ideen, wie es die Gerechtigkeit ist, ermöglichen erst ein System der Wissenschaften; es ist alsbald zu entwerfen (§ 3). Ist nicht die Einreihung der Einzelwissenschaft in das große Ganze eine letzte und oberste Forderung an den Theoretiker? Wie sollen denn sonst die vielen verschlungenen und sich kreuzenden Pfade der einzelnen Wissenschaften in eine geordnete Beziehung zueinander gesetzt werden? Weisen nicht oft mehrere Wissenschaften einen und denselben Begriff auf, der von ihnen in widersprechender Weise bestimmt wird? Und werden nicht oft mehrere Wissenschaften von entgegengesetzten Tendenzen durchzogen, die zu unauflöslichen Widersprüchen führen? unauflöslich vom Standpunkte jeder Einzelwissenschaft, auflöslich nur von einem übergeordneten Standpunkte. Diesen letzteren gilt es zu gewinnen, um Ruhe und Harmonie in die sich überwerfenden Strömungen zu bringen, um aus den Irrgärten der Einzelheiten ins Freie zu gelangen, ins All einzugehen. Nur die obersten Ideen und Gesetzmäßigkeiten, in letzter Linie die allgemeingültigen, sind imstande, die Führerschaft zu übernehmen. Die Ideen mit ihren Trabanten, den Grundbegriffen, sind sozusagen die Regierungsgewalten, die eine jede Wissenschaft nach außen vertreten und Verträge mit den Nachbarreichen abschließen, damit Eintracht und Friede zwischen ihnen wie zwischen den Untertanen, den Einzelbegriffen, herrsche. Sie sind berufen, das große gewaltige Freskogemälde zu entwerfen, das nur dem nahen Blick als ein wirres Durcheinander und Übereinander von Strichen und Klecksen erscheinen mag und das erst bei gehöriger Distanz die Überschau über die sämtlichen, auf ihm dargestellten Lebenserscheinungen gestattet, das erst dem Kenner die zielsichere Hand eines Künstlers verrät, das erst nach langem, langem Betrachten und Nachsinnen den stileinheitlichen Grundgedanken enthüllt.

Wodurch wird aber diese Stileinheit verbürgt? Stileinheit und zugleich Stilreinheit? Der reine Begriff des W e r t e s ist es, dem diese hoheitsvolle Aufgabe zuteil wird. Ihm hat dieses Werk alsbald in dem grundlegenden Teil (§ 2 I) und sodann im System (§ 12 II) besondere Aufmerksamkeit zu widmen. An dieser Stelle sei lediglich zur Vorschau darauf hingewiesen, daß der Wertbegriff nicht nur die Einordnung der Wissenschaften selbst in ein Ganzes, eben nach ihrem Werte für dieses Ganze, ermöglicht, daß er nicht nur folgeweise auch die Teile der einen Wissenschaft gegenüber Teilen der anderen im Friedenszustande erhält, sondern daß er sich auch speziell für den Ausbau des Strafrechts als ganz überaus fruchtbar erweist: das Handeln des Individuums ist ein Streben nach Werten, ist selbst ein Werten, und wird seinerseits gewertet von einem übergeordneten Werte, dem Rechts-, dem Gemeinschaftswerte. Und diese auf den ersten Blick in ihrer Tragweite noch gar nicht zu übersehende außerordentliche Summierung von Wertgedanken erfährt, gleichsam selbst nur in der Mitte stehend, eine ungeheure Steigerung durch den Anbau der überstrafrechtlichen Wertgedanken nach beiden Seiten hin; das individuale Handeln bewegt sich in dem Leben als einem ewigen Strom individualer Werte; das ist die eine, die nach unten gewendete Seite, und die andere obere ist: die Rechtsordnung rangiert als objektiver Wert unter höheren objektiven Werten, und so geht es nach oben fort in immer höhere Regionen der Werte, bis die absoluten allgemeingültigen Werte erreicht werden. Daher darf die Auffassung des Rechts unter der Dominante des Wertbegriffs als recht glücklich bezeichnet werden: die Durchführung des Wertgedankens durch die Gesamtheit des Systems stellt her eine Verbindung des Rechts und der staatlichen Gesetze einerseits mit dem Leben, andererseits mit den höheren Werten, insbesondere der Idee der Gerechtigkeit, und diese Verbindungskurve kommt allen drei Teilen zustatten: der Mitte, der unteren, der oberen Lage, d. h. dem Gesetzesrecht, dem Leben, der Gerechtigkeitsidee. Das Gesetzesrecht wird lebensvoll sowohl wie gerecht gestaltet, das Leben wird auf höhere Wertstufen gehoben, die abstrakte Gerechtigkeitsidee wird konkretisiert und in die Wirklichkeit übertragen. Alles natürlich nur zu verstehen als Forderung, als Aufgabe, als Eros; nicht als vorhandene Tatsache, als glücklicher Besitz. Aber das Sollen, die Sehnsucht nach einem Höheren und Besseren wirkt ja so außerordentlich anspornend und wertsteigernd: Leben und Gerechtigkeit sollen sich gegenseitig durchdringen, diese denkbar entferntesten Pole sollen einander berühren, und das Gesetzesrecht ist der Mittler, auch das Strafrecht ist der Mittler. Ist das nicht der höchste, edelste Beruf? Die Versöhnung von Leben und Ideal? Der Heiland ist berufen, Gott und die Welt zu verbinden — ein religiöses Symbol für die erkenntnistheoretische Linie Idee — Norm — Leben. So offenbart sich in der abstrakten, dürren, logischen Problemstellung des Wertgedankens eine unermeßlich reiche und herrliche Welt, eine höhere Kultur — das kommende Leben birgt sich noch verschlafen in waldgrüner Nacht, bald wird die Glut der steigenden Sonne es erwecken.

Steht somit das Strafrecht zwischen zwei Extremen, beide beglückend, so reicht sein Eros auch nach Punkten außerhalb dieser Verbindungslinie. Es vermittelt nicht nur das Oben und das Unten, sondern sendet seine Strahlen gewissermaßen auch auf das Neben. Es vermag, richtig ausgebaut, auch Gebiete zu befruchten, die ihm weder über- noch unter-, sondern nur nebengeordnet sind; so kommt die Klärung des allgemeinen Unrechtsbegriffs auch der Soziologie, die des allgemeinen Schuldbegriffs auch der Individualethik zustatten, zwei Wissenschaften, die in dieser Problemlage erstaunlich weit zurückgeblieben sind und die genannten, auch für sie wahrlich bedeutsamen Fragen methodisch kaum energisch in Angriff genommen, daher insoweit wenig exakte Ergebnisse gezeitigt haben. Das vorliegende Werk hofft die Bahn zu ebnen, auf der beide Wissenschaften weiterzuarbeiten in der Lage sein werden, ohne sich selbst natürlich in deren Machtbereich einmischen zu wollen; so wie sich auch der Kriminalist jegliche Einmischung von dort her verbittet. Aber die Möglichkeit einer Befruchtung jener durch das Strafrecht ist unverkennbar; im zweiten Teil, im System, werden sich vom Unrechts- wie vom Schuldbegriff weite Perspektiven eröffnen, von dort zur Soziologie, von hier zur Individualethik.

Das Problem läßt sich daher in folgende Form gießen: das Strafrecht ist nicht isoliert zu betrachten, es ist vielmehr zu stellen nicht nur in den Mittelpunkt einer Linie, die von der Idee zum Leben führt, ferner nicht nur in den Mittelpunkt eines Kreises, der die verwandten Wissenschaften umschließt und zu dessen Peripherie es seine Strahlen sendet; es ist zu stellen geradezu in den Mittelpunkt einer Kugel, die den gesamten Komplex der Wissenschaften in sich begreift, alles Oben, alles Unten, alles Neben enthält — alles hat das Strafrecht zu sich in Beziehung zu setzen, alles ist vom Strafrecht aus zu verstehen, jeder Punkt der Kugeloberfläche ist mit dem Kugelmittelpunkt zu verbinden. Das ist grundlegende, das ist gesamtsystematische Arbeit. Die Kugel selbst ist zu begreifen; das will besagen: das Strafrecht ist als Teil des Ganzen und doch zugleich das Ganze vom Strafrecht aus zu erkennen. Selbstverständlich ist nicht ein Gesamtsystem als solches zu entwerfen, das würde ja nichts Geringeres bedeuten als die unmögliche Leistung, die Philosophie mit allen Sonderwissenschaften darzustellen. Aber wird es einmal zur Aufgabe gesetzt, das Strafrecht in seiner Position im Gesamtsystem zu verstehen, so kann auch umgekehrt vom Strafrecht aus das Gesamtsystem in seinen entlegensten Teilen befruchtet werden, aus dem strafrechtlichen Grundgedanken heraus sind die Prinzipien der anderen Wissenschaften zu gewinnen, die Klärung des eigenen Prinzips geschieht ja nicht bloß durch die Einsicht in die Einzelheiten des Strafrechts, sondern setzt zugleich eine Abgrenzung nach außen gegen andere Prinzipien voraus, die auf diese Weise selbst geklärt werden. Beiderlei Klärungen bedingen einander. jede von ihnen setzt die andere voraus — zum mindesten, um die Klärung selbst zu erhöhen und zu steigern. Wie die Jahresringe der Bäume entstehen, so sind um das Strafrecht immer weitere und weitere außerstrafrechtliche Gesetzmäßigkeiten zu ziehen, bis es selbst systematisch vollendet und damit das System vollendet dasteht — Vollendung? Auch sie ist freilich nur eine regulative Idee: ein hartes Unvollendbar hallt der Forschung entgegen.

Den genannten Problemstellungen trägt die folgende Darstellung Rechnung; der erste Teil (§§ 2, 3) betrachtet mehr das Ganze in der Richtung zum Strafrecht, der zweite (§§ 4 ff.) mehr das Strafrecht in der Richtung zum Ganzen wie zu seinen eigenen Einzelheiten. Aber auch der erste Teil ist, wie gesagt, nicht von außerstrafrechtlichen, sondern von spezifisch strafrechtlichen Gesichtspunkten aus konzipiert. Beide Teile behandeln also im Grunde das gleiche Thema und ergänzen sich gegenseitig. Immerhin bringt es die Entgegengesetztheit der beiden soeben angedeuteten Wegrichtungen mit sich, daß der erste Teil ein mehr philosophisches, der zweite ein mehr juristisches Antlitz trägt. Beide Teile dürfen sich in ihren Ergebnissen natürlich nicht widersprechen, sonst wäre entweder hier oder dort ein Fehler untergelaufen; beide bestätigen sich gegenseitig, und diese Probe aufs Exempel erhöht den Wahrheitswert der errungenen Erkenntnisse — eine doppelte Blickrichtung, wie sie über das Strafrecht bisher noch nicht zum Gegenstand eines und desselben Werkes gemacht wurde. Wohl hat auch der

Philosoph strafrechtliche Probleme behandelt, wohl ist auch der Kriminalist zu philosophischen Betrachtungen aufgestiegen, aber ersterer meist nicht zum Nutzen der Strafrechtswissenschaft, letzterer meist nicht zum Nutzen philosophischer Disziplinen. Die Gleichzeitigkeit beider Arbeitsweisen eröffnet erst die Möglichkeit des Nutzens: Theorie und Praxis fördern sich gegenseitig, Idealismus und Utilismus werden versöhnt. Das ist Grundlegung des Strafrechts als Wissenschaft.

III. Die Entfernung des hier betretenen Pfades von den Bahnen, in denen sich die strafrechtliche Literatur unserer Tage bewegt, ist keine geringe. Am weitesten ist der Abstand von den spezialistisch-kasuistisch und deswegen vermeintlich exakt arbeitenden Positivisten. So enthält das eine Fülle von Material verarbeitende und vorsichtig abwägende große dreibändige Werk L. v. Bars in Wahrheit nur eine Sammlung von Monographien über einzelne Fragen des Allgemeinen Teils ohne Aufzeigung des zusammenhaltenden Bandes, ohne jegliche Herausarbeitung des Gemeinsamen und Grundsätzlichen, und der Leser erfährt trotz des Titels „Gesetz und Schuld" nichts über den Begriff der — Schuld! Auch A. Köhler trägt gewissenhaft viele beachtliche Einzelheiten zusammen, dringt aber nicht zu den Prinzipien vor; der (wohl wichtigste) Grundbegriff der Rechtswidrigkeit findet in seinem Lehrbuch keine grundsätzliche Behandlung, und oft ersieht man nicht, was Ausnahme, was Regel ist. Auch A. Merkel, der die Strafrechtsdogmatik so erheblich gefördert hat, gehört diesem Kreise an, er ist leider zu ausgeprägter Positivist und zu ungerecht gegen idealistisch-konstruktive Tendenzen, ohne die doch nun einmal die großen bleibenden wertvollen Gedanken nicht erschlossen werden können. Näher stehen unseren Tendenzen schon die großen Meister der Systematik, K. Binding und E. Beling; aber auch sie und ihre Anhänger sowie andere Systematiker, wie Ph. Allfeld und A. Baumgarten, sind zu sehr Dogmatiker und Positivisten, zu sehr Nur-Kriminalisten und Nur-Juristen, als daß sie das (von ihnen gewiß unbewußt aufgefaßte) Wesen der strafrechtlichen Erscheinungen, ihren Sinn und Wert wissenschaftlich präzisiert hätten; an Gründlichkeit der Untersuchungen und an fruchtbaren Anregungen fehlt es nicht, aber wo es sich um grundlegende Erwägungen handelt, da müssen sie sich notgedrungen im Kreise drehen, nicht anders wie die strengen Kantianer auf erkenntniskritischem Gebiete über Formalismen und Tautologien nicht hinauskommen und logische Analysen liefern, statt unsere Erkenntnis zu erweitern; beide einander methodisch so eng verwandten Richtungen (verwandt, ohne daß sie voneinander Notiz nähmen) scheuen sich, den Weg aus dem Zirkel heraus ins Freie zu nehmen, weil sie jenseits der von ihnen sorgsam abgesteckten Grenzen Sumpfboden vermuten, während doch andere Wissenschaften das Land längst urbar gemacht haben. In dieser Hinsicht haben eine Reihe erfolgreicher Streifzüge unternommen die Kriminalpolitiker und Soziologen, F. v. Liszt und seine Mitkämpfer, die freilich der Gefahr, sich auf fremdem Gebiete niederzulassen, nicht immer entgangen sind; aber ihre mutigen Entdeckungsfahrten machten auf Neuland aufmerksam, und deswegen verdankt die Strafrechtswissenschaft ihnen die mächtigste Anregung und Neubelebung namentlich nach der praktischen Seite hin; hinfort weht ein frischer Zug durch das alte Gebäude. Eine glückliche gesicherte Mittelstraße beschritten die Gemäßigten, die, ihr Interesse teils dem Strafproblem, teils der Verbrechenslehre zuwendend, die praktisch erreichbaren rechtlich begründeten Zwecke dem Strafrecht zur Fundierung gaben und insofern die Theorie in fruchtbarer Weise auf die Praxis orientierten: die Anhänger der sog. dritten Schule sowie die energischen Förderer und Mitarbeiter der Strafrechtsreform, wir erinnern nur an die Namen Stooß, v. Hippel und (wahrlich nicht zuletzt) Frank, „den" Kommentator des Strafgesetzbuchs. Und wenn über diese, vorzugsweise praktische Tendenzen erstrebenden, gesetzestechnischen und reformatorischen Arbeiten die rein theoretische Seite zu kurz kam, so war inzwischen bereits die Ergänzung von der anderen Seite her aufgetreten, indem unter der Anregung der Philosophen und namentlich R. Stammlers die prinzipiellen Fragen aufs Korn genommen wurden, so (unter sich freilich sehr verschieden) von Liepmann, Graf zu Dohna, Holldack, Gerland u. a., während F. v. Calker eine unmittelbare Verbindung des Strafrechts mit der Ethik auf perfektionistischer Grundlage suchte und M. Salomon in engem Anschluß an den transzendentalen Idealismus des Kantianers H. Cohen das Strafrecht methodisch zu stützen bestrebt war. Zu vermissen war stets die von dem vorliegenden Werke geplante beiderseitige Durchdringung der entgegenlaufenden Richtungen, der utilistischen mit der logisch-idealistischen. Zu einer derartigen Verbindung hat in gewissem Sinne die nicht ohne Nachfolger gebliebene sog. symptomatische Verbrechensauffassung O. Tesars geführt, nach der das Verbrechen nur ein Symptom der Schuld, nur ein Schulderkenntnismittel sein soll, eine Anschauung, die sich in ihrer Neuheit und Eigenart gerade aus der (ähnlich auch von uns erstrebten) Verbindung zweier Gedankenreihen erklären dürfte, einerseits aus der konsequenten Fortführung des modernen, freilich heftig angegriffenen Gedankens, daß nicht die Tat, sondern der Täter als solcher zu bestrafen sei, andererseits aus dem wissenschaftlich tief begründeten rechtsphilosophischen Bedürfnis, den wahren Grund für das Symptom zu erkennen, hinter der Erscheinung das Wesen zu entdecken. Am nächsten unseren Grundlagen steht jedoch die Kulturtheorie M. E. Mayers, die mit dem Begriff der Kulturnorm sachlich wohl jenen vielgesuchten fruchtbaren Gedanken traf, der sowohl die Nützlichkeit und Förderlichkeit für das Rechtsleben in sich birgt, als auch unschwer das Recht als Erscheinungsform oder als bloßes Abbild einer höheren Ordnung erkennen läßt, der jedoch wegen des Festhaltens an der Norm noch nicht die juristische Anschauungsweise in dem erforderlichen Maße überwunden hat, um an dem Rechte selbst Kritik zu üben, während der Kulturgedanke der wissenschaftlich scharfen Umgrenzung sowohl wie Analyse entbehrt (vgl. unten § 12 II 7 f). Zum Wertbegriff blieb aber nur noch ein kurzer Weg zurückzulegen.

IV. Die Problemstellung dieses Werkes scheint uns auch den Bedürfnissen der Zeit zu entsprechen. Aus den erschütternden Ereignissen des großen Krieges und der anschließenden Umwälzungen muß allmählich eine neue Weltanschauung emporwachsen; dahin drängte schon die vorausgegangene kulturelle Entwicklung im Dienste der Technik und des Weltverkehrs, das jähe Anschwellen der Großstädte, die ungeheure Macht des Zeitungswesens und der öffentlichen Meinung. Hinzu kommen vor allem die bei weitem tragischsten Folgen der letzten Weltereignisse: die Erschütterung des moralischen Bewußtseins und des Glaubens an die Gerechtigkeit. Eine neue Weltanschauung muß hervorgehen, die zu der vermeintlichen Umwertung aller Werte Stellung zu nehmen hat. Und welcherart wird sie sein müssen? Irren wir nicht, so wird sie gerade jene Verbindung aufzuzeigen und durchzuführen haben, die die oben skizzierte Linie zwischen Leben und Idee, zwischen Wirklichkeit und Wert darstellt. Nur durch diese Orientierung des Menschen auf die bleibenden, ewigen Güter kann das trostlose Dasein wieder einen tieferen und edleren Gehalt empfangen, um sich selbst auf höhere Stufe zu steigern. Daher muß die neue Weltanschauung vor allem eine Wertanschauung sein, um gegenüber den — ach, so wild wuchernden — Unwerten die Rückbesinnung auf jene hohen und reinen Werte, ohne die das Leben nicht lebenswert ist, zur heiligen Pflicht zu machen. Die Durchführung des Wertbegriffs von den Einzelheiten bis zu dem All, von dem All bis zu den Einzelheiten, diese Durchführung verbürgt, daß beide Pole einander berühren, daß die denkbar stärksten Gegensätze ausgesöhnt werden; der Wertgedanke wird zum Heiland, zum Mittler zwischen Gott und Menschheit.

Daher muß diese Weltanschauung ihre Aufmerksamkeit in ganz besonderem Maße den beiden Extremen zuwenden, muß die philosophischen Probleme an den Endpunkten anpacken, muß sein einerseits eine Philosophie des Lebens — diese vielbekämpfte und als unwissenschaftlich hingestellte, aber seit einigen Jahrzehnten sich mehr und mehr durchsetzende, im ganzen unter der Ägide Goethes und Nietzsches, auch Bergsons stehende Gedankenrichtung —, andererseits eine Philosophie der Ideale — eine Neuerweckung der oft unbegreiflicherweise als veraltet bezeichneten deutschen idealistischen Systeme. Namentlich eine Rückkehr zu Hegel erscheint zeitgemäß, nicht um seine dialektisch-logischen Gedankenoperationen zu wiederholen, sondern um mit ihm wieder den Blick auf das All zu richten, systematisch zu denken, das Ganze zu erfassen, in dem Wechsel des Weltgeschehens die Harmonie und das Ewige zu erkennen (§ 3). Die methodisch-kritische Grundlage sollte man dagegen durch Orientierung auf den transzendentalen Idealismus Kants zu gewinnen suchen (§ 2). Eine Wiederbelebung des rein formalen Apriorismus ist dagegen unzeitgemäß, weil unfruchtbar, weil ohne Beziehung auf das Leben: wer nur die Möglichkeit von Erkenntnissen untersucht, kann nur Vorfragen, nicht Hauptfragen erledigen, kann nur Einleitungen, nicht Systeme schaffen; insofern glauben wir unter den Neukantianern den Axiologen vor den reinen Logizisten die Zukunft prophezeien zu sollen; moderner erscheint uns die Denkweise Windelbands, Rickerts, Münsterbergs als diejenige Cohens und Natorps, moderner in der Grundlage die Richtung Radbruchs als diejenige Stammlers. Moderner deswegen, weil der Wertgedanke die Verbindung von Ideal und Leben ermöglicht, weil er Nützlichkeit und Brauchbarkeit der Abstrakta gewährleistet.

Von einem erkenntnistheoretischen Pragmatismus sind wir dagegen ebenso weit entfernt wie von einem materialistischen Utilismus. Das einseitige Interesse für die in den letzten Jahrzehnten mächtig entwickelten Natur- wie Wirtschaftswissenschaften ist der tiefste Grund des ideell-moralischen Niederganges unseres Volkes gewesen; daher hat an die Stelle des naturwissenschaftlich (weil kausal) verfahrenden Determinismus in Ethik und Strafrecht der teleologisch-normativ allein berechtigte, lebenbejahende und Verantwortlichkeitsgefühl steigernde Indeterminismus zu treten — ein Hauptthema dieses Werkes —, und daher hat die utilistisch durchsetzte, sachlich in das Zeitalter der Romantik und des Historismus gehörende Präventionstheorie wiederum der ethisch-normativ untertönten Vergeltungstheorie der Klassik und des Kritizismus zu weichen — ein anderes Hauptthema. Das Überragen des Normativen über dem Deskriptiven endlich verkörpert sich in einem Sieg des Sozialismus über dem Individualismus, des Demokratismus über dem Monarchismus — nicht im Sinne politischer oder wirtschaftlicher Theorien, sondern in der Bedeutung der idealistisch-philosophischen Forderung: Unterordnen des Einzelmenschen unter die Gesamtheit, Beschränkung der Einzelbestrebungen nach dem Leitgedanken der Harmonie des Alls.

Nur diese idealistische Einstellung vermag jenen lebensmüden, dekadenten Zug unserer Zeit zu überwinden, der sich nachgerade auf allen Gebieten der modernen Kultur des großen Publikums bemächtigt hat. Der ungesunde Naturalismus in allen Künsten, der die Welt mit ihren Leiden eher noch krasser schildert, als sie in Wirklichkeit ist, der das Aufwärtsstreben der Menschen kaum als Forderung und Aufgabe ahnen läßt, er beruht in letzter Linie auf der einseitigen geschichtsphilosophischen und soziologischen, wenn nicht gar naturwissenschaftlichen Richtung der Gedanken.[1])

---

[1]) Man beachte die Parallele zwischen dem naturalistischen Drama und den biologischen und soziologischen Strafrechtslehren: von einer individuellen Schuld und ihrer Sühne und Läuterung ist dort wie hier nicht die Rede. Nur Anklagen werden erhoben — gegen die wirtschaftlichen und sozialen Zustände, gegen die Vorfahren, gegen die Natur, gegen das Schicksal. „Ich kann nicht dafür, daß die Welt so ist; aber sie ist einmal so." Die modernen Dramen

§ 2. Die Betrachtungsweisen.

Die naive Betrachtung der Welt muß durch eine wissenschaftliche ersetzt werden; vorwissenschaftliches Denken ist unter allen Umständen zu überwinden. Wir selbst machen die Dinge erst zu dem, als was sie uns erscheinen, wir selbst sind die Schöpfer der Dinge, der Dinge in dieser ihrer Eigenart — eine Erkenntnis, die nicht nur als eine seit der Kopernikanischen Wendung unerschütterliche hinzunehmen, sondern die in allem Ernst anzuwenden und zu verwerten ist, eine Erkenntnis, die nicht nur in ihrer theoretischen Selbstverständlichkeit den exakten Wissenschaften als Luxus angehängt werden darf, sondern die in diese letzteren hineingelegt, in ihr innerstes Mark hineingelegt, die zur Herrscherin erhoben werden muß, nicht um ein Scheinkönigtum zu führen, sondern um das Leben in ihren Bann zu zwingen, um die Einzelwissenschaften zu durchdringen und ihre Strahlen bis in die feinsten Besonderheiten der praktisch bedeutsamen Probleme zu entsenden. Wir selbst erzeugen die Dinge, wir sind die Schöpfer der Welt, die Welt ist unser Werk. Jedenfalls für die Wissenschaft. Ob sich die Welt noch anders wie wissenschaftlich erkennen läßt oder ob sie gar ohne Rücksicht auf unsere wissenschaftliche (und sonstige) Betrachtungsweise etwas anderes wie sie uns erscheint ist, das interessiert hier nicht; unser Plan ist es, nur Wissenschaft zu treiben, nicht künstlerisch die Welt zu gestalten, nicht metaphysisch in sie hineinzuschauen. Aber daß diese anderen Möglichkeiten überhaupt in Frage kommen, daß sie zum mindesten als Probleme auftauchen, wirft ein neues Schlaglicht auf die hochzentrale Bedeutung der Betrachtungsweise überhaupt; die Betrachtungsweise, die Blickrichtung, die Schau des Bewußtseins, der jeweilige einem Objekt gegenüber eingenommene innere Standpunkt, sie sind es, welche die letzte Differenzierung der Erkenntnisse bedeuten, sie sind es, welche bewirken, daß ein

---

liefern geradezu einen Katalog von Krankheiten und Entartungen, die sich durch Vererbung, Alkohol, Verbrechen erklären. — Und man beachte die Zusammenhänge: Schopenhauers und Hartmanns Pessimismus, Hebbels Realismus, Wagners Tristan, Hauptmanns Anklagedramen, Lombrosos und Liszts Strafrechtstheorien, Tolstois Mystik und Stefan Georges Weltabgeschiedenheit. schließlich Oswald Spenglers Prophezeiung des Unterganges des Abendlandes — Kausalismus, Determinismus, Fatalismus. Demgegenüber heißt die Losung: Aktivismus, Leben und Willensfreiheit.

und dasselbe Objekt bald so, bald so erscheint, je nachdem das Subjekt es so oder so anschaut. Dasselbe Objekt, dasselbe Subjekt, und doch verschiedene Erkenntnis: verschieden wegen der Verschiedenheit der Bewußtseinsrichtung. Dieses Abstellen auf die Betrachtungsweise ist der Kern der transzendentalen Methode Kants, deren Gewalt sich niemand entziehen kann, wer nur immer den Dingen auf den Grund zu gehen bestrebt ist — jene Methode, die in erkenntnistheoretischer Hinsicht ebenso das höchste und letzte bedeutet, zu dem der Forscher aufzusteigen hat, wie sie einseitig, minder bedeutend und unzureichend ist, sobald es sich um die Erklärung des Wesens der Dinge handelt. Über Sinn und Wert gewährt die abstrakte Gipfelwelt der Kantischen Erkenntniskritik keine Auskunft, daher ihre Dürre, ihre Selbstverständlichkeit, ihre Drehung im Kreise; daher die bittere Enttäuschung des, der darauf ausgegangen ist, Wesen und Bedeutung der Welt zu ergründen, und nunmehr mit methodischen Formalismen und Logizismen abgespeist wird, die immer nur die Richtung angeben können, in der sich der Erkenntnisdrang zu bewegen und zu entfalten hat, will er zum Licht vordringen. Kantische Philosophie ist nur der Anfang der Philosophie, der Ausgangspunkt, freilich der untrügliche, aber auch nichts weiter. Jeder echte Philosoph spürt in sich den Faustischen Drang nach Erleuchtung, nach Aufklärung über den Sinn und den Wert des Ganzen, des Weltalls im großen wie des eigenen winzigen Daseins, das er mein Leben nennt, wird gequält von titanischem Ringen nach Vollkommenheit. Wie sollte man aber diese Einsicht in den Sinn des Daseins gewinnen, wie sollte man über den Weg zum Besserwerden belehrt werden durch die bloße Erkenntnis der letzten Voraussetzungen unserer Erkenntnis, der apriorischen Grundlagen, der logischen Bedingungen, auf denen erst alles Weitere aufzubauen ist? Es muß eben noch etwas anderes hinzutreten, soll die Erkenntnis — überhaupt Erkenntnis sein. Daher sind so nichtssagend und verfehlt gar manche Lehren und Definitionen der Aprioristen, der Neukantianer, deren A und O nur die Klarlegung der logisch formalen, allgemeingültigen Voraussetzungen der Erkenntnis, nicht die Erkenntnis selbst ist, denen die Kantische Kritik die Philosophie überhaupt bedeutet — die sich aber über die wahre Sachlage selbst klar geworden sind, wenn sie ihre Lehre bezeichnend genug Einleitung nennen; sie können nur Einleitungen zu einem System schreiben, nicht ein System selbst, es bleibt ewig bei der Einleitung. Und ihre Definitionen sind verfehlt, weil sie nur Oberbegriffe enthalten und dabei die spezifische Differenz verschweigen: das Wesen der Ethik (im weiteren Sinne) wird gesehen in dem Wollen des Richtigen, das der Rechtswidrigkeit in der Unrichtigkeit, das der Strafe in der Beseitigung der Unrichtigkeit, in der Berichtigung[1]) — alles Erklärungen, die doch nur einen Oberbegriff, sogar nicht einmal den nächsten, wiedergeben, die vielmehr auch für Nachbar- und Parallelbegriffe zutreffen und die es mithin sehr wohl von jenen zu scheiden gilt.

Und doch ist eine Klärung der Betrachtungsweisen geboten. So gewiß das Strafrecht auch ohne ihre Darstellung mit Erfolg bearbeitet werden kann, so sicher ist, daß der Forscher zu ihnen zum mindesten unbewußt eine reinliche Stellung eingenommen haben muß. Eine wissenschaftliche Grundlegung ist aber nur dann gegeben, wenn diese verschiedenen für die Einzelfragen bedeutungsvollen Betrachtungsweisen und Blickrichtungen als solche erkannt und einheitlich begriffen werden; erst diese Heraushebung des Gemeinsamen gipfelt das System zu einem wissenschaftlichen auf. Es gilt zu erkennen, welche Voraussetzungen der Forscher zum mindesten unbewußt zur Grundlage nehmen muß, will er mit Erfolg ein System schaffen, eine Einzelfrage lösen. Nicht nur die theoretische Vollendung des Ganzen steht und fällt mit dieser Aufzeigung der wissenschaftlichen Schau, auch die Bezwingung der Einzelprobleme hängt oft an diesem einzigen seidenen Faden. Die immense Bedeutung der strafrechtlichen Betrachtungsweisen ist noch völlig unerkannt geblieben, wie denn überhaupt die wissenschaftlichen Betrachtungsweisen mehr ein philosophisches Sonderdasein zu führen belieben, statt zum gesicherten Boden und festen Ankergrund für die beweglichen Einzelwissenschaften angenommen zu werden.

Möge sich auch der Kriminalist namentlich von der grundlegenden Einsicht durchdringen lassen, daß ein und dasselbe Objekt oftmals verschieden erscheint, je nachdem die Schau eingenommen wird; und ob man diese oder jene Betrachtungsweise wählt, hängt von den jeweiligen Zwecken des Betrachters, des wissenschaftlichen

---

[1]) In dieser Richtung bewegen sich insbesondere Stammler, M. Salomon, Graf zu Dohna. Näheres im zweiten Teil.

Bearbeiters ab. So erklärt es sich, daß ein und dasselbe Objekt verschiedenen Zweigen der Betrachtung, verschiedenen Wissenschaften angehören kann — wenn überhaupt es dann noch als dasselbe bezeichnet werden darf.

Naturwissenschaft, Ethik, Kunst, Religion, sie alle können einen und denselben Gegenstand betrachten, und er erscheint unter diesen verschiedenen Aspekten verschieden. Der Sonnenuntergang ist nicht nur ein von dem Naturforscher aus der Tatsache der Drehung der Himmelskörper mit mathematischer Gewißheit zu begründender Vorgang; er läßt sich auch religiös betrachten unter der Kategorie der Heiligkeit, etwa unter Inbeziehungsetzung mit der Vergänglichkeit alles Irdischen, mit der Ewigkeit, der Gottheit; er läßt sich auch ästhetisch anschauen unter der Kategorie der Schönheit, indem sich der Betrachter versenkt in die Farbenpracht, in die bei tiefstehender Sonne zu bewundernde Verklärung der Baumspitzen und der zarten Wolkenstreifen. Stets ist das Objekt das nämliche: der Sonnenuntergang, aber es wird verschieden betrachtet mit den Augen des Naturforschers, des religiös gestimmten Beschauers, des Künstlers. Nicht anders in den Sozialwissenschaften, der Ethik und der Rechtswissenschaft. Eine konkrete menschliche Handlung läßt sich in verschiedener Weise erklären. Sie läßt sich nicht nur auf ihre Ursache zurückführen, etwa auf Ermüdung, auf Einsamkeit, auf Kälte, auf sinnliche Erregung, das wäre eine rein naturwissenschaftliche, eine ätiologische, kausale Erklärung. Sie läßt sich auch durch ihren Zweck begreifen, sie geschah etwa deswegen, um einem Kranken zu helfen oder um vor anderen zu glänzen oder um Geld zu verdienen; das ist die teleologische und speziell rein soziologische (wertbezogene) Betrachtung. Sie läßt sich weiterhin auch unter dem Gesichtspunkt eines übergeordneten Wertes erfassen, sei es eines dem Handelnden innewohnenden Gesetzes, der Moral, sei es einer äußeren Norm, etwa des staatlichen Gesetzes. Und sie läßt sich endlich selbst ästhetisch, ja religiös betrachten; man vergegenwärtige sich nur jene, ach so seltenen, von hohem Edelsinne getragenen Taten, die den glücklichen Vollbringer in einer sich selbst wie seine Umgebung verklärenden Schönheit oder als ein Ebenbild, als einen Sohn Gottes erscheinen lassen, uns an eine höhere Welt mit vollkommenen Wesen gemahnend.

Nunmehr rückt die Erkenntnis näher und näher, daß eine jede

Wissenschaft von typischen Betrachtungsweisen beherrscht wird. Und wenn man mit manchem Problem vergeblich gerungen, sich umsonst abgemüht hat, so hat es oft wohl an dieser methodischen Schau gefehlt, man unterließ die scharfe, gerade dieser Wissenschaft eigentümliche Blickrichtung, versäumte die typische kategoriale Einstellung. Und keinen falscheren, gesamtsystematisch verfehlteren Weg konnte man einschlagen als den so oft beschrittenen: man entlehnte die Methode aus den Nachbargebieten, denen das Objekt ebenfalls angehörte. Die Gemeinsamkeit des Gegenstandes sollte die Grundverschiedenheit der wissenschaftlichen Verfahrensweisen hinwegtäuschen. Gelang es auf dem einen Gebiete nicht, das Objekt zu erfassen, so hielt man Umschau bei den nebengeordneten, sich mit demselben Objekt beschäftigenden Wissenschaften, und wenn dort eine Erklärung gelungen war, so eignete man sie sich kritiklos an. Eine heillose methodische Verirrung, eine Verunreinigung der eigenen Wissenschaft, nicht selten geradezu ihr Selbstmord. Ach, wie oft hat der Kriminalist diesen schweren Fehltritt begangen! Wie oft hat er seine Wissenschaft in den Dienst der beschreibenden Soziologie oder gar — noch schlimmer — der Naturwissenschaft gestellt! Eine völlige Verleugnung seines teuersten Gutes, der Idee der Gerechtigkeit als der obersten Beherrscherin seines Landes.

Auch das Strafrecht hat seine eigene Schau, seinen Sternenblick, seine typisch-methodischen Bahnkurven. Drei Gruppen von Gegensatzpaaren heben sich heraus und gewinnen besondere Bedeutung für eine Reihe von Hauptproblemen des Strafrechts, wie im folgenden sogleich veranschaulicht sei, während die systematische Auswertung und Begründung dem zweiten Teile vorbehalten bleibt. Diese drei Gruppen der strafrechtlichen Schau sind:

1. Ontologische und axiologische Betrachtung: Sein — Sollen, Wirklichkeit — Wert, oder: Kausalität — Telos, oder: Gewißheit — Wahrscheinlichkeit.

2. Generelle (abstrakte) und individuelle (konkrete) Betrachtung: Norm — Tatsache, Gesetz — Fall.

3. Publizistische und zivilistische Betrachtung: öffentliches und Genugtuungsinteresse.

Die beiden Glieder in jedem der drei Paare haben für das Strafrecht interessanterweise verschiedene Bedeutung und diese wiederum in dreifacher Hinsicht. In dem ersten Paar scheidet das erste Glied (ontologische Betrachtung, Sein, Kausalität, Gewißheit) — entgegen einer weitverbreiteten, wenn nicht gar herrschenden Ansicht der Kriminalisten — für das Strafrecht völlig aus und kommt nur für die Naturwissenschaft, nicht einmal für die Soziologie in Betracht; das Strafrecht ist eine Wert-, nicht eine Seinswissenschaft, hat zum Objekt den Zweck, nicht die Ursache, untersteht den Wahrscheinlichkeits-, nicht den Gewißheitsurteilen. In dem zweiten Gegensatzpaar ist die Bedeutung beider Glieder für das Strafrecht wie für das Recht überhaupt die gleiche; die generelle Betrachtung stellt der Gesetzgeber an, die individuelle der konkrete Beurteiler, sei es der Richter, der Staatsanwalt oder eine sonstige Behörde, sei es eine Privatperson, etwa der Täter selbst. In dem dritten Gegensatzpaar kommt dem ersten Glied primäre, dem zweiten sekundäre Bedeutung zu; das öffentliche Interesse geht den privaten voran. — Und ferner zeigt sich eine Verschiedenheit in dem Verhältnis des Strafrechts zu den anderen Wissenschaften. Das erste Gegensatzpaar ist allen Wert- (oder umgekehrt allen Seins-) Wissenschaften eigen, das zweite allen Normwissenschaften, das dritte allen Staatswissenschaften, dem Staatsrecht im weiteren Sinne, dem Straf- und Prozeßrecht. — Und endlich eine Verschiedenheit in der Bedeutung für die strafrechtlichen Grundbegriffe und ihre Ressorts. Die erste Betrachtungsart zeigt sich vornehmlich im Reiche des Grundbegriffs Rechtswidrigkeit, die zweite tritt besonders auf dem Gebiete der Schuld zutage, die dritte offenbart sich vor allem im Problem der Strafe.

Der Plan ist bereitet; die strafrechtliche Schau möge sich entfalten.

I. Die das gesamte Rechtsgebiet beherrschende Betrachtungsweise ist die axiologische; Rechtswissenschaft ist Wertwissenschaft. Objekt und Wert, Sein und Sollen, Wirklichkeit und Ideal — das sind die allerersten methodischen Gegensätze, von denen eine jede wissenschaftliche Untersuchung auszugehen hat, und auch das Recht ist auf dieser logischen Grundlage aufzubauen. Wir führen den Bau erst bei der Bestimmung der Begriffe Recht und Unrecht (§ 12) auf; hier ist der Wertcharakter des Rechts als ein bereits erwiesener hinzunehmen, und sofort hat die Nutzanwendung und praktische Ausbeute einzusetzen.

1. Die Rechtsordnung und speziell das Strafgesetz haben die Aufgabe, ein menschliches Verhalten zu beurteilen. Verhalten und Beurteilung — das sind die beiden Größen, die dem methodischen Gegensatz von Objekt und Wert entsprechen; und in diesen Dualismus spalten sich deswegen notgedrungen auch die strafrechtlichen Grundbegriffe. Objekt und Wert sind reinlich zu scheiden, wenn die wissenschaftliche Forschung die Begriffe Unrecht, Schuld, Strafe klarzulegen unternimmt. Unrecht und Schuld bedeuten an sich Maßstäbe, nicht auch Gegenstände der Wertung, bedeuten an sich Werte, nicht auch wertbezogene Objekte, bedeuten an sich Unwerturteile, nicht auch norm-indifferente Tatsachen, weswegen jene die Rechtswidrigkeit dogmatisch-systematisch der Handlung nachsetzende wie jene der Schuld nur psychologischen Charakter beimessende Ansicht so gänzlich fehlgeht; Rechtswidrigkeit und Schuld bringen an sich und zuallererst den Gedanken der Mißbilligung zum Ausdruck, darauf muß schon an dieser Stelle entscheidendes Gewicht gelegt werden. Aber ebenso gewiß ist, daß diesem Wert ein tatsächliches Substrat entspricht, das gewertet wird; der Wertgedanke fordert notwendig den Gegenstandsgedanken als den korrespondierenden heraus. Die Objekte des Unrechts- wie des Schuldurteils gehören daher nicht lediglich beschreibenden Wissenschaften, etwa der reinen Soziologie, an, sondern der Wertwissenschaft selbst, Werte ohne den gleichzeitigen Gedanken entsprechender Objekte wären wesenlose Hirngespinste. Und daraus folgt zugleich, daß die Objekte den Werten nachgeordnet sind; interessieren sie doch den Axiologen und insbesondere den Juristen und den Ethiker nicht um ihrer selbst willen, sondern nur als auf Werte bezogen. So leicht nun der wertbezogene Gegenstand der Beurteilung für das objektive Unrechtsurteil zu gewinnen ist — er bedeutet das oft irrig vorangestellte und nicht minder oft als alleiniges gegenständliches Moment des Systems behandelte äußere Verhalten, Tun und Unterlassen —, so schwer ist es, den entsprechenden Gegenstand der Beurteilung für das subjektive Schuldurteil herauszustellen. Ist es die Gesinnung? Diese Parallele zum äußeren Verhalten beim objektiven Unrechtsurteil würde ebenso befriedigen, wie die Identität dieses subjektiven Wertgegenstandes mit dem des moralischen Werturteils argwöhnisch stimmen würde. Oder ist es wiederum das äußere Verhalten, so daß sich Unrecht und Schuld,

wenn sie den gleichen Wertgegenstand besitzen, nur durch einen verschiedenen Wertmaßstab unterscheiden könnten? Fragen, die dem Systematiker noch viel zu bedenken geben (vgl. § 20).

Eine Eigentümlichkeit, die auf den ersten Blick widerspruchsvoll erscheinen mag, bei näherem Zusehen sich zwanglos aus dem Wesen des lediglich in den Betrachtungsweisen begründeten Gegensatzes ergibt, ist diese: Auch die Wertmaßstäbe Rechtswidrigkeit und Schuld können ihrerseits gewertet werden, nämlich von einem übergeordneten Wertmaßstab, können also als bloße Wertungsobjekte erscheinen. Sie sind ja nicht Wertmaßstäbe an sich, wie eine naive realistische Auffassung vermeinen könnte, nicht unverrückbare Größen, denen eine bestimmte Eigenschaft, die des Wertmessers, innewohnte; sie sind vielmehr abhängig von der Lupe, durch die sie von dem Betrachter angesehen werden. So kann das Kategorienpaar Objekt — Wert gewissermaßen nach oben verschoben werden, so daß die bisher als Wert anzuschauende Größe auf einer von dem Betrachter eingenommenen höheren Stufe bloß als Objekt erscheint. Daher gewinnen z. B. Notwehr und Vorsatz — selbst schon Wertungen — die Bedeutung eines Objekts mit der Eröffnung, höheren Orts bewertet zu werden; selbst dieser höhere Maßstab, etwa die Rechtsidee selbst, kann wiederum nur als Objekt erscheinen und vor einem übergeordneten Werte als dem höheren Richterstuhle zur Verantwortung gezogen werden, etwa der Kulturidee. So vollzieht sich unter unserem methodischen Gegensatz die systematische Aufgipfelung zu höheren und immer höheren Werten, in reinere und immer reinere Regionen, und es entfaltet sich das System der Wissenschaften, wie es alsbald (§ 3) zu entwerfen ist. Der Jurist hat aber streng darauf zu achten, daß bei der Beurteilung von Rechtsfällen und Rechtslagen die Grenze seines Gebietes nach oben nicht überschritten werde. Jeder Eingriff eines höheren Wertes ist von dem Juristen abzulehnen, sein höchstes Gesetz ist das juristische Grundgesetz; die oberen Werte und Gesetzmäßigkeiten dienen nur zur Einreihung des Rechts in das systematische Ganze, zur Rechtfertigung und Begründung des Rechts überhaupt im Kulturleben und zur Begrenzung seines Wertes nach übergeordneten Gesichtspunkten, nach denen es sich nach Möglichkeit zu orientieren hat.

Nicht nur das Unrecht und die Schuld, auch die Strafe ist unter dem kategorialen Gegensatz von Objekt und Wert zu erfassen.

Und zwar erscheint sie von Anfang an nur als Objekt, nämlich in ihrer Erscheinung als Rechtsfolge von Unrecht und Schuld. Aber auch dieses Objekt ist höheren Orts zu bewerten, eine Wertung, die sich innerhalb des Rechtsgebietes ohne Schwierigkeit vornehmen läßt, nur liegt sie jenseits des eigentlichen Strafrechts. Es entsteht nämlich das in der Literatur ganz übersehene Problem der Rechtmäßigkeit der Strafe mit der besonderen Komplikation, woher der Maßstab zu entnehmen, und mit der weiteren, ob diese Wertung nur vom Gesetzgeber oder auch vom konkreten Beurteiler (Richter, Staatsanwalt) zu vollziehen ist. Hier setzt, was auf den ersten Blick nicht erwartet wird, der Schulenstreit ein. Die Moderne verlangt, daß die Strafe noch weitere Zwecke verfolgt, als sie die Klassik einräumt, daß sie nämlich dem Verbrecher wie der Gesamtheit nützlich zu sein hat, und die Konsequenz erscheint unabweislich, daß die Bestrafung zu unterbleiben habe, wo diese weiteren nützlichen Aufgaben unerfüllbar sind. Ob und wieweit diese Ansicht zu billigen ist, wird erst später im System untersucht werden (§§ 9, 10). Hier sei nur darauf hingewiesen, daß der Weg zu dem weitreichenden Problem überhaupt wie zu seiner nicht gerade leicht zu gebenden Lösung von unserem methodischen Gegensatz, der strafrechtlichen Schau Objekt — Wert eröffnet wird. Nur unter dem Gesichtspunkt der Rechtmäßigkeit ist das Problem zu bewältigen. Die Strafe ist nicht nur als Objekt an sich, als Rechtsfolge, sondern auch als spezifisches Wertobjekt zu betrachten — eine nicht nur zulässige, sondern dringend gebotene Anschauung, soll nicht eine Lücke im System des Rechts entstehen; denn in diesem sind doch alle Erscheinungen auch auf ihre Berechtigung hin zu untersuchen. Eine mögliche Lösung sei hier angedeutet: der Jurist hat nur rechtmäßige Maßnahmen zu verhängen, die Rechtmäßigkeit bestimmt sich aber danach, ob die Maßnahme innerhalb der rechtlichen Gemeinschaft mehr nützt als schadet. Zweifellos läßt sich der Gesetzgeber von diesem Regulativ leiten; darf es auch der konkrete Beurteiler (Richter, Staatsanwalt)? Diese Frage nach der Rechtmäßigkeit der Strafe scheint uns der Kernpunkt des Schulenstreites zu sein, falls man ihn auf eine juristische Kategorie zurückführen und ihm die unumgängliche methodische Unterlage geben, ihn nicht nur technisch-politisch oder dogmengeschichtlich-literarisch erledigen will.

2. Die Einführung des Wertgedankens ist von hochprinzipieller Bedeutung. Wer den Gegensatz von Sein und Wert leugnet oder zu überbrücken sucht, wird niemals Sinn und Wert einer Erscheinung zu erklären imstande sein; diese selbst läßt sich nur als solche, nur als bloße Erscheinung begreifen, und wenn sie allein, allein im Reiche der Tatsachen, uns ihren Sinn zu enthüllen scheint, so ist damit in Wahrheit bereits ein jenseits liegender Standpunkt betreten, sie ist auf einen Wert bezogen, von dem aus ihr erst Bedeutung und Sinn beigelegt werden kann. Sinn und Wert klarzulegen ist aber das letzte, sei es auch das niemals ganz erreichbare Ziel der Wissenschaft überhaupt; lediglich beschreibende Tätigkeit zu vollführen, mag im Interesse der Arbeitsteilung einigen Wissenschaften als Aufgabe zugewiesen werden, doch erhebt sich sodann allemal die Frage, welchen Gewinn denn solche Arbeiten und ihre Ergebnisse besitzen, und so baut sich über diesen Wissenschaften die Lehre von den Werten auf, über ihnen steigen die Werte hierarchisch auf, eine Wissenschaft wölbt sich über die andere, nicht einmal an der Schranke der Wissenschaften überhaupt macht der Wert- und Sinngedanke halt, der krönende systematische Abschluß liegt jenseits der strengen Wissenschaft (§ 3). — Wert und Sinn des Seins, worauf es in letzter Linie ankommt, kann also niemals aus dem Sein selbst, sondern nur aus dem teleologisch-systematischen Gefüge des Ganzen erschlossen werden. Der Rechtswert einer juristischen Erscheinung speziell ist nur durch Einstellung auf die Rechtsidee, durch Subsumtion unter das juristische Grundgesetz, oder wie man sonst logisch formulieren will, was hier einerlei ist, zu erkennen.

Aus demselben Grunde ist auch jede psychologisch-genetische, jede historisch-positive Methode einseitig und wissenschaftlich unzulänglich; sie kann immer nur den Stoff liefern, immer nur das Sein erklären, die Entwicklung beschreiben. Niemals ist sie imstande, das Dargestellte kritisch zu behandeln, zu werten und zu würdigen. Wer die Strafe positivistisch auch noch so eingehend untersucht und ihren Werdegang verfolgt,[1]) ist noch himmelweit entfernt von der Erkenntnis ihres Wesens und Sinnes. Wer steht mir denn dafür, daß das jetzige Zeitalter die Strafe besser erkennt als ein vergangenes und daß nicht schon ein kommendes Jahrzehnt

---

[1]) Wie Nagler.

die jetzigen Erkenntnisse über den Haufen wirft? Ihr Empiriker, Psychologen, Historiker, bemerkt ihr denn nicht, daß euer angeblich so exaktes Verfahren gänzlich unzureichend ist, daß ihr, wenn ihr einmal das Richtige trefft, euch unbewußt von Voraussetzungen habt leiten lassen, die gar nicht aus euerem Stoffe entlehnt sind, die vielmehr diesen erst formen und richten? Wie wollt ihr euch vermessen, über Wert und Unwert zu entscheiden, wenn ihr nichts weiter als euer vielleicht reichhaltiges, aber niemals vollständiges Material, vor allem bloß euer Material ohne jeglichen Maßstab vor Augen habt? Schon das Material als solches kann nicht restlos sein, ihr möget sammeln und sammeln mit Bienenfleiß aus Vergangenheit und Gegenwart, unmöglich könnt ihr jedes Winkelchen durchstöbern; und selbst wenn alles zusammengetragen sein sollte, so bleibt die Zukunft in Wolken gehüllt, das zukünftige Sein kann niemals als Sein, niemals zur Gewißheit erkannt werden, nur ein Wahrscheinlichkeitsurteil ist möglich, und dieses setzt bereits eine veränderte, unter dem Wertgesichtspunkte stehende Betrachtungsweise voraus. Und ferner: selbst wenn man den voraussichtlichen Verlauf mit der denkbar größten Wahrscheinlichkeit ermittelt hat, so verbleibt ein Rest, und zwar ein recht bedeutender: der Wert selbst, in dessen Richtung sich ja die Zukunft durchaus nicht, auch nicht voraussichtlich zu bewegen braucht, wie schon die gebräuchliche Wendung besagt, daß die Dinge voraussichtlich einen unheilvollen Verlauf nehmen werden. Wollt ihr Psychologen und Historiker, ihr Empiristen und Positivisten aber auf das Wertvolle und seine Erkenntnis verzichten? Bei der Erforschung eures Materials haltet ihr bereits — unbewußt — eine Auswahl zum Teil unter diesem Gesichtspunkt, indem ihr das Nebensächliche beiseiteschiebt. Aber noch weit mehr bedarf der Auslese euer reicher Stoff unter höherem Gesichtspunkte. Nach ihm hat sich alles Sein zu lenken und zu richten, das ist nicht Prognose der tatsächlichen Zukunft, sondern Aufgabe und Forderung. Nur Werte stellen das Bleibende und Erstrebenswerte dar, und der Wissenschaft letzter und oberster Beruf ist, die Werte zu erkennen und zu erzeugen, die Tatsachen zu vervollkommnen, die Wirklichkeit besser und edler zu gestalten.

Nicht prinzipiell genug und daher wissenschaftlich unzulänglich ist hiernach die beliebte Differenzierung dahin, daß man einen

Begriff im Sinne des geltenden Rechts und einen solchen de lege ferenda unterscheidet. Diese Anschauung liegt naturgemäß denjenigen besonders nahe, die es sich zur Aufgabe gesetzt haben, vor allem das Gesetz zu interpretieren. Damit stellt sich sofort als Gegensatz die lex ferenda ein. Aber diese letztere ist doch nur eine Teilerscheinung des seinsollenden Begriffs und außerdem ein Ausdruck, der dieselbe Sprache redet, an die man sich von der soeben erwähnten Aufgabe der Gesetzesinterpretation her gewöhnt hat; man hat nämlich wieder die Beschäftigung mit einem Gesetz im Auge, und da ein solches noch nicht vorliegt, so stellt man es sich als ein künftiges vor. Die Ansicht ist metaphysischer und hypostasierender Natur — nicht unähnlich derjenigen, die den Sinn dieses Daseins ergründen will und dabei sich ein zukünftiges Leben nach dem Tode von genau derselben Art ausmalt, ein sonniges Gefilde, wo die Pappeln säuseln und die Vöglein singen. In beiden Fällen liegt es der Wissenschaft ob, denjenigen Gedanken herauszustellen, der uns überhaupt erst befähigt, von einem zukünftigen Gesetz, einem zukünftigen Leben zu sprechen. Das ist jener Maßstab, jener Wertgesichtspunkt, der die tatsächlichen Verhältnisse, das geltende Gesetz wie das gegenwärtige Leben, zu beurteilen berufen ist. Er steht hoch erhaben über allen Erscheinungen dieser Zeitlichkeit, er steht da von Ewigkeit zu Ewigkeit. Und er ist wissenschaftlich erkennbar, er lebt in uns — nicht als ein Phantasiegebilde, sondern als die allgemeingültige, aprioristische Voraussetzung jedes wissenschaftlichen Denkens. In der Weißglut des wissenschaftlichen Arbeitens wie des künstlerischen Gestaltens spüren wir seinen Genius daherschreiten. In uns selbst tragen wir die seinsollende Norm nicht anders wie das zukünftige Leben; die Ewigkeit, die wir erträumen, ruht verschlafen in unserer eigenen Seele, wir brauchen sie nur zu erwecken, und die unsterblichen Werte steigen auf, um wie Meteore die Erdennacht zu erhellen.

Ist das Wesen eines Dinges durchaus nicht immer identisch mit der Wirklichkeit, jedenfalls nicht immer mit der Erscheinung, so ergeben sich zwei weittragende erkenntnistheoretische Einsichten; sie sind in dem folgenden System wiederholt zu verwerten.

a) Zunächst ist die Unterscheidung von Idee und realem Begriff zu beachten, wie sie bei der Bestimmung des Straf- und des Verbrechensbegriffes von Bedeutung wird (§§ 7 I, 11 IV 1). Die Idee gibt das reine, unverfälschte Wesen einer Erscheinung wieder, wie es sich im Leben keineswegs immer realisiert vorfindet, dort ist es nicht selten entstellt, verwaschen, abgeschliffen, so daß fremde Elemente hinzugesetzt oder echte weggelassen sind. Die Arbeit, die zu solchen unvollkommenen realen Begriffen geführt hat, braucht nicht etwa selbst unvollkommen, mangelhaft, nachlässig gewesen zu sein; es mag bewußt die Idee vergewaltigt, das reine Wesen getrübt worden sein, nur damit der Begriff den Erfordernissen des notwendigerweise unvollkommenen Lebens genügt, ihm selbst adäquat gemacht, ihm selbst gerecht wird, die Unvollkommenheit wirkt gewissermaßen ansteckend, sie ist innerlich notwendig; denn der Begriff soll sich im Leben bewähren; um so augenfälliger wird der sich hier aufs neue in seiner ganzen Macht offenbarende Gegensatz von Sein und Sollen, von Wirklichkeit und Wert. Daher kommt es, daß Strafe, daß Verbrechen noch vorliegen können, obwohl es an einem zur Idee gehörigen Merkmal fehlt; als ein solches Merkmal werden wir später die Schuld erkennen, Strafe und Verbrechen bleiben auch ohne Schuld Strafe und Verbrechen, obwohl Schuld eines der wichtigsten charakteristischsten Merkmale bedeutet, die überhaupt zu jenen Begriffen gehören, aber ein positives Gesetz und das Leben setzen sich mitunter über das Wichtigste hinweg und halten gleichwohl an den Folgerungen fest, die sie sonst nur beim Vorliegen jenes Merkmals zu ziehen wagen. Die Schuld ist eben wesentlich nur für die Idee, nicht für den realen Begriff von Strafe und Verbrechen. Wiederum ist diese Beobachtung aber ein Zeichen, daß das Wesen eines Dinges nicht aus der Realität entnommen werden darf. Würde man den realen Begriff der Strafe, des Verbrechens zur Grundlage erwählen, ach wie schwer würde man dann das Wesen erraten! wohl überhaupt kaum. Die empirische Untersuchung würde lehren, daß es auf das Merkmal Schuld gar nicht ankäme. Und doch ist ohne das Schuldelement das Wesen von Strafe und Verbrechen gar nicht zu begreifen. Wie unzulänglich ist also die vermeintlich exakte Arbeit der Positivisten und Empiristen! Sie arbeiten an einer Tatsache des Lebens herum, legen sie genau fest, tragen dann Baustein auf Baustein hinzu und glauben auf diesem Wege mühevoller Induktion das Ganze erstehen lassen zu können. O wie verfehlt! Zuerst ist der systematische Grund für das Ganze zu legen, dann sind die Felder und Flächen abzugrenzen, und erst wenn alles säuberlich vorbereitet ist, mögen die Steine hineingetragen und aufgeschichtet werden. Nur so ist ein einheitliches, stilvolles Gebäude zu vollenden, nur so ist ein systematisches, widerspruchsloses Ganzes, nur so ist Vollkommenheit und Harmonie des Systems wie seiner Glieder möglich, während jenes erstere Verfahren lebensunfähige Mißgeburten erzeugt und einen Bau aufführt, der reif für den Einsturz ist, den ein Windstoß in Trümmer legt. Weshalb? Weil es am Fundament und an den Regeln fehlte, weil man das Regelwidrige nicht ausgeschaltet hat. Ja, das ist der springende Punkt: das Regelwidrige ist beiseite zu lassen, und wenn manche tüchtige Empiriker danach verfahren, dann haben sie — unbewußt die Regel zugrunde gelegt; denn wie sollten sie sonst das Regelwidrige als solches erkennen?

Ist die Idee also ein jenseits der Erscheinungswelt anzusetzendes Gebilde, so wäre es andererseits durchaus verfehlt, in ihr etwas Weltfernes zu erblicken, etwa gar eine Ausgeburt der Phantasie. Im Gegenteil, sie ist in diesem Leben erwachsen, und stofflich enthält sie Lebensgehalt. Sie findet sich oft im Leben realisiert vor, und nur darin besteht der Gegensatz zu einem besonderen realen Begriff, daß ihre Elemente nicht sämtlich realisiert zu sein brauchen, soll noch von dem Begriff der Erscheinung überhaupt gesprochen werden können. Daher steht nichts im Wege, sie selbst mit „Begriff" zu bezeichnen, wie die gemeine Anschauung ohne Gewissensbisse unterscheidungslos von jeher gesprochen hat; dann muß aber beachtet werden, daß diesem Begriff für dieselbe Erscheinung ein anderer abweichender entgegentritt, der die sämtlichen positiven Essentialien, auch die regelwidrigen, in sich birgt.

b) Idee ist nach diesem Sprachgebrauch der Name für eine tatsächliche Erscheinung. In einem anderen Sinne verstanden, bedeutet Idee dagegen etwas rein Gedankliches, das den Erscheinungen als Norm oder Regel, als Maßstab oder Werturteil gegenüber- und voransteht. Wir sprechen hier auch von Gesetz; wir nennen es das Grundgesetz, wenn es als das oberste eine Wissenschaft oder eine Disziplin beherrscht. So ist die Idee des Rechts gleichbedeutend mit dem juristischen Grundgesetz und höchstens in der Formulierung insofern verschieden, als dieses das Gewand der positiven (staatlichen usw.) Gesetze annimmt, während jenes mehr unter der Form eines Zieles oder Maßstabes auftritt, von denen wiederum das erstere nur den höchsten Grad des eine ganze Reihe von Graden enthaltenden letzteren (als Gradmessers) bedeutet. Sachlich werden wir die Idee des Rechts und das juristische Grundgesetz, das Ziel des staatlichen Gemeinschaftslebens und den rechtlichen Wert der menschlichen Handlungen später bei der Bestimmung des Unrechtsbegriffs kennen lernen.

Sie enthalten etwas rein Gedankliches, nur in unserem Bewußtsein Beschlossenes, nicht ein Phantasieprodukt, wohl aber ein notwendigerweise zu Denkendes, ein Bewußtseinselement von aprioristischer Allgemeingültigkeit, die logische Voraussetzung und unabweisliche Bedingung eines jeden sonstigen, spezielleren juristischen Gesetzes, Zieles, Maßstabes, Wertes. Dieses im Gegensatz zu jener erstgenannten Idee, die wir dem realen Begriff gegenüberstellten und die selbst etwas Stoffliches, Bedingtes ausmacht. Die erstere Idee ist der an der letzteren Idee gemessene (ergänzte, berichtigte) reale Begriff, sie ist das Regelmäßige, nicht die Regel, sie ist das erreichbare Vorbild, nicht das unerreichbare Ideal, sie ist ein Objekt, nicht eine Richtschnur. Und doch ist für die reine und reinste Wissenschaft auch diese Idee, ist selbst der reale Begriff letzthin ein gedankliches Gebilde. Hierüber noch einige Worte.

c) Über die strafrechtlichen Grundbegriffe wie über die Begriffe aller anderen Erscheinungen kann in letzter Hinsicht nur ein Urteil des Betrachters abgegeben werden; insofern sind sie sämtlich subjektive Gebilde, Erzeugnisse des menschlichen Bewußtseins. Aber was man von der echten Wissenschaft verlangen darf und verlangen muß, ist ein objektives Urteil. Das bedeutet reine Wissenschaft. Sie erkennt die Dinge nicht lediglich als Ausschnitte des Lebens, sondern als solche Lebenselemente, wie sie die urteilende Vernunft betrachtet. Nur durch die Brille des eigenen Bewußtseins läßt sich die Welt erkennen; unabhängig von uns interessiert sie die Wissenschaft nicht. Der objektive Betrachter, die Wissenschaft erzeugen die Welt. Daher existieren Strafe und Verbrechen, Unrecht und Schuld nicht außer uns, sondern in uns als unsere Vorstellungen. Unrecht ist nicht die verwerfliche Tat eines anderen, Schuld nicht die verwerfliche Gesinnung eines anderen, sie sind vielmehr die Urteile und zwar Unwerturteile eines objektiven Betrachters über die Tat, über die Gesinnung des anderen. Mit dieser Auffassung sollte nun endlich in der Rechtswissenschaft ernst gemacht werden:

das Strafrecht in transzendentaler Betrachtung ist erst ein von wahrem wissenschaftlichen Geist bearbeitetes, von reiner Wissenschaft umwehtes Strafrecht. Wie die tiefstehende Sonne über die Natur die langen Schatten wirft und die Konturen scharf hervortreten läßt, so daß die fernen waldigen Berge jetzt plötzlich nicht mehr in verschwommenem Blau erscheinen, sondern die einzelnen Baumspitzen deutlich und abgezirkelt sichtbar werden, so offenbart die transzendentale Beleuchtung, jenes im menschlichen Bewußtsein glühendes ewiges Licht, so manche Geheimnisse, die sich der populären Schau wie Nebelschleier über die Gebilde der Wissenschaft ausbreiteten. Die innere Flamme treibt den Ewigkeitsgehalt der Dinge hervor, selbst ein Ewiges.

Die Merkmale der Idee und selbst des realen Begriffs sind nicht tatsächlich gegeben, sondern nur im Sinne eines urteilenden objektiven Betrachters. Wer ist diese geheimnisvolle Person? Selbstverständlich ist sie nur eine Formel für ein Abstraktes, für ein Verfahren, für eine Methode, eine Formel, die aus sprachlichen Gründen und zu anschaulichen Zwecken in Gestalt einer Person auftritt. Der objektive Urteiler über die Idee der Strafe, des Verbrechens usw. ist die Strafrechtswissenschaft, über ihren positivgesetzlichen Begriff dagegen der Staat. Das Verbrechen braucht nicht an sich das öffentliche Interesse, der Diebstahl nicht an sich das Interesse des Eigentümers zu verletzen, aber sie verletzen es im Sinne der Strafrechtswissenschaft, im Sinne des staatlichen Gesetzgebers; die Strafe braucht nicht an sich das Unrecht zu vergelten und die Schuld zu sühnen, aber sie leisten diese Arbeit im Sinne der Strafrechtswissenschaft, im Sinne des staatlichen Gesetzgebers. Die Merkmale des Verbrechens, der Strafe brauchen nicht als objektives Sein vorzuliegen, sie sind nur projiziert in das Bewußtsein desjenigen, der gerade mit der Aufgabe beschäftigt ist, sie zu erkennen und darzustellen. Und dieser erledigt seine Aufgabe, indem er sich auf den Standpunkt der Strafrechtswissenschaft oder des Strafgesetzes stellt. Wissenschaft wie Gesetz können und wollen ja nur ihre eigene Sprache reden, nur Gebilde ihresgleichen gebären. Die Idee trägt notwendigerweise die Züge der Wissenschaft, wie der positivgesetzliche Begriff die Züge des Staates; niemand kann seine Herkunft verleugnen. Und deswegen trägt jede Definition eines juristischen Dinges den stillschweigenden Zusatz: im Sinne der

Wissenschaft oder des staatlichen Gesetzes. Diese theoretische Selbstverständlichkeit ist praktisch alles andere denn selbstverständlich oder gar überflüssig; nur so gewinnen die Begriffe die nötige Schärfe, nur so erhalten die Definitionen festen Halt, indem sich ihr Oberbegriff harmonisch in das Gesamtsystem einordnet, nur so wird reine Wissenschaftlichkeit gewährleistet. Schuld ist eben nicht eine tatsächliche verwerfliche Gesinnung, sondern ein objektives Unwerturteil über eine Gesinnung; und dieses Urteil können — darin liegt die Erweiterung unserer Erkenntnis gegenüber den populären realistischen Anschauungen — die verschiedensten Subjekte fällen: die Strafrechtswissenschaft (strafrechtliche Idee der Schuld), das Strafgesetz (positivgesetzlicher Begriff der Schuld), die Gesellschaft (soziologischer Schuldbegriff), die Moral (ethischer Schuldbegriff).

Möglich ist, daß ein staatlicher Gesetzgeber einen Begriff als Idee (im Sinne von Vorbild) aufstellt und daneben einen besonderen realen Begriff ausdrücklich oder stillschweigend anerkennt, indem er davon ausgeht, daß nicht sämtliche Merkmale der Idee wesentliche seien und daß beim Fehlen einiger gleichwohl noch von dem Begriff die Rede sein könne. Dann kehrt der Gegensatz von Idee und realem Begriff innerhalb der positiven Gesetzgebung wieder, wie er umgekehrt sich ausschließlich innerhalb der Wissenschaft abspielen kann, indem auch dort reale Begriffe gleichsam als Abschwächung der Idee auftauchen. Es ist also keineswegs die Idee auf die Wissenschaft, der reale Begriff auf die positive Gesetzgebung beschränkt; dieser Gegensatz deckt sich zwar oft aber nicht immer mit jenem, so daß eine Verschiebung mit der Wirkung eintreten kann, daß der eine Gegensatz sich nur einem Gliede des anderen, nicht diesem selbst gegenübersieht.

3. Aufgabe der Rechtsordnung ist nicht, menschliche Handlungen als Naturereignisse zu beschreiben und zu erklären, sondern sie als soziale Begebenheiten zu bewerten. Damit ist ein in der Betrachtung liegender Gegensatz angebahnt, dessen Bedeutung für die Strafrechtswissenschaft und die Lösung ihrer prinzipalsten Probleme gar nicht hoch genug eingeschätzt werden kann. Und doch gehen die Kriminalisten an diesem Gegensatz von allerfundamentalster Bedeutung völlig achtlos vorüber; die wenigen philosophisch orientierten Theoretiker, die seine Bedeutung erkennen, bauen ihn nicht

dogmatisch für das systematische Ganze mit seinen Einzelheiten aus, und die wenigen Dogmatiker, die zu den richtigen Konsequenzen gelangen, erkennen nicht den tiefliegenden theoretischen Untergrund: den Theoretikern bleibt die Praktik, den Praktikern die Theoretik verborgen. Ohne die scharfe Erfassung des Gegensatzes zwischen naturbeschreibender und wertender Tätigkeit ist aber eine Stellungnahme zum Streit um die Kausalität und die Willensfreiheit gar nicht möglich, und diese beiden Fragen berühren den Lebensnerv des Strafrechts.

Der methodische Gegensatz von beschreibender und wertender Tätigkeit betrifft die beiden Funktionen des menschlichen Bewußtseins: Erkennen und Werten. Statt Erkennen mag man Wahrnehmen, statt Werten auch Wollen oder Handeln einsetzen; für unsere Ziele und Wege ist diese erkenntnistheoretische Divergenz im Ausgangspunkt ohne Belang. Jedenfalls ist daran festzuhalten, daß es außer der wertenden und wertbezogenen Tätigkeit noch eine andere, eine wertfreie gibt, die lediglich auf das Wahrnehmen, Erkennen, Erklären, Beschreiben des Seins gerichtet ist. Und diese wertfreie Funktion ist es, die der Jurist abzuweisen hat; er wird interessiert und zwar ausschließlich interessiert durch das Werten und Würdigen. Die Dinge aber, die er zu werten hat, erkennt und beschreibt er nicht als wertfrei, sondern erfaßt und begreift sie ausschließlich unter dem Gesichtspunkt möglicher Werte, also als wertbezogene. Objekt der juristischen wie einer jeden ethischen und kulturellen Beurteilung ist nicht das Sein und Werden, sondern das Zweckstreben, Wollen und Handeln der Menschen, vom Standpunkt der letzteren selbst ein Werten. Das juristische Werten ist das Beurteilen anderer Werte, also das Vergleichen zweier wesensverwandter Größen miteinander, das Vergleichen einer (vom Rechtsstandpunkt) übergeordneten Größe, dem rechtlichen (staatlichen) Wollen, mit einer (ebenfalls nur vom Rechtsstandpunkt) untergeordneten Größe, dem Wollen und Handeln der rechtsunterworfenen Individuen. Beide Größen sind Werte; messen und vergleichen kann man nur wesensverwandte Größen. Scheidet eine Größe aus dem Wertmaßstab des Rechts aus, weil sie sich überhaupt nicht einfügen läßt, so ist damit erwiesen nicht ihr Unwert sondern ihre Wertfreiheit, nicht das Unrecht sondern die Rechtsunerheblichkeit, nicht ihre Feindschaft sondern ihre Neutralität gegenüber dem

Recht; sie gehört nicht in die Sozial- sondern in die Naturwissenschaften, in das Reich nicht des Sollens sondern des Seins. Wie sollte ein Ding, etwa ein Stein oder eine Pflanze, als unwert beurteilt werden können, wenn es seiner Beschaffenheit nach gar nicht in der Lage ist, einem Werte zu genügen? Fürwahr, keinem Zweifel sollte es unterliegen, daß das Sein mit seiner Beschreibung und Erklärung aus dem Kreise des Rechts wie der Sozialwissenschaften überhaupt ausscheidet. Mit dieser Erkenntnis ist aber auch der Kausalität und dem auf ihr beruhenden Determinismus der Garaus gemacht. Beide gehören lediglich der Naturwissenschaft an. Uns dagegen interessiert das Werten, also nicht das (kausale) Erklären des Seins und Werdens, sondern die Betrachtung des Zweckstrebens und Sollens; auf recht und unrecht werten lassen sich aber nur willensfreie Akte der Menschen, während kausale Vorgänge dem Wertgedanken neutral gegenüberstehen. — Nunmehr ist der Boden noch rasch insoweit zu befruchten, daß sich das System emporranken kann; nur wenige Ausführungen über Kausalität und Willensfreiheit, jene beiden Grundprobleme der Verbrechenslehre, mögen schon hier folgen; hier offenbart sich der Geist des Strafrechts.

a) Das menschliche Wollen und Handeln läßt sich in zweifacher Weise betrachten: einmal logisch-naturwissenschaftlich, sodann ethisch-sozialwissenschaftlich (juristisch). Dort ist es als ein Ausschnitt aus dem Sein nur eines der vielen Beurteilungsobjekte, hier ist es das spezifische Beurteilungsobjekt. Wiederum die Beobachtung, daß sich die Wissenschaften nicht durch das Objekt, sondern durch die Betrachtungsart unterscheiden. Beide wissenschaftlichen Reiche haben oder können haben dasselbe Objekt, aber dieses wird unter ihrem Aspekte, unter ihrer kategorialen Beleuchtung unversehens zu einem anderen: menschliches Wollen und Handeln erscheint dort als Wirkung von Ursachen, hier als Mittel zu Zwecken. Beide Verfahrensarten knüpfen selbstverständlich an eine in der Gegenwart liegende Erscheinung an; aber während die naturalistische Betrachtungsweise dieses Objekt in die Gegenwart und Vergangenheit einordnet und somit zu zeitlich zurückliegenden Begebenheiten (Ursachen) gelangt, wendet die kulturwissenschaftlich-normative ihr Antlitz in die Gegenwart und Zukunft. Nur jene, nicht diese kann daher ein Gewißheitsurteil fällen; denn über das zukünftige Geschehen kann günstigstenfalls nur ein Wahrscheinlichkeitsurteil abgegeben werden. Der Naturalismus legt den Erfolg eines Geschehens als einen gegenwärtigen gewissen zugrunde; der Normativismus kann nur von einem voraussichtlich eintretenden Erfolg sprechen. Und so rechtfertigt sich die Zusammenstellung unserer früheren Übersicht (vor I zu 1): die ontologische Betrachtungsweise fällt über das Sein und die Wirklichkeit unter dem Gesichtspunkte der Kausalität ein Gewißheitsurteil, die axiologische dagegen über das Wollen und Sollen unter dem Gesichtspunkte des Zweckes ein Wahrscheinlichkeitsurteil. Die eigentliche Kausalität schlägt mithin in das Reich der Logik und der Naturwissenschaften, während der Zusammenhang zwischen Mittel und Zweck zwar ebenfalls ein Kausalzusammenhang genannt werden kann, aber methodisch etwas durchaus anderes bedeutet wie der logische; der Kriminalist mag den überkommenen, bei ihm eingebürgerten Ausdruck Kausalität beibehalten, aber er kann sich gar nicht eindringlich genug einprägen, daß für ihn nur eine spezifisch juristische Kausalität in Betracht kommt. Daher ist der natürliche Handlungsbegriff, ist die naturalistische Kausalitätstheorie (Bedingungs-, Äquivalenztheorie) für die Rechtswissenschaft durchaus unbrauchbar, jene Lehren mit allen ihren Ausstrahlungen[1]) sind mit schärfster Entschiedenheit abzulehnen, und Billigung verdienen vom juristischen Standpunkte allein der normative Objektsbegriff, der zwanglos auch das Unterlassen einbezieht, Billigung allein die adäquate (typische) Kausalitätslehre, von der aus zugleich alte Streitfragen aus dem Gebiete des Versuchs und der Teilnahme ihre einfache und befriedigende Lösung finden. Der an dieser Stelle des Werkes festzulegende grundsätzliche Standort sollte wahrlich über allen Zweifel erhaben sein: Ein Handeln bewerten und demnach ein entsprechendes Verbot und Gebot erlassen kann der Gesetzgeber gerechterweise doch nur insoweit, als das Handeln einen der Rechtsordnung unerwünschten oder erwünschten Erfolg w a h r s c h e i n l i c h, voraussichtlich, nach dem gewöhnlichen Verlaufe der Dinge zur Folge hat. Sollte er denn den zur Gewißheit erst später erkennbaren t a t s ä c h l i c h e n, etwa durch einen Zufall (im Sinne eines unvorhersehbaren Naturereignisses) hervorgerufenen Erfolg be-

---

[1]) Über die Konsequenzen für die Bestimmung des Erfolgsbegriffs vgl. u. § 16 III 2, für die Erklärung des Unterlassungsdelikts § 16 V.

werten? Dann würde er wenig gerecht werden der sozialen Bedeutung der Handlung, der sozialen Bedeutung von Handlungen dieser Art — er hat ja generell zu verfahren, hat seiner Norm den Durchschnitt der Fälle, den Typus der Handlungen zugrunde zu legen. Es enthüllt sich von neuem die bereits oben festgestellte Einsicht: Der soziale und rechtliche Wertmaßstab kann nicht an natürliche Ereignisse, sondern nur an menschliches Sinnen und Trachten, an Wollen und Handeln, an Zweckstreben und Werten angelegt werden. Und wie der Gesetzgeber, so hat sich der konkrete Beurteiler (der Richter) auf den Standpunkt des Handelnden zur Zeit der Tat zu stellen, um über diese sein Werturteil abzugeben: das ist der Standpunkt der objektiven Prognose ex ante. Dagegen mögen der Naturforscher wie der in sein Fach schlagende Kriminalätiologe nach den Ursachen ex post forschen und hierbei auf menschliche Handlungen wie auf sonstige, den Juristen nur nebenbei interessierende äußere Ereignisse zurückgreifen.

b) Aus dieser Erkenntnis ergibt sich aber bereits die juristische Stellungnahme zum Problem der Willensfreiheit. Des Juristen ureigentliche Aufgabe ist es nicht, rückschauend nach den Ursachen zu forschen, um etwa neben der Handlung noch andere Faktoren (vielleicht biologischer oder ökonomischer Natur) aufzudecken und sie gar als die entscheidenden zu erkennen; das überläßt er dem Ätiologen und Statistiker, dem Naturforscher und Mediziner, dem Nationalökonomen und Sozialpolitiker. Vielmehr ist der Kriminalist dazu berufen, die Entschlüsse des gewisse Ziele erstrebenden Menschen auf ihren Wert und Unwert zu prüfen. Und diese Willensentschlüsse müssen ihm schon deswegen, weil er von ihren Ursachen abzusehen und sie als zeitlich erste Akte zu betrachten hat, als frei (d. i. ursachlos) erscheinen. Wer sie als Bestandteile des Seins zu erkennen unternimmt, der betrachtet sie als Wirkungen von Ursachen; wer sie als Wertungsobjekte an einem Wertmaßstabe mißt, kann sie nur als (zeitlich erste) Mittel zu Zwecken hinnehmen. Der Wertmaßstab verträgt keine anderen Objekte. An die durch den Wertgedanken bedingte Verengerung des Objekts, die Abschneidung des zeitlich Früheren und den Beginn des Geschehens überhaupt erst mit dem menschlichen Willensentschluß, ist der Jurist gebunden. Sein Blickfeld ist auf diesen Ausschnitt der endlosen, in die fernste Vergangenheit reichenden Kette des Geschehens beschränkt. Es geht nicht anders: die axiologisch strafrechtliche Schau gibt durch diese Verkleinerung des Gegenstandes ein ontologisch unrichtiges Bild von dem Sein und entstellt die Wirklichkeit, nicht anders wie ein Fernglas einen nur begrenzten Raum und noch dazu unter Vortäuschung einer der Wirklichkeit widersprechenden Entfernung darbietet.[1])

II. Das zweite Kategorienpaar „abstrakt—konkret" („generell—individuell") ist auf eine ganz allgemeine Erwägung zurückzuführen.

Hoch oben von den aller abstraktesten Begriffen verläuft über viele Etappen eine sich mehr und mehr hinab zum konkreten Fall bewegende Linie. Auf dieser kann der Gegensatz abstrakt—konkret mehrmals eingesetzt werden, so daß ein und derselbe Begriff einem höheren gegenüber als ein konkreter, einem niederen gegenüber als ein abstrakter erscheint. Werden einzelne Punkte auf der Linie der Reihe nach mit a, b, c, d, e bezeichnet und ist a der aller abstrakteste, e der aller konkreteste, so ist b gegenüber a ein konkreter, gegenüber c ein abstrakter Begriff, ebenso c gegenüber b ein konkreter, gegenüber d ein abstrakter Begriff usw. Das ist jene große, gewaltige Linie, die miteinander verbindet Idee und Wirklichkeit, und beinahe paradox klingt die Behauptung, die Idee sei in ihrer Abstraktheit leichter erkennbar als die Wirklichkeit. Aber es ist so. Wenigstens soweit es sich um die leichtere Erkennbarkeit für die Wissenschaft handelt. Die Idee hat sich als Richtpunkt für die Wissenschaft und doch zugleich umgekehrt als ihr hehrstes Erzeugnis dem wissenschaftlichen Forscher ebenso offenbart, wie die Wirklichkeit ihrer klaren Erkenntnis spottet; denn das vielgestaltige, ewig wechselnde Leben flutet in seinen fortwährenden Übergängen so unaufhaltsam dahin, daß die Wissenschaft, die auf feste Marksteine angewiesen ist, ihm niemals voll gerecht zu werden vermag. Niemals kann der denkende, der erkennende und erklärende Mensch einen konkreten Fall als solchen begreifen, niemals alle seine Einzelheiten überschauen. Will er ihn unter abstrakte Begriffe subsumieren, also erkennen, so muß notwendigerweise die eine und die andere Besonderheit weggelassen werden — und damit ist die Wirklichkeit entstellt, der konkrete Fall nicht mehr als solcher beschrieben.

---

[1]) Die Fortsetzung dieser Gedankengänge folgt in § 19.

Das Eigentümliche ist nun aber, daß die abstrakteren Begriffe besser als die konkreteren dazu befähigt sind, einem Einzelfall in allen seinen Besonderheiten gerecht zu werden. Gerade die Abstraktheit vermag wegen ihres weitumspannenden Blickfeldes und wegen ihres erhöhten, alles von oben überschauenden Standortes das Mannigfaltige vollständiger zu erfassen, als eine tiefer angesetzte und auf einen umgrenzteren Raum eingestellte Konkretheit. Daher müßte die hochstehende allgemeine Idee des Rechts, das juristische Grundgesetz den denkbar tauglichsten Maßstab für die Beurteilung von Rechtsfällen darbieten, insofern sie am umfassendsten allen ihren Individualitäten gerecht zu werden imstande ist, wenn nicht — ja wenn nicht! — auf der anderen Seite der so oft gerügte Mangel der Weitmaschigkeit und Dehnbarkeit mit allen seinen weiteren Nachteilen bestünde: Wie soll das Publikum diesen aller abstraktesten Maßstab als Richtschnur für sein Handeln anzunehmen in der Lage sein? Der Täter unmittelbar vor der Tat im Drange der Geschehnisse und noch dazu, wo er vor der Frage steht, ob er sich strafbar macht? Auch der Berufsrichter und noch mehr der Laienrichter mögen jenen hochabstrakten Maßstab schwer handhaben, mehrere Richter würden gleichliegende Fälle verschieden, verschiedene gleich beurteilen, ohne daß dem einen oder anderen ein Irrtum nachgewiesen werden könnte; und doch ist, zumal in Strafsachen, eine Einheitlichkeit der Rechtsprechung besonders dringend geboten, soll nicht das Vertrauen des Publikums in die Unparteilichkeit der Rechtspflege erschüttert und das Ansehen der staatlichen Organe geschmälert werden. Zu der Forderung nach Verwirklichung konkreter Gerechtigkeit tritt die andere nach Wahrung der Rechtssicherheit. Die Rechtssicherheit aber gebietet die Prägung typischer Normen, die Bildung gesetzlicher Tatbestände, eine Mittelstufe zwischen abstrakter Idee und konkretem Sachverhalt (konkretem Tatbestand), und die modernen Kulturstaaten haben diesen Weg der Konkretergestaltung der Idee wie der Abstraktergestaltung des Sachverhalts in ausgiebiger Weise beschritten, schon in ihrem eigenen Interesse, zu ihrer eigenen Selbstbehauptung. Aber, wie aus den obigen Herleitungen erhellt, auf Kosten der konkreten Gerechtigkeit. Die Ironie will es, daß diese Normen gesetzliche „Tatbestände" genannt, also mit demselben Wort belegt werden, wie das Leben, der Sachverhalt, die konkreten „Tatbestände" — als ob beide einander entsprächen! Weit gefehlt. Gerade je konkreter die gesetzlichen Tatbestände gestaltet werden, desto größer ist die Gefahr, daß sie den dem Leben angehörenden konkreten Tatbeständen nicht gerecht zu werden vermögen. Wenn die gesetzlichen Tatbestände abstrakter gefaßt sind, so funktionieren sie in dieser Hinsicht besser, wie denn am besten einer derartigen Aufgabe genügt die Idee des Rechts mit ihren Trabanten, den strafrechtlichen Grundbegriffen Rechtswidrigkeit und Schuld. Aber das Gebot der Rechtssicherheit weiß sich durchzusetzen, die Forderung nach Ordnung und Zucht im Staatsleben verschafft sich Geltung. In seinem eigenen Interesse stellt der Staat gesetzliche Tatbestände auf, um durch sie eine Annäherung zwischen Idee und Leben zu vollziehen. Und daß gleichwohl jene gesetzlichen Tatbestände in Wahrheit lebensfremder sind als Idee und Grundbegriffe, ist eine leider durch ihre eigene Natur bedingte und daher niemals aufzuhebende Tragik.

Idee — gesetzlicher Tatbestand — Sachverhalt! Das zweite ist dem ersten gegenüber ein Konkretum, dem dritten gegenüber ein Abstraktum. Somit verläuft die Reihe von den Abstrakta zu den Konkreta über zahlreiche Stationen, unter Anlegung des bloß in der Betrachtungsweise begründeten Gegensatzes abstrakt—konkret staffelweise, indem das folgende immer ein Konkretum des vorhergehenden Abstraktums ist. Und daß der Anfang ein hochabstraktes Gebilde ebenso darstellt wie das Ende eine lebensvolle konkrete Einzelheit, findet eine tiefinnerliche wissenschaftliche Erklärung: Das doch einer jeden sozialen und rechtlichen Ordnung zugrunde liegende teleologische Prinzip muß notgedrungen Fühlung mit dem Leben um so mehr zu nehmen in der Lage sein, je abstrakter, inhaltsloser, allgemeiner es selbst ist. Die generelle Norm des gesetzlichen Tatbestandes verlangt dagegen nicht in demselben Maße die Beziehung zu den Konkreta, obwohl sie ihnen näher steht als die Idee; sie wird ja dem Leben weniger gerecht als die Idee, wie wir sahen. Deswegen müssen Sozialethik und Rechtswissenschaft, wenn anders sie die Gerechtigkeit im Leben bewähren lassen wollen, notwendigerweise bei dem höchsten Abstraktum beginnen, bei den tiefsten Konkreten endigen.

Eine frühere Anschauungsweise — nicht nur in der Rechtswissenschaft — legte das Hauptinteresse auf möglichst scharfe Artbildung, indem sie sich gewissermaßen in der logischen Mitte bewegte, ohne den konkreten Besonderheiten und den abstrakten Allgemeinheiten Rechnung zu tragen. Aber je mehr man erkannte, daß gewisse feine Züge der Gegenstände unberücksichtigt blieben, je mehr man eine liebevolle Hingabe an das Persönliche ersehnte, desto mehr war man bestrebt, das Individuelle immer individueller zu gestalten, wie man umgekehrt gleichzeitig auf eine immer abstraktere Gestaltung des Abstrakten ausging, je mehr das Bedürfnis nach Festhaltung des Wertvollen sich durchsetzte. Weil die Rechtswissenschaft sich in der Hauptsache mit der Mitte, mit den typischen Regeln, den scharfen Artbildungen beschäftigt, ist sie ihrem eigentlichen Wesen nach so langweilig und wenig befriedigend, wenigstens für diejenigen, die sich ihr von anderen, mehr das Persönliche oder mehr das Allgemeinste pflegenden Gebieten her nahen; daher ist die Kunst so erhebend und bestrickend, weil sie das Allgemeinste, die Idee vermittelt und gleichzeitig anschaulich und individuell darstellt.

1. Eine konkretere Ausgestaltung abstrakterer Formen ist ein technisch gebotenes Erfordernis, wo es gilt die reinen Grundbegriffe Rechtswidrigkeit und Schuld zu überwinden. In ihrer hohen Abstraktheit sind sie in der Tat für die Praxis ein Hemmnis. Darum wird die Rechtswidrigkeit zu gesetzlichen Tatbeständen (Tatbestandsmäßigkeiten) vertypt; die letzteren sind auf die erstere zurückzuführen und nur so zu begründen, nur so innerlich zu rechtfertigen, während die vielfach vertretene, Rechtswidrigkeit und Tatbestandsmäßigkeit nebenordnende Ansicht jeder logischen wie normativen Erklärung entbehrt. In ähnlicher Weise wird aber auch die zweite reine Strafvoraussetzung, die Schuld, typisch ausgestaltet, u. a. zur Zurechnungsfähigkeit. In negativer Hinsicht erfolgt diese Vertypung zu den sog. Strafausschließungsgründen, und diese betreffen ebenfalls entweder die Rechtswidrigkeit oder die Schuld: Rechtfertigungsgründe, z. B. Notwehr, und Entschuldigungsgründe, z. B. Notwehrexzeß. Damit ist aber auch der Kreis der positiven und negativen Strafvoraussetzungen vom streng wissenschaftlichen Standpunkt aus geschlossen. Auf die beiden strafrechtlichen Grundbegriffe Rechtswidrigkeit und Schuld muß sich jede dogmatische Strafvoraussetzung, jeder dogmatische Strafausschließungsgrund zurückführen lassen. Auch für die sog. objektiven und äußeren Be-

dingungen der Strafbarkeit (z. B. Verbürgung der Gegenseitigkeit), auch für die sog. Strafaufhebungsgründe (z. B. tätige Reue) erhebt sich diese Forderung, und sie ist nicht unerfüllbar. Kein positivrechtlicher, als Strafvoraussetzung oder Strafhindernis auftretender Begriff darf systematisch in der Luft schweben, ein jeder muß für die wissenschaftliche Schau von erhöhtem Standpunkte aus mit einem der beiden reinen Strafvoraussetzungen innerlich zusammenhängen, sonst ist entweder jener positive Begriff oder der allgemeingültige Grundbegriff falsch aufgefaßt. Und dieser nicht immer leicht aufzuzeigende innere Zusammenhang ist nur zu begreifen unter dem Kategorienpaar abstrakt—konkret, nur unter dem Gesichtspunkt der Vertypung von Abstrakten zu immer näher dem Leben rückenden Konkreten. Das ist der praktische Beruf jener methodischen Schau.

Dieser systematische Zusammenhang wirft eine neue Beleuchtung auf den Streit der beiden Strafrechtsschulen und überbrückt die unüberbrückbar erscheinende Kluft zwischen beiden Anschauungsweisen: eine Überbrückung, die freilich nur in der Betrachtung, nicht in den Gegenständen vollzogen wird. Unter der strafrechtlichen Schau von erhöhtem Standpunkte zeigt sich, daß beiden Schulmeinungen ein berechtigter Kern innewohnt, der jedoch nur als methodischer herauszustellen ist. Die Nichterkenntnis der bloß methodischen Verschiedenartigkeit machte den Streit zu einem unschlichtbaren. Die Klassik legt das Schwergewicht auf die Tatbestände, auf die Schuldbestandteile und auf sonstige positivgesetzliche Strafvoraussetzungen; damit wird den Erfordernissen der formalen Gerechtigkeit und der Rechtssicherheit genügt. Die Moderne dagegen verwirft ein solches Verfahren als übertriebenen Formalismus und stellt sog. materielle Begriffe der Rechtswidrigkeit und der Schuld auf, die jene formalen Voraussetzungen nicht nur ergänzen sondern sogar berichtigen oder die gar ganz an ihre Stelle treten sollen, ein in seiner Gesetzesverleugnung der älteren Lehre unjuristisch erscheinendes Ergebnis. Beide Richtungen sind ebenso berechtigt wie einseitig und unzulänglich. Die Klassik bewegt sich auf streng juristischem, wenigstens auf rein gesetzlichem Boden und hat für den konkreten Beurteiler (Richter, Staatsanwalt usw.) in allererster Linie, ja fast ausschließlich (vgl. unten § 15) Geltungswert zu beanspruchen. Der Moderne gebührt das

Verdienst, zu dieser Frage des Geltungswertes überhaupt angeregt und — allgemeiner — das Problem auf eine höhere Stufe der Abstraktheit emporgehoben zu haben, indem sie, wenn auch nur unbewußt, auf die theoretische Grundlage jener positivgesetzlichen Voraussetzungen hinwies, indem sie, ebenfalls nur unbewußt, die Frage nach dem Gemeinsamen aufwarf, dessen bloße Erscheinungsformen und Symptome[1]) jene Konkreta bedeuten — die große, ewige Frage nach der Quintessenz aller Strafvoraussetzungen, nach dem sachlichen, bleibenden Gehalt aller Normen, diese Frage, durch die erst auf das andere und das oberste Prinzip des Rechts abgezielt wird, auf die materielle Gerechtigkeit, die in ihrer hohen Abstraktheit doch erst allen Lebenskonkreten zu genügen imstande ist. So bewegt sich die Klassik gewissermaßen mehr in der Mitte, indem sie spezielle abstrakte Normen aufstellt, die nur einen abstrakteren Sachverhalt zu beurteilen vermögen, einen abstrakteren insofern, als sie den feineren Besonderheiten des Lebens nicht völlig gerecht zu werden in der Lage ist, während die Moderne (ihrem ureigentlichen, von ihr selbst nicht erkannten Wesen nach) die Wertungsreihe gleichsam an den beiden Enden anpackt, einerseits an den allgemeingültigen hohen Abstrakten, andererseits an der bunten Fülle des vielgestaltigen Lebens. Der Irrtum der Moderne besteht in dem Glauben, ihre materiellen Normen an die Stelle der formellen des Gesetzes setzen und in der Rechtspflege unmittelbar Anwendung finden zu können; sie verkennt ebenso wie die Klassik, daß beide Lehren denselben Gegenstand betreffen, der nur verschieden angeschaut wird, bald rein juristisch (positivgesetzlich), bald übergesetzlich, rechtsphilosophisch, ethisch, soziologisch. Die Klassik trifft die Wertung in den mittleren Regionen an, die Moderne wirft die Radien vom Mittelpunkt nach allen Stellen der Peripherie des Kreises, nein: nach allen Stellen der Oberfläche der Kugel, in deren Mitte die strenge Gesetzeslehre Fuß gefaßt hat; die Kugel ist das Gesamtsystem nicht des Rechts, sondern der Wertwissenschaften und Wertbezogenheitswissenschaften überhaupt; daher das Allumfassende, Allbeherrschende der Moderne — der Moderne wie sie sein soll, nicht wie sie ist, der Idee der Moderne, nicht ihres positiven Begriffs. Im Gegensatz zu ihren eigenen Intentionen ist sie nicht

---

[1]) Tesar.

juristisch sondern gesamtsystematisch, nicht gegenständlich sondern gedanklich, nicht realistisch sondern idealistisch zu verstehen. Unrechtstatbestände und Schuldtypen sind Symptome für Rechtswidrigkeit und Schuld, nicht insofern als sie tatsächlich allemal auf derartige Oberbegriffe schließen lassen, sondern insofern als sie dort ihre logisch-systematische wie axiologisch-normative Rechtfertigung und Beseelung erfahren. Der Klassik eignet positivistischer, der Moderne erkenntniskritischer Charakter. Wehe ob ihrer Anmaßung, wenn sich die letztere positiv-juristisch ausgibt! Wehe aber ob ihrer wissenschaftlichen Armseligkeit, wenn sich die erstere mit sich selbst begnügt!

2. Der hier behandelte, nur in der Betrachtungsweise begründete Gegensatz von abstrakt und konkret schlägt seine Wellen weit in das System des Strafrechts hinein; wir werden seine belebende Wirkung bei der Beschäftigung der verschiedenartigsten, sonst gar nicht befriedigend zu lösenden Probleme spüren und geben an dieser Stelle nur einige andeutende Proben zur Vorschau an.

Ist die Strafe nur Vergeltungsstrafe? Abstrakt ja, konkret nein. Im Sinne der Idee des Strafrechts läßt sich die Strafe nur als Vergeltung erklären und rechtfertigen, desgleichen im Sinne der Strafgesetzbücher, wenn diese überhaupt die Strafe als solche meinen (§§ 4, 5). Steigt man jedoch in das Leben herab, so nimmt die Strafe im Einzelfall oft zugleich (!) den Charakter von Sicherungsmaßregeln an; „zugleich", denn Vergeltung ist sie stets. So erklärt sich die empirische Tatsache, daß in concreto die Strafe oft Vergeltung und Prävention ist (§ 9 IV 2).

Hiermit hängt die bekannte Streitfrage zusammen: Schließen sich Strafe und Sicherungsmaßregel gegenseitig aus? Antwort: abstrakt ja, konkret nein. Abstrakt sind sie begriffliche Gegensätze, da die Strafe abstrakt stets Vergeltung ist; konkret gleichen sie zwei sich schneidenden Kreisen, da eine konkrete Vergeltungsmaßregel sehr wohl gleichzeitig den Verbrecher erziehen und andere schützen kann (§ 10 III 1).

Welche Kausalitätstheorie ist im Strafrecht zu vertreten? Die naturalistische (Bedingungs-) oder die typische (Adäquanztheorie)? Antwort: die letztere. Denn die Gesetze können nur generell verfahren, können nur das Typische, Normale, nur den Durchschnitt der Fälle berücksichtigen; sie können nur sagen: Verhaltungsweisen dieser und jener Art werden voraussichtlich einen unerwünschten Erfolg nach sich ziehen, deswegen verbieten wir sie allgemein. Im konkreten Fall dagegen mag in solchen Fällen der unerwünschte Erfolg ausbleiben, nicht anders wie er umgekehrt in unverboten gelassenen Fällen eintreten kann. Auf diesen konkreten Gesichtspunkt ist aber die Bedingungstheorie eingestellt, sie steht auf dem Standpunkt der wirklichen Tatsachen, der natürlichen Begebenheiten, sie fragt rückschauend (ex post), ob ein Erfolg unter Berücksichtigung aller konkreter Einzelheiten auf eine Handlung als Ursache zurückzuführen ist; und diese Fragestellung ist eben die falsche, das Strafrecht ist gänzlich uninteressiert an sog. natürlichen Zufällen. Allerdings sind zu einem gewissen Teile, nämlich zur Feststellung der Gegenwart auch die konkreten Besonderheiten des Einzelfalles zu berücksichtigen, der Grund interessiert erst später (§ 16 IV 2 b δ); jedenfalls ist diese Erscheinung ein Zeichen der großen Bedeutung der beiden hier eingeführten methodischen Gegensätze für das Kausalproblem, des Gegensatzes naturalistisch-normativ (ex post — ex ante) und des anderen Gegensatzes abstrakt—konkret.

Nicht minder bedeutungsvoll wird unser Gegensatz für die im Mittelpunkt der Vorsatzlehre stehende Streitfrage, ob der vorsätzlich handelnde Täter kennen muß die konkreten Einzelheiten oder nur den abstrakten Sachverhalt oder die abstrakten gesetzlichen Tatbestandsmerkmale oder die abstrakte Tatbestandsmäßigkeit als solche oder die hoch abstrakte materielle Rechtswidrigkeit (etwa zugleich mit den ihr zugrunde liegenden sämtlichen konkreten Besonderheiten des Falles). Schon die in dieser Fragestellung zum Ausdruck gelangende Staffel, die mit den Einzelheiten anhebt und bei den reinen Abstrakten endigt, läßt die Tragweite des methodischen Gegensatzes konkret—abstrakt erkennen, auf den jenes Vorsatzproblem gleichsam zugeschnitten ist (§ 21 II).

Auf demselben Gegensatz ruht auch das Problem der Strafzumessung, der Schuldhöhen und Schuldtypen (§ 22).

Der Streit um die Frage nach der Verbrecheneinheit ist ganz müßig, wenn man nicht sagt, ob man eine abstrakte oder eine konkrete Betrachtung anstellen will. Nach der letzteren kann eine Handlung nur ein Verbrechen sein; nach der ersteren mag die Zusammenfassung mehrerer einzelnen Akte zu einer Verbrecheneinheit einen guten Sinn haben.

Auf dem Gegensatz abstrakt—konkret beruht auch die in der Literatur so wenig beachtete Unterscheidung von Spezialität und Konsumtion; erstere bedeutet den Ausschluß eines abstrakten, letztere den eines konkreten Tatbestandes durch einen anderen, engeren; schwerer Diebstahl schließt abstrakt den einfachen aus (Spezialität), während schwerer Diebstahl nur konkret den Hausfriedensbruch konsumiert. Ebenso wie Spezialität zur Konsumtion verhält sich Subsidiarität zur Idealkonkurrenz, was noch längst nicht erkannt wurde und freilich nur auf Grund unseres methodischen Gegensatzes erkannt werden konnte (§ 18).

Das Problem des untauglichen Versuchs gewinnt nur vom abstrakten Standpunkt aus Sinn und ist daher gemäß der Adäquanztheorie zu lösen, während konkret jeder Versuch ein untauglicher ist, da der Erfolg konkret ausbleibt, so daß hiernach ein besonderes Problem, wie der untaugliche Versuch zu behandeln ist, gar nicht auftauchen kann (§ 17 I).

III. Der dritte Gegensatz „publizistisch—zivilistisch“, ebenfalls nur in der Betrachtungsart begründet, bringt die Lösung eines Problems, mit dem so unendlich gerungen wurde: die Abgrenzung des Strafrechts vom Privatrecht. Will man nicht in resignierter Bescheidenheit den Unterschied nur in der positivgesetzlichen, einen mehr oder weniger willkürlichen Trennungsstrich ziehenden Regelung erblicken, forscht man in das Wesen der Dinge, so läßt sich eine Grenze nicht im Reiche der menschlichen Handlungen erkennen; man kann nicht ein für allemal sagen, bei der und der Handlung des Privatrechts beginne das Gebiet des Strafrechts, die fahrlässige Sachbeschädigung etwa gehöre noch allein dem Privatrecht an, erst die vorsätzliche Handlung gleicher Art sei strafwürdig; schon die verschieden mögliche Behandlung der Vermögensbeschädigung gibt zu denken. Nur in dem Reiche der Betrachtung ist eine Abgrenzung zu vollziehen: Das Strafrecht stellt sich auf den Standpunkt des Staates, es fragt danach, ob eine Handlung in hervorragendem Maße das staatliche (öffentliche) Interesse verletzt, mag sie außerdem auch ein privates Interesse berühren; das Privatrecht dagegen berücksichtigt in erster Linie den Standpunkt des Privaten, es fragt, ob die Handlung vorzugsweise nur private Interessen und nur indirekt das öffentliche Interesse verletzt („indirekt“ deswegen, weil ja schließlich jede Handlung, soll sie überhaupt für das Recht, für den Staat erheblich sein, das öffentliche Interesse irgendwie berühren muß, sei es auch nur deswegen, weil der Staat sein Interesse davon abhängig macht, daß ein Privater sich interessiert fühle).

Die Aufgabe des Systems wird es also sein, zu erkennen, wann eine Handlung vorwiegend das öffentliche Interesse verletzt (§§ 6, 12 ff.), während hier nur der grundlegende Blickpunkt klar gestellt sei, daß eine und dieselbe Handlung sowohl in das Straf- wie in das Privatrecht gehören kann, je nachdem sie unter staats- oder unter privatrechtlichen Gesichtswinkeln betrachtet wird, je nachdem das öffentliche oder die privaten Interessen als die primären angesehen werden. Daher kommt es in letzter Linie auf das Primäre der Betrachtungsweise an; denn es läßt sich wohl kaum eine Handlung ausdenken, die nicht zugleich das öffentliche, kaum eine Handlung, die nicht zugleich irgendein privates Interesse, sei es auch noch so entfernt, berührt.

Und dieser lediglich in der Betrachtungsweise begründete Unterschied vertieft sich schließlich — unter hochwissenschaftlicher Einstellung in die transzendentale Methode — gemäß unseren obigen Ausführungen zu der Einsicht, daß es nicht auf die tatsächliche primäre Verletzung des Interesses, sei es des öffentlichen oder eines privaten ankommt, daß vielmehr von einer solchen primären Verletzung nur vom Standpunkt des maßgebenden objektiven Beurteilers die Rede sein kann. Ein Verbrechen ist nicht an sich die vorwiegende Verletzung des öffentlichen Interesses, sondern diese nur nach dem objektiven Urteil sei es des Gesetzes (des Staates) oder der Strafrechtswissenschaft. Mag tatsächlich das öffentliche Interesse gar nicht verletzt sein (nicht einmal sekundär), es ist so anzusehen, als ob primär das öffentliche Interesse verletzt würde, sobald der Staat oder die Strafrechtswissenschaft ein dahingehendes Urteil abgeben. Nur in ihrem Sinn ist das Verbrechen, ist irgendein Einzeltatbestand des Gesetzes (etwa unbefugtes Fischen) ein Verbrechen. Mit der obigen Unterscheidung von abstrakt und konkret (II) hat diese Erkenntnis nichts zu tun; nicht nur im konkreten Einzelfall sondern auch abstrakt—generell mag man darüber streiten, ob unbefugtes Fischen strafwürdig ist, ob es regelmäßig vorwiegend auch das staatliche Interesse verletzt — der Spruch des Gesetzes ist für die Verbrechensqualifikation maßgebend. Und wer wollte sich der Einsicht verschließen, daß nicht anders wie das Gesetz auch unsere Strafrechtswissenschaft nur die eigene (und insofern subjektive) Ansicht ausdrücken kann! Eine andere Wissenschaft, etwa die Soziologie oder die Ethik, mag zu einem anderen Urteil gelangen. Freilich muß der höheren Orts als subjektiv erscheinende Spruch der Strafrechtswissenschaft für jeden, der auf strafrechtlichem Gebiete forscht, als objektiv gelten, wie eben nur die Wissenschaft Objektivität zu lehren vermag; aber schon diese sprachliche Wendung „gelten als" ist ein Ausdruck der tiefen Wahrheit: wir gelangen nicht hinaus über ein bloßes: Urteil als ob objektiv.

§ 3. Das System der Wissenschaften.

Die vorausgehende Abhandlung über die Betrachtungsweisen hat das umfassende Material geliefert, aus dem nunmehr das Gesamtsystem der Wissenschaften in kurzen Strichen insoweit aufzuführen ist, als es notwendig erscheint, um das Strafrecht in das Gefüge des Ganzen einzulassen und es auf festem Grunde zu verankern, damit die in dem folgenden System zu behandelnden Einzelprobleme und ihre Lösungen sich widerspruchslos und festgegründet in die große, gewaltige Harmonie einfügen.

Welcher Einteilungsgesichtspunkt ist aber dem Aufbau zugrunde zu legen? Nicht danach sind die Wissenschaften einzuteilen, welche Methode sie befolgen oder welcher Erkenntnismittel sie sich bedienen; ob sie etwa deduktiv oder induktiv verfahren, ob sie auf rationalistischem oder auf empiristischem Wege zu Erkenntnissen gelangen, kann für ein sachlich begründetes System nicht erheblich sein. Abgesehen davon, daß derartige Gesichtspunkte höchstens die obersten Einteilungen vollziehen und nach Erfüllung dieser Aufgabe bei dem Ausbau im einzelnen völlig im Stich lassen würden, ist schon der zugrunde liegende Gedanke abzuweisen. Aus bloßen methodologischen oder erkenntnistheoretischen Gründen würde Verschiedenartiges vereinigt, Gemeinsames getrennt werden; so müßten sich die beschreibende Naturwissenschaft und die Rechtsgeschichte zusammenbegeben, da sie beide induktiv vorgehen, während die Naturwissenschaft von der Mathematik, die Rechtswissenschaft von der reinen Ethik abgerissen würden, weil dort Induktion vorherrscht, hier Deduktion waltet. Der grundsätzliche Fehler aber besteht darin, daß dem System aller Wissenschaften

Gedanken einer einzelnen Wissenschaft zur Einteilung dienen sollen, mag es auch eine Wissenschaft von so grundlegender Art sein wie die Methodologie oder die Erkenntnistheorie. Diese würden dann alle anderen Wissenschaften unter ihren Bann ziehen und sie unter ihren eigenen Machtmitteln betrachten und beherrschen. So zulässig das von ihrem Standpunkte ist, so notwendig sogar dieser Aufgabe von ihnen genügt werden muß, so wenig gerecht würden sie den anderen Wissenschaften werden (außer vielleicht einigen eng benachbarten rein philosophischen Disziplinen); es wäre eben alles — Methodologie und Erkenntnistheorie.

Nun hat allerdings letzthin jede einzige Wissenschaft, will sie echt und wahr sein, den Drang und Trieb, zur Erkenntnistheorie zu werden; aber mit dieser Einsicht in ihr innerstes Wesen und ihren höchsten Beruf ist nur gesagt, daß ihre eigenen Prinzipien so weit wissenschaftlich nach oben vorzudringen haben, daß ihre Verbindung mit der über ihnen thronenden allgemeinen Erkenntnistheorie aufgenommen wird, und daß sie so weit ins Abstrakte emporgeschraubt werden, daß ihre Einlassung in die reinsten Begriffe erhellt; denn dann wohnt den Einzelwissenschaften das redliche Streben und unermüdliche Ringen nach Wahrheit und Erkenntnis überhaupt inne, die sie doch mit ihrem eigenen Rüstzeug niemals gewinnen können; der Anlauf muß nur mit einer derartigen Kraft genommen werden, als ob es die Spitze des Hügels selbst zu erreichen gälte. Haben sie sich aber nicht in die Erkenntnistheorie einzumischen, so muß es auch umgekehrt dieser verwehrt sein, nach unten ihren Bereich zu überschreiten und insbesondere die eigene Methode jenen aufzudrängen. Und somit ist der leitende Gedanke gewonnen: Jede Wissenschaft ist nur nach ihrem eigenen Kern und Wesen, ihrem eigenen sachlichen Gehalt und ihrem Ziel und Beruf zu verstehen. Kein ärgerer Irrtum, keine gröbere Verunstaltung der Wissenschaft, als wenn man ihr eine fremde Methode aufzwängt und noch dazu eine solche aus einem nicht übergeordneten Gebiet (das geht noch an) sondern einem nebengeordneten! Und wenn neuerdings von einer naturwissenschaftlichen, einer (beschreibend) soziologischen, einer ästhetischen, ja selbst einer religionsphilosophischen Behandlung des Rechts viel Aufhebens gemacht wird, so ist das ganz zweifellos keine Rechtswissenschaft; zur Erkenntnis des Wesens des Rechts wird von derartigen pseudojuristischen Versuchen nicht das geringste beigetragen, sie sind von Anfang an zum Mißlingen verdammt — wobei nicht gesagt sei, daß sie nicht wertvoll für die Naturwissenschaft, die Soziologie, die Ästhetik, die Religionsphilosophie sein mögen, dann sind sie eben als ein Ausschnitt aus jenen Wissenschaften zu betrachten, was wiederum die Einsicht bestätigt, daß ein und derselbe Gegenstand verschieden betrachtet werden kann, daß die Wissenschaften sich voneinander nicht durch die Verschiedenheit der Objekte unterscheiden, sondern durch die der Betrachtungsweise.

Jede Wissenschaft ist nach ihrem eigenen Wesen zu begreifen. Und dieses erhellt aus den ihr zugrunde liegenden Betrachtungsweisen (oben § 2), die man freilich erst gewinnt, wenn man sich mit ihren Problemen vertraut gemacht hat. Die Probleme aber lassen sich insgesamt auf eine oberste Gesetzmäßigkeit, eine alles beherrschende Idee, einen Leitgedanken zurückführen, und dieses höchste Grundgesetz ist wiederum mit denjenigen anderer Wissenschaften zu vereinigen zu höheren Gesetzmäßigkeiten und diese weiter zu noch höheren, bis schließlich im Gebiete der Erkenntnistheorie die Gesetzmäßigkeit als solche erreicht wird. Diese ist der systematisch richtige Einteilungsgesichtspunkt. Aus der Verwandtschaft der einzelnen Gesetzmäßigkeiten ergibt sich die Verwandtschaft der Wissenschaften, aus Über- und Unterordnung jener die Über- und Unterordnung dieser. So finden sich Verwandte in der Seiten- wie in gerader Linie zusammen, und so entrollt sich ein sachlich zutreffendes Gesamtbild, ein innerlich begründetes System. Keine Wissenschaft wird vergewaltigt von einer anderen; wo sie einer anderen botmäßig zu sein hat, wie die Rechtswissenschaft der Ethik, da liegt es in ihrer eigenen Natur, da kann sie sich unter einer derartigen Herrschergewalt frei und natürlich entfalten, ohne innerlich zu verkümmern oder künstlich zu einem Treibhausgewächs umorganisiert zu werden. Die Behandlung einer Wissenschaft nach einer Nachbarmethode dagegen würde unnatürliche Blüten treiben und hätte nur den einen Erfolg, zu geistreichelnden Kombinationen Anlaß zu geben. Wehe der Wissenschaft, die sich selbst verleugnet oder ihrer Königin untreu wird! Wehe, wenn man das Recht auf den Boden der Naturwissenschaft oder der beschreibenden Soziologie verpflanzen will; wehe, wenn es die Lichtseite, nach der es sich zu kehren hat, in der Psychologie erwartet!

Jede Wissenschaft hat ihre eigene Idee, ihr eigenes Ideal. Jede sucht innerhalb ihres Gebietes, innerhalb der sich selbst gesteckten Grenzen das bunte Nebeneinander von Hypothesen wie von Einzelerkenntnissen in ein geordnetes System zu ordnen, von den mannigfachen Einzelheiten zu immer höheren Einheiten emporzusteigen und das Ganze schließlich zu einem obersten Gedanken aufzugipfeln. Nicht daß der letztere erst empirisch aus dem Material gewonnen würde! Er ist von Anbeginn der Wissenschaften an da, er konstituiert die Wissenschaft als solche, die ohne ihn gar nicht denkbar wäre, er ist der Richtpunkt, ohne den ein Ordnen der Einzelheiten gar nicht geschehen könnte, er ist die verkörperte Harmonie selbst und unterscheidet sich von anderen Gesetzmäßigkeiten nur dadurch, daß er Lebensgehalt aus dem Material seiner Wissenschaft empfängt, daß er Geist von ihrem Geiste ist. Er ist das logische prius der Tatsachen, während diese doch unentbehrlich wiederum insofern sind. als er ohne ihren Atemszug ein lebensunfähiges Phantasiegebilde wäre. Aber so selbstverständlich dieses logische Verhältnis von Gesetzmäßigkeit und Material ist, so nimmt die Forschung doch einen anderen Weg, indem sie von dem Material ausgeht und erst allmählich zu Gesetzen und immer höheren Gesetzen aufsteigt, ob auch dem Forscher bei seiner Arbeit unbewußt der Richtpunkt vorschwebt, ob ihm auch in der Seele das Ideal eines durchgängigen gesetzlichen Zusammenhanges brennt. Ja, die Gesetzlichkeit ist von dem Forscher unabhängig, da er sich nach ihr erst orientiert, und trotzdem haftet sie nicht den Dingen an; denn diese sind ebenfalls erst nach jener zu ordnen. Die Gesetzmäßigkeit richtet sich nach den anderen übergeordneten Gesetzmäßigkeiten; alle fügen sich ineinander zu einem logischen, widerspruchslosen Gebilde; nur so ist ein System möglich; nur das ist Wissenschaft. Und diese Harmonie des Ganzen, die der Forscher bei heißer Arbeit unbewußt empfindet, ist zwar nicht sein Werk, aber das Werk des menschlichen Geistes überhaupt. Die Gesetzmäßigkeit trägt ein jeder in sich als eine allgemeingültige aprioristische Bedingung wissenschaftlicher Tätigkeit; die Gesetzmäßigkeit ist die ewig glühende Flamme, die das Innere erhellt und zu immer erneutem Anlaufen entfacht.

Die oberste Gesetzmäßigkeit für die Rechtswissenschaft stellen wir daher erst bei der Bearbeitung des Materials heraus; sie wird im System des Strafrechts zweckmäßig im Zusammenhang mit der

Bestimmung des Unrechtsbegriffs (§ 12) gewonnen. Doch ist an dieser Stelle schon der logische Ort zu bestimmen, wo sie im System des Ganzen einzureihen ist. Damit ist der Richtpunkt festgelegt, nach dem die Einzelprobleme des Strafrechts zu orientieren sind, der Richtpunkt, der bei dem Entwerfen des Systems niemals aus den Augen zu verlieren ist, soll ein festes, unverrückbares Gefüge errichtet werden. — Wir müssen daher schon im voraus dem gewiß nicht ausbleibenden Einwand begegnen, daß strafrechtliche Fragen ihre letzte Beantwortung nach einem System der Wissenschaften fänden, das doch mehr oder weniger willkürlich aufgebaut und von dem einen so, dem anderen so ersonnen sei, wie ja jede Systematik schließlich nur Geschmackssache sei. Nein, das System der Wissenschaften erwächst aus diesen selbst, aus ihrem Geiste, aus der Art ihrer Probleme und der Notwendigkeit ihrer Lösung; die Gesetzmäßigkeit lebt von den Tatsachen. Gleichwohl ist sie abhängig von den höheren Gesetzmäßigkeiten, und das System der Gesetzmäßigkeiten als solches ist nicht ein Erzeugnis der Willkür, sondern zwingende Logik. Von einer äußeren Klassifikation[1]) der Wissenschaften aus praktischen, organisatorischen und technischen Gründen, wie sie etwa im Interesse der Arbeitsgemeinschaft und Arbeitsteilung oder gar aus beruflichen Gründen geschieht, sind wir freilich weit entfernt.

I.[2]) Die oberste Einteilung vollzieht sich entsprechend dem Kategorienpaar Sein—Wert (§ 2 I) in Seins- und Wertwissenschaften im weitesten Sinne, deren philosophische Grunddisziplinen die Logik einerseits, die Ethik und die Ästhetik andrerseits darstellen. Ihre obersten Gesetzmäßigkeiten werden durch die Ideen des Wahren, des Guten und des Schönen verkörpert. Von der Logik (einschließlich der Naturphilosophie) ressortieren als Sonderwissenschaften die Mathematik und die Naturwissenschaft. Ihnen eignet ein durchaus

---

[1]) Ein übles Beispiel willkürlicher Zerreißung des Zusammengehörigen wie Verbindung des Wesensverschiedenen bietet die auf äußeren Gründen beruhende, bis in die feinsten Einzelheiten ausgearbeitete Klassifikation H. O. Lehmanns, Die Systematik der Wissenschaften und die Stellung der Jurisprudenz, Marburger Rektoratsrede 1897.

[2]) Für eine Auseinandersetzung mit den verwandten und doch im einzelnen abweichenden Ansichten, insbesondere Windelbands, Rickerts, Husserls, Cohens und Natorps ist in einer Grundlegung des Strafrechts nicht der geeignete Platz.

wertfreier Charakter; mag man auch die Wahrheit selbst als Wert ansehen, sie wollen ihre Objekte nicht werten, sondern erkennen; und mag man das Unwahre als Unwert bezeichnen, es scheidet überhaupt aus ihrem Interessenkreise aus, während die Ethik und die Ästhetik gerade darauf ausgehen, ihre Objekte auf Wertmaßstäbe hin zu kritisieren, den Grad ihres Wertes festzustellen, um sie nach Möglichkeit auf eine höhere Wertstufe zu heben oder gar ihrer Idee gemäß umzubilden. Damit ist die (uns besonders interessierende) erste große Scheidewand errichtet zwischen den Naturwissenschaften und den Wert- oder Geistes- oder Kulturwissenschaften. An einen Himmelskörper oder eine Pflanze kann man nicht die Forderung stellen: sie sollen so und so sein oder werden; wohl aber an eine menschliche Gesinnung oder an ein Kunstwerk. Die Ideen des Guten und des Schönen sind regulative Ideen; sie geben das zu erstrebende unerreichbare Ziel an, in deren Richtung alle erstrebenswerten Sonderziele gelegen sind. Insbesondere ist die moralische Vollkommenheit eine ewige, unendliche Aufgabe, eine Aufgabe, der niemals ein Mensch zu genügen vermag, ein nie und nimmer zu erreichendes hoch in den Sternen geschriebenes Ziel; stets kann es für uns Menschenkinder günstigstenfalls nur heißen: Vervollkommnung, niemals: Vollkommenheit. Mag auch eine volle Erkenntnis des Wahren ebenfalls niemals zu gewinnen sein, Wahrheit im Sinne von Übereinstimmung eines Gegenstandes mit den Denkgesetzen ist erreichbar, dagegen ist unerreichbar die Übereinstimmung eines Wollens mit dem moralischen Gesetz; Willensreinheit gibt es nur im Reiche der Idee, nicht der Wirklichkeit, sie ist ein Sollen und niemals ein Sein.

Scheiden mithin die Naturwissenschaften mit ihren Methoden aus dem Kreise der juristischen Interessen, so ist auch über die sog. biologische und anthropologische Strafrechtsschule der Stab gebrochen, ja eine solche kann es unmöglich geben; schon das Wort ist widersinnig; denn eine Rechtsschule kann niemals ein Zweig der Naturwissenschaft sein, hier gibt es keine der sonst so gern zur Entschuldigung für unreine Arbeit angerufenen flüssigen Grenzen, die Grenze steht fest und unverrückbar, und jegliche Verwischung bringt schwere Irrtümer. Selbstverständlich dürfen sich auch der Naturforscher und der Mediziner mit dem Verbrechen beschäftigen und sie werden besonders dem Verbrecher Interesse entgegenbringen, das Objekt ist kein Kriterium der Wissenschaften, sie können das gleiche Objekt betrachten, aber die Betrachtung geschieht unter durchaus verschiedenem kategorialen Blickpunkt. Die Nichterkenntnis dieser notwendigen Verschiedenartigkeit hat zur Folge, daß sich Arzt und Richter oft so wenig verstehen; jeder kritisiert das Urteil des anderen nur von seinem eigenen Standpunkt und kritisiert es dann erklärlicherweise oftmals abfällig: was der Pathologe verzeiht, muß der Richter nicht selten verdammen; erbliche Belastung darf nicht immer entschuldigen, und entschuldigen dürfen nur der Jurist und Ethiker, nicht der Arzt und Psychologe; denn nur jenen, nicht diesen steht die Befugnis zu, Werturteile zu fällen. Der medizinische Sachverständige hat dem Gericht nur das Material darzulegen, über das der Jurist das Urteil abgibt; das ist nun freilich eine prozessuale Binsenwahrheit, nach der von jedem der Beteiligten tagtäglich gehandelt wird. Was aber methodisch alles andere denn selbstverständlich ist, das ist die Einsicht, daß das Material nicht als ein naturwissenschaftliches, sondern als ein wertbezogenes dem juristischen Urteil zugrunde zu legen ist. Prozessual besteht oft kein Unterschied zwischen beiden Objekten; methodisch hat man aber Klarheit darüber zu gewinnen, daß der Arzt mit seinen Augen oft Dinge sieht, die der Jurist nicht sehen darf. Der letztere muß daher das Gutachten des ersteren zunächst zwar, um es zu verstehen, als ein von naturwissenschaftlichem Standpunkt abgestattetes in sich aufnehmen und verarbeiten, alsdann hat er es aber derart umzuformen, schon als bloßes Material umzuformen, daß es unter seinen Wertmaßstab zu subsumieren ist. Was im weiteren Verlauf dieses Werkes noch wiederholt zu betonen und zu erklären ist, das ist: es besteht ein durchgreifender Unterschied zwischen dem natürlichen und dem wertbezogenen Objekt; jenes ist unter der Denkform der Kausalität, dieses unter der teleologischen Betrachtungsweise zu erfassen, dort herrscht Determinismus, hier Willensfreiheit. Möchten sich doch endlich die Ethiker und Kriminalisten von den Fesseln der Naturwissenschaften und deren lästigem Anhang, den Kausal- und deterministischen Lehren, befreien und ihre eigene hohe Wissenschaft als eine solche begreifen: als Wissenschaft, die von eigener Idee beherrscht wird! Sie haben zu werten, nicht zu erkennen; sie haben den Blick auf das Sollen, nicht auf das Sein zu richten.

Auch die Psychologie scheidet wohl aus dem Kreise der Wertwissenschaften aus. Den logischen Platz im System der Wissenschaften dieser jungen, noch nicht genügend ausgereiften und viel hin und her geworfenen Wissenschaft bestimmen zu wollen, erscheint uns verfrüht. Man sollte sie sich erst ungestört entwickeln lassen; dann wird sie sich auch aus sich selbst heraus, ihrer Eigenart entsprechend — das ist ja die von uns hier befolgte Methodik — im Gesamtsystem einreihen lassen. Jedenfalls scheint uns so viel sicher, daß sie nicht zu den Wertbezogenheits-, sondern zu den Naturwissenschaften gehört, obwohl sie auch — wie die Geschichte — Werte beschreibt und zwar in der Entwicklung begriffene. Aber ihr Kreis ist weiter, sie beschreibt die Seelenvorgänge genetisch als natürliche, nicht anders wie die Physiologie die leiblichen. Daher steht auch sie unter dem Zeichen des Kausalismus und Determinismus; ja der letztere scheint speziell auf die Psychologie zugeschnitten, was wiederum die Notwendigkeit dartut, sie der ethischen und strafrechtlichen Schuldlehre so fern wie nur irgend möglich zu halten; auf diesen Gebieten psychologische Untersuchungen, etwa gar solche experimenteller Natur, anzustellen, ist völlig überflüssig, wenn nicht gar verwirrend. Eine andere noch nicht endgültig zu beantwortende Frage ist dagegen, ob die Psychologie nicht eine weitergehende Bedeutung, eine solche als Grundwissenschaft gewinnt und der Erkenntnistheorie an die Seite zu stellen ist, indem diese letztere konstruktiv und logisch-systematisch (entsprechend dem von uns befolgten Plane) verfährt, während die erstere rekonstruktiv dasselbe gedankliche Gebilde in der Entwicklung zu beschreiben hat, so daß sich die rein psychologische Behandlung der Ethik und der Ästhetik rechtfertigen ließe (rechtfertigen selbstverständlich nur neben der erkenntniskritisch-systematischen). Und ein gleiches gilt von der vielleicht ersten Frage, ob nicht die Erkenntnistheorie selbst eines psychologischen Einschlages bedarf, namentlich wenn sie zur Begründung der drei Grunddisziplinen Logik, Ethik, Ästhetik den Ausgang von den drei Grundfunktionen des Bewußtseins Erkennen, Wollen, Gestalten nimmt, ob nicht gerade dieser Ausgang von dem „Bewußtsein“ die Psychologie an die erste Stelle rückt, damit sie der Erkenntnistheorie den Boden bereite. In allen diesen Fällen ist aber die Psychologie für die Wertungen als solche, wie sie den Ethiker und Juristen angehen, unerheblich.

II. In scharfem Gegensatz zu den Naturwissenschaften, die aus unserem Bereiche völlig ausscheiden, stehen die Kultur- oder Geistes oder Wertwissenschaften. Wir betonen ausdrücklich, daß auf diese wie auf die folgende Terminologie kein Gewicht gelegt wird; man möge andere Bezeichnungen wählen, Hauptsache ist die Anerkennung der sachlichen Gliederung.

1. Die uns hier allein interessierenden Kulturwissenschaften sondern sich, wenn wir von der Ästhetik absehen, in zwei große Gebiete, je nachdem sie sich lediglich mit den ihnen unterfallenden Objekten beschäftigen, sie beschreiben und erklären (wie die Geschichte und die reine Soziologie), oder aber sie zugleich werten und beurteilen (wie die Ethik und die Rechtswissenschaft). Der erstere Kreis sei Wertbezogenheits-, der letztere eigentliche Wert- oder Kulturwissenschaften im engeren Sinne genannt. Jene verfahren rein teleologisch, diese axiologisch und normativ. Diese begreifen jene in sich, da eine Wertung ohne Objekt nicht denkbar ist; gleichwohl ist die Scheidung streng durchzuführen, da dort nur die Objekte, hier die übergeordneten Werte interessieren. Die Objekte sind allerdings ebenfalls Werte, nämlich Zwecksetzungen der einzelnen Individuen, aber sie werden gemessen nicht an einem übergeordneten Maßstab, sondern nur an den Zielsetzungen des betreffenden Individuums selbst (wenn man das überhaupt noch eine Messung nennen kann). Und damit ist eine hochwichtige Erkenntnis gewonnen, wobei unser zweites Kategorienpaar (§ 2 II) in Aktion tritt: Die Wertbezogenheitswissenschaften behandeln das Individuelle, die reinen Wertwissenschaften das Generelle; jene das Konkrete, diese das Abstrakte; jene das Einmalige, diese das Allgemeine. Wahren Wert kann ja nur das Allgemeine beanspruchen, deshalb haben die reinen Wertwissenschaften das Besondere und Vereinzelte zu überwinden, um zu einer übergeordneten Größe zu gelangen; sie steigen von dem historisch-soziologisch-Einmaligen auf zu dem sittlich-rechtlich-Bleibenden. Generell, abstrakt, allgemein sind aber die sittlichen und rechtlichen Werte nicht nur dann, wenn die Normen als solche, sondern auch dann, wenn die konkreten Wertungen der Objekte gemäß den Normen betrachtet werden; denn in dem letzteren Falle interessieren nicht die einmaligen Wertungen der Objekte, sondern die Ergebnisse solcher Wertungen, nicht das Psychologische, sondern das Logische, nicht konkrete Vorgänge, sondern konkrete

Werte, und diese sind nicht konkret und individuell in dem Sinne, daß sie, wie die (einmaligen) Objekte, niemals wiederkehren, vielmehr gleichen und entsprechen sie (eben infolge der Messung an abstrakten Normen) anderen vergangenen und noch kommenden konkreten Werten, so daß diese trotz ihrer von der Objektsseite herrührenden Konkretheit immer einen allgemeinen Charakter besitzen. Daher kommt es, daß vielen abstrakten, nur in der Idee vorhandenen Werten wirkliche konkrete Werte zugrunde liegen: die abstrakten Normen sind in die Wirklichkeit übertragen, haben Fleisch und Blut gewonnen, und wenn derartige Realisierungen anhalten und anschwellen, so ist ein Aufstieg des geschichtlichen wie des gesellschaftlichen Lebens zu verzeichnen, eine Vervollkommnung der Kultur, eine Veredelung des Menschengeschlechts. Solche konkreten Werte sind nicht einmalige, nein, im Gegenteil, sie sind unvergängliche und ewige. Und der Sinn des Lebens überhaupt mag in der Hervorbringung derartiger Werte und immer höherer Werte beschlossen liegen — wie denn wohl der Sinn des Lebens des einzelnen, die Aufgabe des Menschen als eines solchen und nichts Geringeres als seine Unsterblichkeit begründet ist in dem Schaffen solcher ewigen Werte.

Die beiden großen Gruppen der Kulturwissenschaften (im weiteren Sinne) unterstehen daher verschiedenen Aufgaben und Gesetzmäßigkeiten[1]) und sind deswegen als selbständige Wissenschaftszweige erwiesen: 1. als Aufgabe dort die Beschreibung der individuellen Zwecke, hier deren Wertung; dort die Erkenntnis des Einmaligen und Besonderen, hier die Einsicht in das (nicht naturalistisch sondern kulturell) Bleibende und Allgemeine; dort das Dahinfluten des Wechselnden und Vergänglichen, hier das Walten des Wertvollen und Ewigen; 2. als Gesetzmäßigkeit dort die Macht der Tatsachen, hier die Steigerung der Werte und die Vervollkommnung der Menschheit. Und es kehrt wieder der früher an anderer Stelle (I) herausgestellte Gegensatz von Sein und Sollen, nur mit der Maßgabe daß das Sein nicht als solches, nicht als wertindifferentes beschrieben, sondern als Gegenstand möglicher Wertung aufgefaßt wird.

---

[1]) Jede Wissenschaft ist insofern also „nomothetisch". Die vielfach (Windelband, Rickert, Hönigswald) gegenübergestellte Kategorie von „idiographischen" Wissenschaften (Beschreibung geschichtlicher Tatsachen) entbehrt daher der Berechtigung.

2. Diese Unterscheidungen zwischen bloßer Wertbezogenheits- und Wertwissenschaft lassen die einzelnen zu ihnen gehörigen Disziplinen in besonderem Lichte erscheinen. Zu der ersteren Gruppe rechnen die zeitlich (genetisch) verfahrende Geschichts- und die gewissermaßen räumlich (logisch) verfahrende reine (beschreibende) Sozialwissenschaft (Soziologie, Wirtschaftswissenschaft, Sprachwissenschaft usw.), zu der zweiten Gruppe dagegen die individuale Ethik und die normativen Sozialwissenschaften, zu denen auch die Rechtswissenschaft gehört. Aus dieser Verteilung der Disziplinen, aus dieser ihrer Zuweisung an den logisch-systematischen Ort wird offenbar die Tiefe der Kluft, die zwischen der Rechtswissenschaft und den beschreibenden (Wertbezogenheits-)Wissenschaften besteht, und es ist einer der gröbsten systematischen Mißgriffe, das Strafrecht auf die beschreibende Soziologie zu orientieren. Orientierung statt nach oben auf ein Nachbargebiet! etwa der Dichtkunst auf die Malerei, der Astronomie auf die Botanik! Welche methodische Verwirrung! Glaubt man durch diesen Seitenblick den Sinn des Strafrechts, also seine oberste Gesetzmäßigkeit, glaubt man durch die Erforschung eines lediglich benachbarten Gebietes die unmittelbar weiter unten ansetzenden Hauptfragen nach dem Wesen der Strafe und des Verbrechens, des Unrechts und der Schuld zu enthüllen? Meint man ernstlich über diese Probleme Aufklärung zu gewinnen, wenn man soziale Tatsachen lediglich beschreibt? Ach nein! Diese letzteren können nur den Stoff liefern, über dem erst sich der Wertgedanke erhebt; nie und nimmer können die Tatsachen selbst den Maßstab liefern, an dem sie doch erst gemessen werden sollen, gemessen auf ihren Wert und Unwert hin. Daher ist rücksichtslos und mit der denkbar größten Energie aus der Strafrechtswissenschaft als solcher auszuscheiden die Kriminalsoziologie nebst Wirtschaftswissenschaft und Statistik — nicht anders wie die Kriminalbiologie. Sie können Objekte nur beschreiben, nicht bewerten, nicht würdigen und beurteilen; die Rechtswissenschaft ist aber Wertwissenschaft, Recht ist Wert. Wer wollte denn dieses ernstlich bezweifeln? Nur zur Unterstützung, nur als Hilfsdisziplinen kann man jene beschreibenden Sozialwissenschaften heranziehen, wenn es sich darum handelt, Aufklärung über den Stoff, über die Objekte zu gewinnen. Daß der Jurist auch von jenen Dingen ein gehöriges Maß von Kenntnissen besitzen muß, versteht sich von

selbst; ebenso daß nichts im Wege steht, aus klassifikatorischen, ökonomischen oder sonstigen technischen Gründen jene beschreibenden Disziplinen mit der Strafrechtswissenschaft zu vereinigen zu einer gesamten Wissenschaft von Strafe und Verbrechen. Keinesfalls ist aber ein solches innerlich durchaus unwahres Gebilde in seiner Gesamtheit ein Glied der Rechtswissenschaft. Man wird doch nicht die Wirtschaftswissenschaft auf das juristische Grundgesetz, auf die Idee der Gerechtigkeit oder gar der Sittlichkeit orientieren wollen; dann wird aber deutlich, daß jene nicht dieser Gesetzmäßigkeit untersteht, und die Notwendigkeit der systematischen Scheidelinie hat sich aufs neue erwiesen.

Nicht anders wie mit der beschreibenden Sozialwissenschaft steht es mit der die Dinge in der Entwicklung darstellenden Geschichtswissenschaft. Auch sie gehört nicht in die Wertwissenschaft, auch die Rechtsgeschichte nicht in die eigentliche Jurisprudenz. Die Rechtswerte können selbstverständlich historisch, in der Entwicklung befindlich betrachtet werden, ebenso wie die religiösen und ästhetischen Werte; dann scheiden sie aber aus den Wertwissenschaften aus und werden zu Objekten, die natürlich ihrerseits wiederum bewertet werden können, wobei sich die interessante Verschiebung ergibt, daß sie nicht notwendig von dem Maßstab desjenigen Gebietes, aus dem sie herrühren, bewertet zu werden brauchen; so kann der Rechtswert (als Objekt) individualethisch, der ästhetische Wert (als Objekt) religiös bewertet werden; der Charakter der Wissenschaft richtet sich dann natürlich nicht nach dem Charakter des Objekts, sondern des Wertes. Die Auseinanderreißung der Rechtsgeschichte und der Rechtswissenschaft (wie der Kunstgeschichte und der Ästhetik) mag klassifikatorisch wenig befriedigen, schon deswegen weil der Jurist rechtshistorische, der Rechtshistoriker juristische Kenntnisse besitzen und weil jeder von beiden die Ergebnisse der Forschung des anderen berücksichtigen muß; sachlich ist die Trennung durchaus berechtigt und methodisch ist sie dringend notwendig, so daß die Rechts-, die Kunst-, die Religionsgeschichte als Sondergebiete der Geschichte aufzufassen sind. Man wird auch, je intensiver man auf beiderlei Gebieten die Forschung betreibt und je ertragreicher diese Arbeiten sind, um so mehr empfinden, wie grundverschieden die Auffassungs- und die Denkweise des Rechtshistorikers von der des Juristen, etwa des

Strafrichters ist, und es geht wohl die Behauptung nicht zu weit, daß ein besonders erfolgreicher Rechtshistoriker, der die Rechts erscheinungen der Vergangenheit wie der Gegenwart mit peinlichster Akkuratesse zusammengetragen und mit größtem Feinsinn aneinandergereiht und geordnet hat, in der kritischen Bewertung seines eigenen Materials nach der Idee der Gerechtigkeit in der Würdigung auf recht und unrecht meist etwas unbeholfen ist. weswegen dem Historiker diese kritische Tätigkeit wegen der mit ihr notwendig verbundenen Überwindung der Einzelheiten und der Bewegung in abstrakten Reichen nicht selten als höchst unexakt, eben nicht subtil und akkurat genug erscheinen mag. Der Jurist fühlt sich dagegen dem Ethiker weit mehr verwandt; ihm fehlt die rechte Freude an dem Ausfindigmachen des ihm unwesentlich und nebensächlich erscheinenden, dem Historiker aber unentbehrlichen Kleinkrams der grauen Vorzeit; er nennt dergleichen Dinge bezeichnenderweise wertlos.

3. Nach Ausscheidung der beschreibenden Wertbezogenheits wissenschaften ist die Bahn frei für einen Aufbau der reinen Wert wissenschaften und für die Anweisung des logischen Ortes für die Rechtswissenschaft. Die oberste Gesetzmäßigkeit ist die Übereinstimmung eines untergeordneten Wertes mit einem übergeordneten, die Richtung des Zweckstrebens nach einem Ziel, einem Sollen, einem Ideal. Lassen wir die der Idee der Schönheit unterstehende Ästhetik beiseite, so verbleibt die Ethik, deren allgemeingültige Idee durch die Übereinstimmung eines besonderen Zweckstrebens mit einem allgemeinen, eines individuellen Wollens mit einem generellen oder sozialen bestimmt wird. Insofern ist jede Ethik notwendigerweise Sozialethik ob ein Wollen im Einzelfall gerechtfertigt ist, darüber kann nur eine Gemeinschaft entscheiden, zwar nicht notwendig eine tatsächlich bestehende Gemeinschaft, wohl aber ein zum mindesten übergeordnetes Wollen einer gedachten Gemeinschaft: die Einzelwollen haben sich sämtlich derart ineinander zu fügen, daß sie ein harmonisches Ganzes bilden, daß ein jedes in gleicher Weise wie das andere zu freier Betätigung gelangt, und wo eine Reibung entsteht, da ist ein Ausgleich eben nach dem Gedanken der Harmonie notwendig, jedes Wollen hat sich insoweit einzuschränken, von einem jeden Zweckstreben ist gewissermaßen ein Abstrich insoweit zu machen, daß ein einträchtliches Zusammen-

leben gewährleistet ist; das soziale Grundgesetz ruft einem jeden zu: bis hierher und nicht weiter, sonst störst du den anderen, der sich deinetwegen in demselben Maße hat einschränken müssen wie du selbst. Mehr braucht sich der eine nicht einzuengen, als es nicht auch seinetwegen der andere tut: das ist die Idee der Gerechtigkeit, die ihren Ausdruck finden mag in der (nur abstrakt zu verstehenden) Formel einer „Gemeinschaft frei wollender Menschen"[1]) als eines konkret niemals zu verwirklichenden sozialen Ideals. Die Gemeinschaft also ist es, die große, gedachte, unsichtbare Gemeinschaft der gesamten Menschheit ist es, das Humanitätsideal ist es, die das Werturteil über ein einzelnes Wollen abgeben.

Die Gemeinschaft ist daher Wertmaßstab zugleich und wertende Instanz. Und für eine besondere Individualethik (Moral im engeren Sinne) ist nur insofern Raum, als der sozial e Maßstab von dem Individuum auf ein (eigenes oder fremdes) Einzelwollen angewendet wird. Der Maßstab ist daher stets ein objektiver, d. i. sozialethischer, während die Instanz dort die Gemeinschaft, hier das Individuum ist — worauf noch längst nicht genügend hingewiesen ist. Das eigene moralische Gesetz, das jeder in seiner Brust trägt, das Sittengesetz, das Gewissen verdient Billigung also nur insofern, als es selbst den objektiven sozialen Maßstab anwendet. Sollte die Anwendung trotz des besten Willens irrig erfolgen, so ist das Individuum entschuldigt, das ist die praktische Bedeutung der Trennung von Sozial- und Individualethik: ein solches Wollen ist sozialethisch (vom Standpunkt der Gemeinschaft) zu verwerfen, weil der einzelne tatsächlich eben in Konflikt mit den Gemeinschaftsgenossen gerät, es ist aber individualethisch (vom Standpunkt des moralischen Gewissens des Handelnden) zu verzeihen, weil er den guten Willen betätigt hat. Nicht dagegen kann Individualethik bedeuten, daß der einzelne sich auch seinen eigenen Maßstab, also einen anderen wie den sozialen, schafft. Wohin würde es führen, wollte man ein Wollen entschuldigen, das sich bewußt über die Mitmenschen hinweggesetzt in dem Glauben, man dürfe nur den eigenen Interessen folgen und sich durchsetzen ohne Rücksicht auf die Interessen der anderen? Die Individualethik untersteht demselben Wertmaßstab, demselben Grundgesetz wie die soziale; Wertmaßstab und Grundgesetz müssen

[1]) Stammler.

notwendigerweise einen objektiven Charakter tragen, sonst würde die Wert-, die Normativwissenschaft als solche aufgegeben werden, sonst würde aus dem übergeordneten, dem richtenden Wert ein dem Objekt nebengeordneter gemacht, der Wert würde zum Objekt, die Wertwissenschaft zur Objektswissenschaft.

Die Individualethik ist mithin nur eine besondere Erscheinungsform der Sozialethik, indem die konkret wertende Instanz sich verschiebt von der Gemeinschaft auf den einzelnen, während Maßstab und Objekt die gleichen sind — eine Auffassung, die aus der strafrechtlichen Schuldlehre geboren und dort des näheren erwiesen (§ 20 II 9), hier nur grundsätzlich systematisch festgelegt werden mag. Offen bleibt dann freilich die nicht logisch-systematische sondern erkenntnistheoretische und metaphysische Frage, ob die individuale oder die soziale Moral übergeordnet ist, ob das oberste Ziel des Menschen, der letzte Sinn des Daseins ein vollkommenes Individuum oder eine vollkommene Menschheitsgemeinschaft ist; denn beide sind ja tragischerweise nicht gleichzeitig möglich; jede Gemeinschaft erfordert eine Beschränkung ihrer Glieder, selbst die oberste als Richtmaß dienende Menschheitsgemeinschaft, und sie erfordert eine Beschränkung selbst in individualethischer Betätigung; brauchen doch die einzelnen dem Gewissen durchaus entsprechenden Zweckstrebungen sich nicht notwendig harmonisch in eine Gemeinschaft einzufügen, da die individuale Instanz zu einem anderen konkreten Werturteil gelangen kann wie die soziale. Die große Frage entbrennt daher, ob die Gemeinschaft dem Individuum oder das Individuum der Gemeinschaft vorgeht. Das zweite erscheint uns das richtige. Ist es nicht ein unerträglicher Gedanke, daß der einzelne bei höchster moralischer Betätigung nicht Selbstzweck ist, sondern sich aus gewissermaßen technischen Gründen, weil sein Wollen nicht mit dem der Gemeinschaft zusammenstimmt, der letzteren unterzuordnen hat? Höchste moralische Betätigung des einzelnen sollte eingedämmt sein nur zugunsten des Bestehens der Gemeinschaft? Die Tragik bleibt bestehen, ja sie steigert sich, je eindringlicher man sich vergegenwärtigt, daß die Gemeinschaft nach unseren Denkgesetzen eine Beschränkung der Freiheit der Individuen erfordert, um harmonisch bestehen zu können, und man darf nicht einwenden, daß die bei Anerkennung der Freiheit (wenigstens der moralischen) einsetzenden Konflikte einen Wettbewerb der Individuen und damit eine Steigerung des (moralischen) Wertes der Gemeinschaft bedeuten würden; denn eine solche Entwicklung, sei es selbst Aufwärtsentwicklung, wäre immer nur als der Weg, niemals als das Ziel anzusprechen. Das Ziel darf, soll es das höchste und allgemeingültige für den Menschen sein, keinen logischen Widerspruch enthalten, ein solcher ist aber zweifellos gelegen in der beliebten Wendung: Gemeinschaft individual moralisch wollender Menschen. Die strenge Wissenschaft ist in der Tat außerstande, diesen Widerspruch zu überwinden. Und doch läßt sich weder eine Gemeinschaft moralisch nicht vollkommener Menschen noch das einzelne moralische Wollen ohne Rücksicht auf die Gemeinschaft als letztes Endziel denken. Die Wissenschaft läßt im Stich. Beide Möglichkeiten sind unvollkommen, etwas Drittes gibt es aber nicht.

Die Grenze der Wissenschaft ist erreicht. Jenseits beginnt das Reich der Metaphysik, jene anderen Menschen nicht mehr mitteilbare Weltanschauungsphilosophie. Wo die Denkgesetze versagen, da mag das intuitive Erkennen oder das religiöse Ahnen sich als das Endziel alles menschlichen Strebens ein Gebilde schaffen, das mit dem begrifflichen Rüstzeug und doch nur in künstlerischen Wendungen formuliert werden kann als Gemeinschaft moralisch vollkommener Individuen in Gott.

4. In demselben Verhältnis zur Sozialethik wie die Individualethik steht auch die Rechtswissenschaft: Die beiden letzteren sind nur besondere Erscheinungsformen der Sozialethik, der Maßstab ist der gleiche, er besteht bei allen ethischen Normwissenschaften in der Übereinstimmung des Objekts mit der Norm, des individualen Wertes mit dem sozialen; nur die Instanz ist verschieden. Dort bei der Individualethik vollzog der einzelne die konkrete Wertung, hier bei der Rechtswissenschaft vollzieht sie eine Sondergemeinschaft, der Staat, die Kirche, eine (völkerrechtliche) Staatengemeinschaft. Aber eine höchst beachtliche Verschiedenheit: auch der Maßstab wird bei der Rechtswissenschaft ein anderer, und zwar insofern als nicht mehr die oberste abstrakte, nur gedachte Menschheitsgemeinschaft zugrunde gelegt wird, sondern eben jene konkrete Gemeinschaft, die das Werturteil zu fällen berufen ist. So viele Sondergemeinschaften denkbar sind, so viele besondere Normenkomplexe sind die Folge: jede Gemeinschaft will sich selbst erhalten

und fördern, das ist ihr oberstes Ziel, und nach ihm bewertet sie die Handlungen der Gemeinschaftsmitglieder. Überall treffen wir also das (sozial-normative) Grundgesetz der Übereinstimmung des individuellen Wertes mit dem sozialen, des Einzelwollens mit dem Gemeinschaftsziel an. Nur die Gemeinschaft selbst kann die verschiedensten Formen annehmen, und danach gewinnt der Maßstab, gewinnt die Instanz der Wertung eine Sonderheit; immer entsteht die Frage, ob eine einzelne Handlung dem Ziel der jeweiligen Gemeinschaft entspricht, und von der Antwort hängt der Wert und der Unwert jenes Objekts ab.

So sind die verschiedenartigsten konkreten sozialen Gesetzmäßigkeiten denkbar, die man zu einer besonderen Wissenschaft, der normativen Soziologie oder Sozial- oder Kulturwissenschaft im engsten Sinne zusammenfassen kann. Sie alle ressortieren von der Sozialethik. Jene sind orientiert auf tatsächlich bestehende konkrete Sondergemeinschaften, diese auf die unsichtbare abstrakte große Menschheitsgemeinschaft; jene haben zum Richtpunkt das Ziel der Sondergemeinschaft, diese steht unmittelbar unter dem Humanitätsideal.

Wo die Sondergemeinschaften ohne äußeren Zwang, ohne Selbstherrlichkeit [1]) auftreten, können ihre Normen als Sitte, wo sie mit Zwangsgewalt ausgestattet sind, können die Normen als Recht bezeichnet werden. Unter den rechtlichen Gemeinschaften nimmt die staatliche die hervorragendste Stelle ein; aber es lassen sich weitere ähnliche Gebilde und zwar nicht nur kirchliche und völkerrechtliche, sondern auch beliebig über- und innerstaatliche Rechtsgemeinschaften denken. Sie alle unterstehen der gleichen, eben in dem Gemeinschaftsgedanken verkörperten Gesetzmäßigkeit, die sich in der aufgezeigten Weise den höheren Gesetzmäßigkeiten unterordnet. Damit ist der logische Ort der Rechtswissenschaft im System der Wissenschaften festgelegt. Wohlgemerkt: Jede Wissenschaft hat ihre eigene Gesetzmäßigkeit. Es wäre durchaus verfehlt, wenn man das Grundgesetz für das Recht des Staates, wie sogar angesehene Rechtsphilosophen meinen, in der sozialen Ethik oder gar in einem noch höher gelegenen Gebiet suchen, wenn man es

---

[1]) Stammler, Sohm u. a. Die Unterscheidung von Zwang und Selbstherrlichkeit billigen wir aber nicht.

etwa gar in der Gemeinschaft sozialethisch wollender Menschen erblicken wollte. Dort oben in den höheren und höchsten Gebieten ist nur logisch-systematisch das juristische Grundgesetz selbst begründet; aus ihnen heraus ist es herzuleiten und zu verstehen, ist seine formale Struktur zu gewinnen. Der Sinn des Rechts und des Staats findet dort oben seine innere Begründung. Den Objekten der Rechtswissenschaft selbst, den konkreten rechtlich-staatlichen Erscheinungen dient ein weit tiefer anzusetzender Maßstab: die Übereinstimmung mit dem konkreten Ziel des Staates, mit seinem jeweiligen Willen.

Daher ist es durchaus unzulänglich, sich auf philosophische Schriftsteller, sei es auch auf erste Autoritäten, zu berufen, um eine juristische Meinung zu rechtfertigen. Was Kant über die Pflicht, Schopenhauer über die Kausalität, Wundt über den Willen, Simmel über die Schuld gedacht haben und zu welchem Ergebnis über die Willensfreiheit etwa die Experimentalpsychologie gelangt, ist für den Kriminalisten gewiß nicht verbindlich. Autoritäten sind sie nur auf ihrem spezifischen, nicht auf strafrechtlichem Arbeitsfeld. Man sollte den Großen lieber Methode und Logik, Denk- und Schaffensweise ablauschen, nicht aber ihre Ergebnisse sich blindlings aneignen. Diese letzteren gewinnt man nur durch die Rückbesinnung auf die Zwecke der eigenen Wissenschaft, durch die Orientierung auf deren spezifisches Grundgesetz.[1])

Die Notwendigkeit, das Strafrecht zunächst als eine juristische Disziplin zu konstituieren, erhellt aber auch aus folgender Erwägung. Für den kritischen Blick, der das staatliche Gesetz nicht als etwas Selbstverständliches hinnimmt, steht am Anfang die Frage, ob der Staat (die Rechtsordnung) überhaupt berechtigt ist, Strafe zu verhängen. Abgesehen von der wissenschaftlich nicht erörterbaren göttlichen Strafbefugnis kämen zwei außerrechtliche Instanzen in Betracht: die Gesellschaft und das Individuum; dort die Sitte (die öffentliche Meinung), hier die Moral (das Gewissen). Das Strafrecht

---

[1]) Insofern enthalten die wiederholten schweren Angriffe Bindings gegen die Modernen einen berechtigten Kern; das Strafrecht ist auf eigene Füße zu stellen. Wenn aber Binding (Abh. I 66, 74 u. a.) über die „sog. Soziologie" und die „sog. Rechtsphilosophie" seinen Spott ergießt, so wäre interessant zu erfahren, was Binding unter Wissenschaft versteht; gewiß nur Rechtswissenschaft oder nur seine Normentheorie.

könnte daher sehr wohl einmal der normativen Sozialphilosophie (Soziologie), sodann der Individualethik angehören. In Wahrheit steht es zwischen beiden Gebieten und gewinnt von beiden erst Lebenshauch, indem aus der normativen Soziologie der Unrechts-, aus der Individualethik der Schuldbegriff übernommen wird. Und durch diese eigenartige soziologisch-individualethische Verbindung wird erst das Strafrecht als solches konstituiert, wie es denn alsbald (§ 4) nachzuweisen gilt, daß die Strafe ihrem eigensten Wesen nach sowohl Unrecht zu vergelten als auch Schuld zu sühnen hat — zwei untrennbare Aufgaben der Rechtsstrafe, deren erste soziologischen, deren zweite individualethischen Charakter trägt.

III. Eine Tafel möge das gewonnene System veranschaulichen (s. Anhang); das sachlich Zusammengehörige dürfte dort auch schon äußerlich räumlich nahegerückt sein; z. B. Kunst und Kunstlehre, beide mit der Religionslehre, diese mit der Moral- und Rechtslehre usw. Dabei ergibt sich bei den zu selbständigen Disziplinen ausgebildeten Wissenschaftszweigen, den unteren Endpunkten des Systems, eine Spaltung in einen philosophischen und einen technischen Teil: der erstere ist der im System obere, der andere der untere; jener hat das Letzte zu lehren, dieser kann nur immer das Vorletzte erforschen; jener hat die Grundgesetzlichkeit und damit die Einlassung nach oben in das Gesamtsystem sowie umgekehrt die Überleitung nach unten in die eigentliche Sonderwissenschaft aufzuzeigen, dieser hat die Sonderwissenschaften zu technischen Disziplinen auszubauen und die Fühlung noch weiter nach unten, zu dem Leben aufzunehmen, um dem Leben zu nützen, das Leben zu fördern und im Sinne der oberen Gesetzmäßigkeiten zu steigern.

Und nunmehr offenbart sich der hohe Beruf der Wissenschaft, ihr Begriff und ihre Idee. Wissenschaft ist die Erkenntnis der Gesetzmäßigkeiten, deren gewaltige Aufgabe ist, herzustellen den Sternenblick, die Bahnkurve zur Pforte des Himmels — die weitumspannende Verbindung des Lebens mit der Gottheit. Jetzt erstrahlt der Walhallbogen der Wissenschaft.

Zweiter Teil.
Das System des Strafrechts.

Erster Abschnitt.
Die Strafe.

A.

§ 4. Zweck und Wesen der Strafe.

I. Die prinzipalste Aufgabe für die Errichtung eines Systems des Strafrechts ist die Erkenntnis von Wesen und Zweck der Strafe. Also von ihrem Sein sowohl wie von ihrem Sinn (ihrem Wert). Wie in jeder teleologisch verfahrenden Wissenschaft ist auch hier der Zweck, der Sinn voranzustellen als das erkenntnistheoretische prius gegenüber dem Wesen, dem Sein. Der Zweck enthüllt erst ein vernünftiges Sein, er konstituiert erst ein brauchbares Objekt, ein Objekt, mit dem systematisch etwas anzufangen ist; Objekte, die keinen Sinn haben, beanspruchen keine Beachtung. Dogmatisch und darstellerisch dagegen mag mit dem Wesen begonnen und erst hernach nach dem Zweck gefragt werden; einer wissenschaftlichen Erkenntnis gegenüber hält diese Methode jedoch nicht stand.

II. Völlig unzureichend sind die beliebten, selbst bis zum heutigen Tag noch nicht verschwundenen Erklärungen: ein Verbrechen zu bestrafen sei ein uns innewohnendes Bedürfnis oder eine logische oder sittliche oder gar faktische[1]) Notwendigkeit oder ein sittliches oder staatliches Bedürfnis oder eine Forderung der Sittlichkeit.[2]) Mit diesen und ähnlichen Wendungen ist teils nur eine historische oder psychologische Tatsache behauptet, teils nur oder zugleich auf eine methodische Grundlage hingewiesen, womit eben nur die Richtung, nicht aber das Ziel aufgezeigt ist — zudem sogar eine

---

[1]) Eine „Begründung" Lombrosos ZStW. 1, 113.

[2]) Literaturnachweise etwa bei Köhler Vergeltungsgedanke 90 ff.

recht fragwürdige Richtung; denn Sittlichkeit oder Logik vermögen die Rechtsstrafe niemals zu begründen.

Die tiefer gehenden Erklärungen suchen meist einen sozialethischen, soziologischen oder rechtsphilosophischen Stützpunkt zu gewinnen. Wir werden sehen, in welchem Gebiete und in welchem Sinne ein solcher Stützpunkt zu finden ist. Und dabei fragt man heute wie früher noch oft nach einem — offenbar von dem Zweck verschiedenen — „Rechtsgrund", soll heißen: Rechtfertigungsgrund.[1]) Eine durchaus unklare Problemstellung! Inwiefern soll denn der Rechtfertigungsgrund etwas Besonderes gegenüber dem Zwecke sein? Ist der Zweck ein berechtigter — und nur ein solcher kommt doch für eine rechtserhebliche Untergründung in Frage —, so ist damit auch die Rechtfertigung gegeben. Der Zweck, der Sinn, der Wert erbringen ja den Nachweis der Existenzberechtigung des Objekts. Versteht man unter „Zweck" etwas anderes, so ist er für uns nebensächlich und überflüssig — und ebenso der Rechtsgrund, wenn man ihn anders versteht.

III. Nur der Übersicht halber seien vorläufige Bestimmungen vorangeschickt. Die Entwicklung und Begründung folgt alsbald.

Strafe ist nach der normativen Soziologie ein Leid für den Täter zwecks Vergeltung für schweres schuldhaftes Unrecht.

---

[1]) Richtig tadelnd Liepmann Einl. 188 und Mayer 420, die jedoch gesamtsystematisch nicht einwandfrei verfahren (freilich wollen sie ja auch eine „Grundlegung" in dem hier gemeinten Sinne nicht geben). Mayer 420, 424 (unter Berufung auf Laband) verkennt aber, daß die Rechtfertigung stets nur aus dem Zweck, freilich aus einem sehr fernliegenden und prinzipalen, gegeben werden kann: aus einer allgemeingültigen Idee. Unzutreffend ist auch die Mayersche Behandlung des Problems der Willensfreiheit als eines der „drei Probleme der Straftheorien" (des „juristischen", „kriminalpolitischen" und „rechtsphilosophischen"), nämlich als des dritten; es gehört in die Schuldlehre, nicht hierher. „Rechtsphilosophisch" ist übrigens das gesamte Problem der Straftheorien. Trotz aller dieser Ausstellungen ist eine erhebliche Förderung der schwierigen Lehre durch die Mayersche Darstellung dankbar anzuerkennen. Vgl. namentlich unten § 8. — Eine Andeutung, wenn auch nicht Ausbeute des richtigen Gedankens gibt Gerland Grundfragen 8: „nur soweit die Strafe präventiv wirkt, ist sie gerechtfertigt", „ihrem Inhalt nach" ist die Strafe Vergeltung; über die Rechtmäßigkeit der Strafe vgl. u. § 9. — Die scharfe Gegensätzlichkeit von Wert und Wirklichkeit liegt auch der Schrift Holldacks zugrunde: Von der Idealität des dualistischen Prinzips in der Strafe, 1911.

Speziell für das Recht und den Staat — von der kirchlichen Strafe kann hier und im folgenden abgesehen werden — ergibt sich nach Einsetzung der spezifisch rechtlichen (staatlichen) Wertung: Rechtsstrafe ist ein Leid für den Täter zwecks Vergeltung für schweres schuldhaftes staatliches Unrecht. Vergeltung bedeutet, wie später (§ 5) noch genau darzulegen ist, die Behandlung jemandes gemäß dem Werte seines Verhaltens oder seiner Gesinnung.

Das ist das Wesen der Strafe. Im Gegensatz zu ihm stehen Zweck und Sinn der Strafe; sie weisen über das Wesen hinaus, zeitlich wie logisch. Und zwar gibt es drei Zwecke, von denen immer der eine über den anderen hinausweist, wie der nächste Zweck über das Wesen hinausweist. Der Reihe nach sind es diese Zwecke: a) Vergeltung für Unrecht (dieser Zweck kommt in der Bestimmung des Wesens bereits zum Ausdruck), b) Bewährung der Gemeinschaftsordnung (durch Sühne der Schuld), c) Sicherung und Schutz der Gemeinschaft und ihrer Glieder. — So viel zur Übersicht. Nunmehr die Entwicklung und Begründung dieser Leitgedanken.

IV. Der Zweck enthüllt zwar das Wesen[1]) (als dessen logisches prius); so sahen wir. Aber er selbst ist noch zu allgemein, er steht zu hoch, auch Nachbargebiete umfassend, als daß er das Wesen selbst ausmachen würde. Er bedarf der Spezialisierung, um auf das Wesen hinabzuleiten. Es müssen aus dem Zwecke die unreinen Elemente, alle diejenigen, die auch Nachbarbegriffen angehören, ausgeschieden werden; es müssen eliminiert werden

---

[1]) Auch von Vergeltungstheoretikern anerkannt! Vgl. v. Rohland Soziolog. Strafrechtslehre 23 und Nagler Strafe I 99 („Wer das Wesen der Strafe einwandfrei ergründen will, hat... die Frage nach der Zweckbestimmung zu stellen, der sie zu dienen berufen ist und die sie tatsächlich erfüllt"). — In Verlegenheit würde man allerdings geraten, wenn man die Ansicht vertritt, die Strafe verfolge überhaupt keinen Zweck; man hält eine solche Ansicht kaum für möglich, und doch wird sie vertreten, und zwar sogar von einem Rechtsphilosophen (Lasson Syst. d. Rechtsphilos. 1882, 533). — Übrigens würden auch wir von dem Vorwurf betroffen werden, wir leugneten einen Zweck der Strafe, sofern man Mayer (28. DJT. I 162) folgt; er meint nämlich, die Rechtfertigung der Strafe durch ihren Vergeltungscharakter führe nicht über den Satz hinaus, die Strafe sei gerechtfertigt, weil sie Strafe sei. In Wahrheit trifft uns der Vorwurf nicht; denn wir sehen in der Vergeltung den Zweck der Strafe; vgl. den folgenden Text zu IV 1.

die nicht spezifisch normativ-soziologischen, nicht spezifisch juristischen Bestandteile, damit eben diese spezifischen Wesensmerkmale übrigbleiben. Der Zweck umfaßt nicht dieses Wesen allein, sondern auch andere Wesen. Er untersteht höheren Gesetzen, das Wesen dagegen untersteht dem spezifischen Grundgesetz, sei es dem soziologischen, dem juristischen, dem strafrechtlichen oder anderen. — Diese systematisch-logische Einsicht, die weittragende Folgen in sich trägt, ist den Kriminalisten wohl selten zu klarem Bewußtsein gekommen. Hält man aber an dieser Problemstellung, an dieser Grunderkenntnis von Zweck und Wesen fest, so ergibt sich eine neue Bahn, die von den ausgetretenen nicht unerheblich abweicht.

Der Zweck untersteht höheren, überstrafrechtlichen Gesetzmäßigkeiten. Welches sind diese? — Bei der Beantwortung dieser Frage steigen wir von unten auf.

1. Vergeltung als die Behandlung jemandes gemäß dem Werte seines Verhaltens oder seiner Gesinnung ist zweifellos ein Zweck der Strafe als eines über den Täter zu verhängenden Leides. Aber zu Unrecht wird in ihr das Wesen der Strafe erblickt, wie es häufig geschieht, und darin stimmen mit der „klassischen Schule" (den „Vergeltungstheoretikern") sogar zahlreiche andere Schriftsteller mehr modernerer Richtung, ja sogar deren Hauptvertreter überein.[1])

Was übersehen wird, ist dieses: auch das Privatrecht ist dazu berufen, das (private, aber auch das strafbare!) Unrecht zu vergelten, sei es durch die Verpflichtung zum Schadensersatz oder zur Herausgabe der ungerechtfertigten Bereicherung oder durch sonstige Mittel. Weshalb will man das nicht ebenfalls Vergeltung nennen? Der Begriff der Vergeltung trifft auf diese Erscheinungen gewiß zu, mag man auch von der hier gegebenen Definition in Einzelheiten abweichen. Auch dem vorsätzlichen Vertragsbrüchigen wird sein Unrecht durch Auferlegung einer Schadensersatzpflicht „vergolten". Und namentlich paßt der Vergeltungsbegriff auch für die normative Soziologie, die Kulturphilosophie, die Sozialethik. Wenn das Haupt

---

[1]) Vgl. etwa Kohlrausch Königsb. Kant-Abh. 1904, 276, Mayer 423, ja selbst v. Liszt Aufs. 2, 56. Andrerseits wird aber sogar von Vertretern der mittleren Richtung der Vergeltungscharakter der Strafe für gewisse Tatbestände geleugnet, so von Merkel, Liepmann, v. Hippel. Vgl. die Nachweise unten § 9 IV 2a.

einer Gemeinschaft einen ungehorsamen Angehörigen zur Rechenschaft zieht, ist das nicht ebenfalls eine Vergeltungsstrafe? Eine Beamtenvereinigung „bestraft" ein Mitglied, ein Vater „bestraft" sein Kind. Die soziologische Strafe ist durch und durch Vergeltungsstrafe — ein Satz, der angesichts des Schulenstreites zwischen der „soziologischen Strafrechtslehre" und der „Vergeltungstheorie" beinahe paradox erscheinen mag.

Die Vergeltung ist sicherlich ein Strafzweck, sicherlich ein Bestandteil der Rechtsstrafe, aber sie macht nicht ihr eigentliches Wesen aus, da sie eben auch das Wesen anderer, von der Rechtsstrafe durchaus verschiedener Gebilde ausmacht. Und was läßt man außer acht, wenn man sich dieser Erkenntnis verschließt und das spezifische Wesen der Rechtsstrafe in der Vergeltung des Unrechts erblickt? Man übersieht, daß jene anderen, nicht zur Rechtsstrafe gehörigen, aber doch eine Vergeltung enthaltenden Maßnahmen nicht notwendig an die strafrechtliche Schuld anknüpfen. Auch schuldloses Unrecht kann durch solche Maßnahmen, durch Schadensersatzfolge usw. vergolten werden, wenn es auch das Regelmäßige und Normale sein sollte, daß auch Vergeltung nur den Schuldigen trifft. Hier hat eine andere Gedankenreihe einzusetzen: das Leiden des Täters, das berufen ist, seine Schuld zu sühnen; Strafe ist (ihrem Wesen nach) Leiden. Diese Gedankenreihe ist erst später aufzunehmen. Hier war nur die Einsicht niederzulegen, daß die Vergeltung jenseits des Wesens der Strafe liegt, aber ihren nächsten Zweck ausmacht.

2. Aber auch die Vergeltung ist nicht ein letzter Zweck.[1]) Sie dient den Zwecken anderer Menschen, den Zwecken der Gesamtheit. Der individualistische Standpunkt Kants und seiner Zeit, der Standpunkt, nach dem der Mensch nur als Selbstzweck, nicht als Mittel zum Zwecke anderer zu behandeln sei, bedarf nach modernem Empfinden insofern der Berichtigung, als jene anderen Zwecke vorgehen, wenn sie wichtiger sind, namentlich also, wenn sie Zwecke des Ganzen sind. Die Individualethik ist der sozialen, wenn auch

---

[1]) Das wird auch von Vergeltungstheoretikern anerkannt, z. B. von Oetker GerS. 70 S. 330 ff., 335, 338, der freilich die Vergeltung mit der Generalprävention verquickt, während Ebermayer Kommentar S. 7 gar drei Zwecke, darunter die Spezialprävention, in die Definition aufnimmt. Hierüber unten § 5 IV 2d.

nicht unter-, so doch jedenfalls nur nebengeordnet; Einheit und Allheit sind gleichberechtigte Schwester-Kategorien.

So weist die Vergeltung über sich hinaus und findet ihrerseits zunächst einen Zweck in der Bewährung der Gemeinschaftsordnung; von den weiteren Zwecken ist vorläufig noch abzusehen (darüber unten 3). Der nächste Zweck der Vergeltung ist die Bewährung der sozialen, speziell der rechtlichen Ordnung. Die Strafe ist ein Mittel zur Bewährung der Rechtsordnung, und zwar ist sie dies vermöge ihrer sühnenden Kraft. Die Strafe dient der Befriedigung fremder Interessen, der Interessen der durch das Delikt verletzten Privatperson wie derjenigen der Gemeinschaft. Die Strafe hat den Beruf, das „öffentliche Interesse" wegen des Rechtsbruchs zu befriedigen und den etwa erschütterten Rechtsfrieden wiederherzustellen.

In dieser Wiederherstellung der Rechtsordnung haben manche den Zweck der Rechtsstrafe zu finden geglaubt. Unrichtig und zum mindesten einseitig! Aus unserem systematischen Aufbau folgt die allein befriedigende Ansicht: die Bewährung der Rechtsordnung ist zwar ein Strafzweck, aber nicht der einzige und vor allem nicht der nächste, nicht der alleinige, nicht der spezifische Strafzweck, geschweige denn das Wesen der Strafe. Denn den gleichen Zweck verfolgt auch die Privatrechtsordnung mit der Schadensersatzfolge; auch diese dient der Wiederherstellung der Rechtsordnung. Und schließlich erfüllt dieselbe Aufgabe auch das Prozeßrecht, freilich mit einer Besonderheit gegenüber dem materiellen Recht. Während der Prozeß die Bewährung des objektiven Rechts (Privat-, Straf-, öffentlichen, aber selbst Prozeßrechts) im Einzelfall bezweckt, ist der Zweck des materiellen Rechts auf die generelle Bewährung des objektiven Rechts, d. i. auf die Aufrechterhaltung und die Durchführung des Staatswillens gerichtet. Wer ebenso den Strafzweck bestimmt, sagt gewiß etwas Richtiges; aber er bestimmt nicht die spezifische Aufgabe des Strafrechts, sondern die Aufgabe des Rechts überhaupt.

Jedes Unrecht schreit nach Bewährung der Gerechtigkeit, nicht nur das strafwürdige und strafbare Unrecht. Schon daraus folgt, daß jener Zweck keine Auskunft über das Wesen der Strafe zu geben vermag, daß er unsere Erkenntnis in der gewünschten Richtung nicht erweitert. Er steht in seiner Allgemeinheit und Abstraktheit zu hoch, dem Strafrecht zu fern. Er ist auf eine allgemeinere, nicht spezifisch strafrechtliche Voraussetzung eingestellt, er überspannt ein viel zu weites Gesichtsfeld. Wie sollte er da das Wesen gerade der Strafe enthüllen können?

Darum gehen auch die bekannten rein logizistischen Begründungen fehl: die Strafe sei eine Forderung der praktischen Vernunft (Kant), oder sie sei eine Negation des Verbrechens als einer Negation des Rechts, daher Position des Rechts (Hegel), oder sie sei eine Berichtigung des Unrechts (Stammler). Alles viel zu allgemeine und in systematischer Hinsicht zu hoch angesetzte Begründungsversuche, die nicht nur auf die Strafe, sondern auf so manche andere Rechtserscheinung passen. Wie fehl geht aber der Einwand eines so tüchtigen Schriftstellers wie Heinze[1]) gegen Kant, der kategorische Imperativ sei „ein Gebot, dessen objektiver Beweis nicht versucht, als dessen Zeuge nur unser Bewußtsein aufgerufen werde, ein trügliches Beweismittel", und er beruft sich auf das harte Urteil Benthams „raison fantastique"! Ja, die naiven Realisten, zu denen ein großes Heer der Juristen gehört, haben den tiefen Sinn der allein eine unverbrüchliche wissenschaftliche Gewißheit verbürgenden, in unserem Bewußtsein verankerten transzendentalen Methode nicht entfernt begriffen. Daß auch die Hegelsche viel bespöttelte Rechtfertigung der Strafe nicht so ganz irrig ist und daß sich Stammlers Anschauung vielleicht anders verstehen läßt, wird später dargelegt werden (vgl. § 5 IV 2b, e). — Nahe steht den oben genannten Auffassungen die Ansicht von Lipps[2]), dessen Straftheorie, die „Begründung der Rechtsstrafe im Recht", sich übrigens beinahe in Tautologien bewegt (vgl. über Lipps ferner unten zu 3 sowie § 5 IV 2e, § 10 a. E.).

Aber auch von rein juristischer Seite wird zu Unrecht der Strafzweck in der Bewährung der Rechtsordnung erblickt. Auf die Bewährung der Gerechtigkeit und der günstigen Folgen hat das Hauptgewicht schon Merkel[3]) gelegt; damit gibt er aber gewiß nicht ein specificum der Strafe wieder. — Ähnlich bemerkt Mayer[4]): „Tauglich zur Rechtfertigung des Strafens ist nur die Idee der Gerechtigkeit." Ein philosophisch so durchdachtes Werk wie das Mayersche Lehrbuch mußte freilich zur letzten Begründung eines Rechtsinstitutes auf jene oberste, für eine jede rechtswissenschaftliche Erscheinung als Richtschnur dienende Idee der Gerechtigkeit zurückgreifen. Aber es ist eben eine Begründung, die für jedes Rechtsinstitut paßt. Über Mayers Erklärung der Gerechtigkeit vgl. unten § 5 vor IV. — Hierher gehören auch die Schriftsteller, die den Rechtfertigungsgrund der Strafe in ihrer Notwendigkeit zum Schutze der Rechtsordnung sehen, so Heimberger[5]) und (abgesehen von der Ver-

---

[1]) v. Holtzendorff Handb. 1, 296.

[2]) Der Begriff der Strafe 1906 (in Monatsschr. Bd. 3).

[3]) Merkel-Liepmann 196.

[4]) 435.

[5]) Begriff der Gerechtigkeit 1903, 30—32.

geltung) Liepmann.[1]) Eines „Schutzes“ bedarf doch aber die Rechtsordnung gewiß nicht; über das Mißverständliche, das in dem Worte „Rechtsschutz“ liegt, sprachen wir an anderer Stelle.[2]) Auch Beling[3]) ist hierher zu rechnen, wenn er den Zweck der Vergeltung in der Erhaltung und in dem Schutz der Staatsautorität sieht — eine Anschauung, die an die alte Notwehrtheorie erinnert. Der Staat hat nur in den wenigen Fällen schwerster politischer Delikte einen Schutz gegen Verbrecher nötig. Übrigens muß hervorgehoben werden, daß Beling keineswegs rein formal-juristisch vorgeht; auch er sucht eine vorjuristische, metajuristische Lösung des Vergeltungsproblems zu geben.[4]) Von dem Bindingschen Standpunkte, nach dem die Eigenart des Verbrechens in der Verletzung des staatlichen Rechts auf Botmäßigkeit zu sehen ist, ergibt sich notwendig eine ähnliche Hervorkehrung des Strafzweckes als der Aufrechterhaltung und der Bewährung der Autorität des verletzten Gesetzes; vgl. über Bindings Definition der Strafe unten VII 1 a. E. Zu dieser Gruppe gehört auch Köhler,[5]) der den „Grund“ der Strafe — wenig glücklich im Gegensatz zum „Zweck“ (s. oben II a. E.) — in dem „Bedürfnis nach einer Bewährung des Staatswillens“ sieht; das „Bedürfnis“ bedeutet nur die tatsächliche psychologische Grundlage (insofern ist die Frage nach dem „Grunde“ gerechtfertigt); zur näheren Qualifikation dieser Grundlage ist aber die Aufnahme des Zweckes erforderlich.

3. Aber auch die Bewährung des Gemeinschaftswillens ist nicht ein letzter Zweck. Jedenfalls nicht die Bewährung des Willens einer Sondergemeinschaft, auch nicht der staatlichen Gemeinschaft, also nicht die Bewährung des Staatswillens — nur ein Gemeinschaftswille ließe sich als ein letzter Zweck allen sozialen Handelns aufweisen, über den hinaus ein Fragen nach einem weiteren Zwecke, wenigstens streng wissenschaftlich, unbeantwortbar ist: die Bewährung des Willens der gesamten Menschheit, d. i. die Bewährung der Gerechtigkeit schlechthin, die Realisierung des Humanitätsgedankens. Aber davon abgesehen kann sich der wissenschaftliche Forscher nicht zufrieden geben, die Bewährung des Willens einer Gemeinschaft, sei es auch des Staates, als einen letzten gültigen Zweck des Strafens hinzunehmen. Und so hat man noch weiter hinaufzusteigen und nach den Zwecken dieser Durchsetzung des sozialen Willens zu fragen.

Nicht auf dieses formale Ziel kommt es an. So wenig wie der Vater sein Kind nur deswegen straft, um seinen Willen durchzu-

---

[1]) ZStW. 28, 19.

[2]) Grundlagen des Prozeßrechts 1919, 44.

[3]) Vergeltungsidee § 4.

[4]) Vgl. a. a. O. § 3 gegenüber § 4.

[5]) 31.

setzen, so wenig tut es der Staat. Aufrechterhaltung der Autorität des Vorgesetzten ist gewiß ein hohes Gut, aber ebenso gewiß ist sie nicht Selbstzweck. Das bloße Durchsetzen eines Willens, selbst des staatlichen, ist an sich niemals erstrebenswert; es muß sich dahinter ein berechtigter Kern verbergen. Bloße Macht ist noch nicht wertvoll, nur Macht gepaart mit Recht ist ein Wert. Wehe dem Vorgesetzten, der sich Gehorsam nur aus Autorität zu erzwingen weiß und der sich nicht auf einen vernünftigen Zweck für seinen Befehl zu berufen vermag! Es bedarf nur eines Windstoßes, und seine Macht ist verweht.

Weswegen setzt aber die Gemeinschaft durch ihre Organe ihren Willen durch? Sie tut es, um sich selbst zu erhalten und sich selbst — ihren Zwecken gemäß — weiter zu entwickeln, um ferneren Zielen zu genügen. Das Ziel einer jeden Gemeinschaft ist Erhaltung und Förderung ihrer selbst wie ihrer Mitglieder. Das ist der oberste teleologische Gesichtspunkt aller Soziologie und Rechtswissenschaft. Und nunmehr setzen die bekannten Strafzwecke der sog. relativen, der sog. Präventions-Theorien, ein: Sicherung der Gesellschaft und ihrer Glieder; General- und Spezialprävention; Besserung, Abschreckung und Unschädlichmachung. Die Gemeinschaft, speziell der Staat, führen ihren Willen deswegen durch, damit sie möglichst viele der genannten Zwecke und diese in möglichst hohem Grade erreichen. Wenn eine vernünftige Handlung des Staates jene weiteren Ziele zu erstreben hat, weshalb sollte nicht auch der Strafe dieselbe Aufgabe zufallen? Erstrebenswert sind jene Ziele doch wahrlich. Und wenn sie überhaupt erreichbar sind, so sollten sie ohne Zweifel auch von der Strafe mit aller Macht zu erstreben sein, und zwar in gleicher Weise — wir kommen auf diese Unterscheidungen später (§ 8) zurück — von der Strafandrohung, dem Strafurteil, dem Strafvollzug. Daher ist durchaus zu billigen der Ausgangspunkt[1]): es sind die vernünftigen Ziele, die von der Strafe praktisch erreicht werden können, zu ermitteln, und hieraus ergibt sich dann der Zweck der Strafe.

Doch in Fortsetzung unserer Gedankenfolge erscheint so naheliegend die Frage, die von der modernen und von der mittleren Richtung entweder ganz beiseite gelassen oder nur nebenher erhoben

---

[1]) So v. Hippel ZStW. 30, 878.

wird: ob denn jene Zwecke gerade solche der Strafe sind, ob sie der Strafe eigentümlich sind? Welches Gesetz ganz allgemein suchte nicht auf die Rechtsgenossen einzuwirken! sie zu rechtmäßigem Handeln anzuhalten und die zu dem Gegenteil Neigenden — positiv ausgedrückt — zu bessern und — negativ — von unerlaubtem Handeln abzuschrecken und die Angegriffenen vor derartigem Handeln zu schützen! Welcher Gesetzgeber suchte nicht auch den Verbrecher in den Dienst der Gemeinschaft zu stellen, ihn zu veredeln, ihn für die Kulturarbeit tauglich zu machen, ihn in die Kulturordnung einzustellen, ihn höher zu züchten! Der Verbrecher soll „durch Züchtigung gezüchtet" werden.[1]) — Aber zweifellos wird mit alledem nicht eine spezifische Aufgabe der Strafe, auch nicht eine solche des Rechts überhaupt aufgestellt. Es wird vielmehr ein weiteres Ziel, ja sogar mitunter (Veredelung, Höherzüchtung!) eines der letzten und obersten Ziele des menschlichen Strebens überhaupt eingeführt. Die Philosophen neigen zu derartigen Begründungen der Strafe, indem sie deren Rechtfertigungsgrund auf dem ihnen vertrauten, hochgelegenen Arbeitsfelde suchen. Damit mögen sie zwar die letzte Begründung auch der Strafe geben, aber sicherlich verkennen sie ihre spezifische Aufgabe.

Und ein ähnlicher Vorwurf erhebt sich gegen die Kriminalpolitik. Wer wollte sich freilich der heilsamen Wirkung jener Bestrebungen verschließen! Wer wollte nicht anerkennen die hohe Bedeutung des Losungswortes, mit dem v. Liszt einst auf den Plan trat: „Zielbewußte Bekämpfung des Verbrechertums durch Strafe!" Aber ebenso sicher ist, daß jene Bestrebungen den spezifischen Strafzweck verschweigen. Sie beschwören andere Zwecke herauf. Und zwar — im Gegensatz zu der oben zurückgewiesenen philosophischen Richtung — solche, die nicht einmal für die Strafe zutreffen. Denn sie sind zum Teil nicht, wie die philosophischen Ziele, dem Strafzweck über-, sondern sind ihm höchstens nebengeordnet. Insofern sind die relativen Theorien, wenigstens diejenigen der Spezial-

---

[1]) Beachte die schönen Schlußworte von Lipps Der Begriff der Strafe 1906 (Monatsschr. Bd. 3). Durchaus fehl geht aber seine Bekämpfung der Vergeltungsstrafe, daß sie blind wie die Rache sei, Vogelstrauß-Politik treibe, den bösen Willen nicht aufhebe und auf Selbsttäuschung beruhe. Er verkennt eben, daß die Vergeltung weitere Zwecke verfolgen muß. S. den folgenden Text sowie §§ 5 IV 2e, 10 a. E.

prävention, den absoluten erheblich unterlegen. Die absoluten sind nur theoretisch unzulänglich, können aber nicht zu unrichtigen praktischen Ergebnissen führen; wohl aber die relativen, wenn man sie folgerichtig durchführt, wenn man den Gedanken, aus dem sie konzipiert sind, zu Ende denkt. Hierüber ist im Zusammenhang (in § 10) zu handeln. An dieser Stelle ist nur die grundlegende Fehlerhaftigkeit darzulegen.

Prävenierend soll ein jedes Gesetz, soll eine jede Gemeinschaftsnorm wirken. Nun mag freilich das Strafgesetz in der Lage sein, in gewissen Fällen eine größere Wirkung als ein anderes Gesetz auszuüben — vorausgesetzt freilich, daß der tatsächliche gesellschaftliche Zwang dahintersteht, daß es von der Mehrheit der Rechtsgenossen anerkannt und daß es gewissenhaft angewendet wird, ohne nur auf dem Papier zu stehen, wie dies bei so manchem der deutschen Kriegsstrafgesetze der Fall war. Aber daß ein Strafgesetz eine hohere, namentlich abschreckende Wirkung als etwa ein Zivilgesetz auszuüben vermag, ist doch nicht zu verkennen. Haben wir, wenn wir uns selbst genau prüfen, nicht schon einmal an uns die abschreckende Natur des Strafgesetzes erfahren?[1]) Alle Einwände, die man in dieser Hinsicht gegen die Generalpräventionstheorie erhoben hat, schlagen nicht durch. Man mag geltend machen, der Gesetzgeber müsse nach jener Theorie bei anderen eine verbrecherische Gesinnung voraussetzen, da er ja sonst nicht abschreckend wirken könne; damit würde er aber die Menschen zu schlecht bewerten.[2]) In Wahrheit rechnet er nur — und zwar bei Erlaß eines jeden Gesetzes — mit der Möglichkeit eines den Zwecken der Gemeinschaft zuwiderlaufenden Handelns; wären alle Menschen Engel, brauchten keine Verbote und Gebote erlassen zu werden. In dieser Hinsicht besteht kein Unterschied zwischen Straf- und Privatgesetzen. Man mag sodann gegen die Generalpräventionstheorie einwenden, der Gesetzgeber müßte von ihrem Standpunkt aus gegen diejenigen Delikte, bei deren Begehung die Verführung eine sehr große zu sein pflegt, wie gegen Steuerkontraventionen, Hausdiebstähle, Feld- und Forstfrevel, eine gar nicht im Verhältnis zu ihrer Schwere stehende hohe Strafe androhen. In Wahrheit kommt

---

[1]) Darauf macht treffend Frank Vergeltungs- und Schutzstrafe 21 aufmerksam.

[2]) Vgl. Beling Vergeltungsidee 41 und Schmidt Reform 49.

er diesem Postulate nach Möglichkeit durch Hinaufschraubung des Höchstmaßes nach, soweit die gerechte Vergeltung nicht Einhalt gebietet, soweit nicht entgegensteht in dem Durchschnitt der in das Auge gefaßten Fälle die sich normalerweise findende Höchstgrenze des Verschuldens. Liegen aber die Voraussetzungen der Strafwürdigkeit nicht vor, so muß die Generalpräventionswirkung durch Androhung sonstiger Unrechtsfolgen, so gut es geht, erreicht werden. Auch hier ist prinzipiell kein Unterschied zwischen Straf- und anderen Gesetzen. Ferner mag man gegen jene Theorie geltend machen, nach ihr müsse zum Vorsatz folgerichtig die Kenntnis des Strafgesetzes gefordert werden. Stellt man sich auf den Standpunkt der Imperativentheorie und hält man als die Normenadressaten die Untertanen, so muß man freilich prinzipiell Kenntnis des Gesetzes fordern, um ein Leid dem Gesetzesübertreter zufügen zu dürfen. Aber eben nur prinzipiell und generell. Kraft der generalisierenden und typisierenden Natur des Rechts wird die Kenntnis des Gesetzes bei allen Zurechnungsfähigen vermutet; für das Strafrecht treten an die Stelle der Gesetzeskenntnis die einzelnen Schuldvoraussetzungen und Schuldformen, für das Privatrecht wird im Interesse der Rechtssicherheit und des ungestörten Rechtsverkehrs unter Umständen selbst von diesen Erfordernissen Abstand genommen. Für beide Rechtsgebiete wird damit aber auf die generalprävenierende Wirkung der Gesetze mitnichten verzichtet; nur der Nachweis der Gesetzeskenntnis im Einzelfalle soll dem Richter erspart bleiben, will man nicht die Rechtspflege lahmlegen. Wieder stehen sich darin Straf- und Privatrecht gleich. Endlich mag man einen Mangel der Generalpräventionstheorie darin erblicken, daß sie den Strafvollzug im Einzelfall nicht recht begründen kann; es soll widersinnig sein, die Strafe zu verhängen, wenn die Strafandrohung ihre Wirkung, die Abschreckung, gerade nicht erreicht hat; man meint, man könne den Fehlschlag der Strafdrohung doch nicht dadurch gutmachen, daß man die Ankündigung durchführt,[1]) und man verlangt eine selbständige Rechtfertigung der Strafvollstreckung. Allein hier hat schon — trotz Mängel in der Formulierung — Feuerbachs „Gesetz der logischen Konsequenz"[2]) den richtigen Gedanken

---

[1]) So Beling Vergeltungsidee 85.

[2]) Ähnlich Hold v. Ferneck Rechtswidrigkeit I 310: Der Vollzug der Drohung sei unerläßlich, damit die Drohung als solche aufrechterhalten werden könne.

nahegelegt: das Gesetz muß im einzelnen Falle durchgeführt werden, soll es nicht an Autorität verlieren, das Recht muß sich in concreto bewähren. Mit der Strafvollstreckung mögen besondere Wirkungen, Spezialpräventionen, erzielt werden; ihren Grund jedoch findet sie allein in der Notwendigkeit der Rechtsbewährung. Das wäre ein seltsames Gesetz, das gerade dann, wenn es übertreten ist, auf seine Durchführung verzichtete; hat es das erste Mal (bei Begehung des Delikts) seine Autorität nicht durchzusetzen gewußt, so sollte es nunmehr seine noch vorhandene Autorität durch eigenen Verzicht auf seine Durchführung aufgeben? Es sollte vor dem Rechtsbruche selbst zu Kreuze kriechen und seine völlige Ohnmacht eingestehen? Das wäre ein doppeltes Fiasko. Nur um so energischer bedarf es nunmehr der strengen Durchführung. Fiat justitia! Und es macht keinen Unterschied, ob ein straf- oder ein privatrechtliches Verbot übertreten wurde.

Generalprävention ist also der Zweck eines jeden Gesetzes, das dem Menschen ein bestimmtes Verhalten vorschreibt; dem Strafgesetz kommt eine erhöhte prävenierende Wirkung nur wegen der ungleich höheren Bedeutung des strafwürdigen Unrechts und der Straffolge zu. Aber ein spezifischer Strafzweck ist damit nimmermehr gegeben.

Und ebensowenig, ja noch weniger ist die Spezialprävention ein dem Strafrecht eigentümlicher Zweck. Noch weniger; denn sie hat ihren Schwerpunkt nicht, wie die Generalprävention, im Gesetze überhaupt, sondern in Gesetzen anderen Charakters als gerade eines strafrechtlichen. Die Zwecke der Besserung, Abschreckung und Unschädlichmachung sind, wie wiederholt hervorgehoben wurde,[1]) solche der Verwaltungs- und Polizeigesetze. Sie finden ihre Wurzel in dem Prinzip der Rechtssicherheit und des Rechtsfriedens, nicht aber in dem über dem Strafrecht stehenden Prinzip der konkreten Gerechtigkeit — übrigens in seltsamer Umkehrung der Stellungnahme beider Schulen zu den Strafvoraussetzungen: die Klassiker begründen die Strafe in der konkreten Gerechtigkeit, die Strafvoraussetzung dagegen (wegen ihrer strengen Festhaltung an die Normen) vorzugsweise in der Rechtssicherheit; die Modernen begründen umgekehrt die Strafe in der Rechtssicherheit, die Straf-

---

[1]) Besonders scharf durchgeführt von Beling Vergeltungsidee.

voraussetzungen dagegen (wegen ihrer Neigung zum Aufgeben der tatbestandlichen Typen) in der konkreten Gerechtigkeit (vgl. oben § 2 II 1). Richtig ist die Fundierung des Strafrechts, also der Strafe sowohl wie der Strafvoraussetzungen, prinzipiell in der konkreten Gerechtigkeit; erst in zweiter Linie kommt die Rechtssicherheit in Betracht. Und gerade aus diesem letzteren Grunde sind die Spezialpräventionszwecke nicht prinzipale Strafzwecke; ihre Heimat ist dort, wo der Leitgedanke der Rechtssicherheit die Herrschaft ausübt.

Daher erklärt es sich auch, daß jene Zwecke, die selbstverständlich auch das Strafrecht zu berücksichtigen hat, die aber immerhin nur Nebenzwecke für dieses Gebiet ausmachen können, in ihrer Bedeutung für das Strafrecht so außerordentlich wechseln, daß sie oft eine größere, oft eine geringere Rolle spielen, oft aber ganz ausfallen (dies letzte der beste Beweis für die nichtstrafrechtliche Natur der Spezialprävention!). Sie sind durchaus verschieden je nach der Beschaffenheit des Täters wie der Tat; so haben sie für die Tatbestände der Sittlichkeitsdelikte eine gänzlich andere Bedeutung wie etwa für die Polizeiübertretungen; so wird man die eigentliche Sicherungsstrafe doch nur gegenüber besonders schweren Delikten anwenden, z. B. gegenüber den gegen das Leben und die geschlechtliche Freiheit gerichteten Straftaten und doch nicht gegenüber den leichten, alltäglichen Tatbeständen, wie Beleidigung und Sachbeschädigung.

Nach jener Richtung wäre das Strafrecht in der Tat nur ein Zweig des Verwaltungsrechts; insofern muß man den Klassikern in ihren gegen die Modernen gerichteten Angriffen recht geben, wenn man von einigen Übertreibungen und Maßlosigkeiten absieht. Und die Kriminalpolitik ist weit mehr Kriminal*politik* als *Kriminal*politik. Als Politik ist sie dem Straf*recht* wesensfremd und hat mit ihm nur das Objekt, das Verbrechen, gemeinsam. Als Politik ist sie vielmehr eine Teilerscheinung der Sozialpolitik. Dort würde also das Strafrecht landen! Ferri sowohl wie v. Liszt haben im Grunde die Sozialpolitik über die Kriminalpolitik gestellt. Ungleich wirksamer als die Strafe sollen andere Maßregeln sozialer und wirtschaftlicher Natur das Verbrechen zu bekämpfen vermögen.[1]) Und

[1]) Bezeichnend v. Liszt Aufsätze 2, 246: eine auf Hebung der gesamten Lage der arbeitenden Klasse ruhig, aber sicher abzielende Sozialpolitik sei zugleich die beste und wirksamste Kriminalpolitik.

darin haben jene zielbewußten Bekämpfer des Verbrechertums durchaus nicht unrecht. Wie steht dann aber die Strafe auf schwachen Füßen, wenn sie in der Spezialprävention ihre Begründung und Rechtfertigung suchen soll! Liegt es dann nicht nahe, die Strafgesetze schleunigst zu beseitigen und Gesetze mit jenen anderen, wirksameren Maßregeln an ihre Stelle zu setzen?

Von der hier entworfenen Gesamtsystematik der Wissenschaften aus gestaltet sich also das Bild wie folgt. Die Generalprävention gehört der gesamten Rechtswissenschaft wie der normativen Soziologie überhaupt an. Die Spezialprävention hat ihr ureigentliches Betätigungsfeld im Polizeirecht, greift aber über in das Strafrecht und dehnt sich weiter aus über die gesamte Rechts- und Sozialwissenschaft; ja sie springt über auf das Gebiet der Biologie: Abwehr, Ausscheidung und Sicherung sind auch im Tierreich zu beobachtende Maßnahmen. — Wie wollte man von hier aus einen Schluß auf das Wesen der Strafe wagen?

V. Drei Zwecke hatten wir soeben erkannt: Vergeltung, Rechtsbewährung, Sicherung; Strafzwecke, wenn auch nicht spezifische Strafzwecke. Zur Vertiefung dieser letzteren Einsicht möge noch eine gesamtsystematische Einstellung und eine Parallele zu den Strafvoraussetzungen dienen. Es ist nämlich ebenso interessant wie lehrreich zu sehen: je höher die genannten drei Strafzwecke systematisch aufsteigen, um so geringer wird der Umkreis der Strafvoraussetzungen — logisch durchaus natürlich! Der erste Zweck, die Vergeltung, knüpft noch, wenigstens in der Mehrzahl der Fälle, an Rechtswidrigkeit und zugleich Schuld an; der zweite dagegen, die Rechtsbewährung, braucht nur dem Unrecht allein gegenüber einzutreten, die Schuld entfällt hier ganz; der dritte endlich, der Sicherungszweck, setzt nicht einmal ein Unrecht, die Spezialprävention sogar nicht einmal ein menschliches (anomales) Verhalten voraus. Eine sachlich durchaus begründete Staffel! Je allgemeiner in systematischer Hinsicht der Kreis der Zwecke wird, um so allgemeiner müssen auch die Voraussetzungen werden, um so mehr verflüchtigen sich die spezifischen Strafvoraussetzungen. Damit bricht sich zugleich die Erkenntnis Bahn, daß die Vergeltung es ist, die von den drei Zwecken mit den Strafvoraussetzungen am innigsten verknüpft ist und mithin dem Wesen der Strafe am nächsten stehen muß, während auf der anderen Seite die Sicherung, zumal die Spezialprävention, am wenigsten einen kriminalistischen Charakter trägt.

Und daher ist an dem Vergeltungsgedanken unbedingt festzuhalten, wenn man das Wesen der Strafe erforschen will. Von den Sicherungszwecken und namentlich den Spezialpräventionen her läßt sich diese Erkenntnis am allerwenigsten ermöglichen; von dort aus sollte man eher das Polizeirecht systematisch in Angriff nehmen. Immerhin gewinnen auch jene Zwecke für das System des Strafrechts Bedeutung, und diese Bedeutung ist, soviel wir sehen, bisher unerkannt geblieben. Da sie nämlich zu den höheren und allgemeineren Zwecken gehören, müssen sie ein Kriterium für jenen juristischen Begriff bilden, der eine obere Wertung der spezifisch strafrechtlichen Erscheinungen abgibt; das ist der Begriff der Rechtmäßigkeit. Die Sicherungszwecke bewerten die Vergeltungsstrafe auf ihre Tauglichkeit und — nach Einführung spezifisch juristischer Begriffe — auf ihre Rechtmäßigkeit und Rechtswidrigkeit (hierüber unten § 9).

VI. Die bisherigen Untersuchungen lassen erkennen, daß es keinen spezifischen Strafzweck gibt. Denn alle bisher erörterten Strafzwecke sind zugleich Zwecke anderer rechtlicher oder soziologischer Einrichtungen. Wie ist dann aber weiterzukommen? Das Wesen eines Dinges läßt sich doch nur aus seinem Zwecke, seiner Idee erkennen. Oder ist dieser Satz etwa falsch? Trotz der früheren Darlegungen (oben I, IV am Anfang) wird man stutzig, wenn man sich vergegenwärtigt, daß in einem teleologisch aufgebauten System der Zweck doch stets einem höheren Gebiete angehört, also einem solchen, das zugleich anderen, nachbarlichen Gebieten zum Überbau dient.

Und doch kann es nicht anders sein: der Zweck enthüllt das Wesen. Aber es muß noch etwas weiteres hinzukommen: die spezifischen Unterscheidungsmerkmale müssen anderswoher entlehnt werden. Fragt sich nur: woher? Aus den Voraussetzungen? Auch deren Wesen läßt sich nur aus einem Zweck erschließen. Aber gerade dadurch wird eine neue Zweckreihe eingeführt, deren Verbindung mit der ersteren den Knoten lösen muß. So ist es. Die Verbindung mehrerer Zweckreihen miteinander erschließt das spezifische Wesen. Erforderlich ist dann freilich nur eines: die Verbindung selbst muß eine spezifische sein; sie darf nicht zugleich anderen Wesensarten eigentümlich sein.

Bisher hatten wir nur eine Zweckreihe verfolgt: die soziologische. Diese knüpfte an das Unrecht als Strafvoraussetzung an, und demgemäß erschien als Strafzweck die Vergeltung des Unrechts. Nunmehr ist nach der anderen Zweckreihe Umschau zu halten, deren Verbindung mit der ersteren für das Strafrecht typisch ist und daher das Wesen der Strafe offenbart.

VII. Welches ist diese zweite Zweckreihe? Die Antwort liegt nahe, wenn man sich an die beiden Strafvoraussetzungen erinnert. Während die soziologische Zweckreihe unter dem Aspekte der Rechtswidrigkeit steht, muß die neue unter dem Aspekte der Schuld stehen. Denn die Schuld war bisher gänzlich unberücksichtigt geblieben. Und sie ist doch in hohem Maße dem Strafrecht eigentümlich.

Die Schuld kann aber auf kein anderes Gebiet zurückleiten wie auf das der Individualethik, der eigentlichen Moral. Es liegt ja so nahe, dieses Gebiet, auf dem sich der ursprüngliche Kampfplatz für das Problem der Willensfreiheit und damit der Schuld befindet, zur Grundlegung des Strafrechts herbeizuziehen.

Somit wurzelt das Strafrecht zugleich in der Soziologie und in der Moral. Die eigentümliche Verbindung beider Wissenschaftsgebiete, wie sie sich im Begriffe der Strafe auftut, konstituiert die Strafrechtswissenschaft als Wissenschaft eigener Art. Dort ist es die Rechtswidrigkeit, hier ist es die Schuld, die die Grundbegriffe abgeben.

Nunmehr fragt es sich, welche im Strafbegriff enthaltenen Elemente diesen beiden Grundbegriffen entsprechen. Das eine ist, wie wir sahen, die Vergeltung; sie knüpft an das Unrecht an. Welches ist aber das andere, an die Schuld anknüpfende Element? Welches ist der Korrelatbegriff der Vergeltung? Es ist die Sühne, die Sühne der Schuld. Die Sühne ist das zweite Zweckmerkmal der Strafe; sie findet ihren Ausdruck in dem Leiden des Täters, in dem Schmerz, der ihm durch die Strafe zugefügt wird.

Das ist das individuelle, das höchstpersönliche Moment, das sich außer im Strafrecht nur noch in der Individualethik vorfindet. Das Unrecht kann auch (wenn zwar nur regelwidrig) gegen dritte Personen vergolten werden; die Schuld dagegen kann nur an dem Täter selbst gesühnt werden. Einen Dritten für fremde Schuld leiden zu lassen, ist schlechterdings unmöglich, wäre schreiende

Ungerechtigkeit. Und noch ein weiterer Unterschied der (individualethischen) Sühne gegenüber der (soziologischen) Vergeltung des Unrechts springt heraus. Er besteht darin, daß das Leid der Täter sich selbst zufügen kann, während dort nur ein Dritter, das Organ der Gemeinschaft das Leid verhängt. Die Gewissensqualen bedeuten das Leid des Täters, seine Strafe als Sühne für moralische Schuld.

Werden nun diese beiden Dinge, Vergeltung und Sühne, miteinander zur Rechtsstrafe verbunden, so hat ein jedes eine der soeben genannten Besonderheiten einzubüßen. Sonst wäre eine Verknüpfung zu einem neuen Ding, nämlich zum Wesen der Rechtsstrafe, nicht möglich. Einerseits ist die in der Rechtsstrafe liegende Vergeltung nur gegenüber dem Täter, nicht auch gegenüber Dritten möglich; so wird die soziologische Strafe zu einem höchstpersönlichen Charakter erhoben. Andrerseits ist das in der Rechtsstrafe liegende zweite Element, das Übel für den Täter, nur durch ein Gemeinschaftsorgan, nicht durch den Täter selbst zu verhängen; so erweitert sich die individuale Strafe und gewinnt sozialethischen Charakter.

Diese Kreuzung der beiden neutralen Gebiete, der Soziologie und der Individualethik, schafft dem Strafrecht sein eigenes Feld. Diese Kreuzung der beiden nichtspezifischen nächsten Strafzwecke, der Vergeltung und der Sühne, schafft der Strafe ihren ureigenen Zweck. Damit ist das Wesen der Strafe geoffenbart.

VIII. Suchen wir diese Gedankengänge in eine Formel zu bannen — auf die Formulierung kommt es natürlich weit weniger an als auf die zugrunde liegende Erkenntnis —, so wäre etwa zu sagen:

Das Wesen der Strafe bedeutet ein durch ein (zuständiges) Gemeinschaftsorgan dem Täter zugefügtes Leid zwecks Vergeltung für schweres Unrecht und zwecks Sühne seiner Schuld.

Diese normativ-soziologische Strafdefinition spezialisiert sich nunmehr zur juristischen durch Einfügung des Moments des Rechtlichen. Rechtsstrafe ist eine durch das zuständige staatliche Organ dem Täter zugefügte Schmälerung seiner Rechtsgüter zwecks Vergeltung für schweres staatliches Unrecht und zwecks Sühne seiner Rechtsschuld.

Einerseits ist also der Ausgangspunkt für die Rechtsstrafe die normativ-soziologische Auffassung. Die strengen Formalisten mögen die Soziologie verachten; sie mögen es ruhig tun. Ihre Stunde hat geschlagen, denn die Wissenschaft schreitet unerbittlich vorwärts und reißt alte Schranken ein. Erkenntnis ist das Ziel der Wissenschaft, die Einstellung in das Gesamtsystem verbürgt Widerspruchslosigkeit und Harmonie, nur so ist Einheit in unserem Bewußtsein möglich. Und darum muß auch der Jurist notgedrungen Fühlung nach oben, Fühlung zu anderen Wissenschaften nehmen. Übrigens stehen auch diejenigen Juristen, die streng juristisch zu verfahren glauben, zum mindesten unbewußt auf soziologischem Boden, wenn sie eben wissenschaftlich forschen.[1])

Andrerseits darf man nicht in den umgekehrten Fehler verfallen. Während die rein juristischen Erklärungen übersehen, daß die Rechtsstrafe nur eine Teilerscheinung der Strafe überhaupt ist, daß es auch in anderen Gemeinschaften entsprechende Strafeinrichtungen gibt, sind auf der anderen Seite alle „vorjuristischen", sei es logischen, ethischen oder soziologischen Auffassungen von der Strafe juristisch unzulänglich, da sie das spezifisch rechtliche Element außer acht lassen. Sie gehen an der Frage vorüber, weshalb gerade der Staat berufen sei, zu strafen. Eine Erklärung ist nicht möglich durch Einführung eines neuen Zweckes, wie Erhaltung der Staatsautorität.[2]) Denn damit würde wieder der oben (IV 2) abgelehnte Standpunkt unter Verleugnung der bisher gewonnenen (soziologischen, ethischen) Errungenschaften eingenommen werden. So wie Kant einst die sittliche Gerechtigkeit für das Recht durch Einsetzung der rechtlichen spezialisierte, so bedarf es in noch weit stärkerem Maße der juristischen Durchdringung der soziologischen Strafe. Systematisch stellt sich das Verfahren so dar, daß der soziologische, einer überjuristischen Gesetzmäßigkeit unterstehende Strafbegriff nunmehr durch Verengerung des Gesichtsfeldes auf das juristische Grundgesetz eingestellt wird; es müssen also zu den

[1]) Bezeichnend Nagler. Er lehnt die „soziale Strafe" ausdrücklich ab und will sie streng von der „Rechtsstrafe" geschieden wissen (48 ff.). Aber zur inhaltlichen Bestimmung der Rechtsstrafe gelangt er schließlich erst, nachdem er die psychologischen oder „massenpsychologischen" Grundlagen der Repression untersucht hat (518 ff.); das ist eben die soziologische Betrachtungsweise.

[2]) Daß die Strafe auch die „staatsrechtlich-politischen Interessen" (neben den kriminalpolitischen und humanitären) zu wahren hat (so Mittelstaedt GerS. 47, 6), wird man nicht behaupten dürfen. Ist das überhaupt ein Gegensatz? ist es überhaupt etwas Verschiedenes? Kriminalpolitik ist nur innerhalb des Staatsrechts berechtigt, Staatsrecht nur innerhalb der Humanität.

soziologischen Merkmalen der ersten Definition die spezifisch juristischen treten: das Gemeinschaftsorgan, die Rechtswidrigkeit, die Schuld, schließlich auch das Leid müssen rechtlichen Charakter annehmen. So wird aus dem Gemeinschaftsorgan die zuständige staatliche Behörde, aus dem sozialen Unrecht (der Schädlichkeit) das staatliche Unrecht (die strafrechtliche Rechtswidrigkeit), aus der (moralischen) Schuld die Rechtsschuld, aus dem Schmerz des Täters die Einbuße an Rechtsgütern.[1]) Das ist die juristische „Verweltlichung"[2]) der Strafe.

Den wissenschaftlichen Forscher, der auf das Bleibende und Ewige den Blick gerichtet hält, drängt es aber, die verweltlichte Strafe als Abbild des reinen Wesens der Strafe zu erkennen. Dieses zu ergründen, ist erst möglich, wenn Zweck und Grund der Vergeltung erkannt sind (darüber § 5 IV).

Es sei kurz veranschaulicht der Gegensatz des hier gewonnenen Ergebnisses zu der Strafdefinition eines Schriftstellers, der durch sein exaktes Verfahren und durch seine beim Festlegen der strafrechtlichen Begriffe in hohem Maße angewendete Sorgfalt unschätzbare Dienste seiner Wissenschaft geleistet hat. Binding[3]) definiert die Strafe als „das gegen den Delinquenten geltend gemachte Recht auf Befolgung der staatlichen Normen behufs notwendiger Bewährung der Autorität des jeweilen verletzten Gesetzes". Zunächst befremdet schon stark der Oberbegriff „Recht", subjektives Recht. Es ist bekannt, daß die Bindingsche Richtung, ebenso wie die Windscheidsche und Wachsche, eine Vorliebe für den Anspruchsbegriff besitzt, daß sie dazu neigt, die „Voraussetzungen für eine Rechtsfolge" (letzteres doch die natürliche Betrachtungsweise!) auf den Nenner des Anspruchs oder des subjektiven Rechts zu bringen (Rechtsschutzanspruch statt Rechtsschutzvoraussetzungen! Strafanspruch statt Strafvoraussetzungen!). Hier ist nun aber die Einspannung der Strafe auf diesen Begriff gar nicht gerechtfertigt; die Strafe ist eine Rechtsfolge, aber kein Recht. Ein Recht ist das Recht zur Strafe, aber nicht diese selbst. Und dann muß bei einem subjektiven Recht auch angegeben werden, um wessen Recht es sich handelt. An der Namhaftmachung des Berechtigten fehlt es in der angeführten Definition. Sie enthält aber die Angabe des Gegners, desjenigen, gegen den sich das Recht richtet. Es ist der Delinquent. Damit werden alle Strafvoraussetzungen, alle Voraussetzungen, die das Delikt konstituieren, in die Definition hineinbezogen, andrerseits werden aber die der Strafe eigentümlichen Merkmale (nach Binding ebenfalls Vergeltung und Einbuße von Rechtsgütern[4])) verschwiegen: nicht gerade eine

[1]) Hierüber Binding Grundriß [7] 226, Berolzheimer Entgeltungstheorie 131.

[2]) um mit Schmidt Aufgaben 54 zu reden.

[3]) Abh. 1, 85.

[4]) Vgl. Binding Grundriß [7] 226. Die dortige Definition ist besser.

Erweiterung unserer Erkenntnis. Sodann soll nach jener Definition die Strafe ein geltend gemachtes (!) Recht sein; das prozessuale Element hat aber sicherlich in einem materiellrechtlichen Begriff keine Stätte. Ferner: dieses eigentümliche Recht soll auf Befolgung der staatlichen Normen gerichtet sein. Damit wird die Staatshoheit aber viel zu niedrig angesetzt, und die hohe Bedeutung der staatlichen Normen wird beinahe herabgewürdigt, wenn man dem Staate nur ein „Recht" gegen den Übeltäter auf Befolgung der Normen einräumt. Und vor allem entspringt doch dieses Recht erst aus den staatlichen Normen; diese letzteren sollten daher zu oberst angesetzt werden. Ein subjektives Recht auf Befolgung des objektiven Rechts ist zum mindesten keine sehr glückliche Auffassung. Diese ganze Definition paßt auch für andere Rechtserscheinungen und hat nur den einen kriminalistischen Einschlag, daß die Person des „Delinquenten" genannt wird. Freilich wird am Schlusse („behufs notwendiger Bewährung der Autorität des jeweilen verletzten Gesetzes") die Bindingsche eigenartige, aber sehr fragwürdige (vgl. u. § 6 II) Abgrenzung des Strafrechts vom Privatrecht zum Ausdruck gebracht.

IX. 1. Unsere obigen Strafdefinitionen sind aus dem Zwecke gewonnen. Durch diese teleologische Einstellung offenbarte sich das Wesen der Strafe; das ist die Idee der Strafe. Damit ist aber über einen realen, positiven Begriff der Strafe noch nichts ausgemacht. Tatsächlich brauchen nämlich nicht alle zur Idee gehörigen Elemente gegeben zu sein; auch wenn einige fehlen, kann noch sehr wohl von Strafe die Rede sein. Es wird also eine besondere Aufgabe darin zu bestehen haben, aus den Bestandteilen der Idee der Strafe die wesentlichen Begriffsmerkmale herauszuheben; hierüber ist unten (§ 7) besonders zu handeln, an dieser Stelle sollte nur auf den Gegensatz aufmerksam gemacht werden.

2. Zunächst sind aber die einzelnen Glieder der Definition näher zu erläutern, also:

a) Vergeltung und Sühne; hierüber unten § 5, dort wird zugleich das mit jenen Merkmalen zusammenhängende weitere Merkmal „Leid des Täters" behandelt und wird schließlich — die höchste Aufgabe der Strafrechtswissenschaft — das „reine Wesen" der Strafe ergründet werden. Die Begriffe Rechtswidrigkeit und Schuld sind dagegen erst in dem nächsten Abschnitt über die Strafvoraussetzungen ausführlich zu erörtern; damit ist zugleich die Aufgabe einer strafrechtlichen Grundlegung abgeschlossen.

b) Das Merkmal „schwer". Hiermit ist das Thema der Abgrenzung des privaten von dem strafbaren Unrecht angeschnitten; darüber unten § 6.

c) Über das letzte Glied der Definition, das zuständige Organ, hier sofort noch einige Worte. Dieses Merkmal wird oft übersehen.[1]) Jedoch zu Unrecht. Der Gemeinschaftswille muß über einen ihm Unterworfenen zum Ausdruck gelangen. Oder speziell für die Rechtsordnung: die Staatsgewalt (die gesetzgebende Instanz im Hinblick auf das Strafgesetz, die richterliche im Hinblick auf das Strafurteil, vgl. unten § 8) muß die Strafe über eine ihrer Strafgewalt unterstehende Person aussprechen. So erklärt sich das Ausscheiden der Disziplinarstrafe aus dem Strafbegriff in dem hier erörterten Sinne; denn diese wird von dem Staat als Dienstherrn, nicht als Träger der Staatsgewalt verhängt. Ferner das Ausscheiden der völkerrechtlichen Repressalie;[2]) diese wird gegen andere Gemeinschaften, andere Staaten ausgeübt. Sodann das Ausscheiden der Rache und jeglicher Form der Selbsthilfe; diese werden nur von Privaten als solchen getätigt. Endlich ist auch die Friedlosigkeit keine Rechtsstrafe, weil diese nicht von der Obrigkeit verhängt wird.[3])

§ 5. Vergeltung und Sühne.

I. Methodisches.

Wenn im folgenden über die beiden wichtigsten Wesensmerkmale der Strafe, die Vergeltung und die Sühne, zu handeln ist, so wird dabei eine gewisse methodische Unsicherheit auffallen; diese ist jedoch nur eine scheinbare. Auf welchem Wege will man zur Bestimmung dieser beiden Begriffe gelangen? Will man den Sprachgebrauch zugrunde legen? Dann würde man über philologische Untersuchungen nicht hinauskommen, und solche liegen nicht in unserem Plane. Oder will man alle jemals aufgestellte Meinungen miteinander vergleichen und die Resultante ziehen, eine „herrschende Meinung" zu erkennen suchen? Diese Methode liegt uns völlig fern. Zusammenstellungen fremder Ansichten, so wertvoll sie sein mögen, und Auseinandersetzungen mit ihnen wollen wir nicht liefern. Solche gibt es übrigens (wenigstens über die Vergeltung,

---

[1]) Vgl. jedoch Binding Grundriß 229, Stein Grenzen und Beziehungen zwischen Justiz und Verwaltung 1912, 41, Merkel-Liepmann 196, auch Mayer 429.

[2]) Vgl. Merkel-Liepmann 196.

[3]) So Binding Handbuch I 4, Abh. 1, 80, Nagler I 85.

weniger über die Sühne) so zahlreiche,[1]) daß es nicht geboten erscheint, eine neue zu bringen und zu den fünfzig oder mehr Ansichten einige weitere, jüngst aufgestellte oder ältere bisher etwa übersehene, hinzuzufügen. Jene anderen Meinungen befolgen auch meist, wenigstens soweit sie etwas tiefer durchdacht sind, zum mindesten unbewußt eine gewisse Methode, und diese ist die richtige. Ihnen schwebt ein bestimmtes Ziel vor, das ihnen aus einem völlig anders gearteten und selten ausdrücklich erörterten Grunde erstrebenswert erscheint, etwa einem rechtsphilosophischen, soziologischen, ethischen Grunde; nunmehr stutzen sie danach ihren Begriff zurecht, so daß er sich logisch in ihren Gedankenzusammenhang einfügt, und der Begriff kommt ihnen entgegen, da der Sprachgebrauch ja meist einen weiten Spielraum beläßt. Auf diese Weise nehmen sie einen ihnen besonders naheliegenden Begriff aufs Korn, sei es auch einen dem Vergeltungsgedanken feindlichen Begriff, wie den der Prävention, um diesen als den brauchbaren erweisen zu können und gegen den der Vergeltung ins Treffen zu führen.

Daraus ergibt sich bereits der für unsere Grundlegung allein gangbare Weg: Es ist in dem systematischen Ganzen der Platz auszufüllen, der für zwei Gedanken übrigbleibt, die man meisthin mit den Namen Vergeltung und Sühne belegt. Auf die Benennung kommt es nicht an; wer unter Vergeltung und Sühne etwas anderes zu verstehen sich gewöhnt hat, der bleibe ruhig bei seinem Sprachgebrauch stehen, er gebe den von uns entwickelten Begriffen ruhig andere Namen. Nur auf die Anerkennung der Inhalte, die von uns Vergeltung und Sühne genannt werden, kommt es uns an ohne jede Rücksicht auf die Bennenung. Es muß derartige Gebilde in dem systematischen Ganzen geben, soll dieses nicht eine störende Lücke aufweisen, und diese Gebilde sind die Angelpunkte des Strafbegriffs; nur auf diese Erkenntnis legen wir Gewicht, allerdings ein Hauptgewicht. Unsere Aufgabe ist es daher, jene in dem Strafbegriff enthaltenen Elemente inhaltlich des näheren zu bestimmen. Wir werden Inhalte gewinnen, für die die Bezeichnungen Vergeltung und Sühne passen; der Sprachgebrauch und die üblichen Anschauungen scheinen uns wenigstens nicht entgegenzustehen.

---

[1]) Vgl. etwa die zahlreichen Nachweise bei Beling Vergeltungsidee, Köhler Vergeltungsgedanke, Schmidt Reform, neuerdings besonders Nagler Strafe I.

Auch der Vergeltungsbegriff bedarf, wie jeder andere wissenschaftliche Begriff, der logischen Analyse und Synthese. Dies zu erwähnen wäre kaum notwendig, wenn nicht von beachtlicher Seite[1]) behauptet wäre, der Begriff der Vergeltung brauche nicht definiert zu werden, ihr Wesen müsse man „erleben", und es sei von den meisten Menschen irgendwann erlebt worden. Damit würde aber an die Stelle der wissenschaftlichen Erkenntnis die Intuition gesetzt. Diese letztere mag ihre Berechtigung dort haben, wo die letzten Tiefen der Wissenschaften zu durchleuchten sind und wo der Systematiker anzusetzen hat, um ein von einer obersten Einheit gekröntes, widerspruchsloses und harmonisches Weltbild zu entwerfen; dort mag das Erleben als Parallelbegriff zum logischen Denken zugrunde gelegt werden. So hoch ist der Vergeltungsbegriff aber gewiß nicht emporzuführen. Wenn schon moderne Philosophen von dem Erlebnis als dem letzten Rettungsmittel gar zu leicht Gebrauch machen, selbst auf die Gefahr, kein wissenschaftlich fundiertes Gebäude zu errichten, so sollte der Kriminalist doppelt zur Vorsicht gemahnt sein.

II. Die Idee und der reale Begriff der Vergeltung.

Vergeltung bedeutet ihrer Idee nach die Behandlung eines anderen gemäß dem Werte eines einzelnen Verhaltens oder einer einzelnen Gesinnung dieses anderen.[2]) Vergolten

---

[1]) Mayer 422.

[2]) Mit dieser Begriffsbestimmung dürften sachlich die meisten übereinstimmen. Vgl. etwa Allfeld 48: Vergelten bedeutet, „einen Menschen für sein (gutes oder schlechtes) Verhalten etwas zufügen, was diesem Verhalten im wesentlichen gleichwertig ist". Ähnlich Beling Vergeltungsidee 7: Vergeltung ist „dasjenige Menschenschicksal, das man sich durch eigenes Verhalten zugezogen hat und das ein Äquivalent für den inneren Wert dieses Verhaltens darstellt". Hier wird freilich in zu enger Fassung das Schuldmoment („innerer Wert"!) hineingezogen. Vgl. ferner Frank Vergeltungs- und Schutzstrafe 6: Vergeltung ist „eine Reaktion auf ein Verhalten, die dessen Charakter entspricht". „Charakter" kann u. E. nur „Wert" bedeuten. Oft wird ungenau, wenigstens streng begrifflich ungenau, der Zweck einbezogen. Sei es der Zweck der Rechtsbewährung, der Erhaltung der Achtung des Staates (hierüber unten IV 2c), so von Beling a. a. O. 36. Sei es der Zweck des Ausgleichs (hierüber unten IV 2a), so von Köhler Vergeltungsgedanke 28, Liepmann ZStW. 28, 5 zu 3, Nagler Strafe I 556 ff. Vgl. auch Merkel Lehrb. 187 (Vergeltung ist die „Gegenwirkung gegen Übeltaten oder Wohltaten, welche . . . die Ausgleichung . . . bezweckt") und ihm folgend Liepmann Einl. 196.

werden kann ein rechtes wie ein unrechtes Verhalten, eine gute wie eine böse Gesinnung.

1. Diese Vergeltung kommt in einer jeden Gemeinschaft vor,[1]) keineswegs nur in der staatlichen. Sie kommt vor — um die soziologische Staffel von unten zu beginnen — in der Zweiergruppe, der Ehe und der Freundschaft, sodann in der Familie und im Hausverband, im Verwandten- und Bekanntenkreise, in Stadt und Gemeinde, in Berufs- und Klassengemeinschaften, Vereinen und Ständen, im kirchlichen und staatlichen Verbande, in der Nation und der Rassengemeinschaft, in der völkerrechtlichen Staaten- und in der Kulturgemeinschaft, und schließlich auch in der großen Gemeinschaft der gesamten Menschheit. Prinzipiell ist daher eine jede Vergeltung eine soziale und ist die rechtliche nur eine Abart; jede Strafe ist eine soziale Maßregel, insofern ist der soziologischen Strafrechtslehre unbedingt zuzustimmen. — Daher ist es nur irreführend, wenn man verschiedene Arten von Strafen unterscheidet und als eine dieser Arten die soziale nennt, als wenn sie den anderen nebengeordnet wäre.[2]) Alle Strafen sind soziale Strafen; die einzelnen Arten können nur Erscheinungsformen der sozialen Strafe sein, diese ist der Grundstock.

Daß die Rechtsstrafe eine allgemeine soziale Maßnahme ist, ergibt sich schon aus der Beobachtung, daß eine Reihe von rechtlichen Straf**arten** — wie ebenfalls von Sicherungsmaßnahmen — auch in anderen Gemeinschaften als der staatlichen anzutreffen ist: Verweis und Warnung, Schmälerung des Vermögens und des Ansehens (fälschlich „Ehre" genannt), Verachtung und Mißbilligung, Ausstoßung aus der Gemeinschaft, Inhaftierung, Erziehungsmaßregeln,

---

[1]) Vgl. Oetker GerS. 82, 89.

[2]) So werden von Nagler I 40 ff. fünf Arten nebeneinander genannt: die natürliche, die moralische, die soziale, die göttliche und die Rechtsstrafe. „Natürliche" Strafen, zu denen er Abwehr und Rache rechnet, sind aber entweder überhaupt keine Strafen, sondern biologische, d. h. eben natürliche Maßnahmen (so die Abwehr, vgl. oben § 4 IV 3 a. E.), oder es sind soziale Maßnahmen (so die Rache). Von den moralischen Strafen sind nur die sozialethischen, also ebenfalls soziale, anzuerkennen; die Individualethik kennt keine Vergeltung (s. unten IV 2 a β). Die göttliche Vergeltung ist nur eine menschliche Übersetzung der sozialen ins Metaphysische (s. unten IV 2 e a. E.). Bleiben also nur die soziale und die rechtliche Strafe. Und von diesen ist die letztere nur eine Abart der ersteren.

Anhaltung zur Arbeit, Aufenthaltsbeschränkungen und Beaufsichtigung.[1]) Den einzelnen Verzweigungen der sozialen Strafen ist hier nicht nachzugehen; unsere Aufgabe ist die Erkenntnis der Rechtsstrafe, aber diese Erkenntnis läßt sich nur auf dem Durchmarsch durch die Soziologie gewinnen, ohne daß diese selbst nach allen Richtungen zu durchschreiten wäre. Dem Soziologen liegt dagegen jene andere Aufgabe ob. Um nur einige Seiten des Problems zu kennzeichnen: die sozialen Strafen äußern sich dem Übeltäter gegenüber durch Bezeigung von Mißfallen, Geringschätzung, Mißachtung und Verachtung; teils in sachlich gehaltenen Willenskundgebungen, durch Verweise, Schläge, Anhalten zu bestimmten Leistungen, Beschränkung und Entziehung der Freiheit, Schmälerung der Gesundheit, Entziehung des Lebens — in geregeltem Verfahren oder in Form der Lynchjustiz —; teils in weniger sachlichen oder unsachlichen Äußerungen, in Äußerungen verbunden mit Ironie, Erbitterung, Entrüstung, Beschimpfung. Besondere, d. h. neben der eigentlichen Strafe eintretende Wirkungen können sein Entziehung des gesellschaftlichen Vertrauens, Einschränkung oder Abbrechung der Verbindung, Boykott, wirtschaftliche Gegenmittel und Repressalien, Ausstoßung aus dem Verbande und unmittelbare Feindschaft.

2. Welches sind nun aber die wesentlichen Begriffsmerkmale der Vergeltung? Die einzelnen Arten wurden soeben nur deswegen angedeutet, um sozusagen Material zu erhalten, an dem der logische Meißel anzusetzen hat.

Auch hier entspricht der Idee der Vergeltung ein realer Begriff.[2]) Dieser letztere setzt sich aus den wesentlichen Merkmalen zusammen, bei deren Fehlen von Vergeltung überhaupt nicht mehr die Rede sein kann, während die übrigen zur Idee, aber nicht zum realen Begriff gehörigen Merkmale nicht notwendig vorzuliegen brauchen, so daß auch bei ihrem Fehlen noch von Vergeltung gesprochen werden kann.

Welches Moment der Idee ist nun aber nicht unbedingt erforderlich? Das Merkmal: gemäß dem Werte eines anderen. Die Behand-

---

[1]) Über diese sog. Strafen der öffentlichen Meinung vgl. etwa Weigelin, Sitte, Recht und Moral 1919, 107 mit weiteren Nachweisen.

[2]) Die Idee ist übrigens weder mit dem Zweck (unten IV 2) noch mit der Rechtmäßigkeit der Vergeltung (unten § 9) zu verwechseln. Diese drei Dinge sind scharf zu trennen, soll nicht heillose Verwirrung entstehen.

lung kann also auch nicht in Gemäßheit des Wertes erfolgen; die Wertschätzung kann — bewußt oder unbewußt — fehlerhaft sein. Auch dann liegt Vergeltung vor; aber es ist eine unrichtige, ungerechte Vergeltung.[1]) Und sodann kann die Behandlung auch einem Dritten, etwa einem nahen Angehörigen oder gar einem Unschuldigen gegenüber erfolgen. Auch diese Vergeltung ist keine gerechte; aber man wird noch immer von Vergeltung sprechen dürfen: vergolten wird mir etwas, was dir gebührt hätte. Wäre man anderer Ansicht, so müßte man im Falle der Verurteilung eines Unschuldigen zu Strafe den Strafbegriff leugnen, und das kann man gewiß nicht tun.

Der reale Begriff der Vergeltung wird also dahin zu bestimmen sein: Vergeltung ist die Behandlung eines anderen, durch die man die Bewertung des Verhaltens oder der Gesinnung jemandes zum Ausdruck bringt. Die Besonderheit eines realen Begriffs gegenüber der Idee wird, selbst abgesehen von der Formulierung des Gegensatzes und von der logischen Einstellung, wohl regelmäßig übersehen. Man stellt nur einen „Begriff der Vergeltung" auf, ohne sich darüber zu wundern, daß Vergeltung auch dann vorliegt, wenn es an den Merkmalen dieses Begriffs fehlt.

Wesentliche Merkmale sind also außer der Behandlung des einen durch einen anderen insbesondere der Ausdruck der Bewertung jemandes durch diese Behandlung. Daß die Bewertung dem Werte des Verhaltens entspricht, daß die Vergeltung gerecht ist, das ist, wie wir sahen, kein notwendiges Erfordernis des Begriffs; aber es muß wenigstens ein Wert, sei es auch ein falscher, ein Wert in bezug auf eine andere Handlung, ausgedrückt werden. Vergeltung bedeutet also eine gewisse Wertbeziehung zwischen menschlichen Verhaltungsweisen, von denen die eine der anderen gegenüber aktiven Charakter trägt. Dieses Moment der Wertschätzung ist es, die die Vergeltung in die normativen Sozialwissenschaften einreiht. Man mache nur die negative Probe auf das Exempel, und man wird sofort in diesem Merkmal ein wesentliches, ein solches von konstitutivem Charakter

---

[1]) Birkmeyer faßte früher Vergeltung gleich Gerechtigkeit auf (ZStW. 16, 97); später differenzierte er zwischen beiden Begriffen und sagte richtig, die Vergeltung müsse auch gerecht sein (GoltdArch. 48, 75/6). Dagegen wird noch oft gemeint, Vergeltung und gerechte Vergeltung seien identisch; so von v. Rohland Soziologische Strafrechtslehre 29.

erkennen: eine Vergeltung ist undenkbar im Gebiet der Naturwissenschaften, aber auch der beschreibenden Sozialwissenschaften (der Geschichte) und der Individualethik (wo die Beziehung zu einem anderen Individuum fehlt).

III. Die einzelnen Merkmale der Vergeltung.

1. Das Subjekt der Vergeltung.

a) Nicht notwendig ist, daß das Verhalten, welches das Objekt der Vergeltung darstellt, gerade dem Vergeltenden gegenüber beobachtet ist; auch ein Dritter kann die Vergeltung ausüben. Im staatlichen Strafrecht ist das sogar die Regel; hier stehen sich einander gegenüber Staat, Täter und meist noch eine besondere angegriffene Person: der Staat vergilt, was der Täter einem anderen gegenüber getan hat. Diese — man möchte beinahe sagen — Selbstverständlichkeit wird aber bei der Festlegung des Begriffs oft übersehen. So wenn man das Schwergewicht auf die „Erwiderung"[1]) des Verhaltens, des guten oder des bösen, in diesem Sinne auf die „Reaktion" legt. Zutreffend ist diese Ansicht nur, wenn man den durchaus richtigen Gedanken zum Ausgang nimmt, das Verbrechen sei unmittelbar ein Angriff gegen den Staat, eine Verletzung des öffentlichen Interesses. Aber bei der Definition des Vergeltungsbegriffs läuft doch immer die Vorstellung mit unter, daß das zu vergeltende Verhalten gegenüber einem anderen, einer Privatperson, beobachtet ist; dann tritt jedoch notwendig eine Differenzierung zwischen Vergeltungssubjekt und Handlungsgegner ein.

b) Nicht notwendig ist sodann, daß der Vergeltende seine eigene Wertschätzung gegenüber dem anderen ausdrückt. Er kann auch — gezwungen oder freiwillig — das Werturteil eines Dritten zum Ausdruck bringen. Insofern tritt eine weitere Differenzierung zwischen dem Vergeltungssubjekt und dem Wertungssubjekt ein. Die Wertung mag etwa ein Vorgesetzter des Vergeltenden vollziehen. Über die Wertung selbst handeln wir unten (3).

2. Das Objekt der Vergeltung.

Im Vergeltungsbegriff sind streng genommen zwei Objekte enthalten, zwischen denen eben ein gerechtes Wertverhältnis, eine Parallelität, ein Ausgleich von dem Vergeltungssubjekt hergestellt werden soll. Das eine Objekt findet der Vergeltende vor, das andere

---

[1]) Vgl. etwa Köhler Vergeltungsgedanke 15.

schafft er. Letzteres ist namentlich hinsichtlich des zu schaffenden Wertes von Bedeutung; es ist daher später im Zusammenhang mit dem Maßstab der Wertung (3) zu behandeln. Ersteres ist als die Grundlage der Vergeltung hier mit einigen Worten zu erledigen.

a) Grundlage der Vergeltung ist zunächst — daran denkt man oft einzig und allein — ein Verhalten, sei es ein Tun oder ein Unterlassen. Aber auch die Gesinnung kann vergolten werden. In der Ethik sowohl wie im Strafrecht kommt auch diese zweite Art in Betracht, und die Gegner der Vergeltungstheorie und Befürworter der sog. Gesinnungsstrafe[1]) haben zu Unrecht geltend gemacht, nach jener Theorie müsse der Erfolg, nicht die Gesinnung bewertet werden. Das bedeutet eine Verkennung des Vergeltungsbegriffs. Vergolten wird die schuldhafte Handlung; vergolten wird Verhalten und Gesinnung. Ausreichend für den Vergeltungsbegriff ist aber natürlich eines der beiden Objekte; es kann allein die Tat, es kann allein die Gesinnung vergolten werden, ohne daß die Vergeltung als solche fehlerhaft wäre. Fehlerhaft wäre es nur, an eine allein die Tat berücksichtigende Vergeltung Strafe zu knüpfen. Da aber allein auch die Tat, ein äußeres Verhalten vergolten werden kann, so ist die Vergeltung — was meist übersehen ist — auch für das Privatrecht von Bedeutung; auch Privatunrecht kann vergolten werden. Es ist irrig, in der Vergeltung einen spezifisch strafrechtlichen oder ethischen Begriff zu sehen — ein Irrtum, der mit einer Verkennung des Wesens der Strafe Hand in Hand geht.

b) Grundlage der Vergeltung ist ferner — und dies ist wiederholt zutreffend betont[2]) — nicht nur die unrechte, sondern auch die rechtmäßige Tat und entsprechend nicht nur die böse, sondern auch die gute Gesinnung. Daher hat man auch wohl die Schuld sowohl wie den Verdienst, den Lohn zum Ausgleich mit dem eigenen Schicksal des Handelnden gestellt und in diesem Ausgleich die Vergeltung gesehen.[3]) Genau genommen ist der Ausgleich erst eine Folge der Vergeltung, erst ihr Zweck, und außerdem ist er nicht ein spezifisches Merkmal der Vergeltung, sondern weit mehr ein

[1]) Vgl. etwa v. Liszt Aufsätze II 88.

[2]) Vgl. Nagler I 639 ff. mit vielen Nachweisen. Besonders hat Oetker ZStW. 17, 493 ff., GerS. 70, 321 ff. auf die Analogie zwischen strafender und belohnender Vergeltung hingewiesen.

[3]) So Nagler I 544 ff.

solches der Sühne (darüber unten IV); nur unter diesen Vorbehalten wird man also jener Formulierung zustimmen dürfen.

c) Grundlage der Vergeltung ist immer nur ein Einzelvorgang, sei es ein äußerer oder ein psychischer, nicht aber der Mensch als solcher. Nicht notwendig ist daher, daß die Behandlung gemäß dem Werte des anderen überhaupt, also seiner gesamten Persönlichkeit erfolgt.[1]) Dieser letztere Maßstab wäre ein äußerst komplizierter, der gewiß nicht angelegt zu werden braucht, soll die Vergeltung eine gerechte sein. Es müßten nämlich in Betracht gezogen werden alle für die Bewertung erheblichen Handlungen und Unterlassungen des Betreffenden, ferner seine Gesinnung, sein Charakter, endlich seine Fähigkeit zur Erfüllung seiner wesentlichen Pflichten; denn diese drei Faktoren zusammen ergeben doch erst die „Persönlickeit".[2]) Wenn bei der Bestrafung gleichwohl über die einzelne Tat hinausgegangen und auch die Persönlichkeit des Täters berücksichtigt wird, so findet dieses — übrigens auch von Vertretern der klassischen Richtung befolgte — Verfahren seine systematische Rechtfertigung im Begriffe des Verschuldens, der die Grundlage der Strafzumessung bildet, nicht aber in einem derartig weit gespannten Vergeltungsbegriff. Ein solcher würde auch mit dem Sprachgebrauch in Widerspruch stehen: vergolten wird die Tat, vergolten wird aber nicht dem Täter seine Persönlichkeit, sein Charakter.

3. Die vergeltende Handlung.

Die Vergeltung ist nicht bloße Reaktion[3]) auf einen Vorgang, sondern eine Handlung, die zugleich wertend zu diesem Vorgang Stellung nimmt, sie ist Reaktion nach einem bestimmten Werturteil. Man hat nun die Hauptschwierigkeit für die Vergeltungstheorie von jeher in der Klarstellung und Nutzbarmachung des

[1]) Daher zu weit Graf zu Dohna Monatsschr. 3, 531 („Behandlung nach Maßgabe der Persönlichkeit"); der Einwand Köhlers Vergeltungsgedanke 37 („dieser Gedanke der Spezialprävention könnte niemals zur Vergeltung gerechnet werden") trifft aber nicht zu, da auch nach jener abgelehnten Definition eine Spezialprävention gar nicht erfordert wird; es handelt sich nur um einen Maßstab.

[2]) Näheres unsere Abhandlung: Die Ehre und ihre Verletzung 1915, 10 ff.

[3]) Daß die Strafe „Reaktion" sei, wird oft hervorgehoben. Vgl. etwa Kohlrausch Königsb. Kant-Abh. (1904) 276, 283, Frank Vergeltungs- und Schutzstrafe 6, Liepmann ZStW. 28, 5.

sog. Maßstabes der Vergeltung gesehen, und die Gegner sind nicht müde geworden, immer und immer wieder auf dieses Problem und seine vermeintliche Unlösbarkeit hinzuweisen.[1]) Vom Standpunkt einer systematischen Grundlegung ist aber gerade der Maßstab recht einleuchtend, und wir dürfen mit Sicherheit behaupten: falls man zu genügender systematischer Klarheit und Übersicht vorgedrungen ist, so müssen auch die in die praktische Brauchbarkeit des Maßstabes gesetzten Zweifel gebannt werden. Denn es handelt sich um nichts geringeres als um denselben Maßstab, den man in den allerverschiedensten Lebenslagen — nur unter Wechsel des Subjekts oder des Objekts — durchaus einwandfrei anwendet.

Es ist aber zu eng, nur in dem Maßstab das Problem zu erblicken. Es besteht vielmehr allgemein in der vergeltenden Handlung.

Die Vergeltung vollzieht sich so: das vergeltende Subjekt bewertet das vorgefundene Objekt, erzeugt sodann ein anderes Objekt, das möglichst den gleichen oder wenigstens annähernd den gleichen Wert darstellen und möglichst leicht praktisch realisierbar sein soll, und wendet schließlich dieses Objekt praktisch an. Damit wird jemand in Gemäßheit seines Verhaltens usw. behandelt. So wie du mir, so ich dir. Wie die Saat, so die Ernte. — Die Schwierigkeiten zeigen sich nunmehr genauer: Einmal (a) fragt es sich, wie die Wertung des vorgefundenen Objekts zu erfolgen hat, und sodann (b), wie ein wertentsprechendes Objekt zu erzeugen ist.

a) Die Bewertung des vorgefundenen Objekts.

Die Gegner der Vergeltungstheorie führen gern das Argument an, der Wert eines menschlichen Verhaltens sei nicht meßbar. Selbstverständlich kann nicht allgemein eine Wertskala aufgestellt und durch Ablesen im Einzelfall die Gewinnung einer bestimmten Wertgröße von zahlenmäßiger Genauigkeit verlangt werden. Es muß genügen, den Wert eines Objekts für ein Subjekt mit der innerhalb der Geisteswissenschaften überhaupt möglichen Genauigkeit festzustellen; Feststellungen dieser Art geschehen aber tagtäglich ungezählte Male und befriedigen in ihrem Ergebnis durchaus. Das Subjekt vergegenwärtigt sich seine oder etwa zu berücksichtigende

---

[1]) Vgl. etwa v. Liszt Aufsätze I 160, II 55, umgekehrt aber für die Generalpräventionstheorie Freudenthal. Vgl. Darst. A 3, 269, der mit Recht die unsichere und schwere Feststellbarkeit der Wirkung auf die Allgemeinheit hervorhebt.

fremde Zwecke und Bedürfnisse; danach schätzt es das Objekt ein, indem es beide, das Objekt und die Zwecke, die Gegenwart und die Zukunft, miteinander vergleicht. Werten ist allemal ein Vergleichen zweier Größen von verschiedenem Range, das Messen eines untergeordneten an einem übergeordneten Objekt. Das Subjekt fragt: in welchem Maße ist jenes Objekt geeignet, die und die Bedürfnisse zu befriedigen? Diese Prozedur sollte die Voraussetzung für jegliches menschliches Handeln sein; jeder Mensch, der sich Rechenschaft über sein eigenes Tun und Lassen gibt, stellt diese Erwägungen an.

Drei Maßstäbe kommen in Betracht; die Art und Weise der Wertung, das bei ihr zu beobachtende Verfahren ist aber stets das gleiche, nämlich das soeben gekennzeichnete. Die Maßstäbe sind:

α) die subjektive Bewertung des Vergeltenden,

β) die objektiven tatsächlichen Werturteile der Gemeinschaft, und zwar 1. der staatlichen Gemeinschaft, des Staates: die Rechtsordnung, 2. der übergeordneten Kulturgemeinschaft, der Gemeinschaft der zivilisierten Staaten: die Kulturwerte, 3. der gesamten Menschheit: die tatsächlichen sozialethischen Werte,

γ) die seinsollenden (logischen, gedachten) Werturteile, das sind die in jedem einzelnen Falle in Betracht kommenden Grundgesetze: 1. das juristische Grundgesetz, 2. das Kulturgrundgesetz, 3. das sozialethische Grundgesetz (oben § 3). Also die kritischen Grundlagen der oben zu β genannten tatsächlichen Wertungen, gewissermaßen deren kritische Läuterung; genauer: die erkenntniskritischen Bedingungen, nach denen sich eine jede Wertung, soll sie fehlerfrei sein, zu richten hat.

Der erste Maßstab ist ein psychologischer, der zweite ein soziologischer, der dritte ein logischer, erkenntniskritischer.

Je nachdem man die Vergeltung hier oder dort einsetzt, je nachdem man nur den einzelnen oder aber die Gemeinschaft oder endlich einen idealen, objektiven Beurteiler vergelten lassen will, gestaltet sich die vergeltende Handlung verschieden, gestaltet sich die Vergeltung verschieden.

Juristisch gewendet kommen ebenfalls drei Maßstäbe in Betracht, die genau den drei soeben aufgeführten entsprechen. Wir setzen den Fall, daß der Staat als Vergeltungssubjekt auftritt. Während in der obigen Staffel allgemein von einem Individuum ausgegangen wurde, ist nunmehr der Ausgangspunkt der Staat, die Rechtsordnung. Somit ergibt sich:

α) das tatsächliche Urteil des formalen Rechts, des Staates; d. i. der rein juristische Standpunkt,

β) das tatsächliche Urteil der staatlichen Gemeinschaft, des Durchschnitts oder der Mehrheit der Rechtsgenossen, oder wie man sonst das Recht, diesen sog. „allgemeinen Willen", soziologisch näher bestimmen will: d. i. der juristisch-soziologische Standpunkt,

γ) das seinsollende Urteil, das (logische, gedachte) Urteil des „weisesten Richters", das juristische Grundgesetz, d. i. der rechtsphilosophisch-kritische Standpunkt.[1])

Diese gedrängte Übersicht enthält einige Striche des großen, gewaltigen Freskogemäldes, das ein System der Rechtsphilosophie auf axiologisch-erkenntniskritischer Grundlage veranschaulicht und das sich in seiner Macht und Herrlichkeit nur dem entfaltet, der genügende Distanz von dem Bilde erreicht hat, so daß er einen freien Blick auf das Ganze gewinnt. Wir müssen uns hier leider mit der Skizze und mit dem damit notwendig verbundenen Nahblick begnügen, um nicht den Rahmen der Darstellung zu sprengen. Die Gliederung als solche dürfte aber einleuchten, an logischer Reinlichkeit der Unterscheidungen wird es hoffentlich nicht mangeln. Und bei der Lösung von Einzelfragen, bei der Entscheidung von Fällen wird man gewahren, daß man immer wieder auf diese Differenzierung zurückgeführt wird, man mag wollen oder nicht.

Die Rangordnung der einzelnen drei Arten von Werturteilen untereinander ist für den Juristen, wie stets, so auch hier diese: α, β, γ. — Nur bei unerträglichen Widersprüchen mit der Idee der Gerechtigkeit in besonders krassen Fällen wird man eine Ausnahme eintreten lassen dürfen; dann ist die umgekehrte Reihenfolge maßgebend. Hierüber ist näher im Zusammenhang mit dem Begriff der Rechtswidrigkeit zu handeln. Bemerkt sei noch, daß man für gewisse Deliktstatbestände, namentlich diejenigen politischen Cha-

---

[1]) Die Standpunkte von β und γ werden vermischt von Köhler Vergeltungsgedanke 29, der zuerst die „Erkenntnisse der Strafrechtswissenschaft" und, soweit diese keine sicheren Resultate ergeben, „die unter den Gebildeten des Volkes herrschenden Anschauungen" entscheiden läßt.

rakters, die Ansicht des Staates (α) in erster Linie zu berücksichtigen haben wird.

b) Die Erzeugung eines wertentsprechenden Objekts.

Hat der Täter ein Unrecht begangen, hat er also der Gemeinschaft ein Leid zugefügt, so muß auch ihm ein Leid zugefügt werden. Die Strafe soll ihm ein Leid sein — im Sinne der Rechtsordnung, die zum Wesen der Strafe gehörende Einbuße von Rechtsgütern ist von der Rechtsordnung als ein Leid für den Täter gedacht. Der Täter soll die Strafe als Übel, als Schmerz empfinden; ob sie tatsächlich für ihn ein Übel ist und von ihm als ein solches empfunden wird oder nicht, ändert an dem realen Begriff der Strafe nichts, wie wir sehen werden (unten § 7 II 3). Aber der Idee nach ist die Strafe ein Übel für den Täter,[1]) eine Vorstellung, die wohl ein jeder mit dem Worte Strafe verbindet. Und diese Vorstellung weist zwingend auf die Vergeltungstheorie; denn für die relativen Theorien ist jene notwendige Verknüpfung nicht erklärbar. Sicherung, Abschreckung und Besserung brauchen dem Täter nichts Böses, können ihm im Gegenteil etwas Wünschenswertes sein. Erst mit dem Schmerz des Täters tritt aber der von der Strafe bezweckte Ausgleich (unten IV) ein.

Nun muß ein wertentsprechendes Leid erzeugt werden. Es muß eine Gleichung zwischen dem vorgefundenen Objekt (Unrecht und Schuld) und dem zu verhängenden Leid gezogen werden. Diese Aufgabe halten die Gegner für unlösbar. Freilich wird man dem Täter nicht den gleichen Schmerz zufügen wollen, wie er ihn anderen zugefügt hat. Die mit unerbittlicher Konsequenz von Kant geforderte Talion ist nicht einmal erstrebenswert. Unserem modernen Empfinden widerstreitet die alte Forderung „Auge um Auge, Zahn um Zahn, Blut um Blut". Uns widerstrebt es, denjenigen zu enthaupten, der eine Tötung, und den zu verprügeln, der eine Körperverletzung verübt hat. Die Wunden, die der Verbrecher geschlagen, sind nicht vorbildlich für die Strafmittel des Staates. Die Wertskala auf seiten des Verbrechers soll und darf derjenigen auf seiten

---

[1]) Liepmann Einleitung 191 betont gut, daß die Gegenwirkung gegen das Verbrechen so beschaffen sein müsse, „daß das mit dem Schuldurteil untrennbar verbundene Urteil der Mißbilligung dem Schuldigen nachdrücklich zum Bewußtsein kommt" — daher müsse die Strafe notwendig ein Übel für den Täter sein.

des Vergeltungssubjekts nicht gleichen; die letztere ist verfeinert durch die Kulturanschauungen und nimmt Rücksicht auf den Grad der Schuld des Täters. Im Gegensatz zur Talion verlangt die Vergeltung eine Gleichung zwischen Verbrechen und Strafe hinsichtlich der Schwere, nicht hinsichtlich des Inhalts; sie fordert nur ein gleiches Verhältnis zwischen Verbrechen und Strafe, nicht etwa eine Gleichheit von beiden.[1])

So unmöglich nun in den meisten Fällen eine mathematische Gleichung gewonnen werden kann, so sicher läßt sich auf der anderen Seite eine Wertparallele ziehen: der Wert, der auf seiten des vorgefundenen Objekts ermittelt wurde, ist zu übersetzen in die neue Wertreihe, die dem Vergeltungssubjekt als eine taugliche und anwendbare dargeboten wird. So wird die Ehrlichkeit des Finders einer verlorenen Sache belohnt, indem ihm ein Geschenk gemacht wird, und das Gesetz bestimmt gewisse Prozentsätze des Geldwertes der gefundenen Sache als das geeignete Äquivalent (BGB. § 971). Ja ganz allgemein wird im privaten Verkehr ein Gleichmaß von Leistung und Gegenleistung erstrebt: der Käufer einer Sache hat einen dem Wert der Sache entsprechenden Preis zu zahlen, er hat seine „Schuld" zu „vergelten". Und ähnlich wird dem Verbrecher eine Strafe zugefügt, die innerhalb eines stufenweise aufgebauten Strafensystems eine entsprechende Wertgröße darstellt. Der Gesetzgeber traut sich die generelle Ziehung von Parallelen zu, und zwar mit Recht. Er bezeichnet generell als schwerer Mord als Totschlag, Diebstahl als Unterschlagung, und deswegen verhängt er dort die Todes-, hier nur eine Zuchthausstrafe, deswegen läßt er dort nur eine Gefängnis-, hier auch eine Geldstrafe zu. Nicht anders ist aber auch der Richter imstande, im konkreten Falle eine der Schwere des Unrechts und dem Grade des Verschuldens entsprechende Wertgröße auszuwählen; er hält für angemessen dort eine Gefängnis-, hier eine Geldstrafe, dort eine Gefängnisstrafe von drei, hier eine solche von zwei Wochen. Namentlich wenn in einer und derselben Strafsache mehrere Personen abzuurteilen sind, treten diese Gegensätze hervor. Während der A nur eine Woche Gefängnis erhält, weil er weniger gestohlen hat, weil er der Verführte, weil er jugendlich und noch nicht vorbestraft ist, wird der B mit drei Monaten

[1]) Näheres über die Talion bei Nagler I 647 ff.

Gefängnis belegt, weil er mehr eingesteckt, den anderen verführt, planmäßig gehandelt und bereits ähnliche Straftaten begangen hat. Fehlgriffe des Richters bei der Strafzumessung mögen vorkommen; leicht ist diese richterliche Tätigkeit wahrlich nicht. Es handelt sich um alles andere eher als um ein bloßes Einsetzen von rechnerisch zu ermittelnden Größen oder um das Registrieren in dieses oder jenes Fach. Die hohe Aufgabe steht in Frage, die Gerechtigkeit zu verwirklichen, Recht und Unrecht zu sondern, die verschiedensten, sich durchkreuzenden Interessen gegeneinander abzuwägen und einen gerechten Ausgleich zu vollziehen. Aus dem Gesichtspunkte ihrer Unbrauchbarkeit für die Strafzumessung läßt sich die Vergeltungstheorie nicht zurückweisen, und die so oft den Gegnern entgegengehaltene Frage, ob denn ihre Sicherungstheorien einen praktikableren Maßstab an die Hand geben, erscheint nur allzu berechtigt.

Um nur an einem Beispiel die Probe auf die Praktikabilität der einzelnen Straftheorien anzustellen. Welchen Strafrahmen hat der Gesetzgeber etwa für das Delikt der „Tötung auf Verlangen" festzulegen? Das geltende Recht (StGB. § 216) und die Entwürfe gehen stark auseinander. Zwar wird die Höchstgrenze beinahe übereinstimmend auf fünf Jahre Gefängnis bemessen, dagegen werden als Mindestmaß angegeben ein Tag, drei Monate, sechs Monate, drei Jahre Gefängnis. Nun suche man einmal die Spezialpräventionstheorien anzuwenden. Die Abschreckung durch Vollzug scheidet schon deswegen aus, weil dieses Delikt wohl immer nur ein einziges Mal von demselben Täter begangen wird, der Täter dieses überhaupt sehr seltenen Delikts verübt nach der Tat meist Selbstmord.[1]) Deswegen kommt auch eine Besserung kaum jemals in Frage, abgesehen davon, daß der Täter fast stets psychopathisch degeneriert ist.[2]) Und aus demselben Grunde wird sich eine Unschädlichmachung des Täters als unnötig herausstellen, eine Wiederholung derselben oder einer ähnlichen Tat ist nicht zu befürchten. Welche Theorien aber stets anwendbar sind, das ist die Generalpräventions- und ist die Vergeltungstheorie. Während die erstere aber für die Gesetze schlechthin, nicht nur für Strafgesetze gilt (vgl. oben § 4 IV 3) und vor allem auf dieses Delikt eine exorbitant hohe Strafe androhen müßte, die hier gewiß nicht am Platze ist, versagt die Vergeltungstheorie nicht den Dienst. Sie ist anwendbar, wenn auch schwer anwendbar. Aber jedenfalls ist nur sie anwendbar. Sie sucht das mögliche Maß von Schuld in den denkbaren Fällen zu ermitteln und sodann ein Äquivalent zu bestimmen. Die denkbar leichtesten Fälle scheinen wohl eine Gefängnisstrafe[3]) von einem Tag zu erfordern; Haft- oder Geldstrafe dürften wegen der

[1]) Vgl. Leppmann ZStW. 32, 520. [2]) So Leppmann a. a. O. 526.

[3]) Allenfalls noch Einschließung (so die letzten Entwürfe).

Schwere des Erfolges, des Todes eines anderen, nicht genügen, mag auch die Schuld noch so gering sein. Die schwersten Fälle würden wohl eine Gefängnisstrafe von fünf Jahren verlangen.

Die Vergeltungstheorie hat die gegen sie erhobenen Angriffe zum großen Teil selbst verschuldet; sie hat das Gesetz bisher noch nicht zu veranlassen verstanden, die Gründe für die Strafzumessung ihren Grundsätzen gemäß auszubauen und typische Richtlinien aufzustellen, wenn es auch an Vorarbeiten nicht gefehlt hat.[1]) Die Strafzumessung[2]) ist ein eigenes Kapitel; dessen theoretische Angelpunkte sind die Begriffe Rechtswidrigkeit und Schuld. Und wenn wir bisher stets als die drei Grundbegriffe des Strafrechts die Strafe, die Rechtswidrigkeit und die Schuld bezeichnet haben, so ist die im Strafbegriff liegende Vergeltung als das ureigentliche Bindeglied zwischen Strafe und Strafvoraussetzungen gerade dazu berufen, die drei Grundbegriffe unter sich innig zu verknüpfen; und den praktischen Ausdruck erlangen diese gegenseitigen Beziehungen in dem Begriff der Strafzumessung. Ist die Strafzumessung doch sozusagen die Offenbarung der Ideen in der Realität; der innere Gehalt der Rechtswidrigkeit und der Schuld wird in die Wirklichkeit übertragen, indem der Richter eine konkrete Strafe festsetzt. Darum ist die Strafzumessung, jener praktische Kulminationspunkt, der beste Prüfstein für die Brauchbarkeit, ja Richtigkeit der Theorien; denn hier müssen sich die Begriffe Rechtswidrigkeit, Schuld und Strafe bewähren, hier muß ihre gegenseitige Verknüpfung vollzogen werden. Der Strafbegriff ist nur die abstrakte Rechtsfolge von Rechtswidrigkeit und Schuld; die Strafzumessung und ihr Ergebnis, die konkrete Strafe, dagegen die konkrete Rechtsfolge, auf die es in letzter Linie immer ankommt. Die Strafzumessung selbst kann daher erst gegen Schluß dieses Werkes — nach Klarstellung der Begriffe Rechtswidrigkeit und Schuld — behandelt werden; ihre theoretische Grundlage liegt dagegen hier, sie ist die vergeltende Handlung, speziell die Erzeugung eines dem Delikt wertentsprechenden Objekts.

Eines wertentsprechenden Objekts! Daher hängt die Vergeltung

[1]) Vgl. etwa Birkmeyer GoltdArch. 48, 76 und no. 82, GerS. 77, 353 ff., Kahl 26. DJT. 3, 236, Finger 29. DJT. 2, 37, 86 ff. mit weiterer Literatur, Schmidt Aufgaben 309, Reform 126, Köhler Vergeltungsgedanke 52.

[2]) S. unten § 22 VI.

mit der Gerechtigkeit so innig zusammen; daher ist es die Vergeltungstheorie, die ureigentlich dazu berufen ist, die Gerechtigkeit zu realisieren. Sie hält die rechte Mitte zwischen allzu großer Härte und übertriebener Milde, während die Generalpräventionstheorie zu jenem, die Spezialpräventionstheorie zu diesem Extrem neigt. Das ist der unbestreitbare Vorzug der Vergeltungstheorie gegenüber den anderen Lehren, und ganz zu Unrecht hat man ihr zum Vorwurf gemacht, sie setze an die Stelle der erforderlichen Humanität nicht selten unmenschliche Härte, ja Roheit; handele der Verbrecher tierisch, so dürfe man ihn doch nicht ebenso behandeln. Ein solcher Einwand verkennt, daß das Strafmittel sich den Kulturanschauungen anzupassen hat; das Vergeltungsmittel hat nur in seiner Schwere, nicht in seinem Inhalt sich dem Schuldgrade anzupassen. Die Höhe der Schuld und die Höhe der Strafe haben sich zu decken nur auf der abstrakten Wertskala, nicht auf einer ethischen Staffel der inhaltlichen Abstufungen der Motive — das letztere würde zwar noch nicht einen Rückfall in die alte Talionsstrafe bedeuten, wohl aber eine bedenkliche Annäherung an das ihr zugrunde liegende verfehlte Prinzip der inhaltlichen Parallelität. Das Inhaltliche ist ja überhaupt ein Gedanke, dessen Bedeutung jene längst überwundene Geschichtsperiode bei weitem überschätzt hatte; wie von dem alten Naturrecht das Inhaltliche fälschlich zu einem Allgemeingültigen gestempelt wurde, statt daß nur der Maßstab als das Allgemeingültige angesehen wird, so hat auch die alte, noch von Kant vertretene Vergeltungslehre eine inhaltliche Parallelität zwischen Verbrechen und Strafe herzustellen gesucht, statt die formale Parallelität in dem Maßstab zu erblicken — beides übrigens ein Zeichen wieder dafür, daß der große Königsberger Philosoph sich von den Fesseln des Rationalismus eines Descartes und Leibniz noch nicht völlig befreit hatte.

Die Vergeltungstätigkeit vollzieht sich mithin so: Ist das Verbrechen brutal begangen, so ist die Brutalität nur auf der einen Seite der Wertskala anzusetzen, damit die Schuldhöhe abgelesen werden kann; dieser hier ersichtlich gewordene Grad ist sodann auf der anderen Seite der geläuterten Anschauungen einzusetzen und nunmehr ist die diesem Grade entsprechende Strafhöhe abzulesen, ohne daß auf dieser letzteren Seite etwa die Brutalität noch einmal berücksichtigt werde. Bei Ausführung dieses Verfahrens darf man aber unter keinen Umständen, dem obigen Einwand eine Konzession machend, die Humanität in höherem Maße berücksichtigen, als es der vergeltenden Gerechtigkeit, dem Werte der zu vergeltenden Handlung entspricht. Volle Gleichwertigkeit, volle Parallelität zwischen Verbrechen und Strafe ist das Ziel. Jede Humanität und Milde, die mit der Gerechtigkeit im Widerspruch stünden, wären verwerflich. Der Gerechtigkeit gegenüber haben — wenigstens in allen von der Sozialethik ressortierenden Wissenschaftsgebieten — Nächstenliebe und Mitleid zu verstummen; so hoch diese letzteren Tugenden für das persönliche Leben zu veranschlagen sind, ihr Machtkreis hat sich auf die Individualethik zu beschränken. Daß übrigens auch die vergeltende Gerechtigkeit nicht im Widerspruche mit der Moral steht, wird unten (IV 2 e) darzulegen sein.

Für die praktische Durchführbarkeit der Vergeltungstheorie kann man als Beweis, freilich nur als Beweis zweiter Ordnung, das Volksbewußtsein, die öffentliche Meinung anrufen. Nur zweiter Ordnung; denn einen objektiv gültigen Maßstab geben jene nur tatsächlichen Ansichten der Mehrzahl oder des Durchschnitts der Volksgenossen oder gar nur ihrer Wortführer gewiß nicht ab. Doch zeigen die tatsächlich herrschenden Ansichten immerhin, daß der von ihnen eingeschlagene Weg wenigstens gangbar ist und zu dem erwünschten Ziele führt; ob zu dem richtigen, ist eben die große Frage. Aber als sekundäres Beweismittel, als Beweismittel für praktische Durchführbarkeit ist das Volksbewußtsein, ist die öffentliche Meinung sehr wohl zu beachten. Diese bedienen sich nun aber des Vergeltungsgedankens, wenn zur Erörterung ein Straffall steht, der weitere Kreise interessiert und der von dem Gericht eine Entscheidung erfahren hat, die nunmehr von dem Publikum auf ihre Gerechtigkeit nachgeprüft werden soll. Wie lebhaft und leidenschaftlich werden in der Tagespresse Sensationsprozesse behandelt! So verschieden die Ansichten im Ergebnis ausfallen und so parteipolitisch gefärbt sie sein mögen, man wird stets eine Übereinstimmung finden: sie bestimmen die Gerechtigkeit der Strafe nach dem Vergeltungsgedanken; in diesem Maßstab stimmen sie sämtlich überein. Der öffentlichen Meinung, dem Volksbewußtsein, dem Publikum wäre ein anderer Maßstab, etwa die General- oder Spezialprävention, schlechthin unerträglich. Wird der Leser, der in einer Tageszeitung den Verlauf eines Strafprozesses verfolgt und nun, so gut oder schlecht es geht, die gerichtliche Entscheidung auf ihre Gerechtigkeit nachprüft, wird er jemals danach fragen, ob das Urteil auf die Mitbürger oder auf den Verurteilten selbst die erwünschte prävenierende Wirkung auszuüben vermag? Das mögen kriminalpolitische Erwägungen sein, die vielleicht auch der Mann aus dem Volke nebenbei anstellt. Aber die Gerechtigkeit des Gerichtsurteils wird jeder gerecht und verständig Denkende nur nach der Schwere des Unrechts und dem Grade der Schuld bemessen. Der Vergeltungsgedanke ist jedem in Fleisch und Blut übergegangen; die Anwendung des Maßstabs mag irrtümlich geschehen, die Schäztung mag auf unrichtigen Voraussetzungen aufgebaut sein — der Maßstab selbst wird von dem Volke stets als der richtige empfunden.[1])

Allem Volksempfinden zum Trotz kann aber ein positives Gesetz sich auf einen entgegengesetzten Standpunkt stellen. Und so hat man eine Abweichung von dem Vergeltungsgedanken zu sehen geglaubt in der gesetzlichen Ausschaltung reiner Addition mehrerer zeitiger Freiheitsstrafen bei Verbrechensmehrheit (Asperationsprinzip bei Realkonkurrenz!). Jedoch zu Unrecht. Hier wird nicht etwa an die Stelle der Vergeltung eine Milderung in dem Sinne gesetzt, daß nunmehr einige Straftaten dem Täter verziehen oder daß sie geringer bewertet werden, als es ihrer Schuldhöhe entspricht. Das Herabgehen unter die Summe der Einzelstrafen beruht vielmehr auf der psychologischen Erwägung, daß ununterbrochene Verbüßung des Gesamtbetrages ungleich schwerer empfunden zu werden pflegt als das Absitzen der Einzelstrafen zu getrennten Zeiten. So erklärt sich beim Zusammentreffen mehrerer zeitiger Freiheitsstrafen die Milderung des Additionsprinzips. Diese Milderung ist aber nicht Milderung des Vergeltungsprinzips, nicht Verzeihung, sondern gerechte Vergeltung; denn (nach Ansicht des Gesetzgebers) entspricht der Grad des den Täter treffenden Schmerzes der Schwere seiner Schuld, während die Addition zu übergroßer Härte führen würde.

---

[1]) Ganz treffend bemerkt Schmidt Aufgaben 117: „Der Grundsatz der vergeltenden Gerechtigkeit ist eine Realität, und die unanfechtbare Tatsache, daß das Volk sich seiner fort und fort bewußt bleibt, redet besser zugunsten der hier dargelegten Funktion der Strafe als alle theoretische Erörterung." Das ist allerdings etwas übertrieben historisch; über dem Historismus steht der Kritizismus. Aber für den Vergeltungsgedanken stimmen Historismus und Kritizismus überein.

Es fragt sich, ob eine Milderung der an sich als gerechte Vergeltung erscheinenden Strafe allgemein dann einzutreten hat, wenn diese Strafe nach Ansicht des Gerichts voraussichtlich wegen Krankheit oder hohen Alters oder dauernder Abwesenheit des Täters nicht oder nicht voll verbüßt werden kann. Das Gericht darf aus derartigen, übrigens durch die späteren Tatsachen leicht widerlegbaren Erwägungen nie und nimmer zu einer Milderung der Strafe gelangen. Mag die Vergeltungsstrafe auch noch so zwecklos im konkreten Falle erscheinen, die Forderung der gerechten Vergeltung ist bei Erlaß des Gerichtsurteils strengstens zu erfüllen. Mag das Urteil nur auf dem Papier stehen, mag es in den Wind gesprochen werden, die Gerechtigkeit hat sich wenigstens ideell zu bewähren. Eine andere Frage ist jedoch, ob nicht in prozessualer Hinsicht jene Umstände erheblich werden und auf den Grad der von dem Richter oder dem Staatsanwalt bei der Strafverfolgung oder Vollstreckung aufzuwendenden Energie hemmend einwirken können. Ihre prozeßrechtliche Bedeutung dürfte nicht zu bezweifeln sein. Ist der Tod des Delinquenten in einiger Zeit mit Sicherheit zu erwarten, so besteht kein öffentliches Interesse an der Verfolgung und Vollstreckung; ein gesundes Opportunitätsprinzip wird sich dem strengen Legalitätsprinzip gegenüber stets Geltung zu verschaffen wissen.[1]) Kommt es aber zum Urteilsspruch, so ist die Strafe allein nach dem Vergeltungsprinzip zu bestimmen; Zweckmäßigkeit und Humanität haben zu verstummen. — Aus demselben Grunde sind übrigens auch die oft genug den Spott des Publikums herausfordernden Entscheidungen zu billigen: der Angeklagte wird dreimal zum Tode, oder er wird zu lebenslänglichem Zuchthaus und zum Tode, oder er wird zum Tode, zu drei Jahren Zuchthaus und zu fünf Jahren Ehrverlust verurteilt. Durch derartige Urteilsformeln kommt das Werturteil über die Delikte zum Ausdruck.[2]) Aus demselben Grunde ist in der Urteilsformel ferner die Einziehung eines Gegenstandes, etwa des feilgehaltenen verdorbenen Fleisches, zum Ausdruck zu bringen, auch wenn der Richter mit Sicherheit weiß, daß der von der Polizei beschlagnahmte und dem Gerichtschemiker ausgehändigte Gegenstand von diesem nach Erstattung seines Gutachtens sofort

---

[1]) Näheres in unserem Werke: Grundlagen des Prozeßrechts 1919 §§ 30, 31.

[2]) So Frank § 74 II a. E.

vernichtet ist, da er unmöglich noch monatelang bis zur Gerichtsverhandlung aufbewahrt werden konnte. Strikte Durchführung des Gesetzes gemäß dem Vergeltungsprinzip!

Steht die Vergeltungstheorie, wie wir sahen, in engem Zusammenhange mit der Gerechtigkeit, ja hat sie sich gerade die Realisierung der Gerechtigkeit als ihr eigentlichstes Ziel gesetzt, so erledigt sich damit zugleich ein Einwand, den man so gern und scheinbar mit Erfolg gegen die Vergeltungsstrafe vorbringt. Man wirft ihr vor, sie leiste nichts für die Bekämpfung des Verbrechens. Man sucht die Ohnmacht des herrschenden Vergeltungsstrafrechts gegenüber der wachsenden Kriminalität darzutun, man beruft sich — und zwar leider nur allzu richtig — auf die stetig zunehmende Zahl der Rückfälligen, die steigende Beteiligung der Jugendlichen, die Zunahme der gegen den Staat und die öffentliche Ordnung begangenen Verbrechen, ganz abgesehen von dem Wachsen der mehr durch den wirtschaftlichen Stand bedingten Eigentums- und Vermögensdelikte; man führt eindringlich die erschütternde Tatsache vor Augen, daß mit jeder Verurteilung zu Strafe der Hang zum Verbrechen wächst, daß das Vergeltungsstrafrecht also die Kriminalität geradezu fördert, und zwar um so mehr, je größer die Zahl der voraufgegangenen Bestrafungen ist, daß der Rückfall um so rascher erfolgt, je schwerer nach Art und Maß die Bestrafung war.[1]) Sind das alles leider statistisch nachweisbare Tatsachen, so ergibt sich eine Hauptforderung der Kriminalpolitik, aber eine solche ganz anderer Art, wie sie jener Angriff gegen das Vergeltungsstrafrecht erhebt. Die Vergeltungsstrafe ist nicht zu beseitigen, sondern zunächst einmal auf die wirklich strafwürdigen Fälle zu beschränken und nur dort zu streichen, wo keine Strafwürdigkeit, sondern nur ein Bedürfnis nach Bekämpfung schädlicher Handlungen besteht; sodann sind aber in weitestgehendem Maße, sei es neben die Strafe, sei es an ihre Stelle, die wiederholt vorgeschlagenen und zum Teil schon eingeführten, wirksamen Präventivmaßnahmen zu setzen. Unmöglich kann man aber die Strafe, d. i. die Vergeltungsstrafe, als untauglich deswegen bekämpfen, weil sie untauglich zur Erfüllung einer ihr gar nicht oder jedenfalls nicht prinzipiell obliegenden Aufgabe ist.[2]) Ihre spezifische Aufgabe ist gar nicht Verbrechensverhütung, daher kann aus ihrer Un-

[1]) Näheres bei v. Liszt Aufsätze I 168, 322, II 237 ff., 325, 338.

[2]) So treffend Beling Vergeltungsidee 119.

geeignetheit zur Verbrechensverhütung nicht ihre Unbrauchbarkeit überhaupt hergeleitet werden; ihre Brauchbarkeit hat sie auf einem ganz anderen Gebiete zu beweisen: sie hat Unrecht und Schuld zu vergelten, und dazu ist sie sehr wohl imstande.

Mindestens eine Übertreibung bedeutet auch die Ansicht,[1]) die Vergeltungsstrafe sei unfähig, für die gesetzliche oder die konkrete Ausgestaltung des Strafvollzuges etwas zu leisten. Prinzipiell reicht die Vergeltung aus; denn der Strafvollzug findet seine Grundlage in dem richterlichen Urteil, und dieses ist im Einklang mit dem Vergeltungsgedanken zu erlassen. Aber wie der Richter bei der Strafzumessung, soweit der Vergeltungsgedanke Spielraum beläßt, auch weitere Zwecke in Betracht ziehen darf und muß (vgl. unten § 9 IV 2), ebenso hat der Vollzugsbeamte jene anderen Zwecke, namentlich die der Spezialprävention, in ausgiebigstem Maße zu verwenden. Und noch mehr gilt dies von der dem Gesetzgeber obliegenden Aufgabe der gesetzlichen Ausgestaltung des Strafvollzugs (vgl. unten § 9 IV 1 a. E.). Namentlich für den Strafvollzug maßt sich die Vergeltungsidee gar nicht an, alles zu leisten, und deswegen ist es verfehlt, ihre Untauglichkeit auf diesem ihr ferner liegenden Gebiete gegen sie selbst auszuspielen. Das eigene Gebiet der Strafe ist, um es immer und immer wieder zu sagen: die Ausübung der vergeltenden Gerechtigkeit. Und das geschieht natürlich auch durch den Strafvollzug — als Konsequenz der richterlichen Straffestsetzung, als Realisierung des richterlichen Urteils.

Die vergeltende Handlung hat die Aufgabe, die Gerechtigkeit zu bewähren. Das Vergeltungsstrafrecht steht im Einklang mit der Idee der Gerechtigkeit. Die Gegner der Vergeltungsstrafe vermeiden lieber diesen Gedanken, oder aber sie bekämpfen unsere Lehre gar mit dem Hinweis, daß die Idee der Gerechtigkeit wissenschaftlich nicht erkennbar oder nicht formulierbar ist. Ja, was ist denn Gerechtigkeit? Ebenso viele Ansichten über Gerechtigkeit, wie Strafrechtstheorien, ja wie Ansichten über Recht und Rechtswissenschaft, ja sogar wie Weltanschauungen. Auf dieses perspektivenreiche, doch wahrlich hochwichtige juristische Thema näher einzugehen, muß einer grundlegenden Arbeit vorbehalten werden. Von der hier eingeführten systematischen Gesamt-

[1]) So Mayer 426/7.

anschauung aus ergibt sich aber, wie schon erwähnt, notwendig die Bestimmung der Gerechtigkeit als der Behandlung jemandes nach seinem objektiven Werte, also nach dem Grundgesetze desjenigen Wissenschaftsgebietes, dem das zu bewertende Verhalten (oder die Gesinnung) des einzelnen angehört. Gerechtigkeit im speziell sozialwissenschaftlichen Sinne ist die Behandlung jemandes nach seinem Werte für die Gemeinschaft.[1]) Dieser Maßstab ist es aber gerade, der auch der Vergeltungstheorie zugrunde liegt. Für das Verhalten des Täters wird eine entsprechende Wertgröße gesucht, die nach dem Werte des Verhaltens für die Gemeinschaft, für den Staat zu ermitteln ist.

Die Vergeltungsstrafe läßt sich daher als einen unmittelbaren Ausfluß der Idee der Gerechtigkeit betrachten. Diese Inverbindungsetzung beider Gedanken darf aber nicht zu der Vorstellung verleiten, daß die dem Vergeltungsprinzip entsprechenden Strafen allemal gerecht seien;[2]) denn die Vergeltung kann auch ungerecht sein. Über der Vergeltung steht die Gerechtigkeit, nicht umgekehrt.

In der strafrechtlichen Literatur wird das Gerechtigkeitsproblem oft einseitig nur vom Standpunkte eines oder nur weniger Strafzwecke betrachtet. So legte z. B. v. Liszt[3]) unter Vermischung von Gerechtigkeit und Nützlichkeit seine Zwecktheorie zugrunde, wenn er definiert: „Gerechtigkeit im Strafrecht ist die Einhaltung des durch den Zweckgedanken erforderten Strafmaßes ... Das völlige Gebundensein der Strafgewalt durch den Zweckgedanken ist das Ideal der strafenden Gerechtigkeit.“ Vom Standpunkt der bereits oben (§ 4 IV 2) abgelehnten Rechtsschutztheorie bemerkt einseitig und nichtssagend über die Gerechtigkeit Heimberger[4]): „Die notwendige Strafe ist gerecht“; „ist die Strafe zur Aufrechterhaltung der Rechtsordnung notwendig, so ist sie gerecht.“ Und im Einklang mit seiner Auffassung des Verhältnisses von Recht und Kultur bezeichnet Mayer[5]) als gerecht „die dem Stande der nationalen Kultur entsprechenden Strafen“ — womit zum Ausdruck gebracht ist, daß die Rechtsnormen den „Kulturnormen“ entsprechen sollen; ist die nationale Kultur denn aber ein Maßstab für das Recht?[6])

---

[1]) Einige Literaturnachweise in unseren „Grundlagen des Prozeßrechts“ § 2 a. E.

[2]) Dazu Mayer 437/8, der aber der Vergeltung nachsagt, sie lasse bei der Strafzumessung im Stich.

[3]) Aufsätze I 161 (ZStW. 3, 31).

[4]) Begriff der Gerechtigkeit 1903, 30/2.

[5]) 435.

[6]) Vgl. zu dem vielbehandelten Thema etwa noch Oskar Kraus Das Recht zu strafen, GerS. 79, Beilageheft 136.

IV. Grund und Zweck der Vergeltung. Sühne. Vertiefung des Strafbegriffs. Das reine Wesen der Strafe.

Nunmehr gilt es, die gewonnenen einzelnen Merkmale der Vergeltung wiederum zu vereinigen und das Ganze zu einem geschlossenen Gebilde abzurunden, um den inneren Grund der Vergeltung wie ihren hohen Beruf zu erkennen. Die bisher gewonnene Erkenntnis der Strafe erfährt damit eine Vertiefung; es kristallisiert sich das reine Wesen der Strafe heraus.

1. Psychologischer Grund.

Die Frage nach dem Grunde der Vergeltung ist eine psychologische, also keine normative und darum keine juristische. Sie ist lediglich beschreibender, nicht wertender Natur. Für sie Einzelheiten zu geben, würde auf historische Forschungen hinauslaufen, die nicht im Plane dieses Werkes liegen. Derartige Untersuchungen würden übrigens, mögen sie auch noch so eingehend und ertragreich sein, nimmermehr eine Rechtfertigung der Vergeltung zu geben vermögen;[1]) denn sie würden nur eine geschichtliche und tatsächlich vorhandene Erscheinung erzählen, also eine normativ-teleologische Begründung niemals entbehrlich machen. Daß sie auch für die Jurisprudenz von Bedeutung sind, insofern sie für deren Normen das Objekt liefern, versteht sich von selbst.

In der genannten Richtung wird der Forscher noch viel Material an den Tag zu fördern und zu belegen haben. Seine Aufgabe wird es sein, im einzelnen darzulegen, wie der Vergeltungstrieb[2]) den Menschen in einer jeden geschichtlichen Epoche tief innegewohnt hat, wie der Mensch stets das Bedürfnis empfunden hat, gegenüber einem lobens- oder tadelnswerten Verhalten des Mitmenschen Stellung zu nehmen, wie es psychisch gar nicht möglich ist, sich gegenüber einem solchen Verhalten neutral zu stellen. Sodann wird

---

[1]) Rein deskriptiv begründen die Vergeltung als tatsächliche Erscheinung Birkmeyer GoltdArch. 48, 72, Nagler GerS. 70, 7 ff., Beling Vergeltungsidee 7 ff., Köhler Vergeltungsgedanke 15.

[2]) Hierüber vgl. Wundt Ethik [4] I 244, [3] II 144, Merkel Lehrb. 23 ff., Liepmann 80 ff. und schon Welcker Die letzten Gründe von Recht, Staat und Strafe 1813, 249 ff., insbesondere aber Nagler Strafe I 518 ff. — Daß die Vergeltung auf dem (längst überwundenen) Schopenhauerschen Willensbegriff beruht, wie Tesar Symptomatische Bedeutung 193 ff. meint, kann nicht anerkannt werden.

psychologisch zu begründen sein, wie wohl weniger die intellektuelle als die emotionale Seite des Menschen, mehr das Gefühl als der Verstand nach Vergeltung des Bösen wie des Guten verlangt, wie namentlich in den Fällen schweren Unrechts, ehe es vergolten, das Volksbewußtsein unbefriedigt dahinlebt und ruhelos, als wäre es selbst schuldbeladen, hin und her irrt, bis endlich der gerechte Ausgleich gefunden ist. Namentlich in ländlichen Gerichtsbezirken, wo die Insassen über Verbrechen noch nicht so schnell zur Tagesordnung übergehen wie in dem Getriebe der Großstädte, und wo das Gewissen vielleicht auch noch eindringlicher spricht als dort, kann man beobachten, wie ein ungesühnter, unaufgeklärter Mord den Bewohnern des Dorfes keine Ruhe läßt, auch wenn der Staatsanwalt nach langjährigen fruchtlosen Ermittlungen schließlich die Akten geschlossen hat, wie sie immer von neuem die Frage nach dem Täter erheben, sozusagen selbst die Rolle des Staatsanwalts übernehmend, wie aber auch die Nachbargemeinde auf jenes Dorf mit dem Finger zeigt: dort ist schwere Schuld ungesühnt geblieben — in bäuerlichen Kreisen mitunter in der bezeichnenden Wendung: dort darf keine Kirche stehen. Auch der einzelne Verbrecher selbst, in dem noch nicht der Keim des Guten gänzlich erstickt ist, sieht sich oft durch Gewissensqualen genötigt, seine Schuld zu bekennen und selbst um Sühne zu bitten, um sein eigenes seelisches Gleichgewicht wieder herzustellen[1]) — manchmal erst spät in hohem Alter, wenn die Strafverfolgung vielleicht schon längst verjährt ist und der Beamte dem erstaunten Sündenbekenner ein hartes „zu spät" zuruft, manchmal erst in Erwartung des Todes oder nach schweren Schicksalsschlägen. Und in den Stunden stiller Einkehr verlangen die Besten unter den Menschen nach einer Herstellung des seelischen Gleichgewichts, sie begrüßen auch wohl ein ihnen widerfahrenes Ungemach als gerechte Sühne, als göttliche Schickung. In den Werken der Tragiker steht das Thema Schuld — Sühne im Mittel-

---

[1]) Vgl. hierzu Sergius Hessen in Logos 5, 206, sowie Nagler I 575[1], der aber zu Unrecht in diesem Ausgleichungsbedürfnis des Verbrechers den einzigen stichhaltigen Grund sieht, womit ihm persönlich gegenüber die Strafe als gerecht erwiesen werden kann. Hier ist einer psychologischen Erkenntnis zu Unrecht normative Bedeutung beigelegt. Richtig beobachtet ist aber, daß eine Besserung des Täters nur möglich ist, wenn er die Strafe als gerecht empfindet. Das wird von der Besserungstheorie meist übersehen.

punkt der Handlung: zunächst wird die tragische Schuld des Helden entwickelt, alsdann führt die Sühne zur Reinigung. Die Schicksalstragödie, die ohne Schuld leiden läßt, widerspricht dem modernen Empfinden ebenso, wie wenn umgekehrt eine Schuld nicht in demselben Drama ihre Sühne fände; unbefriedigt sieht das Publikum den Vorhang fallen, und unbefriedigt schlägt der Leser das Buch zu. Und draußen auf der Bühne des Weltgeschehens — wird dort nicht ein großes Unglück ebenfalls in der zuversichtlichen Erwartung ertragen, der gerechte Ausgleich würde nicht ausbleiben? Man forscht nach dem Schuldigen, um ihn zur Rechenschaft zu ziehen. Wie bezeichnend ist es, daß nach dem Ausgang des Weltkrieges die Schuldfrage selbst von denen aufgeworfen wurde, die sich wohl von ihrer Erörterung, Erörterung nach Art eines Gerichtsverfahrens, wenig Klärung versprachen! Als wenn eine oder einige Personen die alleinige Schuld trügen und deswegen strafrechtlich zur Verantwortung gezogen werden könnten, während doch weite Kreise in jahrzehntelangem Wirken, politische Richtungen, wenn nicht gar Nationen als die Schuldigen in Frage kommen müßten! Doch darüber mag man denken, wie man will; fest steht, daß das Verlangen nach Sühne des entsetzlichen Unglücks immer und immer wieder erhoben wird. Die Sühne ist eine psychologische Notwendigkeit. Und ohne Übertreibung ist die Vergeltung als einer der größten und tiefsten Gedanken der Weltgeschichte bezeichnet worden.[1])

2. Die normative Rechtfertigung.

Die vorstehenden kurzen Betrachtungen über die psychologische Notwendigkeit von Vergeltung und Sühne bieten, so unzulänglich sie für deskriptive Untersuchungen sind, genügenden Stoff dar, um die psychologische Tatsache teleologisch-kritisch zu rechtfertigen.

In einer jeden Kulturgemeinschaft — von der Ehe und der Freundschaft, der Familie und dem Geschlechterverband, den zahlreichen Sondergemeinschaften, Vereinen und gesellschaftlichen Klassen bis zur Gemeinde, zur Kirche und zum Staat und darüber hinaus zu den höheren Kulturgemeinschaften — überall macht sich

[1]) So Binding Abh. I 75, Grundriß 228[2]. Ebenso richtig bemerkt auch Cohen Ethik des reinen Willens[2] 1907, 379: „Daher ist unter den Gründen der Strafe, welche durch die Geschichte des Strafrechts hindurchgehen, die Vergeltung nicht nur das tiefste, sondern auch das unumgänglich erste Prinzip."

der Drang nach Vergeltung mit einem bestimmten weiteren Zwecke bemerkbar, dem Zweck, einen Ausgleich herbeizuführen zwischen Verdienst sowohl wie Schuld einerseits, Schicksal andrerseits. Dieser weitere Zweck, dieser Ausgleich, scheint uns das Wesen der Sühne zu enthüllen.

Die Strafe kann zwar die von dem Täter geschlagene Wunde nicht heilen; aber dadurch, daß eben durch die Strafe dem Täter ein Leid zugefügt wird, tritt jene berühmte Parallelität zweier Unlustempfindungen ein, die eine hervorragende Wirkung der Vergeltung ausmacht[1]) und die deshalb eine nicht etwa blinde, sondern zielbewußt angelegte Vergeltung sich stets zur Aufgabe setzt. Entspricht der Schmerz des Täters der von ihm verursachten Verletzung des öffentlichen Interesses, so ist das Gleichgewicht wieder hergestellt; die Abrechnung ist erfolgt, die Bilanz ist gezogen, die Rechtsordnung hat sich bewährt: das ist die „sühnende, reinigende Kraft des Schmerzes“, in der man nicht mit Unrecht den „Zweck der Strafe“ erblickt hat.[2]) Das unerreichbare schönste Ziel wäre ein realer Ausgleich, so wie er im Privatrecht wenigstens eher möglich ist (wenn auch dort nicht vollkommen — schon deshalb nicht, weil der privatrechtliche Ausgleich niemals rechtzeitig geschieht). Weil ein realer Ausgleich vollends im Strafrecht ausgeschlossen ist, so soll wenigstens der ideelle einsetzen: die Befriedigung des verletzten öffentlichen Interesses.

Genau genommen ist es also mit der Wiederherstellung des rechtlichen Gleichgewichts, der Bewährung der Rechtsordnung, übel bestellt; die Ziehung des Saldos zwischen Debet- und Kreditkonto geschieht nicht rechnerisch exakt. Die Bewährung der Rechts-

---

[1]) Wohl deshalb meint auch v. Rohland Soziologische Strafrechtslehre 27, das zweite Übel dürfe nicht als ein neues erscheinen, sondern als das frühere zurückgegeben, sei es auch in anderer Form.

[2]) So Kohler Wesen der Strafe 1888, Leitfaden 4; vgl. auch Oetker ZStW. 17, 530. Daß allein hierauf die Strafe nicht „gegründet“ werden kann, wird richtig von Beling Vergeltungsidee 30 hervorgehoben (dagegen zu Unrecht Kohler GoltdArch. 56, 137). Aber die Sühne ist doch immerhin der ureigentliche Zweck der Vergeltung, und Strafe ist Vergeltung — das tritt zum Teil auch bei Wundt Ethik[3] 2 S. 144 ff., 156 hervor, nach dem die Strafe ein Zuchtmittel des Gesamtwillens mit dem Zwecke der Züchtigung, Erziehung und Sühne (!) ist. Wundt betont übrigens auch, daß die Strafe Vergeltung, wenn auch nicht allein Vergeltung sei.

ordnung ist nur eine Fiktion. Der durch das Verbrechen hervorgerufene Schaden ist so unersetzbar, daß er gar nicht wieder gutgemacht werden kann; die durch das Verbrechen verursachte Verletzung des öffentlichen Interesses so schwer, daß sich dieses gar nicht voll und ganz befriedigen läßt. Darum ist die Strafe nur eine Alsob-Herstellung der Rechtsordnung — und die Tragik dieser Erkenntnis wird gesteigert, wenn man bedenkt, daß praktisch (prozessual) zu dieser Fiktion noch eine zweite tritt: Schuld und Strafe lassen sich nur gerichtlich-urteilsmäßig, also notwendig unvollkommen feststellen; die materielle Rechtskraft einer gerichtlichen Entscheidung bedeutet ja nur eine konkrete Gestaltung des objektiven Rechts[1]) und zwar eine solche, die auch fehlerhaft vorgenommen sein kann und bis zu einem gewissen Grade fehlerhaft vorgenommen werden muß,[2]) wie jedes Menschenwerk, aber auch wie jede Subsumtion des blühenden Lebens unter starre Begriffe. Also praktisch eine in doppelter Hinsicht nur Alsob-Herstellung der Gerechtigkeit.

Dieser als Ausgleich geschilderte Zweck der Vergeltung scheint uns das Wesen der Sühne zu bedeuten, und zwar mit besonderer Einstellung auf das psychische Element. Der Ton liegt mehr auf der subjektiven Seite, der Schuld, als auf der objektiven, dem Unrecht. Sühne ist u. E. der insbesondere psychische Zweck der Vergeltung, d. i. die Herstellung des psychischen Gleichgewichts zwischen Schuld und Schicksal des Schuldigen.

a) Vergeltung und Schuld verhalten sich also wie folgt zueinander. Dabei sei an unsere methodische Einleitung (oben zu I) erinnert: wir legen auf die Namen kein Gewicht, vielmehr kommt es uns nur darauf an, die im System unentbehrlichen Gebilde inhaltlich und strukturell klarzulegen; man mag sie aber ruhig anders benennen, wenn man eben einen anderen Sprachgebrauch für wünschenswerter oder (sprachlich) zutreffender hält.

α) Die Vergeltung knüpft an gut und böse, an recht und unrecht an, die Sühne nur an böse und unrecht.

β) Die Vergeltung knüpft entweder an das Verhalten allein oder auch zugleich an die Gesinnung an, die Sühne dagegen entweder

---

[1]) Darüber unsere „Grundlagen des Prozeßrechts" § 13 B.

[2]) A. a. O. § 13 B VIII, § 2 III 2.

an die Gesinnung allein oder auch zugleich an das Verhalten. Also ist das spezifisch Wesentliche für die Vergeltung das Verhalten, für die Sühne die Gesinnung. Daher kann man von Vergeltung, nicht aber von Sühne im Privatrecht in bezug auf das schuldlose Unrecht sprechen. Schuldloses Unrecht wird vergolten, nicht aber gesühnt. Und daher kann man umgekehrt von Sühne, nicht aber von Vergeltung im Gebiet der Individualethik, bei Gewissensschuld ohne Beziehung zu den Mitmenschen, sprechen. Die Gewissensqual, die das Individuum empfindet, weil er ein Tier gequält hat oder weil er nicht mehr zu seinem Gott betet, kann zwar Sühne einer moralischen Schuld, aber wohl nicht Vergeltung geheißen werden.

γ) Die Vergeltung ist der nähere, die Sühne der entferntere Zweck einer strafenden Maßregel. Die Literatur sieht dagegen schon in der Vergeltung einen Ausgleich, eine Herstellung des Gleichgewichts. Bei scharfer Beobachtung sind aber auch hier Wesen und Zweck zu scheiden. Wie schon oben (§ 4 IV 2) die Vergeltung in Gegensatz allgemein zur Rechtsbewährung gestellt wurde, indem letztere als Zweck der ersteren zu erkennen war, so speziell hier, wo nur ein Ausschnitt der Rechtsbewährung, die Sühne, in Frage steht. Der Unterschied von Vergeltung und Sühne leuchtet sofort ein, wenn man folgendes erwägt. Die Vergeltung findet ihren Abschluß zweifellos schon dann, wenn das Leid über den Täter verhängt, wenn also die „zweite Wunde" geschlagen wird; ob aber die Vergeltung Erfolg hat, ob ihr Zweck erreicht wird, ob diese zweite Wunde den Ausgleich mit der ersteren bewirkt, ist eine ganz andere Frage. Der Erfolg mag aus irgendeinem Grunde ausbleiben, nicht nur weil die richtige Proportion verfehlt wurde, also weil die Vergeltung keine gerechte war (dann würde schon Vergeltung ihrer Idee nach nicht vorliegen!), sondern auch dann mag der Erfolg ausbleiben, wenn die Kunde von der Vergeltung nicht in diejenigen Kreise dringt, die an ihr das Hauptinteresse besitzen (diese Kreise brauchen übrigens nicht etwa die durch das Verbrechen unmittelbar Verletzten zu sein; denn die letzteren, namentlich wenn sie sittlich hoch stehen, zeigen oft kein Interesse an dem Ausgleich). Daher ist es notwendig, die der Vergeltung zwar meist, aber nicht regelmäßig nachfolgende Sühne von der ersteren zu differenzieren. Und insofern haben die Gegner der Vergeltungstheorie durchaus recht, wenn sie die Vergeltung nicht als Selbstzweck anerkennen, sondern nach einem weiteren Zweck fragen; diese Ansicht hat wenigstens zu einer klaren Scheidung von Wesen und Zweck einen Teil beigetragen.

b) Die Sühne stellt erst dasjenige dar, worauf das oben (1) geschilderte tiefe psychische Bedürfnis des Menschen gerichtet ist: den Ausgleich, das Gleichgewicht, die Aussöhnung, die Harmonie. Und darum knüpft die Sühne auch speziell an die psychische Seite des Verbrechens, an die Schuld an. Der Zusammenhang zwischen dem Bewußtsein des Täters und der Sühne ist ein so inniger, daß man geradezu gemeint hat, die Sühne werde vom Täter an sich selbst vollzogen.[1]) Das ist freilich — abgesehen vielleicht von der Individualethik — nur bildlich zu verstehen; denn vollzogen wird die Sühne von dem Gemeinschaftsorgan. Aber die Wirkung ist die gleiche wie in dem Gebiete der Moral: die Sühne wirkt, als ob der Täter sie an sich selbst vollzogen hätte. Die Schuld wird gesühnt: diese seelische Krankheit, die der Verbrecher sich selbst zugezogen hat, wird geheilt.

Schuld und Sühne, diese beiden Faktoren der psychischen Seite des Strafrechts, korrespondieren einander, indem sie durch einen dritten psychischen Faktor, das in der Vergeltungsstrafe liegende Leiden des Täters, miteinander verbunden werden: auf die Schuld hat der Täter zu leiden, und diese psychische Gleichung, diese Parallelität der beiden Wunden, der Wunde, die er geschlagen, und der anderen, die ihm geschlagen, stellt den psychischen Ausgleich her; damit tritt die Sühne ein: das Volksbewußtsein ist zufriedengestellt, dem Rechtsgefühl ist genügt, die Mißstimmung gegen den Täter hört auf.[2]) Wie eine Sühne fehlt, wenn der Täter ohne Schuld be-

---

[1]) So Radbruch Grundzüge der Rechtsphilosophie 1914, 72.

[2]) So Beling Vergeltungsidee 13 über die Sühne; in diesem Sinne ist sie aber keineswegs „rein äußerlich gefaßt", wie Beling meint, sondern ist ihr innerstes Wesen wiedergegeben. Wenn Beling außerdem die „innere Umkehr des Täters selbst" zum Begriff der Sühne rechnet, so ist damit etwas Neues, die Besserung, die Spezialprävention einbezogen, also ein jenseits des Sühnebegriffs liegender Zweck (darüber unten d). — Vgl. über die Sühne auch die tiefgehenden, freilich ebenfalls zu stark auf die individuale Seite, den Verbrecher, statt auf die Allgemeinheit abstellenden Ausführungen Cohens Ethik[2] 373 ff.; insbes. 378: „Das Subjekt des Verbrechers wird abgetan; das sittliche Selbstbewußtsein wird wiedergewonnen." „Nach Abbüßung der Strafe gilt das Verbrechen als gesühnt und als vernichtet. Und demzufolge ist der Ver-

straft wird, ebenso fehlt die Sühne umgekehrt, wenn auf Schuld keine Strafe folgt.

Und so dürfte der berechtigte und unvergängliche Gehalt der leider so oft verspotteten Hegelschen Gleichung[1]) der sein: die Schuld ist Negation des Gerechtigkeitsgefühls und der in der Gerechtigkeit liegenden Harmonie der Sozialpsyche, die Vergeltung ist die Negation der Schuld, die Folge ist die Sühne, d. i. die Negation der Negation, also die Position: die Wiederherstellung jenes Gleichmaßes der Sozialpsyche. Hegels Fehler war — abgesehen davon, daß seine Erklärung auch für das Privatrecht paßt (weshalb die Position des Unrechts gerade durch Strafe erfolgen soll, ist nicht ersichtlich) — der Hauptfehler war, das Weltgeschehen als einen dialektischen Prozeß anzusehen; vielmehr hat an die Stelle der Logik die Sozialpsyche und als deren Kritik die Wertlehre zu treten. Das Leben ist ein sozialpsychisches Geschehen, in dem die Bestrebungen und Leidenschaften der Menschen sich kreuzen und ineinander verschlingen. Das Ideal wäre ein harmonisches Sicheinfügen aller sozialpsychischen Erscheinungen, damit das höchste Maß von Einheit und Widerspruchslosigkeit im sozialen Geschehen erreicht würde: d. i. eben die Gerechtigkeit, durch die ein jeder das Seine erhält. Jetzt stört ein schuldhaft Handelnder diesen ruhigen Fluß der Dinge in einer das Volksempfinden schwer verletzenden Weise. Die Vergeltungsstrafe fügt ihm einen entsprechend zu bewertenden Schmerz zu, und durch diese Äquivalenz wird die Einheit und Harmonie wiederhergestellt. Nunmehr ist das durch das Verbrechen gestörte Harmonieverhältnis zwischen Recht und Wirklichkeit ins Gleichgewicht gebracht. Nunmehr ist — nach der poetischen Ausdrucksweise der alten Deutschen — eine Versöhnung eingetreten zwischen dem Gemeinwesen und den Göttern, denen der Verbrecher zum Opfer dargebracht wird.

---

brecher nicht mehr vorhanden, sondern ein neuer Mensch geworden." Darüber, daß Cohen auch auf die Vergeltung Gewicht legt, vgl. oben 1 a. E. — Das Verhältnis von Vergeltung zur Sühne wird ebenso wie von uns auch von M. Salomon verstanden; vgl. hierüber den Nachweis unten § 7 a. E.

[1]) Eine Rechtfertigung freilich ganz anderer Art sucht Hegels Jünger Kohler zu geben (Leitfaden 3). Ähnlich Traeger Wille, Determinismus, Strafe 229.

Darum ist im Grunde die Welckersche Theorie des idealen Schadensersatzes[1]) auf dem richtigen Wege gewesen, wenn sie auch über die privatrechtliche Bildersprache kaum hinausgekommen ist. Ebenso wie im Zivilrecht der wirkliche Schaden, so soll hier der intellektuelle Schaden aufgehoben werden: dieser Schaden ist eben das verletzte öffentliche Interesse. Die nähere Ausgestaltung der Theorie und ihre Aufstellung von sieben Strafzwecken hält jedoch nicht, was die Flagge, unter der sie segelt, verkündet. Es werden viele Einzelheiten geboten, auf die es bei der Strafe gar nicht ankommt, und die Hauptsache, der Angriff des Verbrechers gegen das öffentliche Interesse, gegen den Staat, wird vergessen.[2])

c) Die Sühne bedeutet also eine objektive Genugtuung der Gemeinschaft. Und zwar diese rein ideell verstanden! Es ist also ganz abzusehen einmal von der Befriedigung der Interessen der tatsächlich durch das Verbrechen verletzten Personen, insbesondere der geschädigten Privatpersonen; diese brauchen auf das Verbrechen gar nicht zu reagieren (vgl. oben a γ). Und ferner ist abzusehen von der Herstellung des möglicherweise durch das Verbrechen erschütterten Rechtsgefühls, der Aufrichtung des etwa verletzten oder gefährdeten Rechtsfriedens; in Wirklichkeit haben nur die allerwenigsten Straftaten eine in das Volksbewußtsein so tief eingreifende Wirkung. So gehen alle auf das rein Tatsächliche abstellenden Theorien in die Irre; sie machen die Strafe von Voraussetzungen abhängig, die gar nicht vorzuliegen brauchen, und schreiben ihr Aufgaben zu, deren Erfüllung wegen des Fehlens der tatsächlichen Unterlagen gar nicht möglich ist. Nur ideell soll die Strafe sühnen. Sie soll dem öffentlichen Interesse eine Genugtuung gewähren, mag die Öffentlichkeit faktisch ihrer bedürfen oder nicht.

F ü r d e n o b j e k t i v e n B e u r t e i l e r — nur auf diesen kommt es an — i s t d u r c h d a s V e r b r e c h e n d i e Ö f f e n t l i c h k e i t v e r l e t z t. In dieser Beziehung sind Verbrechen wie Strafe, ist wenigstens ihr Sinn nur nach der transzendentalen Methode richtig zu erfassen: durch die gegen Privatpersonen gerichteten Delikte, etwa einen Diebstahl, brauchen weder diese Privatpersonen noch die Allgemeinheit tatsächlich irgendwie berührt zu werden; auch nicht generell, da selbst denkbar ist, daß zu einer gegebenen Zeit die

---

[1]) Welcker Die letzten Gründe von Recht, Staat und Strafe 1813, 249 ff.

[2]) So richtig Binding Grundriß 213. Vgl. ferner Heinze in v. Holtzendorffs Handbuch I 1871, 279 ff., der übrigens mit Recht betont, daß die Welckersche Theorie eine Interessentheorie ist.

Menschen auf einen Kreis gewisser Straftaten gar nicht reagieren; und daher kann auch die Strafe nach dieser Richtung hin einen tatsächlichen Beruf gar nicht erfüllen. Was lediglich erfordert wird und was kategorisch erfordert wird, das ist: die Rechtsordnung, der objektive Beurteiler — oder wen man sonst als dieses tatsächlich gar nicht vorhandene, sondern nur gedachte urteilende Subjekt anführen mag — betrachten das Verbrechen als ein (vorwiegend) das öffentliche Interesse verletzendes oder gefährdendes menschliches Verhalten, betrachten den Diebstahl als eine den Eigentümer verletzende Handlung und schreiben der Strafe die Aufgabe zu, das als verletzt angenommene(!) öffentliche Interesse zu befriedigen, zu dem auch das — ebenfalls nur als verletzt angenommene — private Interesse gehört. So hat die Strafe den Zweck der Sühne, als ob(!) das öffentliche Interesse verletzt ist, nicht weil (!) es verletzt ist. Nur in diesem Sinne ist, was sehr wohl zu beachten ist, das Verbrechen als eine Verletzung des staatlichen Interesses, die Strafe als Vergeltung zwecks Befriedigung dieses verletzten Interesses zu verstehen. Der naive Realismus, dem noch viele Juristen huldigen, möge seine Anschauungen an der kritischen Methode berichtigen.

Nur in dem vorstehend dargelegten Sinne läßt sich der Zweck der Strafe, speziell die Sühne als eine objektive Genugtuung, als eine psychische Heilung bezeichnen. Nur in diesem Sinne soll mit der Sühne das mit jeder Heilung notwendig verbundene Lustgefühl eintreten. Nur in diesem Sinne hat der Staat, dem die Strafe doch eine Last ist,[1]) ein Bedürfnis nach ihr, um ein Lustgefühl herbeizuführen. Genugtuung, Heilung, Lustgefühl — alles nur nach dem objektiven Urteil, nicht nach den wirklichen Geschehnissen, alles nur nach der Ansicht des urteilenden idealen Subjekts, nicht nach der tatsächlichen Ansicht der Gemeinschaft oder der Rechtsgenossen, alles nur nach der kritischen Methode, nicht nach empirischen, historischen, psychologischen Ermittlungen. Die Erkenntnis des Wesens der Strafe vertieft sich somit zur Erkenntnis des reinen Wesens der Strafe; die Wesensmerkmale brauchen nicht tatsächlich gegeben zu sein, sondern müssen in das Bewußtsein des urteilenden Subjekts projiziert werden. Das ist die Vertiefung der Straf-

---

[1]) Vgl. Binding Grundriß 233, Abh. I 82.

rechtswissenschaft durch Platonische Intuition, durch Kartesianisches Denken, durch Kantische Transzendentalphilosophie; und aus der modernen Philosophie entnommen ist die Weite der Spannung zwischen Wissenschaft und Leben. Den dogmatischen Niederschlag aber findet diese Erkenntnis in der Spaltung von Idee und realem Begriff der Strafe (darüber § 7).

Hat somit die Strafe sozusagen doppelt ideellen Charakter, weil sie, abgesehen von der Alsob-Natur, normative Bedeutung hat, so ist es doppelt verfehlt, ihr einen beschreibenden Charakter einzuräumen.[1]) Freilich eignet der Vergeltung sowohl wie der objektiven Genugtuung eine deskriptive Natur insofern, als man sie psychologisch betrachtet (oben 1); man kann eben auch rein normative Gebilde psychologisch betrachten, kann sie genetisch-historisch behandeln, sie beschreiben, wie ja auch das Recht nur als tatsächliche Erscheinung dargestellt, wie überhaupt jedes Sollen als bloßes Sein, nämlich als psychische Tatsache, behandelt werden kann. Diese Anschauungsweise ist aber einseitig und wird dem normativen Gebilde als solchem nimmer gerecht; gerade eine wesentliche Seite bleibt unerörtert.

Die rein psychologische Einstellung verleitet übrigens zu der durch und durch verfehlten Anschauung, daß nur die Bestrebungen der im gegebenen Falle tatsächlich in Betracht kommenden Subjekte, des Staates oder der Privatpersonen, die subjektiven Interessen, ohne Rücksicht auf ihre objektive Berechtigung entscheiden, und es würde eine arge Verkennung unserer Sühnetheorie wie überhaupt unseres systematischen Aufbaues bedeuten, wollte man gegen unsere Ansicht den Einwand erheben, sie stelle auf rein subjektive Kriterien ab. Nicht private Interessen sind ausschlaggebend, auch nicht das öffentliche (staatliche) Interesse schlechthin, sondern selbstredend das berechtigte öffentliche Interesse, das objektive Gemeinschaftsinteresse, genauer: der für die Gemeinschaft geltende oberste Zweckgesichtspunkt. Die rein subjektiven Zwecke sind auszuschalten.[2]) Daher geht der Einwand völlig fehl, die Vergeltung wende sich an die niederen, unedlen Gefühle und

---

[1]) Darüber Nagler I 692.

[2]) Vgl. v. Hippel Strafrechtsreform 8 ff. (Preuß. Jahrb. 127, 409 ff.).

Instinkte des Menschen. Das würde eine Verwechslung der Vergeltung mit der Rache bedeuten. Rache und Vergeltung unterscheiden sich ja, wie oft ausgeführt wurde,[1]) abgesehen davon, daß die erstere über das gehörige Maß hinausgeht und daß ihr die Parallelität zur Schuld fehlt (s. oben III 3), hauptsächlich dadurch, daß die Rache einem subjektiven Bedürfnis ohne Rücksicht auf dessen Rechtmäßigkeit[2]) entspringt, daß sie in selbstischem Triebe, in Affekt und Parteilichkeit statt in objektiv reflektierter Berechtigung und in Gerechtigkeit wurzelt, daß sie individualistischer statt sozialethischer Natur ist. Man mag die Rache als eine Form der Vergeltung auffassen, dann versteht man die letztere in einem weiter gefaßten Sinne, und diesem Sprachgebrauch steht natürlich nichts entgegen. Der hier auf Grund objektiver Berechtigung ausgebaute Vergeltungsbegriff hält sich dagegen fern von dem auch nur geringsten Anflug des Rachegedankens; ein auf systematisch objektiver Rechtmäßigkeit errichtetes Gebäude ist viel zu heilig, als daß in ihm nur subjektiv gültige Regungen und Bestrebungen Raum fänden. Wie es in Mozarts Zauberflöte heißt: In diesen heiligen Hallen kennt man die Rache nicht.

Scheidet also das private Genugtuungsbedürfnis aus den Begriffen Vergeltung und Sühne aus, so erledigt sich zugleich der fernere Einwand, die Vergeltungs- und Sühnetheorie passe nur für gewisse gesetzliche Tatbestände wie Beleidigung, Körperverletzung, Sachbeschädigung, Hausfriedensbruch. In Wahrheit erhebt sie sich weit über den Kreis der gegen Einzelpersonen gerichteten Delikte und umschließt den gesamten Besonderen Teil des Strafrechts; denn die Vergeltungsstrafe wird wegen Verletzung nicht eines privaten, sondern des öffentlichen Interesses verhängt und stellt gerade im öffentlichen Interesse das Gleichmaß der Gerechtigkeit wieder her. Und außerdem bedeutet gerade die reiche Ausgestaltung des Be-

---

[1]) Vgl. etwa Schmidt Aufgaben 67 ff., Liepmann Einleitung 197/9, Frank Vergeltungs- und Schutzstrafe 5, Nagler I 672 ff. Dagegen soll nach Radbruch Rechtsphilosophie 72 die Vergeltung wohl auch die Rache in sich schließen (Vergeltung sei „ein widerspruchsvolles Mischprodukt von Rache und Sühne").

[2]) Radbruch Rechtsphilosophie 72 meint, die Rache bringe im Gegensatz zur Vergeltung nicht ein Werturteil zum Ausdruck; das ist nicht richtig. Enthält sie nicht ein sehr starkes Unwerturteil des Rächers? Es fragt sich nur, ob dieses berechtigt ist, ob es mit dem der Gemeinschaft übereinstimmt.

sonderen Teils und seine Differenzierung der gesetzlichen Tatbestände eine Durchführung des Vergeltungsgedankens; die Existenz des Besonderen Teils beweist, daß das positive Recht auf dem Boden der Vergeltungstheorie steht, und die Existenz des Besonderen Teils wiederum ist voll berechtigt. Die jahrhundertelange Arbeit der strafrechtlichen Dogmatiker ist nicht ein Ergebnis juristischer Spitzfindigkeiten und unfruchtbarer dialektischer Spaltungen, wie der älteren Richtung vorgeworfen ist; sie ist dem rastlosen Bestreben gewidmet gewesen, generelle Abstufungen in der Strafwürdigkeit praktischer Fälle zu gewinnen, Abstufungen, deren Gradmesser nur der Vergeltungsgedanke sein kann. Das Ergebnis hat im Laufe der Zeiten gewechselt und wechselt bei den verschiedenen Völkern fortwährend; auch die Anwendung des Maßstabs mag nicht immer einwandfrei gewesen sein; der Maßstab selbst hat sich immer von neuem als brauchbar und untrügerisch erwiesen. Nichts ist also verkehrter, als die Vergeltung auf gewisse Tatbestände, auf die gegen Privatpersonen gerichteten Delikte zu beschränken und die Unanwendbarkeit der Vergeltungstheorie auf die gegen die öffentliche Ordnung, gegen Staat und Gesellschaft gerichteten Delikte anzunehmen.

Nicht zu billigen ist aber auch die Ansicht, die umgekehrt den sozialen Gedanken in einem derartigen Maße betont, daß die Interessen der einzelnen ganz unberücksichtigt bleiben, daß sie völlig in dem Allgemeininteresse untergehen — eine Ansicht, die auf dem Boden eines starren Machtprinzips die Vergeltung rechtfertigen möchte. Als wenn Vergeltung nur im Interesse der Macht und ihrer Inhaber gegeben sei! Als wenn die Regierenden nicht vielmehr bloß das Organ für die Bestrebungen der Gemeinschaftsglieder seien! Der Staat übt Vergeltung nur im Interesse der Gemeinschaft und ihrer Glieder — ein Satz, der nunmehr nach Zurücklegung unseres langen Weges keiner Begründung bedarf.[1])

---

[1]) Daher ist Radbruch Rechtsphilosophie 127 nicht beizupflichten, wenn er meint, die Vergeltung sei nur vom Standpunkte des „transpersonalistischen" Machtprinzips, der konservativen Staatsauffassung denkbar, während der rechtsphilosophische Individualismus die Strafe in den Dienst der Gesellschaft stelle und daher nur als Sicherungsstrafe erklären könne. Die Parallele zwischen den Strafrechts- und den rechtsphilosophischen Staatstheorien erscheint uns ebensowenig haltbar wie diejenige zwischen den letzteren und dem politischen Gegensatz von Konservatismus und Liberalismus.

d) Die Sühne und damit auch die Vergeltung hängen nach der hier durchgeführten Anschauung eng zusammen mit der Generalprävention. Besteht die Sühne als Zweck der Strafe darin, daß sie das durch das Verbrechen verletzte öffentliche Interesse befriedigt, daß sie das durch das Verbrechen gestört Harmonieverhältnis zwischen Gerechtigkeit und Wirklichkeit wieder ins Gleichgewicht bringt, so folgt daraus der weitere Beruf der Strafe, daß sie auf die Gesamtheit der Rechtsgenossen günstig einwirken, daß sie das Rechtsgefühl der Gemeinschaftsglieder erhalten und stärken soll. Und man darf ohne Übertreibung behaupten: der Gemeinschaftswille wird den Rechtsgenossen kaum durch etwas anderes so deutlich zum Bewußtsein gebracht wie durch die Bestrafung des Verbrechers, und insofern erfüllt die Strafe eine hohe generalpräventierende, abschreckende Aufgabe. Die Generalprävention als „den" Zweck der Vergeltung hinzustellen, bedeutet aber einen logischen Sprung und außerdem das einseitige und willkürliche Herausgreifen nur eines der weiteren Zwecke, ganz abgesehen von anderen Mängeln der Generalpräventionstheorie (vgl. oben § 4 IV 3 und unten § 10). Den Gehalt des Generalpräventionsgedankens nun aber gar in die Begriffe Vergeltung und Sühne hineinzutragen, würde unsaubere Arbeit bedeuten. Die begriffliche Verschiedenheit erhellt schon daraus, daß die Vergeltung das Verhältnis des Täters nur zum Vergeltungssubjekt, die Generalprävention dagegen die Beziehungen zwischen Staat (indirekt Täter) und Dritten betrifft.[1])

[1]) Daher sind, wenn auch im Ergebnis im ganzen zutreffend, so doch in der begrifflichen Aufstellung nicht einwandfrei die Ansichten von Schmidt Aufgaben 46 ff., 52, 62 (Vergeltung „als eine Form der Generalprävention"!), Reform 74, 85 (Vergeltung als die zwangsweise Reaktion gegen eine Kränkung mit Rücksicht auf die Empfindungen Dritter! Diese „Rücksicht" ist das Bedenkliche), Oetker GerS. 70, 321 ff. (dagegen mit Recht v. Hippel ZStW. 30, 885 ff.), 78, 101, Finger I 38 ff., Meyer-Allfeld 11 IV (Generalprävention sei Zweck der Vergeltung), ebenso Schoetensack Unbestimmte Verurteilung 30. Nur das Ergebnis besücksichtigt aber und insofern ist zu billigen Frank Vergeltungs- und Schutzstrafe 20, 21. Nicht zuzustimmen ist Köhler Vergeltungsgedanke 137 ff., nach dem sich beide Theorien im modernen Sinne hinsichtlich ihrer legislativen Forderungen in den wesentlichsten Punkten decken; unrichtig ist es daher auch, als eine Vorbedingung für die Nützlichkeit von Strafen die generelle Möglichkeit zu bezeichnen, durch die Strafe in concreto Gegenmotive gegen das Verbrechen zu fördern (so Köhler Lehrb. 33/4), während die Beschränkung der Vergeltungsstrafe auf das unbedingt notwendige Maß

Wie die General-, so hat auch die Spezialprävention und zwar diese in noch höherem Maße als jene mit dem Vergeltungs- und Sühnebegriff an sich nichts zu schaffen. Sie bedeutet nur einen der vielen weiteren Zwecke der Strafe und sogar einen recht entfernten (vgl. oben § 4 IV 3 und unten §§ 9, 10).[1])

e) Ist die Vergeltung auch auf den idealen Zweck der Bewährung der Gerechtigkeit gerichtet, so ist sie durchaus nicht eine spezifisch ethische Einrichtung Ja in der Individualmoral ist zwar für die Sühne, nicht aber für die Vergeltung Raum; denn dort ist sozusagen der Täter selbst der Vergeltende; eine Zweiheit von Personen, wie sie doch die Vergeltung voraussetzt, fehlt in dem Gebiete, wo das eigene Gewissen den Ausschlag gibt. Hierüber ist oben (IV 2 a β) gesprochen, während sich die grundsätzliche Stellungnahme aus unserem Aufbau der Wissenschaften (§ 3) ergibt. Damit erledigen sich die gegen die Vergeltungstheorie beliebten Einwände, sie sei nur sittlicher, nicht rechtlicher Natur.[2])

---

und ihre Ausschaltung dort, wo andere Maßregeln ausreichen, nur zu billigen ist (a. a. O. 34, 37 u. a.). Richtig aber Nagler I 567: „Die sog. Generalprävention liegt nur insofern innerhalb ihres (der Strafe) Bereiches, als die auf Vergeltung sich aufbauende Strafeinrichtung als Ganzes im Dienste der rechtlichen Ordnung steht.“

[1]) Vgl. Oetker GerS. 70, 341 ff., Köhler Vergeltungsgedanke 53, auch Allfeld Gesinnungsstrafe 146 ff. Bedenklich Beling (s. oben zu b) und Kohler Leitfaden 4. — Höchst eigenartig werden von Ebermayer (Kommentar S. 7) in den Begriff der Vergeltung nicht weniger als drei Zwecke hineingelegt, von denen seltsamerweise der letzte, weiteste, entfernteste Zweck ungefähr den Kernpunkt des Wesens der Vergeltung („Ausgleich“) trifft; es heißt dort wörtlich: „Vergeltung ist Zufügung eines Übels als Mittel psychischer Einwirkung auf den Willen eines anderen mit dem doppelten Zweck, diesem gegenüber einmal die Macht des eigenen Willens zu behaupten, und weiter dadurch einen Ausgleich für das durch dessen Mißachtung verletzte Gefühl der Minderung eigner Persönlichkeit zu bringen.“

[2]) So selbst Stammler Theorie der Rechtswissenschaft 1911, 258. Uns scheint aber die Erwiderung Naglers I 711[3] zuzutreffen, daß Stammler auch die rechtliche Vergeltung meinen müsse, da ihm die Strafe Berichtigung der Rechtswidrigkeit sei, so daß die Differenz vielleicht nur eine terminologische ist. Freilich hat Stammler seinen Begriff der Moral auf das Einzelwollen beschränkt und in scharfen Gegensatz zu dem rechtlich-sozialen („verbindenden“) Wollen gestellt; der Widerspruch ist also nicht so leicht zu erklären. — Nach Rosenfeld Vgl. Darst. A 3, 106 hat die Vergeltungstheorie nur ästhetische und sozial-psychologische Qualifikation; damit ist doch aber die juristische

So verfehlt es also wäre, die Vergeltung völlig in das Reich der Moral zu verweisen, so unrichtig wäre es aber andrerseits, sie in einen Gegensatz oder gar einen Widerspruch zur Moral zu setzen.[1]) Wenn diese Ansicht gleichwohl vertreten wird, so denkt man vielleicht mehr an die Rache als an die Vergeltung in dem hier durchgeführten Sinne. Aber für die letztere ist unbedingt ihre nahe Verwandtschaft mit der Moral anzuerkennen. Schon das gemeinsame Element der Sühne ist ein inneres Band. Diese ist der spezifische Zweck der Vergeltungsstrafe und gehört zugleich der Moral an. Das ist nun freilich eine Begründung, die gewissermaßen nur von der Seite her Fühlung sucht; Individualmoral und die ihr verschwisterte Sozialwissenschaft sind einander nur nebengeordnet und können noch immer in ihren einzelnen Erscheinungen miteinander eine Dissonanz bilden. Eine Begründung nach oben, ein Aufzeigen des beide verbindenden Gliedes, ein Nachweis des Zusammenstimmens zu einem reinen, keiner Auflösung mehr harrenden Akkorde ist aber leicht zu erbringen, wenn man sich die von uns stets als grundlegend hervorgehobene Gesamtanschauung des Systems der Wissenschaften und ihrer obersten Ideen, ihrer Gesetzmäßigkeiten zu eigen macht.[2])

Die Gesetzmäßigkeiten der Wissenschaften, denen die Vergeltung angehört, also die Sozialwissenschaften, fügen sich mit der Gesetzmäßigkeit der Individualethik harmonisch zusammen: die Menschen in ihrem Verhältnis zueinander streben demselben Ziele zu, nach dem auch der seinem Gewissen folgende Einzelmensch den Weg zu

verbunden (einerseits Herstellung der Harmonie, der Gerechtigkeit, andrerseits Bewährung des Gemeinschaftswillens innerhalb der rechtlichen Gemeinschaft, des Staates!).

[1]) So Kraepelin Monatsschr. 3, 269 (vgl. den Nachweis unten § 10 IV Kleindruck). Abwegig ferner Kerler Die Idee der gerechten Vergeltung in ihrem Widerspruch mit der Moral 1908. Wenn Lipps Der Begriff der Strafe 1906 (in Monatsschr. 3) meint, die Vergeltung verfehle den Zweck, den bösen Willen in dem Täter aufzuheben, so ist ihr ein Zweck unterschoben, den sie gar nicht verfolgt; die Vergeltungsstrafe maßt sich den Besserungszweck nicht an. Vgl. auch Lipps Grundtatsachen des Seelenlebens 1883, 684 ff. und Meinong Psychologisch-ethische Untersuchungen zur Werttheorie 1894, 208 ff.

[2]) Zu dem Folgenden vgl. über unsere grundsätzliche Stellungnahme zur Religion vorläufig unsere Ausführungen in Zeitschr. f. Rechtsphilos. II 362/3 und ferner besonders den schönen Aufsatz Windelbands Das Heilige 1902 (Präludien II⁴ 272 ff.).

nehmen hat, unter welchem methodischen Gesichtspunkt auch immer man das menschliche Leben betrachten mag, ob unter dem der Sozialwissenschaften oder dem der Individualethik: die Menschen haben in derselben Richtung nach dem großen, unbekannten Lande zu wandern, ohne sich zu kreuzen und in Widerspruch zueinander zu geraten; sie haben ihre Verhaltungsweisen zueinander so einzustellen, daß möglichst geringe Reibungen entstehen. Wer vom rechten Wege abweicht, hat seine Schuld zu sühnen; der Gedanke der Sühne ist ein oberstes Gesetz,[1]) das der schöpferische Geist des Menschen sich symbolisch schön in einem religiösen Gesetz, in der göttlichen Weltordnung zurechtgelegt hat: im Grunde dasselbe wie der Nous bei Aristoteles, die Harmonieordnung bei Leibniz, das moralische Gesetz bei Kant, die Realisierung der Weltvernunft bei Hegel. Von dieser Warte aus betrachtet mag die Vergeltung auch im Reiche der Moral herrschen; denn nunmehr ist eine Zweiheit künstlich geschaffen, ist dem Objekt der Vergeltung ein Subjekt gegenübergestellt: Gott vergilt die böse Gesinnung durch das Gewissen, wie er die unrechte Tat durch das oberste Kulturgrundgesetz vergelten läßt. Und ist die Vergeltung durchgeführt, so ist die Schuld gesühnt, der Friede des Menschen mit seinem Gotte ist wiederhergestellt, der Mensch darf sich wieder ein Kind Gottes heißen.

So findet denn hier die in den Lehrbüchern meist mit wenigen Worten zurückgewiesene,[2]) erhabene Theorie von der göttlichen Vergeltung (Stahl) ihre Stätte. Ihr Fehler ist, das juristische Grundgesetz, ja das übergeordnete Kulturgrundgesetz weit zu überschreiten und metaphysische Gesetze — die insofern der Ästhetik angehören, als sie der Menschengeist in schöne Form gegossen hat — als vermeintliche (wissenschaftliche) Erkenntnis an systematisch weit tieferer Stelle einzusetzen. Ihr bleibender Wert dagegen ist, einem

[1]) Daß das Gesetz der Ausgleichung ein „universelles Lebensgesetz" sei, wird mannigfaltig von Nagler I 534 ff. belegt.

[2]) Daß die Strafe des geltenden Rechts nicht — wörtlich verstanden — auf dem Gedanken der göttlichen Vergeltung beruht, ist leicht nachzuweisen; denn sonst müßten die Strafbestimmungen gegen die Religionsdelikte ungleich härter sein. Im Text handelt es sich aber natürlich nicht um die positivgesetzliche, sondern um die erkenntniskritische Rechtfertigung des Vergeltungsgedankens; und diese führt im System der Wissenschaften schließlich bis auf die obersten Stufen menschlichen Denkens.

tiefen Zuge des menschlichen Gemütes zu genügen, indem die Idee der gerechten Vergeltung, auf Erden nur so unvollkommen realisierbar, aus den engeren Gebieten der Einzelwissenschaften zu den ewigen Rätseln emporgeführt und in metaphysischen Leitsätzen aufgegipfelt wird, die dem Menschen Gerechtigkeit verheißen. Die Sehnsucht der Menschen nach Gerechtigkeit wird gestillt: was ihnen auf Erden versagt ist, soll ihnen eine bessere Welt bescheren: die Belohnung des Guten und die Bestrafung des Bösen.

Hiermit ist vielleicht einer der tiefsten Gedanken widerlegt, der gegen die Vergeltungstheorie zu sprechen scheint. Man kann mit einem scheinbar durchschlagenden Grunde vom Standpunkte der Moral den Vergeltungsgedanken also bekämpfen: die Nächstenliebe gebietet, dem gefallenen Menschen zu helfen und ihn zu sich emporzuziehen, damit er wieder ein Kind Gottes werde. Vergelten ist Verdammen, Zurückstoßen; wer über seinen Mitmenschen in dieser rigorosen Weise richtet, der ahnt nicht den eigenen moralischen Tiefstand, in den er gesunken ist, wenn Mitleid und Liebe nicht mehr ihre Segnungen erfüllen und wenn diese hohen moralischen Güter durch ein hartes und kaltes Formelprinzip abgelöst sind, durch das Prinzip: Gleiches mit Gleichem zu vergelten, also auch Böses mit Bösem zu erwidern, auf die vom Verbrecher geschlagene Wunde eine neue zu schlagen.

Wie steht es denn mit der Nächstenliebe? Ist sie vielleicht das oberste Prinzip, das in letzter Instanz berufen ist, über den Wert der menschlichen Handlungen zu richten und nötigenfalls die Ergebnisse der vergeltenden Gerechtigkeit umzugestalten und zu verbessern? Nein, niemals! Die Nächstenliebe ist eine Tugend, die nicht befugt ist, die Grenzen der Moral zu überschreiten.[1]) Sie ist sogar auf ihrem eigenen Feld nur ein, keineswegs der einzige und erst recht nicht der oberste Wert. Denn ihre fortwährende Betätigung würde unheilvoll auf den Mitmenschen einwirken; dieser würde sich daran gewöhnen, Gutes in Empfang zu nehmen, ohne seinerseits bestrebt zu sein, es zu vergelten; auf die eigene Kraft, ihre Betätigung

[1]) Daher nicht zu billigen A. Baumgarten Moral, Recht und Gerechtigkeit 1917, 8, nach dem das „moralische Lustgefühl“ kein anderes sein kann als „die Mitfreude am Glück des Mitmenschen und die Moral gleichbedeutend ist mit einem alle anderen Motive überwindenden unbeschränkten Altruismus“.

und Ausbildung würde er je nach Charakter und Temperament geringeres Gewicht legen. Und wennschon der einzelne, dem gegenüber nur die Nächstenliebe und immer wieder nur sie betätigt würde, selbst am allermeisten litte, so ist auch der unter der Herrschaft eines solchen Prinzips drohende Schaden für das Ganze, für die Gemeinschaft unabsehbar. Das Leben in der Gemeinschaft selbst würde aus dem Gleichgewicht kommen, wenn die Menschen nichts weiter als die Nächstenliebe gegeneinander ausüben würden — und solche Menschen wären nach jenem Prinzip die Idealmenschen! In einer solchen Gemeinschaft würde ja keiner von dem anderen Gutes annehmen wollen, da ein jeder bestrebt sein würde, hinter seinem Nächsten zurückzustehen; fortwährende Reibungen wären die notwendige Folge, und das wäre gewiß keine ideale Gemeinschaft. Und ferner: weshalb soll ich hinter dem anderen zurückstehen, wenn es sich um mein eigenes, vielleicht unumgänglich notwendiges Wohlergehen handelt? Soll etwa gar mein eigenes sittliches (!) Handeln hinter der Betätigung der Nächstenliebe zurückstehen? Dann müßte ich — und vielleicht mit mir zugleich die Gemeinschaft — auf moralische Güter und Werte verzichten, damit ein Fremder keinen Schaden nimmt?

Wieder drängt sich mit Macht der richtige Gedanke hervor, der als die unbedingte Richtschnur für alles soziale Handeln erkannt wurde — und seine Stimme wird nie verstummen: die Harmonie in der Gemeinschaft, die Einschränkung aller Einzelbestrebungen im Interesse des Ganzen und ihre Zurückführung zu einer obersten soziologischen Einheit, die Einordnung aller Sonderinteressen in diese Einheit. Selbst in der Betätigung der Nächstenliebe haben sich die einzelnen Gemeinschaftsglieder Fesseln aufzuerlegen; auch diese edlen Bestrebungen dürfen nicht ein gewisses, durch das Gemeinschaftsinteresse gebotenes Maß überschreiten, sondern haben sich unter den denkbar geringsten Reibungen zu einem einheitlichen Ganzen zusammenzufügen. Nicht Nächstenliebe, sondern Gerechtigkeit. Und ein Ausfluß ebendieser Gerechtigkeit ist die Vergeltung: die Belohnung des Guten und die Bestrafung des Bösen — damit wird das sozialpsychische Gleichgewicht wiederhergestellt, damit wird der Widerspruch zwischen Wirklichkeit und Gerechtigkeit aufgelöst.

Dagegen ist die unbegrenzte Betätigung der Nächstenliebe in

einer vollkommenen, idealen Gemeinschaft, so wie das menschliche Vorstellungsvermögen sie überhaupt nur ausdenken kann, schon eine logische Unmöglichkeit, geradezu ein Widerspruch in sich; denn eine jede Gemeinschaft, selbst die idealste, fordert Beschränkung der Einzelbestrebungen. Andere, höhere Bahnen mag der Menschengeist wandeln, wenn er die Individualmoral zu einer obersten Einheit mit der sozialen Gerechtigkeit verbindet; in einer nicht mehr ausdenkbaren „Gemeinschaft reiner Wesen in Gott" mag die Nächstenliebe, jene hohe individualethische Tugend, im Bunde, wenn nicht gar in Identität mit der Gerechtigkeit walten — in einer solchen Gemeinschaft, wie sie als religiöses Ideal dem nach Erkenntnis ringenden, die reinste Sittlichkeit erstrebenden und in den Höhenwerken der Kunst aufgehenden Menschen vorschweben mag; dort kann es keinen Neid und keinen Streit geben, dort herrscht nur Liebe und Eintracht. Sollte es nicht auch dort Vergeltung geben? Gewiß: Vergeltung des Guten und des Rechten; gewiß: Belohnung. Aber Schuld und Sühne fehlen, weil jenes Reich ein vollkommenes ist, in dem vollkommenste Menschen wohnen; es schwebt uns als ein Idealgebilde in leuchtender Pracht vor.

Die wissenschaftliche Erkenntnis jedoch hat sich bereits vor den Pforten des Allerheiligsten ihr Ziel zu setzen. Dort hält ein — ebenfalls nie und nimmer erreichbares — Ideal Wacht: die vollkommene, von der Gerechtigkeit beherrschte Gemeinschaft. Und in allen tiefer stehenden Gemeinschaften, so wie sie auf Erden überhaupt nur realisierbar sind, waltet als Funktion jener Gerechtigkeit die Vergeltung und die Sühne; denn dort ist mit Unrecht und mit Schuld allezeit zu rechnen, und das Unrecht ist zu vergelten, die Schuld ist zu sühnen.

— — Kaum ein anderes Mittel ist in der gleichen eindringlichen Weise geeignet, der Rechtsbewährung zu dienen und den Glauben an die Durchsetzung der Gerechtigkeit hochzuhalten, wie Vergeltung und Sühne. Ein wesentlicher Teil der menschlichen Ideale liegt in dem kurzen und doch so inhaltsschweren Satz beschlossen, dem die vorstehenden Ausführungen gewidmet waren und den in den verschiedensten Zweigen des menschlichen Denkens zu begründen sie sich zum Ziele gesetzt hatten: Die Vergeltung soll die Schuld sühnen.

§ 6. Die Verletzung des öffentlichen Interesses.

I. Es gilt, die Strafvoraussetzungen von den Voraussetzungen des privaten Unrechts abzugrenzen. Wenn die Strafe definiert wird als ein „Übel, welches über jemanden kraft eines wirklichen oder vermeintlich pflichtwidrigen Verhaltens verhängt wird“,[1]) so ist damit eine Bestimmung aufgestellt, der auch der Schadensersatz genügen würde. Welches ist nun aber die Voraussetzung, die in den Strafbegriff aufgenommen werden muß, damit sich dieser genügend von den privatrechtlichen Unrechtsfolgen abhebt?

Wir sahen oben (§§ 2 III a. E., 5 IV 2 c), daß Privat- und Strafrecht sich letzten Endes nur durch die Betrachtungsweise unterscheiden. Zwischen den einzelnen Handlungen kann eine Grenze nicht in dem Sinne gezogen werden, daß man ein für alle Male sagen kann, diese Handlung sei nur privatrechtlich relevant, erst bei jener beginne das Strafrecht. Eine jede Handlung, auch die privatrechtliche, berührt das öffentliche Interesse, und die meisten strafbaren Handlungen ziehen auch privatrechtliche Folgen nach sich. Es kommt vielmehr darauf an, welchen Standpunkt man prinzipaliter einnimmt, ob denjenigen des Staats oder den privatrechtlichen, und die Frage ist dahin zu stellen, ob man einer Handlung vorwiegend öffentlichrechtliches oder vorwiegend privatrechtliches Interesse abgewinnt.

Das öffentliche Interesse ist aber in einem derartigen Maße, daß der Staat Strafe verhängt, dann verletzt, wenn die Verletzung von dem Staat als eine besonders schwere empfunden wird. Das ist das einzige Kriterium für das strafbare Unrecht.

Ist nicht dieses Kriterium aber unrichtig? Wiegt nicht oft manche vorsätzliche Vertragsverletzung, die lediglich das Privatrecht interessiert, schwerer als eine geringfügige Übertretung oder selbst ein geringfügiges Vergehen, etwa eine Beleidigung, eine fahrlässige Körperverletzung? Ein solcher Einwand[2]) ist leicht zu widerlegen. Es kommt nicht darauf an, ob im konkreten Falle eine Beleidigung leichter wiegt und weniger gefährlich ist als eine Vertragsverletzung. Maßgebend allein ist die generelle Natur der

---

[1]) So Merkel(-Liepmann) 194.

[2]) Er wird unter völliger Verkennung der generellen Natur des Kriteriums von Binding Abh. I 79 erhoben.

Delikte; sie sind so zu bestrafen, wie sie typisch ausgestaltet sind. Die Rechtsordnung, der Staat, der objektive Beurteiler betrachten ein unter den gesetzlichen Tatbestand des Beleidigungsparagraphen fallendes Verhalten als ein solches, das vorwiegend das öffentliche Interesse berührt; nach ihrem Urteil verletzt die Beleidigung ein für alle Male das öffentliche Interesse; es wird so angesehen, als ob sie das öffentliche Interesse verletzt. Und das Kriterium für derartige, zum mindesten fiktive Verletzungen des öffentlichen Interesses ist immer die besondere Schwere des Unrechts, natürlich in Verbindung mit der anderen, der subjektiven Strafvoraussetzung, der Schuld.

Diese „besondere Schwere" ist nun freilich ein recht dehnbares Kriterium. Aber auch die Dehnbarkeit hat ihre Vorzüge, wie alsbald (II) darzulegen ist; und vor allem läßt sich ein genaueres Unterscheidungsmerkmal nicht geben. Nun wird man es gewiß wegen seiner Ungenauigkeit bekämpfen wollen; man wird es vielleicht als nichtssagend bezeichnen. Das ist es aber keineswegs. Es bringt zum Ausdruck, daß der Staat eben nicht auf jedes schuldhafte Unrecht reagiert, sondern nur auf ein solches, das ihn in erheblichem Maße verletzt, ein solches, das er als eine besonders schwere Verletzung des öffentlichen Interesses ansieht. Mehr läßt sich in einer allgemeingültigen Formel nicht sagen. Die Anschauungen der verschiedenen Zeiten und Völker weichen stark voneinander ab; der eine Staat mag die fahrlässige Sachbeschädigung oder die fahrlässige Beleidigung oder die vorsätzliche Vermögensbeschädigung oder die versuchte Körperverletzung unter Strafe stellen, der andere nicht. Folgende Richtlinien dürften aber eine entscheidende Bedeutung beanspruchen.

1. In erster Linie wird es darauf ankommen, welche Interessen der einzelnen und welche Kulturinteressen der Staat als auch für ihn derartig erheblich ansieht, daß er auf ihre Verletzung strafrechtlich reagiert. Das Vermögen bedarf in dieser Hinsicht geringerer Berücksichtigung als Leib und Leben, so daß Fahrlässigkeit zwar hier, aber nicht durchweg dort zu bestrafen ist. In Staaten von niederer Kultur wird das sog. geistige Eigentum eher schutzlos bleiben als in hochstehenden.

2. Für die Berücksichtigung des eigenen Interesses des Staates spielt eine hervorragende Rolle das Verhalten der einzelnen gegen-

über der Staatsgewalt. In denjenigen Gemeinwesen, in denen die Bürger eher zu Ausschreitungen und zur Mißachtung der Staatsautorität neigen, muß auch der Strafgesetzgeber energischer vorgehen. Aufgeregte Zeiten mit revolutionären Umtrieben erfordern ein schärferes Anspannen der Strafgesetzmaschine. Erhaltung und Vertiefung der Macht und des Ansehens des Staates — für diesen selbst vielleicht der oberste Grundsatz — ist ein leitender Gesichtspunkt auch für den Strafgesetzgeber.

3. Ferner kommt es auf den Grad der Bindung der Untertanen durch die Lebensmächte an, durch Religion, Recht, Moral, Sitte, Mode und öffentliche Meinung; dieser Grad mag je nach dem Charakter des Volkes, aber auch nach den politischen, sozialen und wirtschaftlichen Verhältnissen ein durchaus verschiedener sein. Je größer die Lockerung in sittlicher und rechtlicher Hinsicht, um so notwendiger ein strafrechtlicher Eingriff. Zur Moral erziehen kann selbst das Strafgesetz, wenn natürlich auch nur innerhalb einer gewissen Grenze und in bescheidenem Maße; es kann zum mindesten eine Stütze zur Hebung und Stärkung der Moral sein. Daher wird in Zeiten der Not, politischen und ökonomischen Tiefstandes, in Zeiten, wo das sonst vielleicht hohe kulturelle und moralische Niveau zu sinken droht, ein rascher Eingriff des Strafgesetzgebers in sonst seinem Bereich entzogene Gebiete einen Niedergang verhindern oder wenigstens hinausschieben und abschwächen können. Wären die zahlreichen, in den letzten Jahren des Weltkrieges und nach seinem unglücklichen Ausgange erlassenen, viel getadelten Strafbestimmungen nicht gewesen, so wäre die allgemeine Zügellosigkeit vielleicht in noch weit stärkerem Grade entfesselt.

In allen diesen Fällen muß der Staat die psychische Widerstandskraft des Volkes gegen das Böse und seine Lenkbarkeit zum Guten genau in Rechnung ziehen, will er heilsame Strafgesetze erlassen. Und nicht allein die ethisch-juristischen Fähigkeiten der Untergebenen, sondern auch ihre intellektuelle Bildung, der Grad ihrer Erkenntnis des Guten und des Rechten wie des Nützlichen sind zu berücksichtigen. Daß dabei auch die natürliche Veranlagung des Volkes in Betracht zu ziehen ist, versteht sich von selbst. Die ruhig und kühl denkende Bevölkerung bedarf auch strafgesetzlich geringerer Fesselung als die leidenschaftliche und heißblütige, zu Ausschreitungen neigende Menge.

4. Gewisse Zeiten können auch für gewisse Gruppen des Unrechts Strafvorschriften erfordern, auf die sonst hätte verzichtet werden können. Mit einer starken Heranziehung der Bürger zu Steuerleistungen wird auch ihre Neigung zur Mißachtung der Finanzhoheit steigen, wenn nicht mit dem Anspannen der steuerlichen Anforderungen auch der Strafgesetzgeber gleichen Schritt hält. Mit der Knappheit der Lebensmittel, mit dem Wachsen der Gewinnsucht muß Hand in Hand gehen eine verschärfte Strafgesetzgebung gegen den Lebensmittelwucher. Mit der Zunahme der Bevölkerung und ihrer Dichtigkeit, mit dem Wachsen des Verkehrs und des Handels sind gegen die damit notwendig verbundenen Reibungen der Menschen untereinander entsprechende Waffen des Strafgesetzes zu schmieden. Auf die vielbehandelten innigen Beziehungen zwischen der Kriminalität und den wirtschaftlichen Verhältnissen sei hier nur zu dem Zwecke hingewiesen, um das allein maßgebende Prinzip hervortreten zu lassen: der Staat greift dann zum Strafgesetz, wenn nach seiner Ansicht das Interesse der Gesamtheit, das öffentliche Interesse durch ein schweres Unrecht in erheblichem Maße verletzt oder gefährdet wird. Stets muß das Ziel hier wie sonst möglichste Erhaltung und Förderung der Gemeinschaft und ihrer Interessen sein; nur dieser allgemeine Gesichtspunkt vermag einen allgemeingültigen Richtpunkt an die Hand zu geben. Und für das Strafrecht tritt unter Verengerung des Gesichtsfeldes hinzu als das spezifische Merkmal: die Erheblichkeit oder die Schwere der Verletzung des öffentlichen Interesses.

5. Eine Einschränkung ist selbstverständlich: der Gesetzgeber muß generell mit der praktischen Durchführbarkeit der Bestrafung und ihrer Zweckmäßigkeit rechnen dürfen. Strafbestimmungen, die nur auf dem Papier stehen, wie diejenigen des geltenden Rechts über den Zweikampf und manche der einstigen Kriegsstrafgesetze, schaden mehr, als sie nützen; das Publikum hofft auf ihre Nichtanwendung und stumpft leicht ganz allgemein gegenüber dem Ernst der Gesetze ab. Es fragt sich ferner, ob gewisse Tatbestände, die an sich zwar strafwürdig, aber wegen ihrer für den Richter schweren oder gar unmöglichen Zugänglichkeit kaum nachweisbar sind, überhaupt gesetzlich geregelt werden sollen, wie die intimen Vorgänge auf dem Gebiete des ehelichen und geschlechtlichen Lebens. Endlich ist zu prüfen, ob ein Fall wirklich von der Vergeltungsstrafe getroffen werden soll und nicht zweckmäßiger eine andere Behandlung ver-

dient, Erziehung und Unschädlichmachung des Täters; ihren theoretischen Niederschlag finden diese Erwägungen in dem Begriffe der Rechtmäßigkeit (unten § 9)

6. Endlich zeigt das Strafrecht — das ist der wesentliche Zug des sog. Verwaltungsstrafrechts (vgl. unten § 13 I 2 c) — einen subsidiären Charakter, indem es dort auftritt, wo andere Mittel versagen. So werden geringfügige Entwendungen bestraft, wo vielleicht Schadensersatz ausgereicht hätte; aber in dieser Art von Fällen ist der Ersatzanspruch meist ohne Wert für den Geschädigten, da der Täter erfahrungsgemäß oft mittellos ist und das Entwendete längst beseitigt hat. Man denke ferner an die zahlreichen leichten Beschimpfungen und geringfügigeren Roheits- und Gewalttätigkeitsvergehen, vor allem aber an das große Heer der Übertretungen, durch die der Staat in nicht sehr erheblicher Weise verletzt zu werden pflegt. In allen diesen Fällen fehlt es zwar an der besonderen Schwere und Gefährlichkeit des Angriffs, gleichwohl bewährt sich das Kriterium des Strafrechts insofern, als dem Staat andere Mittel zur Vergeltung, insbesondere diejenigen des privatrechtlichen Ausgleichs, nicht zu Gebote stehen oder nicht ausreichend und durchführbar erscheinen. Das Mittel der Strafe wird als ein subsidiäres durch das öffentliche Interesse erfordert. Als weitere Voraussetzung wird hier allerdings noch die Befürchtung vorliegen müssen, daß die genannten, nur leichteren Charakter aufweisenden Verfehlungen nicht nur vereinzelt, sondern besonders häufig begangen werden und daß also in numerischer Hinsicht ein gewisser Grad von Gefährlichkeit für die Rechtsordnung und das Gemeinschaftsleben gegeben ist; sonst sieht der Staat überhaupt keinen Anlaß zum Einschreiten und überläßt dem Geschädigten allein die Wahrung seiner Rechte.

II. Dieses sind einige allgemeine Richtlinien für die Ermittlung des Grades des öffentlichen Interesses, der für eine strafgesetzliche Reaktion erforderlich ist. Viel Material bietet die kriminalätiologische und kriminalpsychologische Literatur, auf deren Einzelheiten einzugehen nicht die Aufgabe einer normativ-teleologisch aufgebauten Grundlegung ist.[1])

---

[1]) Es sei aber auf ähnliche Erwägungen Naglers I 589 ff. hingewiesen. Den ersten von uns hervorgehobenen Gesichtspunkt, die Berücksichtigung der Individual- und Kulturinteressen, läßt er außer acht; im übrigen können wir ihm aber im wesentlichen nur beitreten.

Daß die Richtlinien nicht bestimmter gefaßt und nicht in einen ein für alle Male gültigen Leitsatz gezwängt, in ein scharfes Unterscheidungsmerkmal des strafbaren Unrechts gegenüber dem privaten gepreßt werden können, hat einen ungeheueren Vorzug, der den scheinbaren Mangel an wissenschaftlicher Exaktheit sicherlich aufheben würde: der Strafgesetzgeber bewahrt sich die erforderliche Bewegungsfreiheit, er bleibt imstande, überall einzugreifen, wo es ihm erheblich erscheint, ohne an starre Normen gebunden zu sein; er sichert sich die nötige Elastizität, den Bedürfnissen des Staates und seiner Glieder in weitgehendem Maße entgegenzukommen, und auf diese Bedürfnisse ist in letzter Linie doch immer das entscheidende Gewicht zu legen. Die „Bedürfnisse der Rechtspflege" sind der faktische (psychologische) Niederschlag des teleologischen Grundgesetzes. Alles Schablonenhafte und Schematische ist gerade hier vom Übel.

Und auf der anderen Seite ist das Recht zu strafen, diese große Last für den Staat, nur in weiser Beschränkung auszuüben. Es wäre eine arge Verkennung der staatlichen Aufgabe, sollte in allen Fällen eines schon nicht mehr ganz leichten Unrechts sofort das scharf geschliffene Schwert des Strafamtes angesetzt werden, während privat- oder verwaltungsrechtliche Maßnahmen ausreichen würden. Nur wo ein zwingendes öffentliches Interesse obwaltet und vorherrscht, ist für ein Strafgesetz Raum. Überaus zahlreiche Strafgesetze wirken — nicht anders wie eine Fülle von Vorbestrafungen — abstumpfend. Ein Überfluß von Strafgesetzen würde nichts Geringeres bedeuten als einen Rückfall in den alten Polizeistaat.

Dazu kommt, daß der Gesetzgeber eine ganz verschiedene Stellung zu gewissen Gruppen von Delikten nehmen kann und mit dem Wechsel der wirtschaftlichen, sozialen und politischen Verhältnisse und des sittlichen und geistigen Niveaus der Individuen nehmen muß. In welchem Umfange sollen Vertragsverletzungen, sollen geschlechtliche Verfehlungen, etwa die widernatürliche Unzucht, soll der Zweikampf mit Strafe bedroht werden? Und ferner braucht nur erinnert zu werden an die zahlreichen Strafvorschriften, die sich in Gesetzen vorzugsweise zivil- oder verwaltungsrechtlichen Inhalts befinden, etwa im Handelsgesetzbuch, in der Konkursordnung, in der Gewerbeordnung, im Depotgesetz, Nahrungsmittel-, Jagd-, Fischereigesetz. Ebenso gewiß, wie manche dieser Strafbestimmungen entbehrlich erscheinen, mögen andere der Ergänzung und Erweiterung bedürfen. Der Maßstab kann nur sein: Ist nach Ansicht des Staates durch das Unrecht das öffentliche Interesse in einem derartigen Maße verletzt, daß er strafgesetzlich einzuschreiten für nötig hält?

III. Die mannigfachen Versuche der Literatur, eine schärfere Abgrenzung zwischen dem privat- und dem strafrechtlichen Unrecht zu geben, sind entweder dogmatisch nicht haltbar, oder aber sie beruhen auf dem Gesichtspunkt der vorwiegenden Verletzung des öffentlichen Interesses nach der Ansicht des Staates.

Wenn das strafbare Unrecht von Hegel als die bewußte und gewollte Entgegensetzung des Einzelwillens gegen den allgemeinen Willen und von Haelschner[1]) als unmittelbarer Angriff gegen die Rechtsordnung selbst aufgefaßt wurde, so ist in diesen vielbekämpften Bestimmungen zweifellos ein richtiger Kern enthalten. Sie suchen zwar irrig ein reales Kriterium zu geben und geraten damit in Widerspruch mit dem positiven Recht, das einerseits auch eine fahrlässige, andrerseits auch eine unmittelbar nur gegen private Rechtsgüter gerichtete Tat in weitgehendem Maße unter Strafe stellt; aber die Ansicht enthält ein richtiges Symptom für den nur in den Betrachtungsweisen liegenden Gegensatz: auf eine Straftat reagiert der „allgemeine Wille", reagiert der Wille der „Rechtsordnung" „unmittelbar", weil die Tat vorwiegend unter dem Gesichtspunkt des öffentlichen Interesses zu würdigen ist. Jene Ansicht würde daher vom Standpunkte der Alsob-Philosophie ganz annehmbar erscheinen; man müßte sagen: die Tat ist als eine solche zu behandeln, wie wenn (als ob) „bewußt der allgemeine Wille" oder „unmittelbar die Rechtsordnung" angegriffen wäre; denn das sind die normalen Fälle, die das öffentliche Interesse verletzen, es sind die Fälle, die, wie oben gesagt, das „reale" Kriterium zum Ausdruck bringen. Hegel und Haelschner suchten fälschlich einen Kreis tatsächlicher Fälle heraus, die sie als die allein strafbaren zu erkennen glaubten, statt auf den richtigen Gesichtspunkt hinzuweisen, der für jenes Herausgreifen bestimmend gewesen ist. Seltsamerweise, aber doch wohl zutreffend muß der Vorwurf eines Abirrens in die Welt der Erscheinungen gerade gegen jene Schriftsteller erhoben werden, deren Stärke in der begrifflichen Dialektik und deren (sonstiger) Fehler in der Abkehr von den Tatsachen lag.

In ähnlicher Richtung bewegt sich wohl auch Stahl,[2]) nach dem das strafbare Unrecht „an sich" gegen das Recht (das zivile dagegen nur unter gegebenen Umständen) gerichtet ist und „der Herrschaft und dem Ansehen des Staates Trotz bietet". Die Straftat ist „an sich", soll heißen: prinzipiell

---

[1]) System des preußischen Strafrechts I 1 ff., Gemeines deutsches Strafrecht I 23 ff.

[2]) Philosophie des Rechts [5] II 2, 694 ff.

und vorwiegend gegen das öffentliche Interesse gerichtet, das zivile Unrecht nur in zweiter Linie und nicht so regelmäßig.

Der Hegelschen Auffassung nahe steht die bekannte Ansicht Bindings,[1]) das strafbare Unrecht sei eine schuldhafte Verletzung des staatlichen Rechts auf Botmäßigkeit. Eine Verwandtschaft zwischen beiden Anschauungen besteht schon deswegen, weil nach Binding — das wurde meist gegen ihn eingewendet — ein fahrlässiges Delikt nicht strafbar wäre, da sich eine fahrlässige Gehorsamsverletzung nicht denken läßt; es geht nicht an, die Fahrlässigkeitsstrafen als gesetzliche Anomalie zu bezeichnen. Aber ebenso deutlich wie bei Hegel kommt auch bei Binding der Gedanke der (vorwiegenden) Verletzung des öffentlichen Interesses zum Ausdruck; denn die Gehorsamsverweigerung ist eben das offenbarste Kennzeichen einer solchen vorwiegenden Verletzung, so eng auch ihr Kreis in dem Reiche der Tatsachen sein mag.

Und während Binding dieses ihn besonders interessierende formale Element heraushebt, legt v. Liszt[2]) nicht minder konsequent seinen Leitgedanken auch hier zugrunde: die besondere Gefährlichkeit des Angriffs auf die Rechtsgüter. Damit wird aber, nur in einer anderen Wendung, auch unser Prinzip zum Ausdruck gebracht. Denn realistisch kann man v. Liszts Merkmal nicht verstehen; für eine ganze Reihe von Straftaten (leichten Beleidigungen!) würde es versagen. Gefährlichkeit ist eben nur ideell zu deuten: nach Ansicht des Gesetzgebers sind jene Straftaten besonders gefährlich für das Gemeinwesen, sie gelten daher als vorwiegend gegen das öffentliche Interesse gerichtet. Was bei v. Liszt noch besondere Billigung verdient, das ist das Hinausschieben des Prinzips aus dem juristisch-formalistischen Bannkreis in das von ihm sogenannte Gebiet des „Materiellen", „Metajuristischen".

Dieses übergesetzliche Gebiet zu betreten, sieht sich selbst ein Schriftsteller genötigt, der sonst energisch nur das rein Juristische klarzulegen gewillt ist; er wendet das verpönte Prinzip der Interessenabwägung an, um zu einem brauchbaren Strafbegriff zu gelangen. Bei Nagler,[3]) der die Strafe — vermeintlich streng — als „rechtliche (!) Vergeltung" begründet, findet sich eine bezeichnende Einschränkung des rein juristischen Elements, deren Unzulänglichkeit einem so genau arbeitenden Schriftsteller wie Nagler nicht verborgen bleiben konnte: zur rechtlichen Vergeltung müsse noch die „praktische Notwendigkeit" treten. „Die Rechtsgemeinschaft hat in sorgfältiger Interessenabwägung (!) nach den allgemeinen Grundsätzen der Staatswirtschaft die Delikte zu bestimmen, deren Pönalisierung um des erschütterten Rechtsfriedens willen geboten ist. Vermöge dieser realistischen Vorteilsberechnung verläuft die Grenze zwischen strafpflichtigem und straflosem Unrecht... nicht nach begrifflichen Abscheidungen, sondern nach Bedürf-

---

[1]) Normen I[2] 308 ff.; vgl. auch später Abh. I 63 ff., 85.

[2]) Zuletzt Lehrb.[21] 6, 182, 181 (wo übrigens die erst subsidiär einzusetzenden Erwägungen zu oben I 6 als prinzipale, ja beinahe ausschließliche angestellt werden, vgl. a, b, d).

[3]) I 588 ff.

nissen und Erheblichkeitsschätzungen." Diese letzteren Maßstäbe weisen aber ganz offensichtlich auf das Interesse, das öffentliche Interesse und seine vorwiegende Verletzung, auf die besondere Schwere des strafbaren Unrechts hin.

Vor allem kann man aber in den Ausführungen keines Geringeren als Merkel[1]) die hier durchgeführte Anschauung zwischen den Zeilen lesen. Nachdem Merkel dargelegt hat, daß dem Strafzwange nur subsidiäre Bedeutung zukomme und daß er eintrete, wo die Rechtsverletzung über die Sphäre des unmittelbar Verletzten weit hinausgehend die Wiederherstellung eines Ideellen, nämlich des normalen Verhältnisses zwischen der Rechtsordnung und dem Einzelwillen erfordere, bemerkt er, die Strafe habe es nicht mit der Ausgleichung der äußeren Störung zu tun, sondern „mit dem, was übrigbleibt, wenn der äußere Schaden ausgeglichen ist. Dies sind geistige Wirkungen, welche eine von der äußeren Ordnung unabhängige Gefahr für den Bestand der rechtlichen Ordnung in sich schließen. Daher ist die Strafe jenen anderen Rechtsfolgen nur dort zur Seite gestellt, wo diese nicht als ausreichend erscheinen, um das psychologische Fundament der Herrschaft des Rechts und der Interessen, deren Organ es ist . . . sicherzustellen." — Die „geistigen Wirkungen des Verbrechens" usw. bestehen in einer erheblichen Verletzung des öffentlichen Interesses. Und die „Sicherstellung des psychologischen Fundaments" usw. kann nur die Befriedigung dieses Interesses bedeuten. Die „subsidiäre" Natur des Strafzwanges ist aber insofern eine prinzipale, als dieses öffentliche Interesse unmittelbar berührt wird, nicht nur deswegen, weil private Interessen verletzt werden (also nur mittelbar). Deswegen geht eben das Verbrechen „über die Sphäre des privaten Verletzten weit hinaus".

Ähnlich führt Berolzheimer[2]) aus, durch die Strafe werde die durch das Verbrechen erzeugte Veränderung in dem Verhältnisse des Verbrechers zur Gesamtheit ausgeglichen, die Relation zwischen Täter und Gemeinschaft werde wieder zur ordnungsmäßigen durch die Verbüßung der Strafe, mit der Strafe müsse der Verbrecher seine Tat entgelten. Auch hier tritt die Natur des Verbrechens als einer vorwiegenden Verletzung des öffentlichen Interesses hervor, wenn auch dieser Schriftsteller, wie auch sonst, zu stark die personale Seite des Verbrechers betont; aber die hervorgehobene Beziehung des Verbrechers zur Gesamtheit (!) bedeutet eben die Berührung des öffentlichen Interesses.

B.

§ 7. Die Idee und der reale Begriff der Strafe.

I. In der strafrechtlichen Literatur fehlt es an einer prinzipiellen Gegenüberstellung von Idee und realem Begriff der Strafe. Man hat zwar das Wesen oder, wie man sagt, den Begriff der Strafe oft und eingehend genug definiert. Trotzdem scheute man sich nicht, Strafe

---

[1]) Merkel-Liepmann 202.

[2]) Die Entgeltung im Strafrecht 1903, 135.

im Einzelfall anzunehmen, wenn es an einem oder gar an mehreren Merkmalen dieses Begriffes fehlte — und wie oft kommen nicht Irrtümer und Fehlsprüche vor! Konsequent hätte man doch Strafe leugnen müssen, wenn in concreto diejenigen Elemente fehlen, die man in abstracto für notwendig hält. Etwas ist an diesem Verfahren zweifellos nicht in Ordnung; entweder war die eigene Definition nicht fehlerfrei, oder man hatte nicht den Mut der Konsequenz; zum mindesten hätte man sich (drittens) darüber klar werden müssen, weshalb die Konsequenz im Einzelfalle nicht zu ziehen, daß nämlich die aufgestellte Definition gar nicht zur schrankenlosen praktischen Anwendung bestimmt ist, daß vielmehr zwischen diesem Begriff und der Wirklichkeit noch ein logisches Mittelglied einzuschieben ist, das erst, in der Praxis angewendet, zu einem brauchbaren Ergebnis führt.

Diese dritte Möglichkeit ist die richtige. Zu scheiden ist zwischen Idee und realem Begriff der Strafe. Die erstere enthüllt das unverfälschte Wesen der Strafe; der letztere ist das Mittelglied, das Bindemittel zwischen Theorie und Leben. Der reale Begriff enthält nur diejenigen wesentlichen Begriffsmerkmale der Idee, ohne deren Vorliegen von Strafe überhaupt nicht mehr die Rede sein kann. Ein vollständiges Bild von dem Wesen der Strafe vermag der reale Begriff nimmer zu geben, dazu ist er zu lückenhaft. Nur die Idee, die ihren Inhalt aus den seinsollenden Zwecken entlehnt (§ 4), erschließt das Wesen. In der Idee schauen wir das reine Wesen der Strafe (vgl. oben § 5 IV 2 c).

Im Zivilrecht wird von altersher zwischen den Essentialien und den Naturalien eines Rechtsgeschäfts unterschieden, im Prozeßrecht spricht man von einem Nichturteil, einem Nichtprozeß, stellt also beidemal (freilich gehen die Ansichten im einzelnen weit auseinander) wesentliche Merkmale auf, bei deren Fehlen ein Rechtsgeschäft, ein Urteil, ein Prozeß nicht mehr vorliegen würde, während andere Merkmale zwar für eine normale Erscheinung, nicht aber für das Vorliegen jener Gebilde im Einzelfalle die Bedingungen sind.[1]) Ein ähnliches Verfahren hat der Kriminalist einzuschlagen.

II. Es ist also zu untersuchen, welche unter den in der Idee der Strafe enthaltenen Merkmalen fehlen können (1) und welche vor-

---

[1]) Über die prozeßrechtlichen Fragen Näheres in unseren „Grundlagen des Prozeßrechts" §§ 4, 3.

handen sein müssen (2), soll im konkreten Falle noch Strafe vorliegen. Das Wesen der Rechtsstrafe wurde oben (§ 4 VIII) erkannt in einer von der zuständigen staatlichen Instanz dem Täter zugefügten Schmälerung seiner Rechtsgüter zwecks Vergeltung für schweres staatliches Unrecht und zwecks Sühne seiner Rechtsschuld.

1. Von diesen einzelnen Elementen können **entfallen**, sind also nicht zu dem realen Begriff der Strafe zu rechnen:

a) das schwere staatliche Unrecht (die Rechtswidrigkeit),

b) die Schuld,

c) die Schmälerung der Rechtsgüter (das Leid),

d) die Sühne.

Wie oft kommt es nicht vor, daß eine zu Strafe verurteilende Gerichtsentscheidung das Vorliegen der wichtigsten Strafvoraussetzungen, der Rechtswidrigkeit und der Schuld, irrtümlich annimmt! Dann verbüßt ein Unschuldiger die Strafe, doch sie bleibt „Strafe".

Aber auch das Gesetz kann fehlerhaft von Schuld absehen und Strafe androhen, ja es kann selbst auf das Erfordernis der Rechtswidrigkeit verzichten. Ist dann die als Rechtsfolge angedrohte Strafe auch wirklich noch eine Strafe im kriminellen Sinne? Die Verneinung der Frage liegt nahe. Man mag auf die hohe Bedeutung der beiden Strafvoraussetzungen und ihre Anerkennung im modernen Kulturleben hinweisen und den Einwurf erheben, es könne doch nicht gerade auf die allerwichtigsten Elemente im Strafbegriff verzichtet werden, auf jene Elemente, die doch die allgemeingültigen Voraussetzungen für jede nur irgend denkbare Strafe bedeuten. Gleichwohl sind sie nicht in den realen Begriff der Strafe herüberzunehmen. Über den Sinn der „Allgemeingültigkeit" ist sofort unten (III) zu sprechen.

Wenn frühere und zum Teil leider auch noch moderne Gesetze an den bloßen Erfolg „Strafe" knüpfen, so wird man die Rechtsfolge im Sinne des Gesetzes als „Strafe" aufzufassen haben, mag es auch an der Strafvoraussetzung der Schuld fehlen. Dann wird aber auch die andere Strafvoraussetzung, die Rechtswidrigkeit, nicht anders behandelt werden dürfen. Im Sinne des Gesetzes wird man freilich eine Rechtswidrigkeit wie auch eine Schuld in irgendwelcher Bedeutung konstruieren können. Aber in dem hier zugrunde gelegten „metajuristischen", „materiellen" Sinne ist eine Abweichung des

Gesetzes von dieser Richtschnur leicht möglich und kommt nicht selten vor. Denn die Gesetze schaffen, jene Grundbegriffe typisch ausgestaltend, generell oft eine Reihe von Tatbestandsmerkmalen, deren Summe bei weitem nicht, auch nicht in dem von den Gesetzen unterstellten Durchschnitt der Fälle, die Grundbegriffe Rechtswidrigkeit und Schuld ergibt. Derartige keineswegs seltenen Tatbestandsbildungen vermögen an der Strafnatur der Rechtsfolge nichts zu ändern.

Ein anderer, tiefer gehender Einwand könnte auf das früher (§ 5 IV 2 c) dargelegte „reine Wesen“ der Strafe hindeuten und geltend machen: die einzelnen Elemente des Strafbegriffs brauchten ja durchaus nicht tatsächlich, sondern nur im Sinne der Rechtsordnung, des Gesetzes, des Staates vorzuliegen; von deren Standpunkte aus würde man aber, wie wir soeben sogar selbst sagten, Rechtswidrigkeit wie Schuld in irgendeinem Sinne wohl stets konstruieren können; damit würde die Unterscheidung von Idee und realem Begriff der Strafe hinfällig. Der Einwand geht fehl. Es kommt für das reine Wesen der Strafe nicht darauf an, was das Gesetz, was der Staat über Rechtswidrigkeit und Schuld denken, sondern darauf, daß diese Grundbegriffe in dem hier festgehaltenen allgemeingültigen Sinne zwar nur vom Standpunkte des Gesetzes und des Staates, aber nach objektivem Urteil, nach dem Urteil des objektiven, des idealen Beurteilers vorliegen. Die wirkliche, die tatsächliche Ansicht des Gesetzes, des Staates gibt das reine Wesen der Strafe nicht wieder; jene subjektiven Überzeugungen sollen ja gerade ausgeschaltet werden, oder sie sollen wenigstens vor den Richterstuhl der Wissenschaft treten; die reinen Begriffe Rechtswidrigkeit und Schuld gilt es festzustellen, so gut es eben die Wissenschaft vermag. Gerade wegen der nahen Möglichkeit einer Differenz zwischen Wissenschaft und staatlicher Norm, zwischen Sollen und Sein ist aber die andere Differenzierung von Idee und realem Begriff der Strafe notwendig. Für den realen Begriff gilt der Satz: Strafe kann in Wirklichkeit auch dann vorliegen, wenn es an Rechtswidrigkeit und Schuld in wissenschaftlich gültigem Sinne fehlt.

Und man wird sogar noch einen Schritt weiter zu gehen haben: Strafe kann in Wirklichkeit selbst dann vorliegen, wenn es an Rechtswidrigkeit und Schuld sogar im Sinne des Gesetzes fehlt. Denn dieses mag bewußt oder unbewußt, seinen eigenen Grundbegriffen ungetreu, Strafe einmal regelwidrig zulassen — nicht anders wie auch der Richter bewußt oder unbewußt Strafe beim Fehlen der gesetzlichen Strafvoraussetzungen verhängen kann. Strafe bleibt es gleichwohl.

Ebenso wie Rechtswidrigkeit und Schuld ist aber das dritte der obengenannten Elemente der Strafidee zu behandeln: die Schmälerung der Rechtsgüter, das Leid, der Schmerz des Täters. Auch wenn es hieran fehlt, kann Strafe vorliegen, kann der reale Begriff der Strafe gegeben sein. So wenn ein Eingriff in das Vermögen eines Dritten als Strafe verhängt oder durchgeführt wird. So wenn der Täter die ihm auferlegte Strafe nicht als ein Übel, sondern im Gegenteil als Annehmlichkeit empfindet; wünscht er sie doch nicht selten aus materiellen, aber auch aus sittlichen Gründen sehnlichst herbei.

Ist aber ein Leid für den realen Begriff der Strafe nicht erforderlich, so ist damit zugleich gesagt, daß auch die Sühne entfallen kann. Denn diese setzt ein Leid des Täters begrifflich voraus; Sühne bedeutet die Herstellung des psychischen Gleichgewichts zwischen Schuld und Schicksal des Schuldigen (vgl. oben § 5 IV 2), zwischen der Wunde, die er geschlagen hat, und der anderen, die ihm geschlagen wird. Und an beiden Wunden kann es fehlen, sowohl an der Schuld wie an dem Leid. Strafe in Wirklichkeit mag auch ohne sie bestehen.

2. Wesentliche Merkmale im Strafbegriff sind dagegen:

a) die Vergeltung,

b) die zuständige staatliche Instanz,

c) das Objekt: der (vermeintliche) Täter.

Ohne Vergeltungsmaßregel keine Strafe. Vergeltung muß mindestens ihrem realen Begriffe nach vorliegen (vgl. oben § 5 II 2). Eine Maßnahme, die zu einem ganz anderen Zwecke verhängt wird, als zu vergelten, kann niemals als Strafe angesprochen werden; die Kostenentscheidung kann niemals Strafe sein, mag sie der Täter auch noch so drückend empfinden, desgleichen nicht die Untersuchungshaft, auch nicht eine Erziehungsmaßnahme oder eine reine Sicherungsnachhaft. Allerdings mag das Gesetz einmal derartige Maßregeln Strafe nennen und bestimmen, daß sie unter Umständen als Strafe angesehen werden oder an deren Stelle treten sollen. Damit würde aber das Gesetz zum Ausdruck bringen, daß die genannten, dem Täter zugedachten Übel auch eine Vergeltungsmaßregel für sein Unrecht darstellen sollen, es führt auf diesem Wege neue Strafarten ein; an dem Vergeltungscharakter der Strafe ist aber festgehalten. Die Strafe ist eben nur als Vergeltungsstrafe denkbar.

Diese Vergeltungsmaßregel muß sodann von der (abstrakt) zuständigen Instanz — sei es dem Gesetzgeber, sei es dem Gericht oder der gleichgestellten Behörde, sei es dem Vollstreckungsorgan — realisiert werden. Konkrete, prozessuale Zuständigkeit ist selbstverständlich nicht erforderlich. Keine Strafe liegt aber vor, wenn eine als Strafe sich ausgebende Maßnahme von einem Nichtgericht[1]) oder in einem Nichtprozeß[2]) oder durch ein Nichturteil[3]) verhängt wird.

Endlich muß sich die Vergeltungsmaßregel gegen den wirklichen oder vermeintlichen Täter und zwar gegen eine der Strafgewalt unterworfene Person richten. Sie ist keine Strafe,[4]) wenn sie gegen Dritte, Angehörige oder Vertreter, angeordnet wird.

3. Nun könnte man — unseren bisherigen Ausführungen (besonders oben 1 a a. E.) zum Trotz — geltend machen: wenn zum realen Begriff der Strafe eine Vergeltung gehöre, so müsse doch auch ein Unrecht erfordert werden; ohne diese Voraussetzung schwebe die Vergeltung in der Luft und gebe keinen Sinn, die Strafe könne doch nur ein Unrecht vergelten; zum mindesten müsse aber ein vermeintliches (!) Unrecht verlangt werden, es müsse das Gesetz oder das Gericht zum wenigsten in dem Glauben sein, ein Unrecht läge vor, will man die daran geknüpfte Maßnahme eine Strafe nennen. Zweifellos sind diese Erwägungen nicht von der Hand zu weisen, und sie haben auch eine gewisse Berechtigung für sich, wenn man auf die regelmäßigen Erscheinungen, auf die Normalität Gewicht legt. Aber gerade dieser letztere Gesichtspunkt soll hier ausgeschaltet werden; er tendiert zur Idee, zum Wesen. Der reale Begriff dagegen bedeutet das Regelwidrige; er will Klarheit verschaffen gerade über diejenigen Fälle, in denen eine Abweichung von der Normalität besteht, und er soll den Grad der Abweichung angeben, bis zu dem man überhaupt noch von dem Begriff sprechen kann. Wir sind nun aber der Meinung, daß Strafe auch dann noch nicht geleugnet werden kann, wenn das Gesetz oder das Gericht nicht einmal in dem Glauben

---

[1]) Vgl. unsere Grundlagen des Prozeßrechts 359 zu a, 449.

[2]) Ebenda 56. [3]) Ebenda 437 ff.

[4]) Freilich bleibt sie Vergeltungsmaßregel, s. oben § 5 II 2.

sind, ein Unrecht läge vor. So regelwidrig und verdammenswert derartige Fälle sein mögen, wo bewußt diese wichtige Strafvoraussetzung übergangen wird, so fällt die angeordnete Maßnahme noch nicht gänzlich außerhalb des Rahmens der Strafe. Und ein innerer Widerspruch zum Begriffe der Vergeltung ist nicht zu erkennen. Man darf freilich nicht an die Idee der Vergeltung denken, also an die gerechte Vergeltung als die Behandlung jemandes gemäß dem Werte seines Verhaltens; man hat vielmehr hier lediglich den realen Begriff der Vergeltung (§ 5 II 2) einzusetzen, nach dem Vergeltung nichts weiter erfordert als die Behandlung eines anderen, durch die man die Bewertung des Verhaltens jemandes zum Ausdruck bringt. In dieser regelwidrigen Färbung der ungerechten Vergeltung kann aber gerade die wichtige Strafvoraussetzung, die Rechtswidrigkeit, dem Strafbegriffe fehlen. Strafe bleibt eine Vergeltungsmaßregel, wenn sie auch ungerecht vergilt, sie sich auch bewußt über das Erfordernis der Rechtswidrigkeit hinwegsetzt.

4. Abschließend ist mithin der reale Begriff der Strafe festzulegen als die vergeltende Maßnahme einer staatlichen Instanz gegen einen ihrer Strafgewalt unterworfenen Täter.

In der Literatur wird mitunter in die Definition des Strafbegriffs das Moment der Vermeintlichkeit aufgenommen und nicht nur einseitig, sondern auch unrichtig auf ein Merkmal bezogen, ohne jegliche Unterscheidung von wesentlichen und nichtwesentlichen Merkmalen. So legt Merkel in seiner bereits früher (§ 6 a. A.) wiedergegebenen Definition der Strafe Gewicht darauf, daß das Verhalten, wegen dessen die Strafe verhängt werde, nur ein „vermeintlich" pflichtwidriges zu sein brauche. Andere verlangen, daß das Übel ein „beabsichtigtes" sei.[1]) Überall ist die bewußte Unterscheidung zwischen Idee und Begriff der Strafe zu vermissen. Daß die Unterscheidung jenen Anschauungen unbewußt zugrunde liegt, soll gern anerkannt werden und würde nur die Richtigkeit der eigenen Anschauungsweise bestätigen.

III. Der reale Begriff ist nur für positive Gesetzgebungen tauglich, insofern er das Höchstmaß dessen angibt, was von den Gesetzen übersehen werden darf, soll nicht der aufgestellte Begriff ganz zu

[1]) Vgl. Frank Vergeltungs- und Schutzstrafe 20, auch Kommentar vor § 12 I a. E. (nicht auf den tatsächlichen Erfolg, sondern auf den Zweck komme es an), Köhler Vergeltungsgedanke 143, Lehrb. 12. Auf den Zweck stellen ab auch Stein Grenzen 40, Beling Grundzüge 4, ähnlich Meyer-Allfeld 4, auch wohl Binding Grundriß [7] 226, 228. v. Bar Handb. I 221 meint, daß die Strafe nur empirisch, nicht begrifflich ein Übel sei.

Fall gebracht werden; er kann wegen seiner Lückenhaftigkeit und Unvollständigkeit aber niemals ein getreues Bild von dem Wesen enthüllen; das vermag nur die Idee. Nur die Idee ist imstande, uns über das Wesen einer Erscheinung aufzuklären; nur sie hat Bestand über den Wechsel positiver Gesetzgebungen hinaus.

1. Nunmehr taucht die Frage, die erkenntniskritisch oberste aller Fragen auf, ob die Strafe Gültigkeit beansprucht nur vom Standpunkte unserer Kulturanschauungen, vom Standpunkte der Gesetze, die trotz aller Mängel noch immer mit den Kulturanschauungen im Einklang stehen und die sich wenigstens mit ihnen im Einklange befinden sollten, oder ob ihr etwa gar darüber hinaus Allgemeingültigkeit in dem Sinne zukommt, daß die Kulturanschauungen von ihr niemals abirren dürfen.[1]) Die letztere Frage ist mit dem philosophischen Apriorismus[2]) des näheren dahin zu stellen:

a) Ist die Idee der Strafe eine solche, die jede auch nur mögliche Gesetzgebung zur Richtschnur zu nehmen hat? Ist sie eine „regulative Idee", nach der ein jeder positivgesetzliche Strafbegriff zu orientieren ist, will er eben nicht fehlerhaft sein? Es ist also nicht die Rede von einem Grundbegriff in dem Sinne, daß er einem jeden nur denkbaren Strafrecht tatsächlich zugrunde liegt, von einem Grundbegriff, wie es z. B. der Begriff „Recht" bedeutet. Eine solche „konstitutive Idee" könnte nur der reale Begriff der Strafe sein, und er müßte es notwendigerweise sein, wenn man die erste Frage, ob die Idee der Strafe eine allgemeingültige regulative Idee sei, bejaht. Denn wenn die Idee das allgemeingültige Sollen angibt, so spricht sich der reale Begriff als das positive Mindestmaß des

---

[1]) Mayer 418 will zwar ebenfalls den „Sinn des Strafens" „allgemeingültig ergründen", verschweigt aber, was er unter der Allgemeingültigkeit versteht. Offenbar meint er nichts weiter als: ohne Rücksicht auf die Anschauungen des geltenden Strafgesetzbuchs. Dann fehlt aber die strenge wissenschaftliche Methode. Tatsächlich verfährt er dogmengeschichtlich-eklektisch; er selbst sagt, was auf dasselbe hinauskommt, distributiv.

[2]) Zu dieser Richtung rechnen wir diejenigen Philosophen, die in engerer oder entfernterer Anlehnung an Kant die Frage nach der Möglichkeit einer von der Erfahrung unabhängigen (d. i. aprioristischen) Erkenntnis aufwerfen und bejahen; von den Modernen z. B. die sog. Marburger Schule (Hauptvertreter: Cohen, Natorp) und die sog. südwestdeutsche Schule (Hauptvertreter: Windelband, Rickert), von den Juristen Stammler. Literaturangaben in unseren Grundlagen des Prozeßrechts (1919) 39.

Wesentlichen eben über das allgemeingültige Sein aus. Die regulative Idee ist daher immer als das logische prius der konstitutiven Idee an erster Stelle zu erörtern, mag vielleicht die Darstellung aus Zweckmäßigkeitsgründen die umgekehrte Reihenfolge als wünschenswert erscheinen lassen.

b) Noch in einem zweiten Sinne kann die obige Frage nach der allgemeingültigen Idee verstanden werden. Ist die Strafe ein notwendiger Begriff in der Bedeutung, daß eine positive Gesetzgebung ohne ihn überhaupt nicht auskommt? Sollte also jedes rechtlich geordnete Gemeinwesen die Idee Strafe einführen? Es leuchtet ein, daß mit der Beantwortung dieser zweiten Frage — im Gegensatz zu der ersten — über die Allgemeingültigkeit und Notwendigkeit eines realen Begriffs noch gar nichts gesagt ist. Denn wenn man die Idee als eine allgemeingültige hinstellt, so kann eine positive Gesetzgebung noch immer rückständig genug sein, den Begriff überhaupt zu verwerfen.

2. Eine scharfe Problemstellung enthält meist schon einen guten Teil der Lösung.

a) Kennt eine positive Gesetzgebung den Begriff der Strafe überhaupt, so sind auch die Idee sowohl wie der reale Begriff der Strafe in dem von uns dargelegten Sinne allgemeingültig. Insofern kann man von Allgemeingültigkeit a priori sprechen. Die Allgemeingültigkeit ergibt sich aus unseren Erörterungen über das Wesen der Strafe in §§ 4, 5. Jede Strafe ist notgedrungen ein Leid für den Täter, ein Leid zur Vergeltung von Unrecht, zur Vergeltung von schwerem Unrecht, zur Sühne von Schuld. Das ist die allgemeingültige Idee der Strafe. Und der reale Begriff enthält den wesentlichsten positivgesetzlichen Gehalt dieser Idee, ist also als ein Teil der letzteren ebenfalls allgemeingültig. Möglich ist, daß von einem Gesetz die Anforderungen des realen Begriffs gesteigert werden, daß er also näher an die Idee heranrückt oder gar mit ihr zusammenfällt; logisch wird sich aber immer die Notwendigkeit eines besonderen realen Begriffs gegenüber der Idee ergeben. Und nur das Mindestmaß des ersteren sollte hier angegeben werden.

b) Die andere Frage, ob ein positives Gesetz die Idee der Strafe kennen sollte, ist u. E. ebenfalls zu bejahen; und es ist sofort hinzuzufügen, daß manches Gesetz von diesem richtigen Ziele abirren kann. Das bedarf noch näherer Begründung. Ein jedes rechtlich geordnetes Gemeinwesen muß mit der Möglichkeit von schwerem, schuldhaftem Unrecht rechnen. Rechtswidrigkeit und Schuld sind allgemeingültige Begriffe; sie werden faktisch in jeder Gemeinschaft anzutreffen sein. Mag die letztere auch noch so vollkommen sein, die Möglichkeit, daß ein Gemeinschaftsmitglied sich einmal schwerer Verstöße schuldig macht, ist niemals von der Hand zu weisen. Ja selbst eine nicht tatsächlich bestehende, sondern nur vorgestellte Gemeinschaft müßte mit dem Begriff des schweren, schuldhaften Unrechts rechnen.

Diese letztere Einsicht erweist die Allgemeingültigkeit der Strafe auf erkenntnistheoretischem, logokritischem Wege. Auszugehen ist von der Erwägung, daß in einer jeden, selbst der vollkommensten Gemeinschaft Individualmoral nicht restlos betätigt werden kann, daß selbst in moralischer Hinsicht die Gemeinschaftsglieder sich Schranken auferlegen müssen, daß der einzelne z. B. die Nächstenliebe, diese hohe Tugend, nicht restlos betätigen darf, will er nicht mit seinem Nächsten, der sie ebenfalls restlos zu betätigen die moralische Pflicht fühlt, in — die Gemeinschaft störende — Konflikte geraten. Ob nun auf ein derartiges Unrecht die Rechtsordnung mit schwereren Nachteilen für den Gemeinschaftsstörer reagieren wird, ist natürlich eine ganz andere Frage. Jedenfalls ist die Möglichkeit von Unrecht selbst in der vollkommensten Gemeinschaft nachgewiesen. Da aber die Vollkommenheit nur ein Ideal ist, das in der Welt der Tatsachen niemals realisiert ist, da die Menschen und mithin die Gemeinschaften niemals vollkommen sein werden, da es stets Störenfriede geben wird, die sich gegen den Gemeinschaftswillen auflehnen werden, so ist mit der Möglichkeit eines Unrechts nur um so mehr zu rechnen, und zwar mit der Möglichkeit schwererer Fälle des Unrechts. Je schwerer das Unrecht ist, um so schwerer muß sich nach der Vergeltungsidee die Reaktion gestalten. Eine scharfe Grenze zwischen schwer und leicht läßt sich niemals ziehen. Gerade deshalb aber muß die Gemeinschaft notgedrungen auch zu dem Begriffe der Strafe als der Reaktion gegen schwereres Unrecht Stellung nehmen. Ihrer Idee nach will die Gemeinschaft sich weiter ausgestalten ihren Zwecken gemäß, zum mindesten aber Bestand haben und Ordnung in ihrem eigenen Bezirke walten lassen; deswegen muß sie Reaktionsmittel ersinnen, leichtere wie schwerere, je nach dem Grade des Unrechts. Damit ist denn auch die Allgemeingültigkeit der Strafidee dargetan.

Zu beachten ist, daß die Gemeinschaft selbst es sein muß, von der die Vergeltung auszugehen hat, also ein oder mehrere einzelne als Organ der Gemeinschaft, nicht als Privatpersonen. Würde nicht die Gemeinschaft die Zügel ergreifen, sondern würde sie die Vergeltung den Privaten überlassen, so wäre das bloße Rache,[1]) und diese würde zum Kampf führen; denn der andere würde sich widersetzen. Die Folge wäre Anarchie. Privat- und verwaltungsrechtliche Maßnahmen reichen eben nicht aus, sobald ein erheblicheres öffentliches Interesse verletzt wird. Mangelnde Reaktion der Gemeinschaft selbst wäre unerträglich. So zeigt sich auch von dieser soziologischen Erwägung aus die Notwendigkeit der Strafe.

Und dasselbe Ergebnis wird schließlich vom psychologischen Standpunkte aus gewonnen. Die Notwendigkeit der Strafe läßt sich durch den oben (§ 5 IV 1) geführten Nachweis darlegen, daß das Vergeltungsbedürfnis in jedem Menschen und jeder menschlichen Gemeinschaft tief eingewurzelt ist, so daß auf schweres Unrecht, mit dem jede Gemeinschaft rechnen muß — auch dieses dürfte eine psychologische Tatsache sein —, eine schwere Reaktion einzutreten hat.

Nach Maßgabe der vorstehenden Ausführungen über die Allgemeingültigkeit der Strafe bedürfen also die Ansichten einiger Aprioristen des Ausbaues oder der Richtigstellung. Zunächst die Ansicht Stammlers,[2]) daß die Strafe kein reiner Grundbegriff (oder Grundaufgabe) des Rechts sei. Die Strafe ist zwar keine (konstitutive) Kategorie, wohl aber eine (regulative) Idee und als solche „rein“ und „allgemeingültig a priori“. Als Vergeltung ist sie eben eine Forderung der „Idee des Rechts“, der Gerechtigkeit; Vergeltung (in Stammlers Sprachgebrauch „Berichtigung“) ist ein unmittelbar aus der Idee des Rechts abgeleiteter, eine Mahnung an die Obrigkeit enthaltender Satz, der sich sehr wohl den „Grundsätzen des richtigen Rechts“, des „Achtens“ und des „Teilnehmens“, an die Seite stellen ließe. Er ist gewissermaßen eine Erscheinungsform, ein „Attribut“ der Idee der Gerechtigkeit. — Nach Cohen,[3]) der die Strafe überhaupt als notwendige sittliche Vergeltung und Sühne der Schuld betrachtet (vgl. oben § 5 IV 1 a. E., 2 b), würde die Strafe wohl schon aus diesem Grunde wegen ihrer Notwendigkeit zur Wiederherstellung des sittlichen

---

[1]) So mit Recht Allfeld Gesinnungsstrafe 52.

[2]) Theorie der Rechtswissenschaft 1911, 259 ff.

[3]) Ethik 1907, 373 ff.

Ideals als allgemeingültig anzusehen sein. – Ein anderer Apriorist, M. Salomen,[1]) führt aus, der Verbrecher habe die Orientierung am Gedanken der Allheit verloren[2]) (eine echte Wendung der Marburger Schule!), die der Kontrolle der Allheit entzogene Freiheit sei Willkür, die Strafe müsse in der für die Heilung der Rechtsverletzung geforderten Reaktion wurzeln[3]) (in diesem Satze kommt übrigens gut das Verhältnis der Vergeltung, d. i. Reaktion, zur Sühne, d. i. Heilung, zum Ausdruck). Da die Allheit aber eine allgemeingültige Kategorie a priori und die Rechtsverletzung ein reiner Grundbegriff des Rechts ist, muß auch nach dieser Anschauungsweise ein entsprechender erkenntniskritischer Charakter derjenigen Reaktion zukommen, die der Idee des Rechts entspricht, d. i. der Strafe. – Nach Sergius Hessen[4]) ist die Strafe als „Formbegriff", der erst von den „empirischen" (relativen) Theorien mit Inhalt auszufüllen sei, allgemeingültig, wie es auch das Recht und das Verbrechen sei. Das entspricht durchaus der von uns vertretenen Anschauung, daß die Strafe als Vergeltung eine allgemeingültige Idee ist und daß sie von den sog. weiteren Strafzwecken der Präventionisten im Einzelfall des näheren ausgestaltet werden kann.

IV. Gegenüber den Aprioristen ist der schon früher (§ 4 IV 3) gegen einige Philosophen allgemein erhobene Einwand in verstärktem Maße zu wiederholen, daß ihr Strafbegriff (Berichtigung, Vergeltung, Reaktion, auszufüllende Form usw.) zu hoch angesetzt ist und sich über die spezifischen Merkmale der Strafe nicht ausspricht. Und diese letzteren — nach unseren früheren Darlegungen: das Unrecht und die Schuld in ihrer eigentümlichen Verbindung und die Reaktion darauf durch Vergeltung zwecks Sühne — gehören doch ebenfalls den Lehren von den allgemeingültigen Bedingungen des Rechts an. Allgemeingültig sind aber nicht nur diese einzelnen Elemente, sondern auch ihre für das Strafrecht eigentümliche Verbindung untereinander (Rechtswidrigkeit und Schuld, Vergeltung und Sühne) sowie die ebenfalls eigentümliche Verknüpfung der Voraussetzungen mit den Rechtsfolgen. Jene zwar ebenfalls allgemeingültigen, aber beinahe nichtssagenden und an Tautologien grenzenden formalen Bestimmungen gewinnen erst durch Aufnahme der spezifisch strafrechtlichen Kombinationen der Elemente Wert, wenigstens strafrechtlichen Wert.

---

[1]) Die Idee der Strafe 1912. In den Philosophischen Abhandlungen, Hermann Cohen zum 70. Geburtstag dargebracht, 223 ff. Über die Gesamtanschauung dieses Schriftstellers vgl. dessen Grundlegung zur Rechtsphilosophie 1919 und dazu unsere Besprechung ZStW. 41.

[2]) 235. [3]) 230. [4]) Logos 5 (1914/5).

Insofern ist der gegen jene Gedankenrichtung erhobene Tadel[1]) der Unfruchtbarkeit, der Einseitigkeit und des Formalismus nicht unberechtigt. Dagegen schießt der Vorwurf weit über das Ziel hinaus, durch den der Apriorismus überhaupt und zwar nicht selten in sehr heftiger Weise angegriffen wird. Gewiß, wir halten die genannte Richtung, die nur dem einen Ideal der Wissenschaft, der Erkenntnis des Allgemeingültigen Interesse entgegenbringt und jegliche historisch-empirische Forschung ignoriert, für durchaus einseitig. Aber wegen der Arbeitsteilung und der durch sie bedingten Steigerung der Leistungsfähigkeit der wissenschaftlichen Forschung kann jene Richtung nur begrüßt werden. Sie hat sich die Erkenntnis des Allgemeingültigen zum Ziel gesetzt, die Erkenntnis desjenigen, was ohne Rücksicht auf die wechselnde menschliche Erfahrung Allgemeingültigkeit a priori besitzt. Und auf die Erkenntnis des Bleibenden und Ewigen ist doch im letzten Grunde die heiße Sehnsucht jeder echten Wissenschaft gerichtet. Will man aber nicht in den Fehler des alten Rationalismus und des Naturrechts verfallen, so müssen die allgemeingültigen Erkenntnisse eben frei von erfahrungsmäßig bedingtem Inhalte sein, sie müssen ein überempirisches, formales Gepräge tragen.

Die Ideale der Aprioristen und ihres Hauptvertreters, keines Geringeren als Kants, sind nicht, wie man — völlig verständnislos gegenüber dem Jahrtausende langen Ringen der Philosophie als echter Wissenschaft — gemeint hat,[2]) „bloße Nebelgestalten, welche vor dem Sturm der objektiven, wahrheitserbringenden Erfahrung zerstieben"; sie sind im Gegenteil der Fels, an dem sich die Wogen der sturmbewegten See brechen, an dem sich in dem Hin- und Herfluten dieses Lebens der wahrheitsuchende Mensch zu klammern vermag, wenn er den Sinn und den bleibenden Gehalt der in fortwährendem Wechsel begriffenen Erscheinungen ergründen will. Wie sollte eine historisch-empirische Methode etwas Gültiges kundtun über den Wert des Seins, über den Wert und die Aufgabe des Lebens, über den Wert und die Aufgabe des Rechtslebens und seiner Einrichtungen, über Wesen und Idee der Strafe?

---

[1]) Vgl. etwa Nagler I 35 mit zum Teil recht scharfen Ausfällen, s. den folgenden Text. Ablehnend gegenüber dem Apriorismus (aber wohl nur, insoweit er die Grenzen strenger Wissenschaft überschreitet) auch v. Liszt Aufsätze II 297 in seiner Berliner Antrittsvorlesung. [2]) So Nagler a. a. O.

C.

§ 8. Die abstrakte, konkrete und realisierte Strafe.

I. Ist das Wesen der Strafe etwa noch unter anderen Gesichtspunkten zu differenzieren, damit unsere begriffliche Festlegung in allen Lagen und nach allen Richtungen hin standhält? Wir glauben eine erschöpfende Bestimmung bereits gegeben zu haben; weitere Gesichtspunkte kommen u. E. nicht mehr in Betracht. Man meinte jedoch in einer gewissen Hinsicht eine Differenzierung vornehmen zu sollen und auf Grund dieser Spaltung verschiedene, einander gegenübergestellte Strafzwecke zu erkennen sowie verschiedene, sonst einander sich bekämpfende Straftheorien als gleichberechtigt anzuerkennen und miteinander zu versöhnen. Diese Differenzierung trifft aber nicht zu; die Bedenken, die zu ihrer Aufstellung Anlaß gaben, werden dagegen verschwinden, wenn man unserer Bestimmung des Wesens der Strafe folgt.

Man unterschied nämlich zwischen Strafandrohung, Strafverhängung und Strafzufügung, mit anderen Worten zwischen Strafgesetz, Strafurteil (insbesondere Strafzumessung) und Strafvollstreckung.[1]) Als Strafzweck der dritten Art, der Strafvollstreckung, glaubte man die Spezialprävention zu erkennen,[2]) während man das Verhältnis der beiden ersteren Arten verschieden bestimmte. Wenn überhaupt auf diesem Wege eine Gleichberechtigung mehrerer Zwecke und eine Versöhnung der einander befehdenden Straftheorien zu erhoffen war, so lag es nahe, der erstgenannten Art, dem Strafgesetz, den Abschreckungszweck unterzulegen, dagegen der zweiten Art, der urteilsmäßigen Straffestsetzung, den Vergeltungszweck zuzuerkennen.[3])

II. Diese Ansichten dringen nicht zu genügender Klarheit vor.

1. Zunächst die Strafvollstreckung. Sie ist nichts weiter als die Vollziehung des Urteils; sie bedeutet die Realisierung des Straf-

[1]) So Mayer 419 ff. und schon 28. DJTag 1, 171 ff., auch (Kammergerichtsrat) Metz Monatsschr. 6 S. 391 ff., 394.

[2]) Nach Mayer 430 sind alle Spezialpräventionstheorien „Strafvollzugsprogramme".

[3]) So Metz a. a. O. Vgl. auch Mayer 424; das Strafgesetz kann aber, entgegen Mayers Ansicht, sehr wohl bessern; der Delinquent wird gebessert, wenn er zu künftigem Wohlverhalten, zu rechtmäßigem Handeln angehalten wird.

urteils, die Ausführung des durch das Urteil ausgesprochenen Befehls. Die Strafvollstreckung kann daher nicht besondere Zwecke gegenüber dem Urteil verfolgen. Logisch notwendig müssen die Vollstreckungszwecke bereits in den Urteilszwecken enthalten sein, wenn man sich nicht etwa auf den kurzsichtigen, immer nur die allernächste Etappe in das Auge fassenden Standpunkt stellt, das Urteil habe den Zweck der Vollstreckung, die Vollstreckung habe sodann die erwähnten Spezialpräventionszwecke. Wenn die Vollstreckung, wie bereits ihr Name besagt, Ausführung des Urteils ist, müssen auch dem Urteil logisch bereits jene weiteren Zwecke innewohnen, die man irrig allein der Vollstreckung zuschreibt.

2. Genau ebenso steht es aber mit dem Verhältnis von Strafgesetz und Strafurteil. Das Urteil enthält nur die Anwendung des Gesetzes auf einen Einzelfall; der Richter führt nur den Willen des Gesetzes aus. Daher muß notwendigerweise der Zweck des Urteils auch schon von dem Gesetz in Rechnung gestellt sein; ja der Richter darf nicht andere, nicht mehr und nicht weniger Zwecke verfolgen als diejenigen des Gesetzes. Gewiß soll er nicht zu einer Subsumtions- und Deduktionsmaschine herabgewürdigt werden; schöpferische Tätigkeit hat er wahrlich genug zu leisten nicht nur bei der Tatsachenfeststellung, sondern auch bei der Rechtssatzermittlung, insofern er aus der verschwommenen Welt der Tatsachen wie aus der abstrakten Welt der Rechtsordnung erst ein konkretes Bild zu schaffen hat. Aber contra legem entscheiden darf er nicht — allerhöchstens abgesehen von ganz wenigen krassen Fällen, an deren Regelung das Gesetz offenbar nicht gedacht hat. Doch die letztere schwierige Frage, über die wir an anderer Stelle handelten,[1]) kann hier dahingestellt bleiben. Jedenfalls darf der Richter in einer generell so bedeutsamen Frage wie der der Strafzwecke nicht schöpferisch entgegen dem Gesetze vorgehen, sondern hat den von dem Gesetze verfolgten Zweck, so gut er sich ergründen läßt, für seine Entscheidung als Richtschnur zu nehmen. Freilich mag sich der Gesetzgeber über die Strafzwecke selbst nicht im klaren sein; aber auch dann verfolgt das Urteil nicht selbständige Zwecke gegenüber dem Gesetze, vielmehr hat der Richter vom Standpunkte der Gesamtrechtsordnung das Gesetz dahin zu interpretieren, daß ihm

---

[1]) Grundlagen des Prozeßrechts (1919) 468 ff., 578 ff.

ein verständiger, mit unseren Kulturanschauungen übereinstimmender Zweck unterliegt. Auf alle Fälle bleibt es bei dem Satze: Der Zweck des Strafurteils ist zugleich derjenige des Strafgesetzes, will das Urteil eben nicht gesetzwidrig sein.

Selbst die dem Richter bei der Strafzumessung überlassene Freiheit schafft keine Ausnahme; denn wenn das Gesetz dem Richter auf diesem Gebiete freiere Hand beläßt, so erkennt es doch die konkreten Zwecke generell als die seinigen an; der Richter hat hier gewissermaßen Blankettgesetze auszufüllen. Der Urteilsspruch gilt stets als Wille des Gesetzes.

III. Entscheidend ist in letzter Hinsicht also immer das Strafgesetz. Dieses hat der wissenschaftliche Forscher zu betrachten, will er das Wesen der Strafe ergründen. Und wenn es unklar ist, so hat er ihm einen vernünftigen Sinn zu unterstellen. Objektivlogisch ist der Zweck der Strafe daher immer der Zweck des Strafgesetzes. Wohl zu beachten: des Strafgesetzes, nicht des Gesetzes überhaupt. Denn dem Gesetz sind noch weitere Zwecke eigentümlich, wie wir sahen (§ 4 IV); eigentümlich ist ihm allgemein der Abschreckungszweck sowie die Anhaltung zu rechtmäßigem Handeln. Die mangelnde Erkenntnis dieses Unterschiedes und die mangelnde scharfe Einstellung auf das spezifisch Strafrechtliche, jene von uns stets geforderte Einstellung, mögen vielleicht den tieferen Grund für die irrige Differenzierung von Zwecken des Strafgesetzes und solchen des Strafurteils bedeuten.

1. Das Objekt des Problems der Straftheorien ist also das Strafgesetz. Und zwar das Strafgesetz, nicht das Strafgesetz. Diese Unterscheidung ist freilich zu treffen; sie besagt folgendes. Nicht maßgebend ist die gesetzliche Anordnung einer Strafe, sondern die vom Gesetz angeordnete Strafe, und zwar — das ist das Bedeutungsvolle — nicht die generelle Strafe (z. B. Gefängnis von ein bis drei Jahren), sondern die dem Willen des Gesetzes entsprechende konkrete Strafe (z. B. Gefängnis von einem Jahr zwei Monaten). Diese im Sinne des Gesetzes ausgesprochene Strafe — gleichgültig, ob sie jemals ausgesprochen oder ob sie sogar von dem Richter im konkreten Falle übersehen ist — ist das Objekt, das zu betrachten ist, wenn nach dem Wesen der Strafe gefragt wird, nach der Idee und dem realen Begriff.

In dieser konkreten Strafe sind zugleich die Besonderheiten für die Strafzumessung enthalten, sind enthalten das Maßproblem, die Begriffe Vergeltung und Sühne, der weitere Zweck der Bewährung der Rechtsordnung und die noch weiteren Zwecke der Sicherung und Unschädlichmachung, der Abschreckung und der Anhaltung zu rechtmäßigem Verhalten, der Besserung und der Veredlung (vgl. oben § 4 IV). Und nur in dieser konkreten Strafe sind jene Fragen inbegriffen; daher ist sie das richtige Objekt, will man den Strafzweck in möglichst umfassender Weise erforschen.

2. Den Gegenstand des Problems des Strafzwecks — über diesen sollte man sich doch vor allem klar sein, wenn man die Lösung des Problems wagen will — bildet also die konkrete gedachte Strafe, insofern eine „imaginäre"[1]) Strafe.

a) Gegenstand des Problems ist also nicht die abstrakte Strafe. Diese setzt sich ja mit ihrem oft weiten Strafrahmen aus den verschiedensten einzelnen konkreten Strafen zusammen und würde nur unvollkommen und verschwommen über das Wesen der Strafe aufklären; alle Besonderheiten, die gerade bei der Strafzumessung auftreten und das Problem komplizieren, würden außer Ansatz gelassen werden.

b) Aber auch auf die konkrete, wirklich festgesetzte oder festzusetzende Strafe kommt es nicht an. Der Richter mag fehlgehen oder er mag niemals Gelegenheit haben, Strafen dieser Art überhaupt festzusetzen. Auch für den praktisch unmöglichen Fall, daß die Bevölkerung niemals gegen ein Strafgesetz fehlt, muß doch diesem Strafgesetz ein Zweck beigelegt werden. Dann mögen die Theoretiker darüber nachdenken und Schulfälle bilden. Auf einen konkreten Strafprozeß kommt es gewiß nicht an, wie schon eine Parallele zum Privatrecht lehrt. Denn dort wird das materielle Recht tagtäglich realisiert, ohne daß es zu einem Prozeß, zu einem Richterspruch kommt; die Privatrechtsordnung läßt sich auch außerprozessual, auch ohne Gerichtsurteil realisieren, und sie hat natürlich ebenfalls einen Zweck, der sich erkennen läßt, ohne daß man an das Zivil-

[1]) Freilich nicht in verächtlichem Sinne, wie bei Binding Grundriß 203/4, dem aber natürlich darin durchaus zuzustimmen ist, daß der Zweck des Strafrechts im Sinne des geltenden (!) Rechts einer besonderen Untersuchung bedarf. Das geltende Recht mag ja — in unserer Terminologie — von der Idee der Strafe abweichen.

gerichtsurteil denkt. Im Strafrecht ist zwar eine praktische Durchführung des Gesetzes ohne Prozeß nicht möglich; aber das Verhältnis des materiellen Rechts zum Prozeßrecht ist doch das gleiche und wird auch (abgesehen von der Theorie des materiellen Justizrechts) stets als gleich behandelt. Wie man den Zweck des Schadensersatzes nicht aus dem Zivilurteil ergründet, so den Strafzweck nicht aus dem Strafurteil.

Sodann ist zu beachten, daß das richterliche Urteil doch nur den Abschluß des prozessualen Erkenntnisverfahrens bildet. Das Problem taucht natürlich aber schon während des Prozesses auf. So wenn der Staatsanwalt die Strafe beantragt. Auch er nimmt eine „Strafzumessung" vor, was von der Theorie meist übersehen wird. Und dabei nimmt er Stellung zu der Frage nach den Strafzwecken, indem er die Strafe konkret dem Willen des Gesetzes gemäß gestaltet. Daraus folgt doch ganz offensichtlich: es muß logisch ein konkretes Vorbild der Strafe vorausgehen; denn wenn der Staatsanwalt seinen Antrag stellt, so hat er — entgegen der Praxis eines „politisch" arbeitenden Staatsanwalts — nicht den Willen des über seinen Antrag entscheidenden Gerichts, sondern den Willen des Gesetzes zu ergründen. — Auch sonst bietet sich während des Prozesses zahlreich Gelegenheit, eine konkrete Strafe, wenn auch nur annähernd, zu bestimmen. So bei der Entscheidung über die gerichtliche Zuständigkeit, über die Zulässigkeit eines vereinfachten Strafverfahrens, die das Gesetz oft davon abhängig macht, daß nicht „auf eine höhere Strafe als . . ." zu erkennen ist usw. Bei der nicht selten recht schwierigen Beantwortung dieser Fragen ist eine Stellungnahme zu dem Problem des Zwecks der Strafe ganz unerläßlich.

Das richterliche Endurteil ist zweifellos der wichtigste prozessuale Vorgang, der Endpunkt der Linie der ideellen konkreten Gestaltung des objektiven Rechts, der Gestaltung der abstrakten Rechtsnormen. Aber das Urteil ist doch nur eine solche prozessuale Konkretisierung des objektiven Rechts, der abstrakten Rechtsnormen. Das prozessuale Element ist für die Lösung unseres Problems aber gewiß auszuschalten. Es kommt nur auf die Konkretisierung der Strafrechtsnormen überhaupt an. Auch wer zu wissenschaftlichen Zwecken ein Lehrbuch des Strafrechts durcharbeitet und die Normen sich an selbstgebildeten Fällen klarmacht, nimmt eine konkretisierende Tätigkeit vor — nicht anders wie der Gesetzgeber, der an die schwierige Aufgabe herangeht, generelle Sätze aufzustellen, wobei er stets den Durchschnitt von Fällen, also immer Fälle im Auge haben muß.

Das Strafurteil ist nur ein Typus, nur eine Erscheinungsform der konkreten Strafe überhaupt. Diese letztere ist aber das primäre Objekt des Problems der Strafrechtstheorien. Die gegenteilige Ansicht verwechselt Wirklichkeit und Idee, das Tatsächliche und das Normative. Einzunehmen ist nicht der Standpunkt des Richters oder eines anderen sich mit Straffällen beschäftigenden Menschen, sondern derjenige des objektiven Beurteilers, des idealen Beobachters.

Aus allen diesen Gründen geht Nagler[1]) fehl, wenn er meint, von den drei Strafzwecken, denjenigen des Strafgesetzes, der urteilsmäßigen Straffestsetzung und des Strafvollzuges, sei der zweite das Primäre, das Strafgesetz generalisiere nur die einzelnen Strafe. Das ist zum mindesten nicht prinzipiell genug erfaßt. Bei der Erforschung von Wesen und Zweck der Strafe hat man die konkrete Strafe, wie sie der Gesetzgeber schafft, zu ermitteln; gleichgültig, ob sie der Richter jemals verhängt oder nicht. Insofern ist im Gegensatz zu Nagler das Gesetz als das Primäre zu betrachten. Aber nicht die generalisierende Natur des Gesetzes ist zu berücksichtigen, sondern der konkrete Verbrechensfall. Bei Nagler ist also richtig die Ausscheidung des Generellen und insofern des Gesetzes überhaupt, damit speziell das Strafgesetz erfaßt, das Spezifikum der Strafe festgestellt werde. Falsch ist aber die Anschauung, daß alles Konkrete durch den Prozeß, den Richter ermittelt wird. Richtig dagegen ist wiederum die Beobachtung, daß jedenfalls derjenige, der mit den Augen des Gesetzgebers den Strafzweck betrachtet, mehr die Generalprävention berücksichtigen wird, der Richter mehr die Vergeltung, der Vollzugsbeamte mehr die Spezialprävention. Aber der Strafgesetzgeber hat nur als Gesetzgeber überhaupt dieses ihm vorzugsweise zugesprochene Interesse. Speziell als Strafgesetzgeber muß er sich zugleich auf den Standpunkt desjenigen stellen, für den er in concreto Gesetze gibt; insofern wird also auch für ihn die Vergeltung erheblich, ja in besonders hohem Maße, was jene Ansicht ganz verkennt. Und ebenso hat sich in die Aufgabe des Vollzugsbeamten der Strafrichter, mittelbar also auch der Gesetzgeber hineinzuversetzen.

Auf den scharfsinnigen Ausbau der Lehre durch Mayer braucht an dieser Stelle nicht mehr im Zusammenhang eingegangen zu werden, da die hier einschlagenden Gedanken bereits oben bei der Entwicklung der eigenen Ansicht berücksichtigt und angeführt wurden.

---

[1]) I 77 ff.

D.

§ 9. Die Rechtmäßigkeit der Strafe.

I. Das Wesen der Strafe wurde oben (§ 4 a. E.) bestimmt. Es wurde im wesentlichen erkannt in einem Leid des Täters zwecks Vergeltung von Unrecht und zwecks Sühne von Schuld. Die Strafe ist also Vergeltungsstrafe. Mit diesem Ergebnis können sich aber weder der Theoretiker noch der Praktiker, weder der Forscher noch der Gesetzgeber zufrieden geben. Und vollends nicht der Gesamtsystematiker; in einem geschlossenen System wäre eine empfindliche Lücke gelassen, wenn nicht eine weitere Frage gestellt und beantwortet würde: die Frage nach der Rechtmäßigkeit der Strafe.

Es ist dies der Angelpunkt des Strafrechts, der Angelpunkt, an dem es in das System der Wissenschaften einzulassen ist. Die Frage nach der Rechtmäßigkeit der Strafe — als des spezifischen Grundbegriffs unserer Disziplin — bedeutet den obersten Gipfel der Strafrechtswissenschaft, von dem aus die anderen Höhen der Nachbargebiete zu schauen sind; von tieferen Stellen mußte der Blick dorthin ja notwendigerweise verdeckt sein, verdeckt eben durch die höheren Bergspitzen. Für den Juristen ist die Frage nach der Rechtmäßigkeit das Zentralproblem; denn hier wird die Entscheidung über Wert und Unwert der rechtlichen Erscheinungen ausgetragen. Das Problem ist aber ein hochzentrales insofern, als es das Bindeglied zu den Nachbarwissenschaften bedeutet; auch diese gipfeln in einem ähnlichen Problem. Immer ist es der Wert, auf den das Sehnen sich richtet. Nach Werten, nach Wertvollem strebt jede echte Wissenschaft. — Ist das System der Wissenschaften also überhaupt nach dem Wertbegriff zu orientieren, so ist der Höhepunkt des Strafrechtssystems ganz zweifellos der Begriff: Rechtmäßigkeit der Strafe.

Der modernen Richtung im Strafrecht gebührt das Verdienst, die Frage zum mindesten vorbereitet und ihr den Boden geebnet zu haben. Freilich haben ihre Vertreter das Ziel nicht energisch aufs Korn genommen; ihre Bestrebungen waren vornehmlich praktischen Aufgaben gewidmet. So berechtigt diese waren, so scharf muß auf der anderen Seite die Notwendigkeit betont werden, die theoretische Grundlage zu schaffen und ein systematisch lückenloses Gebäude aufzuführen. Von dem hier eingenommenen Ausgangspunkt ist ein solcher systematischer Abschluß nach oben eine unbedingte Notwendigkeit: mit Macht drängt sich die Frage nach dem Wert, nach der Rechtmäßigkeit der Strafe auf. Kein Jurist sollte diese Frage übersehen: eine rechtliche Erscheinung „beurteilen“ heißt sie „werten“. Und jeder, der echte Wissenschaft treiben will, sollte sich die weittragende Bedeutung und die Tiefe des Satzes vergegenwärtigen: mit der Erkenntnis des Wesens einer Erscheinung ist noch gar nichts über ihren Wert ausgesagt. — Es liegt doch auf der Hand: eine Beleidigung mag durch Duell oder durch Ohrfeigen vergolten und gesühnt sein, eine Notzucht durch Kastration, die rohe Tat eines Jugendlichen durch schwere Zuchthausstrafe; aber hinter die Frage nach dem Wert und der Rechtmäßigkeit jener Vergeltungsstrafen ist ein Fragezeichen zu setzen.

Wie ist der Wert der Strafe zu erkennen? Welches ist der Maßstab? Auch dieses Problem ist von der hier durchgeführten Gesamtsystematik aus — wenigstens im Prinzip — unschwer zu lösen, und es kann sich dann nur noch um die weitere Ausgestaltung des Ergebnisses und die Verzweigung in Einzelheiten handeln (darüber unten IV sowie § 10).

Die Strafe muß sich in ihren Zwecken und weiteren Zwecken widerspruchslos in das soziale Ganze einfügen und muß dem Gesamtzwecke der Gemeinschaft entsprechen; dann wird die Harmonie, die Einheit und Widerspruchslosigkeit der Einzelzwecke hergestellt und somit ihr Wert erwiesen. Von einem endgültigen Werte kann immer nur dann die Rede sein, wenn sich die Einzelzwecke, die Handlungen und Bestrebungen der Individuen, mit möglichst geringen Reibungen ineinanderfügen. Im Reiche der Tatsachen mögen sich die Dinge gegenseitig stoßen und befehden; im Reiche der Werte herrscht Ordnung und Eintracht: stufenweise bauen sich die einzelnen Werte übereinander auf bis zu den höchsten drei allgemeingültigen Werten, über die wir Menschen etwas auszusagen vermögen, der Wahrheit, der Sittlichkeit und der Schönheit. Doch über den absoluten Charakter jener letzten Fragen der Wissenschaft mag man denken, wie man will; das Ergebnis kann hier dahingestellt bleiben. Festzuhalten ist aber auf alle Fälle an der Erkenntnis: von einem endgültigen Werte kann immer nur dann die Rede sein, wenn sich die Einzelzwecke widerspruchslos zu einem Ganzen zusammenschließen.

Daher bedeutet die **Rechtmäßigkeit der Strafe** die **Herstellung eines logisch widerspruchsfreien Systems ihrer Zwecke.** Alle Zwecke, alle in Betracht kommenden, praktisch erreichbaren Zwecke sind gegeneinander abzuwägen, und das für die Gemeinschaft günstigste Ergebnis ist zu ermitteln; damit ist die Rechtmäßigkeit der Strafe festgestellt. Natürlich sind auch hier die oben als notwendig erkannten begrifflichen Elemente der Strafe mit einzusetzen: die Vergeltung und die Sühne. Es mag sein, daß sie schwerer wiegen als die weiteren Zwecke; dann gehen sie vor und bleiben die anderen beiseite. Aber notwendig ist das nicht; sie müssen hinter den weiteren Zwecken zurücktreten, falls sie die unwichtigeren sind.

II. So sehen wir, daß jede der drei Schulen — wenn man diesen Unterschied überhaupt machen will — eine zum Teil richtige Lehre vertritt, aber eben nur eine zum Teil richtige. Die Vergeltungstheorie klärt über das Wesen der Strafe auf; aber sie ist einseitig, wenn sie weitere Zwecke der Strafe ausschaltet, und sie unterläßt die Hauptfrage nach der Rechtmäßigkeit der Vergeltung. Die Präventionstheorien fragen zwar mit Recht nach dem weiteren (und schließlich vielleicht oft ausschlaggebenden) Zwecke der Strafe, aber sie sind in der Aufstellung der Zwecke einseitig, sind nicht bis zur Rangordnung der Zwecke und damit bis zu dem Zentralproblem der Rechtmäßigkeit der Strafe vorgedrungen und begehen schon den allerersten Fehler, das Wesen (!) der Strafe zu verschweigen. Die mittlere Richtung endlich fragt zutreffend nach den sämtlichen, praktisch überhaupt erreichbaren Zwecken, doch wird hier — allerdings mit Ausnahmen — unterlassen, den Vergeltungszweck als solchen von den weiteren Zwecken abzuheben und die beiden Fragen nach dem Wesen und der Rechtmäßigkeit zu scheiden. Immerhin steht der von uns vertretene Standpunkt am nächsten dieser dritten Richtung; ja er steht ihr sogar sehr nahe, wenn man zunächst einmal Wesen und Rechtmäßigkeit und nicht, wie jene Richtung, Wesen und Zweckmäßigkeit unterscheidet (denn Vergeltung ist u. E. ebenfalls nur ein Zweck, vgl. § 4 IV 1) und wenn man außerdem den beiden anderen Schulen den von uns als berechtigt erkannten Kern entlehnt.

So bemerkt Kohlrausch,[1]) die Strafe sei Vergeltung, damit sei aber noch nichts über das Sollen gesagt, das man nicht, wie Merkel irrig gemeint habe,

---

[1]) Königsberger Kant-Abhandlungen 1904, 276.

aus dem Sein ableiten könne. Ähnlich unterscheidet Frank,[1]) die Strafe sei Vergeltung, sie habe aber außerdem noch den Zweck der Aufrechterhaltung der Rechtsordnung und den Schutz der Interessen der einzelnen und der Gesamtheit. — v. Hippel[2]) will das Strafrecht auf breitere Grundlage stellen, indem er fragt, „welche Wirkungen die Strafe erfahrungsmäßig ausüben kann". „Alle diese Wirkungen zusammen ergeben den Zweck der Strafe." Daraus solle die Aufgabe folgen, alle diese Wirkungen zu ermitteln. Richtig hieran ist die Verankerung in der Praxis: nur die erreichbaren Zwecke können in Betracht kommen. Aber den spezifischen Zweck und vor allem die Rechtmäßigkeit der Strafe enthüllt jene Anschauung nicht; sie scheint uns auch mehr lediglich eine Probe auf das Exempel geben zu wollen. — Beinahe mit zu großer Schärfe führt Mayer[3]) den Gegensatz von Verbrechensvergeltung und Verbrechensbekämpfung durch; er sieht das Wesen der Strafe in Vergeltung, die aber vom normativen Standpunkt aus unfruchtbar sei. In Wahrheit enthält die Vergeltung selbst schon normativen Charakter, aber sie bedeutet nicht den letzten Maßstab. — Vor allem aber hat schon Liepmann[4]) richtig bemerkt, Strafe sei nur dann berechtigt, wenn sie „imstande sei, ein größeres Übel zu beseitigen, als sie selbst zufügt"; „berechtigt ist nur diejenige Strafe, deren Verhängung sich für die Aufgaben des Rechts als notwendig erweist und deren Handhabung eine zweckmäßige und gerechte Ausgleichung der durch das Verbrechen hervorgerufenen Mißstände enthält."

Das Verhältnis unserer Anschauung zu dem Schulenstreit läßt sich daher auch so präzisieren: Richtig erkannt sind im allgemeinen von den Klassikern das Wesen der Strafe, von den Modernen die weiteren Zwecke, von der mittleren Richtung das Ergebnis (d. i. die Notwendigkeit der Abgrenzung zwischen dem Wesen und den mehreren Zwecken).

III. Auf die drei grundsätzlichen Gegensätze von Idee, Zweck und Rechtmäßigkeit sei an dieser Stelle noch einmal kurz zusammenfassend hingewiesen; im Interesse völliger Klärung der schwierigen Fragen und zur scharfen Herausarbeitung der gar zu leicht zu verwischenden Antithesen muß auf eine möglichst sorgfältige, logisch exakte Scheidung ganz besonders streng gehalten werden. In der Literatur wird oft und zwar von ersten Autoritäten der Ausdruck „normative Elemente" gebraucht; er ist mehrdeutig, man kann jede der genannten drei Kategorien darunter verstehen; denn dem Wesen oder dem Begriff gegenüber enthalten ein normatives, ein wertendes, richtendes Element sowohl die Idee als auch der Zweck als auch die Rechtmäßigkeit.

[1]) Vergeltungs- und Schutzstrafe 8, 11. [2]) ZStW. 30, 871 ff.
[3]) 423 ff. [4]) Einleitung 195 ff.

Die Idee der Strafe gibt ihren Wesensgehalt wieder und unterscheidet sich von ihrem realen Begriff dadurch, daß sie sämtliche seinsollende Elemente enthält, während dieser nur diejenigen (wesentlichen) Elemente umschließt, die vorliegen müssen, soll im konkreten Falle noch von Strafe die Rede sein. Der Zweck[1]) dagegen liegt außerhalb dieses Wesens; eine innerhalb der Geisteswissenschaften liegende Erscheinung tendiert notwendigerweise über ihre eigenen Grenzen hinaus nach einem Ziele — weshalb jene Wissenschaften treffender Kulturwissenschaften genannt werden. Mit der Erkenntnis der Zwecke ist aber noch nichts über die Berechtigung der Zwecke ausgesagt. Diese bemißt sich nach der Möglichkeit und dem Grade der Einordnung aller Zwecke zu einer endgültigen Einheit, zu einem geschlossenen Ganzen.

Also: „gerechte Vergeltung" betrifft das Wesen der Strafe und ist zu scheiden einmal von der zweckmäßigen und sodann von der rechtmäßigen Vergeltung. „Gerechte Vergeltung" besagt nur, daß die Vergeltung in sich (!) zutreffend, also nach dem richtigen, für die Vergeltung entscheidenden Maßstab erfolgt ist, und zwar ohne Rücksicht auf ihre Zweckmäßigkeit einerseits, auf die Rechtmäßigkeit der Zwecke andrerseits. Und nach der anderen Richtung hin gewendet: die gerechte Vergeltung entspricht der Idee, während die ungerechte Vergeltung noch immer dem realen Begriff genügen, noch immer „Vergeltung" sein kann.

Der Zweck gehört also prinzipiell nicht in das Wesen. Nur die beiden nächstliegenden Zwecke, Vergeltung und Sühne, sind in das Wesen aufzunehmen. Das ist deshalb notwendig, weil erst hierdurch gewonnen werden die spezifischen Merkmale der Strafe gegenüber anderen Maßnahmen, die ebenfalls Vergeltung (wie die soziologischen) oder ebenfalls Sühne (wie die moralischen) bedeuten (§ 4 VII).

IV. Inhalt der Rechtmäßigkeit.

Wenn es im folgenden gilt, die Rechtmäßigkeit ihrem Inhalte nach des einzelnen zu bestimmen, d. h. die Art und Weise der Bewertung der Zwecke und die verschiedenen Möglichkeiten dieser

[1]) Daß Zweck und Idee nicht gleichbedeutend sind, ergibt sich schlagend daraus, daß bezüglich des Verbrechens beide offensichtlich gänzlich verschieden sind; wir untersuchen später (§ 11 IV 1) die Idee des Verbrechens, während der Zweck des Verbrechens ganz abseits liegt.

Bewertung darzulegen, so ist dabei die gleichzeitig anzustellende Unterscheidung zu treffen, daß die Ergebnisse für den Forscher und den Gesetzgeber verschieden sein mögen von denjenigen für den Richter bei der Rechtsanwendung (und entsprechend wie für den Richter für den Vollzugsbeamten). Daß man die Unterscheidung nicht gemacht hat, ließ oft das Ergebnis als ganzes unrichtig erscheinen, während es nur für die eine, nicht aber für die andere Aufgabe Gültigkeit beanspruchen wollte.

Die Wertung der Vergeltungsstrafe auf rechtmäßig kann zu zweierlei Ergebnissen führen: sie kann die Vergeltungsstrafe berichtigen, ja in ihr Gegenteil verkehren (1), und sie kann die Vergeltungsstrafe nur näher ausgestalten, wo diese selbst genügend Spielraum läßt, ohne sich mit ihr in Widerspruch zu setzen (2). Nur die zweite Art ist für den Richter beachtlich, während die erste nur den Kritiker und den Gesetzgeber interessiert; der Richter hat also die Vergeltungsstrafe ihrem Wesen nach anzuordnen und darf nicht jenseits der Vergeltung liegende präventive Zwecke zur Berichtigung der Vergeltung einsetzen. Das letztere darf nur der Gesetzgeber, nur der wissenschaftliche Forscher. Insofern ist durchaus begründet die vielbesprochene und vielgedeutete Forderung Kants, daß ein Staat, der im Begriff ist, sich aufzulösen, zuvor noch das letzte Strafurteil zu vollstrecken hat. Richter und Vollstreckungsbeamte dürfen wegen der Zwecklosigkeit der Strafe nicht von der Durchführung des Gesetzes absehen.

1. Die Berichtigung und nötigenfalls Beseitigung der Vergeltungsstrafe tritt bei dem Entgegenstehen höherer Zwecke in die Erscheinung; es überwiegen wichtigere Interessen, als sie die Vergeltung und die Sühne darstellen. Mögen diese beiden letzteren auch selbst schon ein Ausfluß der Gerechtigkeit sein und mag es zu den vornehmsten und idealsten Aufgaben des Staates gehören, das Verbrechen in gerechter Weise zu vergelten und zu sühnen, so sind gleichwohl in besonderen Fällen höhere Werte denkbar. Und diese Fälle sind durchaus keine vereinzelten, deren ausnahmsweise Berücksichtigung man dem Richter oder gar der Gnadeninstanz überlassen könnte; sie lassen sich sehr wohl generalisieren und brauchen nicht etwa nur auf den Einzelfall beschränkt zu bleiben; dem Gesetzgeber bietet sich sehr wohl ein Anlaß zu generellem Eingreifen dar.

Freilich darf in dieser Hinsicht — auch das hat man zum Schaden dieser gesamten Gedankenrichtung meist nicht genügend scharf betont — eine Verschiebung der Höhe der Strafe gegenüber dem Maße der Schuld nicht nach oben, sondern nur nach unten eintreten. Dem Täter eine höhere Strafe aufzuerlegen, als dem Maße seiner Schuld entspricht, nur um Abschreckungs-, Besserungs- oder Sicherungszwecke zu erreichen, wäre eine durch die höchsten sonstigen Interessen nicht zu rechtfertigende Ungerechtigkeit. Insofern ist gerechte Vergeltung stets das allerhöchste Interesse des Staates. Und deswegen sind vom Gesetzgeber die ihrer Natur nach zu übergroßer Härte neigenden Abschreckungs- wie Sicherungstheorien nur mit größter Vorsicht anzuwenden, während sich für die Besserungstheorien, die auch der Milderung genügend Rechnung tragen, ein weiteres Betätigungsfeld eröffnet. Die Feuerbachsche Abschreckungsgesetzgebung sollte auf alle Gesetzgeber abschreckend wirken! Wir kommen auf die Gefahren jener Theorien noch zu sprechen (unten 2 c).

Hierher gehören die vielbehandelten Fälle, daß gegen Jugendliche Freiheitsstrafen zu vermeiden und an deren Stelle Erziehungsmaßregeln zu treten haben. Einer gerechten Vergeltung würde die Verhängung einer Freiheitsstrafe entsprechen; denn nur diese stellt in Fällen dieser oder jener Art die rechte Proportionalität zur Schuld her. Aber mit Rücksicht auf die zu erwartende Besserungsfähigkeit des Jugendlichen sowie in dem Bestreben, ihn zu einem brauchbaren und nützlichen Gliede der menschlichen Gesellschaft zu machen und auf diese Weise dem Ganzen einen Dienst zu erweisen, andrerseits ihn selbst aber vor seelischer Ansteckung im Gefängnis und vor Abstumpfung des Ehrgefühls zu bewahren, wird entweder die Vergeltung berichtigt, die Strafe verringert, also niedriger bemessen, als es dem Grade der Schuld entspricht, es werden z. B. an die Stelle der Freiheitsstrafen mildere Maßregeln gesetzt; oder aber die Vergeltungsstrafe wird völlig gestrichen, der Täter wird einer Erziehungs- oder Besserungsanstalt überwiesen.

Wer wollte sich in derartigen Fällen diesen höheren Interessen des Staates und der Gesellschaft gegenüber verschließen und die Vergeltungsstrafe nur um des Prinzips willen durchführen! Wer wollte gegenüber den Forderungen der modernen Bewegung nach Jugendfürsorge taub bleiben! Aber ebenso sicher sollte sein, daß hier nur der Gesetzgeber zum Eingreifen befugt ist; dieser hat die Interessenabwägung als eine abschließende vorgenommen. Der Richter ist aus eigener Machtvollkommenheit zu einer Berichtigung des Gesetzes nicht berechtigt, mag der Fall auch noch so kraß liegen. Freilich bietet sich ihm ein Korrektiv, wie wir im folgenden Abschnitt sehen werden, ein Korrektiv in den Strafvoraussetzungen insofern, als unter gewissen Umständen ein materieller Begriff der Rechtswidrigkeit und der Schuld anwendbar ist, als insbesondere das nicht nur die Einzeltat, sondern die gesamte Persönlichkeit des Täters betreffende Verschulden geringer zu bewerten ist. Leichtsinn und Verführung, bisherige Unbescholtenheit und spätere offenbare Reue lassen schon die Tat in milderem Lichte erscheinen; und aus diesem Grunde ist die Vergeltungsstrafe niedriger zu bemessen, so daß eine spätere Abwägung des Vergeltungszweckes mit anderen Zwecken gar nicht mehr in Frage kommt. Insofern hat also schon eine richtig ausgebaute, auf die materielle Gerechtigkeit orientierte Dogmatik der Verbrechenslehre ein richtiges Ergebnis gesichert. Aber wenn einmal die Strafvoraussetzungen festgestellt sind, so bleibt dem Richter nichts übrig, als den Schluß, die Straffolge, zu ziehen. Eine richterliche Interessenabwägung hat mithin allenfalls innerhalb der Strafvoraussetzungen,[1]) innerhalb der Begriffe Rechtswidrigkeit und Schuld einzutreten; bei der Festsetzung der Strafe ist sie dagegen ausgeschlossen, insofern neue Momente, die nicht schon zu den Strafvoraussetzungen gehören, also insbesondere Präventivzwecke, nicht mehr einzusetzen haben. Mit Rücksicht auf höhere Interessen ganz auf Strafe zu verzichten, ist ebenso rechtlich unmöglich wie eine Verschärfung der Strafe.

Immerhin ist der Standpunkt des Gesetzes, „in besonders milden Fällen" dem Richter weitgehende Befugnisse zur Milderung oder zum Verzicht auf Strafe zu geben, nur zu begrüßen. Es wird zur Vermeidung unbilliger Härten auf diesem Wege seltenen Fällen Rechnung getragen, die der Gesetzgeber nicht generell regeln zu können glaubte. Aber auch hier liegt der Milderungsgrund, streng dogmatisch-systematisch, bereits in dem richtig gefaßten Rechtswidrigkeits- oder Schuldbegriffe und tritt nicht erst bei der Ziehung der Rechtsfolge hervor.

---

[1]) Außerdem auch innerhalb der Strafverfolgung. Vgl. darüber unsere Grundlagen des Prozeßrechts (1919) 593 ff.

Der Gesetzgeber hat neben der Vergeltungsstrafe die weiteren Strafzwecke besonders auf jenem Gebiete zu berücksichtigen, wo der Vergeltungsgedanke die ausgedehnteste Bewegungsfreiheit beläßt, dem des Strafvollzugs. Dort handelt es sich um die brennenden gesetzgeberischen Fragen, welche Strafmittel anzuwenden und wie sie im einzelnen auszugestalten sind. Die Präventionstheorien haben den ihnen gelassenen Spielraum nicht nur auszufüllen, sondern sind auch in der Lage, in Ausnahmefällen die Grenze der Vergeltungsstrafe nach unten zu überschreiten. Ein progressiver Strafvollzug mit allmählicher Milderung der ursprünglich auferlegten Art der Freiheitsstrafe mag dem Vergeltungsgedanken gegenüber als eine übertriebene Milde erscheinen, weil die Tat ihrem Charakter nach so schwer ist, daß der Täter gerechterweise noch längere Zeit die Härten des anfänglichen Strafmittels empfinden sollte; aber überwiegende Interessen mögen entgegenstehen. Die begründete Aussicht auf Besserung, dazu die Rücksichtnahme auf sein künftiges Leben und Weiterkommen, auf seine Gewöhnung an die menschliche Gesellschaft, der er wieder als ein brauchbares Glied angehören soll, lassen schon vor der Zeit eine Milderung nach der einen oder anderen Richtung hin als angezeigt, ja als notwendig erscheinen. Kann der mittellose Delinquent die ihm zuerkannte Geldstrafe nicht zahlen, so würde vielleicht die Vergeltungstheorie in manchen Fällen (keineswegs, was oft übersehen wird, in allen) einer Ersatzfreiheitsstrafe nicht im Wege stehen; im Interesse des Verurteilten wie der Allgemeinheit mag es aber allein liegen, daß die Geldstrafe durch Arbeitsleistung ersetzt wird. In allen Fällen gebührt nur dem Gesetzgeber, nicht dem Richter oder gar dem Vollzugsbeamten, die Entscheidung; das Gesetz hat generell die Fälle zu bestimmen, in denen ihm Milderungen angemessen erscheinen. Allerdings wird das Gesetz gerade auf diesem Gebiete, wo den individuellen Besonderheiten der Einzeltat und des Täters weitestgehend Rechnung zu tragen ist, den genannten Justiz- oder Verwaltungsorganen innerhalb gewisser Grenzen mehr als vielleicht auf anderen Gebieten freie Hand zu lassen haben.

Wie es unrichtig wäre, eine Überschreitung der von dem Vergeltungsgedanken gezogenen unteren Grenze zu verbieten — daher bedarf insofern der Berichtigung die von der mittleren Richtung vertretene Ansicht,[1]) die Vergeltungstheorie bestimme für die

---

[1]) Vgl. die Nachweise unten zu 2a.

Strafzumessung das Höchst- wie das Mindestmaß, während die Präventionstheorien den Raum zwischen ihnen auszufüllen haben —, so wäre auf der anderen Seite gänzlich ungerechtfertigt, die Überschreitung der Höchstgrenze lediglich aus Präventionsrücksichten, etwa zwecks Unschädlichmachung unverbesserlicher, gemeingefährlicher Verbrecher zu gestatten. Die Vergeltung ist in letzterer Hinsicht die stärkere Macht; eine ungerecht harte Strafe darf unter keinen Umständen hingenommen werden. Schon deswegen ist es durchaus verfehlt, auf dem Gebiete des Strafvollzugs der Vergeltungstheorie jegliche Bedeutung abzusprechen.[1]) Sie gibt aber nicht nur die obere Grenze an, indem sie gebietet: bis hierher und nicht weiter; sie vermag auch innerhalb der beiden Markzeichen Richtlinien für die Ausfüllung des Zwischenraumes vorzuzeichnen, da hier die nicht wenig anmaßend auftretenden Präventionstheorien oft nicht nur versagen, sondern auch zu ungerechten Ergebnissen führen, die durch höherstehende Interessen keineswegs immer aufgewogen werden. Selbst bei der Ausgestaltung des progressiven Strafvollzugs, wo die Spezialprävention alles leisten zu können glaubt, vermag die Theorie der gerechten Vergeltung ihre Stimme zu erheben und vor übertriebenen Humanitätsrücksichten zu warnen. Doch damit sind wir bereits bei der zweiten Funktion der Präventionstheorien angelangt.

2. Die Ausgestaltung der Vergeltungsstrafe, wo diese genügend Spielraum läßt — das ist die zweite Aufgabe der Präventionstheorien, die zweite Funktion des Begriffs der Rechtmäßigkeit. Hier waltet nicht allein der Gesetzgeber, sondern sind auch der Richter sowie der Vollzugsbeamte zu freier Mitwirkung berufen. Und daß diese Möglichkeit sich oft genug bietet, findet vielleicht den tiefsten Grund in der Einsicht, daß die Vergeltung, wie wir oben (§ 4 IV 1) darlegten, auch anderen Wissenschaftsgebieten angehört. Denn wäre sie spezifisch strafrechtlich, so müßte sie ja in allen Fällen allein ein konkretes Ergebnis gewährleisten, falls sie überhaupt ein tauglicher Maßstab sein will. Und daß sie dazu, wie die praktische Beobachtung zeigt, nicht imstande ist, beweist zugleich umgekehrt

[1]) Daher stark übertrieben Mayer 427: „Daß man aber auf das Wesen der Vergeltung eine Empfehlung oder Verwerfung des progressiven Strafvollzugs, eine Umgestaltung der Geldstrafe . . . oder sonst einen Reformvorschlag stützen könne, ist eitel Selbsttäuschung."

— Ausgang: Erfahrung; Ziel: Theorie —, daß die Vergeltung systematisch nicht nur dem Strafrecht, sondern auch anderen Disziplinen angehört. Von hier aus gelangen wir zu einer tiefen wissenschaftlichen Erkenntnis. Der Satz „die Strafe ist Vergeltungsstrafe“ ist nur in abstracto, nicht in concreto zu verstehen. In concreto ist die Strafe eben oft nicht allein Vergeltung — nicht allein! denn Vergeltung ist sie stets —, sondern Vergeltung und zugleich Prävention.[1])

Soweit die Vergeltung also einen solchen Spielraum gewährt, ist auch der Richter befugt, aus freien Stücken die Rechtmäßigkeit im einzelnen auszugestalten. Hier hat er selbst die gesamten Interessen abzuwägen und die so ermittelte Strafgröße zuzumessen. In dieser Hinsicht haben die Vertreter der mittleren Richtung das entscheidende Wort gesprochen.[2])

a) Aber es geht zu weit, allgemein zu behaupten, die Höhe der Vergeltungsstrafe sei in allen Fällen erst durch jene Strafzwecke zu ermitteln, die Vergeltungsstrafe biete nur den Rahmen, die genaue Strafgröße sei nur durch die „Zwecktheorien“ zu bestimmen.[3]) Vielmehr vermag der Vergeltungsgedanke in vielen Fällen allein, aus eigener Kraft, seinen Dienst vollauf zu versehen, ohne fremder Hilfe zu bedürfen; in jedem Falle gelingt die Bemessung der Strafe nach der Höhe der Schuld. Wir verweisen auf unsere früheren Darlegungen (§ 5 III 3 b), wo die Möglichkeit einer Ausgestaltung der Vergeltungsstrafe aus ihrem eigenen Maße nachzuweisen gesucht wurde.

Nun hat man freilich gemeint, die Vergeltungstheorie treffe für eine Reihe von Deliktstatbeständen nicht zu, diese seien vielmehr

---

[1]) Ähnlich das Ergebnis v. Hippels ZStW. 30, 900: Die Strafe bezwecke Vergeltung und Prävention, die sichernde Maßnahme nur Prävention.

[2]) Aber noch jetzt beherzigenswert sind auch die Forderungen, die einst Berner Lehrb. [17] 178 (§ 93) an ein gutes Strafmittel stellte und die teils auf Vergeltung, teils auf Gerechtigkeit, teils auf Prävention zurückführen — eine Dreiteilung, die übrigens unserem Aufbau § 4 IV 1—3 durchaus entspricht. Vgl. auch Finger 449 und Köhler 573.

[3]) So v. Hippel Strafrechtsreform und Strafzwecke 1907, 8 (Preuß. Jahrb. 127, 417), auch Mayer 426. Wenn übrigens v. Hippel ZStW. 30, 883 meint, die Prävention habe dann einzusetzen, wenn „das Vergeltungsbedürfnis unsicher und unrichtig“ sei, so ist zu erwidern, daß wir nicht auf das Vergeltungsbedürfnis, sondern auf die gerechte Vergeltung Gewicht legen.

lediglich vom Standpunkte der Präventionsstrafe zu rechtfertigen.[1]) Genannt werden Glücksspiel, Bettel, Landstreichen, Zuhälterei, strafbare Aufforderung zum Ungehorsam gegen die Gesetze, Unterlassung der Strafanzeige, unwahre Entschuldigung von Zeugen usw. Auch das Kriegsstrafrecht soll auf dem Gedanken der Verbrechensbekämpfung beruht haben.[2]) Zuzugeben ist, daß in diesen Fällen die Gesetze besonders geeignet und deswegen auch (!) darauf angelegt sind, abschreckend zu wirken. Aber einmal haben sie diese Wirkung auch in anderen Fällen, sodann ist auch hier, und zwar in erster Linie, der Vergeltungscharakter maßgebend. Sie sollen auch hier zu gerechter Strafe führen, indem sie der Schwere der Schuld zu entsprechen haben. Sind sie hierzu etwa völlig außerstande und verfolgen sie offenbar einen anderen Zweck — für die soeben aufgeführten Tatbestände trifft diese Voraussetzung nicht zu, aber sie mag bei gewissen Polizeiübertretungen vorliegen —, so sind es mißglückte Strafgesetze, die schleunigst zu beseitigen sind, oder überhaupt keine Strafgesetze.

b) Umgekehrt sind es gerade die Präventionstheorien, die nicht selten den Dienst versagen, während die Vergeltungstheorie stets ihre Aufgabe zu erfüllen imstande ist. Wenigstens gilt dieser Mangel von den Spezialpräventionstheorien; über die besonderen Mängel der Generalprävention wird sofort (c) zu reden sein. Jenen ersteren darf man freilich daraus keinen Vorwurf machen; denn sie sind gar keine spezifischen Straftheorien und spielen strafrechtlich ja nur eine subsidiäre Rolle, indem sie ergänzend und unterstützend auftreten, nicht etwa wo die Vergeltungstheorie versagt, sondern wo sie Spielraum gestattet. Sie selbst enthalten ja Sicherungs- und Erziehungsmaßregeln, und diese sind natürlich auf einen ganz anderen Kreis von Objekten berechnet wie gerade auf Straffälle.

Und so nimmt es nicht wunder, wenn dem Strafrichter oft Fälle unterbreitet werden, wo der Täter weder besserungsfähig (oder -bedürftig) noch abschreckungsfähig (oder -bedürftig) noch endlich gemeingefährlich ist. Nach welchem Maßstabe soll denn nun vom Standpunkte der Modernen die Strafe bemessen werden? Man ver-

[1]) Vgl. Merkel Lehrb. 186, Liepmann ZStW. 28, 17/8 (dagegen Frank Vergeltungs- und Schutzstrafe 8), v. Hippel ZStW. 30 S. 871 ff., 883; auch schon G. Rümelin Reden und Aufsätze II 189 ff.

[2]) So v. Liszt ZStW. 38, 343.

gegenwärtige sich nur die Fälle, wo sonst äußerst gewissenhafte Menschen einmal aus Fahrlässigkeit einen Fehltritt begehen; und man denke ferner an den Kreis der politischen Delikte und der aus edlen Motiven entsprungenen Verfehlungen, denen gegenüber die Spezialpräventionstheorien völlig versagen: Besserung, Abschreckung, Unschädlichmachung sind weder nötig noch möglich.

Dazu kommt, daß die Präventionstheorien, was oft übersehen wird, ihrem Sinne nach sich zum Teil auf gewisse Strafmittel beschränken, also gar nicht mit dem Anspruch auf generelle Geltung auftreten. So soll die Geldstrafe wohl weder unschädlich machen noch bessern, sondern nur abschrecken, und selbstverständlich kann die Ehrenstrafe nicht unschädlich machen, die Todesstrafe nicht bessern. Den weitesten Spielraum hat also die Freiheitsstrafe, jenes Strafmittel, das die größte Zahl der Strafzwecke in sich vereinigt und daher mit Recht in den Mittelpunkt unseres Strafensystems als Ersatz der früher weitverbreiteten Leibes- und Lebensstrafen getreten ist.[1])

Übrigens muß sich ja, wie schon oben (1 a. E.) berührt wurde, nicht nur der Richter, sondern auch der Vollzugsbeamte oft mit dem Vergeltungsprinzip zufrieden geben; gerade in den alltäglichen Straffällen, wo ein Gelegenheitstäter eine leichte Freiheitsstrafe zu verbüßen hat — nur die Freiheitsstrafen können hier ja in Frage kommen —, wird der Vollzugsbeamte nicht den geringsten Anlaß finden, Spezialpräventionszwecke zu verfolgen: der Täter braucht weder gebessert noch unschädlich gemacht noch abgeschreckt zu werden. Der Strafvollzug hat hier seine Aufgabe lediglich in der strikten Ausführung des Urteils zu erblicken.

c) Bei der — gesetzmäßigen oder konkreten — Ausgestaltung der Strafe durch die Prävention, besonders durch die Generalprävention, aber auch zum Teil durch die Spezialprävention besteht die Gefahr zur Anwendung allzu großer Härten; je härter die Strafe, um so sicherer der Erfolg der Abschreckung wie auch der Unschädlichmachung. Und deshalb ist äußerste Vorsicht bei der Ergänzung der Vergeltung durch Prävention geboten. Es wird gar zu leicht das Maß der Schuld überschritten, und das würde die Heraufbeschwörung einer der größten Gefahren für eine gesunde Rechts-

---

[1]) Vgl. etwa v. Hippel ZStW. 18, 661/2; 30, 884.

pflege bedeuten: ungerechte Gesetze und ungerechte Urteile. Der Täter würde zu Unrecht leiden; er würde leiden, nur weil andere abgeschreckt werden sollen. Er würde als Mittel zum Zweck für andere herabgewürdigt werden. Und wenn die Wirkung auf ihn selbst ausgeübt werden soll, würde er ebenfalls über Gebühr leiden, während er durch andere Maßnahmen, die ihrer Natur nach kein Leiden bedeuten, wie Behandlung in Erziehungs- und Besserungsanstalten und Verwahrung in Sicherungsanstalten, wirksamer und zielsicherer und eben ohne die der Strafe innewohnenden Leiden gebessert, abgeschreckt, unschädlich gemacht werden kann.

Weniger gefährlich für den Täter, aber nicht minder unheilvoll für die Gesamtheit wäre die der Besserungstheorie außerdem eigentümliche Neigung zu allzugroßer Milde; eine geringe Strafe würde mitunter schon bessernd wirken, wenn das von der Vergeltung geforderte, der Schuld entsprechende Maß noch längst nicht erreicht ist.

d) Zu diesen Gefahren, die einer gerechten Vergeltung durch die Präventionstheorien drohen, tritt ein weiterer Nachteil: die Gestaltung der Präventivmittel im Einzelfalle ist weit mehr dem Wandel der Zeiten unterworfen[1]) als die Ausmessung der reinen Vergeltungsstrafe nach dem Grade der Schuld. Zwar mögen auch die Anschauungen über den Wert der Tat und der Gesinnung sowie über eine äquivalente Strafgröße in aufgeregten Zeiten — in Zeiten reich an erschütternden, den überlieferten Kulturanschauungen einen Stoß versetzenden Ereignissen — in das Wanken geraten. Aber diese Abweichungen sind bei weitem nicht so stark, wie wenn es sich in derartigen Zeiten um die Frage nach der Gefährlichkeit des Täters für das Gemeinwesen handelt, um die Frage, welche Mittel zur Abschreckung von gefährlichem Tun und zur Unschädlichmachung gefährlicher Täter geboten sind. Es liegt auf der Hand, daß bei einer Erschütterung der Grundlagen eines geordneten Staatswesens

[1]) Dagegen wird man eine Abhängigkeit der Straftheorien von dem Bekenntnis zu politischen Parteien kaum annehmen dürfen — so wenig wie von diesem Bekenntnis die Stellungnahme zu den großen Weltanschauungsfragen abhängt. Vgl. Schmidt Die Strafrechtsreform in ihrer staatsrechtlichen und politischen Bedeutung 1912. Daß die Schutztheorie v. Liszts gerade mit dem Freisinn zusammenhänge, kann man ebenso wenig behaupten, wie daß die Vergeltungstheorie in Verbindung mit den Anschauungen der nationalen Parteien stehe.

Strafen, die lediglich nach Präventivgesichtspunkten bemessen werden, in ganz außerordentlichem Maße die von der Vergeltungstheorie gezogene Schuldgrenze überschreiten können, wie auch umgekehrt, daß sie oft aus politischen Rücksichtnahmen hinter dem gerechten Schuldmaß erheblich zurückbleiben. Die Strafrechtspflege muß aber unter allen Umständen einen ruhigen und gesicherten Gang nehmen; das Vertrauen des Volkes in ihre Stetigkeit und Gerechtigkeit muß auf jeden Fall gewahrt bleiben; wird selbst das Rechtsbewußtsein erschüttert, so ist alles verloren. Man vergegenwärtige sich aber nur die Schwankungen, denen ein Präventionsstrafrecht unterworfen ist, wenn zwischen Tat und Aburteilung ein längerer Zeitraum verstrichen ist, währenddessen sich die äußeren Verhältnisse in politischer Hinsicht von Grund aus geändert haben. Zur Zeit der Tat wäre eine geringe Abschreckungs- oder Sicherungsstrafe ausreichend gewesen, während die Zeit der Aburteilung — selbst bei kühler, leidenschaftsloser Überlegung — das Zehnfache oder mehr erfordert. Bei der Begehung konnte der Täter mit derartigen Strafen nicht entfernt rechnen. Wie bitter würde diese plötzliche Steigerung empfunden werden und wie stark würde sie der Gerechtigkeit ins Gesicht schlagen, während die Vergeltungsstrafe, sich auf den Zeitpunkt der Tat stellend, allein dem gerechten Empfinden des Täters wie der Gesamtheit zu genügen vermag.

Die Vergeltungstheorie ist nach alledem diejenige, die niemals versagt. Kein Strafgesetz, kein Straffall ist denkbar, wo sie nicht anwendbar, nicht gerecht anwendbar ist, wogegen die Präventionstheorien bald generell, bald im konkreten Fall im Stich lassen.

§ 10. Strafe und Prävention — Klassik und Moderne.

Vergeltungsstrafe und Prävention erschienen uns anfangs als Gegensätze. Sodann fanden wir eine Aussöhnung zwischen ihnen mit dem Ergebnis, daß die Prävention die Vergeltung berichtigt oder ergänzt — einem Ergebnis, das die notwendige Folge unseres systematischen Aufbaues aus einem geschlossenen Grundgedanken war.

Nunmehr sind weitere Gegensätze sowohl wie Vereinigungen zu beobachten. Man mag das eine Vereinigungstheorie[1]) nennen, man

---

[1]) Eine gute kurze Zusammenstellung der verschiedenen Möglichkeiten findet sich bei Meyer-Allfeld 11 (§ 3 III). Nachzutragen wäre die mittlere Richtung (vgl. v. Hippel ZStW. 30, 876) sowie Mayer 417 ff.

mag unsere Anschauung zu der mittleren Richtung im Strafrecht rechnen. Jedenfalls sind wir weit davon entfernt, um eines Kompromisses oder eines praktischen Ergebnisses willen diesen Standpunkt zu wählen. Er ist, wie gesagt, ein Ergebnis des Aufbaues und als solches eine zwingende logische Notwendigkeit, an der nicht zu rütteln ist, wenn man das auf Grund teleologischer Gesetzmäßigkeit entworfene Gesamtsystem des Rechts wie der Wissenschaften überhaupt anerkennt. Erkenntnis beruht auf Logik, und insofern ist alle Wissenschaft Logik.

Vor allem sind wir weit entfernt, einem Eklektizismus zu huldigen. Zwar erkennen wir mehrere Zwecke als die berechtigten an; aber es ergab sich ihre Überbrückung in der Betrachtungsweise (§ 4 IV) und insofern eine logische Einheit. Der Eklektizismus ist ein Zeugnis der Unselbständigkeit, ein Verlegenheitsweg, ein Aushilfsmittel, das vor einem schärferen wissenschaftlichen Denken nicht standhält, weil das Ergebnis, regelmäßig doch nur ein Flickwerk, auf den verschiedensten Grundgedanken beruht. Und ferner lehnen wir jenen Relativismus ab, der die mehreren Zwecke nur beschreibt und ihre Berechtigung von der jeweiligen Überzeugung des wissenschaftlichen Bearbeiters abhängig macht, ohne selbst die kritische Abwägung vorzunehmen; diese jetzt nicht unbeliebte Denkweise geht der entscheidendsten Frage aus dem Wege, indem sie eine Rangordnung der Zwecke und Werte aufzustellen unterläßt. Wie unbefriedigend für ein tiefes wissenschaftliches, wie für das notwendigste praktische Bedürfnis! Man muß doch zum mindesten Aufklärung darüber verlangen, welcher von mehreren einander widersprechenden oder ausschließenden Werten dem anderen vorgeht. Mag man schließlich zu der Werttheorie stehen, wie man will: auf jeden Fall muß ein Gedanke als der oberste nachgewiesen werden, dem sich die anderen logisch unterzuordnen haben. Das ist nicht bloße Konstruktion, sondern zwingende Notwendigkeit; es ist notwendig einerseits zur Erkenntnis des Wesens, andrerseits zur praktischen Anwendbarkeit, da man wissen muß, welcher von mehreren Zwecken bei Kollisionen den Vorrang genießt.

Im folgenden sind zunächst noch einige Schattenseiten der Präventionsstrafe zu betrachten mit dem Ziele, einen einheitlichen Standpunkt gegenüber dem Gegensatz von Präventions- und Vergeltungstheorie zu gewinnen. Daraus ergibt sich das dogmatische

Verhältnis von Strafe und Sicherungsmaßnahme und die Einreihung der einzelnen positivgesetzlichen Mittel entweder hierhin oder dorthin. Das führt zur Erfassung des prinzipiellen Gegensatzes von Strafe und Prävention, zur Erkenntnis des bleibenden Gewinnes der Präventionstheorien und zur Klarlegung des Kernes und Sinnes des Schulenstreites zwischen der Klassik und der Moderne.

In terminologischer Hinsicht sei angemerkt, daß der Gegensatz zur Vergeltungsstrafe in der Literatur mit den verschiedensten Ausdrücken belegt wird. Man spricht von Zweckstrafe, von Sicherungsstrafe, von Schutzstrafe, von Gesinnungsstrafe, von soziologischer Strafe. Am besten scheint uns noch die Gegenüberstellung von Vergeltungs- und Präventionsstrafe zu sein. Vor allem ist sie besser auch als die schlagwortähnlichen und leicht mißverständlichen Antithesen wie: punitur quia peccatum est — punitur ne peccetur, und die modernere: die Tat wird bestraft — nicht die Tat sondern der Täter wird bestraft, sowie die noch immer beliebte Unterscheidung von absoluten und relativen Straftheorien. Was meist übersehen wird, noch immer (trotz mancher Hinweise auf den richtigen Gedanken) übersehen wird, das ist, daß es sich gar nicht um sachliche Gegensätze handelt. Auch die Vergeltungsstrafe ist eine Zweckstrafe, auch sie sichert, schützt, trifft die Gesinnung, ist soziologischer Natur; auch sie verfolgt das ne peccetur, auch sie bestraft den Täter und trägt relativen Charakter. Das alles ergibt sich aus unseren §§ 4 (bes. IV) und 5. Jene abgelehnten Anschauungen müßten mit demselben Rechte als Gegensatz auffassen die Gerechtigkeits- und Sühnestrafe einerseits und die Vergeltungsstrafe andrerseits.

I. Die Mängel der Präventionsstrafe sind bereits oben § 9 IV (namentlich 2 b ff.) berührt. Dort handelte es sich vorzugsweise um die bei der Rechtsanwendung hervortretenden Schattenseiten.

1. Nun glaubte man aber in der Präventionsstrafe geradezu die Strafe in ihrer reinsten Ausgestaltung, geradezu das Wesen der Strafe zu erkennen. So segensreich auch die moderne Kriminalpolitik gewirkt hat, wie immer wieder hervorgehoben werden soll, so entschieden muß auf der anderen Seite betont werden, daß jene Bestrebungen das Wesen der Strafe nur zu leicht verhüllen. Das ist in der Literatur[1]) so oft und so ausführlich dargelegt worden und ergibt sich schon so zweifelsfrei und schlüssig aus unseren bisherigen

[1]) Die von Birkmeyer und Nagler herausgegebene Sammlung „Kritische Beiträge zur Strafrechtsreform" 1908 ff. hat wohl sämtliche, übrigens nicht selten über das Ziel hinausschießende Einwände zusammengetragen. Dazu tritt die umfangreiche Darstellung Naglers Die Strafe I. 1918.

Darlegungen (besonders §§ 4, 5), daß in diesem Zusammenhang nicht noch einmal darauf zurückgegriffen werden soll; wir könnten nur Wiederholungen lediglich in neuer Gedankenverbindung geben. Nur ein Punkt, und zwar ein nicht in letzter Linie entscheidender, sei nachgetragen; er dient zugleich zum Ausgang für die folgenden Erörterungen.

Wenn die Strafe überhaupt ein Leid für den Täter sein soll, wie kann sie dann in seiner eigenen Besserung bestehen, die — ihrem Sinne nach — ihm doch nicht einen Schmerz, sondern nur eine Wohltat zufügen will? Und wie in Abschreckung und Sicherung, die — ebenfalls ihrem Sinne nach — doch anderen Menschen zugute kommen sollen, so daß der Täter nur ein Objekt fremder Interessen, nur ein Mittel zum Zweck für andere wäre? Ins Zuchthaus müßte er deshalb gehen, weil auf andere Menschen eine heilsame Wirkung erzielt werden soll! Die Generalpräventions- wie die Sicherungstheorien sind wahrlich weit davon entfernt, das Wesen der Strafe wiederzugeben. Sie knüpfen eben gar zu wenig an die Voraussetzungen der Strafe an. Gewiß, sie weisen in die Zukunft und sind auf den Zweck, sogar einen fern liegenden (oben § 4 IV 3) eingestellt; aber die Voraussetzungen dürfen sie doch nicht ganz vernachlässigen.

2. Damit hängt zusammen, daß die Einzeltat zum mindesten stark ignoriert und daß ihre normativ-juristische Bedeutung zurückgedrängt wird. So ergibt sich die Forderung: nicht die Tat, sondern der Täter ist zu bestrafen. Und von diesem Satz ist nur noch ein Schritt zu der (von den Strafrechtsdogmatikern freilich wohl kaum ernstlich gezogenen, aber) logisch notwendigen Konsequenz: das Verbrechen brauche überhaupt nicht erst abgewartet zu werden. Das ist eine Konsequenz, deren durch und durch vernünftigen Gedanken niemand verkennen wird: Wie der Arzt den Schwindsuchtskandidaten in gesunde Luft schickt, um die Krankheit nicht erst zum Ausbruch kommen zu lassen, so hat der Kriminalpolitiker den Verbrecher zu „behandeln", um ihn selbst wie andere Menschen vor Unheil zu bewahren, um das drohende Verbrechen im Keime zu ersticken. Das ist ein so gesunder Gedanke, daß sich seiner Gewalt niemand entziehen kann, dem das Wohlergehen der Menschen überhaupt am Herzen liegt. Aber ebenso gewiß ist das Abirren von dem Wege des Strafrechts. Was hier geboten wird, das ist Kriminalpolitik und Verwaltung, nicht Strafjustiz, das ist Prävention, nicht

Strafe. Und so zeigt sich, daß der Ausgangspunkt verfehlt war; die Präventionsstrafe ist keine Strafe. Man sollte die Konsequenz, die durchaus rationell ist, ziehen, um zugleich den Anfang des Weges an die richtige Stelle zu setzen, um zu erkennen, daß der Ausgang keineswegs identisch mit dem des Strafrechts ist, will man nicht auf unebenen Pfaden wandeln und Hindernis über Hindernis begegnen. Prävention und Strafe haben von Hause aus nichts miteinander zu tun, wie auch schon die Präventionsvoraussetzungen von den Strafvoraussetzungen durchaus verschieden sind. Deswegen ist auch der Endpunkt beider Wege getrennt: einerseits Vergeltung und Sühne, andrerseits Behandlung des Verbrechers, wie man Gemeingefährliche und Geisteskranke ebenfalls behandelt. Daß beide, von jedem gesunden Gemeinwesen zu erstrebenden Ziele praktisch miteinander verbunden werden können und aus Zweckmäßigkeitsgründen auch miteinander verbunden werden sollen und daß ferner beide Ziele theoretisch in einem System der Werte miteinander verbunden werden müssen, steht der Verschiedenheit im Wesen beider Erscheinungen nicht entgegen, ja bestätigt sogar diese Verschiedenheit; denn sonst wäre eine Verbindung nicht möglich: eine Verbindung setzt Verschiedenheit, nicht Identität voraus.

Es scheint uns daher gerade vom Standpunkt der Gegner verfehlt, wenn diese ihren Weg nicht zu Ende gehen und die letzte obengenannte Konsequenz nicht ziehen, vielmehr den sie ganz grundlos bekämpfenden, auf strafrechtlichem Boden fechtenden Gegnern Konzessionen machen und selbst deren Bahnen beschreiten, statt die Gegner auf die ihrige zurückzuweisen und selbst auf der eigenen zielbewußt fortzufahren.[1]) Das Verbrechen hat vom präventionistischen Standpunkt in der Tat nur symptomatische Bedeutung. Eine zufällige Übertretung mag den Anlaß geben, daß man auf eine dem Täter innewohnende verbrecherische Neigung aufmerksam wird, um diese energisch zu bekämpfen — wobei freilich Voraussetzung ist, daß das Symptom wesensverwandt mit dem Objekt der Bekämpfung ist. Ein Mundraub kann die Veranlassung sein, die Neigung zu Diebstahl und Betrug zu bekämpfen; eine Sachbeschädigung kann den Täter als einen rohen und gewalt-

[1]) v. Liszt Aufsätze II 16, 59 zieht die Konsequenz, die Tat brauche nicht erst abgewartet zu werden, zwar nicht, hält sie aber nicht für absurd.

tätigen Menschen entlarven, der auch schwerere Verbrechen, Körperverletzung oder gar Tötung, zu verüben imstande ist, und somit den Anlaß zur Bekämpfung jener Neigungen geben. Dagegen kann man nicht eine gelegentliche Ausschreitung, etwa nach einem Festgelage, zum Anlaß nehmen, um gegen den Täter wegen Diebstahls vorzugehen, und es ist durchaus verfehlt, durch einen derartigen Einwand die Gegner ad absurdum führen zu wollen. Wohl aber ist ein Einschreiten wegen Diebstahls, soll heißen wegen Neigung zum Diebstahl möglich, wenn diese Neigung nur irgendwie deutlich — nicht notwendig durch ein Delikt — in die Erscheinung tritt. Das Verbrechen ist eben nur ein Symptom, keineswegs das einzige.[1]) Sollte eine gewisse verbrecherische Neigung unter Umständen nicht auch durch andere Handlungen, als ausgerechnet solche, die dem gesetzlichen Tatbestand unterfallen, erkannt werden können? Nicht vielmehr auch durch andere konkludente Handlungen als gerade die tatbestandlichen Ausführungs-, Versuchs- und Vorbereitungshandlungen, nicht auch durch ernstgemeinte und wiederholt ausgesprochene Äußerungen, etwa wohlüberlegte Drohungen?

3. Daß man Prävention und Strafe nicht auf ihre eigenen Gebiete beschränkte, sondern ein Präventionsstrafrecht aufzustellen suchte, rief einen sich aus unseren bisherigen Ausführungen bereits zur Genüge ergebenden Einwand der Klassiker hervor; er ist von ihrem Standpunkt berechtigt, erweist sich aber als hinfällig, wenn man eine scharfe Trennung zieht. Man machte geltend,[2]) für die Präventionisten wäre der juristische Ausbau der gesetzlichen Tatbestände sinnlos, zum mindesten wäre er eine nutzlose Zeitvergeudung, vielmehr sollten die Verbrecher nach ihrer Gesinnung und Gefährlichkeit klassifiziert und die einzelnen Typen verschieden behandelt werden. Diese Forderung ist bekanntlich von den Modernen in der Tat erhoben worden. Man unterschied Gelegenheits- und

[1]) Selbst Tesar geht in der Symptomatik noch nicht weit genug, und er geht in dieser Hinsicht nicht einmal so weit, wie die Gegner ihm vorgeworfen haben; denn er meint, die Gefährlichkeit des Täters werde regelmäßig nur durch „Tatbestandshandlungen, Versuchs- oder Vorbereitungshandlungen" erkannt (Die symptomatische Bedeutung 265/6). Siehe dazu den weiteren Text.

[2]) So Kohlrausch Irrtum und Schuldbegriff 31/2 und Goldschmidt Vergl. Darst. A 4, 317[1] mit Recht gegen v. Liszt Aufsätze II 60, der die Tatbestände aus staatsrechtlichen Gründen zum Schutz der individuellen Freiheit des Gemeingefährlichen vor Übergriffen der Staatsgewalt für notwendig hielt.

Gewohnheitsverbrecher und teilte die letzteren weiter ein in besserungsfähige und unverbesserliche; für jede Klasse wurde eine besondere Spezialpräventionstheorie als die maßgebende hingestellt.[1]) Und im Anschluß daran verlangte man die Aufnahme weitgehender Verwaltungsmaßnahmen in das Strafgesetzbuch. Nun mag man freilich über die Fruchtbarkeit der bisherigen Untersuchungen der Modernen auf diesem reichen Arbeitsfelde denken, wie man will, man mag die praktische Durchführbarkeit der bis jetzt gewonnenen Ergebnisse und die Erkennbarkeit der einzelnen Verbrechertypen im Einzelfall in Zweifel ziehen: Über allen Zweifel erhaben scheint uns die Richtigkeit und Fruchtbarkeit des Grundgedankens, nach den Gesichtspunkten der Gefährlichkeit und der Besserungsfähigkeit der Verbrecher die Bekämpfung des Verbrechertums in Angriff zu nehmen. Und es steht zu hoffen, daß Wissenschaft wie Praxis zum Heile der Menschheit auf diesem Wege mit Erfolg schaffen und immer wieder schaffen werden. Die Aufstellung begrifflicher Unterscheidungen spielt dabei eine ganz untergeordnete Rolle.

Aber gerade deswegen eignen sich jene Anschauungen nicht für die Strafrechtspflege. Dort sind gesetzliche Tatbestände vonnöten. Sie sind notwendig zum Schutze der Freiheitsinteressen der Individuen, zur Wahrung der Rechtssicherheit sowie der Einheitlichkeit und der Unparteilichkeit der Rechtsprechung, zur Stärkung des Ansehens der Rechtspflegeorgane bei dem Publikum, zur Hebung des Vertrauens des Volkes zum Staate, zur Bewährung der Gerechtigkeit (Näheres unten § 13 I 1). Also auch hier dient eine scharfe Scheidung von Prävention und Strafe dem Fortschritt der Wissenschaft wie des Lebens.[2])

4. Sind die gesetzlichen Tatbestände ein notwendiger Bestandteil eines jeden Strafrechts, so sind sie für ein Präventionsrecht entbehrlich, wenn nicht gar überflüssig. So erklärt sich der gegen die Spezialpräventionstheorien mit vollem Recht erhobene Einwand, diese paßten nur für eine Reihe von gesetzlichen Tatbeständen, ja sogar nur für einen kleinen Kreis, während sie sonst gänzlich ver-

[1]) Vgl. besonders v. Liszt zuletzt Lehrb. 15/6.

[2]) Auch hier führt Tesar seine Symptomatik nicht konsequent durch, wenn er die Aufstellung besonderer gesetzlicher Tatbestände fordert (a. a. O. 268). Vom rein strafrechtlichen Standpunkt, den Tesar eben auch (!) im Auge hat, ist diese Forderung natürlich nur berechtigt.

sagten. In der Tat muß zugegeben werden, daß die Präventivzwecke nur für wenige seltene und besonders schwere Kriminalfälle Bedeutung gewinnen; es sind dies meist jene Fälle, die in hervorragendem Maße die Öffentlichkeit beschäftigen, die eben soziologisches, psychologisches oder gar biologisches Interesse erwecken, während — das ist gerade für die völlige Heterogenität bezeichnend — die spezifisch strafrechtliche Bedeutung gering sein mag. Umgekehrt müssen die Präventionisten an dem großen Heer der Delikte interesselos vorübergehen, die der Strafjustiz das Hauptkontingent stellen, der zahllosen leichten Eigentums- und Vermögensdelikte, Beleidigungen, leichten Körperverletzungen und Sachbeschädigungen, ganz abgesehen von den Übertretungen — Verfehlungen, von denen die breitere Öffentlichkeit nie etwas erfährt und die kriminalpolitisch völlig „uninteressant" sind.

5. Die wenigen für ein Präventionsstrafrecht in Betracht kommenden Straffälle müßten von diesem aber oft im Widerspruch mit dem Grade der Schuld und der Schwere des Erfolges bestraft werden. Ein solcher Widerspruch ist zwar für eine „Behandlung" erträglich, nie und nimmer aber für eine „Bestrafung"; die Stimme der Gerechtigkeit macht sich ganz besonders hier gebieterisch bemerkbar.

Die Präventivmaßnahmen brauchen nicht einmal notwendig den Schuldigen zu treffen; wenigstens wäre das vom Standpunkte eines Präventionsstrafrechts durchaus nicht widersinnig. Bestraft werden könnte auch der Erbe, auch der gesetzliche Vertreter, auch die Körperschaft.[1]) Jedenfalls wäre es vom präventionistischen Standpunkt durchaus rationell, einen Unschuldigen zu bestrafen, vorausgesetzt, daß der Schuldige hierdurch nur gehörig innerlich getroffen und gequält wird, etwa der Vater an Stelle des Kindes oder umgekehrt. Das wäre oft sogar eine viel wirksamere Spezialprävention, als wenn man über den Schuldigen unmittelbar das Leid verhängte.

Aber auch wenn der Schuldige selbst bestraft wird, müßte eine wirksame Präventivmaßregel von dem Grade der Schuld und der Schwere des Erfolges oft gänzlich absehen. So müßten zur Erzielung größtmöglicher Wirkungen gegen die Täter selbst wie gegen andere Personen nicht selten übermäßig hart (vgl. schon oben § 9 IV 2 c)

---

[1]) Die Bestrafung der juristischen Person wird bekanntlich von v. Liszt 117 gefordert.

angefaßt werden Fahrlässigkeitstäter, Jugendliche, Landstreicher, Bettler, kleine gewerbsmäßige Diebe und Betrüger, Raufbolde auf dem Lande und bei Wirtshausskandalen.[1]) Jene Meinung übersieht — wenigstens bei folgerichtiger Durchführung — ganz offensichtlich, daß der Staat und die Allgemeinheit aus Gründen der Gerechtigkeit ein erhebliches Interesse daran haben, die einzelnen Delikte verschieden zu beurteilen, und zwar verschieden zunächst nach dem Grade der Schuld, dann aber auch nach der Schwere des Erfolges; sie übersieht, daß eine leichte Körperverletzung geringer zu ahnden ist als eine schwere, eine Körperverletzung geringer als eine Tötung, ein Angriff gegen das Vermögen geringer als ein solcher gegen das Leben, mag die Höhe der Schuld und erst recht die Gefährlichkeit des Täters die gleiche sein.

Wie aber müßte das Präventionsstrafrecht vorgehen? Bei verschieden schweren Normübertretungen, bei ungleicher Schwere der Schuld wie des Erfolges müßte die gleiche Strafe verhängt werden, wenn die Täter in gleichem Maße gefährlich erscheinen. Und umgekehrt müßte bei gleichem Tatbestande, gleicher Schuld und gleichem Erfolge eine Verschiedenheit der Gefährlichkeit verschiedene Strafe zur Folge haben. Gegen Jugendliche müßten ohne Rücksicht auf Tatbestand, Schuld und Erfolg strengere Strafen, längere Freiheitsstrafen verhängt werden als gegen Erwachsene, wenn zu erwarten ist, daß die ersteren noch gebessert werden können[2]); unverbesserliche und zugleich besonders gefährliche Personen müßten dauernd unschädlich gemacht, also bis an ihr Lebensende eingesperrt werden,[3]) in einer Strafanstalt eingesperrt werden. Die Unhaltbarkeit dieser Ergebnisse zeigt deutlich genug die Notwendigkeit, verschiedene gesetzliche Tatbestände aufzustellen, verschieden nach dem Grade der Schuld und der Schwere des Erfolges.[4])

---

[1]) Treffend hält Frank den Gegnern vor: „Wer aber in jugendlichem Übermut ein schönes Mädchen durch einen Kuß beleidigt hat, ist so lange festzuhalten, bis ihm die Lust zum Küssen vergangen ist" (Vergeltungs- und Schutzstrafe 16).

[2]) So v. Liszt Aufsätze II 20.

[3]) So v. Liszt a. a. O. 18, 153, 327 (jedoch unter Zulassung einer späteren Nachprüfung des richterlichen Urteils).

[4]) Dagegen ist durchaus berechtigt die Forderung der Streichung überflüssiger Tatbestandsdifferenzierungen, d. h. der Bildung mehrerer gesetzlicher Tatbestände ohne Verschiedenheit der Bewertung (z. B. innerhalb

Kaum der Hervorhebung sollte es bedürfen, daß eine einzige Straftat geringer zu bestrafen ist als mehrere Straftaten genau derselben Art, daß die geltenden Grundsätze über Ideal- und Realkonkurrenz im Prinzip durchaus rationell sind. Nach dem Standpunkte der reinen Präventionisten müßten diese Unterscheidungen schwinden. — Und es ist auch nicht mit Unrecht darauf hingewiesen worden, daß eine Strafe ganz entfallen müßte, wenn die verbrecherische Gesinnung, die der Tat zugrunde lag, später gar nicht mehr betätigt werden kann, etwa infolge Kastration des Notzüchters, infolge Verlustes der Konzeptionsfähigkeit der Kindesmörderin;[1]) eine Strafe hätte aber auch dann keinen Sinn, wenn Straftaten dieser Art deswegen nicht zu erwarten sind, weil eine solche Straftat nur ein einziges Mal begangen zu werden pflegt, wie die Tötung auf Verlangen.[2])

Die besonnenen Präventionisten haben nun freilich die genannten Konsequenzen nicht oder nur unter Abschwächung und Milderung des Ergebnisses für das Strafrecht gezogen. Aber sie hätten konsequent bleiben und die Konsequenzen ziehen sollen — nur nicht für das Strafrecht. Ihr Irrtum ist, daß sie sich auf strafrechtlichem Boden bewegen; ihr Fehler ist, daß sie die Grenze zwischen Prävention und Strafe übersehen, daß sie das Wesen der Strafe nicht klar erkennen.

6. Auf zwei weitere unerwünschte Folgen eines Präventionsstrafrechts sei nur im Vorübergehen hingewiesen.

a) Die zu befürchtende Aufhebung der Trennung von Rechtsprechung und Verwaltung würde freilich noch nichts schaden, da die Verwaltung heutzutage anders ausgestaltet ist wie zu den Zeiten Montesquieus, wo jene Trennung einem dringenden Bedürfnis entgegenkam, und da sie vor allem noch weiter ausgestaltet und verbessert werden kann.[3]) Aber die Rechtsprechung ist es doch, die unabhängig und ohne Rücksicht auf die Anschauungen der herrschenden Parteien ruhig und sicher ihren Gang nimmt. Und deshalb

---

der Strafbestimmungen über den schweren Diebstahl). Teilweise zu weitgehend v. Liszt Vergl. Darst. B 5, 63 (Aufgeben der Unterscheidung von Mord und Totschlag, da die antisoziale Gesinnung des Täters die gleiche sei) sowie Aufsätze I 395, II 62 (Beseitigung der Unterscheidung von Diebstahl und Unterschlagung); in diesen Fällen rechtfertigt sich die Differenzierung wegen genereller Verschiedenheit von Schuld oder Erfolg.

[1]) Vgl. Allfeld Gesinnungsstrafe 20, 21 und Liepmann ZStW. 28, 12.

[2]) Darüber oben § 5 III 3 b (erster Kleindruck, Zitate von Leppmann).

[3]) So mit Recht Freudenthal Vergl. Darst. A 3, 295.

sollte die Strafrechtspflege allein ihr zugewiesen werden. Dem Präventionsstrafrecht würde diese Zuerteilung aber sicherlich zuwiderlaufen.

b) Eine notwendige praktische Konsequenz des Präventionsstrafrechts wäre ferner die Einführung sowohl der bedingten wie der unbestimmten Verurteilung. Auf die unleugbaren mannigfaltigen Vorzüge dieser Einrichtungen ist genug hingewiesen worden, so daß wir uns ein Eingehen auf dieses Thema ersparen dürfen. Ein nicht zu verkennender Mangel gerade dieser Verbindung beider Institute wäre jedoch, daß das erstere eine zu milde, das letztere eine zu strenge Verurteilung bevorzugen würde und daß daher notwendigerweise zwei Gruppen von Verbrechern geschaffen würden. Nun würde aber der Zufall entscheiden, ob man der einen oder der anderen Gruppe zugerechnet wird, je nachdem frühere Straftaten bekannt geworden sind oder nicht, wodurch wieder die Gleichheit in der Behandlung der Übeltäter in Frage gestellt würde. Außerdem würde zum mindesten die Tendenz dahingehen, in die erstere Klasse die Personen aus den höheren Schichten der Bevölkerung zu weisen, die Fahrlässigkeitstäter, die Täter aus politischen und aus edlen Motiven, aus Leidenschaft, aus persönlicher Abneigung; in die letztere Klasse dagegen die Gewohnheitsverbrecher, also meist Personen aus den niederen Schichten. Mit dieser Scheidung würde wiederum die soziale Gerechtigkeit einen Stoß erhalten.[1]) Diese unerfreulichen Folgen würden dem Präventionsstrafrecht in die Schuhe geschoben werden.

7. Die Verschiedenheit der Ergebnisse beider Richtungen, der reinen Präventionisten und der reinen Vergeltungskriminalisten, liegt nach dem Gesagten deutlich vor Augen.[2]) Daher gehen in die Irre alle auf einen realen Ausgleich oder gar auf eine Identifikation beider Linien gerichteten Bestrebungen. Man hat gemeint,[3]) die zweckmäßigere Gestaltung der Strafe bedeute nicht ein Aufgeben, sondern ein tieferes und reineres Erfassen des Vergeltungsgedankens; der letztere stelle nur die eine Forderung, daß die Strafe gerecht sei,

---

[1]) Auf diese Gesichtspunkte hat u. E. zutreffend Schmidt Reform 147/8 aufmerksam gemacht.

[2]) Gut illustriert von Kantorowicz Monatsschr. 7, 264: Wenn ein bestimmtes Delikt in einer bestimmten Gegend „grassiert", so wird das für einen klassizistisch gesinnten Richter ein Grund zur Strafmilderung sein, da die Widerstandskraft des Täters und mithin sein Verschulden herabgemindert ist, während ein modernistisch denkender Richter hierin den Anlaß zu exemplarischer Strafe finden wird. — Diese Tatsache darf freilich nicht dazu verleiten, sich mit einem unwissenschaftlichen Relativismus zu begnügen, der auf eine endgültige Stellungnahme zu den beiden einander widersprechenden Ansichten verzichtet (vgl. Abs. 3 dieses Paragraphen).

[3]) So v. Calker in seinem beachtenswerten Gutachten für den 26. Deutschen Juristentag; Verh. II (1902) 243.

der Gedanke der Spezialprävention werde durch die Vergeltung keineswegs ausgeschlossen, wohl aber reguliert, und zwar mit der Wirkung, daß zwischen den Zwecken, die gegenüber dem Verbrecher zu erreichen seien, und denjenigen der Gesamtheit ein bestimmtes Rangverhältnis begründet werde. Dann muß doch aber ohne Widerrede den Zwecken der Gesamtheit der Vorrang eingeräumt werden.[1]) Und damit ist die Rücksichtnahme auf den einzelnen ausgeschaltet, soweit dessen Interessen sich nicht denjenigen der Gesamtheit einfügen lassen. Stehen also Vergeltungs- und Präventionsstrafrecht in Widerspruch, so geht das erstere vor. Die gerechte Vergeltung schließt glücklicherweise zwar nicht immer eine Bekämpfung des Verbrechertums aus. Ist es aber der Fall — und es gibt leider genug Straftaten, deren gerechte Vergeltung keine Verbrechensbekämpfung in sich begreift und eine solche auch nicht einmal erhoffen läßt —, so ist eine Versöhnung beider Ideen ein eitler Wunsch — ein Konstruktionsgebilde der Theoretiker.

Stehen Vergeltungs- und Präventionsstrafrecht in Widerspruch, so geht das erstere vor; so sagten wir soeben. Läuft dieser Satz aber nicht unseren früheren Ausführungen (§ 4 IV 3, § 9) zuwider, daß die Rechtmäßigkeit der Vergeltungsstrafe sich nach den weiteren Zwecken, der Abschreckung, der Besserung und der Sicherung, bemißt? Danach müßten diese letzteren doch die höheren Werte darstellen, denen gegenüber die Vergeltung zurückzustehen hätte, wie denn auch nach den früheren Darlegungen (§ 9 IV 1) die Präventionszwecke berufen sind, die Vergeltungsstrafe nicht nur zu ergänzen und auszugestalten, sondern geradezu zu berichtigen. Beide Gedankenreihen stehen durchaus im Einklang miteinander. In unseren früheren Ausführungen über die Rechtmäßigkeit war die Wertung auf rechtmäßig und rechtswidrig mit dem Ergebnis vollzogen, daß die Vergeltung sich höheren Interessen unterzuordnen habe; daher wurde die (selbst gerechte) Vergeltung nach der an der Spitze stehenden Idee der Gerechtigkeit modifiziert, und eine solche Berichtigung wurde als zulässig erkannt nur, wenn sie vom Gesetzgeber oder vom wissenschaftlichen Beurteiler, nicht auch wenn sie vom Richter vollzogen wird, und ferner nur, wenn sie die Vergeltungs-

[1]) v. Calker hat diesen Standpunkt selbst betont, indem er in der Idee der Gerechtigkeit ein regulatives Prinzip des Gemeinschaftslebens erblickt. Vgl. a. a. O. 243, Strafrecht und Ethik 1897.

strafe mildern, nicht auch wenn sie diese erhöhen würde. Anders unsere letzten Darlegungen über die Verschiedenartigkeit der Ergebnisse eines Vergeltungs- und Präventionsstrafrechts. Diese Gedanken bewegten sich in einer gewissermaßen noch wertfreien Bahn; es wurde lediglich die Vergeltungsstrafe ohne Rücksicht auf ihre endgültige Rechtmäßigkeit betrachtet, und es wurde dieser Vergeltungsstrafe — das ist der zweite Unterschied zu dort — ein lediglich nach dem Präventionsgedanken ausgestaltetes Strafrecht gegenübergestellt, wie wir es gerade für unrichtig erkannten, weil ihm nicht nur keine gerechte Vergeltung, sondern überhaupt keine Vergeltung zugrunde liegt. Jede Strafe ist jedoch Vergeltungsstrafe; das Präventionsstrafrecht knüpft aber nicht einmal an die Voraussetzungen der Strafe, an Rechtswidrigkeit und Schuld an. Und endlich maßt es sich nicht nur eine Milderung, sondern auch eine Verschärfung der Vergeltungsstrafe an und will nicht nur von dem Gesetzgeber und dem Kritiker, sondern auch von dem Richter beachtet sein.

Kein Strafrecht ist nur Präventionsstrafrecht. Jedes Strafrecht ist Vergeltungsstrafrecht, und es ist nur orientiert hinsichtlich der Rechtmäßigkeit auch (!) auf Prävention; insofern ist es Vergeltungs- und Präventionsstrafrecht. Die reinen Präventionisten begehen den Fehler, sofort bei der Rechtmäßigkeit (falls sie überhaupt auf diesen Gedanken kommen) anzusetzen und zu vergessen, daß der Rechtmäßigkeit ein Objekt vorangehen muß; dieses Objekt ist die Vergeltung.

II. Die Präventionsstrafe hat man des näheren als „Gesinnungsstrafe" oder auch als „Gefährlichkeitsstrafe" zu charakterisieren gesucht.

1. Schon grundsätzlich lassen sich diese Gedanken bemängeln. Sie suchen die Voraussetzungen der Prävention festzulegen, die Prävention selbst bedeutet ja den Zweck, die Aufgabe angeblich der Strafe. Eine Klärung der Voraussetzungen ist als ein echt wissenschaftliches Verfahren natürlich nur zu begrüßen; hier wird aber einseitig nur eine Voraussetzung, und zwar entweder nur das gegenständliche oder nur das normative Element herausgegriffen. „Gesinnung" gibt nur das Objekt wieder, und es fragt sich, welcher Art diese Gesinnung sein muß, damit sie die vermeintliche Präventionsstrafe auslöst. „Gefährlichkeit" hingegen bedeutet einen Wertmaß-

stab,[1]) und sofort taucht die Frage auf, welches das zu bewertende Objekt sein soll, ob ein einzelnes (äußeres) Verhalten oder eine einzelne Gesinnung oder das gesamte Verhalten des Täters überhaupt (seine äußere soziale Stellung einschließlich seiner Tauglichkeit und Fähigkeit zur Erfüllung seiner sozialen Aufgaben) oder seine gesamte Gesinnung (sein Charakter, seine konstante Willensrichtung). Es liegt eine Verbindung des Objekts im ersten mit dem Maßstab im zweiten Falle nahe, so daß man als Präventionsvoraussetzung die Gefährlichkeit der Gesinnung aufzufassen hätte. Jedenfalls liegt den Präventionisten noch eine Klarstellung der Voraussetzung in der genannten Richtung ob.

2. Speziell gegen dieses sog. Gesinnungsstrafrecht erheben sich außer den allgemeinen, oben zu I behandelten Bedenken insbesondere noch die folgenden.

a) Zunächst ein systematisches vom Standpunkte der Gesamtwissenschaften: die offensichtliche Annäherung des Strafrechts an die Moral. Zum mindesten herrscht die Neigung, dem äußeren Verhalten keine oder nicht die genügende Aufmerksamkeit zu schenken. Sollte doch dem Kriminalisten die Gesinnung nur insoweit von Interesse sein, als sie sich in einem äußeren Verhalten, in einem Tun oder Unterlassen, objektiviert. Dann wird aber kein anderer Standpunkt eingenommen, wie ihn die Klassiker vertreten, die außer dem Verhalten schon immer der Gesinnung die ihr gebührende Beachtung eingeräumt haben.

b) Sodann ein prozessualer Einwand: die unüberwindlichen Schwierigkeiten für die Feststellung der bloßen Gesinnung, falls es wirklich allein bei diesem rein psychischen Erfordernis verbleiben soll. Es mag zwar leicht sein, die Gesinnung des Gewohnheitsverbrechers aus seinem Vorleben zu ermitteln. Aber zum mindesten müßte sich unser Gerichtsverfahren von Grund aus ändern, wenn man die Gesinnung desjenigen feststellen will, der zum erstenmal sich wegen einer geringfügigen Straftat zu rechtfertigen hat, zumal wenn es sich um jene Straffälle handelt, wie sie dem Gericht in der erdrückenden Mehrzahl zur Entscheidung vorgelegt werden, um

[1]) Nicht zutreffend daher die z. B. von Exner 229 und Mayer 443 vertretene Ansicht, die Sicherungsmaßnahme sei „ethisch farblos"; auch sie setzt ein Unwerturteil voraus, nämlich ein soziales (soziologisches, eben nicht spezifisch strafrechtliches) Urteil über die Gefährlichkeit des Täters.

leichte Vermögensdelikte, Körperverletzungen, Beleidigungen, Fahrlässigkeitsdelikte und Übertretungen. Dem Richter würde hier keine geringere Aufgabe erwachsen als jedesmal die Ergründung des Charakters des Delinquenten aus seinem gesamten Vorleben — bei diesen geringfügigen Verfehlungen! Statt der Tatbestandsdiagnostik ein Indizienbeweis für die Gesinnung. Statt des Parteiprozesses und der Mündlichkeit Inquisitionsprozeß und Schriftlichkeit als das offenbar durch die Natur des Gesinnungsstrafrechts Gegebene. Und statt der Gewißheitsfeststellungen müßten Wahrscheinlichkeiten ausreichen, die Rechtskraft müßte einen gänzlich anderen Sinn erhalten. Was aber die Strafzumessung betrifft, so darf man begründete Zweifel hegen, ob — selbst nach Einführung unbestimmter Strafurteile — jemals die Ermittlung der Strafgröße gelingen wird, die erforderlich ist, um die Präventivzwecke zu erreichen, um etwa den Täter oder andere für die Zukunft genügend zu motivieren. Eine völlig andere Ausbildung und Schulung des Strafrichters und des Staatsanwalts wären zu erfordern — das wäre natürlich allein noch kein durchschlagender Einwand gegen das Gesinnungsstrafrecht —; anthropologische, soziologische, psychologische, biologische und psychiatrische Kenntnisse, die gewiß auch dem gegenwärtigen Juristen nichts schaden würden, wären die Hauptsache. Ermittlung der sozialen Verhältnisse und insbesondere Diagnose des Täters, womöglich Anstaltsbeobachtung, würden an die Stelle des Prozesses treten, wie „Behandlung" an die Stelle der Strafvollstreckung. Für das Prozeßrecht hätte die Todesstunde geschlagen. Nicht anders wie für das Strafrecht.

c) Vor allem eine Reihe von dogmatischen Bedenken, die hier nur kurz zusammengestellt seien, weil sie uns später zum großen Teil noch genauer beschäftigen werden. Wäre die Gesinnung des Täters das Entscheidende, so müßten gleichzubehandeln sein Versuch und Vollendung,[1]) ja Vorbereitungs- und Ausführungshandlungen, Beihilfe und Täterschaft.[2]) Strafbar müßte auch das Wahn-

---

[1]) So H. Seuffert IKV. 10, 475, Beschluß IKV. 10, 508, jedoch v. Liszt Aufsätze II 112; übrigens auch Vertreter der klassischen Richtung, weil das Verschulden das gleiche sei, so Hoegel 28. DJT. 1, 15, 19, dazu v. Bar Gesetz und Schuld 2, 569 ff.

[2]) So v. Liszt Aufsätze II 88, 392, Harburger IKV. 11, 512; aber auch hier Vertreter der klassischen Richtung, so Finger 361. Vgl. über Versuch wie Teilnahme auch Rosenfeld Vgl. Darst. A 3, 155.

verbrechen sein, straflos dagegen mancher fahrlässige Täter, mancher Gelegenheitsverbrecher, mancher Jugendliche — oder sie müßten vielleicht umgekehrt weit über den Grad ihres in der konkreten Tat hervortretenden Verschuldens hinaus bestraft werden, eben mit Rücksicht auf ihre sonstige gemeingefährliche Gesinnung.[1]) Tierquälerei, Lieblosigkeit, Müßiggang und ähnliche Übertretungen, die nach geltendem Recht nur bei Verletzung eines öffentlichen Interesses bestraft werden, müßten besonders hart bestraft werden; hier hätte Erziehung besonders nahe gelegen. Für die Anrechnung der Untersuchungshaft auf eine „Strafe" wäre kein Raum. Besondere Schwierigkeiten, denen gegenüber sich natürlich auch die Anhänger eines Präventionsstrafrechts zu helfen wissen, die aber doch in der Natur der Sache begründet sind und vielleicht als ein Beweis für die innere Unrichtigkeit jener Theorien als angeblich strafrechtlichen gedeutet werden dürfen, ergeben sich bei der Bestimmung der Zurechnungsfähigkeit, die wohl ganz schwinden, jedenfalls aber einen völlig anderen Charakter als den landläufigen annehmen müßte, sowie bei der Abgrenzung des kriminellen Unrechts vom Polizeiunrecht, bei dem die Gesinnung des Täters im konkreten Fall überhaupt nicht oder nur gering strafwürdig ist (vgl. unten § 13 I 2 c a. E.). Endlich läßt sich gegen das Gesinnungsstrafrecht schlagend ins Feld führen die Erwägung, daß der fahrlässig Handelnde, auch wenn er bei Kenntnis ebenso gehandelt haben würde, allemal nur wegen Fahrlässigkeit bestraft werden kann, während seine strafwürdigere Gesinnung außer Ansatz bleibt; hieraus folgt unzweideutig, daß das Recht Interesse an der Gesinnung nur insoweit hat, als sie sich in Handlungen dokumentiert.

III. Das Verhältnis von Strafe und Sicherungsmaßnahme, dieses vielbehandelte und vielumstrittene Kapitel der modernen Strafrechtswissenschaft, ist nach dem Gesagten nicht allzu schwer zu bestimmen.

1. Sind Strafe und Sicherungsmaßnahme begriffliche Gegensätze?

Abstrakt ja, konkret nein. Das ergibt sich aus unseren Ausführungen oben § 9 IV 2. Abstrakt ist die Strafe stets ein auf

[1]) Aus den Strafbestimmungen gegen Fahrlässigkeit kann man die verschiedensten Schlüsse ziehen; vgl. einerseits v. Liszt Aufsätze II 391/2, andrerseits Köhler Vergeltungsgedanke 197.

Vergeltung des Unrechts und auf Sühne der Schuld gerichtetes Leid für den Verbrecher, die Sicherungsmaßnahme dagegen ein Schutz- und Präventivmittel der Gesellschaft gegen Gefährliche. Im Einzelfall jedoch kann eine Strafe sehr wohl die Gesellschaft schützen, wie sie andrerseits sich in letzterer Hinsicht als völlig unbrauchbar erweisen kann. Und ferner mag auch eine Sicherungsmaßnahme, etwa eine längere Freiheitsentziehung, im Einzelfall zugleich ein Leid für den Täter bedeuten, das gleichzeitig die spezifischen Strafzwecke erfüllt — weswegen z. B. die Vorschrift, daß eine Freiheitsstrafe unter Umständen auch im Arbeitshaus (d. i. u. E. eine Sicherungsmaßnahme, vgl. unten 2 b δ) zu verbüßen ist, nicht zu bemängeln ist (vgl. VE. § 42 I, E. 1919 § 95 I). Wer also strenge begriffliche Exklusivität beider Maßnahmen behauptet,[1]) hat ebenso recht wie der andere, der sie mit zwei sich schneidenden Kreisen vergleicht.[2])

Wissenschaftlich in erster Linie steht natürlich die abstrakte Betrachtung, nach der sich Strafe und sichernde Maßnahme begrifflich ausschließen. Daher kommt es, daß das Gesetz an beide Institute verschiedene Wirkungen knüpft, insbesondere daß es die Sicherungsmaßnahmen verwaltungsrechtlich ausgestaltet und von rein strafrechtlicher Behandlung ausschließt, so daß auf sie keine Anwendung finden die (spezifisch strafrechtlichen) Vorschriften über Begnadigung, Vollstreckungsverjährung, Absorption bei Idealkonkurrenz, Zuständigkeit der Landesgesetze, dazu die strafprozeßrechtlichen Bestimmungen über die Rechtskraft, den Grundsatz ne bis in idem,

---

[1]) So Binding Abh. I 92, Meyer-Allfeld 302 (300), v. Hippel ZStW. 30, 900, Köhler 19; vgl. auch Goldschmidt Vgl. Darst. A 4, 317, 331. Nach Mayer 442 ist diese „distributive" oder „Verteilungstheorie" sogar „das herrschende System". — Aber selbst vom Standpunkte mancher Klassiker ist der praktische Unterschied nur ein verschwindender. Bezeichnend Allfeld Gesinnungsstrafe 170, der „gegen denjenigen, der sich als habitueller Verbrecher erwiesen hat, äußerstenfalls lebenslängliche Freiheitsentziehung" vorsehen will (freilich mit der Möglichkeit vorläufiger Entlassung bei guter Führung). Sein praktisches Ergebnis steht also der modernen Richtung durchaus nahe.

[2]) So Beling Vergeltungsidee 122 (der aber gerade die strenge begriffliche Verschiedenheit beider Institute besonders scharf durchgeführt hat) und v. Liszt 236 (nach 26 ist — de lege ferenda — die Strafe sogar nur eine Unterart der sichernden Maßnahme). Auch Kantorowicz Monatsschr. 7, 261 (unten) scheint nur den konkreten Standpunkt einzunehmen.

die Unzulässigkeit der Vollstreckung nach dem Tode des Verurteilten usw.[1]) Diese Regelung ist nur vom generellen Standpunkte aus denkbar und verständlich: Strafe und Sicherungsmittel schließen einander aus, erstere kann daher im Begnadigungswege erlassen werden, letztere nicht. Unsinnig wäre diese rechtliche Konsequenz für die konkrete Betrachtung, nach welcher Strafe und Sicherungsmittel sich decken können; denn wenn eine Einrichtung, etwa die Stellung unter Polizeiaufsicht, sowohl Strafe als auch Sicherungsmittel wäre, so wüßte man ja nicht, ob man die Norm über die Begnadigung anwenden soll oder nicht. Somit gelangen wir zu der Erkenntnis: für die rechtlichen Konsequenzen, die im Gesetz geregelten Wirkungen der beiden Institute ist die abstrakte Stellung einzunehmen: Strafe und Sicherungsmittel schließen einander aus.

Anders aber, wenn es sich darum handelt, das Wesen einer gesetzlichen Maßregel daraufhin zu bestimmen, ob es Strafe oder Sicherungsmittel ist, sofern das Gesetz nicht selbst unzweideutig sagt: diese Maßregeln fasse ich als Strafe, jene als Sicherungsmittel auf. Hier ist folgendes Verfahren einzuschlagen. Man hat die konkrete Betrachtungsweise anzustellen und zu fragen, ob das zu bestimmende Institut v o r w i e g e n d im Sinne des Gesetzes diese oder jene Aufgabe zu erfüllen hat, ob es also vorwiegend Vergeltung und Sühne oder aber vorwiegend Prävention bezweckt, ob für die Bemessung und den Vollzug dieser oder jener Gesichtspunkt nach dem Gesetze maßgebend sein soll. Also auf den vorwiegenden Zweck ist abzustellen; denn konkret können ja beide Kategorien zusammenfallen. Hier bei der Bestimmung des Wesens wäre es — gerade umgekehrt wie oben bei der Bestimmung der Wirkungen — unrichtig und unsinnig, wollte man vom abstrakten Standpunkte aus Strafe und Sicherungsmittel als begriffliche Gegensätze betrachten. Denn wie wollte man dann den juristischen Charakter etwa der Polizeiaufsicht bestimmen? Die Antwort, sie sei eine Strafe, ließe sich ebenso rechtfertigen wie die andere, sie sei eine Sicherungsmaßnahme; denn sie erfüllt die abstrakten Begriffsmerkmale jener ebensogut wie dieser, sie fügt dem Verbrecher ein Leid als Vergeltung zu ebenso, wie sie die Gesellschaft schützt. Sie kann eben konkret beides sein. Konkret kann sie beides sein, Strafe und Sicherungsmittel. Nun gilt es aber,

---

[1]) Vgl. etwa Frank vor § 13 I und Köhler 21/3.

ihren Charakter zu bestimmen, also die vom Gesetz nicht unzweideutig vorgenommene Regelung zu vollziehen. Und da diese Aufgabe durch bloße Abstraktion ohne Eingehen auf die konkreten Lebensverhältnisse nicht lösbar ist, da man nach dem Zweckgedanken — es ist dies eine tiefe wissenschaftliche Erkenntnis — eine rechtliche Aufgabe nur unter Heranziehung der konkreten Fälle, wenigstens der Durchschnittsfälle lösen kann, so muß man den Gedanken des Vorwiegenden, des Prinzipiellen zugrunde legen.[1])

Dieses Verfahren bedarf noch einer kurzen hochwissenschaftlichen Begründung. Eine generelle Norm allerdings ist aus sich selbst erklärbar, logisch-analytische Arbeit mag zum Ziele führen; will man aber eine Erklärung aus dem — noch viel abstrakteren, aber gerade deswegen zu Individualisierung herausfordernden — Zweckgesichtspunkte geben, so darf man die Fühlung zum Leben nicht verlieren, sofern man nicht nach abschreckendem Beispiel mancher Logizisten sich in Tautologien bewegt. Das ist der immense Vorzug der teleologischen Erklärung, daß die hohe Abstraktheit der Norm die Verbindung mit dem Leben, mit den konkreten Verhältnissen nötig macht und den „Bedürfnissen der Rechtspflege" (das ist ja nur ein sprachlich konkreter Niederschlag des teleologischen Prinzips) gerecht zu werden vermag. Da nun aber die Fälle des Lebens erfahrungsgemäß verschieden liegen und das Ziel ja gerade die Aufstellung einer generellen Regel ist, so muß ins Generelle einmal das Objekt und sodann der Maßstab eingestellt werden; das bedeutet dort die Beschränkung der Betrachtung auf die „Durchschnittsfälle", hier die Beschränkung der Zwecke auf die prinzipalen, die vorwiegenden.

Somit ergibt sich folgendes Kriterium. *Strafen sind solche staatlichen Maßregeln, die im Sinne des Gesetzes vorwiegend darauf gerichtet sind, dem Täter ein Leid zuzufügen und zwar zur Vergeltung für schweres Unrecht*

[1]) Ganz ähnlich sieht Exner 228 das Kriterium in dem „entscheidenden" Moment. Nach ihm wirken beide Maßregeln general- und spezialprävenierend, doch ist in dem einen Fall jener, im anderen dieser der für Bemessung und Vollzug entscheidende: Die Strafe soll auch spezialprävenierend wirken, soweit dies im Rahmen des Hauptzweckes möglich ist, das Sicherungsmittel wirkt generalprävenierend, soweit dies im Rahmen des Hauptzweckes sich von selbst ergibt.

und zur Sühne von Schuld. Dagegen sind Sicherungsmittel solche Maßregeln, die im Sinne des Gesetzes vorwiegend darauf gerichtet sind, die Gesellschaft vor Gefährlichen zu schützen, die Unverbesserlichen zu verwahren und die Besserungsfähigen zu bessern und zu erziehen.

2. Nach diesem Unterscheidungsmerkmal aber sind die einzelnen positivgesetzlichen Maßregeln wie folgt zu bestimmen.

a) Strafen sind nur die Todesstrafe, die Freiheits- und die Ehrenstrafen, und von der Vermögensstrafe α) die Geldstrafe (als Hauptstrafe), β) die Einziehung derjenigen Gegenstände, die dem Täter (nicht auch Dritten) gehören, und zwar nur in einem Verfahren gegen den Täter selbst (nicht im objektiven Strafverfahren), nach StGB. § 40 im Gegensatz zu §§ 295, 42 (Begründung sofort unten zu b α) und endlich γ) die Verfallerklärung des durch die Bestechung erlangten Geldes nach § 335. Dazu tritt die geplante Strafe der Arbeit als Ersatzstrafe einer nicht beitreibbaren Geldstrafe. Alle diese Maßnahmen sollen ihrem Sinne nach in erster Linie dem Täter ein Leid zufügen, sein Unrecht vergelten, seine Schuld sühnen.

b) Dagegen sind Sicherungsmittel (oder „Nebenfolgen“ i. S. der Entwürfe):

α) Die Einziehung der nicht dem Täter gehörigen Gegenstände (§ 295) sowie die im objektiven Strafverfahren erfolgende Einziehung (§ 42), desgleichen die Unbrauchbarmachung der Gegenstände nach § 41. Denn diese Maßnahmen richten sich nicht notwendig gegen den Täter, wollen also nicht vergelten und sühnen. In der Einziehung sieht man freilich meist ganz allgemein entweder eine Strafe — dagegen sprechen aber die soeben hervorgehobenen gesetzlichen Modifikationen (gegen Dritte! Strafverfahren nicht gegen den Täter!) — oder aber eine Sicherungsmaßnahme — dagegen spricht aber wiederum, daß jene Maßregeln regelmäßig, also beim Nichtvorliegen der erwähnten gesetzlichen Modifikationen, doch offenbar vorwiegend den Schuldigen treffen und ihm ein Leid zufügen wollen, während ein Schutz der Gesellschaft, wenn überhaupt (die producta sceleris sind oft durchaus ungefährlich), so doch erst in zweiter Linie in Betracht kommt. Daher bleibt nichts weiter übrig als die freilich wenig befriedigende Differenzierung, die Zuweisung der Maßnahme teils hier-, teils dorthin.[1])

β) Die Zulässigkeit von Polizeiaufsicht §§ 38, 39, die Überweisung an die Landespolizeibehörde § 362 II, III und die Ausweisung von Ausländern aus dem Reichsgebiet § 362 IV u. a. Diese Maßnahmen werden zwar von dem Täter häufig als ein schweres Leid empfunden, ja als ein schwereres als die Strafe, da sie außerordentlich hart sein können. Sie sind aber keine Strafen, da sie nicht, wenigstens nicht vorwiegend, der Vergeltung und der Sühne gewidmet sind, sondern in erster Linie bessern oder schützen wollen.[2]) Sie übersteigen nicht selten, wie jeder Strafrichter weiß, bei weitem das Maß der Schuld; das zeigt besonders die oft stark ausgedehnte Nachhaft gegen Bettler und Landstreicher, deren Übertretungen oft nur ganz geringfügig sind. Und diese Überschreitung der Schuldgrenze geschieht nicht erst bei der richterlichen Strafzumessung, sondern liegt bereits dem Gesetz zugrunde bei seiner generellen Regelung (Höchstmaße nicht geringer als fünf bzw. zwei Jahre!). Die Maßregeln werden im Interesse der Präventivpolizei angeordnet und stehen außerdem im Belieben der Verwaltungsbehörde, die die Länge der Freiheitsentziehung ganz unabhängig von dem Maße der in der Einzeltat hervortretenden Schuld bemißt.[3])

γ) Die Erziehungs- und Besserungsanstalt für Jugendliche, § 56 und die Entw. (VE. §§ 69, 70). Hier leuchtet der Präventivcharakter besonders deutlich ein.

δ) Ebenso die weiteren nach den Reformvorschlägen einzuführenden Maßnahmen: Arbeitshaus gegen Liederliche und Arbeitsscheue (VE. § 42), Wirtshausverbot und Trinkerheilanstalt (VE. § 43), Verwahrung Gemeingefährlicher bei fehlender oder verminderter Zurechnungsfähigkeit (VE. § 65), Aufenthaltsbeschränkung gegen

---

[1]) Ebenso Binding Handb. I 496, Grundriß 261 ff., Meyer-Allfeld 334[8], v. Liszt 235, 239, Olshausen § 40 Nr. 1, Frank § 40 I. Daselbst die Nachweise der im Text erwähnten abweichenden Meinungen. Vgl. auch Goldschmidt Vgl. Darst. A 4, 443 ff.

[2]) Ob sie dieses Ziel tatsächlich erreichen, ob insbesondere die Polizeiaufsicht ein geeignetes Sicherungsmittel ist, steht natürlich auf einem ganz anderen Blatte. Vgl. Goldschmidt Vgl. Darst. A 4, 438.

[3]) Gleichwohl werden diese Maßregeln von einer weitverbreiteten Meinung als Strafe aufgefaßt. Im Ergebnis wie der Text aber Binding Grundriß 264, Beling Grundzüge 107, Mayer 471, Frank §§ 38 I, 362 III, Ebermayer § 38[1].

gefährliche Personen (VE. § 53), Sicherungsnachhaft gegen gewerbs- und gewohnheitsmäßige Verbrecher usw. Die prinzipiellen Sicherungs- und Besserungszwecke aller dieser Maßnahmen liegen auf der Hand.

ε) Endlich die Unfähigkeit 1. als Zeuge oder Sachverständiger eidlich vernommen zu werden § 161, 2. im Eisenbahn- und Telegraphendienst tätig zu sein § 319. Als Sicherungsmittel wollen diese Unfähigkeitserklärungen in erster Linie die Gesellschaft künftig vor Schäden ähnlicher Natur bewahren; ihre Verbindung mit der Schuld des Täters und deren Höhe ist nur eine ganz lockere und hat jedenfalls erst sekundäre Bedeutung. Der Betreffende hat das Vertrauen verloren, deswegen rechnet man mit der Möglichkeit der Wiederholung, und dieser Wiederholung will das Gesetz vorbeugen.[1])

IV. Zwischen Strafe und Prävention kann (abstrakt) nicht scharf genug geschieden werden. Auf die positivgesetzlichen Konsequenzen, die verschiedene Behandlung beider Institute hinsichtlich der Wirkung, wurde bereits oben (III 1)[2]) hingewiesen; auf diese Verschiedenheit soll schließlich nicht entscheidendes Gewicht gelegt werden, da sie von dem Wechsel der Gesetze abhängt.

Aber ein innerer tiefgehender Unterschied besteht, und er bleibt auch dann bestehen, wenn das Strafgesetzbuch die Sicherungsmittel, was nur zu wünschen wäre, in erschöpfendem Umfange regelt. Von dem prozessualen Bedenken, daß sodann der Strafrichter auch Verwaltungsmaßnahmen anzuordnen habe, kann abgesehen werden; es empfiehlt sich, den konkreten Fall nur einmal und dieses eine Mal gründlich zu verhandeln, so daß die sämtlichen Rechtsfolgen, Strafe sowohl wie Prävention, bestimmt werden können. Sollte das nicht empfehlenswerter sein als die Verdoppelung ungründlicher Verhandlungen mit Teilzielen? Auch auf den Namen soll nicht allzu großes Gewicht gelegt werden; man mag das Gebiet der sog. Strafe erweitern, dasjenige der sog. Sicherungsmaßregel einschränken, mit oder ohne Umtaufe. Hauptsache ist, daß man die Verschiedenheit der beiden Wesen, so wie sie hier inhaltlich bestimmt wurden, und damit zusammenhängend die Verschiedenheit in den Voraussetzungen erfaßt. Denn diese Verschiedenheit ist nicht aus

[1]) Die Natur dieser Maßnahmen ist sehr bestritten. Wie der Text Frank vor § 13 II, Mayer 474.

[2]) Bei der Zitierung Franks und Köhlers.

der Welt zu schaffen; sie ist tief innerlich begründet und beruht in letzter Linie auf der Verschiedenheit von Lebens- und Weltanschauungen.[1]) Hierzu gilt es noch kurz Stellung zu nehmen.

Die Präventionisten sind meist solche, die mehr den praktischen Erfolg im Auge haben, während den Vergeltungstheoretikern mehr das ideale Ziel der Bewährung der Gerechtigkeit am Herzen liegt. Die Interessen der einen sind mehr realistisch (utilistisch), die der anderen mehr idealistisch (mechanistisch, formalistisch) gestimmt. Die Prävention basiert auf dem Gedanken der Rechtssicherheit, die Strafe auf dem Gedanken der konkreten Gerechtigkeit. Jene beansprucht mehr polizeiliches und soziales, pädagogisches und medizinisches Interesse, diese mehr ethisches und juristisches, kulturphilosophisches und religiöses. Diese Verschiedenheit beweist aber zugleich, daß beide Maßnahmen berechtigt, ja daß beide notwendig sind, daß sie beide sich zu ergänzen haben. Es wäre eine halbe Rechtspflege, eine halbe Kultur, wollte man den Wert nur der einen Maßregel, der einen Gedankenrichtung anerkennen, den der anderen verleugnen. Der Fehler der älteren Klassiker war es, den Blick vor der praktischen Notwendigkeit zu verschließen, der Fehler der extremen Modernen ist die Nichtbeachtung des Gerechtigkeitsgedankens. Jene war daher spezifisch deutschen Charakters, diese fand daher mehr Beifall im Ausland. Möge die Strafrechtswissenschaft vor Einseitigkeit bewahrt bleiben! Und mögen die Deutschen nicht nur ein Volk der Denker und der Dichter sein, mögen sie vielmehr ihren alten Erbfehler, wenig Blick und Interesse für das praktisch Notwendige und Nützliche zu zeigen und wenig Politik zu treiben, recht energisch zu bekämpfen suchen. Mögen die Deutschen aber andrerseits ihre deutsche Art nicht verleugnen und die hohen Ideale, Recht und Gerechtigkeit, nicht aus dem Herzen lassen, und mögen sie diese nicht nur im Privatleben, sondern auch in der Rechtspflege betätigen.

Die Grenze zwischen Strafe und Prävention läßt sich nicht aufheben. Sonst würden das Irrenhaus und die Erziehungsanstalt zur Schande, sonst würden über der Strafanstalt mehr als gerecht Mitleid und Barmherzigkeit schweben.

---

[1]) Damit geben wir natürlich nicht etwa dem Relativismus recht, der von den Überzeugungen des betreffenden Forschers, den Bekenntnissen auch die Erkenntnisse abhängig machen will. Siehe Abs. 3 dieses Paragraphen.

Für die Begriffsverwirrung bezeichnend sind einige Äußerungen des Modernisten Kraepelin[1]): „Es ist vollkommen wahr, daß die Strafe im heutigen Sinne mit dem Augenblick aufhört, in dem sie zur reinen Schutzmaßregel wird, aber gerade darin sehen wir die größte Errungenschaft der neuen Anschauungen." Die Vergeltungsidee ist „unvereinbar mit unseren sittlichen Anschauungen." „Herausentwickelt aus dem naiven Rachetrieb stellt sie ein fremdartiges Übrigbleibsel dar in einer Zeit, die uns immer eindringlicher lehrt, daß alles begreifen alles verzeihen heißt." – Aber auch v. Liszt ist zuweit gegangen, wenn er sagt[2]): „Die Unterscheidung zwischen der Sicherungsstrafe gegen unverbesserliche Verbrecher und der Verwahrung gemeingefährlicher Geisteskranker ist nicht nur praktisch im wesentlichen undurchführbar, sie ist auch grundsätzlich zu verwerfen."

Die abstrakte Scheidewand zwischen Strafrecht und Präventionsrecht kann gar nicht scharf genug gezogen werden. Und wenn man den Blick auf die Geschichte lenkt, so gewahrt man, daß die „weiteren Zwecke" der Strafe im Laufe der Zeiten schnell gewechselt haben, daß sie ihre Entstehung weniger dem Volksgeist, mit dem doch der Vergeltungsgedanke innig verwoben ist (vgl. oben § 5 IV 1), weniger konstanten Zeitströmungen verdankten als dem Denken einiger Nützlichkeitstheoretiker und Politiker, die sich auf einige Zeit Anerkennung zu verschaffen verstanden, während sich doch der Vergeltungsgedanke niemals zurückdrängen ließ.[3]) Geeigneter Boden für ein reines und dauerndes Präventionsstrafrecht kann höchstens in Ländern mit ausgeprägtem Utilismus vorhanden sein, da eine solche Erscheinung, falls sie überhaupt möglich sein sollte, nichts Geringeres, ja nichts Schlimmeres als einen Sieg der Staatsräson über das Ethos bedeuten würde.[4]) Aber auch das wären schließ-

---

[1]) Monatsschr. 3, 269. [2]) Aufsätze II (1896) 226/7.

[3]) Vgl. R. Schmidt Aufgaben 142 ff., Nagler I 120 ff., speziell Binding Die Entstehung der öffentlichen Strafe im germanisch-deutschen Recht 1909, Tesar Staatsidee und Strafrecht 1914 (Abh. d. Krim.Instit. Berlin 3. F. I no. 3) für das griechische Zeitalter unter rechtsphilosophischer Einstellung, Eberhard Schmidt Die Kriminalpolitik Preußens unter Friedrich Wilhelm I. und Friedrich II. 1914 (ebenda I no. 2), R. His Das Strafrecht des deutschen Mittelalters I 1920. Viel Material bei Günther Die Idee der Wiedervergeltung in der Geschichte und der Philosophie des Strafrechts 1889, 1891, 1895. Daß historische Untersuchungen, d. h. die sog. historisch-empirische Methode, nichts über den Wert und die Berechtigung einer Einrichtung auszusagen vermögen, wurde bereits dargelegt. Vgl. ferner den folgenden Text.

[4]) So treffend Liepmann ZStW. 28, 13. – Über das Verhältnis dieses „Ethos" zur „Staatsräson" und zum „Utilismus" müssen wir uns vorbehalten

lich nur historische und lokale Begebenheiten, denen früher oder später einmal die Todesstunde schlagen würde. Eine Strafe im allgemeingültigen Sinne kann nur auf normativ-ethischer Grundlage ruhen.[1])

Und so sehen wir schließlich den tiefsten Gegensatz von Strafrecht und Präventionsrecht darin: das Präventionsrecht hat lediglich eine genetische (statt erkenntnistheoretische), eine historistische (statt normative), eine psychologische (statt logische) Grundlage, und diese ist dem Wechsel der Zeiten unterworfen und von der Verschiedenheit der Länder abhängig. Über Grund, Wert und Wesen, auf die es doch in letzter Linie einer jeden echten Wissenschaft immer ankommen muß, kann aber eine genetisch-historisch-psychologistische Methode gar kein Urteil fällen. Die Präventionsstrafe läuft hinaus auf einen erkenntnistheoretischen Pragmatismus, einen ethischen Utilismus, einen logischen Psychologismus: der Erkenntnisgrund beruht in der praktischen Notwendigkeit, der Wert in der Nützlichkeit, das Wesen in den tatsächlichen Zwecken und Bestrebungen.[2]) Die Präventionsstrafe irrt weit ab von der das Strafrecht beherrschenden, in der normativen Soziologie und zugleich in der Ethik wurzelnden Idee und läuft — kommenden und wieder vergehenden — Modeströmungen nach, die unter dem Banne

an einem anderen Orte eingehend zu handeln. Hier genügt der folgende Hinweis: Es soll keineswegs behauptet werden, daß die Ethik über dem Staate, die Moral über dem Rechte stehe, und ferner soll der Utilismus nicht als Gegner der ethischen Theorien betrachtet werden. Der Utilismus ist insoweit berechtigt, ja notwendig, als er die menschlichen Bestrebungen auf ihre Nützlichkeit wertet. Fragt sich nur: Nützlichkeit wofür? Hier hat ein normativer Maßstab einzusetzen; es entscheiden nicht staatspolitische, sondern in letzter Linie ethische Werte. In dieser Hinsicht dürften für das hier vorgelegte Buch die früheren Erwägungen in §§ 3, 4 ausreichen.

[1]) Gut v. Bar Die Grundlagen des Strafrechts (1869) 4: „Die Mißbilligung ist das Wesentliche aller Strafe, alles andere . . . ist nur ein wechselnder Zusatz."

[2]) Vgl. hierzu S. Hessen in Logos 5, 173 ff. Lipps formuliert in seinem gehaltvollen Aufsatz (Monatsschr. 3, 291) die Parallelität zwischen dem Verhältnis von Schutzstrafe und seiner „Rechtsstrafe" einerseits und den Weltanschauungsfragen andrerseits wenig glücklich so: Die Schutzstrafe ruhe auf sozialutilitaristischem Grunde, da sie in dem Wohle der Gesamtheit den Rechtsgrund (den Zweck) der Strafe sehe, den Gegensatz bilde die Rechtsstrafe, deren Rechtsgrund nichts anderes sei wie eben das Recht. Das Recht will doch aber ebenfalls den Schutz der Gesellschaft, und außerdem ist das Recht eine Teilerscheinung des (objektiv begründeten) Willens der Gesellschaft.

des Historismus, der Biologie, der beschreibenden Soziologie, der Psychologie und unter dem Einfluß führender Persönlichkeiten, eines Comte, Darwin, Spencer, Wundt auch den Kriminalisten angelockt haben. Der Weg zurück in die Heimat braucht aber nicht erst gesucht zu werden.

V. Der bleibende Gewinn, den der Präventionsgedanke und die Kriminalpolitik unmittelbar der Dogmatik des Strafrechts brachten, liegt ganz anderswo. Nicht zu sprechen ist hier mehr von den heilsamen praktischen Wirkungen, von dem tiefen Segen, den eine zielbewußte Verbrechensbekämpfung der gesamten Menschheit gewährt. Nicht zu sprechen ist hier mehr von der Bedeutung des Präventionsgedankens für die Bestimmung der Rechtmäßigkeit der Vergeltungsstrafe, für deren Berichtigung und Ergänzung und für die damit verbundene Einstellung des Strafrechts in das System der Wissenschaften überhaupt. Nicht nur das Leben und die Theoretik der Wissenschaft erfahren durch den Präventionsgedanken Gewinn, sondern auch und zwar unmittelbar die Dogmatik des Strafrechts. Freilich entgegen den eigenen Intentionen der modernen Richtung auf einem ganz anderen Gebiete, wie man wohl erwartet: auf dem der Strafvoraussetzungen. Und so leiten diese Schlußbetrachtungen, in denen wir die Vorteile und die Nachteile der beiden einander bekämpfenden Richtungen — der Klassik und der Moderne — zusammenfassen wollen, zugleich über zu den grundlegenden Erwägungen über die Strafvoraussetzungen, die das Thema des folgenden und letzten Abschnitts der Grundlagen des Strafrechts bilden.

In Weiterverfolgung der Grundgedanken des Präventionsstrafrechts werden die Begriffe Rechtswidrigkeit und Schuld vertieft und erweitert, „materiell“ orientiert, so daß die Strafe in viel größerem Umfange als bisher nur dort verhängt wird, wo ein wahres Bedürfnis vorliegt, wo die Gerechtigkeit es gebietet. Kriminalpolitik und Philosophie, zwei so neutral einander gegenüberstehende Mächte, wirken zusammen, um dieses hohe Ziel, die Gerechtigkeit, nach Möglichkeit zu verwirklichen. Das hätte die bisherige Dogmatik, die in Formalismus erstarrt war, aus sich allein nicht vermocht. Mag sie sich sträuben — von beiden Seiten ist bereits in ihr Gebiet eingedrungen und sind ihre zwei Fundamentalbegriffe, Rechtswidrigkeit und Schuld, mit dem neuen Geiste angefüllt.

Nunmehr das Ergebnis:

Die Vorzüge der Klassik liegen in der zutreffenden Bestimmung des Wesens der Strafe als Vergeltungsstrafe sowie in der Anknüpfung der Strafe streng an die Einzeltat; ihre Fehler dagegen in der strengen Beziehung der Schuld auf die Einzeltat sowie in der rein formalen Bestimmung der Begriffe Rechtswidrigkeit und Schuld. Die Fehler der Moderne bestehen in der Bestimmung der Strafe als Präventionsstrafe, des Strafrechts als Verbrechensbekämpfungsrechts sowie in der Anknüpfung der Strafe nicht an die Einzeltat, sondern an den Täter; ihre Vorzüge dagegen in der Modifizierung der formalen Begriffe Rechtswidrigkeit und Schuld gemäß den Forderungen der materiellen Gerechtigkeit sowie in den sich daraus ergebenden Folgerungen: der Anknüpfung der Rechtswidrigkeit an die gesamte soziale Interessenlage, der Schuld an die gesamte Persönlichkeit, an die Tat, an das Vorher und das Nachher. Und diese Vorzüge bedeuten für eine wissenschaftliche Grundlegung des Strafrechts, wie sie hier vorgelegt wird, die systematische Einstellung dieser Disziplin auf die Soziologie (hinsichtlich der Rechtswidrigkeit) sowie auf die Ethik (hinsichtlich der Schuld) — während bisher, wenn überhaupt, nur eine Einstellung in Frage kam: die Klassik der Vergeltungsstrafe konnte nur in der Ethik, die Moderne der Gefährlichkeitsstrafe nur in der Soziologie eine Verankerung gewinnen.

Eine Strafzumessungslehre, diese Achillesferse der Strafrechtswissenschaft, konnte die Klassik überhaupt nicht geben, die Moderne dagegen konnte nur eine falsche geben. Eine richtige Strafzumessungslehre ist nur möglich, wenn die Strafe eng sowohl an die materielle Interessenlage wie an die Persönlichkeit des Täters angeknüpft wird; denn damit ist die Gleichung zwischen Strafe einerseits, Rechtswidrigkeit und Schuld andrerseits vollzogen und hat sich die Strafe als Vergeltung des Unrechts und als Sühne der Schuld bewährt. Die einseitig ethisch orientierte Klassik konnte Fühlung nur zur Schuld, die einseitig soziologisch orientierte Moderne konnte Fühlung nur zur Rechtswidrigkeit gewinnen — insofern im Widerspruch mit ihren eigenen Intentionen, als jene auf die Tat, diese auf den Täter das Hauptgewicht legt.

Die Notwendigkeit der genannten Gleichung „Rechtswidrigkeit + Schuld = Strafe“ hat für die richterliche Strafzumessung zutreffend die Klassik betont. Was die konkrete Betrachtung, die Rechtsanwendung im Einzelfall betrifft, ist also der Klassik recht zu geben. Gerade umgekehrt was die abstrakte Betrachtung betrifft, die Berücksichtigung des Gesetzes und den Blick auf das Gesamtsystem. Insofern ist wenigstens in sachlicher, inhaltlicher Hinsicht der Modernen recht zu geben; sie hat die Erweiterungsbedürftigkeit der Begriffe Rechtswidrigkeit und Schuld, insoweit also auch des Strafbegriffs erkannt. Damit gewinnt gesamtsystematisch die Gleichung „Rechtswidrigkeit + Schuld = Strafe" einen neuen Inhalt; das ist der neue Geist des alten Baues. Für die abstrakte Betrachtung blieb der Klassik jene Gleichung eine reine Form; die Klassik alterte dahin in Formensinn erstarrend, fern von dem blühenden Leben.

Aber das neue Leben ist gekommen. Der neue Geist lebt unter uns.

Die richtige Form (Rechtswidrigkeit, Schuld, Strafe) bot der Klassizismus, den richtigen Inhalt (Gefahr, Gesinnung, Prävention) dagegen der Modernismus. Unsere Grundlegung des Strafrechts sieht eine ihrer vornehmsten Aufgaben darin, den modernen sachlichen Gehalt des Strafrechts mit dem wissenschaftlichen Gewand der Klassik zu umgeben.

Hoffen wir, daß die vita nuova einst die Blüte einer neuen Klassik treiben möge!

Zweiter Abschnitt.

Die beiden Strafvoraussetzungen.

§ 11. Der Verbrechensbegriff.

I. Die Aufgabe der Strafe wurde oben (§ 4 VIII) darin gesehen: sie hat schweres Unrecht zu vergelten und zugleich Schuld zu sühnen. Somit ergeben sich die beiden Strafvoraussetzungen: schweres Unrecht und Schuld; mit diesen beiden Begriffen haben sich die beiden folgenden Kapitel zu beschäftigen. Beide Begriffe zusammen machen den Verbrechensbegriff aus; das Verbrechen läßt sich vorläufig also definieren als s c h u l d h a f t e s s c h w e r e s U n r e c h t.

Nunmehr erwächst die Aufgabe, diesen Verbrechensbegriff zu konstituieren: es gilt, ihn wissenschaftlich, also gesamtsystematisch zu begründen. Es ist jenes großzügige Bild zu entwerfen, das wie ein gewaltiges Gemälde an Schönheit und Herrlichkeit mit der Weite der Distanz gewinnt: je tiefer der Forscher in die ewigen Gründe der Wissenschaft hineinsteigt und die Pfade der allgemeinen Wissenschaftslehre wandelt, um so imposanter entfaltet sich die Lehre vom Verbrechen, das System der Strafvoraussetzungen.

II. Bei dem Aufbau der Verbrechenslehre zeigt die Literatur eine Reihe schroffer Gegensätze, deren Folgen bis in die feinsten Verzweigungen des Strafrechtssystems dringen. Zu ihnen ist an diesem Orte eine grundsätzliche Stellung zu nehmen.

1. Der natürliche und richtige Einteilungsgedanke ist der Begriff der Voraussetzung, nicht der des subjektiven Rechts oder des Anspruchs, wie ihn einige Strafrechtssysteme zum Ausgangspunkt nehmen.[1]) Dieses Einteilungsprinzip des subjektiven Strafrechts des Staates, des staatlichen Strafanspruchs ist ein höchst einseitiges und unkriminalistisches. Einseitig insofern, als auch die Strafpflicht des Staates Berücksichtigung verdient hätte,[2]) die doch nicht minder bedeutsam ist; dann ließe sich besser vom Strafrechtsverhältnis[3]) reden. Aber dieses Rechtsverhältnis zwischen Staat und Täter ist doch erst das Ergebnis langläufiger juristischer Abstraktionen: es müssen gewisse Tatsachen vorliegen, eine Tat und bestimmte konkrete Begleitumstände, diese müssen so und so rechtlich gewürdigt werden; erst dann, wenn sie gewissen rechtlichen Anforderungen genügen, entsteht zwischen den beiden Beteiligten ein Rechtsverhältnis, so daß dieses das Ende, nicht den Anfang des methodischen Weges bedeutet. Und erst eine der beiden Erscheinungsformen des Ergebnisses ist der Begriff des Strafanspruchs. Unkriminalistisch dagegen ist dieses Einteilungsprinzip insofern, als es sowohl privatrechtlich[4]) als auch staatsrechtlich, aber eben nicht spezifisch strafrechtlich eingestellt ist. Die staatsrechtliche Orientierung ist immerhin das kleinere Übel, obwohl das Hineintragen des Staatsgedankens für die Verbrechensbestimmung nur

---

[1]) So die Systeme von Binding und Finger, prinzipiell weniger Beling.

[2]) Nicht nur soweit das Legalitätsprinzip reicht, wie Frank vor § 1 I 2 meint; auch das richtig verstandene Opportunitätsprinzip untersteht dem objektiven Recht, so daß auch hier dem subjektiven Recht eine Pflicht entspricht.

[3]) So Binding Handbuch I 477, Grundriß 86; Baumgarten Aufbau 69.

[4]) Richtig hervorgehoben von Mayer 14[30].

Komplikationen verursacht. Aber die Zivilistik ist gänzlich auszuschalten. Der Anspruchsbegriff, jener Lieblingsbegriff der Windscheidschen Schule und ihrer Anhänger, mag für das Zivilrecht von fundamentaler Bedeutung sein; die Zeiten sind aber längst vorüber, wo man anderen juristischen Disziplinen eine „juristische" oder gar „wissenschaftliche" Methode nur durch Anlegen zivilrechtlicher Begriffe, nur durch Spannen auf den Leisten des Anspruchs und verwandter Begriffe zu bescheren glaubte. Als wenn Zivilistik Jurisprudenz überhaupt bedeutete! Als wenn nicht auch andere Gebiete ihre eigenen Grundgedanken, ihre eigenen Methoden besäßen! Wie sich das Prozeßrecht von dem Begriff des Rechtsschutzanspruchs mit seinen schwülstigen Auswüchsen und seinen Systemverunstaltungen befreit hat, so wird auch im Strafrecht die natürliche Betrachtungsweise Platz greifen. Wie gesucht ist die Systematik: anspruchserzeugende Tatsachen! Man gelangt zwar schließlich zu dem richtigen Gesichtspunkte der Tatsachen, die das Verbrechen bedeuten, aber auf welchen Umwegen! Wie viel natürlicher ist es, wenn man nach den Voraussetzungen dort des Rechtsschutzes, soll heißen der begründeten Klage (des günstigen Sachurteils), hier der Strafe fragt!

Die Voraussetzungen oder Bedingungen sind derjenige Begriff, der dazu berufen ist, über das Wesen einer Erscheinung aufzuklären. Und wenn das Strafrecht durch den Strafbegriff zu einer eigenen Disziplin erhoben wird, so ist die notwendige methodische Folge, nunmehr nach den Voraussetzungen der Strafe zu fragen. Diese Betrachtungsweise entspricht durchaus der Natur der Sache und geht schnurstracks auf das Ziel los: das Strafrechtssystem wird aus seiner eigenen Idee heraus entworfen.

2. In welcher Reihenfolge die einzelnen Verbrechensmerkmale in den systematischen Darstellungen des Strafrechts behandelt werden, wird meist als sachlich unerheblich bezeichnet. Allerdings ist die Methode bis zu einem gewissen Grade Geschmackssache des Autors, dazu treten die von ihm verfolgten reinen Darstellungs-, ja didaktischen Zwecke. Aber sobald es sich um die Aufgabe handelt, eine wissenschaftliche Begründung zu geben, den Grund für ein bis in die Einzelheiten gehendes System zu legen und ein planmäßiges und stilgerechtes Gebäude aufzuführen, kann es nur eine Reihenfolge geben; nur eine kann die richtige sein. Da ist kein

Relativismus möglich, nein, da ist unbedingt strenger Logizismus geboten. Steht doch eine grundsätzliche Einsicht in die Struktur und damit in das Wesen des Strafrechtssystems überhaupt in Frage; es handelt sich um die Erkenntnis des Strafrechts überhaupt, sozusagen die Seligkeit des Kriminalisten. Und da gibt es kein Ruhen, bis man nicht das logische prius erkannt und das von diesem logisch Abhängige ausgeschieden hat. Nur so ist Stilreinheit und logische Geschlossenheit möglich; nur so lassen sich später die abhängigen Gebilde einreihen und sich mit den vorhergehenden zu einem widerspruchsfreien Ganzen vereinigen; nur so kann von einem System überhaupt die Rede sein. Insofern ist die Reihenfolge keine Gefühlsangelegenheit, sondern eine kategorische Gewissensforderung des logisch aufbauenden Theoretikers. — Und wie ist das logische prius zu erkennen? Nur durch einen Blick auf das Gesamtsystem, durch die Verankerung des Strafrechts in dem System der gesamten Wissenschaften.

Unter diesem Gesichtspunkte ist aber unbedingt abzulehnen die sich nicht selten findende Gedankenfolge, die ihren Ausgang von den subjektiven Verbrechensmerkmalen nimmt und erst hernach die objektiven behandelt.[1]) Zu beanstanden ist diese Auffassung aus folgenden Gründen, deren genaue Rechtfertigung freilich erst später erfolgen kann, wo die Begriffe selbst inhaltlich festzulegen sind.

a) Die Reihenfolge ist logisch unrichtig, da die subjektiven Merkmale, die Zurechnungsfähigkeit und die Schuld, nur denkbar sind, wenn zuvor objektive Merkmale, die Tat und die Rechtswidrigkeit gedacht werden. Die objektiven Merkmale sind ohne die subjektiven möglich, wie ein Blick auf das Privatrecht zeigt; nicht aber umgekehrt. Denn wie auch immer die Zurechnungsfähigkeit und die Schuld bestimmt werden mögen, eine Beziehung zwischen ihnen und der Tat oder der Rechtswidrigkeit liegt ihnen notwendig begrifflich inne.

Nun soll selbstverständlich nicht behauptet werden, daß die auf jenen Grundgedanken aufgebauten Systeme das richtige logische Verhältnis zwischen den objektiven und den subjektiven Merkmalen verkannt haben. Sie dürfen sich nur nicht anmaßen, auch den logisch-systematischen Weg gegangen zu sein. Den Weg, den sie

---

[1]) So die Darstellungen von Merkel, Binding, Meyer-Allfeld, Finger.

nehmen, ist ein ganz anderer, nämlich der psychologische, genetische, historische. Sie betrachten nämlich das Wollen als „Ursache" des Verbrechens; und so wird die Schuld mitunter geradezu definiert als das psychische Verhalten eines Menschen, soweit es zur „Ursache" für eine rechtswidrige Tat wird,[1]) oder auch ebenso bezeichnend als das pflichtwidrige „Wirken".[2]) Wer für die Entstehung des Verbrechens Interesse hat, muß allerdings diesen Ausgangspunkt wählen; denn aus dem Inneren des Täters heraus entwickelt sich die Tat — wenn man auch begründete Zweifel haben kann, ob diese Anschauungsweise für die Fahrlässigkeit zutrifft, ob nicht hier das spezifisch strafrechtliche Schuldmoment erst gleichzeitig mit der rechtswidrigen Tat gegeben ist. Nun sind aber gerade jene Systembildungen zum nicht geringen Teil Schöpfungen solcher Autoren, denen nicht die Ätiologie des Verbrechens im Sinne der modernen Kriminalpolitik, sondern im Gegenteil dessen dogmatische, ja formalistische Erfassung am Herzen liegt, und es ist eine seltsame Ironie, wenn gerade sie ein solches System geschaffen haben, das viel mehr ätiologischen, d. i. eben psychologischen und genetischen Charakter trägt als formalistisch-logischen und systematischen, während umgekehrt gerade ein Schriftsteller, der für die Erforschung der Ursachen des Verbrechens in Wort und Schrift besonders energisch eingetreten ist, sein System des Strafrechts mit besonders scharfer, logischer Einstellung aufgebaut hat.[3]) Jedenfalls trägt der Einteilungsgedanke des Systems jener ersteren Autoren ein anderes Gepräge, als er ihren eigenen Grundanschauungen gemäß tragen sollte: er ist psychologisch, nicht logisch orientiert; es fehlt der strenge logisch-systematische Aufbau.

b) Ein anderer Fehler jener Systembildungen offenbart sich dem Beschauer von hochwissenschaftlicher Warte. Auch hier soll übrigens, ebenso wie bei Erhebung des vorigen Bedenkens, den Gegnern nicht vorgeworfen werden, daß sie sachlich diesen Fehler begingen;

---

[1]) So Meyer-Allfeld 134. [2]) So Merkel-Liepmann 85.

[3]) Das ist ja das Eigenartige an der Persönlichkeit und dem Lebenswerke v. Liszts, daß sein Hauptinteresse der naturwissenschaftlichen, also auch ätiologischen und psychologischen Erforschung des Verbrechens, zugewendet war, während sein literarisches Hauptwerk in einer gänzlich verschiedenen Einstellung sich durch einen kristallklaren logischen Aufbau auszeichnet und jenes psychologische Interesse beinahe verleugnet.

sondern nur darin besteht das Widerspruchsvolle, daß sie ihr System nicht dem sachlich richtigen Grundgedanken anpaßten — immerhin ein Zeichen dafür, entweder daß ihnen der Grundgedanke doch nicht in der nötigen Stärke zum Bewußtsein gekommen war, oder aber daß der Sinn und die hohe Bedeutung des Systems in ihnen nicht derart wirkte, daß die Harmonie zwischen diesem System und dem angeblich beherrschenden Grundgedanken hergestellt wurde.

Ist nicht der Ausgang von der Psyche des Täters dem Recht wesensfremd? Ist er nicht einem ganz anderen Wissenschaftsgebiete eigentümlich, dem der Individualethik? Allerdings nimmt speziell das Strafrecht auch dorthin Fühlung, wie wir sahen (§ 4 VII); dort mündet eine Gedankenreihe, die das zweite Element des Strafbegriffs, die Sühne der Schuld, begründet, und dort findet auch der Schuldbegriff selbst seine letzte Konstituierung. Aber gerade deswegen darf von dem Schuldbegriff nicht ausgegangen werden, soll nicht das Strafrecht als eine Ausstrahlung der Individualethik erscheinen, während es doch ein Teilgebiet des Rechts darstellt. Das Recht als solches, und zwar wiederum als eine Teilerscheinung der Sozialwissenschaft ist der Brennpunkt; von dort hat auch auf das Strafrecht das erste Licht zu fallen.

Jene Ansicht[1]) verkennt ganz, daß Straf- und Privatrecht eine weite Strecke gemeinschaftlich wandern, daß sie durch den Begriff der rechtswidrigen Handlung lange zusammengehalten werden, bis sich ihre Wege erst dann trennen, wo die dem Strafrecht eigentümliche notwendige Verknüpfung mit dem Schuldbegriff einsetzt. Damit ist zwar der Höhepunkt des Strafrechts erreicht; aber von ihm ist keinesfalls der Ausgang zu nehmen, soll es nicht der Höhe an dem erforderlichen Unterbau fehlen. Diesen letzteren zu erkennen ist freilich nicht leicht, und die hier abgelehnte Ansicht mag sich vielleicht deswegen als die richtige angesehen haben, weil es in einigen Straffällen tatsächlich an einem äußeren Verhalten, an einer in die Erscheinung der Außenwelt tretenden Tat zu fehlen scheint. Sollte dies jedoch wirklich zutreffen, so wäre das Strafrecht kein Recht mehr, es wäre der Moral anzugliedern.

---

[1]) Bezeichnend Liepmann 14 ff., der das Strafrecht auf den Willen, das private Unrecht auf den Erfolg gründet. Hier tritt die Einstellung des Strafrechts auf die Individualethik besonders deutlich in die Erscheinung.

Aber gerade diese Anschauung oder auch nur entfernte Anklänge an sie würden jener hier bekämpften Systembildung gar nicht entsprechen. Denn diese ist zum großen Teil von Autoren geschaffen, die das „Gesinnungsstrafrecht“ der Moderne bekämpfen und der Berücksichtigung des Erfolges sowie der Bildung äußerer Tatbestände besonderes Interesse widmen. Und so treffen wir auch hier, wie oben, eine eigenartige Ironie an: systematisch auf die Gesinnung das Schwergewicht verlegend lehnen sie sachlich die prinzipielle Berücksichtigung der Gesinnung ab, während diese von der Moderne sachlich in den Vordergrund gerückt, in der Systembildung dagegen erst an späte Stelle verwiesen wird.

3. Ist nach den vorstehenden Ausführungen der Ausgang von den objektiven Verbrechensmerkmalen zu nehmen, so verdient den Vorzug die Reihenfolge: Handlung, Rechtswidrigkeit, Schuld.[1]) Aber auch sie ist für einen systemkonstituierenden Aufbau ungenügend. Ihr grundsätzlicher Fehler besteht darin, daß sie — bewußt oder unbewußt — eine „natürliche“ Betrachtungsweise einzuschlagen glaubt: Der Ausgangspunkt ist ein objektives, greifbares Moment, die Handlung, und diese wird daher zum Oberbegriff des Verbrechens erhoben, während die Rechtswidrigkeit und die Schuld diejenigen Merkmale sind, die erst hinzutreten müssen, um die näheren Eigenschaften des Verbrechens zu beschreiben. So scheint diese „natürliche“ Auffassung ein gesundes Gegenstück gegenüber den oben abgelehnten psychologischen und ethischen Einstellungen zu bedeuten. Sie gewinnt ihnen gegenüber einen juristischen Charakter, indem sie von dem — auch den anderen juristischen Disziplinen eigentümlichen — äußeren Verhalten ausgeht.

Aber sie hält nicht, was sie zu versprechen scheint. Für ein dogmatisches Lehrsystem mag ein solcher Aufbau genügen; der auf das Wesentliche gerichtete Blick kann sich mit ihm nimmer zufrieden geben. Daß jene naturalistische Richtung sich schon mit dem ersten und ihr wesentlichsten Gliede, dem Handlungsbegriffe, nicht recht abzufinden weiß, daß sie der (natürlichen)

---

[1]) So besonders v. Liszt und Beling, auch Hegler ZStW. 36, 23 ff.; ferner Köhler, der aber die Rechtswidrigkeit wegläßt — d. i. nach dem folgenden Text gerade die Hauptsache! Schon Berner war von der Handlung ausgegangen, hatte zuvor aber die Rechtswidrigkeit nur vom negativen Standpunkt behandelt.

Handlung ein Unterlassen, also ein „natürliches“ Nichts an die Seite stellt, muß von allen anderen Bedenken abgesehen schon aus konstruktiven Gründen argwöhnisch stimmen — nicht anders wie die Zuweisung des Kausalproblems allein an die Handlung, während für die Unterlassung an die Stelle der Kausalität die Rechtswidrigkeit treten soll. In einem solchen systematischen Aufbau muß ein schwerer innerer Fehler versteckt liegen, und er ist in der Tat vorhanden. Die naturalistische Auffassung paßt für die Rechtswissenschaft ganz und gar nicht, für das Strafrecht so wenig wie für das Privatrecht. Die Jurisprudenz ist eine normative Wissenschaft, und gerade ihre Grundprobleme sind nur unter normativen Gesichtspunkten richtig zu erfassen. Unter dem Gesichtswinkel der Rechtmäßigkeit und der Rechtswidrigkeit sind auch die Objekte zu betrachten; unter diesem Gesichtswinkel werden sie aus natürlichen zu juristischen Objekten, wird aus der Unterlassung, diesem natürlichen Nichts, ein juristisches Etwas, wird aus der natürlichen Kausalität eine juristische (d. i. die sog. adäquate), aus dem natürlichen Wirken das logische Kausalurteil, aus der Kraft die Denkform. Damit ist der juristische Bau aufgeführt: Wertung — Objekt, und im zweiten Betracht: äußeres Verhalten — Gesinnung. Und es ergibt sich die Zweiteilung: unrechtes Verhalten — schuldhafte Gesinnung.

Der Gegensatz zu jener Ansicht ist augenfällig genug. An dem systematischen Aufbau „Handlung — Rechtswidrigkeit — Schuld“ macht schon diese Nebeneinanderstellung dreier, ihrem Wesen nach doch durchaus heterogener Elemente stutzig; diese drei Elemente sind gewiß nicht untereinander logische Gegensätze, nur zwei von ihnen können logisch scharf einander gegenübergestellt werden. Und da fragt es sich denn, welche Bedeutung dem dritten zukommt. Ein zielsicherer logisch-systematischer Aufbau kann auf diese Weise niemals vollzogen werden. Es gibt eben zwei Gegensatzpaare, die durch die logischen Denkformen Wert und Objekt sowie psychisch und physisch charakterisiert werden: Rechtswidrigkeit und Schuld, äußeres und inneres Verhalten. Den Primat besitzt aber die Rechtswidrigkeit; sie ist das Gegenstück des Rechts, und das Recht ist ja diejenige Form, mit der allein wir uns hier überhaupt zu befassen haben. Unter ihr erscheinen die Objekte (Handlung, Unterlassung, Gesinnung) in einem eigenartigen Lichte: die Objekte werden erst auf diese Weise als solche der Rechtswissenschaft konstituiert. Will man also an jenen drei dogmatischen Grundbegriffen festhalten, so müßte logisch konsequenter die Reihenfolge gewählt werden: Rechtswidrigkeit, Handlung, Schuld.

Die scharfe systematische Konstellation trägt aber keineswegs nur dogmatischen, geschweige denn bloß äußerlich konstruktiven Charakter, sondern bedeutet zugleich eine Einstellung auf das Wesentliche, eine Zuspitzung auf den Oberbegriff, der den beherrschenden Gesichtspunkt für das gesamte System abgibt und der andrerseits die Fühlung nach oben, nach derjenigen Stelle gewinnt, wo dieses System in das Gesamtsystem der Wissenschaften überhaupt einzulassen ist. Das ist eben der Begriff der Rechtswidrigkeit, der der Rechtmäßigkeit, des Rechts. Wo würde aber jene systematische Struktur, folgerichtig ausgedacht, verankert werden? in dem Begriff des (natürlichen) Handelns, und diese naturwissenschaftliche Richtlinie ist eben die unjuristische.

4. Gar keine systematische Rechtfertigung verdient dagegen der den eigentlichen Verbrechensmerkmalen nicht selten[1]) bequemerweise als eine Sammelkategorie zugefügte Begriff: mit Strafe bedroht. Er birgt in sich die verschiedensten Elemente, auch die beiden Hauptverbrechensmerkmale Rechtswidrigkeit und Schuld, so daß es unsaubere Arbeit ist, ihn mit diesen nebengeordnet zusammenzustellen.[2]) Die restierenden, bisher noch nicht berücksichtigten Elemente aber gilt es gerade unterzubringen, entweder unter diesem oder unter jenem Verbrechensmerkmal. — Auf der

---

[1]) Z. B. von v. Liszt 112, Meyer-Allfeld 111, Wachenfeld 69 und Köhler 156. Ähnlich Frank vor § 1 I 2. Näheres hierzu bei Radbruch Handlungsbegriff, Graf zu Dohna ZStW. 27, 329 und Baumgarten 89.

[2]) Dieses gegen unsere Denkgesetze verstoßende Verfahren geißelt treffend Beling 6: es verhielte sich so, wie wenn man ein Wohnhaus definierte als „ein mit Schlafzimmer und Eßzimmer ausgestattetes, zum Wohnen eingerichtetes Haus". — Aber Beling selbst kommt über die Formalistik nicht hinaus, da er als Merkmal das „Unterstelltsein unter die passende Strafdrohung" einführt; das Wesen des Verbrechens wird durch dieses Verfahren nicht erschlossen. Gegen Beling treffend Goldschmidt GoltdA. 54, 20; auch Baumgarten 92, der sich aber wiederum gezwungen sieht, „die erforderlichen objektiven Voraussetzungen der Strafbarkeit" in seine Verbrechensformel (114) aufzunehmen (übrigens unter seltsamer Beschränkung auf die Schuldform des Vorsatzes!).

anderen Seite ist freilich erforderlich, die Verbrechensmerkmale selbst allgemein genug zu fassen, um sie zur Aufnahme jener Restelemente fähig zu machen; die herkömmlich rein formalistisch gefaßten Begriffe Rechtswidrigkeit und Schuld sind aber nicht geeignet, den genannten Ansprüchen zu genügen.

Es leuchtet ein: eine solche clausula generalis ist systematisch-wissenschaftlich gänzlich ungenügend; sie würde bereits allein ausreichen, da sie die Merkmale Rechtswidrigkeit und Schuld schon umfaßt, und so läuft sie hinaus auf eine tautologische Umschreibung des Begriffs der Strafvoraussetzungen, den es doch gerade zu bestimmen galt. Das Wesen und die Arten der Strafvoraussetzungen werden auf diese Weise nicht erschlossen.

Jene Ansicht hat aber das Gute, daß sie auf den Begriff der systematisch so schwer unterzubringenden objektiven Bedingungen der Strafbarkeit sowie auf einen damit im Zusammenhang stehenden, sofort zu erörternden Begriff aufmerksam macht.

5. Ungleich mehr bietet das Merkmal: Tatbestandsmäßigkeit[1]); es wird der Rechtswidrigkeit und der Schuld angegliedert, indem es entweder außerdem die Handlung als ein weiteres Merkmal wenn nicht gar an erster Stelle neben sich bestehen läßt[2]) oder aber die Handlung völlig verschlingt.[3]) Jedoch auch hier gelten dieselben Einwürfe, wie sie oben zu 3 erhoben wurden, ja in erhöhtem Maße. Fanden wir schon dort das innere Wesensverhältnis zwischen Handlung, Rechtswidrigkeit und Schuld logisch nicht scharf genug beleuchtet, so liegt die logische Beziehung der Tatbestandsmäßigkeit zu jenen anderen Merkmalen ganz im Dunkel. Schon daß man die Handlung ganz in der Tatbestandsmäßigkeit aufgehen ließ, gibt zu denken. Die Frage liegt nahe, ob nicht auch die Rechtswidrigkeit voll in die Tatbestandsmäßigkeit aufgenommen werden soll — dieser Schritt ist bereits getan[4]) — oder ob das gleiche Schick-

---

[1]) Zuerst in voller Schärfe erkannt und durchgeführt von Beling Lehre vom Verbrechen, namentlich 20 ff., 110 ff. Hierzu unten § 13 I, insbes. 2 b β. Dagegen können wir den weiteren, von Beling eingeführten Verbrechensmerkmalen (die Handlung müsse einer passenden Strafdrohung unterstellbar sein und den Strafdrohungsbedingungen genügen) nicht zustimmen, da diese Erfordernisse bereits von unserem Begriffe der Tatbestandsmäßigkeit gedeckt sind.

[2]) So bei Beling a. a. O. [3]) So bei Mayer 13, 57. [4]) So von Baumgarten 210 ff.

sal nicht der Schuld begegnen soll.[1]) Bei näherem Zusehen läßt sich der Tatbestand so auffassen, daß er alle anderen Verbrechensmerkmale in sich begreift; in jedem Verbrechenstatbestand liegt bereits die Tatbestandshandlung, nicht anders aber auch die Rechtswidrigkeit und, wenn vielleicht auch nicht die Schuld, so doch zum mindesten eine Schuldform. Diese Anschauung über die weite Ausdehnung des Tatbestandes dürfte sogar unwiderlegbar sein; der Verbrechenstatbestand würde danach so viel bedeuten wie das Verbrechen,[2]) wie die Strafvoraussetzungen. Aber ebenso unzweifelhaft ist es, daß man aus einem so weit gefaßten Tatbestandsbegriff gewisse Merkmale herausheben kann, die einen besonders gearteten Zug tragen, einen Zug, der sie sowohl untereinander verbindet wie gegenüber dem restierenden Tatbestandsinhalt abschließt; das sind eben die sog. allgemeinen Verbrechensmerkmale: Handlung, Rechtswidrigkeit, Schuld. Und in gesteigertem Maße taucht die Frage auf, ob denn nicht die Tatbestandsmäßigkeit eine besondere Bedeutung gegenüber jenen allgemeinen Merkmalen besitzt, ob nicht die Nebeneinanderstellung aller dieser Merkmale, als wenn sie logisch gleichgeordnet wären, eine irrige ist. Besagt nicht vielmehr der Tatbestand seinem Sinne nach etwas ganz anderes wie die allgemeinen Verbrechensmerkmale?

Dies ist in der Tat der Fall. Die Tatbestandsmäßigkeit ist von positiven Gesetzgebungen ersonnen, um dem einen der beiden Strahlen der Gerechtigkeitslehre zu entsprechen: im Interesse der Rechtssicherheit sollen generelle Normen aufgestellt werden, deren Übertretung eine weitere Strafvoraussetzung — neben jenen allgemeinen — bedeutet. Mit diesem später noch auszuführenden Grundgedanken ist aber zugleich zweierlei gesagt: Die Tatbestandsmäßigkeit schließt sich am engsten an die Rechtswidrigkeit an, während ihre Beziehung zu den anderen Strafvoraussetzungen nur lockerer ist. Und ferner ist ihr Verhältnis zur Rechtswidrigkeit ein derartig enges, daß man ihnen beiden sachlich sogar denselben Sinn zusprechen kann. Beide, Rechtswidrigkeit wie Tatbestandsmäßigkeit, bedeuten Normwidrigkeit, beide drücken den Widerspruch zum Recht aus. Aber ihre formal-juristische Verschiedenheit

---

[1]) Dies der Standpunkt Franks vor § 1 III 3.

[2]) So die erste Verbrechensdefinition v. Liszts 110.

leuchtet ein. Jene ist der allgemeine Begriff, der unmittelbar und unverschleiert den Widerspruch zum objektiven Recht als solchem besagt; diese ist nur eine von den positiven Gesetzen aufgestellte Erkennungsmarke für jenen sachlichen Gehalt des Unrechts. Jene gibt das Wesen wieder, diese enthält nur ein Symptom. Das positive Recht mag fehlgehen und der wahren Rechtswidrigkeit einen unrichtigen Ausdruck verleihen; dann bleibt diese Tatbestandsmäßigkeit immer als eine „formelle Rechtswidrigkeit" bestehen, sie ist ein positivgesetzliches, wenn auch unrichtiges Symptom der wahren, der „materiellen Rechtswidrigkeit".

Die oben wiedergegebene Ansicht, die den Begriff der Tatbestandsmäßigkeit als eines selbständigen Verbrechensmerkmals einführte, ergibt folgerichtig ausgedacht die Einsicht in eine neue logische Konstellation, die zu den früheren (oben 3) hinzutritt, diese durchkreuzend: Wesen und Symptom. Der Tatbestand als Ganzes ist ein Symptom für die Rechtswidrigkeit; aber er enthält doch zugleich Symptome für die Handlung (Unterlassung) wie für die Schuld (Überlegung, Absicht, Vorsatz, Fahrlässigkeit, Berufsfahrlässigkeit usw.). Und daher stehen einander gegenüber auf der einen Seite die Tatbestandsmäßigkeit, auf der anderen dagegen am allernächsten die Rechtswidrigkeit, aber auch die Handlung und die Schuld. Die Tatbestandsmäßigkeit hat symptomatische Bedeutung für die drei anderen Verbrechensmerkmale, am meisten für Rechtswidrigkeit.

In der vielbekämpften Lehre von der symptomatischen Verbrechensauffassung[1]) steckt also ein richtiger Kern. Vom erkenntniskritisch-systematischen Standpunkte sind die Tatbestände nur Symptome der Rechtswidrigkeit — aber nur von diesem Standpunkte. Jene Ansicht müßte dagegen, realistisch verstanden, in jedem einzelnen Falle nachweisen, daß das Symptom auch ein richtiges ist, daß also außer ihm selbst auch das Wesen vorliegt. In jedem einzelnen Falle müßte neben der Tatbestandsmäßigkeit auch die materielle Rechtswidrigkeit festgestellt werden. Nach der hier vertretenen Ansicht dagegen ist gerade zur Erleichterung und Vereinfachung der Rechtspflege, ist im Interesse der Rechtssicherheit der schablonisierende Weg der Vertatbestandlichung, der Ver-

[1]) Tesar Die symptomatische Bedeutung des verbrecherischen Verhaltens 1907, Kollmann Die Stellung des Handlungsbegriffs im Strafrechtssystem 1908, ZStW. 28, 449.

typung der (materiellen) Rechtswidrigkeit beschritten und reicht der Nachweis der Tatbestandsmäßigkeit regelmäßig aus; allerdings ist mitunter bei schweren Konflikten ein Durchbruch des Wesens gegenüber den Symptomen auch praktisch geboten, so daß die materielle Rechtswidrigkeit ihre Stimme erhebt: bis hierher und nicht weiter. Aber derartige Fälle sind die Ausnahmen; regelmäßig gilt die Tatbestandsmäßigkeit als Rechtswidrigkeit (vgl. Näheres unten § 15 II 2). Daher ist der Grundsatz, daß die Tatbestände die Symptome der Rechtswidrigkeit sind, nicht realistisch, sondern erkenntniskritisch-systematisch zu verstehen: er besagt etwas über das Wesen und die äußere Erscheinungsform der Strafvoraussetzungen, er rechtfertigt die letztere als positivgesetzliches Erfordernis, indem er den systematischen Zusammenhang aufzeigt, indem er das Wesen erschließt, auf dessen Erkenntnis es doch der ernsten Wissenschaft in letzter Linie ankommt, und indem er die Einlassung dieses Wesens in das Gesamtsystem der Wissenschaften überhaupt darlegt — von den Symptomen könnte nur ein Sprung in das Dunkele getan werden.

So haben wir bis jetzt innerhalb des Verbrechensbegriffs drei Gegensatzpaare von logischer Ausschließlichkeit herauskristallisiert: Objekt—Wert, Verhalten—Gesinnung, Wesen—Symptom. Während das zweite Gegensatzpaar nur den ersten Begriff des ersten Paares berührt, das Objekt, kann sich das dritte Gegensatzpaar auf je beide Glieder der ersten beiden Paare beziehen: auf den Wert (Tatbestandsmäßigkeit) wie auf die Handlung (Unterlassung!) und die Gesinnung (Absicht!).

6. Einen anderen, ja sogar prinzipalen Gegensatz glaubte man in der Unterscheidung von *positiven und negativen Merkmalen* zu erblicken. Man unterschied zwischen Voraussetzungen und Hindernissen für die Bestrafung oder für die Entstehung des staatlichen Strafrechts usw. oder auch zwischen Merkmalen und Ausschließungsgründen, oder ähnlich.[1])

---

[1]) So Binding, Merkel, Finger, v. Bar, Mayer, Köhler und die (konsequenten) Vertreter der „Theorie von den negativen Tatbestandsmerkmalen". Vgl. die zahlreichen Nachweise bei v. Liszt 112[5] und Mayer 175[5]. Gegen Mayers Systematik (269) sprechen, soweit sie nicht nur aus darstellerischen Gründen geschieht, seine eigenen Ausführungen 174/5. Dagegen hält Baumgarten 87/8 zwar nicht darstellerisch, aber sachlich die Scheidung zwischen

Für den Aufbau bedarf man jedoch stets eines positiven Merkmals; das ist so klar, daß jedes weitere Wort darüber überflüssig ist. Sachliche Bedeutung darf daher dieser Gegensatz nicht beanspruchen, geschweige denn systematische. Entscheidend für ihn ist die empirische Erwägung, ob die (positive) Voraussetzung oder die Negation im gewöhnlichen Leben das Regelmäßige ist, oder gar die terminologische Frage, welche Formulierung die zweckmäßigere ist. Man kann aber mit demselben systematischen Recht die Zurechnungsfähigkeit als eine positive, wie die Zurechnungsunfähigkeit als eine negative Verbrechensvoraussetzung bezeichnen, mit demselben Recht das Nichtvorliegen von Notwehr oder von Irrtum als ein Merkmal der Rechtswidrigkeit oder der Schuld ansehen wie die Notwehr als einen Rechtfertigungsgrund, den Irrtum als einen Schuldausschließungsgrund. Im System hat sich dieser Unterschied daher erst in allerletzter Stelle bemerkbar zu machen, wenn das System überhaupt dazu berufen sein soll, unsere Erkenntnis über das Verbrechen, über die Strafvoraussetzungen zu erweitern. In dieser Hinsicht muß aber sachlich stets etwas Positives ausgesagt werden; denn der Begriff „Ausschließungsgrund" setzt logisch immer etwas Positives, das ausgeschlossen werden soll, voraus.[1])

Zu beachten bleibt aber — und das tritt gerade in jener von uns abgelehnten, dem Gegensatz übertriebene Bedeutung zusprechenden Ansicht nicht genügend hervor —, daß nicht nur einige, sondern die sämtlichen Kategorien der Strafvoraussetzungen sowohl ein positives wie ein negatives Gewand anlegen können. Gerade diese Erkenntnis beweist den geringen systematischen Erkenntniswert jenes Gegensatzes. Positiv ist die Handlung, negativ das Fehlen eines der Handlungsmerkmale, z. B. das Fehlen des Tuns: Unterlassung, oder das Fehlen der Willkür: psychischer Zwang. Positiv ist die Rechtswidrigkeit; negativ sind die Rechtfertigungsgründe, z. B. die Notwehr, das Züchtigungsrecht. Positiv ist die Schuld; negativ sind die Schuldausschließungsgründe, z. B. die Bewußtlosigkeit, der Irrtum, der Notwehrexzeß, der Notstand. Positiv ist die Tatbestandsmäßigkeit; negativ der Mangel am Tatbestand, das Fehlen eines

---

positiven und negativen Merkmalen für erwünscht (wegen des Gesichtspunktes Regel — Ausnahme). Gegen die sachliche Scheidung wenden sich auch unsere Grundlagen des Prozeßrechts 165/6.

[1]) Vgl. auch die treffenden Ausführungen Kohlrauschs 65 ff.

Tatbestandsmerkmals oder die negative Tatbestandsfassung („sofern nicht . . ."). Positiv sind die objektiven Bedingungen der Strafbarkeit, z. B. die Zahlungseinstellung und Konkurseröffnung im Fall der §§ 239 ff. KO.; negativ die Strafausschließungsgründe, z. B. die Abgeordneteneigenschaft im Fall des § 11 StGB., sowie die (u. E. sachlich-systematisch völlig zu streichenden) Strafaufhebungsgründe, z. B. die tätige Reue, nach einer weitverbreiteten aber unrichtigen Ansicht die Verjährung. Und um den einmal gesponnenen Faden weiter zu verfolgen, in das Gebiet hinein, in das uns der Begriff der Voraussetzung weiter führt: Positiv sind die Sachgestaltungsvoraussetzungen, z. B. die „Sachvoraussetzungen" für Erhebung der Widerklage; negativ die Sachgestaltungshindernisse, z. B. die schwere Körperverletzung für das Privatklageverfahren. Positiv sind die Verfolgungsvoraussetzungen, z. B. der Strafantrag; negativ die Verfolgungshindernisse, z. B. die Versäumung der Strafantragsfrist. Positiv sind die Verfahrensvoraussetzungen, z. B. die Zuständigkeit des Gerichts; negativ sind die Verfahrenshindernisse, z. B. der Ausschluß von Gerichtspersonen. — Diese Skizze veranschaulicht deutlich genug, daß der Gegensatz positiv — negativ ganz erheblich hinter die Gegensätze zwischen den einzelnen Kategorien selbst, Handlung, Rechtswidrigkeit, Schuld usw. zurücktritt, daß sein Erkenntniswert ein sehr geringer ist. Er hat daher im folgenden einen nur recht bescheidenen Platz einzunehmen.

7. Was in dem Verbrechensbegriff der Literatur nicht hervortritt, das ist sein Unterscheidungsmerkmal gegenüber dem Zivilunrecht. Wenigstens ein sachliches wird nicht gegeben. Man kann diesen Gegensatz nur aus der oben zu 4 berührten clausula generalis „mit Strafe bedroht" herauslesen, jener Klausel, die vermöge ihrer an Tautologie grenzenden Formalistik so umfassend ist, daß sie ein jedes Verbrechensmerkmal in sich schließt, mithin auch das, wonach wir jetzt fragen. Und welches ist das Kriterium gegenüber dem Privatrecht? Das Symptom ist auch hier die Tatbestandsmäßigkeit, das Wesen dagegen ist die besondere Schwere der Rechtswidrigkeit. Darüber wurde bereits oben im Zusammenhang gehandelt (§ 6). Die Unbestimmtheit und Dehnbarkeit dieses Begriffs ist zwar für die Praxis, für die Rechtsanwendung ein arges Hindernis; deshalb gibt es ja aber das Symptom, die leicht erkennbare und begrifflich genügend umgrenzte Tatbestandsmäßigkeit.

Für die Erkenntnis des Strafrechts, des Wesens des Verbrechens und der Strafvoraussetzungen ist aber ein sachliches Kriterium unerläßlich. Das Strafrecht muß im System der Wissenschaften von den Erscheinungsformen, den Symptomen des Verbrechens aus nach oben so weit verfolgt werden, bis die Scheidewand erkennbar wird, die es von der nächst verwandten Disziplin, dem Privatrecht, trennt. Und umgekehrt muß, wenn man von oben (der Rechtswissenschaft überhaupt) ausgeht, der allgemeine Verbrechensbegriff „schuldhaftes Unrecht" oder „rechtswidrige schuldhafte Handlung" noch derart spezialisiert werden, daß ebenfalls die Scheidewand gegenüber dem Privatrecht erkennbar wird; denn jener Verbrechensbegriff ist viel zu allgemein gehalten, er umfaßt eben auch das private Unrecht.

III. Die vorstehenden, von der Literatur ausgehenden Darlegungen haben einen Einblick in die logische Struktur des Verbrechensbegriffs gewährt. Sie führten zu der Einsicht, daß keinesfalls die verschiedenen Elemente als nebengeordnet angesehen werden dürfen: Handlung, Rechtswidrigkeit, Schuld, Tatbestandsmäßigkeit sind durchaus heterogener Natur, und es lassen sich nur immer zwei logische Gegensätze nebeneinander aufstellen. Es geht schlechterdings nicht an, in die Formel ein Merkmal aufzunehmen, das bereits in einem anderen, ebenfalls aufgenommenen Merkmal enthalten ist oder das ein anderes solches Merkmal bereits in sich schließt. Das wäre logisch unreine Arbeit, die der nach Erkenntnis des Wesens strebende Forscher unter allen Umständen vermeiden muß. Im Interesse der logischen Klarheit müssen daher notwendigerweise aus der allgemeinen Verbrechensformel gewisse Elemente ausgeschieden werden, die an sich sehr wohl in sie hineingehören, die aber deswegen fernzubleiben haben, weil andere Bestandteile bereits aufgenommen sind, zu denen sie nicht harmonieren.

Nun mag man es wieder für Geschmackssache halten, für welches Gegensatzpaar man sich entscheidet. Das ist aber nur insoweit richtig, als aus pädagogischen oder darstellerischen Gründen dieses Gegensatzpaar fruchtbarer und lehrreicher erscheinen mag als jenes. Für den wissenschaftlichen Forscher jedoch, dem es um Erkenntnis des Wesens des Verbrechens zu tun ist, gibt es nur einen Weg; er ist ihm einmal durch die Herausarbeitung des spezifischen Merkmals seiner Einzelwissenschaft, sodann durch den Blick auf das

Ganze, durch die Fühlungnahme zu den neben- und besonders den übergeordneten Wissenschaftsgebieten vorgezeichnet. Die Frage ist daher so zu stellen: Welches Gegensatzpaar erschließt am deutlichsten und klarsten die Eigenart des Verbrechens und weist zugleich die logische Struktur des übergeordneten Gebietes auf? Wird der letzten Forderung genügt, so ist damit reine Wissenschaftlichkeit erreicht; denn wir haben die Bürgschaft der Widerspruchsfreiheit und der Harmonie des Ganzen: nur so ist ein System der Wissenschaften möglich, und nur so ist ein Konflikt der Spezialerkenntnisse mit den allgemeineren Erkenntnissen vermeidbar. Das heißt dann wissenschaftliche Wahrheit.

Das eine der zu suchenden logischen Gegensatzpaare, das allgemeinere, ist aber dasjenige, das den Kulturwissenschaften überhaupt eigentümlich ist und das auch der Rechts- und speziell der Strafrechtswissenschaft den Grundstil verleiht: Wert und Objekt. Speziell strafrechtlich gewendet lautet der Gegensatz: Rechtswidrigkeit und Verhalten. Und das andere Moment, das die Eigenart des Strafrechts gegenüber den Nachbargebieten enthüllt, wird einmal durch die besondere Schwere des Unrechts und sodann durch dessen notwendige Verknüpfung mit dem Bewußtsein des Täters gekennzeichnet. So wird die Definition gewonnen: Das Verbrechen ist ein schuldhaftes menschliches Verhalten von besonders schwerer Rechtswidrigkeit.

1. In dieser Begriffsbestimmung ist zwar nicht deutlich zum Ausdruck gebracht, wie sich die Schuld zu den beiden anderen Merkmalen, dem Verhalten und der Rechtswidrigkeit, auszunehmen hat. Gehört sie zum Objekt oder zum Wert? Oder ist sie beides?

a) Wenn sie auch zum Objekt gehört, so fragt es sich weiter, ob ihr Objekt dasselbe ist, das der Rechtswidrigkeit zugrunde liegt (also das Verhalten) oder ob sie ein neues Objekt, die Gesinnung, einführt. Im ersten Fall wäre das Verbrechen — wenn von dem Erfordernis der besonderen Schwere der Rechtswidrigkeit abgesehen wird — zu bestimmen als ein rechtswidriges schuldhaftes Verhalten, im zweiten dagegen als ein rechtswidriges (äußeres) Verhalten in Verbindung mit schuldhafter Gesinnung. Diese Fragen können erst in der Schuldlehre geklärt werden. Die mit ihnen verbundenen großen Schwierigkeiten lassen sich aber vorläufig auf einfache Weise umgehen. Der — ja genügend dehnbare — Begriff des Verhaltens ist so zu verstehen, daß er sowohl das äußere als auch das innere Verhalten, also sowohl die Handlung wie die Gesinnung umfaßt.

b) Auch die andere Frage ist erst später zu beantworten, ob die Schuld, falls sie ein Werturteil enthält, der Rechtswidrigkeit gegenüber ein neues Werturteil einführt oder ob sie nur den auch für die Rechtswidrigkeit geltenden Maßstab wiederholt; diese Wiederholung geschähe dann für ein neues Objekt, das innere Verhalten, die Gesinnung. Auch dieser schwer auszutragende Streit kann vorläufig auf sich beruhen. Die obige Definition läßt sich beide Möglichkeiten offen. Für die erste wäre das Verbrechen genauer zu definieren als ein rechtswidriges und schuldhaftes Verhalten, für die zweite als die Rechtswidrigkeit eines äußeren Verhaltens und einer Gesinnung.

2. Es sei noch einmal darauf hingewiesen, daß die obige Verbrechensformel (vor 1) nicht den Schwerpunkt auf das Verhalten legen will. Dieses ist nur ein Ausdruck für das Objekt der rechtlichen Wertung und sogar nur ein höchst unvollkommener Ausdruck. Der Schwerpunkt liegt auf der rechtlichen Wertung selbst; diese ist das logische prius, diese konstituiert erst das Objekt. Um die mit obiger Definition etwa verbundenen Zweifel auszuschließen, ließe sich daher auch das Objekt gänzlich unterdrücken und das Verbrechen, wie schon oben (I) geschehen, bestimmen als schuldhaftes schweres Unrecht.[1])

Diese Definition hat zugleich den Vorzug, daß der nicht sehr viel besagende, etwas wesenslose Begriff des menschlichen Verhaltens in Wegfall kommt. Das würde nichts schaden.[2]) Man muß sich jedoch immer vergegenwärtigen, daß auf alle Fälle, also auch

---

[1]) Nahestehend die Definition des Verbrechens als zurechenbarer Normwidrigkeit. So (im Anschluß an Binding) Graf zu Dohna ZStW. 27, 342. Gar zu wenig sagt M. Salomon Die Idee der Strafe 1912 (in Philos. Abh., H. Cohen dargebracht, S. 232): das Verbrechen sei das rechtliche μὴ ὄν, d. h. das „noch nicht Recht" oder „nicht mehr Recht"; hier fehlt das Schuldmoment.

[2]) Immerhin ist der z. B. von Frank vor § 1 I und Hegler ZStW. 36, 24 verwendete Begriff des Verhaltens zutreffender als der von Mayer 13, 57 eingeführte, viel zu weit gehende Begriff „Geschehnis", der nicht nur den Sozial-, sondern auch den Naturwissenschaften angehört und nicht nur menschliches Handeln, sondern auch Naturtatsachen in sich schließt.

beim Wegfall des Begriffs Verhalten, im Verbrechensbegriff zwei logisch scharf zu trennende Elemente vorhanden sind: ein Objekt, das zu werten ist, und ein Maßstab, der wertet. Diese beiden Elemente müssen in den Begriff des Unrechts hineingelegt werden, der Sprachgebrauch steht ja nicht entgegen — wie diese beiden Elemente auch in dem Schuldbegriff enthalten sein können.

3. Endlich läßt sich noch der Begriff der Tatbestandsmäßigkeit aufnehmen. Es empfiehlt sich aber, seine oben (II 5) hervorgehobene Wesensverschiedenheit gegenüber den anderen Merkmalen schon in der Definition zum Ausdruck zu bringen. Positivgesetzlich läßt sich das Verbrechen schlechthin als Tatbestandsmäßigkeit bestimmen; eine Definition des Wesens des Verbrechens muß daher deutlich ausdrücken, daß die Tatbestandsmäßigkeit nicht zum Wesen selbst gehört, sondern nur eine positivgesetzliche Erscheinungsform, ein Symptom des Wesens ist.[1])

Hiernach wäre abschließend zu definieren: Das Verbrechen ist ein positivgesetzlich durch Tatbestandsmäßigkeit erkennbares schuldhaftes schweres Unrecht. Das ist u. E. die empfehlenswerteste Verbrechensformel. Will man überhaupt eine solche geben! Ungleich wichtiger ist es natürlich, sich über das Wesen der einzelnen Bestandteile klar zu werden. Demgemäß haben sich unsere beiden folgenden Hauptteile mit den beiden Hauptmerkmalen des Verbrechens zu beschäftigen, der erste mit dem Unrecht, der zweite mit der Schuld.

4. Es mag schließlich die Frage auftauchen, ob der Begriff des Verbrechens bei dem Aufbau der Strafrechtswissenschaft überhaupt notwendig ist oder ob er etwa völlig entbehrt werden kann. Reichen vielleicht die Strafvoraussetzungen aus? — Der Verbrechensbegriff ist unentbehrlich nicht nur aus logischen Gründen, insofern es notwendig ist, die einzelnen Voraussetzungen auf einen gemeinsamen Oberbegriff zu bringen, nicht nur aus diesen sozusagen ästhetisch-systematischen Gründen, sondern auch und zwar ganz besonders zur Erweiterung der wissenschaftlichen Erkenntnis über das gegenseitige Verhältnis der einzelnen Strafvoraussetzungen zueinander, also aus erkenntnistheoretisch-systematischen Gründen. Zum Auf-

[1]) Daher spielt in dem Mayerschen Lehrbuch der Tatbestandsbegriff eine viel zu große Rolle. Zuungunsten der Begriffe Rechtswidrigkeit, aber auch Handlung. Vgl. namentlich 131 ff.

bau der Lehre von den Strafvoraussetzungen ist unbedingt erforderlich eine klare Einsicht, welche Voraussetzungen die Hauptvoraussetzungen und welche von ihnen logisch abhängig sind, wie sich die allgemeingültigen zu den positivgesetzlichen Voraussetzungen verhalten und wie auf der anderen Seite ihre Summe sich in das Ganze des Wissenschaftsgebäudes einzureihen hat. Diesen Forderungen, die man an echte Wissenschaft doch gewiß stellen muß, soll die Verbrechensformel genügen. Sie bringt die Strafvoraussetzungen auf einen Nenner und läßt zugleich das Wesentliche und das minder Wesentliche hervortreten. Das Wort Verbrechen erscheint geeignet, den Namen für diese Formel zu geben, es verdient den Vorzug vor den Ausdrücken Straftat und strafbare Handlung, aber auch vor der Bezeichnung Delikt.[1]) Es bedarf dann nur noch der — für eine Grundlegung unnötigen — Veranschaulichung des Unterschieds des wissenschaftlichen Verbrechensbegriffs von einem etwa engeren positivgesetzlichen, der die Verbrechen nur als die schwerste Kategorie der strafbaren Handlungen auffaßt.

IV. Der gewonnene Verbrechensbegriff gewinnt eine wissenschaftliche Vertiefung, wenn wir die Frage nach der Idee, dem Sinne des Verbrechens stellen. In dieser Hinsicht ist das Merkmal der Tatbestandsmäßigkeit beiseite zu lassen. Dieses weist ja nur auf die positivgesetzliche Ausgestaltung hin. Die Idee des Verbrechens bedeutet lediglich ein schuldhaftes schweres Unrecht.

1. Der Gegensatz ist auch hier, wie bei der Strafe (vgl. oben § 7), ein besonderer realer Begriff des Verbrechens. Nun könnte man meinen, dieser wäre bereits durch das Merkmal Tatbestandsmäßigkeit wiedergegeben; denn dieses ist ja auch ein Ausdruck dafür, was das positive Recht unter Verbrechen versteht. Diese Meinung würde aber fehlgehen. Die Tatbestandsmäßigkeit bezeichnet nur eine Erscheinungsform, ein Symptom des Verbrechens. Damit ist aber noch keineswegs zu der Frage Stellung genommen, ob nicht das positive Recht auch gewisse Merkmale, die zur Idee gehören, für begriffswesentlich hält, so daß bei ihrem Fehlen von einem Verbrechen nicht mehr gesprochen werden kann. Will doch der reale Begriff nach unseren früheren Darlegungen (§§ 7 I, 5 II) ein Ausdruck für die positivgesetzlich unbedingt erforderlichen Bestand-

---

[1]) Vgl. hierzu Baumgarten 69.

teile sein, die vorliegen müssen, soll nicht der Begriff Verbrechen überhaupt gänzlich entfallen — während die Idee noch weitere Merkmale enthält, nämlich alle, die zu dem Sinne Verbrechen in des Wortes unverfälschter Bedeutung gehören, alle, die auch das positive Recht erfordern *sollte*, so daß die Idee allemal das Vorbild für den realen Begriff bedeutet.

Es fragt sich daher, welche Elemente der Idee unbedingt positivgesetzlich erforderlich sind. U. E. ist zu diesen zu rechnen lediglich das Merkmal der Rechtswidrigkeit in dem später darzulegenden Sinne von Verletzung des öffentlichen (staatlichen) Interesses. Dagegen brauchen die beiden anderen Verbrechenselemente, die besondere Schwere dieser Rechtswidrigkeit und die Schuld, nicht notwendig vorzuliegen. Begeht also ein positives Gesetz den — freilich im höchsten Grade bedauerlichen — Fehler, daß es auch auf leichte, also nicht strafwürdige Verfehlungen Strafe androht und daß es einen gesetzlichen Tatbestand unter Verzicht auf die Schuldformen ausbildet, so müßte dem Willen des Gesetzes entsprechend das Vorliegen eines Verbrechens anerkannt werden. Anders aber bei einem Verzicht auf die Rechtswidrigkeit überhaupt. Das wäre ein derartig unverzeihlicher Fehler, ein derartig schwerer Verstoß gegen die Idee, daß er nicht ruhig hingenommen werden könnte; hier wäre dem Willen des Gesetzes zum Trotz ein Verbrechen[1]) überhaupt zu leugnen. Das ergibt sich aus der Bedeutung des Begriffs der Rechtswidrigkeit, worüber des näheren erst unten zu handeln ist (§ 12).

Der reale Begriff des Verbrechens ist also zu definieren als ein *tatbestandsmäßiges Unrecht*. Daß zu ihm von den früher besprochenen Verbrechensmerkmalen auch das menschliche Verhalten gehört, leuchtet ein; denn dieses Objekt der Wertung ist bereits in dem Begriffe Unrecht enthalten; außerdem liegt es in dem Begriffe des Tatbestandes, der immer auf menschliche Verhaltungsweisen zugeschnitten ist. Und ebenso gehören zum Tatbestand auch die vom positiven Recht aufgestellten subjektiven Qualifikationen (z. B. die Zueignungsabsicht) und etwaige besondere objektive Bedingungen der Strafbarkeit (vgl. unten § 14 I 3, II 3).

---

[1]) Dagegen wohl nicht die Strafe (vgl. oben § 7 II 1). Das ist kein Widerspruch. Die Strafe wäre nur höchst verwerflich, da sie nicht einmal an ein Verbrechen anknüpfte. Aber sie bliebe Strafe. Strafe ohne Verbrechen ist denkbar, aber nicht Verbrechen ohne Unrecht.

So haben sich in dem realen Begriff des Verbrechens Wesen und Symptom der Rechtswidrigkeit zu vereinigen. Keines allein reicht aus.[1]) Tatbestand ohne materielle Rechtswidrigkeit — wäre gar zu formalistisch, zu positivistisch; materielle Rechtswidrigkeit ohne Tatbestand — gar zu sehr dem positiven Recht abgekehrt, zu wesenhaft.

Aber diese beiden Merkmale allein reichen auch aus. Die Definition ist einfach und durchsichtig nicht nur an sich, sondern auch in ihrem Verhältnis zur Definition der Idee. Zu dieser gewissermaßen ästhetischen Befriedigung trägt entschieden bei die scharfe Erfassung des Wesens des Tatbestandes. Er schließt in sich das Verhalten und die objektiven Bedingungen der Strafbarkeit ein; daher brauchen diese in der Definition des realen Begriffs des Verbrechens nicht außerdem ausdrücklich genannt zu werden. Der Tatbestand ist eben eine erschöpfende Zeichnung des positiven Rechts; und nur sein eigenes Urbild, die materielle Rechtswidrigkeit, wird noch zu dem realen Begriff gebraucht; denn dieses ist in ihm nicht enthalten, da er es ja eben abzeichnen will. Das Verhalten und das Wesen der Schuld dagegen heben sich aus dem Tatbestande, dieser Schöpfung des positiven Rechts, heraus als selbständige Elemente der Idee.

Somit stehen sich einander gegenüber realer Begriff und Idee — dort der bunt zusammengesetzte Tatbestand mit seinem Vorbild, der Rechtswidrigkeit, hier die aus der Mannigfaltigkeit und der Fülle der Tatbestandsmerkmale herauskristallisierten allgemeinen Verbrechensmerkmale: Unrecht und Schuld einschließlich des zu ihnen gehörigen Objekts, des Verhaltens.

2. Die vorstehenden und die folgenden Betrachtungen haben es, was sehr wohl zu beachten ist, nur mit dem abstrakten Verbrechensbegriff zu tun, nicht mit dem konkreten Verbrechensbegriff, dem Verbrechensfall.[2]) Wann ein Verbrechen realisiert ist, wann es in Wirklichkeit vorliegt, ist eine hier nicht interessierende Frage. Sie gewinnt besonders Bedeutung für den Begriff des Tatbestands, der sowohl abstrakt verstanden werden kann (Tatbestandsmäßigkeit) als auch konkret (Sachverhalt); aber auch für den Begriff

---

[1]) Daher viel zu eng die Bestimmung M. Salomons, der nur auf das Unrecht abstellt (vgl. den Nachweis oben III 2).

[2]) Scharfe Gegenüberstellung bei Beling Verbrechen 321 ff.

des Verhaltens. Auf wichtige Konsequenzen der Unterscheidung und auf die Verwirrungen als Folgen der Nichtunterscheidung wird später eingegangen.

Auf eine Verwechslung beider Verbrechensbegriffe ist ein Einwand zurückzuführen, dessen Haltlosigkeit schon an dieser Stelle erörtert sei, weil er in die hier eingeschlagene Gedankenfolge hineinpaßt. Wenn man das Wesen der Rechtswidrigkeit („materiell") in der Verletzung des öffentlichen Interesses oder gewisser privater Interessen erblickt, so könnte man gegen diese Auffassung den Einwand erheben, daß dann eine Reihe von Deliktstatbeständen des Besonderen Teils des Strafgesetzbuchs keine Verbrechen wären, da auf diese ein solcher Verbrechensbegriff nicht zuträfe; so brauche z. B. durch eine widernatürliche Unzucht gar nicht das öffentliche Interesse, durch einen Diebstahl gar nicht das Interesse des Eigentümers verletzt zu sein. Dieser Einwand ist auf die konkrete Betrachtung eingestellt, er hat konkrete Verbrechensfälle im Auge, und diese mögen freilich mitunter so liegen, daß weder der Staat noch ein Privater in ihren Interessen verletzt werden. Derartige Erwägungen widerlegen aber nicht die obige Bestimmung des Verbrechens als eines schuldhaften Unrechts und die Bestimmung des Unrechts als einer Verletzung von Interessen usw.; denn diese Definitionen stellen nur eine abstrakte (!) Formel dar, also eine solche, die nur auf den Durchschnitt der Fälle zugeschnitten ist, und zwar nur in einer solchen Weise, wie die Fälle der Gesetzgeber anschaut (über diese letztere, sog. transzendentale Einstellung vgl. unten IV 4 b). Man wird aber gewiß nicht die Ansicht des Gesetzes als unbegründet hinstellen, die widernatürliche Unzucht und der Diebstahl seien an sich solche Handlungen, durch die gewisse Interessen verletzt würden; deswegen werden ja auch abstrakte Tatbestände aufgestellt. Die gegen einen solchen Tatbestand verstoßenden menschlichen Verhaltungsweisen gelten daher im Sinne der Rechtsordnung stets als Interessenverletzungen und, wenn man für Interesse Rechtsgut sagt, als Rechtsgutsverletzungen.

Insofern ist die Auffassung durchaus zu billigen, jedes Verbrechen verletze ein Rechtsgut.[1]) Die Verletzung ist eben eine

[1]) Daher nicht durchschlagend die Polemik Franks vor § 1 IV, das Verbrechen sei nicht stets Rechtsgutsverletzung; es sei schwer, das verletzte Rechtsgut in gewissen Fällen (§§ 173, 175, 180, 181 a) zu bezeichnen. Doch

abstrakte im Sinne des Gesetzes. Die Rechtsordnung hat ein für allemal das Eigentum wie auch innerhalb gewisser Grenzen das öffentliche Interesse an Reinheit des Trieblebens zu Rechtsgütern erhoben (auf deren Klassifizierung es uns übrigens nicht ankommt), und zwar ohne Rücksicht darauf, ob sie im konkreten Verbrechensfalle als Rechtsgüter von den Beteiligten empfunden werden oder nicht.

3. Kommt den hier formulierten Verbrechensbegriffen Allgemeingültigkeit zu? und in welchem Sinne? — Die Fragestellung geschieht nur unter der Voraussetzung, daß mit einem Verbrechen gerechnet werden muß — und dieses ist wohl ein notwendiges Übel, das nicht ausgerottet werden wird, so lange die Menschen unvollkommen sind (vgl. darüber oben § 7 III 2 b) — sowie unter der weiteren Voraussetzung, daß der Staat auf das Verbrechen durch Strafe reagiert (über die Allgemeingültigkeit der Strafe vgl. oben § 7 III 2). Unter diesen beiden Voraussetzungen müssen aber auch die Idee sowohl wie der reale Begriff des Verbrechens als allgemeingültig anerkannt werden. Wurde schon die allgemeingültige Natur der Strafe darin gesehen, daß sie schweres Unrecht zu vergelten und zugleich Schuld zu sühnen berufen ist, so ergibt sich daraus die Allgemeingültigkeit der beiden Strafvoraussetzungen: schweres Unrecht und Schuld. Diese bedeuten aber die Idee des Verbrechens. Und der reale Begriff ist dann allgemeingültig, wenn man die Notwendigkeit von Tatbestandsbildungen anerkennt; ob ein Staat Tatbestände aufstellt, steht freilich in seinem Belieben. Er wird diesen Schritt zwar meist aus den mehrfach hervorgehobenen Gründen der Rechtssicherheit, Erkennbarkeit, Unparteilichkeit

---

ergeben die folgenden Ausführungen, daß Frank ein Interesse des Staates am Unterbleiben der Handlung anerkennt. Damit ist aber eine sachliche Übereinstimmung mit dem Text hergestellt. Vgl. auch die späteren Ausführungen des Textes über den auch von Frank schließlich gebilligten materiellen Verbrechensbegriff (unten zu V). — Nicht recht einleuchtend ist aber Franks Einwand, selbst de lege ferenda könne eine absolute Beschränkung des Verbrechensbegriffs auf Verletzung oder Gefährdung von Rechtsgütern nur von dem vertreten werden, der die Aufgabe des Staates allgemein auf den Rechtsschutz beschränke und damit einen längst überholten Standpunkt vertrete. Jene Verbrechensauffassung ist doch durchaus verträglich mit der Auffassung, der Staat habe die Kulturaufgabe, schädliche Handlungen zu unterdrücken und vor allem zunächst einmal ein derartiges Unrecht zu vergelten.

und Einheitlichkeit der Rechtsprechung tun; aber notwendig und allgemeingültig ist dieser Weg nicht. Wird er eingeschlagen, so darf jedoch auch der hier formulierte reale Begriff Allgemeingültigkeit beanspruchen; andernfalls bleibt von ihm nur das Unrecht übrig, die Tatbestandsmäßigkeit fällt dann eben weg. Das Vorhandensein eines realen Begriffs als solchen ist daher stets allgemeingültig; denn der Idee gegenüber wird allemal die Frage auftauchen, ob ihre einzelnen Bestandteile sämtlich vorliegen müssen, soll von der Erscheinung überhaupt geredet werden können. Möglich ist, daß beide zusammenfallen; wahrscheinlicher ist ihre Verschiedenheit, also eine Milderung des realen Begriffs gegenüber den Anforderungen der Idee. Und hier sollte ja auch nur das Mindestmaß des realen Begriffs angegeben werden.

Für alle positivgesetzlichen Festlegungen des Verbrechensbegriffs bedeutet also die hier formulierte Idee des Verbrechens eine regulative Idee, der hier formulierte reale Begriff des Verbrechens eine konstitutive Idee in der Worte früher (§ 7 III 1 a) angegebener Bedeutung. Unter den soeben aufgeführten Vorbehalten!

4. Die obige Bestimmung der Idee des Verbrechens mag für eine wissenschaftliche Bearbeitung des Strafrechts genügen. Der reinen Wissenschaft gegenüber hält sie nicht stand. Um die reine Idee, das reine Wesen des Verbrechens zu erfassen, bedarf es noch einer weiteren Entfernung von der Realität; es ist die transzendentale Einstellung zu vollziehen. Und so gewinnt auch die Darstellung des Verbrechens, jetzt wo sie ihrem Abschlusse zustrebt, jene Steigerung, die auch das Kapitel über die Strafe erfuhr: je mehr sich die Gedanken in das Wesen einer Erscheinung versenken, desto näher treiben sie dem großen Reiche zu, wo nur Gedanken mit Ewigkeitsgehalt herrschen, desto unaufhaltsamer geraten sie in den gewaltigen Strom, der alles mit sich fortreißt, um es geläutert und geklärt an den sicheren Gestaden der wissenschaftlichen Erkenntnis landen zu lassen.

Wie das Verbrechen als tatbestandsmäßiges Unrecht nur vom Standpunkte des positiven Rechts, nur nach der jeweiligen Ansicht des Staates erscheint, ebenso hat auch die Bestimmung des Verbrechens als eines schuldhaften schweren Unrechts Erkenntniswert nur von einem gewissen Standpunkte aus, der keineswegs der einzige und allgemeingültige zu sein braucht; insofern hat also selbst die Idee des Verbrechens nur subjektive Bedeutung. Das schuldhafte schwere Unrecht wird nur so angesehen, als ob es ein Verbrechen wäre. Es erscheint als Verbrechen vom Standpunkte der Strafrechtswissenschaft, vom Standpunkte eines objektiven, kriminalistisch interessierten und orientierten Beurteilers. Also sozusagen zwei Projektionen eines scheinbaren Objektiven in das Subjektive! Der reale Begriff ist projiziert in das Bewußtsein des Staates, die Idee dagegen ist projiziert in das Bewußtsein des (idealen) wissenschaftlichen Forschers. Aber nur desjenigen, der die Aufgaben der Strafrechtswissenschaft erfüllt. Damit ist ein doppelter Gegensatz angerührt.

a) Einmal ein solcher zu anderen Wissenschaften.

α) Man hat auch in der Soziologie einen Verbrechensbegriff anzuerkennen.[1]) Er wäre u. E. ebenso zu bestimmen wie der strafrechtliche mit der alleinigen Abweichung, daß an die Stelle des Rechtswidrigen das Gesellschaftswidrige, das „Sozialpathologische", der Widerspruch mit dem für die betreffende Gemeinschaft in Betracht kommenden Gemeinschaftswillen zu treten hat. Dagegen wird man auch hier von dem Erfordernis der Schuld nicht absehen dürfen, will man nicht die Idee des Verbrechens völlig aufgeben; auch die soziologische Schuld wäre entsprechend der Rechtsschuld zu bestimmen. — Der soziologische Verbrechensbegriff ist übrigens nicht zu verwechseln mit dem sog. materiellen Verbrechensbegriff;[2]) dieser will vielmehr das rechtliche Wesen des Verbrechens ergründen, ist also ein juristischer.

---

[1]) Eine soziologische Definition will offenbar Wundt geben, wenn er das Verbrechen bestimmt als „die auf die Verrichtung der Zwecke des Gesamtwillens zugunsten der Befriedigung individueller Triebe gerichtete einzelne Handlung" (Ethik[4] III 111). Hier fehlt das Schuldmoment; die Begriffsbestimmung würde, selbst wenn sie juristisch eingestellt wäre, auch für das privatrechtliche Unrecht zutreffen. Die Wundtsche Definition ist wieder ein Beweis dafür, wie wenig eine selbst objektive wissenschaftliche Definition den Interessenkreis ihres Autors verleugnen kann; Wundt will eine Abgrenzung von dem Unmoralischen geben, aber er redet die Sprache des Psychologen („Zwecke" im Gegensatz zu „Trieben") sowie die des — wenig kritizistisch eingestellten — Völkerpsychologen („Gesamtwille").

[2]) Vgl. darüber unten V. Die gerügte Verwechslung findet sich bei Binding (Nachw. unten V).

β) In der Individualethik dagegen ist für den Verbrechensbegriff kein Raum[1]); dort fehlt das dem Unrecht entsprechende, unbedingt erforderliche Verbrechenselement völlig. Dort kann es nur Sünde geben. Für diese ist charakteristisch das Schuldmoment: der Widerspruch des inneren Verhaltens mit dem moralischen Gesetz.

γ) Wohl aber gewinnt der Verbrechensbegriff Bedeutung für die Naturwissenschaften. Die Bekämpfung des Verbrechertums ist, wie wir sahen, auch biologisch zu verstehen, und so mag sich dort eine besondere Lehre vom Verbrechen und, was für jene wissenschaftlichen Bestrebungen noch wichtiger ist, eine Lehre vom Verbrecher herausbilden, die von der juristischen durchaus verschieden ist. Abgesehen davon, daß der dortige Unrechtsbegriff selbstverständlich mehr dem soziologischen als dem juristischen nachgebildet sein wird, hat das Schuldmoment, auch soziologisch verstanden, in Wegfall zu kommen oder muß einen völlig anders gearteten Inhalt erhalten, etwa einen medizinisch-pathologischen.

b) Ist also die oben formulierte Idee des Verbrechens nur vom Standpunkte der Strafrechtswissenschaft zu verstehen, so ist damit noch ein weiteres gesagt: nur die wissenschaftliche Einstellung kann zu einer solchen Formel führen. Nun ist aber der Verbrechensbegriff ein solcher, der dem Leben angehört und der von dem Leben stets in einem gewissen Sinne verstanden wird: er soll das Verabscheuungswürdige eines menschlichen Verhaltens zum Ausdruck bringen. Die Strafrechtswissenschaft will diesen zweifellos allen Menschen innewohnenden Empfindungen eine begriffliche Sprache verleihen; als Wissenschaft kann sie sich nur begrifflich ausdrücken. Ob aber hiermit allen Fällen des Lebens in seiner bunten, mannigfaltigen Fülle entsprochen wird? Ob die Elemente der Verbrechensidee, so allgemein sie auch gehalten sind und so sehr damit zugleich die möglichste Erfassung des Lebens in seiner Vielgestaltigkeit garantiert wird, nicht doch eben nur die Sprache der Wissenschaft reden, die scharfe, begriffliche Grenzen zieht, ohne auf Nuancen und Varianten Rücksicht zu nehmen? Die Wissenschaft darf sich nicht anmaßen, das letzte Wort zu sprechen; eine überwissenschaftliche, intuitive Erkenntnis mag zu einer tieferen Erkenntnis der Wahrheit vordringen.

---

[1]) Ebenso stellt Wundt a. a. O. das Verbrechen in Gegensatz zur Unmoral.

Aber so unfruchtbar es wäre, durch Intuition dem Wesen des Verbrechens, dem Verbrechen „an sich" nachspüren zu wollen, und so dringend geboten es ist, daß eine exakte Wissenschaft sich auf ihre eigenen Methoden beschränkt, so klar muß sie sich doch auf der anderen Seite werden, daß sie eben nur ihre eigene Methode anwendet, nur ihre eigene Sprache redet, nur ihr eigenes Urteil abgibt. Die Verbrechensidee ist bisher also nur als eine strafrechtswissenschaftliche bestimmt worden und nur als eine solche zu verstehen.

Und an dieser transzendentalen Einstellung nehmen nun auch die Glieder der Definition teil: die Begriffe Rechtswidrigkeit, besondere Schwere, Schuld, sie alle sind ebenfalls nur als Urteile zu verstehen. Der Zusatz „nach dem Urteil des objektiv kriminalistisch orientierten Beurteilers" ist daher auf beiden Seiten der Definition zu machen. Es ist also zu sagen, wenn man das reine Wesen des Verbrechens bestimmen will: die strafrechtswissenschaftliche (!) Idee des Verbrechens ist ein schuldhaftes schweres Unrecht nach dem Urteil (!) der Strafrechtswissenschaft. Dieser letztere Zusatz zu den Verbrechenselementen mag zwar als überflüssig erscheinen, soweit er sich auf die Elemente Unrecht und Schuld bezieht; denn diese bedeuten, wie später darzulegen ist, selbst nur ein Urteil des objektiven Betrachters (daher: Unwerturteil, Schuldurteil), und deswegen brauchte vielleicht hinsichtlich dieser beiden Merkmale jenes Urteil nicht mehr zum besonderen Ausdruck in der Verbrechensformel zu kommen. Anders aber in bezug auf die „Schwere" des Unrechts. In diesem Element liegt an sich noch keinerlei Urteil. Daher ist es notwendig, daß insoweit das rein Urteilsmäßige auch in der Verbrechensdefinition hervortritt. Wann ein Unrecht „besonders schwer" ist, so daß Strafe geboten ist, läßt sich eben nicht absolut bestimmen, sondern nur nach der Ansicht eines kritischen Beurteilers. An dieser Erkenntnis darf keinesfalls vorübergegangen werden.

Und wer ist dieser Beurteiler? Für die Bestimmung des realen Begriffs ist es der staatliche Gesetzgeber, der seine Tatbestände prägt,[1]) für die Bestimmung der Idee ist es die Strafrechtswissenschaft, die ihre Begriffe schafft. Diese Parallelität ist so offenkundig,

[1]) Vgl. hierüber schon oben IV 2.

daß die nunmehr eingeschlagene Gedankenfolge als abgeschlossen angesehen werden darf.

V. Daß mit einer einzigen Verbrechensformel nicht auszukommen ist, glauben die vorangegangenen Ausführungen dargetan zu haben. Immerhin ist es empfehlenswert, eine einzige Verbrechensdefinition aufzustellen, so wie sie oben III 3 a. E. versucht wurde, und sodann anzugeben, in welcher Hinsicht Modifikationen einzutreten haben. Die Frage ist also prinzipiell nach dem Wesen des Verbrechens zu stellen. Die Erkenntnis des Wesens ist ja das Ziel der Wissenschaft. Daher ist im Grunde nur ein Verbrechensbegriff, und zwar ein sog. materieller anzuerkennen; denn dieser verhält sich über den Inhalt, über das Wesen, wie schon sein Name besagt.

Die Literatur hat dagegen entweder nur einen sog. formellen Verbrechensbegriff aufgestellt oder zwischen diesem und einem von ihm verschiedenen materiellen Begriff differenziert. Das erstere Verfahren ist wissenschaftlich unzulänglich. Es begnügt sich entweder mit der bloßen Umschreibung des Verbrechens als eines mit Strafe bedrohten Verhaltens, als Tatbestandsmäßigkeit usw. oder mit der Hinzufügung einiger (aber eben nicht aller) allgemeinen Verbrechensmerkmale (hierüber oben II, insbes. 4 ff.). Das zweite Verfahren ist bedenklich; es kommt über den Dualismus[1]) nicht hinaus und klärt nicht auf, was denn nun eigentlich das Verbrechen sei. Soll dieses von dem materiellen Begriff wiedergegeben werden — das ist offenbar die einzig mögliche Ansicht —, so sieht man nicht recht ein, welche Rolle daneben der formelle Verbrechensbegriff zu spielen hat, zumal da dieser von den strengen Juristen als der für sie maßgebende angesehen wird. Der materielle wird dabei wohl auch als ein soziologischer oder metajuristischer verpönt, während von uns oben[2]) doch gerade auf die Trennung des juristischen, sich über das Wesen aussprechenden Begriffs von dem soziologischen, unjuristischen großer Wert gelegt wurde.

Außer dieser Vermischung herrscht oft Unklarheit, wohin die allgemeinen Verbrechensmerkmale (Handlung, Rechtswidrigkeit, Schuld) zu weisen sind, ob in den materiellen[3]) oder in den formellen Verbrechensbegriff[4]) oder gar in beide. Im letzten (dritten) Falle kann dann ein Unterschied zwischen dem materiellen und dem formellen Begriff nur in der Weise getroffen werden, daß man nicht den gesamten Begriff, sondern nur ein Merkmal (oder einige)

---

[1]) Von der mehr äußeren Unterscheidung in der Systematik zwischen dem „Verbrechen in formeller und in materieller Beziehung", wie sie sich in der älteren Literatur, z. B. bei Hälschner I 201, 448 findet, kann abgesehen werden.

[2]) IV 4 a α. Bezeichnend die daselbst zitierte Wundtsche Definition des Verbrechens, die sicherlich nur soziologische, nicht juristische Bedeutung genießt.

[3]) So bei Köhler 156.

[4]) So die meisten derjenigen, die einen materiellen Verbrechensbegriff anerkennen. Vgl. Mayer 57.

materiell orientiert. Und dieses Merkmal ist meist die Rechtswidrigkeit,[1]) mitunter aber auch die Schuld.[2]) Der Schwerpunkt wird jedenfalls auf die Rechtswidrigkeit gelegt; so wenn man das Verbrechen im materiellen Sinne definiert als die von seiten der Gesetzgebung konstatierte Gefährdung der Lebensbedingungen der Gesellschaft.[3]) Dort, in der Lehre von der Rechtswidrigkeit, stoßen die verschiedenen Meinungen aneinander, dort wird der Kampf ausgefochten, und so soll ein Eingehen auf die Literatur erst dort geschehen, obwohl die prinzipielle Bedeutung der Gegensätze schon hier ruht.

Daß die beliebte Unterscheidung eines Verbrechensbegriffs im Sinne des geltenden Rechts und eines solchen de lege ferenda[4]) oder im kriminalpolitischen Sinne[5]) nicht prinzipiell genug und daher wissenschaftlich unzulänglich ist, ergibt sich aus den früheren grundlegenden Betrachtungen über dieses Thema. Auf welchem Wege gelangt man denn zu einem legislatorischen Verbrechensbegriff? Und weswegen verfällt man überhaupt auf den Gedanken, dem geltenden, also doch offenbar unvollkommenen Begriff gegenüber einen anderen von derselben Struktur aufzustellen? Doch nur deswegen, weil eine Idee, ein Maßstab vorhanden sind, deren man sich eben bewußt zu werden hat.

Unzulänglich sind endlich die Bestrebungen,[6]) aus den positivgesetzlichen Tatbeständen einen allgemeinen Verbrechensbegriff zu gewinnen. Dieser

[1]) Besonders bezeichnend Mayer, der zwischen einer Nominal- und einer Realdefinition des Verbrechens unterscheidet (also nur einen logischen Definitionsunterschied treffen will); beide unterscheiden sich aber dadurch, daß dort die Rechtswidrigkeit, hier der Widerspruch zu einer staatlich anerkannten Kulturnorm als Verbrechensmerkmal erscheint, also in der Sprache des Textes: dort die formelle, hier die materielle Rechtswidrigkeit.

[2]) So bei v. Liszt 132 und 152.

[3]) So (im Anschluß an Jhering) Frank vor § 1 V a. E., der aber einen materiellen Begriff der Rechtswidrigkeit nicht kennt. Daß dies keine soziologische Definition ist, wie Binding meint (Normen I² 339¹), zeigt das Merkmal „von seiten der Gesetzgebung". Bei Binding auch Nachweise der älteren Literatur (Henke, Köstlin, G. Jellinek, H. Meyer).

[4]) Eine Andeutung im Vorübergehen findet sich auch bei Frank vor § 1 IV.

[5]) Stooß 70, dessen „kriminalpolitischer Verbrechensbegriff" unserem materiellen entspricht.

[6]) Charakteristisch Merkel (-Liepmann) 43, wo zwischen „allgemeinem und besonderem Tatbestand" geschieden wird. Grundsätzlich zustimmend Baumgarten 79, 80; bezeichnend auch 91, wo aber doch die Notwendigkeit erkannt wird, zur Bestimmung des Wesens des Verbrechens von der Strafrechtstheorie auszugehen. — Einen positivgesetzlichen Standpunkt nehmen auch die beachtlichen Untersuchungen Heglers ZStW. 36, 19 ff., 184 ff. ein, der ausdrücklich die teleologische Methode einschlägt; aber er will nur die dem positiven Recht innewohnenden Zweckgedanken herausstellen (23 Nr. 9). Dieses Verfahren ist zu begrüßen, aber es ist noch immer unzureichend. Daher mußte Hegler sich auch gegenüber dem materiellen Rechtswidrigkeitsbegriff ablehnend verhalten (28 Nr. 29); hierüber unten § 12.

Positivismus bedarf einer Läuterung durch den Kritizismus: Der Grundbegriff der Strafrechtswissenschaft ist der Strafbegriff, und sofort erhebt sich die Frage, unter welchen allgemeingültigen Voraussetzungen Strafwürdigkeit vorliegt. Das positive Recht kann diese allererste wissenschaftliche Frage nicht beantworten; logisch geht aber einer jeden positivgesetzlichen Regelung die Antwort voraus.

Erstes Kapitel.

Das Unrecht.

§ 12. Das Wesen des Rechts und des Unrechts (Erkenntnisproblem).

I. Problemstellung.

Die Rechtswidrigkeit[1]) ist dasjenige Gebiet des Strafrechts, auf dem einige Schriftsteller in der Tat energisch das Wesen zu ergründen suchten, das der Gesetzgeber nicht willkürlich schafft, sondern das er vorfindet, um es nur im einzelnen näher auszugestalten. Die Rechtswidrigkeit ist das Gebiet, wo man wiederholt den Anlauf genommen hat, um über nichtssagende Umschreibungen des zu bestimmenden Begriffs hinauszukommen, um neben die Nominaldefinition die Realdefinition zu setzen, um hinter dem formellen Begriff den wesentlichen Gehalt der Rechtswidrigkeit oder, wie man sagt,[2]) ihren materiellen Begriff zu erkennen. Hier erhob sich der

[1]) Über die Terminologie hat man viel gestritten; man sollte seine Kraft lieber auf die Enthüllung des Wesens der Dinge anwenden, dann wird sich ein passender Ausdruck schon von selbst einstellen. Wir machen keinen Unterschied zwischen Unrecht und Rechtswidrigkeit, höchstens den, daß das Unrecht auch den Gegenstand umfaßt, während die Rechtswidrigkeit nur den Maßstab der Wertung angibt. In diesem Sinne nennt Bierling Prinzipienlehre III 14, 170 das rechtswidrige Verhalten Unrecht. Unzutreffend ist es, daß Unrecht sprachlich nur „ohne Recht" bedeutet, also auch das rechtlich Bedeutungslose umfaßt, wie Binding Normen I² 291 meint. Zwischen rechtswidrig und widerrechtlich machen wir selbstverständlich keinen Unterschied. Vgl. auch H. A. Fischer Rechtswidrigkeit 92 ff. und über den Stand der Frage Nagler in Binding-Festschr. 1911 II 283 mit Nachw. Nach v. Liszt 111, 181 ist Unrecht identisch mit Delikt; das ist zu weit, da ersteres nicht die Schuld umfaßt. Dagegen ist das strafrechtliche Unrecht gleichbedeutend mit dem privatrechtlichen, wie denn das 1. Kapitel des Textes auch für das Privatrecht gilt.

[2]) Seit v. Liszt, der die Terminologie „formell" — „materiell" auf dieses Problem übertrug. Früher wurde sie in anderem Zusammenhang verwendet (vgl. etwa das Inhaltsverzeichnis bei Hälschner); v. Liszt gab ihr jenen Inhalt, der zuerst durch Graf zu Dohna (Die Rechtswidrigkeit 1905) dargeboten wurde.

Flug zum erstenmal kühn über die Grenzen der positivgesetzlichen Regelung hinaus, um ins Freie zu gelangen. Die Rechtswidrigkeitslehre bildete den Herd für die Revolution, die allmählich auf andere Gebiete, die Lehren von der Schuld und der Handlung übersprang, bis sie endlich die ganze Materie des Strafrechts erfaßte — und damit wurde der veränderte Standpunkt in der Betrachtung der Kriminalisten gewonnen, jener Standpunkt, der schon längst von den Philosophen eingenommen wurde: die Kopernikanische Drehung hatte nunmehr auch das Strafrecht ergriffen.

Freilich die Zahl der Widersacher blieb groß; sie ist es noch jetzt.[1]) Gerade auf dem Gebiete der Rechtswidrigkeit war der Gegensatz besonders tiefgehend, der Kampf besonders heftig. Weshalb wohl? Auf anderen Gebieten, namentlich dem der Schuld, lag die Berührung mit außerstrafrechtlichen, etwa ethischen Gesichtspunkten auch den Gegnern näher; zweitens war die Abweichung von den formaljuristischen Gedankengängen dort nicht so augenfällig wie gerade bei der Bestimmung des Begriffs der Rechtswidrigkeit, der wie kein zweiter eine Anlehnung an das „Rechtliche“ zu erfordern scheint, so daß eine Überschreitung des Rechtsgebietes in der Tat als besonders revolutionär erscheinen mußte; drittens ließ man sich einen Übergriff in das immerhin „klassische“ Gebiet der Ethik noch eher gefallen als in das Gebiet — nun in welches? —, in das so gut wie unbekannte Neuland der Soziologie; schließlich viertens war man auch in der Schuldlehre zu streng gegensätzlichen Formulierungen in der Schärfe wie hier noch nicht gelangt. Eine Kopernikanische Wendung des gesamten Strafrechts aber nahm man ebenfalls ruhiger hin als eine solche nur eines besonderen Kapitels; und zwar

[1]) Als Anhänger des Begriffs der materiellen Rechtswidrigkeit (vgl. hierüber die Nachweise unten III 2 d a. E.) nannte v. Liszt in der 20. Aufl. (S. 145 Nr. 3) sämtliche in der Literaturübersicht am Eingang des § 32 verzeichnete Autoren. Das war zweifellos zu weit, da einige der genannten Schriftsteller (z. B. Hold v. Ferneck, Heimberger, Fischer, Nagler) den Begriff ablehnen. In der folgenden Auflage (S. 133 Nr. 4) hat v. Liszt die Fassung richtiger gestellt; hinzuzufügen wäre noch unser eigener Name, da wir bereits seit 1911 (ZStrW. 33, 785) uns für den Begriff eingesetzt haben. Übrigens trifft der von v. Liszt hinter das Zitat unserer Schrift gesetzte Zusatz „auf Stammlerscher Grundlage“ nicht zu, da wir in der Erörterung des Problems nur von Stammlers Theorie ausgehen, jedoch in der Grundlegung unserer Ansicht durchaus eine eigene Anschauung haben.

dies aus der bequemen Erwägung, daß mit dem auf das Gesamtgebiet gerichteten Blick nur von außenjuristischer Seite eine Betrachtung angestellt werde, die man sich ruhig gefallen lassen könne, da sie sich einen Eingriff in das eigene Ressort mit seinen Einzelfragen offenbar nicht anmaßen wollte. Dagegen mußte man aufbegehren, wenn eine sonst stets als rechtswidrig angesehene Handlung nunmehr selbst von juristischer Seite als rechtmäßig bezeichnet wurde aus Gründen, die man von außen her holte.

Und die Gegner haben nicht so unrecht.[1]) Zweierlei Angriffe werden immer wieder erhoben, und durch sie ist die Moderne erheblich in die Defensive gedrängt. Man vermißt eine einwandfreie Formulierung; solange eine solche nicht gelungen ist, sollte der Jurist, der doch der Praxis zu dienen hat, derartigen Reformgedanken mit Mißtrauen gegenüberstehen. Und ferner: man hält diese gesamten Erwägungen nicht für juristische, sondern für philosophische oder soziologische oder wie man sie sonst nennen mag, jedenfalls für solche, wie sie den Juristen nichts angehen.

Der letztere Einwand ist der prinzipale; von diesem Gedanken aus soll im folgenden das schwierige Gebiet bearbeitet werden; es muß dann gelingen, den Gegnern die nach ihrer Meinung verwundbarste Stelle in einem Lichte zu zeigen, das sie der neuen Lehre gefügiger macht, wie auf der anderen Seite die Moderne vor übertriebenen Hoffnungen gewarnt wird. So glauben wir, den berechtigten Kern beider Meinungen herauszuarbeiten und die gehaltlose Hülle abzustreifen, wenn wir von folgender Problemformulierung den Ausgang nehmen:

1. Erkenntnisproblem: Welches ist das Wesen der Rechtswidrigkeit? Ihr Wesen, das der Gesetzgeber vorfindet und zu dem er in irgendeiner Weise (sofort zu 2) Stellung zu nehmen hat?
2. Wertungsproblem:
   a) Ist die zu 1 erkannte Rechtswidrigkeit ein tauglicher Wertmaßstab α) für die Gesetzgebung, β) für die Rechtsanwendung? Und sodann im Falle der Bejahung:
   b) Ist die Rechtswidrigkeit für diese beiden Instanzen (wiederum für beide getrennt zu behandeln) ein bindender Wertmaßstab?

---

[1]) Vgl. über die Polemik namentlich die eingehenden Darstellungen von Fischer Rechtswidrigkeit 110 ff. und von Nagler in Binding-Festschrift II 343 ff.

Die strengen Juristen mögen sich von dem ersten Problem abkehren; sie mögen sich mit dem zweiten begnügen. Und die sich nur für die Rechtsanwendung interessierenden Juristen, Richter, Staats- und Rechtsanwälte mögen sogar nur das Schlußglied des Problems (zu 2 b) für wichtig halten, die Frage, ob sie jenen Wertmaßstab zu berücksichtigen haben oder nicht. Solchen Einseitigkeiten gegenüber kann der wissenschaftliche Forscher nur lächeln. Wer noch nicht einmal weiß, daß die Wissenschaft auf Erkenntnis gerichtet ist, wer nicht weiß, daß sich auch die einem praktischen Zwecke dienende Wissenschaft, will sie vollkommen sein, zu der Erkenntnisfrage zu erheben hat, wer nicht weiß, daß die Wissenschaft positive Satzungen der Menschen nicht nur zu erläutern, sondern auch zu erklären, zu beurteilen und weiterzubilden berufen ist und daß sie schließlich bei den Wertmaßstäben, selbst den letzten und obersten, nicht stehen bleiben darf, sondern die Frage nach dem Gelten und dem Sinn der Werte, nach dem Sein und dem Wesen der Dinge aufzuwerfen und so gut es geht zu bezwingen hat, wer alle diese Fragen noch nicht empfunden und mit sich herumgetragen, wer nicht immer und immer wieder diese quälenden Fragen durchgedacht und zu beantworten gesucht hat — dem ist freilich nicht zu helfen. Er darf aber auch übergangen werden; denn es wird ein fruchtloses Bemühen sein, ihm klarzumachen, daß in unserem Zusammenhange zuallererst die Frage zu beantworten ist, was die Rechtswidrigkeit *ist*, was sie ihrem Wesen nach bedeutet, und daß es eine nichtssagende Tautologie ausmacht, wenn man definiert, Rechtswidrigkeit sei ein Widerspruch mit dem (formellen) Recht. Wann hat denn die Rechtsordnung ein Objekt als rechtswidrig zu bezeichnen? Und welchen Sinn hat es, daß sie das tut? Das Erkenntnisproblem ist das erste. — Aber wenn für dieses eine Lösung gefunden ist, so ist noch längst nichts darüber gesagt, daß nunmehr auch ein brauchbarer Maßstab für die Gesetzgebung und für die Rechtsanwendung gewonnen ist. Die erkannte „Reinheit" muß möglicherweise modifiziert werden, um gewissen praktischen Aufgaben zu genügen; sie braucht damit noch nicht sich selbst aufzugeben. Der Maßstab wird noch nicht ein unrichtiger, wenn dem Erkenntniszweck andere berechtigte Zwecke beigesellt werden. — Und wenn schließlich ein tauglicher Maßstab gewonnen ist, so fragt es sich noch immer, ob dieser auch in gewissen Fällen verbindlich ist. So mögen sich denn die vorwiegend praktisch orientierten Juristen durch die nunmehr folgenden weit ausholenden Erwägungen nicht stutzig machen lassen: die nächste Festlegung des Begriffs der Rechtswidrigkeit ist noch nicht diejenige, die sie gebrauchen können und gebrauchen sollen, wenn sie vor der Entscheidung stehen, ob im gegebenen Falle eine fremde Fensterscheibe rechtswidrig beschädigt ist. Sie mögen aber sogleich zur Beruhigung erfahren, daß diese ersten erkenntnistheoretischen Ergebnisse notwendig sind, um endlich zu einer befriedigenden Entscheidung eines vorgelegten Rechtsfalles zu gelangen, ja daß sie sich als den festen Stützpunkt gerade in Zweifelsfällen erweisen werden, wo der engherzige Gesetzesinterpret nicht aus noch ein weiß, wo er sich hilfesuchend nach einem Retter umsieht.

II. Die Grundlagen für die Erkenntnis des Wesens der Rechtswidrigkeit (das Erkenntnisproblem).

Die Rechtswidrigkeit ist ein Unwerturteil über ein Objekt. Das ist gewiß nicht zu bezweifeln. Jemand drückt sein Mißfallen über etwas aus, spricht seine Mißbilligung aus.

1. Dieses Urteil ist aber zunächst nur in logischer, nicht in tatsächlicher Hinsicht zu verstehen; gleichgültig ist, ob es der Staat, die Kirche, der Richter oder sonstwer, ja ob es überhaupt jemand äußert. Es ist ein gedachtes Urteil vom Standpunkt des wissenschaftlichen Forschers, des objektiven Beurteilers. Wenn es überhaupt jemand fällt, so ist es derjenige, der sich mit der hier vorliegenden Aufgabe kritisch beschäftigt. Es ist das transzendentale, nicht das empirische Urteil. — So ist dieser unser Ausgangspunkt so voraussetzungslos wie nur irgendmöglich; jedes empirische Wertungssubjekt wird ausgeschaltet. Voraussetzung ist nur das logische Urteilen, das Denken selbst. Eine wissenschaftliche Herleitung hat ja so voraussetzungslos wie möglich zu sein; sie hat nur sich selbst, nur das Denken vorauszusetzen. Will man eben einen unangreifbaren Ausgangspunkt nehmen!

2. Die Rechtswidrigkeit ist ein Unwerturteil. Es wird in kritischer Weise zu etwas in ungünstigem Sinne Stellung genommen. Es wird der Widerspruch mit einer Norm, das Mißverhältnis zu dem Normalen ausgesagt. Die notwendig einzuführende Voraussetzung ist mithin das Rechte, die Regel. Rechtswidrigkeit ist Regelwidrig-

keit, ist Widerspruch mit dem Recht.[1]) Will man die Rechtswidrigkeit bestimmen, so hat man sich also zunächst über die Rechtmäßigkeit klar zu werden. Die Bestimmung der Rechtmäßigkeit ist das Primäre. Die Rechtswidrigkeit ergibt sich sodann ohne weiteres; sie ist nur eine Umkehrung der Rechtmäßigkeit, nur deren Negation. Eine dritte Möglichkeit ist logisch nicht vorhanden. Empirisch mag es freilich noch einen dritten Zustand geben; ein tatsächliches Subjekt kann im gegebenen Falle sich eines Urteils über Wert und Unwert enthalten. Logisch dagegen gibt es nur ein Entweder-Oder.[2]) Vorausgesetzt freilich, daß es sich um einen tauglichen Maßstab und um ein taugliches Objekt handelt, worüber alsbald zu sprechen ist.

3. Die Rechtswidrigkeit ist also ein Urteil, das sich nicht über eine Tatsache, sondern über eine Norm, nicht über die Wirklichkeit, sondern über einen Wert, nicht über das Sein, sondern über das Sollen verhält.[3]) Eine arge Verkennung ihres Wesens bedeutet es, wenn man ihr nur feststellenden, nur beschreibenden Charakter beimißt. Als wenn die Rechtswidrigkeit den Dingen anhaftete! Als wenn sie ein Teil der Wirklichkeit oder wenigstens eine Eigenschaft der menschlichen Handlungen wäre! Eine Eigenschaft der Handlung

---

[1]) Hiermit ist aber noch nicht gesagt: Widerspruch mit dem Gesetz, mit dem positiven (formellen) Recht, mit der Rechtsordnung im Sinne einer Summe von Gesetzen. Insofern ist der scheinbar untrügliche Ausgangspunkt H. A. Fischers Rechtswidrigkeit 110 zu beanstanden. Das „Recht" kann auch außergesetzlich bestimmt werden, ja es muß so bestimmt werden, wie im folgenden zu zeigen ist.

[2]) Insofern hält die von manchen Kriminalisten (vgl. etwa Finger I 405 ff.) vertretene Ansicht, es gebe neben den rechtmäßigen und rechtswidrigen auch sog. rechtlich freie Handlungen, vor objektiv kritischer Anschauung nicht stand. Vgl. zu der Frage Nagler in Binding-Festschrift 1911 II 289.

[3]) An diesem Gegensatze muß erkenntnistheoretisch (logisch-systematisch) unbedingt festgehalten werden. Nimmt man dagegen die psychologische (historische, genetische) Betrachtung ein, so erscheint freilich auch die Norm als Tatsache, der Wert als Wirklichkeit, das Sollen als Sein — wie Simmel Philosophie des Geldes 1900, 4 zutreffend sagt, das Werten als psychologischer Vorgang gehöre der Wirklichkeit an. Aber im Texte kommt es in diesem Zusammenhange nur auf die sachliche, objektive Begründung, nicht auf die subjektive, individuelle Beschreibung an. Daher ist der erkenntnistheoretische nicht der psychologische Gesichtspunkt maßgebend. Im Grunde auch zustimmend Natorp Kantstudien 17, 218; vgl. ferner Lask Rechtsphilosophie 4 ff.

eines Menschen, wie etwa ruhig und langsam, wie leidenschaftlich und plötzlich![1]) Rechtmäßig und rechtswidrig sind Urteile, die nicht über das Sein, sondern über das Sollen einer Handlung abgegeben werden, ebenso wie die Urteile gut und böse.

Sie haben mit einigen (nicht mit allen) Urteilen über das Sein gemeinsam, daß sie das Verhältnis zu einer Norm, zu einer Regel ausdrücken, und vom Standpunkte dieses übergeordneten Maßstabes bezeichnet man wohl das, was der Regel entspricht, als das Richtige, und das, was ihr widerspricht, als das Unrichtige. Richtig und unrichtig sind also Urteile, die auch die reine Erkenntnis, nicht nur das Handeln betreffen, die auch den Wahrheits-, nicht nur den Kulturwert ausdrücken. Richtig ist auch das Wahre, nicht nur das Gute und das Rechtmäßige; unrichtig auch das Unwahre, nicht nur das Böse und das Rechtswidrige. Die Richtigkeit bezieht sich mithin auch auf dsa Theoretische, nicht nur auf das Praktische; sie bedeutet allgemein die Übereinstimmung eines subjektiven Urteils mit einem objektiven Urteil, nicht nur die Übereinstimmung eines subjektiven Werts mit einem objektiven Wert,[2]) und es ist viel zu weit, die Rechtswidrigkeit schlechthin als Unrichtigkeit zu bestimmen.[3]) Die Rechtswidrigkeit ist nur eine Teilerscheinung der Unrichtigkeit.

Und ebenso ist die Rechtswidrigkeit nur eine Teilerscheinung des Unwertes. Denn der letztere umfaßt allgemein die Kulturwidrigkeit, zu der nicht nur das Unsittliche, sondern auch das Unschöne zu rechnen ist. Die Urteile über Wert und Unwert erstrecken sich in gleicher Weise auf die Ethik und die Ästhetik, wenn man nicht

[1]) Allerdings müssen den Dingen gewisse Eigenschaften anhaften, die in uns Wertgefühle zu erwecken imstande sind. Aber die Werte selbst entstehen doch erst durch uns und haften nicht den Dingen an. Insofern ist zu verstehen Schuppe Grundzüge der Ethik und der Rechtsphilosophie 1882, 31 ff., ein Ding ohne Gefühlswirkung sei eine bloße Abstraktion, „ein Regen, der nicht naß macht".

[2]) Über den Begriff der Richtigkeit vgl. von neuen Erscheinungen etwa Bruno Bauch Wahrheit und Richtigkeit, in Festschr. für Johannes Volkelt 1918, 40 ff., und besonders Leonhard Cohn Das objektiv Richtige 1919, 10 ff. (Ergänzungsheft Nr. 46 der Kantstudien), woselbst weitere Literatur.

[3]) So wiederholt Stammler Die Lehre von dem richtigen Rechte 1902 (21 ff., 201 ff.) und Theorie der Rechtswissenschaft 1911, 212 ff.; ihm folgend Graf zu Dohna Rechtswidrigkeit 54.

gar auch die Logik noch einbeziehen will,[1]) was u. E. freilich eine Überspannung des Wertbegriffs bedeutet,[2]) da der Begriff des Wahrheitswertes gegenüber dem Begriff der Wahrheit nichts Neues besagt. Jedenfalls ist die Gleichsetzung[3]) von Rechtswidrigkeit und Kulturwidrigkeit verfehlt; letztere ist der weitere, erstere der engere Begriff.

So haben sich die Rechtmäßigkeit und die Rechtswidrigkeit innerhalb des Reiches der Werte auf das engere Gebiet des Sollens zu beschränken, und auch hier hat noch eine weitere Einengung insofern stattzufinden, als das individualethisch Gute und Böse ausscheiden. Nunmehr ist ihr Bereich genügend umgrenzt: betreten ist die Sozialethik oder die normative Soziologie (vgl. oben § 3). Es ist dieses der unmittelbar weitere Kreis über der Rechtswissenschaft; und es leuchtet ein, daß, wenn wir nunmehr die Begriffe Rechtmäßigkeit und Rechtswidrigkeit vom soziologischen Standpunkte bestimmen werden, wir nur noch einen einzigen Schritt abwärts zu tun haben, um durch Einführung der rechtlich-staatlichen Normen die gesuchten juristischen Begriffe zu erhalten. Nur so kann das metajuristisch zu bestimmende Wesen der Begriffe rechtmäßig und rechtswidrig erkannt werden; nur durch eine schrittweise Verengerung der Kreise, die mit dem denkbar weitesten des wissenschaftlichen Urteilens überhaupt beginnen, kann reine Arbeit — „rein" im streng wissenschaftlichen Sinne — geleistet werden; nur durch eine derartige stufenweise, gesamtsystematisch-methodische Engerführung läßt sich das Untersuchungsfeld schließlich

---

[1]) So die axiologische (timologische) Richtung in der Erkenntnistheorie. Vgl. etwa Windelband Einleitung in die Philosophie 1914, nach dem die Metaphysik das Weltbild überhaupt gebe, während sodann die Erkenntnistheorie über dessen Wert (Geltung) entscheide. Danach ist also die Wahrheit auf ihren Wert nachzuprüfen! Vgl. auch Dürr Erkenntnistheorie 1910, 93ff., wo die Wahrheit als Eigen- und Wirkungswert behandelt wird (bezeichnend der Satz: „Es gibt unbegründete Wahrheiten"). Ähnlich meint Rickert Logos I 1, die Philosophie habe das Ganze der Wirklichkeit zu erforschen, das sei aber nicht mehr Wirklichkeit, sondern schon Wert. Unter der „Trias der Werte" erscheint auch die Wahrheit bei Liebmann Analysis der Wirklichkeit [4] 1911, Münsterberg Philosophie der Werte 1908, Radbruch Grundzüge der Rechtsphilosophie 1914 u. a.

[2]) Darüber handelten wir in ZRechtsphilos. 2, 340.

[3]) So Kohler Leitfaden 41.

so weit begrenzen, daß sich die gesuchte Größe, das unbekannte X, deutlich und klar zu erkennen gibt.

4. Wenn es die folgende Aufgabe also sein wird, die Begriffe Rechtmäßigkeit und Rechtswidrigkeit soziologisch zu bestimmen, so ist der Richtpunkt auf den Wertbegriff zu nehmen.[1]) Unsere Begriffe bedeuten ja, wie wir sahen, Urteile über wert und unwert; und wenn diese Werturteile als einen zu weiten Bereich umspannend erkannt wurden, so erhalten sie ihre Einschränkung durch den enger zu ziehenden Kreis der zu bewertenden Objekte: diese sind die Verhaltungsweisen der Menschen innerhalb einer Gemeinschaft, das soziale Geschehen. So wird aus dem allgemeinen Kulturwerturteil das soziologische Werturteil, das unmittelbar über dem juristischen stehende Werturteil.

Man könnte geneigt sein, nach Umgrenzung des Objekts nunmehr doch das früher als zu allgemein erkannte Urteil über die Richtigkeit anzuwenden; man könnte einwenden: wenn das Urteil über den Wert angewendet wird, das doch ebenfalls als Urteil noch einen zu weiten Kreis umspannt, so ließe sich auch das um einen weiteren Grad allgemeinere Urteil über die Richtigkeit zugrunde legen; denn seine natürliche Umgrenzung erhalte es ja ebenfalls wie jenes durch das spezifische Wertungsobjekt. Indessen muß doch auch das Urteil soweit wie möglich enger geführt werden, will man die spezifischen Wesensmerkmale einer wissenschaftlichen Erscheinung gewinnen und nicht bei solchen Merkmalen stehenbleiben, die auch andersgearteten Disziplinen, wie der Logik, angehören. Die Engerführung des Urteils bis zu dem Werturteil reicht aber aus; denn nunmehr ist das große und doch zusammengehörige Gebiet

---

[1]) Die Eliminierung des Wertbegriffs aus der Stammlerschen Lehre ist der tiefste Grund ihres in so großem Maße formalistischen Gepräges, und deswegen befriedigt sie trotz des starken metajuristischen Charakters so wenig. Es genügt eben nicht, über das positive Recht, sei es auch noch so weit, hinauszugehen, wenn man nicht einen Zentralbegriff gewinnt, der zugleich — man möchte sagen: mitten im Leben steht. Die Werttheorie ist aber durchaus lebensvoll, und das Leben gerade als ein Reich der Werte aufzufassen so überaus fruchtbar. Daß das Leben wertvoll ist, das ist ja unser eigenstes persönliches Ziel. — Daß Stammler übrigens den Wert nicht als den obersten erkenntnistheoretischen Begriff anerkennt, ist durchaus zutreffend, und seine Polemik gegen Rickert ist glücklich (vgl. Theorie der Rechtswiss. 536/8 und dazu ZRphilos. 2, 341).

der Wertwissenschaften gewonnen, deren beherrschenden Gesichtspunkt eben der Wertbegriff bildet. Und dieser Begriff spaltet sich weiter in den ästhetischen und den ethischen Wertbegriff, der letztere weiter in den individual- und den sozialethischen. Eine derartige Engerführung bis zu dem Gebiet der Sozialethik, dem die Fahrt zuzusteuern hat, läßt sich von dem Begriff der Richtigkeit aus aber nicht gewinnen.

5. Um unsere nunmehr genügend gerechtfertigte Aufgabe, die Begriffe Rechtmäßigkeit und Rechtswidrigkeit soziologisch zu bestimmen, in exakter Weise zu lösen und von vornherein die zahlreichen, gegen ein solches Unternehmen erhobenen Angriffe zu entkräften, bedarf es nach den vorstehenden Ausführungen zunächst einer erkenntniskritischen Festlegung des Wertbegriffs. Freilich müssen wir es uns versagen, im vorliegenden Werke uns mit diesem, in der philosophischen, psychologischen und nationalökonomischen Literatur so ergiebig erörterten, für die Juristen wahrlich bedeutsamen Begriff auch nur in einigermaßen erschöpfender Weise auseinanderzusetzen und auch nur in bescheidenem Maße vollständige Arbeit zu liefern. Ein näheres Eingehen auf dieses hochwichtige Thema muß einem allgemeineren Werke vorbehalten bleiben.[1]) — Die folgenden Darlegungen enthalten zugleich die Grundlegung für die später interessierenden Begriffe Tatbestand und Handlung (Verhalten).

Die logische Voraussetzung des Begriffes „Wert" und damit sein Wesen dürfte sich am einfachsten und wohl auch einwandfreiesten durch die Formel wiedergeben lassen: Werten ist das Vergleichen eines Untergeordneten mit einem (wirklich oder nur vermeintlich) Übergeordneten. Das Übergeordnete wird dann wohl als das Wertvollere bezeichnet, schlecht als der Wert selbst. Schlecht deswegen, weil, wie sofort (b) zu zeigen ist, auch das Untergeordnete einen Wert darstellen muß. Werten wird wohl richtiger als ein Vergleichen denn als ein Messen bezeichnet; denn es gibt gewisse, zu wertende psychische Erscheinungen, die man nicht messen, wohl aber vergleichen kann.

Nur eine Teilerscheinung des soeben bestimmten Wesens des

---

[1]) Literatur findet sich zusammengestellt in unserem Werke: Grundlagen des Prozeßrechts 1919, 39.

Wertes bedeutet: das Vergleichen eines Subjektiven mit einem Objektiven, oder das Vergleichen eines Konkreten mit einem Abstrakten, eines Individuellen mit einem Generellen, eines Besonderen mit einem Allgemeinen, eines Einmaligen mit einem Gesetze. Das Übergeordnete braucht nicht immer ein Objektives, nicht immer ein Abstraktes, nicht immer ein Generelles, ein Allgemeines, ein Gesetz zu sein. Aber es trifft in den für uns in Betracht kommenden Fällen, wo menschliche Handlungen zur Aburteilung stehen, doch wohl durchweg zu, daß ein Subjektives mit einem Objektiven verglichen wird, und man kann daher diese beiden Größen auch ruhig als subjektiven und als objektiven Wert bezeichnen. Zu beachten ist dabei aber, daß die beiden Größen nur im Verhältnis zueinander als subjektiv und als objektiv erscheinen; nach außen mögen sie sich ganz anders geben: der subjektive Wert mag einer dritten Größe gegenüber als objektiver, der objektive umgekehrt als subjektiver erscheinen. Diese Einsicht ermöglicht Erkenntnisse von weittragenden Konsequenzen.

a) Der objektive Wert kann sehr wohl ein nur relativer sein, d. h. einem dritten Wert gegenüber nur als subjektiver erscheinen; er braucht also noch kein endgültiger, kein absoluter zu sein. Die Frage, ob es überhaupt absolute Werte gibt, ob die vermeintlich allerobersten Werte Wahrheit, Sittlichkeit und Schönheit sich nicht einem unerkennbaren neuen Werte oder ob nicht zwei von ihnen sich dem dritten unterzuordnen haben,[1]) mag hier auf sich beruhen. Jedenfalls braucht ein besonderer subjektiver Wert nicht stets abschließend nach einem der genannten vermeintlich absoluten Werte gemessen zu werden; seine Wertung ist auch nach einem diesen absoluten Werten nur untergeordneten Werte möglich. Und diese Wertung ist in einem besonderen Falle sehr wohl als eine abschließende denkbar, ohne daß jedesmal nach einem höheren Werte und weiter nach einem höheren Werte gefragt zu werden braucht, bis endlich ein absoluter Wert erreicht wird. Im besonderen Falle kann von dieser unendlichen Reihe abgesehen werden; die Wertung mag gleichwohl als eine durchaus einwandfreie und endgültige er-

[1]) Vgl. hierzu außer den grundlegenden werttheoretischen Werken von Windelband und Rickert, auch von Münsterberg etwa die beachtlichen Aufsätze von Somló Zeitschr. f. Philos. 145, 146, wo aber nicht recht überzeugend nur ein absoluter Wert (d. i. der Wahrheitswert) anerkannt wird.

scheinen — je nach der Aufgabe, die dem Wertenden in dem besonderen Falle obliegt. Und es sei sogleich bemerkt, daß nur Fälle dieser Art für den Juristen in Betracht kommen: wenn er nach objektiven Werten mißt, so mißt er stets nach relativen, niemals nach absoluten Werten; seine Entscheidungen halten daher vor höheren Wertungen oftmals gar nicht stand. Und sie brauchen es nicht; seine Wertung gilt als endgültige; sie ist so anzusehen, als ob sie absolut wäre.

Wissenschaftlich ist dieses Verfahren durchaus unbedenklich; jede Wissenschaft hat bei den ihr selbst gezogenen Grenzen haltzumachen, und es muß als ein methodischer Verstoß gegen den Sinn der Systematik der Wissenschaften (§ 3) angesehen werden, wenn man eine Wertung nur dann für einwandfrei hält, wenn man zu immer objektiveren Werten vorgedrungen und endlich bis zu der äußersten Grenze des Möglichen gelangt ist, sei es auch unter Überschreitung des Bereiches der eigenen Wissenschaft. Dieses letztere Verfahren ist sogar nicht nur unnötig, sondern geradezu unzulässig; eine derartige Orientierung juristischer Fragen auf einen absoluten Wert hat die ganze Lehre bei den Juristen nicht zu Unrecht in Mißkredit gebracht.[1]) Es hängt dieses an sich natürlich nur durchaus berechtigte Streben nach einem Absoluten, Endgültigen in letzter Linie wohl mit der Auffassung der praktischen Philosophie (Ethik) als einer unendlichen Aufgabe[2]) zusammen, wie sie z. B. der Marburger Schule[3]) eigentümlich ist: das menschliche Wollen ist niemals vollkommen; hat es einen Wert erreicht, so erhebt sich sofort die weitere Aufgabe, einen höheren Wert zu erreichen, und so geht es fort bis in die Unendlichkeit.

[1]) Den methodischen Hauptfehler Stammlers und Graf zu Dohnas sehen wir in dieser Beurteilung juristischer Einzelfragen nach einem absoluten Wert (dem sozialen Ideal).

[2]) Bezeichnend der Einwand Natorps (Kantstudien 17, 218) gegen Rickert, dem Gegensatz von Wirklichkeit und Wert sei nur dann zuzustimmen, wenn Wert nichts weiter als Sollen bedeute; er sei aber falsch, wenn verkannt werde, daß Sollen eine unendliche Aufgabe sei, dann werde durch den „objektiven Wert" der Weg in die Unendlichkeit versperrt. In seinem großen geschichtsphilosophischen Werk Deutscher Weltberuf 1918 sieht Natorp in diesem Streben nach einem Ideal als ewiger Aufgabe sogar das deutsche Wesen, den Beruf des Deutschen.

[3]) Cohen, Natorp, E. Cassirer, Görland, N. Hartmann u. a.; nahestehend Stammler.

Die hier vertretene Anschauung bildet die Grundlage für die strafrechtliche Erscheinung, daß sich zwischen Rechtswidrigkeit und Handlung eine dritte Größe einschiebt, die gegenüber der ersten einen subjektiven, gegenüber der zweiten einen objektiven Wert darstellt; diese dritte Größe ist der Tatbestand (die Tatbestandsmäßigkeit).

b) Werten ist — so sahen wir — das Vergleichen eines Untergeordneten mit einem Übergeordneten, eines Subjektiven mit einem Objektiven. Beide Größen müssen sich also selbständig, ja bis zu einem gewissen Grade fremd und unabhängig gegenüberstehen.[3]) Gleichwohl muß ein inneres Band zwischen ihnen ruhen. Vergleichen läßt sich nämlich nur etwas Wesensverwandtes miteinander; völlig verschiedenartige Dinge ohne jeglichen gemeinsamen Zug sind unvergleichbar. Allenfalls läßt sich darüber handeln, ob Goethe oder Schiller größere Dichter waren, vielleicht auch noch darüber, ob Goethe oder Leibniz universeller interessiert oder ob Goethe oder Beethoven künstlerisch stärker waren; aber gewiß nicht darüber, ob Goethe oder Napoleon, Goethe oder Luther größere Männer waren. Eine gewisse Ähnlichkeit zwischen den beiden zu vergleichenden Größen muß von vornherein bestehen. Das Subjektive soll an dem Objektiven gemessen werden; es muß daher meßbar, es muß tauglich sein, gerade von diesem objektiven Gegenstande gemessen zu werden. Muß doch wenigstens in einigen Fällen die Möglichkeit bestehen, daß sich beide Größen decken, daß die Messung günstig ist, daß ein Vollwert eintritt. Beide Größen müssen von Hause aus wesensverwandt sein. Daher ist die Bezeichnung der beiden Größen mit subjektivem und objektivem „Wert" recht glücklich, glücklicher als die Gegenüberstellung von „Objekt" und „Maßstab", durch die noch nicht deutlich die Wesensgleichheit ausgedrückt wird, während die erstere Bezeichnung bereits den gemeinsamen Charakter „Wert" zum Ausdruck bringt.

Ja, beide Größen müssen einen Wert darstellen; das ist eine Einsicht, die von ganz hervorragender Bedeutung für den Ausbau des Strafrechts werden und die das Unterlassungs- und das Kausal-

---

[3]) Rickert Vom System der Werte. Logos 4, 308: „Das Subjekt muß stets einem von ihm unabhängigen Objekte gegenüberstehen, wenn es überhaupt ‚objektiv' erkennen soll."

problem in verändertem Lichte zeigen wird. Es kann eben nicht jedes beliebige Objekt rechtlich gewertet werden, sondern nur ein solches, das gewisse, dem Maßstab genügende Eigenschaften aufweist. Daher ist der Maßstab das logische Prius gegenüber dem zu messenden Gegenstand (dem Verhalten, der Handlung); daher ist der sog. natürliche Handlungsbegriff, ein vermeintliches logisches Prius, abzulehnen, und so erklärt sich letzten Endes die Gleichsetzung der Unterlassung mit der Handlung wie diejenige der Fahrlässigkeit mit dem Vorsatz: ein natürliches Nichts (Nichttun, Nichtwissen) gewinnt für die rechtliche Wertung die Bedeutung eines juristischen Etwas, eines Wertungsobjekts, und an die Stelle der natürlichen, d. i. der eigentlichen Kausalität tritt die juristische, die sog. adäquate Kausalität; das Objekt muß nämlich an sich geeignet sein, dem juristischen Unwerturteil zu genügen.

Alle diese Erwägungen, die, wie wir glauben, ein befriedigendes strafrechtlich-dogmatisches wie konkretes Ergebnis gewährleisten und die hier nur als Ausblicke zur Veranschaulichung der weittragenden Folgerungen angeführt werden, finden ihre tiefste Begründung — und zwar eine gemeinsame — in der logisch durchaus gerechtfertigten Erkenntnis, daß auch das zu bemessende Objekt ein Werten ist — nicht anders wie der Maßstab. Um noch einmal den Gegensatz dieser Anschauung zu der falschen hervorzuheben: das Objekt ist nicht ein natürliches Ereignis, sondern ein Wert, es ist ein gewertetes Ereignis. Gewertet ist es nicht etwa erst von dem Maßstab — dann wäre es nur ein zu wertendes, ein wertbezogenes Ereignis —; gewertet ist es durch das Subjekt, das den Titel für diesen „subjektiven Wert" liefert. Der Gegenstand für die rechtliche Wertung ist ein Werten des Subjekts, im Strafrecht ein Werten des Verbrechers; nicht etwa dessen natürliches Handeln, dessen Körperbewegung oder Ruhezustand. Dieses Werten ist die theoretische Unterlage für den strafrechtlichen Handlungsbegriff wie für die strafrechtliche Kausalität. Und dieser subjektive Wert ist es wiederum, der die tatsächliche Unterlage für die Rechtswidrigkeit, für das rechtliche Unwerturteil abgibt. Dieser subjektive Wert ist es, der mit einem übergeordneten Wert, der Rechtsordnung, verglichen werden kann. Ehe diese Gedanken des näheren dargelegt werden, ist aber die erkenntnistheoretische Einsicht, deren juristische Tragweite nunmehr geahnt wird, nach einigen Seiten hin zu befestigen.

c) Werten ist ein Vergleichen eines Übergeordneten und Untergeordneten, eines Objektiven und Subjektiven. Zwei Größen werden miteinander verglichen, und beide sind Werte. Ist das nicht eine im höchsten Maße mangelhafte Definition? Der Wert wird definiert als das Vergleichen zweier Werte. Also kehrt auf der rechten Seite der Definition der zu erklärende Begriff der linken Seite wieder, zudem zweimal. Indessen zeigt diese letzte Formulierung nur, daß wir noch nicht bis zu dem einfachsten, abstraktesten Gebilde vorgedrungen sind. Es wurde in unseren letzten Betrachtungen bereits die juristische Wertung veranschaulicht, und diese ist noch zusammengesetzter Natur; denn sowohl das Objekt wie die übergeordnete Instanz der genannten juristischen Wertung, also der Fällung des strafrechtlichen Unwerturteils, stellen ihrerseits selbst eine Wertung dar. Beide enthalten ein Vergleichen zweier Größen; es bedarf daher der Untersuchung dieser Größen daraufhin, ob nicht auch sie zusammengesetzter Natur sind, nicht selbst einen Wert enthalten. Und so geht es fort, bis man schließlich auf ein Einfachstes stößt, das nicht mehr zerlegt werden kann. Das ist aber erst dann der Fall, wenn eine derartige untergeordnete Größe erreicht wird, die sich in der eingeschlagenen Gedankenfolge nicht mehr als eine übergeordnete gegenüber einer noch weiter untergeordneten denken läßt. Und damit bestätigt sich die Richtigkeit der oben zu 5 an die Spitze gestellten Definition: Werten ist das Vergleichen eines Übergeordneten mit einem Untergeordneten.

Diese Auffassung wird daher den verschiedensten Lagen gerecht, der tiefsten Analyse wie der höchsten Synthese.

α) Sie bewährt sich einmal, wenn man von dem Allereinfachsten ausgeht, von dem Unterstgeordneten, dem Subjektivsten, dem Besondersten, dem Individuellsten, wenn man also den Standpunkt einnimmt, von dem aus man nicht weiter nach unten steigen kann. Dieser Standpunkt des Nicht-mehr-teilbar, des In-dividuum, ist derjenige, den die wissenschaftliche Forschung einnehmen muß, will sie den Wertbegriff analysieren; denn nunmehr ist ja aus der rechten Seite der Definition alles, was noch selbst einen Wert bedeutet, ausgeschieden, und damit ist die Bahn frei für die Einsetzung von Teilgrößen auf der rechten Seite, die über das Wesen des Wertes selbst aufklären. Dieser Standpunkt ist im folgenden (6) einzunehmen, wo es sich darum handelt, den Wertbegriff psychologisch zu erfassen.

β) Die genannte erkenntnistheoretische Auffassung bewährt sich aber zweitens auch dann, wenn zusammengesetzte Gebilde aus dem Reiche der Werte erklärt werden sollen. Denn auch hier läßt sich eine untergeordnete Größe mit einer solchen von höherem Range und von derselben Wesensbeschaffenheit vergleichen. Daher kann das, was soeben noch selbst gewertet hat, sofort von etwas anderem gewertet werden. So läßt sich bewerten die menschliche Handlung nach dem strafgesetzlichen Tatbestand, dieser nach der allgemeinen Rechtswidrigkeit, diese nach der sozialen Schädlichkeit, diese nach der Unsittlichkeit, diese nach der Kulturwidrigkeit, diese nach der Unrichtigkeit.

Aus dieser Stufenfolge, die dem Gesamtaufbau der Wissenschaften (§ 3) entspricht, ergibt sich zugleich, daß eine brauchbare und einigermaßen zuverlässige und exakte Wertung nur möglich ist, wenn ein Vergleichen einer unteren Größe mit der nächstfolgenden oberen stattfindet, ohne daß eine Stufe übersprungen wird. An dieser Reihenfolge sollte daher, soweit irgendmöglich, festgehalten werden; man sollte nicht ohne Grund eine Stufe außer acht lassen und übergehen; man sollte nicht eine ganz untergeordnete Erscheinung unmittelbar nach der allerobersten Rangordnung bewerten wollen.

d) Für die Erkenntnis des Wesens des Wertes kommt es nicht auf die Tatsächlichkeit der Größen, auf ihr wirkliches Vorhandensein an. Sie selber mögen nur gedacht sein, nur fiktive Bedeutung besitzen. Für die Wertmaßstäbe, also die oberen Werte, leuchtet das ohne weiteres ein. Hierher gehören die Ideale, die unerreichbar für das selbst erfolgreichste menschliche Streben stets einen unendlich weiten Abstand von der Wirklichkeit einnehmen. Aber auch die unteren Werte mögen nur gedacht sein; gerade die feinste Analyse wird Objekte ergeben, die sich in dieser bis auf das Haar durchgeführten Zergliederung in der Wirklichkeit niemals vorfinden. Es wäre daher noch immer zu eng, wollte man die Wertungsobjekte von dem Kreis der wirklichen auf die nur möglichen (d. h. möglicherweise wirklichen) beschränken; auch die in dieser Art niemals wirklichen können Wertungsgegenstände bilden. Endlich mag aber auch die Wertung selbst eine nur gedachte sein und niemals in Wirklichkeit vorgenommen werden; aber sie muß wenigstens möglich sein, unmögliche Wertungen scheinen uns logisch widersinnig zu sein und nur psychologische Bedeutung zu beanspruchen.

6. Der soeben gegebenen erkenntnistheoretischen Erklärung des Wertbegriffs hat sich eine psychologische anzureihen.[1]) Die erkenntnistheoretische ging objektiv-systematisch in logischer Arbeit vor, indem sie eine Erklärung zu geben suchte, die für alle auch nur denkbaren, den Wertbegriff enthaltenden Gebilde paßt. Bei der Analyse (5 c α) erkannten wir aber die Notwendigkeit, den Wertbegriff in seiner einfachsten, individuellsten Erscheinung noch weiter zu analysieren; erst das Gewinnen dieser seiner Elemente verbürgt eine restlose Erkenntnis seines Wesens. Die psychologische Analyse wird diese Elemente erschließen.

Dieses Verfahren unterscheidet sich von dem erkenntnistheoretischen dadurch, daß es nicht sachlich-systematisch, nicht objektiv, sondern daß es genetisch, subjektiv vorgeht, indem es einen konkreten Wertungsvorgang in seiner Entstehung und Entwicklung verfolgt. Es hat sich daher mit der Wirklichkeit selbst, nicht mit deren Bedingungen zu beschäftigen. Als eine dieser Bedingungen war der Wert anzusehen; nunmehr wird diese Bedingung selbst als Wirklichkeit betrachtet.[2]) Dort kritische, hier psychologische, dort transzendentale, hier reale Anschauung.

a) Aus folgenden Elementen setzt sich der Wertbegriff zusammen: 1. dem wertenden Subjekt, 2. dem zu wertenden Objekt, 3. dem Maßstab, der Instanz der Wertung, 4. der wertenden Handlung als der eigentlichen Wertung,[3]) 5. den für die Wertung erheblichen Begleitumständen (d. s. die neben dem eigentlichen zu 2 genannten Wertungsobjekt etwa von Bedeutung für die Wertung werdenden Tatsachen), 6 dem Ergebnis der Wertung, d. i. der sog. objektive Wert des Objekts, seine „Guts"-Qualität.

---

[1]) Trotz Kant und seiner strengen Nachfolger, die das Sittengesetz lediglich erkenntnistheoretisch rechtfertigten, so daß es einer weiteren Auflösung nicht mehr als fähig angesehen wurde. Aber man kann doch auf alle psychischen Gebilde, selbst die obersten Gesetzmäßigkeiten, die Kategorie der Entwicklung anwenden.

[2]) Über den erkenntnistheoretischen Gegensatz von Wert- und Wirklichkeitsbetrachtung vgl. etwa Lask Rechtsphilosophie (Philosophie im Beginn des 20. Jahrhunderts [2] 1907) 3 ff.

[3]) Die Elemente 2—4 werden scharf geschieden von Bauch Ethik [2] 248.

Das Objekt der Wertung (oben 2) ist immer etwas, was mit beseelten Vorgängen, insbesondere mit der menschlichen Handlung zusammenhängt, was also zu den sofort (b) zu nennenden psychischen Funktionen in Beziehung steht. Leblose Gegenstände können nicht selbst gewertet werden, sondern nur mittelbar als Begleitumstände (oben 5) für den Wertungsakt von Erheblichkeit sein,[1]) wenn man im Ergebnis auch wohl jenen Umständen „objektiven Wert" (oben 6) zuspricht, z. B. einer Örtlichkeit, an der man eine wertvolle Tat begangen hat. Zu diesen Umständen, sog. Begleitwerttatsachen,[2]) rechnen übrigens auch die dem Wertungsakt vorangehenden und die ihm noch unmittelbar nachfolgenden Tatsachen; zu beachten ist aber, daß den leblosen Gegenständen — als Ergebnis der Wertung (oben 6) — ein sog. objektiver Wert zugesprochen wird, daß sie als Güter bezeichnet werden, so daß sie selbst als das unmittelbare Objekt der Wertung erscheinen. Bei genauer Analyse gewahrt man jedoch, daß man in Wahrheit gewissen, mit den Sachen vorzunehmenden Handlungen, gegenwärtigen oder künftigen, schon vorgenommenen oder erst geplanten Handlungen, Wert zuerkennt; erst eine Folge ist die Wertschätzung der Dinge selbst,[3]) wie auch das Werturteil von den Handlungen einer Person auf diese selbst übertragen wird.[4]) Von diesem Gesichtspunkte ist es unbedenklich, mit den Nationalökonomen von einem Gebrauchs- und Tauschwert

---

[1]) Vgl. über das Objekt der Wertung des näheren v. Ehrenfels Vierteljahrsschr. f. wiss. Philos. 17, 321.

[2]) In anderem Sinn wird das Wort von Meinong Psychologisch-ethische Untersuchungen zur Werttheorie 1894, 111 verwendet (eine kurze Übersicht über seine Wertlehre findet sich im Logos 3, 1 ff.).

[3]) Mit Recht bemerkt Wundt Logik III [3] 1908, 115, daß „Wertbestimmungen im eigentlichen Sinne bloß geistigen Vorgängen und geistigen Erzeugnissen zukommen und auf andere Objekte immer nur übertragen werden können, wenn diese zu zwecksetzenden Wesen . . . in Beziehung treten".

[4]) Unrichtig daher die Unterscheidung Kelsens Hauptprobleme der Staatsrechtslehre 1911, 66: Das subjektive Werturteil werde über eine Sache, das objektive (d. i. im Sinne Kelsens das normativ berechtigte, z. B. ästhetische oder ethische) Werturteil dagegen über eine Person gefällt. Das letztere braucht doch aber nicht die gesamte Persönlichkeit zu ergreifen, sondern kann sich auf eine einzelne Handlung beschränken; und ebenso kann das subjektive Urteil einen gesamten Kreis von Handlungen einer und derselben Person betreffen, so daß es im Ergebnis (mittelbar) über die Persönlichkeit abgegeben wird.

der Güter zu sprechen und die Voraussetzungen zu untersuchen, die vorliegen müssen, damit eine Sache ihrem Besitzer von Wert ist.

Im folgenden interessieren jedoch vor allem die übrigen Elemente des Wertbegriffs, und zwar zunächst die wertende Handlung; später werden wir uns mit dem Subjekt[1]) und dem Maßstab der Wertung beschäftigen (unten 7, 8).

b) Die psychischen Funktionen des wertenden Vorgangs können die verschiedensten Erscheinungen des menschlichen Bewußtseins sein, die niedrigsten, tierischsten, wie die höchsten und abgeklärtesten. Es rechnen hierher die Triebe und die Affekte, aber auch die Gefühle und Vorstellungen, schließlich auch die Urteile. Wenn oben (II 1) von einem Wert- und Unwerturteil gesprochen wurde, so ist das Wort Urteil nur in erkenntnistheoretischem Sinne, also nur dahin zu verstehen, daß der Wert das Erzeugnis des menschlichen Bewußtseins ist; nicht sollte aber über die psychologische Art dieses Erzeugnisses irgend etwas ausgesagt werden, in dieser Hinsicht wäre das Wort Werturteil viel zu eng und einseitig.

Auch die sog. reinen Triebhandlungen[2]) können Wertungsakte sein; das sind Handlungen, die aus einem triebhaften Motiv heraus ohne bewußte Zwecke vorgenommen werden, wie Handlungen aus Rachsucht, aus Liebe, aus geschlechtlicher Erregung. Der Handelnde wertet diese Akte als für ihn förderlich, insofern sie seinen Trieb befriedigen, dem inneren Drange Genüge leisten und durch diese Stillung das bisher vorhandene Unlustgefühl aufheben. Erst recht gewinnen die im Affekt begangenen Handlungen einen wertenden Charakter; der Täter mag sich den Erfolg vorgestellt haben, aber seine Leidenschaft war so groß, daß er die Tragweite des Erfolges nicht überschaut oder die zu seiner Herbeiführung gebotenen Mittel nicht überlegt oder die abhaltenden und fördernden Motive nicht gegeneinander abgewogen hat. Vor allem aber spielt das Gefühl bei der Wertung eine hervorragende Rolle; die moderne

---

[1]) Im Zusammenhange der psychologischen Wertlehre sei noch hervorgehoben, daß hinsichtlich des Subjekts zweierlei zu erfordern ist: es muß die Gutseigenschaft erkennen und sie außerdem auszunutzen verstehen. Vgl. Menger Grundsätze der Volkswirtschaftslehre, Teil I 1871, 3 ff. und v. Böhm-Bawerk Grundzüge der Theorie des wirtschaftlichen Güterwerts, Jahrb. f. Nationalökon. Bd. 13, 15 ff.

[2]) Vgl. Wundt Grundriß der Psychologie [7] 1905, 223 ff.

Psychologie legt zum großen Teil dieser emotionalen Seite eine derartige Bedeutung bei, daß sie meint, bei allen Abwägungen des Dafür und Dawider gebe in letzter Hinsicht das Gefühl, nicht die Vorstellung den Ausschlag.[1]) Zum mindesten mag das der regelmäßige Verlauf der Handlung sein; er ist im folgenden mit einigen Worten zu beschreiben.

c) Soll ein Vorgang beschrieben werden, so ist ein Erforschen seiner Ursache unerläßlich. Jeder auf deskriptivem Wege zu erklärende Willensakt hat seine Ursache; insofern ist der Determinismus unanfechtbar und ist jede ursachlose Erklärung menschlicher Handlungen aus dem Gesichtspunkte der Willensfreiheit als unwissenschaftlich abzulehnen.

Was ist aber die Ursache einer jeden menschlichen Handlung? Das Vorhandensein eines Bedürfnisses.[2]) Ein Bedürfnis bedeutet das Vorhandensein eines Unlustgefühls mit dem Streben, es zu beseitigen oder zu lindern.[3]) Der Mangel, der die Unlustempfindung

---

[1]) Bezeichnend Kreibig Psychologische Grundlegung eines Systems der Werttheorie 1902, 27: Alles Gewertete werde gefühlt, alles Gefühlte werde gewertet; Fühlen ist danach also gleich Werten. Vgl. auch Wundt Logik III ³ 1908, 15, Meinong a. a. O. 24, Döring Philosophische Güterlehre 1888, 2, Karl Böhm Über die Aufgabe und das Grundproblem der Werttheorie (Arch. f. systemat. Philos., N. F. Bd. 21) 258. — Diese Einsicht, daß der Wert (größtenteils) auf Gefühl beruht, ist ein neues und außerordentlich fruchtbares Moment der psychologischen Wertlehre gegenüber der formalistischen, logizistischen Erkenntnistheorie, die nur auf Denken gegründet ist — ein neues Moment in sachlicher, nicht nur in methodischer Hinsicht, also ein neues Ergebnis. Die Erkenntnistheorie mag ihre volle Berechtigung als eigene Wissenschaft besitzen; aber ihre alleinige Berücksichtigung macht einseitig und verhindert, so paradox es klingt, neue Erkenntnis. Daher sehen wir in der auf den Wertbegriff orientierten Erkenntnistheorie, also in der Lehre, die die Dinge unter der Kategorie des Wertes zu erfassen sucht (wenigstens soweit sie nicht in die Naturwissenschaften gehören), einen erheblichen Gewinn gegenüber der rein formal vorgehenden Erkenntnislehre; sie betrachtet die menschlichen Handlungen nach ihrem Sinne und Werte und treibt die praktischen Gegebenheiten ihrem Sinne gemäß an. Und darum ist sie so lebensvoll und fruchtbar.

[2]) So schon Aristoteles (vgl. die Angaben in Arch. f. Geschichte d. Philos. 12, 407). Eine eingehende Aufstellung der Arten der Bedürfnisse gibt L. Brentano Versuch einer Theorie der Bedürfnisse. In den Sitzungsberichten der Bayr. Akad. d. Wiss. Philos. philol. und histor. Klasse 1908, Abh. 10, S. 5ff.

[3]) Brentano a. a. O. 4.

hervorruft,[1]) soll behoben werden; das ist die durchaus natürliche Ursache eines jeden menschlichen Verhaltens, das auf Abänderung der augenblicklichen Lage oder Abwendung der normalen Folgen des Geschehens gerichtet ist.

Das Ziel ist dementsprechend die Befriedigung des Bedürfnisses, die Beseitigung oder Verminderung des Mangels, die Stillung des Verlangens, die Herbeiführung eines Lustgefühls.[2]) Der Quell einer jeden menschlichen Handlung ist die Schaffung von Lust. Man hat geradezu — freilich etwas stark voluntaristisch-eudämonistisch, aber doch wenigstens vom psychologischen Standpunkte im ganzen zutreffend — das Wollen aufgefaßt als Erstreben eines Lustgefühls, als Wertschätzung.[3]) Wer aus Nächstenliebe handelt, will auch seine Lust;[4]) indem er anderen eine Wohltat erweist, entspricht er einem eigenen inneren Verlangen und beseitigt ein edles ethisches Manko in seinem Herzen, wenn es ihm nicht etwa um das Ernten von Dank oder gar um äußere Vorteile zu tun ist. Und wer seinen eigenen Schmerz will, der handelt ebenfalls nur im Hinblick auf eine daraus entspringende oder jedenfalls erwartete Lust: er will etwa andere Menschen ärgern, ihnen eine Freude verderben, oder aber er will die läuternde Kraft des Schmerzes an sich selbst erfahren und durch ein Leid innerlich gehoben und gebessert werden.

---

[1]) Der Mangel braucht aber nicht notwendig geraume Zeit vor seiner Behebung empfunden zu sein; ja das Bedürfnis und seine Befriedigung können zeitlich beinahe zusammenfallen. Das scheint uns Meinong 8 zu verkennen: Der Bauer, dem eine Dreschmaschine zur Verfügung gestellt wird, von der er niemals etwas gehört hatte, soll nach M. kein Bedürfnis danach gehabt haben. Danach wäre ein Bedürfnis nicht die Voraussetzung des Wertes. U. E. hat der Bauer zum mindesten gleichzeitig mit der Erkenntnis des Wertes der Maschine ein Bedürfnis empfunden, und durch den Besitz wird das Bedürfnis zugleich befriedigt oder die Befriedigung wenigstens ermöglicht. Von einer Wertsteigerung kann man eben nur sprechen, wenn man ein vorheriges Manko denkt; tatsächlich-zeitlich mögen beide freilich zusammenfallen.

[2]) Windelband Einleitung 246 unterscheidet zwischen Befriedigung des Bedürfnisses (d. i. das Kennzeichen der voluntaristischen Psychologie) und Herbeiführung von Lust (d. i. das Kennzeichen der emotionalen Psychologie). U. E. bedeutet die Befriedigung des Bedürfnisses stets die Herbeiführung von Lust, eben weil Unlust beseitigt wird; das Ursprüngliche ist aber wohl das Bedürfnis und seine Befriedigung, das Sekundäre dagegen die Unlust und ihre Beseitigung, die Folge endlich die Lust.

[3]) So Schuppe Grundzüge 18. [4]) Vgl. Schuppe a. a. O. 28.

Wollen und Handeln ist stets Wollen von Lust. Dagegen sind Selbsterhaltung, Selbststeigerung und Macht nur die Voraussetzungen und Ursachen dieser Lust, also nur Mittel zum Zweck, nicht der Zweck selbst des Wollens und Handelns; nur mit dieser Maßgabe kann man sagen, daß der Wille stets Wille zur Macht sei. Richtiger ist es zu sagen: Wille ist Wille zur Lust.[1])

Die Lust mag allerdings eine minimale sein; ja von objektivem Standpunkte mag eine solche noch gar nicht vorhanden und mag der Nullpunkt des Gradmessers der Unlust- und Lustempfindungen noch gar nicht nach oben überschritten sein, es mag vielmehr noch immer Unlust herrschen. Aber die bisherige Unlust des Handelnden ist gemildert, und in dieser Milderung der Unlust besteht vom Standpunkte des Handelnden immerhin eine Lustempfindung. Also auch bei diesen objektiv schädlichen Handlungen ist das Ziel und das Ergebnis eine gewisse Lust. Ferner liegt für den Handelnden Lust auch schon dann vor, wenn die Beseitigung oder wenigstens die Milderung der Unlust nur zu erwarten steht, zu erwarten steht nach Ansicht wiederum nur des Handelnden, nicht nach objektiv begründeter Ansicht.[2]) Entscheidend ist das subjektive, nicht das objektive Wahrscheinlichkeitsurteil. — Und ebenso umgekehrt. Nicht notwendig braucht objektiv Unlust vorangegangen zu sein; es mag schon Lust herrschen, aber sie wird nunmehr gesteigert, gesteigert ebenfalls nicht notwendig objektiv, sondern mindestens im Sinne des Handelnden.

Aber immer ist eine gewisse genügende Differenz zwischen dem bisherigen und dem neuen Lustgrade erforderlich — zum mindesten wiederum nach der Ansicht des Handelnden —, damit der neue Zustand als lustbetont erscheinen kann. Nur ganz geringfügige

[1]) Nach Münsterberg Philosophie der Werte I. Teil 4. Abschn. gehört dagegen die Lust nicht zum Wert: tiefste Befriedigung gebe es auch in einer Sphäre, in der es weder Lust noch Unlust gebe. M. will damit offenbar die Überpersönlichkeit der (absoluten) Werte und ihre Unabhängigkeit von Lust und Unlust begründen; ob ihm dies gelungen ist, mag dahingestellt bleiben, jedenfalls sind die subjektiven Werte ohne Lust nicht denkbar.

[2]) Richtig nennt L. Brentano Die Entwicklung der Wertlehre a. a. O. Abh. 3, 1908, 69 ein Gut das, was der Mensch für geeignet hält, ein Bedürfnis zu befriedigen; nicht notwendig sei es, daß es dazu geeignet ist. Der Betreffende muß aber normal veranlagt und ausreichend orientiert sein; vgl. Meinong 25.

Abweichungen oder gar nur vorübergehende Schwankungen reichen nicht aus, soll die gewollte Veränderung überhaupt als Förderung empfunden werden. Das Lustgefühl selbst muß einen gewissen Wert und Nutzen für den Handelnden haben, damit dieser sich zum Handeln herbeiläßt. Andrerseits ist nicht erforderlich, daß der neue Zustand ein dauernd lustbetonter ist oder als ein solcher erhofft wird; Schwankungen mögen eintreten und von vornherein in Rechnung gestellt sein, kein Lustgefühl ist von Dauer, gerade die höchsten halten nicht lange an, Umschläge bleiben nicht aus und zum mindesten tritt mit der Zeit eine Abstumpfung gegenüber dem ursprünglich als Glück empfundenen Zustand, ein Gefühl der Sättigung, ja eine gewisse Gleichgültigkeit, wenn nicht gar ein Widerwillen ein — jene Handlung ist gleichwohl als eine lebensfördernde, als eine lustbetonte anzusehen.

d) Unlust und Lust, Schaden und Nutzen,[1]) Nachteil und Vorteil, Bedürfnis und dessen Befriedigung, oder wie man sonst diese Gegensätze bezeichnen will — immer kann man bei einem menschlichen Handeln diese zwei Pole beobachten: ein früherer Zustand und ein neuer, der irgendeine Verbesserung gegen früher bedeutet oder eine solche erwarten läßt, der eine Lebensförderung, eine Wertsteigerung dem Handelnden wahrscheinlich macht. Das ist der Kern menschlichen Wollens und Nichtwollens, menschlichen Tuns und Lassens. Und in dem Abwägen zwischen beiden Zuständen, zwischen einst und jetzt, zwischen jetzt und künftig, besteht der Wertungsakt, um dessen Erklärung es uns hier zu tun ist. Der Mensch erhofft Verbesserung seiner bisherigen Lage;[2]) das ist der beinahe trivial klingende Grundgedanke der psychologischen Wertlehre. Der Mensch erstrebt Nutzen, Lust, Vervollkommnung; das ist der berechtigte Kern der utilitarischen, eudämonistischen, perfektionistischen Gedankenkreise, die zwar dort versagen, wo sie über die absoluten Werte etwas aussagen wollen und wo sie eine letzte er-

---

[1]) Der Unterschied von Nutzen und Wert mag hier unerörtert bleiben. Vgl. darüber etwa v. Ehrenfels in Vierteljahrsschr. f. wiss. Philos. 17, 78ff. und Menger 84 sowie unsere Schrift über Diebstahl und Sachbeschädigung 1908, 64 ff. m. w. Nachw.

[2]) Vgl. auch Fechner Vorschule der Ästhetik 1876 I, 24: „Wir messen den Dingen und Verhältnissen einen Wert bei, nach Maßgabe, als sie zum menschlichen Glück beitragen oder Unglück verhüten."

kenntnistheoretische Rechtfertigung zu geben sich anmaßen, die aber hier im Bereich der Erklärung menschlichen Wollens und Wertens psychologisch sich auf richtiger Bahn bewegen.

Dieser Gegensatz zwischen zwei Zuständen ist das Charakteristische für den Wertbegriff. Der Gegensatz muß, wie wir sahen, groß genug sein, damit er als solcher empfunden werde. Es ist dies die ewige Differenz zwischen Sein und Sollen, die auch dem Wertbegriff zugrunde liegt, die Spannung zwischen dem subjektiven und dem objektiven Wert, von der wir oben sprachen. Auf dieser Erscheinung beruht alle Kultur, alle Vervollkommnung und Veredelung des Menschen und alle Förderung und Verbesserung der menschlichen Werke und Einrichtungen. Das ruhige Gleichmaß zwischen beiden Polen oder gar ihr Zusammenfallen bedeuten Bedürfnislosigkeit und Zufriedenheit, das Kennzeichen primitiver Völker. Je größer die Spannung zwischen dem Subjektiven und dem Objektiven wird, um so höhere Kulturaufgaben eröffnen sich und um so mehr steigert sich zwar leider nicht tatsächlich der Aufstieg und die Aufwärtsentwicklung der Menschen, aber wenigstens die Möglichkeit dazu. Sollte es da nicht schon für die Theorie ein Ansporn sein, recht große Spannungen zu schaffen? Den Abstand immer mehr zu verschärfen, bis das Objektive schließlich zu einem unendlich weiten Ziel erhoben, zu einem unerreichbaren Ideal, einer ewigen Aufgabe, zum Absoluten erweitert ist? — Nur in diesem Sinne ist es richtig, wenn man als Voraussetzung des Wertbegriffs eine gewisse Seltenheit des Objekts und eine Schwierigkeit seiner Erlangung fordert.[1]) Mit dieser Erweiterung des Abstands wird der Wert nur um so augenfälliger. Aber eine allgemeine Wertvoraussetzung sind jene Erfordernisse doch nicht.

Je weiter die Distanz, um so möglicher höchste Kultur. Dieser Leitsatz sei auch für die folgenden juristischen Erwägungen beachtet. Freilich, es sollen, wie wir sagten, Stufen nicht übersprungen werden; aber wir wollen uns die oberen Stufen nicht versperren lassen. Zu ihnen möge auch das Strafrecht aufsteigen, will es überhaupt als Kulturerscheinung und Kulturförderungsmittel gelten. Das Fundament für exakte Arbeit hoffen die vorstehenden erkenntnistheoreti-

---

[1]) v. Böhm-Bawerk Grundzüge der Theorie des wirtschaftlichen Güterwertes 13, Schmoller Grundriß der allgemeinen Volkswirtschaftslehre II (1904) 105, Simmel Philosophie des Geldes 25.

schen und psychologischen Ausführungen zur Wertlehre und die folgenden, die sich unmittelbar an die vorangegangenen individualpsychologischen anschließen müssen, zu legen; sie sind sozialpsychologische oder schlechtweg soziologische, sie führen den Gemeinschaftsgedanken ein und leiten somit zur juristischen Betrachtung über.

7. Die bisherige Wertbetrachtung stand unter individualistischem Zeichen; wenigstens lag für das Hinausgehen über das Individuum kein Anlaß vor, ohne daß sie jedoch einem solchen Hinausgehen — was sehr wohl zu beachten ist — irgendwie im Wege stand. Jede Wertung kann nun aber auf zweierlei Art erfolgen. Sie kann innerhalb eines und desselben Individuums vollzogen werden, indem dieses einem eigenen untergeordneten Wert einen eigenen übergeordneten gegenüberstellt; es setzt also aus sich selbst heraus zwei Wertgrößen von verschiedenem Range, etwa einen Trieb und eine Vorstellung, oder etwa ein ethisch farbloses Zweckstreben und ein moralisches Wollen. Es kann aber ferner auch von außen eine neue Größe eingeführt werden, die einem anderen wertenden Individuum angehört; und zu dieser mag sich eine weitere Wertgröße gesellen, und so fort. Zu dem Einzelmenschen treten die Mitmenschen. Das Individuum erweitert sich zur Gemeinschaft.

a) Was ist denn eine Gemeinschaft (Gruppe, Gesellschaft)? Vom Standpunkt der Wertlehre durchaus einfach und dabei exakt zu erklären. Wie innerhalb eines Individuums mehrere Wertungen nebeneinander herlaufen und einander kreuzen und ablösen, sich gegenseitig beeinflussend, so auch zwischen den Individuen. Die Werte, die die Menschen setzen, stehen miteinander in Wechselwirkung; sie bleiben regelmäßig nicht auf die Einzelperson beschränkt, sondern schlagen ihre Kreise auf näher-, aber auch auf entfernter stehende Menschen. Sie üben ihren Einfluß auf die Zwecksetzungen anderer aus und werden von dort auf den Urheber zurückgegeben, nicht selten von der anderen Person, durch die sie hindurchgingen, erheblich verändert. Ist nur eine einzige gesellige Person vorhanden und schließt sich diese einer anderen an, die sich völlig passiv verhält, so liegt an sich noch keine Gemeinschaft vor; möglich ist jedoch, daß infolge eines solchen Zusammenlebens in dem passiven Teil der Geselligkeitstrieb rege wird und ein gemeinsames Interesse erwacht: damit entstehen Wechselwirkungen, und damit entsteht eine Gemeinschaft. Eine bloße Neigung reicht noch nicht aus; die Neigung muß auch irgendwie betätigt werden, soll eine gegenseitige Beeinflussung eintreten. Diese Beeinflussung, diese Wechselwirkung ist die Haupterscheinungsform einer Gemeinschaft;[1]) die Äußerungsweisen sind mannigfaltig genug: Nachahmung, Konkurrenz, Unterwerfung und Beherrschung, Arbeitsteilung, Parteibildung, gegenseitige Vertretung, Zusammenschluß nach innen und Abschluß nach außen sind einige Kennzeichen; der Hauptfall ist aber ein fortdauerndes Geben und Nehmen und Wiedergeben.

Die psychologischen Voraussetzungen dieser soziologischen Grunderscheinung mögen hier dahingestellt bleiben; man mag sie sehen mit Aristoteles in dem Geselligkeitsbedürfnis des Menschen, mit Kant in der „ungeselligen Geselligkeit", d. h. der Anziehung und Abstoßung, oder einseitig genug mit Tarde in dem Nachahmungstrieb oder mit Hobbes gar in dem Kampf aller gegen alle oder mit Gumplowicz gar in dem Rassenkampf. Wichtiger in unserem Zusammenhange ist, nach den logischen Voraussetzungen zu fragen. Diese bestehen — kurz formuliert, nach Maßgabe der späteren Ausführungen — darin, daß die Werte, die die Individuen setzen, bei aller Verschiedenheit doch eine gewisse Gleichförmigkeit besitzen. Und hierfür bildet wieder die Voraussetzung, daß die konstanteren Willensrichtungen der Individuen, ihre Interessenkreise, kurz ihre Interessen, eine verwandte Grundtendenz aufweisen.[2]) Darum müssen ihre Wertbestrebungen innerhalb und gegenüber der Gemeinschaft zwar nicht gleich, aber doch bis zu einem gewissen Grade ähnlich sein. Die Ge-

---

[1]) Besonders hervorgehoben von Simmel Soziologie 1908, 5 ff. Von Giddings Prinzipien der Soziologie 1896 (dtsch. 1911) wird die Soziologie aufgefaßt als Betrachtung der geschichtlichen Wiederholung „unter der Form der Nachahmung oder Übertragung von Willensantrieben, Empfindungen, Gedanken von Individuum zu Individuum, von Gruppe zu Gruppe . . ." (S. 14). Das erste Glied der Alternative folgt dem einseitigen Tardeschen Prinzip des Nachahmungstriebes (Les lois de l'imitation 1890), das zweite bedeutet dagegen unsere Wechselwirkung.

[2]) Nicht sehr glücklich wird von Simmel 6 die erkenntnistheoretische Gegenüberstellung von Form und Stoff herbeigezogen: die Wechselwirkung sei die Form, die Interessen und Triebe der Stoff. Richtiger ist doch die Auffassung der Interessen als Wesen, der Wechselwirkung als Folgeerscheinung, eben als Wirkung der erstgenannten Voraussetzung.

meinschaftsglieder müssen verwandte Interessen besitzen. Mit zwei Besonderheiten in subjektiver Beziehung. Die Ähnlichkeit braucht nicht ausdrücklich geoffenbart, etwa gar erklärt zu sein; die Interessenträger brauchen sich ihrer sogar nicht einmal deutlich bewußt zu werden; aber sie müssen sie doch fühlen oder wenigstens ahnen, mögen sie selbst sie verbergen oder gar verheimlichen. So besteht eine Gemeinschaft gewiß zwischen den Personen, die in einem Freudenhause sich treffen; es wird erzählt, daß in gewissen Lokalen nur Homosexuelle verkehren; hier errät der eine die Neigungen des anderen. Und ferner braucht die Übereinstimmung der Interessen nicht eine tatsächliche zu sein; es genügt ihre Annahme seitens der Beteiligten, mag sie auch eine irrtümliche sein. Diese Übereinstimmung aber muß zum mindesten gegeben sein. Sonst würden sich die Bestrebungen der einzelnen nicht gegenseitig beeinflussen, sie würden abprallen und für einander undurchdringbar sein. Sie müssen auf günstigen Boden fallen. Es ist dies dieselbe Erscheinung, wie sie oben (5 b) bei der Wertung innerhalb eines einzelnen beobachtet wurde: dort wurde erkannt, daß die beiden Größen, die untergeordnete und die übergeordnete, einander wesensverwandt sein müssen, da sie sich sonst nicht miteinander vergleichen lassen, und ebenso muß auch hier eine Wesensverwandtschaft bestehen. Verwandtschaft der Individuen hinsichtlich der Wertanschauungen — das ist die Voraussetzung einer Gemeinschaft. Jede Gemeinschaft ist Wertgemeinschaft, ist Interessengemeinschaft.[1])

---

[1]) Ebenso für die „Gesellschaft" Mayer 40 (Näheres über unser Verhältnis zu Mayers Theorie unten f). Gumplowicz Soziologie und Politik 1890, 73 nennt insofern ganz richtig als ein Erfordernis der Gruppe die einheitlichen Machtinteressen. Diese Interessengemeinschaft ist nach G. das moderne Bindemittel der Gemeinschaft, nachdem zwei andere historische Bande des Zusammenhaltens vorausgegangen sind, nämlich die Blutsgemeinschaft (Familie) und die lokale Gemeinschaft (Staat) — eine Anschauung, über die sich freilich streiten läßt. Vgl. Gumplowicz Allgemeines Staatsrecht [2] 1897, 178 und ähnlich Toennies Gemeinschaft und Gesellschaft 1887, 16, ein Werk, das reich an wertvollen empirischen Einzelheiten ist, aber gar zu bedenkliche Konstruktionen enthält ([2] 1912). Viel Beachtliches auch bei Ward Reine Soziologie (dtsch. v. Unger) 1907/9, der treffend hervorhebt, daß Interessen vereinigen, während Grundsätze trennen. Mit dem Text sachlich übereinstimmend auch Kistiakowski Gesellschaft und Einzelwesen 1899, 197:

Diese Gemeinschaftlichkeit der Wertanschauungen reicht nun aber für eine Gemeinschaft nicht aus; sie ist nur eine ihrer Voraussetzungen. Hinzukommen muß die bereits erwähnte Wechselwirkung. Zwei Personen, die übereinstimmende Interessen besitzen und diese übereinstimmend betätigen, bilden noch keine Gemeinschaft, wenn die eine Person in Deutschland, die andere ohne jegliche Beziehung zu ihr auf dem Feuerland wohnt. Und umgekehrt reicht die bloße Wechselwirkung nicht aus.[1]) Personen, die sich dauernd gegenseitig befehden, eben weil es an jeder Gemeinsamkeit der Wertanschauungen fehlt, stehen zwar in einer, sogar sehr sinnfälligen Wechselwirkung, bilden aber alles andere eher als eine Gemeinschaft. Ein teilweises Entgegenwirken, Reibungen und Meinungsverschiedenheiten heben natürlich eine Gemeinschaft nicht auf; wir werden neben dem Gleichen auch durch das Entgegengesetzte angezogen. Während das erstere stärkt und beruhigt, wirkt das letztere anregend und fortbildend.[2]) Aber die Spannung darf schließlich nicht eine zu große werden.

„Die Einheit eines gesellschaftlichen Kreises besteht gerade in der Verwandtschaft der Seelenzustände seiner Mitglieder, die von einem einheitlichen gesellschaftlichen Geiste beseelt sind." Nahestehend auch Tesar Staatsidee und Strafrecht 9: „Das Wesen der Gemeinschaft besteht darin, daß eine Mehrheit von Individuen durch die Identität bestimmter Willensinhalte verbunden ist, die überindividuelle Zwecke zum Gegenstand haben, so daß von einem Gemeinwillen gesprochen werden kann." Daselbst weitere Nachweise. — Über Soziologie im allgemeinen vgl. etwa Wundt Logik [3] 1908, 458 ff. und Völkerpsychologie Bd. 7 u. 8, G. Jellinek Allgemeine Staatslehre [3] 1914, 84 (mit Nachw.), ferner Barth Die Philosophie der Geschichte als Soziologie I 1897, Eleutheropulos Soziologie 1904, Somlo Zur Grundlegung einer beschreibenden Soziologie 1909, Schäffle Bau und Leben des sozialen Körpers [2] 1896, Abriß der Soziologie 1906, auch Simmel Über soziale Differenzierung 1890 (in Schmollers Staats- und sozialwissenschaftlichen Forschungen Bd. 10). Zur Übersicht etwa Jerusalem Einleitung in die Philosophie [5] [6] 1913, 287—328, und Gothein im Handwörterbuch f. Staatsw. Art. „Gesellschaft und Gesellschaftswissenschaft".

[1]) Das wird anscheinend von Simmel verkannt; wenigstens legt er das Hauptgewicht auf die Wechselwirkung. Eine Auseinandersetzung mit Simmel im einzelnen würde zu weit führen, wie ja jede Auseinandersetzung mit diesem Autor erschwert ist infolge der seinen Schriften anhaftenden essaiistischen Natur, die auch ein Kennzeichen eines so umfangreichen Werkes wie seiner Soziologie ist (vgl. unsere Charakteristik ZStW. 40, 651).

[2]) Hierüber Simmel Soziologie 167.

So läßt sich denn zusammenfassend sagen: eine Gemeinschaft ist eine Mehrheit von Personen, die durch gleichförmige, in Wechselwirkung miteinander stehende Interessen (Wertbestrebungen, Werttendenzen) verbunden sind. Oder anders ausgedrückt: eine Gemeinschaft ist eine Mehrheit von Personen, die sich gegenseitig beeinflussend gleiche Ziele verfolgen.

Hinsichtlich des Zieles wird man — im Gegensatz zum Mittel — Gleichheit erfordern müssen und Ähnlichkeit nicht für ausreichend halten dürfen. Was ähnlich zu sein hat, das sind vor allem die Interessen der einzelnen. Liegen nämlich nur gleiche, wenigstens völlig sich deckende Interessen vor, so wird eine Wechselwirkung, wenn überhaupt, so nur in geringem Maße vorhanden sein. Der Pulsschlag der Gemeinschaft muß aber ein stärkerer sein, soll sie am Leben bleiben. Gleiche Interessen reichen wohl nur dann aus, wenn das eine stärker ist als das andere; dann wirkt es helfend oder unterdrückend, es fördert oder es schadet. Außerdem sind gleiche Interessen nur in kleineren Kreisen möglich, in größeren nur, wenn das Ziel genau abgesteckt oder wenn es gar, wie bei der allgemeinen Menschengemeinschaft die Humanitätsidee, als ein seinsollendes mit absoluter Gültigkeit normiert ist. Wenn es daher nach den Worten Platons den sicheren Lebensgrund einer Gemeinschaft bilden soll, daß alle ihre Teilnehmer zu demselben ja und zu demselben nein sagen, so scheint uns das nur auf die Gleichheit des Endziels zuzutreffen, nicht aber auf die Gemeinsamkeit der begrenzteren Ziele, der Interessen und der Mittel. Freilich müssen die Wertanschauungen, die in einer Gemeinschaft herrschen, gleiche sein; es müssen also die tatsächlich vorkommenden Interessenbestrebungen und ihre Wirkungen in letzter Linie gleich beurteilt werden. Aber diese letzte Beurteilung, die Bewertung innerhalb einer Gemeinschaft, richtet sich ja nach dem obersten Ziel der Gemeinschaft. Der Gemeinschaftszweck ist der höchste Gesichtspunkt für alle Einzel- und Sonderzwecke. Und dieser muß fest und sicher gegeben sein, soll die Gemeinschaft überhaupt zusammengehalten werden.

Also: Gleichheit des Zieles der Gemeinschaft, Verschiedenheit, wenn auch Ähnlichkeit der von den einzelnen angewendeten Mittel für die Erreichung des Zieles. Diese Verschiedenheit mit der sie hervorrufenden Wechselwirkung ist sogar wichtiger und heilsamer für das Leben und Gedeihen der Gemeinschaft als völlige Übereinstimmung. Die letztere würde zwar Ruhe und Sicherheit geben, würde zwar die einzelnen zu anderen Aufgaben — man denke nur an religiöse und pietistische Bestrebungen — inniger miteinander verbinden und würde vielleicht auch eine Erreichung des Gemeinschaftszwecks mehr gewährleisten als Verschiedenartigkeit und Zersplitterung. Aber solche Eintracht würde zugleich abstumpfend und erschlaffend wirken, das Leben in der Gemeinschaft und diese selbst würde bei allzu großer Harmonie erstarren, es würde kein Bedürfnis für gegenseitige Ergänzung empfunden, kein Ansporn zum Wettbewerb und zur Vervollkommnung der einzelnen und damit schließlich keine Möglichkeit für die Entfaltung der Gemeinschaft über ihren eigenen Zweck hinaus geboten werden. Auch die Sondergemeinschaften sollen aber aus sich heraus, aus ihrem eigenen Inhalt, zu neuen Gebilden und höheren Formen aufsteigen; neue Pläne und neue Aufgaben über die ursprünglichen Ziele hinaus sollen sich entwickeln. So dient die Differenzierung im Inneren, die Verschiedenheit der Einzelinteressen und der zur Erreichung des Gemeinschaftszwecks aufgebotenen Mittel in letzter Hinsicht der Aufwärtsentwicklung des Ganzen zu höherer Kultur.

Aber bei aller Verschiedenheit darf es an der Ähnlichkeit nicht fehlen. Eine gedeihliche Gemeinschaft ist nur möglich, wenn die Glieder an sich befähigt und geneigt sind, dem Gemeinschaftszweck nachzustreben. Sonst fehlt es an jeglicher Einheit und Harmonie. Die individuellen Werttendenzen müssen gewissermaßen schon auf die soziale Werttendenz zugeschnitten sein; es müssen sich meßbare Größen zu einer neuen übergeordneten meßbaren Größe von demselben Charakter vereinigen, und diese letztere hat die oberste Einheit darzustellen. Diese letzte Einsicht ist noch mit einigen Worten auszuführen; aus ihr wird sich die Grundlage ergeben, auf der schließlich der Begriff der Rechtswidrigkeit aufzuführen ist.

b) Die Einheitlichkeit des Zweckes ist die die Gemeinschaft beherrschende Einheit, ihre oberste Einheit; so sahen wir. Alles andere trennt oder hat doch erst mittelbar den Beruf zu vereinigen. Die Einheit des Zweckes aber verbindet die verschiedenartigen und doch gemeinsamen Interessen, gemeinsam eben wegen ihrer Richtung auf den einheitlichen Zweck. Die Einheit des Zweckes s o l l t e wenigstens die Interessen verbinden. Auch hier zeigt sich eine Kluft zwischen Sein und Sollen, zwischen Wirklichkeit und Idee. Die soziologischen Betrachtungen über die Struktur der Gemeinschaft geben nur den erwünschten Zustand wieder; in Wirklichkeit ist das Bild oft ein unerfreuliches und pathologisches: die Gegensätze prallen heftig aufeinander, und das Streben nach einem gemeinsamen Ziel, nach der Verwirklichung des Zweckes der Gemeinschaft ist nur ein eitler Wunsch. Aber eben deshalb ist jenes Streben eine Forderung, es wird zur Aufgabe, mag diese auch restlos oft unerfüllbar sein.

Die Sonderinteressen gehen auseinander, kreuzen und bekämpfen sich, das Gemeinschaftsinteresse ist das einigende Band. Die Wertbestrebungen der Individuen sind zusammengehalten von der Werttendenz der Gemeinschaft. Die letztere ist daher die Richtschnur und die Norm für den einzelnen. Soll nicht ein ewiger Kampf herrschen, so hat der einzelne seine Interessen denjenigen der Gemeinschaft unterzuordnen; er hat seine Sonderwünsche im Interesse des Ganzen zu opfern; denn das Gedeihen des Ganzen ermöglicht erst eine Entwicklung zu höherer und immer höherer Kultur. Deswegen wird aber der oberste einheitliche Zweck der Gemeinschaft zu dem regulativen Prinzip für die Wertanschauungen der einzelnen, oder — in der Sprache der vorangegangenen Ausführungen zur Wertlehre (5) — der Gemeinschaftszweck wird der übergeordnete Wert gegenüber den Wertsetzungen der Individuen.

Woraus ergibt sich aber tatsächlich der Gemeinschaftszweck? Er ist das Ergebnis der Übereinstimmung der Einzelbestrebungen. Mag es völlige Übereinstimmung aller oder wenigstens der beachtlichen (normalen) Glieder sein oder nur eine solche der Mehrheit oder des Durchschnitts oder auch nur die Übereinstimmung einer die Führung übernehmenden Minderheit oder gar nur der alle anderen beherrschende Wille eines oder weniger Führer — immer ist es die Kollektivpsyche, die öffentliche Meinung, der sog. allgemeine Wille.[1]) Der allgemeine Wille ist nicht der Wille einer mystischen

[1]) Viel Sympathisches hat die sog. Subtraktionstheorie; nach ihr ist die Kollektivpsyche gleich der Summe der Individualpsychen abzüglich ihrer Besonderheiten, also abzüglich der Willensinhalte, hinsichtlich deren eine Übereinstimmung nicht besteht; das ist das Ergebnis der Übereinstimmung der beachtlichen Einzelwillen. Vgl. Broenner in Zeitschr. f. Philos. u. philos. Krit. 141 (1911) 9 ff. mit der Darstellung der Theorien von Sighele und Le Bon und über den (soziologischen wie juristischen) Begriff der öffentlichen Meinung unsere Abhandlung: Die Ehre und ihre Verletzung 1915, 46 ff. m. w. Nachw.

Verbandsperson, sondern der Ausdruck der Übereinstimmung der Einzelwillen; er ist der herrschende, der tatsächlich sich durchsetzende Wille. Dieser Gemeinschaftswille ist der übergeordnete Wert; er wird zum Maßstab für die Bewertung von Sonderbestrebungen. Und er ist in der Lage, dieser seiner Aufgabe zu genügen; denn er erfüllt die oben (5 b) festgestellten Erfordernisse voll und ganz: der übergeordnete Wert ist wesensverwandt den untergeordneten Werten; ist er doch selbst aus ihnen hervorgegangen, ist er doch nur ein Ergebnis der Übereinstimmung jener, von ihrem Fleisch und Blut, keine von außen hergeholte wesensverschiedene Größe.

Das ist die erhebliche praktische Bedeutung der oben entworfenen Wertlehre, gewissermaßen ihre Nutzanwendung bei der Grundlegung des Begriffs der Rechtswidrigkeit: der Maßstab der Wertung und das Objekt der Wertung sind wesensverwandt, der erste wächst aus dem letzten heraus; und daß er zur übergeordneten Instanz wird, wo er doch im Grunde selbst den Objekten so ähnlich sieht, ja selbst ein Objekt war, das erklärt sich daraus, daß sich eben mehrere Objekte in Übereinstimmung vereinigen: die Mehrheit der Einzelwillen wird zum Gesamtwillen, die Mehrheit der untergeordneten Werte zum übergeordneten Wert, die Mehrheit der Sonderzwecke zum Gemeinschaftszweck. Wegen dieser Wesensverwandtschaft lassen sich die beiden Größen miteinander vergleichen, und nur so ist eine exakte Wertung möglich. Man hat den hier von Anfang an eingeschlagenen Gedankengängen vorgeworfen,[1]) die Wertung lasse sich praktisch gar nicht durchführen, es fehle an einem anwendbaren Maßstabe. Diesem Einwande begegnet die hier aufgeführte Theorie: das Objekt sowohl wie der Maßstab müssen erst so zurechtgeformt werden, daß sie sich wirklich miteinander vergleichen lassen. Das von den Gegnern meist zugrunde gelegte Objekt, der natürliche Handlungsbegriff, muß gewissermaßen um eine Stufe höher gehoben werden; er muß im Reiche der Werte seinen Einzug halten: wertbezogen wird er selbst zu einem (untergeordneten) Wert. Und umgekehrt muß der Maßstab von seiner Höhe herabsteigen, auf der er

Uns scheint es aber jetzt, als wenn wir damals das Wesen und die Erkenntbarkeit der öffentlichen Meinung verwechselt hätten, wenn wir das Schwergewicht auf die Meinung der Führer gelegt haben. Die Polemik gegen die Realitätstheorien Wundts und Gierkes halten wir aber aufrecht (53).

[1]) Hierüber und über das Folgende vgl. später § 15 I 1.

ohne Fühlung mit dem Leben wie in den Wolken thronte; er muß Erdenstaub annehmen, um sich mit Erdenstaub vergleichen zu lassen; er muß selbst von unten aufsteigen und kann sich auf der Höhe nur halten, wenn er von den unteren Größen gebilligt wird. Sonst ist es um seine Macht geschehen. Und somit wird es möglich, daß der allgemeine Wille eine Handlung messen kann; das ist ebenso möglich, wie die Vergleichung zweier nebengeordneter Handlungen miteinander. Beide Größen, die untergeordnete wie die übergeordnete, sind ja von derselben Beschaffenheit, beide sind Werte.

Dieser allgemeine Wille[1]) bedeutet bei Gemeinschaften von größerem Umfange und unbegrenztem Personenkreise nichts anderes wie das „öffentliche Interesse", dessen Begriff so viel umstritten und von Juristen oft in ganz ungerechtfertigter Weise als zu dehnbar oder zu unbestimmt abgelehnt wird. Bei Gemeinschaften von gewisser Beschaffenheit, insbesondere mit Beschränkung auf ein bestimmtes Territorium und mit näherer Festsetzung der Aufgaben, bedeutet aber der allgemeine Wille nichts Geringeres als das (objektive) Recht, die Rechtsordnung, zu deren Begriffen zu gelangen vom soziologischen Standpunkte mithin nur noch ein kurzer Schritt war. Der Rechtsbegriff empfängt auf diesem Wege seinen Inhalt und wird über jede rein formalistische Betrachtungsweise, die nur den positivgesetzlichen Normen und immer wieder nur ihnen Beachtung schenkt und sich innerhalb dieser normativen Grenzpfähle im Kreise dreht, weit hinausgehoben. Recht ist der übereinstimmende Wille der Rechtsgenossen über die innerhalb der (staatlichen) Gemeinschaft zu verfolgenden Ziele. Recht ist der normative Ausdruck der staatlichen Zwecke. Und speziell vom Standpunkte der Wertlehre: Recht ist der Gesamtwert als Maßstab für die Einzelwerte, oder: Recht ist das Werturteil der (staatlichen) Gemeinschaft über die einzelnen Wertbestrebungen innerhalb dieser Gemeinschaft.

c) Die genannten Rechtsdefinitionen sind auf dem Boden der Wissenschaft sowohl wie des Lebens erwachsen: dort logisch, hier organisch. Sie glauben vor dem kritischen Urteil nicht anders

---

[1]) Rvf. v. 11. 8. 1919 Art. 18 spricht vom „Willen der Bevölkerung" und bringt (nicht nur durch diese Wendung) deutlich den soziologischen Aufbau des Rechts zum Ausdruck.

wie angesichts der Fülle und des Reichtums des Lebens standzuhalten, gleich weit entfernt von jeglichem öden Formalismus. Aber es war eine Verbindung beider, an sich so verschiedenartiger Ausgangspunkte notwendig. Der erste, der wissenschaftliche, logokritische, hat selbstverständlich den Anfang zu bilden; der nunmehr eingeschlagene Weg war jedoch sofort lebensvoll auszugestalten, sollte er nicht nach bekannten Beispielen sich in Spiralen um sich selbst drehen; die Erkenntnistheorie allein vermag ja keine Brücke zum Leben zu schlagen. Aber dank des hier eingeführten erkenntnistheoretischen Grundbegriffs, des Wertes, ist die fruchtbare Unterlage geschaffen, auf dem sofort soziologische Erwägungen in das Leben hineinführen können; das Leben besteht ja aus Werten, aus Zweck- und Interessenbestrebungen, es verlangt, daß man zu seinen Werten Stellung nimmt, diese Werte nicht nur versteht, sondern fördert und weiterbildet. Will also die Rechtswissenschaft selbst lebensfördernd wirken, will sie sich nicht von dem vielgestaltigen blühenden Leben abkehren und nicht weltfremde Richter erziehen, so muß sie von vornherein teleologisch, „materiell" eingestellt sein; dann ist aber der Wertstandpunkt der durch die Natur der Sache gegebene.

So unterscheidet sich die hier eingeschlagene Richtung von zwei Wegen, die man von bereits oben berührten Standpunkten verfolgen könnte. Als Repräsentanten des einen sei Stammler, des anderen Simmel genannt. Der erste erkenntnistheoretische Weg verläuft in reinem Formalismus. Das Recht wird als verbindendes Wollen aufgefaßt, d. i. ein solches, das ein mehreres Wollen als Mittel füreinander bestimmt.[1]) Damit wird zwar ein oberster beherrschender Gesichtspunkt eingeführt, aber es bleibt bei der bloßen Form; und das hat seinen guten Grund. Denn die Einstellung auf den Zweck geschieht nicht von Anfang an, sie wird erst später in dem Abschnitt über die Idee des Rechts[2]) nachgeholt, aber bei weitem nicht in der prinzipiellen Weise, die man nach den früheren Werken dieses Autors[3]) erwarten sollte; das Ergebnis konnte (und wollte vielleicht auch) nur ein rein formalistisches sein. Der zweitgenannte Weg

[1]) Theorie der Rechtswissenschaft 75. [2]) Buch 6.

[3]) Die Lehre von dem richtigen Rechte, besonders aber: Wirtschaft und Recht. Diese beiden Werke machen daher einen weit lebensvolleren Eindruck als das oben genannte Hauptwerk.

dagegen geht unmittelbar von der Gestaltung des Lebens aus, er nimmt den Begriff der Wechselwirkung[1]) zur erkenntnistheoretischen Grundlage, auf der die Soziologie aufzubauen ist. Er wird also im Gegensatz zu dem ersten Wege der Forderung nach Orientierung auf das Leben gerecht, läßt aber den gerade dort anzuerkennenden Vorzug vermissen: die oberste Einheit fehlt. Denn Wechselwirkung ist das Gegenteil von Einheitlichkeit, sie bedeutet eine Mannigfaltigkeit, ein fortwährendes Ausstrahlen von Wirkungen und Gegenwirkungen, also eine Fülle von Lebenserscheinungen, deren gemeinsames Band noch aufgewiesen werden mußte. Und welches ist dieses Bindemittel? Nicht das formale verbindende Wollen, sondern die Richtung auf den gemeinsamen obersten Wert. Eben dieser bildet das Wesen des Rechts, zu dem man weder vom Begriff des verbindenden Wollens noch von dem der Wechselwirkung gelangen kann.

Als ganz besonders lebensvoll erweist sich der hier eingenommene Blickpunkt auch insofern, als er, nahe verwandt der juristischen Anerkennungstheorie,[2]) mit dem Leben selbst Schritt zu halten und seinen Änderungen Rechnung zu tragen weiß. Das Recht als der oberste Wert ist nicht eine auf reinem Machtwege, eine von außen der Gemeinschaft aufgezwungene Regelung, Recht ist nicht bloße Gewalt, nicht bloßer Zwang; Recht ist auf dem Boden der das Leben ausmachenden Wertströmungen, die selbst geregelt sein wollen, organisch gewachsen; es ist aus dem Volke geboren, „wie ein Volkslied, nach dessen Schöpfer man nicht mehr fragt" (v. Wieser). Recht ist die Regelung, wie sie von den Gemeinschaftsgliedern im großen Ganzen selbst anerkannt wird; das ist der zutreffende Kern der Rousseauschen Vertragstheorie, die richtig verstanden nichts über die Entstehung des Staates aussagen, sondern nur eine Darstellungsformel geben will: der Staat bedeutet die Übereinstimmung der Rechtsgenossen, als ob diese einen Vertrag geschlossen hätten. Das Recht ist ein sprachlicher Ausdruck für die gemeinsamen Zwecke und Werte der Gemeinschaftsmitglieder, soweit sie sich in der Gemeinschaft verkörpern. Recht ist der oberste gemeinsame

[1]) Soziologie a. a. O.

[2]) Vor allem Bierling Zur Kritik der juristischen Grundbegriffe I 1877 und Juristische Prinzipienlehre I 1894, 40 ff. Zu der Frage eingehend Kelsen Hauptprobleme der Staatsrechtslehre 1911, 346 ff. Über Mayer vgl. unten zu f.

Wert, den die einzelnen Werttendenzen in der Gemeinschaft selbst aus sich herausgestellt haben. — Sollte daher eine rechtliche Normierung sich einmal dauernd mit dem übereinstimmenden Willen der Gemeinschaftsglieder in ganz offensichtlichen und krassen Widerspruch setzen, so würde nach der hier vertretenen Meinung[1]) das Recht selbst als solches, nicht nur seine Geltung aufhören. Nur diese Anschauungsweise vermag die Existenz des Gewohnheitsrechts zu erklären; diese beruht eben auf der Überzeugung der Volksgenossen. Insofern hat „das Tatsächliche normative Kraft" (Jellinek[2]), und insofern ist auch die vielbekämpfte Ansicht, aus dem Seienden lasse sich das Seinsollende erkennen (v. Liszt[3]), nicht von der Hand zu weisen — Ansichten, die vor logischer und erkenntnistheoretischer Betrachtung gewiß nicht standhalten. Denn Sein und Sollen, Wirklichkeit und Wert sind gedanklich unüberbrückbare Gegensätze; aber für die geschichtliche und psychologische Anschauung ergibt sich, daß gewisse Normen sich aus dem Tatsächlichen entwickeln und von dort ihre verbindliche Kraft empfangen. Gewisse Normen, keineswegs alle! Denn die obersten Werte, die absoluten, sind gerade solche, die nie und nimmer tatsächlich verwirklicht werden können, die sich daher niemals aus dem Tatsächlichen entwickeln können und deren Weltenferne bei einem jeden neuen geschichtlichen Ereignis nur um so augenfälliger wird.

d) Das Recht beruht auf Übereinstimmung der einzelnen Volksgenossen. Gemeint ist natürlich nur eine Übereinstimmung in abstracto und nur in toto. Im einzelnen mögen die Individuen von dem Ganzen abweichen. Daher steht selbstverständlich nicht ent-

---

[1]) Im Gegensatz namentlich zu Stammler Theorie Buch II gegenüber I. Vgl. auch Radbruch Rechtsphilosophie 1914, 159 ff.

[2]) Jellineks Auffassung der „Soziallehre" ist aber eine andere wie die des Textes. Nach ihm handelt es sich um zwei verschiedene Betrachtungsweisen, deren Ergebnisse miteinander in Widerspruch treten können; nach der Auffassung des Textes leitet die soziologische Betrachtung in die juristische über, möglich ist nur eine formelle (vgl. unten § 13), nicht aber eine sachliche Differenz. Dort sind beide Anschauungsweisen nebengeordnet und voneinander unabhängig; hier ist die zweite der ersten untergeordnet und von ihr abhängig, abhängig nicht nur methodisch, sondern auch inhaltlich.

[3]) ZStW. 26, 553 ff. Eine Zusammenstellung der gegnerischen Ansichten gibt Radbruch ebda. 27, 246.

gegen der Rechtsbruch durch den Verbrecher. Im Gegenteil, dieser Bruch mit der auf ihn folgenden Reaktion, mit dem Bedürfnis nach Sühne beweist deutlich genug den allgemeinen Willen, und die Strafe stellt das in concreto erschütterte Gleichmaß wieder her.

Diese Übereinstimmung hat zur Folge, daß der einzelne sich leichter durch die staatlichen Gesetze motivieren läßt. Steht hinter diesen nämlich die Gesamtheit, zu der in abstracto doch auch er selbst gehört, so folgt er williger, als wenn das Gesetz nur auf äußerem Zwang, nur auf Befehl beruht, dessen Zweckmäßigkeit er womöglich nicht einsieht. Motivierender wirkt der allgemeine (also auch sein eigener) Wille, als es die härteste Strafdrohung nach der Art der Abschreckungstheorie vermag.

Die Auffassung des Rechts als des übereinstimmenden Willens der einzelnen bedeutet einen doppelten Gewinn für die Schuldlehre, auf den hier mit einem Worte hingewiesen sei. Die Zurechnungsfähigkeit ist zu erkennen daran, ob der einzelne mit dem allgemeinen Willen übereinstimmt oder wenigstens in der Lage ist, sich ihm gemäß zu verhalten (genauer: zu entschließen). Und ferner wird der Nachweis der Kenntnis des Rechts beim Vorliegen eines Rechtsirrtums erleichtert; ist der Täter nämlich zurechnungsfähig, so leuchtet ein, daß er den allgemeinen Willen kennt oder wenigstens kennen muß, da ja zu diesem auch sein eigener Wille gehört oder wenigstens gehören sollte.

e) Auf die hier vorgetragene Rechtsauffassung sei noch einmal ein kurzer Rückblick geworfen und zwar unter dem Thema: M a c h t — R e c h t — K u l t u r, mit einer Einstellung auf das Gesamtsystem.

Gehört zu dem Recht auch Macht oder ist Recht gar gleich Macht? Das ist ein vielerörtertes Problem, dessen Lösung unter Anleitung der Wertlehre durchaus einfach ist. Das Recht verhält sich zunächst zur Macht wie der Maßstab der Wertung zum Objekt der Wertung. Das Recht hat die Machtsphären der einzelnen Gemeinschaftsglieder abzugrenzen und zu regeln; das Recht hat jene Objekte zu werten, es hat die Macht der einzelnen (soll heißen: ihre Wertbestrebungen, die ohne Rücksicht auf die Gemeinschaft erfolgen) einzudämmen und im Sinne der Gemeinschaft zu lenken. Das Recht selbst ist aber als der aus jenen Werten herausgestellte gemeinsame und damit übergeordnete Wert selbst Macht; es ist die Macht der einzelnen, soweit sie übereinstimmen. Das Recht ist Macht also insofern, als es von dem Willen der einzelnen getragen sein muß. Kann es sich nicht mehr faktisch durchsetzen, so schlägt seine Todesstunde. Recht und Macht sind daher beide aufeinander angewiesen: Recht ohne Macht hat keine Existenzberechtigung, überhaupt keine Berechtigung, ist nicht Recht sondern steht lediglich auf dem Papier; Macht ohne Recht dagegen hat keinen Wert, hat höchstens nur Einzelwert und wird daher von anderen, höheren Werten überholt, die dem allgemeinen Werte näherstehen.[1])

Recht ist Macht, so sahen wir. Über die Berechtigung dieser Macht ist damit noch nichts gesagt, wie auch die Berechtigung des allgemeinen Willens als solchen noch längst nicht dargetan ist. Sollte deswegen, weil mehrere Personen, sei es auch alle Personen einer Gemeinschaft, miteinander übereinstimmen, schon die Berechtigung dieses gemeinsamen Willens erwiesen sein? Mitnichten. Der Gemeinschaftswille hält vor dem wertenden Urteil, vor dem kritischen Blick nur stand, wenn er sich harmonisch einreiht unter einen höheren Wertgesichtspunkt, unter eine übergeordnete Gesetzmäßigkeit. Über dem juristischen Grundgesetz steht das Kulturgrundgesetz. Das erstere besagt, daß der einzelne sich dem Staatswillen unterzuordnen hat; das letztere, daß die Staaten Kulturaufgaben zu lösen, daß sie übergeordnete objektive Werte — und das bedeutet Kultur — zu realisieren haben. Und so geht es fort zu immer höheren Gesetzmäßigkeiten. Das menschliche Leben ist eine unendliche Aufgabe. Immer wieder entstehen höhere und reinere Ziele, und die zu erstrebenden Werte scheinen, je näher der ringende Mensch ihnen zu sein glaubt, nur ferner und — ach — immer ferner zu rücken. Oben auf der reinsten Höhe aber thronen die drei absoluten Werte, die Wahrheit, die Schönheit und die Sittlichkeit.

Diese wenigen Worte zur Orientierung innerhalb des Weltganzen: die einzelnen Werte, von denen die nunmehr abgeschlossenen Betrachtungen ausgingen, sind zunächst auf den Gemeinschafts-

---

[1]) Im Grunde derselben Ansicht Gierke Althusius [2] 319, der zwar meint, es gebe machtloses Recht und rechtlose Macht, aber doch hinzufügt, der Zwiespalt könne auf die Dauer nicht ertragen werden. Zu dem Ergebnis des Textes ist jüngst eine kleine Schrift Stammlers gekommen: Recht und Macht (Berlin, Heymann, 1918). Vgl. auch v. Wieser Recht und Macht 1910, 79: „Zum vollen Recht gehört Macht, zur vollen Macht gehört Recht."

wert des Rechts zurückgeführt und mit diesem wiederum in dem Gesamtreich der Werte eingestellt.

f) Nunmehr liegt klar auf der Hand, wie zu M. E. Mayers Theorie[1]) von den „Kulturnormen" Stellung zu nehmen ist, jener tief konzipierten Lehre, die jedoch noch immer nicht tief genug vorgedrungen ist, noch immer nicht die juristischen Fesseln der „Normen" von sich abgestreift hat. Ihr Schöpfer[2]) nennt seine Normentheorie „eine konsequente Fortführung" der Bindingschen. In der Tat knüpft Mayer inhaltlich — außer an Kohlers Auffassung des Rechts als Kulturerscheinung — an Binding an,[3]) und das lag ja nahe, da des letzteren großes Werk über die „Normen" doch dasjenige ist, das zum ersten Male großzügig und zielbewußt, wenn auch durchaus nicht als Entdecker eines neuen Gedankens,[4]) über die Strafrechtssätze hinausgegangen ist und nach dem großen unbekannten logischen prius geforscht hat, von dem die letzteren nur abgeleitet sein können, wobei es seine Schwerkraft dann aber nicht in die Lehre von der Rechtswidrigkeit, sondern in die von der Schuld verlegte, die doch von jener erst abgeleitet sein sollte. Gerade dieser sachliche Ausgangspunkt — Mayer hat sich ja auch später mit besonderer Vorliebe, freilich auch mit besonderer Feindseligkeit gerade mit Bindings Anschauungen auseinandergesetzt — mußte zum Verhängnis werden. Nur die „Rechtsnormen" sind von Mayer überwunden worden, aber nicht die Normen überhaupt, und deshalb blieb seine Tat nur eine halbe. Er suchte nach Kulturnormen, statt zu einem normativen Kulturbegriff vorzudringen. Kultur ist u. E. eine Summe von objektiven Werten oder — transzendental — eine Ordnung, eine Gesetzmäßigkeit dieser Werte; Kultur ist also eine Gesamtregelung, aber nicht eine Mehrheit oder eine Summe von Regeln, so wie man das objektive Recht als eine Summe von Rechtsnormen betrachtet. Einzelne Kulturnormen gibt es nicht. Und deshalb ist die Mayersche Parallele verfehlt. Es liegt allerdings nahe, in der Gleichung

$$\frac{\text{Recht}}{\text{Rechtsnormen}} = \frac{\text{Kultur}}{x}$$

für x zu setzen: Kulturnormen; die Verführung ist sehr groß. Wäre das richtig, so wäre aber noch immer zu einer normativen Einheit vorzudringen

[1]) Erstmalig in dem bei seinem Erscheinen längst nicht genügend gewürdigten Werke: Rechtsnormen und Kulturnormen 1903 (Strafrechtl. Abhandl. Nr. 50). Sodann Lehrb., insbes. 37 ff.

[2]) Lehrb. 51^{17}. [3]) 37.

[4]) Die Bindingsche Unterscheidung von Normen und Strafrechtssätzen findet sich schon bei Bentham und Austin; vgl. die Nachweise bei Somlo Juristische Grundlehre 1917, 190. — Neuerdings ist wieder von Kitzinger die Normentheorie zur Grundlage seines Werkes Die Verhinderung strafbarer Handlungen durch Polizeigewalt 1913 gemacht worden (4 ff.); gerade auf praktischem Gebiete kann sich aber eine so formale Theorie nicht bewähren.

gewesen, zum Begriffe Kultur als einem Werte, nicht anders wie man die Rechtsnormen zum normativen Begriffe Recht zusammenfaßt. Aber diese Kulturnormen sind eine imaginäre Größe, ein bloßes Konstruktionsgebilde; und selbst konstruktiv sind sie verfehlt. Gewisse Normen lassen sich allerdings zu gewissen Kreisen vereinigen, wie diejenigen der Religion und der Moral. Aber was soll man zu einer so vagen, der Differenzierung und eines exakten Ausbaues so dringend bedürftigen Erläuterung sagen, wie sie Mayer gibt und wie sie wohl kaum präziser zu geben ist! Sie lautet: „Kulturnormen sind Verbote und Gebote, durch die eine Gesellschaft das ihrem Interesse entsprechende Verhalten fordert ... Unter diese Definition fallen die Normen der Religion und der Moral, die Normen des Verkehrs im örtlichen und geistigen, im wirtschaftlichen und geselligen Sinne, die Normen der agrarischen, militärischen, technischen, akademischen Kultur usw. und natürlich auch die Rechtsnormen.“[1])

Worin steckt nun der Fehler? In einem Doppelten. Einmal sind die Kulturnormen, wie der soeben zitierte erste Satz zeigt, nichts weiter als soziale Regeln, als Regeln für eine jede Gemeinschaft. Damit würde also nichts anderes zum Ausdruck gebracht werden wie das, was wir oben mit objektivem (übergeordnetem) Gemeinschaftswert bezeichneten. In der Grundauffassung wissen wir uns also mit Mayer einig. Und doch liegt nicht etwa nur eine terminologische, sondern eine sachliche Differenz vor. Verbote und Gebote, wie sie Mayer fordert, können nur wirkliche und einzelne Normen sein, und deren Nachweis, also den Nachweis der Wirklichkeit und Einzelheit, kann er nicht erbringen. Wir möchten nur einige Beispiele etwa für Verbote einer geistigen oder wirtschaftlichen Verkehrsgemeinschaft zu erfahren bitten. Was würden wir dann zu hören bekommen? nur einige (willkürlich herausgegriffene) Vorkommnisse tatsächlicher Natur, und diese würden zugleich vom Standpunkte dieser Gemeinschaft gewertet werden. Also untergeordnete Werte (Tatsachen, Handlungen) und übergeordnete Werte (Gemeinschafts zwecke). Und aus den letzteren würden dann künstlich Verbote und Gebote herausgesetzt, obwohl solche sich immer nur ad hoc, niemals generell, jedenfalls niemals erschöpfend schaffen lassen. Nur der oberste Gemeinschaftszweck ließe sich generell bestimmen. Mayer fingiert also einzelne Normen, wo nur ein Gemeinschaftszweck besteht, und er fingiert wirkliche Normen, wo nur ein gedachter Wert besteht. Seine Anschauungsweise trägt noch zu sehr den Mangel des Juristen, der mit Einzelnormen, wirklich bestehenden Einzelnormen operiert. Richtiger wäre es, aus dem Erfahrungsinhalt Einzelvorgänge zu analysieren und diese kritisch wertend zu betrachten. Wenn Mayer seine Normen nur als ein Ausdrucksmittel dieser Wertungen, gewissermaßen als Darstellungsformeln ansehen will, so wären wir insofern mit ihm einverstanden.

Diese sozialen Regeln sind nun aber weit entfernt davon, den Inhalt der Kultur wiederzugeben. Und damit berühren wir den zweiten Fehler. Auch

---

[1]) 44.

nach Mayer müßte die Kultur dem Recht übergeordnet, zum mindesten aber müßte sie ihm nebengeordnet sein. Aufgabe des Staates ist es, die Kultur zu fördern; diese Formel wird man für unsere augenblicklichen Zwecke billigen dürfen. Kultur steht also über dem Staat, und nur deswegen ist sie ein Kriterium für Rechtmäßigkeit und Rechtswidrigkeit,[1]) nur deswegen ist Rechtswidrigkeit gleich Kulturwidrigkeit.[2]) Zum mindesten ist aber Kultur, wenn nicht dem Recht übergeordnet, so doch ihm nebengeordnet. Daher soll sich das Recht nach Mayer aus dem Kreise der Kulturnormen die Rechtsnormen aussuchen. Hiermit steht nun aber die obige Mayersche Auffassung der Kulturnormen als sozialer Regeln im Widerspruch. Denn ein großer Teil von ihnen steht zweifellos nicht nur nicht neben, sondern unter dem Recht. Ja, manche sind der typische Ausdruck für den Gegenstand (!) der rechtlichen Regelung, so der Verkehr. Es gibt nur zwei Möglichkeiten. Die Verkehrsnormen sind entweder sozial gerechtfertigt, d. h. sie halten vor einer höheren Wertung stand — dann sind sie Kulturnormen und regelmäßig (wenn sich also nicht das Recht mit der Kultur in Widerspruch setzen sollte) zugleich Rechtsnormen — oder aber sie sind sozial nicht gerechtfertigt — dann sind sie eben keine Kulturnormen. Letzteres im Widerspruch zu Mayer. Bezeichnend für seinen Standpunkt ist, daß er auch die in einer Räuberbande geltenden Normen als Kulturnormen auffaßt.[3]) Hier scheint uns die Unkultur mit zur Kultur gerechnet zu sein. Das Fehlerhafte an der Mayerschen Auffassung von der Kultur besteht mithin darin, daß er sie in das Reich des Tatsächlichen[4]) verweist, wo sie doch einen objektiven Wert darstellt; und da Mayer das Normative schließlich im Ergebnis nicht ausschließen kann, so fügt er es hinzu, indem er — die Norm einführt, indem er zur Kultur Normen setzt, statt die Kultur selbst als Norm zu betrachten. Nach Mayer ist Kultur das Objekt, Kulturnorm die Wertung! Aber diese Kulturnormen,

---

[1]) Vgl. auch Mayer 51.

[2]) Besonders deutlich Mayer 37: „Die . . . vom Verbrecher mißachteten Verbote und Gebote finden sich in den staatlich anerkannten Kulturnormen. Durch sie wird bestimmt, welches Verhalten rechtswidrig ist. Daher ist die hier zu versuchende Erläuterung des Begriffes der staatlich anerkannten Kulturnormen zugleich eine Erklärung des Unrechts.“ Vgl. ferner 180 oben.

[3]) 44.

[4]) Daher auch 39: „Kultur ist ein in der Vervollkommnung begriffener Zustand,“ also doch ein Zustand. Freilich kann man auch den jeweiligen Niederschlag der objektiven Werte mit Kultur bezeichnen; aber logisch-methodisch muß eine Wertung vorausgegangen sein. Vgl. auch 41, 42 („Gedanke des Fortschritts“, „gesellschaftsfreundliches Verhalten“ als Kennzeichen der Kultur). Rein im Bereich des Tatsächlichen bewegt sich aber Mayers Anschauung, wenn er (bei der Erörterung der Beziehungen zwischen Kultur und Gesellschaft) die Kultur als „Pflege eines gemeinsamen Interesses“ bezeichnet (41). Kultur ist Pflege nicht eines Interesses, sondern eines berechtigten Interesses.

die aus der Kultur selbst emporgewachsen sind, leisten für die Erkenntnis der Begriffe Rechtmäßigkeit und Rechtswidrigkeit gar nichts. Welche Kulturnormen werden denn zu Rechtsnormen erhoben? Welche Kulturnormen erkennt der Staat an? Das ist eben die große Frage. Und so müßte denn Mayer, wenn er zu einer endgültigen wissenschaftlichen Lösung dieses gerade entscheidenden Problems gelangen will, über den Rechtsnormen einen Maßstab anerkennen, der über ihre Berechtigung aussagt, über den Rechtsnormen einen Wert, der als kritischer Richtpunkt für sie dient. Nur so ist eine geschlossene systematische Auffassung auf normativer Grundlage möglich. Ob man diesen Richtpunkt nun mit uns, übrigens auch mit der von Mayer[1]) als das „Beste" gelobten Münchschen Abhandlung[2]) „Kultur" nennen will, ist eine terminologische Frage. Jedenfalls muß es dabei sein Bewenden haben: Mayer hat das Normative an falsche Stelle gesetzt, und deshalb kann dieses für den Juristen nichts leisten.

Doch das alles sind schließlich nur einzelne, wenn auch u. E. prinzipielle Beanstandungen, die die Größe und Kühnheit der Leistung Mayers in keiner Weise schmälern wollen. Er hat als erster ein Strafrechtslehrbuch (vielleicht besser genannt: Lesebuch) auf sozial- und rechtsphilosophischer Grundlage aufgebaut und mit diesem Geiste durchdrungen. Daß wir diese Grundlage nicht oder nur in einigen Teilen annehmen können, steht erst in zweiter Linie. Freilich war es schon nicht wenig gewagt, gerade den Kulturbegriff als Angelpunkt des Systems zu nehmen, jenen Begriff, der bis jetzt — u. E. wegen mangelnder methodischer Durchdringung — so wenig eindeutig bestimmt ist.[3]) Uns will es wissenschaftlich exakter erscheinen, den Wertgedanken zum Zentralbegriff zu erheben. Er ist das Ergebnis analytischer Arbeit, während der Kulturbegriff in hohem Maße zusammengesetzter Natur ist und deswegen so verschwommen und wenig exakt erscheint. Der Wertbegriff bildet auch, von anderen hier nicht mehr zu erwähnenden Vorzügen abgesehen, ein (überdies von zahlreichen namhaften Philosophen verwertetes) Grundelement, das von einer derart hochgradigen zentralen Natur ist, daß sich aus ihm sowohl die menschlichen Verhaltungsweisen wie die übergeordneten Maße

---

[1]) 39.

[2]) Zeitschr. f. Rechtsphilos. I 345 ff. Es nimmt freilich wunder, daß Mayer den hoch in den Wolken thronenden Kulturbegriff Münchs nicht rundweg ablehnt, im Gegenteil die Ähnlichkeit mit seiner Anschauung hervorhebt (39). Vgl. unsere Besprechung der Münchschen Schrift in ZStW. 40, 244 ff. So wie Mayers Begriff zu tief, so ist derjenige Münchs zu hoch angesetzt, da Kultur nach Münch so ziemlich der oberste, abstrakteste Maßstab (oder Richtpunkt) ist.

[3]) Wennt Mayer 42 meint, im ganzen habe das Verhältnis von Gesellschaft und Kultur viel Ähnlichkeit mit dem von Staat und Recht, so fragt man sofort, welcher Art dieses Verhältnis sei. U. E. ist es beidemal das unserem Werke zugrunde liegende logische Verhältnis von Objekt und Maßstab der Wertung.

(Gesetze, Normen) bis hinauf zu den allerhöchsten Zielen des menschlichen Lebens[1]) wie auch endlich die Beurteilungen (Wertungen), also die eigentliche juristische Tätigkeit, zusammensetzen.[2]) Daher gelangt durch die Orientierung auf den Wertbegriff ein einheitlicher Stil in das Gebäude; das System beruht auf einem Grundgedanken und gewinnt gerade wegen des bis ins einzelne analysierten und deswegen zur Ausfüllung von freien Stellen geeigneten Wertelements den Vorzug der Geschlossenheit und Lückenlosigkeit. Doch wir wollen die eigenen Systemvorzüge nicht irgendwie in den Vordergrund kehren. Auch der Kulturbegriff hat seinen Einzug in die moderne Philosophie gehalten, die Geisteswissenschaften sind — nicht nur rein nominell — zu „Kulturwissenschaften" geworden, eine eigene Zeitschrift (der Logos) ist gegründet, die der Errichtung von Systemen der Kulturphilosophie den Boden ebnen soll. Die Zeichen dafür sind günstig, daß diesem Begriff — und damit auch einem Grundgedanken des Mayerschen Lehrbuchs — die Zukunft gehört.

III. Die Begriffe rechtmäßig und rechtswidrig und ihre Ausgestaltung.

Mit der obigen Bestimmung des soziologischen Rechtsbegriffs haben sich auch die Begriffe Rechtmäßigkeit und Rechtswidrigkeit erschlossen. Das Recht wurde erkannt in dem Werturteil der staatlichen Gemeinschaft über die einzelnen Wertbestrebungen innerhalb dieser Gemeinschaft (II 7 b a. E.). Unmittelbare Ausstrahlungen sind die Begriffe, nach denen wir suchen:

Die Rechtmäßigkeit ist ein günstiges, die Rechtswidrigkeit ein ungünstiges Werturteil der staatlichen Gemeinschaft über eine einzelne Wertbestrebung in dieser Gemeinschaft. Rechtmäßig ist ein Wertstreben, ein Wirken, ein Verhalten, das den staatlichen Zwecken entspricht, rechtswidrig ein solches, das ihnen zuwiderläuft.[3])

---

[1]) Über Mayers ungenügende Bestimmung des Verhältnisses von Rechtswidrigkeit und Tatbestand, die Ursachen und Folgen vgl. § 13 I 2 b β Kleindruck Abs. 2 ff.

[2]) So bemerkt denn Mayer auch nicht, daß in seiner Definition der Gesellschaft als Interessengemeinschaft ein dem Kulturbegriff verwandtes Grundelement steckt. Das Interesse ist ebenso wie die Kultur ein Wert. Auch die Kultur ließe sich als Interessen, wertvollere Interessen bezeichnen.

[3]) Nahestehend die Ansicht v. Liszts 133: „Die Verletzung oder Gefährdung eines Rechtsgutes ist nur dann materiell rechtswidrig, wenn sie den Zwecken der das Zusammenleben regelnden Rechtsordnung widerspricht; sie ist, trotz ihrer Richtung gegen rechtlich geschützte Interessen, materiell rechtmäßig, wenn und soweit sie jenen Zwecken der Rechtsordnung und somit

Diese Bestimmungen ergeben sich aus der Natur der Dinge: die Gemeinschaft kann nur das gutheißen, was ihren eigenen Bestrebungen entspricht, was also sie selbst — die Gemeinschaft — fördert oder zum mindesten erhält. Eine Rechtfertigung dieser Auffassung ist nach den vorangegangenen Ausführungen unnötig; es kann sich nur um die nähere Ausgestaltung handeln. Bei einer solchen ist aber ein Doppeltes zu beachten. Sie hat sich, da noch immer allein die Erkenntnis des Wesens der Rechtswidrigkeit in Frage steht, von jedem empirisch-positivrechtlichen Einschlag fernzuhalten; dieser würde bedeuten eine Verunreinigung der reinen Rechtslehre, die auf Erkenntnis des bleibenden Wesens gerichtet ist, ein Hineintragen von Elementen, die mit dem Wechsel der staatlichen Gesetze kommen und wieder gehen. Der Inhalt der Zwecke, die der Staat A oder B verfolgt, ist daher nicht zu erforschen. Und sodann muß ein Überschreiten der Grenzen des Rechts nach oben peinlichst vermieden werden. So wenig man den Standpunkt der sozialen Ethik einnehmen darf (dies im Gegensatz, wenigstens in sachlichem Gegensatz zu Stammler und Graf zu Dohna), so prinzipiell verfehlt wäre es, die Kultur entscheiden zu lassen (dies in sachlichem Gegensatz zu Mayer) oder die Zwecke einer etwaigen überstaatlichen Gemeinschaft als Norm zu nehmen (dies im Gegensatz zu Bestrebungen von Vertretern des Völkerrechts und des Völkerbundsgedankens).

Gemäß der Zweiteilung des Wertbegriffs ist eine Ausgestaltung des Maßstabes sowohl wie des Objekts der Wertung möglich.

---

des menschlichen Zusammenlebens selbst entspricht." Beachtlich ist, daß hier schon das Objekt (die Handlung) unter dem Wertgesichtspunkt erfaßt und differenziert wird („Interessenverletzung und -gefährdung"). Darüber der folgende Text zu 2. Speziell die Rechtmäßigkeit der ärztlichen Operation wird vielfach von der staatlichen Anerkennung des Zweckes abhängig gemacht. Vgl. etwa v. Lilienthal ZStW. 20, 440, Finger 410, Meyer-Allfeld 202, Rich. Schmidt Die strafrechtliche Verantwortlichkeit des Arztes für verletzende Eingriffe 1900, ähnlich Löffler Vgl. Darst. B 5, 246/7. Wenn dieses Kriterium, der staatlich anerkannte Zweck, nur beim Schweigen des Gesetzes und in Zweifelsfällen angerufen wird, wie in den umstrittenen Fällen der ärztlichen Operation, so gibt man damit zu, daß dieses Kriterium dem Gesetz überhaupt zugrunde liegt. Denn woher nähme man sonst die Befugnis, auf es zurückzugreifen, wo das Gesetz versagt? Es muß eben ein allgemeingültiges Kriterium sein! Vgl. über die weitere Literatur die Übersicht unten III 2 d a. E.

1. Der Maßstab.

Als juristisches Grundgesetz entscheidet das Ziel des Staates: die Verhaltungsweisen der einzelnen haben den Bestrebungen des Staates nach Möglichkeit zu genügen, in erster Linie also die staatlichen Tendenzen auch von sich aus zu fördern und zu unterstützen, in zweiter Linie ihnen nicht zuwiderzulaufen. Da nun aber den Wertbestrebungen der einzelnen oft eine mehrfache Richtung innewohnt, eine sowohl fördernde wie hemmende, so läßt sich die Rechtmäßigkeit eines Verhaltens genauer dahin bestimmen: dieses muß den Zielen des Staates mehr entsprechen als ihnen zuwiderlaufen, dem Staate mehr nützen als schaden. Es ist also innerhalb der einzelnen Wertbestrebung und ihrer Folgen eine Abwägung in der soeben erwähnten Hinsicht vorzunehmen.

a) Also: 1. möglichster Nutzen für den Staat, nicht nur Nutzen für die größtmögliche Zahl von einzelnen oder wenigstens von den betroffenen einzelnen, wie sich im Anschluß an Hutcheson, Bentham und Sidgwick sagen ließe, sondern Nutzen für das Ganze, also nicht allein für die Mehrheit der Individuen, sondern auch für die Gemeinschaft als solche.[1]) Ja der letztgenannte Nutzen für die Gemeinschaft als solche ist der prinzipale insofern, als bei Kollisionen zwischen der

[1]) Damit erledigen sich die vielen Streitfragen, die an das Problem anknüpfen, wie zu entscheiden ist, wenn dasselbe Quantum von Lust sich in verschiedener Weise auf verschiedene Personen verteilen läßt. Vgl. v. Ehrenfels System der Werttheorie II 42, Ehrlich Soziologie 169, Sidgwick Ethik (übers. 1909) II 204 ff., dazu Bernays Das Moralprinzip bei Sidgwick und Kant 1912 (Abh. d. Friesschen Schule N. F. Bd. 3), Höffding Ethik 43 ff., Wilh. Stern Kritische Grundlegung der Ethik als positiver Wissenschaft 1897, dazu E. Adickes Z. f. Philos. u. philos. Krit. 116, 25 ff.; über Benthams Prinzip Wundt Ethik[4] 2, 219, Krauß Zur Theorie des Wertes 33, auch Külpe Einleitung in die Philosophie[7] 356. — Der Standpunkt des Textes ist insofern ein abweichender, als ein Maßstab für die Bewertung oder ein zu erreichendes Ziel (vgl. den folgenden Text zu d) gesucht wird, während z. B. Ehrenfels (50) nur die Tatsachen des „Gemeinförderlichen" beschreiben, Sidgwick (II 205) nur einen Maßstab für die Verteilung der Lust aufstellen will. Daß der Utilismus von uns nicht für die Ethik i. e. S., sondern nur für die Sozialphilosophie in Anspruch genommen wird, wurde bereits hervorgehoben. — Übrigens findet sich eine indirekte Bestätigung des Utilismus auch bei solchen Schriftstellern, die ihn prinzipiell ablehnen. Vgl. etwa Wundt Ethik[4] 3, 80, der die individuellen Zwecke als sittlich wertvoll nur dann anerkennt, wenn sie zu „allgemeinen Zwecken" erfolgen; das bedeutet eben soziale Nützlichkeit.

Gemeinschaft und ihren Gliedern die Gemeinschaft vorgeht. Daher ist eine weitere Erscheinungsform jenes Prinzips, gewissermaßen ein Minus gegenüber der erstgenannten Formulierung: 2. mindestens die Aufrechterhaltung des Bestandes des Staates. Es liegt in der Natur des Staates, daß er sich durchsetzen will, und insofern ist das Machtprinzip das richtige, es ist ein unmittelbarer Ausfluß des Triebes der Selbsterhaltung.

Weitere Varianten ergeben sich aber aus der Erwägung, daß den menschlichen Handlungen meist ein verschiedener Charakter innewohnt, daß sie mehrfache, verschieden zu bewertende Folgen nach sich ziehen und daß man sie nicht etwa in zwei Arten, in nützliche und in schädliche einteilen kann. Daher ließe sich 3. fordern, daß die Handlung zum mindesten keinen Schaden hervorruft. Da nun aber viele, wenn nicht gar die meisten nützlichen Handlungen nach irgendeiner Richtung hin auch schädlich wirken können, ja da nicht selten mit dem Grad der Nützlichkeit auch die Gefährlichkeit steigt — man denke an schwierige ärztliche Operationen oder an unsere modernen Verkehrsmittel, elektrische Bahnen, Flugzeuge —, so wird das soeben formulierte Prinzip einem 4. weichen müssen, und dieses ist die endgültige Fassung: mehr Nutzen als Schaden. Im Ergebnis muß also aus einer Handlung mehr Nutzen als Schaden erwachsen; dann ist sie rechtmäßig. Nicht dagegen lautet das Prinzip: möglichst wenig Schaden oder möglichst nur Nutzen; denn ein solcher aus einer nur nützlichen Handlung zu erwartende Nutzen könnte möglicherweise geringer sein als derjenige, der einer zugleich schädlichen Handlung entspringt. Dann liegt die letztere im Interesse des Staates, dann ist sie die rechtmäßige.

Mehr Nutzen als Schaden. Damit ist gewissermaßen ein Wertmesser aufgestellt, eine Gradeinteilung mit einem Nullpunkt. Was über der Null liegt, ist rechtmäßig; was unter ihr fällt, ist rechtswidrig; was gleich Null ist, ist rechtmäßig, denn juristisch indifferente Größen gibt es unter den menschlichen Handlungen nicht.

Mehr Nutzen als Schaden. 1. Zunächst worin kann der Schaden bestehen? a) Einmal objektiv: α) in der Schädlichkeit des Erfolges, β) in der Größe der Gefahr der Handlung, also in dem Grad der Wahrscheinlichkeit des schädlichen Erfolges in Verbindung mit dem Grade der Schädlichkeit des Erfolges. b) Sodann subjektiv: α) in der Schwere der Schuld, β) in der Größe der Gefährlichkeit des

Täters (hierüber näheres bei Erörterung des Schuldbegriffs). 2. Dieser Schaden ist auf der anderen Seite mit der tatsächlichen oder zu erwartenden Nützlichkeit abzuwägen.

Die salus publica, das öffentliche Interesse, das Wohl des Ganzen — diese ebenso beliebten[1]) wie angefeindeten Schlagworte enthalten den richtigen Gedanken und bedürfen nur der exakten Fundierung. Ein Einwand, der gegen die Brauchbarkeit dieser Kriterien immer wieder erhoben wird, der sich aber bei näherem Zusehen als haltlos erweist, geht dahin, es müsse angegeben werden, worin das öffentliche Wohl liege. Das wäre aber nicht mehr der abstrakte Maßstab, nach dem wir gegenwärtig fragen, sondern seine Anwendung im konkreten Fall oder in einer Reihe von Fällen. Ob aus einer Reihe derartiger Entscheidungen empirisch ein genereller Maßstab abgeleitet werden soll, der sich als positives Gesetz eignet, ist eine nicht hierher gehörige, nicht das Erkenntnis-, sondern das Anwendungsproblem betreffende Frage (darüber unten § 13). Würde dagegen der abstrakte Maßstab mit einem derartigen empirischen Stoff angefüllt werden, so würde er seine Allgemeingültigkeit einbüßen. Gerade wegen seiner hohen Abstraktheit und Inhaltsleere wird er aber den verschiedensten Anforderungen gerecht und bewahrt seine Gültigkeit hinaus über den Wechsel der Zeiten, hinaus über den Wandel der Anschauungen, die die Menschen darüber haben, was im einzelnen Falle dem Staate nützt und was ihm schadet.

b) Für die Entscheidung über Nutzen und Schaden ist der Standpunkt des **Staates** einzunehmen. Der Staat selbst in seiner augenblicklichen Lage und mit seiner gegenwärtigen Verfassung bestimmt, was ihm frommt und was nicht. Irrt er sich, so ist auch seine irrtümliche Ansicht zugrunde zu legen, nicht etwa diejenige eines objektiven Beurteilers, und zwar selbst dann nicht, wenn dieser sich unparteiisch allein auf den Standpunkt des Staates stellen und dessen wahre Wünsche ermitteln wollte. Es gilt daher das positive, das reale Grundgesetz, nicht das normative, das ideale. Entscheidend ist das Sein, nicht das Sollen. Zugrunde zu legen ist der tatsächliche Wille, nicht der immanente Zweck des Staates.

---

[1]) Sie finden sich auch in RV. v. 11. 8. 1919 Art. 153 Abs. 2 („Wohl der Allgemeinheit"), Abs. 3 (das „Gemeine Beste"), Art. 163 („Wohl der Gesamtheit") u. a. Über die gesetzliche Verwendung des Begriffs des „öffentlichen Interesses" vgl. Grundlagen des Prozeßrechts 1919, 41.

Und diese Abweichung der Wirklichkeit von der Norm braucht nicht nur auf Irrtum oder auf Nichtkenntnis zu beruhen; sie mag auch bewußt geschehen. Der Staat kann, statt das allgemeine Wohl im Auge zu haben, durch einen Willkürakt eine Gruppe von Personen einseitig begünstigen, er kann an Stelle des öffentlichen Interesses nur vereinzelte Privatinteressen entscheiden lassen. Die Lenker des Staates mögen die Parteigruppe, aus der sie selbst hervorgegangen sind, aus politischen Gründen oder auch aus bloßer Bequemlichkeit, aus Gewöhnung an ihre früheren Ansichten und Verhältnisse bevorzugen, oder sie mögen der Macht der Tatsachen, einer bestehenden Gewohnheit, der Sitte folgend das öffentliche Wohl vernachlässigen. Immer gilt dieser tatsächliche Wille des Staates, d. i. der Regierenden.

Dieser tatsächliche Wille des Staates gilt aber nur insoweit, als er unzweideutig erklärt ist. Ist für andere Erklärungen Raum vorhanden oder fehlt es an Erklärungen überhaupt — und dieser letztere Fall wird in derartigen grundlegenden Fragen wohl regelmäßig vorliegen —, welche andere Richtschnur sollte da zu nehmen sein wie das normative Grundgesetz, wie die Idee, das oberste Ziel des Staates, das nach objektiv kritischem Urteil festzustellen ist? Jenes ideale Ziel, das in der Natur der Dinge begründet liegt, das dem Wesen des Staates wie einer jeden Gemeinschaft immanent ist? Die salus publica in dem oben dargelegten Sinne bedarf wahrlich keiner näheren Begründung. Es ist in jedem einzelnen Falle festzustellen, was dem Staate frommt; das gilt als von ihm gebilligt, als sein Wille, als Recht. Der Staat will im Zweifel sein Bestes, nicht anders wie jeder einzelne Mensch sein Bestes will. Die Ethik der englischen Utilitarier ist zwar als Ethik verfehlt, insofern sie nicht bis zu den letzten obersten Zielen aufsteigt, sondern an einem begrenzten Mittel, dem jeweiligen Nutzen, halt macht; aber als Staatslehre enthält sie als den richtigen Kern die gesicherte Einsicht, daß der Nutzen des Staates für diesen selbst wie für die Staatsbürger das oberste Gesetz ist.

c) Der objektive Nutzen des Staates ist aber selbst für die begrenzte Aufgabe des Juristen nicht der allein ausschlaggebende Gedanke. Auch hier sind Zweifelsfälle möglich und ist der freibleibende Raum nach einem höheren Gesichtspunkte auszufüllen. Und woher sollte dieser Maßstab anders zu entnehmen sein wie aus den Zwecken der übergeordneten Gemeinschaften? Dem Ziel einer etwa tatsächlich bestehenden überstaatlichen (völkerrechtlichen) Gemeinschaft und aus den weiteren Zielen der Kultur? Und so zeigt sich hier ein ähnliches Verhältnis zwischen dem juristischen Grundgesetz und den höheren Gesetzen, wie es soeben zwischen dem positiven und dem normativen Grundgesetz beobachtet wurde. Prinzipiell gilt das juristische Grundgesetz; aber es findet zum Teil seine Ergänzung aus höheren Zweckgesichtspunkten, höheren Werten, höheren Gesetzmäßigkeiten.[1])

d) Somit weist das positive juristische Grundgesetz über sich selbst hinaus zunächst zu dem normativen juristischen Grundgesetz und von diesem aus wiederum zu höheren Gesetzmäßigkeiten, zu Gesetzen einer etwa übergeordneten Staatengemeinschaft, der Kulturgemeinschaft, der sozialen Ethik. Schon seiner Form nach bedeutet mithin der Maßstab der juristischen Wertung nichts Abgeschlossenes, sondern etwas zu höheren Zielen Drängendes. Und nicht nur der Form, sondern auch dem Inhalt nach. Der Maßstab findet nach oben kein Ende; er verläuft in der Unendlichkeit. Der Gedanke des allgemeinen Wohles, das Prinzip des „Mehr Nutzen als Schaden" — können sie denn einen Abschluß finden? Kann jemals eine Stufe des menschlichen Verhaltens erstiegen werden, auf der es hieße, das allgemeine Wohl wäre verwirklicht, ein größerer Nutzen wäre nicht denkbar? Niemals! Wir können inhaltlich ein Ende gar nicht ausdenken. Das Höchste, das wir überhaupt zu denken vermögen, ist die Verwirklichung eines Wertes, der zugleich einen höheren Wert zum mindesten ahnen läßt. Das allgemeine Wohl ist ein Ideal, ein unerreichbarer Zustand; denn jedes erreichte Wohl ist unbefriedigend und erzeugt aus sich heraus den Wunsch nach seiner eigenen Aufhebung und Überwindung; an der psychologischen Erscheinung, daß kein erreichtes Lustgefühl von Bestand

[1]) Das scheint uns in unserer Abhandlung über die Möglichkeit eines juristischen Grundgesetzes (Z. f. Rechtsphilos. 2, 336 ff., 367) nicht genügend beachtet. Unser Bestreben ging dort dahin, das juristische Grundgesetz fest von höheren Grundgesetzen (Kultur, Moral) abzugrenzen und ersteres als das für juristische Fragen allein maßgebliche zu erweisen. Das war an sich richtig. Aber es wurde übersehen, daß das juristische Grundgesetz, das ja von oben Nahrung und Inhalt empfängt, indirekt jene höheren Gesetze mit berücksichtigen muß, jedenfalls berücksichtigen kann.

ist, vielmehr ein weiteres Lustgefühl ersehnt, ist gewiß nicht zu zweifeln. Mit diesem Unbefriedigtsein tritt zugleich eine Kräftevermehrung und Willensanspannung ein, die uns tauglich macht oder uns zum mindesten in den Glauben an unsere Tauglichkeit versetzt, ein höheres Ziel zu erreichen, und somit sind auch die äußeren Bedingungen für ein Aufwärtsstreben gegeben. Wie das sittliche Leben eine unendliche Aufgabe und niemals ihre Lösung, wie es eine ewige Vervollkommnung und niemals eine Vollkommenheit selbst bedeutet, so ist auch der Maßstab der Rechtmäßigkeit nach oben hin unbegrenzt. Theoretisch muß zwar ein formaler Abschluß gesetzt werden; das geschieht durch Anerkennung der drei absoluten Werte der Wahrheit, der Schönheit und der Sittlichkeit, insbesondere der letzteren als einer unendlichen Aufgabe. Aber ein materialer Abschluß ist unmöglich. Jedes tatsächlich erreichte Ziel eröffnet den Ausblick auf ein neues fern ragendes Ziel; und wenn dieser Gipfel erklommen ist, so zeigen sich sofort neue und steilere Höhen. So geht es fort — in Ewigkeit.

Diese Betrachtungen lassen die Notwendigkeit erkennen, zwischen Ziel und Maßstab zu unterscheiden. Begrifflich leuchtet die Unterscheidung ohne weiteres ein; das Ziel ist nur ein Grad auf dem Maßstab und zwar der höchste — wenn man es nicht etwa wegen seiner Unendlichkeitslage jenseits des Maßstabes als einer exakten Gradeinteilung versetzen will. Pragmatisch dagegen ist die Unterscheidung insofern von Bedeutung, als das Ziel lediglich erkenntnistheoretische, logokritische, gesamtsystematische Bedeutung gewinnen, nicht aber praktische Anwendbarkeit beanspruchen darf. Der Zweck, der sich als ein allgemeingültiger nur in unendlicher Ferne festlegen läßt, taugt nicht für die juristische Praxis; hier kann nur der Maßstab mit seiner Gradeinteilung in Betracht kommen (vgl. unten § 13).

2. Das Objekt.

Der Maßstab wurde bestimmt: Rechtmäßigkeit bedeutet mehr Nutzen als Schaden für die Gemeinschaft. Nunmehr fragt es sich, an welches Objekt dieser Maßstab anzulegen ist. Die methodisch richtige Reihenfolge ist: Maßstab — Objekt, nicht umgekehrt. Es muß ein Objekt gefunden werden, das sich gerade mit diesem Maße messen läßt; denn das Recht bedeutet seinem Wesen nach einen Maßstab, eine Norm, und daher ist von ihm auszugehen. Von dem Objekt den Ausgang zu nehmen, wäre willkürlich; man müßte denn mehrere verschiedene Objekte betrachten und die Anlegbarkeit des Maßes auf sie probieren, bis eine Gruppe gefunden ist, die sich in einer bestimmten Weise messen, nämlich rechtlich werten läßt — woraus doch deutlich erhellt, daß eben die Meßbarkeit das Entscheidende, der Maßstab also das logische prius ist.[1]) Der Maßstab ist es, der erkenntniskritisch das Objekt erst konstituiert. Wie in der wissenschaftlichen Philosophie der Gegenstand der Erkenntnis erst in zweiter Linie, nämlich erst nach dem erkennenden Subjekte in Frage kommt — unter Gegenstand der Erkenntnis darf man zunächst nichts weiter verstehen als das, was dem erkennenden Subjekte entgegensteht[2]) —, ebenso darf in der Rechtswissenschaft das Objekt erst nach dem Werturteil in engere Erkenntnis gezogen werden. Für die Erkenntnis selbst sind zwar beide, Maßstab und Objekt, Form und Stoff gleichzeitig „gegeben", d. h. das eine läßt sich ohne das andere nicht denken; aber eben deswegen ist die wissenschaftliche Erkenntnis des Objekts erst unter dem Gesichtspunkte des Maßstabes der betreffenden Wissenschaft möglich. Alles Spekulieren über das Objekt ohne Rücksicht auf den Maßstab, alles derartige „auffassungsfreie" Betrachten des Objekts ist nur ein „vorwissenschaftliches"[3]), das der Vervollkommnung und Berichtigung harrt.

a) Gewertet wird von einer jeden Gemeinschaft zunächst — und zunächst ausschließlich — immer nur die auf einen Menschen als Ursache zurückführbare Veränderung im sozialen Leben. Innerhalb der Gemeinschaft, wie überhaupt in der Welt, ändern sich die Dinge fortwährend; das Leben ist ein ewiges Fluten der Geschehnisse. Nur diejenigen Veränderungen interessieren aber das Recht, die ein menschliches Verhalten als Ursache haben. Das prinzipale Wertungsobjekt ist mithin der Erfolg; denn nur für tatsächliche Änderungen kann die Rechtsordnung Interesse zeigen. Aber gleichzeitig

---

[1]) Daher ist der Ausgang Bindings von der Norm richtiger als derjenige v. Liszts von der (natürlichen) Handlung. Unzureichend ist Bindings Ausgang aber insofern, als die Norm ihrerseits gerechtfertigt und der Verstoß gegen sie als unwert dargelegt werden muß; die Norm ist zwar innerhalb eines engen Kreises, aber nicht einmal innerhalb des für den Juristen erheblichen Gebietes das Anfangsglied.

[2]) Hierüber Rickert Gegenstand der Erkenntnis[3] 1915.

[3]) S. die Zitate von Rickert und Lask unten § 16 II 2a.

erweist sich als notwendig das Zurückgehen auf die Ursache, und somit ergibt sich die Beschränkung der ursprünglichen Objekte auf solche, deren Ursachen menschliche Verhaltungsweisen sind. Diese Ursachen bilden den inneren Kern, den wahren Untergrund des zu wertenden Objekts.[1]) Daher sucht ja die Rechtsordnung die Menschen zu gewissen Handlungen, die ihr wohlgefällig sind, zu bestimmen, von anderen dagegen abzuhalten. Und daher wiederum kann als recht und unrecht nur das Verhalten eines Menschen bezeichnet werden. Ob dieses Verhalten ein Tun oder Nichttun ist, muß einerlei sein; Hauptsache ist, daß es sich als die Ursache eines für die Gemeinschaft nützlichen oder schädlichen Erfolges herausstellt.

Diese auf natürlicher Erwägung beruhenden Betrachtungen stehen mit den obigen grundlegenden Ausführungen zur Werttheorie (II 5 b) im durchaus harmonischen Zusammenhang. Gewertet werden kann nur selbst ein Werten; denn das Objekt muß dem Maßstab wesensverwandt sein, damit dieser sich an das Objekt anlegen läßt. Das Objekt ist ein mit einem übergeordneten Wert zu vergleichender untergeordneter Wert, und dieser kann mithin nur ein menschliches Wertsetzen, ein Wertstreben, ein Zweckwollen sein; dessen Ergebnis aber ist ein konkretisierter Wert, und für diesen interessiert sich die Gemeinschaft in erster Linie. Er ist die in den Maßstab einzusetzende Größe; von ihm macht die Gemeinschaft den Wert des voraufgegangenen Wertstrebens, des Verhaltens abhängig.

Damit gelangen wir zu folgendem Ergebnis: die rechtliche Wertung knüpft zwar an das menschliche Verhalten an; ob dieses aber so oder so zu bewerten ist, darüber entscheidet der Erfolg. **Wertungsobjekt seiner Art nach ist das menschliche Verhalten; die bei der konkreten Wertung mit dem Maßstab zu vergleichende Größe ist dagegen der Erfolg.**

---

[1]) Im Grunde ist also verfehlt die Meinung, es gebe auch rechtswidrige Zustände. Nur als Erfolge von Handlungen können sie rechtswidrig sein. Vgl. zu der Frage Beling Lehre vom Verbrechen 170, 254, Grenzlinien von Recht und Unrecht (1913) 26 ff., wo u. E. irrig Rechtswidrigkeit der Folge bei Rechtmäßigkeit der Handlung wie der umgekehrte Fall für möglich gehalten werden; eingehend zu der Frage H. A. Fischer Rechtswidrigkeit 98 ff., sowie Nagler in Binding-Festschrift 1911 II 317 ff. m. Nachw.

b) Liegt nun aber der sachliche Schwerpunkt auf dem Verhalten und muß daher der Rechtsordnung daran gelegen sein, auf dieses motivierend einzuwirken, so folgt hieraus die Notwendigkeit, den für die Wertung in letzter Linie ausschlaggebenden Erfolg noch nach einer anderen Richtung hin zu beschränken. Nicht der tatsächliche Erfolg ist die Größe, an die der Maßstab im konkreten Falle anzulegen ist, sondern der voraussichtliche Erfolg, der Erfolg, den die Gemeinschaft bei einem solchen Verhalten bei der und der Sachlage erwartet. Die Rechtsordnung will ja nicht den Erfolg als solchen, losgelöst von dem Menschen, bewerten, sondern nur gewissermaßen beides zusammen. Daher kann sie unmöglich zum Gegenstand ihrer Beurteilung einen Erfolg machen, der auf zufällige Begebenheiten, wie Naturereignisse, Blitz und Wetter, zurückzuführen ist, mag selbst eine menschliche Handlung in der Kausalkette mit erscheinen. Nur der Erfolg kann in Betracht kommen, der dem Wesen einer menschlichen Verhaltungsweise, einem Verhalten von einer gewissen Art innewohnt, der der Natur derartiger Verhaltungsweisen entspricht, der ihnen „adäquat" ist, der sich als die allgemeine, die generelle Tendenz des Verhaltens darstellt. Nicht der tatsächliche, sondern der wahrscheinliche Erfolg macht den sozialen Wert der Handlung aus. Den tatsächlichen Erfolg als solchen, also losgelöst von menschlichem Verhalten, zu beurteil n, ist keine soziale Aufgabe. Die menschliche Gemeinschaft setzt sich aus Werten zusammen und kann nur über Werte befinden; Naturtatsachen sind nicht soziale, sondern naturwissenschaftliche oder mathematische Objekte.

c) Ist somit das soziale Wertungsobjekt nach der einen Richtung hin, der naturalistischen, abgegrenzt, so muß nicht minder sorgsam eine andere Scheidelinie gezogen werden, diejenige gegenüber der Individualethik. Nicht der Zweck des Handelnden ist der Gegenstand der Wertung; was er mit seinem Tun und Lassen tatsächlich erreichen wollte, ist für die objektiv soziale Beurteilung ohne Belang.[1]) Denn das berührt nicht den Charakter der Handlung als einer solchen, sondern seine Gesinnung und wird mithin für die individuale Ethik

[1]) Eine neuere beachtliche Ansicht will dagegen die Rechtswidrigkeit im Strafrecht auch von der Willensrichtung abhängig machen. Darüber unten § 14 I 3 b.

und somit für das strafrechtliche Schuldproblem erheblich. Hier interessiert aber nicht der subjektive, sondern der sog. reale Zweck, d. i. derjenige, der nach objektivem Urteil als der Handlung innewohnend erkannt wird, mit anderen Worten: der regelmäßig eintretende Erfolg der Handlung, ihre generelle Tendenz, ihre normale Richtung.

Wenn man daher den von der Rechtsordnung zu beurteilenden Gegenstand als Wollen oder Bezwecken oder als Wille oder Zweck bezeichnet, so ist das zum mindesten eine irreführende Ausdrucksweise. Versteht man darunter etwas anderes als das objektive Wertstreben, Wirken, Tendenzsetzen, so ist man auf dem falschen Wege. Ein psychisches Moment kann nur als Annex des prinzipalen rechtlichen Beurteilungsgegenstandes, als zweite Strafvoraussetzung in Betracht kommen. Wie sollte die Rechtsordnung sich anmaßen dürfen, einen rein seelischen Vorgang als das ständige Bewertungsobjekt in ihren Bereich zu ziehen? Damit würde die Aufgabe des Rechts, das Gemeinschaftsleben zu ordnen, durchaus verkannt werden. Nicht die bei jedem einzigen Individuum völlig verschiedenen, schwer erkennbaren und mitunter gar nicht feststellbaren seelischen Regungen sind die allgemeinen, für das private wie das öffentliche Recht in Frage kommenden Wertungsgegenstände, sondern die auf äußere Erfolge tendierenden menschlichen Verhaltungsweisen.

d) Nunmehr ist zugleich eine weitere, meist übersehene Eigentümlichkeit des rechtlichen Beurteilungsobjekts zum Ausdruck gebracht. Das Individuelle ist bei der Bestimmung dieses Objekts nicht nur für die Gesinnung, sondern auch für die Handlung unerheblich; nur das Generelle, Gattungsmäßige interessiert. Keine menschliche Handlung ist ebenso wie die andere; eine jede zeigt Besonderheiten gegenüber anderen, mögen sie unter sich auch noch so ähnlich sein. Wird irgendeine Erscheinung überhaupt sozial betrachtet, so ist dies nur möglich unter der Kategorie der Einmaligkeit; das ist ja der Unterschied der naturwissenschaftlichen von der historischen Anschauungsweise, daß die erstere die Dinge generell, die letztere sie als einmalige Geschehnisse betrachtet.[1]) Gerade diese

[1]) Hierüber Rickerts grundlegendes Werk: Die Grenzen der naturwissenschaftlichen Begriffsbildung[2] 1913. Das Problem des Individuellen steht heut-

Besonderheiten muß aber die Rechtsordnung abstreifen — trotz der Zugehörigkeit der Jurisprudenz zu den sozialen Wissenschaften. Es ist unmöglich, daß die Gesetzgebung und die Rechtsprechung die menschlichen Handlungen als historische, einmalige Ereignisse betrachtet. Im Interesse der Rechtssicherheit will und muß sie generelle Gesetze aufstellen; ob individuelle Gesetze überhaupt denkbar sind, mag hier dahingestellt bleiben.[1]) Jedenfalls trägt das Recht insofern einen naturwissenschaftlichen Charakter, als es mit generalisierender Tendenz Gesetze aufstellt; es schafft Typen, generelle Maßstäbe.[2]) Und damit werden auch die Objekte, auf die jene Maßstäbe bezogen werden, trotz ihrer ursprünglichen Individualität zu solchen von generellem Charakter. Daher kommt es, daß zwei Straffälle „gleich liegen" können, während das bei zwei historischen Ereignissen unmöglich ist. Die Straffälle sind zwar auch historische Begebenheiten, aber sie liegen gleich nicht als historisch, sondern als juristisch interessierende Objekte.

Hiermit ist das Wesen des Beurteilungsgegenstandes bestimmt. Soll der Maßstab angelegt werden, so müssen notwendigerweise Eigenschaften des Objekts weggelassen werden, die für eine exakte Beurteilung vielleicht von Wichtigkeit gewesen wären. Ohne Schematisieren geht es bei dem Recht nicht ab. Soll sich die zu bemessende Größe für den Maßstab als tauglich erweisen, sollen der untergeordnete und der übergeordnete Wert sich ineinanderfügen oder vielmehr soll untersucht werden, ob sich beide ineinander fügen, so müssen notgedrungen beide von ihrem ureigenen Charakter etwas aufgeben; der Maßstab muß konkreter, der Gegenstand abstrakter werden. Daher müssen einerseits die allgemeingültigen hochabstrakten Wertmaßstäbe von dem Gipfel ihrer Reinheit herabsteigen und konkreteren, gleichsam weltlichen Charakter annehmen, um Kon-

zutage im Mittelpunkt der philosophischen Interessen. Nicht zuviel sagt Natorp in seiner tiefgründigen Gedächtnisrede auf Hermann Cohen (Marburger Akademische Reden Nr. 39, 1918, S. 27): „Mit dem Problem des Prinzips der Individuation ringen gegenwärtig alle, die in der Philosophie wirklich arbeiten."

[1]) Simmel glaubt ein individuelles Gesetz aufstellen zu können. Logos 4, 117 ff. und Lebensanschauung 1918; dazu unsere Besprechung ZStW. 40, 653.

[2]) Das scheint uns durchaus verkannt in den sonst so beachtlichen Ausführungen von Leonhard Cohn Ergänzungsheft 46 der Kantstudien S. 70.

kretes und Weltliches bewerten zu können; so zeigt sich die alsbald (§ 13) zu erörternde Notwendigkeit der Schaffung gesetzlicher Tatbestände. Andrerseits werden aber auch die Einzelfälle generalisiert, es werden die individuellen Besonderheiten des Falles a und b beiseitegelassen; somit erscheinen als Beurteilungsobjekte „Fälle dieser Art". Wieweit in letzterer Hinsicht zu generalisieren ist, das läßt sich allgemein nicht sagen; es hängt von der Möglichkeit der Subsumtion unter den Maßstab ab.

Diese Aufstellung konkreter Typen bestätigt zugleich die Richtigkeit der Erkenntnis des Objekts (oben c, b): die allgemeine Tendenz ist zu bewerten. Zu untersuchen ist, welche Richtung Handlungen dieser Art nach dem gewöhnlichen Lauf der Dinge nehmen. Nicht auf den tatsächlichen, sondern auf den wahrscheinlichen Erfolg kommt es an.

Wie wenig der Rechtsordnung auf den wirklichen Erfolg zur Beurteilung eines Verhaltens gelegen sein kann, zeigt schon die einfache Erwägung, daß ein Verhalten oft bereits dann beurteilt werden muß, wenn der Erfolg noch gar nicht eingetreten ist, wenn er vielleicht noch in weiter Ferne liegt, oder wenn er überhaupt gänzlich ausbleibt. Woran ist dann aber der Wert des Verhaltens zu erkennen? Prinzipales Wertungsobjekt ist allerdings, wie wir eingangs (2 a) sahen, der Erfolg. Aber nicht der wirkliche Erfolg, sondern derjenige, wie ihn Verhaltungsweisen dieser Art gewöhnlich mit sich bringen. Somit lassen sich zwanglos auch diejenigen Fälle beurteilen, wo der tatsächliche Erfolg ausbleibt. — —

Will man dieses und das zu 1 über den Maßstab gewonnene Ergebnis in einer Formel zusammenfassen, so ließe sich das Wesen der Rechtswidrigkeit, dessen Erkenntnis unsere Aufgabe war, also wieder geben: Rechtswidrig ist ein Verhalten, das nach seiner allgemeinen Tendenz dem Staate und seinen Gliedern mehr schadet als nützt.[1])

[1]) Anklänge an dieses Ergebnis finden sich schon bei den Naturrechtlern, wobei wir jedoch auch nur die leiseste methodische Verwandtschaft mit jener Richtung, die sich die Aufstellung allgemeingültiger Grundsätze inhaltlichen Charakters anmaßte, auf das entschiedenste ablehnen müssen. Die richtige Idee ließ sich aber auch später nicht zurückdrängen. Nach Henke Handb. I 184 ist unter einer unerlaubten Handlung zu verstehen jede Verletzung der „Bedingungen, unter welchen eine rechtliche Koexistenz allein denkbar ist".

Eine Vertiefung gewinnt der Unrechtsbegriff, nachdem wir seine Bedeutung für die Gesetzgebung dargelegt haben. Dieses reine Wesen des Unrechts ist vom hochwissenschaftlichen Standpunkte daher erst später (§ 15 II 1 a δ) zu bestimmen.

Und zu der Auffassung der Rechtswidrigkeit als „Sozial- oder Gesellschafts- oder Interessenwidrigkeit" war nur ein Schritt; es folgten die sog. materiellen, in diesem terminologischen Dualismus freilich die Gegner zu ihren Angriffen ermutigenden Definitionen des Verbrechens und seiner wesentlichen Merkmale, insbesondere der Rechtswidrigkeit. Nach Jhering Zweck im Recht[4] I 382 ist das Verbrechen „die von seiten der Gesetzgebung konstatierte, nur durch Strafe abzuwehrende Gefährdung der Lebensbedingungen der Gesellschaft"; ähnlich sagt Merkel(-Liepmann) 5 etwas breitspurig: „Das Verbrechen läßt sich als ein ‚antisoziales Verhalten' charakterisieren, d. i. als ein Verhalten, welches den im Rechte zum Ausdruck kommenden Interessen, die nirgends Interessen bloß eines einzelnen Individuums, sondern stets Interessen einer Vielheit und Interessen sind, welche sich als gemeinsame geltend zu machen die Kraft haben, widerstreitet" (vgl. auch Lehrb. 12 ff.). Diese beiden einflußreichen Schriftsteller wirkten auch hier anregend. Wir führen einige Stimmen zuerst der modernen Richtung an, um sodann zu zeigen, daß auch Vertreter der Klassik sich der richtigen Erkenntnis nicht verschließen konnten. v. Lilienthal ZStW. 20, 440, VglDarst. B 4, 406 erklärt als rechtmäßig diejenigen Mittel, ohne die erlaubte Zwecke dieser Art nicht erreicht werden können. Ferner haben sich wiederholt Kohlrausch (vgl. etwa VglDarst. B 3, 128, Irrtum und Schuldbegriff 46, Reform bei Aschrott-v. Liszt I 217), Stooß (vgl. etwa ZStW. 24, 319 ff., s. u. zu IV Fußnote), Kohler (Leitfaden 42), Jung (Problem des natürlichen Rechts 104) im Sinne eines materiellen Rechtswidrigkeitsbegriffs geäußert, der dann bei v. Liszt schließlich ([20] 132) die Formulierung erhielt, materiell rechtswidrig sei die Handlung als gesellschaftsschädliches (antisoziales oder doch asoziales) Verhalten, während zu ähnlichen Ergebnissen von den verschiedensten Grundlagen aus gelangten einmal Torp (ZStW. 23, 84 ff.) vom Standpunkte der nordischen Rechtswissenschaft: regelmäßig sei die nützliche, notwendige, vernünftige Handlung, sodann Mayer (zuletzt Lehrb. 51, 180) unter Verknüpfung der beiden durchaus heterogenen Gedankenkreise Bindings und Kohlers: rechtswidrig sei dasjenige Verhalten, das staatlich anerkannten Kulturnormen widerspreche, endlich Graf zu Dohna (Rechtswidrigkeit 38 ff.) auf Stammlerscher Grundlage: rechtmäßig sei das richtige Mittel zum richtigen Zweck. Wenn Rümelin Verschulden 26 für die subjektive Seite auf das richtige Recht verweist, so muß das gleiche noch viel mehr für die objektive gelten.

Auch Schriftsteller, die sonst nicht oder jedenfalls weniger metajuristisch orientiert sind, haben sich der Macht dieses Gedankens nicht entziehen können; er kommt in ihren Anschauungskreisen wiederholt zum Durchbruch. Vgl. etwa Binding Handb. I 792, Lehrb. I 55 („die notwendigen Mittel zu rechtlich

e) Der rechtliche Wert einer Handlung richtet sich gemäß den vorstehenden Ausführungen immer nach dem Ergebnis. Dieses Ergebnis darf man weder rein äußerlich noch rein innerlich fassen; es ist weder der tatsächlich eingetretene Erfolg noch der tatsächlich erstrebte Zweck, sondern liegt gewissermaßen in der Mitte zwischen beiden. Das Ergebnis, dieser Endpunkt der Entwicklungslinie, ist

---

gebotenen Zwecken sind rechtlich gebotene Mittel, die notwendigen Mittel zu rechtlich erlaubten Zwecken sind rechtlich erlaubte Mittel" usw.), Meyer-Allfeld 201 (die Rechtswidrigkeit ist ausgeschlossen, wenn „die Handlung vorgenommen wird in Verfolgung eines rechtlich anerkannten Zweckes mit den dazu dienlichen ebenfalls rechtlich anerkannten Mitteln"), Beling Grundzüge 34 (für das Notrecht) und Grenzlinien zwischen Recht und Unrecht 38 (für den der Erweiterung fähigen § 193) trotz Vergeltungsidee 76, ferner v. Hippel ZStW. 36, 519, vgl. zu den beiden letztgenannten Autoren unten § 13 II 2 b, insbes. α, nicht fernstehend auch Köhler 371 („Fälle des ungeschriebenen Rechts"), und selbst Hold v. Ferneck Rechtswidrigkeit I 377, vgl. auch II 2 ff., auch Frank § 253 II 2 a (die „Androhung eines verkehrsmäßigen Übels" ist nicht rechtswidrig). Ob H. A. Fischer im Grunde ebenfalls hierher zu rechnen ist, wie Mayer 173[2] deutet, möchten wir aber bezweifeln (vgl. namentlich 112). Schließlich findet auch Nagler (Binding-Festschr. 1911 II 371, 380 ff.) keinen anderen Ausweg, als ein übergesetzliches Prinzip anzurufen, und er verweist auf Jhering, Graf Dohna und Stammler. Ja er geht (309[1]) so weit, daß er dem Rechtsgefühl — u. E. einem viel zu vagen und jeglicher wissenschaftlichen Exaktheit entbehrenden Begriff — als dem „Rechtsgewissen" eine „Alarmfunktion" beimißt; „es wird zum getreulichen Warner vor den Irrgängen der Begriffsjurisprudenz wie vor den Entgleisungen einer konkreten Subsumtion; als öffentliches Rechtsgewissen aber propagiert es die Gedanken der materiellen Gerechtigkeit gegenüber den Verirrungen der Gesetzgebung". Dies die Worte eines sonst streng formal-juristisch gerichteten Autors! Im Grunde ist daher eine Differenz mit den Gegnern nur in der Methode, jedoch kaum im Ergebnis vorhanden. Um aber die Methode exakt zu stellen, muß man einen anderen Ausgangspunkt als das positive Recht nehmen; da bleibt denn nichts anderes übrig als eine übergeordnete Wissenschaft anzurufen — dann verfährt man eben wissenschaftlich-exakt. — Übrigens vertritt auch RGSt. 37, 151 einen materiellen Rechtswidrigkeitsbegriff, wenn es treffend ausführt: „Die Widerrechtlichkeit gehört zum Begriff des Delikts. Nur eine rechtswidrige Störung ist also eine solche im Sinne des § 167 StGB. Denn in dem modernen, besonders dem großstädtischen Leben mit seinen vielfachen Kollisionen von Rechten und Interessen aller Art kann nicht ein einzelnes Kulturinteresse von den übrigen losgelöst und ganz ausschließlich geschützt werden. Eine Ausgleichung hat stattzufinden; ist sie nicht anders möglich, so muß das weniger wichtige Interesse oder Recht der bedeutungsvolleren Kulturaufgabe weichen . . ."

einerseits subjektiver als der wirkliche Erfolg, denn es braucht nur gedacht zu sein, nur nach einem Wahrscheinlichkeitsurteil einzutreten; und es ist andrerseits objektiver als der erstrebte Zweck, denn es darf nicht bloß in der Psyche des Täters vorliegen, sondern muß der Handlung selbst innewohnen, muß deren allgemeine Tendenz bilden. Nur in dem soeben angegebenen Sinne darf im folgenden von Erfolg und von Zweck gesprochen werden. Der Erfolg ist ein ideeller, der Zweck ein reeller. Das Strafrecht ist weder Soziologie noch Gesinnungsethik, sondern steht in der Mitte, von beiden Seiten Gehalt empfangend.

Aber immer liegt das eigentliche und letzte Kriterium für den Wert eines Verhaltens in dem genannten Endpunkt, dem ideellen Erfolg, dem reellen Zweck. Das ist die Größe, die sich aus dem menschlichen Verhalten, diesem etwas vagen und verschwommenen Begriff, scharf und deutlich heraushebt, die sich aus ihm in Reinheit herauskristallisiert, um sich unmittelbar in den Maßstab einfügen zu lassen. Ideeller Erfolg und reeller Zweck sind das spezialisierte Wertungsobjekt.

An diesem Ergebnis muß sachlich unbedingt festgehalten werden. Man darf nicht den Beurteilungsgegenstand von dem Endpunkt der Entwicklungslinie nach vorn verschieben. Die Versuchung ist freilich groß: Man könnte einerseits nicht dem Erfolg, sondern dem Handeln selbst die entscheidende Bedeutung beimessen. Aber wie will man denn den Wert einer Handlung anders erkennen als an ihrem Erfolg oder ihrem Zweck, wenn nicht an der Gesinnung des Handelnden? Und wie, wenn nicht ein Handeln, sondern ein Unterlassen vorliegt? Andrerseits könnte man von dem Zweck auf das Mittel zurückgehen und dieses allein oder neben dem Zweck entscheidend sein lassen.

Die Rechtmäßigkeit des Mittels! Das ist noch ein der Klärung bedürfender Punkt. Der Täter hat eine Körperverletzung begangen, deren Zweck zwar berechtigt ist (sie diente etwa der Heilung, der Erziehung), deren Mittel aber unzulässig erscheint, etwa weil sie das erlaubte Maß weit überschreitet. Man denke an Körperverletzungen, die mittels eines gefährlichen Werkzeuges vorgenommen werden. Muß nicht hier das Mittel einer besonderen Beurteilung unterzogen werden? Man könnte auf den Gedanken kommen, nur das zur Erreichung des Zweckes notwendige oder unvermeidliche oder geeignete oder gebotene Mittel[1]) als rechtmäßig anzusehen und jede Überschreitung zu verbieten. U. E. kommt es auf die Gebotenheit des Mittels an; doch das mag hier des näheren unerörtert bleiben. Ist aber durch die Abstellung auf die Rechtmäßigkeit des Mittels ein neues Kriterium gegenüber dem oben behandelten Kriterium der Rechtmäßigkeit des (realen) Zweckes eingeführt? Nein! Es ist genau das gleiche. Beidemal wird die allgemeine Tendenz zum Gegenstand der Beurteilung gemacht. Nur wird bei Betonung des Mittels noch eine weitere Tendenz hervorgehoben, es wird ein neues tatsächliches Element des Sachverhalts in den Vordergrund geschoben; diesem wird sodann eine schädliche Tendenz zugesprochen. Ergreift der Täter bei der Begehung der an sich rechtmäßigen, d. h. einen nützlichen Zweck (der Erziehung) verfolgenden Körperverletzung ein Messer, während die Verabfolgung eines Schlages mit der Hand genügt hätte, so hat die Anwendung dieses Mittels, die Benutzung des Messers, eben eine schädliche Tendenz. Die Handlung dient dann nicht mehr dem berechtigten Zweck der Erziehung, sondern schlägt eine Wunde oder droht eine solche zu schlagen. Die Abwägung von Nutzen und Schaden ergibt also ein Überwiegen des letzteren. Der Gegenstand der Beurteilung ist mithin auch hier das Tendieren auf einen Erfolg, der sich nach Anlegung des rechtlichen Maßstabes als ein schädlicher herausstellt. Damit ist die Richtigkeit der Problemstellung und der Problemlösung bewiesen.

f) Eine Spezialisierung des Verhaltens in „Interessenverletzung und Interessengefährdung" ist nicht zu befürworten.[2]) Diese Merkmale bringen zwar richtig zum Ausdruck, daß der Schaden der Gemeinschaft darin besteht, daß Werte ihrer selbst oder ihrer Angehörigen angegriffen werden und daß dieser Angriff eine tatsächliche Verringerung der genannten Güter entweder zur Folge hat oder wenigstens befürchten läßt — Erwägungen, die von uns oben bereits angestellt und bei dem Ausbau verwertet sind. Jedoch ent-

---

[1]) Über diese zum Teil verschiedenen Möglichkeiten vgl. unsere Abhandlung: Die Ehre und ihre Verletzung 1915, 220 ff. sowie unseren Aufsatz in ZStW. 33, 807 ff. mit Literaturangabe. Mayer 179, 285 legt, wie schon Graf zu Dohna, auf die Rechtmäßigkeit (Richtigkeit, Angemessenheit) des Mittels gesondert Gewicht.

[2]) Vgl. v. Liszt 133, Jung Problem des natürlichen Rechts 1912, 104 (das Unrecht ist friedenstörende Interessenverletzung).

halten die Merkmale eine Vermischung des normativen und des faktischen Elements, da sie nicht nur das Objekt (das Verhalten), sondern auch den Wertmaßstab (die Schädlichkeit) zum Ausdruck bringen, insofern also methodisch unreine Arbeit bedeuten. Will man doch gerade wissen, welcher Art das Objekt und welcher Art der Wertmaßstab ist. In dieser Hinsicht ist also mit der Spezialisierung das Gegenteil, eine Konfundierung, erreicht.

Dieser methodische Mangel tritt aber zurück hinter dem sachlichen: eine Interessenverletzung braucht nicht immer vorzuliegen; es genügt die Gefährdung. Das tritt freilich auch hervor, wenn man die beiden Merkmale der Definition in ein alternatives Verhältnis bringt. Aber das kann zu der Annahme verleiten, daß es auf den Erfolg ankommt, daß das Prinzipale die Beeinträchtigung fremder Werte ist, während doch eine solche nur in der allgemeinen Tendenz der Handlung zu liegen braucht. Gerade auf diese schädliche Richtung, die drohende Verletzung ist das Schwergewicht zu legen. Und das ist eben die Interessengefährdung.

Endlich ist eine die beiden Merkmale aufnehmende Begriffsbestimmung mißverständlich deswegen, weil eine Interessenverletzung in einer jeden Rechtswidrigkeit insofern liegt, als das öffentliche Interesse, das Interesse der Gemeinschaft, allemal verletzt sein muß; in dieser Hinsicht wäre also wieder das zweite Merkmal, die Interessengefährdung, überflüssig. Stellt man sich nicht auf diesen Standpunkt, schaltet man das öffentliche Interesse aus und verlangt man nur private Interessen, so gerät man aber wiederum in Schwierigkeiten, wenn man im Einzelfall den Nachweis der Verletzung oder Gefährdung von Interessen erbringen will.[1]) Dann wird man in zweifellos rechtswidrigen Handlungen nicht selten vergeblich nach einem Interesse Umschau halten. Und nun liegt die Versuchung nahe, ein gänzlich heterogenes Element einzuführen, um jene Fälle der Rechtswidrigkeit zu decken. Man stellt neben die Verletzung oder Gefährdung von Interessen entweder die Verletzung einer Norm, eines Rechts oder diejenige einer Pflicht.[2]) Daß hierdurch der methodische Bau in völlige Unordnung gerät,

---

[1]) Vgl. hierzu Frank vor § 1 V.

[2]) wie dies bei Frank § 59 II Abs. 3 hervortritt. Übrigens wird hier sachlich von Frank ein Begriff der materiellen Rechtswidrigkeit anerkannt.

bedarf im Zusammenhang der bisherigen Gedankenfolge kaum eines Wortes. Abgesehen davon, daß auch die Interessenverletzung, soll sie rechtlich beachtlich sein, stets eine Norm- und eine Pflichtverletzung bedeutet, ist das System in das Wanken gekommen: die Interessen sind der soziologische Unterbau der Normen, die Normen regeln Interessen, und eine logische Folge der Normen sind (subjektive) Rechte und Pflichten. So kann man nur sprechen von Verletzung entweder der Interessen oder des objektiven Rechts (der Normen) oder der (subjektiven) Rechte und Pflichten. Aber nimmer kann man die eine Möglichkeit durch die zweite oder dritte ergänzen. Die zweite und dritte würde zudem auf die bekannten Tautologien der formalistischen Anschauung führen: Rechtswidrigkeit ist Verletzung des Rechts.

IV. Rückblickend glauben wir bekennen zu dürfen, daß unter logokritischer, erkenntnistheoretischer Einstellung und psychologischem wie soziologischem Ausbau ein Ergebnis gewonnen ist, das der Forderung wissenschaftlicher Exaktheit genügt. In den folgenden Paragraphen gilt es darzulegen, daß der Maßstab praktisch tauglich und wie weit er zwingend ist. Schon jetzt aber haben wir das beruhigende Gefühl, gesicherten Boden unter den Füßen zu wissen, auf dem sich weiterbauen läßt; und wenn man gemeint hat, von der Erforschung der materiellen Rechtswidrigkeit hänge zwar die prinzipielle Erfassung der gesetzlichen Rechtfertigungsgründe ab, die Bemühungen seien jedoch noch verfrüht,[1]) so glauben wir: die Zeit ist nunmehr gekommen.

Nur Ausstrahlungen des Grundgedankens sind die Interessenabwägungstheorie, mit der man das Problem der Rechtswidrigkeit meistern zu können glaubte,[2]) die Vorschriften des Bürgerlichen Gesetzbuchs über das Notrecht (§§ 228, 904)[3]) und die des Strafgesetzbuchs über die Wahrung berechtigter Interessen (§ 193), letztere Vorschrift ein Fall, der zwar vom Gesetz zu Unrecht auf Beleidigungen beschränkt wird und sehr wohl der Erweiterung fähig

---

[1]) So Nagler in Binding-Festschrift 1911 II 376.

[2]) Vgl. R. Merkel Die Kollision rechtmäßiger Interessen 1895; nahestehend Beling Grundzüge 34, insofern er einen allgemeinen, auf Interessenabwägung gegründeten Notrechtsbegriff anerkennt.

[3]) Von Beling a. a. O. mit noch weiteren Fällen in demselben Sinne herangezogen.

ist,[1]) der jedoch gerade zu erkennen gibt, daß auch das Gesetz das Prinzip billigt — wie es ja nicht anders sein kann. Aber die Schriftsteller, die die prinzipielle Bedeutung jener Vorschriften erkannt haben, sind noch immer nicht prinzipiell genug verfahren, sie sind auf halbem Wege stehengeblieben. Das Prinzip sollte nach ihrem Sinne nur die Rechtfertigungsgründe erklären,[2]) also nur sozusagen im Notfall Platz greifen. Für eine dogmatische Auffassung, für eine Erklärung und Anwendung des positiven Rechts mag dieser Standpunkt ausreichen. In Wahrheit ist er nur eine Station in dem Aufstieg zur Höhe der Wesenserkenntnis. Wie kommt man denn dazu, die gesetzlichen Tatbestände durch ein Prinzip und gerade durch dieses zu durchbrechen? Doch nur, weil das Prinzip selbst eine unmittelbare Ausstrahlung des Wesens des Rechts ist. Und darauf muß auch ein jeder gesetzlicher Tatbestand zurückzuführen sein; denn sonst könnten es nicht gerade die Tatbestände sein, die sich die Durchbrechung durch jenes Prinzip gefallen lassen müssen.

Für die Dogmatik und die Rechtsanwendung mag der Tatbestand das erste, das Prinzip das zweite Glied, also die Ausnahme sein. Theoretisch ist selbstverständlich das Prinzip nicht die Ausnahme. Es ist positiv zu formulieren und der Tatbestand als Folge zu erklären. Auch die Tatbestände sind nicht anders wie die Rechtfertigungsgründe Ausstrahlungen des Prinzips.

Nur Strahlen, nicht die Sonne selbst. Der reinen Wissenschaft aber bleibt die Sonne.

A.

§ 13. Tatbestand und Rechtfertigungsgrund.

I. Der Tatbestand im allgemeinen. Soeben wurde das Wesen der Rechtswidrigkeit festgelegt. Mit ihm hat jeder Gesetzgeber zu rechnen; er findet es notwendigerweise vor und hat zu ihm in irgendeiner Weise Stellung zu nehmen.

1. Nunmehr drängt sich die Frage auf: Hat der Gesetzgeber jenen Begriff der Rechtswidrigkeit aus der reinen Rechtslehre ohne

---

[1]) So mit Recht Beling Grenzlinien zwischen Recht und Unrecht 1913, 38[2] sowie prinzipiell Mayer 284 ff.

[2]) So erblickt Stooß ZStW. 24, 328 das Prinzip der Rechtfertigungsgründe in der „güterschützenden Funktion eines sonst strafbaren Verhaltens".

weiteres zu übernehmen? Ist jener Maßstab ein tauglicher für eine positive Gesetzgebung? Die Antwort kann nur mit einem entschiedenen Nein lauten.

Ein moderner Kulturstaat, ein Staat, in dem auch nur einigermaßen das Recht ausgebildet und die Rechtspflege organisiert ist, kann ohne rechtliche Tatbestände nicht auskommen. Diese gelten für die Gesamtrechtsordnung, nicht nur für das Strafrecht; sie sind eine allgemeine Kulturnotwendigkeit, der gegenüber man sich nicht erst auf den Satz nullum crimen, nulla poena sine lege zu berufen braucht.[1]) Freilich mögen Länder, in denen Gewohnheit und Gewohnheitsrecht eine große Rolle spielen, von der Aufstellung strafgesetzlicher oder überhaupt gesetzlicher Tatbestände mehr oder weniger absehen, wie England und Amerika; dann folgt jedoch der Richter den im Wege der Gewohnheit und des Gewohnheitsrechts überkommenen Tatbestandsbildungen. Was gefordert wird, sind also nicht gesetzliche, sondern rechtliche Tatbestände, sind Typen, die die Rechtsordnung durch Gesetz schafft oder zum mindesten stillschweigend anerkennt.

Die Gründe sind mannigfaltiger Art. Auf sie einzugehen, ist notwendig nicht etwa angesichts der Freirechtler und verwandter Strömungen, sondern derjenigen, die eine individualisierende Behandlung eines jeden Falles, im Strafrecht eine weitgehende Berücksichtigung des Täters und seiner Gesinnung fordern oder die auf dem Boden einer Interessenjurisprudenz stehen.[2]) Es kommen die sämtlichen Momente in Betracht, mit denen man die Notwendigkeit von Gesetzen überhaupt gerechtfertigt hat. Sie alle leiten ihren letzten Geltungsgrund aus dem Erfordernis der Rechtssicherheit ab, jener Idee, die man zwar in Überschätzung ihrer systematischen Bedeutung neben die Gerechtigkeit als ihr gleichgeordnet gestellt hat,[3]) die aber immerhin unmittelbar unter ihr zu stehen

---

[1]) So Beling Grundzüge 18, Lehre vom Verbrechen 21. Vgl. oben § 10 I 3. — Irrig ist die Ansicht, daß es im Disziplinarstrafrecht keine „Tatbestände", sondern nur allgemein gehaltene Anweisungen gebe. Das sind ebenfalls Tatbestände.

[2]) Vgl. § 10 II und im folgenden zu c.

[3]) So Radbruch Rechtsphilosophie 172. Übertrieben auch Jhering Zweck im Recht[4] I 301.

kommt. Der Rechtssicherheit zu genügen ist ein Gebot der Gerechtigkeit; jene hat sich daher nach dieser zu richten und ist nur insoweit begründet, als sie mit der letzteren nicht in Widerspruch gerät. Als der Rechtssicherheit nebengeordnet und daher möglicherweise in Widerspruch mit ihr tretend läßt sich nur die Gerechtigkeit in einem engeren Sinne bezeichnen, insofern sie auf das Individuelle, nicht wie die Rechtssicherheit auf das Generelle eingestellt ist: diese engere, sog. konkrete Gerechtigkeit kann unter Berücksichtigung sämtlicher Besonderheiten des Falles die Entscheidung a gebieten, während die generalisierende, schematisierende Rechtssicherheit die entgegengesetzte Entscheidung b erfordert.

a) Vor allem ist im Interesse der Rechtsunterworfenen zu fordern, daß der Wille des Staates für sie im einzelnen Falle möglichst klar und leicht erkennbar ist. Der Inhalt des Wesens der Rechtswidrigkeit ist aber weit entfernt, dieser Anforderung zu genügen. Rechtswidrig ist nach unserer Definition ein Verhalten, das seiner allgemeinen Tendenz nach dem Staate und seinen Gliedern mehr schadet als nützt. Wann diese abstrakten Voraussetzungen konkret vorliegen, das ist die große Frage, deren Lösung schon dem gebildeten Theoretiker Schwierigkeiten in Fülle bereitet. Wie erst dem einfachen Mann aus dem Volke! Dazu kommt, daß oft ein schnelles Handeln erfordert wird und daß für die Anstellung langer Überlegungen keine Zeit verbleibt. Notwendig sind spezialisierte Normen, Anweisungen an die Untertanen, Warnungstafeln, Typen.

Der Grad, bis zu dem zu typisieren ist, findet eine Schranke auf der anderen Seite in der Notwendigkeit, möglichst viele Fälle zu decken und gleichwohl in der Zahl der Gesetze ökonomisch zu verfahren, soll das Individuum eben ein Richtmaß erhalten, das es im Einzelfall einfach und schnell anzuwenden in der Lage ist. Es ist leider ein eitler Wunsch, daß der Volksgenosse die den Strafgesetzen zugrunde liegenden Normen in ihrer Gesamtheit kennt und beherrscht; aber der Gesetzgeber hat sich doch dieses Ziel zu setzen, als ob es erreichbar wäre, mag er tatsächlich hinter ihm stets und nicht selten sogar recht weit zurückbleiben.

Die Normen, die sich an die Staatsbürger richten, sind nicht etwa dem Recht vorausgehende Kulturnormen, auch nicht von dem Strafgesetz verschiedene Rechtsnormen, sondern sind die Gesetze selbst, freilich in einer anderen Fassung wie in derjenigen der Strafgesetze.[1]) Nur die Formulierung ist eine verschiedene, inhaltlich sind es die gesetzlichen Tatbestände, die in gleicher Weise für den Richter wie für den Untertan bestimmt sind. Und diese Tatbestände sollen möglichst einfach, klar und faßlich sein, auch nicht in übermäßiger Zahl auftreten. Sie haben einerseits nicht zu speziell zu sein, damit ihr Kreis sich nicht zu einem unübersehbaren erweitert; und andrerseits dürfen sie nicht eine zu abstrakte Prägung aufweisen, sollen sie nicht dem Wesen der Rechtswidrigkeit, diesem ihren logischen Ursprung, zu nahe rücken und damit deren Nachteil, die Unerkennbarkeit, an sich tragen, jenen Nachteil, den zu vermeiden die Tatbestände gerade berufen sind.

Man wird sogar sagen dürfen: der Gesetzgeber hat als Ziel nicht nur anzustreben, daß der Rechtsunterworfene die Tatbestände kennt und versteht, sondern selbst daß er das auf Grund der Tatbestände zu erwartende Gerichtsurteil inhaltlich voraussehen kann. So übertrieben diese zweite Forderung, so hoch gesteckt das Ziel erscheinen mag, der zugrunde liegende Gedanke dürfte nicht zu verkennen sein: der Tatbestand soll so klar und eindeutig bestimmt sein, so sehr einerseits mit der Forderung der allen Gemeinschaftsgliedern innewohnenden Idee des Rechts, des Wesens der Rechtmäßigkeit übereinstimmen, andrerseits so innig mit dem wirklichen Leben verwoben sein, daß er, der Vermittler der Idee und des Lebens, nur eine einzige richterliche Entscheidung im Einzelfalle ermöglichen kann, daß eine anderslautende Entscheidung gar nicht denkbar ist. Der Gesetzgeber hat sich zur Richtschnur zu nehmen, solche Tatbestände zu schaffen, die nur eine, eben die gerechte Entscheidung im Einzelfalle zur Folge haben und zwar eine solche, die von dem Volksbewußtsein getragen wird. Dann besteht Rechtssicherheit. Rechtssicherheit ist der Zustand nicht nur der Erkennbarkeit des Rechts, sondern auch der Gewißheit, daß das Recht in einer bestimmten Weise verwirklicht wird.[2]) Dann wird dem Untertan ermöglicht, sein Handeln nicht nur im Augenblick, sondern auch für alle Zukunft einzurichten; er berechnet die Zukunft und errechnet die richterlichen Entscheidungen. Die

---

[1]) Nur in dem untergeordneten Punkte der Formulierung ist Bindings Ansicht von der Verschiedenheit von Norm und Strafgesetz zutreffend.

[2]) Über eine weitere Bedeutung des Wortes unten c.

Tatbestände müssen so gefaßt sein, daß die sie anwendenden Gerichtsurteile voraussehbar sind.

Und damit wird zugleich einer weiteren, unten alsbald zu besprechenden Forderung genügt: der Einheitlichkeit der Rechtsprechung. Wie das Publikum, so muß auch der Richter möglichst nur eine einzige Entscheidung für einen Fall auf Grund des Tatbestands zu fällen in der Lage sein; widersprechende Entscheidungen in ähnlichen Rechtsfällen dürfen nicht vorkommen. So über alle Maßen klar und durchsichtig müßte der Tatbestand ausfallen. Der Gesetzgeber sollte von den Rechtspflegeorganen nicht anders wie von den Staatsbürgern keine sehr hohe Meinung haben. Er sollte die Richter als Registrierbeamte, die Tatbestände als Schubfächer auffassen. Von diesem Gesichtspunkte aus sollte er an die Bildung von Tatbeständen herangehen. Er wird in Wirklichkeit noch immer weit genug von dem Ziel entfernt bleiben.

Möglich ist, wie gesagt, die Erreichung des Ziels nicht, um dessen willen die Tatbestände überhaupt geschaffen werden. Aber damit werden sie nicht überflüssig. Sie genügen der Forderung der Erkennbarkeit, der Einfachheit und Praktikabilität jedenfalls in weit höherem Maße, als es der aus der reinen Rechtslehre entlehnte Begriff der Rechtswidrigkeit vermag. Und das hat seinen inneren Grund in der größeren Verwandtschaft der Tatbestände mit dem Leben; sie sind aus dem Leben entlehnt und bilden nur die um eine Stufe höher stehende Abstraktion gegenüber den Sachverhalten, den „konkreten Tatbeständen" — schon diese Bezeichnung bezeugt die innere Zusammengehörigkeit mit den abstrakten, gesetzlichen Tatbeständen —, während das reine Wesen der Rechtswidrigkeit eine derartige Distanz vom Leben, von den einzelnen Rechtsfällen aufweist, daß die Subsumtion der letzteren unter jenen Begriff nur unter großen Schwierigkeiten vonstatten geht, den Zweifeln weiten Spielraum beläßt, die Möglichkeit entgegengesetzter Ergebnisse eröffnet und jedenfalls nur einem durch langjährige Arbeit in Abstraktionen geübten Blicke Gewinn verspricht.

b) Bisher wurde die Frage vorwiegend vom Standpunkte des Rechtsunterworfenen betrachtet und dessen Interesse berücksichtigt. Aber auch dem Staate selbst, der Rechtsordnung als solcher, ist in hervorragendem Maße an der Bildung von Tatbeständen gelegen. Das Recht soll vor allem durchgesetzt werden; die Idee des Rechts ist nur ein unerreichbares Ideal, ein Leitstern, der niemals auf die irdische Zeitlichkeit herabsteigt. Alle Ideen der reinen Wissenschaft sind viel zu weltenfern und viel zu heilig, als daß sie realisiert werden könnten. Gerade in ihrer Nichtrealisierbarkeit besteht ihr Wert als allgemeingültiger Richtpunkt. Dem Staat liegt nun aber die hohe Aufgabe ob, die Verwirklichung der Gerechtigkeit (in Dingen des Rechts) soweit möglich zu gewährleisten. Zu diesem Zwecke prägt er die Rechtsidee in typische Formen; er stellt Normen auf, die sich an die Untertanen wenden.

Die Tatbestände erfüllen daher eine doppelte staatliche Aufgabe. Sie geben einmal dem Bürger ein ihn motivierendes typisches Schema darüber, wie er zu handeln und wie er nicht zu handeln hat. Der Staat sucht den einzelnen in seinem Verhalten zu beeinflussen. Um diese Forderung des Motivierens zu erfüllen, bedarf es aber bestimmt umschriebener Tatbestände. Die Rechtsidee versagt in dieser Hinsicht völlig; als ein allgemeingültiges Regulativ vermag sie sich höchstens an wenige Auserwählte mit motivierender Wirkung zu richten. Welch bedeutend stärkere Kraft üben hier die zehn Gebote der Heiligen Schrift aus! Sie entfalten eine Macht sondergleichen, indem sie Millionen und wieder Millionen von Menschen vor Fehltritten bewahren. Ist es aber einmal zum Fehltritt gekommen, hat die Norm nicht motivierend gewirkt, so bewährt sich wenigstens die zweite der beiden erwähnten Forderungen: der Tatbestand läßt sich auf einfache Weise zwangsweise durchsetzen; es ist ja eine klare und deutliche Anleitung gegeben. Wird sie nicht freiwillig befolgt, so wird sie erzwungen. Sachliche wie praktische Schwierigkeiten entstehen nicht: zunächst ist die Normübertretung, die Rechtsverletzung als solche unschwer nachweisbar, und sodann ist das auf Erfüllung der Norm lautende Gerichtsurteil ebenso unschwer vollstreckbar. Wie ganz anders eine Verletzung der Rechtsidee und ihre zwangsweise Realisierung!

Die Rechtsordnung tut sogar gut daran, den Untertanen deutlich nur ein geringeres Ziel vor Augen zu rücken. Sie handelt damit politisch; denn es ist eine bekannte Tatsache, daß man oft mehr erreicht, wenn man einem tieferstehenden aber immerhin erreichbaren Ziele nachstrebt, als wenn man nur ein fernes Ideal vor sich sieht, dessen Unerreichbarkeit man kennt. Es wird bekanntlich oft mehr Energie angewendet, wenn es heißt: das mußt du unter allen Umständen erreichen, als wenn einem gesagt wird: siehe zu, wie weit du kommst, komme soweit wie möglich. So ist es auch im gewöhnlichen Leben: sich stufenweise vorwärtsarbeiten, nicht aber: ohne Rücksicht auf Zwischenstufen nach oben streben! Freilich das Ziel soll ein jeder sich möglichst hoch stecken, das ethische Leben ist eine unendliche Aufgabe. Aber im einzelnen empfehlen sich für die Ausführung der Arbeit Sonderziele; und nach dem fernen Ideal sind diese Sonderziele, nicht aber die einzelne Leistung zu bemessen. Ebenso in Dingen des Rechts: nach der Idee des Rechts sind die Tatbestände, nicht aber die einzelnen Handlungen einzurichten.

c) Ein ganz besonderer Gewinn der Bildung von Tatbeständen macht sich in dem Verhältnis von Gemeinschaft und Individuum, von Staat und Untertan bemerkbar. Wird nämlich auf der einen Seite durch das Gelten fester, unverbrüchlicher Normen zweifellos eine Stärkung der Zentralgewalt erreicht, schon deswegen weil sie an die Untertanen konkrete Anweisungen erteilt und deren Befolgung nötigenfalls zwangsweise erwirkt, so wird auf der anderen Seite die Freiheit der Untertanen innerhalb der durch die Tatbestände gezogenen Grenzen in Sicherheit gestellt. Die Tatbestände bedeuten nichts Geringeres als die Verbürgung der Freiheit der Rechtsunterworfenen gegenüber Eingriffen der Staatsgewalt, deren Machtmittel nicht ins Uferlose gesteigert, sondern in einer rechtlich garantierten Weise begrenzt werden sollen; und es ist bezeichnend, daß in dieser Hinsicht die Notwendigkeit und jedenfalls Heilsamkeit der Tatbestände selbst von denjenigen Schriftstellern anerkannt wird, die sonst dem gänzlichen Aufgeben der gesetzlichen Tatbestände sympathisch gegenüberstehen.[1])

Durch diese Berücksichtigung der Interessen der Gemeinschaft nicht anders wie derjenigen des Individuums wird zwischen beiden ein der Rechtssicherheit dienender Ausgleich vollzogen, ein harmoni-

---

[1]) v. Liszt (18^{13}) hat bekanntlich die Strafgesetze als die magna charta des Verbrechens bezeichnet. Vgl. auch Tesar Symptomatische Bedeutung 268: „So erscheint die Forderung nach der Aufstellung einzelner Tatbestände durch das Freiheitsinteresse gesichert.“ Übrigens will Tesar in der Symptomatik nicht so weit gehen, wie es ihm die Gegner vorgeworfen haben, da er darauf hinweist, daß die Gefährlichkeit des Täters regelmäßig nur durch Tatbestandshandlungen, Versuchs- und Vorbereitungshandlungen erkannt werde (265/6).

sches Verhältnis gewonnen und dieses nicht nur von Fall zu Fall, sondern für die Zukunft sichergestellt. Und da die Tatbestände der Idee des Rechts als ihrem Regulativ entspringen sollen, so ist zugleich die Einordnung der Rechtssicherheit in die Gerechtigkeit gegeben. Durch diese theoretische Konstellation wird somit gerade jene Frage befriedigend gelöst, die manchen Schriftstellern soviel Kopfzerbrechen verursacht hat: die Rechtssicherheit gerät mit der Gerechtigkeit nicht in Konflikt; sie selbst bedeutet Gerechtigkeit. Freilich nur dem Sinne, der Idee, der Aufgabe nach! Daß in tatsächlicher Hinsicht Konflikte eintreten können, schwere und heftige Konflikte, weiß jeder, der das Rechtsleben und das Leben kennt. Wie über sie Herr zu werden ist gleichwohl in einer annähernd der Gerechtigkeit entsprechenden Weise, darüber wird später (§ 15 II 2) gehandelt werden; hier sei nur darauf hingewiesen, daß der Widerspruch auf dem Mangel der Einstellung der Tatbestände auf die Rechtswidrigkeit beruht.

Sind die Tatbestände also berufen, einen Ausgleich zwischen der Macht des Staates und der Freiheit des Staatsbürgers auf der mittleren Linie herzustellen, so wird hierdurch nicht nur eine Harmonie zwischen den staatlichen und den privaten Interessen im Sinne der oben beschriebenen Rechtssicherheit und im Einklang mit der Gerechtigkeit ermöglicht, sondern auch Rechtssicherheit im Sinne von Rechtsfrieden geschaffen: der einzelne fühlt sich sicher gegen rechtswidrige Eingriffe in seine Rechtsgüter, wie umgekehrt auch der Staat gegen Angriffe, die seine Existenz bedrohen, sichergestellt ist. In politisch bewegten Zeiten, wo Gesetzgebung und Verwaltung in Unordnung geraten sind, vermag die Rechtspflege den starken Fels zu bilden, an dem sich die Wogen brechen. Dorthin nehmen die Schiffbrüchigen ihre Zuflucht. Wehe dem Staatswesen, dem es selbst an einer geordneten Rechtspflege fehlt![1]) Die stärkste Garantie für eine solche gewähren aber die Tatbestände.

Diese Rechtssicherheit wird gefördert durch möglichste Einheitlichkeit und Widerspruchslosigkeit der Rechtsprechung. Hierauf

---

[1]) Bezeichnend ist ein Erlaß, den gegen die Eingriffe der Arbeiter- und Soldatenräte in die Zivil- und Strafrechtspflege die Reichsregierung Ebert-Haase am 12. Dezember 1918 gerichtet hat: „. . . Unzulässig ist die . . . Abänderung des Reichsstrafgesetzbuchs, die Übertragung der Strafgerichtsbarkeit auf andere Behörden. Alle derartigen Maßnahmen führen zu schweren

beruht das Institut eines obersten Gerichtshofes, die Beschränkung seiner Senate auf ein Mindestmaß, die Ermöglichung von Plenarentscheidungen mehrerer Senate, ferner das Rechtsmittel der Revision (Rechtsrüge) und das Bestreben der Gesetzgebung, für gewisse schwierige und wichtige Sachen und Rechtsfragen dieses Rechtsmittel offenzulassen.

Wird den Anforderungen der Rechtssicherheit Genüge geleistet, so stellt sich jene Ruhe und Zuversicht des Volkes ein, die zu erreichen ein Staat sich gar nicht genug angelegen sein lassen kann; das Vertrauen der Bevölkerung in die unparteiliche Tätigkeit der Rechtspflegeorgane darf auf keinen Fall erschüttert werden. Dieses Vertrauen aber wird vielleicht schon dann in das Wanken gebracht, wenn die Gerichte ähnliche oder gar gleichliegende Fälle verschieden beurteilen. Ist für eine solche verschiedene Beurteilung jedoch nicht Tür und Tor geöffnet, wenn die Fälle individuell, also ohne gesetzliche Tatbestände behandelt werden sollen? Zumal wenn unter den Laienrichtern heute ein Kaufmann, morgen ein Landwirt, heute ein glücklicher Ehemann, morgen ein verärgerter Junggeselle, heute ein Reicher, morgen ein Armer, heute ein Hauswirt, morgen ein Mieter mitwirken? In jedem Kopfe sieht die individuelle, die konkrete Gerechtigkeit anders aus. Und so zeigt sich hier besonders offensichtlich die Notwendigkeit fest umrissener gesetzlicher Tatbestände, die zur Gewährleistung der Rechtssicherheit berufen sind, sei es auch auf Kosten der konkreten Gerechtigkeit.

Ohne Tatbestände könnte selbst der geübteste, gewissenhafteste, besonnenste, tüchtigste Berufsrichter in gleich liegenden Rechtsfällen zu entgegengesetzten Entscheidungen gelangen; heute sieht er in ihnen einen überwiegenden Nutzen für das Staatswohl, morgen einen überwiegenden Schaden. Eine rein individuelle Behandlung des Falles trägt notwendig auch eine individuelle persönliche, subjektive Note; das Gerichtsurteil hat aber durchaus unpersönlich, sachlich, objektiv zu sein, wie selbstverständlich schon der geringste Anflug von Gemütserregung, Leidenschaft, Mitleid peinlichst fernzuhalten ist.

Gefahren für die Rechtssicherheit (!) und rufen unter der Bevölkerung eine tiefgehende Beunruhigung hervor ..." Kommende Zeiten werden staunen, daß ein solcher Erlaß möglich und nötig war. Aber er zeigt, daß auch in jenen traurigen Tagen die durch die ungestörte Rechtspflege garantierte Rechtssicherheit als eines der höchsten Güter betrachtet wurde.

Zur Rechtssicherheit und zur Stärkung des Vertrauens des rechtssuchenden Publikums gehört endlich eine kurze und sachliche, amtliche Begründung der Entscheidung; sie soll sodann wissenschaftlich exakt[1]) und doch für einen halbwegs gebildeten Laien verständlich sein. Urteile und Beschlüsse, Anklagen und Haftbefehle sollen auf diese Weise verstanden und gebilligt und schließlich von dem Gemeinwillen der Bevölkerung getragen werden.[2]) Stehen dem Rechtspflegeorgan aber Tatbestände zur Verfügung, die den oben aufgeführten Anforderungen der Klarheit und Einfachheit entsprechen, so fällt die Begründung gewiß eher so aus, wie sie sein soll, als wenn sich der Richter in Erörterungen über Nützlichkeit und Schädlichkeit für das Staatswohl und Würdigungen der individuellen Verhältnisse, der Gesinnung und sonstiger Charaktereigenschaften einläßt, Ausführungen, die meist recht eingehend und umständlich sein müssen, sollen sie wissenschaftlich haltbar sein, und die trotzdem nicht selten einen — unwissenschaftlichen Eindruck hervorrufen werden.

d) Nach unten hin, dem Leben zugewendet, weist er folgendes Bild auf. Er muß dem Sachverhalt ähnlich sein. Beide sind innig miteinander verwandt; auf ihre Wesensverwandtschaft deutet schon der gemeinsame Name „Tatbestand". Der Unterschied wird ebenfalls durch die Namen „abstrakt" und „konkret" genügend gekennzeichnet. Freilich nur im Verhältnis zueinander! Nur im Verhältnis zueinander ist der abstrakte Tatbestand um eine Stufe abstrakter als der konkrete. Dagegen zeigt sich der gesetzliche Tatbestand nach oben hin, also der Rechtswidrigkeit gegenüber, als konkret, weil er dem Leben näthersteht als diese; und auf der anderen Seite trägt der Sachverhalt nach unten hin, also dem Leben gegenüber, ein abstraktes Gepräge. Namentlich das letzte muß man sich klarmachen; es kann zu leicht übersehen werden. Der Sachverhalt wie er von dem Richter nach der Beweisaufnahme festgestellt wird,

---

[1]) Keinesfalls dient sie nur dem Nachweis, daß der Richter gesetzestreu verfahren ist. Der Richter, der nur „revisionssichere", „inkassable" Entscheidungen zu fällen bestrebt ist, irrt weit ab von dem rechten Weg. Er sollte weniger an den Vorgesetzten als an das rechtssuchende Publikum denken!

[2]) Auf die Bedeutung der Tatbestände für die Wahrsprüche der Geschworenen soll nicht hingewiesen werden, da man über den Wert der letzteren ja verschieden denken mag.

damit geprüft werde, ob er dem gesetzlichen Tatbestand zu subsumieren sei oder nicht, ist nicht mehr das Leben, sondern eine Abstraktion. Sind schon die Zeugenaussagen, die Parteibehauptungen Abstraktionen, insofern sie aus dem Leben nur das Wesentliche oder das vermeintlich Wesentliche herausgreifen und unter Begriffe zwängen, die niemals ein getreues Bild der Wirklichkeit darzubieten vermögen, so gilt dies in weit höherem Maße von den Feststellungen des Sachverhalts. Hier werden weitere Besonderheiten weggelassen, die dem Rechtsfall seinen individuellen Charakter geben; es wird nur das[1]) übriggelassen, was dem Richter als wesentlich für die Frage nach der Subsumierbarkeit unter den gesetzlichen Tatbestand und für die Strafzumessung erscheint. Und woran erkennt er das Wesentliche? Er soll doch gerade erst prüfen, ob es logisch den höheren Abstraktionen, insbesondere dem gesetzlichen Tatbestand unterfällt? Er erkennt das Wesentliche nur dadurch, daß er die in seinem Bewußtsein liegende Idee des Rechts, die Idee der Rechtmäßigkeit und der Rechtswidrigkeit, so wie sie oben (§ 12) bestimmt wurden, zur Führerin nimmt — ein Beweis wiederum für die enge Verbindung des abstrakten Tatbestandes mit der Rechtswidrigkeit. Unter der Leitung dieser Idee gewinnt er beim ersten Herantreten an den vorgelegten Fall ein zunächst unbestimmtes und allmählich immer bestimmter werdendes Urteil, daß die Entscheidung so oder so ausfallen könnte, daß dieser oder jener gesetzliche Tatbestand vorliegen könnte. Und später kristallisiert sich ein abstrakterer Sachverhalt heraus, indem rechts und links immer weitere Besonderheiten entfallen, ein Sachverhalt, der schließlich die Frage nahelegt, ob er einem bestimmten gesetzlichen Tatbestand unterfällt oder nicht. In letzterer Hinsicht ist noch zu beachten, daß auch hier oft eine konkretere Gestaltung des gesetzlichen Tatbestandes zu erfolgen hat, ehe die Subsumierbarkeit geprüft wird; es sind an Stelle abstrakter Tatbestandsmerkmale speziellere Begriffe unter Zuhilfenahme der Auslegungsregeln und unter Verwertung anerkannter Rechtsansichten einzusetzen. Erst dann ist der gesetzliche Tatbestand derart konkret, wie umgekehrt der konkrete Sachverhalt derart abstrakt gestaltet, daß es nur noch eine Alternative gibt, daß die Subsumtion entweder zu vollziehen oder nicht zu vollziehen ist.

---

[1]) Der Typus im Sinne von Durchschnittstypus bei Rickert a. a. O. 321.

Dieses ist in kurzen Strichen das bei der Rechtsanwendung stattfindende Verfahren. Es hat nicht nur der praktische Jurist, sondern ein jeder zu beobachten, der juristische Fragen lösen will. Ebenso werden rein gedachte, konstruierte Fälle, Schulbeispiele behandelt, und ebenso geht auch der Gesetzgeber vor, wenn er mit einem Schlage ganze Gruppen von Fällen generell entscheidet, wenn er also — abstrakte Tatbestände schafft.

Jetzt leuchtet es ein, wie innig der abstrakte und der konkrete Tatbestand miteinander in Verbindung stehen, wie empfehlenswert es ist, beide einander soweit wie möglich zu nähern. Die große Linie, die von der Idee zum Leben führt, läuft durch zwei verschiedenartige Gebiete, zuerst durch das der Normen sodann durch das der Tatsachen; die beiden einander gegenüberliegenden Grenzorte sind der abstrakte und der konkrete Tatbestand; jener ist die letzte Station im Reiche der Normen, dieser die erste im Reiche der Tatsachen. Beide Grenzorte sollen möglichst nahe einander gegenüberliegen, jedenfalls einander gegenüber, so daß in der eingeschlagenen Richtung nicht etwa ein anderer Punkt erreicht wird.

Nun soll in allen vorstehend angestellten Betrachtungen der Richter nicht zur Maschine wie der Staatsbürger nicht zum bloßen Gehorsamsmenschen herabgewürdigt, es soll das Rechtsleben nicht schematisiert und aus dem Leben gestoßen, es soll das Individuelle nicht von dem Schablonenhaften erdrückt, das Persönliche nicht von dem Amtlich-Sachlichen überwuchert, die Idee der Gerechtigkeit nicht von der Rechtssicherheit vergewaltigt und an die Stelle der Rechtswidrigkeit nicht schlechtweg die Tatbestandsmäßigkeit gesetzt werden. Der Richter und Bürger sollen Mensch, das Rechtsleben blühendes Leben bleiben, das Persönliche und Individuelle soll auch im Rechtsfalle zur Geltung kommen, und zum Schluß soll doch die Gerechtigkeit den Sieg davontragen; hierüber ist im einzelnen noch zu reden. Was in dem Vorstehenden gesagt sein sollte, das ist, daß auch die Tatbestände ihren Wert haben und daß es unrichtig wäre, sie angesichts der höheren Erkenntnis des Wesens der Rechtswidrigkeit zu opfern. Ihr Wert ist ein sehr bedeutender. Sie dienen der Erhaltung und Förderung der Rechtssicherheit und damit nichts Geringerem als einer engen und festen Verbindung der Individuen in der Gemeinschaft, der Bürger im Staate.

2. Aus dem Gesagten ergibt sich, daß der abstrakte Tatbestand — für unser Strafrecht kommt nur der gesetzliche Tatbestand in Betracht — eine Mittelstellung einnimmt zwischen der Rechtswidrigkeit einerseits und dem konkreten Tatbestand, dem Tatbestand des Lebens, dem Sachverhalt andrerseits.[1]) Er dient dazu, zwischen beiden eine Verbindung herzustellen, damit sie sich ineinanderfügen können, damit man auf zweifelsfreie und einfache Weise feststellen kann, ob der Sachverhalt unter die Rechtswidrigkeit zu subsumieren ist oder nicht, ob das Objekt nach Anlegung des Maßstabes als rechtswidrig oder als rechtmäßig erscheint. Der abstrakte Tatbestand ist ein von dem Gesetzgeber künstlich geschaffenes Gebilde, das berufen ist, die Subsumtion, die Messung zu ermöglichen, jedenfalls zu erleichtern. Damit ist Einsicht gewonnen in die Idee des gesetzlichen Tatbestands, in seinen Sinn und seine Aufgabe; und daraus ergibt sich wiederum die Erkenntnis der Anforderungen, denen ein guter Tatbestand zu genügen hat, die Erkenntnis der Struktur, des Aufbaues des Tatbestandes.

a) Diese Erwägungen ergeben, daß die Spezialisierung der gesetzlichen Tatbestände in einzelne Tatbestandsmerkmale erwünscht ist.[2]) Denn diese entsprechen den aus dem Leben gezogenen Elementen des Sachverhalts. Nicht empfehlenswert ist ein Strafgesetz wie dieses: „Die Beleidigung wird . . . bestraft.“ Der Gesetzgeber wählte diese Fassung offenbar deswegen, weil er sich über die einzelnen Tatbestandsmerkmale nicht genügend klar war oder weil er ihre gesetzliche Festlegung nicht wagte. Immerhin mag ein Tatbestand so einfach liegen, daß ihm eine Fassung gegeben werden darf wie diese: „Das unbefugte Fischen wird mit . . . bestraft.“ Hier darf sogar unbesorgt das Merkmal unbefugt oder rechtswidrig aufgenommen werden; es dient der Abkürzung und steht an Stelle etwa folgender Merkmale: an Orten oder zu Zeiten, wo zu fischen

[1]) Vgl. Rickert Grenzen der naturwissenschaftlichen Begriffsbildung [2] 1913, 466: der Typus (das relativ Historische) habe zwischen dem Allgemeinen und dem Individuellen zu vermitteln.

[2]) Anders Kohler in zahlreichen Aufsätzen der Deutschen Richterzeitung 1918 Nr. 7 ff. — Kein durchschlagender Grund ist dagegen die an sich berechtigte Forderung nach weiten Strafrahmen; weite Strafrahmen sind auch bei speziellen Tatbeständen möglich (anders die Gruppenbildung bei Rosenfeld, Vgl. Darst. A 3, 111).

er nach den bestehenden Landesgesetzen oder Polizeiverordnungen nicht befugt ist, oder mit den und den Gerätschaften usw.

Regelmäßig empfiehlt sich aber die Spezialisierung. Diese wird insbesondere zu ergehen haben für die Handlung,[1]) den Erfolg,[1]) das Objekt des Angriffs,[2]) vielleicht auch für die angewendeten Mittel und den verfolgten Zweck, in einigen Fällen auch für besonders geartete Begleitumstände, für besonders geartete Willensrichtungen und besonders geartete Subjekte. So kann der Gesetzgeber, wie kaum noch ausgeführt zu werden braucht, den Diebstahlstatbestand zusammensetzen aus folgenden Tatbestandsmerkmalen: der Wegnahme einer fremden beweglichen Sache mit dem Erfolg der Begründung des eigenen Gewahrsams, mittels Einbruchs, zum Zweck der Zueignung, zur Nachtzeit; und das Gesetz mag Schärfungen oder Milderungen an eine bestimmte Absicht (zum Verkauf, zum alsbaldigen Verbrauch) und an die Tätereigenschaft (Beamte, nahe Angehörige) anknüpfen. — Hört man diese Wendungen, so weiß man nicht, ob mit ihnen der abstrakte oder der

---

[1]) Als Erfolg sollte prinzipiell die Verletzung des zu schützenden Interesses, als Handlung möglichst das auf jenes Interesse nachteilig einwirkende Mittel vertatbestandlicht werden. Mitunter verbietet das Gesetz aber lediglich die Handlung, von der es einen schädlichen Erfolg befürchtet, ohne diesen selbst zu erwähnen. Vgl. unten b γ Fußnote über die abstrakten Gefährdungs- und die schlichten Tätigkeitsdelikte. Zu Unrecht hält Mayer 118 den Erfolg für einen relativen Begriff, da dieser je nach der Natur des Delikts bald als solcher, bald nur als Handlung erscheine, z. B. sei übermäßig schnelles Fahren vom Standpunkt einer Polizeiübertretung Erfolg, vom Standpunkt eines Tötungsdelikts Handlung (Willensbetätigung). Bei der Mayerschen Auffassung des Tatbestandsbegriffes (vgl. unten b β Kleindruck) und des Erfolgsbegriffs (Lehrb. 117) ist das freilich nur folgerichtig. Anders wenn man von dem Wesen des Delikts und dem Sinn des Gesetzes ausgeht; dann läßt sich in jener Polizeiübertretung ein Erfolg schwerlich erkennen. Das Gesetz will die Verletzung und Gefährdung der Leute auf der Straße verhüten; deswegen verbietet es die Handlung ohne Rücksicht auf den Eintritt (oder das Drohen) des unerwünschten Erfolges. Will man aber durchaus in der Übertretung einen „Erfolg" feststellen, so läßt sich dieser nur in der Verletzung des öffentlichen Interesses erkennen, wie sie jeder Polizeiübertretung wesentlich ist (darüber unten zu c); ein solcher Erfolg ist aber kein äußerer, sondern ein gedanklicher, er gehört zur Rechtswidrigkeit und nicht zu dem Beurteilungsgegenstand (der Handlung nebst Begleiterscheinungen).

[2]) „Angriffsobjekt" im Sinne Belings 209, „Tatobjekt" im Sinne Mayers 97. Gegensatz: Schutzobjekt.

konkrete Tatbestand gemeint ist. Sie können ebensowohl das Ergebnis der richterlichen Feststellung im konkreten Fall vor der vollzogenen Subsumtion unter das Gesetz bedeuten wie die Fassung des Gesetzes wiedergeben — ein Zeichen der Wesensverwandtschaft beider Begriffe. Theoretisch ist die Scheidung deutlich genug: In dem einen Fall handelt es sich nur um Tatsachen, mag man auch von dem konkreten Vorfall völlig absehen, den Richter interessiert nur noch, daß ein Beamter eine fremde Sache in Zueignungsabsicht weggenommen hat usw. In dem anderen Fall handelt es sich um die Klarstellung des Gesetzesinhalts und nötigenfalls (wie bei dem Beleidigungsparagraphen) um die Auflösung in Tatbestandsmerkmale; und dabei wird es sich oft zeigen, daß der geformte Sachverhalt sich nicht so leicht oder nicht vollständig subsumieren läßt, z. B. wird von dem Gesetz für den Diebstahl keine Strafschärfung gegen Beamte vorgesehen, wie man sie soeben bei der Ermittlung des Sachverhalts angenommen hatte.

b) Nunmehr zeigt sich auch deutlich das Bild, das der abstrakte Tatbestand nach der anderen Seite, nach oben zu gewendet, aufweist: sein Verhältnis zur Rechtswidrigkeit. Der Tatbestand ist ein konkreter Niederschlag der Rechtswidrigkeit. In diesem Sinne läßt sich die Tatbestandsmäßigkeit auch als die „formelle Rechtswidrigkeit" bezeichnen, eine Anschauung, die allerdings unsere Erkenntnis nicht erweitert, da sie nichts anderes zum Ausdruck bringt, als daß die Rechtswidrigkeit Gesetzwidrigkeit ist, also auf eine Tautologie hinausläuft. Will man Einsicht in das Wesen der Rechtswidrigkeit gewinnen, so muß man auf ihren sachlichen, übergesetzlichen Gehalt zurückgehen. Die Tatbestände sind nur das Abbild der Rechtswidrigkeit und zwar, wie wir sofort sehen werden, ein Abbild in vergröberten Zügen; die Tatbestände bedeuten die typisch ausgestaltete Rechtswidrigkeit, sie sind die vertypte Rechtswidrigkeit. Damit ist die in der Literatur zu vermissende[1]) Realdefinition des Tatbestandes gegeben, sie gilt es im folgenden auszubauen.

α) Die Tatbestandsmäßigkeit ist nur ein Abbild der Rechtswidrigkeit und nur ein solches in vergröberten Zügen. Der Gesetzgeber geht generalisierend und schematisierend vor, wenn er Gesetze und Tatbestände schafft; er läßt von den ihm dargebotenen Lebens-

[1]) So mit Recht Mayer 90 Nr. 3, der aber ebenfalls keine Definition gibt.

erscheinungen die individuellen Besonderheiten weg, die einem Fall allein sein charakteristisches Gepräge geben können. Und er **muß** so verfahren. Sonst könnte er keine Typen schaffen. Wollte er dem Leben gerecht werden, so müßte er jeden Fall unmittelbar nach der Idee des Rechts, der Rechtmäßigkeit und der Rechtswidrigkeit richten lassen oder wenigstens für diese bei der Tatbestandssubsumtion eine Hintertür offen halten. Ob die letztgenannte Möglichkeit besteht, wird alsbald untersucht werden. Jedenfalls hat er Tatbestände geschaffen und hat damit, wie wir soeben (1) sahen, gut gehandelt. Er ist dem Leitgedanken der Rechtssicherheit gefolgt. Leider aber auf Kosten der konkreten Gerechtigkeit, derjenigen Gerechtigkeit, die jede Individualität berücksichtigt wissen will. Da nun der allgemeingültige Maßstab der Rechtswidrigkeit so hoch abstrakt ist, daß er jeder Einzelheit gerecht zu werden vermag, und da eine tieferstehende Abstraktion, wie sie die gesetzlichen Tatbestände darstellen, gerade auf Weglassung des Individuellen beruht, so ist die Tatbestandsmäßigkeit eben nur ein unvollkommenes Abbild der Rechtswidrigkeit. Beide decken nicht einander. Es gibt Fälle, die tatbestandsmäßig aber nicht rechtswidrig, und es gibt solche, die rechtswidrig aber nicht tatbestandsmäßig sind.[1]) Die Typisierung kann also einmal zu weit und sie kann ein andermal nicht weit genug gehen. Das beruht nicht etwa auf einem Irrtum und Fehler des Gesetzes. Das Gesetz ist fehlerfrei, aber es ist notwendig unvollkommen. Unvollkommen wegen seines generellen Charakters.

β) Weil aber der Tatbestand notwendig unvollkommen ist, so darf man ihn nicht zum Ausgangspunkt wählen, nicht von ihm aus die strafrechtlichen Grundbegriffe überhaupt erklären; man gelangt dann in unlösbare Schwierigkeiten. Mitunter bricht auch im geltenden Recht gegenüber ebendiesem Unvollkommenen das Voll-

---

[1]) Damit steht nicht im Widerspruch die Tatsache, daß die Erfüllung **gewisser** Tatbestände nicht rechtmäßig geschehen kann; so sind wohl stets rechtswidrig die Fälschungs- und Sittlichkeitsdelikte, auch Diebstahl und Raub. Vgl. Graf zu Dohna Rechtswidrigkeit 58 ff. (wo aber zu Unrecht die Beleidigung mitgenannt ist; diese kann sehr wohl rechtmäßig begangen werden, § 193!). — Etwas ganz anderes bedeutet es, daß auch jene Tatbestände sich nicht voll und ganz mit der Rechtswidrigkeit decken und insofern unvollkommen sind; denn sie abstrahieren notwendig von konkreten Einzelheiten, die gerade für die Rechtswidrigkeit, für ihren Grad, ihre Schwere, von Bedeutung sein mögen.

kommene durch (vgl. unten § 15 II 2); dann müßte man das Vollkommene als Ausnahme bezeichnen. Und so hat man denn in der Tat, wie sofort zu zeigen, „Abweichungen vom Typus" freilich in anderem Sinne erkennen wollen; man ging von einem Normalfall des Verbrechens aus und schilderte dann die Ausnahmen. Das mag didaktisch zu rechtfertigen sein; theoretisch reicht es nicht aus. Will man grundlegende Arbeit verrichten, so ist das allen Gebilden Gemeinsame herauszuheben und vor die Klammer zu ziehen; alle Formen sind auf denselben Nenner zu bringen. Das bedeutet: das Wesen ist zu erkennen, dem gegenüber alles andere nur Erscheinungsform ist. Ausstrahlungen des Wesens — ist die Losung; nicht: Abweichungen von ihm. Das Wesen ist aber das Unrecht.

Beizutreten ist also der Belingschen Typentheorie, jedoch nur mit der Maßgabe, daß sie materiell zu orientieren ist, so daß der Tatbestand nur als ein Ausflnß der (übergesetzlichen) Rechtswidrigkeit erscheint, während nach Beling Tatbestand und Rechtswidrigkeit einander nebengeordnet sind[1]) (vgl. oben § 11 II, insbes. 5). Zwar ist die grundsätzliche und streng durchgeführte Unterscheidung beider Begriffe durch Beling als ein erheblicher Fortschritt in der dogmatischen Erkenntnis des Strafrechts zu verzeichnen, und wenn Binding die Nebenordnung von Rechtswidrigkeit und Tatbestandsmäßigkeit bei Beling scharf getadelt hat, so ist gegen seine Normentheorie der ungleich schwerere Vorwurf zu erheben, daß diese auf eine Gleichsetzung beider Begriffe hinausläuft; insofern hat Beling — namentlich von seinem dogmatischen Ausgangspunkt — völlig recht, wenn er den Tatbestand als wertfrei bezeichnet, so daß man geneigt sein könnte, in dem logischen Gegensatze Wertobjekt —

[1]) Verbrechen 147 ff., 181 (jedoch 156 ff.); z. T. zustimmend H. A. Fischer 98, dagegen jedoch Frank vor § 1 III. — Dagegen ist nach Beling der Tatbestand eine typische Ausgestaltung des Verbrechens; hiernach erscheint der Unterschied von der hier vertretenen Anschauung, daß der Tatbestand eine typische Ausgestaltung der Rechtswidrigkeit ist, auf den ersten Blick gar nicht so groß. Man vergegenwärtige sich aber das eigenartige Verhältnis, in dem nach Beling Verbrechen, Rechtswidrigkeit und Tatbestand stehen: die beiden letzteren sind einander nebengeordnet, der Tatbestand ist aber die Vertypung des Gattungsbegriffs des Verbrechens, zu dem er selbst gehört! Es leuchtet ein, daß das Verhältnis von Verbrechen, Tatbestand und Rechtswidrigkeit von Beling nur rein formal-logisch konzipiert ist, während die hier eingeschlagene teleologische Gedankenrichtung den Sinn und inneren Gehalt der genannten Begriffe zu ergründen sucht. Daran erkennt man, daß der Tatbestand normative Natur trägt und eine Ausstrahlung der Rechtswidrigkeit bedeutet, die sich ihrerseits allein (unmittelbar) dem Gattungsbegriff des Verbrechens unterordnet (natürlich zusammen mit Handlung und Schuld).

Wertmaßstab den Tatbestand dem ersteren Gliede zuzuweisen. Jedoch: ganz abgesehen von allen vorangegangenen Ausführungen über das Verhältnis beider Begriffe zueinander und über das Verhältnis des abstrakten zum konkreten Tatbestand mußte doch schon eine reine dogmatische Erwägung zu der Erkenntnis führen, daß die Tatbestandsmäßigkeit wenigstens regelmäßig Rechtswidrigkeit bedeutet, daß sie die typisch ausgeprägte Rechtswidrigkeit ist: die Erwägung, daß an den Tatbestand die Rechtsfolge der Strafe geknüpft wird; der Tatbestand ist die positivgesetzliche Voraussetzung der Strafe; in diesem Sinne von „Voraussetzung einer Rechtsfolge" wird ja der Tatbestandsbegriff auch sonst verwendet.[1]) Diese Voraussetzung der Strafe muß nun aber in sich bereits eine Mißbilligung tragen, da sonst die schwere, den Täter treffende Rechtsfolge der Strafe nicht erklärbar wäre, und zwar um so mehr, als positivgesetzlich zu dem Tatbestand in den weitaus meisten Fällen — man denke nur an die gewöhnlichen Diebstahlsfälle — nichts weiter hinzuzutreten braucht, um die Rechtsfolge auszulösen. Tatbestandsmäßigkeit ist eben ein regelmäßiger Ausdruck der Rechtswidrigkeit — eine Erkenntnis, die vielleicht andere Schriftsteller (Baumgarten, Köhler) dazu bestimmt haben mag, von einem positiven Merkmal der Rechtswidrigkeit gänzlich abzusehen, was natürlich theoretisch völlig unzulänglich ist. Die Ansicht Baumgartens bedeutet eine Hypertrophierung des Tatbestandsbegriffs, einen Umschlag von Bindings Normentheorie über Belings Typentheorie hinaus nach der anderen Seite; insofern hält Beling die richtige Mitte zwischen Binding und Baumgarten.

Auch Mayer stellt den Tatbestand zu sehr in den Vordergrund, was bei seinem Bestreben, den Dingen auf den Grund zu gehen, doppelt wundernimmt; er ist doch noch zu sehr ein Epigone der Bindingschen Normentheorie (vgl. oben § 12 II 7 f.). Der Tatbestand ist aber keiner unmittelbaren Herleitung von der Philosophie her fähig; er ist der formelle Niederschlag eines Gedankens, der die Verbindung zwischen Philosophie und technischer Rechtslehre herstellt. Bei Mayer fehlt die Hervorkehrung der Rechtswidrigkeit (die erst nach der Tatbestandsmäßigkeit behandelt wird) und damit auch die Erkenntnis des richtigen Handlungsbegriffs. Seine Bevorzugung des Tatbestandes hängt innerlich sogar mit diesem Mangel seines Handlungsbegriffs zusammen: Handlung ist ihm gleich Willensbetätigung; damit kann man aber nicht jedes Verbrechen erklären, da es auch solche ohne Willensbetätigung (fahrlässiges Unterlassungsdelikt!) gibt. So wird das Objekt der Rechtswidrigkeit, das Verhalten, ganz übergangen, und daher muß der Tatbestand aushelfen, der deswegen an die allererste Stelle gesetzt wird, wo dogmatisch entweder die Rechtswidrigkeit oder das Verhalten stehen müßten. Auf den Tatbestand sich zu berufen, ist freilich bequem; praktisch reicht er immer aus. Dann würde es der Herausarbeitung allgemeiner Verbrechensmerkmale gar nicht bedürfen!

---

[1]) Um nur zwei Ansichten auf einem durchaus anders liegenden Gebiete anzuführen: Stein Kommentar z. ZPO. [11] 1913 I vor § 253 II 5, W. Schulze Tatbestand und Rechtsfolge, ein Beitrag zur juristischen Erkenntnistheorie, ArchRWph. II Nr. 4. Vgl. übrigens auch Radbruch Handlungsbegriff 21.

Übrigens mußte die richtige Ansicht, daß Tatbestandsmäßigkeit vertypte Rechtswidrigkeit ist, auch in dem Mayerschen Lehrbuch einmal durchbrechen. Bei Erörterung des Vorsatzbegriffs[1]) heißt es, es sei in der Praxis, nachdem festgestellt sei, daß der Täter die gesetzlichen Tatumstände gekannt habe, regelmäßig unnötig, auch noch ausdrücklich festzustellen, daß sich der Täter der Pflichtwidrigkeit bewußt war, da die erste Feststellung implicite die zweite enthält. Also: das Bewußtsein der materiellen Rechtswidrigkeit wird ersetzt durch das Bewußtsein der Tatbestandsmäßigkeit; folglich: Tatbestandsmäßigkeit ist vertypte Rechtswidrigkeit.[2])

Auf der anderen Seite erklärt es sich aus der prinzipiellen Bedeutung des Tatbestandes bei Mayer, daß er eine Kategorie der „vom Typus abweichenden Erscheinungsformen" aufstellt,[3]) zu denen er Delikte 1. ohne Willensbetätigung, 2. ohne Erfolg und 3. ohne beides rechnet. Die erste Gruppe betrifft aber das Unterlassungs-, also das Objektsproblem, die zweite das Problem des Verhältnisses von Rechtswidrigkeit (zu der stets ein — wahrscheinlicher — Erfolg gehört) und Tatbestand (aus dem jener zur Rechtswidrigkeit gehörige Erfolg wegen der typischen Ausgestaltung völlig verschwindet), die dritte ist lediglich eine Verbindung der beiden ersten. Es handelt sich also nicht um „Abweichungen vom Typus", sondern um Erscheinungen des richtig erfaßten Wesens, sei es des Gegenstandes des Unrechts (Unterlassung), sei es des Unrechts selbst (Tatbestand).

Endlich werden aber auch in der anderen Mayerschen Kategorie der „Spielarten des typischen Verhältnisses"[4]) die verschiedensten Gruppen aus rein äußeren, zum Tatbestand in Beziehung stehenden Gründen vereinigt: 1. die „Delikte mit zwei kumulativ verbundenen Erfolgen" (d. s. die durch den Erfolg qualifizierten Delikte) betreffen das Schuldproblem, 2. die Delikte mit zwei Handlungen interessieren für die Vollendung des Delikts oder ebenfalls für die Schuld (z. B. Anfertigung und Verwendung der unechten Urkunde, Herstellung falschen Geldes in der Absicht des Gebrauchs), 3. die Delikte mit kasuistisch oder mit alternativ verbundenen Erfolgen (§§ 166, 120) interessieren nur gesetzestechnisch, 4. die Dauerdelikte betreffen die Frage nach der Art der Vertypung der Rechtswidrigkeit (praktisch wichtig für Vollendung, Beihilfe, Beginn der Verjährungsfrist), 5. „Delikte mit präsumtiv zu deutenden Erfolgen" (d. s. die abstrakten Gefährdungsdelikte) bieten die oben erwähnte

---

[1]) 259.

[2]) Vgl. auch 262 oben. — Wenn Mayer übrigens bemerkt, der Tatbestand indiziere die Rechtswidrigkeit (52), und wenn er weiter ausführt, gewisse Tatbestandselemente seien wertfrei (d. s. die zum Kausalverhältnis in Beziehung stehenden Elemente), andere seien dagegen echte Elemente der Rechtswidrigkeit, z. B. unwahr [das ist u. E. falsch] und fremd [richtig], die erstgenannte Wertfreiheit schließe jedoch nicht aus, daß das Ganze doch Beziehung zur Rechtswidrigkeit habe, wenn auch keiner der Teile sie habe (182 ff.), so galt es nur noch einen Schritt zu tun, um zu erkennen, daß Tatbestandsmäßigkeit formelle Rechtswidrigkeit und vertypte materielle Rechtswidrigkeit ist.

[3]) 130 ff. [4]) 120 ff.

Besonderheit, daß der zur Rechtswidrigkeit gehörige Schaden infolge einer groben Ausprägung des Tatbestandes aus diesem ganz entschwindet. — Nach alledem scheint uns die Hervorkehrung des Tatbestandsbegriffs auch dogmatisch nicht fruchtbar.

Übrigens sollten diejenigen, die in jedem Tatirrtum zugleich einen Rechtsirrtum erblicken,[1]) dieser an sich unrichtigen Ansicht wenigstens die richtige Grundlage geben: der Tatbestand (d. i. das Tatsächliche, die Tatumstände, auf die sich der „Tatirrtum" bezieht) ist innig verknüpft mit dem Rechtlichen, der Tatbestand hat nicht nur tatsächlichen, sondern auch rechtlichen Charakter, er ist eben ein Ausdruck der Rechtswidrigkeit.

γ) Wenn man das Verhältnis der Rechtswidrigkeit zur Tatbestandsmäßigkeit durchaus zutreffend durch den Gegensatz von abstrakt zu konkret, von generell zu speziell[2]) charakterisiert, so darf man nach dem Gesagten die Tatbestandsmäßigkeit nicht als eine „Spezialisierung" der Rechtswidrigkeit in dem Sinne auffassen, daß sie nur spezieller gefaßt ist, im übrigen völlig in ihr aufgeht, wie etwa die Spezialisierung der Sachen in bewegliche. Freilich wäre es ein harmonisches Bild, ein herrliches Ideal, wenn die Tatbestände in ihrer Gesamtheit sich zur Rechtswidrigkeit zusammenschlössen, wenn die Summe der Tatbestände die Rechtswidrigkeit bedeutete. Das ist aber nicht etwa ein unerreichbares Ideal, das Allgemeingültigkeit besäße, sondern überhaupt kein Ideal, weil es in sich widerspruchsvoll ist. Die Tatbestände sind ihrer eigenen Idee nach Typen, also Weglassungen von Besonderheiten, und deswegen können und wollen sie nicht in die allgemeingültige Rechtswidrigkeit aufgehen, die ja gerade auf Besonderheiten die gebührende Rücksicht nimmt. Der Tatbestand ist nicht eine Spezialisierung, sondern eine Typisierung der Rechtswidrigkeit.[3]) Wenn der Gesetzgeber an die Vertypung der Rechts-

---

[1]) Vgl. etwa Finger I 240.

[2]) Dagegen würde der Gegensatz generell — individuell nicht zutreffen. Im Gegenteil ist die Rechtswidrigkeit individualisierender als die Tatbestandsmäßigkeit — trotz oder richtiger wegen der hohen Abstraktheit der ersteren. S. den folgenden Text.

[3]) Das zeigt sich deutlich einmal bei den sog. abstrakten Gefährdungsdelikten; hier braucht das Vorhandensein der Gefahr im Einzelfall nicht festgestellt zu werden, obwohl sich sachlich der Tatbestand aus dem Gesichtspunkt der Gefährdung erklärt; sie gehört eben zur Rechtswidrigkeit. Die Gefährdung ist vertypt und auf diese Weise aus dem Tatbestand ausgeschaltet. Anders bei den sog. konkreten Gefährdungsdelikten; hier ist die Gefahr Tat-

widrigkeit herangeht, so weiß er, daß stets ein Rest übrigbleibt, den er nicht mehr vertypen kann.

δ) So enthüllt sich ein eigentümliches Verhältnis der drei Begriffe: Rechtswidrigkeit, Tatbestand und Rechtsfall. Ein eigentümliches Verhältnis, wenn man es unter dem Gesichtswinkel des Individuellen betrachtet. Individualisierenden Charakter haben nur die Begriffe Rechtswidrigkeit und Rechtsfall, nicht aber der Begriff Tatbestand und zwar der abstrakte so wenig wie der konkrete. Insofern haben Rechtswidrigkeit und Rechtsfall innigere Fühlung miteinander als beide mit dem Tatbestand. Der Tatbestand, der sich zwischen beide schiebt — und den Nutzen sahen wir oben ein —, stört zugleich diese innige Berührung, so daß sie nunmehr weltenfern einander gegenübertreten müssen. Der Jurist muß einen gewaltigen Weg zurücklegen, ehe er von der Rechtswidrigkeit zum Rechtsfall gelangt, und er muß Schwierigkeiten überwinden, die er sich selbst durch seinen Tatbestandsbegriff geschaffen hat. Schwierigkeiten, die dem individualisierenden Standpunkt gegenüber geradezu als Fehler erscheinen. Denn das kann nunmehr nicht mehr bezweifelt werden: wie der abstrakte Tatbestand gegenüber der Rechtswidrigkeit, so bedeutet der konkrete Tatbestand gegenüber dem Rechtsfall eine Entstellung, eine Verunstaltung, ja eine Fälschung. Der konkrete Tatbestand gibt sich den Anschein, als sei er das Leben; der abstrakte Tatbestand den Anschein, als sei er die Rechtswidrigkeit. Der Jurist operiert mit einem gefälschten Wertungsobjekt nicht anders

---

bestandsmerkmal. Beachte den Gegensatz von § 322 zu § 312. Nicht zu billigen (wenigstens in der Formulierung) ist die Bemerkung Franks § 1 II a. E., „bei beiden (d. h. bei den abstrakten wie den konkreten Gefährdungsdelikten) gehöre die Gefährdung zum Tatbestand"; dagegen schon mit Recht Beling Verbrechen 217. — Und ferner ergibt sich unter dem Gesichtspunkt des Textes die Lösung der Frage, ob es nur Erfolgs- oder auch „schlichte Tätigkeitsdelikte" gibt (gegen den letzteren Begriff v. Liszt 118, Wachenfeld 73 und Mayer 119): ein Erfolg gehört zu jeder Rechtswidrigkeit insofern, als ein Schaden, eine Verletzung des öffentlichen oder privater Interessen mindestens wahrscheinlich sein muß — denn rechtswidrig ist nur ein Verhalten, das die allgemeine Tendenz auf einen schädlichen Erfolg hat —; dieser Erfolg mag aber bei einer groben usprägung des Tatbestandes ganz unter den Tisch fallen, so daß zum Tatbestand (!) jedenfalls ein Erfolg nicht notwendig gehört — so wenn das Gehen über fremde Äcker verboten wird. Natürlich erklärt sich auch hier der Tatbestand nur aus dem Gesichtspunkt der Beeinträchtigung fremder Interessen infolge von Handlungen dieser Art.

wie mit einem gefälschten Wertungsmaßstab. Das muß sich an einer Stelle des systematischen Ganzen rächen. Und es rächt sich.

Idee und Leben sind die reinen Gebilde, die allein zu einem harmonischen Ganzen führen können. Gestaltet sie der Jurist zu seinen Zwecken im Interesse der Rechtssicherheit um, so wird die Reinheit getrübt. Es fragt sich, ob nicht bis zu einem gewissen Grade die Harmonie wieder hergestellt, die Reinheit gerettet, die individuelle Gerechtigkeit mit der Rechtssicherheit vereinigt werden kann: das muß alsdann die wahre Gerechtigkeit sein. Wir glauben die Frage später (§ 15 II) bejahen zu dürfen. Um zu diesem Ergebnis zu gelangen, ist aber zunächst noch ein weiter Weg zurückzulegen.

c) Das gezeichnete Bild des Tatbestandes in seinem Verhältnis zur Rechtswidrigkeit liegt auch dem sog. Polizeiunrecht, den Polizeiübertretungen zugrunde. Über den Unterschied von Polizei- und Kriminalstrafrecht hat man sich viel den Kopf zerbrochen. Wie bereits bemerkt (§ 6 I 6), besteht eine innere Verschiedenheit überhaupt nicht. Gleichwohl ist aus dem sofort anzuführenden praktischen Grunde die Unterscheidung zu machen, und wir erkennen sie grundsätzlich darin, daß die Polizeidelikte eine leichtere Verletzung des öffentlichen Interesses enthalten. Auch den Tatbeständen des Polizeiunrechts liegt also derselbe materielle Unrechtsbegriff zugrunde wie den Tatbeständen der eigentlichen Kriminaldelikte, und es ist durchaus abwegig, den ersteren einen materiellen Gehalt gänzlich zu entziehen und ihnen nur einen formellen Charakter zuzusprechen, sie nur dahin zu erklären, daß sie gegen staatliche Normen, Verbote oder Gebote, verstoßen.[1]) Das hieße auf eine sachliche Erklärung, so wie sie in diesen Grundlagen des Strafrechts durchweg erstrebt wird, überhaupt Verzicht leisten. Natürlich stellt der Staat auch in diesem Falle seine Normen aus gewissen Gründen auf, nicht um ihrer selbst willen, und diese Gründe gilt es klarzulegen. Er hat aber auch nicht nur, wie eine zweite über jene formalistische Ansicht kaum hinausstrebende Meinung[2]) annimmt, den Schutz von Verwaltungsinter-

[1]) So Merkel-Liepmann 58 ff., Olshausen § 1 Nr. 1, v. Liszt 112, Finger 107, Kohler Leitf. 44, 163.

[2]) So die insbesondere von Goldschmidt begründete und ausgebaute Lehre (Das Verwaltungsstrafrecht 1902, Festgabe für Koch 1903, Die Deliktsobligationen des Verwaltungsrechts 1905, GoltdA. 49, 71 u. a.) mit vielen Nach-

essen im Auge; denn auch mit diesen will er etwas Bestimmtes erreichen. Immerhin führt diese Ansicht dem Kernpunkt näher. Was will er verwalten? Was mit der Verwaltung erreichen? Das ist nicht etwa nur Ordnung, Ruhe, Sicherheit, gute Sitte, gemeine Wohlfahrt, wie einige zu jener Gruppe gehörenden Schriftsteller gemeint haben; wenigstens ist es das nicht in einem anderen Sinne, wie es für die eigentlichen Kriminaldelikte gilt, sondern es ist genau das gleiche wie für die letztgenannten. Der Staat verbietet auch hier die dem Gemeinwohl, die kulturell schädlichen Handlungen;[1]) auch hier liegt den Tatbeständen die materielle Rechtswidrigkeit zugrunde, auch hier bedeuten die Tatbestände die typische Ausgestaltung dieser Rechtswidrigkeit, und auch hier ist die Strafe grundsätzlich Vergeltungsstrafe, nicht etwa Präventivmaßregel. Der Unterschied ist lediglich ein gradueller: dort ist das Unrecht ein schweres, hier ein leichteres, und deswegen ist auch die Unrechtsfolge nur graduell verschieden, die Strafe nur der Höhe, nicht der Art nach eine andere.

Bedeutet aber nicht der Mangel der besonderen Schwere des Unrechts ein Aufgeben des Verbrechensbegriffs überhaupt? Dem Verbrechen ist doch, wie wir sahen (§ 6), diese besondere Schwere des Unrechts wesentlich. Dieses Kriterium gegenüber dem straflosen Unrecht, das Kriterium, dessen Unbestimmtheit und Dehnbarkeit oben ausdrücklich hervorgehoben, das bemängelt und doch wieder gelobt wurde, hat zugleich zur Folge, daß sich ein allmählicher, begrifflich schwer zu erfassender Übergang zwischen beiden Gebieten vollzieht; es ist nicht etwa eine neutrale Zone dazwischen gelegen, das Feld gehört vielmehr dem Kriminalrecht an, aber man atmet doch zugleich schon die Luft, die von dem Nachbargebiet herüberweht. Das will besagen: die Schwere des Unrechts ist auf ein Mindestmaß herabgesetzt, aber der Staat hat noch immer ein Interesse an

---

folgern; nahestehend auch Frank vor § 360 I Abs. 4, 5 im Anschluß an Otto Mayer, sowie Köhler 158; aber auch M. E. Mayer Kulturnormen 159 ff., Lehrb. 55 ff., gegen dessen Ansicht, die Normen des Verwaltungsstrafrechts seien „kulturell indifferent", zwar zu Unrecht eingewendet ist, er gebe damit seine Theorie von den Kulturnormen auf, gegen den jedoch sicherlich das spricht, daß sich seine Theorie nicht überall bewährt; s. den folgenden Text.

[1]) Vgl. auch Beling Verbrechen 35: der Gesetzgeber habe hier die „kleine Kultur" im Auge gehabt.

Bestrafung. Weswegen denn aber? Wenn das Unrecht nicht mehr so schwer ist, so muß notwendigerweise noch ein anderer Grund hinzutreten. Und das ist in der Tat der Fall.

Zunächst mögen andere Mittel versagen; Entschädigung ist erfahrungsgemäß selten zu erlangen, oder ein Ausgleich ist sonst nicht möglich; um so mehr muß der Verletzung vorgebeugt werden. Nur insofern spielt hier die Generalprävention eine größere Rolle. Irreführend ist es freilich, den Zweck der Strafe in der „Anhaltung zu polizeimäßigem Verhalten"[1]) zu erblicken; denn einmal ist das anzustrebende Verhalten nicht ein anderes, wie es durch die Gesetze des eigentlichen Kriminalrechts erreicht werden soll, also nicht ein besonderes polizeimäßiges, sodann ist dieses Anhalten nicht der erste und nächste Strafzweck, hier so wenig wie dort. — Wenn nun aber andere Mittel versagen, so darf zu dem doch immer schweren Mittel der Strafe nur aus gewichtigen Gründen gegriffen werden. Diese können zum Teil in der erfahrungsgemäß häufigen Begehung gewisser Delikte liegen, man denke an Bettel, Landstreichen, Gewerbsunzucht, Ruhestörung, Steinewerfen, privilegierte Diebstähle; zum Teil aber auch in der Wichtigkeit der übertretenen Verwaltungsvorschriften, etwa solcher gesundheits- oder sicherheitspolizeilicher Natur. In letzterer Hinsicht ist also den oben abgelehnten Ansichten über die Formaldelikte und das Verwaltungsstrafrecht zuzustimmen, nur mit dem Unterschied, daß keine prinzipielle Verschiedenheit vom gewöhnlichen Strafrecht besteht, daß auch hier die Gefährdung von Interessen bestraft wird, wenn auch nur eine entferntere. Insofern ist es zutreffend, von „Gefahr der Gefahr" zu sprechen; es handelt sich gewissermaßen um eine doppelte Vertypung: die Interessenlage wird zuerst zu einer Verwaltungsnorm, sodann zu einem strafrechtlichen Tatbestand vertypt. Das in unserem Zusammenhange wichtige eigenartige Bild ist also das: es schiebt sich zwischen Rechtswidrigkeit und Tatbestand noch etwas Drittes.

Der Staat hat nun ein ganz besonderes Interesse daran, daß jene Delikte nicht überhand nehmen. An sich leichterer Natur können sie mitunter und namentlich in großer Zahl begangen schweren Schaden verursachen, wie die Übertretung der zur Ruhe oder zur Reinlichkeit erlassenen Vorschriften. So wird aus der an sich leich-

---

[1]) Vgl. Frank vor § 360 II Abs. 2 m. Nachw.

teren Verletzung des öffentlichen Interesses eine schwere; und da meist andere Gegenmittel nicht zu Gebote stehen, so rechtfertigt sich die Strafandrohung. Das scheint sich uns also als der wesentliche Kern der Polizeidelikte herauszustellen: Die an sich jedem strafrechtlich erheblichen Unrecht innewohnende besondere Schwere des Schadens spezialisiert sich hier zu einer numerisch (verwaltungsrechtlich) begründeten Schwere der (sonst leichteren) Verletzung des öffentlichen Interesses, auf die durch Strafe reagiert wird, weil andere Mittel versagen. Dieser Kern der Rechtswidrigkeit ist nun tatbestandlich in meist recht kasuistischer Weise umgeprägt, er ist oft, wie erwähnt, doppelt vertatbestandlicht, so daß er selbst tief verborgen liegt. Um so dringender ist seine Klarlegung geboten.

Aus diesem Grundgedanken erklärt sich nun aber auch eine eigenartige Folgeerscheinung, die die oben erwähnte praktische Bedeutung der Unterscheidung von Polizei- und Kriminalunrecht ausmacht. In der gegenwärtigen Praxis und in den Entwürfen[1]) wird grundsätzlich fahrlässige Begehung für ausreichend gehalten. An sich sollte man das Gegenteil annehmen; denn je leichter Delikte sind, um so seltener müßte Fahrlässigkeit bestraft werden; wenn schon fahrlässige Sachbeschädigung straflos ist, so müßten fahrlässige Übertretungen erst recht straflos bleiben. Gleichwohl rechtfertigt sich sachlich ihre Bestrafung, und das wegen der besonderen Betonung des öffentlichen Interesses. Der Staat hat ein ganz besonderes Interesse daran, daß jene Delikte nicht überhandnehmen; er achtet mehr auf die Tat- als auf die Willensseite; deswegen auch die ältere, allerdings fehlgehende Ansicht, auf Schuld käme es hier überhaupt nicht an. Ohne Schuld ist freilich keine Strafe möglich, aber hier reicht die geringere Schuldform grundsätzlich immer aus.

Für das moderne Gesinnungsstrafrecht bleibt übrigens bezeichnenderweise nur ein Weg: die Polizeidelikte sind, da bei ihnen die Gesinnung eine so geringe Rolle spielt, aus dem Gebiet des Strafrechts völlig auszuschließen. Und eine ähnliche Komplikation ergibt sich für die Präventionisten: da ihnen das Strafrecht überhaupt Verwaltungsrecht ist, so können sie innerhalb dieses ein be-

---

[1]) VE. § 58 II, GE. § 347, KE. § 392, E. 1919 § 407.

sonderes (!) Verwaltungsstrafrecht nicht erklären, sondern müssen es aus dem Strafrecht ausscheiden, um eine besondere Bedeutung für es zu gewinnen (vgl. oben § 13 II 2 c a. E.).

Eine scharfe Grenze kann nur der Gesetzgeber ziehen, und wie er sie zieht, ist zum großen Teil willkürlich. So unsinnig ist auch der ältere Standpunkt nicht, nach dem man das einfache unbefugte Fischen dem Polizei-, das unbefugte Fischen unter erschwerenden Umständen dem Kriminalstrafrecht zuwies oder gar die kleineren Diebstähle als Polizei-, die schwereren als Kriminaldelikte auffaßte.[1]) Aber auch der moderne Standpunkt der strengen Durchführung des Verwaltungsstrafrechts hat manches für sich; nur darf man nicht glauben, von ihm aus eine scharfe Scheidewand gezogen und vor allem das Prinzip selbst getroffen zu haben. Vielleicht empfiehlt sich auch, für gewisse Delikte, namentlich diejenigen, die aus einer nicht unmoralischen Gesinnung begangen zu werden pflegen, leichtere Strafen (Verweis, Hausarrest) einzuführen.[2])

Ergebnis: Auch den Polizeidelikten liegt unser Unrechtsbegriff zugrunde. Das Verhältnis von Tatbestand und Rechtswidrigkeit hat sich überall bewährt: der Tatbestand ist die vertypte Rechtswidrigkeit.

II. Der Rechtfertigungsgrund.

1. Die treibende Kraft der Typisierung wurde in dem Ziele der Rechtssicherheit erkannt. Nun verfährt der Gesetzgeber bei der Aufstellung von Typen nicht allein positiv, indem er generell bestimmt, wann in dem Durchschnitt der Fälle (formelle) Rechtswidrigkeit vorliegt, sondern auch negativ, indem er umgekehrt und zwar ebenfalls generell sagt, wann trotz der Tatbestandsmäßigkeit Rechtmäßigkeit gegeben ist. Die Veranlassung[3]) zu dem letzteren Verfahren, zu dieser Aufstellung von gesetzlichen Rechtfertigungsgründen (Unrechtsausschließungsgründen), ist die Erwägung, daß dieser Weg zu einfacheren, deutlicheren, faßbareren Typen führt als das positive Verfahren. Es sind genau dieselben Gründe maß-

[1]) So will KE. § 421 (Ebermayer 99) den Mundraub dem Polizeiunrecht zuweisen. Anders E. 1919 § 366 II.

[2]) Auf den Vorschlag Franks JKV. 12, 201.

[3]) Teleologische Erwägungen sind auch für das Gebiet der Rechtfertigungsgründe nützlicher als rein logische Untersuchungen, wie sie z. B. Fischer 187ff. anstellt.

gebend, die oben (I 1) als ausschlaggebend für die Typenbildung überhaupt erkannt wurden. Daneben kommen noch Formulierungs- und andere gesetzestechnische Fragen in Betracht. So ist zweifellos ein Gesetz glücklicher, wenn es bestimmt, was Notwehr bedeutet und daß Notwehr trotz Tatbestandsmäßigkeit die Rechtswidrigkeit ausschließt, als wenn es positiv bei jedem Tatbestand sagen wollte, daß der Tatbestand nur dann vorliegt, wenn der Täter sich nicht gegen den von einer anderen Person ausgehenden Angriff wehrt usw. Andere Gründe, namentlich solche sachlicher Natur, sind dagegen für die Aufstellungen dieser sog. negativen Merkmale statt positiver nicht vorhanden; eine besondere „Theorie der negativen Tatumstände" ist daher abzulehnen (vgl. oben § 11 II 6).

Wenn wir oben (I 2 b) einen dem Wesen der Rechtswidrigkeit gegenübergestellten Begriff der „formellen Rechtswidrigkeit" im Sinne von Tatbestandsmäßigkeit als überflüssig und tautologisch ablehnten, so läßt sich für die Dogmatik des Strafrechts ein solcher Begriff unter Einbeziehung der Rechtfertigungsgründe sehr wohl gebrauchen. Formelle Rechtswidrigkeit bedeutet Tatbestandsmäßigkeit beim Fehlen von Rechtfertigungsgründen. Formell rechtswidrig ist ein Verhalten, das einem gesetzlichen Tatbestande unterfällt, sofern nicht ein besonderer Rechtfertigungsgrund vorliegt.

Solche Rechtfertigungsgründe finden sich in dem geltenden Recht zahlreiche. In der Dogmatik des Strafrechts besteht aber Streit, ob einigen die Bedeutung der hier behandelten Rechtfertigungsgründe zukommt oder ob sie nur die Schuld oder gar nur die Strafbarkeit ausschließen. Die Lösung des Problems ergibt sich, wenn man dem hier entworfenen systematischen Aufbau folgt. Danach sind für das materielle Strafrecht (Gegensatz: Prozeßrecht) nur zwei Arten von Sachvoraussetzungen denkbar: Voraussetzungen der Rechtswidrigkeit und Voraussetzungen der Schuld; und ebenso gibt es nur zwei Arten von Strafausschließungsgründen: Rechtfertigungs- und Entschuldigungsgründe. Für strenge wissenschaftliche, auf das Systemganze gerichtete Forschung besteht nur diese Alternative: man muß die positiven wie negativen Merkmale entweder dieser oder jener Gruppe zuweisen. Eine dritte Möglichkeit ist noch vorhanden: die Einreihung in die Prozeßvoraussetzungen (sei es Verfolgungs- sei es Verfahrensvoraussetzungen) oder in die entsprechenden Prozeßhindernisse; aber innerhalb des materiellen Rechts ist eine dritte Gruppe undenkbar; sie wäre nur eine Sammelkategorie, in die alle zweifelhaften, sonst nicht unterzubringenden Fälle wie in eine Fundkammer hineingetan werden.

Nach dem systematischen Aufbau muß daher das Kriterium für die Rechtfertigungsgründe darin bestehen, daß sie ihren Sinn, ihre Bedeutung, ihre legislatorische Berechtigung aus dem Wesen der Rechtswidrigkeit herleiten. Es wird also, sofern der Gesetzgeber nicht selbst deutlich sich zu der Frage der Rechtmäßigkeit äußert, zu untersuchen sein, ob die Handlungen, bei denen die betreffenden Merkmale vorliegen, ihrer allgemeinen Tendenz nach den Zwecken des staatlichen Zusammenlebens mehr förderlich als hinderlich sind, ob sie der staatlichen Gemeinschaft mehr nützen als schaden.

Das Kriterium hat übrigens eine zweifache Bedeutung; es entscheidet darüber, ob, und bejahendenfalls ferner darüber, wieweit eine gesetzliche Vorschrift einen Rechtfertigungsgrund enthält. Es besteht also auch die Möglichkeit, daß eine Vorschrift nur zum Teil hierher, zum anderen Teil dorthin zu weisen ist.

2. Die einzelnen gesetzlichen Rechtfertigungsgründe.

a) In einer Reihe von Fällen hat das Gesetz eine tatbestandsmäßige Handlung ausdrücklich erlaubt oder geboten.

α) Es erlaubt jedem Staatsbürger die eigene selbsttätige Durchsetzung oder Sicherung seiner Rechte. So in den Fällen 1. der Notwehr[1]) und 2. der Selbsthilfe (Pfändung, Sicherung).

β) Es gebietet den staatlichen Organen und gleichgestellten Personen die Durchführung und Sicherung der Rechte; dahin gehört die Erfüllung von Amts- und Dienstpflichten durch Vollstreckungs-, Kriminal-, Steuerbeamte usw., Soldaten, Wachmannschaften, Schiffskapitäne usw.

Oder das Gesetz räumt ein Erziehungs- und Disziplinarrecht[2]) gewissen Personen ein, den Eltern, Vormündern, Lehrern, Lehrherren, Schiffern, Strafanstaltsbeamten.

γ) Noch ein Schritt weiter: Das Gesetz räumt Personen, Verbänden, Behörden generelle Befugnisse ein; dann muß es auch,

---

[1]) Über die legislatorische Berechtigung dieser Regelung vgl. den folgenden Text vor b.

[2]) Über die Begrenzung vgl. unten § 15 I 2 c β.

die Konsequenz ziehend, die speziellen, regelmäßig in Ausführung dieser Befugnisse und entsprechenden Anordnungen begangenen Handlungen gestatten, mögen die letzteren auch einem strafgesetzlichen Tatbestand unterfallen. Das scheint uns das Prinzip der in der Literatur nicht prinzipiell genug behandelten Fälle zu sein[1]), zu denen auch der Fall des dienstlichen Befehls (unten δ) gehört. Die Personen, die die Handlungen begangen haben, mögen sogar verschieden sein von denjenigen, denen die Erlaubnis erteilt ist, was nicht immer beachtet wird. Gestattet die Obrigkeit eine Lotterie, so ist das Vertreiben oder Ankaufen von Losen seitens der Angestellten nicht rechtswidrig; läßt die Behörde einen Bettelorden zu, so kann das Betteln seiner Angehörigen nicht verboten sein; erlangt ein Bordellbetrieb die Konzession, so wird auch die mit ihm verbundene Kuppelei gestattet. Allgemein wird zu sagen sein: die Zulassung eines an sich gefährlichen Betriebes, z. B. eines industriellen Unternehmens, eines Gewerbes, eines Bewegungsspieles, rechtfertigt zugleich die in ihnen regelmäßig vorkommenden Handlungen.

Also nur diejenigen, die der Betrieb gewöhnlich mit sich bringt. Hier zeigt sich wieder der als grundlegend erkannte Gedanke der Normalität, der Wahrscheinlichkeit, der allgemeinen Tendenz. Erteilt nämlich der Staat eine solche generelle Erlaubnis, so sagt er sich: normalerweise kommen in dem Betriebe die und die Handlungen vor, und diese entsprechen meinen, des Staates, Zielen mehr, als sie ihnen zuwiderlaufen; der Betrieb nützt mir also seiner allgemeinen Tendenz nach mehr, als er mir schadet.

---

[1]) Die Klassifikationen, die sich in den Lehrbüchern finden und die hier wiederzugeben wir uns ersparen dürfen, zeigen ein recht verschiedenes Aussehen. Interessant ist die Dreiteilung Mayers in Bekämpfung des Unrechts, Wahrung berechtigter Interessen und Privilegien. Aber die beiden Zwecke, die zur Unterscheidung der ersten beiden Gruppen führten, gehen ineinander über: Notwehr und Selbsthilfe dienen gewiß zur Wahrung berechtigter Interessen, nicht nur zur Bekämpfung des Unrechts. Und für die „Privilegien" wird ein innerer Grund nicht angeführt; weswegen stellt sie denn der Gesetzgeber auf? So kommt es, daß in dieser dritten Gruppe die verschiedenartigsten Fälle zusammengestellt sind, wie die Konzession des Bordellbetriebes und die wahrheitsgetreue Parlamentsberichterstattung. Gehört es übrigens nicht zum Wesen des Privilegs, daß bestimmte Personen bevorrechtigt sind?

So sehen wir, daß der generell gesetzlichen Regelung, der generellen Aufstellung eines Rechtfertigungsgrundes die oben beschriebene Idee der Rechtmäßigkeit und der Rechtswidrigkeit zugrunde liegt. Sie hat der Gesetzgeber vor Augen, wenn er an die Schaffung von Rechtfertigungsgründen geht; er schafft solche dann und nur insoweit, als es die Idee (nach seiner Meinung) verlangt.

δ) Nur ein Sonderfall der soeben besprochenen Gruppe ist der in der Literatur[1]) viel umstrittene Fall des dienstlichen **Befehls des Vorgesetzten**. Fällt die Ausführung des Befehls durch den Untergebenen unter einen strafgesetzlichen Tatbestand, so entfällt die Rechtswidrigkeit nur, wenn die Rechtsordnung die verbindliche Kraft des Befehls anerkennt. Trifft diese Voraussetzung nicht zu, so ist die Handlung rechtswidrig, der Handelnde aber möglicherweise ohne Schuld. Verfehlt ist also einmal die Ansicht, die in dem Befehl stets nur einen Schuldausschließungsgrund erblickt, sodann aber auch die andere, die ihn bedingungslos zu den Rechtfertigungsgründen rechnet. Denn wenn die Rechtsordnung den Befehl selbst anerkennt, so muß auch seine Ausführung dem Recht entsprechen, da sonst seine rechtliche Anerkennung keinen Sinn hätte, er selbst ja bedeutungslos wäre. Und wenn die Rechtsordnung ihn nicht anerkennt, so kann unmöglich die ihn ausführende Handlung bloß deswegen aus einer rechtswidrigen zu einer rechtmäßigen werden, weil der Handelnde sich auf den Befehl verläßt. In diesem Falle kann er nur von Schuld befreit sein; sein Tun steht demjenigen völlig gleich, das unter psychischem Zwange oder unter dem die freie Willensentschließung ausschließenden Affekte (Bestürzung, Furcht, Schrecken) oder im Irrtum geschieht.

Man könnte es für richtiger halten, auch die Schuld des auf einen rechtswidrigen Befehl Handelnden allemal zu bejahen, wenn der Handelnde die Rechtswidrigkeit des Befehls und damit die Rechtswidrigkeit seiner eigenen Handlung kennt; dann bliebe zur Begründung seiner doch dringend gebotenen Straflosigkeit nur ein Weg: man müßte ein zur „Handlung" gehöriges wesentliches Merk-

---

[1]) Zahlreiche Literaturnachweise in den Lehrbüchern. Wie der Text die herrschende Meinung. Der Unterscheidung von objektiven und subjektiven Rechtfertigungsgründen (Beling 168, Frank vor § 51 III S. 111) ist aber nicht beizutreten; es gibt nur die Alternative: die Handlung rechtfertigen oder den Täter entschuldigen.

mal verneinen, und das wäre die Willkürlichkeit, die Freiheit des Verhaltens, so daß der Fall ebenso läge wie die auf physische Gewalt vorgenommene, die erzwungene Handlung. Die Entscheidung setzt eine Klärung des Verhältnisses des Schuld- und des Handlungsbegriffs voraus; hervorgehoben sei an dieser Stelle nur, daß es an der Willkür des Handelnden im Grunde nicht fehlt, daß der Fall doch anders liegt wie derjenige, wo jemand von einem anderen auf einen zerbrechlichen Gegenstand gestoßen wird, so daß dieser beschädigt wird, und daß also doch ein Mangel im Verschulden aufgedeckt werden muß, will man zur Annahme einer Straflosigkeit gelangen (vgl. unten § 16 III 5 a).

ε) Ähnlich liegt die Straffreiheit wahrheitsgetreuer Parlamentsberichte (StGB. v. 1871 § 12, RVf. Art. 30). Wenn das Gesetz die von dem Abgeordneten während der Sitzung begangene Beleidigung nicht unter Strafe stellt, so will es auch den hierüber erstatteten wahrheitsgetreuen Bericht nicht als rechtswidrig erklären.[1]) Es steht auf dem Standpunkt, daß die Öffentlichkeit über den Inhalt der Parlamentsverhandlungen ohne Einschränkung unterrichtet werden muß, mögen auch Privatpersonen in der schärfsten Weise angegriffen und bloßgestellt sein. Ob diese Ansicht legislatorisch zu billigen ist, ob die Abwägung des Interesses des Publikums an Kenntnis des Verhandlungsinhalts einerseits und des Interesses der Privatperson an Reinhaltung seines guten Namens andrerseits in der richtigen Weise geschehen ist, das mag zweifelhaft sein. Jedenfalls hat der Gesetzgeber die Abwägung in der genannten Art vorgenommen und damit sein Urteil über Rechtmäßigkeit und Rechtswidrigkeit abgegeben; er hat den hierüber ent-

[1]) Die jetzt wohl herrschende Meinung nimmt einen Rechtfertigungsgrund an. Dagegen findet sich die Gleichstellung dieses Falles mit dem persönlichen Strafbefreiungsgrund für Abgeordnete wegen ihrer Abstimmung usw. (§ 11) bei Binding Handb. I 685, Meyer-Allfeld 103, Wachenfeld 54, Kleinfeller Vgl. Darst. A I 306. Die Behandlung beider Fälle unter dem Gesichtspunkt des „persönlichen Geltungsgebietes der Strafgesetze" (so auch bei Köhler, der aber S. 143 im Fall des § 12 richtig einen Rechtfertigungsgrund annimmt), ist gänzlich ungerechtfertigt, da die Personen den Strafgesetzen unterworfen bleiben müssen, wenn diese Gesetze ausnahmsweise ihre Strafbarkeit unter gewissen Bedingungen ausschließen. Richtig Mayer 298/9, 59 (in unseren Grundlagen des Prozeßrechts 343[1] irrtümlich unter den Gegnern zitiert).

scheidenden, oben wiedergegebenen Maßstab zugrunde gelegt und demgemäß einen Rechtfertigungsgrund aufgestellt. Nur einen Entschuldigungsgrund für den Berichterstatter oder gar ein Prozeßhindernis zu schaffen, lag ihm durchaus fern.

In allen diesen Fällen liegen ausdrücklich vom Gesetz anerkannte Rechtfertigungsgründe vor. Ihre Beziehung zur Idee der Rechtmäßigkeit ist unverkennbar. Ob der Rechtfertigungsgrund im Hinblick auf die genannte Idee in einer objektiv richtigen Weise aufgestellt ist, das ist, wie noch einmal gesagt sei, unerheblich. Es kommt nur darauf an, ob die Idee im Sinne des Gesetzgebers (!) dieses Ergebnis als erwünscht erscheinen läßt oder nicht. Auch im Fall der Notwehr mag es ja zweifelhaft sein, ob vom objektiven Standpunkt das Gesetz nicht richtiger eine andere Interessenabwägung hätte vornehmen sollen, ob es nicht richtiger gewesen wäre, die Notwehr nur insoweit zuzulassen, als der sich Wehrende einen Schaden anrichtet, der in einem angemessenen Verhältnis zu dem ihm drohenden Schaden steht, während er nach der jetzigen Regelung auch ein unverhältnismäßig wertvolleres Gut als das seine straflos verletzen darf.

b) In einer anderen Gruppe von Rechtfertigungsgründen hat der Gesetzgeber aber diese Interessenabwägung dem Richter, besser allgemein gesagt der Rechtsanwendung überlassen; er hat durch seine Regelung ausdrücklich zu erkennen gegeben, daß nicht er, sondern der das Recht Anwendende im einzelnen Falle nach der Idee der Rechtmäßigkeit entscheiden solle.

α) So in den Fällen des Notrechts. Zu ihnen gehören nicht alle Fälle des Notstands, sondern diese nur insoweit, als das Gesetz auf die Interessenabwägung Gewicht legt und damit den bloßen Notstand zu einem Notrecht erhebt.[1]) Also nicht StGB. (v. 1871)

---

[1]) Damit wird jene Mittelstellung zwischen der einen Ansicht eingenommen, die in jedem Notstand einen Rechtfertigungsgrund erblickt (v. Liszt 141, Meyer-Allfeld 188, Hold v. Ferneck Rechtswidrigkeit II 1, 144, Fischer Rechtswidrigkeit 242, nur z. T. Köhler 363), und der anderen, die stets nur einen Schuldausschließungsgrund annimmt (Mayer 304 ff., auch Baumgarten 126, 235 ff.). Die mittlere Meinung darf wohl als die jetzt herrschende bezeichnet werden; aber die im einzelnen zu beobachtenden Varianten sind groß, zumal da die eine innere Erklärung umgehende Auffassung des Notstandes als eines bloßen Strafausschließungsgrundes hineinspielt. Vgl. Binding Hdb. 766, Beling Lehre vom Verbrechen 63, Frank § 52 III, R. Merkel Die Kollision

§§ 54, 52, wohl aber BGB. §§ 228, 904 und VE. § 67, GE. § 26, KE. § 28, E. 1919 § 22. Denn bloße Not kann die Verletzung eines hochwertigen Gutes, die zur Beseitigung des einem ganz geringwertigen Gute drohenden Schadens verübt wurde, nicht aus einer rechtswidrigen zu einer rechtmäßigen Handlung machen, bloße Not kann den Täter höchstens von Schuld befreien; sonst würde die Gegenpartei ungerecht leiden. Für den bloßen Notstand gilt das Prinzip des unwiderstehlichen Motivs,[1]) die Anerkennung des Selbsterhaltungstriebes;[2]) für das eigentliche Notrecht aber das Prinzip des Rechts selbst, das des überwiegenden Interesses. Bloße Not kann nur den Täter entschuldigen, nicht immer die Tat rechtfertigen. Die Rechtsordnung muß auch im Falle der Not ihr Prinzip streng durchführen und dann eben das ihr weniger wertvoll erscheinende Gut zugunsten des für sie wertvolleren opfern. Nur das

---

rechtmäßiger Interessen 1895, 20 ff., Graf zu Dohna Rechtswidrigkeit 127, ZStW. 33, 127, Bierling Prinzipienlehre 3, 201, Goldschmidt ÖsterrZ. 4, 129, Merkel-Liepmann 177, Oetker Vgl. Darst. A 2, 328 ff., v. Bar Gesetz und Schuld 3, 240, Neubecker Zwang und Notstand in rechtsvergleichender Darstellung I 1910, 183, Wachenfeld 122.

Die verschiedenartigsten Argumente werden beigebracht. Abgesehen von rein straf- oder zivilrechtlich dogmatischen Erwägungen ist besonders beliebt der Blick auf das Ergebnis im Einzelfall: wäre der Notstand ein Rechtfertigungsgrund, dann dürfte — so argumentiert man z. B. — Notwehr gegen ihn nicht zugelassen werden, was in dem und dem Fall aber unbillig wäre. Hier hat man die gerechte Entscheidung in gewissen Fällen oder in gewissen Gruppen von Fällen bereits im Auge. Dann gilt es eben den entscheidenden grundsätzlichen Gesichtspunkt aufzudecken, und das kann nur geschehen unter Einstellung auf das Ganze. So glaubt sich die von uns eingeschlagene Methode besonders für das Notstandsproblem als fruchtbar zu erweisen, wenn auch selbstverständlich nicht verkannt werden soll, daß auch auf diesem Gebiete rein empirische, historische und rechtsvergleichende Untersuchungen die Lösung gefördert haben. — Aus der gesetzlichen Schadensersatzpflicht (BGB. §§ 904, 228) des Notstandstäters kann man jedoch (entgegen Mayer 306) nicht auf die Widerrechtlichkeit der Notstandshandlung schließen. Das Gesetz löst den Konflikt — ob rationell, bleibe dahingestellt — in der Weise, daß es dem Notstandsgegner die Pflicht auferlegt, sich den Angriff gefallen zu lassen (daher eben die Rechtmäßigkeit des Angriffs), ihm jedoch unter Umständen einen Schadensersatzanspruch zubilligt.

[1]) Darüber gut Goldschmidt a. a. O.

[2]) So Oetker a. a. O. 331 ff., 333 ff., wo irrig drei Prinzipien nebeneinander gestellt werden. Welchem gebührt dann der Vorrang?

ist eine gerechte Verteilung der Lebensgüter. Wenn „Recht gegen Recht" steht — das ist ja die formaljuristische Beschreibung des Notstandes, auf deren Widersinn sofort hingewiesen werden soll —, so muß das eine „Recht" hinter dem anderen zurücktreten und zwar das für die Gemeinschaft weniger wertvolle „Recht" hinter dem wertvolleren. Selbstverständlich entscheidet allein die Gemeinschaft über die Interessenabwägung, über die Ausgleichung der „Rechte"; nicht etwa ist das Urteil der beteiligten Privatpersonen maßgebend: der objektiv, nicht der subjektiv höhere Wert gibt den Ausschlag. Zehn Pfennige sind dem Armen mehr als hundert Mark dem Reichen; und doch müßte im Notstandsfall das erstere Gut zurücktreten.

Nur vom formalistischen Standpunkte kann man sagen, Recht stehe gegen Recht, kann man von einer Ausgleichung der Rechte sprechen.[1]) Materiell und im Ergebnis[2]) der rechtlichen Würdigung kann es nur ein Recht geben; das widersprechende sog. Recht muß dann Unrecht sein. Die Rechtsordnung hat sich auf den übergeordneten, d. i. eben den materiellen Standort zu stellen und den Ausgleich der Interessen zu vollziehen, indem sie der einen Partei das Recht zuspricht. Möglich ist natürlich auch, beiden ein teilweises Recht zuzuerkennen; doch nur in der Weise, daß beide Teilrechte sich harmonisch ineinander fügen. Sonst ist es aber schlechterdings undenkbar, zwei Gegnern das gleiche konkrete Recht zuzusprechen — durch Gesetz so wenig wie durch Richterspruch. Die Rechtsordnung will nicht den Kampf verewigen, sondern eine Friedensordnung sein. Daher gibt es einen Streit nur von Interessen, nicht von Rechten und Pflichten.[3]) Ein Konflikt von

[1]) In diesem formellen Sinne spricht auch BGB. § 226 von der unzulässigen Ausübung eines „Rechtes". Das ist dann eben im Einzelfall kein Recht mehr. In der Bestimmung kommt übrigens unser Prinzip zum teilweisen Ausdruck: die Ausübung des generellen Rechts im konkreten Falle ist unzulässig, d. h. die Handlung ist rechtswidrig, wenn sie eine ausschließlich schädliche Tendenz hat. Darüber, daß auf seine Nützlichkeit und Schädlichkeit nicht der subjektive, sondern der reale Zweck zu bewerten ist, vgl. § 12 III 2 c.

[2]) Selbst im Ergebnis kommt Köhler 363 nicht darüber hinaus, daß Recht gegen Recht steht.

[3]) Über den sog. Pflichtennotstand vgl. Binding Handb. I 758 ff., Finger I 418, Oetker Vergl. Darst. A 2, 330, Köhler 372. Er löst sich in den Interessennotstand auf, weil Interessen ja die Objekte für Rechte und Pflichten

Rechtssätzen und Rechtspflichten findet sich zwar in den Gesetzen nicht selten; dann hat aber der Gesetzgeber die Rechtslage nicht völlig überschaut, dann muß die Auslegung seine Gedanken zu Ende denken, die vorläufige Regelung zu einer endgültigen gestalten. Das Gesetz kann nicht sich selbst widersprechen. Jedes Denken, auch das juristische, strebt zu einem harmonischen Ganzen, zu einem widerspruchslosen systematischen Gefüge. So wenig es für die endgültige Betrachtung Lücken in der Rechtsordnung geben kann, so wenig darf sie Widersprüche hinnehmen. Dort muß man die von dem Gesetz formulierten Rechte gewissermaßen verlängern, bis sie sich berühren und zu einem vollständigen Bild ergänzen; hier dagegen muß man sie verkürzen, damit sie sich nicht kreuzen, nicht ein verworrenes Gebilde liefern.

Das Notrecht bringt deutlich genug den nicht nur ihm, sondern der gesamten Rechtsordnung zugrunde liegenden Gedanken der allgemeinen Rechtswidrigkeit zum Ausdruck, und die gesetzlichen Formulierungen der oben angeführten Notrechtsbestimmungen zeigen ganz offenbare Ähnlichkeit mit der hier (oben § 12 III) dargestellten Entwicklung des Wesens der Rechtswidrigkeit. Abweichungen im einzelnen hinsichtlich der Formulierung mögen vorkommen; sie sind verhältnismäßig unbedeutend, erklären sich aus dem Bestreben, im Interesse der Rechtssicherheit tatbestandsähnliche Typen zu schaffen,[1]) und bringen jedenfalls — es kann dies ja gar nicht anders sein — die grundlegende, das gesamte Gemeinschaftsleben beherrschende Idee zum Ausdruck, den Gedanken, daß rechtmäßig ist, was nach seiner allgemeinen Tendenz der Gemeinschaft und ihren Gliedern mehr nützt als schadet. Das Notrecht zeigt gerade die Unzulänglichkeit der rein gesetzlichen Betrachtungsweise; die Formalisten und strengen Gesetzesinterpreten mögen sich

---

sind. Kollisionen kann es nur zwischen Objekten, nicht zwischen rechtlichen Wertungen geben. Im Ergebnis gibt es bei Konflikten nur eine Pflicht, nämlich die von der Rechtsordnung als wichtiger bewertete.

[1]) Wenn wir uns auch mit Mayer in dem Bestreben eins wissen, die philosophischen Grundlagen aufzuzeigen und das Prinzipielle herauszuarbeiten, und wenn wir seinem treffenden Worte nur beistimmen können, daß die §§ 52, 54 nur Zwerge sind, die die riesengroße Materie nicht bewältigen, so übersieht er auf der anderen Seite die Notwendigkeit von Typen aus Gründen der Rechtssicherheit; mit allgemeingültigen Sätzen ist hier nicht auszukommen; vgl. Mayer 302.

in dem engen Kreise so lange mit gutem Erfolge bewegen, als sich alle Gesetzesvorschriften harmonisch und erschöpfend ineinander fügen; ihre Methoden müssen aber in den Fällen der Konflikte und der Lücken notwendig versagen, und gerade diese unangenehmen Komplikationen erfordern ein höheres Prinzip und setzen eine ganz andersartige Durchbildung der Juristen voraus. Im Fall eines leichten Unwohlseins, einer unbedeutenden Erkältung ist die Zuziehung eines Arztes nicht erforderlich; seine Notwendigkeit zeigt sich erst bei der Gefährlichkeit der Krankheit, beim Gegenüberstehen von Leben und Tod. Und doch wird man der Zuständigkeit des Arztes auch jene leichteren Erkrankungen unterwerfen müssen, obwohl er dort praktisch nicht in Tätigkeit zu treten braucht.

Will man das Problem prinzipiell erfassen, so hat man es nicht nur für das Notrecht, nicht nur für Widersprüche und Lücken heranzuziehen, sondern es in dem Rechtsgedanken überhaupt zu entdecken, wie es oben (§ 12) geschah. Bezeichnend ist es, daß man, von dem gesetzlichen Notrecht ausgehend, dieses für das gesamte Rechtsgebiet erweitert[1]) oder wenigstens andere, durchaus nicht einen Fall der „Not" regelnde Vorschriften unter Zuhilfenahme des Notrechtsgedankens erklärt hat, indem man den Fall als einen notstandsähnlichen bezeichnete, so die Wahrung berechtigter Interessen bei Beleidigungen,[2]) so den ärztlichen Eingriff bei Körperverletzungen.[3])

Zu Unrecht hat man eine Durchbrechung des Prinzips in einem Falle zu sehen geglaubt. Einen Notstand hat man dann geleugnet, wenn der Handelnde die rechtliche Pflicht hatte, die Not zu ertragen, die Gefahr oder den Nachteil auf sich zu nehmen,[4]) wie etwa der Feuerwehrmann, der Soldat bei Ausübung ihres Dienstes, der See-

---

[1]) So Beling Grundzüge 34, v. Hippel ZStW. 36, 519 (vgl. auch die dortigen Zitate der RGEntsch.), im Grunde wohl auch Rümelin Verschulden 20[1]. Eine „Theorie der Verhältnismäßigkeit" wird auch von Bauke Rechtswissenschaftliche Untersuchungen 1897 besonders bezüglich des § 193 vertreten. Eine gesuchte Heranziehung des Notstandes bei Singewald GerS. 81, 346.

[2]) Besonders Frank § 193 III 2, auch Meyer-Allfeld 425 [33] und Binding Lehrb. I 152 [5], sachlich ebenso RG. 15, 16 und 26, 19 unten.

[3]) KE. nach den Darlegungen Ebermayers 17 ff.

[4]) KE. bei Ebermayer 18: „Notstand soll nicht vorliegen, wenn für den in Gefahr Befindlichen die rechtliche Pflicht bestand, das drohende Übel zu ertragen."

mann, der Bergführer, die Krankenschwester bei Erfüllung ihrer Obliegenheiten. Selbstverständlich nicht bei jeder Interessenkollision darf man die Notrechtserwägungen anstellen und die Interessen gegeneinander abwägen; man müßte sonst als rechtmäßig erklären, daß der Hungernde einen Diebstahl, der Obdachlose einen Hausfriedensbruch begeht.[1]) Der Grund für die gegenteilige rechtliche Würdigung besteht darin, daß eben nicht prinzipiell die privaten Interessen gegeneinander abzuwägen sind, sondern erst dann, wenn das übergeordnete Gemeinschaftsinteresse sich den Privatinteressen gegenüber indifferent verhält,[2]) daß prinzipiell also das Gemeinschaftsinteresse entscheidet und daß dieses in den erwähnten Fällen Pflichten statuiert, die auch bei Not erfüllt werden müssen: die Handlungen des Diebstahls, des Hausfriedensbruchs sind ihrer allgemeinen Tendenz nach für das Gemeinwesen mehr schädlich als nützlich und verlieren ihre Rechtswidrigkeit nicht deswegen, weil der Täter Hunger leidet oder keine Wohnung findet.

Damit fällt ein neues Licht auf die Notrechtsbestimmungen. Die Interessenabwägung duldet nicht etwa eine Einschränkung oder Durchbrechung ihres Grundsatzes, sie selbst ist vielmehr nur eine Teilerscheinung des grundsätzlichen Gedankens, keineswegs dieser selbst.[3]) Jedenfalls soweit es sich um die Abwägung privater Interessen handelt, steht über ihr das öffentliche Interesse. Dieses mag jene Abwägung zulassen (wie im Privatrecht die Regel), es mag aber sich selbst (und zwar auch im Privatrecht!!) zugunsten des schwächeren privaten Wertes einwerfen und diesem zum Siege verhelfen.[4]) Und was im öffentlichen Interesse liegt, das wird zur Pflicht erhoben.

---

[1]) Weitere ähnliche Fälle bei v. Bar Gesetz und Schuld 3, 223 und Köhler 362.

[2]) Daher verlangt v. Bar 224, daß der Notstand ein nicht von der Rechtsordnung selbst gewollter Zustand sei. Hierdurch wird aber das Problem verschoben. Übrigens will die Rechtsordnung auch nicht Hungerleiden und Obdachlosigkeit.

[3]) Hiermit erledigen sich zum großen Teil die gegen das „Verhältnis-Notstandsrecht" von v. Bar 243 ff. und anderen erbobenen Angriffe.

[4]) Daß die schiffsbrüchige Mannschaft der „Mignonette" den Schiffsjungen tötet und verspeist (ZStW. 5, 367 ff.), war gewiß nicht rechtmäßig; und doch wiegt das eine Menschenleben weniger als das von dem nahen Hungertode bedrohte Leben der vielen Geretteten. Anders wäre die Entscheidung, wenn der Schiffsjunge den Unfall verschuldet hat.

Eine solche Pflicht kann von den Rechtsgenossen freiwillig übernommen sein, wie in den oben erwähnten Fällen der bei Ausübung des Dienstes oder des Berufes drohenden Gefahr oder entstehenden Not. Sie kann aber auch durch eine nicht unmittelbar eine freiwillige Übernahme der Gefahrduldung enthaltende Handlung oder Unterlassung des Rechtsgenossen für diesen erwachsen; er muß aus einem ganz andersgearteten Verhalten die Folgen ziehen. Daher muß der Strafgefangene die Nachteile des Anstaltslebens auf sich nehmen, und daher muß — eine von den Gesetzen oft genannte negative Voraussetzung des Notstandes — der Nachteil ertragen werden, wenn der in Notstand Befindliche oder auch der helfende Dritte[1]) die Gefahr selbst verschuldet haben.[2])

So fügen sich die gesetzlichen Voraussetzungen des Notrechts, die Gefahr und die Notwendigkeit der Wahrung des überwiegenden Interesses durch Verletzung des geringeren zusammen mit den vermeintlichen Ausnahmen, der Verschuldung der Gefahr und der Rechtspflicht zu ihrer Duldung, zu einem einheitlichen und geschlossenen Bilde. Das Bild gewinnt Stil; es zeigt sich, daß es von einem und demselben Gedanken beherrscht wird: rechtmäßig ist ein Verhalten, das seiner allgemeinen Tendenz nach der Gemeinschaft mehr nützt als schadet. Unmittelbar unter dem Prinzip stehen die vermeintlichen Ausnahmen; sie sind zusammenzufassen zu der im Gemeinschaftsinteresse liegenden Pflicht zur Duldung der Gefahr, sei es, daß diese Duldung freiwillig übernommen ist oder daß der in Not Befindliche die Gefahr sich selbst zuzuschreiben hat. Das öffentliche Interesse ist sodann mit dem Privatinteresse abzuwägen, und schließlich sind die Privatinteressen, wenn das öffentliche Interesse neutral steht, untereinander abzuwägen.

Soweit diese Voraussetzungen vom Gesetz wörtlich oder doch nur mit solchen Modifikationen aufgestellt sind, die sich unschwer auf das zugrunde liegende Prinzip zurückführen lassen, liegt ein Not-

---

[1]) Diese Gegenüberstellung von „Nottat“ und „Nothilfe“ in den letzten Entwürfen ist glücklich; weniger glücklich das Absehen von der Voraussetzung des Unverschuldetseins. Eine gute Übersicht über die verschiedenen Entwürfe bietet die Tabelle in dem Aufsatze Goldschmidts ÖsterrZ. 4, 196 ff. mit beachtlichen Abänderungsvorschlägen.

[2]) Vgl. hierüber H. A. Fischer 247 ff.

recht vor; der Notstand ist insoweit Rechtfertigungsgrund. Es fragt sich nunmehr, ob die von der Interessenabwägung ausdrücklich absehenden Gesetze sich nicht auf einem Umwege auf denselben Gedanken zurückführen oder sich mit ihm in Einklang bringen lassen; dann wäre aus dem Entschuldigungsgrund ein Rechtfertigungsgrund geschaffen und wäre ein einheitlicher Grundgedanke herausgestellt. Man könnte — auf Grund unserer früheren Ausführungen über die typische Ausgestaltung der Idee der Rechtmäßigkeit im Interesse der Rechtssicherheit — eine gröbere Typisierung in der Bestimmung unseres alten Strafgesetzbuchs sehen, daß die Notstandshandlung nur bei Leibes- und Lebensgefahr und nur zur Rettung des Handelnden selbst oder seiner Angehörigen straflos ist; man könnte das Gesetz dahin verstehen, daß unter diesen Voraussetzungen allemal ein wertvolleres Interesse auf seiten des Handelnden angenommen, nämlich tatbestandlich ausgestaltet werden soll, so daß auch dieser Vorschrift das Prinzip der Interessenabwägung, dem Tatbestand also die Rechtmäßigkeit zugrunde liegen und daher der Notstand stets als Rechtfertigungsgrund auftreten würde. Diese Deduktion geht jedoch zu weit und legt dem Gesetz zuviel unter. Auch die Leibes-, ja selbst die Lebensgefahr mag geringer sein als das verletzte Interesse, das dem Staate etwa von ganz besonderem Werte ist; so wenn ein diplomatischer Vertreter im Ausland wegen Bedrohung von Leib oder Leben einen Hoch- oder Landesverrat begeht.[1]) Eine solche Handlung kann unmöglich rechtmäßig sein; das Gesetz hat die Grenzen der Typisierung der Rechtmäßigkeit weit überschritten.[2]) So muß es denn bei diesem Dualismus von Rechtfertigungs- und Entschuldigungsgrund verbleiben — sofern natürlich nicht das Gesetz durch seine Fassung („nicht widerrechtlich handelt, wer . . .") selbst den Notstand allgemein zu einem Rechtfertigungsgrund erhebt; dann liegt eben eine gesetzlich gröbere Vertypung der Rechtswidrigkeit vor.

β) Ganz besonders deutlich weist das Gesetz auf das Prinzip des Rechts hin in der Vorschrift, daß die Beleidigung zur Wah-

[1]) Ein Beispiel Fingers I 425 Nr. 556.

[2]) Eine Typisierung insofern, als die notstandsfähigen Güter nur auf Leib und Leben beschränkt werden, erscheint uns nicht empfehlenswert. Vgl. auch Goldschmidt ÖsterrZ. 4, 196 ff. in der Übersicht der Kommissionsentwürfe und der Abänderungsvorschläge.

rung berechtigter Interessen straflos bleibt (StGB. v. 1871 § 193, VE. § 263, GE. § 284, KE. § 345, E. 1919 § 345).[1]) Diese Bestimmung bestätigt die Grundlagen dieses Werkes in doppelter Hinsicht. Einmal wird das Objekt der rechtlichen Wertung gekennzeichnet: das Interesse; Interessen werden ja von einer jeden Beleidigung, schließlich von einer jeden strafbaren Handlung verfolgt, und so ist schon in dieser Hinsicht die genannte Vorschrift eine Teiläußerung der teleologischen Betrachtung der Geisteswissenschaften. Sodann besagt uns nicht das positive Recht, sondern nur ein übergeordnetes Prinzip, welche Interessen als berechtigte anzusehen sind. Denn daß nicht die vom Gesetz ausdrücklich anerkannten Interessen gemeint sind — diese wären dann eben „Rechte" —, zeigt die Nebeneinanderstellung im Gesetz: „zur Wahrnehmung von Rechten oder berechtigten Interessen". Welches übergeordnete Prinzip sollte aber sonst in Frage kommen als das des Rechts überhaupt? Daher zog man zur Erklärung den Notstandsgedanken herbei, obwohl doch ein Notstand gar nicht vorzuliegen braucht (vgl. oben S. 328); daher gab man als Richtmaß das öffentliche Interesse oder das Gemeinwohl an.[2])

Aber es wurde auch mit wünschenswerter Deutlichkeit auf die grundsätzliche Bedeutung dieser zu Unrecht in den Abschnitt über die Beleidigung verwiesenen Vorschrift hingedeutet.[3]) In der Tat ist nicht ersichtlich, weshalb nicht eine ähnliche Bestimmung für die Sachbeschädigung, die Körperverletzung, den Hausfriedensbruch und andere Tatbestände aufgestellt ist.[4]) Daß der Rechtfertigungsgrund nicht für den Tatbestand der Tötung gegeben ist, leuchtet ein; denn Tötungen pflegen nicht das gebotene, generell rechtmäßige Mittel zur Verfolgung an sich heilsamer Zwecke des Täters oder seiner nahen Angehörigen oder auch der Gemeinschaft zu sein (falls man nicht die Vorschrift dahin versteht, daß sie nur

---

[1]) Nach den Entwürfen gilt Entsprechendes für die Geheimnisverletzung (KE. § 354 III, E. 1919 § 355 III); nur hier wird seltsamerweise die Rechtmäßigkeit von der „pflichtmäßigen Interessenabwägung" abhängig gemacht!

[2]) Nachweise in unserer Schrift: Die Ehre und ihre Verletzung 1915, 196 ff.; dort auch die nähere Interpretation der gesetzlichen Bestimmung.

[3]) Beling Grenzlinien zwischen Recht und Unrecht 1913, 38. — Köhler 386 nimmt anscheinend nur eine Sondervorschrift für Beleidigungen an.

[4]) Über den vermutlichen gesetzgeberischen Grund vgl. Die Ehre 190.

einen Ausdruck für den allgemeingültigen, also auch hier gültigen Gedanken der materiellen Rechtmäßigkeit darstellt — dann ist oft auch die Tötung das rechtmäßige Mittel zu einem rechtmäßigen Zweck, z. B. die Tötung durch den Soldaten oder den Scharfrichter, die Tötung der Leibesfrucht durch den Arzt zur Rettung der Mutter). Weshalb ist die Ermordung eines Tyrannen rechtswidrig, obwohl sie im öffentlichen Interesse sehr erwünscht ist? Deswegen, weil sie nicht das gebotene Mittel zur Befreiung des Landes ist, die auch auf andere Weise geschehen kann, und weil außerdem die Generalisation dieses Mittels schädlich ist.[1]) Sonst würde auch jener Fähnrich, der den Minister Erzberger durch einen Revolverschuß zu töten versuchte, weil er einen „Schädling des deutschen Vaterlandes" beseitigen wollte, zwar nicht rechtmäßig aber doch mangels Bewußtseins der Rechtswidrigkeit, also ohne Schuld, gehandelt haben.[2])

c) In einer dritten Gruppe von Rechtfertigungsgründen, zu denen namentlich die Einwilligung des Verletzten und der ärztliche Eingriff gehören, hat das Gesetz sich bis jetzt[3]) einer Regelung enthalten. Es unterliegt aber nicht dem leisesten Zweifel, daß

---

[1]) Eine ähnliche Begründung findet man an einer Stelle, wo man sie nicht erwartet, in Paulsens System der Ethik [5] I 222 ff.

[2]) Das Schwurgericht Berlin verurteilte ihn am 21. Februar 1920 wegen gefährlicher Körperverletzung zu $1\frac{1}{2}$ Jahren Gefängnis. Daß nicht versuchter Mord angenommen wurde, was wohl mehr dem Sachverhalt entsprochen hätte, sondern nur ein weit geringfügigeres Delikt, erklärt sich vielleicht aus der Erwägung, daß das Verschulden ein geringeres gewesen ist, weil der Täter eine heilsame Tat zu begehen glaubte. Den richtigen theoretischen Grund haben die Geschworenen vielleicht gefühlt, vielleicht mehr als mancher formal juristisch geschulte Richter. Vgl. unten § 21 II 6.

[3]) Bezeichnend ist die verschiedene Stellungnahme der Literatur zu der Frage, ob sich überhaupt eine gesetzliche Regelung empfiehlt — ein Beweis dafür, daß ein übergesetzlicher Rechtfertigungsgrund in diesen Fällen außer Zweifel steht und nur die Zweckmäßigkeit der Formulierung (oder die Möglichkeit einer guten Formulierung) zweifelhaft ist. Für eine gesetzliche Regelung der Einwilligung erklären sich Frank Reform I 267 ff. und Gerland Vergl. Darst. A 2, 521 ff., gegen sie v. Lilienthal Reform II 292 und z. T. Graf zu Dohna Rechtswidrigkeit 143 (jedoch 150); für die gesetzliche Regelung des ärztlichen Eingriffs die Ärztekammern bei Heimberger Vergl. Darst. A 4, 39 ff., gegen sie Heimberger selbst und (trotz seiner sonstigen Vorliebe für Kasuistik!) v. Bar Gesetz und Schuld III 83, außerdem die Ärzte bei Ebermayer 18. Wir unsresteils möchten die Regelung der Einwilligung befürworten, die des ärztlichen Eingriffs ablehnen.

gesetzlich auch hier Rechtfertigungsgründe anerkannt sind. Das folgt aus dem Geiste der Gesamtrechtsordnung; man mag auch das Gewohnheitsrecht als Rechtsquelle anrufen.[1]) Eine gesetzliche Regelung ist aber von vielen Seiten empfohlen worden, schon um die Grenzen dieser Befugnisse zu klären, ein Zeichen, daß es an einem inhaltlich des näheren anerkannten Gewohnheitsrechte fehlt. Geschieht eine solche Regelung, so kann sie jedenfalls nur in kasuistischer Weise erfolgen und dürfte daher keinen Platz im allgemeinen Teil des Strafgesetzbuchs finden; dort wäre sie störender Ballast. Sie wäre entweder, wie die Einwilligung, in den besonderen Teil bei den einzelnen Tatbeständen oder aber, wie der ärztliche Eingriff, in ein besonderes Gesetz zu verweisen.[2])

In grundsätzlicher Weise ist zu beachten, daß für die Notwendigkeit einer gesetzlichen Regelung der Gesichtspunkt der Rechtssicherheit entscheidet, vor allem aber daß die inhaltliche Ausgestaltung der Regeln nur an der Hand eines allgemeingültigen Maßstabes vorgenommen werden kann. Denn wonach entscheidet jetzt der Richter? und wonach soll der Gesetzgeber entscheiden? Jenem fehlt es an einem Vorbild ähnlicher Fälle, diesem an einem Vorbild ähnlicher Gesetze.

So ist es denn bezeichnend, daß gerade auf diesem strittigen Gebiete eine weitverbreitete Ansicht den übergesetzlichen Maßstab herbeizieht und zwar selbst solche Schriftsteller, die sonst einer streng formalistischen Anschauung huldigen und jeden Blick nach allgemeingültigen Kriterien als unzulässig ablehnen.[3]) Und selbst diejenigen, die andere Lösungen versuchen, die privat- oder staatsrechtliche Rechtsinstitute herbeiziehen, die mit den Vorschriften über Geschäftsführung ohne Auftrag[4]) oder mit dem Gesichtspunkte des staatlich anerkannten Berufsrechts[5]) dem Problem beikommen

---

[1]) Z. B. Köhler 386, 398 u. a. Bezeichnend 371 ff. („Fälle des ungeschriebenen Rechts").

[2]) Ebenso nach Gerland und Frank a. a. O.

[3]) Binding Handb. I 792, Lehrb. I 55 bei Note 1, Meyer-Allfeld 201, Nagler in Binding-Festschrift 2 (1911), 381. Vgl. die weiteren Nachweise oben § 12 III 2 d a. E. (Fußnote Abs. 2).

[4]) So Zitelmann Ausschluß der Widerrechtlichkeit 1906, 102 ff., zustimmend Frank vor § 51 III g. E. Vgl. H. A. Fischer 281 ff.

[5]) Olshausen § 223 Nr. 9, Finger I 410, Kahl ZStrW. 29, 370 (der aber doch richtig auch den Gesichtspunkt des öffentlichen Interesses hervorhebt).

wollen, selbst sie können den richtigen Gedanken nicht verleugnen; man findet ihn, was angesichts der außerordentlich ergiebigen Literatur hier nicht des einzelnen nachgewiesen werden kann und auch nicht nachgewiesen zu werden braucht, oft genug ausdrücklich ausgesprochen oder kann ihn zwischen den Zeilen lesen. Die Vorschriften über Geschäftsführung ohne Auftrag sollen ja ebenfalls dort einspringen, wo strikte Regeln fehlen und sich nicht geben lassen. Jene Bestimmungen stellen ausdrücklich auf das „Interesse“ des Privaten ab (BGB. § 677) mit der bedeutsamen Einschränkung, daß das „öffentliche Interesse“ (§ 679) nicht entgegensteht; und diese Ausnahme besagt nichts Geringeres als den Durchbruch des obersten Prinzips in Dingen des Rechts. Wann aber ist ein Beruf rechtlich anerkannt? Ausdrückliche Vorschriften fehlen oft; es wäre auch geradezu lächerlich, den Beruf des Arztes ausdrücklich gesetzlich anzuerkennen, ihm selbst ein Recht zur Vornahme von Operationen einzuräumen. Seine Berufsausübung liegt im öffentlichen Interesse; seine Eingriffe nützen ihrer allgemeinen Tendenz nach mehr als sie schaden. Und sie sind andrerseits nur insoweit rechtmäßig, als sic diesem Maßstab genügen. Wendet der Arzt unsachgemäße Mittel an, so handelt er rechtswidrig. So liefert jene allgemeingültige Idee nicht nur die Begründung der Straflosigkeit, sondern auch ihre Begrenzung (darüber vgl. unten § 15 I 2 c β).

Es erscheint fast überflüssig, die Fruchtbarkeit des Prinzips auf diesem Gebiete nachzuweisen, zumal da es hier selbst von denjenigen anerkannt, jedenfalls stillschweigend angewendet wird, die es bisher verleugneten. Gerade dann, wenn strikte Regeln fehlen, wenn bequeme Schubfächer sich nicht aufstellen lassen, gewahrt man seine Hilflosigkeit. Es ist so, wie wenn der Schwimmlehrer die Leine einmal locker läßt. Nun werden Bücher über Bücher geschrieben, die Literatur schwillt gewaltig an, Anleihen bei der Zivilistik und anderen Rechtsmaterien werden gemacht, Gutachten von Ärztekammern eingeholt, ausländische Gesetzgebungen durchgesehen; und schwerlich wird ausreichender Rat erteilt werden. Ob es da nicht richtiger sein sollte, sich auf die eigene Kraft zu verlassen, d. h. die allgemeingültigen, in unserem eigenen Bewußtsein beschlossenen, durch Kritik des Bewußtseins gewonnenen Maßstäbe zu erforschen und sodann praktisch auszugestalten?

α) Für die Einwilligung ist das Problem und seine Lösung so

zu formulieren. Wann schließt die Einwilligung des Verletzten in die Verletzung seines Interesses die Rechtswidrigkeit der Handlung aus? Antwort: dann, wenn das verletzte Privatinteresse seiner Art nach nicht zugleich eine überwiegende Bedeutung für das öffentliche Interesse beansprucht. In der Literatur heißt es ähnlich, wenn auch weniger deutlich: dann, „wenn nur die Interessen des Verletzten durch die Verletzung getroffen werden",[1]) wenn „die Rechtsordnung dem Träger des Rechtsgutes die Verfügungsgewalt über dieses eingeräumt hat, weil nur sein Interesse in Frage steht",[2]) wenn „das staatliche Interesse gegenüber dem privaten zurücktritt".[3]) Alles nur verschiedene Wendungen desselben Gedankens, verschiedene ad hoc zurechtgestutzte Fassungen der Rechtsidee, des juristischen Grundgesetzes und speziell des Prinzips des Strafrechts.[4]) — Wann diese Voraussetzungen im einzelnen gegeben sind, wann also (nach unserer Formulierung) die Verletzung des Privatinteresses generelle Bedeutung für das öffentliche Interesse besitzt, muß für jeden gesetzlichen Tatbestand des Besonderen Teils einzeln untersucht werden.[5]) Regelmäßig wird die Einwilligung die Rechtswidrigkeit ausschließen bei Angriffen gegen das Vermögen und die Ehre, bei Freiheitsberaubungen und geringfügigen Körperverletzungen, nur zum Teil bei Sittlichkeitsdelikten. Kein Kriterium ist das — u. E. rein prozessuale Bedeutung besitzende — Antragserfordernis,[6]) mag auch

---

[1]) Gerland a. a. O. 524. [2]) v. Liszt 148.

[3]) Wachenfeld 132. Dem Text nahestehend Rich. Honig Die Einwilligung des Verletzten, Teil I 1919, der eine Güter- und Interessentheorie vertritt (vgl. insbes. 116). Seine auf Grund beachtlicher historischer und methodologischer Untersuchungen gewonnene „soziologisch-positivistische" Grundauffassung berührt sich in vielen Punkten mit den Anschauungen unserer Grundlagen, wenn er auch einen „einheitlichen materialen Verbrechensbegriff" für unmöglich hält (84). Die besondere Hervorhebung des Verstoßes „gegen die guten Sitten" (136 ff.) ist überflüssig, weil nur ein Ausdruck des — einheitlichen materiellen Rechtswidrigkeitsbegriffs.

[4]) Daher zu eng die Voraussetzung: wenn allein das Interesse des Einwilligenden verletzt ist (vgl. Keßler Die Einwilligung des Verletzten 1884, 49ff.). Solche Handlungen fallen völlig aus der Sphäre des Strafrechts heraus.

[5]) Über die einzelnen Fälle vgl. etwa Köhler 404 ff. mit Nachweisen sowie (vorläufig kursorisch) Honig a. a. O. Teil I 131 ff.

[6]) A. M. Honig I 123.

der Nichtantrag meist auf eine zur Zeit der Tat vorliegende Einwilligung schließen lassen.

β) In dem anderen Fall bereitet schon der Gegenstand des Problems Schwierigkeiten. Zweifellos stehen nicht nur ärztliche Operationen in Frage, auch nicht nur die ärztliche Behandlung im allgemeinen — schon deswegen nicht ausreichend die Begründung mit Berufsberechtigung! —, sondern auch die arztähnliche Behandlung durch sachkundige (!) Nichtärzte, Heilgehilfen, Eltern, beliebige Dritte. Daher die Verquickung mit dem Notstandproblem. Aber die gesetzlich eng umschriebenen Voraussetzungen des Notstandes brauchen nicht vorzuliegen, insbesondere nicht die Gegenwärtigkeit und Unabwendbarkeit der Gefahr durch andere Mittel, ganz abgesehen von dem Verwandtschaftsverhältnis. Es handelt sich m. E. um jeden Eingriff in die körperliche Unversehrtheit eines Leidenden zur Linderung der Leiden.[1]) Prinzipiell muß es jedem gestattet, ja ermöglicht sein, den Mitmenschen von Leiden zu befreien, und man wird nur die eine Einschränkung zu machen haben, daß der Eingriff nicht gegen den Willen des Leidenden stattfinden darf.

Verfehlt ist daher die leider weitverbreitete, in der Praxis herrschende Ansicht,[2]) Voraussetzung sei die Einwilligung. Zwei Gründe sprechen ganz offensichtlich dagegen: bei Gefahr im Verzuge kann die Einwilligung des Vertreters nicht erst eingeholt werden, und die Einwilligung schließt doch gerade bei schweren Körperverletzungen die Rechtswidrigkeit nicht aus. Verfehlt ist ferner die Ansicht, es handele sich überhaupt nicht um Körperverletzung, sondern um Heilung; tatbestandlich ist die Handlung zweifellos eine Körperverletzung als ein Eingriff in die körperliche Unversehrtheit eines anderen, nur der Zweck ist Heilung; tatsächlich kann der Eingriff aber sogar mißlingen.

Man sagt, Heilung oder Linderung des Leidens seien erlaubt.

---

[1]) Hierher gehört auch die ärztliche Perforation, die Tötung des Kindes im Mutterleib zur Rettung der Mutter. Über Vorschläge zur Ergänzung des Abtreibungs- oder Mordparagraphen vgl. Ebermayer 61 und Goldschmidt ÖsterrZ. 4, 196 ff.

[2]) Reiche Literaturnachweise zugleich zu den folgenden Ansichten in den Lehrbüchern. Vgl. etwa Meyer-Allfeld 202, Köhler 391 ff., auch Frank vor § 223 II 3.

Das Wort „erlaubt", das hier angesichts des Standes der Kontroverse gebraucht wird, aber leider einen kulturellen wie moralischen Tiefstand der juristischen Tagesstreitigkeiten anzeigt, müßte weichen dem Worte: geboten, dringend geboten. Wo Linderung des Leidens der Mitmenschen möglich ist, sollte es die heilige Pflicht für jeden sein, helfend tätig zu werden und zwar schleunigst tätig zu werden, ohne sich an kleinliche Bedenken zu kehren, wie die Einholung der Genehmigung des gesetzlichen Vertreters, wenn der Kranke die Einwilligung nicht selbst erteilen kann. Nur der entgegenstehende eigene Wille des Leidenden dürfte eine Schranke sein.[1]) Sonst liegt es selbstverständlich im öffentlichen Interesse, daß das private Interesse gefördert, d. h. das Leiden gemindert wird. Nach dem obersten Prinzip, dem Mehr-nützen-als-schaden, müßte selbst die Euthanasie, die Verkürzung der Leiden eines hoffnungslos Kranken, rechtmäßig sein.[2]) Sollte nur ein leidendes Tier den Vorzug des Gnadenstoßes genießen dürfen? In einem solchen Falle wird man jedoch angesichts der nicht mehr rückgängig zu machenden Folge, der Möglichkeit eines Irrtums, der weittragenden Bedeutung der Handlung für andere und nicht zuletzt für das Gewissen des Handelnden selbst nur den Arzt, wenn nicht gar eine Mehrheit von Ärzten für berechtigt halten. Wie wird man aber die Tat des treuen Kriegskameraden beurteilen, der auf dem Schlachtfeld den langsam Sterbenden durch einen Stich in das Herz erlöst?

γ) Verwandte Fälle sind endlich das naturwissenschaftliche Experiment am lebenden menschlichen Körper unter der Voraussetzung der Einwilligung und der Tierversuch (Vivisektion). Daß hier wieder eine Abwägung zwischen dem öffentlichen Interesse und einem etwa verletzten privaten anzustellen ist,[3]) bedarf keiner Ausführung. — —

Um von diesen hier nicht des näheren interessierenden Einzelheiten am Schluß den Weg zu der großen Leitlinie dieses Werkes

---

[1]) Nicht einmal immer der entgegenstehende Wille des Vertreters. Vgl. Meyer-Allfeld 203 Nr. 50.

[2]) Vgl. zu der auch in Ärztekreisen sehr bestrittenen Frage Beling Unschuld, Schuld und Schuldstufen 1910, 21, Kaßler DJZ. 20, 204, v. Liszt 148, Elster ZStW. 36, 595, Mayer 290, Köhler 400.

[3]) Sachlich ebenso und nur in der Formulierung etwas abweichend Meyer-Allfeld 203/4, v. Liszt 148, v. Hippel Vergl. Darst. B 2, 248, Mayer 288.

zurückzunehmen: die Rechtfertigungsgründe haben negativ die gleiche Bedeutung wie die Tatbestände positiv; sie sind Typen des objektiven Prinzips, daß rechtmäßig diejenigen Verhaltungsweisen sind, die generell, ihrer allgemeinen Tendenz nach, der staatlichen Gemeinschaft und ihren Gliedern mehr nützen als schaden. Damit ist die systematische Einstellung vollzogen: die Einzelausführungen tönen aus in dem machtvollen Einklang mit dem Wesen des Rechts.

§ 14. Tatbestand und sonstige Strafvoraussetzungen.

I. Verhältnis des Tatbestands zu den allgemeinen Verbrechensmerkmalen.

In der Literatur werden die Begriffe Tatbestand wie allgemeine Verbrechensmerkmale durchweg verwendet. Aber über die Beziehung beider zueinander hat man meist wenig gründlich nachgedacht, und wo es geschehen ist, sind die Ansichten äußerst geteilt. Im allgemeinen ist hierüber bereits oben bei der Darlegung des Verbrechensbegriffs (§ 11 II 5) gesprochen. Nachdem nunmehr Einsicht in das Wesen des Tatbestandes gewonnen ist, ergibt sich eine Vervollständigung und Vertiefung des bisherigen Bildes.

1. Das Verhältnis zur Rechtswidrigkeit.

Dieses ergibt sich zur Genüge aus dem Gesagten: der Tatbestand ist die typische gesetzliche Ausgestaltung der Rechtswidrigkeit.[1]) Daher reicht grundsätzlich der Tatbestand für die Rechtsanwendung aus; hat der Richter ihn festgestellt, so braucht er die Rechtswidrigkeit grundsätzlich nicht mehr festzustellen; die schwierigen Erwägungen über die Rechtswidrigkeit sollen ihm gerade erspart bleiben, das ist der Sinn der gesetzlichen Tatbestandsbildung. Nur nach dem Vorliegen von Ausschlußgründen, von den soeben (II 2) besprochenen Rechtfertigungsgründen hat er zu fragen. Gleichwohl ist dieser Standpunkt nur der grundsätzliche. Es gibt gewisse anomal liegende Fälle, wo auch für das geltende Recht eine Berücksichtigung der übergesetzlichen Rechtswidrigkeit dringend erforderlich wird, soll nicht in völlig offenbarer Weise die Ungerechtigkeit realisiert werden; über diese Komplikationen ist später (§ 15 II 2) im Zu-

---

[1]) Also nicht des Verbrechens überhaupt. Dies ein Hauptgegensatz zu Beling.

sammenhange zu sprechen. Ferner ist zur Erklärung der unechten Unterlassungsdelikte über die Tatbestandsmäßigkeit hinauszugehen; gerade diese schwer zu behandelnde Kategorie zeigt, daß Rechtswidrigkeit nicht gleichbedeutend mit Tatbestandsmäßigkeit sein kann; für die Frage, wann die Unterlassung einer Tatbestandshandlung rechtswidrig ist, genügt nicht die Verweisung auf den Tatbestand (hierüber unten § 16 V 4).

Jedenfalls ist die Rechtswidrigkeit nicht ein Tatbestandsmerkmal, wie man gemeint hat,[1]) sie ist nicht ein Bestandteil, sondern die logische Voraussetzung, die Grundlage des Tatbestands. Wo sie im Gesetz als Tatbestandsmerkmal erscheint — das sind jene vielbesprochenen Paragraphen,[2]) über deren Auslegung in dieser Hinsicht man sich ganz unnötig den Kopf zerbrochen hat, statt der Sache auf den Grund zu gehen und das Wesen der Rechtswidrigkeit zu erforschen —, da sind nur zwei sachliche Erklärungen denkbar. Entweder wollte das Gesetz gerade in diesen Bestimmungen auf die Notwendigkeit hinweisen, in den soeben erwähnten Ausnahmefällen auch die (materielle) Rechtswidrigkeit zu berücksichtigen; damit würde jedoch einerseits der Kreis zu weit ausgedehnt, da jene Fälle unmittelbarer Anwendung der materiellen Rechtswidrigkeit nur höchst seltene Ausnahmefälle sein dürfen, wie zu zeigen sein wird (§ 15 II 2 c), andrerseits wäre der Kreis zu eng, da die materielle Rechtswidrigkeit auch für Tatbestände beachtlich werden kann, wo das Gesetz das Merkmal verschweigt, wie für § 223. Oder aber der Gesetzgeber wählte eine abgekürzte Ausdrucksweise; er sagte z. B.: „wer unbefugt fischt, wird bestraft", statt des näheren auszuführen: wer an den und den Orten, zu den und den Zeiten, mit den und den Mitteln, ohne Genehmigung der und der Personen oder Behörden usw. In ähnlicher Weise mag das Merkmal rechtswidrig auch in den Tatbeständen der Zueignungs- und Vermögensdelikte Verwendung finden (rechtswidrige Zueignung, rechtswidriger Vermögensvorteil!). Dieser Grund ist in gewissen Fällen, wie in den soeben angeführten, gesetzestechnisch berechtigt. Fehlt er,

---

[1]) So vor allem Binding Normen [1] 2, 230, 940, GerS. 76, 11, ferner ist diese Ansicht das Thema der Schrift von Graf zu Dohna über die Rechtswidrigkeit 1905 und eine der Hauptthesen von Baumgartens Aufbau der Verbrechenslehre 1913 (vgl. Vorwort).

[2]) StGB. von 1871 §§ 123, 239, 240, 291, 299, 300, 303, 305, 339, 353a.

so ist das Merkmal überflüssig. Stilistische Gründe[1]) kommen nicht in Betracht. Eine Konsequenz für die Schuldlehre ergibt sich ebenfalls nicht; es wäre höchst eigentümlich, auf Grund dieser willkürlichen gesetzlichen Fassung der Tatbestände zwei Gruppen von Delikten zu unterscheiden und für die eine das Bewußtsein der Rechtswidrigkeit zum Vorsatz zu erfordern, für die andere dagegen nicht.[2])

2. Das Verhältnis zur Handlung.

Es konstruktiv richtig zu erfassen, bereitet große Schwierigkeiten; und diese sind letzten Endes auf die Schwierigkeit zurückzuführen, die der Handlungsbegriff, richtiger der Begriff des Objekts der rechtlichen Bewertung (darüber unten § 16), überhaupt verursacht.

Versteht man den Handlungsbegriff im Gegensatz zu der hier vertretenen Auffassung als einen natürlichen, so muß die Unterlassung künstlich einbezogen werden, und zu diesem Zwecke ist der Tatbestand geeignet. Man sagt: tatbestandlich sei es unerheblich, ob der Täter positiv etwas tue oder negativ etwas unterlasse, sofern nur der Tatbestand verwirklicht werde. Nach dieser Ansicht ist die Tatbestandshandlung als eine Vertypung jenes allgemeinen Verbrechensmerkmals aufzufassen, das man mit Handlung (im natürlichen Sinne) bezeichnet. Der Tatbestand ist also als Ganzes vertypte Rechtswidrigkeit, zum Teil aber auch vertypte Handlung. Rechtswidrigkeit und Handlung stehen sich ja nach jener naturalistischen Auffassung einander parallel. Der Tatbestand ist die Vertypung zweier nebengeordneter Größen. Er ist ein Symptom nicht nur für die Rechtswidrigkeit, sondern auch für die Handlung. Wie jene so braucht auch diese nicht im Einzelfalle festgestellt zu werden. Durch das richterliche Urteil, daß der Täter einen anderen ermordet hat, ist zugleich die Feststellung des allgemeinen Verbrechensmerkmals, der Handlung oder Unterlassung, erledigt. Das letztere hat

---

[1]) Auf sie legt Mayer 12 allein Gewicht. Das steht mit seiner eignen Ansicht im Widerspruch; denn er bezieht sich ebenfalls auf das im Text erwähnte Beispiel. Würde es aber im Gesetz heißen: „wer fischt, wird bestraft,“ so würde die Fassung nicht nur dem Sprachgefühl widersprechen, wie Mayer meint, sondern sachlich unrichtig sein. Folglich hat das Wort „rechtswidrig“ in diesem Fall nicht nur stilistische, sondern sachliche Bedeutung.

[2]) Hierzu vgl. Kohlrausch Irrtum und Schuldbegriff 72 ff. und Nagler in Binding-Festschrift 1911 II 287 ff.

keine praktische Bedeutung; man könnte es gänzlich ausschalten und das Verbrechen als (rechtswidrige und) schuldhafte Tatbestandsverwirklichung bestimmen.[1])

Die letztgenannte Verbrechensbestimmung ist jedoch schon deswegen zu bemängeln, weil das, was in allen Tatbeständen gleichmäßig wiederkehrt, vor die Klammer gezogen werden muß. Wie man die Schuld aus den Tatbeständen herausstellt, so muß es auch mit der Handlung geschehen, und es kann sich nur um die Frage drehen, was als das Objekt der rechtlichen Wertung herauszustellen ist. Dabei zeigt sich nun sofort, daß die Herausstellung nicht aus dem Tatbestand, sondern aus der Rechtswidrigkeit zu erfolgen hat; es ist ja nach dem Objekt der rechtlichen Wertung gefragt. Mit der Bestimmung dieses Objekts werden wir uns alsbald (§ 16) befassen.

Somit ergibt sich, daß Tatbestand und Verhalten — so sei das Wertungsobjekt benannt — nicht unmittelbar, sondern durch das Medium der Rechtswidrigkeit in Beziehung stehen. Und wir gewinnen die Gleichung:

$$\frac{\text{Tatbestand}}{\text{Rechtswidrigkeit}} = \frac{\text{Tatbestandshandlung}}{\text{Verhalten.}}$$

Das rechte Glied der Gleichung ist eine Teilerscheinung des linken: im Tatbestand steckt die Tatbestandshandlung, in der Rechtswidrigkeit das Verhalten. Und daher kann man auch wie den Tatbestand eine Vertypung der Rechtswidrigkeit so die Tatbestandshandlung eine Vertypung des Verhaltens nennen. Man muß sich nur vor dem Fehler hüten, mit dem zweiten Gliede zu beginnen und zuerst Erkenntnis des Objekts, womöglich gar der Handlung gewinnen zu wollen, wie man auch bei dem Tatbestand nicht den Anfang machen darf. Die beiden Glieder der Gleichung haben durchaus verschiedene Bedeutung. Das zweite tritt als eine Teilerscheinung des ersten hinter diesem völlig zurück. Und für den systematischen Aufbau des Strafrechts reicht das erste vollkommen aus.

Außerdem taucht nach dieser Auffassung die Frage gar nicht

[1]) Auf ähnlichem Standpunkte (Ausscheidung der Handlung) Graf zu Dohna ZStW. 27, 329, zustimmend Mayer 131 ff. unter Aufstellung einer besonderen Gruppe von Delikten ohne Willensbetätigung. Zutreffend Beling Verbrechen 144. Näheres unten § 16.

auf, ob etwa das Verhalten noch neben der Tatbestandshandlung festzustellen ist. Die Frage erscheint in dieser Form etwas sinnlos, freilich nur wegen der Inhaltsleere dieses Objektsbegriffs, des Verhaltens. Aber sie gewinnt Bedeutung,[1]) sobald man zu dem Objekt auch die allgemeine Tendenz (die sog. adäquate Kausalität) rechnet. Alsdann muß man allerdings dem Wesen des Objekts neben dem vertypten Bilde stets besondere Bedeutung beimessen; denn die allgemeine Tendenz zu einem schädlichen Erfolge bedarf stets besonderer Feststellung; und so ist die praktische Erheblichkeit der Stellung und Lösung dieses Problems darin zu erblicken, daß die allgemeine Tendenz durch die Tatbestandsbildung nicht konsumiert wird, sondern neben oder, wenn man will, in dem Tatbestand Berücksichtigung beansprucht. Insofern tritt also keine Vertypung der Rechtswidrigkeit oder speziell des Objekts der Rechtswidrigkeit ein. Wird überhaupt ein Erfolg zum Tatbestandsmerkmal erhoben, so wird stets der Nachweis erfordert, daß dieser Erfolg zu dem Verhalten in adäquater Kausalität steht. Neben der natürlichen Kausalität (dem Eintritt des Erfolges und dem Verhalten als Bedingung) ist auch die adäquate Kausalität (die generelle Tendenz des Verhaltens auf den Erfolg) festzustellen. Die natürliche Kausalität gehört dem Tatbestands-, die adäquate dagegen dem Verhaltens- oder wenigstens dem Objektsbegriff an. Das ist der Wert eines besonderen Objektsbegriffs und seine Bedeutung gegenüber den Tatbestandsmerkmalen Handlung und Erfolg.

Insofern trifft obige Gleichung nicht zu: die Rechtswidrigkeit hat nur ausnahmsweise praktische Bedeutung gegenüber dem Tatbestand, dagegen hat die adäquate Kausalität stets praktische Bedeutung gegenüber der tatbestandlichen Beziehung von Handlung und Erfolg. Hiermit sind einige Grundgedanken aufgedeckt, deren Ausführung alsbald (§§ 15, 16) folgen wird.

3. Das Verhältnis zur Schuld.

a) Es fragt sich, ob zum Tatbestand auch die subjektiven Merkmale gehören, wie Zueignungs-, Bereicherungsabsicht. Man könnte

---

[1]) Nicht etwa deswegen, weil das Verhalten von einem Menschen ausgehen muß; denn der Tatbestand kann auch nur von einem Menschen verwirklicht werden. Das bedarf der Hervorhebung gegenüber Beling 145 (die Tötung eines Menschen könne auch von einem Tier ausgehen! aber der Tatbestand lautet: „wer tötet“).

sie ausscheiden und zu einem besonderen subjektiven Tatbestand[1]) zusammenschließen und diesen als eine Vertypung der Schuld wie den übrigbleibenden objektiven Tatbestand als eine Vertypung der Rechtswidrigkeit auffassen. Das wäre jedoch unrichtig. Der bloß objektive Tatbestand wäre noch nicht eine vertypte Rechtswidrigkeit. Man kann den Diebstahlstatbestand nicht ohne die Zueignungs-, den Betrugstatbestand nicht ohne die Bereicherungsabsicht denken. Rechtswidrig in dem hier verstandenen Sinne, daß die Handlungen der staatlichen Gemeinschaft in erheblichem Maße mehr schaden als nützen, ist nicht allein schon die Wegnahme, nicht allein schon die Vermögensbeschädigung mittels Täuschung, sondern sind diese Handlungen erst unter Hinzunahme der soeben genannten subjektiven Merkmale. Das geht auch schon daraus hervor, daß von Hause aus Zueignung und Bereicherung objektiv gegeben sein müßten und daß die gesetzliche Vorschrift, die nur die auf Zueignung und Bereicherung gerichtete Absicht erfordert, ihre Erklärung darin findet, daß sie den Zeitpunkt der Vollendung weiter nach vorn rückt. Hieraus folgt, daß die Merkmale dem Tatbestande wesentlich sind, daß sie Bestandteile der vertypten Rechtswidrigkeit bilden und ein unentbehrliches Glied in der Vertypung selbst darstellen, so daß der Tatbestand unvollständig wäre, wenn sie fehlten, daß sie vielmehr nur aus technischen Erwägungen in das Subjektive übernommen sind.

Von einer Vertypung der Schuld zu einem subjektiven Tatbestand, analog der Vertypung der Rechtswidrigkeit, kann auch schon deswegen nicht die Rede sein, weil durch die Feststellung der subjektiven Merkmale der Nachweis der Schuld nicht etwa überflüssig wird, wie dort infolge Feststellung der Tatbestandsmäßigkeit (wenigstens regelmäßig) der Nachweis der Rechtswidrigkeit.

Anders steht es selbstverständlich mit den sog. Schuldformen Vorsatz und Fahrlässigkeit und ihren qualifizierten Erscheinungen (Überlegung,[2]) Berufsfahrlässigkeit). Diese gehören überhaupt nicht

---

[1]) Finger I 116, Binding GerS. 76, 2, Frank vor § 1 III 3. Scharfe Trennung bei Beling Verbrechen 178 ff., aber zum Teil abweichend vom Text (vgl. 196/7). — Über eine Abweichung in der Schuldlehre vgl. unten § 21 II 5 b.

[2]) Anders H. A. Fischer Rechtswidrigkeit 98, wo die Tatbestandsmerkmale als Tatsachen aufgefaßt werden. Damit wird die Unterscheidung von abstraktem und konkretem Tatbestand (oben § 13 I 2) außer acht gelassen.

zum Tatbestand als zu einem typischen Niederschlage der Rechtswidrigkeit, sondern sind Elemente der Schuld. Sie treten zu der Rechtswidrigkeit, zu dem Tatbestande als weitere Verbrechensmerkmale hinzu. Dagegen sind die Zurechnungsfähigkeit und der Notstand Schuldsypmtome, subjektive Vertatbestandlichungen der Schuld bzw. der Unschuld ähnlich dem objektiven Tatbestand und dem Rechtfertigungsgrund (Notwehr). Näheres unten § 20 V 2, 3. Die letztere Konstellation wird durch folgende Gleichung veranschaulicht:

$$\frac{\text{Rechtswidrigkeit}}{\text{Tatbestand}} = \frac{\text{Schuld}}{\text{Schuldsymptome.}}$$

b) Gehört die Schuld schon nicht zum Tatbestand, so erst recht nicht zur Rechtswidrigkeit.[1]) Niemals kann ein rein subjektives Element Tatbestandsmäßigkeit oder Rechtswidrigkeit begründen. Eine neuere, von beachtlicher Seite vorgebrachte, wenn auch noch nicht recht ausgebaute und bis in alle Konsequenzen wohl nicht durchdachte oder wenigstens wohl nicht durchgeführte Ansicht glaubt dagegen die Rechtswidrigkeit auch von der bloßen Willensrichtung abhängig machen zu können.[2]) Auf diese Meinung sei daher an dieser Stelle eingegangen, wo von der Tatbestandsmäßigkeit die Rede war, da ja in der Literatur dieser Begriff meist mit Rechtswidrigkeit identifiziert wird. Der systematische Platz wäre oben bei den Erörterungen über das Wesen der Rechtswidrigkeit (§ 12 III 2 c) gewesen; dort sollte jedoch der strenge Gedankengang nicht unterbrochen werden.

---

[1]) Freilich kann man den Begriff der Rechtswidrigkeit auch in einem weiteren Sinne verstehen, indem man zu ihm ganz allgemein auch die Schuld rechnet. Dann würde ein besonderer Begriff der Strafrechtswidrigkeit aufgestellt. Sachlich Neues würde durch einen solchen Begriff nicht gewonnen; er würde nur besagen, daß zu den Strafvoraussetzungen außer einem objektiven Merkmal, der Rechtswidrigkeit im engeren Sinne, noch ein subjektives, die Schuld, gehört. Der Begriff ist mithin überflüssig. Sonst ist der Begriff einer besonderen Strafrechtswidrigkeit sogar irreführend; vgl. Stooß ZStW. 24, 319 und unten § 15 I 3 b a. E.

[2]) Nur zum Teil Beling Verbrechen 142 oben, der jedoch weiterhin sofort in prinzipieller Schärfe Rechtswidrigkeit und Schuld trennt. Wohl aber Graf zu Dohna GerS. 65, 304 ff., 311/2, ZStW. 32, 335, v. Bar III 91, Hold v. Ferneck I 389, H. A. Fischer 139, 288/9, 293, in engen Grenzen Torp ZStW. 23, 97, prinzipiell aber Mayer 185/8 (freilich etwas vorsichtiger, vgl. den folgenden Text).

Richtig ist nur, daß durch ein Tatbestandsmerkmal subjektiver Natur der Kreis der Tatbestandsmerkmale geschlossen,[1]) also Tatbestandsmäßigkeit und insofern Rechtswidrigkeit begründet werden kann. So durch die Zueignungsabsicht, wie soeben gezeigt wurde (oben a). Mit aller Entschiedenheit zurückzuweisen ist dagegen jegliches Bestreben, subjektive Merkmale, die der Schuld angehören, zur Begründung der Rechtswidrigkeit herbeizuziehen (wie es übrigens auch unzulässig ist, ein subjektives Merkmal zur Unterscheidung einer Rechtswidrigkeit von der anderen zu verwenden, wo objektive Kriterien gegeben werden können[2])). Das würde eine unreinliche Zubereitung des zu messenden Wertobjekts bedeuten, wenn nicht gar eine Vermischung der beiden grundverschiedenen Maßstäbe, der Rechtswidrigkeit und der Schuld. Über die Herausstellung des Objekts des Unrechts ist in systematischem Aufbau oben (§ 12 III 2) gesprochen und wird unten (§ 16) noch des näheren zu handeln sein. Objekt des Unrechts ist das äußere Verhalten mit der allgemeinen Tendenz zu einem (schädlichen) Erfolg. Nichts Subjektives ist hieran zu entdecken; das Verhalten muß ein äußeres und der Erfolg ein äußerer sein. Nur insofern ist der letztere ein gedachter, ein subjektiver, als er nicht tatsächlich eingetreten zu sein braucht, sondern nur in dem objektiven Wahrscheinlichkeitsurteil vorhanden sein muß.

Hier ist nun eine methodische Unklarheit der Gegner als Folge mangelnder gesamtsystematischer Einstellung zu beobachten. Selbstverständlich können nur subjektive Zwecke juristisch gewertet werden — das war ein Hauptthema unserer teleologischen Grundlegung (§ 12 II 5 b, 6, III 2 c) —; aber nicht der individuelle Zweck des Täters bildet das Wertungsobjekt, sondern der generelle Zweck der Tat, der reale Zweck, die allgemeine Tendenz der Handlung. Die Handlung ist objektiv auszulegen; der ihr immanente Zweck ist zu erforschen. Die Frage ist: wie ist die Tat objektiv zu ver-

[1]) So sachlich wohl Beling a. a. O. 142 oben.

[2]) Sofern natürlich nicht die Tatbestände schon nach dem Gesetz sich lediglich durch ein subjektives Merkmal voneinander unterscheiden. Falsch aber ist es z. B., die Aneignungsdelikte von der Sachbeschädigung lediglich durch die Verschiedenartigkeit der Willensrichtung unterscheiden zu wollen. Vgl. unsere Schrift Diebstahl und Sachbeschädigung 1908, 24 ff. sowie unseren Aufsatz GoltdArch. 63, 295.

stehen? Und sodann ist zu fragen: Nützen Verhaltungsweisen dieser Art (!) dem Staate usw. mehr, als sie ihm schaden?

Eine sich in normalen Grenzen haltende, objektiv der Erziehung dienende Züchtigung des Schülers durch den Lehrer ist daher stets rechtmäßig, mag der Lehrer zugleich auch Rache an dem Vater des Schülers nehmen wollen. Die Gegner müßten unter der letzteren Voraussetzung eine rechtswidrige Körperverletzung annehmen,[1]) auch wenn die Züchtigung ausgezeichnet der Erziehung dient. Wem fiele hierbei nicht Kants Prinzip für die Ethik ein: nichts in der Welt ist gut als allein der gute Wille! Ja, die Gegner begehen keinen geringeren Fehler als die Verwischung der Grenzen von Moral und Recht.[2]) Die Willensrichtung des Täters soll untersucht werden; eine und dieselbe Tat ist rechtmäßig oder nicht, je nachdem der Lehrer ausschließlich (oder etwa vorwiegend? dann wäre die Feststellung noch komplizierter!) erzieherische Zwecke verfolgen will oder nicht. Eine gesunde Rechtspflege kann bei einem solchen Grundsatze nicht bestehen. Zu welchen diffizilen Untersuchungen des Seelenlebens müßte der Richter veranlaßt werden! Und man denke: Von diesen Imponderabilien hängt nicht etwa nur die Schuld- und Straffrage, sondern die allererste Frage nach der Rechtswidrigkeit ab. Müßte also doch das Prinzip sich auch anderswo bewähren, in dem Privat- und in dem Prozeßrecht! Denn wenn es für die Rechtswidrigkeit im Strafrecht gelten will, so muß es auch sonst sich als lebensfähig erweisen; die Frage nach Recht und Unrecht kann nur ein einheitliches Prinzip zum Richtmaß haben und kann unmöglich bald so bald so gelöst werden. Nun erwäge man aber: Das Verfolgungs-, das Verhaftungs-, das Klagerecht sollte nur dann gegeben sein, wenn der Beamte usw. mit seiner dem Gesetz genügenden Handlung auch wirklich einen entsprechenden Zweck erstrebte; es müßte dagegen entfallen, wenn er zugleich einen unerlaubten Zweck (trotz der Legalität der Handlung) verfolgte, wenn ihm diese Amtsausübung so recht gelegen kam, um seine persönliche Feind-

[1]) So in der Tat Mayer 186.

[2]) Wenn das noch einem Zweifel unterliegen sollte, so lese man den gesperrt gedruckten Satz bei H. A. Fischer 288: „Wir haben also wieder die Erscheinung, daß nicht ein objektives Geschehen verboten ist, sondern daß es verboten oder erlaubt ist, je nach der Gesinnung, mit welcher der Täter die Tat begeht.“

seligkeit in die Tat umzusetzen, dann wäre die amtliche Verhaftung Freiheitsberaubung.[1]) Jeder Haftbefehl müßte erst daraufhin geprüft werden. Die Erstattung einer Strafanzeige unter objektiv berechtigten Umständen wäre rechtmäßig nur dann, wenn der Anzeigende auch wirklich den Zweck verfolgte, der strafenden Gerechtigkeit zum Siege zu verhelfen, dagegen rechtswidrig und deswegen Beleidigung (unter Ausschluß des § 193 StGB.), wenn es ihm auf die Erreichung persönlicher Zwecke ankam, wenn er etwa den Konkurrenten verdrängen wollte. Wir meinen, der Staat sollte froh sein, wenn objektiv ihm nützliche Handlungen vorgenommen werden, und sollte die Rechtmäßigkeit nicht davon abhängig machen, daß der Handelnde auch aus einer entsprechenden, zudem praktisch selten zweifelsfrei feststellbaren Gesinnung die Tat vollbrachte. Und man kann zugunsten der Gegner nicht einmal den viel angerufenen Schikaneparagraphen (BGB. § 226) ins Feld führen. Wenn dieser bestimmt, daß „die Ausübung eines Rechtes unzulässig ist, wenn sie nur den Zweck haben kann, einem anderen Schaden zuzufügen", so tritt u. E. schon aus der Fassung des Gesetzes deutlich hervor, daß nicht der von dem Handelnden verfolgte subjektive Zweck, sondern „der Zweck der Rechtsausübung", d. i. der Ausübung des formellen Rechts, jedenfalls der Zweck der Tat, nicht des Täters, auf seine Schädlichkeit zu untersuchen ist.[2])

Die hier bekämpfte Ansicht gerät aber auch ganz offensichtlich mit klaren Gesetzesbestimmungen in Widerspruch. Notwehr und

---

[1]) So in der Tat v. Bar a. a. O. Vgl. dagegen unsere Grundlagen des Prozeßrechts § 5 II, III, IV, VI 8, VII.

[2]) Näher auf diese interessante Frage einzugehen, ist hier nicht der geeignete Ort. Es wäre unschwer, aus der reichen Judikatur nachzuweisen, daß sachlich auch eine große Zahl von Entscheidungen unserer höchsten Gerichtshöfe nicht den Zweck des Handelnden, sondern den Zweck der Handlung im Sinne hatte, jedenfalls so verstanden werden kann (vgl. abweichende Auslegungen etwa bei Stammler Die Lehre von dem richtigen Rechte 1902, 327 und H. A. Fischer a. a. O. 138). Die Bemerkung in dem Staudingerschen Kommentar (8. Aufl.), daß in dieser Bestimmung ein ethisches Prinzip zum Ausdruck käme, darf freilich nicht in wissenschaftlich-ethischem Sinne aufgefaßt werden. Immerhin darf auf diese — ja genugsam bekämpfte und schon in der Fassung nicht sehr glückliche — Vorschrift nicht zu großes Gewicht gelegt werden; man sollte sich hüten, aus derartigen, mehr oder weniger von der Laune des Gesetzgebers abhängigen Bestimmungen sachliche Prinzipien abzuleiten.

Notrecht dürften nur dann rechtmäßig sein, wenn der Handelnde den von der Rechtsordnung gewünschten Erfolg der Rettung usw. nicht nur erreichte, sondern auch erreichen wollte.[1]) Daß hier ein auch sachlich völlig überflüssiges Kriterium hinzugefügt wird, bedarf kaum weiterer Begründung; die Rechtsordnung darf nicht von dem guten Willen des Handelnden die Fragen nach Recht und Unrecht abhängig machen; sie hat ausschließlich auf den objektiven Wert der Tat für die Gemeinschaft Gewicht zu legen.

Die Gegner verkennen nicht nur das Verhältnis von Recht und Moral, sondern auch dasjenige von Rechtswidrigkeit und Schuld; denn sie machen jene von dieser abhängig. Ein schuldbegründendes Element und damit die Schuld selbst soll zugleich die Rechtswidrigkeit begründen. Und doch setzt Schuld, wie wir sehen werden, die Rechtswidrigkeit voraus; sie ist eine Beziehung der Psyche des Täters zur Rechtswidrigkeit. „Gibt man vom Begriff der objektiven Rechtswidrigkeit nur ein Titelchen preis, so fließt die Schuld mit einer ihrer Voraussetzungen zusammen, d. h. es entsteht eine Konfusion.“ [2])

---

[1]) So in der Tat Fischer a. a. O. 289, 293 (beachte die Worte: rechtmäßig ist die Handlung „zum Zwecke der Notwehr“). Bezeichnend auch das Beispiel Graf zu Dohnas GerS. 65, 311: Jemand hat die Fensterscheibe des Nachbarn eingeschlagen und dadurch dessen Kind gerettet, das durch eine Kohlenoxydgasvergiftung gefährdet war. U. E. stets rechtmäßig; Staat wie Nachbar sollten sich freuen, daß ein Menschenleben gerettet ist. Nach Gf. Dohna und Fischer ist aber die Psyche des Täters zu untersuchen. Sie wollen Sachbeschädigung annehmen, wenn der Täter aus Mutwillen oder Bosheit gegenüber dem Nachbarn die Scheibe einschlug! — Gf. Dohna geht sogar so weit, daß der unsachgemäße Eingriff des Arztes rechtmäßig sei, falls der Arzt ihn nur nach pflichtmäßiger Überzeugung für notwendig hält, also objektiv rechtmäßig, nicht nur schuldfrei; „die objektive Rechtswidrigkeit ist auch hier bedingt durch die subjektive Pflichtwidrigkeit“ (Rechtswidrigkeit 105). Dagegen schon Kohlrausch ZStW. 25, 661/2 („der Weg zu der Straflosigkeit des überzeugten Anarchisten ist von da auch nicht mehr weit“). Kohlrausch verkennt jedoch, daß es auf die Überzeugung des Richters (!) sehr wohl ankommt; denn dieser verkörpert prozessual den objektiven Maßstab (wobei freilich die Unterscheidungen in unseren Grundlagen des Prozeßrechts 75 ff. zu beachten sind).

[2]) So die eigenen Worte Mayers 12. Er will aber diese Frage von der anderen trennen, ob die Rechtswidrigkeit immer ohne Rücksicht auf die Zwecke des Täters festgestellt werden kann; und diese Frage verneint er. Natürlich muß man (nicht nur manchmal, sondern stets) Zwecke zugrunde legen, aber

Systematisch weitergedacht würde nach der bekämpften Ansicht die Rechtswidrigkeit den weiteren, die Schuld mit umspannenden Kreis darstellen. Damit ist dann freilich ein völlig anderes Bild gewonnen, das im letzten Grunde wohl auf die mangelnde Unterscheidung von subjektivem und realem Zweck (vgl. oben S. 346 a. E.) zurückzuführen ist. Und dieser Mangel wurzelt wieder in der so oft anzutreffenden Vermischung von psychologischer Beschreibung und logisch-systematischer (normativer, transzendentaler) Betrachtung der Gegenstände, d. h. hier der Betrachtung unter dem objektiven Wahrscheinlichkeitsurteil der allgemeinen Tendenz. Die Gegner nehmen zum Objekt irrtümlich den tatsächlichen subjektiven Zweck des Täters, während erst die normative Beleuchtung des Falles das Objekt herausstellt: die allgemeine Tendenz von Fällen dieser Art auf einen nützlichen oder schädlichen Erfolg. Die Gegner untersuchen den Zweck des Täters, statt den Zweck der Rechtsordnung, den Sinn der gesetzlichen Regelung zu ergründen.

II. Die sonstigen objektiven Strafvoraussetzungen, insbesondere die objektiven Bedingungen der Strafbarkeit.

1. Nachdem das Verhältnis des Tatbestands zur Rechtswidrigkeit, zur Handlung und zur Schuld dargelegt ist, sind die sog. allgemeinen

---

eben nicht die tatsächlichen Zwecke des Täters, sondern solche, wie die Tat objektiv zu verstehen ist. — Darüber, daß der Begriff der „objektiven Rechtswidrigkeit" im Sinne dieses Werkes keineswegs allgemeine Anerkennung findet, sondern in den verschiedensten Weisen mit der Schuld oder wenigstens mit der Zurechnungsfähigkeit verquickt wird, vgl. die dogmengeschichtliche Darstellung Naglers in Binding-Festschr. II 331 ff. (Anhänger des Begriffs 339 Nr. 2). Nicht sehr einladend ist der von Hold v. Ferneck I 399 aufgestellte Katolog über die verschiedenen, sich in der Literatur findenden Bedeutungen des Begriffs „objektive Rechtswidrigkeit". Wenn diese mühsame Zusammentragung der Meinungen oft als dankenswert bezeichnet wird, so scheint sie uns wenigstens den Gewinn zu haben, zu zeigen, wie meilenweit die Juristen in grundlegenden Fragen voneinander entfernt sind, und damit zugleich doppelt anzuspornen, nach einem wissenschaftlich gesicherten Ausgangspunkt energisch zu forschen, was offenbar notwendiger ist, als sich mit anderen Meinungen über Einzelfragen auseinanderzusetzen. Noch heute trifft zu, was Kohlrausch bei der Besprechung des Holdschen Werkes (ZStW. 23, 597) schrieb: „gerade auf diesem Gebiete wird mit erstaunlicher Ausdauer aneinander vorbeigeredet, da eine Verständigung über den grundlegenden Begriff der Rechtswidrigkeit aus Mangel an Literaturkenntnis zumeist nicht für nötig erachtet wird."

Verbrechensmerkmale in ihrem Verhältnis zum Tatbestand und damit zugleich im wesentlichen im Verhältnis zueinander gewürdigt — bis auf eine Gruppe, die unterzubringen der Dogmatik des Strafrechts von jeher außerordentliche Schwierigkeiten verursacht hat. Wenn sich ein solcher nicht recht unterzubringender Rest ergibt, so ist das schon ein böses Zeichen; es zeigt sich, daß die bisherige Rechnung, so glatt sie ging, meist an einer Stelle nicht stimmte, wenn nicht gar von unrichtigen Voraussetzungen ausging. So ist es im großen mit der materialistischen Weltanschauung: man kann die Dinge naturwissenschaftlich durchaus zufriedenstellend erklären, den Körper sowohl wie den Geist, aber es bleibt auf seiten des rein Geistigen ein Rest übrig, der sich naturwissenschaftlich nicht — niemals, auch in aller Zukunft nicht — erklären läßt, nämlich der Wert, der Sinn des Seienden; und deshalb ist die materialistische Methode in toto unzureichend, deshalb ist der Ausgang nicht von den Dingen sondern von dem Geistigen zu nehmen, deshalb muß man sich zu der Erkenntnis durchringen, daß man von den Dingen nicht restlos zu dem Geistigen, wohl aber von diesem restlos zu jenen gelangen kann. Wer nicht rechtzeitig vorgebaut, nicht einen soliden Grund gelegt hat, erlebt am Schlusse unliebsame Überraschungen — gerade dort, wo sich das Ganze zu einem harmonischen Bau vollenden sollte.

Der Kriminalist kann an dem Rest nicht mit einem Achselzucken vorübergehen und die Schuld der positiven Gesetzgebung mit ihrer unerfreulichen Kasuistik zuschieben. Es bleibt in der Tat ein Rest, der sachlich durchaus zu rechtfertigen ist, mag die gesetzliche Ausgestaltung im einzelnen gebilligt werden oder nicht.

In der strafrechtlichen Dogmatik pflegt man unter den restierenden Strafvoraussetzungen (im weitesten Sinne) folgende Arten zu unterscheiden:[1])

a) objektive Bedingungen erhöhter Strafbarkeit; dahin gehören die durch den Erfolg qualifizierten Delikte, z. B. die Körperverletzung mit tödlichem Ausgange,

b) äußere Bedingungen der Strafbarkeit, d. s. diejenigen, die nicht zu dem eigentlichen Delikt gehören, z. B. die Zahlungseinstellung usw. bei den Konkursdelikten (KO. §§ 239 ff.),

---

[1]) Vgl. außer den Lehrbüchern Finger GoltdArch. 50, 32 und Baumgarten Aufbau 191, 267 sowie die Nachweise unten zu 3 b.

c) Strafausschließungsgründe und zwar α) sachliche (z. B. Notstand) oder β) persönliche (z. B. Verwandteneigenschaft bei Diebstahl, Begünstigung, Blutschande),

d) Strafaufhebungsgründe, d. s. Gründe, die den nachträglichen Wegfall des bereits entstandenen staatlichen Strafanspruchs begründen, z. B. Verjährung, Begnadigung, Tod des Täters,

e) Prozeßvoraussetzungen, z. B. Strafantrag.

Das ist nun freilich ein recht buntes Bild. Die zugrunde liegenden Gedanken sind durchaus verschiedenartig und machen eine wesentlich andere systematische Einteilung notwendig.

2. An diese Stelle der Grundlegung des Strafrechts gehören lediglich die Arten oben zu a und b; nur diese stehen in Beziehung zum Tatbestandsbegriff. Die Arten zu c und d dagegen sind in dieser ihr von der herrschenden Dogmatik gegebenen Struktur nichtssagend. Es fragt sich gerade, weshalb ausnahmsweise die Strafe entfällt. Da nun die von uns als grundlegend erkannten inneren Kriterien ausschließliche sind, so bleibt nur ein Weg: jene Gründe müssen den Rechtfertigungs- oder den Entschuldigungsgründen, wenn nicht gar den Prozeßvoraussetzungen zugewiesen werden. So ist es in der Tat. Die Strafausschließungs- und Strafaufhebungsgründe sind überflüssige Kategorien, die aufzuteilen sind. Zu diesem Zwecke ist es freilich erforderlich, den Sinn jener anderen Gruppen, denen sie zuzuweisen sind, scharf zu erfassen. Vor allem bedurften also gegenüber der herrschenden Dogmatik die Begriffe Rechtswidrigkeit, Schuld und Prozeßvoraussetzung einer Nachprüfung und Berichtigung. In diesem Werke sind nur die beiden ersten zu behandeln, während die Prozeßvoraussetzungen in unseren „Grundlagen des Prozeßrechts" untersucht und klassifiziert wurden.[1]) Nur der Übersicht halber seien hier die in engerer Beziehung zu dem materiellen Strafrecht stehenden und daher regelmäßig[2]) in den

[1]) Vgl. insbesondere die Tabelle S. 619.

[2]) Eine Ausnahme bildet das Mayersche Lehrbuch, das (101) kühn den Strafantrag völlig aus der Darstellung ausscheidet. Die meisten Lehrbücher suchen mit Mühe einen passenden Ort; aber die Darstellung nimmt sich dort aus wie ein Gemälde in einer Glyptothek oder wie eine Klaviersonate innerhalb einer Oper. Beling jedoch verweist die Lehre gut in den Anhang seiner Grundzüge, während Finger wohl den ungünstigsten Platz wählt, in der Einleitung zum „subjektiven Strafrecht", wo man vergeblich Aufklärung über den Verbrechensbegriff sucht.

Darstellungen des Strafrechts behandelten Arten zusammengestellt und zwar unter Zuweisung in diejenigen Gruppen, die für die systematische Erfassung des Prozeßrechts von Bedeutung sind, wobei natürlich die hier genannten Gruppen wie auch die ihnen zugewiesenen Arten nicht ein vollständiges Bild der Prozeßvoraussetzungen usw. überhaupt ergeben, da die lediglich prozessual erheblichen und auch von der herrschenden Meinung nicht dem Strafrecht zugewiesenen Voraussetzungen hier beiseite bleiben.

a) Verfolgungsunfähig sind α) das Staatsoberhaupt (in den einzelnen Gesetzgebungen verschieden behandelt), β) die Exterritorialen. Es sind dies (negative) Verfolgungsmerkmale, nicht bloß (negative) Verfolgungs-, Prozeßvoraussetzungen; denn ein Verstoß gegen jene Vorschriften bewirkt nicht nur Unzulässigkeit der Verfolgung, des Prozesses — dies die Folge des Fehlens einer Prozeßvoraussetzung —, sondern deren Ungültigkeit (absolute Nichtigkeit auch ohne Anfechtung). Die Verfolgungsunfähigkeit bedeutet für die Verfolgung dasselbe wie die Parteiunfähigkeit oder das Fehlen einer Partei für das förmliche Verfahren. Verfolgung und Verfahren unterscheiden sich — um nur die hier augenblicklich interessierende Seite hervorzuheben — dadurch voneinander, daß für jene außer-, für dieses innerprozessuale Interessen maßgebend sind, daß jene sich darüber verhält, ob überhaupt, dieses dagegen, wie ein Prozeß stattfinden soll, daß jene mithin dem materiellen Strafrecht um eine Stufe nähersteht als dieses und daß der Wegfall des Verfolgungsrechts, nicht aber der des Rechts zur Einleitung des Verfahrens das materielle Strafrecht illusorisch macht.[1]) Wer nicht verfolgt werden kann, kann auch nicht bestraft werden; Fehlen des Strafklagerechts bewirkt ein Nichtstrafrecht. Daher werden die genannten Fälle der Verfolgungsunfähigkeit (Monarchenqualität, Exterritorialität) auch so oft als persönliche Strafausschließungsgründe aufgeführt; der Grund ist aber kein strafrechtlicher, sondern ein prozessualer. Der Staat hat lediglich kein Interesse an Verfolgung jener Personen oder sogar ein Interesse an ihrer Nichtverfolgung. Man wird dagegen vergeblich nach einem inneren Grund dafür suchen, daß das Strafgesetz überhaupt auf sie keine Anwendung finden soll; der Gedanke des modernen Rechtsstaates verlangt auch

[1]) Hierüber Grundlagen des Prozeßrechts 401/2.

ihre Bindung durch das Strafgesetz, die Idee der Gerechtigkeit würde ihre Exemtion von dem Strafgesetz mißbilligen. Vielmehr lassen staats- und völkerrechtliche Gründe einen Prozeß nicht angezeigt erscheinen.[1])

Ebenso ist γ) der Wegfall des Verfolgungssubjekts durch Tod zu behandeln, in dem man irrig einen Strafaufhebungsgrund gesehen hat.[2])

b) Verfolgungsvoraussetzungen — bei ihrem Fehlen nicht Ungültigkeit, sondern nur Unzulässigkeit der Verfolgung, also regelmäßig Anfechtbarkeit — sind die folgenden Arten: α) Strafantrag,[3]) Ermächtigung[3]) und Genehmigung des Parlaments zur Strafverfolgung von Abgeordneten während der Sitzungsperiode (Rvf. v. 1919 Art. 37).[4]) β) Die Beschränkung der Strafverfolgung durch Auslieferungsverträge und durch das Erfordernis des Antrags der ausländischen Behörde (StGB. v. 1871 § 4 a. E.).[5]) γ) Verfolgungshindernisse sind Verjährung und Begnadigung.[6]) In diesem letzten Fall zu γ wird durchaus irreführend ein materiellrechtlicher Strafaufhebungsgrund angenommen. Die Zeit kann aber ebensowenig wie ein Akt der Gnadeninstanz etwas, was bisher strafbar war, nunmehr von Strafe befreien; niemals kann durch bloßen Zeitablauf aus Unrecht Recht, aus Strafbarkeit Straflosigkeit werden; niemals kann ein dem Naturgeschehen angehörendes Ereignis einen Wert umwerten, ja in sein Gegenteil verkehren. Wohl aber erlahmt nach Ablauf einer gewissen Zeitspanne das staatliche Interesse an der Verfolgung einer Straftat; die Verwirklichung des materiellen Strafrechts verliert allmählich an Wert für den Staat und die Staatsbürger, ganz abgesehen davon, daß sie nach gewisser Zeit erheblich erschwert, wenn nicht unmöglich gemacht wird. Daher erlischt nach Ablauf einer vom Gesetz in Typenform gesetzten Frist — und entsprechend durch einen Akt der Gnadeninstanz — das Verfolgungs-, das Strafklagerecht, und erst eine Folge dieses Erlöschens ist (wie oben zu a) der Untergang des Strafrechts. Würde der Gnadenerweis an bestimmte Voraussetzungen geknüpft sein, die auf eine Besserung der Gesinnung des Täters schließen lassen, so könnte

---

[1]) Vgl. zu der Frage Grundlagen des Prozeßrechts 318—321 mit Literaturangaben, auch 446.

[2]) a. a. O. 313, 444. [3]) a. a. O. 335 ff. [4]) a. a. O. 326.

[5]) a. a. O. 327. [6]) a. a. O. 330 ff.

eine nachträgliche Schuldbefreiung, Schuldaufhebung, Entschuldigung angenommen werden; für die Erteilung der Gnade ist aber nicht notwendig die innere Umkehr des Täters, ist vielmehr auch ein rein äußerer Anlaß, etwa ein politisches Ereignis von Bedeutung. Ebenso wie im Fall der Verjährung der Täter mit der Zeit nicht innerlich besser zu werden braucht.

c) Erfüllung des Prozeßzwecks (reale Sachgestaltung) ist die Strafverbüßung. Auch in diesem Fall hat man irrig einen Strafaufhebungsgrund gesehen.[1]) Selbstverständlich ist der staatliche Strafanspruch erloschen, aber deswegen weil er befriedigt ist, nicht anders wie eine Forderung durch Zwangsvollstreckung oder freiwillige Zahlung seitens des Schuldners erlischt.

3. Nach diesem Exkurs kehren wir in das Gebiet des Strafrechts zurück; es bleiben noch die objektiven Bedingungen erhöhter Strafbarkeit und die äußeren Bedingungen der Strafbarkeit zu erklären. Als Beispiel für die erste Gruppe (unten zu a) sei vorläufig genannt der Tod im Fall der Körperverletzung mit tödlichem Ausgange (§ 226), für die zweite Gruppe (b) die Verbürgung der Gegenseitigkeit bei feindlichen Handlungen gegen befreundete Staaten (§§ 102, 103).[2]) Diese Bedingungen sind nach der hier vertretenen Auffassung Bestandteile des Tatbestandes; denn sie finden ihre innere Rechtfertigung — ebenso wie die anderen Tatbestandsmerkmale und zwar mit diesen zusammen — in dem Wesen der Rechtswidrigkeit. Eine andere Auffassung ist auch schwer denkbar. Denn da jene Momente als objektive, als äußere Bedingungen sicherlich nicht in den Schuldbegriff gehören, könnten

[1]) a. a. O. 340.

[2]) Zu den objektiven Strafbarkeitsbedingungen gehört auch der Sonderfall der Nichterweislichkeit der üblen Nachrede (StGB. § 186, E. 1919 § 344). Tatbestandsmerkmal ist hier die Unwahrheit (bei richtig verstandenem Ehrbegriff!). Das Gesetz sieht aber zum Schutze des Angegriffenen einmal ab von dem Erfordernis der Kenntnis des Täters von der Unwahrheit — insofern ist die Unwahrheit mangels Vorsatzerfordernisses nur objektive Bedingung der Strafbarkeit —, sodann von dem Erfordernis des Nachweises der Unwahrheit — insofern ist die Wahrheit objektiver Strafausschließungsgrund, richtiger Beweispräsumtion. Dieses eigentümliche, in keiner Weise zu billigende Merkmal der Nichterweislichkeit durchbricht also die Schuld- wie die Beweisprinzipien. Näheres in unserer Schrift: Die Ehre und ihre Verletzung 1915, 152—167.

sie sonst nur in das Prozeßrecht zu verweisen sein; eine andere Kategorie ist undenkbar, will man nicht zu dem Notbehelf einer „Sammelkategorie“[1]) schreiten, in die man alle zweifelhaften, nicht anderswo unterzubringenden Fälle verweist, und damit auf sachliche Begründung und innere Rechtfertigung jener Gruppen überhaupt verzichten. In das Prozeßrecht gehören sie jedoch nicht. Bei dem soeben dorthin unternommenen Exkurs wurden wir auf das Kriterium der Prozeß- gegenüber den Strafvoraussetzungen aufmerksam. Dem Prozeßrecht gehören diejenigen Elemente an, von denen entweder ein prozessuales Interesse oder ein solches Interesse abhängt, das einen Prozeß überhaupt als geboten oder nicht geboten erscheinen läßt. Dort ist zu fragen, wenn von dem hier nicht in Betracht kommenden ersten Fall, dem förmlichen Verfahren, dem Wie des Prozesses abgesehen wird, nach dem Ob des Prozesses überhaupt: Soll ein Prozeß überhaupt stattfinden oder nicht? Dagegen heißt es hier auf dem Gebiete des materiellen Strafrechts: Ist die Tat überhaupt strafwürdig oder nicht? Dort lautet die Frage: Hat der Staat ein Interesse an der Strafverfolgung? Hier dagegen: Hat er ein Interesse an der Strafbarkeit?[2]) Diese letzte Frage verweist aber zweifelsfrei auf die Strafvoraussetzungen, und als solche erkannten wir nur zwei: das besonders schwere Unrecht und die Schuld. Es leuchtet ein, daß die hier in Rede stehenden beiden Gruppen nur zu dem Tatbestand als dem vertypten „besonders schweren Unrecht“ gehören können.

[1]) So in der Tat Baumgarten Aufbau 192.

[2]) Im Prozeß- wie im materiellen Recht ist also ein Interesse erforderlich; insofern gilt hier wie dort das (richtig verstandene) Opportunitätsprinzip; dieses ist kein Gegensatz zum Legalitätsprinzip, sondern es ist selbst das Legalitätsprinzip, denn es entspricht dem Gesetz. Zu Unrecht hat man einerseits das starre Legalitätsprinzip zu mildern gesucht, indem man prozessuale Gründe (das Fehlen des Verfolgungsinteresses und damit des Verfolgungs-, des Klagerechts!) in das materielle Recht hineintrug — so zum großen Teil durch die strafgesetzlichen Bestimmungen (VE. § 83, E. 1919 § 116), daß „in besonders leichten Fällen“ von Betrafung, soll heißen Verfolgung abgesehen werden kann, Bestimmungen, die doch schon der Staatsanwalt im Vorverfahren zu beachten hat (VE. Begr. 324). Und ebenso hat man umgekehrt den schweren Fehler begangen, rein materiellrechtliche Gründe in das Prozeßrecht zu übertragen, nämlich die Milderungen des starren gesetzlichen Rechtswidrigkeits- oder gar Schuldbegriffs nicht, wie unsere Grund-

a) Daß die objektiven Bedingungen erhöhter Strafbarkeit (bei den durch den Erfolg qualifizierten Delikten) in den Tatbestand einzureihen sind, wird nur dem bedenklich erscheinen, der sich daran gewöhnt hat, unter Tatbestand ausschließlich das eigentliche Delikt (im Bindingschen Sinne) zu verstehen; also nur diejenigen Merkmale, auf die sich die Schuld zu beziehen hat, dem Tatbestand zuzuweisen. Gewiß kann das Wort in diesem engeren Sinne verstanden werden; ein solcher Begriff hätte aber seine Berechtigung nur für die Schuldlehre (vgl. unten § 21 II 5 a) und kommt daher gegenwärtig nicht in Betracht, wo die Beziehung des Tatbestandes zur Rechtswidrigkeit interessiert, als deren typische Ausgestaltung er erscheint. Dort in der Schuldlehre ist zu beobachten, daß der Gesetzgeber in einigen wenigen Fällen von einem völligen Verschulden absieht; er bestraft z. B. die Körperverletzung mit tödlichem Ausgange härter als die gewöhnliche Körperverletzung, auch wenn der Täter den Tod nicht voraussehen konnte (anders die Entwürfe, vgl. VE. § 62, E. 1919 § 17). Diese Erwägungen lassen aber bereits zur Genüge erkennen, daß die genannten objektiven Bedingungen zum Tatbestand gehören, d. h. ihrer sonstigen Bedeutung nach den anderen Tatbestandsmerkmalen durchaus gleich stehen und sich von diesen nur infolge der gesetzlichen Abnormität in der Schuldfrage unterscheiden. Der Staat drückt dieser Tatbestandsmäßigkeit den Stempel besonderer Strafwürdigkeit auf, weil die Gefährlichkeit und Schädlichkeit der Tat durch diesen unerwünschten Erfolg erhöht, die Rechtswidrigkeit gesteigert, das an sich schon für das Strafrecht erforderliche „besonders schwere Unrecht" noch um einen Grad schwerer geworden ist.

---

legung es tut, durch ein übergesetzliches Prinzip, das Prinzip des Rechts selbst, zu begründen, sondern (unglaublich!) Ausnahmen im Prozeßrecht gelten zu lassen, womöglich gar gewohnheitsrechtliche (man denke an die Nichtverfolgung des Zweikampfs). Gerade hier ist die „Durchbrechung des Legalitätsprinzips" gar nicht gerechtfertigt; hier muß das materielle Recht helfen oder es muß geändert werden. Vgl. darüber unsere Grundlagen des Prozeßrechts 601/3. Der Gesetzesvorschlag von Lucas ZStW. 35, 169 wird noch überboten durch § 177 I des Entw. eines Gesetzes über den Rechtsgang in Strafsachen von 1920: „Wegen einer Übertretung wird (!) keine öffentliche Anklage erhoben, wenn die Schuld des Täters gering ist und die Folgen der Tat unbedeutend sind." Also „Unzulässigkeit der Anklage" (so Begr. S. 18). Weshalb dann die Normen im Strafgesetzbuch?

b) Nicht anders sind aber die äußeren Bedingungen der Strafbarkeit (Beispiel: Verbürgung der Gegenseitigkeit) zu behandeln.[1]) Sie unterscheiden sich von der soeben besprochenen Gruppe der objektiven Bedingungen erhöhter Strafbarkeit (abgesehen natürlich davon, daß erstere auch strafbegründender, letztere nur straferhöhender Natur sind) im Wesen vor allem dadurch, daß die ersteren mit der deliktischen Handlung selbst in einer wenigstens auf den ersten Blick nicht ersichtlichen inneren Beziehung stehen, sondern gewissermaßen von außen an sie herantreten, während das die Strafbarkeit erhöhende Merkmal, über den ersten tatbestandlichen Erfolg hinausgehend, einen weiteren, sich auch in anderen gesetzlichen Tatbeständen (dem der Tötung) findenden Erfolg der Handlung bedeutet und mit dieser selbst im Kausalzusammenhang steht. Darum war ja die Tatbestandseigenschaft der objektiven Bedingungen erhöhter Strafbarkeit über allen Zweifel erhaben; der Gesetzgeber könnte sehr wohl anordnen, daß jenes weitere Glied in der Kausalkette auch von der Schuld des Täters umfaßt sein muß. Solche Anordnung wäre gegenüber den rein äußeren Bedingungen unverständlich, da sie viel zu locker mit dem Verhalten des Täters zusammenhängen, als daß dessen Kenntnis von jenen Umständen (oder sein Kennenmüssen) für den Grad seiner Schuld erheblich wäre. Und gerade wegen dieses rein äußerlichen Charakters, wegen der Weite ihres Abstands von Handlung und Schuld, von Tat und Täter, ist es zweifelhaft, ob sie überhaupt noch zum Tatbestand gehören, ob sie nicht außerhalb des Tatbestands stehen, dem dann nur die eigentlichen Deliktsmerkmale innewohnen, die von der Schuld des Täters zum mindesten umfaßt werden können, und ob sie nicht eine Mittelstellung zwischen den Tatbestands- und den Prozeßmerkmalen (Prozeßvoraussetzungen) einnehmen.

Aber auch sie gehören zu den Tatbestandsmerkmalen und nehmen daher — abgesehen von ihrer soeben erwähnten Freiheit von dem Schuldurteil — an allen Eigenschaften und Besonderheiten des Tat-

[1]) Vgl. hierzu insbesondere Binding Handb. I 590 ff., Abh. I 101 ff., Finger GoltdArch. 50, 32 ff., Blume Tatbestandskomplemente (Strafrechtl. Abh. Nr. 73, Tüb. Diss.) 1906, Beling Verbrechen 51 ff., v. Bar Gesetz und Schuld III 17 ff., Baumgarten a. a. O., Mandel Die sog. äußeren Bedingungen usw. Erl. Diss. 1912.

bestands teil, unterstehen insbesondere den Vorschriften des materiellen und nicht des Prozeßrechts. Diese Zugehörigkeit zum Tatbestand ergibt sich aus der Erkenntnis des Wesens des Tatbestands und zwar wiederum aus dessen Zugehörigkeit zur Rechtswidrigkeit. Die besondere Schädlichkeit für das öffentliche Interesse, diese besondere Schwere des Unrechts als das Kennzeichen des Strafrechts, ist ein Merkmal, das bei näherem Zusehen gerade auf die äußeren Bedingungen der Strafbarkeit zutrifft. Weshalb griff denn der Gesetzgeber zu jenen fernliegenden äußeren Umständen? Deswegen, weil sie (nach seiner Ansicht) den Schlußstein legen, um dem Tatbestand den Charakter der besonderen Schwere des Unrechts zu verleihen. Ohne sie würde der Tatbestand in den Augen des Gesetzgebers noch nicht voll strafwürdig sein; ohne sie hätte der Staat kein Interesse an Bestrafung der schuldhaften Handlung, jedenfalls nicht an Bestrafung in solchem Maße. Dieser Gedanke bildete gerade, wie wir uns erinnern, das Kriterium der objektiven Strafvoraussetzungen (also der Rechtswidrigkeit) gegenüber den Prozeßvoraussetzungen; das ist der allein in Betracht kommende Gegensatz, eine dritte Möglichkeit gibt es nicht (die subjektive Strafvoraussetzung, die Schuld, interessiert hier natürlich gar nicht).

So bedeuten denn die äußeren Bedingungen der Strafbarkeit geradezu eine Vertypung der besonderen Schädlichkeit für das Gemeinwohl oder genauer eine Vertypung des Restes, der den übrigen, von der Schuld zu umfassenden Tatbestandsmerkmalen noch fehlt, damit die Tat in diesem Maße strafwürdig ist. Sie sind die typische Ausgestaltung der spezifischen Schädlichkeit für das öffentliche Interesse oder für ein privates oder fremdes staatliches Interesse, das der Staat zu dem eigenen macht, so daß es indirekt ein eigenes öffentliches Interesse darstellt.

Zwei Gruppen sind zu unterscheiden. Typisch ausgestaltet wird in der ersten (α) speziell das öffentliche Interesse zu einem staats- und völkerrechtlichen, in der zweiten (β) dagegen die Schädlichkeit aus einer bloß privat- oder verwaltungsrechtlichen zu einer eigenartig strafrechtlichen Tatbestandsmäßigkeit oder aus einer strafrechtlichen zu einer ebensolchen höheren Grades. Die erste Gruppe ist legislatorisch unbedenklich; die zweite bedarf dagegen des Ausbaues, sie steht der oben (a) behandelten Gruppe der objektiven Bedingungen erhöhter Strafbarkeit näher als die andere.[1])

α) Die Rücksicht auf das eigene Interesse des Staates kommt zum unzweideutigen Ausdruck in den Bestimmungen, die die Strafbarkeit gewisser feindlicher Handlungen gegen befreundete Staaten von der „Verbürgung der Gegenseitigkeit" abhängig machen (StGB. v. 1871 §§ 102, 103, ähnlich § 4 Nr. 3 I, VE. §§ 123, 5 Nr. 2a, GE. §§ 168, 4 Nr. 4 I, E. 1919 § 163). Nur unter dieser äußeren Bedingung hat der Staat ein Interesse an Bestrafung, indem er das Interesse des anderen Staates zu seinem eigenen macht. Die Handlung mag auch ohne die Bedingung nicht um ein Haar weniger schädlich für den Staat sein; die wahre Rechtswidrigkeit mag genau denselben Grad erreichen. Aber das Gesetz hat das Wesen der Rechtswidrigkeit in diesem Falle typisch ausgestaltet und will die Handlung daher als objektiv rechtswidrig, also als das Gemeinwohl erheblich verletzend erst bei Verbürgung der Gegenseitigkeit angesehen wissen; nur dann, wenn ihm ein gleiches Verhalten zugesichert ist, fühlt er sich in dem Maße verletzt, daß er strafrechtlich reagiert. — Diese sich aus dem richtig erkannten Verhältnis von Rechtswidrigkeit und Tatbestandsmäßigkeit ergebende Erklärung scheint uns die allein mögliche zu sein. In der Literatur ist man diesen Vorschriften gegenüber völlig hilflos; eine innere Erklärung wird meist gar nicht versucht. Die äußere Bedingung wird zwar aus dem Tatbestand ausgeschieden, man weiß nur nicht recht, wohin.[2]) Eine Grundlegung darf sich aber mit Sammelkategorien nicht begnügen; sie muß reinen Tisch machen.

β) In anderen Fällen wird die Gefährlichkeit der Tat in dem Maße, daß ein strafrechtliches Eingreifen in gewisser Weise angezeigt

---

[1]) Das Bild dieser Strafbarkeitsbedingungen, das unsere Grundlagen des Prozeßrechts 341 ff. gab, bedarf jetzt insofern der Veränderung, als dort die Bedingungen erhöhter (!) Strafbarkeit (§§ 87, 154 II) nicht aufgenommen wurden, wohl aber der nicht hierher gehörige Ausschließungsgrund für Abgeordnete (§ 11) mitgenannt wurde.

[2]) Mayer 101 hebt bezeichnend hervor, „daß bloß ihre negative Seite, ihre Nicht-Zugehörigkeit zum Tatbestand wesentlich ist". Köhler 418 stellt diese Bedingung mit den verschiedenartigsten anderen zusammen auf dieselbe Stufe, z. B. mit dem Strafantrag, dem Eintritt der schweren Körperverletzung im Falle des § 227 und dem Eintritt des Schadens bei gemeingefährlichen Delikten (§ 326).

erscheint, erst dann für voll erreicht gehalten, wenn ein anderes dem Staate unerwünschtes Ereignis tatsächlich eingetreten ist. Dieses Ereignis braucht nach dem Gesetze mit der Tat, um deren Strafwürdigkeit es sich gegenwärtig handelt, nicht notwendig in Kausalzusammenhang zu stehen und von der Schuld des Täters nicht umfaßt zu sein; aber es muß natürlich mit der Tat selbst in einer gewissen Beziehung stehen. Das hier Wesentliche ist dieses. Der Staat sagt: Wäre das mir unerwünschte Ereignis nicht eingetreten, so hätte ich auch auf die Tat nicht (nicht in dem Maße) reagiert; jetzt aber, wo das, was ich gern verhütet hätte, geschehen ist, muß ich auch das Vorangegangene beachten, denn dieses gewinnt für mich nunmehr eine weit schädlichere Bedeutung; ich muß es nunmehr als rechtswidrig erklären.

Unter diesem Gesichtspunkt sind die folgenden vielbesprochenen Bestimmungen zu rechtfertigen. Es sind strafbar, d. i. nach dem hier eingenommenen Standpunkte rechtswidrig:

aa) gewisse betrügerische, die Gläubiger benachteiligende oder begünstigende usw. Handlungen von Schuldnern, wenn diese ihre Zahlungen eingestellt haben oder wenn über ihr Vermögen das Konkursverfahren eröffnet ist (KO. §§ 239 ff., GE. §§ 314 ff.),

bb) der Ehebetrug, der Ehebruch, die Entführung, wenn die Ehe (in den ersten beiden Fällen: „deswegen") aufgelöst ist (StGB. §§ 170, 172, 236/8; VE. §§ 178, 180, 236/8, 248;[1]) GE. §§ 230, 232, 235, 238; E. 1919 §§ 338, 339, 341); die Bedingung wird in der Literatur meist irrig als Prozeßvoraussetzung aufgefaßt,[2])

cc) die Nichtanzeige von Verbrechen, wenn das Verbrechen tatsächlich begangen ist (StGB. § 139, VE. § 174, GE. § 185, E. 1919 § 226),

dd) die Beteiligung am Raufhandel, wenn durch die Schlägerei usw. der Tod eines Menschen verursacht ist (StGB. § 227, VE. § 231, GE. § 273, E. 1919 § 298),

ee) die Anreizung zum Zweikampf, wenn der Zweikampf stattgefunden hat (StGB. § 210, VE. § 226 II[3]).

Ferner zwei äußere Bedingungen erhöhter (!) Strafbarkeit:

[1]) Das ist kein Strafaufhebungsgrund trotz Begr. 688[2].

[2]) Hierüber Grundlagen des Prozeßrechts 341/2 mit Nachweisen. Zu den gegnerischen Ansichten zählt auch VE. Begr. 581 (jedoch unklar, vgl. Anm. 1).

[3]) Trotz VE. Begr. 657.

ff) die landesverräterische Konspiration, erhöht strafbar, wenn der Krieg ausgebrochen ist (StGB. § 87[1]),

gg) das falsche Zeugnis usw. in einer Strafsache zum Nachteil des Beschuldigten, erhöht strafbar, wenn dieser zum Tode usw. verurteilt ist (StGB. § 154 II[1]).

Dieses äußere, die Strafbarkeit oder die erhöhte Strafbarkeit bedingende Ereignis hat man in teils allen, teils einigen der zu β genannten Fälle — die einzelnen Autoren weichen schon hierin voneinander ab — mit der deliktischen Handlung dadurch in Beziehung zu bringen gesucht, daß man eine — widerlegbare oder unwiderlegbare — Vermutung für einen Kausalzusammenhang aufstellte.[2]) Die Annahme einer widerlegbaren Vermutung tut jedoch dem Gesetz sicherlich Gewalt an; nichts spricht vom Standpunkt der herrschenden Dogmatik und namentlich der naturalistischen Kausalitätstheorie (Bedingungstheorie) dafür, daß bei fehlender Kausalität die Strafbarkeit der Tat entfallen soll. In den beiden erstgenannten Fällen braucht übrigens ebenfalls nicht Kausalität vorzuliegen; denn die Bankerotthandlungen können auch der Zahlungseinstellung usw. nachfolgen, wie umgekehrt diese jenen,[3]) und die Ehe kann auch zugleich (!) wegen eines anderen Grundes geschieden sein.[4]) Auch die Beteiligung (!) am Raufhandel braucht nicht den Tod verursacht zu haben. Eine unwiderlegliche Vermutung der Kausalität besagt aber wie jede Fiktion eine Entstellung der Wirklichkeit und Umgehung einer der Wirklichkeit entsprechenden Erklärung; sie hat nur methodische, nicht auch sachliche Bedeutung. Ebensogut könnte man außerdem noch die Schuld unwiderleglich präsumieren, um allen Verbrechenserfordernissen zu genügen; man tut es aber mit gutem Grunde nicht. Offensichtlich sind alle Autoren, die zur Annahme einer Vermutung oder zur Auffindung einer anderen inneren Beziehung zwischen Handlung und objektiver Bedingung sich veranlaßt sehen, von dem Bestreben geleitet, die Bestrafung des

[1]) Von den Entwürfen zum Teil nicht aufgenommen. Vgl. VE. Begr. 431, 540; die dortigen Bedenken entfallen, wenn man die im ganzen rationellen Bestimmungen im Sinne des folgenden Textes versteht. GE. § 116 II verlangt Kausalität zwischen der Handlung und dem Kriegsausbruch.

[2]) Vgl. besonders Binding Handb. I 590/1 (teilw. verändert im Lehrb.), Blume Tatbestandskomplemente 40 ff., Olshausen, Frank und Schwartz zu den zit. Paragraphen, v. Liszt 183.

[3]) Dies die h. M. [4]) So RG. 6, 335.

Täters wegen des äußeren, nach dem Gesetz von seiner Handlung unabhängigen Umstandes innerlich zu rechtfertigen und nach Möglichkeit eine Bestrafung auszuschließen, wenn sich eine solche Beziehung zwischen der Tat und dem äußeren Umstand nicht aufzeigen läßt. Und es ist in der Tat nicht zu leugnen, daß die Bestrafung oder die härtere Bestrafung beim Fehlen jener Beziehung dem Rechtsempfinden widerstrebt.[1]) Sollte ein nach vielen Jahren seit der Verübung des Landesverrats ausgebrochener Krieg, ein Krieg, der mit jener Tat in keinerlei zeitlichem[2]) Zusammenhang steht, noch straferhöhende Bedeutung beanspruchen?

Die Beziehung ist aber nach der hier vorgetragenen Anschauung gegeben; sie liegt in dem engen Verhältnis des Tatbestandes (zu dem auch die genannten äußeren Bedingungen gehören) zur Rechtswidrigkeit. Die äußeren Bedingungen sind gerade diejenigen Größen, die bisher fehlten, soll der Tatbestand als rechtswidrig in dem Maße, daß Strafe (oder höhere Strafe) geboten ist, erscheinen. Sie bringen gewissermaßen das Faß zum Überlaufen. Zwar bestand auch ohne sie schon eine Rechtswidrigkeit, zum mindesten eine verwaltungsrechtliche, polizeiliche[3]) (wie bei der Nichtanzeige und dem Raufhandel) oder eine privatrechtliche (wie bei den Konkurs- und den Ehedelikten); aber sie reichte zur Strafbarkeit, zur Strafbarkeit in dieser Höhe nicht aus. Der Staat hält sein eigenes Interesse — oder ein fremdes, zu dem seinen gemachtes[4]) — erst dann in erheblicher Weise für verletzt, wenn noch ein besonderes unerwünschtes Ereignis hinzugetreten ist.

---

[1]) Schwartz § 87 Nr. 3, Abs. 2 spricht mit Recht von einem „unbehaglichen Gefühl".

[2]) Daher verlangt Olshausen zu § 87 (ähnlich Binding Lehrb. II 467) „zeitlichen Zusammenhang". Dieses Kriterium rein tatsächlicher Natur ist aber nur ein sehr unvollkommener Ausdruck des richtigen Gedankens.

[3]) Ähnlich Mandel a. a. O. 28: Bei Wegdenkung der Strafbarkeitsbedingung tragen die Delikte der §§ 139, 210, 227 rein polizeilichen Charakter.

[4]) Ganz ähnlich Frank zu KO. § 239 I Abs. 5, der den äußeren Umständen der Zahlungseinstellung usw. die Bedeutung eines Symptoms für die vom Gesetzgeber verbotene Benachteiligung oder Gefährdung der Gläubiger zuspricht; die Merkmale enthalten nach Frank also eine Vermutung für die Gläubigerbenachteiligung; doch soll diese Vermutung unwiderlegbar sein, während sie nach demselben Schriftsteller in den Fällen der §§ 87, 210 widerlegbar ist. Fernstehend auch nicht die bei Frank wiedergegebene Ansicht Jaegers (die Handlungen seien Indizien der Schuld).

Wir stehen nicht an, das Gesetz diesem seinen Sinne nach, d. h. dem von uns als richtig erkannten Sinne nach und zuwider seinem Wortlaut, einschränkend auszulegen und jene Vorschriften nicht anzuwenden, wenn unter dem Gesichtswinkel der Rechtswidrigkeit eine solche Beziehung zwischen der Handlung und dem äußeren Umstande beim besten Willen nicht mehr zu erkennen ist.

Welcher Art muß nun aber diese Beziehung sein? Soll sie auch für die Rechtsanwendung beachtlich sein, so bedarf sie möglichst scharfer Formulierung. Der zugrunde liegende Gedanke kann ja keinem Zweifel mehr unterliegen. Die Handlung muß die allgemeine Tendenz auf den Schaden, auf den vollen oder auf den höheren Schaden besitzen. Dieser Kernpunkt der adäquaten Kausalität ist ja, wie wir sahen, für das rechtliche Unwerturteil unerläßlich. Und daher können die jene Gesetzesbestimmungen anwendenden Entscheidungen der Justizbehörden der Gerechtigkeit nur genügen, wenn sie den allgemeingültigen Maßstab mit dem dazu tauglichen Objekt nicht außer acht lassen. Es ist zu fordern, daß die Handlung in der Beziehung adäquater Kausalität zu dem äußeren Umstand steht. Unerheblich ist die Beziehung zu dem konkreten Ereignis des vorliegenden Falles; dieses mag sogar, wie oft bei den Konkursdelikten die Zahlungseinstellung, der Handlung vorausgegangen sein. Darum war ja irreführend jene Ansicht, die eine Kausalität (selbstverständlich die natürliche!) präsumierte — über „Präsumtionen" konnte man dabei freilich nicht hinauskommen. Abgesehen von dem wirklichen Eintritt des äußeren Umstandes ist daher zu fordern, daß die konkrete Handlung äußere Umstände dieser Art wahrscheinlich (erfahrungsgemäß) nach sich zieht, daß also der Eintritt derartiger Umstände objektiv voraussehbar ist. Die Handlung muß mithin zur Herbeiführung jener Umstände, durch die erst die Rechtswidrigkeit ihr volles Maß erreicht, zum mindesten geeignet gewesen sein. Für juristisch „harmlose" (man verzeihe das Wort) Handlungen interessiert sich die Rechtsordnung nicht; und für strafrechtlich harmlose (d. h. nicht in erheblichem Maße schädliche, rechtswidrige) Handlungen interessiert sich das Strafrecht nicht.[1])

[1]) Ähnlich das Ergebnis Blumes Tatbestandskomplemente 40 ff. für §§ 87, 139, 154 II, 210, 227, wo jedoch adäquate Kausalität widerleglich vermutet

Tritt man dieser Auffassung bei, so werden die angedeuteten unbilligen Härten vermieden. So die erhöhte Bestrafung wegen Landesverrats nach Ausbruch eines Krieges, der nach Jahren (wenn nur noch innerhalb der langen Verjährungsfrist) ausgebrochen und auf gänzlich andere Ursachen zurückzuführen ist, auch auf jenen Landesverrat gar nicht entstehen konnte. So die Anreizung zum Zweikampf, der nach langer Zeit auf völlig andere Motive hin eingetreten ist und ebenfalls auf jene Anreizung hin gar nicht entstehen konnte. So die betrügerischen Handlungen usw., die gar nicht zu einer Zahlungseinstellung führen konnten. So die Beteiligung eines Dritten am Raufhandel, die gänzlich einflußlos auf die durch die Schlägerei anderer Personen entstandene Verletzung sein mußte. Wenn der qualifizierte Tatbestand des Meineides vom Gesetz beibehalten werden sollte, so müßte zum Ausdruck kommen, daß die falsche Aussage derartig ist, daß das Gericht ihr überhaupt jegliche Bedeutung für sein Urteil nicht ohne weiteres abspricht. Dagegen wird auf Ehebruch, nicht aber auf Ehebetrug und Entführung hin wohl stets mit der nahen Möglichkeit einer Eheauflösung zu rechnen sein. So wäre denn unter den vielen gesetzlichen Fällen nur einer, der des Ehebruchs, zweifelsfrei.

Hervorgehoben sei, daß die genannten Fälle, in denen das Gesetz einschränkend auszulegen ist, nur seltene Ausnahmen darstellen. In der erdrückenden Mehrzahl der Fälle wird zwischen den äußeren Umständen und der Handlung adäquate Kausalität bestehen; und deswegen ist auch das Gesetz den Weg der Praktikabilität gegangen und hat aus Gründen der Rechtssicherheit, Erkennbarkeit und leichten Nachweisbarkeit die Rechtswidrigkeit typisch ausgestaltet, indem es eine besondere Kategorie von Tatbestandsmerkmalen schuf. Grundsätzlich ist diese Vertypung aber von derselben Art wie jede andere und liegen die objektiven Strafbarkeitsbedingungen nicht anders wie die eigentlichen Deliktsmerkmale: sie sind die tatbestandliche Ausprägung der Rechtswidrigkeit. Und deshalb ist es verfehlt, hier eine Besonderheit einführen zu wollen, wie die Vermutung der Kausalität. Nur eine wesentliche Verschiedenheit besteht. Jede Tatbestandsbildung ist, wie gezeigt wurde, eine unvollkommene

wird. Ähnlich auch Mandel 28, 61 für §§ 139, 210, 227 (die äußeren Umstände seien der denkbare [!] Erfolg der durch sie strafbar werdenden Handlungen). — Alles nur Umschreibungen des richtigen grundlegenden Gedankens.

Prägung der Idee der Rechtswidrigkeit. Die Aufstellung der äußeren Strafbarkeitsbedingungen in den zu β genannten Fällen ist aber ganz besonders unvollkommen, schon deswegen weil nicht nur auf das Schulderfordernis, sondern auch auf den ursächlichen Zusammenhang (nach dem Gesetzeswortlaut) verzichtet wird, obwohl diese Restmerkmale des Tatbestandes sehr wohl in eine Form gegossen werden könnten, daß dem Kausalitätsbedürfnis genügt würde. Wegen dieser Weite des Abstandes von Sollen und Sein, von Aufgabe und Wirklichkeit kann es nicht ausbleiben, daß in einigen Fällen die nach dem Wortlaut des Gesetzes getroffene Entscheidung in höchstem Maße unbefriedigend ausfällt. Deshalb erscheint uns hier eine einschränkende Auslegung des Gesetzes zulässig und geboten.

Es ist zu hoffen, daß die Gesetze in diesem Sinne reformiert und zum mindesten klargestellt werden; nur so können ungerechte Entscheidungen vermieden werden. Wie die objektiven Bedingungen erhöhter Strafbarkeit (oben zu a), jene üblen Reste der alten Erfolgshaftung, dem modernen Verschuldungsprinzip insofern gewichen sind, als subjektive Voraussehbarkeit des Erfolges gefordert wird (VE. § 62), ebenso sollten jene letzten Reste der Erfolgshaftung, die äußeren Bedingungen der Strafbarkeit (zu b β), schwinden. Und was soll an ihre Stelle treten? Da sie nicht mit der Handlung des Täters in unmittelbarem Zusammenhange stehen, so kann nicht subjektive Voraussehbarkeit des Täters gefordert werden, sondern eben nur objektive.[1])

Der theoretische Grund dieser der Gerechtigkeit zum Siege verhelfenden Anschauung ist aber einmal die Erweiterung des Tatbestandsbegriffs, so daß in ihm auch jene äußeren Bedingungen Eingang finden; sodann seine Orientierung auf die Rechtswidrigkeit; und schließlich wiederum deren Orientierung auf die Rechtsidee überhaupt — das alte Lied und doch ewig neu.

---

[1]) Dogmengeschichtlich ist es interessant, wie die Bedingungstheorie von der adäquaten Kausalitätstheorie, diese wieder von dem Schuldprinzip abgelöst wird, so daß sich das Strafrecht in seiner Idee immer reiner durchsetzt, die Geschichte also in der Tat einen Fortschritt bedeutet. Denn die Anhänger der früher herrschenden Bedingungstheorie machten zum Teil (so Frank § 1 III 2 b) dem richtigen Gedanken der adäquaten Theorie insofern eine Konzession, als sie bei den durch den Erfolg qualifizierten Delikten nicht mehr natürliche, sondern adäquate Kausalität forderten. Dort wäre freilich

§ 15. Verwertung des Unrechtsbegriffs (Wertungsproblem).

Der bisherige Gedankengang war dieser. Es wurde das Wesen des Rechts und des Unrechts zu erkennen und das letztere in einem Begriff der Rechtswidrigkeit zu formulieren angestrebt (§ 12). Sodann wurde gezeigt, daß diese Rechtswidrigkeit jedem Tatbestand zugrunde liegt, daß der Tatbestand eine typische Prägung der Rechtswidrigkeit durch das Gesetz bedeutet (§ 13 I), daß auch die gesetzlichen Rechtfertigungsgründe sich als eine (negative) typische Ausgestaltung desselben Gedankens erweisen (§ 13 II). Aus der Erkenntnis dieser Beziehung der Rechtswidrigkeit zur Tatbestandsmäßigkeit ergab sich die Erkenntnis des Tatbestandsbegriffs, insbesondere seine begriffliche Umgrenzung, sein Verhältnis zu den allgemeinen Verbrechensmerkmalen (§ 14 I) und zu den objektiven Strafbarkeitsbedingungen (§ 14 II).

Diese gesamte Gedankenfolge war grundsätzlich auf die Erkenntnis des Wesens der Erscheinungen gerichtet; die Struktur des Strafrechts und die innere Beziehung seiner grundlegenden Begriffe zueinander mußten begriffen werden, soll überhaupt ein gesichertes Fundament gelegt werden, auf dem die Lösung von Einzelfragen überhaupt erst ermöglicht wird. Praktische und politische Rücksichten waren zurückzustellen; ob dem Gesetzgeber oder dem Richter mit den gewonnenen Ergebnissen gedient ist, mußte unentschieden gelassen werden. Die Verneinung dieser Frage hätte von der Weiterverfolgung des einmal begonnenen Weges nicht zurückhalten dürfen. Die Wissenschaft ist in erster Linie auf Erkenntnis der Wahrheit und der allgemeingültigen Werte gerichtet. Eine andere Frage ist, ob diese wissenschaftlichen Ergebnisse praktisch verwertbar sind. Dieser Frage ist nunmehr näherzutreten,

---

die bloße Erfolgshaftung ohne objektive Voraussehbarkeit des Erfolges gar zu unerträglich gewesen. Das Gesetz geht nunmehr (VE. § 62) noch einen Schritt weiter und setzt an Stelle der adäquaten Kausalität Fahrlässigkeit; insofern beseitigt es also die Erfolgshaftung. Diese bleibt nur übrig für das Gebiet der äußeren Strafbarkeitsbedingungen, von denen im Text zuletzt die Rede war. Und diese treten nun historisch an Stelle der nunmehr gestrichenen durch den Erfolg qualifizierten Delikte: erträglich sind jene Vorschriften nur, wenn man sie im Sinne der adäquaten Theorie, wie im Text geschehen, auslegt — so wie man sich einst mit den durch den Erfolg qualifizierten Delikten abfand.

wenn auch zu ihr in dem vorstehenden bereits mehrfach Stellung genommen wurde.

Vorbereitet wurde die jetzt grundsätzlich zu erörternde Frage in der Problemstellung zu Beginn der skizzierten Gedankenfolge (§ 12 I): Nachdem das Erkenntnisproblem erledigt ist, wartet das Wertungsproblem auf seine Lösung. Ist das Ergebnis, insbesondere der für die rechtliche Beurteilung gewonnene Maßstab sowie die Orientierung des Tatbestandes auf die Rechtswidrigkeit, brauchbar für die Gesetzgebung und für die konkrete Rechtsanwendung? Wenn ja: sind diese Ergebnisse auch bindend, d. h. müssen sie von dem Gesetzgeber und dem Richter beachtet oder darf (und muß) von ihnen abgewichen werden?

I. Ist der Unrechtsbegriff für die Gesetzgebung und die konkrete Rechtsanwendung verwendbar?

1. Diese Frage ist prinzipiell in dem Sinne zu verneinen: der Unrechtsbegriff ist nicht geeignet, dem Gesetzgeber bei der Aufstellung von Tatbeständen und dem Richter[1]) bei der Entscheidung von Rechtsfällen zu dienen. Erinnern wir uns, wie sich der Unrechtsbegriff in wissenschaftlich exakter, in allgemeingültiger Weise allein bestimmen ließ. Rechtswidrig ist, wie wir sahen, ein Verhalten, das nach seiner allgemeinen Tendenz dem Staate und seinen Gliedern mehr schadet als nützt. Einen Maßstab, der in einer derartig abstrakten Höhe schwebt, können der Gesetzgeber und der Richter als einen allgemeinen und grundsätzlichen nicht gebrauchen, wenn sie praktische Arbeit leisten wollen. Namentlich bezüglich des Richters wurde dies im einzelnen bereits oben (§ 13 I 1) gezeigt, als die Notwendigkeit von Tatbeständen, von Typen für die Rechtswidrigkeit dargetan wurde. Im Interesse der Rechtssicherheit und Erkennbarkeit, nicht in letzter Linie der Praktikabilität für den Richter werden Tatbestände geschaffen, die

[1]) Wenn im folgenden der Kürze halber vom Richter gesprochen wird, so ist damit jeder gemeint, der sich mit einer konkreten Rechtsanwendung beschäftigt, also nicht nur der Richter bei Entscheidungen und bei Vorprüfungen (z. B. bei der Beweisaufnahme), sondern auch andere Behörden und Privatpersonen und zwar nicht nur, wo es sich um wirkliche Rechtsanwendung (insbesondere also in der Rechtspflege und der Verwaltung) handelt, sondern auch bei jeder Beschäftigung mit einem wenn auch nur konstruierten Fall, beim Studium und bei der wissenschaftlichen Forschung.

eine leichter anzulegende Richtschnur für die Beurteilung von Rechtsfällen bedeuten als jene weltenferne, in den Wolken thronende Idee des Rechts und des Unrechts. Idee und Leben stehen einander zu fern; jene bedarf einer konkreteren, dieses einer abstrakteren Gestaltung, damit beide sich einander berühren, damit geprüft werden kann, ob das Leben der Idee entspricht oder nicht. Daher wird die Idee zu dem gesetzlichen Tatbestand konkretisiert, wie umgekehrt das Leben zu einem Sachverhalt (Tatbestand) abstrahiert (vgl. oben § 13 I 2). Nicht nur der Untertan im praktischen Leben, auch der Richter bei seiner Berufsausübung verlangt nach einem solchen, leicht erkennbaren und leicht anwendbaren gesetzlichen Tatbestand, nach einer Einzelnorm, die eine zweifelsfreie Entscheidung eher verbürgt als die ewige allgemeingültige Idee des Rechts.

Wenn dem so ist, hat dann aber nicht der Gesetzgeber bei der Schaffung von gesetzlichen Tatbeständen die Idee als Richtschnur zu nehmen? Nach welchem Maßstab soll er denn sonst bei der Erfüllung dieser Aufgabe verfahren? Nein. Er geht methodisch nicht anders vor wie der Richter. Beide denken in erster Linie typisch. Wir alle denken typisch, wenn wir eine Aufgabe wertender Natur zu lösen haben. Der dem Richter als Richtschnur gebotene gesetzliche Tatbestand ist im Grunde dem zur Beurteilung stehenden konkreten Tatbestand (dem aus der Beweisaufnahme usw. abstrahierten Sachverhalt) innig verwandt; schon das gemeinsame Wort Tatbestand deutet auf das verwandtschaftliche Verhältnis. Der gesetzliche Tatbestand ist eine Summe von Sachverhalten, er ist deren allernächster Oberbegriff. Und deshalb zieht der Richter bei der Prüfung der Anwendbarkeit einer Norm auf einen Fall im letzten Grunde nur eine dem Fall gleiche Größe herbei. Wie oben der Wertungsvorgang theoretisch begründet wurde (§ 12 II 5), ist Werten nichts weiter als ein Vergleichen und kann man nur wesensgleiche oder -ähnliche Größen miteinander vergleichen. Aus dieser erkenntniskritisch-psychologischen Einsicht ergibt sich aber zwingend, daß eine wissenschaftlich exakte und zweifelsfreie Wertung nur möglich ist, wenn ein dem Wertungsobjekt zum mindesten wesensähnlicher Maßstab zur Hand ist; fehlt ein solcher, so hat das Wertungsverfahren auf allgemeine Anerkennung keinen Anspruch. Der Richter verfährt nun aber ganz so, wie soeben geschildert; er wendet nicht nur den abstrakten Tatbestand an, sondern vergegenwärtigt sich hierbei auch regelmäßig (wenn oft vielleicht auch noch so flüchtig und nebenher, wenn nicht gar unbewußt) ähnliche Fälle, in denen er eine entsprechende Entscheidung treffen würde, ähnliche Fälle, mögen sie erlebt oder konstruiert sein. Das ist ja die beste Kontrolle für die Richtigkeit einer Entscheidung, daß sie sich auch in anderen ähnlich liegenden Fällen bewährt; und wir dürfen bei dieser Gelegenheit dem Kantischen moralischen Gesetz einen besonderen Sinn abgewinnen: „Handle so, daß die Maxime deines Wollens das Prinzip einer allgemeinen Gesetzgebung werden kann"; das ergibt zugleich den Maßstab der Verwendbarkeit einer konkreten Entscheidung für andere konkrete Fälle, denn sonst wäre eine „allgemeine Gesetzgebung" eben nicht möglich. Nicht anders verfährt der Ästhetiker. Ist ein lyrisches Gedicht Lenaus oder ein Singspiel Cherubinis zu beurteilen, so wird nicht ein allgemeingültiges ästhetisches Gesetz, etwa gar das hoch abstrakte Grundgesetz der Schönheit als Wertmaßstab angelegt, sondern ein ähnlich liegendes Objekt, etwa ein Gedicht Goethes, eine Oper Mozarts, also ein mit jenen Objekten leicht zu vergleichender, bekannter und in seinem Werte allgemein anerkannter Gegenstand.

Und nicht anders verfährt auch der Gesetzgeber.[1]) Er zieht ähnliche Gesetze herbei, wenn er ein neues aufstellen soll. Zunächst wohl stets das etwa schon vorliegende, zu verbessernde Gesetz; sodann hält er Umschau in der Geschichte und in der nachbarstaatlichen oder ausländischen Gesetzgebung. Er greift das Gute auf, wo er es findet. Die Vorarbeiten zu der neuesten deutschen Strafrechtsreform, insbesondere das große Werk der vergleichenden Darstellung des deutschen und ausländischen Strafrechts, besagen genug. Nach dem sog. richtigen Recht hat kein Bearbeiter Gesetzesvorschläge aufgestellt, wie in der Literatur — beinahe überflüssigerweise — noch ausdrücklich betont wurde; man ist rechtsvergleichend oder historisch vorgegangen, und wo keine Gesetzestypen vorhanden waren, zog man, wie stets, Lehrmeinungen herbei und verglich seine Vorschläge mit den anderen Vorschlägen und wissenschaftlich gewonnenen Sätzen, jedenfalls mit ähnlichen Größen, mit Größen aus demselben Mark. — Das ist der Sinn der „Analogie", und insoweit hat sie Berechtigung.

---

[1]) Vgl. zu der Frage überhaupt etwa Kantorowicz Monatsschr. 4, 65 ff. (mit vielen Nachweisen), dazu Hegler ebda. 337 ff.

2. Ist dann aber die Idee etwa ganz überflüssig? Hat man an dem Wesen des Unrechts, so wie es allein in wissenschaftlich exakter Weise erkannt wurde, achtlos vorüberzugehen? Mitnichten. Diejenigen, die nur historisch, vergleichend oder dogmatisch-„exakt“ — verfahren, wissen gar nicht, wie oberflächlich sie denken — womit selbstverständlich nicht ihr Arbeiten als oberflächliches bezeichnet werden soll. Ihr Denken, d. h. ihr Nichtwissen von der Idee, ist zu tadeln; ihre Arbeit selbst mag brauchbar sein. Und wenn sie ein brauchbares Ergebnis gewonnen haben, so kann man gewiß sein, daß sie von der Idee wenigstens unbewußt geleitet wurden.

a) Wie kommt man denn sonst dazu, als Analogie gerade diese und nicht jene Fälle heranzuziehen? Weshalb beobachtet man ferner eine Übereinstimmung mit dem Fall a und nicht mit dem Fall b, obwohl Einzelheiten eine größere Verwandtschaft mit dem letzteren als mit dem ersteren aufweisen? Und weswegen läßt man endlich diese, aber nicht jene Einzelheiten als hier unwesentlich fort? Alles nur deswegen, weil man das gleiche Werturteil über die einen, nicht aber über die anderen Fälle abgibt und weil man das Wesensgleiche hinsichtlich dieses Wertes im Bewußtsein hat, während alles, was für diese Wertparallelität unerheblich ist, außer Ansatz gelassen wird. Das Erkennen des Ähnlichen und das Weglassen gewisser Besonderheiten muß doch einen inneren Grund haben, und dieser kann nur derselbe sein wie der, auf dem die Ähnlichkeit und Verschiedenheit selbst beruhen. Diese Fälle gehören zusammen und jene haben beiseite zu bleiben: gleicher Wert und verschiedener Wert. Und dieses ist nun auf den ersten Blick so seltsam und doch im Grunde so natürlich, daß die Wertung, die man als eine tatbestandliche erst zu gewinnen hofft, in Wahrheit schon in Umrissen vorausgegangen sein muß. Die logisch apriorische Grundlage ist allemal der allgemeingültige Wertmaßstab, den man zum mindesten unbewußt bereits angelegt hat, ehe eine genaue Wertung, die tatbestandliche, vorgenommen wird. Jener allgemeine Wert liegt ja jedem einzelnen besonderen Wert zugrunde, und daher liegt auch eine Wertung nach jenem allgemeingültigen Maßstab einer jeden besonderen Wertung nach dem Tatbestand zugrunde. Sonst würde man gar nicht auf einen gewissen Tatbestand hin- und von anderen weggeführt werden. Die Analogie ist daher nur eine vorläufige, keine abschließende Erklärung. Es bedarf der inneren Begründung, weswegen man eine andere Größe als analog herbeizieht; und die Lösung kann nur in der Erkenntnis des gleichen oder ähnlichen Wertes liegen.

So verfährt der Richter, wenn er einen anderen Fall, eine andere Entscheidung, eine auf den vorliegenden Fall gar nicht zutreffende Gesetzesbestimmung herbeizieht und die letztere analog anwendet. Und nicht anders verfährt der Gesetzgeber, wenn er in einem anderen Gesetze, einer gewissen Lehrmeinung ein Vorbild für das zu schaffende Gesetz erblickt. Immer haben sie eine gleiche oder wenigstens ähnliche Wertgröße ausfindig gemacht. Sie haben ein anderes Objekt gefunden, das an dem Wertmaßstab gemessen dieselbe Wertgröße darstellt, wie das Objekt darstellen muß, das ihnen zur Beurteilung vorliegt. Folglich haben sie schon das letztere — zum mindesten unbewußt — gewertet, gemessen eben an demselben Wertmaßstab. Diese Sätze scheinen uns unwiderleglich.

Diese geschilderte, logisch notwendigerweise vorausgehende Wertung an dem allgemeingültigen Maßstab kann nun freilich nicht immer eine einwandfreie und zweifellose sein, und niemals ist sie leicht — deswegen der Ruf nach Einzelnormen und Tatbeständen. Aber jedenfalls ist eine solche Wertung möglich. Denn sie ist notwendig; sonst wäre auch die andere, handgreiflich sich vollziehende Wertung nicht möglich, deren notwendiges Vorspiel sie ist. Weil jene logisch frühere Wertung oft oder gar meist eine unbewußte ist, so kann man wohl von einer vorwissenschaftlichen Entscheidung nach dem Rechtsgefühl[1]) sprechen; und weil sie nicht immer sofort zu dem befriedigenden Ergebnis führt, sondern oft der Berichtigung bedarf, weil also der Erfolg des ersten Anhiebes gewissermaßen vom Glück abhängt, so hat man wohl die Erkenntnis als eine intuitive bezeichnet.[2]) Es muß in der Tat zugegeben werden,

[1]) Vgl. hierüber die eindringende Abhandlung über das Rechtsgefühl von S. Kornfeld in Zeitschr. f. Rechtsphilos. I 135 ff., II 28 ff. Siehe auch Bergbohm Jurisprudenz und Rechtsphilosophie I 1892, 301.

[2]) Gute Bemerkungen über die Notwendigkeit von Genialität zur Erkenntnis des Richtigen finden sich bei Leonhard Cohn Das objektiv Richtige 1919, Erg. Nr. 46 der Kantstudien, 89 ff. Jedoch wird die Verschiedenheit beider Tätigkeiten, der Entscheidung nach der Idee und derjenigen nach dem Gesetz, übertrieben (vgl. den folgenden Text), wie die ganze Schrift den Gegensatz von Rechtsphilosophie und Rechtswissenschaft übertreibt. Nach der Idee

daß Genialität die Vorbedingung für eine zutreffende Entscheidung nach der Idee ist. Es muß klipp und klar bekannt und zugestanden werden: die richtige Beurteilung, ob ein menschliches Verhalten, seiner allgemeinen Tendenz nach, dem Staate mehr schadet als nützt, ist nur für eine geniale Persönlichkeit möglich. Aber wer sich überhaupt an jene ewigen Werte des Guten und des Rechten heranwagt, wer ein menschliches Verhalten auf gut und recht beurteilen will, der muß auch einen Funken von Genialität besitzen. Jeder gute Jurist soll, nicht anders wie der Künstler, eine geniale Persönlichkeit sein, die, sich selbst unbegreiflich, aus dem eigenen Inneren konkrete Werte schafft, sie nach jenen ewigen Werten richtend und gestaltend. Dem Richter zwar wird seine Aufgabe zum großen Teil erleichtert und insofern die Möglichkeit einer richtigen Entscheidung sichergestellt, als ihm Tatbestände zur Verfügung gestellt werden; aber wir werden sehen, daß diese nicht immer ausreichen, der Richter vielmehr mitunter unmittelbar nach der Idee seine Entscheidung treffen muß. Der Gesetzgeber aber, der jene Typen erst schafft, er, der schaffende Teil, sollte stets einen Zug von Genialität besitzen.[1])

Ist diese Art von Tätigkeit jedoch weniger exakt als die andere, die auf gesichertem Pfade einherschreitet? Gewiß tauchen bei ihr Zweifel in weit größerem Umfange auf und sind Fehlentscheidungen weit eher möglich als dort. Aber wissenschaftliche Arbeit bleibt das Richten nach der Idee gleichwohl. Es mag der schöpferischen Tätigkeit des Künstlers und der intuitiven Erkenntnis des Metaphysikers nahestehen; es wird aber nicht selbst Kunst oder Meta-

des „objektiv Richtigen" kann man freilich nicht praktische Fälle entscheiden; die Idee muß zum mindesten erst auf eine Formel gebracht werden, die den juristischen Tatbeständen ähnlich sieht. Wird dieses Mittelglied übergangen, so besteht die Gefahr, daß man sich in einen auf oberste wissenschaftlich-exakte Prinzipien verzichtenden Relativismus verflüchtigt; und diesem Fehler steht die genannte Schrift trotz ihrer Bekämpfung des Relativismus (a. E.) nicht fern, wenn ihr auch das Verdienst zukommt, das erkenntnistheoretische Prinzip vor Angriffen, die von praktischer Seite erhoben werden, sichergestellt zu haben. Vgl. übrigens auch unsere Besprechung der Schrift in ZStW. 41, 625.

[1]) Unter diesen Gesichtspunkten ist erst recht zu verstehen und zu würdigen die mehrfach erwähnte und insofern ganz grundlos bekämpfte Schrift von Graf zu Dohna über die Rechtswidrigkeit.

physik, sondern bleibt Wissenschaft. Und ist etwa das Entscheiden nach Einzelnormen stets so leicht und zweifelsfrei wie das Einregistrieren in Schubfächer? Auch hier geht es ohne einen Blick für das Richtige, ohne einen Anflug von Genialität nicht ab; eine einfache Subsumtion des Falls unter die Norm ist ja schon deswegen nicht möglich, weil jener stets den Charakter des Individuellen und Einmaligen, diese dagegen stets generelle, von den Besonderheiten absehende Natur trägt.

Man darf jedoch nicht meinen, daß das Schaffen des Genies allein vom Glück abhängt. Die Hände in den Schoß legen und auf eine höhere Eingebung warten führt gewiß nicht zum Ziel. Heiße und energische Detailarbeit in mancher durchwachten Nacht muß vorangegangen sein, damit der Boden bereitet wird, auf dem der geniale Einfall erwachsen kann. Tritt hinzu noch ein gewisses Maß von Erfahrung im Richten und eine scharfe, unentwegte Selbstkontrolle, so wird das Entscheiden nach dem allgemeingültigen Maßstab von Erfolg begleitet sein. Nicht anders steht es ja mit der Anwendung der großen ewigen Werte, des Wahren, des Schönen und des Guten; wer seinem Gewissen folgt, muß kämpfen und irren, bis er schließlich doch den richtigen Weg findet.

Idee — du hoher, herrlicher Name! Leuchtender, ewiger Stern des Himmels in der Nacht des Erdenwallens! Der Mensch muß sich erst gleichsam die Berechtigung erwerben, die Berechtigung durch Genialität des Blickes, durch Weißglut der Arbeit, durch Edelsinn des Herzens, er muß sich durch diese drei Wege die Berechtigung erwerben, um dich als Leitziel für sein Handeln nehmen zu dürfen. Er muß zu allererst die Fähigkeit gewinnen, dich überhaupt zu erkennen, sodann die andere, nach dir ein Handeln zu beurteilen, und endlich muß er — und das ist das Schwerste von allem — eine Höhe der Sittlichkeit erklommen haben, die ihm ein Recht gewährt, die stolzen Worte zu sprechen: ich bedarf nicht mehr fremder Anleitungen, fremder Hilfen und Stützen, ich richte mich fortan nach der allgemeingültigen Idee meines eigenen Bewußtseins. — Glücklich der Mann, der sich auch nur auf dem Aufstieg, dem Bergpfad zu jenem ach so hohen Gipfel befindet! Sicher ist aber, daß diese Lebenseinstellung erst die wahre Glückseligkeit bedeutet. —

b) Die Anwendbarkeit der Idee wird juristisch ermöglicht und erleichtert durch eine auf die Verschiedenartigkeit der Probleme

Rücksicht nehmende begriffliche Formulierung. Wohlgemerkt: eine inhaltliche Ausgestaltung des Maßstabes kommt jetzt nicht in Betracht; sie käme einer typischen Umänderung gleich und liefe auf eine Schaffung von Tatbeständen hinaus; über die Notwendigkeit einer solchen Erleichterung wurde früher (§ 13 I) gesprochen. Aber schon die Herrichtung und Zurechtstutzung des Prinzips in rein formaler Hinsicht im Hinblick auf das zu lösende Problem bedeutet eine Erleichterung — wobei übrigens ebenfalls (oben a) der Genialität ein bedeutsamer Anteil zukommt.

α) So wird das Abwägen von Interessen nach dem Gesichtspunkt des überwiegenden Interesses in den Vordergrund geschoben werden, wenn in dem vorliegenden Streitfall vor allem Privatinteressen zur Erörterung stehen und der Staat entweder nur nebenbei interessiert ist oder gar das überwiegende Privatinteresse zu dem seinigen macht. Hierher gehören (1.) nicht nur (a) privat-, sondern auch (b) gewisse strafrechtliche Gegenstände, namentlich die leichteren, gegen die Rechtsgüter der einzelnen gerichteten Delikte, Beleidigungen, einfache Körperverletzungen u. a. Es können aber auch (2.) gewichtigere Interessen von Privatpersonen ja selbst das öffentliche Interesse noch immer geringer wiegen als andere Privatinteressen; also auch bei Delikten schwererer Natur kann das Prinzip des überwiegenden privaten Interesses den Ausschlag geben. Es versteht sich jedoch von selbst, daß in einem solchen Falle (a) das überwiegende Interesse von ganz außerordentlicher Schwere sein muß, wenn hinter ihm sogar ein sonst vorhandenes öffentliches Interesse zurücktritt, und daß außerdem (b) das überwiegende Privatinteresse auch von dem Staate anerkannt werden muß, so daß es auf diese Weise selbst zu einem staatlichen, einem öffentlichen Interesse erhoben wird und der Staat ein sonst in Fällen dieser Art von ihm regelmäßig angenommenes gegenteiliges öffentliches Interesse zurückstellt oder ganz fallen läßt. Hierher gehört der vielerörterte Fall, daß ein Arzt ein ihm von seinem Patienten anvertrautes Geheimnis verletzt: er teilt den ihm befreundeten Eltern eines jungen Mädchens mit, daß sein Patient, der um das Mädchen freit, an einer schweren venerischen Krankheit leidet. Trotz § 300 StGB. ist die Geheimnisverletzung nicht rechtswidrig, wenn nur auf diese Weise die Eheschließung und damit die Ansteckung und das dauernde Siechtum des Mädchens verhütet werden kann. Hier stellt der Staat das Privatinteresse, die Gesundheit des Mädchens, höher als das sonst regelmäßig vorhandene öffentliche Interesse, daß Ärzte über die Krankheit ihrer Patienten, zumal über Geschlechtskrankheiten, unbedingtes Stillschweigen zu beobachten haben und darüber auch in ihrem Familien- und Freundeskreise nicht die leiseste Andeutung machen dürfen.

Sonst wird man aber, wie erwähnt, den Gesichtspunkt des überwiegenden Privatinteresses nur dann entscheiden lassen dürfen, wenn es sich um leichtere Delikte handelt, durch die lediglich Privatpersonen verletzt werden. Verkehrt wäre es jedoch, wollte man selbst in diesen Fällen, selbst für das Privatrecht ein Prinzip des überwiegenden Privatinteresses — eben als Prinzip — anerkennen. Darüber steht immer noch das staatliche, das öffentliche Interesse,[1]) das selbst im Privatrecht eine abweichende Entscheidung des konkreten Falles nötig machen kann. Und ebenso ist es mit den Antragsdelikten, deren Eigenart ja nur darin besteht, daß sie lediglich auf Antrag „verfolgbar" sind, während der Staat immer noch ein Interesse an der Strafbarkeit selbst besitzt; es fehlt also nur das Interesse an Strafverfolgung (wenn kein Strafantrag vorliegt), nicht aber das Interesse an Bestrafung: auch hier erweist sich also das richtig verstandene Prinzip des öffentlichen Interesses (an Bestrafung) als das oberste.

Aber immerhin wird zur Erleichterung zunächst die Frage nach dem höheren Privatinteresse beantwortet werden dürfen, wenn der Fall selbst eine Kollision privater Interessen zur Entscheidung unterbreitet; das Objekt fordert hier gewissermaßen zu einer entsprechenden Formulierung des Maßstabes heraus. Und hernach ist zu untersuchen, ob das Interesse des Staates etwa eine Berichtigung gebietet. So erklären sich die von dem Gesetz selbst für das Notrecht gegebenen Bestimmungen. Und nach demselben Prinzip wird der gesetzliche Ausdruck „berechtigt", „rechtswidrig", „unbefugt" usw.

[1]) Das oberste Prinzip kommt ganz gut in dem neuen chinesischen Strafgesetzbuch (1912) nach der Mitteilung in ZStW. 35, 484 zum Ausdruck. Dieses kennt außer Notwehr und Notstand einen allgemeinen Unrechtsausschließungsgrund in § 14: „Handlungen, welche . . . nicht gegen die öffentliche Ordnung, gute Sitten und Gewohnheiten verstoßen, sind nicht strafbar." Bedenklich nach unserem modernen Empfinden ist freilich, daß das Strafrecht der Moral und der Sitte (Gewohnheit) zu weichen hat.

in schwierigen Fragen auszulegen sein, wenn es sich z. B. darum handelt, ob die Beleidigung zur Wahrung „berechtigter“ Interessen, ob eine Freiheitsberaubung, eine Sachbeschädigung „rechtswidrig“, ob eine Geheimnisverletzung „unbefugt“ verübt ist. Daß hier die rein formalistische Auslegung, rechtswidrig sei, was gegen das Gesetz verstoße, in zahlreichen Fällen nicht ausreicht, ist oft hervorgehoben worden. Das Gesetz selbst hat ja in einigen Fällen, wie bei der Regelung des Notrechts (BGB. §§ 228, 904), deutlich genug auf den übergesetzlichen Maßstab verwiesen und eine Formulierung gewählt, die auf die Abwägung der Privatinteressen abstellt; und es befand sich gesetzestechnisch im ganzen auf dem richtigen Wege, da ja die hier in Betracht kommenden Handlungen vornehmlich widerstreitende Privatinteressen berühren.

Dieser Maßstab des überwiegenden Interesses muß praktisch brauchbar sein, mag vielleicht auch seine Handhabung oft Schwierigkeiten verursachen. Aber gegen seine grundsätzliche Verwendbarkeit dürften keine Bedenken obwalten. Dies mag ein bekanntes Beispiel[1]) zeigen, an dem die Gegner die Unbrauchbarkeit veranschaulichen wollen. Der Wildhändler A gibt seinem Laufburschen B einen Braten zur pünktlichen Ablieferung bei C zu einem Hochzeitsmahle. Unterwegs wird B von einer wertvollen Dogge des D bedroht; als diese Miene macht, ihm den Braten zu entreißen, ergreift er mangels anderer Abwehrmittel eine an einen Pfeiler gelehnte Hacke und versetzt dem Hund einen tödlichen Schlag. Hätte B den Braten nicht (oder nicht pünktlich) abgeliefert, so hätte A die Kundschaft des C verloren. Abzuwägen ist der Schaden des D (Verlust des Hundes: 300 Mark) gegen den Schaden des A (Verlust der Kundschaft des C und des Bratens, zusammen: 800 Mark). Die Handlung des B ist also rechtmäßig. Wären andere Werte einzusetzen mit dem Ergebnis der Rechtswidrigkeit der Tat, so handelte B gleichwohl schuldfrei, wenn er nach seiner schnell angestellten Beurteilung der Sachlage den seinem Herrn drohenden Schaden für größer hielt als den des Hundebesitzers.

β) Andere Straftaten greifen vor allem ein spezifisch staatliches Interesse an, und deshalb wird der Maßstab, dem Objekt entgegenkommend, ebenfalls auf das spezifisch staatliche Interesse

[1]) v. Bar Gesetz und Schuld III 261.

einzustellen sein. Hierher gehören einmal (1.) die Tatbestände, die einen Angriff gegen den Staat als solchen in sich schließen,[1]) also die vom Gesetz typisch ausgeprägten Delikte gegen den Staat. Ferner (2.) diejenigen, in denen die Verletzung des öffentlichen Interesses beinahe zum Tatbestandsmerkmal erhoben ist, wie es bezeichnenderweise in der Wendung „öffentlich ein Ärgernis geben" oder ähnlich zum Ausdruck kommt (vgl. §§ 166, 183, 184b, 360 Nr. 13). Aber auch (3.) solche konkreten Fälle, die tatbestandlich sich gegen private Interessen richten, die aber gerade in ihrer Besonderheit eine Reaktion des Staates herausfordern. Keine Wahrung berechtigter Interessen seitens eines Beleidigers kann es trotz des Vorliegens der sonstigen Erfordernisse des Rechtfertigungsgrundes mehr sein, wenn halberwachsenen Mädchen gegenüber unflätige Redensarten gebraucht werden, die von ihnen nicht verstanden, im Gegenteil belacht werden. Würde die „Berechtigung" des wahrgenommenen Interesses oder der Interessenwahrnehmung lediglich von der Abwägung der privaten Interessen abhängen, so wäre die Beleidigung als rechtmäßig, der Täter als straflos zu bezeichnen; der Staat hat jedoch ein die Privatinteressen übersteigendes Interesse an Verhütung und Zurückweisung von Unzüchtigkeiten, und deshalb hat der Täter nicht zur Wahrung berechtigter Interessen gehandelt, wobei die Frage unentschieden sei, ob das Interesse oder ob die Wahrung, ob also der Zweck oder ob das Mittel unberechtigt ist. Mitunter steht sogar das ureigentliche Interesse des Staates im Vordergrund, obwohl es sich in erster Linie um einen Konflikt

---

[1]) Bezeichnend sind die Ausführungen des Reichskanzlers v. Bethmann Hollweg im Deutschen Reichstag am 23. Januar 1914 (198. Sitzung) anläßlich der Zabern-Affäre: „Und endlich wird dem Militär das Recht zugestanden werden müssen, auch ohne Requisition der Zivilbehörden selbständig einzugreifen, wenn die Zivilbehörden überwältigt oder aus anderen Gründen außerstande gesetzt worden sind, die Requisition zu erlassen. Dieses Recht, das auch von Staatsrechtslehrern ausdrücklich anerkannt wird, beruht auf dem Gedanken, daß der Staat seine Existenz selbst in Frage stellen würde, wenn er auf das Recht verzichten wollte, zur Überwindung einer die Grundlagen des Staates bedrohenden, auf andere Weise nicht abwendbaren Gefahr mit allen Mitteln entgegenzutreten . . ." (aus der Tägl. Rdsch. 1914 Nr. 39). Hier wird ein Rechtfertigungsgrund abgeleitet aus der Notwendigkeit der Selbsterhaltung des Staates, d. i. unmittelbar aus dem ersten Gedanken des juristischen Grundgesetzes (vgl. unten II 2 b).

zwischen privaten Interessen handelt. Ein Verteidiger hat das ihm unter vier Augen abgelegte Geständnis eines irrigerweise freigesprochenen Mörders einem Gerichte mitgeteilt, das soeben einen Unschuldigen wegen desselben Mordes irrigerweise verurteilt hat; er hat das ihm bei der Ausübung seines Verteidigerberufes anvertraute Geheimnis verletzt (StGB. § 300), aber seine Handlungsweise war nicht rechtswidrig; denn das Interesse des Staates an der Nichtvollstreckung von Fehlurteilen geht selbstverständlich allen Privatinteressen vor.

γ) Ein weiterer Kreis strafbarer Handlungen verletzt vorwiegend kulturelle Interessen; und entsprechend wird auch der Maßstab zu formulieren sein.[1]) Auch hier sei nicht nur auf die tatbestandliche Gestaltung, sondern auf die Besonderheit des konkreten Falles Gewicht gelegt; es gehören hierher also nicht allein (wie auch nicht ausschließlich) die in dem dogmatischen System des Besonderen Teils des Strafrechts schwer unterzubringenden Gruppen der „gegen die Kultur"[2]) oder „gegen die Gesellschaft"[3]) gerichteten Delikte, sondern auch solche von generell anderer Natur, sofern nur im konkreten Fall der Kulturgesichtspunkt den Ausschlag gibt, mögen auch rein private oder rein staatliche Interessen hineinspielen. Die Züchtigung eines schon den höheren Klassen angehörenden Schülers durch den Lehrer mag unter alleiniger Abwägung der in Betracht kommenden privaten Interessen mit Rücksicht auf den Erziehungszweck nicht unberechtigt sein, ein Ergebnis, dem auch von rein staatlichem Standpunkt vielleicht nichts entgegengesetzt werden kann; gleichwohl mag der Gebrauch dieses Erziehungsmittels gegenüber älteren Schülern in höheren Klassen vom Standpunkt moderner Kulturanschauungen nicht mehr als zulässig erscheinen.

c) Aus dem soeben Gesagten ergibt sich, daß der Gesetzgeber selbst den allgemeingültigen Maßstab verwendet, nur in bestimmter Formulierung wie in den Notrechtsvorschriften oder durch eine allgemeine Wendung wie rechtswidrig, unbefugt, berechtigt. Gewiß tut er es nur gezwungen, nur dann, wenn ihm eine

[1]) Nur in diesen Fällen erweist sich das Mayersche Kulturprinzip als brauchbar. Auf demselben Boden steht übrigens RGSt. 37, 151 (vgl. oben § 12 III 2 d Fußnote a. E.).

[2]) Kohler Leitfaden.

[3]) Geyer, Haelschner, Meyer-Allfeld, Wachenfeld.

typische Prägung nicht möglich oder nicht einwandfrei erscheint. Aber er tut es immerhin; und das ist ein Beweis dafür, daß er selbst die Anwendung des Maßstabes für möglich hält — für uns ein weiterer Beweis der Brauchbarkeit.

In dreifacher Hinsicht kann der Maßstab angewendet werden.

α) Er dient der Auslegung der soeben genannten allgemeinen Begriffe rechtswidrig, unbefugt usw. Ohne diesen Maßstab wäre der Richter einem willkürlichen Umhertasten überliefert, der Erfolg seines Suchens hinge vom Glückszufall ab.

β) Der Maßstab dient ferner der Begrenzung: er schränkt auch gewisse vom Gesetz spezieller ausgeführte Vorschriften ein, die bei wörtlicher Auslegung zu einem unbilligen Ergebnis führen würden. Dies wurde bereits bei der Darstellung der äußeren Strafbarkeitsbedingungen (§ 14 II 3 b β) gezeigt; wir sahen, daß der bloße Eintritt des unerwünschten Ereignisses (Zahlungseinstellung, Eheauflösung, Tod, Kriegsausbruch) zur Bestrafung oder höheren Bestrafung noch nicht genügt; es muß noch hinzukommen, daß die konkrete Handlung Ereignisse dieser Art erfahrungsgemäß nach sich zieht. Es wird also in den Tatbestand etwas hineingelegt, was von Hause aus nicht in ihm liegt — wenn er selbst auch diesem Hineinlegen nicht feindlich entgegensteht, so daß es sich hier noch nicht um eine Berichtigung (darüber unten γ), sondern nur um eine Begrenzung handelt.

aa) Diese Funktion des Maßstabes trifft man nun aber bei näherem Zusehen in einem nicht geahnten Umfange an. Alle Tatbestände der Erfolgsdelikte erfahren nämlich eine einschränkende Auslegung insofern, als der Erfolg in (nur) adäquatem Kausalzusammenhange zu der Handlung stehen muß (hierüber des näheren oben § 11 III 2 b—d sowie unten § 16 IV 2). Daß der Täter nicht für jeden zufälligen, sondern nur für den normalerweise eintretenden, für den mit Handlungen dieser Art regelmäßig verbundenen Erfolg haftet, entspricht, was hier nicht begründet werden soll, dem Bedürfnis nach einer verständigen Umgrenzung der Verantwortung schon in objektiver Hinsicht (also ohne Rücksicht auf die Verschuldung), es folgt aber noch nicht ohne weiteres aus dem Tatbestand, sondern erst dann, wenn man diesen unter dem Gesichtspunkte der Rechtswidrigkeit betrachtet, wodurch eben die erwünschte Verengerung des Objekts, die Beschränkung der kausalen Beziehung zwischen Handlung und Erfolg auf die allgemeine Tendenz der Handlung auf den Erfolg, ermöglicht wird.

bb) Aber nicht nur das Objekt, die Handlung, sondern auch das vom Gesetz typisch (sei es ausdrücklich, sei es stillschweigend, vgl. § 13 II 2 c) geprägte Recht findet durch unseren Maßstab seine Begrenzung; das ist die nicht nur begründende (konstitutive), sondern auch beschränkende (limitative) Natur des Prinzips. Ist denn das gesetzlich eingeräumte Züchtigungsrecht ein schrankenloses? Rechtmäßig kann doch die Züchtigung nur dann sein, wenn sie noch als ein verständiges Mittel zur Erziehung angesprochen werden darf, wenn man also — um die Formulierung des Prinzips hervortreten zu lassen — normalerweise mit der Züchtigung mehr Nutzen als Schaden erreichen wird. Dagegen entfällt die Nützlichkeit dieser Erziehungsmaßregel und damit zugleich das vom Gesetz eingeräumte Recht, wenn die Züchtigung eines Schülers zugleich seine Gesundheit schädigt oder in einer Weise ausgeführt wird, daß sie verrohend auf die Umgebung, die übrigen Schüler derselben Klasse, einwirkt. Wohlgemerkt: diese selbstverständlich erscheinende Einschränkung des Züchtigungsrechts folgt aus dem Gesetz nicht; man mag sie aus dem „Geiste der Rechtsordnung" entnehmen, aber die theoretische Erklärung ist doch, daß dem Gesetz ein gewisses Prinzip als Grundlage dient; und dieses Prinzip gilt es aufzudecken.

Ganz augenfällig ist diese begrenzende Aufgabe unseres Prinzips bei dem vom Gesetz anerkannten ärztlichen Operationsrecht.[1]) Handelt denn ein Arzt rechtmäßig, der in übertriebener Ängstlichkeit oder gar in Verkennung des Falles ein Bein amputiert, während eine geringfügige Resektion oder gar ein einfaches Medikament ausgereicht hätte, um den gleichen heilsamen Erfolg herbeizuführen? Die Fachgenossen hätten in diesem Falle den letzteren Weg gewählt; dann wird man das erstgenannte Verhalten als rechtswidrig bezeichnen müssen, die Amputation war nicht das gebotene Mittel der

---

[1]) Binding Grundriß 68 bemerkt richtig, es gebe kein Gesetz, das die Grenzen des Züchtigungs- und Operationsrechts bestimme, weswegen er gerade den Rückgang auf die Norm fordert. Die Norm ist aber noch immer ein Bestandteil des positiven Rechts, deswegen ist das Bindingsche Verfahren völlig unzulänglich und konnte niemals zum erwünschten Ziele führen.

Heilung, sie hatte für den Patienten andere Nachteile hervorgerufen, die nicht erforderlich waren.[1])

Wie das Gesetz einen Notwehrexzeß kennt, in welchem Falle die Rechtswidrigkeit der Tat nicht ausgeschlossen ist, so gibt es also auch einen Exzeß des Erziehungs- und Züchtigungsrechts, einen Exzeß des Operationsrechts, der die Rechtswidrigkeit der Tat bestehen läßt, wohl aber — wie jener — unter Umständen die Schuld ausschließen kann.

γ) Es besteht noch eine dritte Möglichkeit. Das Prinzip kann nicht allein der Auslegung und Begrenzung, sondern auch der Berichtigung des Gesetzes dienen. Ob es diese Funktion auch bei der Rechtsanwendung ausüben darf, das ist die große Frage. Sie hängt mit der anderen zusammen, ob und inwieweit der Maßstab ein bindender, ein zwingender ist, und wird daher erst unten (II) behandelt werden. Daß dagegen der Gesetzgeber das Prinzip als Maßstab für die Berichtigung des zu reformierenden Gesetzes zu verwenden hat, dürfte schon nach dem bisher Gesagten keinem Zweifel unterliegen.

d) Ein besonderer Fall der Berichtigung des Gesetzes, gleichsam ein geringerer Grad, ist seine Klarstellung. Das Gesetz ist mitunter dunkel und widerspruchsvoll, die Gesamtrechtsordnung mitunter unvollständig und lückenhaft. Auch hier bewährt sich unser Maßstab. In diesem Zusammenhange zeigen sich in neuem Lichte die in der allgemeinen Rechtslehre vielbehandelten Probleme der Lücken[2]) und Widersprüche, die das positive Recht aufweist.

---

[1]) In anderem Zusammenhange (Kausalzusammenhang bei einer Verletzung durch eine ärztliche Handlung) gelangt Rümelin ArchZivPr. 90, 298 zu einem ähnlichen Ergebnis, das u. E. seine Begründung durch den Begriff der Rechtswidrigkeit findet. Er bemerkt: „Hier wird man eben auszugehen haben von einem gewissen Durchschnittsmaß beruflicher Bildung und danach zu bemessen haben, ob der betreffende Fehler noch zu den häufiger vorkommenden gehört oder nicht." Dieses Ergebnis und seine Begründung zeigt einmal wieder, wie eng die Theorie der adäquaten Verursachung mit dem Unrechtsbegriff zusammenhängt. – Darüber, daß in dem Beispiel des Textes der Arzt nicht etwa rechtmäßig, weil ohne Schuld, handelt, daß vielmehr scharf zwischen Rechtswidrigkeit und Schuld zu trennen ist und das Fehlen der Schuld nicht etwa zum Ausschluß der Rechtswidrigkeit verwendet werden kann, vgl. oben § 14 I 3 b.

[2]) Es empfiehlt sich vielleicht, diesen abgenutzten und vieldeutigen Begriff ganz zu vermeiden, wie schon Somlo Juristische Grundlehre 403 meinte. Eine

Das positive Recht! Nicht natürlich das (systematisch als Ganzes erfaßte) Recht überhaupt; denn dieses muß vollständig und widerspruchsfrei sein. So läßt sich denn in diesem Zusammenhange ein tieferer Einblick in das Wesen der Lücken und der Widersprüche tun; dieses ergibt sich aus dem hier durchgeführten eigenartigen Verhältnis von Rechtswidrigkeit und Tatbestand: der Tatbestand ist die typisch ausgeprägte Rechtswidrigkeit. Als solche aber ist er niemals vollständig, es gelingt niemals, die Rechtswidrigkeit restlos auszuprägen (selbst wenn man die Rechtfertigungsgründe hinzunimmt) — daher muß es erstens Lücken geben —, und ferner ist der Tatbestand nur eine vergröberte Rechtswidrigkeit, oft eine Verfälschung — daher können zweitens Widersprüche nicht ausbleiben. Lücken und Widersprüche also nur im positiven Recht, im Recht der Einzelnormen und der Tatbestände, nicht aber im Rechte überhaupt, im Rechtssystem, Rechtsganzen. Lücken und Widersprüche jedoch nur vom Standpunkte (!) des Rechts überhaupt, des Rechtssystems und Rechtsganzen, nicht etwa vom Standpunkt des positiven Rechts; denn dieses hofft mit seinen Normen und Tatbeständen widerspruchslose, auch wohl lückenlose Arbeit zu liefern.

Im Falle von Lücken hat das Gesetz zu wenig, im Fall von Widersprüchen umgekehrt zuviel geregelt. Dort fügen sich die einzelnen Vorschriften nicht vollständig zusammen, indem sie sich gegenseitig nicht völlig berühren, so daß gewissermaßen ein leerer Zwischenraum verbleibt; hier berühren sie sich nicht nur, sondern greifen ineinander über, so daß sie sich nunmehr gegenseitig reiben und stoßen. Dort muß ein neuer Rechtssatz eingeführt, hier ein bestehender ausgeschaltet werden, beidemal mit dem Ergebnis, daß ein Rechtssatz, nur ein (!) Rechtssatz vorhanden ist, der den Fall erschöpfend und widerspruchsfrei regelt. Beidemal aber kann das Ergebnis nur erreicht werden, wenn ein zuverlässiges Richtmaß vorhanden ist, das über Einführung und Ausschaltung des Rechtssatzes entscheidet.

Und so erweist sich denn auch in diesem Zusammenhange die

„Lücke" würde sich dann in unserem System nicht ergeben, falls dieses nur als Ganzes erfaßt wird. Also: das folgende enthält schon bisher Gesagtes, nur unter neuem Gesichtspunkte eines alten eingebürgerten Begriffs. Eingehendes Literaturverzeichnis gibt Elze Lücken im Gesetz 1916 (Abh. z. Rechtswissenschaft und zu ihrer Methode, Heft 2).

Notwendigkeit und Brauchbarkeit des allgemeingültigen Unrechtsbegriffs.

Und woran erkennt man denn überhaupt das Vorhandensein einer Lücke? Eine Lücke liegt auch dann vor, wenn man einen Fall entscheiden will, auf den ein vorhandener Rechtssatz zwar anwendbar, aber nicht in einem befriedigenden Maße anwendbar ist; es befriedigt also das Ergebnis nicht; auch dann spricht man von einer Lücke. In einem solchen Falle fehlt eine Norm, wie sie sein soll, und dieses Sollen weist deutlich darauf hin, daß man sich von einem über den Gesetzen stehenden Prinzip hat leiten lassen. Dieses ist dann auch dazu berufen, die Lücke auszufüllen. Also wiederum Notwendigkeit und Brauchbarkeit des Prinzips.

Und wie löst man denn den Widerspruch auf? Ein Widerspruch ist nicht nur generell, sondern auch konkret möglich. Widersprechen können sich nicht nur Gesetze, sondern auch Entscheidungen in dem Sinne, daß man auf Grund des (durchaus einwandfreien und widerspruchslosen) Gesetzes auf logisch durchaus einwandfreiem und folgerichtigem Wege zu zwei einander widersprechenden Entscheidungen gelangen kann. Beidemal muß ein Gesetz hinter das andere, eine Entscheidung hinter die andere zurücktreten. Man sagt oft, in diesem konkreten Falle passe nur das eine und nicht auch das andere Gesetz, nur die eine und nicht die andere Entscheidung, oder es passe wenigstens besser das eine Gesetz, die eine Entscheidung. Woher entnimmt man diese Kenntnis? Auch hier hat man sich – oft unbewußt – von demselben Prinzip leiten lassen. Immer zeigt es sich, daß der allgemeingültige Maßstab praktisch notwendig sowohl wie brauchbar ist.

e) Wir sahen, der Gesetzgeber wie der Richter lassen sich bei der Erfüllung ihrer Aufgabe zum mindesten unbewußt von der Idee des Rechts, von dem allgemeingültigen Maßstab leiten; nur wenn sie sich dieser Führung anvertrauen, können sie einem gerechten Ergebnis entgegensehen; nur dann ist die Schaffung eines guten Gesetzes, die Fällung eines richtigen Urteils gewährleistet. Je höher der Gesetzgeber wie der Richter sich ihr Ziel stecken, je Besseres zu leisten ihr heißes Bemühen ist, desto deutlicher wird sich ihnen freilich die Erkenntnis offenbaren, daß das hohe Ideal der Gerechtigkeit eben nur ein Ideal ist, daß die Gerechtigkeit auf Erden sich niemals verwirklichen läßt, daß Menschenwerk stets Stückwerk bleibt.[1]) Sie müssen oft auf halbem Wege stehenbleiben; sie müssen es oft sogar dann, wenn sie noch weiterschreiten könnten. Aber es muß einmal schließlich ein Halt gemacht werden. Können sie doch nicht immer einem Ideal zustreben, dessen Erreichung niemals möglich ist, und vor allem nicht in einem und demselben Falle. Sonst würden die gesetzgeberische Arbeit und die prozessuale Tätigkeit niemals ein Ende erreichen. Besser, daß ein Ergebnis erreicht wird, sei es auch ein unvollkommenes, als daß überhaupt kein Ergebnis erreicht wird.

Die schwierige Frage ist nunmehr, wann der Gesetzgeber, der Richter in ihrer Tätigkeit haltmachen dürfen. Beide dürfen nicht — nur an die Gewissenhaften richtet sich die Mahnung, nur an diejenigen, die nicht erst angespornt zu werden brauchen — sie dürfen nicht unermüdlich im Sammeln des Stoffes und unermüdlich im Suchen nach den besten Obersätzen sein. Sie müssen auf einer Mittellinie des Generellen, des Normalen stehenbleiben. Dieses Generelle, dieses Normale ist ja ein Wahrzeichen des allgemeingültigen Maßstabs. Dem gewissenhaften Arbeiter wird also auch hier die Idee des Rechts eine Stütze sein, die ihn nicht verläßt, eine Mahnerin, die ihn zu immer besseren Leistungen anspornt, aber auch eine Führerin, die ihm sagt: weiter brauchst du nicht zu gehen, hier darfst du ruhen, mehr wird von dir nicht verlangt, auch andere würden in deiner Lage nicht höher streben können. Dann darf der Wanderer zuversichtlich, ohne Vorwürfe gegen sich selbst, seine Leistung als vollbracht ansehen.

Daher darf man den Gesetzgeber oft nicht tadeln, wenn sein Werk Lücken aufweist, wenn er nicht alle in Betracht kommenden Einzelfälle berücksichtigt und nur recht grob den Durchschnitt gezogen hat, wenn er auf der anderen Seite im Formulieren der Tatbestände nicht spezialisierend genug verfahren ist und manche Ausschlußgründe nur angedeutet oder gar nicht angedeutet hat. Wie wir sahen, hat er mitunter einen ganz unvollkommenen Tatbestand geschaffen (§ 13 I 2 b α, δ), mitunter wichtige Rechtfertigungsgründe überhaupt unter den Tisch fallen lassen (§ 13 II 2 c), mitunter eine wichtige Beziehung zwischen zwei Merkmalen ver-

---

[1]) Über die Gründe, weswegen die Gerechtigkeit nicht realisierbar ist, sprachen wir in den Grundlagen des Prozeßrechts S. 28—32.

schwiegen (§ 14 II 3 b). Gewiß ist er deswegen nicht immer zu tadeln; die Enthaltsamkeit ist oft eine Tugend. Die Idee begrenzt nicht nur, sondern ergänzt zugleich seine Tätigkeit, indem sie ihm gewissermaßen das Unmögliche oder Schwermögliche abnimmt. Sie vollendet selbst, was der Mensch nicht vermag. Dank der Idee wird schließlich doch eine Einheit erreicht. Sie, die selbst eine ewige Aufgabe ist, mutet dem Menschen doch nicht das Schaffen ewiger Werte zu. Seltsam ist es, daß sie dabei sich selbst untreu wird! Sie gestattet auch tiefere Ziele; und doch spornt sie ihrem ureigentlichen Wesen immer erneut an. Aber sie rechnet eben mit dem Menschenmöglichen — und deswegen ist sie auch für das Leben brauchbar.

Nicht anders verhält es sich mit der richterlichen Tätigkeit. Sie hat nicht weiter zu gehen, als normalerweise verlangt werden kann. Sonst würde ein gewissenhafter Richter niemals zum verurteilenden Erkenntnis gelangen, da sich stets die Tatsachen noch eingehender feststellen, die Strafzumessung noch sorgfältiger vornehmen lassen. Die Individualität von Tat und Täter kann nicht ausgeschöpft werden, und braucht es nicht. Der Richter kann unmöglich bis in die feinsten Einzelheiten des Falles eindringen, braucht vielmehr nur so weit zu gehen, wie ein Normalrichter gehen würde. Der viel angegriffenene Begriff des Normalrichters ist kein neuer Maßstab, sondern eine Umschreibung des allgemeingültigen. Interessant ist zu beobachten, daß der zum Maßstab dienende Begriff Normalrichter die Aufnahme einer dem Wertobjekt wesensgleichen Größe enthält, wodurch wieder die früheren Ausführungen (oben zu I 1) bestätigt werden; der Richter hat dann seine Pflicht erfüllt, dann dem Recht entsprechend gehandelt, wenn ebenso ein Normalrichter verfahren sein würde.[1]) Das ist eine Formulierung unseres Prinzips, die u. E. seine Praktikabilität steigert.

3. Nach alledem: der allgemeingültige Maßstab des Unrechtsbegriffs ist notwendig und brauchbar; er läßt sich praktisch verwerten, wenn auch nur in Verbindung mit Typen, mit Tatbeständen, mit Einzelnormen. Das Ergebnis ist also keineswegs, wie man gemeint hat, ein non liquet, also kein Ergebnis, kein zweifelsfreies

---

[1]) Hierüber näheres in den Grundlagen des Prozeßrechts, s. Sachregister Artikel „Normalfall“.

bestimmtes Ergebnis; es gibt nur ein Entweder — Oder: Recht oder Nichtrecht. Ein Drittes ist undenkbar, sofern es überhaupt Objekte sind, die rechtlich gewertet werden können — Naturzustände und -vorgänge kommen in diesem Zusammenhange selbstverständlich nicht in Betracht. Aber es ist, wie bereits bemerkt wurde, unzutreffend, eine menschliche Handlung als „rechtlich frei"[1]) zu bezeichnen. Nimmt der Staat zu ihr nicht ausdrücklich eine Stellung ein und ist sie nicht schädlich in dem früher dargelegten Sinne, so ist sie erlaubt. Neutralität oder Indifferenz gibt es hier nicht.

Nun könnte man freilich zu einem non liquet dann gelangen, wenn bei der abwägenden Tätigkeit des Richters oder Gesetzgebers das Zünglein der Wage in der Mitte steht. Zwei Fälle sind denkbar.

a) Eine und dieselbe Handlung ist in gleicher Weise schädlich wie nützlich. Hier wird in erster Linie zu untersuchen sein, ob sich nicht die Handlung aus mehreren Teilen zusammensetzt, ob nicht ein Akt schädlich, der andere nützlich ist; dann wäre das eine Objekt als rechtswidrig, das andere als rechtmäßig anzusehen. Andernfalls müßte der Staat die Handlung als rechtswidrig betrachten; er kann einen Schaden nicht ruhig hinnehmen, wenn auch gleichzeitig ein Nutzen für ihn eintritt. Allerdings ist gewissermaßen das Wertquantum vor der Handlung und nach ihr das gleiche; dem Staate sind im Ergebnis nicht weniger Werte geworden, als er bisher besaß. Aber gerade deswegen stellt sich die Handlung als überflüssig und deshalb wiederum als dem Staat unerwünscht heraus; die einzelnen Wertbeziehungen innerhalb der Gemeinschaft brauchten nicht erst in Unruhe versetzt zu werden; diese Veränderung war eine nutzlose und insofern rechtlich zu mißbilligen.

b) Sind dagegen zwei einander widerstreitende Handlungen verschiedener Personen zu bewerten und beide in gleichem Maße nützlich oder schädlich, so daß der Staat auf Grund der Wertmessung keiner den Vorzug vor der anderen geben kann, so muß ebenfalls zunächst geprüft werden, ob nicht eine teilweise Rechtmäßigkeit oder eine teilweise Rechtswidrigkeit angenommen werden kann: der eine Akt des einen Handelnden mag sich mit dem einen Akt des

[1]) So Finger I 405, ähnlich Mayer 287 (im Anschluß an Jellinek), Beling Grundzüge 34 (Irrelevanz bei Gleichwertigkeit der kollidierenden Güter), vgl. auch Beling Grenzlinien zwischen Recht und Unrecht 21 (wo an Stelle des prozessualen non liquet irrig das materiellrechtliche gesetzt wird).

anderen derartig treffen, daß die Verteilung von Rechtmäßigkeit und Rechtswidrigkeit nicht schwer ist. Andernfalls muß ein Ausgleich gesucht werden. Einen Weg hat das Gesetz selbst vorgezeichnet; bei der Notstandsregelung wird die Handlung des einen für rechtmäßig erklärt, der andere dagegen, der sich den Eingriff gefallen lassen muß, erhält einen Schadensersatzanspruch. Keinesfalls dürfen wegen der Unlösbarkeit der Frage nach dem größeren Wert beide Handlungen für rechtmäßig erklärt werden; denn sonst würde, da die Handlungen einander widerstreiten, der Streit rechtlich sanktioniert werden, während im Reich der Werte nur Harmonie walten darf (vgl. oben § 13 II 2 b α über die sog. Rechtskollisionen). Die Rechtswidrigkeit zwischen beiden zu halbieren ist aber nur, wie soeben gesagt, hinsichtlich der Objekte, nicht hinsichtlich der Rechte selbst angängig. Insbesondere läßt sich nicht innerhalb der Gesamtrechtsordnung die Rechtswidrigkeit derart verteilen, daß etwas privatrechtlich erlaubt, strafrechtlich verboten wäre.[1]) Es gibt nur *eine* Rechtswidrigkeit, keine besonders privat- oder strafrechtliche.

Diese Probleme lassen sich also ebenfalls lösen; es besteht kein Anlaß, wegen dieser nicht leicht zu behandelnden Grenzfälle, wie sie übrigens auf fast allen Rechtsgebieten vorkommen, an der Brauchbarkeit des Prinzips zu zweifeln.

II. Nunmehr bleibt noch die letzte der zugrunde gelegten Fragen zu beantworten:

Ist der Unrechtsbegriff für die Gesetzgebung und die konkrete Rechtsanwendung bindend?

1. *Für die Gesetzgebung.*

a) Der Unrechtsbegriff liegt zwar nicht tatsächlich allen strafgesetzlichen Tatbeständen zugrunde, aber er sollte es. Entsprechendes gilt natürlich, was im folgenden nicht mehr als Besonderheit erwähnt sei, vom Rechtsbegriff bezüglich der Rechtfertigungsgründe.

α) Somit gewinnt unser Unrechtsbegriff die Bedeutung einer regulativen, nicht einer konstitutiven Idee[2]) für die Tatbestände. Er verlangt, daß der Gesetzgeber sich seiner Führung anvertraut; und zwar verlangt er es, da er allgemeingültig a priori ist (darüber

[1]) Dagegen Beling Lehre vom Verbrechen 129 m. Nachw., auch Grenzlinien zwischen Recht und Unrecht 13. Vgl. auch oben § 14 I 3 b.

[2]) Über diese Begriffe vgl. oben § 7 III 1.

sofort zu b), mit kategorischer Bestimmtheit. Er sagt mit Herrschermacht: es gibt kein anderes Richtmaß außer mir. Der Strafgesetzgeber soll das allergrößte Bestreben betätigen, nur ihn (!) typisch auszugestalten. Jeder Tatbestand soll der Niederschlag nur dieser einen Idee sein. Alle Handlungen, die das Gesetz verbietet, dürfen nur solche sein, die (ihrer allgemeinen Tendenz nach) dem Staate und den einzelnen Staatsangehörigen mehr schaden als nützen. Wehe, wenn er Tatbestände von entgegengesetztem Charakter aufstellt! Solche Gesetze harren nur ihrer Aufhebung. Es sind schlechte Gesetze.

Aber es sind Gesetze. Deshalb haben der Unrechtsbegriff, der Rechtsbegriff in dem hier dargelegten Sinne nicht konstitutive Bedeutung, wie sie etwa der (reale) Rechtsbegriff des Inhalts besitzt, daß das Recht die bindende Regelung menschlicher Lebensverhältnisse innerhalb der staatlichen Gemeinschaft sei. Sie liegen nicht allen Tatbeständen logisch zugrunde, sondern sollten ihnen nur zugrunde liegen; eine Divergenz ist möglich, ja bis zu einem gewissen Grade unvermeidlich, da die regulativen Ideen in ihrer Reinheit niemals zu verwirklichen sind und nur ein den Gesetzgeber zu immer intensiverem Bestreben anspornendes Fernziel, eine ewige, niemals vollkommen lösbare Aufgabe darstellen.

β) Zur Annahme einer konstitutiven Idee könnte man gemäß der modernen, erkenntnistheoretisch so beliebten Als-ob-Betrachtung gelangen. Man könnte folgendes erwägen. Der Gesetzgeber schafft zwar mangelhafte Tatbestände, aber diese sind so anzusehen, als ob sie das typisch ausgestaltete Unrecht bedeuteten. Im Sinne des Gesetzgebers also stellen sie die Rechtswidrigkeit dar. Tatbestandsmäßigkeit ist also fiktive Rechtswidrigkeit oder, wenn man so sagen will, subjektive Rechtswidrigkeit, nämlich vom Standpunkt des Staates. Ja man könnte den transzendentalen Gedanken dahin wenden, es sei von dem Juristen ja immer der Standpunkt des Staates einzunehmen, er betrachte ja die Dinge nur unter diesem Gesichtswinkel; daher dürfe der Jurist unbedenklich sagen: Tatbestandsmäßigkeit ist Rechtswidrigkeit.

Diese Erwägungen würden sich über den Standpunkt einer positiven Gesetzgebung nicht erheben und würden zum Stillstand statt zur Vervollkommnung des Vorhandenen anreizen. Es kommt aber gerade darauf an, den theoretischen Untergrund für das gesetzgebende Schaffen zu erkennen, der zu immer neuen Verbesserungen anspornt. Gerade deswegen ist es aber notwendig, eine Spannung zwischen Tatbestand und Rechtswidrigkeit einzuführen, ja die Distanz möglichst weit zu gestalten. Dadurch wird der legislatorische Gedanke als solcher zum Ausdruck gebracht, d. i. der Gegensatz von lex ferenda und lex lata.

γ) Wohl aber ist der Standpunkt des Staates in einem anderen Sinne einzunehmen. Es ist die Frage nach Recht und Unrecht, nach Nutzen und Schaden vom Standpunkt des Staates aus zu beantworten. Unrecht ist nicht das, was nach rein objektivem Urteil dem Staate mehr schadet als nützt, sondern das, was ihm von seinem Standpunkte aus, unter Berücksichtigung seiner Interessen und Bestrebungen, mehr schädlich als nützlich ist. Der Staat ist der Träger des Schadens und des Nutzens.

δ) Ins Objektive wiederum spielt der Unrechtsbegriff über, wenn man erwägt, daß es nicht auf das subjektive, tatsächliche Urteil des Staates ankommt, sondern daß das dem Unrechtsbegriff zugrunde liegende Urteil, Werturteil ein solches ist, das von objektivem Standpunkt (wenn auch unter Berücksichtigung des Staates als Trägers des Nutzens) abzugeben ist. Dieser objektive Standpunkt ist derjenige des sog. objektiven Beurteilers, d. i. der Strafrechtswissenschaft. Einen Begriff des „Unrechts an sich" gibt es nicht, wenigstens nicht einen solchen, der sich wissenschaftlich bestimmen ließe. Eine höhere Einsicht, eine geniale Intuition, eine Weltseele mag noch etwas anderes als Unrecht erfassen, wie es uns wissenschaftlich erkennbar ist. Wie mag doch wohl im Getriebe des Geschehens, in dem ewigen Fluten des Lebensstroms ein ganz anderes Ding als nützlich oder schädlich den Menschen in ihrem staatlichen Zusammenleben sein wie das von dem kurzsichtigen wissenschaftlichen Auge erkannte! Wer ermißt denn die allgemeine Tendenz einer menschlichen Handlung in ihrem völligen Umfange und Ergebnis und wer beurteilt denn ihre Tragweite und Bedeutung im Reiche der Werte!

Diese Betrachtung führt zu einem letzten Gegensatz, zu dem von Sein und Wissenschaft. Und damit gewinnt der Unrechtsbegriff eine hochwissenschaftliche Färbung. Das Unwerturteil kann nur vom Standpunkt der Wissenschaft, hier der Strafrechtswissenschaft, gefällt werden. Der Unrechtsbegriff ist nur in dem Bewußtsein des wissenschaftlichen Forschers vorhanden; dort genießt er sein Dasein, dort führt er sein Leben. Insofern ist er freilich ein subjektiver, ein fiktiver; insofern ist Unrecht das nur von Menschen Ersonnene, als ob (!) es wirklich Unrecht wäre. Aber allein unter dieser Projektion ins Bewußtsein des Forschers, gleichsam in den Geist der Wissenschaft ist ein solcher Begriff möglich und denkbar. Unrecht ist eben nur ein Urteil, und ein Urteil kann nur von einem Menschen (sei es auch nur von einem gedachten) gefällt werden. Wer wäre nun hierzu mehr auserkoren als die Wissenschaft, die allein Erkenntnis gewährt? Durch diese Kopernikanische Wendung in den Geist der Wissenschaft als in unser Heiligtum wird aus dem Subjektiven ein Objektives, aus dem Fiktiven Realität, aus dem Als-Ob Gewißheit.

Unter dieser transzendentalen Einstellung läßt sich schließlich der Unrechtsbegriff hochwissenschaftlich-abschließend also bestimmen: Rechtswidrig ist ein Verhalten, das nach seiner allgemeinen Tendenz dem Staat und seinen Gliedern gemäß dem Urteil der Rechtswissenschaft mehr schadet als nützt.

b) Hiermit ist bereits Stellung genommen zu der anderen Frage, ob der Unrechtsbegriff Allgemeingültigkeit besitzt, nicht nur den Tatbeständen gegenüber, sondern auch als solcher. Diese Frage ist bedingungslos zu bejahen. Allgemeingültigkeit besitzt der Unrechtsbegriff als regulative Idee, d. h. eine positive Gesetzgebung darf keine andere Richtschnur nehmen, sie darf nicht willkürlich von ihm abweichen, etwa weil sie eine andere Richtschnur für erstrebenswerter hielte. Er ist in unserem Bewußtsein begründet und durch die Natur der Dinge gegeben; diesen Nachweis hofft die frühere logokritische Begründung (§ 12) erbracht zu haben.[1])

Kein einziges Merkmal des Begriffs darf fehlen oder einem anderen den Platz räumen. Und deswegen findet hier nicht statt ein Auseinanderfallen von Idee und realem Begriff, wie wir es sonst beobachtet haben (z. B. in den Begriffen Strafe und Verbrechen, oben §§ 7 I, 11 IV 1). Welches Merkmal sollte denn entbehrlich sein, so daß auch ohne dieses von einem Unrecht ausnahmsweise gesprochen werden könnte? Von einem menschlichen äußeren Verhalten kann nicht abgesehen werden. Wollte man an seine Stelle die Gesinnung

---

[1]) Ergänzende Ausführungen über die allgemeingültige Natur des Unrechtsbegriffs sofort unten 2.

setzen, so würde der Begriff Unrecht zu seinem ethischen Parallelbegriff Böse umgewandelt. Desgleichen ist der Begriff der allgemeinen Tendenz (adäquaten Kausalität) unentbehrlich, will man nicht die juristische Betrachtungsweise überhaupt aufgeben und an ihre Stelle die Naturwissenschaft setzen, was etwa durch Einführung der natürlichen Kausalität (der Zufallshaftung) geschehen würde. Diese beiden Erwägungen hängen mit der hier zugrunde gelegten Systematik der Wissenschaften (§ 3) zusammen, insbesondere der Abgrenzung der Individualethik von den Sozialwissenschaften und der Natur- von den Geisteswissenschaften, und werden in der Lehre von der Kausalität und der Schuld noch des näheren begründet werden. Endlich kann aber auch der Maßstab nicht durch einen anderen ersetzt werden; daß die juristische Wertung gerade in der Beantwortung der Frage besteht, ob das Objekt dem Staat mehr nützt oder mehr schadet, war Gegenstand der früheren eingehenden Untersuchungen in § 12.

c) Übrigens besitzt der Tatbestandsbegriff keine Allgemeingültigkeit in dem Sinne, daß der Gesetzgeber notwendigerweise Tatbestände aufstellen müsse; wohl aber ist er allgemeingültig insofern, als das Gesetz, *wenn* es ihn kennt, von dem Sinne des Begriffs, also von der Herleitung aus der Rechtswidrigkeit, nicht abweichen darf, was sich aus den obigen Darlegungen über die bindende Kraft des Unrechtsbegriffs (1 a α) ergibt. Dagegen sind „rechtliche Tatbestände" (oben § 13 I a. A.) wiederum allgemeingültig in dem Sinne, daß eine Rechtsordnung ohne sie, also zum mindesten ohne solche gewohnheitsrechtlich begründeten, nicht auskommt; denn wenn sie überhaupt Fälle entscheiden will — und das muß eine jede Rechtsordnung —, so muß sie auch abstrakte Tatbestände, Typen anerkennen, da ohne solche eine exakte Wertung nicht möglich ist (oben I 1 dieses Paragraphen).

2. *Für die konkrete Rechtsanwendung.*

Die Frage nach der bindenden Kraft des Unrechtsbegriffs für den Rechtsanwendenden im konkreten Fall ist grundsätzlich zu verneinen. So weit reicht die Herrschergewalt der Allgemeingültigkeit des Unrechtsbegriffs nicht. Wohin käme man, wenn der Richter in jedem einzelnen Falle die Strafbarkeit davon abhängig machen wollte, ob die abzuurteilende Handlung auch wirklich nach ihrer allgemeinen Tendenz dem Staate und seinen Gliedern mehr schadet als nützt, oder wie man sonst den Unrechtsbegriff wenden mag! Vielmehr hat der Richter sich grundsätzlich mit den Tatbeständen und den Rechtfertigungsgründen abzufinden; sie sind gerade deswegen geschaffen, damit er der schwierigen Prüfung des Unrechts überhoben sei (oben § 13 I 1).

a) Nur für den Fall, daß das positive Recht im Stich läßt, hat der Richter den allgemeingültigen Unrechtsbegriff anzuwenden; seine Anwendbarkeit wurde oben (I 2) dargelegt. Und insoweit ist er bindend auch für den Richter. Denn welcher Maßstab steht dem Richter denn sonst zur Verfügung? Er kann sich doch unmöglich selbst einen Maßstab nach Belieben schaffen, kann noch weit weniger im konkreten Fall nach dem Vorschlage der Freirechtler ohne jeglichen Maßstab eine passende Entscheidung suchen. Ohne jeglichen Maßstab ist sogar eine Entscheidung gar nicht denkbar. Der Begriff Entscheidung setzt bereits die Anlegung eines Maßstabes logisch voraus. Wer entscheidet, wendet zum mindesten unbewußt, nach einem dunklen Rechtsgefühl, einen Maßstab an, und es gilt dann gerade, Klarheit über diesen zu gewinnen.

Solcher Maßstab kann aber nur der allgemeingültige sein, eben wegen seiner Allgemeingültigkeit, die wir soeben darlegten (oben 1 b in Verb. mit § 12). Er ist ja die regulative Idee für alle Sondermaßstäbe; diese leiten — eine theoretisch ebenso tiefe wie praktisch folgenschwere Einsicht — nicht nur ihre Rechtfertigung von ihm ab und werden nicht nur selbst nach ihm bewertet, sondern sie sind als solche nur denkbar, weil er existiert. Und deshalb zeigt er sich mit zwingender Notwendigkeit dort, wo es einmal an einem Sondermaßstab fehlt oder wo dieser sonst etwa aus irgendeinem Grunde versagt.

b) Solche Gründe des Versagens erkannten wir oben (I 2 c, d) dann, wenn er zur Auslegung oder zur Begrenzung gewisser Normen oder Rechtsbegriffe herangezogen werden muß oder wenn er der Ausfüllung von Lücken oder der Beseitigung von Widersprüchen zu dienen hat. Dagegen wird man ihn grundsätzlich nur, wie gesagt, zur Ergänzung, nicht zur Berichtigung des geltenden, offenbar fehlerhaften, d. h. dem allgemeingültigen Maßstab widersprechenden Rechts heranziehen dürfen. Doch gibt es auch Fälle äußerster Diskrepanz, wo, wie sofort zu zeigen sein wird, der Maßstab dem geltenden Recht zum Trotz angewendet werden muß.

Grundsätzlich jedoch gilt logisch[1]) diese Reihenfolge: 1. Zuerst ist der staatliche Wille aus den Tatbeständen und Einzelnormen zu erforschen; 2. im Zweifel: a) Berücksichtigung der Kulturinteressen, b) eventuell Abwägung der Privatinteressen. Oder anders gewendet: Es gelten 1. prinzipiell das juristische (staatliche) Grundgesetz, 2. in zweiter Linie: a) das Kulturgrundgesetz, b) eventuell untergeordnete Gesetze, also die Ziele von Sondergemeinschaften, oder schließlich die Interessen der Privaten.

Diese Staffeln lassen bereits zur Genüge erkennen, daß sie nur juristische Bedeutung und keinen Anspruch auf Allgemeingültigkeit besitzen. Denn die Voranstellung des staatlichen Willens, des juristischen Grundgesetzes zum Nachteil höherer, kultureller Gesetzmäßigkeiten ist eben nur juristisch begründet und insofern voll begründet: denn der Staat hat selbstverständlich das Hauptinteresse daran, sich selbst zu erhalten und den eigenen Willen durchzusetzen. Nur ausnahmsweise, nur in Fällen äußersten Mißverhältnisses zwischen staatlichem Willen und Kulturgebot wird man eine Abweichung in der genannten Reihenfolge zulassen dürfen, so daß in den obigen beiden Staffeln 2 a vor 1 gehen würde.

c) Damit ist nun ein Hauptpunkt berührt, den die herrschende Dogmatik nicht nur gegen einen allgemeinen (materiellen, metajuristischen, übergesetzlichen) Begriff, sondern gegen die gesamte in unserem Werke befolgte Methode, ja gegen die Stellung der Philosophie zur Jurisprudenz überhaupt ins Treffen führt: das sog. Entscheiden contra legem. Im Grunde ist jedoch unser Ergebnis von der herrschenden Lehre durchaus nicht verschieden und ist vor allem von einer „gesetzwidrigen" Entscheidung nicht die Rede, wie alsbald zu zeigen ist (c a. E.). Auch wir lassen praktisch dem Tatbestand, der Einzelnorm den Vorrang; praktisch gewinnt also der grundlegende Begriff des Unrechts, des Rechts nur die Bedeutung einer Einschränkung, wie man ja unter praktischer Einstellung auch der Ethik gegenüber der Kultur, der Logik gegenüber

[1]) Gerade umgekehrt wird zuweilen, namentlich wenn Privatdelikte zur Beurteilung stehen, die Praxis verfahren. Praktisch empfiehlt sich die oben (I 2 b) eingeschlagene Reihenfolge: 1. Abwägung der Privatinteressen; 2. nur insoweit beachtlich, als nicht das staatliche Interesse eine Abweichung verlangt; 3. Berücksichtigung der Kulturinteressen.

der Einzelwissenschaft nur begrenzende, beschränkende Bedeutung beigemessen hat. Praktisch, d. h. bei der (richterlichen) Entscheidung von Einzelfällen, ist also der allgemeingültige Unrechtsbegriff nur in seltenen Ausnahmefällen zu berücksichtigen. Und diese werden sich auch von den Gegnern kaum anders behandeln lassen;[1]) aber sie können von ihnen, wenn überhaupt, nur höchst gezwungen begründet werden. Man zieht die Notstandsanalogie heran, gesteht aber nicht ein, daß es nur — eine Analogie ist; denn die Notstandsvoraussetzungen sind doch gewiß ganz andere. Man nimmt eine Ergänzung des Gesetzes an, erkennt aber nicht, daß es sich in Wahrheit um eine Berichtigung handelt, jedenfalls um eine Berichtigung des Gesetzeswortlautes.

Unmöglich kann man doch den Arzt, den Verteidiger wegen Geheimnisverletzung belangen, wenn sie hierdurch in den oben besprochenen Fällen (I 2 b α, β) einen ganz außerordentlich schweren Schaden, der den durch die Geheimnisverletzung entstandenen weit übersteigt, vom Staate oder von anderen abwenden, wenn sie nur hierdurch verhüten, daß ein blühendes Menschenleben schwerem Siechtum verfällt oder ein Unschuldiger zu hoher Strafe verurteilt wird. Sicherlich sind das keine Notstandsfälle. Nach einem „Recht" zur Geheimnisverletzung wird man aber in der positiven Rechtsordnung vergeblich suchen.[2]) In der Theorie mag vielleicht der eine oder andere Dogmatiker einem Prinzip zuliebe einer Bestrafung zuneigen. Welcher verständig und gerecht denkende Richter wird aber diese Folge zu ziehen wagen, wo die Tat selbst doch hohe Anerkennung verdient, nicht nur moralische, sondern auch juristische?

---

[1]) Insoweit wird dann, um mit Jellinek Allg. Staatslehre [3] 19 zu sprechen, aus dem unwidersprochen gebliebenen Unrecht (d. h. gesetzlichen Unrecht) neues Recht.

[2]) Viel zu eng zieht den Kreis der Ausnahmen daher Finger Vgl. Darst. B 8, 366 ff. Zu eng auch die Entsch. d. RG. DJZ. 1913, 356: Ein Arzt, der Honorar einklagen wollte, teilte seinem Rechtsanwalt die Natur der Krankheit des Patienten mit, und dieser fertigte eine den Sachverhalt erkennen lassende Klage an. Das RG. verurteilte den Arzt wegen Geheimnisverletzung, weil die Klageerhebung auch ohne jene Offenbarung möglich war. Der Arzt durfte u. E. seinem Anwalt den vollen Sachverhalt mitteilen, wie dies ja auch sonst vor Klageerhebungen üblich und zulässig ist. Darin liegt keine rechtswidrige üble Nachrede wie auch keine rechtswidrige Geheimnisverletzung; wer seine Rechte im Prozeß verfolgen will, handelt zur Wahrnehmung berechtigter Interessen. Das ist zweifellos gestellt durch KE. (Ebermayer 75).

Soll strafbar sein, wer eine geringfügige Übertretung begeht, etwa auf verbotenem Wege radelt, um sein (oder fremdes) Vieh zu retten oder einem krank gewordenen Menschen Erleichterung zu verschaffen? Wer seine Pferde auf öffentlicher Straße ohne Aufsicht stehen läßt, um ein geplantes schweres Verbrechen, von dem er Kunde hat, anzuzeigen? [1]) Innerhalb der Schranken des allgemeingültigen Prinzips des staatlichen Interesses wäre auch ein Recht zur Züchtigung fremder Kinder anzuerkennen, wenn diese sich einer unerlaubten oder unsittlichen Handlung schuldig machen und der Erziehungsberechtigte nicht erreichbar ist.[2]) Es würde unserem Kulturleben

[1]) Vgl. die ähnlichen Fälle bei Binding Handb. I 762, Torp ZStW. 23, 96 (dazu unser Aufsatz ebenda 33, 808), v. Bar Gesetz und Schuld III 222, 275/6, Goldschmidt Österr. Z. 4, 177, Köhler 371 ff. („Fälle des ungeschriebenen Rechts"). Das richtige Prinzip traf schon RGSt. 20, 192 (Wer „durch Nichterfüllung einer allgemein vorgeschriebenen Obliegenheit im gegebenen Falle einen größeren Nachteil verhüten kann und dies einsieht, würde pflichtwidrig handeln, wenn er, gleichgültig gegen den danach eintretenden Erfolg, sich darauf beschränkte, nach der Dienstanweisung zu handeln"). Vgl. den hierzu von uns ZStW. 33, 805 behandelten Fall, daß auf einem Truppenübungsplatz ein Soldat den Posten des Absperrkommandos beim Scharfschießen vorzeitig verläßt, um einen flüchtigen Verbrecher einzuholen; hier muß genau zwischen Vorteil und Nachteil abgewogen werden: War das Scharfschießen bereits beendigt, so war sein Tun rechtmäßig (auch wenn er noch nicht den Befehl erhalten hatte, den Posten zu verlassen); sonst war es rechtswidrig, da dann unkundige Dritte durch das Scharfschießen gefährdet werden konnten. Sehr wenig leuchtet die in der Rdsch. d. DJZ. 1914 Sp. 677 mitgeteilte Entsch. des Schöffenger. Berlin-Schöneberg ein, nach der ein Arzt, der im Auto ohne Laterne fuhr, um einem todkranken Kinde eine Serumeinspritzung zu geben, zu 1 M. Strafe verurteilt wurde. Die Entscheidung wird von Hachenburg a. a. O. gebilligt, weil der Arzt „das Leben und die Sicherheit anderer gefährdete". Selbst wenn dieser Grund zuträfe (er ist ja für die Polizeiübertretung unzutreffend, da diese keine Gefahr voraussetzt), so würde diese offenbar entferntere und durch Zeichen des Autoführers doch gewiß unschwer zu beseitigende Gefahr leichter wiegen als der ohne Serumeinspritzung mit Sicherheit zu erwartende Tod des Kindes. Die durch die Polizeiübertretung begangene Verletzung der öffentlichen Ordnung tritt aber gewiß hinter den anderen Schaden zurück. Würde aber in der Tat das Leben anderer, also mehrerer Personen ernstlich gefährdet, so wäre die Handlung rechtswidrig, dann aber ist die Mindeststrafe von 1 M. unangebracht. Solche rein formal-juristisch gedachte Entscheidungen schaden dem Ansehen der Justiz ungemein.

[2]) Zu dem vielerörterten Thema, das zu einem Zurückgehen auf die letzten Prinzipien geradezu herausfordert, vgl. Binding Hdb. I 800, Meyer-Allfeld 198, v. Liszt 146, Mayer 297, Köhler 389, v. Bar III 96, Heimberger VglDarst.

wenig entsprechen, eine solche Züchtigung, also eine dem allgemeinen Wohle dienende und die Belästigung anständiger Personen verhütende Tat, mangels ausdrücklicher Vorschrift wegen Körperverletzung zu bestrafen, während einer durchaus gleichstehenden Beleidigung der Rechtfertigungsgrund der Wahrung berechtigter Interessen nach § 193 zur Seite stünde. Die Vorschriften über Geschäftsführung ohne Auftrag zur Begründung heranzuziehen, erweist sich nicht immer als ausreichend; sie sind zu eng (BGB. §§ 683, 679!): Der Dritte muß oft mutmaßen, daß der Vater mit der Unart des Kindes einverstanden ist oder jedenfalls nicht von einem unbekannten Dritten sein Kind schlagen lassen will, und eine Züchtigungspflicht des

---

A II 23, H. A. Fischer 264. Gut im Ergebnis die Entscheidungen der OLG. Jena (Recht 17, 61) und Hamburg (GoltdA. 63, 217). Zustimmend Reichel Allg. österr. GerZ. 64, 502. Die Untergerichte sind zum großen Teil diesen Entscheidungen gefolgt. Vgl. ZStW. 33, 802 (unten). Kürzlich berichtete eine Tageszeitung: „Wegen Körperverletzung war ein Kinderfräulein in Plauen angeklagt, weil es einem ungezogenen Schlingel auf der Straße eine Ohrfeige gegeben hatte. Das Plauener Schöffengericht sprach das Mädchen frei und stellte sich auf den Boden einer Entscheidung des Oberlandesgerichts Jena, die folgendermaßen lautete: ‚Jeder Volksgenosse kann gegen Ungezogenheiten und Rüpeleien von Kindern einschreiten und diese in entsprechender Weise züchtigen.' Da andere Gerichte anders entschieden haben, ist es rätlich, sich diesem recht vernünftigen Urteilsspruche nicht anzuvertrauen." Der beigefügte Rat ist gut, der Urteilsspruch (wenigstens in dieser allgemeinen Formulierung) aber alles eher als „recht vernünftig". — Bedenklich ist es allerdings, den Dritten ein Züchtigungsrecht bei entgegenstehendem Willen der Eltern und gar in ihrer Anwesenheit zuzubilligen. Die Bedenken gegen diesen offenkundigen Eingriff in die Erziehungsgewalt der Eltern schwinden jedoch bei scharfer Formulierung unseres Maßstabs: es ist zu fragen, ob der Eingriff zur Verhütung eines Schadens geboten war, der ungleich schwerer wiegt als die Verletzung auf der anderen Seite, sowohl die physische des Kindes wie die psychische der Eltern. Völlig verfehlt ist mithin die Begründung des OLG. Jena a. a. O.: „Wo Kinder in der Öffentlichkeit Zuchtlosigkeiten begehen, die das sittliche Empfinden jedes normal denkenden Menschen gröblichst verletzen und nach ihrem Gerechtigkeitsgefühl eine alsbaldige Sühne fordern, tritt das Recht der Allgemeinheit ein, und jeder Volksgenosse darf züchtigen." Danach darf jeder Dritte „sühnen", also die vergeltende Gerechtigkeit ausüben! Bei einer solchen Begründung wurde allerdings den Gegnern die Polemik gegen das Ergebnis nicht schwer. Die Frage ist natürlich nicht, ob die Züchtigung zur alsbaldigen Sühne, sondern ob sie zur Verhütung weiterer Ungehörigkeiten und sonstiger Schäden geboten ist.

Geschäftsherrn, deren Erfüllung im öffentlichen Interesse liegt, wird aus den Gesetzen oft nicht zu entnehmen sein.

Es sind sogar Fälle denkbar, wo der tatsächlich erklärte Staatswille derartig stark von der Gerechtigkeit abweicht, daß in ihm unmöglich noch „Recht" erblickt werden kann: Fälle krassester Ungerechtigkeit, Fälle, die einen Hohn auf jedes gesunde Rechtsempfinden bedeuten und die von staatlichen Organen wie von den Staatsbürgern unmöglich ruhig hingenommen werden, soll nicht dieses angebliche Recht ein schreiendes Unrecht bedeuten. Beispiele brauchen nicht angeführt zu werden, sie mögen praktisch nicht vorkommen, aber sie sind immerhin möglich. Die Phantasie mag sich unsinnige Fälle ausmalen, wie den, daß ein Rechtsanwalt, dem ein freigesprochener Mörder seine Tat eingestanden hat, es nach dem Gesetz mit ansehen müßte, daß wegen desselben Mordes ein Unschuldiger hingerichtet werde. Wir verzichten auf weitere Beispiele; sie tragen schon deutlich an der Stirn den Stempel — der Unsinnigkeit. Jeder normale, verständig denkende Mensch sagt: Das kann unmöglich Recht sein, soll nicht das Recht selbst auf den Kopf gestellt werden.[1])

Man formuliert nun aber in allen diesen Fällen das Problem nicht prinzipiell genug, wenn man fragt, ob der Richter gegen das Gesetz entscheiden darf.[2]) Das darf er im Grunde niemals, will er sich

---

[1]) Auch in anderen Disziplinen ist eine solche „Durchbrechung des Gesetzes" zu konstatieren und wird von den Gerichten täglich verübt, wenn z. B. die Zivilkammern unter Verletzung des Grundsatzes der Mündlichkeit verhandeln lassen; sonst würden bei umfangreichen Schriftsätzen und Anträgen die Prozesse überhaupt nicht erledigt werden können, jedenfalls nicht sachgemäß. Weitere Fälle in den Grundlagen des Prozeßrechts 594 ff.

[2]) Das gilt auch von der beachtlichen Schrift von H. Reichel Gesetz und Richterspruch 1915, deren Ergebnisse sich aber mit denjenigen des Textes berühren (vgl. S. 78 – übrigens auch die dort Zitierten –, 131, 135, 142, 144, 152), wenn auch grundsätzlich die starke Betonung des Gewohnheitsrechts dem Zivilisten näher als dem Kriminalisten liegt. Nicht zu billigen ist aber der Satz, nach dem das „sittliche Empfinden der Allgemeinheit" darüber entscheiden soll, ob der Richter von einer gesetzlichen Vorschrift abweichen darf (142); der Maßstab ist nicht etwa die Moral, sondern das Recht. Und noch weniger kann es, wie Reichel a. a. O. meint, auf eine Gefährdung der Autorität von Recht und Gesetz ankommen; die Gerechtigkeit, nicht die Rechtssicherheit hat den Vorrang. Daß auch die Fachgenossen des von dem Gesetz abweichenden Richters ebenso entscheiden würden (144), ist

nicht eines schweren Amtsverbrechens schuldig machen. Aber es entsteht die Frage, ob das Gesetz, dieser tatsächlich erklärte Wille des Staates, nicht einem übergeordneten Gesetz, das noch immer der Rechtswissenschaft angehört, zu weichen hat, so daß der Richter diesem letzteren zu folgen hat. Und diese Frage ist zu bejahen. Der Richter entscheidet daher ebensowenig nach seinem eigenen freien Ermessen im Sinne der Freirechtsschule, wie er sich nach einem wissenschaftlich nicht exakt zu formulierenden Rechtsgefühl, das bei einem jeden verschieden ist, zu richten hat. Und ebensowenig hat er seinen Blick unmittelbar nach höheren, ungesetzten, in den Sternen wohnenden Normen zu lenken. Nein! nach dem einem jeden staatlichen Gesetz, wenigstens einem jeden verständigen staatlichen Gesetz zugrunde liegenden normativen juristischen Grundgesetz ist die Entscheidung zu treffen, nach jenem Grundgesetz, das einem jeden staatlichen Gesetz zugrunde liegen soll; und dieses normative Grundgesetz ist nötigenfalls aus höheren Gesetzmäßigkeiten der Kulturwissenschaften zu ergänzen (hierüber oben § 12 III 1 b, c). Die vermeintliche Entscheidung contra legem ist daher eine juristisch durchaus rechtmäßige; wenn es sich um eine Berichtigung handelt, so ist es nur der Gesetzeswortlaut, der berichtigt wird, berichtigt aus der Gesamtrechtsordnung.

Hat man sich erst einmal zu einem erhöhten Standort durchgerungen, so gibt es nichts Gesetz- oder gar Rechtswidriges: für den abgeklärten Geist liegt das System des Rechts als ein geschlossenes, widerspruchsloses Ganzes da in Ordnung und Harmonie.

III. Hiermit schließen wir die Behandlung des so ungemein anziehenden Problems der Rechtswidrigkeit ab, eines Problems von allergrundlegendster Bedeutung, des großen ewigen Problems des Unrechts, des Unrechts und damit zugleich des Rechts. Es leuchtet ein, daß der Begriff der Rechtswidrigkeit im Strafrecht mit den ersten und obersten Fragen der Wissenschaft zusammenhängen muß. Daraus folgt aber, daß eine Auseinandersetzung mit der Literatur so lange unfruchtbar ist, als sie sich lediglich über Einzelfragen verhält. Die Gegner werden schwerlich von den auch noch so ein-

eine zutreffende, übrigens der bekannten Fassung des Kantischen kategorischen Imperativs entsprechende Umschreibung des richtigen Grundsatzes, aber nur eine Umschreibung.

gehenden, folgerichtigen und praktisch befriedigenden Ausführungen überzeugt werden, wenn sie in prinzipiellen Fragen anderer Meinung sind. Und deswegen versprechen die in der Jurisprudenz üblichen, kommentarmäßigen Literaturzusammenstellungen, so nützlich sie in anderer Hinsicht sein mögen, keine Förderung der Lösung, keine Förderung der Klärung des Problems. Der Kampf kann nur auf dem Höhengebiete der Prinzipien ausgefochten werden. Daher mögen sich diejenigen, die uns bekämpfen wollen, dort hinauf begeben; dort oben mögen sie sich uns stellen. Wir dürfen also beanspruchen, daß sie insbesondere zu unseren Ausführungen in § 12 Stellung nehmen.

Wir glauben den Kern der wesentlichsten Differenzen insbesondere in folgenden hier noch in Kürze zusammenzufassenden Fragen zu erblicken.

1. Der Hauptgegensatz scheint uns zu sein: Positivismus und Kritizismus. Der erstere, der seinen Hauptvertreter auf privatrechtlichem Gebiete in Windscheid, auf strafrechtlichem in Binding, auf rechtsphilosophischen in Bergbohm gefunden hat, glaubt einseitig juristisch sämtliche Fragen zu unserem Thema lösen zu können; der letztere bestreitet diese Möglichkeit, verirrt sich aber nicht in nebengeordnete Gebiete, wie die soziologische oder gar die biologische Rechtslehre, sondern sucht die wissenschaftliche Grundlage zu gewinnen, die erst eine solche Lösung ermöglicht, eine „Grundlage“, die zu schaffen dieses Werkes Aufgabe ist. Nun stellen wir freilich nicht in Abrede, daß auch der Positivismus jede juristisch erhebliche Frage auf dem Gebiete der Rechtswidrigkeit lösen und dabei ein befriedigendes praktisches Ergebnis erzielen kann. Wer wollte behaupten, daß die Entscheidungen des höchsten Gerichtshofes in diesen Dingen grundsätzlich fehlgegangen wären, daß nicht auch rein formalistische Bearbeiter der Rechtswidrigkeitslehre — wir nennen nur Binding, Hold v. Ferneck, Nagler, H. A. Fischer — nicht auch ihrerseits eine annehmbare Lösung gefunden hätten. In der Tat, jede Wissenschaft muß in ihrem eigenen Kreise mit sich selbst fertig werden, ohne sich von anderen Wissenschaften hereinreden zu lassen, sie muß die Fragen, die sie selbst angehen, auch selbst zu erledigen imstande sein; wie die Naturwissenschaft nicht der Naturphilosophie, die Mathematik nicht der Logik, so bedarf die Rechtswissenschaft in dieser Hinsicht nicht der Kultur- und Sozial-

philosophie. Insofern haben also die Formalisten durchaus recht. Was von uns behauptet und immer wieder eindringlich behauptet wird, ist ein anderes. Jene Schriftsteller bemerken gar nicht, daß ihrem Verfahren, wenn es zu annehmbaren Ergebnissen führt, ein anderes zugrunde liegt; sie wenden dieses an, ohne es zu wissen; und wenn sie ihm zuwiderhandeln — die Gefahr liegt ja bei solcher Nichtkenntnis außerordentlich nahe —, dann ist auch das Ergebnis unrichtig.

Diese Grundlage gilt es nun gerade aufzudecken. Erst bei ihrer Kenntnis gewinnt man festen Boden unter den Füßen; man erkennt, wie der gute Jurist in letzter Hinsicht denkt und fühlt. Und man wird ferner vor Fehltritten bewahrt, man erhält eine Anleitung, wie man selbst ein guter Jurist werden kann, wie man juristisch zu denken und zu fühlen hat. Die „Grundlagen" dienen der eigenen Rechtfertigung; sie verschaffen das Gefühl der Gewißheit, daß man auf dem richtigen Wege ist, und sie leiten zugleich zu einem brauchbaren Ergebnis hin. Darum galt es, das Erkenntnisproblem und dann das Wertungsproblem zu stellen; beide wurden in bejahendem Sinne gelöst: ein allgemeingültiger Maßstab wurde theoretisch aufgezeigt und außerdem als praktisch brauchbar dargetan. Kein geringerer Vorwurf gegen die Formalisten ist mithin zu erheben als der der Kurzsichtigkeit und Oberflächlichkeit. Selbst der juristische Praktiker, der Richter, kann eines solchen Maßstabes nicht entraten, und er gebraucht ihn unzählige Male, indem er die Notstandsanalogie und sonstige Kunstgriffe anwendet. Der Theoretiker sollte aber den wahren Grund aufdecken und sich nicht selbst etwas vortäuschen. Klarheit und Ordnung des systematischen Denkens sind notwendig, um ein widerspruchsloses lückenloses System zu errichten. Und die Erreichung dieses letzten Zieles auch der Einzelwissenschaft gelingt eben nicht dem reinen Positivismus. Das von ihm als Arbeitsmittel verwendete Material, die positive Gesetzgebung und allenfalls noch das Gewohnheitsrecht, wie ist es doch widerspruchsvoll und lückenhaft! Als brauchbar kann es erst gehandhabt werden, wenn der dazu geeignete Boden bereitet ist. So werden sich denn auch die Formalisten gezwungen fühlen, auf die Grundlagen der Strafrechtswissenschaft, der Rechtswissenschaft, der Wissenschaft zurückzugehen. Das bedeutet Erkenntnistheorie. In ihr werden die Einzelwissenschaften fest miteinander verankert, die sonst in Anarchie leben würden, Anarchie im Außenverhältnis zueinander wie auch innerhalb ihrer eigenen Grenzen, im eigenen Heim.

Gerade deswegen ist aber Einheit der Methode, Geschlossenheit des Gedankenganges, Stilreinheit erforderlich. Was nützt es, wenn man sich zum Ziel setzt, die Rechtswidrigkeit durch eine „weit ausholende Erörterung von den verschiedensten Seiten her“[1]) zu ergründen, oder wenn man die Mitte zwischen Apriorismus und Empirismus halten will, wodurch man deren „Einseitigkeiten“ zu vermeiden hofft![2]) Auf diesen Wegen wird keine Gedankenfolge streng durchgeführt, wird man keiner Methode gerecht und kann der zu untersuchende Gegenstand niemals restlos erkannt werden. Denn er schwebt innerhalb des systematischen Ganzen in der Luft — nein, ein systematisches Ganzes, ein System ist bei einem derartigen Verfahren gar nicht möglich. Es soll ja erst Ordnung in die von der Rechtswissenschaft dargebotenen Objekte gebracht werden; denn es herrscht von Hause aus eine große „Unsicherheit“, die, wie ein anderer formalistisch orientierter Schriftsteller durchaus richtig erkannt hatte, „weiter dadurch gesteigert wird, daß die Rechtssätze, die als elementarste Bestandteile der Rechtsordnung zu verarbeiten sind, häufig wenig zueinander gestimmt erscheinen“.[3]) Und deswegen konnte es nicht ausbleiben, daß dieser selbe Schriftsteller, der das übergesetzliche Prinzip bekämpft, sich doch schließlich zu ihm bekennen muß — freilich ohne es gefunden zu haben.[4])

2. Ein weiteres Bedenken bezieht sich auf das Verhältnis von Dogmatik (technischer Rechtslehre) und Rechtsphilosophie (reiner Rechtslehre). Die Gegner nehmen an dem Dualismus des Rechtswidrigkeitsbegriffs Anstoß, an der Unterscheidung eines formellen und eines materiellen,[5]) und billigen nur einen, nämlich den formellen Begriff. Auch wir kennen übrigens grundsätzlich nur einen

---

[1]) So gibt Hold v. Ferneck I 8 die „Signatur der Untersuchung“ an. Resigniert genug bemerkt er aber, den letzten Zweck des Rechts könne die Wissenschaft nicht angeben (I 30).

[2]) So H. A. Fischer 1. [3]) So Nagler in Binding-Festschrift II 281.

[4]) Nagler a. a. O. 309[1] (bereits oben § 12 III 2 d Fußnote a. E. angeführt). Und wie energisch setzt sich dieser Autor doch für die „juristisch-empirische“ Methode ein (vgl. Nagler Strafe I 1918, Vorwort, S. 9, 10, 11, 17 u. a.).

[5]) So Hegler ZStW. 36, 28[29]. Wenn dort unserer Auffassung eine „Neigung zu teleologischer Betrachtungsweise“ zugesprochen wird, so ist das zu wenig: nicht bloß Neigung zu ihr, sondern ihre strenge Durchführung ist stets unser

Begriff, für den wir den Namen Rechtswidrigkeit vorbehalten möchten — freilich den materiellen, während wir den sog. formellen zwar für die Dogmatik (nicht die Erkenntnis) des Strafrechts gutheißen, aber an seine Stelle die „Tatbestandsmäßigkeit unter Ausschluß der Rechtfertigungsgründe" setzen (vgl. oben § 13 II 1). Damit schwinden also die (terminologischen) Bedenken gegen einen Dualismus. Wichtiger ist natürlich die sachliche Anerkennung des (materiellen, übergesetzlichen) Rechtswidrigkeitsbegriffs. Dieser läßt sich aber nur durch übergesetzliche, vorjuristische Betrachtung erkennen; das hoffen unsere bisherigen Untersuchungen erwiesen zu haben. Insofern ist also unerläßlich eine dualistische Betrachtungsweise, eine formelle und eine materielle, eine juristisch-dogmatische und eine philosophisch-teleologische.

3. Ein Einwand, der gegen den Kritizismus immer wieder erhoben wird und der auch gegen die hier vorgetragene Lehre vorausgesehen werden darf, ist der des Subjektivismus: es soll danach ganz auf das Gutdünken des Urteilenden, auf die Willkür des Richters ankommen, und diese subjektiven Anschauungen sollen wiederum nach dem Charakter und den Verhältnissen, in denen der Urteilende lebt, völlig verschieden sein oder gar von seinem politischen Bekenntnis abhängen.[1]) Theoretisch würde sich danach unsere Lehre in einen Subjektivismus, wenn nicht gar Relativismus auflösen, und praktisch würde die Berücksichtigung derartiger, angeblich subjektiver Ideale und die Nichtbeachtung des real-historischen, des konservativen Elements eine ständige Gefahr des Anarchismus[2]) bedeuten.

Leitmotiv gewesen; und deswegen vertreten wir den materiellen, d. i. eben teleologisch orientierten Rechtswidrigkeitsbegriff.

[1]) Nagler in Binding-Festschrift II 345 spricht von der „Freiheit der Spekulation", „wo alle Begriffe elastisch sind und der Subjektivismus ungehemmt sich tummelt"; „man nähert sich auf dieser schiefen Ebene allgemach wieder der Lehre des Mittelalters, wonach die Unvernünftigkeit des Gesetzes (d. h. doch schließlich die höchst persönliche Mißbilligung durch den Richter) seine Anwendbarkeit verhindern sollte". Und doch sagt derselbe Autor sehr richtig: „Die Bewegung zugunsten der sog. materiellen Widerrechtlichkeit empfiehlt sich durch ihre Individualisierungstendenz; sie verspricht, durch Abwägung der Interessen von Fall zu Fall jeder Situation gerecht zu werden und die peinliche Fehlerhaftigkeit, die mit jeder Durchschnittsregelung verknüpft ist, zu vermeiden."

[2]) So Jellinek Allgemeine Staatslehre [3] 1914, S. 355, 351.

Daneben könnte man der hier zugrunde gelegten soziologischen Rechtsauffassung (vgl. namentlich oben § 12 II 7) etwa demokratische oder gar sozialistische Tendenzen unterschieben.

Von alledem ist hier aber nicht die Rede. Keine Abhängigkeit von Fragen der persönlichen Überzeugung und des Glaubens, von politischen Strömungen! Nur Wissenschaft und reine Wissenschaft. Erkenntnistheorie als die Krone aller Wissenschaften; Erkenntnistheorie, zu der jede Einzelwissenschaft, will sie echt sein, den innersten Zug verspürt; Erkenntnistheorie, der jede Wissenschaft es nachtun möchte an Tiefe und Unerschütterlichkeit ihrer Fundamente. Der „Subjektivismus", den sie lehrt, ergründet die in unserem Bewußtsein liegenden Bedingungen für die Erkenntnis der Dinge, und diese sind nicht bei jedem einzelnen verschieden, sondern bei allen vernunftbegabten Wesen die gleichen. Ohne die Begriffe Wert und Recht und soziale Nützlichkeit, die klarzulegen die obige Aufgabe (§ 12) war, lassen sich menschliche Handlungen innerhalb der Gemeinschaft nimmer beurteilen, und das letztere ist doch gerade der Beruf des Juristen.

In der Praxis, in der Art der Anwendung des Maßstabes, mögen die einzelnen Menschen zwar voneinander abweichen, und das Ergebnis ihrer Tätigkeit mag bei dem einen dieses, bei dem anderen jenes sein. Grundsätzlich ist eine solche Verschiedenartigkeit jedoch auch bei der Handhabung der positivgesetzlichen Normen zu beobachten[1]) und kann man daher auch diesen die Gefahr eines Subjektivismus nachsagen; eine solche ist ja niemals zu vermeiden, wo es sich um Wertungen handelt. Daß die abstrakteren Begriffe schwerer zu handhaben sind, wurde oben bei der Erörterung des Wertungsproblems wiederholt hervorgehoben, und deswegen wiesen wir dem allgemeingültigen Begriff in der Praxis auch nur die Rolle eines Aushilfsmittels zu.

In der Theorie ist jedoch an seiner Allgemeingültigkeit nicht im geringsten zu zweifeln; er besitzt Allgemeingültigkeit a priori, d. h. unabhängig von aller nur subjektiv bedingten Erfahrung, unabhängig vom Wechsel der Anschauungen in den verschiedenen Zeiten und Ländern. Also eine erhöhte Objektivität ist ihm eigen,

---

[1]) Und funktioniert etwa besser der in der VglDarst. d. dtsch. u. ausl. Strafrechts von zahlreichen Mitarbeitern reichlich verwendete Begriff der „sozialen Gefährlichkeit"? Vgl. dazu Kantorowicz Monatsschr. 4, 99.

und damit trifft das gerade Gegenteil dessen zu, was die Gegner mit ihrem Einwand des Subjektivismus gegen die Erkenntnistheorie vorzubringen vermeinten (vgl. auch oben II 1 a δ). Wer aber an jener reinen Lehre, an ihrer Objektivität und Allgemeingültigkeit noch einen Zweifel hat, der vertiefe sich in die große historische Linie, die von Platon über Nikolaus Cusanus, Descartes, Leibniz, Kant und seine Nachfolger ihren Siegeszug nahm bis zu der modernen an Kant orientierten Erkenntniskritik.

4. Aber selbst wenn die Bedeutung und die Würde der Erkenntnistheorie außer jedem Zweifel steht, mag man ihre Einmischung in die Einzelwissenschaften zurückweisen. Man hört es immer wieder sagen: sie hat ihren eignen Bezirk und ihre spezifische Aufgabe, nun verschone sie bitte aber die anderen Wissenschaften, denen es ja in erster Linie auf ganz andere Zwecke als auf Erkenntnis ankommt; selbst von philosophischer (namentlich psychologistischer) Seite wird eine „Hypertrophierung des Erkenntnistriebes" verdammt; was in aller Welt leistet aber die Erkenntnis für die Erfüllung praktischer Aufgaben? Das Unvermögen wird um so augenfälliger, wenn man bedenkt, daß die Erkenntnistheorie, will sie Allgemeingültiges lehren, sich auf die formalen Prinzipien ohne jeglichen inhaltlichen Charakter beschränken muß. Und ist gegen Kants kategorischen Imperativ, jenes Prinzip der Maximenhaftigkeit ohne Angabe des Inhalts der Maxime, schon von keinem Geringeren als Hegel[1]) eingewendet worden, daß er bei seiner Leere und Inhaltslosigkeit nichts weiter besage als die Übereinstimmung mit sich selbst, so scheint die praktische Fruchtbarkeit der erkenntnistheoretisch gewonnnenen Grundsätze offenbar widerlegt. Dieses Bedenken kehrt auch neuerdings auf juristischem Gebiete gegen die Anwendbarkeit formaler Prinzipien in mancherlei Varianten wieder.[2])

[1]) In der Geschichte der Philosophie. Werke Bd. 15 S. 591/2 (Duncker & Humblot, 1836).

[2]) So wenn Mayer (Krit. Vierteljahrsschr. 1905, 191 ff.) gegen Stammler einwendet, eine erkenntnistheoretische Einsicht könne nicht Maxime unseres praktischen Verhaltens sein, und wenn Kohlrausch ZStW. 25, 663 gegen Graf Dohnas formale Maxime den Vorwurf der Tautologie erhebt, man könne von einer Rechnung mit unbenannten Zahlen nicht ein Resultat mit benannten Zahlen verlangen: 3 + 4 = 7, aber nicht = 7 Äpfel. — Vgl. ferner gegen Stammler vor allem Binder Rechtsbegriff und Rechtsidee 1915, 212 ff. und die dort Zitierten sowie Stammler selbst Wirtschaft und Recht [3] 1914, 663 Nr. 3.

Ist es da nicht weit fruchtbarer, die Erkenntnistheorie mit ihrer Tendenz zur Allgemeingültigkeit fahren zu lassen und statt dessen materiale Prinzipien, sei es auch solche nicht allgemeingültiger Natur, aufzustellen?

Diese Erwägungen sind in der Tat nicht von der Hand zu weisen, und wir selbst haben ihnen bereits wiederholt Rechnung getragen, haben von Anfang an zwischen Erkenntnisproblem und Wertungsproblem unterschieden (§ 12 I), haben den inneren Grund für die Untauglichkeit formaler Maßstäbe zur Beurteilung von Einzelfällen dargelegt (§ 12 II 5 c, auch III 1 d) und dafür Maßstäbe inhaltlicher Natur, nämlich den Objekten wesensgleiche Größen, d. s. die abstrakten Tatbestände, als Mittelglieder zwischen dem Sachverhalt und dem allgemeingültigen Maßstab für notwendig befunden (§ 12 II 7 b, § 13 I, § 15 I 1). Aber immer und immer wieder betont wurde die wissenschaftliche wie die praktische Notwendigkeit des allgemeingültigen Maßstabes: ein felsenfestes Fundament erscheint er auch der Praxis als Retter in der Not dann, wenn alles andere versagt.

Im Gegensatz zu Kants kategorischem Imperativ ist der hier zugrunde gelegte Maßstab für die Beurteilung von recht und unrecht — dessen Behandlung wir nunmehr abschließen — dem Leben zugewendet, und er ist daraufhin zugeschnitten, sich auch als praktisch nützlich zu erweisen. Noch immer hoch abstrakter Natur ist er aber gerade deswegen zugleich geeignet, alle nur denkbaren Fälle des Lebens in sich zu schließen und ihnen gerecht zu werden: er besitzt ein offenes Ohr für die feinsten Regungen des sozialen Lebens und dringt in dessen verborgenste Falten. Auf der einen Seite die Berührung mit den ewigen Gesetzen, auf der anderen sein Eingreifen in höchste Kasuistik — diese weiteste Spannung darf als ein günstiges Zeichen betrachtet werden, daß er seine Sendung erfüllen wird.

B.

§ 16. Das Wirken (Handlung, Kausalität).

I. Übersicht.

1. Der Kriminalist hat sich das Leben unnötig schwer gemacht, wenn er sich mit dem Handlungsbegriff beschäftigt. Mangelnde theoretische Grundlagen führten zu den unrichtigen und zum min-

desten überflüssigen, praktisch durchaus unfruchtbaren Fragen, ob das Verbrechen in erster Linie Handlung, ob also im System von diesem Begriff auszugehen oder aber ob die Handlung erst als ein Ausfluß und Ergebnis des Willens zu betrachten sei, so daß ihre Darstellung erst nach der Schuldlehre zu erfolgen habe; ferner ob zur Handlung (und damit zu jedem Verbrechen) ein Erfolg gehöre; sodann wann Kausalität zwischen Handlung und Erfolg vorliege; endlich ob die Unterlassung in allen Punkten der Handlung gleichzubehandeln sei (Kausalität, Rechtspflicht, Möglichkeit des Andershandelns). Man kommt zu den erwünschten Ergebnissen und zu einer Einheitlichkeit des Systems, wenn man die gesicherte Grundlage einnimmt; von ihr aus geht man — überlegen über jene Fragen — schnurstracks auf das Ziel los. Der Grund war bereits oben (§ 12 III 2) bei der Darstellung des Objekts des Unrechts gelegt. Wir wiederholen zunächst das Ergebnis in kurzer Zusammenfassung.

2. Auszugehen ist von dem Unrechts- und folglich von dem Rechtsbegriff. Will man doch die rechtserheblichen Objekte, die strafrechtlich zu bewerten sind, erkennen. Rechtswidrigkeit bedeutet: mehr Schaden als Nutzen für die staatliche Gemeinschaft (oben § 12 III 1). Und welches ist nun das Objekt, das nach diesem Maßstab zu beurteilen ist? Im konkreten Fall der Erfolg, aber nicht der tatsächliche sondern der voraussichtliche Erfolg. Der generell zu erwartende, der objektiv voraussehbare, der wahrscheinliche Erfolg entscheidet über den rechtlichen Wert einer menschlichen Handlung. Einer Handlung? Ist diese also das eigentliche Beurteilungsobjekt? In gewissem Sinne ja. Nur darf man nicht das Handeln in natürlichem Sinne einer Körperbewegung verstehen; denn für die juristische Betrachtung steht das Nichttun dem Tun gleich; beide sind in demselben Maße eben „rechtserheblich". Und rechtserheblich sind sie dann, wenn sie die Tendenz zu einer Veränderung in dem sozialen Geschehen setzen, wenn sie also einen „Erfolg" wahrscheinlich machen, der ohne sie nicht eingetreten wäre. Ist diese Tendenz dem Staat vorwiegend nützlich, so ist das Tun oder Nichttun rechtmäßig; ist sie ihm vorwiegend schädlich, so ist es rechtswidrig. Dieses Setzen der allgemeinen Tendenz ist also der eigentliche rechtliche Beurteilungsgegenstand; wir möchten ihn kurz mit „Wirken" bezeichnen. Er hat von sich abzustreifen einmal alles Individuelle und Besondere, da für die

sozialen Normwissenschaften nur die generelle Tendenz zur Beurteilung steht, sodann alles Subjektive und Persönliche, da die Willensrichtung und die Gesinnung in das Gebiet der Moral gehört und das Strafrecht nur für die Schuldfrage interessiert. Unerheblich daher der subjektive Zweck ebenso wie der wirkliche Erfolg. Der juristische Beurteilungsgegenstand liegt gewissermaßen in der Mitte und kann reeller Zweck oder ideeller Erfolg genannt werden (§ 12 III 2 e).

Will man mithin zu den eingangs (1) genannten Fragen der herrschenden Dogmatik Stellung nehmen, so wäre in aller Kürze zu antworten: Im System des Strafrechts gehört der juristische Handlungsbegriff als ein objektives Element logisch vor den Schuldbegriff, in den Unrechtsbegriff und innerhalb dessen hinter den Rechtswidrigkeitsbegriff. Das Strafrecht hat für ihn nur Interesse, wenn ein Erfolg hinzutritt, wenigstens ein gedachter, denn dieser soll auf seine soziale Schädlichkeit hin beurteilt werden; ein Erfolg gehört also stets zu einem verbrecherischen Unrecht, wenn auch nicht notwendig zu einem strafgesetzlichen Tatbestand (nur in letzterer Hinsicht gibt es sog. reine Tätigkeitsdelikte).[1] Zwischen Handlung und Erfolg muß sog. adäquate Kausalität vorliegen; diese ist ein Ausdruck für das eigentliche Beurteilungsobjekt: die generelle Tendenz, das Wirken auf einen (wahrscheinlichen, objektiv voraussehbaren, normalerweise eintretenden) Erfolg hin. Ob die Handlung durch ein Tun oder ein Nichttun erfolgt, ist juristisch durchaus unerheblich; die systematische Behandlung der sog. Unterlassung ist hinsichtlich der Kausalität wie hinsichtlich der Rechtswidrigkeit durchaus die gleiche wie für die (positive) Handlung.

3. Jene Formulierungen der herrschenden Dogmatik sind erstens theoretisch unrichtig, da die Begriffe Kausalität, Erfolg und Unterlassung auf naturalistischer und nicht auf sozialwissenschaftlicher Grundlage ruhen, wie alsbald zu zeigen ist.[2] Zweitens: praktisch leisten sie nichts; vielmehr ist zunächst ihr Untergrund für die

---

[1]) Vgl. oben § 13 I 2 b γ Fußnote a. E.

[2]) Vorläufig sei auf die Darstellung des Kausalproblems in Windelbands Einleitung 1914, §§ 6, 8 verwiesen. Vgl. S. 159/60 (Kausalität als „Gesetzmäßigkeit der Natur"). Beachte auch Natorp Sozialpädagogik § 4 ([1] 1899, 17): „Kausalität ist es überhaupt, welche den Begriff der Physis schafft, welche den Gegenstand der Naturwissenschaft erst konstituiert."

Schuldlehre viel zu weit, da nach der naturalistischen Kausalitätslehre eine objektive Verantwortung bereits für den Zufall begründet wäre; und sie lassen ferner für Hauptfragen der Versuchs- und der Teilnahmelehre im Stich, während nach der hier zugrunde gelegten Stellung und Lösung des Problems auch der Begriff der Ausführungshandlung (d. i. eben das Tendenzsetzen, das Bewirken) und die Grenze der Strafbarkeit des untauglichen Versuchs (d. i. die objektive Schädlichkeit der Handlung) erklärt werden müssen — übrigens in konsequenter Durchführung unserer Grundanschauung, wiederum im Gegensatz zur naturalistischen Kausalitätstheorie, die zu ihren bekannten Einschränkungen gezwungen wird (sog. „Unterbrechung der Kausalität", Ausschaltung der Zufallshaftung bei den durch den Erfolg qualifizierten Delikte). Drittens: systematisch bringt der Unterlassungsbegriff den Bau ins Wanken; denn Unterlassung kann nur verstanden werden als Unterlassung einer „gebotenen" Handlung, Unterlassung an sich ist sinnlos; durch die „Gebotenheit" wird aber bereits ein wertendes Element eingeführt, nämlich auf die Rechtspflicht hingewiesen, und so gelangt man zu der systematisch unmöglichen, kaum ernst zu nehmenden Lehre, daß bei den Unterlassungsdelikten an die Stelle der Kausalität die Rechtswidrigkeit trete. Freilich: die naturalistische Anschauungsweise mußte in tausend Nöte gelangen, wenn sie ein unbewußt fahrlässiges Unterlassungsdelikt beurteilen soll. Hier sind weder Handlung noch Wille vorhanden, jene Elemente, an die sonst das juristische Unwerturteil geknüpft zu werden pflegt; also ein natürliches Nichts — und dieses soll der Ausgangspunkt des Systems sein? Schon der eine Hinweis auf die Mängel jener Ansicht sollte beweisen, daß der Systematiker weder von der Handlung noch von dem Willen ausgehen darf; diese vermeintlichen Grundbegriffe sind nicht weit genug ausgespannt, um alle denkbaren Fälle zu umfassen.

II. Grundlage für die Bestimmung des Wesens des Wirkens.

Was von der hier zu bestimmenden Größe X vor allem verlangt wird, das ist, daß sie soziologisch nicht naturwissenschaftlich, daß sie speziell juristisch nicht psychologisch konzipiert wird: das X ist eine rechtlich soziale Tatsache, nicht ein Naturereignis. Das kann gar nicht eindringlich genug beachtet werden. Von vornherein ist der Blick soziologisch-juristisch einzustellen, und es ist unzulänglich und mindestens überflüssig, zuerst einen naturwissenschaftlich-psychologischen Handlungs- oder Willensbegriff aufzustellen, denn dieser müßte alsbald zu einem juristischen umgewandelt und zurechtgestutzt werden, eine Flickarbeit, die einer klaren Erkenntnis nur abträglich sein kann. Dieses soziale X muß mit einem bestimmten Namen belegt werden; uns scheint das Wort „Wirken“[1]) kurz und treffend. Unter „Handeln“ pflegt man ein positives Tun, eine Körperbewegung zu verstehen, und unter „Wollen“ ein bewußtes (vorgestelltes) Zweckstreben; beide Begriffe müßten erst in einem anderen, eben juristischen Sinne aufgefaßt werden, um den zu suchenden Kern wiederzugeben, insbesondere müßte dort das Nichttun und der reale Zweck einbezogen, hier das rein psychische Element ausgeschaltet werden. Selbstverständlich kann man, diesen Forderungen genügend, neben dem naturalistischen einen besonderen juristischen Handlungsbegriff oder auf der anderen Seite neben dem psychologischen (oder individualethischen) einen besonderen juristischen Willensbegriff aufstellen, gegen diese Terminologie ist selbstverständlich nichts einzuwenden, nur legt sie die Gefahr einer Einmischung außerjuristischer Gesichtspunkte nahe; weswegen uns eben ein besonderer, weniger abgenutzter Ausdruck empfehlenswert erscheint.

1. Das soziale Geschehen.

Erinnern wir uns an den Grundbegriff der Soziologie, an das Wesen der Gemeinschaft, wie es früher bestimmt wurde (§ 12 II 7 a). Die Gemeinschaft bedeutete uns eine Mehrheit von Personen, die durch gleichförmige, in Wechselwirkung miteinander stehende Interessen (Werttendenzen) verbunden sind.

a) Innerhalb der Gemeinschaft fließt das soziale Leben dahin gleich einem niemals rastenden Strom; es ist ein endloses Fluten und Rauschen der Geschehnisse, oft gleichmäßig in ruhigem Eben-

[1]) Der Begriff spielt bekanntlich eine große Rolle in der Sozialphilosophie Stammlers, der als den Stoff des sozialen Lebens das auf Bedürfnisbefriedigung gerichtete Zusammenwirken der Menschen bezeichnet (vgl. Wirtschaft und Recht ³1914 S. 126 ff., 182 ff., 307 ff., Anm. 87). – Daß dieser in der Rechtswissenschaft nicht immer gern gesehene Begriff (vgl. etwa Rümelin ArchzivPr. 90, 184) von uns nicht mit „Setzen einer Kraft“ wiedergegeben werden soll, dürfte unsere unbedingte Ablehnung naturwissenschaftlicher Gesichtspunkte wie jeder Metaphysik zur Genüge ergeben.

maß ohne Wellen und Wogen wie ein silberklares Band zwischen freundlichen Ufergestaden, oft aber mit Stromschnellen zwischen engen Felsen eingezwängt, in jähem Gefälle, vom Sturme aufgepeitscht mit sich überschlagenden Wellen. So greift auch der Menschen Wirken und Streben ineinander; der Mensch gleicht der Welle. Bald fügt sich alles in Eintracht und Harmonie zusammen, bald verläuft es nur unter Reiben und Stoßen, mit Schlägen und Gegenschlägen; die Menschen jagen hintereinander her, einer den anderen überholend, um später selbst überholt zu werden. Stets bleibt aber der Mensch von dem Mitmenschen ebenso abhängig wie von den äußeren Dingen. Diese letzteren nehmen auch ohne menschliches Zutun ihren Gang durch die Welt; sie bestimmen die Menschen, wie sie umgekehrt auch von ihnen bestimmt werden können. Für die Zwecke der sozialen Wissenschaften sind die Menschen den Dingen voranzustellen; rein tatsächlich genommen sind die Dinge wichtiger als die Menschen — das will die soziale Tragik.

So gelangen wir zu dem Begriff der sozialen Tatsache. Der Systematiker kann nicht ruhen, ehe er nicht auch hier, wo es sich um die Festlegung des juristischen Objekts handelt, zu grundsätzlicher Erkenntnis vorgedrungen ist, ehe er nicht den Oberbegriff auch für das Objekt gefunden hat. Soziale Tatsachen sind äußere Vorgänge, die auf menschliches Wirken zurückzuführen sind oder umgekehrt auf dieses Einfluß haben können. Von diesen beiden Gliedern gewinnt für uns Interesse das erstere. Denn der äußere Vorgang, der auf menschliches Wirken zurückzuführen ist, ist das Objekt, das von der Gemeinschaft bewertet wird und dessen Wert wiederum über denjenigen des menschlichen Wirkens entscheidet. Die sozialen Tatsachen aber wiederum sind nur ein Ausschnitt aus dem sozialen Geschehen, jenem ewigen Strome; dieses ist daher der ursprüngliche soziologische Grundbegriff, dessen Wesen sich uns bei den Darlegungen über die Willensfreiheit erschließen wird (§ 19 IV 3 g. E.).

b) Zwei Möglichkeiten des sozialen Geschehens gibt es, wie wir sahen. Greifen die Menschen und die Dinge harmonisch ineinander entsprechend den Erwartungen der Gemeinschaft mit möglichst geringen Störungen und Reibungen, so ist das soziale Geschehen ein normales, ein solches, wie es objektiv, d. h. vom Standpunkt der Gemeinschaft erwartet wurde. Andernfalls ist es ein regelwidriges, anomales. Auf die Erwartungen, die Voraussicht, das Wahrscheinlichkeitsurteil der Gemeinschaft kommt es an; das bedarf schon an dieser Stelle der Hervorhebung, um vor einem Mißverständnis zu warnen: die Ziele und Wünsche der Gemeinschaft haben hier noch nicht einzusetzen, sie sind für die Rechtswidrigkeit erheblich. Auch ein unerwünschtes Ereignis (Tod) kann ein normales sein.[1])

c) Wie kann sich nun aber der Mensch dem sozialen Geschehen gegenüber verhalten? Auch hier gibt es zwei Möglichkeiten. Er kann sich 1. dem sozialen Geschehen, sei es dem regelmäßigen oder auch dem regelwidrigen, anschließen; er läuft mit dem rollenden Wagen mit. Er kann aber auch 2. es durchkreuzen, indem er ihm einen abweichenden Lauf gibt, den es sonst nicht genommen hätte, wenn er nicht eingetreten wäre; er hält den rollenden Wagen an. Auch hier kann es von vornherein ein regelmäßiges oder ein regelwidriges gewesen sein, und es ist der Fall denkbar, daß das von Hause aus regelwidrige Geschehen durch sein Dazwischentreten ein regelentsprechendes wird, z. B. durch Abwendung der unliebsamen Folgen eines gesellschaftsschädlichen Ereignisses. In allen Fällen ist es unerheblich, ob das Regelwidrige auf ein Ding oder auf einen Menschen zurückzuführen ist. Und ferner ist es unerheblich, ob der Mensch etwas tut oder unterläßt; Tun und Nichttun, positives und negatives Verhalten stehen einander völlig gleich.

Von besonderer Wichtigkeit ist aber dieses: nur bei dem Durchkreuzen des Laufes der Dinge, also bei der zweiten der beiden soeben genannten Möglichkeiten, ist ein Wirken des Menschen gegeben. Bei dem Anschluß an den Lauf der Dinge, der ersten Möglichkeit, kann man dagegen ein menschliches Wirken, selbst ein Mitwirken, nicht annehmen; die nachfolgenden sozialen Tatsachen wären ja auch ohne den Menschen eingetreten, er selbst hat nicht die Tendenz gesetzt — also insofern trifft die sog. Bedingungstheorie zu: Ursache ist ein menschliches Handeln dann nicht, wenn ohne dieses derselbe Erfolg eingetreten wäre. Und doch ist diese in der Strafrechtslehre

---

[1]) Derselbe Gedanke kommt auch in der Ästhetik bei der Bestimmung des Tragischen zum Ausdruck; dieses besteht gerade darin, daß das Lebensfeindliche als ein normales empfunden wird — im Gegensatz zum bloß Traurigen, das ein lediglich zufälliges Verhängnis bedeutet. Vgl. Simmel Michelangelo, in Philosophische Kultur [2] 1919, 164.

weitverbreitete Kausalitätstheorie durchaus unrichtig und paßt gar nicht in unseren Gedankengang; es trifft nämlich die Umkehrung nicht zu: es ist falsch, daß Ursache, wie jene Theorie meint, ein menschliches Handeln dann sei, wenn ohne es der Erfolg nicht eingetreten wäre. Denn hier wird ganz außer acht gelassen, daß zwischen diesem Handeln und dem Erfolg ein äußeres Ereignis liegen kann, das erst seinerseits den regelwidrigen Erfolg herbeigeführt hat, ein sog. Zufall; in einem solchen Fall ist das menschliche Handeln kein „Wirken" gewesen. Allerdings wäre vielleicht ohne dieses Handeln (leichte Körperverletzung) in Verbindung mit dem späteren Ereignis (Blitzschlag) der betreffende Erfolg (Tod) nicht eingetreten. Aber — und das ist der sozial-rechtlich entscheidende Gesichtspunkt — auf das Handeln wäre ohne das anomale Ereignis der betreffende Erfolg ebenfalls nicht eingetreten; das Handeln hätte vielleicht einen ganz andersgearteten Erfolg (leichte Erkrankung)[1]) nach sich gezogen, während der unerwünschte Erfolg (Tod) auf ein anderes Ereignis (Blitzschlag) zurückzuführen ist. Regelwidrig — regelwidrig im Hinblick auf den Tod — ist der Verlauf der Dinge also nicht durch ein menschliches Wirken, sondern durch ein Naturereignis geworden. Diese Gedankenfolge, die soziologisch-juristisch allein erträgliche, liegt der Theorie der sog. adäquaten Kausalität zugrunde.

d) Hiermit ist zugleich der springende Punkt hervorgetreten: es ist allemal nach dem Regelwidrigen zu fragen, das den juristisch unerwünschten Erfolg herbeigeführt hat; und um dieses zu erkennen, darf man nicht einseitig nur menschliche Handlungen oder — allgemeiner — menschliche Verhaltungsweisen ausfindig machen, sondern hat ebenso sorgsam nach anderen Ereignissen Umschau zu halten. Von einem menschlichen Wirken ist mithin nicht mehr die Rede, wenn dieses nur ein unerhebliches Glied in der Kette der zu dem unerwünschten Erfolg führenden Ereignisse bedeutet — mag der Mensch auch besonders aktiv hervorgetreten sein. Andrerseits liegt ein menschliches Wirken vor, wenn durch ein Verhalten das Regelmäßige regelwidrig geworden ist — mag der Mensch sich auch nur passiv verhalten haben (Untätigsein des Weichenstellers), ja

---

[1]) Dann ist das Handeln allerdings hinsichtlich dieses anderen Erfolges ein „Wirken".

mag sogar keine Veränderung in der Außenwelt eingetreten sein (Festhalten des Häftlings über die Strafzeit hinaus), ein für die herrschende naturalistische Auffassung folgerichtig gar nicht zu erklärender Fall: keine natürliche Handlung, kein äußerer Erfolg, bei Fahrlässigkeit auch kein Wille, und doch Verbrechen. Ein Wirken ist auch in dem umgekehrten Falle anzunehmen, wo das Regelwidrige regelmäßig geworden ist; dieser Fall scheidet aber aus der strafrechtlichen Unrechtslehre aus, er bietet vorwiegend soziologisches Interesse.

e) Wenn man den Begriff des Wirkens nicht aus den Augen verliert, so bleibt man auch vor der Konsequenz der an sich richtigen rein logischen Kausalitätsauffassung bewahrt, lediglich in der zeitlichen Aufeinanderfolge zweier Ereignisse Kausalzusammenhang zu erblicken. Sieht man nämlich bloß in der logischen Verknüpfung zweier zeitlich aufeinanderfolgenden Ereignisse Kausalzusammenhang, so müßte der letztere konsequent auch in dem Falle zu bejahen sein, wenn jemand einen anderen auf der Straße täglich an derselben Stelle trifft. Zur Vermeidung dieses unerfreulichen Ergebnisses ließe sich noch das Erfordernis eines Notwendigkeitsurteils hinzufügen: das eine Ereignis muß notwendigerweises auf das andere folgen. Aber auch diese Auffassung ist noch unzureichend; nach ihr müßte Kausalzusammenhang zwischen Tag und Nacht vorliegen, denn diese folgt auf jenen mit Notwendigkeit. Es muß eben noch etwas weiteres hinzutreten; das rein logische Notwendigkeitsurteil allein reicht nicht aus. Vielmehr muß der Urteilende, der das Notwendigkeitsurteil fällt, die Notwendigkeit in den Tatsachen selbst begründet finden: die zeitlich frühere muß vermöge ihrer Eigenschaften bei einer gewissen Sachlage und bei einem gewissen Verlauf der späteren Ereignisse die andere Tatsache mit Notwendigkeit nach sich ziehen, etwa die Explosion den Einsturz des Hauses. Daher mißt man ja der ersteren Tatsache eine Kraft bei, und die populäre Anschauung sieht gar in den Dingen selbst die Ursache. Das ist nun freilich eine unlogizistische Metaphysik; aber richtig ist wenigstens die Anschauung, daß die Notwendigkeit nicht nur eine logische, sondern auch eine empirische, nicht nur eine in unseren Denkgesetzen, sondern auch eine in den Tatsachen begründete Beziehung sein muß. Die logische Auffassung allein wäre ebenso unzureichend wie die empirische allein; denn nach der letzteren würde die Kausalität der Unterlassung unerklärbar sein (vgl. unten V). Erst die Verbindung beider Betrachtungsweisen ergibt den richtigen Kern, und dieser findet seinen Ausdruck in dem Begriff des Wirkens: die Explosion hat den Einsturz des Hauses bewirkt und ebenso der Schlag mit der Axt den Tod. Namentlich auf menschliche Verhaltungsweisen, die ja das eigentliche juristische Beurteilungsobjekt abgeben, paßt der Ausdruck Wirken ausgezeichnet.

Diese Erwägungen runden sich zu einem Gesamtbilde von der Kausalität ab, und dieses wiederum entspricht durchaus jener großen Weltanschauung, nach der die Erkenntnis der Wahrheit nur durch die Übereinstimmung der Erscheinungen mit den Denkgesetzen möglich ist. Ob den Dingen, die wir Ursache nennen, selbst eine Kraft innewohnt, wissen wir nicht, wir selbst legen sie erst in die Dinge hinein vermöge unserer Denkgesetze; aber gewiß ist die Vorstellung einer solchen Kraft nicht ein Werk unserer Phantasie, vielmehr müssen die Dinge, muß das Geschehen unserer Einbildung entgegenkommen. Wie kämen wir denn sonst dazu, in diesem Dinge, nicht aber in jenem eine Ursache zu erblicken und zwar übereinstimmend mit den Ansichten der anderen Menschen und sich immer von neuem durch die Tatsachen bestätigend? Unerkennbar ist der Fluß des Geschehens; die geheimnisvollen Kräfte der Natur, die wir die Ursachen von Änderungen nennen, werden uns stets rätselhaft bleiben. Aber gewisse in den Tatsachen begründete Größen, die uns als das die Änderungen Bewirkende erscheinen, entsprechen unseren Denkgesetzen; oder umgekehrt: die Denkgesetze, die jenes Urteil über das Bewirken abgeben, entsprechen den Tatsachen. Die Quellen der Änderungen, die Ursachen des Geschehens im Weltzusammenhange und speziell im sozialen Leben der Menschen bestehen also in der Übereinstimmung der Tatsachen und der Denkgesetze. So wird das Wirken als ein gesetzmäßiges begriffen; und das Begreifen des Gesetzmäßigen ist wissenschaftliche Erkenntnis.

2. Methodische Grundlegung.

a) Grundsätzlich gibt es nur eine methodische Begründung des Begriffs des Wirkens, nämlich die in diesem Werke durchgehend zugrunde gelegte erkenntniskritisch-soziologische. In dieser Hinsicht ist bereits das Maßgebende gesagt worden. Von hochwissenschaftlichem Standpunkte sind alle strafrechtlichen Erscheinungen, wie wir es schon bei den Begriffen Verbrechen und Unrecht erkannten (§§ 11 IV 4 b, 15 II 1 a δ, auch §§ 5 IV 2, 7 II 1), nur unter dem Gesichtspunkte der Strafrechtswissenschaft zu betrachten und ist daher das Urteil des sog. objektiven Beobachters, das logokritische Urteil dem Objekt voranzustellen. Strafrechtlich also ist das erste das Unrecht als das Urteil über den Unwert eines menschlichen Verhaltens, Unwert eben vom Standpunkte und nach der Ansicht der Strafrechtswissenschaft. Das Urteil sucht sich sodann ein zu der Anlegung des Unwertmaßstabes taugliches Objekt und findet dieses genauer in dem menschlichen Wirken. Dieses ist dann in der Weise, wie es der Maßstab verlangt, zurechtgestutzt, verengt und erweitert, damit es überhaupt gemessen werden kann; vorher war es ein für diese Wissenschaft unbehauener Block: der wissenschaftliche Forscher hatte sich mit ihm nur „vorwissenschaftlich", d. i. unkritisch, primitiv, beschäftigt.[1]) Übrigens ist die „Zurechtstutzung" des Objekts nur eine Teilerscheinung des großen Postulats, daß sich alle Glieder einer Wissenschaft harmonisch zu einem einheitlichen widerspruchslosen Gebilde zusammenfügen; also müssen auch Maßstab und Objekt zusammenstimmen.

b) Man kann aber auch eine ebenso wissenschaftlich begründete Methode rein vom Standpunkte der beschreibenden Soziologie verfolgen, indem man von dem eliminierten Objekt, so wie es eben für die beschreibende Soziologie von Interesse ist, ausgeht und dann stufenweise die normativ-juristischen Elemente hinzufügt, bis schließlich das vollständige Bild des Strafrechtssystems vor den Augen steht. Das ist eine der Konstruktion nachfolgende Rekonstruktion, ebenso wie von seiten der Neukantianer die (reine) Psychologie als eine Rekonstruktion der Erkenntniskritik aufgefaßt wird (Natorp); diese Methode dient sozusagen der Selbstkontrolle, sie hat jedoch auch den Vorzug, daß sie nebeneinander in Analyse die einzelnen Bestandteile vorführt, mit denen die Dogmatik sodann

[1]) Nach Rickert (in: Windelband Philosophie in Beginn des 20. Jahrh. 1905), 62 ist Gegenstand der Wissenschaft nicht die „auffassungsfreie Wirklichkeit", sondern „die Produkte der vorwissenschaftlichen Begriffsbildung". Ähnlich sagt Lask Rechtsphilosophie (ebenda) 29, nicht die natürliche Welt sei Gegenstand der Kulturwissenschaft, sondern die durch die vorwissenschaftliche Begriffsbildung entstandene, einem Halbfabrikat vergleichbare Welt, die auf die Kulturwerte bezogene Welt.

zu arbeiten hat. Stets ist aber zu beachten, daß eine solche Methode nur sekundärer Natur ist; als Rekonstruktion ist sie die logische, kritische Konstruktion voraus.[1])

Diese soziologische Methode muß notgedrungen mit dem wesenlosesten, nichtssagendsten Element, dem Urelement, beginnen, ebenso wie die moderne, analysierende Psychologie nicht mit zusammengesetzten Gebilden, etwa dem Zweckstreben oder dem Wollen, sondern etwa mit den reinen Empfindungen den Anfang macht. Sodann ist eine Größe nach der anderen hinzuzufügen, so daß das Objekt Wesensgehalt und immer mehr Wesensgehalt, Sinn und immer mehr Sinn empfängt, bis man endlich den Zweck des Ganzen einsieht. Schon diese Erwägung zeigt, daß für eine normative Wissenschaft ein solches Verfahren ungenügend ist. Denn mit einem nichtssagenden Begriff anzuheben ist sinnwidrig und unverständlich. Und wie kommt man denn dazu, gerade dieses und jenes Zweckmoment hinzuzufügen, ein anderes aber beiseite zu lassen? Doch nur deswegen, weil man das Ziel, das Ganze, bereits vor Augen hat. Das zeigt wiederum, daß der teleologisch auf das Ganze eingestellte Blick das Primäre und der Aufbau der Elemente nur eine Rekonstruktion ist.

Nunmehr ist methodisch reiner Tisch gemacht und kann an die Entwicklung des Begriffs des Wirkens gegangen werden; es entspricht der Bestimmung des Handlungsbegriffs in der Literatur. Die folgenden (III) Untersuchungen tragen also rekonstruktiven Charakter.

III. Die Elemente des Wirkens (der sog. Handlungsbegriff).

1. Das Verhalten, das menschliche Verhalten.[2]) Um zu diesem wesenlosen leeren Begriff zu gelangen, mußte der methodische Forscher fürwahr einen langen mühevollen Weg der Abstraktionen

[1]) Daher liegen von unserem Verfahren ganz abseits die psychologischen Methoden Zitelmanns und Mayers, wie andrerseits die metaphysischen (über die letzteren vgl. etwa die freilich nicht erschöpfende Darstellung von Kollmann Die Bedeutung der metaphysischen Kausaltheorien für die Strafrechtswissenschaft 1908, Strafrechtl. Abh. Nr. 84).

[2]) Verwendet wird der Begriff von Bierling Prinzipienlehre 2, 55, Frank vor § 1 III 1, auch von v. Liszt 116, Beling Verbrechen 8, Mayer 131[1], 14, P. Merkel VglDarst. A 5, 270, Kollmann Festschr. für v. Liszt 1911, 123 u. a.

zurücklegen. Der Begriff ist derart nichtssagend, daß man mit ihm kaum etwas anfangen kann, wenn man nicht sofort eines der weiter genannten Elemente hinzunimmt. Aber das soll ja gerade vorläufig noch unterbleiben. In Wahrheit ist mit ihm nichts weiter gesagt, als daß ein Mensch vorhanden sein muß, der vom Standpunkte der Gemeinschaft in einem konkreten Falle sozialwissenschaftliches Interesse erweckt.[1]) Also eine konkrete soziale Betrachtung eines Menschen — das ist das Wesentliche. Der Begriff Verhalten bringt also zum mindesten das zum Ausdruck, daß eine äußere Stellung eines Menschen in einer besonderen Sachlage innerhalb einer Gemeinschaft zum Gegenstande näherer Betrachtung und Beschreibung gemacht werden soll.

Der Gegensatz ist einmal jegliche Bezugnahme auf die Psyche;[2]) sie gehört in die Gebiete der Moral- und der Schuldlehre, und deswegen ist der Ausdruck Willensbetätigung[3]) oder gar Wollen[4]) viel zu eng; dieser umfaßt nicht das schuldlose, ja kaum das fahrlässige Handeln. Insofern ließe sich unser Begriff deutlicher mit „äußerem Verhalten" bezeichnen.

Der Gegensatz ist ferner das natürliche Handeln, das Tun, die Körperbewegung, die Muskelanspannung;[5]) diese Begriffe gehören in

[1]) Ähnlich Landsberg Kommissivdelikte durch Unterlassung 1890, 25 („das Irgendwie-Beschaffensein eines Menschen an einem bestimmten Ort und zu einer bestimmten Zeit").

[2]) Der Gefahr einer Vermischung hält man oft nicht stand. Vgl. etwa Eltzbacher Handlungsfähigkeit nach bürgerlichem Recht I 1903, 83 („eine Tatsache des menschlichen Seelenlebens").

[3]) So viele. Vgl. etwa Zitelmann Irrtum 34 ff., 167 ff., v. Liszt 116, Liepmann Einleitung 27 ff., Beling 19, Radbruch Handlungsbegriff 130, Mayer 102.

[4]) So ebenfalls viele, meist — wie bekanntlich Binding — auf Grund eines zu weit gefaßten, mit der modernen Psychologie schwer zu vereinbarenden Willensbegriffs. Vgl. auch Beling 11, der den Willensbegriff „farblos" lassen will: dann muß doch aber der richtige Willensbegriff, der doch gewiß nicht farblos sein darf, aus dem Handlungsbegriff ausgeschieden werden. Alle Schuldelemente sind ja, wie Beling gegenüber Binding richtig betont, aus dem Handlungsbegriff zu entfernen.

[5]) Auch diese Ansichten werden in verschiedenen Varianten, teils in Verbindung mit den oben genannten, teils unter Gegenüberstellung zum Nichttun, vertreten. Vgl. Zitelmann 32 ff., Meyer-Allfeld 160, Finger I 272, v. Liszt 116, Beling 14/5 (Unterlassen sei „Zurückhalten der motorischen Nerven"), Mayer 108. Hierzu Liepmann Einleitung 27 ff. und Radbruch Handlungsbegriff 113 ff. mit vielen Nachw.

das gänzlich abseits liegende Gebiet der Naturwissenschaften; auch sie sind zu eng, da sie das Nichttun („Unterlassen") nicht in sich begreifen[1]) und außerdem bei der Erklärung des nicht beendeten Versuchs nicht einwandfrei funktionieren. Auf alle Fälle muß man aber zu einem einheitlichen Oberbegriff gelangen; es geht schlechterdings nicht an, Tun und Nichttun, Handeln und Unterlassen nebeneinander zu stellen,[2]) das wäre ein bequemes aber unwissenschaftliches Verfahren. Das Gemeinsame vor die Klammer zu ziehen, bedeutet nicht etwa nur das Ausfindigmachen eines für beide passenden Namens, sondern Vertiefung der systematischen Erkenntnis.

Eine Auseinandersetzung mit den abweichenden Ansichten ist fruchtlos. Zum großen Teil besteht nur eine terminologische Differenz, insofern der Handlungsbegriff zur Vermeidung seiner Farblosigkeit nicht auf das hier erörterte Urelement beschränkt, sondern durch die Aufnahme eines der folgenden Elemente, des Erfolges, der Kausalität, der Willkür, der Möglichkeit des Andershandelns oder gar eines wertenden, zur Rechtswidrigkeit gehörenden Elements oder gar eines Schuldelements, wie der Zurechnungsfähigkeit[3]), inhaltsreicher, sozusagen sinnvoller gestaltet wird, so daß er sich immer mehr in der Richtung nach dem Verbrechensbegriff hin erweitert. Dann wäre gegen jene Ansichten nur der Mangel an Analyse einzuwenden. Oder aber — zweitens — es besteht eine methodische Differenz. Dann werden sich die Gegner, wenn sie die Diskussion auf das Gebiet des Handlungsbegriffs beschränken, schwerlich miteinander verständigen. Sie werden sich sachlich nicht überzeugen, da sie von verschiedenen Voraussetzungen ausgehen. Wer von der Bindingschen Normentheorie und von ihrer eigenartigen Auffassung des Willensbegriffs ausgeht, wird auf logisch einwandfreiem Wege zu einem ganz anders aussehenden Strafrechtssystem und mithin auch einem anderen Handlungsbegriff

[1]) Ein völlig anderer Unterlassungsbegriff findet sich bei Zitelmann 61 ff.

[2]) So Radbruch Handlungsbegriff 142[1] m. w. Nachw.; ähnlich Mayer 108 und 131. Dagegen gut schon Liepmann Einleitung 27.

[3]) So Oetker GerS. 72, 164. Vgl. Bierling Prinzipienlehre S. 3, 91 ff. — Wenn übrigens der Wille zur Handlung gehörte, so müßte bei Mehrheit von Willensentschlüssen, trotz Einheit der (äußeren) Handlung, Realkonkurrenz angenommen werden (der Täter will etwa durch einen Schuß A und B verletzen) — eine Ansicht, die gewiß nicht zu billigen ist.

gelangen, wie die konsequenten Vertreter der Kriminalpolitik, die folgerichtig auf das rein Tatsächliche den Schwerpunkt legen; und diese wiederum zu einem anderen Ergebnis, ebenfalls logisch durchaus einwandfrei, wie derjenige, der sich anschließt unserer kritischen Wertlehre und besonders der Anschauung, daß auch das Objekt ein Werten ist (§ 12 II 5b), woraus mit zwingender Notwendigkeit die Ablehnung des natürlichen und die Einführung eines besonderen juristischen Handlungsbegriffs folgt[1]). Gerade auf den Ausgangspunkt kommt es an. Die Juristen sollten von den Philosophen wenigstens das lernen, daß sie sich recht eindringlich unter strengster Selbstprüfung überlegen, ob völlig unbedenklich ist, wie und wo sie ansetzen; der Anfang ist ja so unendlich schwer; ist der Wagen einmal ins Rollen gekommen, so gibt es kein Aufhalten mehr.

2. Dieser „blutleere" Begriff des äußeren menschlichen Verhaltens ist zunächst zu bereichern durch die Hinzufügung seiner Beziehung zu einem sozial-rechtlich erheblichen äußeren Umstand, d. h. zu einem solchen, der außerhalb des Täters liegt, aber nicht notwendig eine „Veränderung in der Außenwelt" oder eine „Einwirkung auf die Außenwelt" — so hat man den „Erfolg" oft definiert[2]) — zu bedeuten braucht. Will man überhaupt den Erfolgsbegriff verwenden, so muß man ihn — abgesehen von der schon früher besprochenen Ausschaltung der Realität (vgl. oben § 12 III 2e) — dahin verstehen, daß einmal auch die „Veränderung" in der Psyche eines anderen liegen kann (Anstiftung), daß ferner eine sog. Rechts- oder Normverletzung, d. i. die Verletzung des öffentlichen Interesses, ausreicht (Meineid), daß aber vor allem irgendeine tatsächliche Veränderung gar nicht vorzuliegen braucht, daß vielmehr der Umschlag aus dem Regelmäßigen ins Regelwidrige ausreicht (Festhalten des Strafgefangenen über die Strafzeit hinaus)[3]).

---

[1]) Dagegen berührt sich mit unseren Ergebnissen vielfach Bierling trotz seines im wesentlichen positivistischen Verfahrens. Vgl. Prinzipienlehre 3, 17 („das rein Tatsächliche am Unrecht" sei, „was nach Abzug aller den rechtlichen und sonstigen Wert oder Unwert eines Verhaltens begründenden Momente vom Tatbestand des Unrechts übrigbleibt").

[2]) Dagegen treffend Kohlrausch Irrtum 93 ff.

[3]) Daher ist der Erfolg nicht ein „Ereignis", wie Mayer 110 ff. meint. Gut aber die Betonung, daß es auf die „Auffassung" ankommt; insofern kann man seiner Definition, der Erfolg sei „ein als Ergebnis von Betätigungen aufgefaßtes Ereignis", zustimmen.

Also kein Erfolg in naturalistischem, sondern ein solcher in normativ-soziologischem Sinne[1]). Dieser außerhalb des Verhaltens liegende Umstand findet sich bei einem jeden Delikt, auch dem reinen Unterlassungsdelikt[2]); er ist von dem Verhalten selbst sehr wohl zu trennen.[3]) Später ist er auf seine soziale Nützlichkeit zu werten, woraus sich der Wert auch des Verhaltens ergibt (unten 6). Vorläufig genügt aber die bloße Beziehung des Verhaltens zu einem äußeren Umstand. Dieser neu zu dem Verhalten hinzutretende Gedanke deutet, gleichsam im Dämmerlichte, bereits die Richtung an, in die nunmehr die weitere Fahrt zu nehmen ist.

3. Welcher Art muß diese Beziehung sein? Eine teleologische, nicht eine rein (naturalistisch) kausale. Der äußere Umstand muß von dem Verhalten bezweckt sein. So wenig einerseits es auf den subjektiv-psychischen Zweck des Handelnden ankommen kann, so unerheblich ist andrerseits der tatsächliche Erfolg. Wichtig ist allein die Mittellinie, die wir mit reellem Zweck oder ideellem Erfolg kennzeichneten (§ 12 III 2e). Das Verhalten als ein äußerer Umstand ist mit einem anderen außerhalb des Täters liegenden Umstand teleologisch zu verknüpfen. Der Ausgang von dem Verhalten als dem zeitlich Frühereren deutet schon auf die teleologische Verknüpfung im Gegensatz zu der kausalen. Erstere wendet den Blick in die Zukunft, letztere in die Vergangenheit; erstere urteilt ex ante, letztere ex post. Erstere fragt: was soll sein?, letztere: was ist gewesen? Erstere ist die rechtlich-soziale, letztere die naturwissenschaftliche Frage. Irreführend ist daher für juristische Unter-

[1]) Einen normativen Erfolgsbegriff hat Liepmann Einleitung 82 ersonnen, aber einen solchen, der bereits eine rechtliche Wertung enthält und der Tatbestandsverwirklichung entspricht, wie seine gesamte Schrift unter dem Gesichtspunkt des Rechts (Stammlers „Form“ = Bedingung) die Welt der Tatsachen betrachtet. Der Erfolg ist aber ein Umstand rein tatsächlicher Natur und frei von rechtlicher Würdigung.

[2]) Dagegen will Traeger Das Problem der Unterlassungsdelikte, in Festgabe für Enneccerus 1913, 12 den Unterschied der reinen Unterlassungsdelikte von den Begehungsdelikten gerade darin sehen, daß der Erfolg bei den ersteren fehlt. Vgl. oben § 13 I 2 b γ.

[3]) Nach Bierling Prinzipienlehre 3, 30 hat es den Anschein, als sei Tun und Erfolg gar nicht voneinander zu trennen. Ebenso spricht Mayer 117 ff. von einer Relativität des Erfolges. Das trifft jedoch nur in zeitlicher Hinsicht zu. Logisch ist eine Trennung stets möglich.

suchungen das Gegensatzpaar: Ursache — Erfolg. Hier trifft mehr das andere zu: Mittel — Zweck. Das Verhalten wird nicht zur Ursache, sondern eher zum Mittel qualifiziert, und der außerhalb des Täters liegende Umstand nicht zum Erfolg, sondern eher zum Zweck. Nur ist auch der Gegensatz Mittel — Zweck insofern irreführend, als man mit ihm meist etwas Subjektives, Psychisches bezeichnet; man müßte die genannten Ausdrücke eben objektiv, real verstehen. Uns scheinen daher die Ausdrücke Setzen der Tendenz und Tendenz ganz am Platze.

Wichtiger als die Terminologie ist der Gedanke, daß der Ausgang von dem zeitlich Früheren zu nehmen ist. Das menschliche Verhalten ist das Urelement, der Schwerpunkt für die Erkenntnis des Beurteilungsgegenstandes, und der außerhalb des Täters liegende Umstand ist nur deswegen heranzuziehen, weil von seiner sozialen Nützlichkeit oder Schädlichkeit auch der Wert und Unwert des Verhaltens abhängt. Er ist schon deswegen — diese eine Erwägung schon sollte den Juristen überzeugen — nicht von primärer Bedeutung, weil ja ein „Erfolg" noch gar nicht tatsächlich eingetreten zu sein braucht, gleichwohl aber schon über Rechtmäßigkeit oder Rechtswidrigkeit des Verhaltens ein Urteil gefällt werden muß. Denn es muß möglich sein, jedes menschliche Verhalten zu jeder Zeit zu beurteilen, zu jeder Zeit, mithin auch vor Eintritt des Erfolges. Es kann also nicht auf den tatsächlichen, sondern nur auf den gedachten Erfolg, also nicht auf einen „Erfolg" in wahrem Sinne des Wortes ankommen.

4. a) Welcher näherer Art ist nun aber wiederum diese teleologische Beziehung? In welcher Weise muß der „Erfolg gedacht" sein, wie wir soeben sagten? Welcherlei Urteil muß gefällt werden? Die Antwort kann nicht mehr zweifelhaft sein: ein Wahrscheinlichkeitsurteil. Vom Standpunkt des Verhaltens, als des zeitlich Früheren aus, also in die Zukunft kann nur geurteilt werden: das Verhalten wird wahrscheinlich einen solchen Erfolg herbeiführen. Das bedeutet die allgemeine Tendenz des Verhaltens, das bedeutet das Wirken. Über Zukünftiges kann man in sozialen Dingen nimmer ein Gewißheitsurteil fällen, kann man nur sagen: voraussichtlich, nach dem normalen Verlauf der Dinge, unter dem regelmäßigen Gang der Ereignisse wird der und der Erfolg eintreten. Ganz im Gegensatz zu dem schon oben (3) ausgeschalteten Kausalurteil,

das ex post das tatsächliche, nicht ex ante das voraussichtliche Geschehen betrachtet, das das Sein nicht das Sollen, die Natur nicht die Werte zum Gegenstande hat. Das Kausalurteil ist ein Gewißheitsurteil und besagt, daß der Erfolg ohne das Verhalten nicht eingetreten wäre. So spricht die Naturwissenschaft, die Theoretik, sie strebt nach Gewißheit und Wahrheit; mit einem Geringeren muß sich die Kulturwissenschaft, die Praktik bescheiden, ihr Ziel kann, soweit es sich um das Tatsächliche handelt, nur Wahrscheinlichkeit sein. Man mag auch diese letztere, dem Kausalurteil eng verwandte Verknüpfung Kausalität nennen; dann führe man sich durch einen Zusatz, wie juristische, adäquate Kausalität, immer von neuem zu Bewußtsein, daß es nicht die eigentliche, reine, natürliche Kausalität ist. Über die Kausalitätslehre ist alsbald (IV) im Zusammenhang zu sprechen. An dieser Stelle sei nur noch einmal kurz auf die zu solchem Ergebnis führende grundsätzliche Erkenntnis hingewiesen, daß nach der kritischen Wertlehre auch das Objekt der Wertung ein Werten ist (§ 12 II 5b): Das Objekt muß an sich tauglich sein, von dem Wertmaßstab gemessen zu werden, von daher muß es selbst ein Werten, ein Bezwecken sein, und hieraus ergibt sich die Einsicht in das Wesen des Objekts: der einzelne setzt Ziele, Tendenzen, wahrscheinliche Erfolge.

b) Die bisher genannten Elemente hielten sich in der rein beschreibenden Sphäre; sie betrafen zwar selbst Werte, wurden aber noch nicht objektiv gewertet, sie waren zwar wertbezogen, aber normativ wertfrei. Das zuletzt behandelte Element, die adäquate Kausalität, bildet dagegen schon einen Übergang in das Reich des Normativen,[1]) das bei den im folgenden darzustellenden Elementen sich mehr und mehr entfaltet. Das Wahrscheinlichkeitsurteil stützt sich nämlich auf das Normale, Regelmäßige. Und was dieses bedeutet, das entscheidet doch nur eine übergeordnete Instanz. Welche

[1]) Das tritt besonders in Liepmanns späterer Darstellung der Adäquanztheorie hervor (GoltdArch. 52, 341), allerdings mit der starken Übertreibung, daß die Lehre nur eine Anweisung an den Gesetzgeber enthalte und einen Rechtfertigungsgrund für die Bestrafung des Setzens bloßer Bedingungen bedeute. S. u. IV 2 c α. — In seiner beachtlichen Schrift über die Bedeutung des Kausalzusammenhanges im Straf- und Schadensersatzrecht 1912 will M. L. Müller (29 ff.) die ädaquate Kausalität in die Rechtswidrigkeit verweisen. Wir stimmen ihm insofern zu, als die natürliche Kausalität aus dem Kreis der juristischen Betrachtung gänzlich ausscheidet und die sog. Kausal-

Instanz? Die Gemeinschaft. Die Gemeinschaft ist es, die (logisch, nicht tatsächlich) ihr Urteil darüber abgibt, ob ein Ereignis dem normalen Verlauf der Dinge gemäß eingetreten ist oder nicht. Das Normale ist eben eine soziologische Größe, die nicht den Dingen anhaftet, sondern von einem sozialen Urteil konstituiert wird. Ins Populäre übersetzt heißt das: man hat dieses Ereignis „erwartet". Und daher wird die adäquate Kausalität auch nicht selten dahin bestimmt: ein Erfolg ist kausal zu einer Handlung, wenn diese einen solchen erwarten ließ; wird der Verletzte von dem Blitz getötet, so konnte man, wie man sagt, seinen Tod bloß auf die Körperverletzung hin noch nicht erwarten, dann fehlt es an der Kausalität zwischen Handlung und Erfolg. Und wer sind nun diejenigen, die die „Erwartung" aussprechen? Die „verständig und normal denkenden" Menschen. Das ist der populäre Ausdruck für das soziale Urteil über das Normale.

Enthält nun die adäquate Kausalität bereits ein Werturteil, so ist dieses doch, was sehr wohl zu beachten ist, durchaus verschieden von dem rechtlichen. Denn ob die Gemeinschaft den Verlauf billigt, ist eine völlig anders geartete Frage: auch ein unerwünschtes Ereignis kann von der Gemeinschaft erwartet, von ihr als ein durchaus normales angesehen werden, wie der Tod eines schwer verletzten oder erkrankten Menschen. Die adäquate Kausalität hat daher mit der Rechtmäßigkeit methodisch nichts zu schaffen, aber sie steht ihr jedenfalls näher als die natürliche Kausalität.

Dagegen sind die folgenden Elemente unmittelbar rechtlich eingestellt, wenn auch das zuerst zu besprechende (5) noch nicht in die Rechtswidrigkeit, sondern immer noch zu dem Objekt gehört.

5. Die bisherigen Elemente nahmen allein auf die Gemeinschaft Rücksicht; es galt das rechtlich soziale Objekt herauszustellen. Bei der Zufügung weiterer Elemente macht sich nunmehr das rechtliche

---

beziehung in der Tat dem „Unrecht" angehört, wie schon die systematische Anlage unseres Werkes zeigt. Gleichwohl ist die Scheidung von Objekt und Maßstab scharf durchzuführen. Gegen Müller auch Beling Grenzlinien zwischen Recht und Unrecht 1913, 38. — Neuerdings hat Mayer 140 (unter Aufgabe seiner früheren Kausalitätstheorie, 138[5]) die Frage ebenfalls nach der Rechtserheblichkeit der (natürlichen) Kausalität gestellt, aber die überraschende Antwort gegeben, jede Ursache (= Bedingung) sei rechtserheblich. Das Mayersche Lehrbuch ist ja an Überraschungen nicht arm.

Unwerturteil, der Gedanke an die Bestrafung des Menschen, bemerkbar, wenn auch zunächst nur aus der Ferne. Daher ist jetzt die rein soziale Betrachtung zu verlassen und die Warte der Gerechtigkeit zu besteigen.

Unter welchen Voraussetzungen darf über den einzelnen gerechterweise das Unwerturteil gefällt werden, ein Unwerturteil von dieser Härte, daß Strafe gerechtfertigt ist? Nur wenn die Möglichkeit des Andershandelns und Anderswollens besteht und wenn außerdem das für die konkrete Schuld, die zweite der großen Strafvoraussetzungen, erforderliche (psychische) Objekt, Wille, Vorstellung oder wie man es sonst bestimmt, vorhanden ist. Von diesen Voraussetzungen scheiden die Willensfreiheit und das Schuldobjekt aus dem Kreis der gegenwärtigen Betrachtungen aus; sie gehören als psychische Elemente nicht mehr zu dem Gegenstand des objektiven Unrechts und sind erst in der Schuldlehre zu behandeln. Aber das Korrelat zur Willensfreiheit, die Handlungsfreiheit, findet hier ihre Stätte. Sie tritt als ein objektiver Begleitumstand und als letztes der hier zu besprechenden Elemente des Objekts zu den vorhergehenden.

Nur wenn der Täter sich anders verhalten konnte, darf gerechterweise über ihn der Stab gebrochen werden. Handlungsfreiheit ist eine objektive Strafvoraussetzung. In seltsamer Verkennung sowohl dieser wichtigen Voraussetzung für die Verhängung des Strafübels wie auch des Verhältnisses von Tun und Unterlassen hat man dieses Erfordernis zwar für das Unterlassen, jedoch nicht für das Tun aufgestellt.[1]) Eine Unterlassung hält man nur dann für strafbar, wenn eine Rechtspflicht zum Tun besteht und wenn für den Täter außerdem die Möglichkeit zum Tun vorhanden war; man verwies auf die Pflicht und die Möglichkeit, einen Ertrinkenden zu retten. Diese beiden Voraussetzungen sollten den Platz der Kausalität einnehmen, für die man unglaublicherweise bei der Unterlassung keinen Raum fand. Als wenn beide Erfordernisse nicht auch für die Strafbarkeit des Tuns bestünden! Auch hier muß eine Rechtspflicht sowohl wie eine Möglichkeit zum Anderstun oder zum Unterlassen vorhanden sein. Diese beiden Voraussetzungen heißen:

[1]) Vgl. etwa Traeger Unterlassungsdelikte 8, dagegen P. Fischer ZStW. 23, 507.

Rechtswidrigkeit und Handlungsfreiheit. Die Handlungsfreiheit deckt sich übrigens mit dem in der Handlungsdefinition oft genannten Moment der Willkür.

a) An dieser Stelle finden im System des Strafrechts die sog. Strafausschließungsgründe der Gewalt und des physischen Zwanges Platz (StGB. v. 1871 § 52, erste Hälfte). Sie schließen nicht die Schuld, nicht die Rechtswidrigkeit aus, sondern die Willkür des Verhaltens, die Handlungsfreiheit, nicht anders wie Ohnmacht und Narkose.[1]) Dagegen gehören nicht hierher der psychische Zwang, die Drohung (§ 52 zweite Hälfte) und der (rechtswidrige) bindende Befehl;[2]) dort fehlt nicht das freie Handeln, sondern der freie Wille; die Fälle enthalten daher einen Schuldausschließungsgrund. Auch die von einigen Schriftstellern anerkannte sog. notwendige Teilnahme[3]) ist wohl nicht hierher zu rechnen.

b) Nunmehr sind alle Elemente beschrieben, und wir gewinnen die Definition: Wirken (Handlung) ist ein freies (willkürliches) äußeres Verhalten eines Menschen mit der Tendenz auf eine sonst nicht zu erwartende soziale Tatsache.

6. Zur Vollendung des Strafrechtssystems hat zu den bisher aufgeführten Elementen nur noch eines hinzuzutreten, freilich das wichtigste, das normative: das rechtliche Werten, also die Rechtswidrigkeit mit ihrer Abart, der Tatbestandsmäßigkeit. Durch diese Einführung des Maßstabes tritt zugleich eine Modifikation des Objekts insofern ein, als nicht nur das Objekt in seiner Einzelheit, sondern ein Kreis solcher Objekte, Objekte dieser Art die Grundlage für die Anlegung des Maßstabes bilden. Das bringt eben die typisierende juristische Betrachtungsweise mit sich (vgl. oben § 12 III 2d).

Wir ermessen nunmehr die Weite des Abstandes, der zwischen dem hier gewonnenen Ergebnis und dem Standpunkte derjenigen liegt, die nicht zwischen Wertungsobjekt und Wertungsmaßstab

---

[1]) Vgl. über den Stand der Ansichten Frank § 52 III. Sachlich wie der Text v. Liszt 116 (jedoch S. 141, 144: Rechtfertigungsgrund!), Mayer 313, Köhler 374.

[2]) Nach Binding Lehrb. II 2, 771 fehlt auch beim rechtswidrigen bindenden Befehl die Handlung, freilich die Handlung im Bindingschen Sinne. Vgl. oben § 13 II 2 a δ.

[3]) Freudenthal in der gleichnamigen Schrift 1901, Frank vor § 47 V 1.

scheiden. Ihnen muß die Herausstellung entweder des normativen Charakters oder des rein Tatsächlichen am Unrecht überflüssig oder dunkel bleiben. Nicht minder zu tadeln ist aber das Verfahren derer, die sich mit dem Tatbestandsbegriff begnügen, das Verbrechen als (schuldhafte) Tatbestandsverwirklichung definieren und es für Luxus erachten, die allgemeinen Grundbegriffe, wie die Handlung und die Rechtswidrigkeit, vor die Klammer zu ziehen. Hierüber ist im Zusammenhang mit dem Tatbestandsbegriff gesprochen.

Die Eigenart des Tatbestandsbegriffs ergibt einige Besonderheiten für das hier besprochene Objekt.

a) Im Tatbestand kann das Verhalten typisch ausgeprägt sein entweder als Tun oder als Nichttun. Im ersten Fall wird der Begriff der Tatbestandshandlung gewonnen, der übrigens von dem für die Versuchs- und die Teilnahmelehre erheblichen Begriff der Ausführungshandlung sehr wohl zu trennen ist (letzterer ist aus dem allgemeinen Handlungsbegriff, also vor seiner Vertypung, zu erkennen); in dem zweiten Fall erhält man den Begriff der echten Unterlassungsdelikte, der somit nicht grundsätzlich, sondern nur tatbestandlich Interesse erweckt.

b) Im Tatbestand kann ferner der sog. Erfolg entweder typisch ausgeprägt sein oder ganz verschwinden. Hierauf beruht die Unterscheidung der sog. Erfolgs- und der sog. reinen Tätigkeitsdelikter. Also nur tatbestandlich, nicht auch grundsätzlich kann es an dem Erfolg fehlen (hierüber oben § 13 I 2 bγ).

c) Im Tatbestand kann mitunter die allgemeine Tendenz zur condicio sine qua non, die adäquate Kausalität zur natürlichen typisch ausgeprägt sein. Dem Gesetzgeber ist es selbstverständlich unbenommen, die Zufallshaftung anzuordnen. Ebenso selbstverständlich darf aber aus dieser wenig erfreulichen, nur als Ausnahme anzusprechenden Regelung kein Schluß auf die dem Gesetz zugrunde liegende Kausalitätstheorie gezogen werden. Dem Gesetz, jedem Gesetz liegt die adäquate Theorie als die allein juristische zugrunde.

d) Über die (negative) Vertypung der Handlungsfreiheit zu Ausschlußgründen ist bereits oben gesprochen (5b).

IV. Das sog. Kausalproblem.

Dem so ungemein anziehenden, in der strafrechtlichen Literatur in seiner Bedeutung aber wohl etwas überschätzten Problem glaubt unser Werk durch Hervorkehrung der grundsätzlichen Gesichtspunkte bereits (oben II, III 4) eine neue Seite abgewonnen zu haben. Ganz besonders in diesem schwierigen Kapitel sollte man sich über den eigenen grundlegenden Standpunkt klarste Rechenschaft geben. Weitläufige Kasuistik nützt nichts; die Annehmbarkeit der Entscheidung praktischer Fälle beweist hier nichts, da der Kriminalist (anders der Zivilist und — für die Revisibilität — der Prozessualist!) ein befriedigendes Ergebnis des Einzelfalles durch eine entsprechende Lösung der Schuldfrage erreichen kann, so daß die Brauchbarkeit des von ihm verwendeten Kausalbegriffs dahingestellt bleibt. Und umgekehrt sind Anleihen bei dem Ursachenbegriff der Philosophen überflüssig und gefährlich, da über dessen juristische Tauglichkeit gar nichts ausgemacht ist.[1]) Man sollte nicht diesem oder jenem Philosophen seinen — meist doch nur im Hinblick auf dessen eigenes System aufgestellten — Ursachenbegriff ablauschen, sondern der Philosophie ihre Methode. Der Jurist sollte seine eigenen Zwecke und Aufgaben nicht aus den Augen verlieren, aber die Grundlagen philosophisch zu erkennen und klar und konsequent das Wesentliche aufzudecken suchen. Das ist exakt spezialwissenschaftliche Arbeit.

1. Die Aufgabe des Kriminalisten besteht hier nun aber offensichtlich darin, das Tatsächliche am Unrecht klarzulegen, also das Objekt zu beschreiben, das auf rechtmäßig oder rechtswidrig geprüft werden kann; und diese Aufgabe begrenzt sich für das sog. Kausalproblem des näheren dahin, die Beziehung zu beschreiben, die zwischen dem äußeren Verhalten des Täters und dem sog. Erfolg bestehen muß, damit das objektive Unwerturteil und hernach das (subjektive) Schuldurteil gefällt werden kann. Diese Beziehung muß also zugleich eine taugliche Grundlage für die Fällung der beiden genannten Unwerturteile, des objektiven wie des subjektiven, abgeben; und dieser Aufgabe wird sie nur dann voll genügen können, wenn sie sich den beiden Urteilen bis zu einem gewissen Grade an-

---

[1]) Nicht glücklich scheint uns auch die auf Kant und Stadler zurückgeführte Dreigliederung der Kausalität durch Stammler Theorie der Rechtswissenschaft 1911, 298: das Verursachen habe es mit drei Gegenständen zu tun, dem alten und dem neuen Zustand und dem dazwischen getretenen Ereignis. U. E. kommen nur zwei Vorstellungen für die Kausalität in Betracht, Ursache und Wirkung; das vermeintlich Dritte ist die konkrete Sachlage (vgl. unten 2 b δ aa).

paßt. Diese Einsicht, die uns wiederholt (§§ 12 II 5b, 16 II 2a) begegnete, bedeutet, daß zwei Dinge nur dann miteinander verknüpft werden können, wenn sie wesensverwandt sind; daher muß das Objekt des Werturteils selbst ein Werten sein. Und hieraus folgt ganz offensichtlich: jene angebliche Kausalbeziehung kann nur eine Zweckbeziehung, eine teleologische sein; sie darf zwar noch nicht juristisch-normativ, noch nicht selbst ein juristischer Wert sein (das wäre schon die Rechtmäßigkeit selbst), aber sie muß wenigstens normativähnlich, wertbezogen sein. Und ebenso ist die Verbindung mit dem Schuldurteil herzustellen; wie dieses eine subjektive Beziehung zwischen dem Täter und dem Erfolg bedeutet, so die vermeintliche Kausalbeziehung eine objektive zwischen der Tat und dem Erfolg. M. a. W.: für die (subjektive) Verantwortung des Täters ist die geeignete objektive Grundlage zu schaffen, damit das Schuldurteil glatt und reibungslos gefällt werden kann; die Verantwortung muß schon objektiv „in einer verständigen Weise", d. h. den kriminalistischen Zwecken entsprechend, umgrenzt werden, so daß die Kausalitätsfrage zugleich die Frage nach den objektiven Grenzen der Verschuldung bedeutet. Schon das zeigt, daß die „Haftung für Zufall" von vornherein auszuschalten ist; denn dieser ist strafrechtlich durchaus unsinnig, für ein zufälliges Ereignis kann niemand kriminell verantwortlich gemacht werden.

Wir sehen: die vermeintlich kausale Beziehung ist keine kausale im eigentlichen Sinne, sondern eine teleologische. Es heißt nicht: Ursache und Wirkung, sondern Mittel und (realer) Zweck. Und diese Erwägung wiederum drängt mit Macht — es kann das ja gar nicht anders sein — nun wohin? — nach dem systematischen Grundgegensatz von Natur und Kultur, von Sein und Sollen: die Kausa gehört in das Reich der Naturwissenschaften,[1]) das Telos in das Reich der Wertwissenschaften. Und so gelangen wir zu der Erkenntnis des Grundfehlers der im Strafrecht so beliebten Bedingungs- oder Äquivalenztheorie:[2]) diese hat zwar richtig in jeder conditio

---

[1]) Eine hier nicht zu untersuchende Frage! Vielleicht ist dort ebenfalls für die eigentliche Kausalität kein Raum und läßt sich nur ein der adäquaten Kausalität entsprechender Begriff der Berechenbarkeit verwenden, wie Vaihinger meint (vgl. Krückmann ZStW. 37 S. 353 ff., 356[6]).

[2]) Insbesondere vertreten von v. Bui, v. Liszt, Beling, Finger, Mayer (im Ergebnis) sowie den Strafsenaten des Reichsgerichts, nur zum Teil von Frank.

sine qua non eine Ursache gesehen und insofern, also hinsichtlich der Gleichstellung aller Bedingungen,[1]) die „reine", „natürliche" Kausalität zutreffend gekennzeichnet, gerade deswegen aber einen unsoziologischen, unjuristischen Gedankengang eingeschlagen. Was geht es den Kriminalisten an, daß der von dem Täter nur leicht Verletzte durch den berühmten Blitzschlag oder den berühmten Lazarettbrand ums Leben kommt oder auf dem Gebirgswege abstürzt! Derartige „zufällige" Ereignisse interessieren die Naturwissenschaft. Man muß die bekannten juristischen Schulfälle schon etwas romanhaft ausschmücken, um sie nicht allzu lächerlich erscheinen zu lassen.[2]) Wenn nun aber der Täter den „Zufall" gar billigt, wenn er das Kind seines Todfeindes unter den einsamen Baum legt mit dem glühenden Wunsche, daß bei dem heraufziehenden Gewitter der Blitz in den Baum fährt und das Kind tötet, so läßt sich vorsätzliche Tötung (bei richtig verstandenem Vorsatzbegriff) nach der Bedingungstheorie nicht leugnen. Daß diese Entscheidung aber gar zu wenig einleuchtet und gewiß nicht einem gesunden Rechtsempfinden entspricht, beruht darauf, daß die objektive Verantwortung nicht, wie die obige Forderung lautete, in einer verständigen Weise umgrenzt, nicht auf den Kreis des normalerweise Voraussetzbaren beschränkt wird.

2. Unserer oben wiedergegebenen Auffassung stehen am nächsten die Lehren von der „adäquaten" Kausalität, in zweiter Linie die von der „wirksamsten" Bedingung.[3]) Namen sowohl wie Ausgestaltung im einzelnen mögen zwar nicht unbedenklich erscheinen,

---

Reiche Literaturangaben hierzu und zu dem Folgenden in den Lehrbüchern und bei Traeger Der Kausalbegriff im Straf- und Zivilrecht 1904.

[1]) Strenggenommen müßte jene naturphilosophisch orientierte Meinung in allen Bedingungen zusammen die (!) Ursache erblicken. Da dann aber ein Verbrecher niemals haften würde, so nennt sie jede Bedingung eine (!) Ursache.

[2]) Zwei ganz gute Beispiele bei Rosenfeld ZStW. 32, 482.

[3]) Nur darf man nicht mit den Übergewichtstheorien Birkmeyers (Über Ursachenbegriff und Kausalzusammenhang 1885) und Bindings (Normen II [2], 492 ff.) einzelne Energiegrößen miteinander abwägen und eine als die Ursache herausheben, wodurch die Mittäterschaft ausgeschaltet würde. Außerdem handelt es sich nicht um Kräfte, die den Dingen innewohnen; und endlich ist die Betrachtung nicht ex post, sondern ex ante zu nehmen. S. den folgenden Text.

aber der Kern ist ein richtiger. Man versenke sich nur einmal recht eingehend in die Grundgedanken der Sozialphilosophie und suche den Sinn des sozialen Geschehens energisch zu erfassen; und man wird der jetzt auch im Strafrecht immer mehr Anhänger gewinnenden Lehre nicht mehr fremd gegenüberstehen und damit auch, über gewisse Formulierungsschwierigkeiten hinwegsehend, das Prinzip praktisch anzuwenden wissen.

a) Um zu einer befriedigenden Lösung des Einzelfalles zu gelangen, bedarf es also eines Zurückgehens auf den Grundgedanken alles rechtlich sozialen Denkens, einer spezifisch juristisch-soziologischen Einstellung. Eine solche ist aber grundsätzlich bei den Theorien von der adäquaten Kausalität zu vermissen. Denn diese sind noch immer Kausalitätstheorien, die Kausalität trägt jedoch nichts zur Lösung des hier interessierenden Problems bei; und so hat es dann nur etwas Verwirrendes, wenn man sich zur ersten Aufgabe setzt,[1] unter den sämtlichen Bedingungen nur eine oder einige herauszuheben, die dann als Ursachen genannt zu werden den Vorzug haben. Erkennt man doch bei einem solchen Verfahren als prinzipiell zutreffend die naturalistische Theorie an; eben deswegen fehlt es aber an der von Hause aus strengen juristischen Orientierung. — Dazu kommt, daß die adäquate Kausalität, richtig verstanden, auch dogmatisch gar nicht immer eine Einengung der natürlichen bedeutet. Letztere ist zwar meist weiter als erstere; mitunter aber auch umgekehrt enger. Nach der Bedingungstheorie ist Kausalität nicht vorhanden („der Zusammenhang unterbrochen"), wenn ein frei und vorsätzlich Handelnder zwischen jene Bedingung und den Erfolg eintritt. Dieser Eintritt mag sich aber der Adäquanztheorie gerade als die normale, erfahrungsgemäße Fortsetzung der ersten Handlung darstellen (vgl. hierüber unten IV 2 c β dd).

Welches ist nun aber der oberste Gesichtspunkt, von dem aus zu dem richtigen Kern der adäquaten Kausalität zu gelangen ist? Es ist jener hochzentrale Standort einzunehmen, in dem sämtliche Fäden aller denkbaren juristischen Fragen zusammenlaufen: es ist von der Idee des Rechts der Ausgang zu nehmen. Aufgabe des Rechts ist es, das soziale Zweckstreben der Menschen zu regeln und in die Bahnen zu leiten, die der menschlichen Gemeinschaft wohl-

---

[1]) So besonders deutlich v. Bar Gesetz und Schuld 2, 198.

gefällig sind. Daher befiehlt das Gesetz den Staatsgenossen, sich so zu verhalten, daß der Gemeinschaft kein Schaden entsteht. Fallen nun Verhalten und schädlicher Erfolg zeitlich auseinander — das ist ja die tatsächliche Grundlage des Kausalproblems —, so kann die Norm nimmermehr lauten: du sollst nicht so handeln, daß daraus möglicherweise ein Schaden entsteht; sondern immer nur: du sollst nicht solche Handlungen vornehmen, die voraussichtlich schädliche Wirkung ausüben. Wie sollte sie dem Menschen ansinnen dürfen, alles zu vermeiden, was nur unter ganz besonders eigenartiger Verkettung der Umstände einen Schaden zur Folge hat? Das Gesetz wendet sich nur an Normale und verlangt nur Normales. Wie sollte die Rechtsordnung alle Handlungen verbieten dürfen, denen die wenn auch nur ganz entfernte Möglichkeit anhaftet, irgendwie schädlich zu werden? Das wäre nicht nur eine unerträgliche Einschränkung der Handlungsfreiheit der Menschen — gerade die gewissenhaftesten würden nicht wagen, eine Handlung vorzunehmen, da sie überall ein Übel dahinter wittern würden —; das wäre geradezu die Aufhebung der Handlungsfreiheit, denn selbst die heilsamsten Handlungen bergen in sich die Möglichkeit, unter besonders unglücklichen Verhältnissen in das Gegenteil umzuschlagen. Ein Ergebnis, das nicht allein unerträglich sondern sogar ganz unsinnig wäre, wenn man bedenkt, daß der Handlung das Nichttun gleichsteht. Danach dürfte der Mensch weder tätig noch untätig sein; denn aus allem kann ein Schaden entstehen.

Das aber ist das Ergebnis der naturalistischen Kausalitätstheorie. Oder vielmehr ihr grundlegender Gesichtspunkt. Setzt nicht die Bedingung zu einem unerwünschten Erfolg! Denn dann habt ihr den Schaden verursacht und seid (objektiv) haftbar. Man darf nicht einen anderen bestimmen, auf die Straße zu gehen, denn er kann dort überfahren werden; nicht einem anderen raten, durch den Wald zu wandern, denn ein Baum kann ihn erschlagen!

Worin besteht das Fehlerhafte? Wie ist ein solcher Unsinn überhaupt möglich? Es sind zwei grundverschiedene Methoden miteinander verbunden: die naturwissenschaftliche und die juristische; die Norm ist von einer naturalistischen Voraussetzung abhängig gemacht, in sie ist ein naturwissenschaftliches Element aufgenommen. Und wenn die Gegner dieses unsinnige, selbstverständlich in dieser Formulierung von ihnen nicht gebilligte, aber doch nur folgerichtige

Ergebnis folgerichtig vermeiden wollen (also nicht nur eine der berühmten nachträglichen Einschränkungen vornehmen, sondern den inneren Grund, das Prinzip klarlegen), so gibt es nur zwei Wege: die Ausscheidung entweder des naturalistischen oder des normativen Elements. Die Verbindung beider ist aber unmöglich. Dann gelangt man entweder zu einem Naturgesetz oder zu einem juristisch-soziologischen. Das erstere würde in individueller Prägung etwa lauten: Daß A von einem Wagen überfahren wurde, ist darauf zurückzuführen, daß er auf den Zuruf des Kutschers nicht schneller ging und daß der Kutscher den schnell fahrenden Wagen auf der abschüssigen Straße nicht mehr zum Halten bringen konnte. Und wie das juristische oder soziologische Gesetz? Etwa also: Bestimme nicht einen anderen dazu, einen Weg einzuschlagen, auf dem er voraussichtlich verunglücken wird; oder unter näherer Beschreibung der Voraussetzungen: schicke nicht einen gebrechlichen, sich langsam fortbewegenden Menschen oder einen Schwerhörigen mittags um 12 Uhr quer über den Potsdamer Platz in Berlin.

b) Somit ist die Lehre gewonnen: Die rechtlich-soziale Anschauung hat im Gegensatz zur naturalistischen folgendes zu beachten, was sich unmittelbar aus dem obersten systematischen Gegensatz von Sollen und Sein, von Kultur- und Naturwissenschaft ergibt:

α) Sie hat die menschliche Handlung (das Verhalten) zum unmittelbaren Beurteilungsgegenstand zu nehmen; als Kriterium für die Schädlichkeit (Rechtswidrigkeit) wird erst in zweiter Linie die (voraussichtliche) Folge herbeigezogen. Dagegen wendet die naturalistische Anschauung ihr Hauptinteresse den äußeren Umständen zu, vor allem dem Erfolg, der Wirkung, aber auch allen anderen Bedingungen; denn wenn man die Frage beantworten will, ob derselbe Erfolg auch ohne die Handlung eingetreten wäre, muß man sämtliche Bedingungen kennen. Für die juristische Betrachtung dagegen sind diese Bedingungen nur in gewissem Umfange (innerhalb der Grenzen der Voraussehbarkeit, darüber sofort unter γ) von Bedeutung, und ferner kommen sie dieser Anschauung nicht als Wertungsobjekt, sondern nur als konkrete „Umstände" in Betracht, sei es als Begleitumstände, sei es als vorausgehende oder als nachfolgende.

So nimmt es nicht wunder, daß die moderne Strafrechtsrichtung, die vor allem das Verbrechen bekämpfen will, den Erfolg zum prinzipalen Beurteilungsgegenstand wählt und infolge dieser Vernachlässigung der Handlung in ein naturalistisches Fahrwasser gerät. Vom „Erfolg" gelangt man aber rückwärtsschauend zur „Ursache", während der normativ eingestellte Blick in die Zukunft gerichtet ist und an das Verhalten den (realen) Zweck knüpft; das heißt eben „Wirken". Hieraus ergibt sich ein weiterer Gegensatz:

β) Der Jurist urteilt (vom Standpunkt der Handlung) ex ante, der Naturalist (vom Standpunkt der Wirkung) ex post. Der letztere Standpunkt wird demgemäß folgerichtig von der Bedingungstheorie eingenommen, denn nur der Blick in die Vergangenheit vermag Klarheit darüber zu gewinnen, ob ein späteres Ereignis auch ohne ein vorangegangenes eingetreten wäre; denn nur dann kann man sämtliche Bedingungen überschauen. Dagegen wendet nicht auf diese sämtlichen Bedingungen ihr Augenmerk die Adäquanztheorie; sie zieht vor allem die Handlung in Rechnung und berücksichtigt nur einen gewissen Kreis der sonstigen Bedingungen (der voraussehbaren) und auch diese nur als Nebenumstände. Daher ist ihr Standpunkt derjenige ex ante. Freilich wird auch der Jurist, wenn der Erfolg tatsächlich eingetreten ist, den Blick auf ihn und von ihm in die Vergangenheit nicht verschließen; auch der Kriminalist wird diesen Standpunkt z. B. bei der Strafzumessung einnehmen; und endlich wird auch der Jurist allgemein soziologisch, sozusagen unjuristisch urteilen, in konkretem Falle habe nicht die menschliche Handlung, sondern der äußere Umstand den Erfolg bewirkt (vgl. oben II 1c g. E.). Aber der Schwerpunkt der Tätigkeit des Juristen ist das nicht. Er hat eben nicht Ereignisse, sondern Handlungen, genauer Werte (§ 12 III 2) zu bewerten.

Im Einklang mit diesen grundlegenden Erwägungen haben die Adäquanztheorien zum großen Teil folgerichtig eine „Prognose" gefordert; und wo sie diesen Standpunkt verlassen und zur Ergänzung oder Berichtigung gewisse Umstände nachträglich berücksichtigt wissen wollen („nachträgliche Prognose"), da schlagen sie bezeichnenderweise nahezu in die Bedingungstheorie um.[1])

γ) Erst eine dritte Folgerung aus dem Grundgedanken ist das, was die Theorien von der adäquaten Verursachung zum Angelpunkt

---

[1]) So Rümelin ArchzivPr. 90, 171 ff. Dagegen mit dem Einwande des Textes Radbruch Die Lehre von der adäquaten Verursachung 1902, 26, v. Bar Gesetz und Schuld 2, 184, Köhler 196.

ihrer Lehre gemacht haben. Und auch dieser Gesichtswinkel ist nicht immer klar und logisch einwandfrei zum Ausdruck gebracht. Ist der Blick von der Handlung aus in die Zukunft gerichtet, so kann über den hier vorliegenden Gegenstand der Beurteilung, die Beziehung zwischen Handlung und Erfolg, nur ein Wahrscheinlichkeitsurteil gefällt werden, während die rein kausale ex-post-Betrachtung in der Lage ist, ein Gewißheitsurteil abzugeben. Ex ante kann man nur sagen: „wahrscheinlich" werden die Dinge den und den Verlauf nehmen. Das ist der logische Untergrund, dem man in soziologischer Sprachweise die Wendung gibt: normalerweise, regelmäßig, bei gewöhnlichem Gang der Ereignisse wird der und der Erfolg eintreten — während die nicht unbedenkliche populäre Formulierung lautet: der Durchschnittsmensch, der objektive Beobachter, verständig und gerecht denkende, erfahrene Männer hätten über die Kausalität zu entscheiden.[1]) Ruft man die „Richter" als Instanz an, so bringt man entweder denselben Gedanken nur in anderer und mißverständlicher Formulierung zum Ausdruck oder man trägt unzulässigerweise prozessuale Gesichtspunkte hinein, indem man die objektivrechtliche Betrachtung, die doch die sachliche Voraussetzung für eine konkret-prozeßrechtliche bildet, vernachlässigt oder in jener aufgehen läßt.

Allemal handelt es sich nur, was sehr wohl zu beachten ist, um ein logisches, ein gedachtes Urteil, und der mehr konkret denkende Jurist mag sich zur Erleichterung der Hilfskonstruktion bedienen, daß ein idealer objektiver Beurteiler ebendieses Urteil abzugeben habe. Niemals darf man — die Versuchung liegt für den weniger kritizistisch geschulten Juristen so nahe — ein tatsächliches Urteil verlangen, vor allem nicht ein solches des Täters; das wäre ein grober systematischer Verstoß und bedeutete eine Vermischung der Kausalitäts- mit der Schuldlehre: die kausale Beziehung ist ein objektives gedachtes Urteil, das erst die tatsächliche Unterlage für das Schuldurteil, den Gegenstand der Kenntnis des Täters, bildet. Eine dogmengeschichtliche Ironie ist es, daß gerade eine Vermengung des objektiven Kausalproblems mit dem Schuldproblem die Geburtsstunde

[1]) Zu viel ist erfordert durch die Ausdrücke „die erfahrenste Person" (Rümelin), „der einsichtigste Mensch" (Traeger); richtiger, aber natürlich auch nur eine Umschreibung, sind die Wendungen „verkehrstüchtiger Mensch" (Köhler) und „idealer Durchschnittsmensch" (Krückmann).

der Theorie von der adäquaten Kausalität wurde;[1]) die Geschichte geht so oft erst den Irrweg, um zum Lichte zu gelangen. Jene Hineintragung des Tatsächlichen in das Logische durch den Schöpfer der Adäquanztheorie erinnert an das großartige Beispiel der Philosophiegeschichte, daß die Platonische Lehre von den Ideen als dem Wesen der Dinge und die Auffassung des Descartes von den eingeborenen Ideen sowie des Leibniz von den Monaden notwendig waren, damit erst ein Kant unter Abstreifung alles Metaphysischen und Substantiellen die transzendentale Methode entdecken, die Lehre von den logischen Bedingungen unserer Erkenntnis errichten konnte.

δ) Aus der Natur des Wahrscheinlichkeitsurteils ließe sich ein Schluß auf ein notwendig generalisierendes Verfahren bei der Ermittlung des Kausalzusammenhanges ziehen, auf ein Verfahren, das von den Besonderheiten des konkreten Falles absieht. Damit wäre ein weiterer Gegensatz zu der Bedingungstheorie gewonnen, der sich von unserem Ausgangspunkte aus als eine vierte Schlußfolgerung darstellen würde, von der Literatur meist aber als ein prinzipaler behandelt wird. Das ist das echte Sorgenkind der Anhänger der Adäquanztheorie; und daß sie untereinander uneinig noch nicht zu einem befriedigenden, alle Zweifel beseitigenden Ergebnis gelangt sind, bot den Gegnern einen willkommenen Stützpunkt zu immer und immer wieder gegen jene Lehre erhobenen Angriffen. Es muß zugestanden werden, daß die Bedingungstheorie ungleich leichter sowohl theoretisch darzustellen wie praktisch zu handhaben ist. Die Adäquanztheorie dagegen mit ihren in Theorie wie in Praxis recht angreifbaren Kriterien der Normalität, der Regelmäßigkeit, der Lebenserfahrung, der Regel des Lebens, des generell begünstigenden Umstandes, der allgemeinen Tendenz, der „Berechenbarkeit des Zusammenhanges"[2]) begegnet bereits von vornherein Mißtrauen. Es leuchtet ein, daß eine Lehre, die auf ein Gewißheitsurteil abstellt,

[1]) Auf den richtigen Weg, der für das Straf- und besonders für das Zivilrecht von weitreichender Bedeutung wurde, mußte den Juristen erst ein Nichtjurist verweisen: J. v. Kries Prinzipien der Wahrscheinlichkeitsrechnung 1886, Über den Begriff der objektiven Möglichkeit, VJSchr. f. wiss. Philos. Bd. 12 (1888). Vgl. auch die neuere Schrift von Kurt Greller über die philosophischen Grundlagen der Wahrscheinlichkeitsrechnung 1912 in den Abh. d. Friesschen Schule N. F. Bd. 3 (daselbst Lit.).

[2]) Liepmann Einleitung S. 67 ff., 72, Krückmann JherJb. 55 S. 1 ff., 65, ZStW. 37 S. 353 ff., 358.

bestechender ist und von Anfang an mehr Freunde zu werben geeignet ist als eine solche, die sich mit einem Wahrscheinlichkeitsurteil begnügen muß. Das ist aber kein Grund, die letztere zurückzuweisen; wir müßten das Gesagte wiederholen, um darzulegen, daß die Normativwissenschaften mit ihrer teleologischen Einstellung, ihrem in die Zukunft gerichteten Blick ohne Wahrscheinlichkeitsurteile schlechterdings nicht arbeiten können. Zum Überfluß sei noch auf BGB. § 252 hingewiesen, wo der entgangene Gewinn als ein solcher bestimmt wird, der „nach dem gewöhnlichen Laufe der Dinge (!) . . . mit Wahrscheinlichkeit (!) erwartet werden konnte".

Nun ist aber die Ansicht, die Adäquanztheorie müsse notwendig generalisieren, übertrieben; und die Erörterung der schwierigen Frage, wieweit zu generalisieren, wieweit von den konkreten Umständen abzusehen ist, erweist sich zum großen Teil als überflüssig. In einer nur den Grundlagen gewidmeten Schrift muß von eingehender Kasuistik abgesehen werden; wir glauben aber folgende Richtlinien aufstellen zu können.[1])

[1]) Unser Standpunkt berührt sich in vielem mit demjenigen Traegers, obwohl dieser Autor zwischen Adäquanz und Typizität unterscheidet. Zu beachten sind aber vor allem die aus dem folgenden Text ersichtlichen Abweichungen. Über das Traegersche Buch Graf zu Dohna Monatsschr. 2, 425 und Litten Krit. VJSchr. 47, 1. Natürlich stimmen wir den eigenartigen nachträglichen Einschränkungen der Adäquanztheorie zugunsten der Bedingungstheorie bei Traeger 167 ff. nicht zu; sie lassen auf einen Mangel in der grundsätzlichen Erkenntnis schließen. Gegen sie auch Litten 21, dessen eigener Einschränkung seines Prinzips (19; Ersatzpflicht des Tierhalters 1905, 70, 105 ff.) wir jedoch aus demselben Grunde nicht zustimmen — ebensowenig wie der eigenartigen „Billigkeitsmodifikation" Rümelins ArchzivPr. 90, 300.

Dagegen scheint uns Rümelin selbst im Grunde gar nicht zu den Vertretern der Adäquanztheorie gerechnet werden zu können, da er in weitgehendem Maße auch die Atypizität zur Kausalität rechnet (gegen ihn besonders Liepmann GoltdArch. 52, 346 ff.); die Kataloge in der Literatur geben ja nicht immer ein Bild von der wahren Verteilung der Streitkräfte. Und umgekehrt dürften manche sog. Vertreter der Bedingungstheorie näher der Adäquanztheorie als jener ersteren stehen, wie z. B. Frank (vgl. § 1 III 2 b) und Kohlrausch (in Aschrott-v. Liszt Reform I 1910, 223), auch v. Calker 20, von denen sachlich die adäquate Kausalität gebilligt wird, sowie Graf zu Dohna (in Festgabe für Güterbock 1910, 55), wo für den Versuch die Adäquanztheorie vertreten wird. Auch Mayer 154 steht unserer Lehre nahe; denn sonst wäre die Einschränkung seines Prinzips unerklärlich: „Irrelevanz" des Kausalzusammenhangs („die Beachtung eines kausalen Anteils wird durch die dolose Tätigkeit,

Das Wahrscheinlichkeitsurteil ist zu fällen

aa) auf Grund sämtlicher konkreter Umstände, die zur Zeit der Tat vorlagen und objektiv erkennbar waren. Insoweit also kann von einer Generalisation nicht die Rede sein, jedenfalls nicht in dem Sinne, daß von konkreten Umständen abzusehen und der Durchschnitt der Fälle zu berücksichtigen ist; es ist gar kein Grund ersichtlich, weshalb man hier nicht, wie auch sonst, etwa bei der Strafzumessung, volle Individualisierung eintreten lassen soll. Die Normalität der Gegenwart feststellen zu wollen, wäre offenbar abwegig. Sollte man etwa bei einer Körperverletzung eine normale Körperbeschaffenheit des Verletzten voraussetzen? Die Ärzte sagen, daß niemandes Körper normal sei.

Eine Generalisation hat nur insofern stattzufinden, als es auf die objektive Erkennbarkeit, also auf das Wissen der Gemeinschaft, der Allgemeinheit, populär gesprochen des Durchschnitts, ankommt. Das ist ja aber nichts weiter als das logische, als das gedachte Urteil, das vom Standpunkte der Gemeinschaft aus zu fällen ist. Und dieses gilt für die Adäquanztheorie durchweg und bedarf an dieser Stelle keiner Erläuterung mehr. Um so weniger ist es zu verstehen, wenn man in dieser Hinsicht für die hier behandelten zur Zeit der Tat vorliegenden Umstände eine Erweiterung zuläßt und neben dem Wissen der Allgemeinheit auch das des Täters fordert.[1]) M. a. W.: Weiß der Täter mehr als der Durchschnitt, so muß er nach der genannten Modifikation auch dafür einstehen, daß auf Grund der nur ihm bekannten Tatsachen ein Schaden entsteht, und kann er sich nicht auf das geringere Wissen, nicht auf das Nichtwissen der Allgemeinheit berufen; dem Wissen setzt man das Wissenmüssen gleich. Wie gelangt man zu dieser Erweiterung, die doch offenbar den Grundgedanken der Adäquanztheorien aufgibt und ihn zum

die ihr nachfolgt, konsumiert"). Sehr richtig! Auf die „Kausalität" (im naturalistischen Sinne) kommt es eben nicht an; an ihre Stelle tritt eine gewisse spezifisch juristische Figur.

[1]) So (unzutreffend) Traeger 159. Dagegen im Ergebnis richtig Meyer-Allfeld 165 Nr. 19 (freilich mit nicht unbedenklicher Formulierung). Jedoch scheinen uns die Einwände Liepmanns GoltdArch. 52, 349 nicht durchzugreifen; daß Fälle dieser Art „häufiger" eintreten, wie dies Liepmann bei solchen „Spezialisierungen" zu fordern scheint, ist kein Erfordernis. Die individuellen Umstände zur Zeit der Tat mögen anomal liegen; nur der Verlauf der Dinge, d. i. eben der Kausalverlauf, muß ein normaler, d. i. generell voraussehbarer, sein.

Verschuldungsprinzip (Vorsatz oder Fahrlässigkeit) verflüchtigt? Man hat das allein befriedigende Ergebnis gewisser Fälle im Auge, erkennt aber nicht, daß man zu diesem auch von einer scharfen, allein auf Grund des Adäquanzgedankens gestützten Problemstellung gelangen kann. Der bekannte Schulfall: Ist nur dem A bekannt, daß ein Eisenbahngeleise unterminiert ist, und überredet er den B, auf dieser Strecke mit dem nächstfälligen Zuge zu fahren, der sodann in der Tat entgleist, so hat er den Tod des B verursacht und verschuldet. Gewiß! Wie hat aber die Frage zu lauten? Nicht etwa generell, so wie jene Meinung sie stellte, um zu der obigen Modifikation gedrängt zu werden: War der Tod des B allgemein voraussehbar, wenn A ihn bestimmte, mit einem Eisenbahnzuge zu fahren? Sondern unter Individualisierung der zur Zeit der Tat vorliegenden Umstände: War der Tod des B allgemein voraussehbar, wenn A ihn bestimmte, zu der und der Zeit mit dem und dem Zuge auf derjenigen Strecke zu fahren, auf der unmittelbar vorher die Schwellen entfernt, die Schrauben gelöst waren usw.? Die Tatsachen sind also, wie gesagt (vgl. oben aa Abs. 1), zu individualisieren. Dann gelangt man zwanglos zu der befriedigenden Lösung unter folgerichtiger Durchführung des Prinzips.[1] Besaß jedoch in der Tat der Handelnde ein übernormales Wissen, so ist nicht einzusehen, weshalb ihm ein solches schaden sollte, während andere unter genau den gleichen Verhältnissen straflos ausgehen.[2] Wenigstens für die objektive Bestimmung des Kausalzusammenhanges muß das Ergebnis das gleiche sein; man darf nicht in dieses streng objektiv fundierte Problem Verschuldungsgesichtspunkte hineintragen, wobei übrigens zu bemerken ist, daß für die juristische (anders die moralische) Verschuldung die Kausalität ihre unumgängliche Voraussetzung ist.

---

[1]) Deshalb ist aber (entgegen Köhler 199) adäquate Kausalität der Tötung nicht vorhanden, wenn A dem B mit Körperverletzungsvorsatz einen Faustschlag auf den Kopf gibt und B, der eine sehr dünne Hirnschale hat, an der Schädelverletzung stirbt. Denn die abnorme Beschaffenheit der Hirnschale ist doch gewiß nicht objektiv erkennbar. Dieses Ergebnis entspricht u. E. durchaus der Gerechtigkeit.

[2]) Deshalb liegt adäquate Kausalität der Tötung ebenfalls nicht vor, wenn A dem B eine Ohrfeige gibt und dieser, ein Epileptiker, in Krämpfe fällt und stirbt, selbst wenn A die Neigung des B zur Epilepsie ebenso wie die möglichen Folgen eines Krampfanfalls kennt. Auch dieses Ergebnis entspricht u. E. der Gerechtigkeit.

Im Gegensatz zu dieser Individualisierung der zur Zeit der Tat vorliegenden Umstände ist das Wahrscheinlichkeitsurteil zu fällen jedoch

bb) auf Grund einer Generalisierung 1. des Erfolges und 2. des Verlaufes der Dinge bis zu dem Erfolge, also aller zukünftigen Umstände.[1]) Hier kann der ex-ante-Standpunkt unmöglich ein individualisierendes Verfahren einschlagen; diesen Vorzug genießt nur die ex-post-Betrachtung der Bedingungstheorie. Hier muß von allen Besonderheiten abgesehen werden, und zwar hat diese Abstraktion in ganz radikaler Weise zu erfolgen; denn jegliche Individualisierung in die Zukunft hinein würde ein Spiel der Phantasie bedeuten und, da sie ja unter objektivem Gesichtspunkte erfolgen soll, sich beinahe lächerlich machen. Ob der Tod des B, dem der A Gift unter die Speisen gemischt hat, nach Zurateziehung eines Arztes erfolgt oder nicht, ob im Krankenhaus oder in der Wohnung, morgens oder abends, mit oder ohne hohes Fieber, ist unerheblich. Will man die Erkenntnis der Zukunft in exakte Bahnen leiten, so hat man sofort eine juristische Einstellung zu vollziehen; die Generalisierung hat so weit zu gehen, daß nur das rechtlich, insbesondere tatbestandlich (oder auch für die Strafzumessung) Erhebliche übrigbleibt. Es sind also sämtliche Besonderheiten beiseite zu lassen bis auf die Tatsache: Tod. Denn dessen Gegensatz, Nicht-Tod, würde eine andere juristische Würdigung zur Folge haben, während die obenerwähnten Gegensätze, Tod morgens oder abends, im Krankenhaus oder in der Wohnung usw., strafrechtlich unerheblich sind.[2]) Auch hinsichtlich dieser zukünftigen Ereignisse kommt es nur auf die objektive Er-

---

[1]) Die sich bei v. Kries u. a. findende, auch in der Lehre vom untauglichen Versuch gern verwendete Unterscheidung von nomologischem und ontologischem Wissen (Erkennbarkeit der Gesetze des Geschehens und Erkennbarkeit des Seins) ist u. E. unhaltbar. Einerseits könnte man auch die Zukunft als Sein betrachten (ob man diese als Verlauf der Dinge oder als zukünftige Tatsachen bezeichnet, ist gleichgültig); andrerseits — und das ist das Richtigere — läßt sich Gegenwart wie Zukunft nur als Geschehen unter dem Gesichtspunkt des Gesetzmäßigen betrachten. Alles fließt; auch das Sein ist Geschehen, und die Gesetzmäßigkeit ist die Bedingung unserer Erkenntnis.

[2]) Dagegen meint Traeger 126, Ursache sei die Bedingung nur dann, wenn durch sie die Möglichkeit gerade der im besonderen Fall eingetretenen Art von Tod usw. erhöht werde. Auf die Todesart kommt es aber gewiß nicht an. Und Traeger gibt auf die zur Erläuterung beigefügten Fälle ganz willkürliche Entscheidungen. Der im Walde liegengebliebene Verwundete könne, bevor die Verwundung zum Tode führe, verhungern, erfrieren, durch wilde Tiere

kennbarkeit an, nicht auch auf eine übernormale, prophezeiungsähnliche Kenntnis des Täters. Lediglich der sonst in Fällen derselben Art gewöhnlich eintretende Erfolg ist in Rechnung zu ziehen. Tritt nun ausnahmsweise der vom Täter gewollte unerwünschte Erfolg ein, obwohl er sonst auszubleiben pflegt, z. B. der Tod auf einen Schuß aus sehr weiter Entfernung, so werden hier die zur Zeit der Tat vorliegenden Umstände (die besondere Geschicklichkeit, das scharfe Auge des Schützen) schon so gestaltet sein, daß auf Grund ihrer auch das Wahrscheinlichkeitsurteil des Treffens des Zieles gefällt und mithin adäquate Kausalität bejaht werden kann; andernfalls (etwa bei Untauglichkeit eines in sehr weiter Entfernung vom Ziel stehenden Schützen) würde u. E. auch die gegenteilige Entscheidung nichts Unbefriedigendes an sich tragen, denn dann hat eben ein „Zufall" den Tod herbeigeführt. Es ist also nicht gerechtfertigt, in diesen Fällen das Prinzip zu erweitern, indem man nicht nur die Wahrscheinlichkeit, sondern auch eine entfernte Möglichkeit[1]) genügen läßt.

---

oder durch Räuber oder vom Blitz getötet werden. Generell begünstigender Umstand sei die Verwundung nur für solche Todesarten, deren Möglichkeit durch die hilflose Lage des Verwundeten erhöht werde. Das sei aber nicht der Fall bei der Tötung durch Blitz und wohl auch nicht durch Räuber. U. E. hat in all diesen Fällen der Täter den Tod adäquat verursacht, wenn die Verwundung schon selbst tödlich war. Sonst nicht. Denn die bloße Verwundung läßt bei gewöhnlichem Verlauf der Dinge noch nicht den Tod erwarten, dessen Spezialisierung in Verhungern, Erschlagenwerden durch Blitz usw. beiseite zu bleiben hat. Selbst wenn ein Liegenbleiben im Walde wahrscheinlich ist, so mag ebenso wahrscheinlich sein, daß der Verwundete dort von anderen gesehen wird oder daß er Hilfe herbeiruft. Man muß übrigens sofort die gesamte Kausalkette von der Handlung bis zum Erfolg (Tod) generalisieren und darf nicht etwa eine Generalisation der Kette von der Handlung bis zu einem Zwischenerfolg und von diesem wiederum bis zu einem weiteren Erfolg und so fort eintreten lassen. Denn dann käme man zu dem seltsamen Ergebnis einer adäquaten Kausalität zwischen der leichten Verletzung und dem Liegenbleiben im Walde und einer anderen zwischen dem Liegenbleiben und der Tötung durch den Blitz — eine Ansicht, die zu demselben Ergebnis wie die Bedingungstheorie führen würde: die Verwundung ist kausal für den Tod infolge Blitzschlags. Vgl. hierzu schon Radbruch Die Lehre von der adäquaten Verursachung 18. Dagegen Litten Ersatzpflicht 44 ff. („adäquate Kontinuität") und hierzu wiederum Radbruch ZStW. 25, 267.

[1]) So v. Bar Gesetz und Schuld 2, 199, 201 („leichte Möglichkeit"). Dagegen mit Recht Meyer-Allfeld 165 Nr. 19 a. E., der jedoch, wenn er eine

Nun wird man freilich bei dem Blick in die Zukunft nicht mit einer festen Bahn rechnen dürfen, in der sich „normal“ im Sinne von normgemäß die Dinge weiter bewegen, sondern man wird gewisse Abweichungen nach der einen oder anderen Seite stets in Rechnung zu stellen haben, ohne diese generelle Kausalität im Einzelfalle zu verleugnen. So wird es immer noch innerhalb der Grenzen des Normalen liegen, wenn ein Verwundeter sich nicht der ärztlichen Anordnung unterwirft und dadurch eine Verschlimmerung des Leidens heraufbeschwört oder wenn ein Arzt nicht die richtige Diagnose stellt und deswegen ein langes Siechtum herbeiführt.

Leicht mag die Feststellung des normalen Verlaufs der Dinge nicht immer sein. Aber die Schwierigkeit muß überwunden werden, und sie läßt sich überwinden.[1]) Auch das — für die Schuldfrage

---

Abweichung von dem „Durchschnitt“ annimmt, sich damit im Prinzip auf den Boden der Bedingungstheorie stellt. Übrigens findet sich die mangelnde Scheidung von Möglichkeit und Wahrscheinlichkeit oft (vgl. z. B. Traeger 159).

[1]) Nicht nur auf dem Gebiete der in der Literatur mit besonderer Vorliebe behandelten, aber meist ja einfach liegenden Delikte gegen Leib und Leben, sondern auch derjenigen gegen das Vermögen und sonstige Rechtsgüter. Und das sind gerade die praktisch bedeutsamsten Fälle. Es handelt sich im Rechtsleben glücklicherweise nicht immer gleich um Mord und Totschlag. Ist es Betrug, wenn der Bettler sich Geld erschwindelt auf Grund der (natürlich unwahren) Angabe, eine Woche lang nichts gegessen zu haben? U. E. nach der Adäquanztheorie nein; denn normalerweise läßt diese Lüge nicht eine „milde Gabe“, sondern ein „dort ist die Tür“ erwarten, wie umgekehrt die tatsächliche Hingabe von Geld wohl regelmäßig nicht auf Grund einer derartigen „Täuschung“, sondern deswegen erfolgt sein wird, um den Bettler loszuwerden. Gerade aus diesem Grunde ist aber in dem anomalen Falle, daß der Geber gleichwohl durch eine derartige offensichtliche Lüge sich hat täuschen und sich deswegen zur Vermögenshingabe hat bestimmen lassen, Betrug abzulehnen, eben wegen des inadäquaten Kausalverlaufs. Anders nach der Bedingungstheorie.

Ein Fall aus dem Strafrechtspraktikum. Vor einer Wallfahrtskapelle sitzt ein ersichtlich armer Mann A. Der vorüberkommende Tourist B hört ihn Gebete murmeln und gibt ihm eine Geldmünze. Später im Wirtshause erfährt B von einem anderen Touristen X, daß das Gebetemurmeln ortsüblich Betteln bedeutet. Hat sich A gegenüber B der Übertretung des Bettelns schuldig gemacht? Wir wollen, was nicht unstreitig ist, annehmen, daß zum Tatbestand dieser Übertretung gehört, daß der Destinatär das Betteln versteht. Also ist der Kausalzusammenhang zwischen der Handlung (dem Gebetemurmeln) und dem Erfolg (dem Verstehen) zu prüfen. Er ist zu verneinen nach der Adäquanztheorie; denn mit der Aufklärung durch einen anderen Touristen erhebliche — Urteil des einzelnen hat ja den voraussichtlichen, zukünftigen Verlauf der Dinge zum Gegenstand. Ja, ein jeder, der sein Handeln gewissenhaft abwägt, zieht die voraussichtliche Zukunft in Rechnung. Also muß es auch ein Richter können. Er hat sich auf den Standpunkt des Täters zur Zeit der Tat zu stellen und auf Grund der damals objektiv erkennbaren Sachlage das Wahrscheinlichkeitsurteil für die Zukunft — gewissermaßen unter der Schablone des Rechtserheblichen — zu fällen, indem er fragt: wird das Rechtserhebliche a oder non-a, das Rechtserhebliche b oder non-b usw. voraussichtlich eintreten? Und er hat sich vor allem nicht dadurch beirren zu lassen, daß z. Z. seiner Urteilsfällung meist (nicht immer — das zeigt ja von neuem die Unzulänglichkeit der ex post schauenden Bedingungstheorie) ein Erfolg eingetreten ist. Dieser kann auch anomal sein; und einen solchen darf er eben nicht verwerten.

c) Die vorgeführten Gegensätze zwischen beiden Theorien lassen die grundlegende Verschiedenheit zwischen beiden erkennen. Die hier abgelehnte Bedingungstheorie arbeitet mit einem scharf umrissenen, aber rein logisch ohne Rücksicht auf das Ziel der Rechtswissenschaft konzipierten Prinzip, während unsere Theorie auf die Gerechtigkeitsidee eingestellt ist, aber mit dem Ausdruck ringt und immer von neuem sich auf die Suche nach juristisch praktikablen Richtlinien begeben muß. Die Wissenschaft wird in dieser Hinsicht noch tief schürfen müssen; aber wir sind überzeugt, daß allmählich der Kern der Adäquanztheorie sich immer klarer herausschälen wird. Man muß dann freilich erst einmal den Gedanken richtig denken, daß es auf die Kausalität gar nicht ankommt, sondern daß ein ganz anders geartetes, ein teleologisch fundiertes und normativ-juristisch orientiertes Problem zur Erörterung steht. Gerade diese Richtung auf das Ziel verbürgt die Sicherheit des eingeschlagenen Weges. Unsere Lehre muß — dessen sind wir sicher — den Anforderungen der Rechtswissenschaft nicht anders gerecht werden wie den Bedürfnissen des Rechtslebens.

später ist gewiß nicht zu rechnen, ebenso wohl nicht damit, daß die des Weges daherkommenden, meist aus ferner Gegend stammenden Touristen den Sinn des Betens verstehen. Für die Bedingungstheorie ergeben sich keine Schwierigkeiten: Erfolg und Bedingung sind außer Zweifel; Kausalität liegt vor.

α) Die Einstellung auf den Gesichtspunkt der Rechtserheblichkeit, der Wesentlichkeit[1]) erinnert an das Kriterium der Irrtumslehre, und in der Tat ist die Rechtslage in beiden Fällen durchaus ähnlich. Irrt sich der Täter über unwesentliche Dinge, sei es im Kausalverlauf selbst oder in dessen Ergebnis, dem Erfolg (aberratio ictus einerseits, error in objecto andrerseits), will er den Förster töten, trifft die Kugel aber dessen Gehilfen, oder will er das Kästchen mit der Brosche stehlen, entwendet er aber das Kästchen mit dem Ring, so steht nach einer verbreiteten Lehre diese Abweichung des Urteils des Täters von der Wirklichkeit der Annahme seines Vorsatzes nicht entgegen. Unser Problem enthält eine Abweichung des Urteils nicht des Täters, sondern der Gemeinschaft von der Wirklichkeit. Beide Abweichungen sind unerheblich, wenn das Ergebnis bei der Abweichung rechtlich, insbesondere tatbestandlich, aber auch für die Strafzumessungsfrage, das gleiche ist, wie bei der Übereinstimmung von Wirklichkeit und Urteil. Rechtlich, insbesondere tatbestandlich! Also Einstellung auf die Rechtserheblichkeit! Wir ehen hier wieder die Richtigkeit unserer systematischen Reihenfolge bestätigt. Zuerst Recht, Rechtswidrigkeit und Tatbestandlichkeit, sodann die objektive Tatsächlichkeit der Kausalbeziehung und daran gut anschließend die durchaus ähnlich liegende subjektive Tatsächlichkeit der Schuldbeziehung. M. a. W.: zuerst das Sollen als das Kriterium, sodann das Sein und zwar hier zuerst das äußere, physische, alsdann das innere, psychische. Die in den systematischen Darstellungen beliebte Reihenfolge Kausalität, Rechtswidrigkeit, Schuld ist also auch darstellerisch und didaktisch nicht gerechtfertigt; denn zuerst muß man doch Rechtswidrigkeit und Tatbestand kennen, wenn man Kausalität verstehen will.

β) Die Adäquanztheorie ist, wo sie von der Bedingungstheorie in den praktischen Ergebnissen abweicht, regelmäßig milder, aber auch mitunter, wie sofort zu zeigen, strenger. Beides, wie wir glauben, im Einklang mit der Gerechtigkeit.

aa) Daß bei den durch den Erfolg qualifizierten Delikten die strenge Durchführung der Bedingungstheorie einfach unmöglich ist, wird selbst von ihren eifrigsten Verteidigern ernstlich nicht geleugnet

---

[1]) Dieses normative Prinzip ist gut erkannt von Liepmann Einleitung 52, GoltdArch. 52, 341, wenn auch übertrieben. S. oben III 4 b.

werden[1]). Es kann schlechterdings nicht wegen Körperverletzung mit tödlichem Ausgang objektiv verantwortlich gemacht werden, wer einen anderen leicht verletzt, wenn dieser darauf völlig gesundet und auf einer wegen der Verletzung einige Tage später angetretenen Reise infolge eines Eisenbahnunglücks ums Leben kommt. Hier muß auch die Bedingungstheorie den Adäquanzgedanken einführen, und wenn die Anhänger der ersteren jene Kategorie von Delikten verdammen, weil von der Voraussetzung des Verschuldens abgesehen werde, und hiermit ihre Kausalitätslehre zu retten vermeinen, so zeigt diese beliebte Verteidigung gerade, daß die Schuldlehre es ist, die die Mängel der Bedingungstheorie verdeckt, daß die letztere also auf schwachen eigenen Füßen steht. Darum erfreut sie sich ja auch im Zivilrecht, wo das Korrektiv des Verschuldens oft nicht anzuwenden ist, so geringer Beliebtheit.

Gerade diese regelwidrigen und gewiß unerfreulichen Strafgesetze lassen den richtigen Gedanken hervortreten. Es genügt nicht, nur das Erfordernis einer subjektiven Verantwortlichkeit aufzustellen; deren Voraussetzung kann nur eine objektive Verantwortung sein, die man nicht einfach beiseite lassen darf. Sonst könnte man ja ebenso gut auf das objektive Erfordernis der Bedingung verzichten. Stellt man aber einmal eine solche objektive Voraussetzung der Schuld auf — für die Wissenschaft selbstverständlich das allein mögliche Verfahren —, so muß es das juristisch richtige objektive Merkmal sein, es darf nicht aus einem abseits liegenden Gebiete eine exakte Formel herbeigeholt werden, die gar nicht dem Grundgedanken des Strafrechts, der Strafvoraussetzung der Verantwortung, entspricht. Die Rechtsordnung interessiert es vor allem, ob eine menschliche Handlung objektiv zur Verantwortung gezogen werden kann, nicht aber, welche Bedingungen ein Erfolg hat. Das Grundverkehrte der letzteren Anschauung dürfte in diesem Zusammenhange ganz besonders einleuchten — und damit das Grundverkehrte der Bedingungstheorie.

bb) Die im zweifellosen Widerspruch mit der Gerechtigkeit stehende Härte der folgerichtig durchgeführten Bedingungstheorie

---

[1]) Daß die Adäquanztheorie auch bei den sog. äußeren Bedingungen der Strafbarkeit allein zu befriedigenden Ergebnissen führt, wurde oben § 14 a. E. eingehend dargelegt.

zeigt sich auch bei den Unterlassungsdelikten. Wenn die Gegner ihre „Kausalität" mit der in der modernen Wissenschaft allein noch möglichen Meinung als ein logisches Urteil über einen gewissen Zusammenhang zweier Ereignisse und nicht als eine den Dingen innewohnende Kraft verstehen und deshalb in systematischer Folgerichtigkeit die Kausalität nicht nur bei Handlungen, sondern auch bei Unterlassungen erfordern, so müßte jedes Nichtstun kausal zu dem strafwürdigen Erfolg sein; denn wenn der Täter sich anders verhalten und zwar den Erfolg verhindert hätte, so wäre dieser eben nicht eingetreten. Sobald man also eine Rechtspflicht zum Handeln konstruieren kann, so müßte — beim Vorliegen auch der anderen Strafvoraussetzungen — Bestrafung erfolgen. Das geht aber zu weit. Hierüber näheres unten V 2, 4.

cc) Eine gewisse Härte entsteht vom Standpunkte der Bedingungstheorie auch bei der Behandlung von Mitursachen. Wird ein Flieger gleichzeitig von A und B mit Tötungsvorsatz angeschossen und stirbt er nur an der Summe der Verletzungen, deren jede einzelne nicht tödlich war, so muß nach der Bedingungstheorie vorsätzliche Tötung des A sowohl wie des B angenommen werden — in objektiver Hinsicht nicht recht befriedigend, weil ja jede Einzelhandlung nicht tödlich war, also doch schwerlich den Tod „verursacht" haben kann. Der Sachlage mehr entspricht jedenfalls die auf die Adäquatheit abstellende Behandlung des Falles: eine jede Einzelhandlung ist nur versuchte Tötung, sofern nicht etwa die Handlung des andern und die gemeinsame Wirkung objektiv erkennbar waren.[1])

dd) Eigenartig liegt der Fall, daß selbst der Eintritt eines frei und vorsätzlich handelnden Dritten, der nach der Bedingungstheorie die Kausalität „unterbrechen" soll, noch immer innerhalb der Grenzen des Normalen liegen kann, so daß die Adäquanztheorie — wie wir glauben, im Einklang mit der Gerechtigkeit — zur Bejahung der Kausalität in einem Falle kommen kann, wo die andere sonst weit schärfer verfahrende Ansicht sie leugnen würde.[2]) Wenn eine den Wald durchstreifende Wildererbande es auf die Tötung des

---

[1]) Ebenso Meyer-Allfeld 168, anders Köhler 203; bei beiden weitere Nachweise.

[2]) Leider nehmen aber auch einige Vertreter der Adäquanztheorie „Unterbrechung des Kausalzusammenhangs" an. Vgl. v. Bar Gesetz und Schuld 2, 218 ff.; im Prinzip ebenso Köhler 202; besser Meyer-Allfeld 167[26].

verhaßten Forstaufsehers abgesehen hat, der Wilderer A diesen in Tötungsabsicht nur verwundet und am Wege liegen läßt in der — ganz naheliegenden und sich auch erfüllenden — Hoffnung, die ihm nachfolgenden Wilderer werden ihn töten, so hat A den Tod nach der Adäquanztheorie verursacht, nicht aber nach der Bedingungstheorie.

ee) Und noch in einer anderen Hinsicht ist die erstere härter als die letztere. Scheiden nämlich nach unserer Lehre aus dem Kreis der juristischen Betrachtung die anomalen Umstände aus, so sind das natürlich nicht nur diejenigen, die den unerwünschten Erfolg herbeiführen, sondern auch solche, die ihn lediglich begünstigen. Hat A dem B eine tödliche Wunde beigebracht und wird B darauf vom Blitz getroffen, der ihn auch ohne die Verwundung getroffen hätte, so hat A den Tod des B verursacht; denn die Wunde war eben tödlich, und der Blitz lag nicht nur außer dem Bereich der objektiven Erkennbarkeit, sondern ist rechtlich völlig unwesentlich. Dagegen muß hier die Bedingungstheorie Kausalität leugnen, da B auch ohne die Verwundung gestorben wäre.[1])

V. Das sog. Unterlassungsproblem.

Dieses Gebiet ist der Prüfstein für die Richtigkeit und Brauchbarkeit der vorangegangenen systematischen Grundlegung. Weniger fundamental als das bisher erörterte sog. Kausalproblem, weniger als jenes zu gesamtsystematischen Gegensätzen und philosophischen Weltanschauungsfragen aufsteigend erweist es sich doch praktisch als hochbedeutsam; hier ist das Gebiet, wo die Dogmatik, will sie sich nicht mit unwissenschaftlicher Kasuistik begnügen, Farbe bekennen muß, welcherlei Grundsätze sie für die Strafvoraussetzungen aufstellt und woher sie diese entlehnt. Leider muß ihr ein doppelter schwerwiegender Vorwurf gemacht werden. Auf diesem praktisch so wichtigen Gebiete ist trotz der doch gewiß ergiebigen literarischen Behandlung des Problems eine Klärung in grundsätzlicher Hinsicht bis jetzt noch immer nicht erzielt; stellt man Grundsätze auf, so scheint es, als wenn sich diese nur für eine Reihe von Fällen, nicht aber für alle bewähren, und die Abgrenzung dieser Fälle voneinander ist dann eben zweifelhaft und scheint das eigentliche Problem zu sein, so daß jene Grundsätze es gar nicht an der

---

[1]) So ausdrücklich Beling Grundzüge 24 in dem Fall des Textes.

richtigen Stelle anzufassen scheinen.[1]) Und sodann: Ist es in der Tat einmal gelungen, einen einwandfrei funktionierenden Grundsatz aufzustellen, wie etwa den, daß die Unterlassung nur bei dem Bestehen einer besonderen Pflicht zum Tun strafbar ist, so ist dessen Einfügung in das Systemganze höchst schwierig, wenn nicht gar unmöglich. Wie kommt man denn dazu, für die Unterlassung besondere Grundsätze aufzustellen? Haben diese nicht etwa, vielleicht in anderem Gewande, für die übrigen Gebiete dieselbe Gültigkeit? Hier ist in der Tat das Gebiet, wo die Gesamtsystematik sich bewähren kann; hier zeigt es sich, ob der Handlungs- und der Kausalitätsbegriff, die man für die regelmäßigen Fälle aufstellte, brauchbar sind — doch nein: es zeigt sich, ob die jenen Begriffen zugrunde liegende Anschauung die richtige ist. Was nützen alle noch so säuberlich ausgearbeiteten Begriffe, wenn sie sich in einem restierenden Gebiete nicht bewähren? Man nennt dies dann Ausnahmen von dem Prinzip, atypische Fälle[2]) — sehr bequem und für kommentarmäßige oder -ähnliche Bearbeitungen ausreichend, aber wissenschaftlich gänzlich unzulänglich. Die Wissenschaft fordert das Herausarbeiten der allen Einzelheiten gemeinsamen Voraussetzungen und weiter der diesen Voraussetzungen gemeinsamen Voraussetzungen und so fort. Da gibt es kein Ruhen, bis man nicht auch für die vermeintlichen Ausnahmen die Regel, das Gesetzmäßige erkannt hat. Ausnahmen mag es in den Erscheinungen der Tatsachenwelt geben, in den Handlungen der Menschen und in dem

---

[1]) Vgl. etwa Köhler 216 ff. (wo das, was wesentlich zur „Rechtswidrigkeit" gehört, die ja Köhler als Grundbegriff nicht kennt, zu einem Kapitel mit der Überschrift „Einzelfälle der kausalen Unterlassung" zusammengefaßt wird), 217 („Ausnahme"!), 220 („Nicht für alle Fälle zutreffend ist es . . .", „diese Formel paßt allerdings für den erwähnten Fall . . .", . . . „ist aber in anderen Fällen ungeeignet, die Kausalität des Nichttuns zu begründen") usw. Demgegenüber bedarf es besonderer Hervorhebung, daß Köhlers eigene Erklärung der Kausalität der Unterlassung sich dem von uns durchgeführten kritizistischen, auf die rechtliche Betrachtungsweise abstellenden Standpunkt erheblich nähert, wenn es S. 215 heißt: „Vom Standpunkte des Rechtswillens ist ein Nichttun . . . Ursache des Erfolges, wenn das Recht ein den Erfolg verhinderndes Tun erwartet hatte." Freilich die Vermischung der Kausalität mit der Rechtswidrigkeit!

[2]) Bezeichnend Mayer 130 ff. („vom Typus abweichende Erscheinungsformen").

Verlaufe der Ereignisse; Ausnahmen gibt es nicht, darf es nicht geben in den wissenschaftlichen Erkenntnissen. Nur aus Formulierungsgründen mag man hier das Einfachere herausstellen und Prinzip nennen, indem man eine „Ausnahme" hinzufügt; sachlich gehört dann aber auch die „Ausnahme" zur Regel.

Hier ist das Gebiet, wo sich die Systematik zu bewähren hat. Und gerade vom Standpunkte der herrschenden Meinungen wird hier alle ihre bisherige Systematik ins Wanken gebracht. Was soll man zu einer von angesehenen Lehrbüchern vertretenen Meinung wie zu dieser sagen: ein der Kausalität des Tuns analoges Merkmal sei die Rechtswidrigkeit der Unterlassung; nur die rechtswidrige Unterlassung ziehe die Rechtsfolgen des Tuns als der Verursachung eines Erfolges nach sich; der Begriff der Unterlassung setze voraus, daß durch das dem Täter mögliche und von uns erwartete, aber dennoch von ihm unterlassene Tun der eingetretene Erfolg verhindert worden wäre![1]) Eine ärgere logisch-systematische Verirrung läßt sich kaum denken. Man höre nur: Kausalität und Rechtswidrigkeit sollen Parallelbegriffe sein! erstere sei dem Handeln, letztere dem Unterlassen eigen! Daher stehe die Verursachung des Erfolges seiner Nichthinderung gleich.[2]) Zum Unterlassen gehöre, daß das Tun dem Täter möglich ist und daß es von uns erwartet wird; das Erwartetwerden ist aber offenbar wieder eine Voraussetzung der Rechtswidrigkeit! Alle systematischen Scheidungen, Kausalität, Handlungsfreiheit, Rechtswidrigkeit, erweisen sich auf diesem wunderbaren Gebiete der Unterlassung als hinfällig. Ob nicht vielleicht schon das Problem irrig gestellt ist? Das „Unterlassen" an sich läßt sich freilich nicht dem Handeln gleichstellen — nur das „Unterlassen der gebotenen Handlung", damit ist aber bereits ein nor-

---

[1]) Daß das v. Lisztsche Lehrbuch, das noch in der 21. Aufl. (126, 127) diese Sätze aufweist und dazu noch den natürlichen Kausalitätsbegriff (nebst der „Unterbrechung des Kausalzusammenhanges") vertritt, sich trotz dieser juristisch außerordentlich schwerwiegenden fundamentalen Mängel eines so großen Ansehens erfreut, zeugt von seinen sonstigen Vorzügen.

[2]) So auch Beling Verbrechen 224. Der Satz ist auch dogmatisch unrichtig; denn die Nichtanzeige eines Verbrechens (StGB. § 139) steht doch nicht der Begehung dieses Verbrechens, die Nichteinmischung in einen Streit, nicht der Körperverletzung gleich, wenn letztere durch die Einmischung verhindert wäre.

matives, zur Rechtswidrigkeit gehörendes Moment eingeführt, und die Verwirrung ist da.[1])

Nun könnte man meinen, für das Unterlassen hätten andere Grundsätze zu gelten wie für das Handeln. Sollte aber eine so tief eingreifende Verschiedenheit beider Deliktsformen innerlich gerechtfertigt sein? Ist es nicht gleichgültig, ob der Weichensteller die Weiche falsch oder ob er sie überhaupt nicht stellt, ob der Krankenwärter die Arznei zu einer falschen Zeit oder ob er sie überhaupt nicht eingibt?

Vom Standpunkte unserer systematischen Grundlegung bietet das sog. Unterlassungsproblem jedoch gar keine besonderen Schwierigkeiten. Ja es tauchen auf diesem umstrittenen Gebiete neue Streitfragen grundsätzlicher Art nicht auf, die nicht auch anderswo entstanden und bereits gelöst sind. Wir haben zu den wesentlichsten Punkten auch bereits Stellung genommen, und es bleibt nur übrig, von dem Baume des systematischen Aufbaues die reife Frucht zu pflücken. Alle Zweige des Systems wollen hier freilich berücksichtigt werden; selbst der Tatbestandsbegriff. Dessen Bedeutung zeigt sich bei den echten Unterlassungsdelikten; hier ist das verbrecherische Verhalten als ein Unterlassen einer gebotenen Handlung typisch ausgestaltet. Abgesehen von diesem sonst kein grundlegendes Interesse bietenden Punkte ist das Fazit zu ziehen; dabei folgen wir dem Aufbau der Elemente oben zu III, indem wir von dem Einfachsten ausgehen und die weiteren Glieder, deren Nachweis bei der Unterlassung den Gegnern Schwierigkeiten bereitet, hinzufügen, bis sich die sog. strafbare Unterlassung als ganzes offenbart.

1. Der Grundbegriff ist das Verhalten. Dieses weist zwei Erscheinungsformen auf: Tun und Nichttun. Das Nichttun, nicht das Unterlassen, bildet also den Ausgang; es ist frei von jeglicher Wertung. Freilich muß es von Anfang an als wertbezogen, als Gegenstand möglicher Werte gedacht werden. Das ist eben der Unterschied der hier durchgeführten normativ-juristischen An-

---

[1]) Ebensowenig zu verstehen ist, wie man die Kausalität von der Rechtswidrigkeit abhängig machen kann: So, wenn Köhler 217 sagt: „Das Nichttun wird regelmäßig Ursache, wenn für den Täter eine unmittelbare Rechtspflicht zur Abhaltung des rechtswidrigen Erfolges bestand." Von diesem systematisch ganz und gar nicht verständlichen Satz wird dann später eine ebensowenig verständliche „Ausnahme" gemacht.

schauung von der naturalistischen. Der Zentralbegriff, das logische prius, ist die Rechtswidrigkeit, vielmehr die Rechtmäßigkeit. Unter ihrem Gesichtspunkte erscheint das natürliche Nichts als ein juristisches Etwas. Der Rechtsordnung steht es frei, sich ihre eigenen Objekte zu schaffen; sie ist nicht an das gebunden, was die Naturwissenschaft als ein erhebliches Etwas, als Kraft betrachtet; sie greift aus dem sozialen Geschehen (oben II 1) gewisse Punkte heraus, die ihr rechtserheblich erscheinen und an die sie ihren rechtlichen Maßstab anlegen will; das kann das Nichttun des Menschen nicht anders sein wie das Tun. Das Verhalten als ein rechtlich erhebliches Objekt ist also ein Werk nicht nur des Täters, sondern auch der Rechtsordnung, der kritische Beurteiler erzeugt die Dinge [1] [2]).

Zum tieferen Verständnis dieser Gedankenrichtung vergegenwärtige man sich nur immer wieder die grundlegende Einsicht (§ 12 II 5b), daß das Objekt der rechtlichen Wertung von dem Maßstab der Wertung nicht wesensverschieden sein kann, daß es keine Naturerscheinung sondern eine soziale Erscheinung, daß es selbst ein Werten (Wirken) ist; dieses Werten kann von naturalistischem Standpunkte eine positive wie eine negative Größe sein.

Die vorstehenden Erwägungen lassen den Ausdruck Unterlassung nicht glücklich erscheinen, und auch das Wort Nichttun ist gar zu nichtssagend. Beide sind nur Umschreibungen für den Gedanken, daß im Hinblick auf das (zeitlich später einsetzende) rechtliche Unwerturteil eine menschliche Untätigkeit nach objektivem Urteil denselben Schluß auf den schädlichen Erfolg zuläßt wie die direkte

---

[1]) Vgl. Kollmann ZStW. 29, 390: „Nicht der negativ Beurteilte, der Unterlassende bringt die Unterlassung zustande, sondern der negative Beurteiler."

[2]) Unrichtig wäre also die Erklärung, die Unterlassung werde ebenso wie das Tun „behandelt", der Jurist sehe die Unterlassung so an, „als ob" ein Tun vorliege, er fingiere ein Tun. Diese für das Unterlassungsproblem ähnlich wie für das Problem der juristischen Person gegebene, sich auf die Alsob-Philosophie stützende Erklärung würde zu unrecht von der natürlichen Betrachtung ausgehen und müßte dann zu dem unerfreulichen Mittel der Fiktion greifen. Statt dessen ist durchweg die transzendentale Betrachtung einzunehmen: auch das positive Tun, auch die physische Person sind nur etwas Gedachtes; sie werden durch die Rechtsordnung konstituiert. Vgl. unseren Aufsatz ZStW. 41, 432/3.

Vornahme einer auf diesen Erfolg tendierenden Handlung.[1]) Es wäre vielleicht richtiger, die Substrate dieses rechtlichen Unwerturteils einzuteilen in direkte Vornahmen und indirekte, d. s. solche, die erst durch mehrere Mittelglieder hindurch zu dem Erfolg führen; die letzteren können wiederum Tätigkeiten wie Untätigkeiten sein. Der gemeinsame Ausdruck aller dieser Substrate ist das Verhalten.

Eine Schwierigkeit im Einzelfall besteht oft bei Beantwortung der Frage, ob das Wertungsobjekt das Tun oder das Nichttun eines Menschen ist, wenn beide nahe aufeinander folgen. Hat A den schwer betrunkenen B in einer kalten Winternacht unterwegs aufgefunden und mit sich genommen, um ihn zur Polizeiwache zu bringen, wird ihm aber die Sache allmählich zu langweilig, setzt er ihn auf eine Bank und verläßt er ihn dort, so daß B erfriert[2],) so läßt sich die Grenze zwischen Tun und Nichttun schwer ziehen. Die Tätigkeit besteht in dem Hinsetzen auf die Bank, die Untätigkeit in dem Nichtmitnehmen. Die praktische Bedeutungslosigkeit dieser Frage zeigt zugleich, wie verkehrt es ist, Tun und Nichttun grundsätzlich verschieden zu behandeln. Denn in beiden Fällen müssen doch die Fragen gleich gestellt und gleich gelöst werden, erstens ob Kausalität vorliegt (B wäre vielleicht auch sonst erfroren, wenn A ihn nicht mitgenommen hätte, nur an einer anderen Stelle), zweitens ob die Möglichkeit zum Andershandeln besteht (für A wurde es vielleicht unterwegs physisch unmöglich, den B noch länger mitzuschleppen), drittens ob Rechtswidrigkeit gegeben ist (B war dem A völlig fremd, oder er hatte die besondere Pflicht übernommen, für ihn zu sorgen usw.). Alle diese Fragen tauchen für Tun und Nichttun in gleicher Weise auf und erfordern in beiden Fällen die gleiche Behandlung.

Bedeutsam wird die Unterscheidung aber für die Frage, ob nur eine oder etwa zwei Straftaten vorliegen.[3]) Wenn A den B ins

---

[1]) Ähnliche Gedanken bei Kollmann Festschr. für v. Liszt 1911, 128: „Unterlassen heißt also, ein Verhalten irgendwelcher Art annehmen, das einem als möglich vorgestellten Verhalten nicht entspricht.“ Vgl. auch denselben Die Stellung des Handlungsbegriffs im Strafrechtssystem 1908, 167.

[2]) Ein Fall aus der Frankschen Aufgabensammlung.

[3]) Hierauf hat Mayer 193 aufmerksam gemacht, der aber einseitig nur in dieser Frage den problematischen Teil der „Rechtswidrigkeit der Unterlassung“ erblickt und sofort (wohl zur Berichtigung) hinzufügt, es sei also nicht das

Wasser stößt und ihn nicht rettet, so begeht er nur ein Delikt und zwar ein solches durch Tun; ist aber sein Tun fahrlässig, das darauf folgende Nichttun vorsätzlich, so kann ein neues selbständiges Delikt durch Nichttun vorliegen. Diese in die Konkurrenzlehre gehörende Frage ist hier nicht weiter zu verfolgen; sollten zwei selbständige strafbare Handlungen angenommen werden, so wird sich natürlich auch zwischen den beiden Objekten, dem Tun und dem Nichttun, deutlich unterscheiden lassen. Zu beachten ist, daß dieses Problem einen großen Teil der Unterlassungsdelikte, nämlich die Fälle, wo der Täter völlig passiv bleibt, gar nicht berührt.

2. Zu dem Verhalten tritt die sog. Kausalität. Auch in diesem Punkte ist das Nichttun ebenso zu behandeln wie das Tun; es besteht völlige Parallelität — vorausgesetzt freilich, daß man uns in den oben vorgetragenen Auffassungen über die Handlung, die Kausalität und die Rechtswidrigkeit die Gefolgschaft nicht versagt. Wer die Kausalität metaphysisch als eine tatsächlich den Dingen innewohnende Kraft und obendrein noch die Unterlassung naturalistisch als ein Nichts betrachtet, wird allerdings den bekannten Satz der älteren Kriminalisten, aus Nichts könne nichts werden, als unwiderlegliches Argument gegen die Kausalität der Unterlassung anerkennen müssen.

Aber auch die Bedingungstheorie, logisch verstanden, gerät in Schwierigkeiten und zwar auch dann, wenn sie den zutreffenden normativ-juristischen (also nicht naturalistischen, oben zu 1) Unterlassungsbegriff vertritt. Wie hat sie denn von ihrem ex-post-Standpunkt aus die für die Bejahung der Kausalität entscheidende Frage zu stellen? Für das Tun müßte ihre Frage — um den Gegensatz möglichst zuzuspitzen — etwa so lauten: Hätte das Unterlassen dieses Tuns den unerwünschten Erfolg nicht herbeigeführt? Für das Unterlassen dagegen müßte bei strenger Parallelität die Frage umgekehrt also lauten: Hätte das Tun den unerwünschten Erfolg nicht

---

Unrecht, sondern dessen tatsächliches Substrat, das der Untersuchung bedürfe. Die Rechtswidrigkeit ist also eine ganz andere Frage, und diese wird von Mayer bei weitem nicht erschöpft, insbesondere ist die grundverschiedene Behandlung von Tun und Nichttun (190 ff.) nicht gerechtfertigt, vielmehr gelten für beide die Erfordernisse der Tatbestandsmäßigkeit und der Rechtswidrigkeit in gleicher Weise (vgl. unten 4). Zu dieser Einengung durch die Rechtswidrigkeit ist Mayer offenbar gedrängt infolge der Weite seines Kausalitätsbegriffs, die sich eben hier nicht bewährt. So greift das eine in das andere!

herbeigeführt? Diese Frage gibt nun aber erst Sinn, wenn statt Tun gesagt wird gebotenes Tun — womit jedoch jene berüchtigte Verschiebung des Kausalproblems in die Rechtswidrigkeitslehre eintritt[1]). Fügt man nämlich das Wort „geboten" nicht hinzu, so läßt sich die Frage auch dahin verstehen: Hätte ein (!) Tun, also irgendein Tun des Täters, ein anderes Verhalten als eben das von dem Täter beobachtete passive den unerwünschten Erfolg nicht herbeigeführt? Diese Frage ist aber sinnlos; denn es kommt doch gewiß nicht auf die Feststellung alles dessen an, was nicht getan sein darf, etwa gar von beliebigen Dritten in entferntem Lande.[2]) Nach der Bedingungstheorie müßte aber kausal zu einem in Berlin von A verübten Diebstahl die Untätigkeit des B in Amerika sein; denn hätte dieser zur gleichen Zeit mit A Karten gespielt, so wäre der Diebstahl nicht begangen.

Für die Theorie von der adäquaten Kausalität gibt es für Tun wie für Nichttun nur eine Frage; es ist die von dem ex-ante-Standpunkt sich ergebende: Wird das Verhalten den unerwünschten Erfolg voraussichtlich, d. i. nach normalem Verlauf der Dinge, herbeiführen? Und es erwachsen für die Unterlassung nicht besondere Schwierigkeiten; denn das Wahrscheinlichkeitsurteil kann ebenso an eine negative wie an eine positive Größe angelegt werden.[3]) Es

[1]) Dieser Vorwurf trifft auch Höpfner ZStW. 29, 114, nach dem „kausal im Sinne des Gesetzes" nur die der Handlung „gleichwertige" Unterlassung ist. Dagegen gut v. Hippel ebenda 509.

[2]) Nicht einwandfrei daher auch Frank § 1 IV Abs. 1: „Kausal im Sinne des Gesetzes ist alles, bei dessen Anderssein der Erfolg nicht eingetreten wäre." Beim Tätigkeitsdelikt läßt sich dieses Anderssein, d. i. Untätigkeit, allerdings leicht feststellen, aber nicht bei dem Unterlassungsdelikt.

[3]) Diese so nahe liegende Erkenntnis hätten sich die Juristen schon vor vielen Jahrzehnten aneignen können, wenn sie die Stimme eines angesehenen Philosophen beachtet hätten. Sigwart Der Begriff des Wollens und sein Verhältnis zum Begriff der Ursache 1879 führt (S. 33) aus, für eine mechanische (d. i. naturalistische) Betrachtung gäbe es allerdings keine Kausalität der Unterlassung. „Aber sobald wir uns vergegenwärtigen, daß das von Zwecken geleitete Wirken (!) des Menschen immer darin besteht, daß er seine Bewegungen nach den vorausberechneten (!) Erfolgen richtet, die sie zusammen mit den wirkenden Kräften der äußeren Dinge haben werden, so ist es kein Widerspruch mehr, daß sein Handeln . . . auch einmal darin bestehen könne, sich ruhig zu verhalten und dadurch absichtlich denjenigen Gesamtkomplex von Bedingungen herzustellen, aus den der gewollte Erfolg resultieren muß;

läßt sich leicht die adäquate Kausalität in dem bekannten Falle der Zugentgleisung bejahen, wenn der Weichensteller in einer bestimmten Stunde schläft, in der ein Eisenbahnzug die Strecke passiert: das Nichttun machte das Unglück wahrscheinlich.

Daß von dieser Theorie das Moment der Rechtswidrigkeit nicht hineinbezogen zu werden braucht, hat seinen guten Grund: die Adäquanz ist, wie wir sahen (oben III 4b), dem rechtlichen Werturteil bereits hinlänglich entgegengekommen; das Element des „Erwartens" verbindet beide, ohne daß jedoch diese Lehre in jener aufgeht; adäquate Kausalität und Rechtswidrigkeit bleiben geschieden.

3. Ein weiteres Erfordernis ist die Handlungsfreiheit, die Möglichkeit des Andershandelns. Es gilt für das Nichttun nicht

---

es gibt in den alltäglichen Fällen zwar keine feste Grenze zwischen der Weise der willkürlichen Beherrschung des Leibes, die in Bewegungen, und derjenigen, die in Hemmungen von Bewegungen besteht ..." Demgegenüber muß es Staunen erregen, wenn ein so hervorragender Jurist wie A. Merkel sich also äußert: „Ein Nichthandeln kann an sich keine Wirkungen erzeugen; Wirkungen setzen ein Wirkendes voraus, und dieses kann in der Sphäre des menschlichen Handelns so wenig, wie in derjenigen mechanischer Vorgänge, in Kräften gefunden werden, welche nicht existieren oder sich nicht betätigen. Ein ungenauer Sprachgebrauch gestattet es indessen, in den besprochenen Fällen die Unterlassung Ursache zu nennen ... Wir bezeichnen mit dem Worte in solchen Fällen den Punkt, wo unsere Voraussetzungen, auf Grund deren wir einen anderen Verlauf erwarteten, nicht mit der Wirklichkeit übereinstimmen" (Merkel-Liepmann 135). Meyer-Allfeld 171/2 scheint gar die Kausalität bei der Unterlassung fingieren zu wollen („die Unterlassung gilt ... als Ursache", „ist so anzusehen"); das ist eine Hypertrophierung des an sich richtigen subjektiven, nämlich logokritischen, transzendentalen, juristisch-kategorialen Gedankens, daß jene Erscheinung, die wir Ursache nennen, nur ein Werk unserer Betrachtung ist. Ganz gut ist eine Fassung Wachenfelds 95, nach der die Kausalität der Unterlassung in der Übernahme der Herrschaft über eine bereits angeregte Kausalreihe liegt; nur die metaphysische Färbung stößt etwas ab. Vgl. auch Krückmann JherJb. 55, 1 ff., 153: „Verursacher ist, wer die zum Erfolge führende Kausalbewegung beherrscht." Seltsamerweise scheint Kollmann (Festschr. für v. Liszt 1911, 145) daraus, daß die adäquaten Theorien auch für die Unterlassung passen, da auch diese ein begünstigender Umstand sein könne, den Schluß ziehen zu wollen, daß die adäquaten Theorien mit der Kausalität nichts zu tun haben. Freilich möchten auch wir den Ausdruck Kausalität streichen; aber wir meinen: gerade die Erkenntnis, daß die adäquaten Theorien auch für die Unterlassung passen, beweist ihre Brauchbarkeit und deswegen juristische Richtigkeit.

anders wie für das Tun; hierüber ist bereits oben (III 5) das Nötige bemerkt. Gleichwohl sieht es eine weitverbreitete Meinung, anscheinend ohne bewußte Erkenntnis dieser Parallelität, als eine Besonderheit an, daß die Kausalität der Unterlassung (oder diese selbst) nur beachtlich oder gar nur gegeben sei, wenn für den Unterlassenden die Möglichkeit zum Handeln bestand.[1])

4. Endlich muß zu der Möglichkeit des Andershandelns die Pflicht zum Andershandeln hinzutreten: die Unterlassung muß rechtswidrig sein. Grundsätzlich besteht auch in dieser Hinsicht kein Unterschied vom Tun, sofern man unter Rechtswidrigkeit nicht etwa bloß die formelle, die Tatbestandsmäßigkeit, das Fehlen von gesetzlichen Rechtfertigungsgründen versteht, sondern mit unseren früheren grundlegenden Ausführungen (§§ 12, 15) auch die übergesetzliche, materielle, soziologische Rechtswidrigkeit, das Mehr-Schaden- als -Nützen. Ja, hiermit ist die Achillesferse vielleicht des gesamten Systems der herrschenden Strafrechtsdogmatik berührt. Wenn man einen solchen allgemeinen Begriff der Rechtswidrigkeit nicht anerkennt, dann verdichten sich die Wetterwolken um so mehr, je tiefer man in das System hineinsteigt; und auf dem unglücklichsten Ort, da wo man den Stürmen von allen Seiten ausgesetzt ist, erfolgt die Entladung. Auf dem Gebiete der Unterlassung wird man in die Enge getrieben. Jetzt zeigt es sich, daß man einen anderen als den rein gesetzlichen Begriff der Rechtswidrigkeit vonnöten hat. Und daher beschreitet man denn hier — anders als sonst — im großen ganzen den richtigen Weg, der ins Freie führen kann — führen kann; denn meist stellt man nur Einzelgrundsätze auf, die zwar legislatorisch beachtlich sein mögen (wenn auch wohl bisher ein allseitig befriedigender Satz noch nicht gefunden ist), die jedoch günstigenfalls nur als Ausstrahlungen des allgemeingültigen Prinzips, als Ausdrucksformen des einen einzigen Grundgedankens anzusprechen sind, daß rechtswidrig ein Verhalten ist, das nach seiner allgemeinen Tendenz der staatlichen Gemeinschaft mehr schadet als nützt.

---

[1]) Vgl. Frank § 1 IV Abs. 2, Traeger Unterlassungsdelikte 75, Hoepfner ZStW. 29, 105[6], Radbruch Handlungsbegriff 141, Bierling Prinzipienlehre 3, 25 (das Tun muß „denkbar" sein), Kollmann ZStW. 29 S. 385, 388 („relativ möglich"), auch Festschr. für v. Liszt 1911, 128.

a) Aus der Idee des Rechts, die Verhaltungsweisen der Menschen derart einschränkend zu bestimmen und zu lenken, daß sie sich innerhalb der Gemeinschaft möglichst widerspruchslos und harmonisch ineinander fügen, ergibt sich nun aber eine Verschiedenheit von Tun und Nichttun, und hier ist der erste und zugleich der letzte Punkt, wo wir eine Abweichung beobachten; freilich handelt es sich auch hier nur um eine solche quantitativer Natur. Die Rechtsordnung kann nämlich in weiterem Umfange schädliche Handlungen verbieten als nützliche gebieten, in weiterem Umfange verbieten, Gefahr (durch positives Tun) herbeizuführen, als gebieten, Gefahr abzuwenden. Das folgt ohne weiteres aus der Rechtsidee. Es kann zwar allgemein verboten werden, das Leben seiner Mitmenschen zu verletzen, aber nicht ebenso allgemein geboten werden, die Mitmenschen aus Lebensgefahr zu retten. Die Rechtsordnung darf es wagen, in ersterer Hinsicht tiefer in die Handlungsfreiheit der einzelnen einzugreifen; denn mag auch sonst Tun und Lassen rechtlich durchaus einander gleichstehen, in einer Hinsicht ist das zu einem unerwünschten Erfolge kausale Tun verwerflicher als das zu einem unerwünschten Erfolge kausale Nichttun: das Tun hat einen größeren Widerstand zu überwinden. Darum kann das schädliche Tun verwerflicher sein als das schädliche Nichttun. Wer die Hände in den Schoß legt und sich von dem Gange der Ereignisse treiben läßt, ohne einzugreifen, verhält sich grundsätzlich weniger verwerflich, als derjenige, der aktiv eingreift, mag die schädliche Tendenz in beiden Fällen die gleiche sein. Das Tun entspricht insofern dem Vorsatz (der Kenntnis der Tatumstände), das Nichttun der Fahrlässigkeit (der Nichtkenntnis usw.).

Daher sind Tun und Nichttun durchaus nicht juristisch gleichwertig.[1]) Und deshalb ist auch die Nichtanzeige des Verbrechens (StGB. § 139) nicht etwa als Begehung des Verbrechens zu bestrafen. Wenn durch die Anzeige die Begehung verhütet wäre, so besteht zwischen dem Unterlassungsdelikt und der Verbrechensbegehung selbst nicht der geringste Unterschied. Das Gesetz deutet aber selbst die Verschiedenwertigkeit deutlich genug an, indem es

[1]) Insofern gut hervorgehoben von Höpfner ZStW. 36, 103 ff., der aber zu weit geht, wenn er generell (freilich mit Ausnahmen) einen milderen Strafrahmen für die Unterlassung fordert (131). Dagegen v. Hippel ebenda 501 ff. Auch der maßvollere Vorschlag Köhlers 223 (= Beihilfe) geht wohl noch zu weit.

für die Nichtanzeige einen besonderen und zwar ungleich leichteren Tatbestand schafft, wodurch die Bestrafung wegen der Verbrechensbegehung selbst ausgeschlossen wird. Das ist u. E. die allein mögliche Erklärung; sonst erfüllt die Nichtanzeige unter Umständen sämtliche Merkmale der Begehung.

Die Verschiedenwertigkeit von Tun und Nichttun zeigt sich — ebenso wie diejenige von Vorsatz und Fahrlässigkeit — nicht allein, wie wir soeben sahen, in der milderen Strafwürdigkeit des Nichttuns, sondern mitunter sogar in seiner völligen Straflosigkeit. Insofern, nur insofern haben diejenigen Schriftsteller recht, die für die Unterlassungsdelikte eine besondere rechtliche Vorschrift fordern, durch die eine Pflicht zum Handeln aufgestellt wird.[1]) Aber dieser Standpunkt ist viel zu einseitig. In unzähligen Fällen hat, wie alsbald (b) zu zeigen ist, auch ohne ausdrückliche Satzung Bestrafung der Unterlassung einzutreten — eben auf Grund des allgemeinen Rechtswidrigkeitsbegriffs, jenes systematischen Oberbegriffs, der wie ein ewiges Leitmotiv auch hier mit Macht anschlägt, die Harmonie des Ganzen verkündend.

Und so gewinnen wir, wie es uns scheint, streng folgerichtig ein Ergebnis, das zwar den in der Literatur zahlreich vertretenen Meinungen nicht unähnlich sieht — eine Übereinstimmung, die wir nur mit Freuden begrüßen können —, das jedoch im Zusammenhange unseres konstruktiven Aufbaues ein besonderes Gepräge empfängt, auf manche Einzelheiten ein schärferes Licht wirft, vor allem aber die Geschlossenheit des systematischen Ganzen herstellt.

b) Die Rechtswidrigkeit bedeutet, wie wir sahen, daß ein menschliches Verhalten nach seiner allgemeinen Tendenz der staatlichen

[1]) So Mayer 190/1, der gerade hier im Gegensatz zu seinem sonstigen prinzipiellen Standpunkt wie zu seinen formalistischen Gegnern sich in einen formalistischen Rechtswidrigkeitsbegriff verschanzt. Daher ist u. E. die Entscheidung des Rechtsfalls 191 Note 6 durch Mayer unrichtig.

Nicht innerlich gerechtfertigt ist die Ansicht Mayers, daß das Verhältnis von Tatbestand und Rechtswidrigkeit bei den unechten Unterlassungsdelikten ein anderes sei wie bei den Begehungsdelikten, daß hier der Tatbestand die Rechtswidrigkeit nicht „indiziere", daß vielmehr noch der Verstoß gegen eine besondere Rechtspflicht hinzutreten müsse. Ob Tun oder Nichttun — das Verhältnis von Rechtswidrigkeit und Tatbestandsmäßigkeit muß das gleiche sein: ein Verhalten, das dem Tatbestand unterfällt, ohne daß ein Rechtfertigungsgrund vorliegt, ist (formell) rechtswidrig.

Gemeinschaft mehr schadet als nützt. Im Grunde gilt dieser Gedanke in gleicher Weise für jedes Verhalten, also für das Tun wie für das Nichttun. Wir sahen jedoch oben (a) ferner, daß die Rechtsordnung in Hinsicht des Nichttuns nicht so strenge Vorschriften erlassen, daß sie nicht allgemein gebieten kann, Gefahr abzuwenden, z. B. fremdes Menschenleben zu retten. Darum kann jener erste Gedanke nicht in voller Kraft, nicht von Anbeginn auch für das Nichttun gelten, sondern nur in Form einer Schranke, nur negativ und sekundär; es muß vielmehr etwas anderes vorausgegangen sein, damit er auch hier seine volle und grundsätzliche Herrschaft entfalten kann. Und dieses Etwas kann nichts anderes sein — das folgt logisch zwingend — als selbst ein vorangegangenes Aktivsein, das ja die Rechtsordnung zu stärkeren Eingriffen in die Handlungsfreiheit des einzelnen, wie wir sahen, ermächtigt; es kann nichts anderes sein als selbst ein Tun und zwar natürlich nicht ein rechtlich farbloses, sondern ein solches in Richtung auf die Rechtswidrigkeit. Diese sich logisch in den Systemzusammenhang einstellende Gedankenfolge bedeutet praktisch: ein allgemeines Gebot, Nützliches zu tun, insbesondere Gefahr abzuwenden, besteht ohne speziellen Rechtssatz nur für den, der die Gefahr selbst herbeigeführt hat. Also: der allgemeine (materielle, übergesetzliche, soziologische) Rechtswidrigkeitsbegriff gilt für die unechten Unterlassungsdelikte nur dann, wenn der Täter den schädlichen Erfolg durch vorherige aktive Tätigkeit selbst näher gerückt hat. Es muß also die bei der Unterlassung fehlende Voraussetzung für die unumschränkte Herrschaft des allgemeinen Rechtswidrigkeitsbegriffs schließlich doch wieder zu einem gewissen Teile eingesetzt werden: das Tun des Täters; dieses Verfahren liegt durchaus in der Natur der Sache.

Wird damit aber nicht das Unterlassungsdelikt preisgegeben und ein Tätigkeitsdelikt hineingeschmuggelt? Nein! Das vorausgegangene Tun braucht nämlich noch nicht selbst rechtswidrig zu sein. Ist es rechtswidrig, so ist schon damit ein Delikt, eben ein Tätigkeitsdelikt, gegeben, und es entsteht dann die nicht hierher sondern in die Konkurrenzlehre gehörige Frage, ob die darauf folgende Unterlassung ein neues selbständiges Delikt bildet.[1]) Diese Fälle

[1]) Nur diese Fälle hat Mayer 193 ff. im Auge. Vgl. oben V 1.

meinen wir natürlich nicht. Das vorausgegangene Tun kann aber sehr wohl, noch keinem strafgesetzlichen Tatbestand unterfallend, einen Schritt zu einem solchen bedeuten; d. h. die Herbeiführung des Schadens, an den sich das rechtliche Unwerturteil knüpft, kann näher gerückt, der Eintritt günstiger gestaltet sein. Es kommt also darauf an, daß durch den Täter die allgemeine Tendenz zu dem Schaden um eine Stufe mehr verwirklicht ist.

So gewinnen wir das Prinzip: Hat der Täter durch positives Tun materiell rechtswidrig die allgemeine Tendenz zu einem Schaden gesetzt, m. a. W. die adäquate Kausalität zu ihm ins Laufen gebracht, ohne damit den strafgesetzlichen Tatbestand zu verwirklichen,[1] so ist dessen Verwirklichung durch Unterlassung beim Vorliegen der materiellen Rechtswidrigkeit auch ohne Verstoß gegen eine spezielle Rechtspflicht strafbar. Auf diesem Grundgedanken beruht die mehrfach vorgeschlagene[2] Gesetzesbestimmung, daß wegen Herbeiführung eines Erfolgs durch Unterlassung nur strafbar ist, wer rechtlich verpflichtet war, den Eintritt des Erfolgs durch Handeln zu hindern, wobei eine solche Pflicht auch für den besteht, der durch seine Tätigkeit die Gefahr des Eintritts des Erfolgs herbeigeführt hat.

Die problematischen Fälle sind daher weder das Nichtretten eines von dem Täter selbst in das Wasser gestoßenen Kindes — denn hier hat sich der Unterlassende bereits eines Tätigkeitsdelikts schuldig gemacht — noch das Verblutenlassen des Patienten durch Nichtbeendigung der ärztlichen Operation — denn hier besteht für die Fortsetzung der Tätigkeit die gleiche ausdrückliche (vielleicht sogar vertraglich übernommene) Rechtspflicht wie für die Tätigkeit selbst. Vielmehr interessiert in diesem Zusammenhang nur ein solcher Fall, in dem das vorangegangene Tun noch nicht den Deliktstatbestand

[1]) In Betracht kommen natürlich aber auch die Fälle, wo das voraufgegangene Tun einen leichteren, das nachfolgende Nichttun einen schwereren Tatbestand erfüllt. Wer einen anderen (ohne Tötungsvorsatz) verletzt, ihn dann aber an einsamer Stelle liegen läßt, so daß er dort stirbt, begeht natürlich ebenfalls eine rechtswidrige Unterlassung, nämlich außer der Körperverletzung noch eine Tötung.

[2]) KE. § 24 (Ebermayer 11, 12), E. 1919 § 16, Traeger Unterlassungsdelikte 112 (Teil 1 seines Vorschlags; der zweite geht u. E. zu weit), v. Hippel ZStW. 36 S. 501 ff., 512 ff.

erfüllt und in dem eine Rechtspflicht erst durch dieses vorangegangene Tun begründet wird. Dieses Tun muß aber — wohlgemerkt! — die Gefahr erhöhen, also die adäquate Kausalität weiter ins Rollen setzen.[1]) In dem oben (V 1) erörterten Fall, wo A den ihm fremden betrunkenen B in der kalten Winternacht unterwegs findet und mit sich nimmt, um ihn zur Wache zu bringen, dann aber liegen läßt, so daß B erfriert, hat A durch die Aufnahme keine Rechtspflicht zur Fortsetzung seiner Tätigkeit übernommen; denn die Gefahr des Erfrierens bestand schon vorher. Die Unterlassung wäre auch gar nicht kausal zu dem Tod. Anders jedoch, wenn er ihn von einer geschützten Stelle auf einen freien Platz oder aus einer belebten Straße in eine einsame Gegend verschleppte und hierdurch die Gefahr des Erfrierens und des Unentdecktbleibens vergrößerte; hier wird die Tendenz auf den Tod gesteigert und dadurch zugleich eine Rechtspflicht zum Tun begründet. Kenntnis oder Kennenmüssen der Gefahrsteigerung ist zur Begründung der Rechtspflicht nicht,[2]) wohl aber zur Schuld erforderlich, zu der ja Kennen oder Kennenmüssen der (adäquaten) Kausalität und der Rechtswidrigkeit, mithin der Herbeiführung und der Steigerung der Gefahr gehören. Umgekehrt reicht das subjektive Moment, insbesondere der böse Wille, ohne entsprechende objektive Gefahrerhöhung durch eigenes Tun, nicht aus, eine Rechtswidrigkeit zu begründen; die unmoralischen Unterlassungen sind nicht Objekte für das Strafrecht, so verwerflich sie oft sein mögen.[3])

Irgendwelche Einschränkungen des gewonnenen Prinzips sind nicht zu machen; denn dieses ist aus dem Grundgedanken des Rechts unmittelbar emporgewachsen. Selbstverständlich steht legislatorischen Modifikationen, wenn sie sich aus dem grundsätzlichen Gesichtspunkte ergeben, nichts entgegen. Eine unverkennbare Ausstrahlung unseres Prinzips bedeutet der Gesetzesvorschlag, die

---

[1]) Daher ist es zu weit, wenn z. B. v. Liszt 127 sagt, die Rechtspflicht könne sich aus einem vorangegangenen, fremde Interessen gefährdenden Tun ergeben. Eine gleichgroße Gefahr mag schon vorher bestanden haben.

[2]) Anders Frank § 1 IV 2 und Höpfner 117. Dagegen die herrschende Meinung; vgl. v. Hippel 515.

[3]) Vgl. v. Hippel 516. Dagegen ist eine Strafbestimmung gegen die unterlassene Nothilfe gemäß den Kommissionsvorschlägen (v. Hippel 501, Ebermayer 11, 98, KE. § 415[a]) zu begrüßen.

Hilfspflicht habe nur dann einzutreten, wenn der dem anderen Teil drohende Schaden unverhältnismäßig größer ist als der dem Hilfspflichtigen im Falle des Eingreifens voraussichtlich entstehende Nachteil.[1]) Freilich ist zu beachten, daß diese Abwägung lediglich privater Interessen eine Verschiebung durch das öffentliche Interesse erleiden kann.

Nunmehr sei ein Thema abgeschlossen, das, anscheinend in grundlegender Hinsicht weniger bedeutungsvoll und anscheinend durchaus atypischen Inhalts, in Wahrheit die wichtigsten grundlegenden Gedanken (Verhalten, Kausalität und Rechtswidrigkeit) in typischer Reinheit harmonisch vereinigt und daher selbst den reinsten Typus der Harmonie des Ganzen darstellt.

Eine tiefere Fundierung des Kausalbegriffs geben wir erst im Zusammenhang mit der für den Schuldbegriff grundlegenden Freiheitslehre. Wir verweisen daher an dieser Stelle schließlich auf die späteren Ausführungen über die Willensfreiheit (§ 19).

§ 17. Versuch und Teilnahme.

Die oben festgelegten Begriffe Rechtswidrigkeit, Tatbestandsmäßigkeit und Wirken (Handlung und Kausalität) sind von unmittelbarer weittragender Bedeutung für die Versuchs- und Teilnahmelehre. Wir deuten die Konsequenzen an; für literarische Auseinandersetzungen ist in einem nur den Grundlagen des Strafrechts gewidmeten Werke kein Raum.

I. Versuch ist Setzen der allgemeinen Tendenz zu einem Erfolg ohne Verwirklichung der Tatbestandshandlung. Versuch ist ein Mangel an der Tatbestandshandlung, nicht auch an den übrigen Tatbestandsmerkmalen; diese letzteren müssen vielmehr voll verwirklicht sein, soll Versuch vorliegen.[2]) Der Versuch bezieht sich stets auf die Kausalität, niemals auf die Tatbestandsmäßigkeit als vertypte Rechtswidrigkeit, stets auf das Objekt der Wertung, niemals auf die Wertung selbst und ihren Maßstab.

---

[1]) So Höpfner 129 und v. Hippel 518/9. Die weiteren Modifikationen Höpfners gehen u. E. zu weit. S. v. Hippel 519 ff.

[2]) So besonders Frank § 43 I im Anschluß an Graf zu Dohna Festgabe für Güterbock 1910, 49.

1. Daß die Kausalität nicht voll bis zum tatbestandlichen[1]) Erfolg abgelaufen sein darf, leuchtet ein; sonst würde ja Vollendung vorliegen. Es fragt sich aber, wieviel von der Kausalität abgelaufen sein muß, soll Versuch und nicht bloß eine straflose Vorbereitungshandlung vorliegen. Der Versuch muß eine „Ausführungshandlung" enthalten; und wie diese zu bestimmen ist, das ist eben die große Frage.

a) Ausführungshandlung ist keineswegs identisch mit Tatbestandshandlung;[2]) beide sind scharf zu trennen. Die Tatbestandshandlung bedeutet, wie der Name sagt, die in dem Tatbestand ausdrücklich gekennzeichnete Handlung; sie führt unmittelbar auf den Erfolg hin, dieser bildet ihren Endpunkt, eben jenen Endpunkt, der nicht realisiert ist, wenn bloßer Versuch vorliegt. Die Ausführungshandlung dagegen kann weiter zurückliegen; für sie wird daher die Kausalkette bedeutungsvoll, und deshalb kann nur sie den Anfangspunkt der Versuchshandlung aufweisen, vor dem die straflose Vorbereitung liegt. Die Ausführungshandlung ist mithin eine solche, die den allgemeinen Verbrechensmerkmalen, nicht erst dem durch gesetzliche Vertypung geschaffenen Tatbestand angehört. Sie ist zu denken und zu erklären ohne Rücksicht auf die Vertatbestandlichung. Sie gehört als Versuchshandlung, wie wir sahen, eben dem bloßen Objekt der Wertung, nicht der Wertung selbst (der Vertypung der Rechtswidrigkeit) an. Schon daraus, daß der Versuchsbegriff aus dem allgemeinen Handlungsbegriff zu entnehmen ist, ergibt sich, daß der Versuch auch durch Unterlassung möglich ist; denn der Unterlassungsbegriff wurde, wie wir uns erinnern, unmittelbar aus dem allgemeinen Handlungsbegriff (dem Begriff Wirken), in letzter Linie dem allgemeinen Unrechtsbegriff gewonnen ohne jeden Blick auf den Tatbestand. Versuch ist für das unechte wie für das echte Unterlassungsdelikt denkbar.

b) Wie ist nun aber die Ausführungshandlung, dieses Wahrzeichen des Versuchs, des näheren zu bestimmen? Die Theorie von der adäquaten Kausalität weist auf den richtigen Weg, während

---

[1]) Natürlich muß aber auch beim Versuch ein „Erfolg" und zwar ein rechtswidriger vorliegen; sonst würde kein Anlaß zur Bestrafung vorhanden sein, ein sozial rechtliches Interesse würde fehlen.

[2]) Anders Frank § 43 II 2 a. Wie der Text Kohler Leitfaden 59, auch Köhler 445.

die Bedingungstheorie auch hier versagt; denn nach der letzteren müßte wohl jede Vorbereitungshandlung, weil Bedingung des Erfolges, konsequent als Ausführungs- und mithin als Versuchshandlung angesehen werden. Dagegen bringt die Adäquanztheorie gerade den Gedanken der Ausführungshandlung zum Ausdruck;[1]) denn sie scheidet alle Handlungen aus, die nicht auf den (rechtswidrigen) Erfolg hinstreben, die nur als „zufällige", als rechtlich unbedeutende anzusprechen sind. Versuchshandlung ist nur das Setzen der allgemeinen Tendenz zu dem (rechtswidrigen) Erfolg, nur die typische Richtung auf ihn, nur diejenige Handlung, die nach objektivem[2]) Wahrscheinlichkeitsurteil den Eintritt des Erfolges erwarten läßt, nur die objektiv möglicherweise gefährliche Handlung. Das Kaufen des Gewehres ist zwar Bedingung der Tötung, aber gewiß noch nicht die allgemeine Tendenz auf sie; denn aus dem bloßen Ankauf kann man objektiv — ebenso wie auf die Tötung des Menschen — auch auf die Benutzung bei der Jagd, auf einen Verkauf, ein Verschenken schließen. Erst das Anlegen des Gewehres auf den Gegner ist das Setzen der allgemeinen Tendenz, von dem aus das Wahrscheinlichkeitsurteil über den weiteren Verlauf nicht mehr zweifelhaft ist; erst das Anlegen auf den Gegner ist die objektiv gefährliche Handlung. Der Dieb, der mit den Einbruchswerkzeugen sich nachts auf den Weg macht, sei es auch seinem bestimmten Ziele einem Juwelierladen zu, setzt zwar eine Bedingung zu der Entwendung fremder Schmuckgegenstände, aber noch nicht die allgemeine Tendenz zu diesem Erfolg, begeht noch keine objektiv gefährliche Handlung; er kann ja — dieser Schluß ist objektiv ebensowohl auf Grund jenes Ganges auf die Straße möglich —

[1]) Dieser Zusammenhang tritt gut bei Liepmann Einleitung 76 hervor: Versuch sei „diejenige Verwirklichung eines verbrecherischen Entschlusses", „durch welche in berechenbarer Weise die Möglichkeit der Vollendung gesetzt wird". Nahe stehen auch die bekannten Unterscheidungen von Ursache und Bedingung; vgl. die Nachweise bei Frank VerglDarst. A 5, 182. Bezeichnenderweise legt v. Bar Gesetz und Schuld II 514 auf die „psychologische Erfahrung" Gewicht — ebenfalls ein der Adäquanztheorie nahestehender Gedanke. Ähnlich Finger 313 unten und Festschr. für Binding 1911 I 284.

[2]) Nicht etwa nach dem Urteil des Täters, wie RG. 39, 316 meint, wo im übrigen aber ganz treffend auf das „Geeignetsein" der Handlung zur Herbeiführung des Erfolges Gewicht gelegt wird. Vgl. auch Wachenfeld 173 und Köhler 448.

einen Komplizen aufsuchen, diesem die Diebswerkzeuge aushändigen und ihm bei der Tat lediglich behilflich sein. Versuch ist erst das eigenhändige Ansetzen eines Werkzeugs an die Tür usw.

Der Adäquanzgedanke enthält also das ureigentliche Kriterium der Ausführungshandlung, und es ist bezeichnend, daß diese Auffassung auch bei solchen Schriftstellern zum Ausdruck kommt, die grundsätzlich die genannte Kausalitätstheorie nicht vertreten;[1] jene Autoren sollten für diese von ihnen durchaus zutreffend aufgestellte Versuchslehre auch die dazu gehörige theoretische Grundlage aufdecken. — Da die Adäquanztheorie nicht auf den naturalistischen sondern auf den rechtlich-normativen Gesichtspunkt eingestellt ist, da sie nicht schlechtweg den natürlichen Lauf der Dinge sondern diesen nur in seiner rechtlichen Bedeutung erfaßt, so läßt sich die Ausführungshandlung auch wohl, obgleich nicht sehr präzis, als eine solche charakterisieren, durch die der Erfolg in seiner allgemeinen strafrechtlichen Bedeutung bedingt wird.[2] Gut an dieser Formulierung ist die Betrachtung sub specie juris: wer die Einbruchswerkzeuge bloß vor die fremde Tür niederlegt und ausbreitet, begeht noch keine Ausführungshandlung des Einbruchsdiebstahls; denn dasselbe tut der mit der Öffnung oder der Reparatur beauftragte Schlosser, die Handlung ist kriminell bedeutungslos. — Andrerseits kommt es auf die „Notwendigkeit" der Ausführungshandlung zur Herbeiführung des Erfolges nicht an. Dieses auf die Bedingungstheorie gestimmte Kriterium geht einmal über die Adäquanztheorie hinaus und bleibt sodann wieder hinter ihr zurück; denn einerseits kann auch eine Vorbereitungshandlung (der Gang nach dem Tatort) notwendig für den Erfolgseintritt sein; andrerseits kann der Erfolg oft auch ohne das Setzen dieser allgemeinen Tendenz erreicht werden (nicht bloß Erbrechen der Tür, sondern auch Einsteigen durch das Fenster). — Endlich darf man für die

[1]) So stellen, wie schon Feuerbach, u. a. v. Liszt 193 und Mayer 344 auf die „Gefährlichkeit", letzterer zugleich auf den „Angriff des Rechtsgutes" (352) ab. Nach Frank § 43 II 2 a a. E. ist Ausführungshandlung auch die Handlung, nach deren Vollzug der Täter den Eintritt des Tatbestandserfordernisses „dem Laufe der Dinge (!) überläßt". Auf die generelle Gefährlichkeit legt dagegen Köhler 445, sonst ein Vertreter der Adäquanztheorie, nur zum Teil Gewicht. Vgl. jedoch 447 („Angriff auf das Schutzobjekt").

[2]) So H. Meyer Der Anfang der Ausführung 1892, 23 ff. mit weiteren, etwas fragwürdigen Ausführungen (vgl. v. Bar Gesetz und Schuld II, 513).

Versuchshandlung nicht Gewicht legen auf die Wesentlichkeit der Handlung (im Gegensatz zur Ersetzbarkeit), auf die größere zeitliche Nähe, das unmittelbare Vorausgehen, den kontinuierlichen Zusammenhang[1]) — obwohl auch in diesen Kriterien der Gedanke der Adäquanz anklingt, ein Zeichen, daß sich im großen ganzen die Literatur gerade bei Sonderproblemen in der Richtung unserer Theorie von der adäquaten Kausalität bewegt.

2. Das Problem des untauglichen Versuchs sollte strenggenommen für alle diejenigen gar nicht auftauchen, die eine konkrete, nicht eine abstrakte Betrachtungsweise zugrunde legen; denn im Einzelfall ist unter Berücksichtigung aller konkreten Umstände jeder Versuch ein untauglicher, da ja der Erfolg ausbleibt. Der beste Schütze, der mit dem besten Gewehr unter den günstigsten Verhältnissen auf den Gegner schießt, aber fehltrifft, weil ein Windstoß den Schuß ablenkt, begeht unter der konkreten Betrachtung einen untauglichen Versuch: die Handlung ist unter diesen Umständen, nämlich bei diesem Winde, ungeeignet, den erwünschten Erfolg herbeizuführen. Und zweitens spielt das Problem des untauglichen Versuchs für die Betrachtung ex post keine Rolle; denn sobald man die gesamten Verhältnisse rückblickend übersehen kann, wird sich jeder Versuch als ein untauglicher herausstellen. „Tauglich" kann der Versuch nur für die abstrakte (generalisierende) und für die Betrachtung ex ante sein. Diese Verbindung des Generellen mit dem ex ante weist zugleich auf die Adäquanztheorie hin. In der Tat ist nur auf ihrem Boden das Problem recht verständlich: eine Handlung kann generell, d. h. nach normalem Verlauf der Dinge, und ex ante, d. h. nach menschlicher Voraussicht, nach objektivem Wahrscheinlichkeitsurteil tauglich und sie kann gleichzeitig doch gerade in diesem Ausnahmefall (konkret) sowie tatsächlich im Ergebnis (ex post) untauglich sein, nämlich im Versuchsstadium stecken bleiben.

a) Ist das Problem also — streng genommen — nur auf der Grundlage der hier vertretenen Adäquanztheorie möglich, so findet es auch auf dieser Grundlage seine nächste Lösung.[2]) Fehlt es an der

[1]) Nachweise bei H. Meyer 8 ff., Mayer 351, Köhler 444 ff.

[2]) Bezeichnend ist, daß v. Liszt, ein Gegner der Adäquanztheorie, sich bei der Lehre vom untauglichen Versuch (199, 200) ganz in den Gedankengängen jener von ihm verworfenen Kausalitätstheorie bewegt, mag er auch

allgemeinen Tendenz auf einen Erfolg, ist also adäquate Kausalität gar nicht vorhanden, so ist der Versuch ein untauglicher; als solcher ist er natürlich straflos, straflos nicht wegen eines etwa neuen, in das Gesetz hinein zu interpretierenden Merkmals der Untauglichkeit, sondern wegen eines Mangels in der Kausalität, im „Wirken". So das Schießen mit dem ungeladenen Gewehr zwecks Tötung des Gegners, das Trinken von Lindenblütentee zu Abtreibungszwecken. Diese Handlungen sind objektiv ungeeignet zur Herbeiführung des Erfolges.

Wir wenden dabei die oben (§ 16 IV 2b δ) für die Adäquanztheorie gewonnenen Kriterien ohne Schwierigkeit an: es ist zu fragen, ob Handlungen dieser Art unter diesen gegenwärtigen, objektiv erkennbaren konkreten Umständen regelmäßig einen solchen Erfolg herbeiführen. Zugrunde zu legen sind also die objektiv erkennbaren Verhältnisse des Einzelfalls, nicht etwa die dem Täter erkennbaren oder bekannten; eine derartige subjektive Theorie wäre abzulehnen. Ob der Täter das Gewehr für geladen gehalten hat,[1]) ist ebenso unerheblich, wie sein Glaube an die Tauglichkeit des Abtreibungsmittels. Es kommt allein auf die objektive Erkennbarkeit der Tauglichkeit oder Untauglichkeit der genannten Handlungen an. Und die objektiv erkennbare Untauglichkeit dürfte in den angeführten Beispielen außer Frage stehen. Die Rechtsordnung hat gar kein Interesse

---

eine konkrete, nicht eine abstrakte Gefährlichkeit und eine Prognose ex post, nicht ex ante erfordern. Ähnlich Beling Grundzüge 85 ebenfalls ein Gegner der Adäquanztheorie; er bezeichnet als „absolut untauglich" und „daher straflos" „diejenigen Handlungen, hinsichtlich deren ein Beurteiler im Augenblick ihrer Vornahme bei Zugrundelegung aller damals gegebenen Lebenskonkreta und des allgemeinen Erfahrungswissens ein Unmöglichkeitsurteil des Inhalts fällen kann, daß sie, mag nachher kommen was will, den Tatbestand nicht erfüllen können". Gut ist die Hervorkehrung des Urteils ex ante und des Erfahrungsstandpunkts, zu eng aber das Erfordernis eines Notwendigkeits- (Gewißheits-) Urteils. Nicht zu billigen ist Belings Anschauung, das Wesen des absolut untauglichen Versuchs sei Nichttatbestandlichkeit (Lehre vom Verbrechen 329[1]); jeder Versuch erfüllt den Tatbestand nicht ganz, aber doch zum Teil. — Immerhin steht Beling, wie v. Liszt, dem Adäquanzgedanken nahe, und es hätte nur seiner prinzipielleren Erfassung bedurft, um zu der richtigen grundlegenden Anschauung, der Theorie von der adäquaten Verursachung vorzudringen.

[1]) Anders eine weitverbreitete Meinung.

daran, objektiv erkennbar untaugliche Handlungen unter Strafe zu stellen. Sie enthalten keine adäquate Kausalität, kein Wirken und scheiden deshalb aus dem Kreise der juristischen Objekte aus. Ein Versuch kommt hier gar nicht in Betracht.

b) Nunmehr wird die Frage auftauchen, ob nicht damit dem untauglichen Versuch der Versuchscharakter überhaupt abgesprochen ist, ob nicht jeder Versuch ein tauglicher sein muß — ein eigenartiger Gegensatz zu jener oben abgelehnten, vom konkreten und ex-post-Standpunkt gewonnenen Anschauung, nach der umgekehrt jeder Versuch ein untauglicher ist. Die Frage ist zu verneinen. Der Versuch kann auch auf dem Boden der Adäquanztheorie ein untauglicher sein; dann hat die „Untauglichkeit" allerdings eine ganz andere Bedeutung, sie reicht in das Gebiet der Rechtswidrigkeit. Und diese Rechtswidrigkeit kann nur — auch hier bewegen wir uns unmittelbar und streng folgerichtig auf den oben (§ 12 III) errichteten Grundlagen — die allgemeingültige, materielle, soziologische sein. Die von dem Täter gesetzte Tendenz kann nämlich auch auf einen völlig unschädlichen Erfolg gerichtet sein, oder wenigstens auf einen mehr nützlichen als schädlichen Erfolg. Dann entfällt nicht die adäquate Kausalität, nicht der Versuch überhaupt, sondern lediglich die Rechtswidrigkeit. Rechtswidrig ist der Versuch, wenn die Handlung nach objektivem Wahrscheinlichkeitsurteil mehr schädlich als nützlich für die Gemeinschaft ist (vgl. oben § 12 III).

So sehen wir, daß das Problem des untauglichen Versuchs teils in das Gebiet der Kausalität, teils in das der Rechtswidrigkeit gehört. Die sog. objektive, auf die Gefährlichkeit abstellende Versuchstheorie bedarf also der Differenzierung. Abgesehen hiervon ist sie aber zutreffend; ihr theoretischer Ausbau ist bereits oben in der Rechtswidrigkeits- und Kausalitätslehre erfolgt, und praktisch ist sie anwendbar, wenn auch selbstverständlich Zweifel nicht ausbleiben.[1])

---

[1]) Ein Versuch an einem nicht vorhandenen „untauglichen Objekt" ist strafbar, wenn nach objektivem Urteil (nicht nach dem subjektiven des Täters, vgl. den folgenden Text) ein taugliches Objekt an dem betreffenden Orte vermutet werden konnte. Strafbar ist danach, wer in eine fremde Tasche nach einem Portemonnaie greift, ohne ein solches zu finden. Straflos, wer am hellen lichten Tage in ein leeres Bett schießt und dort seinen Todfeind unter einer Decke versteckt vermutet. Straflos auch, wer auf eine bereits

Jegliche subjektive Theorie aber ist, als in das ganz fremde Gebiet der Schuld schlagend, unbedingt abzulehnen. Die Schuldlehre ist vielmehr nur deswegen herbeizuziehen, um eine Ausnahme ihrer eigenen Regel festzustellen. Denn der Versuch ist ein Irrtum des Täters über die Kausalität (einschließlich Erfolg). Nun wird aber beim Versuch die Regel, daß der Irrtum über ein Verbrechens- oder Tatbestandsmerkmal den Vorsatz ausschließt, durchbrochen durch — nun wodurch? — lediglich durch ein objektives Prinzip. Denn nur ein objektives Prinzip kann das subjektive einschränken. So zeigt es sich, daß der Versuch notwendigerweise dem Gebiet des Objektiven angehören muß.

Auch aus praktischen Gründen ist die subjektive Theorie zurückzuweisen. Nach ihr müßte folgerichtig der abergläubische Versuch (Totbeten) bestraft werden, eine Konsequenz, die von den Vertretern jener Lehre[1]) nur durch die Verneinung des Vorsatzes im Einzelfalle vermieden wird: also das bekannte Rettungsmittel, das der Kriminalist zur Verhütung unliebsamer Konsequenzen auch sonst (etwa bei der Bedingungstheorie) anwendet, das aber dann versagt, wenn der Einzelfall einmal so liegt, daß der Vorsatz nicht in Abrede gestellt werden kann (wenn der Täter etwa den abnormen Kausalverlauf übersieht).

Subjektiv und daher abzulehnen ist auch die sich gegenwärtig größerer Beliebtheit erfreuende, anscheinend in der Mitte zwischen der objektiven und der subjektiven Theorie stehende Auffassung, nach welcher der Versuch unter der Voraussetzung strafbar ist, daß der Erfolg eingetreten wäre, wenn die Sachlage der Vorstellung

---

aufgebarte Leiche schlägt in der Meinung, er habe seinen noch lebenden Gegner vor sich. Anders, wenn die Leiche im Bett liegt, ohne als Leiche objektiv erkennbar zu sein. Straflos ist, wer in der Meinung, er habe wieder seinen berühmten Todfeind vor sich, auf einen Baumstumpf schießt, obwohl mehrere Baumstümpfe an einem Weidengraben in regelmäßigem Abstand voneinander stehen. Anders, wenn man dort den Gegner in der Tat, etwa im Nebel vor seinem eigenen Haus, vermuten durfte. Allemal sollen — das ist der Leitgedanke — die objektiv harmlosen Fälle straflos gelassen werden; ihre Bestrafung würde nicht selten lächerlich wirken — nicht anders wie vielleicht schon die oben genannten Schulfälle an sich! Nur die objektiv gefährlichen Fälle tragen strafwürdigen Charakter.

[1]) Dagegen wird die Konsequenz in der Tat gezogen von Schüler Der Mangel am Tatbestand 1914 (Strafrechtl. Abh. Nr. 181), 93.

des Täters entsprochen hätte.[1]) Subjektiv ist die Ansicht deswegen, weil sie zugrunde legt die Sachlage nicht nach dem Urteil der Allgemeinheit, sondern nach dem des Täters, und außerdem, weil sie nach dem Prinzip der Gefährlichkeit den Willen, nicht die Tat beurteilt. Danach wäre wegen Mordversuchs zu bestrafen, wer mit Arsenik töten will, aber Zucker gibt.[2]) U. E. besteht aber kein Grund, derartige objektiv durchaus harmlose Fälle zu bestrafen. Die Gegner werden sich freilich nicht überzeugen lassen. Es kommt auch hier wieder auf die Grundanschauung an, und es ertönt mit Macht die alte Frage, ob die Rechtsordnung in erster Linie die Gefährlichkeit der Tat oder die des Täters, ob sie in erster Linie die schädliche äußere Verhaltungsweise oder die böse Gesinnung bestrafen will. Wer unsere Scheidung von Recht und Moral sowie unsere Bestimmung des Wesens der Strafe billigt, dem wird die Antwort nicht schwer fallen. So führt auch die Lösung dieses anscheinend untergeordneten Sonderproblems auf den Gegensatz von grundsätzlichsten, ja von Weltanschauungsfragen hinauf.

II. Teilnahme.

1. Seltsam, daß unsere Wissenschaft einen so wichtigen Begriff wie den des Täters noch nicht eindeutig, nicht einmal entfernt eindeutig bestimmt hat. Unklarheiten über das Verhältnis zum Anstifter waren schuld; namentlich wußte man den mittelbaren Täter nicht recht unter den Täterbegriff unterzubringen, denn er

[1]) Vgl. Finger in Binding-Festschr. a. a. O., Graf zu Dohna a. a. O. 61 und Frank § 43 III (S. 70). Nicht glücklich ist u. E. die Unterscheidung von nomologischem und ontologischem Irrtum. Ersterer ist ein Irrtum über die Gesetze des Geschehens und soll Straflosigkeit bewirken; letzterer, ein Irrtum über die tatsächlichen Verhältnisse, soll dagegen den Versuch strafbar lassen. Der erstere scheint im wesentlichen ein Irrtum über die Tauglichkeit des Mittels, über die Kausalität zu sein. Die sich auch sonst oft findende Unterscheidung von Mittel und Objekt ist aber nicht durchzuführen. Das Objekt fällt, wie die konkreten Umstände zur Zeit oder nach der Tat, wie der Erfolg und wie das Angriffsobjekt, noch immer in die oben bestimmte Kausalreihe. Und je konkreter man die Sachlage betrachtet, desto mehr verflüchtigt sich der ontologische Irrtum in einen nomologischen (hält sich das Mädchen irrtümlich für schwanger, so wäre das ein Irrtum über das Sein; hält es sich aber irrtümlich infolge eines Kusses für schwanger, so wäre es ein Irrtum über das Geschehen). Theoretisch aber löst sich jedes Sein in Geschehen auf; die Welt ist ein unaufhörliches Fluten der Geschehnisse.

[2]) So ausdrücklich Frank a. a. O.

begeht ja nicht die Handlung. Und so nimmt es nicht wunder, daß man die alte Unterscheidung von Täter und Anstifter ganz über Bord warf und den mittelbaren Täter zu dem Anstifter schlug.[1])

Nun läßt sich freilich nicht verkennen, daß normativ — und diese Betrachtungsweise muß auch hier streng innegehalten werden — Anstifter und mittelbarer Täter insofern gleich zu behandeln sind, als jener nicht mehr und nicht weniger tut als dieser, sie bestimmen einen anderen zur Ausführung der Tat, und ob dieser andere wirklich bestraft werden kann, ob er willensfähig ist oder nicht, also Angestifteter (Haupttäter) oder bloßes Werkzeug ist, muß doch für die Beurteilung des Bestimmenden — so scheint es — gleichgültig sein. Die Fälle liegen aber in Wahrheit normativ verschieden. Die Handlung des Anstifters führt noch nicht unmittelbar zu dem strafrechtlich in erster Linie interessierenden Ereignis, sie stößt zunächst auf einen Menschen, der sich so oder so entschließen kann. Und deswegen trifft die Hauptverantwortung den Angestifteten, deswegen ist er der Haupttäter; und deswegen wiederum ist der Anstifter anders und zwar generell milder zu beurteilen als derjenige, der in letzter Linie die Straftat verübt, als derjenige, hinter dem sozusagen eine Straftat nicht mehr folgt, jedenfalls nicht mehr die gleiche Straftat, nicht mehr eine „Haupttat". Für die Beurteilung der Gesamtlage zeigen sich also beide Fälle in durchaus verschiedenem Lichte: dort ein Vor- und ein Haupttäter, die beide verantwortlich sind, hier nur ein Täter, den allein die Verantwortung trifft. Normativ also liegen die Fälle durchaus verschieden, und deswegen ist die überlieferte Unterscheidung durchaus begründet. Ob der Anstifter weniger strafwürdig (!) ist als der Täter, soll hier nicht untersucht werden;[2]) in den begrifflichen Voraussetzungen ist die Anstiftung unzweifelhaft das normative Minus.[3])

---

[1]) So Binding GerS. 71, 1 ff.; 76, 87 ff.; 78, 1 ff. (Abh. I, 251 ff.). Sein „Urheberbegriff" hat aber überwiegend mit Recht Ablehnung erfahren.

[2]) Für Gleichstellung, ja für Gleichstellung selbst des Gehilfen mit dem Täter haben sich viele ausgesprochen. Vgl. Mitt. d. IKV. Bd. 11, dazu Birkmeyer Vgl. Darst. A 2.

[3]) Beling Lehre vom Verbrechen 462 bemerkt richtig: „Eine Tat nur in der Seele eines anderen erzeugen, ist eben ein Tun von geringerer Intensität; es fehlt ihm eben noch das Charakteristische der ‚Ausführung' und muß mithin milder gewertet werden." Ähnlich Finger 350 Anm.

2. Anstiftung und noch mehr Beihilfe sind gegenüber der Haupttat das normative Minus. Ihr Kennzeichen ist, daß ihnen begrifflich stets die „Ausführungshandlung“ in dem für die Versuchslehre vom Standpunkt der Adäquanztheorie dargelegten Sinne (oben I 1 b) fehlt — womit übrigens nicht gesagt ist, daß diese Ausführungshandlung mit derselben begrifflichen Notwendigkeit der Haupttat innewohnt; eine Abweichung zeigt uns jener systematisch zu Komplikationen führende Begriff der mittelbaren Täterschaft, denn dort fehlt die Ausführungshandlung, sie wird von dem Werkzeug begangen.[1]) Die Ausführung ist daher zwar ein negatives Kriterium für Anstiftung und Beihilfe, aber kein positives für Täterschaft. Die Aufdeckung des Kriteriums für Täterschaft, die schwierige und doch so notwendige Bestimmung des Täterbegriffs muß daher noch aufgeschoben werden. Zunächst ein Wort über das genannte Kriterium für Anstiftung und Beihilfe.

Anstiftung und Beihilfe entsprechen genau der „Vorbereitungshandlung“ in der Versuchslehre. Sie stehen hinter der Ausführung, die der Täter begeht, zurück. Ihnen fehlt die allgemeine Tendenz auf den rechtswidrigen Erfolg, die erst der Täter setzt, die typische Richtung auf den Erfolg, die nach objektivem Wahrscheinlichkeitsurteil den Erfolg erwartenlassende Handlung. Nur unter diesem der Adäquanztheorie eigentümlichen objektiv normativen Gesichtspunkt läßt sich die Scheidelinie zwischen Täterschaft und Teilnahme ziehen. Anstiftung und Beihilfe bedeuten generell sozial weniger als die Haupttat, und deswegen sind sie dieser gegenüber ein rechtlich-normatives Minus, ihr juristischer Wert ist unbedeutender. Wenn A den B anstiftet, einen Einbruchsdiebstahl zu begehen, oder wenn A Wache steht, während B einbricht, so ist lediglich der Einbruch Ausführungshandlung, dagegen kann man aus den Handlungen des A objektiv ex ante noch nicht auf die Vornahme des

---

[1]) Man versteife sich nicht auf das Wort „Handlung“, indem man zu ihr auch die Willkür des Verhaltens, die Handlungsfreiheit rechnet (oben § 16 III 5); denn dieses letzte Erfordernis des Handlungsbegriffs fehlt mitunter dem Werkzeug und ist allein bei dem mittelbaren Täter vorhanden (A stößt den B in eine Schaufensterscheibe). Maßgebend soll im Texte allein das Setzen der Tendenz sein, die rein objektive Tatseite ohne Rücksicht auf Willkür und Freiheit, die „Ausführung“, wie man vielleicht besser sagt. Der ausführende Teil ist aber das Werkzeug, nicht der mittelbare Täter.

Einbruchs schließen, und deswegen sind diese letzteren unter normativem Gesichtswinkel geringwertiger, rechtlich unwichtiger als die Haupttat; das Wort Haupttat ist schon bezeichnend genug.

Diese auf dem Boden der Theorie von der adäquaten Kausalität [1]) unmittelbar erwachsene Anschauung kommt in der bekannten Unterscheidung von Ursache und Bedingung [2]) zum Ausdruck: der Täter setzt die Ursache, der Teilnehmer eine bloße Bedingung — eine Ansicht, die freilich sehr wenig zu der von einem großen Teil jener Autoren vertretenen Kausalitätstheorie paßt, nach der jede Bedingung Ursache ist: wieder (wie beim Versuch) ein Zeichen dafür, daß man in den praktisch bedeutsamen Fragen den Adäquanzgedanken fühlte und wenn auch unbewußt anwendete, ihn aber nicht theoretisch zu Ende dachte, nicht auf eine grundlegende (Kausal-) Lehre zurückführte. Und weswegen mußte die Bedingungstheorie fehl gehen? Weswegen zog man nicht oder doch nur vereinzelt aus ihr die notwendige [3]) Konsequenz, daß jede Anstiftung und wohl auch meist die Beihilfe Bedingung des Erfolges und deshalb zugleich Haupttat sei? Weil die natürliche Betrachtungsweise juristisch gar nicht am Platze ist; sie ist durch eine soziologisch-normative zu ersetzen. Es ist ein Ding der Unmöglichkeit, rein faktisch (naturalistisch) Grenzlinien zwischen Ausführung und Vorbereitung zu ziehen. Nur die Bestimmung der sozialen und rechtlichen Bedeutung vermag die Haupttat als solche zu charakterisieren und die Grenze zur bloßen Teilnahme abzustecken. Und darauf ist die Adäquanztheorie mit ihrem Kriterium des objektiven (vom Standpunkt der Gemeinschaft gefällten) Wahrscheinlichkeitsurteils eingestellt.

---

[1]) Sie ist auch für die Teilnahmelehre streng durchgeführt von Liepmann Einleitung 76. Wenig konsequent auch hier v. Bar Gesetz und Schuld II, 591 ff., der seine Kausalitätstheorie preisgibt; gegen ihn gut Kriegsmann ZStW. 30, 549 ff.

[2]) So schon Feuerbach und viele. Vgl. v. Liszt 207 [5], Frank § 47 II, Mayer 388 [8], dazu auch Beling Lehre vom Verbrechen 399, Birkmeyer in VerglDarst. A 2, 10 ff. Die Unterscheidung von physisch und psychisch vermittelter Kausalität (Frank) trifft jedoch nicht zu; erstere soll Täterschaft, letztere dagegen Teilnahme begründen. Die Beihilfe beruht aber auch oft auf physisch, die mittelbare Täterschaft oft (nicht, wie Mayer 388 meint, stets) auf psychisch vermittelter Kausalität. Vgl. auch Bierling Prinzipienlehre 3, 55. [3]) So v. Liszt 204. Anderer Meinung Beling 391 [2].

Daß die subjektive Theorie auch hier (wie beim Versuch) aufs Schärfste zurückzuweisen ist, bedarf kaum eines Wortes. Wie soll die Willensrichtung des Täters, ein Schuldmoment, über die objektive Bedeutung einer Tat — ob Haupttat oder Nebenhandlung — den Maßstab abgeben! Kann das Bestimmen eines anderen zum Morde oder das Wachestehen bei der Ausführung des Mordes jemals als Mord aufgefaßt werden, mag auch der Anstifter oder Gehilfe den Mord noch so sehr als eigene Tat wollen?

Abzulehnen ist aber auch die sog. formal-objektive Theorie, nach der das Kriterium für die Haupttat die Verwirklichung des Tatbestandes ist.[1]) Es fragt sich gerade, weswegen der Anstifter den Tatbestand nicht verwirklicht, obwohl sein Verhalten alle Tatbestandsmerkmale umfaßt (er stiftet einen anderen an, eine fremde bewegliche Sache in der Absicht rechtswidriger Zueignung wegzunehmen); es fehlt nur an der Haupthandlung. Aber in der Vornahme und Nichtvornahme der Tatbestandshandlung kann der Unterschied nicht gelegen sein. Denn der Anstifter erfüllt dieses Merkmal (die Wegnahme) genau ebensosehr oder ebensowenig wie der mittelbare Täter. Daher kann nur in einem außer- und vortatbestandlichen Merkmal das Kriterium gelegen sein; nur die objektive Bedeutung kann das Unterscheidungsmerkmal abgeben.

Ist in dem Vorstehenden auf die objektive, normative Bedeutung der Handlungen das Hauptgewicht gelegt, so ist nicht etwa — vor einem solchen Mißverständnis sei gewarnt — der Schwerpunkt in die Rechtswidrigkeit verlegt. Auf den Grad der Gefährlichkeit und Schädlichkeit der Handlungen und damit den Grad des Unrechts kommt es nicht an; die Anstiftung ist oft sozial gefährlicher und schädlicher als die Haupttat selbst[2].) Wohl aber ist entscheidend die generelle Bedeutung, die die Handlung für den Eintritt des (rechtswidrigen) Erfolges hat, wobei dessen Rechtswidrigkeit (Schädlichkeit) und mithin die Rechtswidrigkeit der Tat selbst dahingestellt bleibt.[3]) Das ist die unmittelbar wertbezogene, wenn auch

---

[1]) Auf diesem Standpunkte stehen Beling und Mayer.

[2]) Darauf macht zutreffend Mayer 389 aufmerksam (wir bestrafen den Anstifter, der den Aufruhr heraufbeschworen hat, strenger als die Täter).

[3]) Mayer 389 bekämpft zwar richtig die rein kausale und verlangt im ganzen richtig eine wertende Betrachtung, irrt aber, wenn er meint, daß die Abgrenzung nach dem Wert oder gar nach den „Schuldstufen" vorzunehmen sei.

noch nicht wertende Methode der Soziologie. Das ist die Quintessenz der Adäquanztheorie, die, wie wir sahen, einen normativen Einschlag besitzt, einen Schritt zur Rechtswidrigkeit bedeutet, in der Mitte zwischen der naturalistischen und der auf den endgültigen, konkreten Wert abstellenden normativen Auffassung steht; ihre entscheidende Frage ist, ob die Handlung nach objektivem Wahrscheinlichkeitsurteil die generelle Tendenz auf den Erfolg besitzt.

3. Wie ist nun der Begriff des Täters zu bestimmen?

a) Unrichtig: Täter ist, wer alle Tatbestandsmerkmale (oder: alle allgemeinen Verbrechens- und Tatbestandsmerkmale) verwirklicht.[1]) Unrichtig deswegen, weil dasselbe der Anstifter tut, jedenfalls in demselben Sinne wie der mittelbare Täter, der doch Täter ist. Beide bestimmen einen anderen dazu, die Ausführung zu begehen, verwirklichen aber durch diesen anderen, und zwar der Anstifter nicht weniger als der mittelbare Täter, das Verbrechen im allgemeinen wie den gesetzlichen Tatbestand im besonderen. Wenn man in dieser mittelbaren Verwirklichung eine mittelbare Täterschaft konstruiert, weil der andere nicht strafbar ist, so müßte man konsequent auch den Anstifter als Täter auffassen, der genau dasselbe tut wie der mittelbare Täter. Die obige Definition ist also falsch. Wesentlich scheint vielmehr gerade der Umstand zu sein, daß der andere, der die Ausführungshandlung begeht, in dem einen Fall strafbar ist, in dem anderen nicht. Aber wie kann diese in der Person eines anderen begründete Verschiedenheit Einfluß auf die rechtliche Natur des den anderen Bestimmenden ausüben? Außerdem ist der von dem mittelbaren Täter Bestimmte (das Werkzeug) mitunter selbst strafbar (der mittelbare Täter handelt vorsätzlich, das Werkzeug fahrlässig); das Kriterium für die Täterschaft kann also auch deswegen nicht die Straflosigkeit des Bestimmten sein

Unrichtig ferner: Täter ist, wer die Ausführung begeht.[2]) Diese konstruktiv befriedigende, klar einen Gegensatz der Täterschaft zur

---

Doch kommt der richtige Gedanke in dem Satz zum Ausdruck, der Täter führe den Angriff aus, der Gehilfe bereite ihn vor oder sichere ihn (403). Dieser „Angriff" ist nicht wörtlich in tatsächlichem, sondern juristisch in normativem Sinne zu verstehen; damit erledigen sich die Bedenken Köhlers 518.

[1]) Vgl. etwa Binding GerS. 78, 7.

[2]) Eine sich sachlich oft findende Anschauung. Vgl. etwa v. Liszt 208 und Köhler 510.

Anstiftung und Beihilfe herausarbeitende Definition ist, wie bereits gesagt, deswegen verfehlt, weil der mittelbare Täter die Ausführung nicht selbst vornimmt.[1]) Die Definition paßt also nicht für die mittelbare Täterschaft. Man kann daher leider nicht sagen: Täter ist, wer die allgemeine Tendenz setzt. Eine solche Bestimmung würde bestechen nicht nur wegen ihrer folgerichtigen Durchführung des als grundlegend erkannten Adäquanzgedankens, sondern auch wegen ihrer unmittelbaren Ableitung aus einem grundlegenden Gedanken überhaupt; sie würde sich aus den allgemeinen Verbrechensmerkmalen ergeben ohne jegliche Rücksichtnahme auf den erst auf Willkür des Gesetzgebers zurückzuführenden Tatbestandsbegriff. Der Begriff des Täters ist doch offenbar ein so grundlegender und so allgemeiner, daß er in seiner Reinheit irgendwie mit den allgemeinen Verbrechensmerkmalen in Verbindung gebracht und auf sie beschränkt werden muß, ohne von den besonderen Tatbeständen abhängig zu sein. Diesen an ihn zu stellenden Forderungen scheint er nach dem Gesagten jedoch nicht zu genügen. Und es erhebt sich die Frage, ob er überhaupt ein reiner Grundbegriff sein kann oder ob er nicht vielmehr auf die Tatbestände zu beschränken ist. Freilich, nur aus der Tatbestandsmäßigkeit ihn zu gewinnen, ist ebenfalls unmöglich. Denn wollte man definieren, Täter sei, wer eine Tatbestandshandlung vornimmt,[2]) so würde auch das Werkzeug Täter sein.

b) Aus dieser Zwickmühle führt der Weg ins Freie, wenn man sich unseren in diesem ganzen Abschnitt, insbesondere bei der Bestimmung des Verbrechensbegriffs eingeschlagenen grundlegenden Gedankengang ins Gedächtnis zurückruft; und so bewährt sich denn auch hier die kritische Methode. Es kann dies ja auch gar nicht anders sein. Die Leuchte kann nicht erlöschen.

Die Handlung (das Verhalten) ist als das Objekt der rechtlichen Wertung erst etwas Sekundäres; das wurde zur Genüge dargetan (vgl. insbesondere § 12 III 2). Auszugehen ist mit jeder transzendentalen Betrachtung von der rechtlichen Wertung. Unter diesem normativen Gesichtspunkt ist aber der Begriff des Täters nicht

---

[1]) Die Willkür des Verhaltens, die Handlungsfreiheit (oben § 16 III 5) rechnen wir nicht mehr zur „Ausführung". Die Ausführung nimmt daher das Werkzeug auch dann vor, wenn es sich nicht willkürlich verhält.

[2]) So Frank vor § 47 II Anf. (S. 81 oben).

anders zu bestimmen als der der Tat, der weitere Begriff des Verbrechers nicht anders wie der des Verbrechens; Verbrecher und Verbrechen sind ja Parallelbegriffe, von denen der erstere sich nach dem letzteren zu richten hat. Ist aber das Verbrechen ein schuldhaftes Unrecht, so ist der Verbrecher derjenige, der ein schuldhaftes Unrecht begeht. Diese Definition beansprucht Allgemeingültigkeit; und sie genügt den soeben oben aufgestellten Anforderungen: sie bewegt sich innerhalb des Reiches der allgemeinen Verbrechensmerkmale, ohne durch Aufnahme positiv-gesetzlicher Elemente an Reinheit zu verlieren. Für den Begriff des Verbrechers wesentlich sind also nur die Merkmale Unrecht und Schuld, das objektive und das subjektive Urelement des Verbrechens; will man noch ein Wertungsobjekt aufnehmen, so wäre das der farblose Begriff des Verhaltens, und der Verbrecher wäre zu definieren als derjenige, der sich rechtswidrig und schuldhaft verhält. Dazu würde sich auch unschwer der mittelbare Täter rechnen lassen. Das vollständige Objekt, insbesondere das Setzen der Tendenz, die Ausführungshandlung, ist dagegen nicht aufzunehmen; denn insofern kann eine Spaltung und eine Verteilung auf mehrere Personen, von denen die eine (das Werkzeug) ausscheidet, eintreten — ein Zeichen dafür, daß das Objekt das Unwesentliche ist: normativ ist eben das Unrecht und die Schuld die Hauptsache.

Nun ist der gewonnene Verbrecherbegriff noch derartig allgemein, daß unter ihn auch der Anstifter und der Gehilfe fallen. Will man sie ausscheiden und den Begriff des Täters im engeren Sinne bestimmen, so läßt sich u. E. — ebenfalls unter der normativen Methode — nur wie folgt verfahren.

Grundsätzlich ist auch für den Täterbegriff an dem Erfordernis der Ausführungshandlung festzuhalten; von ihm ist ausnahmsweise aber dann abzusehen, wenn diese von einem anderen begangen wird, der nicht seinerseits voll als Täter erscheint, d. h. nicht als Täter desselben Delikts wie der erste. Es sind also einmal (wegen des Grundsatzes) der Anstifter und der Gehilfe auszuscheiden, sodann aber (wegen der Ausnahme) auch das Werkzeug; dieses letztere begeht zwar die Ausführung, kann jedoch nicht voll verantwortlich gemacht werden, weil in seiner Person mindestens ein Merkmal fehlt, sei es die Willkür des Verhaltens oder die Rechtswidrigkeit oder ein Tatbestandsmerkmal oder die Schuld, die Zurechnungsfähigkeit oder der Vorsatz oder die Absicht.[1]) Das Werkzeug ist also entweder straflos oder zwar strafbar, aber nur leichter strafbar als der mittelbare Täter. In dem letzteren Falle ist es in gewissem Sinne ebenfalls straflos, nämlich straflos wegen des schwereren Delikts, das dem mittelbaren Täter zur Last fällt. Diese nicht sehr einfache und durchsichtige Gewinnung des Täterbegriffs erklärt sich normativ aus dem Bestreben der Rechtsordnung, möglichst alle strafwürdigen Momente zu erfassen und in einer Person zu vereinigen. Das ist das erste Ziel, das auch von der praktischen Behandlung eines Falles erstrebt werden muß. Wenn nun die einzelnen Verbrechens- und Tatbestandsmerkmale sich auf mehrere Personen verteilen, so ist als Täter derjenige anzusehen, der die normativ schwersten verwirklicht; der andere ist dann eben nicht Täter, wenigstens nicht Täter dieses schwereren Delikts, sondern nur eines leichteren (etwa fahrlässig begangenen), oder er geht völlig straflos aus, oder endlich er ist Anstifter oder Gehilfe. An dieser Einsicht sollte nicht gezweifelt werden: das Kennzeichen für den Täter gegenüber anderen Verbrechenssubjekten ist, daß er in seiner Person das normativ Schwerste vereinigt. Nach diesem hat der Richter zu forschen, nachdem er die Verbrechens- und Tatbestandsmerkmale ermittelt hat; zuerst also diese objektive, sodann jene subjektive Feststellung.

Somit gelangen wir zu der Definition: Täter ist, wer rechtswidrig und schuldhaft die Ausführung entweder selbst vornimmt oder sie durch einen anderen vornehmen läßt, der nicht seinerseits Täter ist (genauer: der nicht seinerseits als Täter in demselben Maße strafbar ist). Und es ergibt sich die Erkenntnis: die Ausführungshandlung ist normativ erst von zweiter Bedeutung. Sie interessiert die Rechtsordnung nur für die Frage, ob Bestrafung einzutreten hat, nicht für die andere, wer von mehreren Personen (als Täter) zu bestrafen ist. Die Ausführungshandlung, die Tendenzsetzung ist Tatmerkmal, nicht Tätermerkmal.

[1]) Das Fehlen der Absicht wird wesentlich, wenn man ein „doloses Werkzeug" anerkennt. Hierüber wie überhaupt über die mittelbare Täterschaft vgl. die jüngste Darstellung von Wachenfeld ZStW. 40 S. 30 ff., 129 ff., 321 ff., der aber selbst zur Gewinnung des Täterbegriffs zu sehr auf den „anderen", das Werkzeug, abstellt. Vgl. oben zu a.

§ 18. Einheit und Mehrheit von Verbrechen.

Auch auf diesem — praktisch ganz besonders wichtigen — Gebiete kann eine „Grundlegung" sich nicht auf Kasuistik und literarische Strömungen einlassen. Die gewonnenen grundlegenden Gedanken dürften sich aber auch hier als fruchtbringend erweisen.

I. Zweierlei grundsätzliche Gegensätze sind auseinanderzuhalten. Die Gegensätze selbst und erst recht ihre Auseinanderhaltung sind meist erheblich vernachlässigt und wohl nicht einmal unbewußt angewendet worden.

1. Der Gegensatz von abstrakter und konkreter Betrachtung.[1]) Er ist so selbstverständlich, daß er kaum einer Erklärung bedarf. Verbrechensmehrheit kann bedeuten einmal eine Mehrheit abstrakter Verbrechen (Diebstahl, Einbruchsdiebstahl, Rückfallsdiebstahl überhaupt) ohne Rücksicht auf Einzelfälle, lediglich im Hinblick auf das Gesetz, sodann aber eine Mehrheit konkreter Vorgänge (die von A in der vorigen Woche begangenen Diebstähle). Auch in dem ersten Fall hat man vielleicht einen konkreten Vorgang zu erörtern, weswegen die Unterscheidung von Strafgesetz und Verbrechensfall nicht den Kern des Gegensatzes trifft; aber man wendet sein Interesse von der Einzelheit sofort hinweg und dem Gesetz zu, das auch für andere Fälle dieser Art paßt. Daß man umgekehrt in dem zweiten Falle auch das Gesetz in seinem Verhältnis zu anderen Gesetzen zu betrachten hat (z. B. beim Zusammentreffen eines schärfenden und eines mildernden Umstandes in derselben Handlung, Aszendententotschlag auf Provokation), leuchtet ein. Gleichwohl ist die Scheidung als eine prinzipale anzuerkennen.

---

[1]) Gut hat Beling Lehre vom Verbrechen 321 ff. den „Verbrechensfall", wenn auch nicht dem abstrakten Verbrechen, so doch dem Tatbestand, also einem Verbrechensmerkmal, gegenübergestellt und hat besonders Mayer 156 dem Gegensatz von abstrakt (jedoch in anderem Sinne, vgl. unten II 1 b) und konkret prinzipielle Bedeutung beigemessen. — Beide Autoren behandeln übrigens die ganze Lehre an auffallend früher Stelle im System. Daß sie vor die Teilnahme gehört, mag richtig sein; keineswegs rangiert sie aber vor der Rechtswidrigkeit wie bei Mayer. Wir setzen sie hier ein, weil für sie schon Schuldmomente von Wichtigkeit werden (fortgesetztes Verbrechen IV 1); so mag sie zugleich einen Übergang zur Schuldlehre bilden. Aber auch logisch ist ihr Platz erst am Ende der Unrechtslehre, da sie bereits die Gesetzesanwendung enthält (vgl. den folgenden Text).

Die erste Betrachtung gehört in die Lehre vom Strafgesetz überhaupt, die zweite in die von der Gesetzesanwendung im konkreten Fall. Im folgenden interessiert vorwiegend die zweite; die Konkurrenzlehre hat sich in der Hauptsache mit der Gesetzesanwendung zu befassen.

a) Aber auch die erste wird von Bedeutung. So schlagen in das abstrakte Gebiet von den Fällen der sog. Gesetzeskonkurrenz diejenigen der Spezialität und der Subsidiarität. Daß der qualifizierte Tatbestand des Einbruchsdiebstahls vor dem des einfachen Diebstahls allein anzuwenden ist,[1]) läßt sich ohne Rücksicht auf konkrete Fälle entscheiden. Der Fall kann niemals anders liegen wie so, daß die lex specialis gilt. Ebenso läßt sich mit apodiktischer Gewißheit für alle nur denkbaren Fälle sagen, daß das delictum sui generis des Mundraubs die Anwendung des Diebstahlsparagraphen ausschließt. Und daß das subsidiäre Gesetz zurücktritt, sagt sein eigener Name.

b) Ganz anders im Falle der Konsumtion. Dieser meist ebenfalls zur Gesetzeskonkurrenz gerechnete und jenen anderen Kategorien gleichgestellte, übrigens in seiner wesentlichen Eigenart noch nicht recht geklärte Fall liegt völlig abweichend; er untersteht der konkreten Betrachtung. U. E. bedeutet die Konsumtion: ein Gesetz ist deswegen nicht anzuwenden, weil ein anderes gerade in diesem besonderen Falle den Sachverhalt, also den konkreten Tatbestand erschöpfend (nicht: erschöpfender; auch nicht: spezieller) würdigt. Man kann nicht sagen, daß das konsumierende Gesetz (Raub gegenüber Körperverletzung) überhaupt, also abstrakt[2]) das speziellere ist, aber auch nicht, daß es regelmäßig,[3]) also generell das speziellere ist, sondern höchstens, daß es mitunter oder allenfalls oft (!) das

---

[1]) U. E. sind die Qualifikations- und Privilegierungstatbestände Fälle der Spezialität (a. M. Frank § 73 VII 1 a).

[2]) So Frank § 73 VII 2 c, der auf den gesetzlichen Tatbestand abstellt und deswegen auch Konsumtion des Diebstahls und der Nötigung durch Raub annimmt (das ist Spezialität). Ähnlich Köhler 553, der in der Konsumtion einen Fall der stillschweigenden Subsidiarität sieht.

[3]) So Mayer 503, der daneben positiv die „speziellere Bewertung des konkreten Geschehens" für wesentlich hält (was im Grunde auch auf die Spezialität zutrifft), in letzter Linie aber — resigniert genug — den „juristischen Takt" den Ausschlag geben läßt (505).

speziellere ist. Also eine rein konkrete Betrachtung, eine Entscheidung von Fall zu Fall.

α) So kann Raub eine Körperverletzung konsumieren, Zweikampf eine Körperverletzung, Brandstiftung eine Sachbeschädigung, schwerer Diebstahl einen Hausfriedensbruch. Aber möglich sind auch Raub wie Zweikampf ohne Körperverletzung, Brandstiftung ohne Sachbeschädigung (der Täter steckt sein eigenes Haus an), schwerer Diebstahl ohne Hausfriedensbruch.

β) Eine zweite Gruppe: es kann ein Nachakt einen Vorakt konsumieren, nämlich Vollendung einen vorausgegangenen Versuch, Versuch eine vorausgegangene Vorbereitungshandlung, Täterschaft eine vorausgegangene Teilnahme, Anstiftung eine vorausgegangene Beihilfe, Verletzung eine vorausgegangene Gefährdung; alle diese Akte sind auch ohne die erwähnten vorausgegangenen möglich, sie können sofort, ohne Vorakt begangen werden.[1]) Sie enthalten noch eine andere interessante Besonderheit: es liegt trotz Mehrheit der natürlichen Akte oft (vgl. unten III) eine juristische Handlungseinheit vor. Hier zeigt sich übrigens so recht der Gegensatz von abstrakter und konkreter Betrachtung. Nach der ersteren enthält (begrifflich) jede Vollendung einen Versuch, jede Verletzung eine Gefährdung; Versuch und Gefährdung sind der weitere, Vollendung und Verletzung der engere Kreis. Daher scheiden jene als das minus aus und gehen letztere vor; das ist echtes Spezialitätsverhältnis. Dagegen mag konkret, wie gesagt, Vollendung ohne Versuch, Verletzung ohne Gefährdung erfolgen.

γ) Endlich eine dritte Gruppe: umgekehrt kann ein Vorakt einen Nachakt konsumieren, nämlich Versicherungsbetrug einen nachfolgenden Betrug, Fälschung eine nachfolgende Benutzung des gefälschten Gegenstandes,[2]) Diebstahl eine nachfolgende Unterschlagung (Aneignung der Sache, wohl nicht aber eine nachfolgende Sachbeschädigung wegen der Einführung eines völlig neuen strafwürdigen Moments durch diese); notwendig ist aber auch dieser Nachakt nicht.

---

[1]) Diese Fälle werden höchst verschieden beurteilt; nach Frank § 73 VII 2 b und Graf zu Dohna in Aschrott-v. Liszt Reform I 410: Subsidiarität; nach Mayer 512 im Anschluß an Lent: unechte Realkonkurrenz (Subsidiarität oder [514] Konsumtion!).

[2]) Nach dem Niederländischen StGB., vgl. P. Merkel VerglDarst. A 5, 401.

In allen Fällen ist die Betrachtungsweise eine konkrete und erfolgt die Ausschließung des einen Gesetzes durch das andere erst, nachdem die Subsumtion des Falles unter beide Gesetze vollzogen ist.[1]) Beides im Gegensatz zur Spezialität und Subsidiarität. Dort läßt sich in reiner Abstraktion der Ausschluß des einen Gesetzes durch das andere bestimmen; eine Subsumtion des Falles unter das ausgeschlossene wäre sogar fehlerhaft, denn es ist schon vor der Subsumtion eliminiert. Und hieraus ergibt sich eine wichtige

Folgerung: Fällt die Strafbarkeit auf Grund des angewendeten Gesetzes aus irgendeinem Grunde fort (Strafausschließungsgrund, Strafaufhebungsgrund, Prozeßhindernis usw.), so bleibt im Falle der Konsumtion das andere Delikt strafbar, während im Falle der Spezialität und Subsidiarität auch das andere Delikt straflos ist. Denn das andere Delikt mußte ja im ersten Falle konkret festgestellt werden, im zweiten durfte es nicht festgestellt werden. Daher kann die Ehefrau, die einen Diebstahl mittels Erbrechens eines Behältnisses ihres Mannes begeht, noch immer wegen Sachbeschädigung strafbar sein; denn der schwere Diebstahl (für den der persönliche Strafausschließungsgrund gilt) ist nicht lex specialis der Sachbeschädigung, sondern konsumiert diese lediglich im konkreten Falle. Die Ausschaltung der Sachbeschädigung tritt also nicht schon vor der Subsumtion ein, sondern kommt erst nach ihr in Frage; gegenwärtig tritt sie aber nicht ein, weil die erste Subsumtion (unter den Diebstahlsparagraphen) zur Straflosigkeit führt: die zweite Subsumtion bleibt also bestehen.

c) Der konkreten Betrachtung mit ihren soeben genannten Konsequenzen untersteht auch die Idealkonkurrenz (vgl. hierüber unten V). Darin ähnelt sie der Konsumtion. Hier wie dort vollzieht sich die Subsumtion zunächst unter beide Gesetze, und dann scheidet

[1]) Nicht ausgeschlossen ist allerdings, auch für die Konsumtion abstrakte Sätze aufzustellen, wie (in etwas erweiterter Fassung des Konsumtionsgedankens) etwa diesen: Ist ein Delikt das notwendige Mittel zur Begehung eines anderen, so wird das erstere von dem letzteren konsumiert. Doch ist hier große Vorsicht geboten. Es wird zwar durch den Mundraub des Weines wohl der Diebstahl der Flasche, durch den Mundraub der Zigarren wohl der Diebstahl der Papierhülle konsumiert. Aber nicht durch die Körperverletzung die Beschädigung der Kleider, durch die Entwendung der Blütenzweige auch die Beschädigung des Baumes.

das eine aus durch — ebenfalls zwei Parallelbegriffe — Konsumtion oder Absorption. Der Unterschied der Idealkonkurrenz von der Konsumtion besteht aber darin, daß nicht schon, wie dort, eine Subsumtion den Fall erschöpfend würdigt, sondern erst mehrere. Sie unterscheidet sich mithin von der Konsumtion durch dasselbe Moment wie die Subsidiarität von der Spezialität: es wird eine Notregelung erforderlich; bei der Subsidiarität lautet sie: „sofern nicht ein anderes Gesetz . . . bestimmt", bei der Idealkonkurrenz tritt (ihrem konkreten Charakter gemäß) die Ausscheidung von Fall zu Fall ein. Beidemal keine aus der Natur der Sache folgende Elimination; denn im Grunde müßten beide Gesetze Anwendung finden. Daher weiß sich die Rechtsordnung keinen anderen Weg, wie zu einer Zwangsmaßnahme zu greifen: gewissermaßen durch einen Gewaltakt wird das eine Gesetz ausgeschieden, da es nicht gutwillig, nicht mit logischer Folgerichtigkeit dem anderen weicht; das sind die sog. echten Konkurrenzfälle: es treten mehrere (an sich gleichberechtigte) Bewerber auf. Bei der Spezialität und der Konsumtion dagegen ergibt sich die Elimination des einen Gesetzes aus der begrifflich-logischen Struktur des anderen; hier ist die „Konkurrenz" nur eine „unechte", ein Bewerber tritt von Anfang an zurück.

Das veranschaulicht folgendes Schema:

	Anwendung nur eines Gesetzes	
	aus logischen Gründen	kraft Notregelung
abstrakte Betrachtung	Spezialität	Subsidiarität
konkrete Betrachtung	Konsumtion	Idealkonkurrenz

Daß der Unterschied zwischen Spezialität sowie Subsidiarität einerseits und Konsumtion sowie Idealkonkurrenz andrerseits nur ein solcher in der Betrachtung ist, zeigt sich auch dadurch, daß von zwei Gesetzen das eine infolge Spezialität ausgeschlossen, gleichwohl aber infolge (vermeintlicher)[1]) Idealkonkurrenz an sich

[1]) U. E. Realkonkurrenz. Vgl. unten V 1 b. Für das augenblickliche Thema des Textes ist die Meinungsverschiedenheit unerheblich.

anwendbar sein kann: ein Schuß tötet den Vater und den Fremden.[1]) Der Aszendententotschlag schließt also nur abstrakt, nicht auch k nkret betrachtet den gewöhnlichen Totschlag aus.

2. Scharf zu trennen von diesem Gegensatz ist ein anderer: normative und tatsächliche, wertende und wertbezogene Betrachtung. Wendet man sein Interesse der Wertung selbst oder bloß dem Gegenstand der Wertung zu? Gegenstand der Wertung kann die Willensrichtung oder das äußere Verhalten des Täters sein. Meist[2]) interessiert das letztere, und man stellt demgemäß gern die Handlungseinheit und -mehrheit als Objekt gegenüber der Verbrecheneinheit und -mehrheit als der normativen Zusammenfassung der einzelnen Verbrechensmerkmale. Die Handlung erscheint dann wohl auch als das Individuelle, das Verbrechen als das Generelle; und die Verwechslung dieses Gegensatzes mit dem oben (1) behandelten von konkreter und abstrakter Betrachtung, von Betrachtung des Einzelfalles und des Gesetzes ist naheliegend genug. Objekt (Handlung) und Einzelfall wird man noch eher zu trennen wissen als Normatives (Verbrechen) und Gesetz. Die Scheidung ist aber wohl zu beachten. Denn einerseits läßt sich auch das Objekt (die Handlung) nicht nur konkret sondern natürlich auch abstrakt

---

[1]) Hervorgehoben von Lent Die Gesetzeskonkurrenz I 1912, 59 und Mayer 505[11]. — Von Lent 17 ff. wird in seinen eindringenden Untersuchungen zwar richtig die Zusammengehörigkeit von Spezialität und Konsumtion erkannt, aber der Gegensatz zur Subsidiarität nicht glücklich bestimmt — dort ein, hier mehrere Tatbestände. Man spricht doch aber davon, daß Diebstahl die nachfolgende Unterschlagung „konsumiert", und das sind zwei (konkrete wie abstrakte) Tatbestände; ein prozessualer Übergang von einem zum anderen Tatbestand ist dem Gerichte verwehrt (anders Lent 32). Die u. E. typische „Subsidiarität" („sofern nicht das Gesetz ...") setzt zwei abstrakte Tatbestände voraus nicht anders wie die Spezialität; also auch hier trifft die Lentsche Unterscheidung nicht zu. Und außerdem ist die Gegenüberstellung von Spezialität und Konsumtion — dort Ober- und Untertypus, hier gleichwertige Typen (34) — nicht zweifelsfrei; Versuch und Vollendung (Konsumtion) lassen sich als gleichwertige Typen nicht anders bezeichnen wie Diebstahl und Mundraub (Spezialität). Richtig aber ist die Einführung des Verhältnisses von Ober- und Untertypus für das Gebiet der Spezialität insofern, als dadurch der Gedanke der abstrakten Betrachtung zum Ausdruck kommt.

[2]) Die Willensrichtung hat man dagegen regelmäßig übersehen; sie wird aber erheblich für die Erkenntnis des Wesens des fortgesetzten und des Kollektivverbrechens (IV 1, 2).

betrachten (Begriff der Vermögensbeschädigung), andrerseits läßt sich auch die Wertung (das Verbrechen) nicht nur in abstraktem sondern natürlich auch in konkretem Sinne verstehen (richterliche Feststellung eines Betrugsfalles).

Es fehlt aber an der klaren Erfassung nicht nur des Unterschiedes zwischen den beiden Gegensatzpaaren sondern auch des zuletzt genannten Gegensatzes überhaupt. Freilich zwischen natürlicher Handlung und Verbrechen ist in der Konkurrenzlehre meist geschieden, es ist gefragt worden, ob und wann mehrere natürliche Handlungen nur ein Verbrechen darstellen können wie umgekehrt; das ist also keine Besonderheit. Nun ist aber in unseren früheren Ausführungen (§§ 12 III 2, 16) bereits ein juristischer Objektsbegriff zugrunde gelegt; das Objekt selbst ist bereits normativ betrachtet; es ist, ohne endgültig gewertet zu werden, als wertbezogenes gedacht. Und die Besonderheit besteht nun darin, daß selbst dieses bereits unter rechtlich erheblichen Gesichtspunkten betrachtete Objekt eine Handlungsmehrheit und doch zugleich eine Verbrechenseinheit bedeuten kann wie ebenfalls umgekehrt. Anders hergeleitet heißt das: In dem ewigen Flusse des Geschehens ist das Verhalten des Menschen eine fortlaufende Linie, auf der mehrere Einschnitte gemacht werden können, so daß sich zwischen den einzelnen Einschnitten jedesmal eine Einheit ergibt. Für die naturalistische Betrachtung sind oft andere Einschnitte von Bedeutung wie für die soziale und rechtliche; daher decken sich die natürlichen Einheiten nicht mit den juristischen. Wird nun aber erst der rechtliche Maßstab angelegt, so zeigt es sich, daß jene juristischen Einheiten, geschweige jene natürlichen, sich nicht einmal mit den gewerteten Einheiten zu decken brauchen.

Vorläufiges Beispiel: A schlägt mehrmals auf B ein, bis er ihn tötet: natürliche Handlungsmehrheit (mehrere tatsächliche Akte), aber juristische Handlungseinheit. A stiehlt täglich dem B Schmuckgegenstände: auch juristische Handlungsmehrheit, aber Verbrechenseinheit (sog. fortgesetztes Delikt). Umgekehrt ist der bekannte Schulfall: Notzucht mit der eigenen Tochter, Handlungseinheit, aber Verbrechensmehrheit (sog. ungleichartige Idealkonkurrenz).

Somit werden wir zu den beiden Fragen hingeleitet: Wann ist eine natürliche Handlungsmehrheit eine juristische Handlungseinheit (III)? Und wann ist auch eine juristische Handlungsmehrheit eine (normative) Verbrechenseinheit (IV)? Daran schließt sich die umgekehrte Frage, wann auch bei Handlungseinheit Verbrechensmehrheit vorliegt (V). Diese Fragen fordern aber zunächst zur Beantwortung einer Vorfrage (II) nach der Möglichkeit jener Divergenzen (zu IV und V) überhaupt heraus, und hier zeigt sich eine eigenartige Verbindung und Durchkreuzung der beiden soeben behandelten grundlegenden Betrachtungsweisen.

II. Kann nur eine Handlung mehrere Verbrechen und können mehrere Handlungen nur ein Verbrechen darstellen?

1. Kann nur eine Handlung mehrere Verbrechen darstellen? Abstrakt nein, konkret ja.

a) Abstrakt nein. Der Gesetzgeber kann zwar eine Handlung (Wegnahme) für mehrere Verbrechen, nämlich Tatbestände, verwerten; dann gewinnt aber die Handlung für jeden Tatbestand besondere Bedeutung, so daß in Wahrheit mehrere Handlungen (Tatbestandshandlungen) trotz ihrer vielleicht begrifflich inhaltlichen Übereinstimmung in Rede stehen. Das ist übrigens nur eine positiv gesetzliche, tatbestandliche Besonderheit. Sollten aber mehrere Verbrechen vorliegen, so müssen auch der Verbrechensbestandteile mehrere sein; der Gesetzgeber kann aus technischen Gründen zwar sachlich ein Element mehrfach verwenden, aber vom Standpunkt des Ganzen ist dieses Element dann ein mehreres geworden, nämlich ein Bestandteil des Verbrechens a, des Verbrechens b usw. Zu jedem Verbrechen als Oberbegriff gehört ein besonderes Verbrechenselement.

b) Konkret dagegen kann Verbrechensmehrheit bei Handlungseinheit vorliegen.[1]) Hieran sollte nicht gezweifelt werden. Denn der Verbrechensbegriff enthält das normative Merkmal Rechtswidrigkeit, Verbrechen ist in erster Linie Unrecht, wie wir sahen; und es kann zweifellos im konkreten Falle ein und dasselbe Objekt mehrfach gewertet werden[2]) und zwar verschieden oder gleich, letzteres dann,

[1]) Gerade umgekehrt nimmt Mayer 156, wo sich eine ähnliche Scheidung von abstrakt und konkret findet (freilich versteht er bald darauf S. 157 „abstrakt" im Sinne von normativ), konkret bei einer Handlung nur ein Verbrechen an. Dieser sein Grundsatz ist eben abstrakt konzipiert, abstrakt in unserem Sinne.

[2]) Auf Belings Polemik, eine Wiese, die teils grün, teils gelb sei, werde doch nicht dadurch in zwei Wiesen zerlegt (Lehre vom Verbrechen 336), ist zu erwidern, daß die Wiese zweifarbig erscheint; das Verbrechen bringt die (normativen) Eigenschaften der Handlung zum Ausdruck, es ist in erster Linie Unrecht. Wie die Wiese zweifarbig, so kann die Handlung zweifach unrecht sein.

wenn es selbst verschiedene Elemente (etwa Erfolge) besitzt. Eine Handlung kann, wie man sich meist ausdrückt, unter mehrere Tatbestände fallen oder unter denselben mehrmals wegen Mehrheit der Erfolge: sog. Idealkonkurrenz (hierüber unten V). Ob in dem zweitgenannten Falle (mehrere Erfolge) nicht etwa mehrere Objekte anzunehmen sind, kann zunächst unerörtert bleiben.

2. Können mehrere Handlungen nur ein Verbrechen bedeuten? Abstrakt nein, konkret ja.

a) Abstrakt nein. Allerdings finden sich nicht selten mehrere Handlungen in einem gesetzlichen Tatbestand, so daß das Verbrechen eine Handlungsmehrheit voraussetzt (Urkundenfälschung: Fälschen und Gebrauchen). Hier ist aber der Tatbestand das Mittelglied zwischen Verbrechen und Handlung; der Tatbestand ist es, der kraft positivrechtlicher Satzung so gefaßt ist, daß er zwei Handlungen enthält, und diese werden dann in den Verbrechensbegriff hinübergenommen. Diese Erwägung trifft aber nicht den Sinn der obigen Frage. Sie besagt: Können abstrakt ohne Rücksicht auf einen konkreten Fall, aber auch ohne Rücksicht auf positivgesetzliche Tatbestände mehrere Handlungen einer nur einmaligen Wertung unterliegen, so daß sie als nur ein Verbrechen erscheinen? Diese Frage ist zu verneinen. Zu jedem Objekt ist jedesmal besonders Stellung zu nehmen; die Wertung mehrerer Objekte mag verschieden oder gleich ausfallen, auch im letzteren Falle ist sie eine mehrfache. Ist aber die Subsumtion eine mehrfache, so ist es auch das Ergebnis der Subsumtion, das Unrecht und folglich auch das Verbrechen. Denkt man eine Mehrheit von Handlungen, so muß man, falls man überhaupt die strafrechtliche Wertung vornehmen will, auch eine Mehrheit von Verbrechen denken — wie umgekehrt (oben 1 a a. E.).

b) Konkret dagegen können mehrere Handlungen so gewertet werden, daß sie rechtlich als nur eine Straftat erscheinen: die Rechtsordnung wertet eine einzige dieser Handlungen nicht anders wie diese eine zusammen mit den folgenden, sie mißt also der Gesamtheit keine größere Bedeutung zu als der Einzelheit. Abstrakt muß sie zwar jedes einzelne Tun als ein Verbrechen auffassen; das ist die reine Gesetzesbetrachtung. Aber die konkrete Gesetzesanwendung kann gleichwohl aus allen Handlungen nur ein Verbrechen gestalten; es ist der Rechtsordnung gleichgültig, ob der Dieb eine Zigarre oder ob er zehn Tage hintereinander täglich eine Zigarre stiehlt (sog. fortgesetztes Delikt). Abstrakt also mehrere, konkret nur ein Verbrechen. Abstrakt, ohne Rücksicht auf die Besonderheiten des Einzelfalls, muß jede der zehn Handlungen als Diebstahl qualifiziert sein; erst wenn dies geschehen ist, taucht die Frage auf, ob konkret die zehn Diebstähle nur als ein Diebstahl aufzufassen sind, ob sie nicht schwerer wiegen, als wenn der Täter nur eine Straftat begangen hätte.

Das fortgesetzte Delikt ist eine Umkehrung der Idealkonkurrenz. Jenes: mehrere Handlungen ein Verbrechen; diese: eine Handlung mehrere Verbrechen. Beide: eine auf demselben Gedanken beruhende Ausnahme von der — abstrakten! — Regel, daß eine Handlung ein Verbrechen ist. So zeigt sich hier die Idealkonkurrenz als ein eigentümliches Korrelat zum fortgesetzten Delikt, wie sie sich oben als ein solches zur Konsumtion zeigte.

III. Juristische Handlungseinheit bei natürlicher Handlungsmehrheit.

1. Die entscheidende Frage lautet: Welche Mehrheit natürlicher Akte darf für die rechtliche Wertung als nur ein Objekt, als nur ein Verhalten[1]) angesehen werden? M. a. W.: Welche (natürliche) Handlungen sind im Sinne des Gesetzes „unselbständige"?[2]) Antwort: Wenn man an die Stelle der mehreren natürlichen Akte ohne wesentliche Änderung ihres Gesamtwertes nur einen Akt setzen kann.[3]) Diese nur scheinbare Notantwort bringt den richtigen Ge-

---

[1]) „Verhalten" ist auch hier der bessere Ausdruck als „Handlung". Als Handlung kann man nicht mehr etwas natürlich Fortlaufendes bezeichnen, wohl aber als Verhalten. Vgl. auch P. Merkel VerglDarst. A 5, 270.

[2]) Das ist der sprachliche Ausdruck für das Problem. Mehrere (natürliche) „unselbständige" Handlungen können eine (juristische) „selbständige" Handlung bedeuten. Es gibt nicht etwa noch eine Handlungseinheit mehrerer selbständiger Handlungen, auch nicht eine (juristische) Handlungsmehrheit mehrerer unselbständiger Handlungen. Erstere würde Verbrechenseinheit, letztere (juristische) Handlungseinheit bedeuten. Die Literatur steht zum Teil auf einem abweichenden Standpunkt, vgl. Merkel a. a. O. 308, Höpfner Einheit und Mehrheit von Verbrechen II (1908), 39 ff. (Beispiele für unselbständige Handlungen 55 ff.).

[3]) Ähnlich erklärt Beling Grundzüge 92 den „faktischen Zusammenhang". Dieser muß mithin einen wertenden Charakter tragen; der Belingsche Tatbestand, der das einigende Band der mehreren Akte darstellen soll (Lehre vom Verbrechen 340), muß also doch inniger mit der Rechtswidrigkeit als dem normativen Verbrechenselement zusammenhängen, als Beling selbst annimmt.

danken zum Ausdruck; er ergibt sich für die hier durchgeführte normative (transzendentale) Methode beinahe von selbst: die Rechtsordnung muß den natürlichen Akten nur einen Wertcharakter beimessen; für ihre Beurteilung ist die Mehrheit unerheblich, auch eine natürliche Einheit würde sie nicht anders beurteilen. Ob der Dieb fünf- oder einmal zugreift, ist der Rechtsordnung gleichgültig. Über dieses allgemeingültige Prinzip hinaus wird man kaum jemals gelangen, soll ein alle Fälle befriedigendes Ergebnis verbürgt sein. Aber es entsteht die gegenüber allen allgemeingültigen Prinzipien auftauchende Frage, ob es sich nicht empfiehlt, auf Kosten ebendieser Allgemeingültigkeit konkrete materiale Vorschriften über die Voraussetzungen der Handlungseinheit aufzustellen. Wie die gesetzlichen Tatbestände die Rechtswidrigkeit vertypen, so ließen sich spezielle Grundsätze als Typen jenes Gedankens aufstellen.

2. Bei der Ausgestaltung des Prinzips fragt es sich zunächst, ob als natürliches Beurteilungsobjekt die natürlichen Akte oder die natürlichen Folgen zugrunde gelegt werden sollen. M. a. W.: Bringt die Rechtsordnung dem Tun oder dem Erfolg mehr Interesse entgegen?

a) Vom objektiven sozialen Standpunkt könnte man den Erfolg entscheiden lassen. Der Gemeinschaft ist es nicht gleichgültig, ob ein ganzer Laden ausgeräumt oder ob nur eine Uhr gestohlen wird. Die Mehrheit der (natürlichen) Erfolge ließe sich danach nicht zu einer (juristischen) Einheit zusammenfassen, und demgegenüber würde es nicht mildernd wirken, daß der Täter die mehreren Erfolge durch einen einzigen Akt herbeigeführt hat. Daß er nur einen Griff tat, um mehrere Sachen zu stehlen, war vielleicht nur Bequemlichkeit. Keinesfalls vermag die Einheit der natürlichen Handlung mehrere Erfolge zu einer Einheit zu vereinigen. Und sollte man selbst mehrere vertretbare Rechtsgüter als Einheit begreifen können, so läßt sich der Angriff gegen mehrere höchstpersönliche Rechtsgüter verschiedener Träger gewiß nicht zusammenfassen. Beleidigt ein Wort oder tötet ein Schuß mehrere Personen, so ist das nimmermehr nur eine Handlung und weiterhin auch nimmermehr nur ein Verbrechen, nur eine Beleidigung, ein Mord.

b) Anders unter Berücksichtigung des Täters. Und diesen muß das Strafgesetz doch in erster Linie berücksichtigen. Danach ist auf die Einheit oder Mehrheit der Handlungen Gewicht zu legen;

sie sind das prinzipale Beurteilungsobjekt. Bei Vornahme jeden neuen Aktes hat ja der Täter einen neuen Widerstand zu überwinden; daher ist er um so strafwürdiger, je öfter er handelt. Freilich darf auch die Mehrheit der Erfolge nicht außer Ansatz bleiben, auch sie erhöht seine Strafwürdigkeit. Aber nicht die tatsächlichen Erfolge sind in Rechnung zu stellen, auch nicht (für die objektive Bewertung) die vom Täter erstrebten Erfolge, sondern — damit ist der grundlegende Standort der Adäquanztheorie betreten — die allgemeine Tendenz auf die Erfolge. In erster Linie kommt es auf die Ein- oder Mehrheit der Tendenzsetzungen, der Ausführungshandlungen[1]) an, denn diese sind das eigentliche juristische Beurteilungsobjekt; in zweiter Linie dagegen auf die Ein- oder Mehrheit der (wahrscheinlich eintretenden) Erfolge, denn diese liefern das Kriterium für den Wert der Verhaltungsweisen.

α) In erster Linie also die Tendenzsetzung. Mehrere natürliche Akte sind demgemäß zu einer (juristischen) Handlungseinheit zusammenzufassen, wenn in ihnen vom objektiven Standpunkt nur eine Tendenzsetzung zu erkennen ist. Dies ist der Fall, wenn zwischen den einzelnen Akten keine erheblichen Zwischenräume liegen: der Dieb greift mehrmals zu, das ist nicht etwa Versuch und Vollendung oder gar Vorbereitung, Versuch und Vollendung, sondern nur eine Ausführung, die sich als eine Wegnahme, ein Diebstahl qualifiziert. Bei größeren Zwischenräumen — wann dies der Fall ist, ist Tat-, vielmehr Rechtsfrage — liegt dagegen eine auch juristische Mehrheit vor, und es entsteht dann die später (IV) zu behandelnde Frage, ob diese Handlungsmehrheit etwa als eine Verbrechenseinheit (etwa als fortgesetztes Delikt) aufzufassen ist.

β) In zweiter Linie die (wahrscheinlich eintretenden) Erfolge. Hier zu Grundsätzen zu gelangen, ist außerordentlich schwer. Die Einheit der verletzten Interessenten ist jedenfalls kein Kriterium für die juristische Handlungseinheit; offenbar ist das Stehlen mehrerer Hüte aus der Theatergarderobe nur eine Handlung. Besser ist es, mit einer weitverbreiteten Meinung bei der Verletzung mehrerer unvertretbarer Rechtsgüter (Leben, Leib, Ehre, Geschlechtsehre)

[1]) Nicht auch der Vorbereitungshandlungen. Ebenso Beling Verbrechen 380 (mit u. E. unrichtiger Entscheidung in Anm. 3).

Handlungsmehrheit anzunehmen, bei der Verletzung mehrerer vertretbarer Rechtsgüter (Vermögen) dagegen Handlungseinheit nicht etwa anzunehmen aber zum mindesten nicht auszuschließen. Auch in dem letzteren Fall wird man mitunter Handlungsmehrheit nicht leugnen können. Sollte es etwa nur eine Sachbeschädigung sein, wenn der Täter mehrere Denkmäler der Siegesallee beschädigt oder mehrere Obstbäume desselben Besitzers umbricht, nur eine Sachbeschädigung, wenn er mehrere Pferde in demselben Stall vergiftet?[1]) Anders wiederum sind Kleidungsstücke, Schmucksachen, Gebrauchsgegenstände zu behandeln, mögen sie auch für den Eigentümer verschiedene Bedeutung haben; auf den Wert für die Rechtsordnung kommt es an.

Man wird also letzten Endes über das oben aufgestellte allgemeingültige Kriterium nicht hinausgelangen. Es kommt auf die Bedeutung der Handlung für die Rechtsordnung an, auf die Einwertigkeit oder Mehrwertigkeit der Handlung und des angegriffenen Rechtsgutes. Ob man demgegenüber im Interesse der Rechtssicherheit und aus den sonstigen zur Aufstellung gesetzlicher Tatbestände führenden Gründen (oben § 13 I 1) einige den obigen Grundsätzen entsprechende Normen geben will, muß dem Takt des Gesetzgebers überlassen bleiben; sie werden sich schwer in leicht faßbare Formen gießen und schwer überhaupt typisch ausgestalten lassen (größere Zwischenräume zwischen den einzelnen Akten! Vertretbarkeit des angegriffenen Rechtsgutes!), und notwendig sind sie u. E. nicht.[2])

---

[1]) Man erwäge nur den Fall: Jemand streut Gift in einem Stall; ein Fohlen stirbt sofort, weswegen der Täter alsbald verurteilt wird, zwanzig Pferde erkranken nur leicht, sterben aber später sämtlich nach langsamer Verschlimmerung der Krankheit. Sollte nun wirklich durch jene erste Verurteilung jede weitere Straftat bereits abgegolten sein? Sollte wirklich späteren Anklagen der Grundsatz ne bis in idem mit Erfolg entgegengesetzt werden können?

[2]) Auch Höpfner II 1 ff., 39 ff. erkennt ein übergesetzliches Prinzip für die Selbständigkeit einer Handlung an (16); er sieht es darin, daß nach Grundsätzen rationeller Strafzumessung angesichts des besonderen Zusammenhanges der Einzelfälle das Bestrafungsprinzip des Gesetzes passend oder unpassend erscheint (42). Das ergibt aber nicht den „natürlichen Handlungsbegriff", wie Höpfner meint, sondern einen juristisch gewerteten. Vgl. auch v. Bar Gesetz und Schuld III 511.

3. Aus dem Gesagten ergibt sich die Umkehrung: Auch bei natürlicher Handlungseinheit ist juristische Handlungsmehrheit möglich. Wenn nämlich die letztere in dem Falle vorliegt, wo jemand durch mehrere natürliche Akte mehrere Personen tötet oder mehrere Pferde vergiftet (oben 2b β), so kann gewiß der Fall nicht anders behandelt werden, wo dieselben Taten durch einen natürlichen Akt geschehen. Man kann die mehreren Akte derart nahe aneinandergerückt denken, daß sie schließlich einen Akt bilden. Wie will man denn eine Grenze innerhalb des Streuens von Gift im Pferdestall ziehen? Will man etwa untersuchen, wie oft der Täter mit der Hand in den Beutel griff? Weitere Ausführungen dürfen wir uns ersparen.

Es folgt die Erkenntnis: auf die Ein- und Mehrheit der natürlichen Akte kommt es gar nicht an, ebensowenig wie auf die natürliche Handlung überhaupt, auf die natürliche Kausalität. Wesentlich ist für die juristische Betrachtung das Tendenzsetzen und seine Zahl. Wer drei Personen tötet, setzt drei rechtswidrige Tendenzen (juristische Handlungen), mag es durch drei Schüsse oder durch einen geschehen. Wer die Theatergarderobe ausräumt, begeht dagegen nur eine Handlung, mag er auch zwanzig und mehr Griffe tun. Wir kommen auf dieses Thema bei der Besprechung der Idealkonkurrenz (unten V) zurück.

IV. Verbrecheneinheit bei juristischer Handlungsmehrheit. Dieses Problem taucht nur für die konkrete Betrachtungsweise auf (oben II 2): Handlungen, die nicht bloß als mehrere natürliche Akte sondern auch als mehrere juristisch selbständige Handlungen, als mehrere Tendenzsetzungen erscheinen, können gleichwohl im Lichte der endgültigen konkreten Wertung nur eine Größe, nämlich nur ein Verbrechen darstellen.

1. Hier findet das sog. fortgesetzte Verbrechen seinen Platz. Ungezählte Male ist es in der Literatur behandelt. Aber welches ist das einigende Band? Es ist der Gedanke der „Einwertigkeit" der (auch juristisch) mehreren Handlungen. Sie alle zusammen sind der Rechtsordnung nicht mehr wert als eine einzige von ihnen — selbstverständlich für die Wertung überhaupt, die Rechtswidrigkeit, den Verbrechenscharakter, nicht etwa für die Strafzumessung. Die zeitlich oft weit auseinanderliegenden Handlungen selbst zu einer Einheit zusammenzufassen, ist beim besten Willen nicht möglich;

das ließe sich nur durch eine — den Tatsachen eben nicht gerecht werdende, sie entstellende — Fiktion erreichen. Es muß aber ein dem Reiche der Tatsachen, dem Objekt der Wertung angehörendes Moment vorhanden sein, das der Rechtsordnung die erforderliche Einwertigkeit darbietet. Dieses Kriterium kann u. E. nur eine psychische Einheit sein. Fehlt die physische wegen der nicht hinwegzuschaffenden Mehrheit der Handlungen, so muß mit logischer Notwendigkeit die Einheit in dem Objekt des Schuldurteils liegen. In der Tat ist nur diese Einheitlichkeit des Verschuldens der Grund, aus dem die Rechtsanwendung sich zur Zusammenziehung der (abstrakt) mehreren Verbrechen veranlaßt sehen kann.[1]) Alle sonstigen in der Literatur genugsam gesammelten, mehr oder weniger äußeren Merkmale können bestenfalls nur Symptome für diese Verschuldenseinheitlichkeit abgeben, so die Ähnlichkeit der Begehungsart, die Ausnutzung derselben Gelegenheit. Wie sollten aber rein äußere Umstände aus dem im Grunde doch zu erwartenden mehrmaligen strafrechtlichen Unwerturteil ein einziges zu machen vermögen? Das Strafgesetz hat nur zweierlei zu bewerten, nur zwei Wertungsobjekte findet es vor, während alles andere lediglich Begleitumstände sind: das äußere Verhalten und die Psyche des Täters. Ist nun aber eine objektive Einheit des Gegenstandes nach eifrigstem Suchen nicht aufzudecken, so kann es nur eine subjektive sein. Und läßt sich auch diese im konkreten Falle nicht erweisen, so ist schlechterdings kein Grund dafür ersichtlich, den Täter nur ein und nicht mehrere Male zu bestrafen; insoweit haben diejenigen recht, die den Begriff des fortgesetzten Verbrechens ablehnen.

Voraussetzung für die subjektive Einwertigkeit ist die Gleichheit oder zum mindesten Ähnlichkeit des gesetzlichen Tatbestandes, unter den die Einzelhandlungen zu subsumieren sind.[2]) Denn wie sollte man sonst ein Verbrechen annehmen können? Ähnlichkeit reicht insofern aus, als in einen fortgesetzt

---

[1]) Nahestehend Mayer 167, insofern er auf „Billigkeitsgründe" verweist, unzutreffend aber die Gleichstellung mit „Zweckmäßigkeitsgründen" und die Heranziehung prozessualer Erwägungen. Sachlich ähnlich auch Höpfner I 231 („naher psychischer Zusammenhang"), obwohl er den Begriff überhaupt ablehnt; vgl. jedoch II 55 ff. Richtig heben auch v. Bar Gesetz und Schuld III 586 sowie Köhler 540 das vereinheitlichende subjektive Moment hervor.

[2]) Die Einheitlichkeit des Tatbestandes ist aber nicht das wesentliche Erfordernis, obwohl es rechtlicher Natur ist, wie im Gegensatz zu Beling 366 ausdrücklich hervorgehoben sei.

qualifizierten Verbrechensfall privilegierte Fälle einbezogen werden können. Nicht notwendig ist aber Gleichheit oder Ähnlichkeit des konkreten Rechtsgutes, auch nicht des generellen.[1]) Nicht notwendig ferner Einheit des Verletzten, auch nicht bei Verletzung höchstpersönlicher Rechtsgüter;[2]) möglich ist fortgesetzte Beleidigung von Passanten oder Mißhandlung verschiedener Soldaten, während bei Tötung und Notzucht mehrerer Personen wohl meist das oben hervorgehobene Schuldsymptom, Gleichheit der Begehungsart unter Ausnutzung derselben Gelegenheit, fehlen wird. Nicht notwendig ist endlich der oft[3]) geforderte „Zusammenhang" der Handlungen, sofern dieses wenig klare und eindeutige Erfordernis nicht etwa nur auf das erwähnte Schuldsymptom hinweisen will. Sonst darf im Gegenteil ein Zusammenhang, wenigstens ein engerer, gerade nicht vorliegen; damit würden ja die mehreren Akte schon zu einer (juristischen) Handlungseinheit verbunden und würden mehrere selbständige Handlungen, also die Voraussetzung des fortgesetzten Verbrechens überhaupt, nicht vorliegen. Andrerseits darf der zwischen den einzelnen Handlungen liegende Zeitraum nicht gar zu groß, etwa ein jahrelanger sein; in solchem Falle ließe sich von Ausnutzung der gleichen Gelegenheit und von Einheitlichkeit des Verschuldens gewiß nicht mehr sprechen.

Subjektive Einwertigkeit! Das ist das Moment, wegen dessen das fortgesetzte Delikt in milderem Lichte erscheint als eine Mehrheit selbständiger Verbrechen im Fall der Realkonkurrenz. Oft wird nur ein einziger Willensentschluß vorliegen, der bereits die einzelnen Akte (denen natürlich auch einzelne besondere Willensentschlüsse zugrunde liegen müssen, weil sonst der Einzelakt mangels Schuld noch kein Verbrechen wäre) zu einer tatsächlichen (!) Einheit verbindet; der Dienstbote nimmt sich vor, bei jeder passenden Gelegenheit aus dem Schreibtisch des Dienstherrn einige Briefmarken zu entwenden. Oft aber — und diese Möglichkeit wird von der Meinung übersehen, die das Kriterium des fortgesetzten Delikts in der „Einheit des Willensentschlusses" erblickt — fehlt ein solcher Gesamtentschluß und wird in jedem Einzelfall ein neuer gleicher oder doch nahezu gleicher Entschluß gefaßt und zwar derart, daß jeder neue Entschluß die Fortsetzung des voraufgegangenen bildet; der Täter sagt sich: du hast damals einige Briefmarken entwendet, ohne

---

[1]) In einen fortgesetzten Nahrungsmitteldiebstahl kann einmal auch die Entwendung einer anderen Sache fallen. Vgl. hierzu und zu dem Folgenden insbesondere die Darstellung Franks § 74 V 1 d mit vielen Nachweisen.

[2]) A. M. Meyer-Allfeld 257[9] (dort Rspr.), wo übrigens als Kriterien mehrere heterogene Merkmale alternativ angegeben werden, ein durchaus unzulängliches Verfahren.

[3]) Vgl. etwa Kohler GoltdArch. 53, 153, Beling 373/4, Mayer 169.

daß es bemerkt wurde, nun kannst du heute wieder einige nehmen, und so fort. Die Rechtsordnung bewertet diese neuen Entschlüsse nicht als voll, indem sie davon ausgeht, daß die Gewohnheit unter gewissen Voraussetzungen (bei derselben Gelegenheit, unter derselben Begehungsart) abstumpfend wirkt (vgl. unten 1 a. E.).

Die Rechtsordnung faßt daher diese schuldhaften Einzelentschlüsse zu einer fortlaufenden psychischen Linie zusammen, die für sie dieselbe rechtliche Bedeutung hat wie ein einzelner schuldhafter Willensentschluß. Nur insofern kann man von einem Gesamtverschulden sprechen. Abzulehnen wäre dagegen die Annahme einer Gesamtschuld in dem Sinne von Charakter- oder Gesinnungsschuld, die über die einzelne Straftat hinausgreift und diese nur als ihr Symptom erscheinen läßt (vgl. unten § 20 IV 3); vielmehr beschränkt sich die Schuld auf die Einzeltat, jedes Einzelverbrechen enthält seine eigene Schuld. Abzulehnen ist auch die verbreitete Meinung,[1]) die als einheitbegründendes Element die Einheitlichkeit des Vorsatzes erfordert. Abgesehen davon, daß auch ein fahrlässiges fortgesetztes Verbrechen möglich ist, muß die betreffende Schuldform bei einer jeden einzelnen Handlung selbständig gegeben sein, wie diese letztere ebenfalls eine selbständige sein muß; denn abstrakt liegen ja mehrere Verbrechen vor, jedes muß vollständig die einzelnen Verbrechensmerkmale, also auch die Einzelschuld mit Vorsatz oder Fahrlässigkeit aufweisen, und erst konkret bilden jene eine Einheit, eine Einheit wegen der Einwertigkeit und deswegen rechtlichen Einheit des Verschuldens. Ganz gut ist die sich oft in Gerichtsentscheidungen findende Wendung, die Einzeltaten erschienen als „Ausfluß einer und derselben Willensrichtung"; das deutet auf die fortlaufende Verschuldenslinie als die Quelle des „Ausflusses": die Quelle, die selbst unaufhörlich fließt, ist ein Gleichnis der psychischen Linie.

Die richtige Einsicht kann nicht ausbleiben, wenn man die Parallele zum Rückfall zieht. Jede von dem rückfälligen Täter begangene Tat ist ein selbständiges Delikt; nicht anders die Einzeltat des fortgesetzten Verbrechens. Beidemal ferner ein fortgesetztes Verschulden, das dort als Strafschärfungsgrund für die späteren Taten typisch (tatbestandlich) ausgestaltet ist, hier als einheitbildendes

---

[1]) Dagegen mit Recht Frank § 74 V 1 d δ.

Mittel auftritt. Beidemal endlich bringt das Gesamtverschulden die selbständigen Einzeltaten zueinander in Beziehung; ohne dieses Bindeglied würden sie nur gesondertes Interesse, eine jede für sich allein, besitzen. Das Gesamtverschulden ist der Anlaß, daß die Rechtsordnung die zeitlich oft weit auseinanderliegenden, sonst voneinander unabhängigen Einzeldelikte gemeinsam betrachtet. Was ist denn der Rückfall anders wie ein Symptom der gleichen Schuld, wie sie sich schon früher bei einer anderen Tat vorfand, ein Symptom des einheitlichen Verschuldens? [1]) Und was ist das fortgesetzte Verbrechen anders wie ein Ausdruck ebenfalls des gleichen Verschuldens? Durch diese Gleichheit und Gleichwertigkeit werden die selbständigen Einzeltaten miteinander verbunden, dort zu einem innerlich begründeten Aufstieg der Strafgrößen, hier zu einer bloßen Verbrechenseinheit mit einer einzigen Straffolge. Aber die auf das fortgesetzte Verbrechen zu verhängende Strafe sollte — das ist eine an die Gerichte zu stellende Forderung, der von ihnen u. W. meist genügt wird — schwerer sein, als wenn der Täter nur eine der Einzeltaten begangen hätte. Eine gesetzliche Schärfung wie beim Rückfall ist wohl nicht notwendig; eine Erhöhung innerhalb des Strafrahmens dürfte ausreichen. Die rein normative Einheitsbetrachtung schließt eine solche Straferhöhung je nach der Lage des Falles natürlich nicht aus.[2]) Zu beachten ist freilich auf der anderen Seite, daß sich bei häufiger Wiederkehr der Kampf der Motive erleichtert und das Schuldbewußtsein abstumpft.[3]) Aber auch das ist ja beim Rückfall nicht anders.

2. Eine verwandte und zwar Spezialerscheinung ist das sog. Kollektivverbrechen. Hier ist das gleiche Verschulden zu den Tatbestandsmerkmalen gewohnheitsmäßig, gewerbsmäßig usw. vertypt.[4])

---

[1]) Nicht: derselben Schuld; das wäre die unten (§ 20 IV 3) abgelehnte symptomatische Verbrechensauffassung, die in jeder Einzeltat nur ein Symptom einer und derselben Schuld erblickt. Vgl. über den Rückfall § 22 IV A 2, III 6.

[2]) Die Angeklagten sind sich der höheren Schuld auch meist bewußt, da sie sich gern gegen ein Zugeständnis, die Einzeltaten aus einer Willensrichtung heraus begangen zu haben, hartnäckig sträuben, worauf wiederholt (von Beling, v. Bar, Mayer u. a.) hingewiesen ist.

[3]) Vgl. Wundt Grundriß der Psychologie[5] 1902, 229.

[4]) Hierüber Näheres in der Schuldlehre, insbesondere § 22 IV A 2, III 6.

3. Eine Verbrechenseinheit trotz juristischer Handlungsmehrheit bilden ferner diejenigen Konsumtionsfälle, in denen eine juristische Handlungseinheit deswegen entfällt, weil die natürlichen Akte in einem größeren Abstand aufeinanderfolgen (vgl. oben I 1b): Vorbereitung—Versuch—Vollendung, oder Teilnahme—Täterschaft, oder Gefährdung—Verletzung, oder Diebstahl—Unterschlagung folgen in so großen Zwischenräumen, daß eine juristische Handlungseinheit nicht mehr angenommen werden kann (vgl. oben III 2b α). Gleichwohl liegt Verbrechenseinheit vor: das nachfolgende Delikt konsumiert das vorhergehende oder umgekehrt.

Der Fall entspricht durchaus dem fortgesetzten Delikt. Greift der Dieb mehrmals in kurzen Abständen zu, so juristische Handlungseinheit; greift er dagegen nach längeren Pausen zu, so möglicherweise fortgesetztes Verbrechen. Und durchaus analog: Folgt auf den Versuch alsbald die Vollendung, so juristische Handlungseinheit; folgt sie aber in größerem Zwischenraum, so bloß Verbrechenseinheit. Der Unterschied: beim fortgesetzten Delikt Subsumtion unter den gleichen Tatbestand, daher keine weitere Schwierigkeit; hier dagegen Subsumtion unter verschiedene Tatbestände, und nunmehr tritt die früher besprochene Konsumtion ein. Würden die Tatbestände in ihrer rechtlichen Bedeutung durchaus verschieden sein (Betrug — Sachbeschädigung), so wäre natürlich für eine Konsumtion kein Raum; es würde nicht Verbrechenseinheit, sondern Verbrechensmehrheit vorliegen; an die Stelle der Konsumtion träte Realkonkurrenz.

V. Verbrechensmehrheit bei juristischer Handlungseinheit.

1. Die Möglichkeit dieser Kombination für die konkrete Betrachtung wurde bereits oben II 1 b erwiesen. Ein und dasselbe Objekt kann mehrmals gewertet werden, also als mehrfaches Unrecht und demgemäß als mehrere Verbrechen erscheinen.[1]) Wer dieses Ergebnis als widersinnig bezeichnet und es gar mit logischen Gründen zu widerlegen glaubt, der versteht Verbrechen eben in anderem

[1]) Im Ergebnis ebenso Binding, Frank, Meyer-Allfeld, v. Bar, Graf zu Dohna, Köhler u. a. An Gegnern fehlt es nicht; sie zu überzeugen dürfte erst nach einer Verständigung über die vorausgegangenen Grundlagen möglich sein. Durch Hinweis auf Parallelen oder auf mehr oder weniger befriedigende Folgerungen können die Gegner nichts beweisen.

Sinne; er möge sich mit unseren früheren Herleitungen auseinandersetzen, nicht aber gegen dieses Schlußglied ankämpfen.

2. Wir ziehen das Fazit für die mit gutem Grunde heftig umstrittene Lehre von der Idealkonkurrenz. Man rechnet dorthin drei Fälle, die sich stufenweise in tatsächlicher Hinsicht vereinfachen, während ihre juristische Behandlung stufenweise umgekehrt schwieriger wird.

a) Eine (natürliche) Handlung mit einem Erfolg fällt unter mehrere gesetzliche Tatbestände, von denen keiner den Sachverhalt allein voll würdigt: erster Fall der sog. ungleichartigen Idealkonkurrenz; Schulfall: Notzucht mit der verheirateten Tochter. Das Charakteristische ist, daß nur ein Objekt mehrfach zu subsumieren ist, so daß ein Mehrfaches ist auch das Ergebnis der Subsumtion, die konkrete Tatbestandsmäßigkeit und mithin das konkrete Unrecht, das konkrete Verbrechen. Das ist der reinste und, wie wir sofort sehen werden, einzige Fall der Idealkonkurrenz; das Wort paßt insofern gut, als die Konkurrenz eine gedankliche ist: bei tatsächlicher Einheit eine Mehrheit von Verbrechen, eine Mehrheit von Ergebnissen juristischer Subsumtionstätigkeit.[1])

b) Eine (natürliche) Handlung mit mehreren Erfolgen fällt unter mehrere und zwar verschiedene gesetzliche Tatbestände: zweiter Fall der sog. ungleichartigen Idealkonkurrenz; Schulfall: ein Schuß tötet A, verletzt B, zertrümmert die Fensterscheibe des C. Diese Gruppe hat viel mehr Ähnlichkeit mit der folgenden (der sog. gleichartigen Idealkonkurrenz) als mit der vorhergehenden, weil hier bereits eine Mehrheit von Objekten, die zu würdigen sind, vorhanden ist. Daß diese dann eine mehrfache Subsumtion zulassen, ist gar keine Besonderheit. Das Charakteristische besteht also nicht in der Verbrechens- sondern in der Objektsmehrheit oder, wenn man so sagen will, nicht in der Verbrechens- sondern in der Objektskonkurrenz. Jene ist erst die Folge von dieser.

Daher ist hier in Wahrheit nicht eine Ideal- sondern eine Realkonkurrenz[2]) vorhanden, und der Gesetzgeber sollte diese Gruppe

---

[1]) Hierher gehört auch die sog. umgekehrte Idealkonkurrenz (Beling): es treffen zwei Milderungsgründe miteinander zusammen. Das ist ebenfalls Verbrechens-, nicht „Gesetzeskonkurrenz" (so Frank § 73 VII 1 b).

[2]) Auf dem richtigen Wege befand sich daher schon v. Buri Einheit und Mehrheit der Verbrechen 1879, 108. Vgl. auch Ph. O. Mayer GerS. 74, 362.

auch nach den für die Realkonkurrenz sonst aufgestellten Strafvorschriften behandeln. Die Absorption der Körperverletzung durch die Tötung hat doch hier gar keinen Sinn; die der Sachbeschädigung durch die beiden anderen Delikte ist ebenfalls völlig grundlos. Es ist in der Tat für die rechtliche Beurteilung durchaus gleichgültig, ob der Täter, um die oben genannten drei Erfolge der Tötung, der Körperverletzung und der Sachbeschädigung zu erzielen, drei Schüsse hintereinander oder ob er nur einen abgibt. Der eine Schuß ist lediglich ein vereinfachtes Verfahren, das keinerlei mildere Beurteilung verdient. Nach der gegenteiligen Ansicht würde der gute Schütze nur eine Straftat, der sich weniger zutrauende dagegen deren drei begehen! In Übereinstimmung mit der juristisch-normativen Betrachtung ist vielmehr zu sagen: es stehen drei Objekte zur Beurteilung; es werden auch von dem treffsicheren Schützen drei Tendenzen, drei Kausalitäten gesetzt, daher drei Verbrechen begangen. Die Zahl der natürlichen Akte interessiert gar nicht.

c) Eine (natürliche) Handlung mit mehreren Erfolgen fällt unter denselben gesetzlichen Tatbestand mehrmals: sog. gleichartige Idealkonkurrenz; Schulfälle: ein Schuß tötet oder ein Wort beleidigt drei Personen. Diese Gruppe liegt ebenso wie die soeben besprochene: Real- und nicht Idealkonkurrenz. Denn die Behandlung in dem hier interessierenden Punkte muß doch eine gleiche in den beiden Fällen sein, wo drei Personen getötet und wo nur eine getötet, die anderen beiden verletzt werden. In dem letzteren Falle kann man ein Delikt, etwa die Körperverletzung, zweifellos nicht unter den Tisch fallen lassen, man muß Verbrechensmehrheit annehmen; dann darf man aber in dem ersteren Falle, dem schwereren, erst recht nicht nur ein Verbrechen annehmen. In der Tat ist es ganz unmöglich, in dem Falle, wo durch einen Schuß drei Personen getötet werden, das Vorliegen nur eines einzigen Mordes innerlich zu rechtfertigen.[1]) Aber wie will man den dreifachen Mord begründen? In der obigen Gruppe zu b ließ sich noch die Begründung der Sub-

---

[1]) So ausdrücklich Graf zu Dohna in Aschrott-v. Liszt Reform I 404 (freilich soll es nach 407 auch Mehrheit von Diebstählen sein, wenn der Dieb mehrere Sachen durch mehrere Griffe nimmt!). Die Bedeutung der Mehrheit der Erfolge wird völlig außer Ansatz gelassen, von M. E. Mayer in seiner heftigen Polemik gegen die „gleichartige Idealkonkurrenz" (507 Nr. 16). Vgl. den folgenden Text zu 3.

sumtion unter mehrere Strafgesetze geben; hier versagt ein entsprechendes Verfahren, denn die Subsumtion erfolgt ja stets unter denselben Tatbestand. Und eine Mehrheit von Subsumtionen läßt sich nur annehmen, wenn man zuvor eine Mehrheit von Objekten festgestellt hat. Es handelt sich hier eben gar nicht lediglich um mehrfache Subsumtionen und mithin nicht um Verbrechenskonkurrenz als Idealkonkurrenz wie im Fall zu a. Allerdings liegt auch hier eine Subsumtionsmehrheit und eine Verbrechenskonkurrenz vor, aber eine solche ganz anderer Art wie dort und zwar eine solche nicht prinzipaler, nicht spezifischer Art; sie läßt sich gar nicht anders begründen wie durch Annahme einer Handlungsmehrheit. Ohne diese Grundlage wird man niemals zu einer Rechtfertigung des Vorliegens dreier Morde in dem genannten Falle gelangen. Es ist reinste Realkonkurrenz.

Freilich nicht stets Realkonkurrenz. Die Grenzen wurden oben (III 2 b) gezogen, wo von der juristischen Handlungseinheit die Rede war. Wer durch einen Akt zehn Personen bestiehlt,[1]) begeht nur einen Diebstahl. Hier ist der Erfolg ein für die Rechtsordnung einwertiger, dort (in den Fällen der Tötung, der Beleidigung) ein mehrwertiger. Hier liegt daher nur (juristische) Handlungseinheit (trotz natürlicher Handlungsmehrheit), dort dagegen auch juristische Handlungsmehrheit vor.

3. Das Problem „Verbrechensmehrheit bei juristischer Handlungseinheit" trifft also nur den Fall zu 2a; nur dort ist Idealkonkurrenz gegeben. In den beiden anderen Fällen kommt eine Divergenz zwischen der Zahl der Handlungen und der der Verbrechen nicht in Frage; dort heißt es entweder Handlungsmehrheit — Verbrechensmehrheit (d. i. also Realkonkurrenz) oder Handlungseinheit — Verbrecheneinheit (d. i. überhaupt keine Konkurrenz). Verbrechensmehrheit bei Handlungseinheit ist nur möglich, wenn das eine zu wertende Objekt mehrfachen Wertungen unterliegt, von denen keine allein es in seiner vollen Eigenart erfaßt (das Bild zweier sich schneidender Kreise).

Ein Ergebnis, das mit der in Gesetzgebung und Literatur üblichen Anschauung im Widerspruch steht. Wir geben zu, daß eine andere

[1]) Fällt die gegen das Vermögen mehrerer Personen gerichtete Tat aber unter mehrere Strafgesetze, so liegt der Fall zu a vor (Idealkonkurrenz), sofern nicht ein Gesetz infolge Spezialität, Subsidiarität oder Konsumtion ausscheidet.

Lösung des Problems und zwar eine solche im Einklang mit der herrschenden Ansicht möglich ist; und sie liegt sogar nahe und ergibt sich zudem aus unseren eigenen grundlegenden Vorbemerkungen widerspruchslos. Ebenso widerspruchslos wie die von uns soeben gegebene Lösung. Zwischen richtig und falsch kann man hier nicht unterscheiden; logisch einwandfrei sind beide Ansichten. Und es fragt sich lediglich, welche legislatorische Würdigung vorzuziehen ist. In dieser Hinsicht müssen wir uns aber für die oben ausgeführte Ansicht entscheiden.

Die andere müßte auf die Einheit des natürlichen Aktes das Hauptgewicht legen. Sie brauchte nicht auf die naturalistische Betrachtungsart überhaupt eingestellt zu sein, würde vielmehr prinzipiell die hier zugrunde gelegte soziologisch-juristische Methode befolgen, so daß sie bei natürlicher Handlungsmehrheit auch juristische Handlungseinheit für möglich hält; jedoch würde sie umgekehrt juristische Handlungsmehrheit nur bei auch natürlicher Mehrheit annehmen. Während wir oben auf die Mehrheit der Erfolge Gewicht legten und sie — als Kriterien der Wertung der Tendenzsetzungen — zum Anlaß nahmen, mehrere Wertobjekte der richterlichen Entscheidung zu unterbreiten, müßte die zweite Anschauungsweise umgekehrt ex ante ausgehen — im Einklang übrigens mit unserer Theorie von der adäquaten Kausalität —, dürfte beim Vorliegen nur eines Aktes nur eine Tendenz annehmen und würde — wiederum im Einklang mit unserer Werttheorie — dieses Tendenzsetzen, das Wirken als das ureigentliche Wertungsobjekt zugrunde legen: daher nur eine Wertung, nur eine Subsumtion, nur ein Unrecht, nur ein Verbrechen. Trotz dieser mehrfachen logischen Übereinstimmung mit unseren Grundlegungen glauben wir die zweite Ansicht ablehnen zu sollen. Sie ist zu wenig normativ-teleologisch und außerdem zu wenig auf ein befriedigendes praktisches Ergebnis abgestellt, hält sich dagegen zu sehr im Logischen und Konstruktiven[1]) befangen. Die Tendenzsetzung hat offenbar ganz verschiedene Bedeutung, je nachdem sie auf einen oder auf mehrere Erfolge gerichtet ist — „mehrere" ebenfalls nicht der bloßen Zahl, sondern der normativ-

---

[1]) Das gleiche gilt von der durch Beling 324 der „gleichartigen Idealkonkurrenz" gegebenen Deutung („verstärkte Tatbestandsmäßigkeit"). Hier wird der Blick nur auf das Formale gerichtet und die normative Bedeutung ganz ignoriert.

juristischen Bedeutung nach. Der Erfolg ist aber das Kriterium für den Wert wie für die Ein- oder Mehrheit der Tendenz. Mehrere (juristisch bedeutsam mehrere) Erfolge entsprechen mehreren Tendenzsetzungen. Wir kommen um die Lösung also nicht herum: wer durch einen Akt mehrere Personen tötet oder die eine tötet, andere verletzt, begeht mehrere Verbrechen; wer durch einen Akt aber mehrere Kleider stiehlt, begeht nur einen Diebstahl. In den beiden ersten Fällen Verbrechensmehrheit und Objekts-, u. E. Handlungsmehrheit; Strafschärfung nach Art der Realkonkurrenz entspricht mehr der Gerechtigkeit als Absorption nach Art der Idealkonkurrenz.

VI. Die Hauptfälle der herrschenden Dogmatik finden mithin in folgendem System ihren Niederschlag. Übrigens sollte sich die Wissenschaft in der Aufstellung und Neubildung von Kategorien mehr Zwang auferlegen; die meisten der hier nicht erwähnten sind wohl überflüssig oder beanspruchen wenigstens nur ein rein tatbestandliches Interesse.

1. (Abstrakte) Gesetzeskonkurrenz:
   a) Spezialität,
   b) Subsidiarität.
2. (Konkrete) Mehrheit und Einheit von Verbrechen:
   a) Verbrechensmehrheit (Verbrechenskonkurrenz):
      α) bei Handlungsmehrheit: Realkonkurrenz,
      β) bei Handlungseinheit: Idealkonkurrenz.
   b) Verbrechenseinheit:
      α) bei Handlungsmehrheit und gleichem Tatbestand: fortgesetztes Verbrechen; Abart: Kollektivverbrechen,
      β) bei Handlungseinheit oder -mehrheit und verschiedenem Tatbestand: Konsumtion.

* * *

Das Kriterium für den juristischen Wert und Unwert ist der Erfolg, aber nur insoweit, als er an ein menschliches Wirken anknüpft. So sahen wir. Ist das menschliche Wirken nun stets für seinen Erfolg verantwortlich zu machen? Verantwortlich ist, wie man sagt, die „Ursache“. Verantwortlich ist ein menschliches Wirken aber nur dann, wenn es auf einen freien (ursachlosen?) Willen dieses Menschen zurückzuführen ist. Das ist das Leitmotiv, das uns während des folgenden Kapitels nicht mehr verlassen wird.

Zweites Kapitel.

Die Schuld.

§ 19. Die Willensfreiheit.

I. Das Strafrecht ist nur auf dem Grunde der Willensfreiheit möglich.

Wie sollte der Staat wagen dürfen, den Menschen zu bestrafen, wenn keine Willensfreiheit bestünde? Wie dürfte er jemanden für sein Tun strafrechtlich verantwortlich machen, wenn nicht dieser selbst die Ursache seines Tuns wäre? Ihm ohne Willensfreiheit ein so schweres Leid wie die Strafe aufzuerlegen, wäre Ungerechtigkeit, ja Ungerechtigkeit, schreiende Ungerechtigkeit. Wenn die Menschen ohne Willensfreiheit dem Staate oder der Gesellschaft gefährlich werden, soll man gegen sie Sicherungsmaßregeln ergreifen, sie erziehen oder unschädlich machen, aber nicht bestrafen. Durch Strafe gesühnt werden kann nur Schuld, Schuld einzig und allein auf dem Grunde der Willensfreiheit. Das Strafrecht ist nur auf dem Grunde der Willensfreiheit möglich — nicht anders wie die Moral, mit der jenes in der nunmehr betretenen Schuldlehre gleich zu behandeln ist; sie beide sind nur auf dem Grunde der Willensfreiheit möglich.

Das Leugnen der Willensfreiheit bedeutet nichts Geringeres als einen Kulturrückschritt, als eine Abkehr von den Idealen der sittlichen Vollkommenheit, denen nachzustreben des Menschen unendliche, nie zu erreichende Aufgabe ist. Das Leugnen der Willensfreiheit bedeutet nichts Geringeres als den Verzicht auf das Arbeiten des Menschen an sich selbst, auf ein Arbeiten, um innerlich besser zu werden, um sich seinem Gotte ähnlicher zu machen. Wer die Willensfreiheit leugnet, muß ja sagen: es ist notwendig, daß der Mensch so handelt, wie er handelt; er handelt nicht aus freiem Entschluß sondern aus Gründen, die unabhängig von seinem Willen ihm den Weg vorschreiben. Was nützt es da, sich um einen anderen, besseren Weg zu bemühen! Das Leugnen der Willensfreiheit bedeutet nichts Geringeres als das Aufgeben jeder echten Moralität, jeder Religion und damit jeder ernsten Wissenschaft und jeder Kunst, es bedeutet das Jagen nach vergänglichen Gütern, nach Geld und bequemem Leben. Die Vorliebe für die Natur- und Wirtschaftswissenschaften in unseren Tagen, für Beschreibung und Statistik, redet eine deutliche Sprache. Deren Nutzen und Berechtigung soll selbstverständlich nicht im geringsten angezweifelt werden; aber ihr Sieg über die reinen Wertwissenschaften ist das bedenkliche Zeichen unserer Zeit. Das Leugnen der Willensfreiheit und der Zug zum Materiellen ist vielleicht ein Anzeichen für den Niedergang des deutschen Volkes und der tiefste Grund für seinen Zusammenbruch im Weltkrieg.[1]) Es mußte zusammenbrechen, nicht weil es bloß ein Volk der Dichter und Denker ist, sondern gerade umgekehrt, weil es ein Volk der Dichter und Denker nicht mehr ist.

Möchten doch die Leugner der Willensfreiheit, die Deterministen und ihr Anhang, die kulturelle Tragweite ihrer Ansicht einmal recht eingehend durchdenken! Unter ihnen befinden sich allerdings viele und zwar viele hervorragende Vertreter unserer Wissenschaft, doch es muß angenommen werden, daß sie entweder ihre Ansicht nicht ernst meinen oder das Leugnen der Willensfreiheit in anderem Sinne verstanden wissen wollen; denn daß sie kulturfeindliche Tendenzen verfolgen, ist doch wohl ausgeschlossen. Das schlimmste aber ist, daß sie das Strafrecht deterministisch aufbauen wollen[2]) oder gar die Frage nach der Willensfreiheit aus dem Strafrecht als unerheblich ausscheiden.[3]) Dann sollten sie wenigstens den Mut der Konsequenz haben und das Strafrecht, wie es ja einige Radikale taten, überhaupt verwerfen. Statt dessen wird ein Pseudostrafrecht großgezüchtet — kein Wunder in unserer an Unwahrheiten nicht armen Zeit.

Wie kann sich aber der Determinismus eines solchen Ansehens erfreuen? Wie können für ihn Theoretiker ersten Ranges, deren wissenschaftliche Bedeutung über jeden Zweifel erhaben ist, mit allen

---

[1]) Hierüber gute und leider nur zu wahre Ausführungen bei Natorp Deutscher Weltberuf 1918 II 188 ff.

[2]) Scharfe Worte gegen eine deterministische Schuldlehre spricht Binding Normen II 1 [2] 1914 im Vorwort S. VII und auch sonst vielfach. Trotz mancher Übertreibungen ist der Kern echt und gesund („Die Schuld wurde zum bösen Dämon der Deterministen, und fast jeder sah sich genötigt, mit diesem Dämon den Kampf aufzunehmen — jeder von vornherein zur Niederlage verurteilt ... das Muß des Zwanges tötet alle Schuld, und eine nihilistische Schuldlehre ist die stärkste Verirrung, der die Rechtswissenschaft anheimfallen kann").

[3]) Vgl. Kollmann Die Bedeutung der Frage nach der Willensfreiheit für den Streit der Strafrechtstheorien 1910 in Monatsschr. 6, 449 ff.

Mitteln immer und immer wieder eintreten? Jene Richtung entspricht dem Bestreben der Wissenschaft, den gesetzlichen Zusammenhang aller Dinge klarzulegen, insbesondere jedes Geschehen auf Ursachen zurückzuführen. Wenn nun alles in der Welt seine Ursache haben muß, warum nicht auch der menschliche Wille? Sollte er allein dem Kausalgesetz entrückt sein? Denn wenn er frei aus sich heraus sich entschlösse, so wäre er doch die letzte Ursache. Das bedeutete wieder ein Aufgeben jedes wissenschaftlichen Strebens; denn wissenschaftliche Erkenntnis bedeutet Erkenntnis des Gesetzmäßigen. Und ein freier Wille sollte sie durchbrechen? — So treten zwei hohe Güter des Menschentums in Konflikt miteinander: Kultur und Wissenschaft. Jene fordert den Indeterminismus, diese den Determinismus. Wenn sich Kultur und Wissenschaft miteinander befehden, so scheint es in der Tat traurig mit dem menschlichen Leben bestellt zu sein: die Wissenschaft ist kulturfeindlich.

Das Problem[1]) spitzt sich also dahin zu: der Mensch ist moralisch und strafrechtlich nur dann zur Verantwortung zu ziehen, wenn er einen freien Willen besitzt; nach der Wissenschaft hat aber alles seine Ursache, der Wille ist daher unfrei.

---

[1]) Es ist gut herausgearbeitet von Kelsen Hauptprobleme der Staatsrechtslehre 1911, 158/9: Ethik und Rechtswissenschaft seien „nicht möglich ohne die Annahme, daß der Wille frei, d. h. — und darin kann kein Zweifel möglich sein — von dem Kausalzusammenhange unabhängig ist". — Eine klare Hervorhebung des Gegensatzes findet sich bei Kohlrausch in Monatsschr. 2, 458: „Meines Erachtens gibt es nur einen Beweis für den Determinismus: die Berufung auf den Satz, daß alles seinen zureichenden Grund haben muß, als auf ein Denkgesetz, dessen Preisgabe die gegenseitige Verständigung aufhebt; und nur eine Widerlegung: die Berufung auf die Freiheit als auf ein ethisches Postulat, mit dessen Preisgabe Sittlichkeit unmöglich sei . . . Ob wir den Beweis oder den Gegenbeweis für zwingender halten, das ist meines Erachtens ‚das Problem', und wird es vielleicht auch bleiben. Das sollte uns Kant nachgerade gelehrt haben." — Vielfach wird die Fassung schon des Problems derart gefärbt, daß die Antwort naheliegt, so daß dem Forscher kaum eine — Wahlfreiheit verbleibt, z. B. in der sonst so beachtlichen Einführung in die Rechtswissenschaft von Hedemann 1919, 32, der sich übrigens, wie so viele neuere Autoren, mutig zum Indeterminismus bekennt. Eigentümlich zaghaft sagt Stooß 27: „Können wir selbst auf unseren Charakter einwirken? Das ist die letzte Freiheit, die noch möglich ist. Ich halte an dieser Willensfreiheit fest; es ist aber vielleicht eine Illusion."

So steht das Problem. Zwei unversöhnbare Sätze. Ehe an die Lösung des Konfliktes gegangen wird, soll aber noch einmal die Richtigkeit der Sätze selbst überprüft werden. Dabei soll hier wie im folgenden der ungenaue und mißverständliche, aber eingebürgerte Ausdruck Wille beibehalten werden; besser wäre es, Bewußtsein zu sagen und unter Willensentschluß die psychische Tatsache zu verstehen, die die Entscheidung zur Beobachtung eines gewissen äußeren Verhaltens enthält: ein Gefühl oder eine Vorstellung löst die Handlung aus.

1. Der Mensch kann für sein Handeln gerechterweise nur dann verantwortlich gemacht werden, wenn er auch anders hätte handeln können, wenigstens wenn er so nicht handeln mußte, wie er handelte. Wie kann man ihn verantwortlich machen, wenn nicht er sondern ein anderer die Ursache des Handelns war, sei es ein Mitmensch oder ein Vorfahre oder die Gesellschaft oder die Natur oder das Schicksal? Ich soll dafür einstehen, daß ein anderer mich gezwungen hatte, daß ich unfrei, nur als das Werkzeug eines anderen handelte? Den unfrei Handelnden macht man doch sonst nicht verantwortlich, weder moralisch noch rechtlich; und die bekannten strafausschließenden Fälle, wo jemand unter physischem oder psychischem Zwange eines Mitmenschen ein gewisses Verhalten beobachtete, liegen doch, soweit wenigstens er selbst zur Beurteilung steht, gewiß nicht anders, wie wenn er unter einem anderen, ebenfalls physischen oder psychischen Zwange handelte, mag dieser nun auf einen der soeben erwähnten biologischen oder soziologischen oder gar übersinnlichen Gründe zurückzuführen sein. Ob man jene Gründe verantwortlich machen darf und kann – gerade für dieses Handeln oder überhaupt –, ist eine andere Frage; sicher ist, daß man dem uns hier allein interessierenden erzwungenen Handeln nicht die Verantwortung aufbürden darf. Unfreiheit ist Abhängigkeit von etwas anderem und damit Zwang; so allein läßt sich die Unfreiheit definieren.[1]) Dieses andere, von dem ich abhängig bin, mag nun sein, was es wolle; jedenfalls bin ich abhängig und unfrei. Wie für einen Unfreien aber eine moralische oder strafrechtliche Verantwortung begründet werden kann, ist schlechterdings unerfindlich, soll nicht die Gerechtigkeit, soll nicht die sittliche Weltordnung zu ihrem Gegenteil werden.

---

[1]) Über die Definition (vielmehr Nicht-Definition) der Freiheit vgl. den folgenden Text zu III 9, IV 3. – Interessant zu sehen ist es, wie das Wort in prägnantem Sinne verstanden wird: jeder Schriftsteller legt einen seiner Grundanschauung entsprechenden, dem Wort gewiß aber nicht eigentümlichen Sinn hinein. So ist nach Kant Freiheit (im ethischen Sinn) das Bestimmtsein durch sittliche Normen; dem Wortsinn nach ist Freiheit das Gegenteil, nämlich Ungebundenheit, Unabhängigkeit. Und Spinoza, dessen mechanistische Ethik ja nur einen Determinismus dulden konnte, erklärte die Freiheit als das Selbsttätigwerden aus der Notwendigkeit der eigenen Natur; ähnlich hat man ja auch die Freiheit als „Kausalität in uns" bezeichnet (Czolbe); aber diese Notwendigkeit, liege sie, wo sie wolle, ist doch das Gegenteil von Freiheit.

Dieses andere, von dem ich abhängig bin, mag sein, was es will; jedenfalls bin ich abhängig und unfrei. Dieses andere kann daher auch eine eigene Charakteranlage sein. Wenn es richtig sein sollte, daß diese über den Menschen solche Gewalt auszuüben vermag, daß er nicht anders handeln kann, wie er handelt, so läßt sich die oben gezogene Schlußfolgerung nicht umgehen: ich bin unfrei und daher ohne Verantwortung. „Ich bin einmal so" — „ich kann nicht dafür." Der erste Satz enthält die Voraussetzung, der zweite die notwendige Folge, eine Folge, die ganz gewiß gezogen werden muß, wenn jener erste in der Tat zutrifft. Man mag einen solchen Menschen privatrechtlich und rein sozial verantwortlich machen, indem man im Interesse seiner Mitmenschen und der Gesellschaft den von ihm angerichteten Schaden ausgleicht oder Schutzmittel gegen seine Handlungen anwendet, das ist selbstverständlich das gute Recht seiner Umgebung; aber für moralische und kriminelle Verantwortlichkeit ist schlechterdings kein Raum. Man wird einen solchen Schädling ferner zu erziehen und zu beeinflussen suchen, so gut es gelingt — die Deterministen wie die Indeterministen nehmen ja beide allein für ihre Lehre die Möglichkeit einer solchen Erziehung und Beeinflussung in Anspruch —; aber derartige pädagogische und präventive Maßregeln können unbedenklich auch gegen einen Schuldlosen angewendet werden, sie sind eben keine Strafe; Strafe ist Sühne von Schuld.

Wie wenig übrigens der Charakter zur Grundlage des Strafrechts genommen werden kann, zeigt die einfache Erwägung: Auf das „ich bin einmal so" könnte sich wohl niemand besser berufen als der eingefleischte Gewohnheitsverbrecher. Je eingewurzelter der verbrecherische Hang, um so geringer die (deterministisch fundierte) Schuld. Und jener kann einen solchen Grad erreichen, daß diese völlig schwindet: der abgefeimteste Gauner würde danach ohne Schuld handeln. Wir sehen: die Schuld läßt sich nicht auf eine dauernde Willensbeschaffenheit sondern nur auf einen einzelnen Willensvorgang beziehen, auf einen Willensentschluß, wie er sich auch bei dem Gewohnheitsverbrecher findet. Und dieser Entschluß muß ein freier sein. Würde der Gewohnheitsverbrecher nicht frei, nicht unabhängig von seiner dauernden Anlage handeln, so ließe er sich nicht bestrafen. Man ist vielleicht geneigt, umgekehrt aus dem Strafbedürfnis auf die Freiheit seines Wollens zu schließen; und daß dieses logisch an sich doch sicherlich fehlerhafte Verfahren in diesem Falle gar nicht so sehr fehlerhaft erscheint, beweist wieder die Richtigkeit des Satzes: ohne Willensfreiheit keine Strafe.

Gegenüber allen diesen zugunsten der Willensfreiheit sprechenden Erwägungen vermag der von deterministischer Seite immer wieder erhobene Einwand nicht durchzugreifen: die Bestrafung gerade eines freien Handelns sei ungerechtfertigt und zwecklos, denn damit werde gerade die Willkür, der Zufall bestraft, augenblickliche Wallungen der Leidenschaft seien aber ohne Interesse für das Recht; viel wertvoller sei es, einen unmittelbaren Ausfluß der Individualität, also insofern einen unfreien Akt, zu bestrafen, denn solche Strafen sorgten zugleich für die Zukunft, die Strafe müßte sich in ihrer Wirkung berechnen lassen, freie (willkürliche) Akte entzögen sich aber aller Berechnung; die Strafen, die nicht zu motivieren vermöchten, wären zwecklos. — Diese Vorwürfe verkennen, daß die Strafe ihrer spezifischen Aufgabe nach gar nicht zu motivieren, gar nicht zu erziehen hat, daß übrigens auch erzieherische Maßnahmen bei Annahme eines freien Willens heilsam und segensreich wirken, weil der Wille nunmehr bei seinem Entschlusse eine Richtschnur besitzt, wobei dann freilich den Ausschlag gibt die Selbsterziehung — das Wertvollste. Aber davon abgesehen hat die Strafe ja in erster Linie nicht zu erziehen sondern zu sühnen, und zur Erfüllung dieser Aufgabe muß sie notwendig an einen Einzelvorgang anknüpfen, der selbstverständlich seinerseits — insofern stimmen ja beide Anschauungen überein — ein Ausfluß des Charakters ist, weswegen die Strafe ja auch die Persönlichkeit als solche trifft und sie für die Zukunft bestimmen mag. Daß dieser Einzelvorgang nur ein freier Willensentschluß sein kann, glauben die früheren Ausführungen erwiesen zu haben; daß dieser aber trotz seiner Freiheit nicht Willkür, nicht Zufall, vielmehr Notwendigkeit ist, wird die folgende Betrachtung ergeben.

2. Ist hiernach Verantwortung nur bei Willensfreiheit möglich, so scheint der zweite in der obigen Problemformulierung aufgestellte Satz falsch zu sein, daß alles, mithin auch der Willensentschluß des Menschen, ursächlich bedingt, der Wille also abhängig und unfrei ist. Aber auch dieser Satz ist richtig. Die Beweisführung des Determinismus ist in der Tat zutreffend, und das Problem bleibt ungelöst.

Außer Betracht stehen natürlich die pathologischen Fälle; daß Bewußtlose, Geisteskranke, Vergewaltigte unfrei handeln, geben selbstverständlich auch die Indeterministen zu. Hier interessieren nur die normalen Fälle. Keinem Zweifel unterliegt es sodann, daß die normalen Personen unter normalen Verhältnissen in der Lage sind, das Gute und Rechte zu erkennen; auch dieses ethische Erkennungsvermögen ist nicht Gegenstand des Streites. Ferner besteht auch wohl kaum eine ernstliche Meinungsverschiedenheit zwischen beiden Lehren insofern, als die wenigstens teilweise Abhängigkeit der Willensentschlüsse von äußeren Faktoren anerkannt wird, sei es von naturwissenschaftlichen (Vererbung, körperliche Beschaffenheit) oder von gesellschaftlichen (Standesanschauungen) oder von wirtschaftlichen (Armut, Not). Ja selbst die Beeinflussung durch dauernde Charakteranlagen, durch Eigenschaften, die der Handelnde erst selbst im Laufe der Zeiten erworben hat, ist unbestritten. Alle diese äußeren wie inneren Faktoren werden zum mindesten als Mitursachen angenommen und bei jeder Verantwortlichmachung, bei jeder Strafzumessung in Rechnung gezogen. Darüber hinaus sollte auch die Erkenntnis nicht ausbleiben, daß vor dem Zustandekommen des Willensentschlusses die mannigfaltigsten Bewußtseinsregungen, Empfindungen, Triebe, Gefühle, Vorstellungen teils mehr, teils weniger, teils unter Kämpfen, teils mit schlichter Selbstverständlichkeit einander ausgleichen und den Entschluß auslösen. Es fragt sich nur — und das erscheint uns der Hauptgegenstand des Streites —, ob der Entschluß nunmehr so ausfallen mußte, wie er tatsächlich ausfiel, ob der Mensch auch anders sich entschließen und demnach auch anders handeln konnte. Die Deterministen sagen nein, die Indeterministen ja. Und dieses ja ist falsch.

Es ist nicht richtig, daß zu den genannten Ursachen noch eine weitere hinzutritt, eine letzte, den Ausschlag gibt, nämlich ein freier Willensentschluß, der von den anderen Ursachen unabhängig sei.[1]) Eine solche geheimnisvolle Kraft hat man noch niemals erklären können und sie läßt sich auch nicht erklären, weil sie nicht vorhanden ist. Alle in Betracht kommenden Faktoren sind schon vorher eingesetzt, und diese in ihrem Zusammenhang erklären den Willensentschluß zur Genüge, und sie erklären ihn eben derart erschöpfend, daß der gegenteilige Entschluß in der Tat als ausgeschlossen gelten muß. Gewiß mag die wissenschaftliche Erkenntnis im einzelnen Falle unzulänglich sein; welcher Forscher wollte sich unterfangen, in die Tiefen der Menschenseele hinabzusteigen und alle Wünsche und Hoffnungen, Kämpfe und Enttäuschungen aufzudecken! Aber die Wissenschaft befindet sich auf dem richtigen Wege, wenn sie den Willensentschluß als einen ursächlich bedingten, einen notwendigen, als einen von gewissen erkennbaren Faktoren abhängigen betrachtet. Auch der sog. freie Wille des Menschen reiht sich in den Zusammenhang der Dinge ein. Wie sollte denn er allein außerhalb jeder Gesetzmäßigkeit und Ordnung stehen! So arrogant darf der menschliche Wille nicht auftreten. Man komme nicht mit den bekannten Beispielen, die das Gegenteil erweisen sollen. Der Spaziergänger vor dem runden Gartenbeet, der „frei wählt", ob er rechts oder links herumgehen soll, will und handelt so, wie er nicht anders bei dieser Sachlage konnte: dort Sonnenschein dort Schatten, dort einsam dort belebt, ihm ist im Augenblick das oder das angenehmer, die Richtung seines Ganges oder die Stellung seines Körpers neigt sich mehr schon der einen Seite zu, so daß er mechanisch weiter geht; dazu kommen gewisse Gewohnheiten, der Bau seines Körpers und Besonderheiten seiner Glieder. In ähnlicher Weise läßt sich als ursächlich bedingt erklären das „freie Wählen" beim Ziehen einer Karte aus dem Fächer, eines Loses aus der Urne. Die physiologischen und psychologischen Erklärungen selbst dürfen wir uns ersparen;[2]) es genügt der Hinweis auf ihre Möglichkeit. Setzt der Handelnde nach Erkenntnis seiner Abhängigkeit ein „Nun gerade nicht" entgegen, so erklärt sich auch dieser gegenteilige Entschluß ursächlich, etwa aus Eigensinn oder um die Aufmerksamkeit anderer auf sich zu lenken, um andere zu ärgern, oder ähnlich.

Und ebenso unfrei handelt der Verbrecher. Auch er ist abhängig von äußeren wie inneren Faktoren. Alle Handlungen der Menschen reihen sich als notwendige Bestandteile in das Ganze; zwischen allem besteht gemäß

---

[1]) Wahrlich deutlich genug Binding Normen II 1[2] 1914, 37: „Mit dem Individuum als dem Urheber des Entschlusses bricht der Kausalzusammenhang nach rückwärts ab." Zustimmend Nagler Die Strafe I 1918, 97.

[2]) Vgl. hierzu etwa Windelband Über Willensfreiheit[2] 1905, 44. Über diese Vorträge Graf zu Dohna Monatsschr. 1, 457; vgl. auch diesen selbst ebda. 3, 513 sowie die kürzere Darstellung Windelbands in der Einleitung in die Philosophie 1914 sowie in den Präludien[4] 1911 II 59. Ferner Jodl Allgemeine Ethik 1918, 301.

der wissenschaftlichen Erkenntnis ein innerer Zusammenhang, eine logische Harmonie. Würde auch nur ein Glied sich nicht einfügen und des Ganzen spotten, so wäre Unordnung eingetreten, der Bau wäre ins Wanken geraten, die Wissenschaft hätte sich bankerott erklärt.

Das ist das Problem. Zwei Gegensätze: dort Freiheit und Verantwortlichkeit, hier Unfreiheit und kausale Gesetzmäßigkeit. Würde die Wissenschaft diesen Gegensatz nicht aus der Welt schaffen, so würde sie sich wiederum bankerott erklären. Sie muß sich retten; aber sie rette auch die Verantwortlichkeit und die Willensfreiheit.

II. Wenn wir uns auf die Pfade der seit Jahrtausenden mit der Frage ringenden Philosophie begeben, so eröffnen sich nach unseren grundlegenden Ausgangspunkten und in Weiterverfolgung der einmal eingeschlagenen Richtung zur Lösung des formulierten Problems die folgenden Aussichten.[1])

[1]) Literaturübersichten in den Strafrechtslehrbüchern (am reichhaltigsten wohl Meyer-Allfeld 17/8, 3/4); über die spezifisch philosophische Literatur vgl. etwa die Nachweise in der freilich nicht sehr übersichtlichen Darstellung von R. Eisler Wörterbuch der philosophischen Begriffe [3] 1910 Bd. 3 (Artikel: Willensfreiheit). Viele Anzeigen von Schriften über Willensfreiheit auch in den letzten Jahrgängen der bekannten Philosophie-Zeitschriften; die Literatur ist ins unermeßliche angeschwollen. Zur Einführung empfehlen wir in erster Linie Messer Das Problem der Willensfreiheit. In: Wege zur Philosophie; Schriften zur Einführung in das philosophische Denken, Nr. 1, 1911.

Wenn v. Liszt 23 [1] meint, in der Philosophie habe heutigentags der Determinismus die fast unbestrittene Herrschaft, während die Kriminalisten der Gegenwart in zwei Heerlager von etwa gleicher Stärke geteilt seien, so scheint uns eher das Umgekehrte richtig: im Strafrecht herrscht wohl heutzutage der Determinismus, während wir in der Philosophie noch immer beide Parteien mit gleicher Kräfteverteilung ringen sehen.

Irre ich mich nicht, so herrscht auch in den Kreisen der Psychologen vom Fach eine Tendenz zur Begründung der Willensfreiheit vor; so wurde mir auch von einem Fachordinarius berichtet, der selbst auf experimentellem Wege die Willensfreiheit darlegen zu können glaubt und seine Untersuchungen in einigen Jahren zu publizieren hofft; er meint, der Ursachenbegriff müsse nur anders verstanden werden wie im Sinne der meisten Deterministen. Letzteres scheint uns freilich abwegig; jedes Erforschen der Ursache gibt dem Determinismus recht. Aber die experimentelle Bestätigung der Willensfreiheit beweist die Richtigkeit unserer später zu begründenden These, daß die Beobachtung des Lebens, die Erforschung und Beschreibung eines gegenwärtigen konkreten Vorganges die Willensfreiheit ergibt. Doch auch ohne solche — natürlich mit Freuden zu begrüßende — exakte Tatsachenfeststellung ist der Beweis der Willensfreiheit schon längst erbracht durch das, was jeder täglich an sich selbst erlebt; die Deterministen mögen dies leugnen, die Wahrheit läßt sich aber nicht auf den Kopf stellen.

1. Der Gegensatz ist in der Tat da. Aber die einzelnen Zweige der Wissenschaft haben zu der Frage in verschiedener Weise Stellung zu nehmen. Jede Wissenschaft verfolgt ja ihre besonderen Interessen und untersteht ihren eigenen Prinzipien. Wie nun etwa zu der Frage nach der Realität die Naturwissenschaft sich anders verhalten wird wie die Erkenntnistheorie und diese beiden anders wie die Theologie, ebenso ist es durchaus nichts Ungewöhnliches, daß die Willensfreiheit von dieser Wissenschaft geleugnet, von jener anerkannt wird. So kann man einen psychologischen Determinismus neben einem ethischen (und außerdem, was hier vorläufig auf sich beruhen kann, einem metaphysischen) Indeterminismus durchaus widerspruchsfrei und logisch bestehen lassen: der Wille wird zwar durch äußere wie durch innere Faktoren und von den letzteren insbesondere durch seinen konstanten Charakter determiniert, dagegen kann sittlich verantwortlich gemacht werden nur ein freier Wille, ein solcher, der sich aus sich selbst heraus frei entschließt.

Der Kriminalist wird zu diesem vermeintlichen Gegensatz, der von einem höheren gesamtwissenschaftlichen Standpunkt gar kein Gegensatz ist, je nach seiner Grundanschauung in verschiedener Weise Stellung nehmen. Er wird mehr der psychologischen Auffassung zuneigen, wenn er in strafrechtlichen Fragen mehr naturalistisch orientiert ist, wenn er einen natürlichen Handlungs-, einen natürlichen Kausalbegriff vertritt, wenn er die Rechtswidrigkeit erst als ein logisch Späteres oder gar ebenfalls nur als „Tatsache" versteht, wenn er in der Strafe wesentlich ein Bekämpfungsmittel erblickt und vor allem, wenn er die Schuld nicht normativ sondern psychologisch auffaßt. Auf der anderen Seite wird sich mehr zu der ethischen Freiheitslehre hingezogen fühlen, wer in den genannten Fragen auf dem gegenteiligen Standpunkt steht: Hervorkehrung des wertenden Unrechtsmoments, antinaturalistische (spezifisch juristisch-normative) Auffassung der Handlung, der Kausalität und vor allem der Schuld, Vergeltungstheorie. Im großen ganzen mag daher die Klassik mehr dem Indeterminismus, die Moderne mehr dem Determinismus geneigt sein. Nun hat es an Nachweisen nicht gefehlt, daß auch ein Vergeltungstheoretiker Determinist sein kann wie umgekehrt. Aber es sollte von uns nur auf den inneren Zusammenhang jener Gedankenkreise hingewiesen werden, ohne den abweichenden Autoren bereits einen Mangel an Folgerichtigkeit vorzuwerfen. Es läßt sich wenigstens das mit Sicherheit behaupten: die Stellungnahme zu den strafrechtlichen Grundfragen über Handlung, Kausalität, Rechtswidrigkeit, Schuld, Strafe legt nicht nur eine solche zu dem Streit zwischen Determinismus und Indeterminismus nahe, sondern beide Stellungnahmen setzen eine solche zu dem Verhältnis von Psychologie und Ethik voraus. Die letztgenannte Stellungnahme ist also nicht eine Folge jener anderen, sondern geradezu eine Vorbedingung für sie; und es zeigt sich unser Problem nunmehr in neuem Lichte: wird die Ethik nur als „eine Beschreibung der Tatsachen des sittlichen Lebens" (Wundt) aufgefaßt, steht also die Psychologie im Mittelpunkt des wissenschaftlichen Interesses, so ist der Zug zum Determinismus unverkennbar; betrachtet man die Ethik dagegen als die (der Logik nebengeordnete) Grundwissenschaft und die Psychologie lediglich als eine genetisch verfahrende „Rekonstruktion" der nach systematischer Methode gewonnenen Erkenntnisse (Natorp), so liegt das Eintreten für den Indeterminismus nahe.

2. Baut man nunmehr das Strafrecht als eine Ausstrahlung der Ethik auf dem Indeterminismus auf, so wird der Einwand nicht ausbleiben: dann entfernt ihr Kriminalisten euch von den Tatsachen, ihr setzt euch mit der Wirklichkeit in Widerspruch, ihr nehmt etwas an, was gar nicht vorhanden ist, nur um euer Strafrecht zu rechtfertigen; denn die Psychologie lehrt die Abhängigkeit des Willens von anderem. Mit der Erklärung, daß die eine Wissenschaft diese, die andere dagegen jene Lösung darbietet, ist der tatsächlich bestehende Gegensatz gewiß nicht aus der Welt geschafft, im Gegenteil er ist nur noch um so augenfälliger geworden, indem eine jede Wissenschaft ihn mit ihren eigenen Waffen scharf zuspitzt. Was nützt diese bloß methodische Überbrückung, die letzten Endes auf die Feststellung hinausläuft, daß jede Wissenschaft ihre Berechtigung besitzt, daß sie sich aus sich selbst rechtfertigt, wie es ja die „ethischen Theorien" so gern tun, und daß es nur darauf ankommt, ihr den richtigen Platz im Gesamtsystem anzuweisen! Wir wollen eine klare Antwort auf die Frage: Ist denn nun der Wille frei oder unfrei?

Eine Antwort erscheint nur möglich, wenn der einen Wissenschaft der Vorrang vor der anderen eingeräumt wird; nicht ein Vorrang im systematischen Sinn, denn gesamtwissenschaftlich sind doch wohl alle echten Wissenschaften einander gleichberechtigt, wohl aber ein Vorrang in den Gegenständen. Ist das Objekt der Psychologie oder das der Ethik höher einzusetzen? Mit anderen Worten: Beanspruchen höheren Wert die Erkenntnisse der Psychologie oder die der Ethik? Diese Fragestellung ist in der Tat berechtigt, so seltsam sie auf den ersten Blick vielleicht anmuten wird. Will man nämlich vom objektiven, nicht nur eine Disziplin berücksichtigenden Standpunkt das Fazit der wissenschaftlichen Errungenschaften ziehen und gehören zwei einander widersprechende Erkenntnisse verschiedenen Wissenschaftsgebieten an, so muß die eine Erkenntnis der anderen weichen; vom einzelwissenschaftlichen Standpunkt mögen beide nebengeordnet sein, vom gesamtsystematischen dagegen ist eine Über- und Unterordnung weniger der Wissenschaften als der Errungenschaften unbedingt geboten und zeigt den einzigen Ausweg aus dem Konflikt.

Fragt man nun aber, welcher Erkenntnis ein höherer Wert einzuräumen ist, so stoßen die Ansichten hart aufeinander. Hier Positivismus und Empirismus, dort Idealismus. Hier eine Neigung (ebenfalls wie oben zu 1 nur: „Neigung") zum Determinismus, dort zum Indeterminismus. Die ganz Extremen und Radikalen mögen beiseitebleiben: hier die nüchternen gegen Ideale sich verschließenden Wirklichkeitsmenschen, dort die in den Wolken lebenden Phantasten; von beiden soll abgesehen werden. Aber selbst reinste Wissenschaftlichkeit gerät in einen recht unangenehm empfundenen Zwiespalt: den unverrückbaren nie zu erreichenden Zielen wissenschaftlichen Erkennens wie praktischen Handelns wird man gewiß nicht entraten wollen, aber umgekehrt muß man ebenso gewiß mit der Macht der Tatsachen rechnen. „Willensfreiheit" wird nun aber in unserem Zusammenhange nicht als sittliches Ideal, nicht als „Postulat der praktischen Vernunft" im Sinne Kants, nicht als Freiheit von nur subjektiv bedingten Wünschen und Begehrungen verstanden — als Ziel des menschlichen Strebens wird man einem solchen Begriff die Anerkennung sicher nicht versagen, wenn auch der Ausdruck nicht unbedenklich ist —; Willensfreiheit bedeutet hier vielmehr eine Tatsache, die als Grundlage der moralischen und strafrechtlichen Verantwortung genommen werden soll. Oder richtiger: ihr Tatsachencharakter soll untersucht werden. Erweist sie sich nämlich nicht als Tatsache, so ist auch für Verantwortlichkeit kein Raum. Dann hat es auch keinen Sinn, das sittliche Ideal der Willensfreiheit aufzustellen; die Ethik kann nicht mehr fordern, als der Mensch überhaupt zu leisten in der Lage ist. Ihre Ideale sollen freilich, ihrem Begriffe nach, unerreichbare sein; aber es muß doch wenigstens die Möglichkeit bestehen, ihnen näher zu kommen; die ihnen unterstellten Tatsachen müssen sozusagen auf der zu ihnen führenden Linie gelegen sein und dürfen nicht völlig abseits von diesem Wege ihren Platz haben. Es hat gar keinen Zweck, Aufgaben zu stellen, denen auch nicht einmal zum Teile genügt werden kann. Wenn der Mensch so handeln **muß**, wie er handelt, so sollten ihm auch keine Ziele aufgewiesen werden. Wozu denn? Sie sind ja völlig überflüssig, Köpfen von Phantasten entsprungen.

Das Kantische „Du kannst, denn du sollst" bedarf in diesem Zusammenhange also keiner geringeren Berichtigung als dieser: „Du sollst, wenn du kannst." Damit ist ein weiterer entscheidender Punkt berührt. **Wenn der Mensch nicht kann, so soll er auch nicht; es besteht für ihn dann keine Pflicht, folglich kann er auch nicht pflichtwidrig handeln, nicht zur Verantwortung gezogen werden.** Das Gegenteil wäre Ungerechtigkeit, bittere Ungerechtigkeit — das alte Motiv des Anfangs; und über den Anfang hinaus sind wir nur insoweit gekommen, als wir die traurige Einsicht erlangt haben: die Willensunfreiheit ist eine nicht hinwegzuleugnende Tatsache, denn des Menschen Wollen und Handeln ist abgesehen von äußeren Faktoren insbesondere von seinem Charakter abhängig; der Mensch muß so handeln, wie er handelt; das ist eine Tatsache, und mit Tatsachen muß die Ethik rechnen, will sie nicht Phantastereien lehren. Daher: **weg mit jeder Verantwortung.** Diese Folgerung ist unerträglich, aber unabweisbar.

Und das Ergebnis dieser letzten Betrachtung ist: Die Ethik geht der Psychologie freilich gesamtsystematisch insofern vor, als sie normativ höher einzusetzen ist; aber **die den Normen zugeordneten Tatsachen der Ethik sind von demselben Range wie die der Psychologie, und zu den Tatsachenfragen ist unser Problem zu rechnen.**

3. Deshalb ist auch mit dem auf Kant, Schelling oder Schopenhauer zurückgeführten Gegensatz von **Theoretik und Praktik** nichts gewonnen: für die theoretische Erkenntnis Determinismus, für das praktische Handeln Indeterminismus; die zu erkennenden Erscheinungen also sind dem Kausalitätsgesetz unterworfen, wir erkennen sie unter kausalen Gesichtspunkten, in ihrem ursächlichen Zusammenhange miteinander, während die Welt selbst außerhalb unserer Denkgesetze, das Ding an sich, unser Wille kausalitäts-

frei sind. Wissenschaftlich unannehmbar! Denn die letztgenannte Annahme der Kausallosigkeit ist durchaus unbewiesen und unbeweisbar; in die Ethik ist die Metaphysik eingezogen; und daher ist dieser Gegensatz — der prinzipiellere gegenüber dem oben (1) behandelten von Psychologie (Naturwissenschaft) und Ethik (Kulturwissenschaft) — in Wahrheit nicht derjenige von Theoretik und Praktik, sondern ein ganz anderer: ein solcher von Erkenntnistheorie und Metaphysik, von Wissenschaft und Intuition. Danach bleibt für exakte Bearbeitungen des Problems nur der Determinismus bestehen; nur er ist eine beweisbare[1]) Tatsache. Aber selbst wenn man den metaphysischen Indeterminismus anerkennen wollte, so wäre man immer noch in der leidigen Dualistik befangen: die Gegensätze können nur durch den Hinweis auf die Verschiedenheit der Betrachtungsweisen überbrückt werden, tatsächlich bleiben sie bestehen, und wenn man aus dem Konflikt heraus gelangen will, so ist nichts anderes übrig, als wie oben (2) nach dem Vorrang der Betrachtungsweise die Frage zu stellen, deren Beantwortung hier noch weniger zweifelhaft als dort sein kann: Vorrang der exakten Wissenschaft, Vorrang der kausalen Betrachtung, Vorrang also des Determinismus. Und damit wieder das Aufgeben jeglicher Verantwortlichkeit. Wieder die unerträgliche, aber unabweisbare Konsequenz.

4. Um die Verantwortlichkeit zu retten, verbleibt der letzte Rettungsweg: man fingiert die Willensfreiheit. Die Fiktion ist das deutlichere Wort statt Postulat; das nch deutlichere wäre Lüge. Daß ernste angesehene Forscher[2]) auf diese Bahn gedrängt wurden, zeigt die Not in ihrer ganzen Größe: man fühlte die Unmöglichkeit des Leugnens jeglicher Verantwortlichkeit, man mußte sie annehmen, und rechtfertigen konnte man sie nur durch eine gar nicht vorhandene Tatsache. So tat man den Verzweiflungsschritt und täuschte sich die Tatsache vor. Die Alsob-Philosophie wollte gewiß nicht verbotene Wege lehren;[3]) aber dieses Mittel scheint uns doch ein unlauteres zu sein.

III. Für uns bietet sich glücklicherweise ein Ausweg; er ergibt sich ohne Mühe aus der in diesem Werke von Anfang an eingeschlagenen Gedankenfolge. insbesondere aus unseren Darlegungen über das Objekt der Wertung und die Kausalität.

1. Die Versöhnung zwischen Kausalismus und Freiheitslehre hat sich im Reiche der Tatsachen zu vollziehen, so sahen wir oben (II); ein rein gedanklicher Ausgleich wäre unbefriedigend und würde

[1]) Seltsamerweise! Tatsächlich-konkret oft nicht beweisbar. Aber doch dem Sinne nach beweisbar, während die Willensfreiheit — d. i. der tatsächlich beweislos gebliebene Determinismus — dem Sinne nach unbeweisbar ist.

[2]) Vgl. Vaihinger Die Philosophie des Alsob, Kap. IX (3. Aufl. 1918, S. 65); M. E. Mayer Die schuldhafte Handlung 1901, 92 ff., 101 (dazu gut v. Hippel ZStW. 23, 397[3]).

[3]) Über ihre Gefahren sprachen wir ZStW. 41, 423 ff. (429 gegenüber 427).

praktisch nichts leisten Nun mache man sich klar, daß die Tatsachen in ganz verschiedenem Lichte erscheinen, je nachdem man sie naturalistisch oder wertbezogen, kausal oder teleologisch anschaut Will der Naturforscher oder der Psychologe eine menschliche Handlung erkennen oder beschreiben, so zeigt sie sich ihm anders, wie wenn der Ethiker oder der Jurist ein entsprechendes Objekt, das Wirken eines Menschen, bewerten will. Die Verschiedenheit des Gegenstandes beruht auf der Verschiedenheit des kategorialen Gesichtspunktes: dort Kausalität, hier Telos und Norm. Und daraus ergibt sich zwingend, wie sofort näher darzulegen ist, die weitere Verschiedenheit: dort Abhängigkeit, hier Freiheit.

Der Grund dieser Verschiedenheit ist also allerdings eine Verschiedenheit in der Betrachtungsweise; daß man von den Betrachtungsweisen allemal auszugehen hat, ist aber nichts Auffallendes und für wissenschaftliches, nämlich philosophisch fundiertes Arbeiten selbstverständlich. Diese Verschiedenheit in der Betrachtungsweise hat nun aber auch eine solche in den Gegenständen im notwendigen Gefolge. Zwar mag oft ein und derselbe Vorgang zur Erörterung stehen: A erschießt den B; aber nicht selten schieben sich der einen Betrachtungsweise Objekte unter, die der anderen fremd sind: daß A triebhaft den Arm erhebt, mag für die Moral und das Recht ebensowenig als Gegenstand ihrer Wertung in Frage kommen wie für die Naturwissenschaft und die Psychologie die (ethisch wie juristisch vielleicht sehr erhebliche) völlige Untätigkeit des A. Auf diese Verschiedenheit wurde früher bei der Konstituierung des rechtlichen Gegenstandes (§ 12 III 2) und der Behandlung der Begriffe Tun und Unterlassen (§ 16, vgl. auch § 18 III) zur Genüge hingewiesen. Es ist daher nicht zuviel gesagt: jede Betrachtungsweise erzeugt sich ihre besonderen Objekte. Es handelt sich in der Tat um zwei verschiedene Arten von Gegenständen. Soweit sie inhaltlich auseinanderfallen, bedarf diese Erkenntnis gewiß keiner Erläuterung mehr; die Besonderheit des strafrechtlichen Unterlassungsproblems redet eine deutliche Sprache. Aber davon abgesehen, also auch bei völliger Übereinstimmung in der äußeren Erscheinung, besteht eine grundsätzliche Verschiedenheit; und gerade auf dieser beruht die Gegenüberstellung von Kausalität und Freiheit. Auch hier brauchen wir nur an früher Gesagtes anzuknüpfen, um dieses für unser gegenwärtiges Problem fruchtbar zu gestalten und es schließlich einem hochwissenschaftlichen Abschluß zuzuführen.

2. Der Kausalismus fragt vom Erfolg rückwärtsschauend nach der Ursache, die Teleologie umgekehrt vom Mittel vorwärtsblickend nach dem Zweck, vom Verhalten nach dem voraussichtlichen Erfolg. Das ist im Bereiche der Willensvorgänge nicht anders wie innerhalb der äußeren Geschehnisse. Wird eine Betrachtung ex post angestellt, so ist eine durchgängige logische Verknüpfung aller Erscheinungen ermöglicht, es kann ein Gewißheitsurteil gefällt werden mit dem Ziele der Feststellung der Wahrheit. Anders bei der Betrachtung ex ante. In die Zukunft gewendet muß sie sich mit einem Wahrscheinlichkeitsurteil begnügen; der wahre Zusammenhang der Dinge muß verborgen bleiben, und er kann und darf es auch, denn das Ziel ist ja nicht Erkenntnis der Wahrheit, sondern nur Gewinnung von Kriterien (voraussichtlicher Erfolge) mit dem weiteren Ziele der Anlegung der Wertmaßstäbe, der Fällung des Urteils über Gut und Böse, über Recht und Unrecht. Diese zweite Betrachtungsart, die objektive Prognose, kann nun aber den Menschen nicht anders wie als frei denken; wäre er als abhängig (von äußeren wie inneren Momenten) gedacht, so ließe sich das Werturteil gar nicht anlegen, da ja dann andere Umstände gewertet werden würden. Wertungsobjekt ist aber der freie Willensentschluß des Handelnden; es sollen seine konstanten Willensrichtungen, etwa der gesamte Charakter, ebensowenig beurteilt werden wie äußere Einflüsse oder vererbte Eigenschaften seiner Vorfahren. Nur ein Einzelvorgang wird herausgegriffen, und deshalb muß er ohne Rücksicht auf seine Ursachen betrachtet werden. Ursachen hat er gewiß; ihre Feststellung und Erkenntnis ex post wäre mehr oder weniger leicht möglich. Aber sie interessieren jetzt nicht. Für die Wertung darf interessieren nur als zeitlich erstes der Willensentschluß, als wäre er das zeitlich erste überhaupt, als wäre er die „erste Ursache"; und sodann interessiert natürlich das Folgende, der weitere Verlauf der Dinge.

Man wird einwenden, es könne doch auch der Charakter beurteilt werden, er wäre nicht nur für die Moral sondern auch für die Strafzumessung von Bedeutung. Gewiß! Dann wird das Beurteilungsobjekt nur um eine Stufe zeitlich zurückgeschoben. Es werden auch andere und frühere Willensregungen und sonstige Bestandteile des Bewußtseins, deren Inbegriff den Charakter darstellt, unter die kritische Lupe genommen. Aber auch dann wird doch ein jedes Beurteilungsobjekt als das zeitlich erste betrachtet. Es wird unabhängig von noch weiter zurückliegenden Umständen, von seinen tatsächlichen Ursachen gedacht, als unabhängig und daher frei gedacht wenigstens in seiner Eigenschaft als Wertungsgegenstand. Als dieser Wertungsgegenstand an sich ist es frei.

Haben aber nicht der Moralist wie der Strafrichter auch die „Ursachen" ihrem Urteil zugrunde zu legen? Selbstverständlich! Aber nicht als Ursachen, sondern als Begleitumstände oder vorausgehende Umstände, die ihren Einfluß auf den Willensentschluß als den eigentlichen Beurteilungsgegenstand ausüben. Also als Kriterien für dessen Wert, ebenso wie der zu erwartende spätere Erfolg ein solches Kriterium bedeutet. Je nachdem dauernde Charaktereigenschaften oder die Umgebung des Handelnden einen größeren oder geringeren Einfluß auf den Willensentschluß ausüben, ist dieser letztere so oder so, milder oder strenger zu bewerten. Dieses praktisch gerechterweise stets geübte Verfahren steht aber der hier gewonnenen Einsicht in das Wesen des Beurteilungsgegenstandes nicht im Wege. Als solcher ist er immer ein isoliert zu denkender. Der Richter muß, ehe er das von ihm zu beurteilende Objekt findet, so weit zeitlich zurückgehen, bis er auf den genannten Willensvorgang stößt, und dann hat er haltzumachen und ihn als „erste Ursache" anzusehen. Dieses Objekt hat er herauszugreifen, sozusagen auf seinen Arbeitstisch zu spannen und unter die Norm zu nehmen; alles andere, ob nach- oder vorher Geschehene, ist nur Beiwerk und bestenfalls Kennzeichen für den höheren oder geringeren Wert des Beurteilungsgegenstandes selbst. Diese Isolierung bedeutet die Willensfreiheit. Der Moralist und der Richter schaffen sie im konkreten Falle ebenso, wie generell die Beurteilungsobjekte an sich und die Willensfreiheit an sich von der Moral und dem Recht geschaffen werden.

3. Bei Prognose also Freiheit, bei Diagnose Unfreiheit. An diesem Ergebnis darf man nicht durch die Erwägung irregemacht werden, daß der Moralist und der Richter ihr Urteil erst nach Vollendung der Tat abgeben, also keine Prognose mehr stellen. Sie stellen eine solche, nur eine nachträgliche. Das ist kein

Widerspruch; sie versetzen sich auf den Zeitpunkt des Stattfindens des zu beurteilenden Willensvorganges; maßgebend ist die Gegenwart des Beurteilungsobjekts, und von hier aus wenden sie den Blick in die Zukunft. Wie man tatsächlich von einem späteren Zeitpunkt aus ein auf ebendiesen Zeitpunkt bezogenes Wahrscheinlichkeitsurteil des Inhalts abgeben kann, daß der inzwischen tatsächlich eingetretene Erfolg an einem früheren Zeitpunkt erwartet oder nicht erwartet wurde (Theorie von der adäquaten Kausalität), ebenso kann ein späterer, die Unfreiheit erkennender Beurteiler einen früheren Willensvorgang als einen damals freien betrachten. Würden die Strafrichter sich mehr in die Lage des Menschen, den sie auf der Anklagebank vor sich sehen, hineinversetzen, in seine Seelenverfassung zur Zeit der Tat, so würden ihre Urteile oft bessere sein, sie würden oft milder ausfallen. Und analog für die Moral: Würde der Mensch bei der moralischen Selbstbeurteilung einer früheren Tat sich eindringlicher in seine damalige Lage zurückversetzen, so würde manch bitterer Selbstvorwurf „Hättest du doch das nicht getan" verstummen und der Selbstrechtfertigung weichen: „Damals wußte ich es nicht besser." Und in beiden Fällen ebenso umgekehrt: dieser tatsächlich günstige Erfolg war damals nicht zu erwarten, „ich hätte mir dieses Glück nicht träumen lassen". Maßgebend für den sozialethischen Wert einer Handlung ist allemal nicht der tatsächliche sondern der voraussichtlich zu erwartende Erfolg, wie unser voriges Kapitel zur Genüge darzutun suchte; und ebenso ist maßgebend für den individualethischen Wert eines Wollens nicht sein späteres tatsächliches (äußeres oder inneres) sondern sein erstrebtes Ergebnis, sein Zweck. Soziales wie moralisches Beurteilungsobjekt ist nicht ein (nachträglich) als wahr erkanntes sondern ein auf seine eigene Gegenwart zurückbezogenes Ereignis. In der Gegenwart erscheint aber ein Willensvorgang als ein freier; erkennt ein späterer Beurteiler ihn nicht als freien, so hat er sich eben nicht genügend in die Vergangenheit, in die Seele des Handelnden zur Zeit der Tat, zur Zeit des Willensentschlusses zurückversetzt; dann blieb seine Anschauung an einem späteren Zeitpunkt haften und hat sie den damaligen Willensakt nicht als einen gegenwärtigen erfaßt; dann blieb er günstigstenfalls der objektive Beurteiler der Wahrheit, hat aber nicht begriffen, wie der Täter wollte und handelte, hat das richtige Objekt, das er beurteilen sollte, gar nicht verstanden.

Und welches ist das richtige Beurteilungsobjekt? Der Täter setzte, mit dem Blicke in die Zukunft, die Tendenz zu einem gewissen weiteren Verlauf der Dinge, er setzte einen Zweck, sei es realen oder subjektiven. Das Bezwecken, das Wirken ist zu beurteilen, zu beurteilen als die erste Ursache, also als unabhängig von Ursachen, als frei. Sobald man es als unfrei, als kausal bedingt denken würde, hat man es als sozial- wie individualethisches Beurteilungsobjekt schon wieder aufgegeben. Dann hat man nämlich entweder das Beurteilungsobjekt um einen Zeitpunkt weiter in die Vergangenheit zurückgerückt, etwa eine frühere Willensregung, eine Charakteranlage ins Auge gefaßt; oder aber, falls man wirklich an diesem Objekt haften blieb, hat man die teleologische Betrachtungsweise gänzlich verlassen, man hat vergessen, daß man darauf ausgegangen war, etwas zu bewerten, und hat sich unversehens eine andere Aufgabe gestellt, die erkennende. Für das Erkennen hat der Willensvorgang Ursachen, nicht aber für das Bewerten. Es sind zwei völlig verschiedene Dinge: unfreies natürliches Objekt, freies wertbezogenes Objekt.

4. Zur weiteren Rechtfertigung dieser Problemlösung ist man vielleicht geneigt, darauf hinzuweisen, daß der Beurteilungsgegenstand, falls man ihn als einen gegenwärtigen erfassen soll, sich noch gar nicht voll in seinem ursächlichen Zusammenhang begreifen läßt, daß man die gesamte Verkettung der Umstände zur Zeit der Tat noch gar nicht übersehen kann und daß man das Beurteilungsobjekt daher gerade wegen dieser mangelnden Einstellung in das Ganze isoliert betrachten müßte; das sei auch der Grund, aus dem der Handelnde sich selbst als frei fühlte. Diese Beweisführung würde in vielen, ja wohl in den meisten Fällen unser Ergebnis bestätigen; aber sie würde den Kern nicht treffen. Es ist sehr wohl möglich, daß nicht nur ein fremder Beurteiler, sondern der Täter selbst im Augenblick des Entschlusses oder der Tat die Dinge in ihrem innigsten Zusammenhange übersieht. Das ist dann aber bereits ein Erkennen, nicht ein Beurteilen oder Handeln; es ist wenigstens nicht ein Beurteilen (Begreifen der Wertbezogenheit) allein, nicht ein Handeln allein, sondern solches in Verbindung mit dem Erkennen, es sind dann also zwei verschiedene Dinge.

5. Die Verschiedenheiten der Betrachtungsweisen ex ante und ex post erklären auch eine häufig gemachte Beobachtung, die man gern zur Bekämpfung des Indeterminismus anführt.[1]) Wenn wir uns in einem Menschen

[1]) Sie findet sich z. B. bei v. Hippel ZStW. 23, 411.

täuschen, wenn wir ein anderes Verhalten erwarteten wie er es tatsächlich einschlug, so sagen wir nachträglich: unsere Erwartung ist falsch gewesen, der Mensch ist doch ein anderer wie wir annahmen; nicht aber sagen wir (in indeterministischer Wendung): der Mensch ist allerdings so wie wir annahmen, aber hier hat sein freier Wille obgewaltet. Natürlich kann man das letztere nicht sagen, und ein richtig verstandener Indeterminismus fordert zu einer so seltsamen Aussage auch gar nicht heraus. Nachträglich nämlich überschaut man die Dinge und ihren Zusammenhang, und dann erkennt man, daß der damals sich als frei darstellende Wille gar nicht frei war, d. h. daß der Willensentschluß nicht ursachlos geschah, sondern in der Persönlichkeit des Menschen seine Erklärung findet; man hat also gewisse Charaktereigenschaften oder den Grad ihres möglichen Einflusses auf die Entschlüsse nicht richtig eingeschätzt.

6. Man kann aber zweierlei gewichtigere Einwendungen erheben:

Auch ex post ist man oft nicht in der Lage, die Dinge und ihren Zusammenhang zu überschauen. Wer wollte in jedem Falle die geheimsten Gründe unserer Willensentschlüsse aufzudecken sich vermessen? Ja vielleicht lassen sich nur in den allerwenigsten, nur in den völlig klar und durchsichtig liegenden Fällen die wahren, tiefsten Ursachen unseres Entschlusses ergründen; der Handelnde kennt sie oft selbst nicht trotz eifrigsten Nachforschens und eindringensten Selbsterkennens. Dann sind die angeblichen Ursachen offenbar nur ein Phantom, das Festhalten am Kausalitätsdogma beruht auf Prinzipienreiterei, in Wahrheit sind Ursachen gar nicht vorhanden, der Wille ist frei. Und umgekehrt gibt es Fälle, in denen schon ex ante die Ursachen erkennbar sind; man weiß genau: der Täter wird wegen dieser bestimmten Charaktereigenschaften und wegen dieser äußeren Umstände so und so handeln; und die Tatsachen rechtfertigen diese Annahme: er handelt ebenso, wie man es erwartete. Also auch ex ante kann der Wille, wenn auch nur in besonders offenkundig liegenden Fällen, als ursächlich bedingt und mithin als unfrei erscheinen. Diese Erwägungen mögen sich zu einem ferneren, in der Tat prinzipiellen Einwand erweitern. Es besteht überhaupt die Möglichkeit, die Dinge ex ante zu berechnen, wie z. B. die Astronomie zur Genüge zeigt; der Unterschied zwischen den beiden Betrachtungsweisen, die man durchaus übertrieben auf den Gegensatz kausalteleologisch zurückführte, ist lediglich ein gradueller. Wie man nämlich ex post den Zusammenhang tatsächlich oft gar nicht zu übersehen vermag, so kann man das — prinzipiell ebenso — auch ex ante nicht; nur der völlig selbstverständliche Unterschied besteht, daß nachträglich, nach Eintritt des Geschehnisses, die Dinge in der Regel klarer liegen als vorher. Daher müßte man richtiger den Gegensatz so fassen: ex post in der Mehrzahl Berechnung, ex ante in der Mehrzahl Unübersehbarkeit. Im Zusammenhang mit diesem Ergebnis würde die den Einwand anscheinend noch besonders bekräftigende Einsicht stehen, daß sich eine scharfe Grenze zwischen dem vermeintlichen Gewißheitsurteil ex post und dem vermeintlichen Wahrscheinlichkeitsurteil ex ante gar nicht ziehen läßt; Gewißheit und Wahrheit ist für uns kurzsichtige Menschenkinder nur Wahrscheinlichkeit, günstigstenfalls ein höherer Grad von Wahrscheinlichkeit: also ebenfalls nur ein gradueller, kein grundsätzlicher

Unterschied. Und ferner kann man, wie ex ante von Berechenbarkeit, so umgekehrt mit demselben Recht ex post von Freiheit sprechen: die Erfahrung lehrt ja, daß man sich oft auch nachträglich durchaus frei fühlt; man empfindet Reue und macht sich Gewissensbisse, weil man so gehandelt hat, obwohl man „ebensogut" hätte anders handeln können. Also auch hinsichtlich der Freiheit kein grundsätzlicher Unterschied zwischen ex ante und ex post.

Alle diese der populären Anschauung gewiß einleuchtenden und kasuistisch leicht noch weiter zu begründenden Einwände halten vor grundsätzlichem Denken nicht stand; sie sind aus Beobachtung geboren und eben nur kasuistisch beweisbar, deswegen vielleicht dem einer kasuistischen Behandlung leicht zugänglichen Juristen besonders naheliegend. Selbstverständlich ist die Wissenschaft nicht immer in der Lage, die Ursachen zu erkennen, und ist sie umgekehrt, wie in der Astronomie, imstande, die Zukunft zu berechnen. Mag nun die Erkenntnis der Ursachen nicht immer gelingen, sie macht doch wenigstens eine Aufgabe der Wissenschaft aus; sie ist nicht Tatsache sondern Wesen und Sinn. Und das Aufdecken der Ursachen geschieht notwendig ex post: man geht von einer Erscheinung zurück auf eine andere. Nicht anders in der Astronomie bei der sog. Berechnung der Zukunft; hier wendet man allgemeine Gesetze auf künftige Dinge an, Gesetze, die man wie immer gewonnen haben mag, die jedenfalls aus Folgen auf Ursachen schließen: gemäß diesen Gesetzen erwartet man nunmehr, weil wieder die gleiche Ursache wie einst früher eingetreten ist, dieselbe Folge, die schon jene frühere Ursache nach sich gezogen hat. Insofern ist die Erkenntnis des ursächlichen Zusammenhangs ihrem Wesen nach immer eine nachträgliche. Das ursächliche Denken richtet sich immer in die Vergangenheit; das besagt schon das Wort „Ursache": man geht auf die erste, zeitlich erste Sache zurück, die vielleicht in der „Urzeit", vor der keine andere Zeit mehr zu denken ist, gelegen sein mag. Die Abhängigkeit — und das ist eben die Unfreiheit — erkennt man nur rückschließend, man fragt: abhängig wovon. Auch das Ding, demgegenüber die Unfreiheit erkannt wird (der psychische Zwang, der klimatische Einfluß), mag zwar noch gleichzeitig mit dem Willensentschluß und nach ihm noch lange fortbestehen, ist aber auf alle Fälle schon vor dem unfreien Akt vorhanden, sonst könnte jenes Ding diesen Akt nicht zu einem unfreien machen.

Und mit derselben inneren Notwendigkeit, mit derselben Folgerichtigkeit („Unfreiheit"! man spotte nicht), mit derselben logischen Schlüssigkeit ist die Freiheit allemal als der Anfang, als die sog. erste Ursache zu denken; die Willensfreiheit ist die den Betrachter interessierende erste Willensregung, die früheren scheiden (für die gegenwärtige Betrachtung) aus, dafür wendet man den Blick in die Zukunft und fragt nach dem Zweck als dem erwünschten späteren Zustand. Der Begriff Freiheit ist daher, ebenso wie der Zweckbegriff, notwendigerweise auf die Zukunft orientiert, und deshalb gehört der Freiheitsbegriff in die teleologischen Wissenschaften. Allerdings kann man auch von Freiheit im Hinblick auf die Vergangenheit sprechen. Das bedeutet dann aber nur eine Erinnerung an die frühere Freiheit, eine Zurückversetzung in die Vergangenheit, auf den glücklichen Zeitpunkt, an dem einem noch die Zukunft offenstand, an dem man noch anders handeln konnte, noch frei war:

man urteilt also, in früheren Zeiten lebend, wiederum ex ante; und der Gedanke andrerseits, daß das alles leider nur eine Erinnerung an einstige Zeiten bedeutet, dieses Denken der Vergangenheit, findet als ein trauriger Grundakkord dieser zum zweiten Mal durchlebten, gleichsam „bloß konstruierten" Freiheit seine wissenschaftliche Erklärung in der Einsicht, daß man ex post kausal urteilt, daß man jetzt unfrei ist: die Freiheit ist nur ein Traum, denn —man erkennt ihren (vermeintlich oder erträumt „ihren") kausalen Zusammenhang. Freiheit und Erkenntnis des kausalen Zusammenhanges sind ja in Wahrheit Gegensätze. Wegen der oft so großen Weite der Spannung, der Schärfe der Gegensätzlichkeit stimmt das Zurückversetzen in den früheren Zustand der Freiheit oft so traurig: einst konnte ich noch anders.

7. Freiheit ist nur mit den Begriffen Wollen Wirken Handeln, nicht mit dem Begriffe Erkennen verbunden. Konkret ist nur frei, wer will wirkt handelt, wer den Blick in die Zukunft gerichtet hält, und deswegen ist er so glücklich. Freiheit macht glücklich. Das Bewußtsein des inneren unabänderlichen Zusammenhanges macht unglücklich; denn man fühlt die Gebundenheit, die Fesseln wie ein Gefangener in der Weltordnung, wie ein Sklave in dem gesetzmäßigen Zusammenhang der Dinge.

Glücklich ist der Freie. Daher gewährt künstlerisches Schaffen, das Selbstgestalten der Dinge so hohe Wonnestunden wie wohl kaum eine andere Betätigung; niemand ahnt die Höhe und Seligkeit des Genusses, wer sie nicht schon selbst durchkostet hat. Hier schafft man frei im vollendetsten Sinne, eine eigene Welt aus sich erzeugend, eine Welt, deren einzige und erste Ursache man selbst ist, vielleicht nicht einmal der eigenen Gesetze sich bewußt werdend. Aber auch der wissenschaftliche Forscher gehört jener beneidenswerten Kategorie von Menschen an, deren Beruf es ist, frei zu schaffen. Auch das — Erkennen ist also frei. Erkennen konkret verstanden, als eine Erscheinung des Wollens Wirkens Handelns. Nur abstrakt bedeutet Erkennen Unfreiheit. Im abstrakt-logischen, kalten, lebensfremden System der Wissenschaften sind Erkennen, Wollen und künstlerisches Gestalten Gegensätze, sind es die drei einander ausschließenden Grundrichtungen des Bewußtseins; im Leben sind Erkennen wie Gestalten Arten des Wollens. Daher gilt auch für sie der Freiheitsgedanke.

8. Glücklich der Freie: er kann immer mehrere, sogar einander widersprechende Dinge gleichzeitig wollen; anders der sein Handeln Erkennende: dieser kann immer nur ein Ding, nicht auch gleich-

zeitig dessen Gegenteil wollen. Daher ist es von deterministischem Standpunkt widersinnig, zu sagen: ich will a und non-a, während es von indeterministischem einen guten Sinn gibt. Und wenn ein Determinist (A. Riehl) einmal gesagt hat, nichts sei in Wahrheit so wenig in unserer Gewalt wie unser Wollen, so läßt sich vom Freiheitsstandpunkt erwidern: das Wollen ist so sehr in unserer Gewalt, daß wir dieses Wollen, d. h. das angeblich notwendige, sogar nicht wollen können.

9. Nun wird man einwerfen: nicht nur gegenüber der Unfreiheit sondern auch gegenüber der Freiheit fragt man noch nach einem anderen Dinge. Man fragt nicht nur: unfrei wovon? sondern auch frei wovon? Also muß doch auch die Freiheit in den gesetzlichen Zusammenhang eingestellt werden, und es tauchen Zweifel auf, ob denn beide Begriffe, Freiheit und gesetzlicher Zusammenhang, in der Tat Gegensätze sind, wie wir oben meinten.

Sobald man die Freiheit abstrakt erkennen will, denkt man schon wieder kausal, man versteht unter ihr z. B. Freiheit von sinnlichen Trieben, von bloß subjektiven Begehrungen, von äußeren Einflüssen. Damit denkt man aber schon wieder die Unfreiheit, nämlich die Unfreiheit von anderen Dingen. Jedes Nachdenken über die Freiheit führt zur Unfreiheit, und insofern trifft das paradoxe Wort Bergsons[1]) zu, daß jede Definition der Freiheit dem Determinismus recht gebe. Die Freiheit kann sich nur auf das Handeln und Wollen beziehen; insofern ist sie ein Gegensatz zum Erkennen des gesetzlichen Zusammenhanges. Aber wie das Handeln und das Wollen, so kann natürlich auch die Freiheit zum Objekt der Erkenntnis gemacht werden — mit dem eigentümlichen Ergebnis, daß sie sich dann in ihr Gegenteil auflöst. Die (systematische) Erkenntnis der Freiheit ist ein Widersinn; Freiheit kann nur gefühlt und gelebt, vor-, nach- oder mitempfunden werden! Und nur dieser psychische Vorgang kann Gegenstand der wissenschaftlichen Erkenntnis sein.

Die Freiheit logisch zu denken heißt sie aufgeben. Die Wissenschaft stellt die Freiheit zwar in ihr System ein, nämlich in das Gebiet der teleologischen Wissenschaften; sowie sie aber

---

[1]) Zeit und Freiheit. Eine Abhandlung über die unmittelbaren Bewußtseinstatsachen 1888. Deutsch 1911 (Jena), 173 ff.

daran geht, sie zu untersuchen, entwindet sie sich den systematischen Fangarmen und läßt sich nicht mehr haschen; denn sie läßt ihr Gegenteil zurück.

IV. Das systematische Ergebnis, der Gegensatz von ex post- und ex ante-Betrachtung, von Kausalität und Wertbezogenheit, erinnert an die Gegenüberstellung von Theoretik und Praktik, von Logik und Ethik, von Natur- und Kulturwissenschaft (oben II 3). Dort unter der Herrschaft des Kausalitätsgesetzes Unfreiheit, hier bei der ursachlosen Betrachtung des menschlichen Handelns Freiheit. Gewiß, dieser Gegensatz ist gegenüber dem von uns vertretenen der höhere in der Betrachtungsweise, er vollzieht die obere Einstellung in das Systemganze. Aber er ist zuwenig spezifiziert, zuwenig auf die praktisch interessierende Frage zugeschnitten, ob denn der Wille nun tatsächlich frei oder unfrei ist. Daher mußte jener gesamtsystematische Gegensatz weiter hinab in das Reich der Tatsachen geführt und die letzte und äußerste Gegensätzlichkeit in den Objekten herausgearbeitet werden. Dabei zeigte es sich, daß die Praktik, die Ethik (im weiteren Sinne), die Kulturwissenschaften systematisch weiter in zwei große Wissenschaftsgebiete zerfallen, in das der wertbezogenen und in das der wertenden Wissenschaften. Die Willensfreiheit gehört methodisch in die erstgenannte Gruppe; mit den Normen selbst hat sie nichts zu schaffen; sie fällt in das Reich der den Normen unterstehenden, auf Werte bezogenen Tatsachen. Und diese Tatsachen treten nun, eben unter der systematisch höheren Verschiedenheit der Betrachtungsweisen, zu den von der Theoretik, der Logik, den Naturwissenschaften konstituierten Tatsachen in einen scharfen Gegensatz. Einerseits so ähnlich, ja oft in Wirklichkeit identisch, andrerseits doch so verschieden. Dort Willensunfreiheit, hier Willensfreiheit. Der Gegensatz ist daher: logischer oder psychologischer oder besser, weil spezieller, mechanistischer Determinismus einerseits, teleologischer oder wertbezogener (also nicht: ethischer oder kulturwissenschaftlicher) Indeterminismus andrerseits.

Damit greift aber die Willensfreiheit umgekehrt in ein weiteres Gebiet, als man nach dem Terminus „ethischer (!) Indeterminismus" annehmen könnte. Sie berührt nicht nur die eigentlichen Normwissenschaften, insbesondere die der Moral und des Rechts, sondern schlägt auch, ja in methodischer Hinsicht grundsätzlich, gerade in die rein beschreibenden Wissenschaften, die Geschichte, die Wirtschaftswissenschaft und die Soziologie. So zeigt sich denn unter den spezifischen Kategorien dieser Wissenschaften sowie der eigentlichen Normativwissenschaften die Willensfreiheit in ihrer Allgemeinheit: sie herrscht in den Reichen aller nicht auf Erkenntnis gerichteten sondern auf einen besonderen Wertbegriff orientierten Wissenschaften.

Erscheint hiernach die Willensfreiheit unter den Gesichtspunkten der verschiedensten Wissenschaften, so könnte diesem Ergebnis — den früheren Ausführungen zum Trotz — entgegengehalten werden, es sei eine Lösung nur für jede Wissenschaft besonders gegeben, ohne daß die Frage, ob frei oder unfrei, eine allgemeine Antwort gefunden hätte. Auf diesen erneuten Einwand, der die hohe Bedeutung des den Menschen als solchen innerlichst berührenden und ihn immer von neuem anpackenden und quälenden Problems wieder einmal so recht zum Bewußtsein bringt, sei das bisher gewonnene Ergebnis nach mehrfachen Seiten hin ausgebaut. Es sei aber sogleich bemerkt, daß an der grundsätzlichen Lösung des Problems nicht mehr zu rühren ist, nur um einen Ausbau und eine Vertiefung kann es sich noch handeln, während jedes Berichtigen, Modifizieren, Zufügen von Ausnahmen oder gar von neuen Lösungen nichts Geringeres bedeuten würde als einen Fehlgang, eine Unklarheit, eine Trübung der Stilreinheit und systematischen Geschlossenheit des Ganzen.

1. Unrichtig ist der Einwand, daß unsere Lösung für jede Wissenschaft besonders gelte je nach den verschiedenen Gesichtspunkten, unter denen sie den Willensakt betrachtet. Die kategorial-wissenschaftlichen Betrachtungsweisen wurden bereits nach unten weiter geführt bis in das Reich der Tatsachen hinein. Selbstverständlich muß die kategoriale Betrachtung überhaupt bestehen bleiben; sonst wäre die Lösung keine wissenschaftliche, und ihr Anspruch auf Allgemeingültigkeit wäre von vornherein abzuweisen. Die Tatsachen erscheinen daher unter gewissen Gesichtspunkten, die als allgemeingültige selbstverständlich objektive Natur besitzen müssen, die im konkreten Falle dagegen als Urteile bestimmter Personen erscheinen. Ein solches Urteil können nun aber nicht nur Fremde — wir führten bisher (und zwar natürlich nur beispielsweise) den Moralisten und den Richter an — sondern auch der Handelnde selbst fällen. Von dieser Einsicht aus zeigt sich unsere Problemlösung in einem neuen Lichte:

Der Handelnde kann über sein eigenes Tun und dessen Ursprung wie Tragweite nachdenken, es also zum Gegenstand seiner Erkenntnis machen. So fragt er sich später: wie konnte es kommen, daß ich so handelte? Seltener wird er zur Zeit der Tat derartige Erwägungen anstellen, weil er hier regelmäßig an das Handeln selbst und den erstrebten Erfolg, an die Erreichung seiner Wünsche denken wird; aber möglich sind auch schon zu dieser Zeit Kausalitätsbetrachtungen. In allen Fällen, ob zur Zeit der Tat oder später, sind jedoch derartige Erwägungen, falls sie vom Täter überhaupt angestellt werden, erst sekundärer Art. Wichtiger sind die teleologischen. Und in dieser Hinsicht wird er wiederum weniger normativ verfahren, weniger sein Handeln nach einem objektiven Maße beurteilen als rein wertbezogen denken oder noch mehr wertbezogen fühlen, rein nach Zweckmäßigkeitserwägungen vorgehen, sich von

Lust und Unlust leiten lassen. Das ist die Quelle seines Handelns: Was erreiche ich voraussichtlich, wenn ich mich so und so verhalte? Werde ich wahrscheinlich mehr Lust oder mehr Leid ernten? Und hiernach entschließt er sich. Seine Vorstellungen und wohl noch mehr seine Gefühle über Lust und Unlust weisen ihm den Weg.

Und er entschließt sich frei. Denn er konnte sich auch anders entschließen, konnte von einem anderen Erfolge sich ein höheres reineres edleres Lustgefühl versprechen, konnte eine zu erwartende Unlust in den Kauf nehmen. Sein Blick ist in die Zukunft gewandt, er verfolgt Zwecke, frei aus sich heraus. Er als die erste Ursache. Niemals sagt er in der Gegenwart: Ich bin nun einmal so, daher kann ich nicht anders; vielmehr sagt er: Ich bin zwar so, aber trotzdem kann ich anders; nun gerade nicht! Er verfolgt Zwecke frei aus sich heraus. So urteilt, denkt und fühlt er als Handelnder, den in erster Linie diese Zweckverfolgung interessiert, diese Wertbezogenheit beschäftigt. Und dieses freie, wertbezogene Verfahren ist es, an das sich das Werturteil knüpft, sei es ein individual- oder sozialethisches. Die gegenständliche Grundlage dieser Wertung ist der Akt des Handelnden, in dem er sich mehr oder weniger deutlich bewußt sagt: Du kannst dich jetzt so oder so entscheiden. Ohne diese Freiheit des Wählens wäre ein Werturteil und damit eine Verantwortung undenkbar; denn dieses Wählen und das aus ihm geborene Handeln sind das Objekt der Wertung. Wehe, wenn der Wertung ein falsches Objekt untergelegt wird! Moral und Gerechtigkeit stehen dabei auf dem Spiel.

Diese Einsichten bestätigen die sog. „Wahlfreiheit", die man — in unserem Zusammenhange irreführend — als die psychologische (im Gegensatz zur ethischen Willensfreiheit oder auch zur Handlungsfreiheit) genannt hat und die auch von Deterministen anerkannt wird. Und sie bestätigen ferner das oft als Argument für den Indeterminismus herbeigezogene „Freiheitsgefühl", wie es tatsächlich vorhanden ist und durch die Erfahrung bewiesen werden kann. Und damit in Zusammenhang steht endlich das zwar metaphysisch verstandene, aber inhaltlich ganz zutreffend erkannte „Erleben" der Freiheit, wie es nicht näher dargetan sondern nur intuitiv erfaßt werden kann.[1]) Un-

[1]) Vgl. Radbruch Grundzüge der Rechtsphilosophie 1914, 66. Seine geistreiche Formulierung „ich bin frei, du bist unfrei" ist nicht immer richtig; auch ein Dritter kann über mich urteilen: du bist frei, ebenso wie ich selbst meine Unfreiheit konstatieren kann. Allerdings müßte dann genauer, wie der folgende Text (vgl. auch unten 3) ergibt, gesagt werden: „Ich war unfrei, du warst frei." Insofern ist die Radbruchsche Antithese richtig.

richtig ist an der letztgenannten Auffassung aber das Abstellen auf das Subjektive, auf das Ich des Individuums; denn auch ein Dritter kann den Akt als einen freien denken — er muß es, sofern er überhaupt ein Werturteil über ihn abgeben will. Und nur eine Teilerscheinung dieses allgemeinen Urteils ist das Urteil des Täters über sich selbst, falls man es nicht (metaphysisch und daher un- oder wenigstens überwissenschaftlich) als Erleben auffassen will.

2. Diese Freiheit des Entschlusses, des Wollens und Wählens, sie besteht in der Gegenwart, also zur Zeit des Aktes selbst. Und sie besteht ohne Rücksicht darauf, daß eine kausale Betrachtung später (oder auch gleichzeitig) bei ruhiger Überlegung des Zusammenhanges sagt, der Entschluß sei eine notwendige Folge des Charakters und sonstiger Einflüsse gewesen; sie besteht ohne Rücksicht darauf, daß man erkennt, die Tat habe so ausfallen müssen, der Täter habe gar nicht anders handeln können. Selbstverständlich: das Geschehene rechtfertigt man als notwendig, sonst wäre es ja nicht geschehen. Außer dem Charakter und sonstigen bestimmenden Faktoren etwa noch einen „freien" Willensentschluß als Ursache oder wenigstens als Mitursache anzuerkennen — letzteres eine beliebte Erklärung der sog. Vereinigungstheorien, des relativen oder gemäßigten Determinismus oder eines ebensolchen Indeterminismus —, wäre durchaus verfehlt und hieße den Willen außerhalb des gesetzlichen Zusammenhanges oder gar über ihn stellen, hieße den Zufall in die Weltordnung und in die ewigen Gesetze einführen. Innerhalb des Charakters spielten sich die Kämpfe ab, aus denen schließlich der Entschluß hervorging. Er ist bedingt gewesen durch die einander widerstreitenden und dann wieder ausgleichenden Willensregungen, Empfindungen, Triebe, Gefühle und Vorstellungen. Eine neue mystische Größe als Ursache oder Mitursache aufzustellen, wäre gänzlich verfehlt, und deswegen ist der kausale Indeterminismus auf das schärfste zu verdammen. Das Geschehene als kausal notwendig zu erkennen ist ein Ziel der wissenschaftlichen Forschung, es gelingt nicht immer, doch an der Tatsache der Notwendigkeit des Geschehenen ist nicht zu zweifeln, soll nicht die Wissenschaft selbst aufgegeben werden.

Aber es handelt sich hierbei eben nur um wissenschaftliche Erkenntnis. Ihr gegenüber steht die Beurteilung, das Werten und Wollen und Wirken der Menschen selbst. Und die Betrachtung dieses Wirkens greift nicht auf seine Ursache zurück, das wäre widersinnig, weil dann das soeben noch ins Auge gefaßte „Wirken" nicht mehr als Wirken sondern als Folge, als Abhängiges betrachtet würde. Das Wirken muß als Anfang einer nun folgenden sich in die Zukunft erstreckenden Kette des sozialen Geschehens gedacht werden. Und daher ist es frei. Freiheit des Zwecksetzens, Notwendigkeit des Geschehenen. Jetzt in der Gegenwart kann der Mensch frei wählen; damals in der Vergangenheit erscheint seine Wahl als notwendig. Frei wählen kann er noch jetzt, konnte er aber nicht früher.

3. Freiheit nur in der Gegenwart, nicht mehr in der Vergangenheit. Erkennt der Handelnde oder ein Dritter zur Zeit der Tat, anscheinend also in der Gegenwart, den ursächlichen Zusammenhang und damit die Unfreiheit, so ist diese Gegenwart schon wieder vorbei und denkt er die Vergangenheit. Die Zeit fließt ja so unermeßlich schnell dahin, daß jedes Nachsinnen über ihre Gesetzlichkeit bereits wieder ein Leben in der Vergangenheit bedeutet. Sobald ich in dem ewigen Fluten der Geschehnisse verstandesmäßig einen Einschnitt machen will, um die Gegenwart zu erklären, haben mich die Wellen schon wieder überholt. Daher kann ich die Gegenwart niemals als solche erkennen; nie kann ich zu dem fortwährend wechselnden Strom der Ereignisse sagen: Halte doch einen Augenblick, nur eine Sekunde inne und laß mich dich erkennen. Sage ich es, so lacht mir die Gegenwart schon wieder von einer stromabwärts belegenen Stelle aus nach und lebe ich schon längst in der Vergangenheit. Jedes Ruhen ist Erinnerung, jedes Stillstehen ist ein Schritt zurück. Jedes Denken, jedes kausale Verstehen gehört der Geschichte an. In der Gegenwart lebe ich nur, wenn ich mit den Wogen aus ihr hinwegeile, den Blick in das unerkennbare Weltmeer der Zukunft gerichtet. Und nur auf den Wogen des blühenden Lebens bin ich frei. Jedes Anklammern und Festhalten am Ufer versetzt mich in Not, Zwang und Unfreiheit. Des Lebens unendliche Melodie findet niemals einen Abschluß; denn wenn sie einen Abschluß fände, so wäre es Tod und kein Leben mehr. Das Erkennen aber strebt nach Abschlüssen, und deswegen ist es lebensfeindlich. Das Leben selbst läßt sich nicht erkennen, es läßt sich nur leben. Denn das Erkennen macht Einschnitte und schafft zwischen den Dingen Zusammenhänge, die sich so gestaltet im Leben nirgends finden. Das Erkennen verunstaltet das Leben und setzt an seine Stelle einen logisch-systematischen Kunstbau. Im Leben gibt es so unendlich viele, nicht zu übersehende Verschlin-

gungen der Dinge, daß die Erkenntnis ihnen niemals gerecht werden kann. Freiheit — und das ist Unabhängigkeit von kausalen Einschnürungen — gibt es nur im Leben, nur für das Leben und nimmermehr für die wissenschaftliche Erkenntnis. Für die wissenschaftliche Erkenntnis gibt es nur Unfreiheit. Freiheit ist Leben, und Leben ist Freiheit. Und das gilt nicht nur vom Einzelleben, sondern vom sozialen Geschehen überhaupt; dieses setzt sich ja aus lauter Einzelwollen zusammen; die Menschen verhalten sich jede Sekunde neu, frei aus sich heraus, und so bedeutet das soziale Geschehen eine unendliche Vielheit von Willensfreiheiten.

Insofern läßt sich die Freiheit gar nicht erkennen. Und insofern ließe sich die Freiheit (mit Kant) als ein Postulat und (mit Bergson) als wissenschaftlich nicht definierbar, als Erleben auffassen, wenn nicht — und das ist das Entscheidende — die Freiheit, das Leben, das freie Wollen das Objekt wäre für einen Wert, für eine Beurteilung. Das freie Wollen ist der wertbezogene Gegenstand, das Objekt der Normativwissenschaften. Die Freiheit ist daher keineswegs ein jenseits der Wissenschaft schwebendes, der Metaphysik angehörendes, undefinierbares Phantom. Sie wird konstituiert durch die Wertwissenschaften und läßt sich unter ihren Kategorien sehr wohl wissenschaftlich, streng wissenschaftlich betrachten. Die Freiheit steht nur jenseits der auf Erkenntnis gerichteten Wissenschaften. Die Freiheit will man aber nicht erkennen sondern werten.

4. Welche Antwort ist nunmehr auf die bange Frage zu geben, ob der menschliche Wille frei ist oder nicht? — Die Frage selbst ist unklar. Unklar ist nicht das Wort „Wille", auch nicht das Wort „frei", sondern das Wort „ist". Versteht man das „Sein" im Sinne der Naturwissenschaften und der Logik als eine zu erkennende Tatsache, so ist zu antworten: Der Wille ist unfrei. Versteht man dagegen das „Sein" (unwissenschaftlich) als Gegenstand der Wertwissenschaften, als wertbezogene Tatsache, als praktisches Handeln, als Leben, so ist zu antworten: Der Wille ist frei.

Da die große Mehrheit der Fragesteller die praktische Seite der Frage und das Leben im Auge hat, so wäre ihr die Antwort zu erteilen: Euer Wille ist frei. Die Masse lebt in der Gegenwart und interessiert sich weniger für wissenschaftliche Erkenntnis und ursächlichen Zusammenhang der Dinge. Daher darf der gewissenhafte

Theoretiker auf die populär zu verstehende Frage unbesorgt und ohne den — von dem Volk ja doch nicht verstandenen — Hinweis auf die Verschiedenheit der Betrachtungsweisen und der Objekte die Willensfreiheit bejahen. Das ist eine Antwort, die — eben vom Leben aus, im praktischen Geiste — lebensvoll und ermutigend, anspornend und erzieherisch, sittlich veredelnd und sozial nützlich, kulturfördernd und religiös heiligend wirken kann und wirken wird — während die Feststellung der Unfreiheit (wiederum vom Standpunkte des Lebens aus und für das Volk) Resignation, Stillstand und Rückschritt bedeuten würde. Unfreiheit und Tod! Leben und Freiheit!

Das Strafrecht ist nur auf dem Grunde der Willensfreiheit möglich.

V. Unsere Problemlösung bewegte sich innerhalb der Grenzen der strengen Wissenschaft; eine andere Aufgabe stellt sich dieses Werk nicht. Aber der Menschengeist sinnt nach etwas Höherem; gerade in dieser ihn so sehr nahe angehenden Frage strebt er mit Macht zugleich und mit Sehnsucht über die Grenzen der reinen Wissenschaft hinaus.

Die Verschiedenheit der wissenschaftlichen Betrachtungsweisen bot den Schlüssel zur Lösung des schwierigen Problems, mit dem man ohne diese kategoriale Einstellung vergeblich, immer vergeblich ringen wird: diese Besinnung auf die verschiedenen Denkformen unseres Bewußtseins half die Schwierigkeiten überwinden, diese transzendental-idealistische Betrachtung vermochte die unerträglichen Widersprüche zu beseitigen, daß unser Wille bald abhängig bald frei erscheint, daß wir nicht anders handeln können wie wir handeln und gleichwohl verantwortlich für unser Handeln sind. Folgt nun aber daraus nicht, daß unsere Denkformen selbst widerspruchsvoll sind? Der Widerspruch wird aus den Erscheinungen in unser Bewußtsein verlegt. Vielleicht sind die Erscheinungen gar nicht widerspruchsvoll. Und es drängt sich noch einmal am Schlusse und zwar mit vollster Wucht die alte und doch immer neu erscheinende bange Frage auf, ob denn nun der Wille tatsächlich frei oder unfrei ist. Es ist im höchsten Grade unbefriedigend, von verschiedenen wissenschaftlichen Gesichtspunkten aus verschiedene und zwar einander widersprechende Entscheidungen zu geben. Hier mag die

Berechtigung der metaphysischen Freiheitslehren einzusetzen haben. Ein erhöhter Standpunkt muß eingenommen, eine alles überschauende Warte bestiegen werden. Eine einzige Antwort verlangen wir, eine widerspruchsfreie. Die Fesseln der Wissenschaft sind zu sprengen, die kategorialen Denkformen von unserem Bewußtsein abzustreifen, die Schleier von unserem geistigen Auge zu heben. Wir wollen die wahre Welt schauen. Wir wissen, daß hinter der Scheidewand der Wissenschaft mit ihren Denkgesetzen eine andere Welt sich aufbaut; und wir ahnen, daß diese Welt den gewaltigen Hintergrund bildet, vor dem auf der Bühne unseres Bewußtseins nur einige wenige Erscheinungen kommen und wieder gehen, Erscheinungen, die in ihrer abgezirkelten Vereinzelung und in ihrer kategorialen Enge den unermeßlichen Reichtum jenes großen Unbekannten nicht entfernt darzustellen vermögen.

Tritt somit an die Stelle der Wissenschaft die intuitive Erkenntnis, an die Stelle des Denkens das künstlerische Schauen, so läßt sich doch wenigstens der methodische Gedankengang noch in der Sprache der Wissenschaft ausdrücken, indem sich der transzendentale Idealismus zum transzendentalen Realismus, zum Kritizismus des Dinges an sich, erweitert — während alles andere dem eigenen Erleben in glücklichen Stunden, in hohen Feiertagsstimmungen der Offenbarung überlassen bleiben muß, wo sich der Mensch in Ehrfurcht und Andacht dem Weltengeiste naht und wo er des Weltatems wehendes All um und in sich zu fühlen glaubt. Die Genialität (oben § 15 I 2 a) subjektiviert sich zur Intuition. Hier mag er denn ahnen, daß das Wesen der Dinge in dem freien Willen besteht, in dem Willen, der von den Fesseln der kausalen Gesetzmäßigkeit befreit sich ewig allein aus sich heraus erneuert, der aus dem ununterbrochenen Wechsel der Zeiten hinwegstrebt, hinaufrankend zu einem in unendlicher Ferne liegenden Telos, dessen Abbild die wissenschaftlich erkannten allgemeingültigen Werte sein mögen — jene auch für das Strafrecht maßgebenden Werte. Freiheit des Willens nur im Leben und in der Gegenwart; so sahen wir (IV 2, 3). Abgestreift sind nunmehr die Fesseln der kausalen Gesetzmäßigkeit; die Vergangenheit mit ihrer Unfreiheit und irdischen Schwere ist überwunden. Und es steigt auf als Gegenwart in lichtem Morgenrote das ewige Leben, die ewige Freiheit . . .

So wird das Thema „Das Strafrecht ist nur auf dem Grunde der

Willensfreiheit möglich" aufgegipfelt zu dem höheren und höchsten, mit dem hehren Glanze der Unsterblichkeit gekrönten:

Ein gottähnliches Leben ist nur auf dem Grunde der Willensfreiheit möglich.

§ 20. Das Wesen der Schuld.

I. Einführung in das Problem.

Die Freiheitslehre hat den Boden für den Aufbau des Schuldbegriffs geebnet. Aber es gibt der Schwierigkeiten noch viele, um bis zu seinem innersten Wesen zu gelangen. Und doch darf die Wissenschaft nicht ruhen, ehe sie nicht restlose Klarheit über diesen Begriff gewonnen hat, einen Begriff, der kaum wie ein zweiter für die Moral wie für das Strafrecht und damit für das Menschenleben überhaupt von Bedeutung ist: „Trifft dich etwa ein Vorwurf?" „Können dir andere und mußt du dir selbst etwa wegen deines Verhaltens einen Vorwurf machen?" Menschenglück und Menschenschicksale hängen von dem Ja oder Nein ab.

Längst überwunden ist die Anschauung der antiken Schicksalstragödie, daß der Mensch auch ohne Schuld zu büßen habe; von einem modernem Tragiker verlangen wir die folgerichtige Entwicklung der Schuld aus der Seele des Handelnden und alsdann die Läuterung als Gebot der Gerechtigkeit.[1]) Und wie in der Kunst, so ist es im Leben, soll es wenigstens sein. Keine Schuld ohne Sühne. Aber auch umgekehrt keine Strafe ohne Schuld. Die Schuld ist die zweite der beiden großen Strafvoraussetzungen. Der sühnende Charakter der Strafe hat als unumgängliches Erfordernis die Schuld, wie der vergeltende Charakter der Strafe das Unrecht zur Voraussetzung hat. Das Unrecht wird vergolten — das ist ein auch im Privatrecht und in der Soziologie gültiger Satz. Die Schuld wird gesühnt — dieser Satz gilt nur für die Moral und das Strafrecht; er hat für das Strafrecht hochzentrale Bedeutung. In ihm laufen alle Gedankenlinien zusammen; denn er stellt das Unrecht in der Seele des Täters dar, er ist sozusagen eine Projizierung der objektiven Rechtswidrigkeit ins Subjektive — und nur deswegen ist ja die Verhängung eines persönlichen Leides über den Täter gerechtfertigt.

---

[1]) Es sei nur an die bekannten Lehren des Aristoteles, an Lessings Hamburgische Dramaturgie und an die Schillerschen Dramen erinnert.

1. Durch diese systematische Einstellung in das Ganze ist die Richtung gewiesen, in der die Erkenntnis des schwer auffindbaren Begriffs allein ermöglicht ist. Alle anderen Wege sind aussichtslos. Und auf den Weg haben sich viele Juristen begeben, sehr viele — denn wer konnte sich dem Reize des Schuldproblems entziehen?

Gesetz, Geschichte und Sprachgebrauch des Lebens bieten keinen Anhalt;[1]) das Wort Schuld (Schuldig, Verschulden) wird dort in den verschiedensten Bedeutungen gebraucht, oft im Sinne von Verursachen, oft im Sinne von Verbrechensbegehung überhaupt oder auch im Sinne von Überführung der Verbrechensbegehung. Es ist ferner verfehlt, den Begriff rein gedanklich aus dem Gesetzesrecht entnehmen zu wollen, etwa indem man mit einer verbreiteten Meinung[2]) einen gemeinsamen Oberbegriff für Vorsatz und Fahrlässigkeit anstrebt. Denn einerseits ist es fraglich, ob die Fahrlässigkeit überhaupt eine Schuldform ist, ob sie nicht vielmehr eine bloße sog. Gefährlichkeitsstrafe nach sich zieht.[3]) Gewiß ist diese Ansicht unerfreulich; aber wenn man in der Fahrlässigkeit von Anfang an eine Schuldform erblickt, so ist das eine petitio principii; man hat schon einen bestimmten (außergesetzlichen) Schuldbegriff im Sinne und betrachtet als dessen Ausfluß die Fahrlässigkeit. Andrerseits dürften Vorsatz und Fahrlässigkeit schwerlich den Schuldbegriff erschöpfen; mindestens die Zurechnungsfähigkeit muß einbezogen werden, wenn nicht noch mehr Elemente.[4])[5]) Ein solches rein induktives Verfahren ist aber schon deshalb völlig aussichtslos, weil man einander widersprechende Erscheinungen wie Vorsatz und

---

[1]) Vgl. hierzu und zu dem Folgenden insbesondere Binding Normen II 1 ([2]1914) 267 mit zahlreichen Nachweisen. An Reichhaltigkeit des Inhalts und Schärfe des Urteils wird ja dieses monumentale Werk auf dem Gebiete (nicht der Rechtswidrigkeits-, sondern) der Schuldlehre stets mit an der ersten Stelle stehen. Wenn nur die positiven Ergebnisse etwas reicher gewesen wären! — Nicht bekämpfen wir natürlich, wie es so oft geschehen ist, die „Einseitigkeit" der Ergebnisse; denn das Werk geht von einer bestimmten Grundanschauung aus und ist konstruktiv angelegt.

[2]) Hierüber Kohlrausch in Aschrott-v. Liszt Reform I 193.

[3]) Vgl. Kohlrausch a. a. O. 194 u. a.

[4]) Vgl. hierzu besonders Frank Über den Aufbau des Schuldbegriffs 1907 (in Gießener Festschr.) und Komm. vor § 51 II (auch die 8.—10. Aufl.).

[5]) Aus den negativen Merkmalen, den Schuldausschließungsgründen, kann man natürlich die Schuld ebensowenig bestimmen wie aus der Notwehr die Rechtswidrigkeit.

Fahrlässigkeit (Kenntnis — Nichtkenntnis) auf diesem Wege unmöglich auf einen und denselben Nenner bringen kann; es wird nicht gelingen, das ihnen Gemeinsame vor die Klammer zu ziehen, denn sie haben nichts gemeinsam — gemeinsam haben sie wenigstens nichts induktiv aus ihnen selbst Erschließbares. Sie werden jedoch — das fühlen wir alle — von einem unsichtbaren Bande zusammengehalten. Und dieses läßt sich eben allein aus dem Gesetze nicht entnehmen. Woher denn aber?

Das Wesen der Schuld läßt sich auch nicht aus dem Zurückgehen von der Handlung auf ihre Ursache erkennen;[1]) diese ätiologische, genetische Betrachtung des Verbrechens führt ebenfalls nicht zum Ziele, wenn man nicht zuvor schon die psychische Ursache, den Entstehungsgrund kennt. Wenn man beschreiben will, wie sich ein Bewußtseinsinhalt entwickelt, bis er schließlich die Handlung auslöst, muß man wissen, was dieser Bewußtseinsinhalt überhaupt ist; die Entwicklung eines Dinges kann man erst dann untersuchen, wenn man weiß, um welches Ding es sich überhaupt handelt. Keine psychologisch-genetische Erkenntnis ohne vorhergegangene logisch-ontische.

2. Diese letztere ist nur möglich unter Einstellung auf das Systemganze. Freilich muß man sich vor einem Streben nach Parallelität und Symmetrie hüten; man darf nicht etwa aus der Tatsache, daß wir neben (und vor) einem formellen Rechtswidrigkeitsbegriff einen materiellen erkannt haben, ohne weiteres schließen, daß jenen beiden objektiven Größen auch zwei subjektive entsprechen müssen, daß es also außer dem formell-gesetzlichen Schuldbegriff auch einen solchen materiell-teleologischen Inhalts geben müsse. Einwandfrei wäre dieser Schluß nur dann, wenn man darauf ausgeht, eine logische Größe aufzustellen; denn der folgende Schluß ist allerdings nicht von der Hand zu weisen: wenn die formelle Rechtswidrigkeit erst aus der materiellen abgeleitet wird, die formelle Schuld aber die subjektive Seite der (objektiven) formellen Rechtswidrigkeit bedeutet, so muß auch eine materielle Schuld bestehen

---

[1]) Genetische Schulddefinitionen finden sich z. B. bei Binding a. a. O. 293, Meyer-Allfeld 133, Köhler 231. Dieses rein psychologische Verfahren, wie es großzügig von Zitelmann durchgeführt ist, setzt doch immer schon die Kenntnis von dem Wesen voraus. Daher haben auch unsere psychologischen Betrachtungen erst nach den logischen einzusetzen (vgl. unten III gegenüber II).

und zwar einmal als logisches prius vor der formellen, sodann als die subjektive Seite der (objektiven) materiellen Rechtswidrigkeit. Doch dieses Verfahren ist nur ein rein logisch-dialektisches. Der Jurist wird einen auf solchem Wege gewonnenen Schuldbegriff nicht ohne weiteres annehmen; er verlangt mit Recht den Nachweis der Existenzberechtigung.

Und dieser ist nur zu erbringen, wenn man den materiellen Schuldbegriff als einen teleologisch notwendigen dartut: der Sinn und die Aufgabe des Strafrechts erfordert die Einführung einer solchen Größe, aus der sich erst die gesetzlichen Bestimmungen rechtfertigen und der außerdem als Vorbild dient für die Schaffung neuer Gesetze und vielleicht — analog dem Unrechtsbegriff (§ 15) — auch für die Findung zutreffender Entscheidungen. Ein solcher Begriff ist nun aber ein unabweisbares Bedürfnis; seine praktische Bedeutung mag eine besondere Frage sein, theoretisch muß er an der Spitze des zweiten Teils der allgemeinen Verbrechenslehre stehen. In dem systematischen Gefüge des Ganzen würde sonst eine klaffende Lücke vorhanden sein, die nicht nur das ästhetische Empfinden und die Sehnsucht nach Einheit und nach Harmonie erheblich verletzen sondern auch den Sinn des Systems nicht erschließen würde: soll die Strafe Unrecht vergelten und zugleich Schuld sühnen, so muß die Schuld ebenso wie das Unrecht in allgemeingültiger Weise, unabhängig von jeweiligen Gesetzgebungen festgelegt werden. Die Schuld ist etwas, was nicht hinweggedacht werden kann; sie ist eine noch aufzufindende subjektive Größe, die uns erst den Sinn der Strafe und damit des Strafrechts erschließt.[1])

3. Zwei Forderungen sind nach dem Gesagten an einen brauchbaren Schuldbegriff zu stellen. Er muß auch für die Moral gelten; wie das (objektive) Unrecht auf die Soziologie so ist die (subjektive) Schuld auf die Individualethik zu gründen; freilich muß hier ebenso wie dort ein spezifisch juristischer Begriff gewonnen werden, wir

---

[1]) Nach Exner Fahrlässigkeit 1 hängt der Schuldbegriff mit Wesen und Zweck der Strafe zusammen; das ist richtig, aber doch so, daß die Schuld Wesen und Zweck der Strafe bestimmt, nicht etwa umgekehrt, daß das Wesen der Schuld sich nach den verschiedenen Strafzwecken verschieden gestaltet. — v. Bars dreibändiges Werk über „Gesetz und Schuld" verzichtet trotz des Titels auf die Bestimmung eines allgemeinen Schuldbegriffs! Das ist Empirik und Kasuistik! und — nach Ansicht nicht weniger — echte Juristerei!

wollen nicht die moralische Schuld sondern die Rechtsschuld bestimmen. Aber es muß in dem systematischen Gefüge nach oben die Verbindung mit der Moral hergestellt werden.[1]) Und auf der anderen Seite, nach unten, ist — das ist die zweite Forderung — die Beziehung zu den sog. Schuldarten, allgemein zu den Schuldelementen des positiven Rechts aufzuzeigen; die Schuld muß in irgendeiner Beziehung sich als der Oberbegriff von Vorsatz und Fahrlässigkeit erweisen. Unbefriedigend und unzulänglich wäre ein deduktives Verfahren, das nur zum Vorsatz gelangen würde und die Fahrlässigkeit als die angebliche Ausnahme von der Regel oder gar als anomale Erscheinung völlig in der Luft schweben ließe, ohne diese im Gesetz wie im Leben doch wahrlich häufige Erscheinung systematisch einzureihen. Diesen beiden Forderungen muß entsprochen werden. Nach oben wie nach unten ist der Schuldbegriff fest in dem Rahmen einzuspannen, damit er sich nicht mehr verschiebt: er hat der Theorie wie der Praxis gerecht zu werden, der Wissenschaft wie dem Leben.

Um dieser gewiß nicht geringen Aufgabe zu genügen, muß er aber vor allem sachlichen Gehalt tragen; mit Formalismen oder gar Tautologien ist uns nicht gedient. Was nützen Definitionen wie diese: Schuld sei der pflichtwidrige Wille oder das Bewußtsein der Pflichtwidrigkeit oder der gegen den Willen erhobene Vorwurf oder der die Verantwortlichkeit (die subjektive Verantwortlichkeit) begründende seelische Zustand![2]) Man dreht sich im Kreise, ohne seine Erkenntnis zu erweitern; man wird auf weitere Fragen mit ähnlichen Wendungen abgespeist, wenn man nicht gar eine früher gestellte Frage in der Form einer Antwort zurückerhält.

II. Logisch-systematischer Aufbau des Schuldbegriffs.

Der strafrechtliche primäre Grundbegriff ist die Rechtswidrigkeit. Ihr gegenüber trägt die Schuld einmal ein konkreteres, sodann ein subjektiveres Gepräge.

---

[1]) Auf diese ethische Verbindung haben schon hingewiesen v. Calker Ethische Werte im Strafrecht 1904, Graf zu Dohna GerS. 65, 313, ZStW. 32, 326, Bierling Juristische Prinzipienlehre 3, 238, Rümelin Das Verschulden in Straf- und Zivilrecht 1909, 19, Baumgarten Aufbau 168 u. a. Es fragt sich nur, wie diese Ethisierung des Strafrechts zu vollziehen ist; eine exakte Arbeit hofft der folgende Text (insbes. zu II) zu bieten.

[2]) Zahlreiche Literaturnachweise bei Binding a. a. O. 281 ff.

Einmal ein konkreteres. Während die Rechtswidrigkeit der generalisierenden Betrachtung untersteht, während sie für alle nur denkbaren Fälle oder wenigstens für deren Durchschnitt gültig sein soll, weswegen sie gerade von den individuellen Besonderheiten des Einzelfalles abstrahiert, mögen diese in den objektiven Begleitumständen oder in den subjektiven Verhältnissen des Täters begründet sein, legt die Schuld auf diese gerade besonderes Gewicht; und zwar betont wiederum die strafrechtliche gegenüber der privatrechtlichen die subjektiven Verhältnisse des Täters mehr als die objektiven Begleitumstände, was sich aus der Verschiedenheit der Aufgaben beider Rechtsdisziplinen ohne weiteres ergibt. Jedenfalls steht die Schuld im Gegensatz zur Rechtswidrigkeit unter dem Zeichen der konkreten Betrachtung;[1]) das gilt von der moralischen Schuld nicht anders wie von der rechtlichen.[2])

Damit hängt die zweite und wichtigere Besonderheit zusammen, an die unsere Entwicklung des Schuldbegriffs anzuknüpfen hat. In hochwissenschaftlicher Weise läßt sich der Gegensatz von Rechtswidrigkeit und Schuld so bestimmen: jene untersteht der absoluten, diese der relativen Betrachtung. Erstere will objektiv gewiß sein, insofern absolut, ohne einen bestimmten Standpunkt einzunehmen — nur den der Rechtsordnung oder den der Gemeinschaft (denn über die transzendentale Anschauungsweise hinaus gibt es für uns nichts Absolutes). Dagegen stellt sich die relative Betrachtung auf den Standpunkt des Täters; insofern trägt der Schuldbegriff wie erwähnt subjektives Gepräge. S c h u l d i s t R e c h t s w i d r i g k e i t v o m S t a n d p u n k t d e s T ä t e r s; S c h u l d i s t d i e i n d a s B e w u ß t-

[1]) Die übrigens von der individualisierenden Betrachtung, der z. B. der Prozeß untersteht, sehr wohl zu scheiden ist. Dort (beim Prozeß) interessiert das Einmalige, der Einzelfall, in dem sich das objektive Recht bewähren soll, hier (bei der Schuld) interessiert nicht anders wie bei der Rechtswidrigkeit eine Gruppe von Fällen, für die eben das objektive Recht Normen aufstellt, doch sollen hier auch die individualen Besonderheiten (im Gegensatz zur Rechtswidrigkeit) berücksichtigt werden.

[2]) In dem wertvollen Buche des aus der Marburger Schule hervorgegangenen Neukantianers Max Salomon Grundlegung der Rechtsphilosophie 1919 wird S. 185 ff. eingehend das Recht als der generelle Faktor gegenüber der Moral als der individuellen Regelung behandelt; aber es wird doch anerkannt, daß die strafrechtliche Schuld etwas individueller zu fassen ist (192 trotz der Zitate 193).

sein des Täters projizierte Rechtswidrigkeit. Der Ausgestaltung dieser Gedanken haben wir sofort unser Augenmerk zuzuwenden; daß sie der einzig mögliche Ausgangspunkt zur Gewinnung des Schuldbegriffs sind, haben wir später (IV g. E.) darzulegen. Zuvörderst sei aber die gesamtsystematische Einstellung vollzogen:

Zwei Beziehungen der Schuld wurden soeben dargelegt. Eine zur Rechtswidrigkeit; hierdurch wird die Verbindung mit der Außenwelt als dem eigentlichen Interessengebiet der Rechtswissenschaft gewahrt; die Schuld ist nicht etwa stets eine moralische, sondern bleibt eine rechtliche, im weiteren Sinne soziologische. Die andere Beziehung wird durch die beiden soeben behandelten Besonderheiten der Schuld gegenüber der Rechtswidrigkeit eingeführt, durch ihr konkretes wie subjektives Gepräge. Diese Beziehung ist die zur Individualethik. Durch die Schuld werden Strafrecht und Moral in die denkbar nächste Nähe gerückt, und wir werden zugleich der moralischen Schuld unsere Aufmerksamkeit zuwenden; die Ethiker vom Fach haben die für sie doch wahrlich wichtige Aufgabe einer Bestimmung der moralischen Schuld leider erheblich vernachlässigt — vom deterministischen Standpunkt freilich kein Wunder, denn von ihm aus ist in Wahrheit für echte Schuld kein Raum.

Durch diese Verbindung des Strafrechts mit der Moral wird die Schuld zur spezifischen Strafvoraussetzung; denn die Strafe als ein Leid, das nicht nur Unrecht vergelten sondern auch Schuld sühnen soll, also als ein höchst konkretes und subjektives Element, findet ihre letzte Rechtfertigung, wie wir sahen, in dem individualethischen Charakter des Strafrechts, das eben nicht nur (als Rechtsdisziplin) zur Soziologie sondern (wegen seines individualstischen Einschlages) zur Moral tendiert.

Die Schuld ist die in das Bewußtsein des Handelnden projizierte Rechtswidrigkeit; so sagten wir. Geht man nun aber an eine exakte Ausarbeitung dieser systematisch konzipierten Schulddefinition, so türmen sich die Schwierigkeiten. Welcher dem Rechtswidrigkeitsbegriff angehörende Bestandteil soll denn in das Innere des Täters verlegt werden? Und damit zusammenhängend: Wie ist das Unwerturteil, der Vorwurf, die Pflichtwidrigkeit, inhaltlich des näheren zu bestimmen?

Erinnern wir uns an die Struktur des Wertbegriffs, so ergeben sich diese Möglichkeiten: in das Bewußtsein des Täters kann projiziert werden 1. das Subjekt (die Instanz), 2. der Maßstab, 3. das Objekt, 4. die begleitenden Umstände der Wertung.

1. Zunächst das Subjekt, die Instanz der Wertung. Eine Subjektivierung des objektiven Unwerturteils wäre insofern denkbar, als das Individuum selbst das Unwerturteil zu fällen hat: dort (bei der Rechtswidrigkeit) ist die wertende Instanz der Staat, hier (bei der Schuld) ist sie das Gewissen des einzelnen; in diesem Sinne ließe sich der bekannte, aber nicht immer durchsichtige Gegensatz von Heteronomie und Autonomie verstehen. Es leuchtet ein, daß von Hause aus diese Möglichkeit nicht für das Recht sondern höchstens für die Individualethik in Frage kommt, und selbst für die letztere ist ja diese Art von Verinnerlichung nicht unbestritten. Sollte ohne weiteres das Individuum allein darüber befinden dürfen, ob seine Handlung moralisch erlaubt ist oder nicht? allein ohne Rücksicht auf die Wertanschauungen der Gemeinschaft und gar im Widerspruch zu ihnen? allein über sich selbst und seine eigenen Taten? — Jedenfalls die Rechtsordnung kann in letzter Linie nur eine objektive Instanz gebrauchen; und diese ist die Gemeinschaft, speziell die staatliche Gemeinschaft, die Rechtsordnung selbst. Sie allein entscheidet über Schuld und Unschuld. Insofern ist das Schuldurteil allemal ein objektives. Ein subjektives Werturteil ist allerdings auch für den juristischen Schuldbegriff unerläßlich; aber es ist einem primär gültigen objektiven Urteil gegenüber erst von sekundärer Natur (unten 3); und außerdem tritt es noch an anderer Stelle auf, freilich ist es hier von einer völlig anderen Art, es gehört, wie alsbald (4) zu zeigen ist, in das Objekt der Wertung und zwar als ein emotionales wie intellektuales.

2. Ferner scheidet für die Subjektivierung aber auch der Maßstab der Wertung aus. Man ist allerdings vielleicht geneigt zu sagen: der objektive, für die Rechtswidrigkeit gültige Maßstab (rechtswidrig ist, was der Gemeinschaft mehr schadet als nützt) sei lediglich an dem äußeren Verhalten des Menschen anzulegen, denn nur dieses rage ja in das Gemeinschaftsleben hinein und könne daher allein von dem über der Gemeinschaft stehenden Willen ergriffen werden, während das Bewußtsein des Täters nur einem subjektiven Maßstab unterstehen könne; und den letzteren mag man in dem für die Individualethik aufgestellten Prinzip der sittlichen

Vervollkommnung oder auch in dem der Willensreinheit [1]) erblicken: [2]) Autonomie in anderem Sinne wie oben (1). Aber abgesehen davon, daß zunächst schon die Besonderheit eines derartigen individualethischen Maßstabes fraglich ist, daß eine nähere Ausgestaltung des Vervollkommnungsprinzips zum mindesten von einem sozialethischen teleologischen Maßstab nicht ferne stehen wird, und daß außerdem noch gar nichts über das zu wertende Objekt des Schuldurteils ausgemacht ist, daß es noch fraglich ist, ob nicht auch ein soziologisches Objekt, das äußere Verhalten, als Gegenstand des Schuldbegriffs erheblich wird, abgesehen von allen diesen noch offenen Fragen ist doch daran festzuhalten: für die Gemeinschaft kann nur ihr eigener Wille, für die staatliche Gemeinschaft nur der Wille des Staates, die Rechtsordnung, die Richtschnur sein. Insofern gilt auch für das soziale Leben Autonomie; und eine Hauptaufgabe der früheren Untersuchungen (§ 12) bestand ja darin, den rechtlich-sozialen Maßstab durch die Orientierung auf die Ziele und Aufgaben der Gemeinschaft zu gewinnen. Dieser Maßstab bedarf dann aber auch strengster Durchführung; er darf nicht das Zepter mit einem anderen teilen. Jedes Objekt hat sich nach ihm zu richten; und falls ein Kreis von Objekten, wie etwa das rein Psychische, sich ihm nicht zu unterstellen gewillt ist, so kann es sich nur um die im folgenden zu untersuchende Frage handeln, ob diese Objekte dann überhaupt noch als rechtlich-soziale in Betracht kommen. Wie oft sind wir nicht schon zu der Erkenntnis gelangt: der Maßstab konstituiert das Objekt, die Rechtsordnung umgrenzt, ja erzeugt für sich selbst die ihr zu unterstellenden Dinge; was sich überhaupt nicht unter den Wertmaßstab subsumieren läßt, weder in günstigem noch in ungünstigem Sinne, hat beiseitezubleiben, es ist kein Gegenstand des Rechts!

In der Tat ist es eine nicht zu widerlegende Einsicht, daß der Wertmaßstab stets eine objektive Größe gegenüber dem Wertgegenstande darstellen muß; er muß dem Individuellen gegenüber eine gewisse Konstanz besitzen; er ist das Gesetzmäßige gegenüber dem

[1]) In beiden Prinzipien hat man sogar solche für das Recht gesehen; so in dem ersten v. Calker, in dem zweiten Stammler.

[2]) Nicht aber der Nächstenliebe. Anders Bierling Prinzipienlehre I 24 und Baumgarten Moral, Recht und Gerechtigkeit 1917, dazu unsere Besprechung ZStW. 39, 628.

Einmaligen. Insofern scheint uns auch für die Individualethik ein heteronomes Prinzip Gültigkeit zu beanspruchen.

3. Unter der Anerkennung eines solchen heteronomen und doch aus der Gemeinschaft emporgewachsenen Prinzips läßt sich aber sehr wohl die oben (1) prinzipiell abgelehnte Ansicht rechtfertigen, daß die moralisch wertende Instanz das Individuum ist: es selbst handhabt einen objektiven Maßstab; es schafft sich nicht selbst einen Maßstab für jeden Fall besonders, auch nicht für eine Gruppe von Fällen, aber es wendet den objektiv gültigen Wertmesser selbst an. Daraus ergibt sich: die objektive Rechtswidrigkeit und die individualethische Schuld unterscheiden sich dadurch, daß ein objektiver Maßstab dort objektiv hier subjektiv gehandhabt wird. Und das Ergebnis der Wertung ist: objektive Rechtswidrigkeit ist (inhaltlich, sachlich) auch individualethische Schuld, sofern nicht das Individuum bei der Beurteilung des Falles sich im Irrtum über das Urteil der Gemeinschaft befindet.[1]) Ein Irrtum über die Anwendung des Maßstabes entschuldigt, nicht aber ein Irrtum über den Maßstab selbst.

Hiermit ist ein individualethischer Schuldbegriff gewonnen, der auch als ein juristisch brauchbarer angesprochen werden darf; er ähnelt der bekannten Definition des Vorsatzes als Bewußtseins der Rechtswidrigkeit. Jedoch trägt er gegenüber jener Ansicht zwei Besonderheiten. Einmal: die „Rechtswidrigkeit" ist materiell als Sozialschädlichkeit zu verstehen; und sodann: das „Bewußtsein" ist in dem gegenwärtigen Zusammenhange nicht psychologisch als Vorstellung, sondern logisch-systematisch (vorpsychologisch, transzendental) als Werturteil, als Ansicht aufzufassen.

Und in letzterer Hinsicht ist, wenn man dem Wesen der Schuld auf den tiefsten Grund gehen will, die theoretisch hochwichtige Erkenntnis zu gewinnen, daß dieses Urteil des Subjekts über die soziale Schädlichkeit erst ein (logisch) zweites ist; es schachtelt sich sozusagen in ein anderes ein, und dieses erste Werturteil ist die oben (1) als von Hause aus maßgeblich erkannte Ansicht der Rechtsordnung.

---

[1]) Insofern kann man auch die Schuld bestimmen als die Berichtigung des Unwerturteils über die Tat nach dem Bewußtsein des Täters, so daß das Unwerturteil (das natürlich nur als ein einheitliches über Tat und Täter abgegeben werden kann) auch auf den Täter zutrifft. Ähnlich Mayer 201; vgl. auch Exner Fahrlässigkeit 3, 4.

Damit ist ein echt wissenschaftliches, ein transzendentales Verfahren durchgeführt, das den Dingen auf den Grund geht: die Schuld ist so zu verstehen, wie die Gemeinschaft (die Rechtsordnung) die Ansicht des Individuums über die Sozialschädlichkeit auffaßt. Die Schuld ist also in erster Linie ein objektives, in zweiter ein subjektives Urteil; sie ist ein Urteil der Gemeinschaft (der Rechtsordnung, der Strafrechtswissenschaft) über das Urteil des Individuums.

Das Vorstehende gilt, wie gesagt, nur für die eine sog. Schuldform, den Vorsatz. Von ihr unterscheidet sich die Fahrlässigkeit dadurch, daß das zweite Unwerturteil, das des Individuums, tatsächlich fehlt, aber nach der Forderung der Rechtsordnung vorhanden sein sollte. Die Fahrlässigkeitsschuldform überspringt also nicht etwa das individuale Werturteil, sondern verlegt es aus dem Sein in das Sollen, aus der Tatsächlichkeit in die Norm. Ein doppeltes Werturteil ist also für den Schuldbegriff auf alle Fälle erforderlich: ein objektives und ein subjektives. Das objektive Urteil ist ein logisch gedachtes; von den beiden subjektiven Urteilen enthält der Vorsatz ein Seins-, die Fahrlässigkeit ein Sollensurteil. Vorsatz ist die Kenntnis, Fahrlässigkeit das Kennensollen der Rechtswidrigkeit (Sozialschädlichkeit). Und wir haben nunmehr die höhere Einheit der im Reich des Tatsächlichen, des Seins nicht zu überbrückenden sog. Schuldformen Vorsatz und Fahrlässigkeit kennengelernt: die Einheit bildet das logisch-systematische (transzendentale) Urteil der Rechtsordnung, der Strafrechtswissenschaft. Unter Einbeziehung der Fahrlässigkeit ist nunmehr die Schuld zu definieren als das Urteil (Unwerturteil) der Rechtsordnung über ein Urteil oder ein Nichturteil des Individuums über eine sogleich näher darzulegende Rechtswidrigkeit (Sozialschädlichkeit).[1])

An dieser Stelle sei eine wichtige Erkenntnis gebucht: Vorsatz und Fahrlässigkeit sind nicht Schuldformen in dem Sinne, daß sie selbst auch das Schuldurteil (den Vorwurf) in sich schließen, sondern nur in dem Sinne, daß sie einen Ausschnitt aus dem Schuldbegriff darstellen; das wichtigste Schuldelement, den Vorwurf, das objektive

---

[1]) Ganz nahestehend Carl Schmitt Über Schuld und Schuldarten 1910, 72: Schuld sei „eine den Zwecken des Rechts nicht entsprechende Zwecksetzung" — eine Definition, die in dieser Allgemeinheit freilich auch für das objektive Unrecht paßt (vgl. auch Mayer 186[10]).

Urteil (der Gemeinschaft, der Rechtsordnung) enthalten sie gerade nicht, sie enthalten nur das individuale Urteil oder Nichturteil. Deswegen sollte man sie nicht als Schuldformen oder Schuldarten, sondern lieber als Schuldelemente titulieren.

4. Es fragt sich nunmehr, ob das Objekt der Schuld subjektiven Charakter besitzt; es fragt sich, worüber das Individuum das soeben besprochene soziale Unwerturteil fällt. Hier ist vielleicht der Ort, eine Trennung zwischen Moral und Strafrecht zu vollziehen — dort die Gesinnung hier das äußere Verhalten. Eine derartige grundsätzliche Scheidung, wie sie der Lutherischen Theologie entspricht und schon von Meister Ekkehart getroffen wurde, wie sie in der Kantischen Ethik einen Stützpunkt findet und auch neuerdings vielfach, z. B. von Stammler, gebilligt wird, ist zum mindesten übertrieben. Auch die Rechtsordnung legt auf die Gesinnung Gewicht nicht anders wie die Moral auf das äußere Verhalten;[1]) und nur der eine Gegensatz ließe sich aufrecht erhalten, daß die Moral in erster Linie die Gesinnung, das Recht in erster Linie das äußere Verhalten zum Beurteilungsgegenstand nimmt. Dieser Gegensatz ist ein solcher aber nicht im Objekt, sondern im Kriterium der Wertung; das Objekt ist beidemal das gleiche, und nur sein Wert wird in verschiedener Weise davon abhängig gemacht, ob dem Maßstab mehr oder weniger genügt dort die Gesinnung hier das äußere Verhalten (beidemal also nur ein Ausschnitt aus dem Objekt).

Das Objekt selbst ist beidemal das gleiche; es ist das Wirken (das Zweckstreben, das Wollen und Werten, also wiederum das Fällen eines Werturteils, das nicht zu verwechseln ist mit dem soeben besprochenen Urteil des Individuums über die Rechtmäßigkeit). Und dieses Objekt erstreckt sich von dem Willensentschluß bis zum Zweck (realen Zweck, ideellen Erfolg, vgl. oben § 12 III 2 e). So ist das Objekt des Schuldurteils das gleiche wie dasjenige, das auf seine objektive Rechtswidrigkeit bewertet wird. Bei der Rechtswidrigkeit wird über es unmittelbar ein objektives Unwerturteil der Gemeinschaft gefällt; bei der Schuld fällt zunächst das Individuum

---

[1]) So gegen Stammler, der das Merkmal der Moral im Gegensatz zum Recht in dem „getrennten Wollen", dem „Wünschen" erblickt (Theorie der Rechtswissenschaft, 1. Abschn. B, ZRphilos. 1, 23 u. a.), unter kategorialen Gesichtspunkten Natorp Kantstudien 18, 1 ff., 51. Wenig ergiebig O. v. Gierke im Logos Bd. 6.

das Unwerturteil (oder — bei der Fahrlässigkeit — sollte es fällen) und sodann fällt hierüber wiederum die Gemeinschaft ihr Urteil.[1])

Nur ein weiterer Unterschied besteht. Das Schuldurteil zieht das Objekt um eine Stufe weiter zurück als das Unrechtsurteil, nämlich bis zu dem Willensentschluß. Das ist durchaus gerechtfertigt und liegt völlig in der Natur der Sache. Denn da das Schuldurteil, wie wir soeben sahen, zugleich ein Urteil des Individuums selbst enthält, so kann dieses natürlich über den Inhalt des eigenen Bewußtseins ein Urteil abgeben. Die Rechtsordnung legt hierauf weniger Gewicht, vielleicht weil sie dazu weniger imstande ist; jedenfalls zeigt sie grundsätzlich nur Interesse für das äußere Verhalten. So kommt es, daß die Rechtswidrigkeit sich über das äußere Verhalten und nicht über die Gesinnung ausspricht. — Andrerseits ist die Übereinstimmung zwischen Strafrecht und Moral gewonnen: das Schuldurteil des Individuums geht beidemal bis auf den Willensentschluß zurück.

Auf den Willensentschluß, nicht weiter. Der Willensentschluß als ein freier, als eine erste Ursache, ist das Objekt des individualen Schuldurteils. Das ist die indeterministische Grundlage des Schuldbegriffs; das ist die Grundlage der auch unseren Gesetzen entsprechenden Anschauung, daß die Schuld sich lediglich auf die Einzeltat und umgekehrt die Einzeltat sich lediglich auf einen einzigen Willensakt bezieht. Der Determinismus dagegen darf sich konsequent nicht mit dem Entschluß begnügen, sondern hat auf die weiteren im Charakter begründeten Ursachen zurückzugehen;[2]) ihnen würde ein weiterer Begriff des „Verschuldens" als eines konstanten Willensfehlers entsprechen. Ein solcher Begriff wäre aber nur für die Strafzumessungslehre (einschließlich der Schuldtypenlehre, vgl. unten § 22) annehmbar; und selbst diese kommt ohne ihn aus, wenn sie, wie dies richtig ist, jene Dauerschuld als zusammengesetzt aus mehreren fehlerhaften Einzelakten denkt. Jedenfalls ist der dem Rechtswidrigkeitsbegriff korrespondierende Schuldbegriff ein solcher,

---

[1]) Insofern trifft die — sonst natürlich verkehrte — Ansicht zu, daß Kausalität und Schuld nicht zu trennen, daß Verschulden auch Verursachen sei; denn zum Objekt der Schuld gehört die Kausalität. Unsere Objektsauffassung kommt insofern gut zum Ausdruck in der Merkelschen Definition: „Schuld ist pflichtwidriges Wirken." Vgl. Merkel-Liepmann 85.

[2]) Auf diesen Zusammenhang hat gut Exner Fahrlässigkeit 4[2] hingewiesen.

der ebenso wie jener nur einen Einzelvorgang wertet, nicht eine fortlaufende Kette von Vorgängen oder gar deren Fazit, einen Zustand.

Die folgerichtig durchgeführte deterministische Schuldauffassung basiert auf psychologisch-genetischer Betrachtung und hält daher vor der systematisch-kritischen Beurteilung, die jener notwendigerweise vorauszugehen hat, nicht stand. Wer nämlich den Verbrechenshergang beschreibt, wer von den weiter zurückliegenden Ursachen (wenn auch nicht, was aussichtslos wäre, von der ersten Ursache) den Ausgang nimmt und auf diese Weise das Verbrechen erklären will, der darf natürlich nicht mit dem Willensentschluß beginnen, sondern hat ihn als das Ergebnis einer oft recht komplizierten psychischen Entwicklung und vor allem daher diese selbst darzustellen. Derartige psychologische Untersuchungen nehmen einen breiten Raum in den Bearbeitungen der Schuldlehre ein; so wertvoll und interessant sie in deskriptiver Hinsicht sein mögen, sie können das normative Schuldelement, die Vorwerfbarkeit, niemals erklären. Der Ausgang ist, wie in jeder ethischen und juristischen Untersuchung, die Norm, die Gesetzlichkeit; dann spezialisiert sich aber das zu diesem Maßstab gehörige Objekt notwendig zu einem Einzelakt.

Dieser Einzelakt, dieses Objekt des Schuldurteils ist das einmalige Wirken des Individuums. Trotz seiner Vereinzelung ist es nun aber eine fortlaufende Linie, die mit dem freien Willensentschluß beginnt und mit dem voraussichtlichen Erfolg endigt. Das Kriterium ist — genau ebenso wie bei dem objektiven Unrechtsurteil — der erstrebte, voraussichtliche Erfolg; nach dessen Wert und Unwert für die Gemeinschaft bemißt sich auch derjenige des äußeren Verhaltens und mittelbar derjenige des dieses letztere auslösenden freien Willensentschlusses. Das ureigentliche Objekt des Schuldurteils ist also der freie Willensentschluß, aber wie gesagt nicht als solcher, nicht in seiner psychischen Vereinzelung, sondern nur insoweit, als er ein äußeres Verhalten mit einer Tendenz zu einem sozial erheblichen Erfolg auslöst. Durch den letzteren Zusatz ist die soziale Bedeutung des Willensentschlusses zum Ausdruck gebracht; übrigens auch die individualethische, denn Willensentschlüsse, die nicht einmal die Tendenz der Objektivierung besitzen, die lediglich in der Psyche befangen bleiben, ohne sich durch irgendein äußeres Kennzeichen kundzutun, vermögen auch die Moral nicht zu interessieren. Wie will man denn sonst den auf den sozialen Nutzen und Schaden eingestellten Maßstab anwenden, wenn man nicht eben einen konkreten Nutzen oder Schaden der Gemeinschaft, also ein äußeres Ereignis, sei es auch nur ein erstrebtes, herauskristallisiert? Ein psychischer Akt als solcher kann doch weder nutzen noch schaden.

Es ist also — gerade umgekehrt wie es in den psychologischen Schuldlehren geschieht — der Blick von dem Willensakt nicht rückwärts auf seine Entstehung sondern nach vorn auf seine allgemeine Tendenz zu richten. Dieser Blick in die Zukunft, in das soziale Leben erschließt die Grundlage für die Fällung des Schuldurteils. Das ist die indeterministisch-teleologische Betrachtungsweise; das ist moral- wie rechtswissenschaftliche Arbeit.

5. Eine Projizierung in das Subjektive könnte endlich hinsichtlich der Begleitumstände der Wertung stattfinden. Wird ein Verhalten auf rechtmäßig und rechtswidrig gewertet, so fallen naturgemäß die objektiven Umstände, aus denen jenes einen Ausschnitt darstellt, mit ins Gewicht. Ebenso selbstverständlich ist aber auch, daß bei einer Verinnerlichung des Wertungsgegenstandes auch die Begleitumstände zu subjektivieren sind; daher ist der Willensentschluß nicht als ein isolierter, sondern als ein Bestandteil der gegenwärtigen Bewußtseinslage zu bewerten. Man muß sich nur vor dem deterministischen Irrtum hüten, daß die Gesamtpsyche als solche Gegenstand des Schuldurteils wird; das spezifische psychische Beurteilungsobjekt des Schuldurteils ist und bleibt lediglich der freie Willensentschluß.

Die für die Wertung erheblichen Begleitumstände sind nun in den reinen Sozialwissenschaften vorwiegend objektive, da hier die objektive soziale Nützlichkeit (die objektive Rechtmäßigkeit) den Maßstab bildet, in der Moral dagegen umgekehrt vorwiegend subjektive, während die strafrechtliche Schuld, weil sie sowohl dorthin wie hierhin orientiert ist, naturgemäß beide Arten von Begleitumständen in gleicher Weise berücksichtigen muß. Das ist für die Fahrlässigkeit, aber auch für den Vorsatz von Bedeutung.

6. Nach den bisherigen Ausführungen zeigte sich uns die Schuld als das Urteil einer Gemeinschaft (der Rechtsordnung), daß ein

Individuum seinem freien Willensentschlusse mit dem anschließenden Wirken eine sozial mehr schädliche als nützliche Bedeutung beilegt oder beilegen sollte. Diese Auffassung bringt zwar den wesentlichsten Schuldinhalt, aber noch nicht das eigentlichste Wesen der Schuld zum Ausdruck.

Sollte in der Tat die Schuld nur darin bestehen, daß jemand ein falsches Urteil fällt oder das richtige nicht fällt? also m. a. W. nur in der Feststellung des Vorsatzes oder der Fahrlässigkeit? Dann würde das von der Gemeinschaft (der Rechtsordnung) zu fällende, den Schuldvorwurf begründende Urteil nichts weiter besagen dürfen, als daß dieses Individualurteil falsch ist; ersteres würde lediglich feststellender Natur sein. Nun ist aber die Schuld zweifellos mehr, sie ist normativen, kritisierenden Charakters; sie enthält nicht nur ein Unrichtigkeits-, sondern auch ein Unwerturteil; sie spricht sich nicht nur über einen Denk-, einen Verstandesfehler des Individuums sondern auch über einen Willensfehler, über einen Pflichtwidrigkeit aus. Denn sonst wäre — das ist der ausschlaggebende, oft übersehene Gesichtspunkt — das der Strafe ihrem Wesen nach innewohnende Merkmal des Leides, des Schmerzes nicht zu rechtfertigen. Dieser in dem Schuldbegriff offenbar gelegene Vorwurf kann sich nun aber auf nichts anderes beziehen wie auf das oben behandelte Objekt, das Wirken, den freien Willensentschluß mit der anschließenden Tendenz zum Erfolg. Es wird also wieder der Erfolg von dem objektiven Urteil der Gemeinschaft bewertet. Und damit ist zum Ausdruck gebracht — nun was? — die Rechtswidrigkeit. Seltsam! Die Schuld scheint sich ihrem Wesen nach in die Rechtswidrigkeit aufzulösen, und zwar dieses um so mehr, als ja das objektive Urteil der Rechtsordnung, wie wir sahen, von dem Willensentschluß absieht und den Schwerpunkt auf das äußere Verhalten legt.

Also: das strafrechtliche Unwerturteil ist einzig und allein die Rechtswidrigkeit, das objektive Unrecht; und das oben als wesentlichster Schuldinhalt erkannte, von dem Recht als fehlerhaft bewertete Individualurteil gewinnt nur die Bedeutung eines Begleitumstandes. Wäre jener Verstandesfehler das Wesen der Schuld, wäre also der Vorsatz bereits Schuld, so würde die Schuld zu einem Begleitumstand des objektiven Unrechts degradiert; es gäbe nur ein Unwerturteil, die Rechtswidrigkeit der Tat, und dieses wäre von dem Vorliegen eines außerhalb des zu bewertenden Unrechtsobjekts anzusetzenden Begleitumstandes abhängig zu machen, von der Kenntnis oder dem Kennensollen der Rechtswidrigkeit seitens des Täters. Die Schuld würde sich hiernach in Vorsatz und Fahrlässigkeit auflösen, und diese wären als die subjektiven Begleitumstände der Tat durchaus parallel den Begleitumständen des objektiven Tatbestandes, etwa dem Ort und der Zeit der Handlung. Eine eigenartige Konstellation: die Schuld entspräche den Tatbestandsmerkmalen. Diese Parallele zu dem Tatbestand ist nun aber nur von den Schuldarten aus (dem sog. subjektiven Tatbestand) zu ziehen, nicht von der Schuld selbst — und wir sehen, daß eben nur eine Teilerscheinung der Schuld, aber noch nicht ihr Wesen erkannt wurde; wir sehen, daß Vorsatz und Fahrlässigkeit, wie gesagt (oben 3 a. E.) nicht Schuldarten, sondern nur Ausschnitte aus der Schuld, Schuldelemente bedeuten.

Das Objekt des Schuldvorwurfs kann mithin nur ein psychisches Element sein, soll sich die Schuld von der Rechtswidrigkeit in richtiger Weise unterscheiden. Und dieses ist der freie Willensentschluß. Der oben gewonnene Schuldinhalt ist dann diesem Schuldurteil als subjektiver Begleitumstand in der angegebenen Weise beizufügen. Das Objekt des Schuldvorwurfs ist der freie Willensentschluß aber nur, wie noch einmal betont sei, im Hinblick auf das ausgelöste äußere Verhalten und weiterhin auf den von diesem erstrebten Erfolg. Immerhin kann nicht geleugnet werden, daß durch diese Rückbeziehung des Schwergewichts des Objekts auf die Psyche das Strafrecht sich bedenklich in das Gebiet der Moral begibt und damit an die äußersten Grenzen seiner eigenen Leistungsfähigkeit heranrückt. Ob es die Grenze nicht schon überschreitet, wird noch zu untersuchen sein (vgl. unten zu 9). Diese Annäherung wenn nicht Vermischung ist aber nicht zu verwundern; denn die Schuldlehre ist eben das Gebiet, das Strafrecht und Moral gemeinsam haben.

Hiernach ist die Schuld abschließend zu bestimmen als das Unwerturteil (der „Vorwurf") einer Gemeinschaft (der Rechtsordnung), daß ein Individuum sich zu einem sozialschädlichen Verhalten frei entschloß, obwohl es dieses als sozial schädlich bewertete oder bewerten sollte.

Oder kürzer: Schuld ist der vorwerfbare freie Willensentschluß zu einer rechtswidrigen Handlung (äußeren Verhalten) **trotz Kenntnis oder Kennensollen ihrer Rechtswidrigkeit.**[1])

7. Diese Struktur des Schuldbegriffs zeigt noch folgende Besonderheiten.

a) Das den Schuldvorwurf enthaltende Unwerturteil der Gemeinschaft verhält sich zwar unmittelbar über den Willensentschluß, betrifft also ein rein psychisches Objekt. Dessen Wert und Unwert richtet sich jedoch nach demjenigen des äußeren Verhaltens, in letzter Linie also nach der Nützlichkeit und Schädlichkeit des Erfolges. So wenig wie der Erfolg braucht aber das Verhalten tatsächlich eingetreten zu sein; Schuld ist auch denkbar ohne ein nachfolgendes äußeres Verhalten; jedoch muß ein solches wenigstens erstrebt, die Beziehung zwischen Psyche und Außenwelt muß vorhanden sein. Gerade weil der Willensentschluß sich nicht in der Außenwelt objektiviert zu haben braucht, ist der hier entwickelte Schuldbegriff auch für die Moral gültig. Strafrecht und Moral besitzen, wie nunmehr zur Genüge dargelegt sein dürfte, denselben Schuldbegriff;[2]) was im Strafrecht zur Schuld hinzutreten muß und in der Moral nicht unbedingt notwendig ist, das ist das äußere Verhalten.[3])

---

[1]) Wem die Alternative „Kenntnis oder Kennensollen" stört, wer nach einer Einheit verlangt, der lasse die Kenntnis weg. Das Kennensollen ist das Primäre, es ist der ureigentliche Trabant der Schuld; die Fahrlässigkeit ist die ursprüngliche (logisch, nicht etwa historisch: ursprüngliche) sog. Schuldform. Darüber ist Näheres erst im Zusammenhang mit der Erörterung der Fahrlässigkeit zu sagen (§ 21 I 5 e).

[2]) Daß man nicht darauf ausgehen darf, die Schuld für Recht und Moral einheitlich zu bestimmen, ist von Mittermaier Krit. Beitr. zur Lehre von der Strafrechtsschuld 1909, 9, Hold v. Ferneck ZStW. 32, 258 (der von seiner deterministischen Grundanschauung aus zu einem besonderen juristischen Schuldbegriff gelangen muß) u. a. richtig hervorgehoben. Gleichwohl zu einem einheitlichen Schuldbegriff vorzudringen, tut aber dem wissenschaftlichen Forscher wohl.

[3]) Von diesem Gesichtspunkt aus ergibt sich der Haupteinwand, den wir gegen die Mayersche Motivtheorie erheben müssen. Nach Mayer besteht die schuldhafte Handlung darin, daß der Täter gehandelt hat, obwohl die Vorstellung vom rechtswidrigen Erfolg hätte ausschlaggebendes Gegenmotiv werden sollen und können (Schuldhafte Handlung 1901, 137 ff.). Diese Formel ist – ähnlich wie diejenige Goldschmidts (Österr. Z. 4, 161) – auf eine Gesinnungsethik zugeschnitten; das Recht soll u. E. aber nicht auf die Motive entscheidendes Gewicht legen. Im übrigen sprechen gegen jene Lehre viele

Schon aus diesem Grunde läßt sich die strafrechtliche Schuld nicht schlechtweg als „böser Wille“ [1]) bezeichnen.

b) Notwendig ist für den strafrechtlichen Schuldbegriff, daß das Verhalten, zu dem sich der Täter entschlossen haben muß, sozialschädlich ist. Wohlgemerkt: das Verhalten selbst braucht tatsächlich gar nicht gegeben zu sein, es blieb nur bei dem Entschluß; dann ist Schuld gleichwohl möglich. Insofern bedarf die verbreitete Ansicht, die Schuld könne nur bei einer rechtswidrigen Handlung vorliegen, letztere sei die unbedingte Voraussetzung für erstere, einer nicht unerheblichen Berichtigung. Aber der Entschluß muß auf eine rechtswidrige, eine sozialschädliche Handlung gerichtet gewesen sein, soll Schuld vorliegen. Also die erstrebte Handlung ist objektiv zu bewerten. Insofern ist die strafrechtliche Schuld ohne rechtswidrige Handlung undenkbar — nur ist diese in jener eingekapselt, wobei wiederum zu beachten ist, daß ins Subjektive die Handlung zu projizieren ist, daß diese gedachte Handlung aber tatsächlich rechtswidrig sein muß; es reicht also der bloße Glaube des Täters an die Rechtswidrigkeit nicht aus. Die rechtswidrige Handlung darf eingebildet sein, nicht aber die rechtswidrige Handlung.

8. Von dieser Warte aus erscheint der Unterschied der Moral und des Strafrechts einerseits von den reinen Sozialwissenschaften andrerseits in einem besonderen Lichte. Nur die ersteren, nicht aber die letzteren können den Irrtum als Entschuldigungsgrund anerkennen; im Bereich der reinen Sozialwissenschaften kann es überhaupt kein Entschuldigen sondern nur ein Rechtfertigen geben. Individualethik und Strafrecht legen dagegen nicht nur auf das äußere Verhalten Gewicht, umgekehrt müssen die reinen Sozialwissenschaften gerade auf dieses in erster Linie, wenn nicht gar ausschließlich eingestellt sein. — Das Strafrecht wiederum unterscheidet sich von der Individualethik systematisch dadurch, daß es auch den Sozialwissenschaften angehört, wenn wir es auch wegen des individualethischen Gepräges der Schuldlehre nicht zu den „reinen“ Sozialwissenschaften rechnen. Daher ist nach Maßgabe der früheren

---

der gegen die Willenstheorie zu erhebenden Gründe (vgl. unten § 21 III 3 b, c). Daß die Mayerschen Untersuchungen insbesondere psychologisch wertvolles Material bieten, gestehen wir gern zu.

[1]) So Carl Schmitt Über Schuld und Schuldarten 1910, 54, 62 ff.

Ausführungen (oben 7 b) eine moralische Schuld, nicht aber eine strafrechtliche auch bei objektiv rechtmäßigem (sei es auch nur erstrebtem) Handeln möglich; dagegen ist unbedingte Voraussetzung der moralischen Schuld eine mindestens vorgestellte rechtswidrige Handlung, genauer die Vorstellung der Rechtswidrigkeit einer (sei es auch rechtmäßigen) Handlung — eine für das Recht natürlich völlig unzureichende Voraussetzung.

9. Die vorstehenden Erwägungen über die moralische und die rechtliche Schuld eröffnen den Fernblick in ein weites und reich bearbeitetes Gebiet; es kann ja nicht anders sein: unsere bisherigen Untersuchungen müssen auch zu dem uralten, so oft besprochenen und doch meist so wenig exakt behandelten Problem des Unterschiedes von Moral und Recht Stellung genommen haben. Wir müssen uns hier begnügen, das Fazit zu ziehen, erhoffen aber, dem Problem einige neue Seiten abzugewinnen.

a) Instanz der Wertung dort das Individuum (das Gewissen), hier der Staat (vgl. oben 1); daher hier, aber nicht dort äußerer Zwang.

b) Maßstab beidemal der gleiche: die soziale Nützlichkeit (vgl. oben 2).

c) Objekt grundsätzlich beidemal das gleiche: freier Willensentschluß — äußeres Verhalten — voraussichtlicher Erfolg (oben 4). Jedoch ist dort, nicht aber hier das erste Glied, der freie Willensentschluß, allein ausreichend.[1]) Ausreichend ist er beidemal für das Objekt des Schuldurteils; und daß er gleichwohl als Objekt für das Recht nicht ausreicht, erklärt sich daraus, daß im Recht das Schuldurteil nicht das einzige Unwerturteil, daß vielmehr — anders wie dort — noch das (objektive) Unrechtsurteil wesentlich ist.

d) Endlich die Begleitumstände der Wertung: für die Moral kommen vorzugsweise subjektive, für die Sozialwissenschaften vorzugsweise objektive, für das Strafrecht subjektive und objektive in Betracht (oben 5); daher hat das Recht jedenfalls mehr zu generalisieren, die Moral mehr zu individualisieren.

---

[1]) Nur insofern wird man der im übrigen recht anfechtbaren Unterscheidung Mayers 230 zustimmen können („danach liegt der Kern der Unterscheidung darin, daß der Erfolg für die moralische Schuld symptomatisch, für die rechtliche ätiologisch, also ihr Bestandteil oder Element ist").

Andere Gegensätze zwischen Recht und Moral sind nicht anzuerkennen.[1]) Insbesondere trifft die Ansicht nicht zu, daß die Ethik sich in Fragen der Schuld für den ganzen Menschen interessiere;[2]) auch hier stehen nicht anders wie auf dem Gebiete des Rechts Einzelakte zur Beurteilung, und nur insofern besteht ein Unterschied, als die Moral die psychischen Begleitumstände, wie soeben erwähnt, in weiterem Umfange berücksichtigt. Aus demselben Grunde und aus dem damit zusammenhängenden weiteren, daß die Moral mehr zu individualisieren hat, erklärt sich auch die Tatsache, daß gewisse Übertretungen, ja leichtere Vergehen nicht immer unmoralisch sind[3]) — eine Widerlegung des Schlagwortes, das Recht sei das ethische Minimum.

Nach dieser grundlegenden Anschauung rechtfertigt sich auch die soviel besprochene, vom Standpunkt der Gesinnungsethik nicht leicht zu begründende moralische Verwerflichkeit des Diebstahls zu wohltätigen Zwecken: der heilige Krispin würde moralisch handeln, wenn man seine Gesinnung schlechthin entscheiden lassen, wenn man nämlich den von ihm selbst wie auch von bekannten Philosophen für richtig gehaltenen Maßstab, das Mitleid, anwenden wollte; er handelt aber ganz offensichtlich nicht nur rechtswidrig sondern auch unmoralisch, weil er den auch für die Individualethik maßgebenden sozialen Maßstab (vgl. oben zu b) zweifellos bewußt falsch anwendet; denn er kann unmöglich annehmen, daß der Diebstahl der Allgemeinheit nützlich ist, mögen auch einige arme Leute Nutzen aus ihm ziehen. Die den Gegensatz von Recht und Moral begründende Verschiedenheit der Instanz der Wertung (oben zu a) zeitigt im vorliegenden Falle also keine Verschiedenheit des Ergebnisses; beide Instanzen, Gemeinschaft wie Individuum, werten gleich. Und wer Urkunden fälscht, um sich Geld zu verschaffen, das er nur für staatliche Zwecke verwenden will, der weiß, daß seine nächste Handlung, die Urkundenfälschung, dem Staate schadet; und diese steht doch zur Beurteilung, nicht etwa ein fernerer Zweck.

Die bisher berührten Gegensätzlichkeiten betrafen nur das Wesen der Moral und des Rechts. Ein weit grundsätzlicherer Unterschied folgt aus der Verschiedenheit ihrer Aufgabe, ihres Zweckes, ihrer Idee; auf diese Frage ist an dieser Stelle nicht einzugehen, sie weist jenseits der Gebiete der Moral und des Rechts und ist nur unter gesamtsystematischer Einstellung zu lösen. Nur der entscheidende

---

[1]) Abgesehen natürlich von denjenigen, die sich aus den oben genannten ergeben, wie dies bei dem oben 8 a. E. genannten Unterschied der Fall ist.

[2]) So Rümelin Verschulden 6.

[3]) Beispiele gibt Weigelin Sitte, Recht und Moral 1919, 114.

Gesichtspunkt ist hier anzugeben, die Richtung nur anzudeuten. In welchem übergeordneten Gebiete finden das Grundgesetz der Moral, das des Rechts ihre sachliche Rechtfertigung? Beide Linien sind nach oben so weit zu verfolgen, bis sich eine letzte Gegensätzlichkeit zuspitzt, über der sich eine die Verschiedenheiten versöhnende Einheit erhebt, sei es materiell die Kultur oder formal der absolute Wert des Guten. — Wir müssen uns damit begnügen, die Verschiedenheit zwischen Moral und Recht auch in der Idee zu betonen, um dem nicht selten begegnenden Irrtum vorzubeugen, sie unterstünden beide derselben Idee[1]) und gar das Recht unterstünde der Moral.[2])

10. Schuld, moralische wie rechtliche, ist — wegen der soziologischen Natur des Maßstabes — nur innerhalb einer Gemeinschaft möglich; nur wo der Willensentschluß und die Handlung in Beziehung zu einem Erfolg stehen und wo dessen Eintritt zum mindesten möglich ist, kann von Schuld die Rede sein. Die drei anderen Möglichkeiten einer Mißbilligung scheiden daher aus der Schuldlehre aus: Wille oder Verhalten gegenüber Gott, gegenüber sich selbst und gegenüber Tieren; trifft in dieser Hinsicht das Individuum ein Vorwurf, so mag man von Sünde sprechen — wenn man nicht etwa diesen Begriff auf den verwerflichen Willen gegenüber Gott beschränkt, also allein in das Gebiet der Religion verweist.

Ist Schuld nur innerhalb einer Gemeinschaft möglich, so ist sie umgekehrt in jeder Gemeinschaft möglich. Unsere Rechtsschuld ist nur eine besondere Erscheinungsform der allgemeinen sozialen und moralischen Schuld — nicht anders wie die Rechtswidrigkeit. Wo der Täter rechtswidrig handelt, da kann er auch schuldhaft handeln. Schuld und zwar wiederum soziale oder moralische gibt es innerhalb der Familie und einer jeden Sondergemeinschaft, eines

---

[1]) So will Stammler die Rechtsidee in der Willensreinheit gründen nicht anders wie die Idee der Moral. Vgl. Theorie der Rechtswissenschaft, 6. Abschn.

[2]) Vgl. zu dem Problem die interessanten Betrachtungen von Wischeslavzeff in Philos. Abh., Hermann Cohen dargebracht 1912. Dazu M. Salomon Grundlegung zur Rechtsphilosophie 1919, 205. — Noch viel weniger wird man aber umgekehrt die Ethik auf die Rechtswissenschaft orientieren dürfen, wie dies Cohen Ethik² 1907 unternommen hat; freilich bedeutet dieses „Orientieren" etwas anderes wie das systematische Zurückführen; es heißt mehr ein methodisches Ausbauen und ein inhaltliches Bereichern.

Vereins, einer Berufsklasse oder eines Standes, innerhalb der staatlichen Gemeinschaft (d. i. die Rechtsschuld), innerhalb der Kirche, innerhalb der Kulturgemeinschaft der zivilisierten Völker und endlich innerhalb der gesamten Menschheit.

Der spezifisch juristische Schuldbegriff ist also aus dem soziologischen zu gewinnen, indem die Gemeinschaft auf die staatliche beschränkt wird; danach ergibt sich die Verengung der Zwecke auf die rechtlichen, also die Spezifizierung des Maßstabes wie der Instanz der Wertung, aber auch die Beschränkung auf besondere Begleitumstände, die von der Rechtsordnung für die allein erheblichen angesehen werden. Von diesem letzten Gedanken ist nur noch ein Schritt zu der formellen Schuld.

Das ist der logisch-systematische Aufbau des Schuldbegriffs — wenn auch kompliziert, aber doch strukturell klar und durchsichtig; dazu stilrein, denn alles ist auf die eine Denkform zurückgeführt: den Wertbegriff.

III. Psychologische Grundlagen des Schuldbegriffs.

1. Die meisten bisherigen Untersuchungen der Schuldliteratur bewegen sich auf psychologischem Grunde[1]) und tragen psychologischen Inhalt, wie denn sehr beliebt ist, als Oberbegriff in die Schulddefinition einzustellen eine mehr oder weniger näher bezeichnete „psychische Beziehung des Täters" zu einem objektiven Umstande. Und doch ist dieses Verfahren völlig unzureichend; es ist unmöglich, von ihm aus zu einer Erkenntnis des Schuldbegriffs zu gelangen. Man beschreibt ja nur, was in der Seele des Täters vor sich geht, ehe er rechtswidrig handelt; man sucht auf deskriptivem Wege ein Bild von dem Seelenzustande zu gewinnen, den man Schuld heißt.

a) Wie ist es aber möglich, von hier aus den Schuld*vorwurf* zu begründen, das in dem Schuldbegriff zweifellos steckende Unwerturteil zum Ausdruck zu bringen? Nur eine normative Methode

---

[1]) Wie auch der jüngste Beitrag zur Schuldlehre von Heims (ZStW. 40/1) zeigt. Charakteristisch für das grundsätzlich psychologische Verfahren ist die Aufstellung dreier Erfordernisse nebeneinander, ohne Aufzeigung einer höheren Einheit, vgl. S. A. 21, 72; bei einer erkenntniskritischen Fundierung eine Unmöglichkeit. Natürlich ist nicht zu verkennen, daß auch diese psychologisch-empirische Induktion ihre Vorzüge hat.

vermag das Problem zu lösen;[1]) der Blick muß auf die Anschauung der Rechtsordnung als den übergeordneten Standpunkt eingestellt werden. Gewiß, man kann einen Unwert auch beschreiben, und man muß ihn beschreiben, wenn man ihn restlos erkennen will; aber das ist doch erst möglich, wenn man zuvor weiß, daß es sich um einen Unwert überhaupt handelt. Wie will man denn auf rein beschreibendem Wege einen Unterschied zwischen Schuld und Verdienst treffen? Es ist bezeichnend, daß die reinen Psychologisten die Schuld derartig farblos bestimmen, daß man ihr auch ein anerkennendes Urteil, auch Lob und Ruhm, zwanglos hinzurechnen kann.[2]) Ein solcher offenkundiger Irrweg erklärt sich aus der von wertenden Gesichtspunkten absehenden, hinsichtlich der Würdigung indifferenten und neutralen Auffassung.

b) Aber noch in einer zweiten Hinsicht erweist sich die rein psychologische Methode als unzureichend. Wenn man die Schuld nur beschreiben zu können vermeint, wie will man die Fahrlässigkeit (man denke vorläufig nur an die unbewußte) als Schuld rechtfertigen? Wie erklärt man die fahrlässige Körperverletzung, die der kurzsichtige Automobilführer begeht? Beim Vorsatz läßt sich das

---

[1]) Gut ist schon von Kelsen die Notwendigkeit einer normativen Methode (im Gegensatz zur psychologischen) auch für die Erkenntnis des Schuldbegriffs gefordert. Vgl. Hauptprobleme der Staatsrechtslehre 1911, 136, 138 u. a. Eine systematisch scharfe Scheidung findet sich, wie nicht anders zu erwarten, auch in der Schuldlehre Mayers 233, 238; das „ethische Schuldelement" wird in dem Bewußtsein der Rechts-(Kultur-)widrigkeit, das „psychologische" dagegen in der Beziehung zum Erfolg gesehen. Der Gegensatz entspricht aber — abgesehen davon, daß die Ethik ebenfalls beide Schuldelemente aufweist — nicht dem unseren; denn die normative Betrachtung erschöpft das Wesen der Schuld vollkommen, nicht anders wie die psychologische (mag sie auch erst sekundäre Bedeutung gewinnen), während Mayers Gliederung reale Ausschnitte aus dem Wesen der Schuld bedeuten. Weswegen Köhler 232 außer dem psychologischen ein normatives und ein (drittes) ethisches Schuldelement unterscheidet, ist nicht recht ersichtlich; die beiden letzteren sind doch identisch. Vgl. zu der Scheidung von normativ und ethisch Mittermaier Kritische Beiträge 1909, 29.

[2]) Bezeichnend ist, daß Radbruch ZStW. 24, 348 den Oberbegriff für Vorsatz und Fahrlässigkeit definiert als den „Gemütszustand, der eine Handlung als für den Handelnden charakteristisch erscheinen läßt"; Schuld soll aber dann vorliegen, wenn jene Handlung eine rechtswidrige und die aus ihr zu erschließende Gesinnung eine antisoziale ist; damit wird also ein Unwerturteil eingeführt.

Objekt der Beschreibung deutlich erfassen, es ist ein positives psychisches Etwas (nennen wir es vorläufig Bewußtsein der Rechtswidrigkeit); bei der Fahrlässigkeit dagegen fehlt dieses gerade, es ist ein psychisches Nichts — oder ein Etwas, das in genau demselben psychischen Zustande schon vor der Tat vorhanden war und ebenso nach ihr vorhanden sein kann. Die bloße Beschreibung führt nicht zum Ziele; sie findet kein Objekt oder wenigstens kein charakteristisches Objekt vor. Dieselbe Erscheinung wie beim Unterlassungsdelikt; man erinnere sich des Falles, wo der Weichensteller in dem kritischen Zeitpunkt in seiner Bude schläft. Dort ein physisches hier ein psychisches Nichts. Beidemal aber ein juristisches Etwas. Und dieses kann man nicht etwa durch ein zeitliches Zurückgehen auf ein natürliches Etwas erfassen, wie man es ebenfalls dort wie hier versucht hat. Will man wirklich die verbrecherische Handlung darin sehen, daß der Weichensteller einige Stunden vorher zuviel Schnaps getrunken hat? und die Fahrlässigkeit darin, daß der Automobilführer trotz seiner Kurzsichtigkeit diesen Beruf ergriffen hat und in den Dienst einer Kraftwagengesellschaft getreten ist? Diese Ansicht würde das Schuldmoment weit zurückschrauben und von der Tat völlig loslösen. Kein Wunder, daß man dann zu der Auffassung der Schuld als eines Charakterfehlers getrieben wird oder — in deterministisches Fahrwasser geraten — nach noch weiter zurückliegenden Ursachen Umschau hält! Kein Wunder aber auch, daß man dann die Schuld bei der Fahrlässigkeit in einen Verstandesfehler, in Untüchtigkeit und Unkenntnis verlegte, wie in dem Fall, wo ein Arzt gegen die Kunstregeln seiner Wissenschaft handelt![1])

Das juristische Etwas kann man lediglich vom Standpunkte der Rechtsordnung begründen; diese fällt ihr Unwerturteil bald über ein physisches oder psychisches Etwas, bald über ein ebensolches Nichts. Sie konstituiert ihre Objekte, über die sie ihr Unwerturteil abgibt. Was beim Unterlassungsdelikt die Rechtswidrigkeit, das vollbringt beim Fahrlässigkeitsdelikt der Schuldvorwurf. Beidemal also ein wertbezogenes Objekt. Die normative Anschauung erschöpft freilich durch die Betonung des Wertelements selbst, des Wertmaßstabes das Wesen der Schuld nicht restlos; denn zu ihr gehört nicht nur ein Vorwurf sondern auch ein psychisches Objekt.

---

[1]) So Rümelin Verschulden 37.

Aber dieses psychische Objekt ist nicht naturalistisch sondern wertbezogen zu denken. Und daher ist eine psychologische Bearbeitung der Schuldlehre nicht als eine naturwissenschaftliche sondern nur als eine axiologische, timologische, kulturwissenschaftliche berechtigt, d. h. als eine solche unter dem Gesichtspunkte des Wertes, nämlich des Vorwurfes.[1])

2. Die psychologische Betrachtung der Schuldlehre entspricht durch ihr deskriptives, kausales Verfahren der Denkweise des Determinismus. Und diesem ist nicht beizutreten aus den mehrfach (§ 19) angeführten Gründen; insbesondere ist das Zurückgehen auf die vor dem freien Willensentschluß liegenden psychischen Ursachen für das Strafrecht wie für die Moral unerheblich und unzulässig. Wird der gesamte Seelenzustand des Täters, sein Charakter wirklich erheblich, wie in der Strafzumessungslehre für die Höhe der Strafe, so stehen bei genauerem Zusehen auch hier wieder zur Erörterung einzelne Vorgänge, also freie Willensentschlüsse, deren Summe eben jene Gesamtpsyche ausmacht — die „Gesamtpsyche" ist ja ein für die moderne Psychologie mit ihrer analysierenden, ja sogar die einzelnen Willensvorgänge analysierenden Tendenz unbrauchbarer Begriff. Die Klarstellung des Schuldbegriffs erfordert also keineswegs eine psychologische Untersuchung über die Entstehung des freien Willensentschlusses; dieser kommt für die Schuldlehre eben nur als ein freier in Ansatz. Daher ist zum mindesten überflüssiges Beiwerk die in der Schuldliteratur meist einen breiten Raum einnehmende Erörterung über das „Motiv", denn dieses ist ja die Ursache des Willensentschlusses — sofern man nicht etwa jenes mit diesem identifiziert (Willensentschluß als Motiv der Tat!).

Was aber auf alle Fälle erforderlich ist, das ist die psychologische Analyse der zum Wesen der Schuld gehörenden Merkmale; zur Klärung des Schuldbegriffs bedarf es der Einsicht in die elementaren Bestandteile der genannten Willensvorgänge. Es handelt sich also im folgenden um eine nähere Beschreibung

---

[1]) Die vorstehenden Ausführungen stehen nicht im Widerspruch mit der später gewonnenen Erkenntnis, daß das Schuldmoment bei der Fahrlässigkeit nicht in der Nichtkenntnis bei Kennenmüssen, sondern in dem freien Willensentschluß trotz Kennenmüssen bei Nichtkenntnis besteht; die Negative liegt nicht in dem eigentlichen Objekt des Schuldvorwurfs, sondern in einem notwendigen Begleitumstande.

dieser Akte speziell unter psychologischen Gesichtspunkten. Denn das muß man sich klarmachen, es ist in den zahlreichen Kontroversen über den Schuldbegriff meist übersehen: was erkenntnistheoretisch (oben II) als Werturteil erscheint, das wird psychologisch als Bewußtseinsvorgang oder schlechtweg als Bewußtsein bezeichnet. Daher wäre es verkehrt, aus unserer früheren unter dem erkenntnistheoretischen Gesichtspunkt des Werturteils erfolgten Festlegung des Schuldbegriffs schließen zu wollen, die Schuld setze sich aus vorwiegend verstandesmäßigen Elementen, aus Denkfunktionen zusammen, wie es auch unrichtig wäre, das Bewußtsein notwendig stets intellektual als Kenntnis, als Wissen bestimmen zu wollen. Vielmehr kann das Werturteil, psychologisch gesprochen das Bewußtsein auch einen vorwiegend emotionalen Charakter tragen und sich in der Hauptsache aus Gefühlen zusammensetzen. Und wir werden sehen, daß die psychischen Elemente der Schuld zum großen Teil in der Tat Gefühle sind, Gefühle, die sich ja ganz besonders zur Beurteilung der Persönlichkeit eignen. Auch die sog. Voraussicht des Erfolges braucht nicht notwendig eine klare verstandesmäßige Erkenntnis des Erfolges zu bedeuten, sondern kann auch von Gefühlen, die dem Erfolg eine lust- oder unlustbetonte Färbung verleihen, untermischt sein. Diese Einsichten hat man sich stets vor Augen zu halten, wenn später allgemein von Werturteil, Bewußtsein, Voraussicht gesprochen wird.

Drei Werturteile trafen wir bei der Entwicklung des Schuldbegriffs an: das der Rechtsordnung (II 1), das des wertenden Individuums (den Maßstab, II 2) und das des handelnden Individuums (den Willensentschluß, II 4).

a) Zunächst das Werturteil der Rechtsordnung, der Schuldvorwurf. Hier handelt es sich im Gegensatz zu den beiden folgenden nur um ein logisches, ideales, gedachtes, transzendentales Urteil, das tatsächlich niemals gefällt zu sein braucht. Schuld liegt auch vor, wenn die Rechtsordnung, etwa der Richter, sich niemals über den Unwert eines konkreten Willensentschlusses äußert. Die psychologische Beschreibung eines wirklichen Vorganges steht daher hier gar nicht in Frage. Der psychologische Charakter dieses Werturteils kann nur ein intellektualer sein, eben seiner logischen Natur wegen. Tatsächlich mögen auch Gefühle hineinspielen; sie sind jedenfalls nur von untergeordneter Bedeutung.

b) Sodann das über den Willensentschluß und das anschließende äußere Verhalten von dem Individuum selbst gefällte Werturteil, also die Kenntnis der Rechtswidrigkeit (Sozialschädlichkeit), im Falle der Fahrlässigkeit das Kennensollen! Es unterliegt keinem Zweifel, daß hier ein Denkvorgang, eine Vorstellung oder deren Negation zur Erörterung steht. Insofern enthält die Schuld einen Verstandesfehler und trifft die für den Vorsatzbegriff noch immer umstrittene, aber doch schon mehr und mehr Anerkennung findende Vorstellungstheorie[1]) zu. Sie ist für die Schuldelemente, für Vorsatz und Fahrlässigkeit, ebenso richtig und erschöpfend, wie für den Schuldbegriff einseitig, da das Wesen der Schuld in dem vorwerfbaren Willen besteht (vgl. sofort zu c).

Dieses Bewußtsein der Rechtswidrigkeit, von dem später noch die Rede sein wird (§ 21 II), setzt sich zusammen aus 1. der Kenntnis der Tatsachen, 2. der Kenntnis des Wertmaßstabes (des Obersatzes, der Rechtsnorm, des moralischen Gesetzes) und 3. der Subsumtion von 1 unter 2. Also drei rein urteilende Tätigkeiten. Mag auch das Gefühl beteiligt sein und Lust oder Unlust mitsprechen (darüber unten § 21 III 1), die psychischen Funktionen bei dieser Wertung sind in der Hauptsache solche des Verstandes.[2])

Das ist u. E. im Strafrecht nicht anders wie in der Moral; so berechtigt auch in gewisser Hinsicht die emotionale Ethik sein mag, das Wort des Sokrates, daß Tugend Wissen sei, enthält eine tiefe Wahrheit. In dieser Hinsicht, aber auch nur insoweit (vgl. sofort unten zu c), ist Schuld stets Verstandesschuld, Tugend stets Erkenntnis.

c) Anders das Objekt der Schuld, der Willensentschluß selbst. Dieser setzt sich aus intellektualen und emotionalen Faktoren zusammen, aus Vorstellungen und Gefühlen. Die Gefühle aber sind bedeutungsvoller und geben den Ausschlag;[3]) der Handelnde

---

[1]) Es sei vorläufig auf v. Hippel VerglDarst. A 3, 487 ff. sowie Frank § 59 I Abs. 5 ff. und die Nachweise daselbst verwiesen.

[2]) Den von Frank Gießener Festschr. 1907, 547 angeregten Unterschied zwischen Wissen und Denken ziehen wir nicht. Beides ist ein Vorstellen und kann sich u. E. nur durch die — strafrechtlich unerhebliche — Intensität der Verstandestätigkeit unterscheiden.

[3]) Diese emotionale Seite der Schuld ist namentlich von Tesar, Mittermaier, Exner, Heims u. a. mit Recht hervorgehoben.

wird bestimmt durch die Erwartung von Lust und zum mindesten durch die Erwartung der Aufhebung oder der Verminderung oder der Vermeidung von Unlust. Natürlich kann sich der Handelnde diesen voraussichtlichen Erfolg auch mehr oder weniger deutlich vorstellen; aber notwendig ist das nicht. Es reicht aus, daß er ihn bloß fühlt.[1]) So erklären sich die sog. reinen Triebhandlungen, Handlungen aus Rachsucht, aus Bosheit usw., die von der streng durchgeführten Vorstellungstheorie nicht dargetan werden können; ihnen eignen nur Gefühlselemente als Objekte.

Insofern ist Schuld stets Gefühlsschuld, ist Tugend stets Fühlen; Strafe wie Verdienst finden nur so ihre innerste Rechtfertigung, denn die Strafe als Leid kann doch nur an einen Tief-, der Lohn doch nur an einen Hochstand von Gefühlen anknüpfen. Das verlangt die Gerechtigkeit ebenso wie die psychische Parallelität: besteht die Folge vorzugsweise aus Gefühlen, so können die Voraussetzungen im wesentlichen nicht anders beschaffen sein.

Zugleich wird aber auch klar, daß an psychischen Elementen nur Vorstellungen und Gefühle in Betracht kommen. Die in der Vorsatzlehre beliebte Gegenüberstellung von Vorstellungs- und Willenstheorie ist also richtigzustellen.[2]) Gegensätze sind lediglich Vorstellungen und Gefühle, während der Wille höchstens als Oberbegriff in Betracht kommt und allenfalls als ein zusammengesetzter

---

[1]) Insofern rechtfertigen sich die für den Eventualvorsatz beliebten Wendungen: der Täter billigte den Erfolg, er hieß ihn gut, er lehnte ihn nicht ab (vgl. Frank § 59 V). Falsch wäre es, diese Wendungen weitergehend dahin zu verstehen: der Täter stellte sich den Erfolg als einen nützlichen vor.

[2]) Der Gegensatz wird heutzutage nicht mehr in dem Maße betont wie früher. Auch Frank nennt jetzt den Gegensatz einen formellen; der Wille solle nicht ausgeschaltet werden (§ 59 I Abs. 6, Aufbau des Schuldbegriffs 22 ff.). Weswegen ist aber der Wille nicht auszuschalten? Weil er zum Wesen der Schuld gehört: Schuld ist ein vorwerfbarer Willensentschluß usw. Daher trifft Exner 124 durchaus das Richtige, wenn er meint, die Willenstheorie frage nach dem Wesen der Schuld, die Vorstellungstheorie nach dem Erkennungsmerkmal. Letzteres besagt u. E., die Vorstellungstheorie treffe zu für die Schuldsymptome, d. s. die Schuldelemente Vorsatz und Fahrlässigkeit. Daher ist aber nicht zu billigen, wenn Exner 130 meint, der Gegensatz gewinne Bedeutung eigentlich nur für die Abgrenzung von bewußter Fahrlässigkeit und Eventualvorsatz; er ist vielmehr von hoher grundsätzlicher und zwar nicht, wie Frank a. a. O. meint, von formeller sondern von sachlicher Bedeutung.

psychischer Faktor zu rechtfertigen ist. Psychologisch richtiger ist es jedenfalls, den Willen, das Wollen zu analysieren. In bezug auf zukünftige Tatsachen, auf den Erfolg hat die Psychologie bekanntlich den Begriff Zweckstreben ausgebildet; er steht im Einklang mit der hier durchgeführten teleologischen Auffassung des Wertungsobjektes als eines Wirkens, eines Bezweckens: der Täter erwartete von einem gewissen Erfolg ein Lustgefühl und er stellte sich ihn als einen wahrscheinlichen Erfolg seines Handelns vor. Das sind die psychischen Bestandteile des Zweckstrebens, des sog. Wollens, des sog. Willensentschlusses — eine auch für die Fahrlässigkeit zutreffende Auffassung, denn das in der Fahrlässigkeit liegende Manko betrifft das Bewußtsein der Rechtswidrigkeit, während sich natürlich auch der fahrlässig handelnde Täter irgendeinen Erfolg als einen wahrscheinlichen und lustbetonten vorgestellt hat.

Diese Analyse hat an die Stelle der unklaren und zum mindesten unpsychologischen Wendung zu treten: der Täter wollte den Erfolg. Zum mindesten ist es überflüssig, das Wollen (oder Billigen) des Erfolges noch besonders hervorzuheben. Der Täter „will" das „Verhalten" (d. h. er faßt den freien Willensentschluß), und er sieht den Erfolg voraus; liegen diese beiden Voraussetzungen vor, so ist auch das „Wollen des Erfolges" gegeben.[1])

---

[1]) Dies ist richtig schon von Bekker Theorie des heutigen deutschen Strafrechts 1859, 254 und im Grunde auch von Zitelmann Irrtum 149 hervorgehoben. Vgl. auch Kohlrausch Reform I 188, wo die den Inhalt des Streites beider Theorien ausmachende Frage, ob alle Bestandteile des gewollten Erfolges als ebenfalls gewollt angesehen werden können, als strafrechtlich gleichgültig bezeichnet wird. Nicht gleichgültig ist aber die Analyse dieses „Wollens des Gesamterfolges". — Daß übrigens der Begriff „Wollen des Erfolges" falsch sei, soll von uns nicht behauptet werden. Daher erledigen sich die gegen Bekker und Zitelmann von v. Hippel Die Grenze von Vorsatz und Fahrlässigkeit 1903, 21 ff. erhobenen Einwände. Es sei schon hier bemerkt, daß von den drei Sätzen v. Hippels der zweite und dritte ganz deutlich die Vorstellungstheorie ausdrücken, allerdings auch der Willenstheorie (bei einer entsprechenden Fassung des Willensbegriffs) nicht entgegenstehen, während am deutlichsten jedenfalls der erste Satz die Willenstheorie zum Ausdruck bringt. Die drei Sätze lauten: Gewollt sind 1. die als wünschenswert erstrebten, 2. die mit diesen als notwendig verbunden vorgestellten Folgen der Tat, 3. („mitgewollt") die als möglich vorgestellten gleichgültigen oder unangenehmen Folgen der Tat, wenn der Täter die Tat auch bei Vorstellung notwendiger

Deswegen trifft auch der von den Verfechtern der Willenstheorie [1]) so gern erhobene Vorwurf nicht zu, die Vorstellungstheorie versage beim Eventualvorsatz, da sie hier das Vorliegen des Vorsatzes von der Billigung des Erfolges abhängig mache. Die (wie oben zu b gesagt) für den Vorsatzbegriff allein zutreffende und ausreichende Vorstellungstheorie versagt auch gegenüber dem Eventualvorsatz nicht: der Täter sieht den Erfolg als einen eventuellen, wahrscheinlichen voraus, und trotzdem entschließt er sich zum Handeln; damit ist von selbst das „Wollen", „Billigen" des Erfolges gegeben.

Umgekehrt greift aber der von der Vorstellungs- gegen die Willenstheorie erhobene Einwand [2]) nicht durch, der Täter könne auch einen unerwünschten Erfolg vorsätzlich herbeiführen — übrigens eine Anschauung, die es erklärt, weshalb die u. E. naheliegende Zurückweisung des soeben erledigten Einwandes (Nichterklärung des Eventualvorsatzes) so schwer fallen mußte. Die Tendenz des Täters kann nämlich stets nur auf einen sog. erwünschten Erfolg gerichtet sein; denn jedes Handeln, jeder Entschluß erklärt sich aus der Erwartung von Lust oder der Vermeidung usw. von Unlust.[3]) Es mögen freilich andere Umstände, die mit jenem Erfolg notwendig verbunden sind, dem Täter unerwünscht sein, und zu diesen unangenehmen Begleiterscheinungen mag gerade der strafrechtlich erhebliche Erfolg gehören. Handelt der Täter aber in Erkenntnis dieses Zusammenhanges gleichwohl, so nimmt er auch das an sich (abstrakt) Unerwünschte mit in den Kauf, er billigt das Ganze um eines lustbetonten Erfolges willen, er heißt den gesamten Kausalverlauf gut; in unserer Sprachweise: sein Wirken ist lustbetont — wie ja jedes Wirken im Hinblick auf einen Zweck lustbetont sein muß, wenn man von den hier natürlich nicht interessierenden pathologischen Fällen, also Handlungen Zurechnungsunfähiger absieht.

Verbindung der betreffenden Folgen mit den erstrebten begangen hätte (76, 82, 132 ff.). Näheres zu den beiden Theorien unten § 21 III 3.

[1]) Vgl. namentlich v. Hippel und die weiteren bei Frank § 59 I Abs. 6 Zitierten. Näheres über den Streit beider Theorien unten § 21 III 3.

[2]) Hierüber vgl. die zahlreichen Nachweise bei Frank a. a. O.

[3]) Z. B. handelt der Arzt, der eine lebensgefährliche, in 99% von Fällen tödlich verlaufende Operation den ärztlichen Kunstregeln gemäß vornimmt, zur Vermeidung von Unlust; die Operation bietet günstigere Chancen als die Nichtvornahme (in welchem Falle stets ein qualvoller Tod eintritt).

Unter dem angegebenen Gesichtspunkt erklären sich auch die Fälle, wo ein hochgeschätztes Rechtsgut fahrlässig verletzt wird, etwa ein nahestehender Freund auf der Jagd, zwanglos als schuldhafte: der Täter handelte auch hier um eines lustbetonten Erfolges willen, etwa um einen Rehbock zu erlegen, und er handelte, obwohl er sich sagen mußte, daß er bei dieser Windrichtung den Freund treffen würde. Der konkrete Willensentschluß ist also vorwerfbar, sozialschädlich, antisozial. Wer freilich unter Schuld die antisoziale Gesinnung als solche, als konstante Willensrichtung, als Charakterfehler versteht, der wird in derartigen Fällen schwerlich Schuld nachweisen können;[1]) denn der Täter mag sonst auf das Wohlergehen seiner Mitmenschen und speziell dieses Freundes in besonders hohem Maße bedacht sein. Der konkrete Fall läßt aber eine Abweichung erkennen; und da Schuld sich nach der hier zugrunde gelegten Auffassung nur auf die Einzeltat bezieht, so ist sie im konkreten Falle gegeben.

3. Nach den vorstehenden Erwägungen kann man die Schuld psychologisch kurz definieren als Gleichgültigkeit gegenüber den Mitmenschen[2]) oder exakter als vermeidbaren Mangel an Interesse für fremde Interessen.[3]) Diese Formel besagt zwar nicht sehr viel und ist sogar Mißverständnissen leicht zugänglich, aber sie bringt den hautpsächlichsten Inhalt des Wesens der Schuld, wie es genauer oben (II 6 a. E.) formuliert wurde, zum Ausdruck: der „Mangel" enthält das Unwerturteil, den Vorwurf der Rechtsordnung; die Vernachlässigung der „fremden Interessen" dagegen die Sozialschädlichkeit, die materielle Rechtswidrigkeit; dazu wird durch den Mangel an „Interesse" das der Schuld vor allem wesentliche Gefühlselement ausgedrückt, während allerdings das ebenfalls wesentliche Vorstellungselement leider keinen Ausdruck findet. Ein etwaiger

---

[1]) Ein gegen v. Liszt, Exner u. a. wiederholt erhobener Einwand. Vgl. Mayer 245. S. auch den folgenden Text zu 3.

[2]) Auf „Gleichgültigkeit" (freilich in verschiedenen Ausgestaltungen) legen Gewicht v. Calker ZStW. 32, 157, Grundriß 31, Exner Fahrlässigkeit 199 u. a.

[3]) Diese Definition hat übrigens — gegenüber zahlreichen anderen, nur auf den Vorsatz zugeschnittenen Schulddefinitionen (namentlich der Hegelianer, aber im Grunde auch Bindings) — den Vorzug, daß sie auch für die Fahrlässigkeit paßt, wenn man nicht gar einen Mangel wiederum darin erblickt, daß sie bloß diesen geringeren Grad der Schuld zum Ausdruck bringt.

Zusatz „bewußter oder bewußtseinsollender Mangel“ usw. würde aber nicht klar erkennen lassen, daß sich die Kenntnis (Nichtkenntnis bei Kennensollen) auf die Sozialschädlichkeit zu beziehen hat; denn sprachlich bezieht sie sich auf den Schuldvorwurf (nicht auf die Rechtswidrigkeit) und steht daher streng genommen außerhalb der Schuld.

Schwerer wiegt eine andere Unebenheit. Es sieht so aus, als beträfe die Schuld den gesamten Charakter oder jedenfalls eine konstante Willensrichtung, und das ist es gerade, was wir bekämpfen, worüber alsbald (IV 3) näher zu sprechen ist. Nur wenn man die Formel so versteht, daß es sich um einen vereinzelten Vorgang, einen freien Willensentschluß handelt,[1]) darf sie verwendet werden. Verfehlt wäre es, dieses Erfordernis in dem Zusatz ausdrücken zu wollen: der sich in einer Einzeltat offenbarende Mangel usw. Denn in der Schuld braucht eben nicht eine konstante Charakterbeschaffenheit offenbart zu werden. Diese symptomatische Auffassung würde nicht die Vergiftung des Patienten durch den Apotheker wegen Verwechselung der Flaschen, die Verletzung des Freundes auf der Jagd, das Erdrücken des Kindes durch die Mutter im Schlaf als Schuld zu erklären vermögen, wenn die Täter sonst stets sehr gewissenhaft ihren Mitmenschen gegenüber handeln.[2])

Die soeben geäußerten Bedenken richten sich, was im einzelnen nicht mehr dargelegt zu werden braucht, erst recht gegen die bekannten[3]) Bestimmungen der Schuld als einer antisozialen oder asozialen Gesinnung, als einer sozialen Gefährlichkeit, als eines

---

[1]) Insofern besser Baumgarten Aufbau der Verbrechenslehre 110: Schuld ist „der freie Willensakt antisozialen Inhalts“.

[2]) Die Schuld in einer „allgemeinen Unvorsichtigkeit“ zu suchen (so Heims ZStW. 40/1, S. A. 73, 75), würde u. E. den Tatsachen nicht immer gerecht werden; es würde sozusagen nicht nur die Einzelschuld, sondern auch die Einzeltatsache generalisiert werden.

[3]) Vgl. namentlich v. Liszt § 36, Miricka Die Formen der Strafschuld 1903, Kohlrausch in Festg. f. Güterbock 1910, Reform I 184, Tesar Symptomatische Bedeutung, die Beiträge zur Schuldlehre in ZStW. 32 von v. Calker, Hold v. Ferneck, Graf zu Dohna, Tesar, Rosenfeld, Mayer, ferner Graf zu Dohna GerS. 65, 304, Rümelin Verschulden 52, C. Schmitt Über Schuld und Schuldarten 1910, 54, 62 ff., Exner Fahrlässigkeit 199, 208, Hold v. Ferneck Die Idee der Schuld 1911, Gerland Grundfragen des Strafrechts 1918, 39. Wenn ein erkenntniskritisch verfahrender Ethiker (Schuppe Das Problem der Verantwortlichkeit 1913, 32 ff.) die Schuld als Pflichtverletzung sieht in dem Wider-

anomalen Gefühlslebens, als Gleichgültigkeit gegenüber der Rechtsordnung, als Nichtanpassung an die Anforderungen der Gesellschaft, als Charaktereignung zu rechtswidriger Handlung, als psychischer Abweichung vom Normaltypus, als bösen Willens, als psychischer die Verantwortung begründender Disposition des Täters zur Zeit der Tat.[1]) Es sind dies zum nicht geringen Teil Definitionen, die ebenso gut auf ganz andere Dinge passen, denen man gewiß nicht Schuldnatur beimißt. Und es ist ein bedenkliches Zeichen, daß ein Autor, der es sonst gewiß nicht an Schärfe und Deutlichkeit der Begriffsbestimmung fehlen läßt, für die Schuld eine Definition gibt, die nicht minder für die Rechtswidrigkeit zutrifft.[2])

Übrigens ist die Beziehung der Schuld auf die Gesamtpsyche, auf die Persönlichkeit der gegebene Weg für diejenigen, die rein psychologisch, naturwissenschaftlich, deskriptiv verfahren; denn bei der unbewußten Fahrlässigkeit finden sie als psychisches Substrat der Einzeltat ein Nichts vor, und um nunmehr ein psychisches natürliches Etwas zu entdecken, müssen sie die gesamte Persönlichkeit heranziehen.

IV. Die sog. materielle Schuld.

1. Als materielle Schuld läßt sich zunächst die soeben (III 3) behandelte psychologische Schuld gegenüber der normativen (oben zu II) insofern bezeichnen, als sie dem konstruktiv-logischen Charakter der anderen ein mehr inhaltliches Gepräge verleiht: sie bestimmt den psychischen Gehalt der logischen Formen (Werturteil, Willensentschluß usw.) des näheren, indem sie darüber Auskunft gibt, ob jene Formen insbesondere durch Vorstellungen oder Gefühle anzufüllen sind. Diese psychologische Färbung darf jedoch die logisch-

---

spruch zwischen den Gefühlen und Wallungen einerseits und dem Bewußtsein, d. i. dem eigenen Wesen andrerseits, so ist mit dem letzteren wohl nur das moralische Gesetz gemeint; die Auffassung ist also im ganzen unbedenklich.

[1]) Der Tadel Bindings Normen [3] II 1, 283 zu V ist nicht ganz unberechtigt. Andrerseits sind jene Ansichten als wichtige Etappen auf dem Wege über das Gesetz hinaus ins „Materielle", „Übergesetzliche", auf dem Wege zum Licht und zur Wahrheit selbstverständlich nur mit Freuden zu begrüßen gewesen und haben der Wissenschaft wertvollere Dienste geleistet als die ewigen Wiederholungen der strengen Gesetzesausleger.

[2]) Rosenfeld ZStW. 32, 478 bestimmt die Schuld (in Sperrdruck) als den „Widerspruch zu einem rechtlich-sozialen Sollen, wie er in einem bestimmten Verbrechen zutage tritt".

exakte Bestimmung keinesfalls verdrängen; vielmehr hat sie der letzteren nur ergänzend hinzuzutreten, wie sich dies aus dem Aufbau unserer bisherigen Darstellung ergibt.

Erscheint somit die psychologische Schuldauffassung als eine materielle, so zeigt sich zugleich eine interessante Parallele zur Rechtswidrigkeit, die durchaus der großen, durch das Gesamtsystem der Wissenschaften gehenden Parallele entspricht. Sowohl die Rechtswidrigkeit als auch die Schuld haben neben dem erkenntniskritisch-logischen Charakter einen materiellen aufzuweisen, und dieser letztere wird bestimmt dort durch die Soziologie hier durch die Psychologie. Beide sind ja die Objektswissenschaften, die den formal-logischen Prinzipien Gehalt verleihen, Leben einhauchen: die Soziologie im Reich der Außen-, die Psychologie im Reich der Innenwelt. Und es ergibt sich: Wie die Rechtswidrigkeit auf die Soziologie, so ist die Schuld auf die Psychologie orientiert.

2. In einem anderen Sinne könnte materielle Schuld einen Begriff bedeuten, der gegenüber unseren sämtlichen vorangegangenen, notwendig formalen aber gerade deswegen Allgemeingültigkeit beanspruchenden Ausführungen über die Schuld inhaltliche Natur tragen würde.[1]) Man müßte zur Gewinnung eines solchen Begriffes etwa auf induktiv empirischem Wege nach einer Formel suchen, die sich in allen Fällen des Lebens bewährt und doch selbst, über den kalten Formalismus hinaus, lebensvollen Gehalt aufweist. Ein aussichtsloses Beginnen! Hier kann nur jede Wissenschaft und innerhalb der Rechtswissenschaft jedes Gesetz besonders bestimmen, was es im konkreten Fall inhaltlich unter Schuld versteht. Allgemeingültigkeit dürfte ein solcher Schuldbegriff niemals beanspruchen. Er könnte nur im Hinblick auf die besonderen Aufgaben der Einzelwissenschaft, des Gesetzes usw. die oben bestimmte formale Schuld inhaltlich wiederzugeben suchen, was ihm aber niemals restlos, niemals für alle Fälle geltend gelingen würde; günstigenfalls wären es Schuldsymptome, die man gewönne. Durchweg müßte man sich resigniert auf den Standpunkt der Alsob-Philosophie stellen: dies und das Merkmal gilt dieser Wissenschaft, diesem Gesetz als Schuld; es ist so anzusehen, als ob es Schuld wäre. Geht man aber

[1]) Nichts zu tun hat diese Gegenüberstellung mit der wenig fruchtbringenden von Nominal- und Realdefinition, wie sie auch hier — ebenso wie für die Rechtswidrigkeit — Mayer wenigstens andeutet (244[35]).

von einem solchen „materiellen“ Schuldbegriff aus, ihn gar an die Spitze der Schuldlehre stellend, so nimmt es nicht wunder, daß der materielle Schuldbegriff überhaupt Ablehnung erfahren hat. Gerade der umgekehrte Weg ist der richtige. Jener formale Begriff ist als der allgemeingültige voranzustellen; alle anderen Schuldmomente, etwa die spezifisch juristischen, sind von ihm abzuleiten, sie erlangen Lebenskraft nur durch Orientierung auf ihn. Insofern ist der formale Schuldbegriff gerade als der materiale, nämlich grundlegende, anzusehen. Ihm gegenüber als einem angeblich metajuristischen würde aber wiederum ein spezifisch juristischer und insofern formal genannter[1]) keine Berechtigung beanspruchen; letzterer würde entweder eine bloße Umschreibung des Wortes Schuld bedeuten oder er müßte als ein einheitlicher aus dem Gesetz hergeleitet werden, was, wie gesagt und wie die Literatur lehrt, ein Ding der Unmöglichkeit ist.

3. Nicht berechtigt wäre ein materieller Schuldbegriff in dem Sinne, daß Schuld nicht auf den einzelnen Willensentschluß, sondern über ihn hinaus auf einen psychischen Zustand, auf eine dauernde Willensrichtung, eine Charakterbeschaffenheit oder gar auf den gesamten Charakter bezogen wird. Ein solcher dem Einzelschuldbegriff angeblich zugrunde liegender und insofern materieller Begriff der Schuld oder, wie man auch sagt, des Verschuldens ist wie bereits bemerkt abzulehnen[2]) — grundsätzlich deswegen, weil er auf deterministischer Grundlage ruht, also aus den gegen ein deterministisches Strafrecht, eine deterministische Individualethik sprechenden Gründen. Aber auch aus praktischen Erwägungen. Einer exakt arbeitenden Wissenschaft ist mit einem so verschwommenen Gebilde nicht gedient. Gewiß gibt es einen solchen Begriff, der sich über den subjektiven Unwert einer Persönlichkeit, über den Unwert eines Charakters überhaupt ausspricht, über den Unwert einer Willens-

[1]) Diese Scheidung findet sich bei v. Liszt 151, 152.

[2]) Zahlreiche Literaturnachweise, freilich in Auswahl wie Ausdeutung nicht untendenziös, gibt Binding Normen ² II 1, 455 ff. — Der Unterscheidung des Textes nicht fernstehend Oetker GerS. 72, 161 und Mittermaier Kritische Beiträge 1909, 14. Beide Schriftsteller heben mit Recht aber hervor, daß die „materielle Seite der Schuldfrage besonders eingehender Beachtung bedürfe“ (Oetker 169, Mittermaier 16); möge dieser Mahnung nur immer entsprochen werden.

richtung, einer psychischen Disposition, deren Symptome die Einzelhandlungen sind;[1]) ein derartiger Begriff wäre in gewisser Hinsicht ein Gegenstück zu dem Begriff der Ehre als des positiven Wertes einer Persönlichkeit.[2]) Aber um den Unwert wie den Wert des Menschen einigermaßen genau zu bestimmen, muß man seine sämtlichen Verhaltungsweisen, Fähigkeiten und Gesinnungen, wenigstens soweit sie gegenwärtig von Bedeutung sind, in Betracht ziehen, ihren Wert und Unwert einzeln untersuchen und alsdann das Saldo ziehen. Also setzt sich jene „Gesamtschuld" aus so und so vielen Einzelwillensentschlüssen zusammen, deren jeder für sich auf seinen Schuldcharakter geprüft wird. Und damit sind wir wieder bei unserem Begriff der Einzelschuld angelangt.

a) Daß nun für die Verbrechensfeststellung ein solcher Gesamtschuldbegriff unerheblich ist, sollte keinem Zweifel unterliegen. Was geht den Richter bei der Entscheidung, ob die zur Aburteilung vorliegende Tat a schuldhaft begangen ist, die Schuld in 20 oder 30 oder mehr anderen vorausgegangenen Fällen an? Den konkreten Verbrechensfall nur als Symptom jener Gesamtschuld, also des subjektiven Unwertes des Täters überhaupt betrachten hieße eine Beurteilung nicht des einzelnen Falles sondern auch anderer Fälle verlangen. Wenn diese schon abgeurteilt sind, so müßten sie noch einmal zur Untersuchung gezogen werden; sind sie aber noch nicht abgeurteilt, so ist wiederum nicht einzusehen, weshalb gerade der gegenwärtige Fall das Symptom für die Gesamtschuld abgeben soll, es gibt doch noch viele andere Symptome, vielleicht treffendere.

b) So überflüssig und unzulässig ein solches Verfahren für die Feststellung des konkreten Verbrechens und seiner einzelnen Merkmale, insbesondere der Schuld ist, so berechtigt ist es für die Bemessung der Höhe der Strafe. Hier steht nichts im Wege, ja hier ist es sogar geboten, auch vorausgegangene und, was oft selbst von den Vertretern jenes Gesamtschuldbegriffs übersehen wird, nach-

---

[1]) Insofern kann man den Auffassungen v. Liszts, Tesars und Kollmanns nur zustimmen. Vgl. etwa Tesar Symptomatische Bedeutung 201, 204, 217, 237, auch ZStW. 32 S. 379 ff., 412, und Kollmann ZStW. 28 S. 449 ff., 468. Nach Tesar Staatsidee und Strafrecht 254 geht die Anschauung auf Aristoteles zurück.

[2]) Wie wir den Ehrbegriff zuletzt im Logos 9 (1920), 64 ff. zu bestimmen suchten.

folgende Verhaltungsweisen und Willensentschlüsse desselben Täters in Rechnung zu ziehen.[1]) Daß man aber auch insoweit nicht eine — der Strafhöhe entsprechende — Gesamtschuld als logische Voraussetzung zu konstruieren braucht und auch nicht konstruieren kann, zeigt die einfache Erwägung, daß die Höhe der Strafe sich nicht nur nach anderen Willensentschlüssen sondern auch nach anderen Verhaltungsweisen (anderen Fällen des Wirkens, ja anderen Erfolgen) zu richten hat. Es kommt eben auf den gesamten sozialen wie individualethischen Wert und Unwert des Täters an. Und als Symptome nicht nur der Schuld sondern auch des Wirkens (einschließlich des Erfolges) erscheinen die in der Praxis meist zugrunde gelegten Strafzumessungsgründe: Vorleben, Vorstrafen, Verhalten nach der Tat, ja sogar noch Verhalten in der Hauptverhandlung (hartnäckiges Leugnen, reumütiges Geständnis) usw.

Ein richtiger Gedanke liegt jedoch der symptomatischen Schuldauffassung zugrunde; freilich darf dabei die Einzelschuld nicht zu einem Gesamtverschulden der Persönlichkeit als solcher erweitert werden. Das Gesetz hat nämlich in typischer Weise gewisse Merkmale ausgebildet, die sich konstruktiv nur als Symptome der Schuld (also der Einzelschuld) auffassen lassen, wie wir in objektiver Hinsicht früher die Tatbestände und die Rechtfertigungsgründe als Symptome der Rechtswidrigkeit, der Rechtmäßigkeit erkannt haben. Damit ist die folgende Betrachtung (V) vorbereitet.

4. Ein materieller Schuldbegriff, der das Wesen der Schuld in seiner Echtheit enthüllen müßte, ließe sich endlich[2]) noch folgendermaßen ersinnen. Er hätte ein Parallelbegriff zum Begriff der materiellen Rechtswidrigkeit zu sein, unabhängig von ihm, aber doch ihm ähnlich; nicht dagegen ein solcher, der (wie der oben von uns aufgestellte) auf die materielle Rechtswidrigkeit selbst bezogen wird (man erinnere sich unserer zum Ausgang genommenen Wendung:

---

[1]) Insofern wird der psychische Zustand des Täters zur Zeit des Urteils zur Grundlage des Urteils gemacht — wogegen sich zu Unrecht Oetker GerS. 79, 13 wendet.

[2]) Der Begriff läßt sich natürlich noch in mancherlei anderem Sinne verstehen (vgl. etwa Baumgarten Aufbau 243 ff.). Uns kommt es nur darauf an, die sich in das Gesamtsystem dieser Grundlagen einordnenden Bedeutungen zu behandeln, ohne Rücksicht darauf, ob in der Literatur sich diese überhaupt vorfinden und ob sich dort noch andere vorfinden.

Projektion der materiellen Rechtswidrigkeit ins Subjektive, ins Bewußtsein des Täters). Es müßte ein materieller Schuldbegriff ersonnen werden, der sich zu dem formellen (gesetzlichen) ebenso verhielte wie der materielle Rechtswidrigkeitsbegriff zum formellen: beidemal der Zug vom Gesetzlichen ins Metagesetzliche, vom Formellen zum Materiellen, vom Positiven zum Richtigen — in dem einen Fall auf der objektiven Linie der Rechtswidrigkeit, in dem anderen auf der subjektiven Linie der Schuld. Beide Linien hätten aber, wie gesagt, unabhängig voneinander zu verlaufen. In dieser Unabhängigkeit liegt jedoch die Unzulänglichkeit eines solchen Verfahrens, ja dessen Unmöglichkeit. Wohin sollte denn der Vorstoß der subjektiven Richtung erfolgen und von wo hätte er auszugehen? Nicht nur das Ziel sondern auch der Anfang blieben im Dunkelen, und nur die Mitte, die Linie selbst wäre klar: die Pflicht. Möglich, daß ein Teil der zahlreichen Schriftsteller, die diesen Begriff bei der Festlegung der Schulddefinition verwenden und unter Schuld „Pflichtwidrigkeit" verstehen,[1]) die hier gezeichnete Gedankenfolge mehr oder weniger deutlich bewußt einschlagen wollten, um das Wesen der Schuld zu ergründen; der Plan müßte mißlingen. Mißlingen aus den beiden genannten Gründen:

a) Unbekannt ist einmal das Ziel. Auf der objektiven Linie ist es die Kultur, auf der subjektiven könnte es u. E. nur die Moral sein. Die Parallele an sich würde gewiß befriedigen: Rechtswidrigkeit ist Kulturwidrigkeit (Sozialschädlichkeit), Schuld dagegen wäre Moralwidrigkeit, die „Ethisierung des Strafrechts"[2]) wäre vollzogen, das Schuldhafte läge in dem „bösen Willen".[3]) Das bedeutete aber eine unheilvolle, das gesamte Gebäude ins Wanken bringende systematische Verwirrung. Grundlegendes Arbeiten kann eine Spezialwissenschaft nur auf eine Grundwissenschaft, kann das Grundgesetz der einen nur auf ein höheres Grundgesetz orientieren, nicht auf mehrere. Das Gegenteil wäre unreine, unlogische Arbeit; niemals könnte auf diese Weise ein geschlossenes widerspruchsfreies System errichtet werden, und Kollisionen im Einzelfall wären die unliebsame, gar nicht hinwegzuschaffende Folge. Es gibt nur ein Entweder-Oder. Die Rechtswissenschaft (einschließlich das Strafrecht

---

[1]) Vgl. die erste Fußnote unten § 21 II.
[2]) v. Calker a. a. O. [3]) C. Schmitt a. a. O.

läßt sich aber nur auf die Sozialwissenschaft orientieren, nicht auf die Individualethik. „Ethisierung" des Strafrechts kann nur bedeuten entweder die weitere Rückleitung der Sozialwissenschaft auf eine Sozialethik oder eine Anknüpfung von Beziehungen zu dem benachbarten (!) Gebiet der Individualethik. Mit beidem sind wir einverstanden. Letzteres war auch unser Ausgangs- wie Endpunkt; denn wir sahen, daß die Strafe Schuld zu sühnen hat und daß der Schuldbegriff im Strafrecht (von einer relativ unbedeutenden Abweichung im Objekt des Schuldbegriffs usw. abgesehen) derselbe ist wie in der Individualethik. Unmöglich darf aber ein dort gewonnener Schuldbegriff einfach auf das Recht übertragen werden; vor allem also ist die Übernahme des Maßstabes von dort nach hier unzulässig: es gibt nur einen Verstoß gegen das Recht, das ist die Rechtswidrigkeit und ihre höhere Einheit (Sozialschädlichkeit, Kulturwidrigkeit), niemals aber Moralwidrigkeit. — Ein anderes Ziel als diese letztere sähen wir für jenes Vorgehen nicht.

b) Unbekannt ist aber ferner auch der Ausgangspunkt. Einen positivgesetzlichen, formellen Schuldbegriff gibt es von Hause aus nicht. Einen solchen Begriff der Rechtswidrigkeit dagegen gibt es: Tatbestandsmäßigkeit bei Nichtvorliegen der Rechtfertigungsgründe. Dieser objektiven Größe entspricht nun freilich auch eine subjektive: Vorsatz oder Fahrlässigkeit bei Vorliegen der Zurechnungsfähigkeit und bei Nichtvorliegen der Entschuldigungsgründe (darüber sofort unten zu V sowie §§ 21, 22). Aber das ist alles andere wie eine Parallele; denn Vorsatz und Fahrlässigkeit sind in dem Schuldbegriff in völliger Reinheit als Elemente der Schuld enthalten, sie sind Glieder der sog. materiellen Schuld, der „Schuld" selbst, zu der jenes Verfahren erst zu gelangen hoffte. Jene Autoren irren eben; denn sie sehen durchweg — von wenigen Ausnahmen abgesehen[1]) — bereits in Vorsatz oder in Fahrlässigkeit eine Schuld, angeblich formelle, und bei diesem unzulänglichen und unbefriedigenden Ergebnis — namentlich der Schuldcharakter der Fahrlässigkeit läßt sich ja gar nicht aufzeigen[2]) — ist der Zug und Drang ins Materielle nur allzu leicht erklärlich.

Beim Vorliegen so schwerer Fehler kann die Auffassung der Schuld als Pflichtwidrigkeit über Tautologien nicht hinauskommen.

[1]) Frank, Goldschmidt, C. Schmitt, v. Calker, Kohlrausch.

[2]) Vgl. unten § 21 I 5.

Pflicht (im Rechtssinn) ist das Gegenstück des subjektiven Rechts (der Berechtigung), beide sind ein Ausfluß des objektiven Rechts, der Norm. Rechtswidrigkeit ist daher zugleich (nämlich vom Standpunkt des Individuums) Pflichtwidrigkeit, und Pflichtwidrigkeit ist zugleich (nämlich vom Standpunkt der übergeordneten Rechtsordnung, des Gemeinschaftswillens) Rechtswidrigkeit. Um nun zum Schuldbegriff zu gelangen, gibt es u. E. nur einen Weg: die Projektion dieser Rechtswidrigkeit (oder Pflichtwidrigkeit) ins Subjektive, ins Bewußtsein des Handelnden, wie es oben (II) unternommen wurde. Falsch wäre, Schuld einfach als Bewußtsein der Pflichtwidrigkeit zu bestimmen,[1]) diese Definition wäre die des Vorsatzes und schlösse die Fahrlässigkeit nicht ein.[2]) Falsch wäre es auch, ein besonderes Reich von Pflichten zu konstruieren, das dem der Rechtsnormen entsprechen sollte; diese Ansicht würde eine unbekannte, ausgedachte Größe einführen, die nur dem konstruktiven Zwecke diente, ein Analogon für die Rechtsnormen zu schaffen und einen falschen Schuldbegriff etwas weiter auszubauen, um seine Falschheit möglichst zu verschleiern. Mit derartigen Pflichten hat noch niemals ein Jurist gearbeitet, nach ihnen hat sich noch niemals ein Handelnder gerichtet. Woher sind sie zu entnehmen? woran zu erkennen?

Diese Einwände richten sich auch gegen Goldschmidt[3]) (vgl. § 21 II a. Anf., III 3 c a. E.), dessen Begriff der „Pflichtnormen" ebenso ersonnen ist wie sein Begriff des „materiellen Justizrechts"; beidemal ein neues unbekanntes, formallogisch konstruiertes Gebiet dort von Pflichten, hier von Rechten, ausgedacht deswegen, um eine logische Lücke konstruktiv auszufüllen. Bezeichnenderweise spricht Goldschmidt von „Billigkeitsrecht" — aber ein solches sollte doch nur eine Methode sein, keine neue Materie. Statt dessen entdeckt

---

[1]) Vgl. unten § 21 II a. Anf. Fußnote.

[2]) Daher ließe sich statt dessen mit Merkel, Mayer u. a. „Möglichkeit des Bewußtseins der Pflichtwidrigkeit" sagen. Vgl. auch Rümelin Verschulden 26 und ZStW. 41, 495 ff. Das wäre dann eben nur Fahrlässigkeit. Jedenfalls nur ein Ausschnitt der Schuld.

[3]) ÖsterrZ. 4, 144 ff.: Neben jeder Rechtsnorm, die von dem einzelnen ein bestimmtes äußeres Verhalten fordert, steht unausgesprochen die Pflichtnorm, die dem einzelnen auferlegt, sein inneres Verhalten so einzurichten, wie es nötig ist, um den von der Rechtsordnung an sein äußeres Verhalten gestellten Anforderungen entsprechen zu können. U. E. sind diese subjektiven Normen aber nicht verschieden von den objektiven, man muß die letzteren nur materiell fassen.

er Pflichtnormen — das subjektive Gegenstück zu Bindings Normen, und diese Pflichtnormen gehören entweder der Moral an (zu welchem Irrweg ja die Motivtheorie neigt, die ganz verkennt, daß man sich auch durch andere Gründe als durch die Vorstellung des rechtswidrigen Erfolges abhalten lassen kann), oder aber sie sind abhängig von den Rechtsnormen dergestalt, daß das Recht nur durch die letzteren seine Verbote und Gebote aufstellt, während die ersteren nur die Bedeutung besonderer Voraussetzungen gewinnen, unter denen die Normverletzungen strafrechtliche Wirkungen nach sich ziehen. Dieser zweite Fall ist der richtige. Dann ist aber der Begriff der Pflichtnorm überflüssig und irreführend, da jene Lehre die Annahme nahelegt, auch ihre alleinige Verletzung sei rechtlich (nicht nur: moralisch) von Bedeutung. Die Pflichtnorm steht jedoch nicht neben, sondern in der Rechtsnorm — wie die subjektive Pflichtwidrigkeit nicht neben, sondern in der objektiven Rechtswidrigkeit. Und ebenso ist die Schuld nicht eine neue selbständige Größe neben dem Unrecht, sondern gewissermaßen nur dessen strafrechtlich notwendige Ergänzung.

Wenn Mayer unter Pflichtwidrigkeit den Verstoß gegen „Kulturnormen" versteht,[1]) so stimmen wir ihm zu (soweit wir den letzteren Begriff überhaupt anerkennen). Denn dann wäre unter Bewußtsein der Pflichtwidrigkeit zu verstehen das Bewußtsein der materiellen Rechtswidrigkeit, der Sozialschädlichkeit, der Kulturwidrigkeit, es wäre also im wesentlichen der Vorsatzbegriff gewonnen. Nicht ersichtlich ist aber, weshalb dann der Begriff der Pflichtwidrigkeit überhaupt eingeführt wird, wo er doch identisch mit Kulturnormwidrigkeit ist. Oder ist Pflichtwidrigkeit nur ein Ausschnitt aus der Kulturnormwidrigkeit, etwa derart, daß nicht alle Kulturnormen für jedermann verbindlich sind, für den einen nur diese, für den anderen nur jene? Oder sind Kulturwidrigkeit und Pflichtwidrigkeit zwei sich schneidende Kreise, so daß es für ein Individuum Pflichten gäbe, die nicht allgemeinen Kulturnormen entsprächen, etwa höchst persönliche moralische Pflichten? Dann träfe der obige Einwand zu a zum Teil zu. Oder sind endlich die Pflichten und die Kulturnormen zwei voneinander unabhängige, nebeneinander liegende Kreise, so daß der genannte Einwand voll zuträfe? Bedürfen schon die Kulturnormen der methodischen Klarstellung, so erst recht diese „Pflichten". Nach dem von unseren Grundlagen eingenommenen Standpunkt ist die Entscheidung bereits gegeben: Kulturnormen und Pflichten sind zwei sich völlig deckende Kreise, nicht etwa ein einziger Kreis — soll heißen: unter verschiedenen Gesichtspunkten (objektiv — subjektiv) tuen sich zwei verschiedene Gruppen von Begriffen auf, deren Herrschaftsgebiete sich inhaltlich decken.

[1]) So Rechtsnormen und Kulturnormen 77 und ZStW. 32, 496. Nicht recht deutlich Lehrb. 234 (auch durch die späteren Ausführungen 236 gewinnt der Begriff nicht die von Mayer wohl selbst für wünschenswert gehaltene „Präzision"). Vgl. auch Schuldhafte Handlung 109 ff.: in der Rechtswidrigkeit des Erfolges liege eine (widerlegliche psychologische) Präsumtion für Pflichtwidrigkeit (113) — eine Ansicht, die sich mit unseren Gedanken oben II 3 berührt.

Man kann die Pflicht rein formal-logisch als ein Ausfluß des „Sollens" verstehen.[1]) Erkenntniskritisch haben derartige Erörterungen ihren hohen Wert; für unsere Zwecke ist damit nichts gewonnen, solange man nicht Aufschluß über den Inhalt des Sollens, insbesondere über die Instanz, den Maßstab und das Objekt empfängt. Von ihrer abstrakten Reinheit aus würden jene Erwägungen, wenn sie den Abstieg ins Konkretere und Stofflichere unternehmen, vermutlich zuerst bei der Moral anlangen, wie ja die an Kant orientierten Systembildungen unter Sollen oft nur das Moralische im Sinne haben. Diese Station ist aber für uns, wie gesagt, nicht die rechte.[2]) Den weiteren Abstieg in die Tiefe darf man allerdings nicht nehmen bis zu den Rechtspflichten (im e. S., den gesetzlichen Pflichten);[3]) sonst wäre ja alles Materielle abgestreift.

Wenn aber die erkenntnistheoretische Erörterung des Pflichtbegriffs für unsere Zwecke nicht fruchtbar ist — von wo ist denn der erkenntnistheoretische Ausgang zu nehmen? Die Antwort kann nicht schwer fallen: beim Wertbegriff (oben § 12). Es gibt nur einen wissenschaftlichen Ausgangspunkt, und dieser kann nur ein objektiv eingestellter sein. Erst unter dem objektiven Wertbegriff rangiert der (subjektive) Pflichtbegriff: objektive Werte begründen Pflichten für den einzelnen. Rechtswidrigkeit und Schuld sind zwar Parallelbegriffe; aber diese leitet ihren Inhalt erst von jener ab. Deshalb ist von dort, nicht von hier bis zu höchsten Abstraktionen und reinsten Begriffen vorzudringen. — Doch einen Hochgipfel gibt es auch hier — die Willensfreiheit.

V. Der positivgesetzliche Ausbau des Schuldbegriffs.

Das Wesen der Schuld erkannten wir oben (II 6 a. E.) in dem Unwerturteil der Rechtsordnung, daß ein Individuum sich zu einem sozialschädlichen (rechtswidrigen) Verhalten frei entschloß, obwohl es dieses als sozialschädlich bewertete oder bewerten sollte. Bei dem Ausbau dieses Schuldbegriffes könnte ein Gesetz drei Wege einschlagen:

[1]) So Liepmann Einleitung 130 im Anschluß an Simmel.

[2]) Vorzugsweise moralische Pflichten meinen, wenn wir nicht irren, Graf zu Dohna GerS. 65, 320 (vgl. auch Rechtswidrigkeit 1905, 14² und ZStW. 32, 335) und v. Calker 38, diese neben den Rechtspflichten Liepmann 34 und v. Hippel VerglDarst. A 3, 593.

[3]) So wohl Kohlrausch Reform I 216 (nach Mayer 32, 502 soll Kohlrausch ausschließlich an moralische Pflichten denken), ferner teilweise Liepmann und v. Hippel (s. vorige Anm.).

1. Es könnte einmal Arten oder Erscheinungsformen der Schuld aufstellen in der Weise, daß eine jede Kategorie bereits völlig die Schuld darstellt; die eine Schuldform würde etwa den leichteren, die andere den schwereren Grad von Schuld bedeuten. Als derartige Schuldformen hat man Vorsatz und Fahrlässigkeit aufgefaßt. Zu Unrecht. Denn in beiden ist, wie alsbald des näheren darzulegen (§ 21), gerade der wichtigste Inhalt des Schuldbegriffs nicht enthalten: das Urteil der Rechtsordnung (der Schuldvorwurf) fehlt ebenso wie der freie Willensentschluß zu sozialschädlichem Verhalten. Vorsatz und Fahrlässigkeit sind vielmehr nur in dem mit „obwohl" eingeleiteten Nebensatze enthalten; in diesem kommen sie aber völlig zum Ausdruck. Jemand handelt vorsätzlich — heißt: er handelt, obwohl er die soziale Bedeutung seines Handelns kannte. Und er handelt fahrlässig — heißt: er handelt, obwohl er die soziale Bedeutung seines Handelns zwar nicht kannte aber kennen sollte.[1])

2. Vorsatz und Fahrlässigkeit gehören daher der zweiten Möglichkeit eines positivgesetzlichen Ausbaues des Schuldbegriffs an. Es werden Glieder oder Elemente[2]) der Schuld herausgegriffen. Die Schuld kann in ihre Teile derart zerlegt werden, daß ein jeder Teil an sich noch nicht die Schuld selbst widergibt und auch nicht auf sie schließen läßt (wie die Möglichkeit zu 3), sondern nur einen unvollkommenen, aber doch fehlerfreien Ausschnitt aus der Schuld darstellt, so daß alle diese Teile zusammengesetzt eben die Schuld ausmachen. Zu dieser Kategorie gehören aber nur die beiden erwähnten Elemente, Vorsatz und Fahrlässigkeit. Andere Glieder hat das Gesetz nicht herausgegriffen. Denn das rechtswidrige Verhalten liegt jenseits der Schuld; es enthält die anderen bekannten allgemeinen Verbrechensmerkmale. Die Ursache dieses Verhaltens aber, der freie Willensentschluß, findet sich im positiven Recht überhaupt nicht vor, wenigstens nicht in seiner Reinheit (vgl. sofort zu 3). Der Schuldvorwurf endlich bedeutet den Standpunkt des Gesetzes als solchen, nicht einen Inhalt des Gesetzes; auf ihn

---

[1]) Gut ist dieses „obwohl", dieses „trotz" zum Ausdruck gebracht von Graf zu Dohna ZStW. 32, 334.

[2]) Im Anschluß an Frank Gießener Festschr. 528, wo freilich auch die Zurechnungsfähigkeit und die begleitenden Umstände zu den Schuldelementen gerechnet sind. U. E. ist hier eine Differenzierung notwendig; s. unten zu 3.

kann man nur aus dem Inhalt des Gesetzes schließen, er kann aber nicht selbst im Gesetz ausgedrückt werden.

3. Die dritte bereits angedeutete Möglichkeit ist die typische Ausgestaltung der Schuld durch Vorschriften, die auf die Schuld selbst oder einen Teil schließen lassen. Man darf hier vielleicht von **Schuldtypen** oder Schuldsymptomen oder subjektiven Tatbeständen sprechen. Sie verhalten sich zur Schuld ebenso wie die (objektiven) Tatbestände und Rechtfertigungsgründe zur Rechtswidrigkeit. Im Interesse der Rechtssicherheit, aus gesetzes- und prozeßtechnischen Gründen stellt die Rechtsordnung Typen auf, um den Nachweis der Schuld im Einzelfall zu erleichtern, ja ganz zu ersparen. Derartige positive Schuldtypen sind die Zurechnungs- und die Deliktsfähigkeit: bei ihrem Vorliegen wird unwiderlegbar vermutet, daß der Handelnde sich frei entschloß. Negative Schuldtypen sind z. B. der Notwehrexzeß, der Notstand und die Drohung: bei ihrem Vorliegen spricht eine unwiderlegliche Vermutung für das Fehlen des vorwerfbaren freien Willensentschlusses. Zu dieser Gruppe gehören ferner einige neu aufzustellende Gruppen: die subjektiv-tatbestandlich vertypten Schuldschärfungen (Rückfall, Gewohnheitsmäßigkeit), Schuldmilderungen (Jugendlichkeit) und Schuldaufhebungen (gute Führung, tätige Reue); vgl. hierüber unten § 22.

4. Die Verschiedenheit der zu 2 und zu 3 genannten Kategorien sollte nicht bezweifelt werden. Im konstruktiven Verhältnis zum Wesen der Schuld bewegen sich doch Vorsatz (Kehrseite: Irrtum) und Fahrlässigkeit auf einer ganz anderen Linie wie Notstand und Drohung. Daß letztere beide in subjektiver Hinsicht eine ähnliche Rolle spielen wie etwa Notwehr und Notrecht in objektiver Hinsicht (dort Entschuldigungs-, hier Rechtfertigungsgründe), leuchtet ebenfalls ein. Dann muß aber auch die Parallele zwischen den positiven Symptomen (Typen) gezogen werden: was objektiv Tatbestand ist, das sind subjektiv Zurechnungs- und Deliktsfähigkeit und die soeben erwähnten neuen Kategorien (3 a. E.), wenn auch diese nicht so umfangreich sind wie jene. Sucht man endlich eine Parallele zu Vorsatz und Fahrlässigkeit im Reiche des Objektiven, so kann das nur das äußere Verhalten sein, das Wirken, das im Unrecht vollkommen enthalten ist wie jene Schuldelemente in der Schuld; und man ist geneigt, dem Vorsatz das Tun, der Fahrlässigkeit das Unterlassen gegenüberzusetzen. Etwas schief ist diese Konstellation zwar in-

sofern, als das Wissen und Nichtwissen keineswegs die Objekte des Schuldurteils in demselben Sinne darstellen wie das Tun und Unterlassen die Objekte des rechtlichen Unwerturteils. Vorsatz und Fahrlässigkeit sind nur die Trabanten des Schuldurteils; sie ähneln insofern den objektiven Begleitumständen der Tat, jene freilich erheblich an Bedeutung übertreffend. Daß das positive Recht sie so stark in den Vordergrund rückt, hängt damit zusammen, daß es das Objekt des Schuldurteils, den freien Willensentschluß, ganz unterdrückt. Und das hat seinen Grund wiederum in den bekannten Praktikabilitätsrücksichten: Vorsatz und Fahrlässigkeit sind leichter festzustellen als vorwerfbares freies Wollen.

§ 21. Die Schuldelemente (Vorsatz und Fahrlässigkeit).

I. Grundsätzliches.

Vorsatz und Fahrlässigkeit erkannten wir oben als Teile, als Glieder, als Elemente der Schuld: sie sind im Wesen der Schuld vollständig und rein enthalten, aber sie selbst enthalten das Wesentlichste der Schuld, den Schuldvorwurf, nicht. Sie sind aufzufassen als Kenntnis der Rechtswidrigkeit und als Nichtkenntnis bei Kennensollen; für sie trifft also die Vorstellungstheorie zu, mögen in dieser Kenntnis auch Gefühlselemente untermischt sein. Dagegen besteht der Schuldvorwurf darin, daß der Täter sich zu dem rechtswidrigen Verhalten frei entschloß, obwohl er die Rechtswidrigkeit kannte oder kennen sollte. In diesem Nebensatze, der ein unbedingtes Erfordernis des Schuldvorwurfes ist, sind Vorsatz und Fahrlässigkeit, wie erwähnt, vollständig und rein, ohne Trübung, ohne typische Umprägung, enthalten; Vorsatz und Fahrlässigkeit sind die steten Trabanten des Schuldvorwurfs. Über alles dieses sprachen wir bereits oben (§ 20 II 3, III 2 b, c, V 2).

1. In der Fahrlässigkeit steckt freilich ein besonderer Vorwurf, ein Unwerturteil über die Nichtkenntnis der Rechtswidrigkeit; und man ist vielleicht geneigt, dieses dem Unwerturteil über die Unterlassung parallel zu setzen: beidemal ist das Objekt des Unwerturteils ein natürliches Nichts, aber ein juristisches (wertbezogenes) Etwas, in dem einen Fall ein physisches in dem anderen ein psychisches. Aber so sehr in dem Merkmal „Nichtwissen" ein Vorwurf beschlossen liegt, wie dieser schon durch das begleitende Moment „Wissensollen"

deutlich zum Ausdruck gelangt,[1]) so ist das bei weitem nicht der Schuldvorwurf. Was nützt die Parallele zur Unterlassung, wenn die ungleich wichtigere zum Vorsatz fehlt? Das Schuldessentielle müßte doch beim Vorsatz das gleiche sein wie bei der Fahrlässigkeit. Das Manko, das den vermeintlichen Vorwurf bei der Fahrlässigkeit begründen soll, ist aber beim Vorsatz gerade in sein Gegenteil verkehrt; was dort fehlt aber vorhanden sein sollte, ist hier gerade vorhanden, der vorsätzlich Handelnde genügt den Anforderungen der Rechtsordnung, er besitzt die erforderliche Kenntnis. Diese einfache Erwägung sollte ausreichen, um die Ansicht zu widerlegen, daß in der Fahrlässigkeit ein zweiter Schuldvorwurf enthalten sei — nach richtiger Ansicht steckt in ihr überhaupt kein Schuldvorwurf: der fahrlässige Täter handelt schuldhaft, weil er sich zu einem rechtswidrigen Verhalten frei entschloß, obwohl er die Rechtswidrigkeit zwar nicht kannte aber kennen sollte. Daß die Negation bei der Fahrlässigkeit allemal auf der Kenntnis der Rechtswidrigkeit, nicht auf dem freien Willensentschluß ruht, sollte keinem Zweifel unterliegen; auch der fahrlässig Handelnde entschloß sich zu einem Verhalten, sei es auch zu einem rechtlich durchaus unerheblichen — wie sich jeder Mensch fortwährend zu einem (aktiven oder passiven) Verhalten entschließt; ein Willensentschluß ist ja nichts weiter, als daß dem Gefühl von Lust nachgegeben wird (§ 20 III 2 b).

2. Sind sonach Vorsatz und Fahrlässigkeit Schuldelemente, so sind sie doch keineswegs nur Schuldelemente. Sie sind vielmehr auch außerstrafrechtlich, ja außerrechtlich von Bedeutung. Für den Vorsatz wird das allgemein eingesehen; es wird hervorgehoben, daß man auch eine heilsame Tat vorsätzlich begehen kann. Aber auch für die Fahrlässigkeit gilt grundsätzlich dasselbe. Wenn es widerstrebt zu sagen, man begehe fahrlässig eine heilsame Tat, so liegt das daran, daß gegen den Urheber eines nützlichen Erfolges nicht gern ein Vorwurf erhoben werden mag, wie ein solcher ja in jeder Fahrlässigkeit enthalten ist (vgl. oben 1): der Vorwurf des Nichtwissens bei Wissensollen. Diese Erwägung ist aber eine rein soziale,

---

[1]) Von den vielerörterten Merkmalen der Fahrlässigkeit „Können und Sollen" bedeutet das letztere den Maßstab, während von dem sog. „Können bei den äußeren und den persönlichen Verhältnissen" diese das Objekt der Wertung (die Psyche des Täters), jene dagegen die objektiven Begleitumstände der Wertung darstellen.

sie stellt sich allein auf den Standpunkt des Erfolges. Betrachtet man dagegen den Täter und sucht man seinen (moralischen oder sozialen) Wert zu ergründen, so wird sehr wohl zu unterscheiden sein, ob er das Nutzbringende seiner Tat auch voraussah oder nur auf gut Glück, ohne jegliches Verdienst, das Heilsame vollbrachte. Das Wort „fahrlässig" mag vielleicht nicht ganz passen, der mit dem Wort sonst verbundene Sinn trifft aber auch hier zu.

3. Hieraus folgt: Vorsatz und Fahrlässigkeit bedeuten in ihrer Allgemeinheit (d. h. nicht nur als Schuldelemente) die Kenntnis der wertbezogenen Bedeutung eines äußeren oder inneren Verhaltens bzw. die Nichtkenntnis bei Kennensollen. Mit dieser Einsicht sind jene beiden Begriffe erst in grundsätzlicher Weise erfaßt. Ihrem eigensten Wesen nach haben sie mit Schuld gar nichts zu schaffen; ja noch weiter: sie setzen ganz allgemein weder einen Unwert noch einen Wert, also überhaupt keinerlei Normatives voraus. Aber sie finden ihren Platz in den wertbezogenen Wissenschaften; sie sind die psychischen Trabanten eines wertbezogenen Objekts, d. h. eines solchen, das immerhin gewertet, das einer Norm unterstellt werden kann, mag das im Einzelfall auch gar nicht geschehen. Das Objekt kann ein physisches wie psychisches sein, ein äußeres Verhalten wie ein freier Willensentschluß (denn nur diese spezielle Art von psychischen Akten läßt sich werten, § 19); die psychische Beziehung zwischen dem Individuum und dem Objekt dagegen ist allemal eine intellektuelle: die Kenntnis, die Vorstellung, das Bewußtsein oder — bei der Fahrlässigkeit — deren Gegenteil.

Und was muß das Subjekt kennen? Allgemein die Bedeutung des wertbezogenen (äußeren oder inneren) Verhaltens. Also soweit eine Wertung vorgenommen werden soll: die moralische oder sozialethische (z. B. rechtliche) Bedeutung des Verhaltens; soweit die Objekte aber als wertfreie, nur als wertbezogene erfaßt werden sollen, soweit es sich also nur um ihre Beschreibung und Erklärung (innerhalb des Reiches der Werte) handelt: die für Werte in Betracht kommende Bedeutung des Verhaltens, also den voraussichtlichen Erfolg, die adäquate Kausalität.[1]) Fragt man im konkreten Falle,

[1]) Insofern trifft die bekannte, wiederholt vom Reichsgericht gegebene Definition des Vorsatzes als Bewußtseins der Kausalität zu. Sie ist aber nur ein Ausschnitt aus der juristischen Vorsatzdefinition.

ob der Entschluß jemandes, eine Flasche Branntwein auszutrinken, vorsätzlich gefaßt ist, so muß zunächst untersucht werden, was der Fragende im Sinne hat, ob er die rein soziale oder die moralische oder die sozialethische (rechtliche) Bedeutung des Willensentschlusses begreifen will. Vorsatz würde im ersten Fall etwa heißen: der Trunkenbold weiß, daß er arbeitsunfähig sein und mit seiner Frau in Streit geraten wird; im zweiten Fall: er ist sich außer den genannten Folgen bewußt, daß er gegen seinen Trieb nicht genügend ankämpft und damit mit dem Sittengesetz in Widerspruch gerät; im dritten Fall: er weiß, daß seine Trunkenheit den Mitmenschen Schaden zufügt; und eine Abart dieses letzten Falles ist der juristische und speziell strafrechtliche: er weiß, daß er im Rauschzustande seine Rechtspflichten nicht erfüllen kann und daß diese Unterlassung voraussichtlich einen strafrechtlich erheblichen Erfolg nach sich ziehen wird, er weiß etwa, daß das Nichtstellen der Weiche ein Eisenbahnunglück zur Folge hat.

Hiermit ist der Vorsatzbegriff in das Gesamtsystem der Wissenschaften eingestellt, wenigstens der Kulturwissenschaften; denn innerhalb der Naturwissenschaften hat er wenn überhaupt so nur in völlig anderem Sinne Berechtigung, man müßte ihn dort der psychologischen, insbesondere kausalen Betrachtung unterstellen und in dem obigen Falle zum Vorsatz des Trunkenboldes dessen Kenntnis verlangen, daß er so handelt, daß er so handeln muß, weil er friert, weil er Durst hat usw. Diese Erwägungen zeigen jedoch, daß das eigentliche Herrschaftsgebiet des Vorsatzbegriffs das Reich der Werte ist, das Reich des Indeterminismus, wo der Blick in die Zukunft gerichtet ist und menschliche Willensentschlüsse auf ihren Wert und Unwert beurteilt werden sollen, ohne daß nach dem zeitlich Zurückliegenden gefragt wird. Schon der Inhalt des Vorsatzbegriffs, die Vorstellung eines Individuums, lenkt die Aufmerksamkeit von rein äußeren naturwissenschaftlichen Faktoren ab und den persönlichen Elementen zu; das Persönliche, Individuelle, Einmalige ist es, was bewertet werden soll.

Daß das Gesagte auch auf die Fahrlässigkeit zutrifft, bedarf keiner Ausführung mehr. Nur ein Blick noch auf die allgemeine grundsätzliche (4.), sodann (5.) auf die normative Stellung der Fahrlässigkeit zum Vorsatz.

4. Das Gegenteil des Vorsatzes als der Kenntnis ist grundsätzlich

noch nicht die Fahrlässigkeit als solche, sondern zuerst deren Oberbegriff, die Nichtkenntnis, d. i. die Nichtübereinstimmung von Vorstellung und Wirklichkeit, der Irrtum i. w. S., zu dem nicht nur das Vorhandensein einer falschen, sondern auch das Fehlen der richtigen Vorstellung gehört. Irrtum ist die Kehrseite des Vorsatzes, die Irrtumslehre die Kehrseite der Vorsatzlehre; jenes in der juristischen Literatur so häufig bearbeitete Gebiet ist also nach der hier vorgetragenen Auffassung, nach der streng durchgeführten Vorstellungstheorie, gar keine Besonderheit gegenüber dem Vorsatz.[1]) Wird der letztere erschöpfend bestimmt, so hat man auch Einsicht in die negative Seite gewonnen. Irrtum (wenigstens der rechtlich erhebliche) ist das Fehlen einer zum Vorsatz erforderlichen Kenntnis.

Die Fahrlässigkeit ist eine besondere Art des Irrtums, sie ist der sog. unentschuldbare Irrtum. Es tritt hinzu der Vorwurf eines Verstandesfehlers, der eben deswegen, wie nunmehr zur Genüge dargelegt ist, kein Schuldvorwurf im strengen Sinne ist. Fahrlässigkeit ist der Irrtum, der nach den Anforderungen der Norm (des Sittengesetzes, der sozialen Ordnung, der Rechtsordnung) hätte vermieden werden (können und) sollen.

Beiden Begriffen, Vorsatz und Fahrlässigkeit, gemeinsam ist mithin das Element der Kenntnis des Normwidrigen; bei jenem ist es tatsächlich vorhanden, bei dieser sollte es vorhanden sein. Mit diesem sog. Bewußtsein der Rechtswidrigkeit hat sich die folgende Untersuchung noch des näheren zu beschäftigen (unten zu II).

5. Das normative Verhältnis von Vorsatz und Fahrlässigkeit bedarf der Klarstellung. Die Fahrlässigkeit ist der geringere Schuldgrad, der Vorsatz der höhere. Weshalb — ist nicht leicht zu sagen. Weshalb ist die Fahrlässigkeit überhaupt strafbar?

a) Das Strafwürdige an der Fahrlässigkeit ist sicherlich nicht das in ihr enthaltene Manko, denn dieses, das Nichtwissen, ist ein Verstandesfehler und ein solcher ist nicht strafwürdig.[2]) Das Schiefe, das in einer derartigen Be-

---

[1]) Richtig hervorgehoben von Frank § 59 VII und Kohlrausch Irrtum und Schuldbegriff 7 ff.

[2]) Die gegenteilige Anschauung findet sich schon bei v. Almendingen Kl. Schr. II 1 ff. und neuerdings noch oft, vgl. etwa Gutherz ArchKrimAnthr. 39, 90 (93) und Hold v. Ferneck ZStW. 32, 255. — Verwandt ist die schon von Feuerbach vertretene Anschauung, die Fahrlässigkeit bestehe in einem Mangel an Aufmerksamkeit (oder Vorsicht); vgl. Finger 268, Meyer-Allfeld 155 Rümelin 34, Goldschmidt ÖsterrZ. 4, 149 (Sorgfaltspflicht) u. a. Gegen diese

gründung liegen würde, erhellt besonders, wie erwähnt (1), aus der Parallele zum Vorsatz; denn dort ist das bei der Fahrlässigkeit Fehlende gerade vorhanden, der Vorsatz müßte also von diesem Standpunkte aus — straflos sein. Die Unsinnigkeit dieser Konsequenz weist auf die oft hervorgehobene Einsicht hin, daß das Strafwürdige beidemal das Wollen und Handeln ist, der freie Willensentschluß und zwar dieser trotz der besseren Kenntnis oder Nichterkenntnis.

b) Ist aber das Strafwürdige beidemal das gleiche, beidemal das Wollen und Handeln, so ist nicht ersichtlich, weshalb die Fahrlässigkeit geringer strafbar oder weshalb sie überhaupt strafbar ist. Der Sinn des Gesetzes ist doch offenbar der: das rechtswidrige Wollen und Handeln ist nur strafbar, wenn der Wollende und Handelnde auch das Rechtswidrige einsah. Daher wird ja der Vorsatz oft als die eigentliche Schuldform angesehen. Setzt man ihm nun die Fahrlässigkeit als die leichtere Schuldform an die Seite, so läßt sich wohl nur diese Rechtfertigung geben: der fahrlässige, also die Rechtswidrigkeit nicht kennende Täter ist nur dann strafbar, wenn feststeht, daß er auch bei Kenntnis ebenso gehandelt haben würde; denn nur so ist der soeben erwähnte grundlegende Gedanke zu retten, daß schuldig nur der Schuldbewußte sein darf. Würde nämlich feststehen, daß der Täter bei genauer Kenntnis der wahren Rechtslage nicht ebenso gehandelt haben würde, so wäre es eine offenbare Ungerechtigkeit, ihn bei Unkenntnis zu bestrafen; denn das liefe auf die soeben (a) zurückgewiesene Ansicht hinaus, daß das Nichtwissen, also ein Verstandesfehler, bestraft würde. Wie der Verstandesfehler dem Täter nicht schaden darf, so darf er ihm aber auf der anderen Seite nicht nützen, nützen nämlich insofern, als bei tatsächlicher Nichtkenntnis nur geringere Strafe eintritt, sofern nur die soeben als maßgebend erkannte Feststellung getroffen wird, daß der Täter bei Kenntnis nicht anders gehandelt haben würde. Es gibt daher nur zwei Möglichkeiten. Wird die genannte Feststellung getroffen, so ist die Fahrlässigkeit gleich dem Vorsatz strafbar; wird sie nicht getroffen, so ist sie gar nicht strafbar.

Nun kommt es aber offenbar auf jene Feststellung gar nicht an, obwohl ihre Notwendigkeit nur konsequent wäre. Um das Prinzip zu retten, könnte man zu einer unwiderleglichen Vermutung, zu einer typischen Ausprägung des Vorsatzprinzips greifen: das Gesetz nimmt zugunsten des Fahrlässigkeitstäters an, daß er bei Kenntnis anders gehandelt haben würde. Diese zugunsten des Täters sprechende Vermutung würde die genannte, schwer zu treffende hypothetische Feststellung überflüssig machen; ähnliche prozeßtechnische Präsumtionen sucht man ja auch sonst zu rechtfertigen,[1]) sie beruhen gewisser-

---

Ansicht sprechen außerdem die Bedenken unten zu d (g. E.). — Dagegen wird meist irrig in diesem Zusammenhange genannt Tesar Symptomatische Bedeutung 218 („Mangel in der Vorstellungsassoziation“), in ZStW. 32, 408 wird der Mangel an Wissen deutlich auf das Emotionelle im Menschen zurückgeführt. Tesars Auffassung ähnelt der unten zu d genannten Gruppe.

[1]) So nimmt eine Ansicht an, Ehre besäße im Sinne der Rechtsordnung jeder so lange, als nicht feststeht, daß er sie (durch eigene Verfehlungen) ver-

maßen auf einem Vergleich zwischen dem Rechtspflegeorgan und dem Angeklagten, ersteres wird vor schwierigen, wenn nicht unmöglichen Feststellungen bewahrt, letzterer wird dafür milder angefaßt. Aber ebendiese bloß mildere Behandlung ist durch nichts gerechtfertigt. Traut die Rechtsordnung jemandem bewußtes Unrecht nicht zu, so sollte sie ihn überhaupt straflos lassen.

c) So blieb die radikale Konsequenz nicht aus: man bestraft bei der Fahrlässigkeit überhaupt nicht die Schuld sondern den Erfolg,[1]) die Fahrlässigkeitsstrafen sind überhaupt keine echten kriminellen Strafen im modernen Sinne, sie erklären sich vielmehr als Reste der alten Erfolgshaftung; wer einen schädlichen Erfolg verursacht hat, der soll dafür auch einzustehen haben, und gewissermaßen nur als eine Milderung verlangt das Gesetz, daß der Täter die ihm fehlende Kenntnis hätte haben können und sollen. So erklärt sich der Standpunkt des Gesetzes: während bei leichteren Straftaten auf bloße Fahrlässigkeit überhaupt keine Strafe eintritt, weil hier das Bedürfnis nach Reaktion, nach Vergeltung des Unrechts weniger ausgeprägt ist, soll bei schwereren Straftaten auf Fahrlässigkeit zwar eine Reaktion, aber wenigstens eine mildere eintreten. Die Nichtbestrafung oder geringere Bestrafung der Fahrlässigkeit findet auf diese Weise ebenso ihre Rechtfertigung wie die wiederholt auch legislatorisch gutgeheißene Forderung, bei Irrtum des Täters über das Strafgesetz eine mildere Bestrafung zuzulassen. Daß alle diese Erwägungen nichts mehr und nichts weniger bedeuten als ein völliges Aufgeben des Verschuldungsprinzips, als ein Widerspruch mit dem modernen, zu einem Gemeingut unseres Kulturlebens gewordenen Grundsatz, daß nur der Schuldige zu bestrafen ist, daß ohne Schuld und ohne Schuldbewußtsein die Strafe als ein über den Täter verhängtes Leid eine bittere Ungerechtigkeit wäre, das bedarf nach unseren Ausführungen über die Strafe und ihre beiden Voraussetzungen keiner näheren Darlegung mehr. Und innerlich ist die Ansicht unwahr; denn wohl die meisten aus Fahrlässigkeit begangenen Straftaten lassen kaum eine nennenswerte Gefährlichkeit des Täters erkennen; dieser ist oft ein durchaus harmloser, die Tat nur aus augenblicklicher Unachtsamkeit und Unvorsicht begehender Mensch. Man denke nur an den Arzt, der sonst peinlich gewissenhaft handelt und nur ein einziges Mal in der Eile eine falsche Ziffer auf dem Rezept niederschreibt.

d) Daher versuchte man es mit der Subjektivierung jener objektiven Gefährlichkeit, um die Fahrlässigkeitsstrafe zu rechtfertigen: wer fahrlässig handelt, der zeigt einen Leichtsinn[2]) oder eine Gleichgültigkeit[3]) gegenüber

---

loren hat; auf diesem Wege will man die sog. Umkehrung der Beweislast bei der üblen Nachrede rechtfertigen.

[1]) Kohlrausch Reform I 208 sieht das Strafwürdige in der „Gefährlichkeit", z. T. zustimmend Graf zu Dohna ZStW. 32, 337. — Nahestehend Baumgarten Aufbau 116 ff., nach dem die Fahrlässigkeitsstrafe eine Erziehungsmaßregel, ein Denkzettel ist.

[2]) v. Hippel Die Grenze von Vorsatz und Fahrlässigkeit 1903, 142/3. Siehe hierüber die letzten Fußnoten dieses Paragraphen.

[3]) v. Calker ZStW. 32, 157, v. Liszt 176 u. a. Ähnlich Finger 268.

seinen Mitmenschen, einen Mangel an Interesse für fremde Interessen,[1]) und insofern einen „negativ bösen Willen“,[2]) er handelt zwar nicht antisozial aber asozial;[3]) diese gefährliche Gesinnung ist das Strafwürdige, und da sie nicht die gleiche Schärfe trägt wie die bewußte Auflehnung gegen die Rechtsordnung, so rechtfertigt sich zugleich die mildere Bestrafung der Fahrlässigkeit gegenüber dem Vorsatz. Jene Auffassung steht und fällt mit der oben (§ 20 III 3, IV 3) zurückgewiesenen auf deterministischer Grundlage ruhenden Anschauung, die Schuld erstrecke sich auf den gesamten Charakter, die Strafe knüpfe an dieses Gesamtverschulden an, bestraft werde die Gesinnung, wie sie in der vorliegenden Tat, die nur ihr Symptom sei, zum Ausdruck gelange. Alle gegen den Determinismus, gegen die Präventionsstrafe und die symptomatische Verbrechensauffassung von uns wiederholt vorgebrachten Einwendungen haben auch hier einzusetzen. Wenn aber die bekämpften Ansichten glauben, nur von ihrer Grundlage aus ließe sich die Fahrlässigkeitsstrafe begründen, gerade diese alleinige Möglichkeit beweise die Richtigkeit ihrer Grundlehren, so ist zu erwidern: sie vermögen nicht zu erklären, weshalb auf die verschiedenen Fahrlässigkeitsstraftaten (Tötungen, Körperverletzungen, Brandstiftungen) verschieden hohe Strafen stehen; wenn wirklich nur die Gleichgültigkeit gegenüber den Mitmenschen bestraft würde, so ist diese in allen Fällen gleich strafbar, denn ob sie sich in Tötung, Körperverletzung oder ähnlich äußert, das ist von jenem Standpunkt unerheblich, weil von dem Wissen des Täters unabhängig. Nach der zurückgewiesenen Ansicht müßte es daher neben den verschiedenen Tatbeständen vorsätzlicher Begehung nur einen einzigen Tatbestand der Fahrlässigkeit geben, die Fahrlässigkeit als Leichtsinn, als Gleichgültigkeit, Interesselosigkeit, Rücksichtslosigkeit würde selbst zu einem Tatbestand, sie schwände aus der Schuld, als welche nur die bewußte Auflehnung gegen den Gemeinwillen übrigbliebe, und der Tatbestand der Fahrlässigkeit müßte natürlich auch von dieser Schuld umfaßt sein, insofern der Täter sich eben der Rechtswidrigkeit dieses Verhaltens bewußt zu sein hätte.

An diesem Ergebnis ändert auch die strenge Beziehung der Schuld auf die Einzeltat nichts. Erblickt man das Schuldhafte in einem Mangel des Willensbildungsprozesses, in einem gerade der konkreten Tat zugrunde liegenden Gefühlsfehler, so wird zwar vermieden sowohl die unrichtige Ausdehnung der Schuld auf den gesamten Willen, den Charakter, als auch die irrige Anerkennung eines Verstandesfehlers; aber dieser Willensfehler müßte in allen Fällen nach einem gleichen Tatbestande bestraft werden, denn es fehlt ja eben die psychische Beziehung des Täters zu dem verschieden zu bewertenden rechtswidrigen Erfolge. Das ist der eine grundsätzliche Irrtum jener Ansicht. Der andere besteht darin, daß sie — und zwar ist dies ihr Nachteil gegen-

---

[1]) Exner Fahrlässigkeit 199, 207 (pflichtwidrige Geringwertung des angegriffenen Rechtsguts), Tesar ZStW. 32, 408.

[2]) Über das sehr Anfechtbare dieses Begriffs vgl. Exner 71 sowie Köhler Probleme der Fahrlässigkeit 1912, 37.

[3]) v. Liszt 152.

über der soeben abgelehnten Gesamtschuldauffassung, eine notwendige Folge der Beziehung der Schuld auf die Einzeltat — nach einem tatsächlich vorhandenen Willensfehler Umschau hält und einen solchen entweder bei der Tat selbst oder vor ihr entdecken zu können glaubt,[1]) während in Wahrheit oft ein tatsächliches Nichts vorhanden ist. Beide Irrwege lassen aber den richtigen Gesichtspunkt wenigstens ahnen. Es muß der über der Einzeltat stehende normative Gedanke zum Kriterium genommen werden; nicht psychologische sondern normative Untersuchungen führen zum Ziel.[2])

Neben den normativen Beziehungen des Täters zum Erfolg noch „quasipsychologische“ zu konstruieren,[3]) wo tatsächliche gar nicht vorhanden sind, ist müßiges Spiel und dient nur zur Beruhigung derjenigen, die sich noch nicht recht von dem Gedanken losmachen können, in der Welt der Wirklichkeit jede Lösung eines Problems zu suchen — oder entspricht dem Bedürfnis der

---

[1]) Hierher rechnen in gewissem Sinne die — auch von Beling Grundzüge 39, 40 vertretene — neuere Ansicht Mittermaiers ZStW. 32, 425 ff. (Fehler des Willensbildungsprozesses, zu schwache Gefühlsbetonung der bei jedem Zurechnungsfähigen tatsächlich vorhandenen Pflichtvorstellung) sowie die jene Ansicht bekämpfende, aber im Grunde doch nahe verwandte Auffassung Köhlers 94 (der Täter lehnt die Anregung ab, eine Gefahr für Rechtsgüter als Folge eines geplanten Verhaltens näher auf ihren Wirklichkeitsgehalt zu prüfen, vgl. dazu unten III 2). Hier wird nach einem vor dem kritischen Zeitpunkt liegenden vorsätzähnlichen Schuldmerkmal gesucht; s. den folgenden Text. Zum Teil gehört hierher auch die Mayersche Motivtheorie (Lehrb. 241: Motive der gewollten Tätigkeit! Diese fehlen aber mitunter; daher die folgewidrige Erweiterung, durch die die Motivtheorie sich selbst aufgibt, vgl. unten III 3 c a. E.). Verwandt ist die Auffassung Goldschmidts ÖsterrZ. 4, 154 („wir werfen dem Täter vor, daß er sich nicht selbst durch die Erfolgsvorstellung motiviert habe“, vgl. ebenfalls unten III 3 c a. E.).

[2]) Dies auch die von Rosenfeld ZStW. 32, 477 erhobene Forderung; ähnlich schon Liepmann Einleitung 154 ff.

[3]) Auf diesem Irrweg befinden sich leider zwei so hervorragende Juristen wie Goldschmidt a. a. O., der die Parallele zwischen der unbewußten Fahrlässigkeit und dem Unterlassungsdelikt zur Grundlage nimmt, und sein nicht minder scharfer Kritiker Kriegsmann ZStW. 35, 322: „Die Annahme einer bloß normativen Beziehung bezeichnet stets eine Bankerotterklärung bezüglich der Lösung der Einzelfrage ... der normativen Beurteilung muß irgendein Gegenstand zugrunde liegen, der beurteilt wird, und diese Grundlage der Beurteilung muß und kann ermittelt werden, da das Recht die normative Beziehung nur herstellt, wenn der Handelnde zu dem Vorgang, für den er verantwortlich gemacht wird, auch in irgendeiner tatsächlichen Beziehung steht.“ Eine arge Überschätzung des Tatsächlichen! Wer so denkt, wird die Unterlassung wie die Fahrlässigkeit schwerlich richtig auffassen, seine Gedankengänge sind weit entfernt von der hier genommenen Grundlage der „Wertbezogenheitslehre“ wie von Kantischer kritischer Methode.

tieferen, sich in die Alsob-Philosophie gar zu sehr versenkenden Denker, aus logischen Gründen zur Abrundung eines Systems fingierte Größen einzuführen; nur vergessen sie dann, jene Fiktionen sofort wieder zu entlassen, nachdem sie ihre Mission der Durchgangserkenntnis erfüllt haben, wie es im Sinne des Schöpfers des „Alsob" lag.

e) Die richtige Erfassung des normativen Verhältnisses von Vorsatz und Fahrlässigkeit kann sich nur aus der Einsicht in das Wesen der Schuld ergeben, insbesondere aus der Beziehung der Schuld auf den einzelnen freien Willensentschluß und aus der Auffassung des Vorsatzes wie der Fahrlässigkeit als Elemente der Schuld, als deren Trabanten. Das Strafwürdige ist beidemal, bei der vorsätzlichen Begehung nicht anders wie bei der fahrlässigen, der freie Willensentschluß zu einem Verhalten (das objektiv rechtswidrig ist); hierauf beruht der Schuldvorwurf. Aber dieser ist abhängig von zwei alternativen Begleitumständen, dem Wissen oder Wissensollen der Rechtswidrigkeit; nur unter der einen oder der anderen der beiden Voraussetzungen kann nach der Ansicht der Rechtsordnung der Schuldvorwurf gerechterweise erhoben werden — nicht anders wie auch das objektive Urteil über die Rechtswidrigkeit der Tat oft nur beim Vorliegen äußerer, an sich dem Unwerturteil gar nicht zugänglicher Umstände (Ort und Zeit der Tat) gefällt werden kann, wie etwa das Vorhandensein einer Beleidigung nicht selten sich erst aus den Umständen, wiederum der Eigenart des Ortes oder der Zeit, ergibt. Auch bei der Schuld sind die beiden als erheblich erkannten psychischen Begleitumstände dem Unwerturteil, das über den freien Willensentschluß ausgesprochen wird, also dem eigentlichen Schuldvorwurf nicht zugänglich; aber sie sind notwendig, damit dieses Urteil abgegeben werden kann,[1]) denn gerechterweise kann nur der schuldbewußte Täter strafbar gemacht werden, schuldbewußt in dem Sinne, daß das Wissensollen dem Wissen des Unrechts gleichsteht.

Von diesem Gesichtspunkte des psychischen Begleitumstandes aus hat die Fahrlässigkeit durchaus nichts Absonderliches an sich; ja man wird sie sogar als das Primäre aufzufassen haben: Schuld liegt vor, wenn der Täter das Rechtswidrige seiner Tat einsehen konnte und einsehen mußte. Das darf als der Ur-

[1]) Daß erst die „begleitenden Umstände" (freilich in anderem Sinne) den Schuldvorwurf voll begründen, wird auch von Frank Gießener Festschr. 53) vertreten.

typus der Schuld betrachtet werden, und es haben diejenigen sich auf den rechten Weg begeben, die die Schuld in der Möglichkeit des Bewußtseins der Rechtswidrigkeit [1]) zu ergründen suchten, abgesehen davon, daß diese Möglichkeit, dieses Können nur ein Ausschnitt ist und erst durch das hinzutretende Sollen ergänzt wird. Hat nun der Täter die Rechtswidrigkeit, die er einsehen sollte, auch tatsächlich eingesehen, so ist der Schuldvorwurf natürlich erst recht gegeben; ja er ist in verstärktem Maße gegeben, da der Täter seiner besseren Einsicht zuwider, bewußt gegen die Rechtspflicht verstoßen hat. So vermögen die Begleitumstände nicht nur die Schuld überhaupt, sondern auch eine Verschiedenheit des Schuldgrades zu begründen — nicht anders wie auch die Verschiedenheit der objektiven Begleitumstände einer Handlung eine Verschiedenheit im Grade ihrer Schädlichkeit zur Folge haben mag.[2])

Alle Schriftsteller, die in der Psyche des Täters einen für die Fahrlässigkeit unerläßlichen Mangel, aber einen solchen tatsächlicher Natur nachzuweisen suchen, sei es einen Verstandes- oder einen Willens- oder Gefühlsfehler, sei es einen Mangel am Charakter oder an der Einzelhandlung (oben a—d), sie alle verkennen völlig die Natur des von ihnen zu untersuchenden Objekts, in erster Linie aber irren sie in der Methode. Der Mangel ist nicht notwendig ein tatsächliches Manko in der Psyche; er ist vielmehr stets ein Unwerturteil der Rechtsordnung, und dieses wird gefällt — hier wie sonst — über den die rechtswidrige Handlung auslösenden Willensentschluß. Daß dieser nun bei den Fahrlässigkeitsdelikten an sich (!) oft ein durchaus normaler, ja sogar nicht selten ein zu lobender ist (wie der Entschluß, anderen Menschen eine Freude zu bereiten), mußte freilich denjenigen verborgen bleiben, die in dem Objekt selbst das Manko suchten, die also das Objekt als solches einer übergeordneten Wertung verkannten, m. a. W. die psychologisch statt normativaxiologisch verfuhren, die den Standpunkt des Täters statt den

[1]) Mitunter wird neben oder statt der Rechtswidrigkeit die Pflichtwidrigkeit genannt. Hierüber vgl. S. 588 [1].

[2]) Es ist nach der Anschauung des Textes nicht denkbar, daß in gewissen Fällen die Fahrlässigkeit schwerer wiegt als der Vorsatz. Anders vom Standpunkt derjenigen, die auf die Gesamtpsyche oder gar auf die Gefährlichkeit den Schuldbegriff einstellen; so Exner 234 für den Fall, daß die Umstände vom Normalen abweichen.

der Rechtsordnung einnahmen, die das verbrecherische Verhalten erklärten statt bewerteten. Die Psychologie findet oft ein psychisches Nichts vor. Das Manko ist eben nur ein gedachtes: einmal das Urteil der Rechtsordnung, daß jener Willensentschluß und das von ihm ausgelöste Verhalten rechtswidrig sind, nämlich einen der Rechtsordnung unerwünschten Erfolg (voraussichtlich) nach sich ziehen, sodann das Urteil der Rechtsordnung, daß der Täter diese Rechtswidrigkeit (in dem alsbald zu II zu erörternden Sinne) kennen sollte. Jene Autoren trifft mithin der weitere Vorwurf, daß sie die Natur der Fahrlässigkeit wie des Vorsatzes als bloßer (wenn auch unerläßlicher) psychischer Begleitumstände des Schuldurteils verkennen, daß sie statt dessen in den Begleitumständen selbst das Schuldurteil sehen. Bei dieser methodischen Verwirrung mußten freilich Probleme über Probleme entstehen, und lauter ungelöste.

Daß in gewissen Fällen die fahrlässige Begehung vom Gesetz gar nicht unter Strafe gestellt wird, wie die fahrlässige Sachbeschädigung, hat nichts Auffallendes; die untere Grenze des strafbaren Unrechts, seine Abgrenzung vom rein privaten Unrecht, ist vom Gesetz bis zu einem gewissen Grade willkürlich gezogen.

Die vorgetragene Auffassung der Fahrlässigkeit und damit der Schuld ist u. E. für die Sozial- wie die Individualethik brauchbar; die Ethiker sollten sich doch dieses Problems auch einmal annehmen.

Aus dem Gesagten ergibt sich, daß es nur zwei Schuldgrade gibt: das Kennensollen und — als den schwereren Grad — die Kenntnis der Rechtswidrigkeit. Etwas Drittes grundsätzlich Leichteres oder Schwereres ist nicht denkbar. Das positive Recht mag noch andere Grade in tatbestandlicher Form ausbilden, wie die Absicht oder die Überlegung; neue Schuldgrade grundsätzlicher Art werden damit nicht eingeführt. Auch die schwierigen, sich an die Abgrenzung von Eventualvorsatz und bewußter Fahrlässigkeit knüpfenden Fragen bringen keine Verschiebung; einen dritten Schuldgrad gibt es nicht, es gibt nur ein Entweder-Oder.

II. Das sog. Bewußtsein der Rechtswidrigkeit.

Dieses Merkmal, das beim Vorsatz vorhanden ist, bei der Fahrlässigkeit vorhanden sein sollte, hat in der Literatur[1]) die verschieden-

---

[1]) Ausführliche Nachweisung über das Erfordernis beim Vorsatzbegriff bei Binding Normen II 1, 342, Frank § 59 III 2, v. Liszt 172, Meyer-Allfeld 142,

sten Auslegungen erfahren, ist bekämpft, verteidigt, aus- und umgestaltet — die Erörterungen über es nehmen wohl den breitesten Raum in der umfangreichen Schuldliteratur ein. Für uns jedoch muß eine Klärung aller Streitfragen bereits vorangegangen sein, so daß es nur gilt, die Ernte einzubringen; denn beide Begriffe, aus denen sich jenes Merkmal zusammensetzt, sind bereits erörtert: das Bewußtsein wurde als Kenntnis, als Wissen, als Vorstellung unter Einbeziehung der emotionalen psychischen Elemente, der Gefühle bestimmt, vor allem aber wurde der Begriff der Rechtswidrigkeit einer grundsätzlichen Erörterung auf einer langen Strecke des zurückgelegten Weges (§§ 12—16) unterzogen. Freilich, über diesen Grundbegriff allerersten Ranges, das Unrecht, muß Klarheit gewonnen sein, soll die Schuldlehre nicht auf schwankendem Boden aufgebaut werden. Will man etwa erst hier an die Erklärung des Begriffes Rechtswidrigkeit gehen? oder will man gar probieren, welche seiner zahlreichen möglichen Bestimmungen hier am besten paßt? oder will man etwa gar, wie dies in der Tat von angesehener Seite geschehen ist, mehrere solcher Bestimmungen (alternativ) nebeneinander einsetzen? Gerade auf diesem Gebiete sind rein monographische Arbeiten, wenn sie nicht zugleich grundlegende Arbeiten sind, auf Zufallstreffer angewiesen. Nach welchen Leitpunkten will man denn die bekannten Streitfragen lösen, was unter Kenntnis der Tatumstände zu verstehen, ob und bejahendenfalls wie zwischen Tatsachen- und Rechtsirrtum, zwischen strafrechtlichem und außerstrafrechtlichem Rechtsirrtum zu unterscheiden ist und

---

v. Hippel VerglDarst. A 3, 564. — Zwischen dem Bewußtsein der Rechtswidrigkeit und dem der „Pflichtwidrigkeit", wie es wiederholt erfordert wird, machen wir keinerlei Unterschied. Pflichtwidrigkeit kann nur ein Verstoß gegen die sozialen und speziell rechtlichen Pflichten bedeuten; die Pflichten der Moral kommen für das Recht nicht in Betracht. So verstanden ist aber Pflichtwidrigkeit vom subjektiven Standpunkt dasselbe wie Rechtswidrigkeit vom objektiven; das objektive Recht statuiert subjektive Pflichten: wer gegen das objektive Recht fehlt, verletzt zugleich seine Pflichten wie umgekehrt. Versteht man dagegen unter Rechtswidrigkeit nur die formelle, unter Pflichtwidrigkeit aber auch (oder nur) die materielle, also die Sozialschädlichkeit, so ist die Unterscheidung terminologisch irreführend, sachlich gerechtfertigt; dann gehört zur Schuld nach Maßgabe des folgenden Textes zu 2 prinzipiell das Bewußtsein der Pflichtwidrigkeit, in zweiter Hinsicht das der Rechtswidrigkeit. Abgesehen von dem letzteren Punkte zutreffend Beling Verbrechen 183. Vgl. oben § 20 IV 4.

welcher Irrtum einen Entschuldigungsgrund abgibt, ob es einen besonderen Subsumtionsirrtum gibt und wie er zu behandeln ist — alles Fragen, die für unsere Gedankenfolge gar nicht mehr auftauchen können.

Um mit einem Wort das Prinzip zu geben: Vorsatz ist die Kenntnis der voraussichtlichen Sozialschädlichkeit des Verhaltens. Oder m. a. W.: die Kenntnis des wahrscheinlichen Widerspruchs des eigenen Verhaltens mit dem Gemeinschaftswillen. Für die Individualethik: die Kenntnis des Widerspruchs des Willensentschlusses mit dem Sittengesetz.[1])

Erinnern wir uns daran, wie sich der Unrechtsbegriff zusammensetzt, so ergibt sich, daß sich die Kenntnis des Täters auf dreierlei beziehen muß: 1. auf die Tatsachen, insbesondere auf das Wertungsobjekt, das Verhalten, aber auch auf die tatbestandlich erheblichen Begleitumstände, 2. auf den Wertmaßstab, 3. auf die Subsumtion der Tatsachen unter den Maßstab. Liegen diese Voraussetzungen vor, so kennt der Täter die Sozialschädlichkeit, so entschließt er sich und handelt er vorsätzlich, so ist der schwerere Schuldgrad gegeben.

1. Zunächst die Kenntnis der rechtserheblichen Tatsachen. Das bedeutet die vielgenannte „Kenntnis der gesetzlichen

[1]) Es besteht auch hier eine Parallele zur Individualethik. — In interessanter Weise hat Heims ZStW. 40/1 (S. A. 31) den Bindingschen „Rigorismus" der Schuldlehre in Parallele zu dem Kantischen „Rigorismus" der Ethik gesetzt und in diesen Rigorismen den schwachen Punkt beider Lehren zu erkennen geglaubt: „Wie die gute Handlung nicht im Gehorsam und die schlechte Handlung nicht im Ungehorsam gegen das Sittengesetz aufgeht, so liegt es auch im Recht: Schuldvolles Unrecht erschöpft sich nicht in der Auflehnung gegen die Rechtsnorm als solche." Eine formalistische Begründung des Sittengesetzes wie des Rechts wird allerdings durch diese Polemik getroffen. Nicht dagegen die hier durchgeführte materiell-teleologische Auffassung. Außerdem ist zu beachten, daß der Schuldige etwas unternimmt, was nach objektivem Urteil als Verstoß gegen den Gemeinschaftswillen aufzufassen ist, daß er nicht notwendig aber handelt aus Pflichtwidrigkeit, wie der Tugendhafte nach Kant aus Pflicht zu handeln hat. Die Pflicht ist nicht etwa — was leider nur allzuoft übersehen und unrichtig verstanden wird — das psychologische Motiv des Handelnden, sondern (nach neukantianischer Lehre) das transzendentale Urteil des objektiven Beurteilers: des Sittengesetzes (des Gewissens) oder der Gemeinschaft (der Rechtsordnung, des Staates).

Tatumstände". Nicht erforderlich ist die Kenntnis der abstrakten Tatbestandsmerkmale; auf diese sog. Kenntnis des Strafgesetzes kommt es nicht an, und insofern verdient Billigung der berüchtigte Satz,[1]) daß die Unkenntnis des Strafgesetzes vor Strafe nicht schützt, daß der strafrechtliche Irrtum nicht entschuldigt. Notwendig ist vielmehr, daß der Täter die rechtserhebliche Sachlage zutreffend erfaßt, daß er die sämtlichen Tatsachen kennt, die die erforderlichen Unterlagen dafür bieten, daß der Jurist den Schluß auf das Vorliegen der gesetzlichen Merkmale zieht; diese[2]) Subsumtion ist lediglich Sache des Juristen. Hier wird also die früher (§ 13 I 2 a) durchgeführte Unterscheidung von abstraktem und konkretem Tatbestand bedeutungsvoll; die Kenntnis des letzteren, nicht aber des ersteren muß von dem Täter verlangt werden. Der Dieb muß wissen, daß er ein solches Verhalten beobachtet, wie es der Jurist als Wegnahme würdigt, daß er damit etwas erstrebt, wie es der Jurist als Zueignung auffaßt, und daß die entwendete Sache nicht etwa die eigene des Täters oder eine herrenlose, sondern eine im fremden Eigentum stehende ist.

Sein Wissen braucht die Wirklichkeit nicht voll und ganz zu erfassen, es braucht nicht in allen Einzelheiten zuzutreffen; aber eine Übereinstimmung zwischen Vorstellung und Tatsächlichkeit muß insoweit bestehen, daß noch immer die Subsumtion unter die betreffenden Tatbestandsmerkmale möglich ist. Also nur der wesentliche Tatsachenirrtum entschuldigt. Wäre auf Grund des vorgestellten Tatbildes nur ein Schluß auf Unterschlagung oder Körperverletzung möglich, während rein objektiv Diebstahl oder Tötung vorliegen, so hat der Täter nur die erst-, nicht die letztgenannten Delikte vorsätzlich begangen.

Was wesentlich ist, das ist — gemäß dem in diesem Werke durchweg zugrunde gelegten Gedankenzuge — ausschließlich vom Standpunkte der Rechtsordnung, nicht nach dem des Täters zu bestimmen. Denn auf die rechtliche Wertung des vorgefundenen Objekts kommt

---

[1]) An ihm wird noch immer von der Rechtsprechung festgehalten trotz der zahlreichen treffenden Widerlegungen, die der Satz erfahren hat, vgl. besonders Kohlrausch Irrtum und Schuldbegriff 118 ff. und v. Hippel Vergl. Darst. A 3, 549 ff., auch MonSchr. 10, 91.

[2]) Anders die Subsumtion unter den Begriff der materiellen Rechtswidrigkeit; diese muß auch der Täter vollziehen (unten 2 ff.).

es an, nicht auf die Klarlegung des Objekts in allen seinen psychologisch erheblichen Einzelheiten, etwa gar mit Hilfe von Unterstellungen.

Daher begeht einen vorsätzlichen Diebstahl auch der Backfisch, der in der Buchhandlung vom Ladentisch einen Band lyrischer Gedichte entwenden will, aber ein Repetitorium des römischen Erbrechts entwendet. Und deswegen liegt vorsätzliche Tötung vor, wenn Ruben den Simeon erschießen will, aber seinen Lieblingsbruder Levi erschießt, sei es weil die Kugel vom Winde fehlgetrieben wird, sei es weil sich die beiden letztgenannten Brüder so ähnlich sehen, daß sie selbst der Ruben im Augenblick nicht zu unterscheiden vermag; eine verschiedene Behandlung der aberratio ictus und des error in persona wäre nicht gerechtfertigt. Tötet Ruben dagegen irrtümlich seinen Vater Jakob, während er es auf Simeon abgesehen hat, so liegt versuchte Tötung des letzteren und vollendete fahrlässige Tötung des ersteren, nicht etwa vorsätzliche Tötung des ersteren (Aszendententotschlag) vor. Will Ruben den Simeon von der Brücke aus ertränken, erwürgt er ihn aber schon vorher beim Ringen, so ist es vorsätzliche Tötung, gleichgültig ob ihn die Voraussicht dieser Todesursache von der Handlung abgehalten hätte oder nicht. Rechtlich Gleiches ist gleich zu behandeln.[1])

Die Unterscheidung zwischen abstraktem und konkretem Tatbestand, wie sie früher getroffen wurde, ist so klar, daß es unverständlich ist, wie in der strafrechtlichen Schuldliteratur immer wieder die Behauptung auftritt, eine scharfe Grenze zwischen Rechts- und Tatsachenirrtum lasse sich nicht ziehen. Wer nicht den tiefgehenden Unterschied zwischen Tatsache und rechtlicher Wertung, zwischen Wirklichkeit und juristischem Begriff erfaßt hat, der möge sich zunächst einmal mit Logik, mit juristischer Logik beschäftigen.[2])

---

[1]) Über die verschiedene Behandlung vgl. etwa v. Liszt 170, Mayer 322 und v. Hippel VerglDarst. A 3, 546.

[2]) Daher ist auch die von Beling und v. Hippel getroffene, von Binding bekämpfte Scheidung von Rechts- und Tatsachenfahrlässigkeit sehr wohl durchführbar. Vgl. hierüber Rümelin ZStW. 41, 507 ff. — Wenn Binding wiederholt ausführt, daß der Tatsachenirrtum als solcher keine rechtliche Bedeutung habe, daß er juristisch nur als Rechtsirrtum, als Irrtum im Rechtssinne in Betracht komme (vgl. etwa Normen III 1918, 115 ff.), so ist das freilich insofern richtig, als Tatsachen nur als rechtlich bedeutsame den Juristen beschäftigen. Binding hat hier wie auch sonst unbewußt die systematisch richtige Grundstellung eingenommen, die wir unter dem Gesichtspunkt der Wertbezogenheit in dem Satze zum Ausdruck bringen können: Das Objekt (die Tatsache) kommt für den Juristen nicht als eine Natur-, sondern als eine Kulturerscheinung, als auf Werte, auf Rechtssätze bezogen in Betracht; das juristische Objekt kann nur unter dem Gesichtspunkt der Rechtsordnung

2. Dagegen gehört zum Vorsatz die Kenntnis des Täters, daß die (nach oben 1) bekannten, rechtserheblichen Tatsachen verboten sind, m. a. W. daß er ein derartiges Verhalten bei dieser Sachlage, beim Vorliegen dieser Begleitumstände nicht beobachten darf. Sowenig er also die einzelnen abstrakten Tatbestandsmerkmale und die Subsumtion der Tatsachen unter sie zu kennen braucht, so sehr ist auf der anderen Seite erforderlich, daß er die Rechtswidrigkeit in toto, den rechtlichen Wertmaßstab und seinen Inhalt sowie die Subsumtion der Tatsachen unter diesen kennt. Die so einfache und so natürliche, jedem Laien einleuchtende und dem Gerechtigkeitsempfinden allein genügende Erwägung ist auch wissenschaftlich die allein richtige und praktisch die allein brauchbare:[1]) bestraft werden darf nur, wer sein Unrecht einsah oder einsehen konnte. Die Frage ist nur, was unter diesem Unrecht zu verstehen sei. Hierüber gab uns aber bereits die dem Unrechtsbegriff gewidmete Untersuchung (§ 12 III) Aufschluß. An dieser Stelle haben sich jene Ergebnisse als nützlich zu bewähren.

In der Literatur hat man die richtige Erkenntnis zum mindesten gefühlt und oft mit dem Ausdruck, der Offenbarung gerungen. Drei Formulierungen waren denkbar, und sie alle haben namhafte Vertreter gefunden. Man verlangte: 1. Kenntnis der formellen Rechtswidrigkeit, der Normwidrigkeit, des bloßen Verbotenseins,[2]) oder 2. Kenntnis der materiellen Rechtswidrigkeit, der Sozialschädlichkeit, der Kulturwidrigkeit, der Gefährlichkeit,[3]) oder 3. Kenntnis von 1 oder von 2 alternativ.[4]) Die dritte Ansicht ist die bequemste;

---

angeschaut werden. So ist es mit der Handlung und der Unterlassung, so mit der Kausalität, so mit der Verbrechenseinheit, so mit der Fahrlässigkeit, so auch mit dem Tatsachenirrtum. Gleichwohl bleibt es dabei, daß sich der Täter über Tatsachen irrt.

[1]) Trotz der Gegenargumente, die Liepmann in seinen beachtlichen Aufsätzen ZStW. 38, 21 ff. usw. aus Geschichte, Rechtsvergleichung und Dogmatik beibringt. Es kommt freilich darauf an, was man unter Rechtswidrigkeit versteht.

[2]) So besonders Binding und seine unmittelbare Gefolgschaft; aber auch sonst zahlreiche Schriftsteller, wohl die meisten, die ein Bewußtsein der Rechtswidrigkeit überhaupt erfordern.

[3]) So sachlich v. Liszt 164 (I 1 b), 167, Mayer 236, de lege ferenda Frank § 59 III 2.

[4]) So sachlich Rümelin Verschulden 26, Kohlrausch Reform I 218, Rosenfeld ZStW. 32, 488, Kantorowicz MonSchr. 7, 278, im Grunde auch wohl

sie ist auch die richtige, sie bedarf aber der Klarstellung und der inneren Rechtfertigung, denn es ist nicht einzusehen, wie man zu einer so seltsamen Alternative kommen kann; diese selbst muß überwunden werden. Zur Überwindung ist aber schon durch die Erkenntnis der Mängel der ersten beiden Ansichten zu gelangen; zur Überwindung führt vor allem eine Besinnung auf die Bedeutung des allgemeinen Unrechtsbegriffs (oben § 15).

Das erste Erfordernis würde zu der (oben 1) abgelehnten Meinung führen, der Täter müsse die einzelnen Tatbestandsmerkmale kennen. Denn diese zusammen ergeben doch erst die Tatbestandsmäßigkeit als die formelle Rechtswidrigkeit; die Tatbestandsmäßigkeit an sich ohne Rücksicht auf die einzelnen Tatbestandsmerkmale ist ein wesensloser Begriff. Die Kenntnis des (formellen) Verbotenseins einer Handlung bedeutet demnach bei näherem Zusehen immer die Kenntnis, daß die betreffende Handlung unter diesen Begleitumständen den und den gesetzlichen Merkmalen genügt (oder den Rechtfertigungsgründen nicht genügt). Eine derartige Kenntnis kann aber, jedenfalls grundsätzlich, nicht erfordert werden. Die gegenteilige Ansicht würde, wie oft bemerkt, die Strafrechtspflege vor unlösbare Aufgaben stellen:[1]) in jedem einzelnen Falle müßte Kenntnis des Gesetzes oder der Norm dem Angeklagten nachgewiesen werden, jene Meinung würde in einer überwältigenden Zahl von Fällen zu einem non liquet führen, wegen vorsätzlicher Begehung könnten nur noch Juristen, ja nur noch Kriminalisten bestraft werden. Und das ist nicht nur eine prozessuale, rein praktische, sondern eine mit den grundlegenden Betrachtungen über die Tatbestandsmäßigkeit und ihr Verhältnis zur wahren Rechtmäßigkeit im Einklang stehende Erwägung. Denn die Tatbestandsmäßigkeit ist nichts weiter als ein von Juristen zu juristischen Zwecken (im Interesse der Rechtssicherheit usw., vgl. oben § 13 I) aus-

---

Frank § 59 III 2, insofern er den Standpunkt der lex lata und der lex ferenda nebeneinander stellt (s. den folgenden Text), und v. Hippel VerglDarst. A 3, 591 (Rechtswidrigkeit „oder Unsittlichkeit"), ähnlich Liepmann Einleitung 134.

[1]) Trotz der heftigen Polemik Bindings GerS. 77, 35; 81, 19 ff. und namentlich im 3. Bande der Normen. Die an sich richtigen Erwägungen Belings Verbrechen 180 über das Gebot der Gerechtigkeit, nur bei Rechtskenntnis zu strafen, betreffen mehr die (von Beling abgelehnte) materielle als die formelle Rechtswidrigkeit.

geklügeltes Gebilde, das erst Leben empfängt von jenem anderen, dessen Abglanz es ist: von der wahren Rechtswidrigkeit, man nenne sie die materielle, die Sozialschädlichkeit, die Kulturwidrigkeit oder wie man will. Die wahre Rechtswidrigkeit, die darin besteht, daß ein Verhalten seiner allgemeinen Tendenz nach der staatlichen Gemeinschaft mehr schadet als nützt, ist aber nicht nur der allen Tatbeständen logisch vorausgehende Begriff, sie ist auch das aus dem Gemeinschaftsleben hervorgewachsene, allen Gemeinschaftsgliedern innewohnende stets gegenwärtige Bild von dem, was sie nicht tun dürfen. Das ist der in grundlegender Erkenntnis auf dem Boden der Anerkennungstheorie (§ 12 II 7 d) gewonnene Begriff, dessen Inhalt von den Gemeinschaftsgliedern gebilligt und anerkannt wird: Unrecht ist, was der Gemeinschaft und ihren Gliedern mehr schadet als nützt — ein Inhalt, der (seinem eigensten Wesen nach) allen Gliedern des Ganzen in Fleisch und Blut übergegangen ist.

Bei allen Normalen ist daher die Kenntnis dieses Maßstabes der Wertung als etwas Selbstverständliches vorauszusetzen, so daß nur noch die Kenntnis der Subsumtion der Tatsachen unter den Maßstab erforderlich ist. Und auch die letztere Kenntnis, die Fähigkeit zu einwandfreier Subsumtion, darf als zum Besitzstande aller Normalen gehörig angesehen werden. Hieraus ergibt sich, daß der Nachweis dieser Kenntnis des Maßstabes und folglich auch der Subsumtion bei der Ausübung der Strafrechtspflege nicht nur erleichtert, sondern geradezu entbehrlich ist, sofern über die Normalität des Handelnden kein Zweifel obwaltet.[1]) Ist es nun nicht ein durchaus natürliches und befriedigendes Ergebnis, den Begriff der Zurechnungsfähigkeit, der doch gerade diese Normalität, diese Fähigkeit der einzelnen zur Erkenntnis des Gemeinschaftswillens und zur Anpassung an ihn zum Ausdruck bringt, einfach an die Stelle des Bewußtseins der Rechtswidrigkeit (d. h. des Maßstabes und der Subsumtion) zu setzen? Versteht man eben die Rechtswidrigkeit als sog. materielle in dem angegebenen Sinne, so ist zum Vorsatz nur die Kenntnis der wesentlichen Tatsachen (oben zu 1) erforderlich; der Rest des Bewußtseins der Rechtswidrigkeit wird gewissermaßen vertypt, vertatbestandlicht durch die Zurechnungsfähigkeit: wer die Tatsachen kennt und zurechnungsfähig ist, der

[1]) Ganz ähnlich Mayer 259 zu a α Satz 1 (bereits zitiert oben S. 311 [1]).

kennt auch die materielle Rechtswidrigkeit.[1]) Das scheint uns eine unwiderlegliche Vermutung.

Hat nach dem Gesagten also nicht die zweite Ansicht, Vorsatz sei das Bewußtsein der materiellen Rechtswidrigkeit, Sozialschädlichkeit, Kulturwidrigkeit das Richtige getroffen? wenigstens insofern, als diese Ansicht das ursprüngliche Wesen des Vorsatzbegriffs wiedergibt, und mit der weiteren Maßgabe, daß die Kenntnis der Rechtswidrigkeit wegen des typischen Merkmals der Zurechnungsfähigkeit nicht erforderlich ist? — Nein! Die Ansicht übersieht die positivgesetzliche Ausgestaltung der Rechtswidrigkeit zur Tatbestandsmäßigkeit. Grundsätzlich ist an jener Erkenntnis freilich festzuhalten, daß Vorsatz Kenntnis der Sozialschädlichkeit bedeutet. Aber da das positive Recht diesen Begriff der materiellen Rechtswidrigkeit seinen Tatbeständen zwar zugrunde legen wollte, aber nicht immer zugrunde gelegt hat, da mitunter wenn auch glücklicherweise selten ein Widerspruch und schon eine Nichtübereinstimmung zwischen materieller und formeller Rechtswidrigkeit vorhanden ist und da eine solche Differenz zum mindesten jederzeit möglich und in größerem Maße möglich ist, so muß auch die Theorie des positiven Rechts ihren Vorsatzbegriff danach einrichten.[2])

3. Die Theorie gelangt somit zu dem Grundsatz: Zum Vorsatz gehört die Kenntnis der materiellen Rechtswidrigkeit (Sozialschädlichkeit) und einer sich nicht offensichtlich mit ihr deckenden besonderen formellen Rechtswidrigkeit (Tatbestandsmäßigkeit, Nichtvorliegen der Rechtfertigungsgründe, vgl. unten zu 6). Der Nachweis der ersteren erübrigt sich

---

[1]) Daher ist v. Liszt (freilich auf Grund anderer Erwägungen und auch im Ergebnis abweichend) von seiner Auffassung der Rechtswidrigkeit als Sozialschädlichkeit konsequent zu der Ausweisung des Bewußtseins der Rechtswidrigkeit aus dem Vorsatzbegriff gelangt (172), obwohl — äußerlich damit im Widerspruch — v. Liszt den Vorsatz als Kenntnis der Sozialschädlichkeit (d. i. nach ihm: der Rechtswidrigkeit!) bestimmt. Der Vorwurf der Inkonsequenz durch Binding Normen II 1, 343/4 ist daher insofern unbegründet.

[2]) Unser Ergebnis ähnelt der Auffassung Belings (Unschuld, Schuld und Schuldstufen 1910, 28 ff.) insofern, als das Bewußtsein des Täters sich auf zweierlei nebeneinander beziehen muß, auf die Rechtswidrigkeit wie auf die Tatbestandsmäßigkeit — nur, daß diese beiden Begriffe nach Beling bereits objektiv in einem anderen Verhältnisse zueinander stehen wie nach unserer Grundlegung.

bei der Feststellung der Zurechnungsfähigkeit, dagegen ist der Nachweis der letzteren erforderlich. Weicht das Gesetz m. a. W. von unseren sozialethischen Anschauungen[1]) ab, so darf der Täter nur bei Nachweis seiner Kenntnis des Gesetzes bestraft werden.

Man wird aber auch in dem letzteren Fall nur die Kenntnis des allgemeinen Verbotenseins, nicht eine spezielle Kenntnis der Tatbestandsmerkmale verlangen dürfen. Die erstere erfordert nicht etwa zugleich immer die letztere, wie man im Anschluß an unsere früheren Einwendungen gegen den formalistisch orientierten Vorsatzbegriff sagen könnte; hier handelt es sich lediglich um eine Ausnahmeerscheinung: ist dem Täter die Differenz von Gesetz und Gemeinschaftswillen, von positivem und richtigem Recht, von Sein und Sollen bekannt, so genügt auch die Kenntnis dieser Differenz, und das ist die allgemeine Kenntnis des Verbotenseins seiner Handlung. Es braucht also nur festgestellt zu werden die Kenntnis der Tatsachen, die der allgemeinen Rechtsnorm und die der Subsumtion jener unter diese.

Um dieses Verfahren an einer inzwischen glücklicherweise (weil eben in Widerspruch mit unseren gegenwärtigen sozialethischen Anschauungen) aufgehobenen gesetzlichen Bestimmung[2]) zu veranschaulichen: Nach ihr machte sich ein Gastwirt, der ein Glücksspiel in seinem Lokal duldet, strafbar. Im Einzelfall ist ein Gastwirt hiernach zu bestrafen, wenn er weiß, daß die Gäste das „Mauscheln" spielen und daß dieses Spiel nach dem Gesetz von ihm nicht geduldet werden darf; nicht erforderlich ist aber die Kenntnis, daß das Mauscheln ein „Glücksspiel" ist und daß das Gesetz das „Dulden eines Glücksspiels" verbietet. Bei der subsumtiven Tätigkeit, der Abstraktion vom konkreten Sachverhalt bis zur allgemeinen Rechtswidrigkeit, ist also das Mittelglied, das abstrakte spezielle Tatbestandsmerkmal („Glücksspiel") zu überspringen; die Subsumtion des Sachverhalts ist sofort unter das allgemeine Verbotensein zu

---

[1]) Mit Recht bemerkt Frank, mit dessen Grundanschauung der Text offenbar übereinstimmt: „Der Gesetzgeber geht eben von der Ansicht aus, daß die Rechtsnormen gleichzeitig sozialethische und als solche jedermann bekannt sind oder bekannt sein müssen" (§ 59 III 2 S. 139).

[2]) § 285 RStGB. von 1871, aufgehoben durch Ges. vom 23. 12. 1919 (RGBl. S. 2145).

vollziehen. M. a. W.: die Kenntnis des Täters muß sich auf alle Umstände beziehen, die für die Qualifikation der Tat als einer verbotenen erheblich sind, und auf diese Qualifikation selbst.[1]) In diesem Sinne hat man zum Vorsatz Kenntnis des Strafgesetzes zu erfordern — nur in dem angegebenen Sinne; Kenntnis der Strafbarkeit ist selbstverständlich nicht verlangt, und es geht entschieden zu weit, wenn vereinzelt gegen das Erfordernis des Bewußtseins der Rechtswidrigkeit überhaupt geltend gemacht wird, es liefe auf das Bewußtsein der Strafbarkeit hinaus;[2]) die Kenntnis des bloßen Verbotenseins ist ein Minus, und dieses genügt.

Nach dieser Absteckung der Grenzen der zu erfordernden Kenntnis darf nun aber, unbesorgt um das Gedeihen der Rechtspflege, die weitere Konsequenz gezogen werden: Kenntnis des Strafgesetzes ist nicht nur bei dessen offensichtlichem Widerspruch mit den sozialethischen Anschauungen zu erfordern, sondern auch bei (für den Täter) nicht offensichtlicher Übereinstimmung beider. Es gibt in der Tat zahlreiche Verbote, die dem Täter durchaus unbekannt sind; ein gebildeter Mensch mag für das Sozialschädliche ein feines Empfinden besitzen und doch zugleich das Verbotensein einer konkreten Handlung nicht kennen, es sei an die zahlreichen während des Weltkrieges erlassenen, zum Teil hohe Strafen androhenden Gesetze erinnert.[3]) Aus dem Strafgesetzbuch Beispiele herbeizuziehen ist schwer — ein Beweis

---

[1]) Sachlich ganz nahestehend Kohlrausch Reform I 218: Es kommt darauf an, ob der Täter „in seiner Tat diejenigen Eigenschaften erkannt hat, welche für den Gesetzgeber entscheidend waren", als er einen bestimmten Tatbestand, z. B. die Ausspielung, unter Strafe stellte. Mit der Auffassung des Textes im wesentlichen übereinstimmend wohl auch Frank § 59 II Abs. 1 und a. E. Dagegen aber v. Liszt 168 und Finger 246.

[2]) Vgl. Kohlrausch a. a. O. 216.

[3]) Daher ist durchaus zu billigen, daß nach der Bundesratsverordnung vom 18. 1. 1917 (RGBl. S. 58) bei Zuwiderhandlungen gegen Vorschriften, die auf Grund des Ermächtigungsgesetzes ergangen sind, nicht strafbar ist, „wer in unverschuldetem Irrtum über das Bestehen oder die Anwendbarkeit der ergangenen Vorschrift die Tat für erlaubt gehalten hat" (über die verschiedenen Auslegungen dieser Bestimmung vgl. die Nachweise bei v. Liszt 173[2] und Binding Normen III 387 ff.). Übereinstimmend wird die Straffreiheit „bei unverschuldetem Irrtum über das Bestehen oder die Anwendbarkeit steuerrechtlicher Vorschriften" von § 358 der Reichsabgabenordnung vom 13. 12. 1919 (RGBl. S. 1993) ausgesprochen.

für die Übereinstimmung der in ihm enthaltenen Verbote mit den Anschauungen der Allgemeinheit. Wenigstens was die Androhungen schwererer Strafen betrifft. Der Kaufmann mag vielleicht nicht wissen, daß Wucher, und der Bauernbursche vielleicht nicht, daß Bestialität strafbar sind; aber es ist ausgeschlossen, daß sie nicht wissen, daß diese Handlungen unseren sozialethischen Anschauungen zuwiderlaufen, daß sie unsittlich, allgemein verboten, materiell rechtswidrig, kulturwidrig sind oder wie man sonst sagen will.[1])

Anders freilich bei Übertretungen. Und gerade das große Heer dieser leichteren Strafbestimmungen haben wohl den Hauptanlaß geboten, daß man sich gegen die Anerkennung jenes Schulderfordernisses, der Kenntnis des Verbotenseins, sträubte. Allein gerade hier greifen besondere Erwägungen Platz, die sich aus der Natur der Übertretungen, der sog. Polizei- oder Verwaltungsdelikte, erklären und über die im Zusammenhang mit der Behandlung dieser Kategorie bereits gesprochen wurde (§ 13 I 2 c); aus dem Wesen der Schuld ergibt sich keine Besonderheit, und noch weniger können umgekehrt diese — ein anomales Gepräge tragenden — Strafvorschriften, die sich obendrein zum großen Teil in Nebengesetzen als Annexe anderer Rechtsmaterien vorfinden, einen Einfluß auf die Bestimmung des Wesens der Schuld gewinnen. Die erwähnte Besonderheit der Übertretungen tritt aber darin zutage, daß sie durchweg — im Gegensatz zu den schwereren Strafgesetzen — als Strafvoraussetzung schon die Fahrlässigkeit genügen lassen. Eine fahrlässige Unkenntnis wird sich jedoch in den wirklich strafbedürftigen Fällen unschwer nachweisen lassen, so daß auch hier keine Gefahr besteht, zu einer ungesund großen Zahl von Freisprechungen zu gelangen. Liegt aber

[1]) Deshalb beweist nichts die Heranziehung dieser beiden Beispiele durch v. Liszt 174, der aus dem hier zweifellos vorliegenden Strafbedürfnis seine Ansicht rechtfertigen will, daß der Rechtsirrtum nicht entschuldige, daß Bewußtsein der Rechtswidrigkeit nicht zum Vorsatz gehöre. — Auch die Fälle, die von Rümelin ZStW. 41, 498 ff. als Beweis für seine dem Text entgegenstehende Ansicht angeführt werden, lassen sich u. E. derart behandeln, daß die Kenntnis der Sozialschädlichkeit außer Zweifel steht; man hat nur auf zweierlei zu achten: 1. auf die Scheidung von Moralwidrigkeit und Rechtswidrigkeit und auf das Objekt der letzteren (nicht die individuelle Handlung, sondern Handlungen dieser Art, die allgemeine Tendenz, vgl. unten 6 a. E.), 2. darauf, daß keine Gewißheits-, sondern nur eine Wahrscheinlichkeitskenntnis erforderlich ist, vgl. unten 4 und III 1.

nicht einmal Fahrlässigkeit vor, so ist nicht einzusehen, weshalb hier überhaupt gerade eine strafrechtliche Reaktion eintreten soll; denn durch die Nichtfeststellung der Fahrlässigkeit ist ja gerade erwiesen, daß der Täter zu diesem Strafgesetz sozusagen keinerlei psychische Beziehung zu haben brauchte.

Daß übrigens der richtige Gedanke, keine Schuld ohne Kenntnis oder Kennensollen des Verbotenen, sich — allen namentlich von seiten der Praktiker geäußerten, meist nur prozessualen Bedenken zum Trotz — Bahn bricht, zeigen die Gesetzesvorschläge, daß nur bei „nachweislichem" Rechtsirrtum Freisprechung erfolgen darf.[1]) Will eine derartige Vorschrift eine Umkehrung der Beweislast besagen, soll bei einem non liquet oder bei „nicht voller Überzeugung" des Richters von dem Irrtum Verurteilung erfolgen, so kann der Tadel gar nicht scharf genug sein. Bei Versagen des prozessualen Apparates und Unfähigkeit der Richter ein Schuldig! und nach einigen Gesetzen[2]) nur eine mildere Bestrafung, ein Vergleich mit dem Angeklagten! Bei der nötigen Geschicklichkeit der Handhabung der freien Beweiswürdigung wird der Nachweis der Kenntnis des Unrechts (mit den erwähnten und alsbald noch zu behandelnden Erleichterungen) gelingen; gelingt er nicht, so besteht kein Strafbedürfnis — eben wegen Fehlens der Schuld.

4. Unser Ergebnis ist: Zum Vorsatz gehört grundsätzlich die Kenntnis der die Sozialschädlichkeit begründenden Tatsachen sowie ihrer Qualifikation als sozialschädlich selbst, bei nicht offensichtlicher Übereinstimmung von Sozialschädlichkeit und formeller Rechtswidrigkeit dagegen die Kenntnis der diese formelle Rechtswidrigkeit begründenden Tatsachen sowie ihre Qualifikation als formell rechtswidrig selbst. Regelmäßig ist ein solcher Widerspruch nicht vorhanden, materielle und formelle Rechtswidrigkeit decken sich. Und nun zeigt sich, daß ebenso, wie die Sozialschädlichkeit durch ihre typische Ausprägung in Tatbestände den Rechtspflegeorganen wie dem Publikum kenntlich gemacht wird, auch die Kenntnis der Sozialschädlichkeit durch diejenige der „gesetzlichen Tat-

---

[1]) Vgl. Ebermayer 14, 15, KE. § 114, dagegen E. 1919 § 12.

[2]) Vgl. VEBegr. 219, Ebermayer a. a. O., KE. § 114, E. 1919 § 12. Gut v. Hippel MonSchr. 10, 95: „Wer seine Tat fahrlässigerweise für erlaubt hielt, den soll mildere Strafe treffen; wer sie schuldloserweise für erlaubt hielt, der bleibe straflos."

umstände" sowie der Nachweis jener durch den Nachweis dieser erleichtert und bis zu einem gewissen Grade (eben solange nicht eine Differenz vorhanden ist) ersetzt wird.

Insofern ist die bekannte Definition des Vorsatzes als der Kenntnis der gesetzlichen Tatumstände durchaus gutzuheißen. Nur muß man sich vor der Annahme hüten, es würde die Kenntnis der abstrakten Tatbestandsmerkmale verlangt. Es genügt außer der Kenntnis des Sachverhalts die Subsumtion unmittelbar unter die allgemeine Rechtswidrigkeit, sei es die materielle oder die formelle, im letzteren Falle also unter das allgemeine Verbotensein gleichsam mit Überspringung der gesetzlichen Tatbestandsmerkmale. Würde auch die Kenntnis dieses Mittelgliedes erfordert, so gelangte man freilich zu der unerfreulichen Folgerung: es müßte in der Tat Freisprechung erfolgen, wenn jemand mit Wildervorsatz eine Sachbeschädigung oder umgekehrt mit Sachbeschädigungsvorsatz ein Jagddelikt begeht.[1]) Es sind nicht nur einige Tatbestände miteinander „auswechselbar", wie Diebstahl und Unterschlagung, sondern alle, selbst so entfernt liegende wie Notzucht und Beleidigung.

Erfordern wir somit grundsätzlich die Kenntnis des konkreten Sachverhalts einerseits, des allgemeinen (materiellen oder formellen) Wertmaßstabes andrerseits, also die Kenntnis der beiden Pole auf der zwischen konkret und abstrakt verlaufenden Linie, so darf selbstverständlich nicht die Kenntnis jener Antipoden in ihrer wissenschaftlichen Reinheit, in ihrer begrifflichen Schärfe verlangt werden. Die Kenntnis des Abstraktums würde nichts Geringeres bedeuten als die selbst für Theoretiker nicht gerade leicht zu gewinnende Erkenntnis des allgemeinen Unrechtsbegriffs, also der Idee des Rechts überhaupt, während das Wissen von den Konkreta das tiefste Eindringen in die tatsächlichen Verhältnisse, die exakte Analyse der Wirklichkeit erfordern würde. Abgesehen davon, daß schon die sog. Kenntnis nicht wissenschaftliche Erkenntnis sondern nur ein von Gefühlen untermischtes Vorstellen, nur ein Wahrscheinlichkeitswissen bedeutet (§ 20 III 2 b sowie unten zu III), sind auch die Objekte dieser Kenntnis in der genannten Hinsicht nur in der Auffassung des Lebens gemeint; der Täter braucht nur eine un-

---

[1]) Ein von Beling Verbrechen 191 angeführtes Beispiel für die von ihm vertretene, dem Text entgegengesetzte, aber in diesem Ergebnis selbst als unbefriedigend empfundene Lehre.

gefähre Vorstellung von dem Inhalt des Abstraktums sowohl wie der Konkreta zu besitzen. Er muß sich in seiner Sprache sagen, dieses Verhalten habe Nachteile für seine Mitmenschen, seine Familie, seine weitere Umgebung usw. im Gefolge, Nachteile, denen gegenüber die Vorteile nicht aufkommen, und er muß ferner die Tatsachen summarisch erkennen und ihren Zusammenhang übersehen. Dabei ist es ganz unvermeidlich, daß der abstrakte Maßstab konkreter, die konkreten Tatsachen abstrakter, als Tatsachenbündel, als abstrakte Geschehnisse erfaßt werden, so daß auf der zwischen den beiden Extremen verlaufenden Linie von beiden Enden aus eine Annäherung nach der Mitte stattfindet, eine Annäherung also nach einzelnen konkreten und doch abstrakten Merkmalen, wie sie etwa den „gesetzlichen Tatumständen", den Tatbestandsmerkmalen entsprechen.

So ist denn auch hier wieder von den beiden Polen, Idee und Leben, die Fühlung zu dem gesetzlichen Tatbestand genommen. Der Vorgang ist ein ganz natürlicher. Auch der Richter verfährt nicht anders, wenn er Tatsachen ermittelt und würdigt; ja eine Subsumtion der Tatsachen unter das Gesetz ist gar nicht anders möglich als nach Konkretisierung des Maßstabs (des Begriffs) und nach Abstraktion der Lebensvorgänge (des Sachverhalts), jene müssen konkreter, diese abstrakter gestaltet werden, damit sie wesensähnlich gemacht werden, da sie sonst sich nicht ineinanderfügen würden, sich gar nicht zueinander einordnen ließen (vgl. oben § 12 II 5 b, § 13 I 2 b δ). Auch der Zeuge vermag trotz aller richterlichen Ermahnungen, er dürfe nur konkrete Tatsachen wiedergeben, seine Aussage gar nicht anders wie unter Bekundung von Abstraktionen zu erstatten; denn er hat die Wirklichkeit bereits im Hinblick auf irgendwelche Wertungen (sei es auch irriger) aufgefaßt, und schon sprachlich kann er sich gar nicht anders ausdrücken wie in abstrakten Begriffen. Er vermag nur Generalisationen auszusagen. Sollte da die Vorstellung des Täters sich nicht ebenfalls nur auf Abstrakta beziehen?

Theoretisch ist die Formel richtig: Vorsatz ist die Kenntnis der Tatsachen und ihrer materiellrechtlichen (sozialethischen) Würdigung. Der Gesetzgeber aber trägt ganz gut dem Leben Rechnung, wenn er den Vorsatz als Kenntnis der „gesetzlichen Tatumstände" auffaßt. Daher kann es kommen, daß die Kenntnis eines Rechts, wenn dieses selbst zum gesetzlichen Tatumstand erhoben ist (z. B.

das fremde Eigentum, die Beamteneigenschaft, die zuständige Behörde) zum Vorsatz gehört und ausreicht. Die Rechtsbegriffe sind in solchem Falle sozusagen abgekürzte Tatsachenbehauptungen. Es wäre gar zu weitläufig, wollte das Gesetz in einem Strafgesetzbuchparagraphen näher bestimmen, wann eine Sache in fremdem Eigentum steht, wann der Angegriffene ein Beamter ist, wann die übertretene Anordnung von einer Behörde innerhalb der Grenzen ihrer Zuständigkeit erlassen ist. So rechtfertigt sich die Aufnahme von Rechten und Rechtsverhältnissen in den Kreis der Tatbestandsmerkmale. Daß diese Rechtsbegriffe nicht das bezeichnen, was wir unter der strafrechtlichen Würdigung, unter Fällung des rechtlichen Unwerturteils verstehen, das leuchtet ohne weiteres ein;[1]) sie sind in ihrer strafrechtlichen Bedeutung himmelweit verschieden von der Subsumtion der Tatsachen (zu denen sie sachlich selbst gehören) unter den Maßstab der allgemeinen Rechtswidrigkeit; und auch unter diesem Gesichtspunkt ist in der reichsgerichtlichen Scheidung zwischen strafrechtlichem und außerstrafrechtlichem Irrtum ein richtiger Gedanke zu entdecken. Insofern sind also zu den Tatumständen auch Rechte, zum Vorsatz auch die Rechtskenntnis zu zählen. Und insofern ist die früher ausgesprochene Ansicht, daß zum entschuldbaren Irrtum nur der Tatsachenirrtum gehöre (oben 1 a. E.), zwar nicht zu berichtigen, aber auszugestalten, zu modifizieren. Versteht man daher unter Vorsatz die Kenntnis der gesetzlichen Tatumstände, so wird — natürlich nicht als theoretisches Prinzip, sondern als praktikable Formel — wahlweise die Kenntnis der Tatsachen oder der Rechtsbegriffe (Tatbestandsmerkmale) zu erfordern sein. Der Mann aus dem Volke wird mehr das Tatsächliche, der Gebildete mehr das Gedankliche sehen, letzterer mehr das Allgemeine und doch zugleich auch das Speziellere (wegen schärferer Erfassung des Einzelfalles). Der Geniale aber wird alles mit einem Blicke überschauen, ihm steht das Werturteil fertig da, ohne daß er mühsame Spezialarbeit durch Induktion zu leisten nötig hat.

Andrerseits ist es ungenügend, zur Erklärung des Vorsatzbegriffs den Ausgang von den gesetzlichen Tatumständen zu nehmen — theoretisch mangels innerer Rechtfertigung eines so seltsamen Vor-

[1]) Über die sog. Komplexbegriffe vgl. zuletzt Rümelin ZStW. 41, 504.

satzbegriffs, praktisch wegen der Unmöglichkeit, den Begriff der Tatumstände aus sich heraus eindeutig zu bestimmen.[1]) Vor allem aber kann nur durch das Ausgehen von grundlegenden Einsichten und durch das Hinstreben zu einer praktikablen Formel eine Verbindung zwischen der Idee der Gerechtigkeit und den Bedürfnissen der Rechtspflege hergestellt werden. Endlich wird durch diese Orientierung die Grenze der Richtigkeit jener Formel und die Möglichkeit einer Differenz mit der Gerechtigkeit aufgezeigt, wie ja die Tatbestandsmäßigkeit mit der materiellen Rechtswidrigkeit in Konflikt geraten kann. Dieser letzte Gedanke leitet zu der Möglichkeit verwandter Reibungen.

5. Von der eingeschlagenen Richtung aus ergibt sich eine befriedigende Stellungnahme zu einigen Unebenheiten des Gesetzes. Der Tatbestand sollte mit dem Bereich der Schuld identisch sein, aber er ist es nicht immer.

a) Da der Tatbestand in seiner Gesamtheit grundsätzlich den Niederschlag der materiellen Rechtswidrigkeit, der Sozialschädlichkeit bedeutet, so sollte sich folgerichtig die Kenntnis des Täters auch auf sämtliche gesetzliche Tatumstände erstrecken. Daher ist es nicht gerechtfertigt, gewisse Tatbestandsmerkmale auszunehmen: die besondere Kategorie der objektiven Bedingungen erhöhter Strafbarkeit verdient keine Billigung (vgl. darüber oben § 14 II 3 a), und unter den mannigfaltigen Fällen der äußeren Bedingungen der Strafbarkeit sollte sich das Wissen des Täters wenigstens auf diejenigen Umstände (§ 14 II 3 b β) beziehen, die mit der Handlung in Zusammenhang (und zwar legislatorisch in adäquater Kausalität) stehen: so sollte wegen Raufhandels nur bestraft werden, wer den Tod eines Beteiligten, wegen Anreizung zum Zweikampf nur, wer den Eintritt des Zweikampfes als wahrscheinlich vorausgesehen hat oder jedenfalls voraussehen konnte usw. Von dem Kreise der Schuld blieben daher nur die höchst seltenen Umstände ausgeschlossen, die mit der Handlung selbst in keinerlei

[1]) So ist es zu verstehen, daß Köhler Die Strafbarkeit bei Rechtsirrtum 1904 (Lehrb. 291 ff.) und Frank § 59 II Abs. 3 (S. 137) die Frage nach dem Begriff der gesetzlichen Tatumstände „nicht ohne Rücksicht auf die Natur der einzelnen Delikte" lösen zu können vermeinen. Man sollte statt dessen sagen: nicht ohne vorherige Bestimmung des Unrechtsbegriffs (des rechtlichen Maßstabes).

Konnex stehen, wie die Verbürgung der Gegenseitigkeit (§ 14 II 3 b α). Und diese Ausnahme folgt aus der Natur der Sache, aus dem Prinzip selbst: Der Täter braucht nur diejenigen Umstände zu kennen, deren Tatbestandseigenschaft sich aus der Vertypung der Setzung der allgemeinen Tendenz auf den schädlichen Erfolg, also der Handlung, des schädlichen Erfolges und der Kausalität erklären lassen; für das Schuldurteil kann die Kenntnis nur derjenigen Umstände erheblich sein, die mit dem Wollen und Handeln und dem voraussichtlichen Erfolg in Berührung stehen, denn der Vorwurf hat zum Inhalt, daß der Täter sich zu einem rechtswidrigen (schädlichen) Verhalten entschloß trotz Kenntnis der Rechtswidrigkeit, also der Umstände, die in noch aufweisbarer Beziehung zu seinem eigenen Verhalten stehen. Daher scheiden diejenigen Umstände aus dem Schuldrevier aus, die von seinem Willen und Verhalten völlig unabhängig sind und die der Gesetzgeber lediglich deswegen aufstellt, weil er erst von ihrem Vorliegen die soziale Schädlichkeit in vollem Maße, also mit der Notwendigkeit der Strafreaktion, für gegeben erachtet. Die frühere Kategorisierung der äußeren Bedingungen der Strafbarkeit (§ 14 II 3 b) bewährt sich hiernach ebenso, wie umgekehrt nicht erschüttert werden unsere Auffassung des Tatbestandes als typischer Ausprägung der materiellen Rechtswidrigkeit (Sozialschädlichkeit) und ferner die Auffassung, daß zur Schuld die Kenntnis oder das Kennensollen der Rechtswidrigkeit und regelmäßig ihrer gesetzlichen Typen, der Tatbestandsmerkmale, gehört. Es erübrigt sich, wegen der genannten geringfügigen und wie gezeigt leicht erklärbaren Differenz zwei Tatbestandsbegriffe aufzustellen: einen weiteren, der sämtliche (materiellrechtliche) Strafvoraussetzungen umfaßt und der sich als Vertypung der Rechtswidrigkeit erklärt, und einen engeren, auf dessen Merkmale sich die Schuld zu beziehen hat. Wir halten an dem ersteren weiteren Begriff (§ 13) fest, die Verengung folgt aus dem Wesen der Schuld, aus ihrem Objekt, dem Willen und Verhalten.

b) Noch in einer weiteren Hinsicht folgt aus dem Tatbestand selbst und aus dem Charakter ihrer Merkmale, daß sich nicht auf alle die Schuld zu beziehen braucht. Es scheiden aus dem Kreise der Schuld weiter die rein subjektiv gefaßten Merkmale des Tatbestandes aus; den letzteren hat das Gesetz ja mitunter so gebildet, daß der Erfolg, der an sich zum Tatbestand gehören sollte, nicht eingetreten, sondern nur beabsichtigt zu sein braucht. Daß dieses subjektive Merkmal der Absicht, das bereits mehr bedeutet als die bloße Kenntnis, nicht noch ausdrücklich vom Vorsatz, über den es weit hinausreicht, umfaßt zu sein braucht, ist so selbstverständlich, daß es an dieser Stelle nicht gesagt wäre, wenn nicht auf diese Unstimmigkeit zwischen Schuldkreis und Tatbestand hingewiesen werden sollte. Eine solche Differenz dadurch zu vermeiden, daß die subjektiven Merkmale gar nicht in den Tatbestand sondern in die Schuld selbst als deren Qualifizierung und Vertypung gewiesen werden, ist jedoch wegen der erwähnten Unentbehrlichkeit des objektiven Gehalts jener Merkmale für die Erklärung des Tatbestands als vertypter Rechtswidrigkeit nicht angängig (vgl. hierzu oben § 14 I 3).

6. Was von den Tatbestandsmerkmalen gilt, das gilt auch von den Rechtfertigungsgründen; beide sind typische Ausgestaltungen der materiellen Rechtswidrigkeit, jene positive, diese negative (oben § 13 I gegenüber II). Diese Parallele gestattet die zwanglose und befriedigende Erklärung einer Reihe von Fällen, die von anderen Grundlagen aus Schwierigkeiten verursachen.[1][2])

Eine irrtümliche Annahme von Tatsachen, die auf das Vorliegen eines Rechtfertigungsgrundes schließen lassen würden (etwa der Notwehr), entschuldigt den Täter daher ebenso wie die irrtümliche Annahme der tatsächlichen Voraussetzungen einer besonderen Befugnis zur Vornahme der Handlung. Dagegen schließt den Vorsatz nicht aus die irrtümliche Annahme einer — den Tatbestandsmerkmalen durchaus entsprechenden — rechtlichen Voraussetzung, etwa eines gesetzlichen Merkmales der Notwehr (der Täter glaubt,

---

[1]) Man vergleiche die Ausführungen Belings (Verbrechen 328) und Franks (§ 59 III 2 Abs. 2 S. 140), dazu die unbefriedigende aber von seinem Standpunkte folgerichtige Ansicht v. Liszts 174, daß Putativnotwehr nicht entschuldige (Schießt der Hasenfuß im Walde den harmlosen Wanderer, der ihn nach dem Wege fragen will, nieder, weil er einen Angriff befürchtet, so verlangt doch unser Rechtsgefühl Entschuldigung oder wenigstens Bestrafung wegen Fahrlässigkeit, nicht aber eine solche wegen Totschlags mit Zuchthaus nicht unter fünf Jahren!). Mayer 322 sucht zwischen den beiden Extremen zu vermitteln, er berücksichtigt aber zu stark die Individualität des Falles, insbesondere des Täters (dagegen oben II 1) und scheint uns im Ergebnis insofern fehlzugehen, als er Vorsatz annimmt, wo nur Fahrlässigkeit vorliegt.

[2]) Entsprechendes gilt von den Entschuldigungsgründen (§ 22 V 2).

Notwehr sei auch gegenüber nicht mehr gegenwärtigen Angriffen zulässig), auch nicht die irrtümliche Annahme eines Rechtfertigungsgrundes in toto, z. B. die Annahme einer Befugnis, den ertappten Dieb tüchtig zu verprügeln oder den überraschten Ehebrecher niederzuschießen.

Würde der Täter jedoch sich in dem (zweifellos festgestellten) Glauben befinden, mit seiner Tat im Interesse der Gesamtheit zu handeln, nahm er an, „berechtigte Interessen wahrzunehmen“, so würde es an seinem Vorsatz nicht nur bei Beleidigungen fehlen, sondern ganz allgemein bei allen objektiv rechtswidrigen Handlungen, es fehlt dann eben an dem grundsätzlichsten Erfordernis (oben zu 2), dem Bewußtsein der materiellen Rechtswidrigkeit, der Sozialschädlichkeit. Diese Ansicht als die offenbar notwendige Folgerung der hier zugrunde gelegten Auffassung braucht aber nicht zu schrecken; wir sind weit davon entfernt, zu entschuldigen den Mörder, der durch die Beseitigung eines unfähigen Fürsten oder Ministers seinem Lande einen unschätzbaren Dienst zu leisten glaubt, oder den Dieb, der das gestohlene Gut der armen Bevölkerung zuwenden will. Selbst wenn die Nützlichkeit und Rechtmäßigkeit eines derartigen Zweckes festgestellt werden sollte, so werden in dem Täter über die Schädlichkeit und Rechtswidrigkeit des Mittels, also der Handlung, über die doch in erster Linie das Werturteil zu fällen ist, gewiß keine Zweifel obwalten. Worin erkannten wir doch die materielle Rechtswidrigkeit? Rechtswidrig sind Handlungen, die generell, ihrer Art nach, in ihrer allgemeinen Tendenz der Gemeinschaft mehr schaden als nützen. Daß Mord und Diebstahl generell diesen Erfordernissen entsprechen, mögen sie auch einen entfernt liegenden nützlichen Zweck in einem konkreten Falle verfolgen, sieht jeder Zurechnungsfähige ein.[1]) Zu schrecken braucht übrigens auch nicht das Ergebnis, daß solche Erwägungen in der Praxis überhaupt angestellt werden sollen; denn wir setzten oben (zu 2) die Kenntnis des allgemeinen Unrechtsbegriffs wie der Subsumtion bei Zurechnungsfähigkeit als der typischen Ausprägung jener theoretischen Erfordernisse voraus, so daß die Feststellung dieser gesetzlichen Schuldvoraussetzung im praktischen Falle genügt.

---

[1]) Vgl. über derartige Fälle die Erörterung der Rechtswidrigkeit oben § 13 II 2 b β.

III. Der Grad des Bewußtseins der Rechtswidrigkeit (Grenzen zwischen Vorsatz und Fahrlässigkeit).

1. Zur Klärung dieses unangenehmen Problems ist von dem sich im Einklang mit unseren Grundlagen befindenden Leitsatz auszugehen: die Kenntnis, von der bisher (II) die Rede war, kann immer nur eine Wahrscheinlichkeitskenntnis sein; eine Gewißheitskenntnis darf nicht erfordert werden, sonst würde wenn überhaupt so nur in den allerseltensten Fällen, nur bei strafbaren Handlungen hochgebildeter Personen oder bei besonders klarer Sach- wie Rechtslage Vorsatz angenommen werden können; darauf zielten schon unsere früheren Ausführungen zu II 4. Und sodann ist der obige Grundsatz der gegebene, wenn man der diesem Werke zugrunde gelegten Theorie von der adäquaten Kausalität folgt. Diese besagt freilich an sich nur, daß im Zeitpunkt der Tat, auf den allein sich der objektive Beurteiler zu stellen hat, die zukünftigen Tatsachen allemal nur als wahrscheinliche gewußt werden können, so daß — logisch durchaus schlüssig — das Bewußtsein des Täters von der Kausalität nur eine Wahrscheinlichkeitskenntnis zu sein braucht. Jedoch darüber hinaus darf seitens der Rechtsordnung zwar von dem objektiven Beurteiler nicht aber von dem Täter eine Gewißheitskenntnis verlangt werden, also auch die gegenwärtigen Tatsachen sowie die Rechtsnormen (soweit deren Kenntnis überhaupt vonnöten ist) brauchen nur als wahrscheinliche von dem Täter gekannt zu werden; hat doch die Rechtsordnung nur mit Durchschnittsmenschen zu rechnen und darf sie unmöglich ein eindringendes Erfassen der Gegenwart oder gar eine wissenschaftliche Erkenntnis erwarten, wie sie von dem logisch-idealen Urteil des objektiven Beurteilers selbstverständlich zu erfordern sind.[1]) Und diese in der Natur der Sache durchaus begründete Erweiterung des der Adäquanz-Kausalitätstheorie zugrunde liegenden Gedankens findet eine weitere Rechtfertigung durch die psychologische Einsicht, daß in tatsächlicher Hinsicht die Vorstellungen mehr oder weniger von Gefühlen durchsetzt sind (§ 20 III 2 b); der Handelnde hofft,

---

[1]) Deswegen werden die Gegner der adäquaten Kausalitätstheorie, die gegen diese Lehre den Einwand mangelnder Exaktheit erheben, hier gewiß die Wahrscheinlichkeitserwägungen gelten lassen; denn im gewöhnlichen Leben rechnet man nur mit Wahrscheinlichkeiten. Die Adäquanztheorie ist ja ihren Gegnern zu „populär“. Hier möge sich diese Popularität bewähren.

der eine mehr der andere weniger, je nachdem er mehr optimistisch oder mehr pessimistisch veranlagt oder wenigstens zur Zeit der Tat gestimmt ist, ein jeder hofft, daß sich die sein Handeln begleitenden Wünsche erfüllen. Diese emotionelle Färbung der Vorstellungen trübt begreiflicherweise ihre Klarheit; auch das trägt dazu bei, die Abschwächung der Gewißheit zur bloßen Wahrscheinlichkeit zu rechtfertigen.[1])

2. Die vorstehenden Erwägungen lassen bereits erkennen, wo die Grenze zwischen Vorsatz und Fahrlässigkeit zu verlaufen hat. Von den bekannten verschiedenen sog. Schuldarten, die ihrer Schwere nach herkömmlich als Absicht, direkter Vorsatz, eventueller Vorsatz, bewußte Fahrlässigkeit, unbewußte Fahrlässigkeit bezeichnet werden, interessiert nämlich vor allem die besonders strittige Grenze zwischen eventuellem Vorsatz und bewußter Fahrlässigkeit. Der soeben entwickelte Grundsatz läßt aber den umstrittenen Eventualvorsatz als reinen Vorsatz erkennen, während jedes Weniger zur Fahrlässigkeit zu schlagen ist. Der Eventualvorsatz ist nicht etwa, wie man gemeint hat, eine Abschwächung des Vorsatzes, so daß seine Natur als Vorsatz oder wenigstens seine praktische Gleichbehandlung mit jenem noch besonders zu rechtfertigen wäre;[2]) nein, er bringt den dem Vorsatz zugrunde liegenden Gedanken zum reinsten Ausdruck: Vorsatz ist Kenntnis der Wahrscheinlichkeit der Rechtswidrigkeit, das ist die nun-

---

[1]) Daß die Wahrscheinlichkeitskenntnis im Grunde auch von der herrschenden Lehre für ausreichend gehalten wird, beweist die Erwägung des folgenden Textes (unten zu 2), daß für den Eventualvorsatz nicht ein (der Fahrlässigkeit entsprechender) Zusatz gefordert wie: bei Kennensollen der Gewißheit.

[2]) U. E. durchaus verfehlt daher Kohlrausch Reform I 204, der den dolus eventualis nur mit kriminalpolitischen Erwägungen rechtfertigen zu können glaubt („für eine einfache Unterart des Vorsatzes kann ich den dolus eventualis nicht halten"): das tertium comparationis sei ein der Schuld im engeren Sinne fremder Begriff: die Gefährlichkeit. — Es wäre besser, den Ausdruck Eventualvorsatz ganz aufzugeben, wie dies Kohler tut, der dem Standpunkt des Textes durchaus nahesteht (vgl. Leitfaden 55 Nr. 4 b, 5), denn die „Eventualität" bedeutet eine bloße Möglichkeit, die eben nach unserer Meinung zum Vorsatz nicht ausreicht. Wir behalten aber den eingebürgerten Ausdruck bei, legen ihm freilich einen Sinn unter, der nicht mehr der Wortbedeutung entspricht. Der folgende Text läßt übrigens zur Genüge erkennen, daß sachlich der Ausdruck „Vorsatz" ausreicht; Vorsatz ist u. E. Wahrscheinlichkeitsvorsatz.

mehr gewonnene nähere Ausgestaltung des oben zu II behandelten sog. Bewußtseins der Rechtswidrigkeit.[1])

Diese Kenntnis der Wahrscheinlichkeit, die sich nach dem zu 1 Gesagten nicht nur auf die Kausalität sondern auch auf die anderen „gesetzlichen Tatumstände" (soweit überhaupt erforderlich) zu beziehen hat, fehlt bei der Fahrlässigkeit, so daß sich ergibt: die Fahrlässigkeit ist entweder ein noch geringerer Grad der Kenntnis, also Kenntnis der bloßen Möglichkeit (bewußte Fahrlässigkeit), oder die völlige Unkenntnis eines zum Vorsatz gehörenden Tatumstandes (unbewußte Fahrlässigkeit) und zwar beidemal bei Kennensollen der Wahrscheinlichkeit.[2]) Damit ist die Grenze zwischen Vorsatz und Fahrlässigkeit abgesteckt; und das ist die einzige Grenze, sie verläuft zwischen der Kenntnis der Wahrscheinlichkeit und der Kenntnis der Möglichkeit des Vorliegens der Tatumstände.

Daß die Kenntnis der hohen Wahrscheinlichkeit dem Vorsatz wie die Kenntnis der ganz entfernten Möglichkeit der Fahrlässigkeit angehört, sollte ernstlich nicht bestritten werden, zumal wenn man sich vergegenwärtigt, daß die beiden Antipoden, Gewißheit und Nichtwissen, im Leben selten in ihrer Reinheit vorkommen. Es ist dies eine Auffassung, die jedenfalls mehr befriedigt als die Konsequenz der Willenstheorie, daß Vorsatz auch bei Kenntnis einer nur ganz entfernten Möglichkeit vorliegt (sofern der Täter nur mit dem Eintritt des Erfolges einverstanden ist). Gibt man die Richtigkeit dieses unseres prinzipiellen Gesichtspunktes zu, dann muß man auch aus der folgerichtigen Weiterführung des Gedankens die Grenze zwischen Vorsatz und Fahrlässigkeit gewinnen: Hält der Täter das Vorliegen des Tatumstandes für

[1]) Auf Wahrscheinlichkeit legt in letzter Linie auch Gewicht, wer den Vorsatz als Gefährdungsvorsatz begründen will; vgl. Klee Der dolus indirectus als Grundform der vorsätzlichen Schuld 1906 (Berl. Jur. Beitr. Heft 10). Ist der Täter sich der Gefährdung eines Rechtsgutes bewußt, so kennt er eben die Wahrscheinlichkeit des rechtswidrigen Erfolges. Die Ansicht ist aber zu eng, da sie nur auf den Erfolg eingestellt ist.

[2]) Nicht notwendig etwa: der Gewißheit. Nicht ausreichend wäre bei der unbewußten Fahrlässigkeit: Kennensollen der Möglichkeit. Vgl. hierzu Kohlrausch Reform I 213. Nach der von uns vertretenen Grundauffassung bedarf die Ansicht des Textes keiner Begründung mehr.

wahrscheinlicher als das Nichtvorliegen, so Vorsatz, andernfalls Fahrlässigkeit; im ersten Fall sprechen wir von Kenntnis der Wahrscheinlichkeit, im zweiten von Kenntnis der bloßen Möglichkeit oder kurz der Möglichkeit. Der Punkt, an dem die Chancen für und wider die gleichen sind, gehört zur Fahrlässigkeit;[1]) hier liegt keine Wahrscheinlichkeit mehr vor. Daß sich praktisch die Grenzfälle nicht leicht erledigen lassen, geben wir selbstredend zu; aber Übergänge gibt es überall, zumal im Gebiet des Psychischen, übrigens sind die wirklichen Grenzfälle selten und werden sich im Notfall durch die Regel in dubio pro reo entscheiden lassen. Jedenfalls würden etwaige prozessuale Bedenken nichts gegen die Richtigkeit des innerlich begründeten Gegensatzes „Wahrscheinlichkeit — bloße Möglichkeit" beweisen.

Diese aus der Natur der Sache folgende und alsbald noch näher darzulegende Auffassung bedeutet übrigens, wie beim Vorsatz kein minus, so bei der Fahrlässigkeit kein plus; dort wird nichts abgestrichen, hier nichts hinzugesetzt, was nicht schon im ursprünglichen Charakter beider Begriffe gelegen wäre. Bestimmten wir nämlich bei der Entwicklung des Wesens der Schuld den Vorsatz als die Kenntnis, die Fahrlässigkeit als die Nichtkenntnis bei Kennensollen, wobei wir das Objekt der Kenntnis und der Nichtkenntnis noch offen ließen, so sehen wir nunmehr, was wir einzusetzen haben: die Wahrscheinlichkeit des Vorliegens eines Tatumstandes.[2]) Bei

[1]) Anders VE. § 59 II, wonach Vorsatz auch dann vorliegt, wenn der Täter den Tatumstand „als nicht unwahrscheinlich vorhanden" ansieht. Hier ist wohl die Grenze zur bewußten Fahrlässigkeit zu tief gezogen. Davon abgesehen scheint uns aber der VE. im ganzen den richtigen Standpunkt eingenommen zu haben, wenn auch manche Angriffe gegen die Willenstheorie zu weit gehen. Dagegen hat sich der KE. der letzteren angeschlossen (vgl. Ebermayer 13, 14, KE. § 17, E. 1919 § 11). Siehe den weiteren Text, namentlich zu 3 b und c. — Der hier vertretenen Ansicht steht aber nahe die bekannte auch von Baumgarten Aufbau 131 zugrunde gelegte Lisztsche Formulierung: bei Möglichkeitsvorstellungen handele der Täter vorsätzlich, sofern er nicht das assertorische Urteil gefällt hat, daß der Erfolg nicht eintreten wird. U. E. kann das Urteil nur dahin gefällt werden: daß der Erfolg wahrscheinlich nicht eintreten wird.

[2]) Selbstverständlich steht es dem Gesetz frei, in einigen Fällen — das sind aber nur Ausnahmen — eine Gewißheitskenntnis zu erfordern; es stellt das Merkmal der Wissentlichkeit auf oder gibt sonst klar zu erkennen, daß der Täter nicht im Zweifel gehandelt haben darf. Vgl. hierzu Binding Normen II 2 [2] 870.

der Fahrlässigkeit kennt eben der Täter (zum mindesten) einen der gesetzlichen Tatumstände nicht als einen wahrscheinlichen; er kennt ihn nur als einen bloß möglichen oder überhaupt nicht. Die bloße Möglichkeitskenntnis ist eben Unkenntnis des erheblichen Objekts, d. i. der Wahrscheinlichkeit.

Bewußte Fahrlässigkeit ist Bewußtsein der Möglichkeit bei möglichem (und sein sollendem) Bewußtsein der Wahrscheinlichkeit des Vorliegens eines Tatumstandes, unbewußte Fahrlässigkeit ist das Nichtbewußtsein bei möglichem Bewußtsein der Wahrscheinlichkeit.

Daß man übrigens bei dem Eventualvorsatz nicht einen der Fahrlässigkeit entsprechenden Zusatz macht wie „bei möglichem Bewußtsein der Gewißheit“, „bei Kennensollen der Gewißheit“, beweist deutlich die Richtigkeit der oben hervorgehobenen Ansicht, daß von der Rechtsordnung nur eine Wahrscheinlichkeitskenntnis erfordert wird: diese ist bereits ein Vollschuldelement, und mithin ist der Eventualvorsatz die Urform des Vorsatzes.

Hiernach ergibt sich folgende Staffel; dabei sehen wir ab von der aus dem gegenwärtigen Gedankenkreise herausschlagenden, sich auf das Wollen und demgemäß nicht auf jeden Tatumstand sondern nur auf den Erfolg beziehenden Absicht als dem Wollen des vorgestellten Erfolges, jenem stärksten Grade des Vorsatzes: direkter Vorsatz ist das Bewußtsein der Gewißheit des Vorliegens eines Tatumstandes, eventueller Vorsatz das Bewußtsein der Wahrscheinlichkeit, bewußte Fahrlässigkeit das Bewußtsein der Möglichkeit, unbewußte Fahrlässigkeit das Nichtbewußtsein. Also vier Arten, zwei des Vorsatzes, zwei der Fahrlässigkeit: wo die eine aufhört, da beginnt die andere.[1])

---

[1]) Dagegen laufen nach Exner 216 u. a. die beiden Fahrlässigkeitsarten nebeneinander her. — Nach Köhler löst sich bei näherem Zusehen die bewußte Fahrlässigkeit in unbewußte auf, was auf Grund seiner Ansicht, das Schuldmoment bei der Fahrlässigkeit bestehe in einem vor (!) der strafbaren Handlung liegenden Akt der Nichtreaktion auf warnende Vorstellungen (Lehrb. 275), nicht wundernimmt. Denn Köhler sieht die bewußte Fahrlässigkeit darin, daß bei dem Täter zwar die „Vorstellung von den deliktischen Merkmalen aufgetaucht war, er sie aber als unrichtig verworfen hatte, ehe er die Erfolgsherbeiführung aus der Hand gab“ (278). Also: zur Zeit der Tat hat er eben die unrichtige Vorstellung, d. i. Nichtwissen, unbewußte Fahrlässigkeit. Was vor der Tat war, interessiert in dieser Hinsicht nicht. Vgl. auch oben I 5 d a. E.

Die Absicht ist keine Unterart des Vorsatzes, sie gehört vielmehr einer besonderen Kategorie von typischen Ausgestaltungen der Schuldelemente an.[1]) Dorthin sind ferner zu rechnen z. B. die Überlegung, die Böswilligkeit, der Mutwillen, die Arglist,[2]) die Berufsfahrlässigkeit. Diese Gruppe ist nicht zu verwechseln mit den Schuldsymptomen, z. B. Zurechnungsfähigkeit, Notstand (unten § 22); im letzteren Fall ist vertypt (vertatbestandlicht) die Schuld bzw. die Unschuld, in dem oben besprochenen dagegen nur die Schuldelemente Vorsatz und Fahrlässigkeit. Daß beide Gruppen methodisch und konstruktiv zu scheiden sind, sollte einleuchten.

3. An den vorstehenden Ergebnissen dürfte nichts auszusetzen sein, wenn man den grundlegenden Voraussetzungen und der hier durchweg befolgten logokritisch aufbauenden Methode zustimmt. Aber sie scheinen sich uns auch praktisch zu bewähren, wie alsbald an einigen Beispielen zu erläutern ist. Dabei ist freilich zu beachten, daß auf diesem heiklen Gebiet der rein psychischen Unterscheidungen der übliche Einwand, es fehle an einer praktikablen Formel, uns nicht mehr trifft als den Gegner[3]) und auch den Einwendenden selbst, falls er überhaupt eine Formel bereit hat und nicht nur niederreißen sondern auch aufbauen will. Vor allem gilt es zunächst die theoretisch richtige Erkenntnis zu gewinnen. Sollte diese in der Tat nicht praktisch brauchbar sein, so müßte das Gesetz den Weg der typischen Ausgestaltung einschlagen, wie es ihn bei der Aufstellung der Tatbestände (§ 13 I), der Rechtfertigungsgründe (§ 13 II), der Schuldsymptome (§ 22) gewählt hat. Diesen Weg braucht es aber hier nicht zu gehen.

a) Die Hauptbedenken werden von seiten der Willenstheorie erhoben werden. Soweit sie darauf hinauslaufen, der Schuldvorwurf könne sich nur gegen den Willen richten, deswegen müßten auch

---

[1]) Darüber hinaus dient die Absicht auch zur tatbestandlichen Vertypung des Erfolges; vgl. oben II 5 b.

[2]) Nach Binding Normen [2] II 2, 1143 sind die vorstehend aufgeführten Arten „gesetzliche Abstufungen innerhalb des Vorsatzes".

[3]) Das zeigen die von der Willenstheorie aufgestellten, im folgenden gewürdigten Beispiele (vgl. auch die Fälle Mayers 264, s. dazu unsere Ausführungen unten S. 622 [1]). — Übrigens gelangt zu einer Anerkennung der Vorstellungstheorie wegen der gesetzestechnischen Unzulänglichkeit des Willensbegriffs und seiner Ausgestaltung Tesar ZStW. 32, 402, eine der hier vertretenen durchaus entsprechende Ansicht.

hier bei der Abgrenzung von Vorsatz und Fahrlässigkeit Abstufungen im Wollen gesucht werden, sind sie bereits oben (I 5) zurückgewiesen: das Schuldurteil knüpft auch bei der Fahrlässigkeit an den Willen an, den fahrlässigen Täter trifft der Vorwurf, daß er will, ohne zu wissen, obwohl er wissen sollte; in der Abstufung der psychischen Begleitumstände liegt der Unterschied zwischen Vorsatz und Fahrlässigkeit. Erledigt wurde ferner das hiermit zusammenhängende Bedenken, daß bei der Fahrlässigkeit (zum mindesten der unbewußten) das Wollen gerade fehlte; in Wahrheit will auch der fahrlässige Täter etwas, nämlich etwas anderes als den strafrechtlich erheblichen Erfolg (der übermäßig schnell fahrende Kutscher will nicht jemanden überfahren, sondern schnell nach Haus kommen). Sagt man nun, daß der Täter den sich als wahrscheinlich (!) vorgestellten Erfolg auch „gewollt" habe — sprachlich steht dem nichts entgegen —, so besteht überhaupt keine Differenz zwischen den Anhängern der Willenstheorie und uns: der fahrlässige Täter will den strafrechtlich erheblichen Erfolg nicht, der vorsätzliche will ihn. Eine solche undeutliche und mißverständliche Gegenüberstellung, wie sie eine Verwendung des Willensbegriffs gar zu leicht im Gefolge hat, wird aber gerade durch die Unterscheidungen der Vorstellungstheorie klargestellt. Die hier vertretene Auffassung bringt demnach insofern nur deutlicher zum Ausdruck, was jene im letzten Grunde wohl ebenfalls meint.

b) Nun besteht allerdings auch eine praktische Differenz zwischen der Vorstellungs- und der Willenstheorie.

α) Diese Differenz beschränkt sich aber u. E., so seltsam es auf den ersten Blick erscheinen mag, vor allem auf das Reich der Tatsachen; sie ist gar nicht rechtlicher Natur. Die Willenstheorie meint nämlich, es sei der Fall denkbar, daß eine Rechtsverletzung hoch wahrscheinlich sei, der Täter aber trotz Kenntnis dieser hohen Wahrscheinlichkeit bloß fahrlässig handele; das Kindermädchen läßt den Wagen am Abhange stehen und setzt sich zu dem Soldaten auf die Bank, es ist durchaus wahrscheinlich, daß der Wagen ins Rollen kommt und das Kind das Genick bricht, hier könne (nach der Willenstheorie) doch unmöglich vorsätzliche, sondern nur fahrlässige Tötung des dem Mädchen lieb gewordenen Kindes angenommen werden. Gewiß; wenn man nur eine fahrlässige Tötung für gerecht hält, so werden die Tatsachen auch dementsprechend milder liegen, das

Kindermädchen wird die hohe Wahrscheinlichkeit des Todes (die objektiv gegeben sein mag) eben nicht kennen, sie wird allerhöchstens nur mit der bloßen Möglichkeit rechnen; so erklärt sich denn auch ihr Verhalten, sie setzt sich zu dem Soldaten, um sich einige vergnügte Minuten zu bereiten. Dieses Verhalten ist gerade ein Indiz für ihre Nichtkenntnis der hohen Wahrscheinlichkeit des Todes, also für das Nichtvorliegen des Vorsatzes; denn wenn sie wirklich den nahen Tod des ihr lieb gewordenen Kindes erwartet hätte, so wäre ihr Verhalten schlechterdings unerklärbar, oder aber die Gewalt, die sie von der Erfüllung ihrer Pflicht abgehalten hat, müßte eine so unwiderstehliche gewesen sein, daß es an ihrer Zurechnungsfähigkeit fehlte oder daß ein sonstiger Schuldausschließungsgrund (Bedrohung, Notstand) vorläge. Wer aber unter normalen Verhältnissen so handelt, der kennt eben den voraussichtlichen Verlauf der Dinge nicht, er ist sich seiner nicht klar bewußt, und deshalb fehlt es an dem Vorsatz.

Wenn man den Vorsatz scharf auf die Wahrscheinlichkeit, auf die adäquate Kausalität und auf deren Kenntnis durch den Täter einstellt und nicht etwa, wozu freilich die Gegner neigen, die bloße, sei es auch ganz entfernte Möglichkeit für ausreichend hält, so bereitet die befriedigende Lösung keine Schwierigkeiten. Liegt aber der Fall anders, ist sich der Täter der Wahrscheinlichkeit des Todes klar bewußt und handelt er trotzdem seiner Pflicht zuwider, so ist nicht einzusehen, weshalb man Vorsatz ablehnen sollte, dann ist reinster Vorsatz gegeben. Das verletzte Rechtsgut mag dem Täter sonst (!)teuer sein, das Kind mag dem Mädchen lieb geworden sein; in dem letztgenannten speziellen Falle — und auf dessen Beurteilung allein kommt es an, nicht auf die Bewertung einer dauernden Willensrichtung oder gar des Charakters des Täters — war die Willensrichtung aber eine andere als „sonst", das verletzte Rechtsgut war dem Täter weniger wert als das von seiner Handlung erwartete Lustgefühl; denn sonst hätte der Täter eben nicht so wie geschehen gehandelt. Erklärt sich doch eine jede Handlung aus der Erwartung eines Lustgefühls. Die Willenstheorie legt richtig auf das Lustgefühl Gewicht; aber sie scheint es im praktischen Falle nicht einwandfrei festzustellen. Mit Recht betont sie, daß es auf das Billigen des Erfolges ankomme; aber sie wendet das Billigen nicht speziell auf den vorliegenden Fall an, sondern scheint mehr auf die Gesamtpsyche zu achten, einem überspannten Schuldbegriffe folgend. Die Schulfälle der Willenstheorie (Wahrscheinlichkeit und doch nur Fahrlässigkeit) sind demnach durchaus pathologische. Handeln bei Kenntnis der Wahrscheinlichkeit des Erfolges ist zugleich Billigen des Erfolges. Wer trotz Kenntnis handelt und gleichwohl nicht billigt, der ist selbst pathologisch. Gewiß mag dem Täter der gerade strafrechtlich erhebliche Erfolg als solcher nicht erwünscht sein; aber wenn er um eines anderen lustbetonten Erfolges willen handelt, der jenen notwendig im Gefolge hat, so billigt er auch den an sich unerwünschten, er billigt nämlich das Ganze, weil er den einen nicht ohne den anderen erreichen kann: sein Wirken überhaupt ist lustbetont. Deswegen zieht auch das von der Willenstheorie gern angeführte Beispiel nicht: der Jäger legt auf den Rehbock an, tötet aber den Jagdfreund. Sollte er in der Tat die Tötung des Freundes nicht nur für (entfernt) möglich sondern sogar für (hoch) wahrscheinlich halten, so ist ein solcher ungeheuerlicher Fall nicht milde zu bestrafen, es liegt vorsätzliche Tötung vor. Was nützt es, daß dem Täter sein Freund sonst lieb ist! im vorliegenden Fall war ihm das Erlegen des Bockes angenehmer als die Schonung des Freundes. Und was nützt es, daß er die Hoffnung hegt, der Schuß würde aller Wahrscheinlichkeitskenntnis zum Trotz doch noch einen abweichenden Lauf nehmen! Eine so trügerische Hoffnung ist für Narren da, und Hasardeure lassen sich von ihr leiten. Selbst auf die redliche Absicht kommt es nicht an. Jeder Normale muß mit Wahrscheinlichkeiten rechnen, die Wahrscheinlichkeitskenntnis ist die einzige, die wir Menschen von der Zukunft besitzen; und wer dieser besseren Kenntnis zuwider handelt, dem sind gerechterweise diese Folgen zuzurechnen, denn er kennt die Folgen als wahrscheinliche, und damit kennt er sie.

Wir sagten soeben, Handeln trotz Kenntnis der Wahrscheinlichkeit des Erfolges aber ohne dessen Billigung sei pathologisch. Gibt es nicht aber derartige Fälle, wo das Handeln sogar geboten, ja rechtmäßig ist? Jemand rettet einen anderen aus Lebensgefahr, er wagt die Tat, obwohl ihr Gelingen höchst unwahrscheinlich ist; ein Arzt nimmt eine Operation vor, die in der weitaus überwiegenden Zahl der Fälle mißlingt. Hier ist der wahrscheinliche Erfolg nicht die Richtschnur des Handelns, und außerdem ist er nicht lustbetont, der Lebensretter und der Arzt billigen doch gewiß nicht den Tod des anderen. Der Einwand widerlegt nicht unsere früheren Ausführungen. Die zuletzt genannten Fälle liegen insofern besonders, als der Handelnde nur die Wahl

hat zwischen einem bloß möglichen (unwahrscheinlichen) aber lustbetonten Erfolg (Lebensrettung, Heilung) und einem gewissen aber unerwünschten Erfolg (Tod für den Fall der Nichtvornahme jener gefährlichen Handlung). Er billigt den ersten, bloß möglichen Erfolg, damit aber zugleich den mit dieser Handlung verbundenen wahrscheinlichen Erfolg des Todes, d. h. er riskiert die gefahrvolle Tat. Natürlich billigt er den letzteren Erfolg nicht allein für sich genommen, aber er billigt den Tod als einen wahrscheinlichen noch immer mehr als den Tod als einen gewissen, nämlich als den Fall, der eintreten würde, wenn er die Lebensrettung, die Operation unterließe.[1]) Also ist auch in diesen genannten Fällen das Handeln immer lustbetont, ist Kenntnis des wahrscheinlichen Erfolges bei Vornahme der darauf tendierenden Handlung zugleich das Billigen des Erfolges.[2])

Von der Willenstheorie wird auch der umgekehrte Fall zur Bekräftigung ihrer eigenen Anschauung angeführt: ein Mord könne auch bei Unwahrscheinlichkeit des Erfolges vorliegen, der Täter schieße in der Dunkelheit und bei ungünstiger Körperhaltung auf einen Vorbeifahrenden in einer Entfernung, bei der er auch als guter Schütze den Eintritt des Erfolges für entschieden unwahrscheinlich hält, aber er tue es, weil sich ihm eine günstigere Gelegenheit zur Ausführung seines Planes, sich zu rächen, nicht biete.[3]) Auch hier kommt es auf die Ausgestaltung des Einzelfalles an. Übersieht der Täter den Kausalverlauf genau (wenigstens unter Wahrscheinlichkeitskenntnis des Anfangs- und des Endpunktes und ihrer Verbindung), so liegt Vorsatz vor. Ist es aber nur ein Zufallstreffer, so nützt alles Wünschen und Hoffen, alle Rachsucht (das Motiv!)[4])

---

[1]) Die Rechtmäßigkeit der Operation findet aber die Grenzen, die wir früher zogen (§ 12 III 1, § 15 I 2 c β bb). Würde der Patient ohne die Operation noch immer ein erträgliches Leben führen, so wäre die Vornahme eines derart gefährlichen operativen Eingriffs nach den ärztlichen Kunstregeln wie auch rechtlich nicht geboten; dann wäre das Vorliegen von Vorsatz und Fahrlässigkeit nach den oben II aufgestellten Grundsätzen zu untersuchen.

[2]) Damit erledigen sich die Angriffe v. Liszts ZStW. 30, 261 gegen den VE.

[3]) Ein Beispiel v. Hippels VerglDarst. A 3, 519[7], auch MonSchr. 10, 84.

[4]) Daß für v. Hippel das Motiv eine ausschlaggebende Rolle spielt, zeigen die Sätze: Eventualvorsatz liegt vor, wenn dem Täter die erwünschte Folge zusammen mit der Rechtsverletzung lieber war als der Verzicht auf sein Interesse, wenn ihn der Egoismus zur Tat getrieben hat, während für Fahrlässigkeit der Vorwurf des Leichtsinns, der Unvorsichtigkeit als entscheidendes Motiv der Tat charakteristisch ist. So MonSchr. 10, 85/6, s. auch VerglDarst. A 3, 503 ff. und schon Die Grenze von Vorsatz und Fahrlässigkeit 1903, 141.

nichts; rechtlich zu beurteilen ist nicht der böse Wille sondern die objektiv gefährliche, auf freien Willensentschluß zurückführbare Handlung.[1]) Es will doch wenig einleuchten, wegen Vorsatzes schon dann zu bestrafen, wenn der Täter den Eintritt des rechtlich unerwünschten Erfolges bloß für ganz entfernt möglich, also in diesem Sinne nur für einen Zufall hält (sei es auch für einen ihm erwünschten Zufall), während der wahrscheinliche Lauf der Dinge sowohl nach objektivem Urteil wie nach Meinung des Täters auf einen rechtlich indifferenten oder gar rechtlich erwünschten Erfolg hinführt. Dann müßte in dem bekannten, für das Kausalproblem angeführten Schulbeispiel nicht nur Kausalität (nach der Bedingungstheorie), sondern sogar Vorsatz (nach der Willenstheorie), also vorsätzliche Tötung angenommen werden, wenn jemand bei einem heraufziehenden Gewitter einen anderen in den Wald schickt in der Hoffnung, der Blitz werde ihn erschlagen, und wenn sich diese Hoffnung in der Tat wider alles Erwarten erfüllt. Hier ist nach jener Lehre Vorsatz gegeben; denn der Täter hält den rechtswidrigen Erfolg für immerhin möglich, und er billigt ihn. Dieses Beispiel, dem die anderen vielgenannten Fälle des abnormen Kausalverlaufs angereiht werden können, sollte zur Genüge zeigen, daß auf die Wahrscheinlichkeit abgestellt werden muß — objektiv für die Kausal-, subjektiv für die Vorsatzlehre. Und so erweisen sich auch in dieser Hinsicht als richtig die Adäquanz- wie die Vorstellungstheorie. Von ihnen sind (man erlaube) „verständige" und „normale" Entscheidungen gewährleistet, während die Bedingungs-

[1]) In den Beispielen v. Hippels a. a. O. haben sich mitunter andere rechtliche Gesichtspunkte eingeschlichen, die eine Entscheidung in seinem Sinne nahelegen, ohne aber mit der Willenstheorie in auch nur entfernter Verbindung zu stehen. Wer auf den Angreifer schießt trotz hoher Gefahr, den Freund zu treffen, wird freilich nicht wegen vorsätzlicher Tötung des Freundes zu verurteilen sein. Ob hier nicht der Gedanke des Angriffs (der Notwehr) den Fall besonders färbt? Noch deutlicher: Keine vorsätzliche Tötung, wenn der Patient an den Folgen der lebensgefährlichen Operation stirbt. Gewiß! Der Tod ist allerdings wahrscheinlich, aber liegt auch hier Rechtswidrigkeit (Operation!) vor? Sodann färbt v. Hippel seine Fälle durch Einführung genereller, aber eben nicht notwendig im konkreten Falle vorliegender Momente. Ob der Täter den Freund oder den Feind tötet, ist unerheblich: es kommt nicht darauf an, was er sonst, sondern darauf, was er im konkreten Falle empfindet.

wie die Willenstheorie in ihren Musterbeispielen, jenen pathologischen Fällen, zu anomalen Entscheidungen führen, die den Zufall und das Pathologische aus dem Reich der Tatsachen in das der Werte übertragen.

β) Eine konsequente Durchführung der Willenstheorie ist unmöglich. Ihre Hauptaufgabe scheint sie in der Erklärung des Eventualvorsatzes zu sehen. Bei der Erklärung der Fahrlässigkeit versagt sie aber ganz offensichtlich. Denn als Kriterium der bewußten führt sie die das Motiv des Täters angeblich ausmachende Hoffnung auf den Nichteintritt des als möglich vorgestellten Erfolges ein — wie soll aber etwas Negatives den Täter zur Tat bewegen! —; dieser letzte Rest des Willensmomentes muß jedoch, wenn der niedrigste Schuldgrad, die unbewußte Fahrlässigkeit, erklärt werden soll, vollends schwinden, und so tritt denn hier das Vorstellungsmoment bei den Anhängern der Willenstheorie deutlich und zwar allein in die Erscheinung. Hier zeigt sich zugleich die falsche Orientierung des Schuldvorwurfs. Ließ er sich dort bei den anderen Schuldgraden noch auf den Willen beziehen, so ist hier bei der unbewußten Fahrlässigkeit sein Gegenstand allein eine unrichtige Vorstellung:[1]) die Unkenntnis. Und daher muß hier die Willenstheorie — ihrem eigenen Grundgedanken untreu — zur Anerkennung einer Verstandesschuld gelangen. Wir sehen: der Wille war von Anfang an, schon beim Vorsatz, an falscher Stelle eingesetzt; er gehört überhaupt nicht in das Wesen des Vorsatzes und der Fahrlässigkeit, und diese beiden Begriffe gehören überhaupt nicht zu dem Gegenstand des Schuldvorwurfs. Vielmehr ist der Wille, der freie Willensentschluß, das Anfangsglied des Gegenstandes des rechtlichen Unwerturteils (Objekt: Willensentschluß—Verhalten—Erfolg; Maßstab: Rechtmäßigkeit und Rechtswidrigkeit); dann läßt sich die Schuld als Willensschuld auch bei der unbewußten Fahrlässigkeit durchführen, dann ist ihr Charakter gerettet. Und dann bleiben für die Fahrlässigkeit nicht anders wie für den Vorsatz nur Vorstellungselemente übrig; hierdurch gewinnt zugleich das Problem des Bewußtseins der Rechtswidrigkeit sein Fundament, während die Vertreter der Willenstheorie (selbst ganz konsequent) dieser zentralen Frage gar nicht die ihr zukommende Bedeutung einräumen können, weil

[1]) Vgl. hierzu und zu dem Vorhergehenden besonders v. Hippel, wörtlich zitiert unten zu c.

die Frage eben nur auf dem Boden der Vorstellungstheorie erwachsen kann. Auch die sog. Kenntnis der Tatumstände rangiert in dem Gedankenkreise der Willenstheorie erst an später Stelle; jene Theorie zeigt das Hauptinteresse für einen einzigen Tatumstand, den Erfolg — auf ihn kann sich ja der Wille von Anfang an nur beziehen —, und daher ist ihr Lieblingsproblem der dolus eventualis.

Daß nun aber von der Willenstheorie das Willensmoment bei der unbewußten Fahrlässigkeit aufgegeben wird, ist nicht einmal folgerichtig. Auch hier müßte nämlich die Voraussetzung der bewußten Fahrlässigkeit stehen: der Täter lehnt den Erfolg ab, er hätte bei sicherer Kenntnis anders gehandelt. Und diese Folgewidrigkeit hat ihren guten Grund. Würde nämlich das genannte Merkmal auch bei der unbewußten Fahrlässigkeit stehen, so müßte der unbewußt fahrlässig Handelnde bei seinem Einverständnis mit dem (sei es auch nicht als möglich vorgestellten) Erfolg wegen Vorsatzes bestraft werden; denn der Erfolg ist ja lustbetont, er billigt ihn, er hätte bei Kenntnis ebenso gehandelt — das ist ja der Grundgedanke der Willenstheorie. Der Fall entspricht durchaus dem Eventualvorsatz. Weshalb unterscheidet nun jene Theorie nur bei „Vorstellungen als möglich" zwischen Billigen und Ablehnen? weshalb nicht auch bei „Nicht-Vorstellungen"? Die unbewußte Fahrlässigkeit müßte konsequent in zwei Arten gespalten werden, die dem Eventualvorsatz und der bewußten Fahrlässigkeit entsprechen; dann erst wäre das Gebäude stilvoll. Auch das im Augenblick *nicht* Vorgestellte kann doch (unter der Annahme der Vorstellung) gebilligt werden. Der die Dorfstraße einherrasende Autoführer hält es nicht für möglich, daß er ein Huhn überfährt, aber er sagt sich: mir ist es recht, daß ich auch ein Huhn überfahre, ich würde trotzdem so schnell fahren. Weshalb nimmt die Willenstheorie in diesem Fall völliger Unkenntnis (bei Billigung) nicht Vorsatz an? So ist jene Theorie *innerlich folgewidrig* und *im systematischen Aufbau durchaus unklar*.

c) Die neuerdings sehr beliebte, auch für das Gesetz empfohlene[1]) *hypothetische Formulierung*,[2]) Eventualvorsatz liege vor,

---

[1]) GE. § 20 I 2.

[2]) So Mayer und Goldschmidt, ähnlich Frank, v. Hippel, v. Liszt, Beling, Meyer-Allfeld, Rosenfeld, Baumgarten, Wachenfeld, der 24. Dtsch. Jur.-Tag (abgedr. VE. Begr. 208) und eine an sie anknüpfende reiche Literatur.

wenn den Täter die bestimmte Kenntnis des Tatumstandes von seinem Verhalten nicht abgehalten oder wenn er auch bei bestimmter Kenntnis ebenso gehandelt hätte, billigen wir insoweit, als sie nur ein Ausdruck unseres Prinzips sein will. Wir lehnen sie ab, sobald sie mehr sein, insbesondere — und das liegt nahe genug — eine rein emotionelle Abwägung der Interessen[1]) ausdrücken oder sich gar auf die Gesamtpsyche über die Einzeltat hinaus beziehen, sich über den Täter überhaupt aussprechen will.[2])

Als Prinzip[3]) ist die Formel unzureichend, schon deswegen, weil sie den positiven Gehalt verschweigt[4]) und keine innere Fühlung zum allgemeinen Schuldbegriff erkennen läßt. Als Prinzip ist sie sogar falsch insofern, als die nach jener Formel für die bewußte Fahrlässigkeit entscheidende Erwägung, daß der Täter den Erfolg nicht gebilligt hat, daß er also bei Kenntnis des Verlaufs anders gehandelt haben würde, doch als das angeblich der Fahrlässigkeit zugrunde liegende Prinzip konsequent auch für die unbewußte Fahrlässigkeit[5]) gelten müßte, während dort derartige Erwägungen mit gutem Grunde nicht angestellt werden, da sie falsch sind — ein Zeichen dafür, daß die Formel einen Gesichtspunkt einführt, der dem ureigentlichen Gegensatz von Vorsatz und Fahrlässigkeit (Wissen — Nichtwissen bei Wissensollen) durchaus fremd ist.

Gesamtsystematisch endlich würde das abgelehnte Prinzip nichts Geringeres bedeuten als eine Verwischung der Grenze von Recht und Moral; sie läuft darauf hinaus, das Strafbare bei der vorsätz-

[1]) Wie wenig praktisch brauchbar eine solche Abwägung ist, zeigen u. E. die sofort unten zu erwähnenden Beispiele Mayers 264.

[2]) Dagegen insbesondere v. Bar Gesetz und Schuld II 322 ff., Miricka Formen der Strafschuld 30 ff., VE. Begr. 208 ff.

[3]) Nach Frank handelt es sich dagegen, was ausdrücklich betont sei, nur um eine Darstellungsformel.

[4]) Hierzu treffend Kohlrausch Reform I 203.

[5]) Die mangelnde Parallele zwischen beiden Arten der Fahrlässigkeit fällt z. B. bei v. Hippel Grenze zwischen Vorsatz und Fahrlässigkeit 1903, 143 und VerglDarst. A 3, 511 auf: Bei der unbewußten Fahrlässigkeit „besteht der Leichtsinn darin, daß der Täter an den rechtswidrigen Erfolg überhaupt nicht dachte“ (Ist das nicht eine Verstandesschuld?), bei der bewußten „darin, daß die Hoffnung auf den Nichteintritt der als möglich vorgestellten Folge den Täter zur Tat veranlaßte“ (d. i. ein negatives Motiv! Vgl. die nächste Fußnote).

lichen Begehung in dem bösen Willen zu erblicken.[1]) Und dieser letztgenannte theoretische Mangel erscheint uns auch — wie dies ja bei allen in grundlegender Hinsicht irrtümlichen Ansichten nicht anders denkbar ist — von weittragender praktischer Bedeutung. Bei folgerichtiger Durchführung des Gedankens (die schließliche legislatorische Formulierung, wie sie oben an die Spitze gestellt wurde, lassen wir beiseite) muß nämlich in der Tat die Motivtheorie [2]) anerkannt werden: wer sich durch die Vorstellung des rechtswidrigen Erfolges nicht motivieren läßt, handelt schuldhaft oder wenigstens vorsätzlich. Das ist jedoch zwar moralisch, aber nicht juristisch von Bedeutung; denn der Täter kann sich ja durch ganz andere Gründe und zwar durch unlautere Motive zur Unterlassung der rechtswidrigen Handlung bestimmen lassen; ein solcher Täter würde nach der bekämpften Meinung (rechtmäßig aber) schuldhaft handeln. Und umgekehrt würde konsequent rechtswidrig aber nicht vorsätz-

[1]) Bezeichnend ist die verschiedene Behandlung der beiden Fälle bei Mayer 264: Eine Scheune gerät in Brand, weil in dem ersten Fall der Bauer nach einem Streit mit seiner Frau, in dem zweiten der Knecht nach einer Beschimpfung durch den Bauer verärgert dort die Pfeife rauchen; beide kennen die Gefährlichkeit. Mayer nimmt in dem ersten Fall bewußte Fahrlässigkeit an (der Bauer vertraut seinem guten Stern), in dem zweiten Vorsatz (dem Knecht ist es einerlei). Wir vermögen keinen Unterschied zu machen: bei Kenntnis der Wahrscheinlichkeit der Branderregung liegt Vorsatz vor. Ob dem Täter der Erfolg „unerwünscht“ oder „einerlei“ war, ist u. E. juristisch (anders moralisch) unerheblich, wie übrigens prozessual nicht feststellbar. — Das Fehlen des bösens Willens bei der Fahrlässigkeit kommt bei einem der hervorragendsten Vertreter der Willenstheorie in dem (gesperrt gedruckten) Satz zum Ausdruck: Fahrlässigkeit liegt vor, „wenn die Hoffnung auf das Ausbleiben des rechtswidrigen Erfolges entscheidend für die Vornahme der Handlung war“ (v. Hippel VerglDarst. A 3, 506; ganz ähnlich Grenze zwischen Vorsatz 146, s. die vorige Note). „Entscheidend“ für die Vornahme der Handlung kann aber doch nur etwas Positives sein! Die Vertreter der Willenstheorie verschweigen eben gern das Positive. Auch der Fahrlässigkeitstäter „will“ etwas Positives, er erstrebt einen lustbetonten Erfolg, sei es auch nur seine Ruhe und Bequemlichkeit; an diesen Willensentschluß ist das Schuldurteil anzulegen, während der strafrechtlich relevante Erfolg analytisch in den Begleitumstand der Schuld gehört, der von der Vorstellungstheorie beherrscht wird (beim Vorsatz Kenntnis, bei der Fahrlässigkeit Unkenntnis der Wahrscheinlichkeit).

[2]) Besonders die folgerichtige Auffassung Goldschmidts ÖsterrZ. 4, 139 ff., aber auch die Lehre Mayers Die schuldhafte Handlung 1901. Vgl. darüber schon oben § 20 II 7 a.

lich handeln, wer sich zwar durch die Vorstellung des rechtswidrigen Erfolges abhalten, aber durch andere lautere Motive zu der Tat bestimmen läßt. Das sind natürlich unmögliche Konsequenzen, aber sie wären konsequent. Jene Lehre sucht eben die Schuld selbständig in dem Willen — ohne Fühlung zur Rechtswidrigkeit — zu begründen; deswegen muß sie ja auch bei der Erklärung der unbewußten Fahrlässigkeit im Stich lassen.[1])

d) Suchen wir zum Schluß die gegen die Willens-, Gefühls-, Motivtheorie erhobenen Bedenken in prinzipieller Strenge auf die methodischen Grundlagen dieses Werkes einzustellen, richten wir beim Abschied von diesem interessanten und ohnegleichen bedeutungsvollen Kapitel den Blick auf das Ganze, um — unserem Plane getreu — uns über die Einzelheiten zu erheben und die großen allgemeinen Gesichtspunkte zu begreifen, so scheint uns die Auffassung der Gegner fehlzugehen — fehlzugehen wie gesagt vom Standpunkte unserer Grundlagen — aus zweierlei Gründen.

Einmal weil sie psychologisch und nicht logokritisch (axiologisch)[2]) verfährt, was sich daraus ergibt, daß sie sich auf den Standpunkt des Täters und nicht auf den der wertenden Rechtsordnung stellt.

---

[1]) Daß die Mayersche Motivtheorie zur Erklärung der unbewußten Fahrlässigkeit nicht genügt, beweist die Notwendigkeit einer Erweiterung der „Motive" zu „unbewußten Gründen". Vgl. Lehrb. 249/50, 241. Der Zusammenhang mit dem Bindingschen Willensbegriff und mit E. v. Hartmanns Theorie des Unbewußten ist deutlich. Entsprechendes gilt von der Motivtheorie Goldschmidts ÖsterrZ. 4, 139 ff. u. E. nur mit dem Unterschied, daß die unbewußte Fahrlässigkeit sich durch nichts von der bewußten und dem Vorsatz unterscheidet, denn Goldschmidt zieht sein Fazit (161), indem er Schuld annimmt, wenn der Täter „sich durch die Erfolgsvorstellung nicht motivieren läßt (Vorsatz und bewußte Fahrlässigkeit)" oder wenn er „sich pflichtwidrig nicht selbst vermittels der Erfolgsvorstellung motiviert (unbewußte Fahrlässigkeit)". Diese Aktivität des zweiten Falles scheint uns aber hinsichtlich der Schuld keinen Unterschied von dem ersten zu begründen. Ob jemand sich nicht motivieren läßt oder sich nicht selbst motiviert, scheint uns in Dingen der Schuld einerlei. Und sollte dann die Strafwürdigkeit der unbewußten Fahrlässigkeit geringer sein? Was zu ihr hinzutritt (im Sinne Goldschmidts), ist u. E. ein Verstandesfehler — d. i. Goldschmidts „zweiter in der Fahrlässigkeit gelegener Schuldvorwurf", „die Zuwiderhandlung gegen die zweite Pflichtnorm".

[2]) Daher hat denn v. Hippel von der philosophischen Literatur vorwiegend psychologische Werke und weniger ethische (normative) benutzt.

Deswegen forscht jene Meinung nach den Motiven des Täters, sucht sein Handeln zu erklären — daher die deterministischen Gedankengänge, daher die Vorliebe für kausale Erwägungen[1]) — und fragt besonders danach (naturgemäß mit Verwendung von Negativen wie von Hypothesen), warum der Täter nicht anders gehandelt, warum ihn die Vorstellung des rechtswidrigen Erfolges nicht an seinem Handeln gehindert hätte. Deswegen aber auch die Vernachlässigung der Fühlung mit der Rechtswidrigkeit. Die Anerkennung dieses Begriffs als des allergrundlegendsten liegt den vorwiegend psychologistischen Interessen fern. Dort bereits war ins Materielle, ins Philosophische zu steigen, dann ergibt sich auch hier eine Vertiefung. Von hier allein aus war nicht ins Grundsätzliche zu gelangen; sucht man allein von hier aus das Normative, so führt der Weg in das heterogene Gebiet der Individualmoral. Und diese individualistische Tendenz war nicht zu verwundern; denn der Täter interessiert. Der überragende Gesichtspunkt der Rechtswidrigkeit, des Unrechts und des Rechts wurde nicht zum Zentralpunkt genommen. Deswegen auch die gänzliche Verkennung des Objekts der Schuld; dieses Objekt ist gar nicht sehr verschieden von dem der Rechtswidrigkeit. Deswegen ferner die Verkennung der unselbständigen Bedeutung von Vorsatz und Fahrlässigkeit als Schuldelemente.

Und sodann: Man stellte sich, scheinbar im Widerspruch mit den Interessen für den Täter, gerade dort wo man sollte, nicht auf den Standpunkt des Täters. Man vollzog eine natur-, nicht eine kulturwissenschaftliche, eine kausale, nicht eine teleologische Einstellung. Zu der soeben erwähnten Vernachlässigung des Wertes trat die Verfehlung des Wertbezogenen. Das Objekt wurde naturalistisch, nicht juristisch begriffen. Daher die Neigung zum Determinismus, zur natürlichen Kausaltheorie, ja vielleicht auch zum Präventionsstrafrecht. Und so liegt denn jene Ansicht weit ab von unseren grundlegenden methodischen Gängen, weil sie den Standort ex post einnimmt, während die auf dem Boden der adäquaten Kausalitätstheorie und des Indeterminismus erwachsene Gedankenfolge nur eine Betrachtung ex ante, vom Standpunkt des Täters zur Zeit der Tat, zuläßt. Adäquanztheorie und Willensfreiheit . . .

[1]) Beachte etwa v. Hippel VerglDarst. A 3, 507, besonders aber die Motivtheorie.

Ja! Adäquanztheorie und Willensfreiheit! Gegen unsere Vorstellungstheorie wird der (oben als unberechtigt erkannte) Einwand erhoben, eine Abgrenzung zwischen Wahrscheinlichkeit und bloßer Möglichkeit sei praktisch nicht durchführbar. Wohlan! Begeben wir uns mit den Gegnern auf das Feld der Adäquanztheorie! Dort ist der Streit auszutragen. — Und andrerseits: Die Willenstheorie hat richtig erkannt, daß der Wille, soll heißen die Gefühle, Gegenstand des Schuldvorwurfs sind, daß es auf die Gefühle für die strafrechtliche wie moralische Beurteilung in erster Linie ankommt. Aber sie hat die Gefühle an falscher Stelle, im Vorsatzbegriff, eingesetzt. Wohlan! möge sie uns auf deren ureigenes Gebiet, in das Reich des Wesens der Schuld folgen; dort ist die Klärung zu gewinnen über das psychische Objekt, über den Gegenstand der Schuld: den freien Willensentschluß.

§ 22. Die Schuldtypen und die Schuldhöhen.

Kurz vor dem Abschluß der Grundlagen, zu einem Zeitpunkte, wo alles zu systematischer Abrundung hinstrebt, um in einem breiten mächtigen, alle Einzelheiten zusammenfassenden Akkorde auszutönen — da tritt eine Überraschung ein. Also nicht nur Zusammenfassung der Fugierungen, nicht nur Lösung des geschürzten Knotens, nicht nur Übermalen der bisher getrennten Einzelheiten, nicht nur Ausfüllung etwaiger Lücken des Systemganzen — nein, etwas völlig Neues. Freilich die Fäden müssen gesponnen sein, es kann sich nur noch um eine Krönung des Gebäudes handeln. Keine geringere Aufgabe bleibt nämlich noch zu lösen als diese: Unterbringung des gesamten Restes der von der Strafrechtsdogmatik ausgebildeten Formen, es gibt fürwahr noch viel der bisher noch nicht behandelten Gruppen, es sei nur an den Rest der sog. Strafbarkeitsbedingungen, Strafausschließungs- und Strafaufhebungsgründe und ferner an die Strafzumessungsgründe erinnert; und diese systematische Einreihung in ein geschlossenes Ganze ist eine Betrachtung unter einheitlichen Gesichtspunkten von einer derart hochgradigen Grundsätzlichkeit, daß für neue Gedanken grundsätzlicher Art schlechterdings kein Raum mehr verbleibt. Was die Strafrechtswissenschaft der Zukunft auch alles ersinnen mag, der grundsätzliche Gesichtspunkt muß sich in das errichtete System an irgendeiner Stelle einfügen lassen. Selbst die noch so wenig ausgebildete Strafzumessungslehre kann keine neuen prinzipiellen Zumessungsgründe mehr aufstellen; sie finden in dem vorliegenden System bereits ihre typischen Vorbilder an irgendeinem Platze vor. Ja die gesamte Strafzumessungslehre ist nichts weiter als die Verfolgung der von den beiden großen Strafvoraussetzungen Rechtswidrigkeit und Schuld auslaufenden Fäden ins einzelne; es kann dies ja gar nicht anders sein: Soll eine Strafgröße im Einzelfalle ermittelt werden, so müssen die Gründe in den wissenschaftlichen „Voraussetzungen" der Bestrafung beschlossen liegen; deshalb gilt es diese letzteren weiter auszubauen, und deren grundsätzlichen wissenschaftlichen Erkenntnisgründe sind die beiden großen Strafvoraussetzungen Rechtswidrigkeit und Schuld. Eine praktisch brauchbare und innerlich begründete Strafzumessungslehre kann nur auf dem System der Strafvoraussetzungen erwachsen. Mag man auch noch so viele neue theoretische Gesichtspunkte für die Bemessung der Strafe ausklügeln, gerechtfertigt sind sie nur, wenn sie auf das System der Strafvoraussetzungen überhaupt orientiert und zugeschnitten sind. Das ist der Segen des Systems.

Ja, der Segen des Systems. Und so muß denn die Erwartung auf Ermittlung des Restes unmittelbar vor der Vollendung des Ganzen aufs äußerste gesteigert sein, die Anspannung muß einen hohen Grad erreicht haben. Unter dem Gesichtspunkte der Schuld ist das System zu vollenden:

Die Lehre von der Willensfreiheit mit ihrem idealistischen, ex ante in die Zukunft gerichteten Blick gleicht dem an Hoffnungen reichen Lenz mit seinem knospenden Grün und den leuchtenden Blüten. Die in der Strafrechtsdogmatik so fein ausgebildete Schuldlehre sodann ließ nach emsiger Arbeit die Früchte wie in glücklichen warmen Sommermonaten voll und üppig heranreifen. Möge nunmehr schließlich die Ernte in klaren sonnigen Herbsttagen sicher und gut eingebracht werden!

I. Bedeutung der Schuldtypen.

Unter Schuld verstanden wir (§ 20 II 6 a. E.) das Unwerturteil der Rechtsordnung, daß der Täter sich zu einem rechtswidrigen (sozialschädlichen) Verhalten frei entschloß, obwohl er dieses als rechtswidrig erkannte (Vorsatz) oder erkennen sollte (Fahrlässigkeit). Bringen wir die Schuldelemente Vorsatz und Fahrlässigkeit in Abzug, so verbleibt ein Rest, der trotz seiner Unentbehrlichkeit für das Wesen der Schuld gleichwohl von dem Richter im Einzelfalle nicht festgestellt zu werden braucht. Denn dieser Rest, der vorwerfbare freie Willensentschluß zu rechtswidrigem Verhalten, ist typisch ausgestaltet — nichts anders wie die Rechtswidrigkeit vertypt ist. Solche Schuldtypen oder Schuldsymptome gibt es zweierlei: positive, die Schuldvoraussetzungen (z. B. Zurechnungsfähigkeit) und negative, die Entschuldigungsgründe (z. B. Notwehrexzeß) — nicht anders wie dort ebenfalls zweierlei: der (objektive) Tatbestand und die Rechtfertigungsgründe. Der Grund ist beidemal der gleiche, das Gesetz wählt diese Vertypung und Vertatbestandlichung im Interesse der Rechtssicherheit, zur leichteren Erkennbarkeit und leichteren Feststellung (vgl. oben § 13 I 1).

Nur ein Unterschied besteht: dort konnte in höchst seltenen Ausnahmefällen (vgl. § 15) der allgemeine Rechtswidrigkeitsbegriff bei offenbarem Versagen des Gesetzes unmittelbar angewendet werden, um dem wahren Recht zum Siege zu verhelfen; hier ist eine Abweichung vom positiven Recht schlechtweg undenkbar, es geht nicht an, daß der Richter den Täter in einem Falle entschuldigt, wo das Gesetz einen allgemeinen Entschuldigungsgrund nicht kennt, die Person könnte gar zu leicht über Gebühr berücksichtigt werden. Eine Tat darf einmal ausnahmsweise gerechtfertigt, ein Täter aber unmöglich ausnahmsweise entschuldigt werden; die dortigen noch immer die Sache betreffenden, noch immer der Generalisierung fähigen Gründe würden, nach hier übertragen, einen rein persönlichen, individualistischen Anstrich gewinnen, nicht mehr das Recht sondern die Moral würden den Maßstab abgeben.

Die Schuldtypen haben also den Beweis des Schuldvorwurfs dem Richter nicht nur zu erleichtern sondern zu ersparen; sie haben die Bedeutung einer unwiderleglichen Vermutung der Schuld oder der Unschuld. Das Gesetz kennt jedoch sehr wohl eine wenn auch beschränkte Durchbrechung dieser starren Normen zugunsten der materiellen Gerechtigkeit: die Schuldhöhe kann innerhalb des gesetzlichen Strafrahmens berücksichtigt werden; dort ist nachzuholen, was hier versagt bleibt.[1]) — Also eine überragende Bedeutung der

[1]) Es leuchtet doch ein: einen Jugendlichen darf wegen eines harmlosen Streiches der Richter mangels gesetzlicher Vorschrift nicht etwa freisprechen oder einer geeigneten Erziehung überweisen.

Rechtswidrigkeit gegenüber der Schuld, wie wir sie schon oft gewahrt haben und wie es gar nicht anders sein kann: Das objektive Werturteil zieht alles in seinen Bann, auch den Schuldbereich; überall weiß es sich durchzubrechen, sich Geltung zu verschaffen. Darum erwiesen sich ja als so verfehlt alle jene Bestrebungen, die Schuld (unabhängig von der Rechtswidrigkeit) auf ein besonderes, subjektives Prinzip der Pflicht zu gründen (vgl. oben § 20 IV 4): das Subjektive untersteht dem Objektiven.

Hiermit dringen wir zu der — auf den ersten Blick seltsam anmutenden — Erkenntnis vor: dogmatische Strafvoraussetzung ist zwar der allgemeine Unrechts-, nicht aber der allgemeine Schuldbegriff. Letzterer hat nur rechtsphilosophische oder rechtspolitische[1]) Bedeutung. Ihm zur Seite muß daher noch ein dogmatischer Schuldbegriff treten, wenn anders man die Schuldelemente Vorsatz und Fahrlässigkeit sowie die mannigfachen Schuldtypen unter eine höhere Einheit zwängen will. Der letzte Grund für dieses nicht recht harmonisch erscheinende Ergebnis ist die offenbare Untauglichkeit des Oberbegriffs in der allgemeinen Schulddefinition (Unwerturteil der Rechtsordnung) für strafrechtlich dogmatische und praktische Zwecke; daher die Zuweisung jenes Begriffs in das Gebiet der Philosophie, daher auch die Notwendigkeit einer Vertatbestandlichung des Schuldvorwurfs.

So gewinnen wir einen besonderen Begriff der formellen Schuld, der wegen seines kategorisch auftretenden Charakters eine größere Bedeutung besitzt als der unvollständige, weil nicht ausnahmslos gültige Begriff der formellen Rechtswidrigkeit, der aber dem letzteren Begriff gegenüber an dem erheblichen konstruktiven Nachteil leidet, daß er zugleich reine, aus dem materiellen Begriff übernommene Elemente enthält, sofern er überhaupt vollständig sein soll. Will man eine Definition dieses mithin notwendigerweise unförmlichen Gebildes überhaupt aufstellen, so läßt sich nur sagen: Formelle Schuld ist (die Kenntnis oder)[2]) das Kennensollen der Rechtswidrigkeit (Sozialschädlichkeit) eines Verhaltens durch

---

[1]) Es handelt sich auch hier nur um allgemeine Richtpunkte für den Gesetzgeber; es gilt das oben § 15 I Gesagte.

[2]) Über die prinzipielle Bedeutung der Fahrlässigkeit und die Entbehrlichkeit des Vorsatzes in der Schuldformel vgl. oben § 21 I 5 e.

den Täter beim Vorliegen der gesetzlichen Schuldvoraussetzungen und beim Nichtvorliegen der gesetzlichen Entschuldigungsgründe.[1]) Man kann auch kurz und treffend, freilich nicht gerade sehr deutlich definieren: Formelle Schuld ist das Kennensollen der Rechtswidrigkeit (Sozialschädlichkeit) eines Verhaltens durch den Täter unter normalen Umständen,[2]) d. i. eben beim Vorliegen der gesetzlichen Erfordernisse. — Eigenartig, daß selbst in dem nur formellen Schuldbegriff das materielle Rechtswidrigkeitsmoment der Sozialschädlichkeit auftritt (und nicht etwa bloß die formelle Rechtswidrigkeit); eigenartig und doch auf den Pfaden unserer Grundlagen nur selbstverständlich — denn der überragende Gipfel der materiellen Rechtswidrigkeit wirft seine Schatten bis in die weitesten Fernen im Reiche des Strafrechts.

II. Die Zurechnungsfähigkeit als Schuldtypus insbesondere.

Für unsere Grundlagen gibt es kein besonderes Problem der Zurechnungsfähigkeit. In grundlegender Hinsicht ist über sie in den Kapiteln über die Willensfreiheit und über das Wesen der Schuld alles gesagt, was zu sagen war. Es bleibt nur noch festzustellen, wie der Gesetzgeber die Schuld (!) typisch ausgestaltet hat. Ehe wir uns nun den Schuldtypen selbst (IV) und zuvor ihren möglichen Gruppierungen (III) zuwenden, greifen wir aus ihrem weiten Kreise einen Typus heraus, die Zurechnungsfähigkeit als den wichtigsten schuldbegründenden Umstand (IV A 1), um an diesem Beispiel den Prozeß der Vertypung überhaupt zu veranschaulichen.

Die Gegner, Deterministen, Präventionisten, Symptomatiker, vermögen selbstverständlich von ihrem grundlegenden Gesichtspunkt aus ebenfalls einen allgemeinen Begriff zu gewinnen, den sie mit Zurechnungsfähigkeit bezeichnen können; die Aufweisung des Zusammenhanges eines solchen Begriffes mit

---

[1]) Man muß sich nur immer vor Augen halten, daß der Schuldvorwurf nicht in dem Kennensollen liegt, sondern in den Schuldvoraussetzungen vertypt ist. Besser wäre es also, die letzteren voranzustellen; dann würde aber der Begriff noch unförmlicher.

[2]) Damit gewinnt unser Schuldbegriff Verwandtschaft mit demjenigen Franks, der zur Schuld (3.) rechnet „die normale Beschaffenheit der Umstände, unter welchen der Täter handelt" (Gießener Festschr. 1907, 503). Zu ihnen rechnen wir jedoch einen viel weiteren Kreis als Frank; man betrachte nur die folgende Übersicht zu IV.

der gesetzlichen Bestimmung[1]) und mit dem Wesen der Schuld ist aber zum mindesten sehr erschwert. Dies gilt namentlich von den beliebten, deterministisch, präventionistisch und psychologistisch konzipierten Bestimmungen des allgemeinen Begriffs der Zurechnungsfähigkeit als der normalen[2]) oder als der richtigen[3]) Bestimmbarkeit durch Motive usw.; was in ihnen und verwandten Auffassungen fehlt, was in ihnen zum mindesten nicht deutlich zum Ausdruck gelangt, das ist die Beziehung zur Schuld (deren personale Vertypung sie darstellt), weswegen denn jene Definitionen auch für die zivilrechtliche Handlungsfähigkeit, die Prozeßfähigkeit usw. passen. Es fehlt eben das spezifisch strafrechtliche Schuldmerkmal. Und andrerseits würde — wenigstens nach der ersteren Ansicht — der Gewohnheitsverbrecher nicht zurechnungsfähig sein, da er nicht durch Motive normal bestimmbar ist, er würde sich nicht von dem Geisteskranken unterscheiden.[4]) Das ist der konsequent durchgeführte Determinismus! Jene Autoren vergessen ein Hauptmerkmal der Zurechnungsfähigkeit: die Möglichkeit des Anderswollens und Andershandelns; der Täter muß sich eben motivieren in letzter Linie aus sich selbst heraus, so daß er den Gegenmotiven genügende Widerstandskraft[5]) entgegenzusetzen imstande ist. Nur dann ist die Tat seine eigene, nicht eine solche fremder Mächte, auf die er keinen Einfluß besitzt. Nur dann kann sie ihm zum Lob, ihm zum Tadel angerechnet werden. Einen Vorwurf insbesondere kann man gerechterweise doch nur dann erheben, wenn für den Wollenden die Möglichkeit des Anderswollens bestand — doch darüber ist oben gesprochen (§ 19), hier ist nicht mehr darauf zurückzukommen. Hier ist lediglich das Fazit zu ziehen, vielmehr die Brücke vom Schuldbegriff zum Gesetz zu schlagen.

Zurechnungsfähigkeit ist ein Hauptfall der Schuldfähigkeit (keineswegs der einzige, vgl. die Übersicht über die positiven und negativen Voraussetzungen unten zu IV). Wie sich der Schuldbegriff aus einem intellektuellen und einem emotionellen Faktor zusammensetzt, so auch die Zurechnungsfähigkeit: das Gesetz be-

---

[1]) Auch mit GE. § 13 (Fähigkeit, „die Strafbarkeit seiner Tat einzusehen" und „dieser Einsicht gemäß zu handeln") und mit KE. I nach Ebermayer 15 (Fähigkeit, „das Ungesetzliche seiner Tat einzusehen" und „seinen Willen dieser Einsicht gemäß zu bestimmen"). Die zweiten Glieder weisen darauf hin, daß der Täter sich unabhängig entschließen muß; das entspricht der hier vertretenen Anschauung, wie der folgende Text ergibt.

[2]) v. Liszt 157, v. Lilienthal VerglDarst. A 5, 21 ff., Gerland Grundfragen 33, ähnlich Liepmann Einleitung 105, Tesar Symptomatische Bedeutung 226 u. a.

[3]) Frank § 51 I, Mayer 204, deren weitere Ausführungen jedoch dem Text entgegenkommen, ohne daß sie aber die Freiheit anerkennen.

[4]) So in der Tat v. Liszt ZStW. 17 S. 70 ff., 81.

[5]) Von Beling Grundzüge 38 besonders hervorgehoben.

stimmt hier typisch in ziemlich erschöpfender Weise, unter welchen Voraussetzungen ein Mensch fähig ist, schuldhaft zu handeln. Demnach bedeutet Zurechnungsfähigkeit — und diese Definition paßt für jede wertende Wissenschaft — die Fähigkeit, die Norm (das Gute, das Rechte, die Strafrechtsnormen usw.) zu erkennen und sich nach ihr (frei)[1] zu entschließen.[2]) Also:

1. Die Fähigkeit, das Rechtmäßige und Rechtswidrige zu erkennen, m. a. W. die Fähigkeit, vorsätzlich und fahrlässig zu handeln. Wenn daher einige Schriftsteller[3]) zum Vorsatz die Möglichkeit des Bewußtseins der Rechtswidrigkeit (Pflichtwidrigkeit) erfordern, so trifft diese Definition für die Zurechnungsfähigkeit zu (sofern die Möglichkeit personal verstanden wird), für den Vorsatz enthält sie zu wenig, desgleichen für die Fahrlässigkeit (das Sollen fehlt). — Zu diesem intellektualistischen, theoretischen Erfordernis gehört im einzelnen — durchaus im Einklang mit dem Inhalt des Vorsatzbegriffs (§ 21 II): a) die Fähigkeit, die Tatsachen richtig zu erkennen, insbesondere die eigene Verhaltungsweise und den voraussichtlichen Erfolg, aber auch die Begleitumstände; also im ganzen den Sachverhalt, soweit er rechtserheblich ist; die gesetzlichen Tatumstände tatsächlicher Natur; ferner: b) die Fähigkeit, das Verbotensein zu erkennen und zwar das generelle, nicht notwendig die einzelnen Tatbestandsmerkmale; zum Verbotensein gehört alternativ die abstrakte Sozialschädlichkeit und die abstrakte formelle Rechtswidrigkeit; endlich: c) die Fähigkeit zur richtigen Subsumtion. — Wie wir in der Vorsatzlehre sahen, erübrigt sich der Nachweis der Kenntnis der abstrakten Sozialschädlichkeit (b) sowie der Subsumtion (c) im Einzelfall durch den Nachweis der Zurechnungsfähigkeit. Und in dieser Hinsicht erleichtert nun das Gesetz die Feststellung der Normalität des Handelnden durch negative Typenbildung, indem es als pathologische Fälle die Bewußtseinsstörung (Bewußtlosigkeit), die krankhafte Störung der Geistestätigkeit, die Geistes-

---

[1]) Das Wort kann fehlen, vgl. unten zu 2.

[2]) Diese Bestimmung entspricht durchaus (beinahe wörtlich) den oben zitierten Vorschriften des GE. § 13 und des KE. I. Dagegen begnügt sich VE. § 63 mit Kasuistik; ihm liegt somit ein höherer Grad von Typenbildung zugrunde, während der Schuldinhalt nur nach seiner emotionalen Seite hervortritt. Nur Typen enthält der Schw.VE. 1908 Art. 14 I.

[3]) Merkel, Mayer, Rümelin.

schwäche usw. aufführt. Wer nicht zu jenen Psychopathen gehört, der kennt oder sollte kennen im Sinne des Gesetzes die Sozialschädlichkeit. Insoweit bedeutet also die Zurechnungsfähigkeit nicht nur allgemein eine vertypte Schuld, sondern auch im einzelnen die vertypten Schuldelemente Vorsatz und Fahrlässigkeit und zwar speziell den Rechtsvorsatz sowie die Rechtsfahrlässigkeit.

2. Zu diesem intellektualistischen tritt das emotionalistische, zu diesem theoretischen das praktische Erfordernis:[1]) die Fähigkeit, sich gemäß der soeben (1) genannten Einsicht zu entschließen. Das ist nichts weniger als — das vertypte Objekt des Schuldvorwurfs: der freie Entschluß und das von ihm hervorgerufene äußere Verhalten. Die Freiheit (im Sinne von Wahlfreiheit) braucht nicht notwendig hervorgehoben zu werden,[2]) bleibt vielleicht auch besser beiseite, da ihre Erwähnung zu unnötigen Kontroversen Anlaß geben würde. Das Schweigen des Gesetzes bedeutet dann eben die typische Ausprägung jenes unumgänglichen Erfordernisses zu einer starren Formel. Die ausdrücklich aufgeführten pathologischen Fälle Bewußtseinsstörung usw. lassen als Beispiele der Unfreiheit die positive Voraussetzung unschwer erkennen. Psychologische Untersuchungen über die Normalität des Entschlusses sind hier gar nicht am Platze; müßig wäre eine Prüfung der normalen Geschwindigkeit der Verknüpfung der Vorstellungen, der normalen Gefühlsbetonung der Vorstellungen, der normalen Richtung und Stärke der Willensimpulse usw., wie es von deterministischer Seite gefordert wird.[3]) Notwendig ist allein, das Ergebnis der psychischen Vorgänge festzustellen, das Ergebnis, das zur Handlung überleitet; der Richter hat zu fragen: Konnte der Täter sich auch anders entschließen, konnte er noch genügend Widerstandskraft seinem wirklichen (dem vorwerfbaren) Entschluß entgegensetzen, oder mußte er sich so wie geschehen entschließen? Für die zweite Alternative stehen dem Richter die genannten Typen zu Gebote. Müßig wäre auch die Prüfung, ob der Täter gerade durch die Erkenntnis des Rechtswidrigen motiviert ist; das Handeln aus Pflichtwidrigkeit ist ebenso unerheblich wie

[1]) Diese Zweiteilung hat einen kurzen prägnanten Ausdruck bei Wachenfeld 136 gefunden: „Fähigkeit, unerlaubte Handlungen zu denken und zu wollen."

[2]) Wie in StGB. 1871 § 51 und VE. 63 im Gegensatz zu GE. § 13 und KE.

[3]) Vgl. v. Liszt a. a. O.

das Handeln aus Pflicht, die Rechtsordnung hat nur ein Interesse für das Handeln gemäß der Pflicht, gemäß dem Recht. Die Motive sind nur für die Strafzumessung, nicht für die Zurechnungsfähigkeit von Bedeutung; hier ist das zeitlich erste, was den Richter angeht, der Entschluß.

3. Das der herrschenden Rechtsübung durchaus ähnliche praktische Ergebnis ist: Zur Feststellung der Schuld bedarf es im Einzelfall des Nachweises, daß der Täter die rechtserheblichen Tatsachen kannte oder kennen sollte (Tatsachenvorsatz, Tatsachenfahrlässigkeit), daß er die Fähigkeit, das Verbotene seiner Tat einzusehen und sich danach zu entschließen, nicht infolge krankhafter Störung usw. verloren hatte, und daß die sonstigen Schuldtypen (unten IV) vorliegen (z. B. Deliktsfähigkeit) oder nicht vorliegen (z. B. Notstand).

4. Eine Abstufung der Zurechnungsfähigkeit gibt es nicht, nur eine Abstufung der Schuld. Der Begriff der verminderten Zurechnungsfähigkeit ist daher, wörtlich verstanden, nicht zu billigen, wenn auch die von seinen Anhängern verfolgten Zwecke gutzuheißen sind. Theoretisch zeigt sich hier besonders deutlich die schon bei der Bestimmung der Zurechnungsfähigkeit nicht selten zu beobachtende Vermischung mit dem Schuldbegriff; jene Anhänger sind sich daher meist über das Wesen der Schuld nicht klar. Die Zurechnungsfähigkeit enthüllt nicht das Wesen der Schuld, sondern setzt es voraus, sie selbst ist nur ein Schuldtypus, eine Schuldvoraussetzung, personale Schuldfähigkeit. Vermindert sein kann nur die Schuld, nicht eine ihrer Voraussetzungen; letztere kann nur vorliegen oder fehlen; fehlt ein Teil, so fehlt sie ganz — das ist doch sonnenklar. Das Problem der verminderten Schuld gehört in die Lehre von den Schuldhöhen, von der Strafzumessung (unten VI).

III. Die möglichen Einteilungsprinzipien für das System der Schuldtypen.

Den unermeßlichen Kreis der Schuldtypen erkennt man erst, wenn man die verschiedenen möglichen, einander kreuzenden Gesichtspunkte herausarbeitet, unter denen dieser Begriff erscheinen kann.

1. Ohne weiteres einleuchtend ist die bereits erwähnte und verwertete Unterscheidung von positiven und negativen Voraus-

setzungen, von Voraussetzungen i. e. S. und Entschuldigungsgründen. Sachlich bietet aber diese Scheidung kein Interesse und verspricht keine Ausbeute; sie beruht auf gesetzestechnischen und sprachlichen Erwägungen. Sachlich ist es gleichgültig, ob die Zurechnungsfähigkeit und das Nichtüberschreiten der Notwehr Schuldvoraussetzungen oder ob die Zurechnungsunfähigkeit und der Notwehrexzeß Entschuldigungsgründe tituliert werden.

2. Für die Erkenntnis von äußerster Wichtigkeit ist dagegen die bereits genugsam besprochene, aber in der Theorie schon für die Rechtswidrigkeit und noch weit mehr für die Schuld übersehene Unterscheidung von Wesen und Symptom, von Begriff und Typus (Tatbestand). In unserem augenblicklichen Zusammenhange interessiert nun aber die Beobachtung, daß ein Tatbestand noch einmal vertatbestandlicht werden kann. Diese doppelte Typizität verhüllt das Wesen doppelt, desto mehr bedarf es der Enthüllung. So ist die sog. Deliktsfähigkeit (Strafmündigkeit von Personen von einer gewissen Altersstufe) eine Vertypung der Zurechnungsfähigkeit. Ist letztere schon von genereller Natur, indem sie in konkreten Fällen einen Typus der Schuldfähigkeit aufstellt, so ist erstere um eine weitere Stufe von generalisierendem Charakter; denn sie bestimmt sofort für eine größere Reihe von Fällen die Typen, unter denen jemand im Sinne des Gesetzes nicht schuldhaft handeln kann. Vgl. des näheren unten zu 6.

3. Grundsätzlich von geringer Bedeutung ist die Einteilung in allgemeine und besondere Umstände, je nachdem sie für alle oder nur für einige Deliktstatbestände gelten (ihre Stellung im Gesetzbuch, ob im allgemeinen oder im besonderen Teil, ist selbstverständlich völlig unerheblich). Nicht nur die allgemeinen Merkmale, sondern auch die besonderen bedürfen der grundsätzlichen Betrachtung. Sie werden regelmäßig nicht unter dem Gesichtspunkte der Schuld aufgefaßt, sondern nichtssagend genug als Strafausschließungsgründe, wir erinnern an den straflosen Diebstahl unter Ehegatten usw. Aber schon der sich häufig findende Zusatz, daß diese Gruppe von Strafausschließungsgründen „persönliche" seien, deutet auf den Schuldcharakter: die Rechtsordnung macht dem Dieb wegen seiner persönlichen Verhältnisse, wegen seiner nahen verwandtschaftlichen Beziehungen zu dem Verletzten keinen Schuldvorwurf; das ist der legislatorische Gedanke. Wie eine Tat sachlich gerechtfertigt werden

kann, weil der Verletzte einwilligt, so kann darüber hinaus der Täter persönlich entschuldigt werden, weil sich der Vorfall unter Ehegatten abspielte; oft wird auch hier eine Einwilligung vorliegen und, wo diese objektiv fehlt, wird der Täter oft in der Annahme handeln, der Verletzte würde einwilligen, so daß es an dem Vorsatz fehlen würde; aber das Gesetz geht ganz rigoros vor, indem es sozusagen — diese Parallele liegt ganz nahe — eine Einwilligung präsumiert: der Ehegattendiebstahl ist ein bezeichnendes Beispiel für die Kategorie der besonderen (persönlichen) Entschuldigungsgründe.

Daß überhaupt der Gesichtspunkt des „Ausschließungsgrundes" nicht der prinzipielle ist, zeigt die Beobachtung, daß es auch besondere Schuldbegründungsumstände gibt, so die Elterneigenschaft bei der Kuppelei (§ 181). Die Parallele dieses Falles zu den soeben genannten Schuldausschließungen leuchtet ein: beidemal ist gerade die persönliche Eigenschaft des Täters, seine Beziehung zum Verletzten, ein Umstand, der die Rechtsordnung dazu bestimmt, den Schuldvorwurf in dem einen Falle zu erheben, in dem anderen nicht zu erheben. Rechtswidrig war die Tat beidemal ohnehin, aber in dem einen Fall (der Kuppelei) zeigt der Täter im Sinne der Rechtsordnung einen strafwürdigen Gefühlsmangel erst bei dem Hinzutritt eines persönlichen Umstandes, in dem anderen (dem Diebstahl) dagegen entfällt nach Ansicht des Gesetzes der sonst regelmäßig vorhandene strafwürdige Gefühlsmangel bei dem Vorliegen eines ähnlichen persönlichen Umstandes.

Diese Schuldbegründungen sind keinesfalls nur besondere, für vereinzelte Tatbestände gültige, sondern können auch allgemein sein, so das Erfordernis eines bestimmten Lebensalters zur vollen Deliktsfähigkeit, wie auch die Schuldausschließungen allgemeine sein können (Notwehrexzeß).

Allemal ist der grundsätzliche Gesichtspunkt der gleiche: die Handlung ist rechtswidrig, aber der Täter ist bald schuldig, bald schuldfrei, je nachdem ein in seiner Person liegender Umstand hinzutritt. Dieser Umstand selbst braucht natürlich gar keinen wahren Einfluß auf seine Schuld oder Unschuld auszuüben, der stehlende Ehegatte wie der Strafunmündige mögen im konkreten Fall nicht minder schuldbelastet sein wie andere Personen; aber die Rechtsordnung stellt generalisierend, nur den Durchschnitt der Fälle berücksichtigend, aus Praktikabilitätsgründen diese Schuldtypen auf (wie sie für die Rechtswidrigkeit Tatbestände aufstellt). Liegen diese Voraussetzungen vor, so gilt Schuld als vorhanden oder als nicht vorhanden: eine unwiderlegliche Vermutung, eine Fiktion, ein Als ob.

4. Es gibt keinesfalls nur Schuldbegründungen und Schuldausschließungen, sondern beidemal eine Anknüpfung an bestehende Strafbestimmungen, die in dem einen Fall ein Mehr, in dem anderen ein Weniger erfahren. Vollzieht sich diese Bewegung durch gesetzliche Typenbildung, so nennt man sie am besten wohl Schärfungen und Milderungen der Strafen, vollzieht sie sich aber innerhalb des gesetzlichen Strafrahmens durch richterliche Strafzumessung, so sprechen wir von Erhöhungen (oder Mehrungen) und Minderungen der Strafe.[1] Auch diese Bewegung steht unter dem Zeichen der Schuld. So werden weitere Gruppen von Schuldtypen gewonnen, so daß wir bis jetzt deren vier kennengelernt haben:

a) Schuldvoraussetzungen i. e. S. (Kuppelei durch Eltern),
b) Schuldausschließungsgründe (Verwandtendiebstahl),
c) Schuldschärfungsgründe (Aszendententotschlag),
d) Schuldmilderungsgründe (Tötung des unehelichen Kindes durch die Mutter).

Die Beispiele ergeben die vollständige Parallelität der Gruppen und erübrigen einen Beweis der Schuldtypizität in den beiden zuletzt genannten Fällen. Ein sehr prägnantes Beispiel für eine Schuldmilderung ist die Bestimmung der Strafmilderung im Falle des Totschlages, wenn der Totschläger „ohne eigene Schuld . . . zum Zorne gereizt" ist (§ 213); die Worte „ohne eigene Schuld" zeigen, daß die Schuld in toto nach der Auffassung des Gesetzes geringer ist.

Der höchstpersönliche Charakter dieser Schuldtypen äußert sich u. a. dadurch, daß in den Gruppen b bis d[2]) die persönlichen Umstände nur demjenigen Mittäter und Teilnehmer nutzen oder schaden, in dessen Person sie vorliegen. Dagegen zeigt umgekehrt allein die Gruppe a ihr eigenartiges Schuldgepräge insofern, als sich der Vorsatz auf die lediglich zu ihr gehörigen Tatumstände nicht zu beziehen braucht, während in dieser Hinsicht die Gruppen b bis d den objektiven Tatbeständen und Rechtfertigungsgründen gleich-

[1]) Dies der wissenschaftliche Sprachgebrauch.

[2]) Zweifelhaft, ob auch (hinsichtlich der Teilnahme) im Falle zu a. Vgl. unten V 3.

stehen.[1]) Durch die Vereinigung dieser beiden Einsichten wird die Besonderheit der vier Gruppen als Schuldtypen gegenüber dem Gebiete der objektiven Rechtswidrigkeit bewiesen und damit ihre Zusammengehörigkeit auch praktisch bestätigt.

5. Nun gibt es aber zwei weitere, von der Literatur noch nicht gewürdigte Gruppen, auf die schon eine gewisse Parallelität hätte aufmerksam machen sollen. Es treten nämlich

a) die Schuldaufhebungen zu den Schuldausschließungen, Beispiel: tätige Reue,

b) die Schuldermäßigungen zu den Schuldmilderungen, Beispiel: Widerruf des Meineides § 158.

Die Besonderheit der beiden neu eingeführten Gruppen besteht darin, daß zunächst volle Strafbarkeit eintritt und erst ein nachträglicher Umstand die Aufhebung oder Ermäßigung der Bestrafung bewirkt, während in den anderen Fällen von vornherein die Strafbarkeit fehlt oder eine geringere ist. Unter der nichtssagenden Bezeichnung der Strafaufhebungsgründe ist diese Erscheinung der Nachträglichkeit bekannt geworden; die Bedeutung des nachträglichen Umstandes blieb aber unbekannt: weswegen soll denn die Strafe nachträglich wegfallen? Und dieser Mangel in der Erkenntnis des gesetzgeberischen Grundes hatte zur Folge, daß man einerseits die Strafaufhebungsgründe ohne jegliche Berechtigung auf prozessuale Gründe ausdehnte, daß man zu ihnen zog, was anderweit nicht unterzubringen war (z. B. Verjährung, Begnadigung, Tod des Täters),[2]) und daß man andrerseits den Kreis nicht weit genug zog, daß man es unterließ, den Aufhebungen die Ermäßigungen an die Seite zu stellen, obwohl die beiden Fälle des Widerrufs des Meineides (§ 158) und des fahrlässigen Falscheides (§ 163 II) durchaus konform liegen — für den zweiten fand man eine Erklärung („Strafaufhebungsgrund"), für den ersten nicht.[3])

Der gesetzgeberische Gedanke ist aber ganz offensichtlich: ein nachträglicher Umstand entschuldigt den Täter ganz

---

[1]) Über den Grund vgl. unten V 2.

[2]) Vgl. oben § 14 II 1 d, 2 a γ, b γ mit Nachweisen.

[3]) Frank § 158 I bemerkt jedoch ausdrücklich die „große Ähnlichkeit mit der tätigen Reue des § 46 Nr. 2". Dann sollten aber auch diese beiden Fälle vereinigt, sollte die tätige Reue von der doch durchaus heterogenen Verjährung getrennt werden.

oder zum Teil. Daher können nur solche Umstände in Betracht kommen, die in einer nachträglichen Willensbetätigung bestehen. Es ist hier in der Tat ein neues, dem ersten Objekt des Schuldurteils nachfolgendes Objekt von derselben Wesenheit zu bewerten, wiederum ein freier Willensentschluß, ein äußeres Verhalten, und dieses Werturteil hat im Gegensatz zu dem ersten ein für den Täter günstiges Ergebnis: das Gegenteil der Schuld wird konstatiert mit der Bedeutung, daß jene erste Schuld ganz oder zum Teil aufgehoben wird. Reue und Widerruf sind ganz besonders bezeichnende Fälle Dahin gehört aber auch die Begnadigung, sofern diese nicht auf rein staatsrechtlichen Erwägungen beruht, sondern an die Voraussetzung guter Führung geknüpft ist: der Täter muß sich hier den Straferlaß selbst verdienen, indem er sich „wohl verhält".

Diejenigen, die in der Schuld einen Charakterfehler erblicken und die den einzelnen Verbrechensfall nur als eine symptomatische Erscheinung auffassen, werden von diesem ihren grundsätzlichen Standpunkte zu einem ähnlichen Ergebnis gelangen, und es scheint, als wenn die Begründung für sie noch leichter wäre: Zeigt nicht die Berücksichtigung dieses nachträglichen Umstandes (der Reue) und besonders eines psychischen Gesamtverhaltens (der guten Führung, des Gebessertseins) deutlich genug, daß im Sinne des Gesetzes nicht die einzelne Tat zum Beurteilungsgegenstand genommen wird, sondern die Gesamtpsyche? Wie erklärt sich denn sonst die plötzliche Berücksichtigung eines späteren Umstandes? — Die vereinzelten Fälle, wo ein solcher nachträglicher Umstand berücksichtigt werden darf, beweisen aber zur Genüge ihre gesetzliche Singularität, beweisen, daß das Gesetz nur diese Fälle typisch ausgestaltet hat. Es ist eben nicht die Gesamtpsyche zu beurteilen, sondern nur ein Verbrechensfall und ausnahmsweise ein oder allenfalls mehrere nachträgliche Umstände. Auch die spätere „gute Führung" bedeutet lediglich, daß der Täter innerhalb eines gewissen Zeitraums eine Reihe von Handlungen gleicher oder ähnlicher Art begangen oder nicht begangen hat. Die Charakterbeurteilung würde dagegen, falls sie überhaupt möglich ist, einen weit weit größeren Kreis von Handlungen sowohl wie von rein psychischen Regungen zur Bewertung heranziehen müssen.

Unsere Erklärung beruht auf demselben Gedanken wie diejenige des Rückfalls. In dem einen Fall (der Reue) wirkt eine spätere gute

Tat entlastend, in dem anderen (des Rückfalls) eine frühere böse Tat belastend. Die Verknüpfung zwischen Gegenwart und Vergangenheit geschieht durch die Rechtsordnung mittels Bildung von typischen Beziehungen, die für die Feststellung der Schuld und ihrer Höhe von Bedeutung sind; sie geschieht aber nicht in der realen Welt durch psychologische Betrachtung und Erklärung des Charakters. Auch für die gute Führung gibt es eine Parallele zu den Strafschärfungsgründen: zu der Gewerbs- und Gewohnheitsmäßigkeit. Diese ist eine Vertypung des Rückfalls, ähnlich wie die gute Führung eine Vertypung der tätigen Reue ist. Beides sind Fälle der doppelten Typizität (vgl. oben 2).

Zu beachten ist aber, daß die Rechtsordnung in allen Fällen selbstverständlich an reale psychische Beziehungen zwischen einst und jetzt zum mindesten anknüpfen will. Sie will den früheren oder den späteren Umstand nur insoweit berücksichtigen, als er oder seine wesentliche Bedeutung sich in der gerade zur Beurteilung stehenden Tat und dem ihr zugrunde liegenden Willensentschluß widerspiegelt; also nur insoweit, als jene als Indizien für die jetzige Schuld und ihre Höhe von Bedeutung sind. Der Richter verfährt in dieser Weise bei der Strafzumessung, und einen Ausschnitt aus diesen ungeschriebenen Grundsätzen hat auch hier der Gesetzgeber herausgegriffen und für seine Typenbildung verwertet. Der Gesetzgeber stellt im Fall der Reue und der guten Führung die unwiderlegliche Vermutung auf, daß der Täter innerlich besser geworden ist, deswegen wird ihm seine Tat verziehen, seine Schuld entfällt. Nicht anders wie der Rückfall, die Gewerbs- und Gewohnheitsmäßigkeit im Sinne des Gesetzgebers einen höheren Grad von Schuld offenbaren: das Unwerturteil ist um so größer, je öfter der Täter bereits ähnliche Straftaten verübt hat.

Wir geben zu, ja wir begrüßen, daß unser Ergebnis demjenigen der Deterministen und Symptomatiker ähnlich sieht. Wir nehmen aber für uns in Anspruch die wissenschaftliche Analyse der „Gesamtschuld" in eine Mehrheit einzelner Willensakte — und das ist exakte Arbeit.

6. Eine weitere interessante Einteilung gewinnen wir durch den Gesichtspunkt der Vertypung: Wird das Schuldobjekt (das freie Wollen) oder aber wird der Schuldmaßstab (die Sozialgefährlichkeit) vertypt? So haben sicherlich die Not und die Drohung eine

ganz andere prinzipielle Bedeutung als Milderungsgründe wie etwa die Verwandtschaft. Erstere sind negative Typen des Objekts, letztere ein solcher des Maßstabs; erstere beeinflussen die Freiheit und ihren Grad, letztere die Sozialgefährlichkeit und ihren Grad. Diese Einteilung wird bedeutungsvoll für die Gewinnung der Schuldgrade in der Strafzumessungslehre, vgl. unten VI A 2 (a gegenüber b).

7. Man pflegt u. a. zwei verschiedene Gruppen getrennt, ohne Beziehung zueinander, zu nennen: einmal besondere psychische und sodann besondere persönliche Qualifikationen („Umstände", „Verhältnisse", „Beziehungen" u. dgl.). So ist schwerer strafbar in dem einen Fall, wenn die Tat aus Eigennutz, in dem anderen, wenn sie von einem Beamten, von einem Angehörigen begangen wird. Wir erweitern diese beiden Gesichtspunkte in grundsätzlicher Art, indem wir zwei Gruppen einander gegenüberstellen, von denen die erste die einfache Vertypung der Schuld, die zweite die Vertypung der ersten, also die doppelte Vertypung der Schuld darstellt; es wird also der oben zu 2 betonte Gesichtspunkt der doppelten Vertypung verwertet. Die erste Gruppe nennen wir psychische, die zweite persönliche Schuldtypen. Wir treffen diese beiden grundverschiedenen Arten von Typenbildungen in der alsbald unter IV folgenden Übersicht durchweg an.

Vorläufig möge ein Schema diesen Gegensatz veranschaulichen.

	Einfache Schuldtypen (psychische Typen)	Verdoppelte Schuldtypen (persönliche Typen)
Schuldvoraussetzungen	Zurechnungsfähigkeit Ausbeutung der Notlage Autoritätsverletzung Rückfall	Deliktsfähigkeit Beamtenqualität Verwandtschaft Gewohnheitsverbrecher
Entschuldigungen	Not Psychischer Zwang Erregung	Abgeordnete, Kartellträger, Ärzte, nahe Angehörige

Durch dieses Prinzip glauben wir eine Grenze zwischen dem objektiven Tatbestand und dem nicht gerade sehr klaren Begriff der persönlichen Eigenschaften und Verhältnisse errichtet zu haben;

der letztere Begriff erklärt sich aus einer (doppelten) Vertypung der Schuld, nicht der Rechtswidrigkeit, während die Tatbestandsmäßigkeit eine Vertypung der Rechtswidrigkeit bedeutet.

Dagegen gehören zum objektiven Tatbestand auch die persönlichen Merkmale bei den eigentlichen Amts- und Militärdelikten; denn deren Rechtswidrigkeit ist nicht verständlich ohne die persönlichen Merkmale der Amts- und Militärperson: ohne sie wäre der Tatbestand sinnlos; anders in den Fällen, wo diese Merkmale strafschärfenden Charakter haben, vgl. u. IV A 2 b α. In der erstgenannten Gruppe ist die Beamtenqualität usw. aber Tatbestandsmerkmal; auf sie muß sich notwendig der Vorsatz beziehen, und die Strafbarkeit (Rechtswidrigkeit!) erstreckt sich auch über die Person hinaus auf Nichtbeamte, die im Teilnahmeverhältnis stehen, so daß diese wegen Teilnahme an einem reinen Amtsdelikt strafbar sein können (vgl. unten V 2, 3).

8. Endlich erklärt sich aus dem Gesichtspunkt der doppelten Vertypung die Voraussetzung der Retorsion, vgl. unten IV B 1 c, 2 c.

IV. Die einzelnen Schuldtypen.

A. Schuldvoraussetzungen i. w. S.:

1. Schuldbegründungen (Schuldvoraussetzungen i. e. S.):

a) allgemeine: α) Zurechnungsfähigkeit, β) diese weiter generalisiert (doppelt vertypt) ergibt: Deliktsfähigkeit;

b) besondere: α) Fälle einfacher Schuldvertypung: Eigennutz, Gewinnsucht, seines Vorteils wegen, unter Ausbeutung der Notlage usw. In doppelter Vertypung treten auf gewisse Autoritätsverhältnisse bei der Kuppelei § 181 Nr. 2, gewisse persönliche Beziehungen und Vertrauensverhältnisse zum Verletzten bei der Untreue, Geheimnisverletzung usw. §§ 266, 300. Nicht hierher gehören aber die reinen (eigentlichen) Amts- und Militärverbrechen; dort begründet die persönliche Eigenschaft schon die Rechtswidrigkeit, nicht erst die Schuld (vgl. oben III 7 a. E.).

2. Schuldschärfungsgründe:

a) allgemeine Schärfungsgründe: α) besondere Gefährlichkeit des Täters, z. B. Rückfall als allgemeiner Strafschärfungsgrund, VE. § 87, GE. § 95, KE. § 120, E. 1919 § 119, β) dieser Grund weiter vertatbestandlicht (doppelt vertypt) ergibt das sog. Kollektivdelikt: Gewerbs- oder Gewohnheitsmäßigkeit, VE. § 89, GE. § 97, KE. § 121, E. 1919 § 120, γ) Beamtenqualität VE. § 210, GE. § 90, ebenfalls ein Fall doppelter Vertypung zu einem besonderen Berufskreise;

b) besondere Schärfungsgründe: α) die Fälle zu a als Schärfungen bei nur einigen Tatbeständen (Diebstahl, Betrug usw. im wiederholten Rückfall §§ 244, 264), gewohnheitsmäßige Kuppelei § 180, uneigentliche Amts- und Militärverbrechen (ein Fall doppelter Vertypung wie oben a γ), β) Eigennutz, Gewinnsucht, seines Vorteils wegen usw., γ) doppelt vertypt zu einem besonderen Verwandtschaftsverhältnis zum Verletzten: Totschlag und Körperverletzung durch den Deszendenten, Aussetzung durch die Eltern §§ 215, 223, 221 II.

B. Entschuldigungen i. w. S. (negative Schuldvoraussetzungen):

1. Schuldausschließungsgründe (Entschuldigungsgründe im engeren Sinne):

a) allgemeine: α) psychischer Zwang: Drohung (vgl. oben § 16 III 5 a), bindender rechtswidriger Befehl (oben § 13 II 2 a δ), β) psychische Not: Überschreitung der Notwehr (Notwehrexzeß) und des Notrechts (strafrechtlicher Notstand, oben § 13 II 2 b α);

b) besondere: α) Abgeordnete bei der Abstimmung usw. § 11, Rvf. Art. 36 (ein vertypter Fall des gleichsam beruflichen Zwanges, also konform zu oben a α), β) Kartellträger, die ernstlich bemüht waren, den Zweikampf zu verhindern (also der gute Wille entschuldigt!), Sekundanten, Zeugen, Ärzte (wiederum ein Fall gleichsam beruflichen Zwanges) § 209, γ) Diebstahl usw. gegen gewisse nahe Angehörige § 247 II, δ) Begünstigung von Angehörigen § 257 II, ε) Blutschande Jugendlicher § 173 IV (eine negative Seite der Deliktsfähigkeit oben A 1 a β); zu b also sämtlich (doppelte) Vertypungen zu persönlichen Beziehungen;

c) als spezifische Voraussetzung der Retorsion bei Beleidigung und Körperverletzung (§§ 199, 233) hat dem Gesetzgeber offenbar die Erregung oder ein ähnliches, den Voraussetzungen des Notwehrexzesses verwandtes Merkmal vorgeschwebt; es ist (doppelt) vertypt zur „Erwiderung auf der Stelle“.

2. Schuldmilderungsgründe:

a) allgemeine: jugendliches Alter (sog. beschränkte Deliktsfähigkeit, wiederum eine negative Seite der Deliktsfähigkeit; das sog.

Unterscheidungsvermögen stellt eine Vertypung der zur Schuld erforderlichen Rechtskenntnis dar);

b) besondere: α) Totschlag auf Provokation § 213, Meineid bei naher Beteiligung § 157 [1], Überschwemmung zum Schutz des Eigentums § 313 II — sämtlich notwehrexzeß- oder notstandsähnliche, wenn nicht Notstandsfälle (also konform zu oben 1 a), β) Tötung auf ernstliches Verlangen § 216 (gleichsam eine Überschreitung des Rechtfertigungsgrundes der Einwilligung, durchaus konform der Überschreitung des Rechtfertigungsgrundes des verbindlichen Befehls oder der Überschreitung der Notwehr, oben B 1 a), γ) Fälle doppelter Vertypung zu verwandtschaftlichen oder sonstigen persönlichen Beziehungen: Tötung des Kindes durch die uneheliche Mutter § 217, Meineid zugunsten naher Angehöriger § 157 [2];

c) wie oben 1 c, § 233 — ganz offensichtliche legislatorische Ähnlichkeit (im Schuldtypus) mit § 213 (oben b).

C. Nachträgliche Entschuldigungen:

1. Schuldaufhebungsgründe:

a) allgemeine: α) tätige Reue (Rücktritt vom Versuch), β) generalisiert: gute Führung bei Begnadigung;

b) besondere: Rücktritt vom Zweikampf § 204, Widerruf des fahrlässigen Falscheides § 163 II, tätige Reue nach der Brandstiftung § 310.

2. Schuldermäßigungsgründe:

a) allgemeine: Strafmilderung bei guter Führung durch Begnadigung;

b) besondere: Widerruf des Meineides § 158.

Für die Zuweisung aller dieser Gründe in eine und dieselbe Kategorie der Schuldtypen spricht übrigens auch die Erwägung, daß wir ähnliche Gründe für die Strafzumessung gewinnen werden und daß dort der Charakter als Schuldgrade außer Zweifel steht (vgl. unten VI und besonders die Bemerkung a. E. von A 2 b, unmittelbar vor c); so kehren dort wieder als belastend Verletzung des Autoritätsverhältnisses, Eigennutz, Rückfall, Gewerbsmäßigkeit, Beamtenqualität usw., als entlastend Not, Jugend, Verwandtschaft, Reue, Widerruf, gute Führung usw. Was dort Schuldgrad, muß hier Schuldtypus sein.

V. Rechtliche Wirkung der Gruppierungen (zu IV).

1. Sämtliche Fälle sind rechtswidrig und nur höchstens schuldfrei. Daher sämtliche Folgen der Rechtswidrigkeit (Zulässigkeit der Notwehr usw.).

2. Die Schuldbegründungen (A 1) begründen mithin nicht schon die Rechtswidrigkeit; daher bezieht sich auf sie nicht der Vorsatz. Der Vorsatz bezieht sich ferner natürlich nicht auf die nachträglichen Entschuldigungen (C), da die Umstände ja erst nach der für den Vorsatz wichtigen Handlung eintreten. Dagegen bezieht sich der Vorsatz auf die Schuldschärfungen (A 2) wie auf die eigentlichen Entschuldigungen (B); denn hier stand die Rechtswidrigkeit fest und sie besteht noch, sie muß daher der Täter zunächst einmal kennen; daher kann er für jede Strafschärfung über das Maß der Rechtswidrigkeit hinaus nur verantwortlich gemacht werden, wenn er auch den schärfenden Tatumstand kannte oder kennen sollte (§ 59 II), wie er umgekehrt für die Rechtswidrigkeit auch nur (voll) verantwortlich gemacht werden kann, sofern er das Nichtvorliegen der Entschuldigungstatumstände kannte oder kennen sollte. An diesem Ergebnis ist u. E. grundsätzlich festzuhalten, wenn auch die Möglichkeit eines Irrtums und seiner Beachtlichkeit in manchen Fällen, wie beim Rückfall, bei der Abgeordneteneigenschaft, bei der Retorsion, ja vielleicht auch bei der Jugend und in einigen Fällen der Angehörigeneigenschaft, ausgeschlossen sein wird, so daß schließlich nur die Auslegung jeder Einzelvorschrift zum rechten Ziele führen kann.[1])

3. Die sämtlichen für die Schuldtypen erheblichen Umstände nützen und schaden nur demjenigen Mittäter oder Teilnehmer, in dessen Person sie vorliegen. Nur die Schuldbegründungen bieten in dieser Hinsicht wenigstens bezüglich der Teilnahme zu Zweifeln Anlaß; legislatorisch sollte aber der Grundgedanke auch hier durchgeführt werden.[2]) Für die eigentlichen Standesdelikte der Beamten

---

[1]) Ein Weg, der meist, auch von Binding beschritten wird. Interessant, aber bedenklich sind die generalisierenden Unterscheidungen Goldschmidts ÖsterrZ. 4, 167 ff. (Nichtberücksichtigung des Rechtsirrtums bei Entschuldigungsgründen! — Weswegen soll in dieser Hinsicht Notwehr anders behandelt werden wie Notstand, den auch Goldschmidt zu den Entschuldigungsgründen rechnet?).

[2]) Richtig KE. 1. Lesung (Ebermayer 23): Es soll für die Strafbarkeit des Mittäters und Teilnehmers nicht darauf ankommen, ob der andere nicht

und Militärpersonen ergibt sich dagegen auch nach unserer Meinung die Strafbarkeit der nicht zu jenem Personenkreise gehörenden Teilnehmer, da wir bei den genannten Delikten jene persönlichen Merkmale zum objektiven Tatbestand rechneten (oben III 7 a. E.).[1]

VI. Die Strafzumessungsgründe.

Wir bauen weiter ab, indem wir von den soeben behandelten Schuldtypen noch eine weitere Stufe hinab in die Einzelheiten steigen und die Gründe systematisieren, die den Richter bei der Bemessung der Strafhöhe[2] im Einzelfall leiten. Die Strafzumessungslehre findet hier im Kapitel über die Schuld ihren Platz;[3] freilich spricht auch der Grad der Sozialschädlichkeit, die sog. Schwere des Erfolges, also ein in die objektive Unrechtslehre schlagender Gesichtspunkt mit, aber doch gewiß erst in zweiter Linie und nur innerhalb der unten (A 1) gezogenen Grenzen. Den Grad des objektiven Unrechts völlig zu ignorieren würde im Widerspruch stehen mit einer „Rechtsgewohnheit, die wohl so alt ist wie die Strafrechtspflege selbst".[4]

Eine Systematisierung ist dringend notwendig, will man prinzipielle Gesichtspunkte gewinnen und nicht in unfruchtbarer und öder Kasuistik steckenbleiben, die zudem doch niemals vollständig sein kann und die vor allem nicht Aufschluß über die Rangverhältnisse der einzelnen Gründe zueinander gewährt. Man sollte doch längst erkannt haben: die Gründe a im Einzelfall sprechen für diese, die Gründe b für jene Strafgröße, ja noch weitere Gründe vielleicht

---

„schuldhaft handelte, die Teilnahme an der Handlung eines Unzurechnungsfähigen bleibt sonach strafbar".

[1]) Vgl. auch Ebermayer a. a. O., KE. § 37, E. 1919 § 30.

[2]) Auch die Auswahl der Strafart untersteht, was zu Unrecht bestritten ist, denselben Grundsätzen wie die Ermittlung der Strafhöhe.

[3]) Mit Recht bemerkt Stooß 79: „Die meisten Strafzumessungsgründe sind also Schuldzumessungsgründe; das sollte auch systematisch berücksichtigt werden."

[4]) So VE. Begr. I 316 mit treffenden Beispielen. Anders eine verbreitete Meinung in der Klassik sowohl wie in der Moderne (vgl. Rosenfeld VerglDarst. A 3, 154); aber einer Berücksichtigung des Zufalls reden wir gewiß nicht das Wort (vgl. den folgenden Text A 1, 2 a. Anf.). Nach unserer Meinung muß sich ja die zur Schuld gehörige Kenntnis auch auf die Rechtswidrigkeit beziehen; sie wird sich, wenn sie überhaupt da ist, meist auch auf den Grad der Rechtswidrigkeit erstrecken.

für eine dritte usf. Welche Gründe gehen einander vor? Der Praktiker antwortet: Das ergibt der Einzelfall, das folgt aus der „Sachlage“ und aus der — berüchtigten — „Angemessenheit“; der Theoretiker[1]) aber schweigt, und seine Aufgabe wäre es doch, wenigstens die allgemeinen Richtlinien aufzustellen. Aber woher entnimmt er sie? Nur gesamtsystematische Erwägungen können zum Ziel führen. Dogmatische (monographische), rechtsvergleichende, historische Untersuchungen mögen beachtliche Einzelheiten an den Tag fördern, werden aber niemals ein abgerundetes Bild schaffen.

Nach VE. § 81[2]) sind „alle für eine höhere oder geringere Strafe sprechenden Umstände zu berücksichtigen, insbesondere die in der Tat hervortretende verbrecherische Gesinnung, die Beweggründe des Täters, der von ihm verfolgte Zweck, der zur Tat gegebene Anreiz, die persönlichen und wirtschaftlichen Verhältnisse des Täters, der Grad seiner Einsicht, die Folgen der Tat und das Verhalten des Täters nach dieser, namentlich die bewiesene Reue und das bewiesene Streben, die Folgen wieder gutzumachen“. KE. II fügt hinzu: die vom Täter angewendeten Mittel, der angerichtete Schaden, das Vorleben des Täters.[3])

Eine sehr bunte Reihe! Und die einzelnen Gründe unterstehen offensichtlich ganz verschiedenen Gesichtspunkten, die untereinander eine durchaus verschiedene rechtliche Bedeutung haben (Schaden und Reue, Einsicht und Mittel). Wir wenden uns nicht gegen die praktische Brauchbarkeit des Gesetzes, das ganz gut verfährt, wenn es Beispiele nebst Generalklausel aufführt;[4]) wir

[1]) Er scheint keine rechte Freude an dieser Materie zu haben, die Literatur bietet nicht viel. Es rächt sich das Fehlen der systematischen Einstellung auf das Ganze. — Eine strenge Durchführung seiner Schuldlehre (Motiventheorie) gibt aber Mayer 492/9. Auf Mayers Bemerkung im Text S. 494, im Lehrbuche Liszts seien der Strafzumessung nur 5 Zeilen gewidmet, hat v. Liszt in der nächsten Auflage diesen 5 Zeilen hinzugefügt: „Der von M. E. Mayer geprägte Satz: ‚Das Motiv entlastet, der Charakter belastet‘, mag dem Richter dabei als Leitfaden dienen.“ Eine feine Ironie! Aber auch eine Tragik: Zu wie wenigen positiven, allgemein befriedigenden Ergebnissen sind diese beiden ausgezeichneten Lehrbücher auf diesem wichtigen Gebiete gelangt!

[2]) Übereinstimmend GE. § 81. Daß die „verbrecherische Gesinnung“ (auch im Sinne des Gesetzes) dasselbe wie Schuld und Verschulden ist, wird von v. Liszt Reform I 385 zu Unrecht bestritten.

[3]) Ebermayer 24, KE. § 110, E. 1919 § 106 (hier fehlt: die in der Tat hervortretende verbrecherische Gesinnung).

[4]) So Wach Reform I 32/3. Schw. VE. 1908 Art. 49 nennt als Beispiele „Beweggründe, Vorleben und persönliche Verhältnisse des Schuldigen“. Gebilligt von Rosenfeld VerglDarst. A 3, 152, der noch die „äußeren Anlässe zur Tat“ hinzufügen will. Österr. VE. 1909 § 43 legt in erster Linie auf „das

wenden uns nur dagegen, das Gesetz als Grundlage für eine theoretische Einsicht sowie für den Ausbau der ganzen Lehre anzusehen.[1])

Die Deterministen, Psychologisten, Symptomatiker und Präventionisten nehmen für ihre Lehren allein die Möglichkeit einer für die Strafhöhe maßgeblichen Schuldabstufung in Anspruch.[2]) Freilich, für die Charakterbeurteilung gibt es eine Fülle von Kriterien; erblickt man das Verschulden in einem Mangel der Gesamtpsyche, so wird es nicht schwer fallen, die feinsten Schattierungen und Abtönungen für die Stufenbildung zu verwerten. Aber zu exakten Grundsätzen ist man nicht gelangt und wird man nicht gelangen; denn jener Verschuldensbegriff selbst ist mangelhaft, er bedarf der wissenschaftlichen Analyse in eine Reihe einzelner schuldhafter Verhaltungsweisen, wie wir sahen; damit ist man aber wieder bei der Einzelschuld angelangt. Und sie ist sehr wohl der Abstufung fähig.[3])

Verschulden und die Gefährlichkeit des Täters" Gewicht (das entspricht grundsätzlich wohl dem hier vertretenen Standpunkt, nach dem der Grad der Schuld sowohl wie des Unrechts zu berücksichtigen ist) und nennt außerdem als Beispiele „die Beschaffenheit der Tat sowie die persönlichen und wirtschaftlichen Verhältnisse des Täters".

[1]) Grundsätzlich hält auch nicht stand die gesetzliche Bestimmung, daß „in besonders leichten Fällen das Gericht von Strafe überhaupt absehen darf" (VE. § 83, ebenso GE. und KE.). In den Abschnitt über Strafzumessung, in dem die Bestimmung steht, gehört sie nicht; sie würde, von hier aus betrachtet, einen offenbaren Bruch mit der Gerechtigkeit enthalten. Sachlich ist sie gerechtfertigt. Sie gehört zum Teil in den Abschnitt über die Strafvoraussetzungen: in „besonders leichten Fällen" fehlt es nämlich entweder an der richtig verstandenen Rechtswidrigkeit (Sozialschädlichkeit) oder an der Schuld (der psychischen Projektion der Rechtswidrigkeit); diese Deutung entspricht dem Abs. 2 des Gesetzes („wenn die rechtswidrigen Folgen der Tat unbedeutend sind oder wenn der verbrecherische Wille des Täters nur gering und nach den Umständen entschuldbar erscheint"). Zum anderen Teil gehört sie aber in das Prozeßrecht, indem sie in „besonders leichten Fällen" das Opportunitätsprinzip anerkennt; zu eng ist dann die Erwähnung des Gerichts, schon der Staatsanwalt hat nicht zu verfolgen; es fehlt an dem Verfolgungs- (Klage-) Recht, s. oben § 14 II 3 Note vor a.

[2]) Zu welchem Prinzip für die Strafzumessung man vom präventionistischen Standpunkt (bei strenger Durchführung der Unterscheidung von Gelegenheits- und Gewohnheitsverbrechern) gelangt, das zeigt in erschreckender Deutlichkeit dieser Satz: „Die Quantität oder Höhe der Strafe, m. a. W. das Strafmaß, bestimmt sich nach der Höhe der Gefahr, welche von einem Rückfall in das bestrafte Verbrechen zu besorgen ist" (v. Sichart MonSchr. 4, 233). Damit wird wenigstens ein oberstes Prinzip dargeboten! Und Mayer (495[37] gegenüber Binding) braucht nicht zu tadeln, daß ihm „fünf Maßstäbe" geboten werden.

[3]) Viel Material zu dem Thema überhaupt bieten die Verhandl. d. 28. u. 29. Deutschen Juristentages.

Die Strafzumessungslehre ist der Schluß- und Höhepunkt der Grundlagen des Strafrechts (vgl. o. § 5 III 3 b). Hier klingen die drei Zentralbegriffe zusammen: Unrecht, Schuld, Strafe; hier verbinden sie sich zu einer Einheit; hier bewähren sich jene hohen Abstrakta im konkreten Einzelfall; hier realisiert sich die Gerechtigkeit im Leben — wie auch der Angeklagte mit Spannung auf diesen wichtigsten Teil des Urteils wartet, und es ist unerhört, daß die Gerichte mitunter diese ihre höchste Aufgabe leicht nehmen.[1])

Die Lösung des Problems ergibt sich in logischer Harmonie aus unseren Grundlagen. Die Strafe hat schweres Unrecht zu vergelten und Schuld zu sühnen. Die Strafe ist im Einzelfall gerecht nach dem Maß jenes Unrechts und besonders jener Schuld. Und welche Schuldstufen bestimmen die Höhe der Strafe im Einzelfall? Sie folgen aus dem Wesen der Schuld und dieses wiederum aus dem Wesen des Unrechts. Sehen wir doch immer und immer wieder, daß auch die Schuld unter dem Gesichtspunkte der Rechtswidrigkeit steht. Recht und Unrecht sind die übergeordneten Begriffe, unter denen sich eine jede strafrechtliche Erscheinung zu beugen hat, selbst der Grundbegriff der Schuld. Denn die Schuld ist — das war unser Ausgangspunkt bei der Bestimmung ihres Wesens (§ 20 II) — die in das Bewußtsein des Täters projizierte Rechtswidrigkeit. Daher ist das Maß der Rechtswidrigkeit zugleich ein Maß der Schuld, ein Maß, nämlich das durch den Wertmaßstab bestimmte, aber nicht das einzige.

---

[1]) Der bekannte Vergleich der Strafzumessung bei der Beratung des Kollegialgerichts mit einem Würfelspiel oder mit „Knobeln" schießt sicher über das Ziel hinaus und ist eine ungerechtfertigte Beleidigung unseres Richterstandes. Aber der darin gelegene Vorwurf ist mitunter nicht ganz unbegründet. Von einem Erwägen der verschiedenen Möglichkeiten und ihrer Begründung und dem Abwägen der Gründe gegeneinander ist oft nicht entfernt die Rede. Die amtliche Begründung, mündliche wie schriftliche, kommt oft über Redensarten nicht hinaus (vgl. auch Mayer 494[35]): das Revisionsgericht kann ja nicht heran, und dieser Teil des Urteils steht — am Schluß, der Richter sieht nach der Uhr. Den Hauptvorwurf trifft freilich die Wissenschaft, die zuwenig vorgearbeitet hat. Und doch, wir wiederholen es, praktisch ist die Ermittlung der Strafgröße das Wichtigste: ob Betrug oder Unterschlagung, ist längst nicht so bedeutungsvoll, wie ob ein oder zwei Monate Gefängnis oder gar ob Geldstrafe.

Hinzu tritt das Maß, das von dem spezifischen Objekt der Schuld dargeboten wird: dem freien Wollen. Somit erkennen wir die beiden Reihen der Schuldhöhen: die eine bestimmt sich durch den Grad der Sozialschädlichkeit (den Maßstab), die andere durch den Grad der Freiheit (das Objekt). Damit sind die Hauptlinien gezeichnet; was sonst noch für die Strafzumessung wesentlich ist, rangiert erst an späterer Stelle.

Nunmehr ist es nicht schwer die Grundzüge einer Strafzumessungslehre zu entwerfen.

A. Strafrechtliche Gesichtspunkte.

1. Grad der Rechtswidrigkeit.[1]) Als rechtswidrig erkannten wir ein Verhalten, das seiner allgemeinen Tendenz nach der staatlichen Gemeinschaft mehr schadet als nützt. Somit ergeben sich zweierlei Stufen: positiv die soziale Schädlichkeit, negativ eventuell eine soziale Nützlichkeit.

a) Grad des Schadens: α) des wirklichen Schadens, d. i. des tatsächlichen Erfolges;[2]) er verdient erst an später Stelle Berücksichtigung, da er oft von dem Zufall und nicht von dem Verhalten des Täters, geschweige denn von seinem Wollen und Wissen abhängt. β) Grad des voraussichtlichen Schadens, d. i. der Gefahr; genauer: Grad der Schädlichkeit der allgemeinen Tendenz (des realen Zweckes und zugleich der Mittel); dieser auf dem Gedanken der adäquaten Kausalität beruhende Gesichtspunkt steht in rein soziologischer Hinsicht voran.

b) Grad eines etwaigen Nutzens: α) des wirklichen, β) des voraussichtlichen (entsprechend oben a).

Schaden und Nutzen bedeuten allemal Schaden und Nutzen für die Gesamtheit, aber auch für einzelne Personen, unter diesen wiederum vorwiegend für den Verletzten, aber auch für andere, etwa die eigenen Angehörigen des Täters.

---

[1]) Diesen Grund schicken wir aus logischem Anlasse voraus (weil sich Teile der Schuld — die Kenntnis des Täters, unten zu 3 — auf den Grund zu 1 beziehen). Hinsichtlich der Bedeutung rangiert die Schuld an weitaus erster Stelle.

[2]) Dahin gehört nicht nur die Verletzung des angegriffenen Rechtsgutes, sondern auch die Störung des sozialen Gleichgewichts, des Rechtsfriedens, die Beunruhigung des Publikums (so Köhler 691).

2. Grad der Schuld. Er entscheidet in rein strafrechtlicher Hinsicht an allererster Stelle.[1]) Schuld wurde oben (§ 20 II) bestimmt als das Unwerturteil, daß ein Individuum sich zu einem rechtswidrigen Verhalten frei entschloß, obwohl es die Rechtswidrigkeit kannte oder kennen sollte. Das Unwerturteil ist das von der Rechtsordnung wiederum nach dem Gesichtspunkt der sozialen Schädlichkeit und einer etwaigen Nützlichkeit gefällte; in ihm lassen sich die verschiedensten Grade erkennen je nach dem Grade des sozialen Wertes des Objekts. Die Schuldgrade werden daher bestimmt (a) durch die Grade der Schädlichkeit und etwaiger Nützlichkeit des freien Wollens, dann aber auch (b) durch den Grad der Freiheit des Wollens, endlich (c) ist neben dem zuletzt genannten, für die Schuldhöhe in erster Linie in Betracht kommenden emotionalen Element das intellektuelle, der Grad der Einsicht zu berücksichtigen.

In den beiden ersten Beziehungen (a, b) bieten die gesetzlichen Schuldtypen (oben IV) eine gute Anleitung. Alles was zwischen den schuldbegründenden und schuldausschließenden (wie schuldaufhebenden) Umständen liegt, ist zu berücksichtigen, also besonders die Typen der schuldschärfenden und schuldmildernden (wie schuldermäßigenden) Umstände, diese sind weiter auszubauen[2]) und prinzipieller zu erfassen, als es der Gesetzgeber für seine Typenbildung getan hat. In der Strafzumessungslehre sind sie (entsprechend dem üblichen Sprachgebrauch) schulderhöhende und schuldmin-

---

[1]) Daher trifft der Einwand der Moderne ganz und gar nicht zu, die Vergeltungstheorie berücksichtige den Erfolg statt die Gesinnung. So bezeichnete v. Liszt Aufsätze II 88 es als den tiefsten Gegensatz zwischen der alten und der neuen Auffassung, daß „jene den äußeren Erfolg der Tat, diese die innere Gesinnung des Täters als das in erster Linie ausschlaggebende Moment betrachtet". Wir selbst stimmen durchaus mit v. Liszt Aufsätze II 377 und Reform I 374 überein. — Durchaus zu verwerfen ist aber die Ansicht einiger modernen Entwürfe, die als strafmildernd die „nahe Verjährung" berücksichtigen wollen (Sch. VE. 1908 Art. 50, Österr. VE. § 44, auch VE. Begr. I 400). Der bloße Zeitablauf hat mit dem Unrecht und der Schuld gar keine Verbindung; er hat höchstens prozessuale Bedeutung, aber auch insofern (etwa unter B 1) ist er nicht zu berücksichtigen.

[2]) Eine Klassifikation des Für und Wider gibt Finger 29. DJTag II 94. Daß ein und dasselbe Moment je nach Lage des Falles das eine Mal mildernd, das andere Mal schärfend wirken kann, wie Finger Lehrb. 513 behauptet, trifft doch nur selten zu, z. B. bei der Verwandtschaft.

dernde Umstände zu nennen. Diese in den Entscheidungsgründen unserer Strafurteile (der Sache nach, wenn auch nicht in der Terminologie) eingebürgerte Unterscheidung ist auch in dem folgenden System zu verwerten. Zu beachten ist, daß beim Vorliegen mehrerer Erhöhungsgründe die Strafe mehrfach zu erhöhen, beim Vorliegen mehrerer Minderungsgründe die Strafe mehrfach zu mindern[1]) ist; denn die konkrete Strafgröße ist unter Abwägung sämtlicher Gründe gegeneinander zu ermitteln — natürlich unter normativer Abwägung, nicht unter Addition und Subtraktion von Rechengrößen.

a) Grad des Unwertes des freien Wollens.[2]) In erster Linie empfiehlt sich (unter Verwertung des für die Schuldaufhebungsgründe maßgeblichen Gesichtspunktes) zu scheiden in: Straftat selbst, vorhergehende und nachfolgende Handlungen. Dabei ist zu beachten, daß die beiden letztgenannten nur insoweit als Strafzumessungsgründe in Betracht kommen, als sie für die Bewertung des vorliegenden Schuldobjekts, der gegenwärtigen Straftat selbst, von Wichtigkeit sind; als Ausflüsse einer dauernden tadelns- oder lobenswerten Charakteranlage sind sie ganz und gar beiseite zu lassen. Das sog. Vorleben und dessen in den Urteilsgründen als straferhöhend gern angeführter Ausdruck „Vorstrafen" sind aber in dieser Allgemeinheit gänzlich wertlos für eine exakte und gerechte Strafzumessung; es sind nur diejenigen einzelnen Handlungen zu berücksichtigen, deren Wert und Unwert mit der zur Beurteilung stehenden Straftat in innerem Zusammenhang stehen. Deswegen ist auch die Feststellung, daß jemand ein Gewohnheitsverbrecher ist, oft in der gerade zur Aburteilung stehenden Strafsache unerheblich (wenn auch für die Zwecke der Sicherung wichtig); ein Gewohnheitsverbrecher mag auch einmal aus einem edlen Motiv eine Tat begehen.[3]) Umgekehrt kann ein späteres Geständnis des Angeklagten mitunter strafmildernd wirken, mitunter aber auch für die Strafbemessung gänzlich unerheblich sein.[4])

---

[1]) Anders nach Österr. VE. 1909 § 58 I.

[2]) Auch diesen Grund schicken wir nur aus logischem Anlasse dem zu b voran (weil der Wert erst das Objekt konstituiert). Hinsichtlich der Bedeutung ist das freie Wollen aber das Wichtigste (vgl. die Stellung in § 19). Die Rangordnung ist also diese: A 2 b, a, c, A 1, 3, B 1, 2 (!), 3, 4.

[3]) Vgl. unten die Note zu β aa.

[4]) Entsprechendes gilt für das Leugnen, vgl. hierzu Rosenfeld VerglDarst. A 3, 156 sowie Mayer 493 unten mit Nachw.

α) Das eigentliche Beurteilungsobjekt (die gegenwärtig zur Aburteilung stehende Tat). Schuld erschien uns oben (§ 20 III 3) psychologisch als Mangel an Interesse für fremde Interessen. Ihr Grad bestimmt sich daher nach dem Grad des Mangels, nach der Höhe des eigenen und dem Werte der fremden Interessen vom Standpunkt des Täters.

aa) Schulderhöhende Gründe: 1. psychische Umstände:[1]) unlautere Zwecke, Mittel und Beweggründe, z. B. Vorteil, Gewinnsucht, Eigennutz, Rachsucht, Bosheit, Schamlosigkeit, Roheit, Schadenfreude, Niedertracht, Ehrlosigkeit, Verruchtheit, Leichtsinn, Leichtfertigkeit, Gleichgültigkeit; 2. persönliche Umstände: intimes Verhältnis zum Verletzten, Verwandtschaft, Autoritätsverhältnis, Vertrauensstellung, Treuverhältnis.

bb) Schuldmindernde Gründe: 1. psychische Umstände: lautere Zwecke, Mittel, und Beweggründe: Gefälligkeit, Hilfsbereitschaft, Liebesdienste, Gutmütigkeit, politische oder religiöse Überzeugung, sog. fixe Ideen und Verranntheiten; 2. persönliche Umstände: Jugend, Verwandtschaft, Abhängigkeit.

β) Frühere Verhaltungsweisen:

aa) Schulderhöhende Gründe: Rückfall, Gewerbs-, Gewohnheitsmäßigkeit.[2])

bb) Schuldmindernde Gründe: Unbescholtenheit, gute Führung.

γ) Spätere[3]) Verhaltungsweisen:

---

[1]) Die Gegenüberstellung hier und im folgenden von psychischen und persönlichen Umständen entspricht der oben grundsätzlich bestimmten Unterscheidung (III 7).

[2]) Damit erledigt sich der bekannte Einwand der Deterministen, das indeterministische Hauptargument, nur der handle schuldhaft, der auch anders hätte handeln können, versage schon deswegen, weil danach der Gewohnheitsverbrecher gar nicht (oder jedenfalls nicht schwerer) bestraft werden könnte. Auch nach unserer Ansicht muß er oft schwerer bestraft werden, weil (und soweit) seine früheren Straftaten ein Indiz seiner schwereren jetzigen Schuld sind. — Freilich sind wir himmelweit entfernt von der Ansicht, aus Anlaß eines Mundraubs oder gar einer Beleidigung einen Gewohnheitsdieb als solchen (nämlich wegen bisher ungeahndeter früherer Diebstähle oder wegen seiner Neigung zu Diebstählen) und doch formell wegen jener geringfügigen Straftat mit einer exemplarischen schweren Strafe zu belegen.

[3]) Für ihre Berücksichtigung bei der Strafzumessung VE. Begr. I 317, vgl. auch Freudenthal VerglDarst. A 3, 278.

aa) Schulderhöhende Gründe: Verstocktheit, Leugnen, Gleichgültigkeit, Rache gegen den Anzeigenden.

bb) Schuldmindernde Gründe: Abbitte, Widerruf, Reue, Rücktritt, Wiedergutmachung, Geständnis.

b) Grad der Freiheit.[1]) Entscheidend ist der Grad, in welchem sich der Täter frei aus sich heraus entschlossen und Gegenmotive leichter oder schwerer überwunden hat; von der anderen Seite aus betrachtet: der Grad, in welchem äußere oder innere, von seinem Willen mehr oder weniger unabhängige Faktoren auf ihn bestimmend eingewirkt haben.[2])

α) Schulderhöhende Gründe: kein oder nur geringer Einfluß fremder oder eigener Faktoren, Energie des verbrecherischen Wollens auch bei Einwirkung anderer Faktoren, ja trotz starker Einwirkung, Stärke des unmoralischen und antisozialen Wollens, Grad der Kaltblütigkeit und Abgefeimtheit, Grad des Fehlens von Motiven und Zwecken, Grad der sog. Grundlosigkeit der bösen Tat und ihrer Rücksichtslosigkeit, mühsames Suchen nach Gelegenheit.

β) Schuldmindernde Gründe. Umkehrung von oben α, insbesondere: aa) Innere Faktoren: 1. konkret: Trübung des Bewußtseins (durch Alkoholgenuß, durch Erregung, Angst, Nervosität usw.), Bestürzung, Furcht, Schrecken, Zwang und Drohung, Pflichtenkollision; 2. generell: geringe Widerstandskraft, Krankheit, Geistes- und Nervenschwäche, erbliche Belastung. bb) Äußere Faktoren: 1. konkret: Gefahr, Not, Verführung, Anreizung, Verleitung durch andere, günstige Gelegenheit; 2. generell: naturwissenschaftliche (biologische, anthropologische, klimatische usw.), politische, soziale und insbesondere wirtschaftliche Verhältnisse: Armut und Not, eigene und fremde.

Die Verwandtschaft aller dieser Schuldhöhen mit den gesetzlichen Schuldtypen (oben IV) ist unverkennbar. Deshalb sollte man auch den Charakter der letzteren nicht bestreiten. Beeinflussen erstere (Not, Verwandtschaft) die Schuldhöhe, was allgemein zu-

---

[1]) Die folgenden Ausführungen widersprechen natürlich nicht unserer indeterministischen Grundüberzeugung: wir erkennen ja die Abhängigkeit des Willensentschlusses des Täters von eigenem wie fremdem Zwange an, behaupten nur, daß im letzten entscheidenden Augenblicke Wahlfreiheit besteht.

[2]) Beachtlich v. Calker 26. DJTag II 245 (wo vier Stufen unterschieden werden).

gegeben wird, so ist die Zuweisung der gesetzlichen Typen des Notstands und der Verwandtenqualität in eine und dieselbe Kategorie der Schuldtypen offenbar das Richtige.

c) Grad der Einsicht (Kenntnis und Kennensollen) des Täters

α) in das Unrecht und seinen Grad (oben 1),

β) in die emotionale Seite der Schuld und ihren Grad (oben 2 a, b).

Auch dieser intellektuelle, aus den Schuldelementen Vorsatz und Fahrlässigkeit entlehnter Faktor läßt Schulderhöhungs- und Schuldminderungsgründe erkennen; sie richten sich nach Grad und Intensität z. B. folgender Umstände: Bildung, Gewandtheit, Erfahrung, Lebensalter, Gesundheit, Beruf, soziale Stellung und Milieu.

3. Äußere Verhältnisse, die Anschauungen und die Lebensstellung des Angeklagten. Soll dieser die Strafe als gerecht empfinden, so muß die gleiche Straftat eine andere Sühne finden gegenüber einem alten Zuchthäusler wie einem erstmaligen Delinquenten, eine andere Sühne gegenüber einem Pferdeknecht wie gegenüber einem Menschen von hoher Bildung, einem Manne wie einer Frau, einem Erwachsenen wie einem Kinde. Der Richter vermeide aber schon den Schein, als wenn er Personen in verschiedener Stellung mit verschiedenem Maße mißt. Mit aller Vorsicht wird die Strafe mit Rücksicht auf andere voraussichtliche Nachteile (Verlust des Berufes) zu bestimmen sein: die Strafe soll nicht für das ganze Leben unglücklich machen, sie soll nur ein gerechtes Leid sein.

4. Keine besonderen Strafzumessungsgründe sind das vielfach dorthin gerechnete Reaktionsbedürfnis des Publikums (das ist ein schlechter Ausdruck für das Vergeltungsprinzip überhaupt), die gegenwärtigen Zeitanschauungen oder die Übung dieses Gerichts, dieses Senats, dieser Kammer oder der Vergleich mit anderen ähnlichen bereits abgeurteilten Straftaten (das alles sind nur Umschreibungen für den Maßstab und seine Anwendung). Rücksicht auf eine gewisse Stetigkeit der Rechtsprechung, auf die Rechtssicherheit und die Erhaltung des Vertrauens des Publikums in die Unparteilichkeit der Gerichte dürfte nur in sehr bescheidenem Umfange zu nehmen sein; das Krankhafte darf sich nicht fortpflanzen.

5. Die vorstehenden Grundsätze zu 2, aber auch zu 1[1]) gelten ebenfalls für die Individualethik. Gibt es dort auch keine äußere

[1]) Beachte aber die sich aus dem grundsätzlichen Gegensatz von Moral und Recht ergebenden Abweichungen (§ 20 II 9).

Instanz, die eine (naturgemäß nur äußere) Strafe verhängt, so sollte das Gewissen strafen. Auch hier bemißt sich die Schuldhöhe wesentlich nach denselben Grundsätzen wie im staatlichen Strafrecht. Wir glauben also der Individualethik nicht nur ihren abstrakten sondern auch ihren konkreten Schuldbegriff aufgezeigt zu haben; beide sind im wesentlichen identisch mit den strafrechtlichen — ein Zeichen für die innere Verwandtschaft beider Disziplinen.

B. Außerstrafrechtliche Gesichtspunkte. Diese spielen für die Strafbemessung natürlich nur eine ganz untergeordnete Rolle. Der Strafrichter kann einerseits nicht immer die Gerechtigkeit verwirklichen, er ist abhängig von äußeren Verhältnissen, er muß sich nach ihnen richten, sich ihnen anpassen, um seine eigentliche Aufgabe, Vergeltung und Sühne, so gut es geht, wenn auch nur unvollkommen zu erfüllen. Andrerseits kann er neben der Gerechtigkeit noch andere, außerhalb des Strafzweckes liegende nützliche Zwecke verfolgen (oben §§ 4, 10); er hat das Gute mitzunehmen, wo sich ihm Gelegenheit bietet, natürlich nur soweit die Gerechtigkeit Spielraum läßt.

1. Technisch-prozessuale Gründe. Der Richter muß gewisse Mängel des materiellen und Prozeßrechts sowie äußere Hindernisse in den Kauf nehmen, einmal um ein möglichst gerechtes Urteil zu erlassen und sodann um eine dieses realisierende Strafvollstreckung zu ermöglichen. So hat er — jedoch mit der größten Vorsicht! — schon beim Urteilserlaß darauf Bedacht zu nehmen, daß zur Zeit des voraussichtlichen Vollzugs die Strafhöhe wie die Strafart als eine gerechte vom Täter wie von anderen empfunden wird. Der plötzlich reich gewordene Kaufmann darf nicht zu einer geringfügigen Geldstrafe, die vielleicht zur Zeit der Tat gerecht erschienen wäre, verurteilt werden; umgekehrt ist der Arme milder, als es dem Maße seiner Schuld entspricht, zu bestrafen, wenn er sonst zusammenbrechen, also die Strafe doch nicht voll verbüßen würde. Man soll das Verbrechen hassen, aber den Verbrecher lieben: bestraft wird die Tat, nicht der Täter; er darf nicht zusammenbrechen. Ein Greis wie ein halbes Kind dürfen nicht zu jahrelangen Freiheitsstrafen verurteilt werden usw.

2. Polizeiliche Zwecke: General- und Spezialprävention, Besserung, Abschreckung, Unschädlichmachung. Erst jetzt!

3. Privatrechtliche Zwecke: Genugtuung für den Verletzten.

4. Der Staat hat sich nach seiner eigenen Decke zu strecken. In gewissen kleinen demokratischen Gemeinwesen — es wird über einige Schweizer Kantone berichtet — gebricht es dem Staat an Mitteln für die Unterhaltung der notwendigen Strafanstalten. Und die Todesstrafe? Ein Romanschriftsteller sagt trocken, und er hat nicht unrecht: Es ist noch immer die schlechteste Ver-

wendung, die man von einem Menschen machen kann, daß man ihn hinrichtet. Der Staat sollte vor allem arbeiten lassen.

Ja! Arbeiten für sich und für andere, das ist das beste.

* * *

Die Strafzumessungslehre bildet den Höhepunkt der Grundlagen des Strafrechts. Hier klingen die drei Zentralbegriffe Unrecht Schuld Strafe zu einer letzten und obersten Einheit harmonisch zusammen, um mit Macht in breit und voll austönendem Schlußakkorde zu verkünden die Realisierung der Idee des Rechts im Leben, den Sieg der Gerechtigkeit auf Erden — in langaushaltendem Schlußakkorde, so aushaltend und gewaltig, als würde sein Glanz niemals erlöschen, als wäre er ein Teil der Ewigkeit ...

Dritter Teil.

Jenseits des Systems.

§ 23. Der Segen der Wissenschaft.

Eine arme Mutter, die im Weltkrieg ihre drei Söhne, ihr ein und alles, verloren hat, verlor damit auch ihren Glauben an die göttliche Vorsehung und sagte: jetzt glaube sie an keinen Gott mehr, denn wenn es einen Gott gäbe, so hätte das nicht eintreten können. Wie ist die Ärmste zu trösten? und wie auf den rechten Weg zu weisen? Man wird ihr in ihrer Sprache verständlich zu machen haben, was das System der Wissenschaften (§ 3) gelehrt hat. In strafrechtlicher Terminologie heißt das: die Gottheit ist in der Tat nicht die Ursache des natürlichen Geschehens sondern das Endziel menschlichen Wollens, sie wird nicht in der Vergangenheit erkannt sondern offenbart sich in hohem sittlichem Handeln eines Menschen, jenem schärfsten Kontrast von Unrecht und Schuld. Wer seinem Gott sich nähern will, der denke nicht die natürliche sondern erlebe die adäquate Kausalität, der befreie sich von den Fesseln des Determinismus und steige auf zu den lichten Höhen der Willensfreiheit; der wende in die Zukunft den Blick, erlebe sich selbst und die Ewigkeit; dann ist alles Leid vergessen, das die Natur und das Schicksal ihm auferlegt. Denn was bedeutet eine winzige Einzelheit, selbst traurigste Einzelheit, in dem unendlichen All der Ewigkeit?

Glücklich der Mensch, der durch wissenschaftliches Denken innerlich gefestigt ist. Er geht aufrechten Hauptes seine Bahn durch die Stürme dieses Lebens. Wer aber den tiefen Segen der systematischen Wissenschaft nicht an sich selbst erfahren hat, der suche die Mittel, mit deren Hilfe er dasselbe Ziel erreichen kann, sei es auch nur indirekt: er mag sich an anderen erheben, an hochherzigem sittlichen Handeln, etwa an dem Lebenswandel Jesu Christi, oder er versenke sich in religiös stimmende Werke der Hochkunst oder

Wunder der Natur; denn die Ideen der Willensreinheit und der Schönheit leiten da ebenfalls zur Gottheit.

Glücklich der Mensch, der durch wissenschaftliches Denken innerlich gefestigt ist. Denn die Wissenschaft ist die Verbindung von Leben und Ewigkeit. Dieser Gedanke, ein Leitmotiv des ersten Teiles dieses Werkes, gewinnt eine exaktere Gestaltung durch den zweiten Teil: der Wertbegriff lieferte das Mittel zum Aufbau des Systems des Strafrechts und wird zum Heiland, zum Mittler zwischen Ideal und Wirklichkeit, zwischen Gott und Menschentum, zwischen Ewigkeit und Leben.

Leben und Ewigkeit! Das sind die beiden Antipoden, zwischen denen sich Wissenschaft und Kunst ausbreiten. Leben und Ewigkeit! Beide unerkennbar. Denn was die Wissenschaft erkennt und die Kunst gestaltet, ist weder Leben noch Ewigkeit, sondern die Mitte zwischen beiden; was die Wissenschaft erkennt, ist weder die bunte Fülle des dahin rauschenden Lebens noch das Reich der obersten Werte, sondern das Gebiet, wo sich beide berühren, denn das ist das Gebiet, wo der menschliche Geist fähig ist, Objekte zu werten. Mit diesen Objekten und diesen Wertungen hat sich auch der Hauptteil dieses Werkes befaßt. Und seine exakten Erkenntnisse müssen daher — das ist die zwingende, jetzt noch näher auszuführende Folge — zugleich befähigen zu einer intuitiven, anschaulichen Erkenntnis der beiden großen, streng wissenschaftlich unerkennbaren Antipoden: Leben und Ewigkeit.

Leben und Ewigkeit! Wissenschaftlich unerkennbar. Aber die Wissenschaft erkennt die Grenzen des für sie Möglichen. Und diese Erkenntnis ist ihr Segen. Wer die Grenze erkennt, hat sie im Grunde schon überschritten: Leben und Ewigkeit sind bereits erreicht.

§ 24. Das Leben.

Welchen Zauber strömt doch das Wort Leben aus! In seiner Konkretheit uns so nah, unser Eigenstes, das wir besitzen und dessen Aufhören das Aufhören unseres Seins bedeutet. Und doch so fern, so unendlich fern, jenseits von uns selbst gelegen, sofern es exakt begrifflich erkannt werden soll. Zwei im System des Strafrechts gewonnene Erkenntnisse ermöglichen aber das intuitive, anschauliche Erfassen, auch des Lebens: die adäquate Kausalität und die Willensfreiheit, also kurz das Objekt, der Gegenstand des Strafrechts, das Wirken, das psychische und das physische (vgl. insbes. § 19 IV 2, 3, V).

Leben ist Gegenwart und zugleich Zukunft; Gegenwart allein wäre, ehe sie erfaßt wird, schon wieder Vergangenheit, denn das Leben rauscht unaufhaltsam, uneinfangbar dahin, und Ruhen ist Stillstand, das Gegenteil vom Leben. Leben kann nur als der Anfang einer nunmehr folgenden Kette weiterer Akte erfaßt werden, und zwar freier Akte, freier Akte des Willens, des Wollens und Handelns. Leben ist Freiheit, und Freiheit ist Leben (§ 19 IV 3). Ich lebe nur, wenn ich mich aus der Gegenwart hinwegsetze in die Zukunft. Leben ist daher erkenntnisfeindlich, und Erkenntnis ist lebensfeindlich. Denn die Erkenntnis macht Einschnitte zur Festlegung von Werten, gebietet dem Strome halt, und damit ist es kein — Strom mehr, es ist nicht mehr das Leben; und auch deswegen ist es nicht mehr das Leben, weil sich günstigstenfalls nur Werte festhalten lassen, das Nebensächliche und Unwesentliche fließt durch das Sieb der Wissenschaft hindurch, es kann unmöglich die Gesamtfülle des Lebens, unübersehbar und mannigfaltig wie sie ist, eingefangen werden. Und dabei mögen mit den Wogen auch viele Werte entschlüpfen — Werte, die der Wissenschaft unerkennbar sind. Daher haben ja die wissenschaftlichen Werte gegenüber den Objekten konstituierende Bedeutung: nur diejenigen „Teile des Lebens" (wenn man so — im Widerspruch mit dem Leben — einmal sagen darf) kommen für die Wissenschaft in Betracht, die sich auf die wissenschaftlich erfaßbaren Werte beziehen lassen; in das Gebiet der Wissenschaft schlägt sozusagen nur der wertbezogene Teil des Lebens. Der intuitive Beschauer streift aber die Binde ab, die vor sein Auge von den Denkformen der Wissenschaft gelegt ist; und wenn er sich nunmehr dem blühenden Leben in seiner reichen Fülle und Vielgestaltigkeit ganz hingeben will, so kann er es nur — erleben, mitleben; er kann sich nur in den Strom hineinstürzen und befreit von allen Fesseln rastlos entgegenschwimmen der Zukunft. Dann erst gewahrt er die kategoriale Enge der Wissenschaft; er ahnt, daß das Wesen der Dinge in dem freien, von den Einschnürungen der kausalen Gesetzmäßigkeit befreiten Wollen besteht (§ 19 V) — eine Bestimmung, die wegen ihrer Negative (Freiheit = Fehlen der kausalen Gesetzmäßigkeit) unvollkommen ist und die unvollkommen sein muß. In Begriffen, ebenso in Worten läßt sich der unermeßliche

Reichtum des Lebens nie und nimmer wiedergeben, er ist unaussprechlich.

Und trotzdem. Die Wissenschaft bietet Stützen, und sie bietet pie gerade dort, wo es wichtig wird, wo es „darauf ankommt" -- eine populäre Wendung für den Wertbegriff. Diese läßt sich aber gemäß dem System der Wissenschaften in zweifacher Weise einsetzen, und somit läßt sich das Leben wenigstens nach zwei Richtungen hin erfassen: einmal als wertbezogenes, sodann als gewertetes.

Die im Leben so oft aufgeworfene bange Frage, was die Zukunft bringen wird, eine Frage, wie sie besonders bang beim Läuten der Sylvesterglocken oder an der Wiege eines Kindes oder bei der Übernahme einer gefahrvollen Aufgabe oder beim Anbruch schwerer Krankheit und Not ertönt, sie findet ihre Beantwortung nach den Grundgesetzen der adäquaten Kausalität: diese bestimmen den Umfang, in dem von den Besonderheiten zu abstrahieren ist, und sodann ist das objektive Wahrscheinlichkeitsurteil anzulegen (§ 16 IV 2). Mehr zu wissen ist für Menschen nicht möglich. Damit sollten sie sich zufrieden geben und auch beruhigen. So verkehrt es wäre, die historische Zukunft sei es auch nur durch Analogieschlüsse prophezeien, etwa den Untergang der abendländischen Kultur bestimmen zu wollen, was eine Steigerung des bloßen Wahrscheinlichkeitsurteils und eine Verkennung der Wichtigkeit sog. zufälliger, unvorhersehbarer Ereignisse bedeuten würde, so überflüssig und ungerechtfertigt wäre es, sich oder anderen nach dem Eintritt der „Zufälle" Vorhaltungen zu machen, man hätte anders handeln sollen; nein, gar nichts gibt es zu bereuen, gar nichts gibt es vorzuwerfen, im Gegenteil bei nochmaligem Eintritt der gleichen Sachlage und der gleichen Voraussehbarkeit müßte man genau ebenso handeln. Mit Zufällen braucht man nicht zu rechnen, ja man darf es nicht einmal, selbst dann nicht, wenn man sie sich als zukünftig möglich (eben nur als möglich) vorstellt; jeder Verständige rechnet nur mit Wahrscheinlichkeiten. Das leidige Hineintragen (naturalistisch) kausaler und deterministischer Gedankengänge hat nicht nur im Strafrecht sondern auch im Leben Verwirrung hervorgerufen, Verwirrung und unsägliche, völlig grundlose Trauer. Wohl nirgends zeigt sich das in diesem Werk so oft und an den verschiedensten Stellen gerügte Übel, die Verwischung der hochwissenschaftlich systematischen Grenze zwischen Natur- und Wertbezogenheitswissenschaften, so offensichtlich wie hier, wo es jeder Mensch am eignen Leibe erfahren kann. Ach, Freunde, seht ihr denn nicht, daß ihr leben und werten sollt, den Blick in die Zukunft gerichtet? Was kehrt euch Vergangenes, das von euerem Willen unabhängig war und das ihr nicht mehr ändern könnt? Eine tiefe wissenschaftliche Erkenntnis sowohl wie praktische Lebensweisheit liegt den launigen Versen einer Operette zugrunde: Glücklich ist, wer vergißt, was doch nicht zu ändern ist.

Leben soll der Mensch und ferner werten. Neben die Wertbezogenheit tritt die Wertung, und diese ist zu vollziehen nach den Zwecken und deren Einstellung in das Ganze unter Harmonie mit den anderen Zwecken. Hierüber ist im System am ausführlichsten gehandelt (vgl. insbes. § 12); denn das ist die eigentliche ethische und juristische Tätigkeit. Ein jeder Lebensvorgang, d. h. jeder dem Leben angehörige wissenschaftlich erfaßbare, also wertbezogene Akt läßt sich nach jenem obersten Gesetz werten und ist in letzter Linie nur nach ihm zu werten. Diese Wertung soll kurz an dem wohl gewaltigsten Lebensvorgang, der uns bekannt ist, erläutert werden: am Kriege. Wohl mögen die Völker grundlos, unermeßliche Kulturwerte zerstörend, gegeneinander wüten und rasen wie Wahnsinnige, von anderen verblendet oder sich selbst verblendend. Aber es gibt auch Kriege, die rechtmäßig — jawohl rechtmäßig in wahrem Sinne des Wortes sind; rechtmäßig entweder nur auf der einen Seite oder auf beiden. Der Krieg ist eine besondere Form des Kampfes um das Dasein. Rechtmäßig ist er dann, wenn die obersten berechtigten Lebenswerte eines Volkes von einem anderen bedroht werden, ohne daß sich die Möglichkeit eines friedlichen Ausgleiches bietet. Die Lebenswerte selbst sind freilich nur insoweit rechtmäßig, als sie mit denjenigen der anderen Völker nach der (sei es auch nur gedachten) Gemeinschaftsordnung harmonieren; wie jedes Individuum so hat sich auch jedes Volk insoweit einzuschränken, daß es mit dem anderen in einer geordneten Gemeinschaft bestehen kann. Aber einmal kann ein Volk mehr beanspruchen, als es nach diesem Prinzip zu fordern hat, und die Möglichkeit einer Schlichtung ist versagt (ein hoffentlich niemals mehr eintretender Fall); dann ist die Kriegführung des anderen Volkes rechtmäßig; oder beide Völker verlangen nur das ihnen Zustehende, aber es fehlt die Möglichkeit der Realisierung dieses Ausgleiches, etwa weil ein unbeteiligter Dritter sie aufeinanderhetzt; dann handeln die Kriegführenden rechtmäßig und der Dritte eben rechtswidrig — das ist die schwerste Form des Unrechts, die wohl denkbar ist. Es lassen sich also auch auf diesen furchtbarsten Vorgang des Lebens die allgemeinen Grundsätze über Recht und Unrecht anwenden. Wie verfehlt und einseitig sind die beiden entgegenstehenden Meinungen, der Krieg sei ein kultureller Fortschritt oder ein kultureller Rückschritt! Kulturell zu bewerten sind nicht spätere Wirkungen, die gerade auf den Krieg als Ursache (oder als eine Ursache) zurückzuführen sind, sondern die von den Handelnden verfolgten Zwecke, genauer: nicht die subjektiven sondern die realen Zwecke, die allgemeinen Tendenzen. Ein hartes Wort sprach einmal der große Generalfeldmarschall Helmut v. Moltke: der Erfolg hat eine richtende Stimme; seine Siege und der Glaube an sein Recht mögen es ihm eingegeben haben. Aber es ist grundfalsch. Der Erfolg richtet niemals, im Privat- sowenig wie im Völkerleben, über die Rechtmäßigkeit oder den Wert einer Handlung. Wie sollte der bloße Erfolg sich dieses richtende Amt anmaßen dürfen, wo er doch in unzähligen Malen durch ein unvorhersehbares Ereignis herbeigeführt wird? Der für das deutsche Volk so unglückliche Ausgang des Weltkrieges darf daher nicht einmal als ein Indiz früheren Unrechts gedeutet werden. Möge die Erkenntnis des Wesens des Unrechts in die Kreise des Volkes dringen, des tapferen Volkes, das so unsäglich gelitten und geduldet hat, damit es sich nunmehr nicht noch grundlos rechtlich-ethische Vorwürfe macht! Zum Vorwurf gehört sodann stets noch etwas weiteres: die Schuld (so wird in der Frage der sog. Kriegsschuld irreführend meist das Unrecht genannt). Schuld trifft nur den, der das Unrecht kannte oder kennen mußte.

Alle diese aus dem System des Strafrechts geläufigen Grundsätze sind auf die Lebensvorgänge, soweit sie wissenschaftlich überhaupt ergreifbar sind, anwendbar. So steigern sich die bloßen Lebensvorgänge zu Lebenswerten; das Leben selbst wird zu einem vollkommenen Leben, dessen höchster Ausdruck ein gottähnliches Leben ist, eine Wendung, in der das Objekt freilich wissenschaftlich ebenso unfaßbar ist wie der eingeführte Maßstab der Gottähnlichkeit. Die wissenschaftliche Erkenntnis bleibt auf die Lebenswerte angewiesen und beschränkt. Aber trotz dieser Beschränkung welch gewaltige Erweiterung des Blickes, wenn die Lebenswerte in ihrer Gesamtheit berücksichtigt werden! Sie sämtlich haben sich in Harmonie zueinander zu setzen, so daß ein jeder seine Aufgabe erfüllt, seine Bahnkurve durch den Weltenplan zurücklegt, ohne den anderen zu stören. Jeder ergänzt den anderen und steigert ihn zugleich und damit wieder rückwirkend sich selbst. Sie alle türmen sich auf zu einer unbeschreiblich mächtigen, reichen und vielgestaltigen Harmonie — zu einer Harmonie über alle Maßen schön und heilig. Schön, denn es findet sich in ihr das Leben, das schöne blühende Leben, und zugleich heilig, denn das Leben ist geläutert durch den Wert, den reinen heiligen Wert. Gleicht das Leben einem großen nach dem Meere unaufhaltsam rauschenden Strom, so gewinnt die Harmonie der Lebenswerte die Form einer gewaltigen Sinfonie, in der sich die Schönheit der Tonmassen zur Heiligkeit des Göttlichen emporringt; einer Sinfonie, wie sie niemals ein Tondichter nachschaffen kann.

Wie sich in einem erlesenen Orchester bei der Aufführung einer Sinfonie von Beethoven jeder Mitwirkende zum Ziele setzt, nicht seine eigene sondern die Auffassung des Meisters wiederzugeben, so ist in der Harmonie der Lebenswerte ein jeder Lebenswert bestrebt den Willen Gottes zu verwirklichen.

§ 25. Die Ewigkeit.

Doch nunmehr ist das Allerheiligste bereits geschaut, die Pforten sind geöffnet. Aber was läßt sich über die Ewigkeit aussagen! Sie ist das wahrhaft Unaussprechliche, noch unaussprechlicher als das Leben. Sie bedeutet das, was von den Lebenswerten nach Abzug des Lebens übrigbleibt, also die obersten absoluten Werte des Wahren, Guten und Schönen, deren Realität wir Erdengeschöpfe ja nur zu ahnen vermögen — wir, die wir glücklichstenfalls einen kleinen, ach so kleinen Teil zur Realisierung jener höchsten Werte beitragen können. Sie selbst leuchten uns als unerreichbares Ideal vor, sie reizen uns als eine unendliche, nie und nimmer zu lösende Aufgabe. Nur in der Richtung dort hinauf hat sich der Menschen Leben zu entfalten, und jeder Wert, den sie auf dieser Bahn schaffen, nimmt teil an der Ewigkeit. Welch eine Perspektive! Die Ewigkeit ist also nicht ein jenseits des Lebens sich ausdehnendes Reich, sie ist ein Ausschnitt des Lebens selbst — wie umgekehrt die Ewigkeit Ausschnitte aus besonders glücklichen Leben darstellt, aus Leben, die ihrer Aufgabe genügen; muß uns bei Erkenntnis dieser unserer Fähigkeit, selbst an der Ewigkeit mitzuwirken, nicht der Mut zur Vollbringung der höchsten Taten gewaltig steigen? Zum Schaffen von Wahrheits- und gar erst von Schönheitswerten sind freilich nur wenige Auserwählte berufen; aber der mittlere Wert, das Gute, taugt für jedermann; ein jeder soll und kann ein tugendhaftes Leben führen. Alles Gute, das er vollbringt, nimmt teil an der Ewigkeit; insoweit lebt das irdische Wesen das ewige Leben. — Ob die Ewigkeit freilich nicht noch mehr bedeutet als die Summe der menschlichen Wertverwirklichungen, wer will das ermessen?

Jedenfalls ist die Ewigkeit eine Entwicklung der Menschen hinauf zur Gottheit; die Ewigkeit wird (wenigstens zu einem Teile) von den Menschen aufgebaut im Sinne Gottes; ja vielleicht hat der Höchste schon den Plan vorgezeichnet und bestimmt, was ein jeder zu vollbringen hat, so daß die Ewigkeit vielleicht gerade dieser Weltenplan ist, in den die Menschenleben mit den Gipfeln ihrer Wertrealisierungen hineinragen, die zahllosen Leben mit ihrem Wirken und Wollen des Reinen und Vollkommenen.

Setzt sich aber die Ewigkeit zu einem Teile aus den ethischen Wertsetzungen der Menschen zusammen, so gewinnt der individualethische und strafrechtliche Schuldbegriff für das intuitive Begreifen der Ewigkeit eine besondere Bedeutung. Das menschliche Wollen und Streben ist der Schuld unterworfen, und doch bildet es den Untergrund für die Ewigkeit. Ist nun etwa die Schuld mit in die Ewigkeit zu übernehmen? etwa gar Schuld, die im Leben ungesühnt geblieben ist? Die Ewigkeit ist selbst nur ein Streben, selbst nur eine Entwicklung, sie ist nichts Abgeschlossenes, nichts Ruhendes, sie ist Vervollkommnung, nicht Vollkommenheit. Aber sie ist doch immer ein Aufwärtsstreben, ein Fortschreiten, ein Höhersteigen; und daher ist in ihr für Schuld, so wie sie sich im Leben findet, kein Raum. Das Böse gehört einzig und allein dem Leben an; in ihm steht es, mit ihm vergeht es. Unter dem Gesichtspunkte der Ewigkeit jedoch — und das ist das individualethisch und strafrechtlich Bedeutsame — wird die Schuld zugleich zur Sühne, für aufwärts steigende Wesen bedeutet die Schuld zugleich eine Gewissensqual, ein Leid, wie es im Leben die Strafe darstellt. Sub specie aeternitatis hat die Schuld also den Beruf der Läuterung und der Erlösung. Es ist das gar nicht anders möglich: denkt man die Ewigkeit als eine Aufwärtsentwicklung der Menschen zu Gott und denkt man gleichzeitig die Schuld als ein Abweichen vom rechten Wege, als einen deswegen von höherer Instanz dem Menschen gemachten Vorwurf, auf den eine Sühne zu folgen hat, so muß der Mensch, der in der Ewigkeit lebt, von seiner früheren Schuld befreit, die Last muß ihm abgenommen werden, und das kann er nur selbst vollbringen, ein sich vervollkommnender Mensch empfindet das Böse als eigene Qual; während ein anderer sich über das den Mitmenschen zugefügte Leid hinwegsetzt, wird dem Ewigkeitsmenschen das fremde Leid zum eigenen. Die Schuld wird zugleich zur Strafe, sie wird zur Läuterung: dort wird der Unwert zum Wert, das Böse zur Wohltat; denn es reinigt den in der Ewigkeit lebenden Menschen, ihn zum Höherstieg anspornend. Das ist der tiefe Sinn der Erlösung. Wer in der Ewigkeit lebt — und das kann jeder, der Werte schafft —, auf den fällt das Licht der Erlösung. Und ebenso erfährt auf der anderen Seite einen befriedigenden Abschluß unter dem Anblicke der Ewigkeit die unvollkommene Tatsache des Lebens, daß Schuld ungesühnt oder nicht voll gesühnt bleibt: was die richtende Instanz des Lebens versäumt, das vollzieht das göttliche Richteramt. In der Ewigkeit gibt es nur Harmonie von Werten und Aufstieg reiner Wesen zu Gott dem Herrn.

Muß nicht diese Einsicht den Menschen erneut beflügeln zum Schaffen unvergänglicher Werte bis an die Grenze seiner Kraft, ihn von neuem anhalten zum Leben eines reinen Lebens? Die Ewigkeit folgt nicht erst auf den Tod, sie trägt ein jeder in sich. Unsterblich ist, wer ewige Werte setzt. Unsterblichkeit des Lebens ist die Fortsetzung des edelsten Teils des Lebens, des Teils, der ewige Werte setzt. Man wird sich der Unsterblichkeit wohl erst recht bewußt, wenn das irdische Leben erlischt oder wenn man sich sein Erlöschen recht eindringlich vorstellt; je eindringlicher es geschieht, desto innerlich besser kann nur des Menschen Leben werden.

Und vielleicht steigert sich mit der gesteigerten Wertsetzung auch die anschauliche Erkenntnis der Ewigkeit: je höher und vollkommener die Werte sind, die der Mensch schafft, um so inniger wird sein Einswerden mit der Ewigkeit und damit um so vollkommener seine Einsicht in ihr wahres Wesen. Dann tritt zu der Erlösung die Offenbarung; und es ist ihm vielleicht vergönnt, dereinst in der Todesstunde oder gar schon während des Lebens, wenn in hoher Andacht sich ihm das große Geheimnis offenbart, die Worte zu sprechen, die schlichten und doch so unendlich inhaltsschweren, aus der strafrechtlichen Schuldlehre konzipierten Worte:

Du großer Gott,
Hier stehe ich,
Nun richte mich.
Auch ich hab' irren müssen,
Doch rein ist mein Gewissen.
So bin ich denn bereit,
Zu schaun die Ewigkeit.

Abkürzungen.

Abh. = Strafrechtliche Abhandlungen, herausgegeben von v. Lilienthal.
ArchKrimAnthr. = Archiv für Kriminalanthropologie und Kriminalistik, jetzt Archiv für Kriminologie.
ArchRWph. = Archiv für Rechts- und Wirtschaftsphilosophie.
ArchzivPr. = Archiv für zivilistische Praxis.
Aschrott-v. Liszt Die Reform des Strafgesetzbuchs. 1910.
BayZ. = Zeitschrift für Rechtspflege in Bayern.
DJTag = Deutscher Juristentag.
DJZ. = Deutsche Juristenzeitung.
DStrZ. = Deutsche Strafrechtszeitung.
E. 1919 = Entwurf zu einem deutschen Strafgesetzbuch, veröffentlicht auf Anordnung des Reichsjustizministeriums. 1921.
Ebermayer = Der Entwurf eines deutschen Strafgesetzbuchs. Nach den Beschlüssen der Strafrechtskommission systematisch bearbeitet von L. Ebermayer. 1914.
Ebermayer StGB. = Das Reichsstrafgesetzbuch usw., erläutert von Ebermayer, Eichelbaum, Lobe, Rosenberg. 1920.
GE. = Gegenentwurf zum Vorentwurf eines deutschen Vorentwurfs. Aufgestellt von Kahl, v. Lilienthal, v. Liszt, Goldschmidt. 1911.
GerS. = Der Gerichtssaal.
GoltdArch. = (Goltdammers) Archiv für Strafrecht.
GrünhZ. = Zeitschrift für das private und öffentliche Recht der Gegenwart.
JKV. = Internationale Kriminalistische Vereinigung.
JMBl. = Justizministerialblatt.
JurLitBl. = Juristisches Literaturblatt.
JurWoch. = Juristische Wochenschrift.
KE. = Kommissionsentwurf von 1913, zitiert nach Ebermayer, s. oben, oder nach dem Entwurf der Strafrechtskommission von 1913, veröffentlicht auf Anordnung des Reichsjustizministeriums. 1921.
KrVJSchr. = Kritische Vierteljahrsschrift.
MonSchrKrimPsych. = Monatsschrift für Kriminalpsychologie und Strafrechtsreform.
Öst. VE. = Österreichischer Vorentwurf.
ÖsterrZ. = Österreichische Zeitschrift für Strafrecht.
Recht = Das Recht, Rundschau für den deutschen Juristenstand.
Reform s. Aschrott.
RGBl. = Reichsgesetzblatt.

RGRspr. = Rechtsprechung des deutschen Reichsgerichts in Strafsachen.
RGSt. oder RG. = Entscheidungen des Reichsgerichts in Strafsachen.
RGZ. = Entscheidungen des Reichsgerichts in Zivilsachen.
RMG. = Entscheidungen des Reichsmilitärgerichts.
Schw. VE. = Schweizer Vorentwurf.
VE. = Vorentwurf zu einem deutschen Strafgesetzbuch. 1909.
Vergl. Darst. A = Vergleichende Darstellung des deutschen und außerdeutschen Strafrechts. Vorarbeiten zur deutschen Strafrechtsreform. 1905 ff. Allgemeiner Teil.
ZRphilos. = Zeitschrift für Rechtsphilosophie.
ZStW. = Zeitschrift für die gesamte Strafrechtswissenschaft.

Abgekürzt häufiger zitierte Werke.

Allfeld, Der Einfluß der Gesinnung des Verbrechers auf die Bestrafung. 1909. Siehe auch Meyer-Allfeld.
v. Bar, Gesetz und Schuld im Strafrecht. 3 Bde. 1906, 1907, 1909.
Baumgarten, Aufbau der Verbrechenslehre. 1913.
Beling, Grundzüge des Strafrechts. 5. Aufl. 1919.
— Die Lehre vom Verbrechen. 1906.
— Die Vergeltungsidee und ihre Bedeutung für das Strafrecht. 1908.
— Unschuld, Schuld und Schuldstufen im Vorentwurf. 1910.
Bierling, Juristische Prinzipienlehre. 5 Bde. 1894, 1898, 1905, 1911, 1917.
Binding, Handbuch des Strafrechts. Bd. I. 1885.
— Grundriß des deutschen Strafrechts. Allgemeiner Teil. 7. Aufl. 1907.
— Lehrbuch des gemeinen deutschen Strafrechts. Besonderer Teil. Bd. I. 2. Aufl. 1902. Bd. II. 1. Abt. 2. Aufl. 1904. 2. Abt. 1905.
— Die Normen und ihre Übertretung. Bd. I. 3. Aufl. 1916. Bd. II. 2. Aufl. 1915, 1916. Bd. III. 1918. Bd. IV. 1919, 1920.
— Strafrechtliche und strafprozessuale Abhandlungen. 1915.
Birkmeyer, Das Strafrecht. In seiner Enzyklopädie. 2. Aufl. 1904.
v. Calker, Grundriß des Strafrechts. 1916.
Coenders, Strafrechtliche Grundbegriffe, insbesondere Täterschaft und Teilnahme. 1909.
Ebermayer s. oben unter Abkürzungen.
Exner, Das Wesen der Fahrlässigkeit. 1910.
— Theorie der Sicherungsmittel. 1914. (Abh. des Kriminalist. Instit. der Univ. Berlin. 3. F. Bd. I.)
Finger, Lehrbuch des deutschen Strafrechts. Bd. I. 1904.
Fischer, H. A., Die Rechtswidrigkeit mit besonderer Berücksichtigung des Privatrechts. 1911.
Frank, Das Strafgesetzbuch usw. 11.—14. Aufl. 1914.
— Vergeltungsstrafe und Schutzstrafe. 1908.
Gerland, Grundfragen des Strafrechts. 1918.
Haelschner, Das gemeine deutsche Strafrecht. 2 Bde. 1881/7.
Hold v. Ferneck, Die Rechtswidrigkeit. 2 Bde. 1903/5.
Köhler, Deutsches Strafrecht. Allgemeiner Teil. 1917.
— Der Vergeltungsgedanke und seine praktische Bedeutung. 1909.
Kohler, Studien aus dem Strafrecht. Bd. I. 1890.
— Leitfaden des deutschen Strafrechts. 1912.
Kohlrausch. Irrtum und Schuldbegriff im Strafrecht. 1903.

Liepmann, Einleitung in das Strafrecht. 1900. — Siehe auch Merkel.
v. **Lilienthal**, Grundriß zu Vorlesungen über deutsches Strafrecht. 4. Aufl. 1916.
v. **Liszt**, Lehrbuch des deutschen Strafrechts. 21/2. Aufl. 1919.
— Strafrechtliche Aufsätze und Vorträge. 2 Bde. 1905.
Mayer, Max Ernst, Der allgemeine Teil des deutschen Strafrechts. 1915. Zitiert: Mayer.
— Die schuldhafte Handlung und ihre Arten im Strafrecht. 1901.
— Rechtsnormen und Kulturnormen. 1903.
Merkel-Liepmann, Die Lehre von Verbrechen und Strafe. 1912.
Meyer-Allfeld, Lehrbuch des deutschen Strafrechts. 7. Aufl. 1912.
Nagler, Die Strafe. Eine juristisch-empirische Untersuchung. 1. Hälfte. 1918.
— Verbrechensprophylaxe und Strafrecht. 1911.
Olshausen, Kommentar zum Strafgesetzbuch usw. 10. Aufl. 1916.
Schmidt, R., Die Aufgaben der Strafrechtspflege. 1895.
— Die Strafrechtsreform in ihrer staatsrechtlichen und politischen Bedeutung. 1912.
Schwartz, Das Strafgesetzbuch usw. 1914.
Stooß, Lehrbuch des österreichischen Strafrechts. 2. Aufl. 1913.
Tesar, Die symptomatische Bedeutung des verbrecherischen Verhaltens. 1907. (Abh. des Kriminalist. Instit. der Univ. Berlin. Bd. 5.)
— Staatsidee und Strafrecht. 1. Teil. 1914 (ebenda 3. F. Bd. I).
Wachenfeld, Lehrbuch des deutschen Strafrechts. 1914.

Sachregister.

Die Zahlen verweisen auf die Seiten. Die mit einem Stern versehenen Artikel enthalten (zugleich) rechtsphilosophische oder allgemein philosophische Ausführungen.

A

F

L

S

Roßberg'sche Buchdruckerei, Leipzig.

Tafel der Wissenschaften.

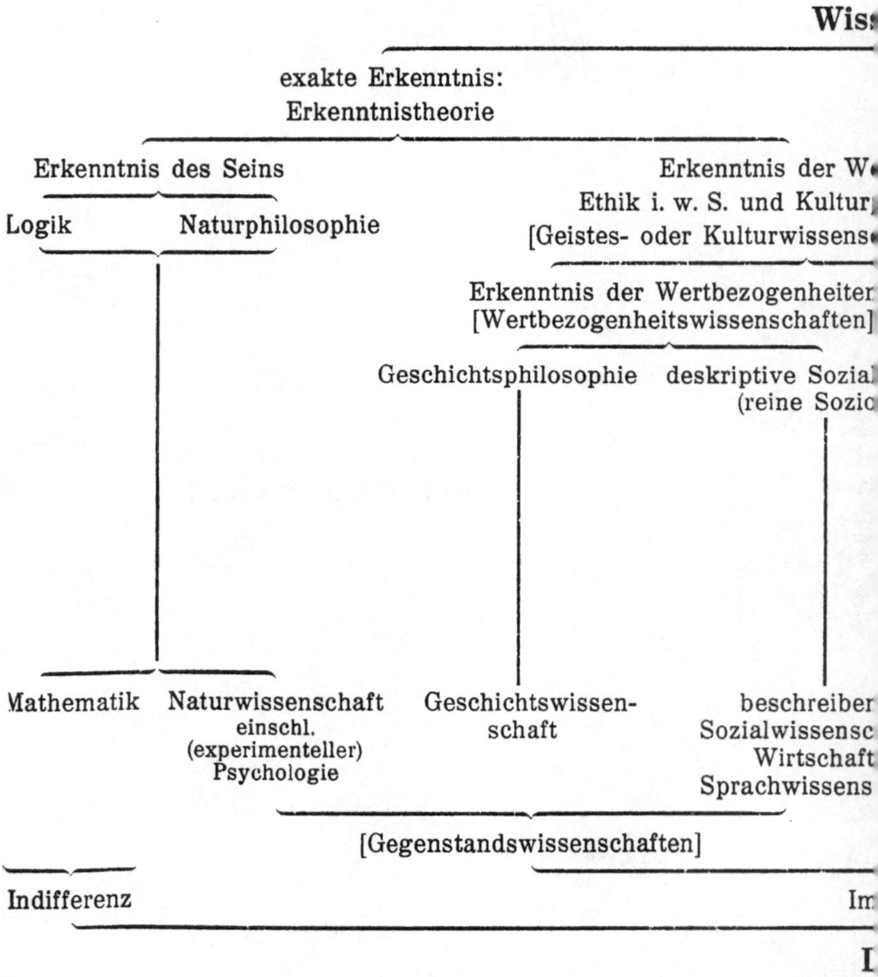
exakte Erkenntnis:
Erkenntnistheorie
Erkenntnis des Seins
Logik
Naturphilosophie
Erkenntnis der Wertbezogenheiten
[Wertbezogenheitswissenschaften]
Geschichtsphilosophie
Mathematik
Naturwissenschaft
einschl.
(experimenteller)
Psychologie
Geschichtswissen-
schaft
[Gegenstandswissenschaften]
Indifferenz

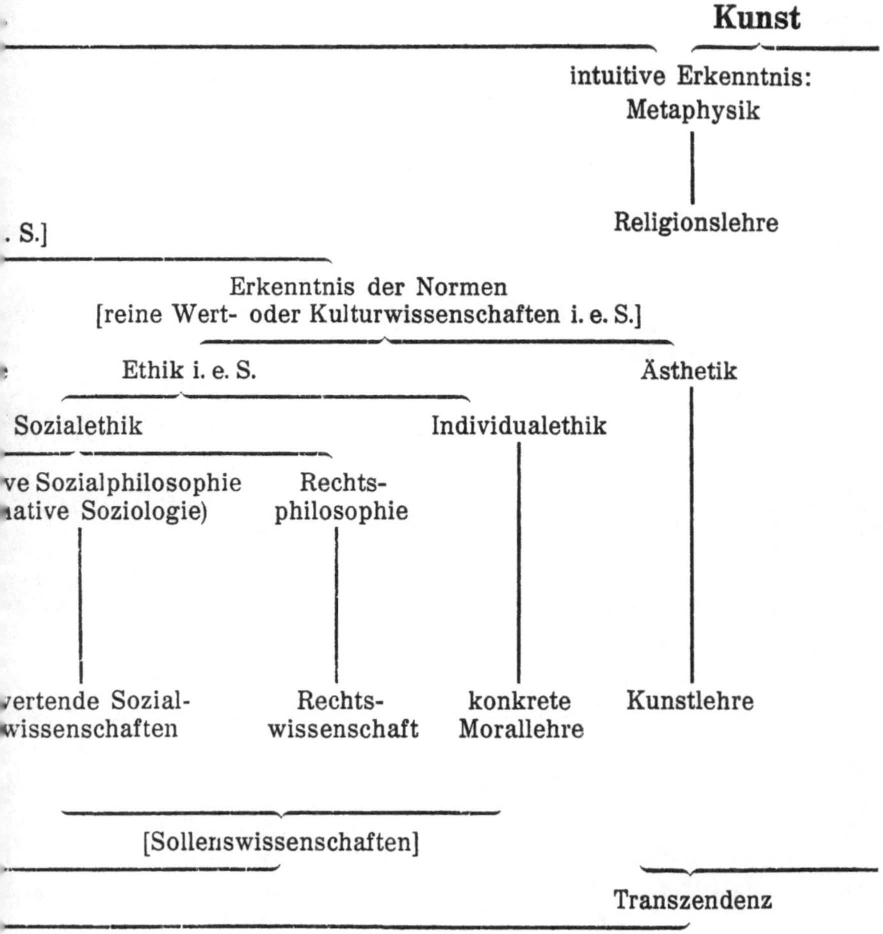
Kunst
intuitive Erkenntnis:
Metaphysik
Religionslehre
. S.]
Erkenntnis der Normen
[reine Wert- oder Kulturwissenschaften i. e. S.]
Ethik i. e. S.
Ästhetik
Sozialethik
Individualethik
ve Sozialphilosophie
ıative Soziologie)
Rechts-
philosophie
vertende Sozial-
wissenschaften
Rechts-
wissenschaft
konkrete
Morallehre
Kunstlehre
[Sollenswissenschaften]
Transzendenz

Tafel des Strafrechts.

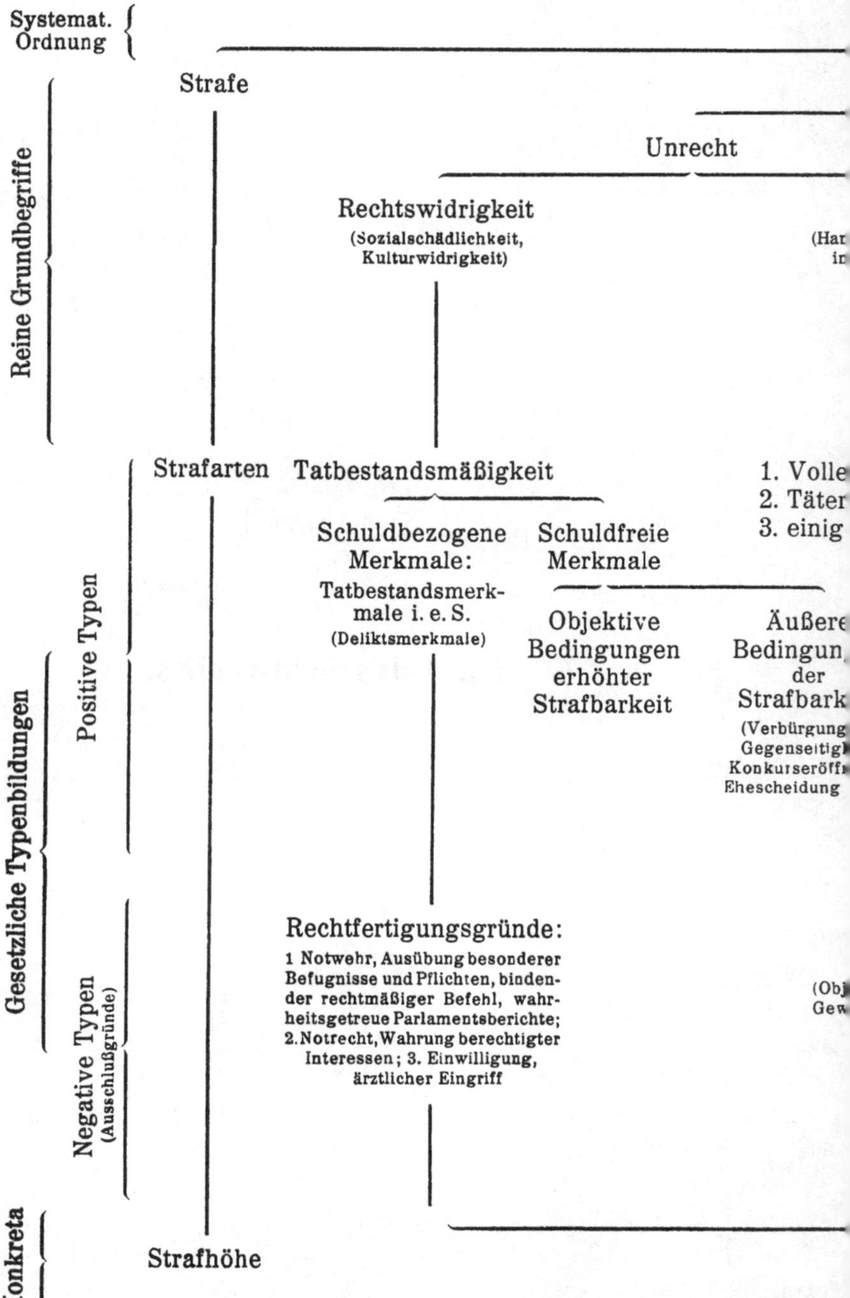

*) Dagegen gehören zu den Prozeßv
S. G

recht

Strafvoraussetzungen*) (Verbrechen)

Schuld

Willensfreiheit

Vorsatz und Fahrlässigkeit

·lassung
·alität

Versuch
Teilnahme
nzfälle

Schuldsymptome
(subjektiver Tatbestand)

Typen der Schuld-elemente:
Absicht, Überlegung, Arglist, Böswilligkeit usw.

Schuld-begründungen:
1. Zurechnungs-, Delikts-fähigkeit; 2. Autoritäts-, Vertrauensverhältnisse

Schuld-schärfungen:
1. Rückfall, Gewerbs-mäßigkeit; 2. Amts-, Militäreigenschaft

se
en
ründe
Zwang

Entschuldigungsgründe

Schuld-ausschließungs-gründe:
1. Notstand, Notwehr-exzeß, Drohung, bindender rechtswidriger Befehl; 2 Abgeordnete bei Abstimmung, Verwandtschaft; 3. Retorsionsvoraussetzungen

Schuld-aufhebungs-gründe:
Tätige Reue, gute Führung, Widerruf

Schuld-milderungs-gründe:
Jugendlichkeit, Verwandtschaft, Anreizung, gute Führung, Widerruf

Strafzumessungsgründe

der Strafantrag sowie (negativ) die Verjährung und die Begnadigung.
·rozeßrechts 1919, Tafel im Anhang

Kolibri 360 GmbH
Ferdinand-Jühlke-Straße 7
99095 Erfurt, Deutschland
produktsicherheit@kolibri360.de